Jörg Ramb/Josef Schneider

Die Einnahme-Überschussrechnung von A bis Z

Gewinnermittlung nach § 4 Abs. 3 EStG

5., neu bearbeitete Auflage

2010
Schäffer-Poeschel Verlag Stuttgart

Bibliografische Information Der Deutschen Nationalbibliothek

Die Deutsche Nationalbibliothek verzeichnet diese Publikation in der Deutschen Nationalbibliografie; detaillierte bibliografische Daten sind im Internet über http://dnb.d-nb.de abrufbar.

Gedruckt auf chlorfrei gebleichtem, säurefreiem und alterungsbeständigem Papier

ISBN 978-3-7910-2966-5

Dieses Werk einschließlich aller seiner Teile ist urheberrechtlich geschützt. Jede Verwertung außerhalb der engen Grenzen des Urheberrechtsgesetzes ist ohne Zustimmung des Verlages unzulässig und strafbar. Das gilt insbesondere für Vervielfältigungen, Übersetzungen, Mikroverfilmungen und die Einspeicherung und Verarbeitung in elektronischen Systemen.

© 2010 Schäffer-Poeschel Verlag für Wirtschaft · Steuern · Recht GmbH
www.schaeffer-poeschel.de
info@schaeffer-poeschel.de
Einbandgestaltung: Willy Löffelhardt/Melanie Frasch
Satz: Johanna Boy, Brennberg
Druck und Bindung: Kösel, Krugzell · www.koeselbuch.de

Printed in Germany
April 2010

Schäffer-Poeschel Verlag Stuttgart
Ein Tochterunternehmen der Verlagsgruppe Handelsblatt

Vorwort

Das Einkommensteuerrecht kennt neben der Bilanzierung die Einnahme-Überschuss-Rechnung nach § 4 Abs. 3 EStG als Gewinnermittlungsart. Kleine Gewerbetreibende, Freiberufler und Vereine schätzen diese vereinfachte Form der Gewinnermittlung. Auch i.R.d. Land- und Forstwirtschaft kann die § 4 Abs. 3-Rechnung in bestimmten Fällen eine Möglichkeit der Ermittlung des steuerlich relevanten Gewinns sein. In der Praxis sind steuerliche Sachverhalte in die Systematik der § 4 Abs. 3-Rechnung zu integrieren.

Hauptziel des vorliegenden Buches ist es, die entsprechende Handhabung der Einnahme-Überschussrechnung aufzuzeigen und zu erleichtern. Die Konzeption als Nachschlagewerk ermöglicht einen sofortigen Zugriff auf das jeweilige Problemfeld. Der Aufbau folgt dem didaktischen Zweck, den Leser zunächst in die § 4 Abs. 3-Rechnung einzuführen und anschließend die einzelnen Problemfelder in einer alphabetischen Reihenfolge anhand von fast 100 Stichwörtern darzustellen. Diese kompakte und umfassende Darstellung wird unterstützt von zahlreichen Schaubildern, Übersichten und Musterbeispielen für § 4 Abs. 3-Rechnungen. Die Auswirkungen auf die Einnahme-Überschussrechnung werden dabei ausführlich besprochen.

Nach den §§ 60 Abs. 4 und 84 Abs. 3c EStDV in der Fassung der Dreiundzwanzigsten Verordnung zur Änderung der EStDV vom 29.12.2004 (BGBl I 2004, 3884) haben Steuerpflichtige, die den Gewinn nach § 4 Abs. 3 EStG ermitteln, für Wirtschaftsjahre, die nach dem 31.12.2004 beginnen, ihrer Steuererklärung eine Gewinnermittlung nach amtlich vorgeschriebenem Vordruck beizufügen. Um das Ausfüllen des Vordrucks zu erleichtern, wird bei Bedarf in den Erläuterungen zu den Stichwörtern auf die jeweiligen Zeilennummern des Vordrucks hingewiesen. Einen Überblick über den Vordruck finden Sie unter dem Stichwort → **Vordruck EÜR** sowie unter Einführung und allgemeiner Überblick.

Liegen die **Betriebseinnahmen** für den Betrieb **unter** der Grenze von **17 500 €**, wird es nicht beanstandet, wenn **an Stelle** des **Vordrucks** der Steuererklärung eine **formlose Gewinnermittlung** beigefügt wird.

Querverweise stellen die Zusammenhänge zwischen den einzelnen Stichwörtern her. Das umfangreiche **Stichwortverzeichnis** am Ende des Buches stellt eine zusätzliche Suchhilfe dar. Jedem Stichwort werden – soweit möglich – zum Beginn der Erläuterungen die entsprechenden Rechtsquellen (Gesetze, Verwaltungs-Richtlinien und Einkommensteuer-Hinweise) zugeordnet.

Zielgruppen dieses Buches sind insbesondere
- Steuerberater und ihre Mitarbeiter,
- Steuerfachangestellte,
- Steuerfachanwälte,
- Steuerfachwirte und -assistenten,
- Finanzbeamte,
- alle in der Ausbildung oder im Studium befindlichen Steuerfachkräfte,
- Freiberufler und Kleingewerbetreibende.

Das vorliegende Handbuch erhebt nicht den Anspruch, die Aufgaben eines Kommentars zu erfüllen, sondern ist ein auf praktische Bedürfnisse konzentriertes und zugeschnittenes Buch, verbunden mit einer aktuellen, umfassenden und nachvollziehbaren Darstellung. Zur weiterführenden Bearbeitung der Stichwörter dienen die vielen Literaturhinweise auf verschiedene Kommentare, Lehr- und Fachbücher sowie Zeitschriftenbeiträge.

Für den steuerpflichtigen Laien und für diejenigen Leser, die sich mit der Einnahme-Überschussrechnung zunächst vertraut machen möchten, empfiehlt es sich, zuerst die Einführung und den allgemeinen Überblick über die Einnahme-Überschussrechnung zu erarbeiten. Hier werden deren Vorteile, die Organisation und der Einstieg in die Einnahme-Überschussrechnung erläutert. Weiterhin finden Sie dort

- ein Muster einer einfachen Einnahme-Überschussrechnung,
- den Aufbau einer Einnahme-Überschussrechnung,
- einen Überblick über die inner- und außerbetrieblichen Informationsmöglichkeiten, die sich aus der Einnahme-Überschussrechnung ergeben.

Das Buch entspricht dem Rechtsstand 01.02.2010; alle bis zu diesem Zeitpunkt ergangenen Gesetze und Richtlinien sind berücksichtigt.

Für Hinweise und Anregungen aus der Leserschaft bin ich sehr dankbar.

Edenkoben, im Februar 2010

Der Verfasser
Josef Schneider

Inhaltsverzeichnis

Vorwort V
Abkürzungsverzeichnis XXI

Einführung und allgemeiner Überblick 1
1. Gewinnermittlung. 1
2. Grundzüge. 4
3. Besonderheiten. 7
4. Unterschiede zwischen Buchführung und der § 4 Abs. 3-Rechnung 8
5. Das Erstellen und die Entwicklung der Einnahme-Überschussrechnung im laufenden Jahr 9
6. Die Ermittlung des Gewinns und die Erstellung der Umsatzsteuererklärung 14
7. Informationen aus der Einnahme-Überschussrechnung 17
8. Anwendungsbereich der Einnahme-Überschussrechnung 18
9. Betriebseinnahmen und -ausgaben 20
10. ABC der § 4 Abs. 3-Rechnung 23

Abfindungen 24
1. Allgemeines 24
2. Empfänger der Abfindungen 24
3. Leistender der Abfindungen 25

Abnutzbares Anlagevermögen 26
1. Begriff 26
2. Behandlung der Anschaffung/Herstellung 27
3. Behandlung des Ausscheidens 29

Absetzung für Abnutzung 32
1. Allgemeines 32
2. Der Begriff »abschreiben« 33
3. Abschreibungsgrundsätze 34
4. Die AfA-Methoden für bewegliche Wirtschaftsgüter nach § 7 Abs. 1 und 2 EStG 37
5. Die AfA-Methoden für Gebäude nach § 7 Abs. 4 und 5 EStG 41
6. Grundsätze zur AfA-Berechnung 42
7. Besonderheiten 43
8. Abgrenzung Gebäude – unselbständige Gebäudeteile – selbständige Gebäudeteile – unbewegliche Wirtschaftsgüter, die keine Gebäude oder Gebäudeteile sind 47
9. Wechsel der AfA-Methode bei Gebäuden 49
10. Behandlung von immateriellen Wirtschaftsgütern 50
11. Falsche AfA-Beträge 52
12. Abschreibung nach einer Einlage 53

Anlagevermögen ... 54
1. Wirtschaftsgüter des Betriebsvermögens ... 54
2. Wirtschaftsgüter des Anlagevermögens ... 54

Anlageverzeichnis ... 56
1. Gesetzliche Verpflichtung zur Erstellung ... 56
2. Muster eines Anlageverzeichniss ... 57

Anschaffungskosten ... 58
1. Allgemeines ... 58
2. Kaufpreis ... 59
3. Anschaffungsnebenkosten ... 59
4. Besonderheiten ... 59
5. Anschaffungskosten eines Gebäudes ... 64

Anzahlungen ... 67
1. Allgemeines ... 67
2. Anzahlungen als Betriebseinnahmen ... 67
3. Anzahlungen als Betriebsausgaben ... 68
4. Umsatzsteuer ... 70

Arbeitsmittel ... 70

Arbeitszimmer ... 71
1. Grundsätzliches ... 71
2. Begriff des häuslichen Arbeitszimmers ... 72
3. Häusliche Betriebsstätte ... 76
4. Die abzugsfähigen Aufwendungen ab dem 1.1.2007 ... 81
5. Nutzung des Arbeitszimmers durch mehrere Steuerpflichtige ... 91
6. Vermietung von Arbeitszimmern unter Ehegatten ... 91
7. Die Notwendigkeit des häuslichen Arbeitszimmers ... 91
8. Arbeitszimmernutzung während der Erwerbslosigkeit ... 92
9. Betroffene Aufwendungen ... 92
10. Häusliches Arbeitszimmer als notwendiges Betriebsvermögen ... 93
11. Die umsatzsteuerrechtliche Behandlung ... 93
12. Arbeitszimmerüberlassung des Arbeitnehmers an den Arbeitgeber ... 94
13. Entnahme-, Aufgabe- oder Veräußerungsgewinn ... 95

Aufteilungs- und Abzugsverbot ... 96
1. Überblick über die Einteilung der Kosten ... 96
2. Betriebsausgaben ... 96
3. Werbungskosten ... 97
4. Private Kosten ... 97
5. Behandlung der jeweiligen Kosten und Mischkostenproblematik ... 97
6. Umsatzsteuerrechtliche Behandlung ... 99

Aufzeichnungs- und Aufbewahrungspflichten ... 101
1. Aufzeichnungspflichten ... 101
2. Aufbewahrungspflichten ... 108

Außergewöhnliche Absetzung für Abnutzung ... 109

Bankkonto ... 112

Betriebsaufgabe ... 112
1. Definition der Betriebsaufgabe im Ganzen ... 112
2. Parallelität zur Betriebsveräußerung ... 113
3. Keine begünstigte Betriebsaufgabe ... 113
4. Gesamtrechtsnachfolge ... 114
5. Unterscheidung zur Betriebsunterbrechung ... 115
6. Steuerbegünstigte Betriebsaufgabe ... 115
7. Rechtsfolgen einer Betriebsaufgabe ... 116
8. Steuerrechtliche Vergünstigungen ... 118
9. Gewerbesteuerrechtliche Folgen ... 120
10. Umsatzsteuerrechtliche Folgen ... 121
11. Nachträgliche Betriebseinnahmen und Betriebsausgaben ... 121
12. Verwirklichung eines privaten Veräußerungsgeschäfts ... 122

Betriebsausgaben ... 124
1. Allgemeines ... 125
2. Auswirkungen der Betriebsausgaben auf die tarifliche Einkommensteuer ... 127
3. Arten der Betriebsausgaben ... 127
4. Betriebsausgaben in Geldeswert ... 130
5. Ersatzanspruch ... 130
6. Gemischt veranlasste Betriebsausgaben ... 130
7. Gesetz- oder Sittenwidrigkeit ... 130
8. Nachträgliche Betriebsausgaben ... 131
9. Nicht abzugsfähige Betriebsausgaben ... 131
10. Aufzeichnungspflicht ... 149
11. Pauschbeträge ... 150
12. Persönliche Zurechnung von Betriebsausgaben ... 151
13. Aufwendungen für fremde Wirtschaftsgüter ... 151
14. Vorweggenommene Betriebsausgaben ... 152
15. Berufsausbildungskosten ... 152
16. Vergebliche Betriebsausgaben ... 153
17. Unterlassener Betriebsausgabenabzug ... 154
18. Betriebsausgabenabzugsverbot für Schuldzinsen nach § 4 Abs. 4a EStG ... 156
19. Betriebsausgabenabzugsverbot der Gewerbesteuer nach § 4 Abs. 5b EStG ... 156

Betriebseinbringung ... 157
1. Allgemeines ... 157

2. Einbringung in eine Personengesellschaft ... 157
  3. Haftung bei Sozietätsgründungen ... 160

Betriebseinnahmen ... 161
  1. Allgemeiner Überblick über die Betriebseinnahmen ... 161
  2. Betriebseinnahmen in Geldeswert ... 166
  3. Einnahmeverzicht ... 168
  4. Ersparte Betriebsausgaben ... 169
  5. Erstattungspflicht ... 169
  6. Fiktive Betriebseinnahmen ... 169
  7. Gemischt veranlasste Betriebseinnahmen ... 170
  8. Gesetz- und Sittenwidrigkeit ... 170
  9. Korrespondenzprinzip ... 170
  10. Nachträgliche Betriebseinnahmen ... 170
  11. Negative Betriebseinnahmen ... 171
  12. Pauschalierung ... 171
  13. Persönliche Zurechnung von Betriebseinnahmen ... 171
  14. Steuerfreie Betriebseinnahmen ... 171
  15. Vorweggenommene Betriebseinnahmen ... 172
  16. Zurückgezahlte Betriebsausgaben ... 172
  17. Ungewisse Betriebseinnahmen ... 172

Betriebseröffnung ... 172
  1. Vorweggenommene Betriebsausgaben ... 172
  2. Einlage bzw. Anschaffung von Wirtschaftsgütern ... 173
  3. Beginn der Gewerbesteuerpflicht ... 174
  4. Rumpfwirtschaftsjahr ... 174

Betriebserwerb (entgeltlicher) ... 174
  1. Gegen Zahlung eines festen Gesamtkaufpreises ... 174
  2. Gegen Zahlung von Kaufpreisraten ... 175
  3. Gegen Zahlung einer Veräußerungsleibrente ... 178
  4. Gegen Zahlung einer dauernden Last ... 184
  5. Gegen Zahlung von wiederkehrenden Leistungen und eines festen Kaufpreises ... 184

Betriebserwerb (unentgeltlicher) ... 185
  1. Unveränderte Betriebsfortführung ... 185
  2. Versorgungs- und Unterhaltsrenten ... 185
  3. Fortführung der Gewinnermittlungsart ... 185
  4. Zusammenfassung der Folgen eines entgeltlichen oder unentgeltlichen Betriebserwerbs ... 186

Betriebsfortführung ... 187

Betriebsliquidation ... 187

Betriebsübertragung (unentgeltliche) ... 188
1. Fußstapfentheorie ... 188
2. Wechsel der Gewinnermittlungsart ... 188
3. Buchwertübertragung i.S.d. § 6 Abs. 3 EStG – Einheitstheorie – ... 189
4. Umsatzsteuerrechtliche Behandlung ... 189

Betriebsunterbrechung ... 189
1. Begriff ... 189
2. Vorläufige Einstellung der werbenden Tätigkeit ... 190

Betriebsveräußerung im Ganzen ... 191
1. Begriff ... 191
2. Rechtsfolgen einer Betriebsveräußerung im Ganzen ... 193
3. Ermittlung des Veräußerungsgewinns ... 193
4. Betriebsveräußerung gegen eine Veräußerungsleibrente ... 193
5. Betriebsveräußerung gegen Ratenzahlungen ... 198
6. Besonderheiten ... 200

Betriebsveräußerung und -aufgabe von Teilbetrieben ... 204
1. Begriff des Teilbetriebs ... 204
2. Einheitliche Praxis mit gleichartiger Tätigkeit ... 205
3. Praxisteile bei verschiedenartigen Tätigkeiten ... 205
4. Übersicht über Teilbetriebe bei Freiberuflern ... 205
5. Der Tanzlehrer ... 206
6. Konsequenzen für die Einnahme-Überschussrechnung ... 207

Betriebsverlegung ... 207

Betriebsvermögen ... 208
1. Allgemeines ... 208
2. Notwendiges Betriebsvermögen ... 209
3. Gewillkürtes Betriebsvermögen ... 212
4. Privatvermögen ... 215
5. Entstehung von Betriebsvermögen ... 216
6. Verlust der Betriebsvermögenseigenschaft ... 217
7. Betriebsvermögen und Unternehmensvermögen ... 217

Betriebsverpachtung im Ganzen ... 218
1. Begriff ... 218
2. Rechtsfolgen einer Betriebsverpachtung ... 219

Bewegliche Wirtschaftsgüter ... 221

Buchführungspflicht ... 221
1. Begriff ... 221
2. Rechtliche Regelungen zur Buchführungspflicht ... 222

Chefärzte ... 227

Darlehen ... 229
1. Allgemeines ... 229
2. Fremdwährungsdarlehen ... 231

Doppelte Haushaltsführung ... 232
1. Übersicht ... 232
2. Eigener Hausstand ... 233
3. Zweitwohnung ... 235
4. Berufliche bzw. betriebliche Veranlassung ... 235
5. Notwendige Mehraufwendungen ... 236
6. Werbungskostenerstattungen durch den Arbeitgeber ... 237

Drittaufwand ... 237
1. Abgrenzung zwischen Drittaufwand, abgekürztem Zahlungsweg bzw. Vertragsweg ... 237
2. Eigenaufwand für ein fremdes Wirtschaftsgut ... 241

Durchlaufende Posten ... 242
1. Allgemeines ... 242
2. Besonderheiten ... 244

Einkünfte aus selbständiger Arbeit ... 246
1. Überblick über den Einkünftekatalog des § 18 EStG ... 246
2. Die Zuordnung der Einkunftsart auf dem Vordruck EÜR ... 247

Einlagen ... 247
1. Begriff ... 248
2. Einlage von Geld ... 249
3. Einlage von Gegenständen (Sacheinlagen) ... 250
4. Einlage von Forderungen ... 266
5. Einlage von Verbindlichkeiten ... 267
6. Einlage von Nutzungen ... 267
7. Einlage von privaten Leistungen ... 268

Einnahme-Überschussrechnung ... 269

Entnahmen ... 272
1. Begriff ... 272
2. Entnahme von Geld ... 274
3. Entnahme von Gegenständen (Sachentnahmen) ... 275
4. Entnahme von Forderungen ... 288
5. Entnahme von Verbindlichkeiten ... 289
6. Entnahme von Nutzungen und Leistungen ... 289
7. Entnahme beim Wechsel der Gewinnermittlungsart ... 292

Erhaltungsaufwand ... 294
1. Definition ... 294
2. Behandlung als Betriebsausgaben ... 294
3. Sonderregelungen ... 294
4. Verteilung größerer Erhaltungsaufwendungen ... 295

Erlass von Forderungen und Verbindlichkeiten ... 295

Fahrtenbuch ... 297
1. Abweichung von der Listenpreismethode ... 297
2. Fahrtenbuchführung ... 297
3. Mussinhalt eines Fahrtenbuchs ... 298
4. Ordnungsmäßigkeit eines Fahrtenbuchs ... 299

Forderungen ... 299

Geldgeschäfte eines Freiberuflers ... 300

Geldverkehrsrechnung ... 302
1. Allgemeines ... 302
2. Besonderheiten ... 304

Geringwerte Wirtschaftsgüter ... 307
1. Sofortabschreibung ... 307
2. Bildung von Sammelposten ... 308
3. Überblick über die Rechtslage 2007 bis 2010 ... 311
4. Die Auswirkungen der Inanspruchnahme des Investitionsabzugsbetrages auf die Geringwertigen Wirtschaftsgüter ... 312

Gesamtgewinngleichheit ... 317

Geschäftsreise ... 318
1. Definition ... 318
2. Abzugsfähige Aufwendungen ... 318
3. Zeilennummer 45 des Vordrucks EÜR ... 322
4. Gemischte Reisetätigkeit ... 322

Gewinn ... 326

Gewinnermittlungszeitraum ... 327
1. Allgemeines ... 327
2. Land- und Forstwirte ... 327
3. Gewerbetreibende ... 327
4. Selbständig Tätige (§ 18 EStG) ... 327

Grundstücke 328
1. Allgemeines 328
2. Grundstücke von untergeordnetem Wert 328
3. Unterscheidung zwischen unbebauten und bebauten Grundstücken 329
4. Gebäude-Mischnutzung 329

Herstellungskosten 353
1. Allgemeines 353
2. Gebäudeherstellungskosten 353
3. Abnutzbares Anlagevermögen 357
4. Nicht abnutzbares Anlagevermögen und Umlaufvermögen 358
5. Behandlung von Zuschüssen 358

Honorare (Ärzte) 358
1. Allgemeines 359
2. Honorare von Privatpatienten 359
3. Honorare von den Kassenärztlichen Vereinigungen 359
4. Umsatzsteuerrechtliche Behandlung 360

Internet-Adresse 362
1. Immaterielles Wirtschaftsgut 362
2. Steuerrechtliche Behandlung der Aufwendungen für den Erwerb
   eines Domain-Namens 363

Investitionsabzugsbeträge nach § 7g EStG 365
1. Allgemeiner Überblick 365
2. Der Investitionsabzugsbetrag im Einzelnen 366
3. Nachweis der geplanten Investitionen 372
4. Höhe des Investitionsabzugsbetrages 373
5. Verwendung des Investitionsabzugsbetrages 373
6. Hinzurechnung des Investitionsabzugsbetrages sowie Kürzung
   der Anschaffungs- bzw. Herstellungskosten 374
7. Zusammenfassende Übersicht 381
8. Rückabwicklung des Investitionsabzugsbetrages 382
9. Sonderabschreibung 384

Investitionszulage 385

Kapitalerträge 386
1. Allgemeines 386
2. Beteiligungen 387
3. Zinsen 388

Kassenärztliche Zulassungen 389
1. Grundsätzliches 389
2. Bewertung des wirtschaftlichen Vorteils »Vertragsarztzulassung« 390

Kinderbetreuungskosten ... 392
1. Rechtsentwicklung ... 392
2. Die Berücksichtigung der Kinderbetreuungskosten nach § 9c Abs. 1 EStG ... 393
3. Übersicht zur Berücksichtigung von Kinderbetreuungskosten ... 395

Kleinunternehmer ... 397

Kurzlebige Wirtschaftsgüter ... 398
1. AfA-Grundsätze ... 399
2. Definition der kurzlebigen Wirtschaftsgüter ... 399

Lebensversicherungsverträge als Betriebsvermögen ... 400

Listenpreis ... 400
1. Allgemeines ... 401
2. Bedeutung des Listenpreises ... 401

Mitunternehmerschaft ... 402
1. Voraussetzungen einer freiberuflichen Mitunternehmerschaft ... 402
2. Mitunternehmerinitiative ... 402
3. Mitunternehmerrisiko ... 402
4. Gemeinschaftliche Gewinnerzielungsabsicht ... 403
5. Die Büro- oder Praxisgemeinschaft ... 403

Nachträgliche Einkünfte ... 405
1. Allgemeines ... 405
2. Gewinnermittlungsart ... 405

Nicht abnutzbares Anlagevermögen ... 406
1. Begriff ... 406
2. Behandlung der Anschaffung ... 406
3. Behandlung des Ausscheidens ... 407
4. Sonderproblembereiche ... 408

Pkw-Nutzung ... 410
1. Ertragsteuerrechtliche Behandlung ... 410
2. Die umsatzsteuerrechtliche Behandlung ... 422
3. Zusätzliche Nutzung des betrieblichen Pkw für andere Einkünfte ... 434

Praxisgebühr ... 436

Preisnachlässe ... 437
1. Naturalrabatte ... 437
2. Behandlung als Betriebseinnahmen ... 437

Preisverleihung 438

Renten, dauernde Lasten und Raten 440
1. Allgemeines 440
2. Abgrenzung zwischen Renten und dauernden Lasten 440
3. Renten und dauernde Lasten im Zusammenhang mit einer Vermögensübertragung 441
4. Raten 442
5. Erwerb von Wirtschaftsgütern gegen Zahlung einer betrieblichen Veräußerungsleibrente/dauernden Last/Kaufpreisrate 442
6. Veräußerung von einzelnen Wirtschaftsgütern gegen Zahlung einer betrieblichen Veräußerungsleibrente/dauernden Last/Kaufpreisrate 443
7. Besondere betriebliche Renten 446

Rücklagen 447
1. Allgemeines 447
2. Rücklage nach § 6c EStG 447
3. Rücklage für Ersatzbeschaffung 459

Schadensersatz 464
1. Behandlung beim Empfänger als Betriebseinnahmen 464
2. Behandlung beim Leistenden als Betriebsausgaben 465
3. Umsatzsteuerrechtliche Behandlung 467

Schätzung 468

Schenkungen 468
1. Abgrenzung entgeltliche/unentgeltliche Übertragung 468
2. Teilentgeltliche Übertragung (gemischte Schenkung) 472

Schuldzinsen 473
1. Allgemeines 473
2. Nachträgliche Betriebsausgaben 474
3. Typisierender Schuldzinsenabzug 476
4. Schuldzinsenabzug für Baudarlehen 485
5. Die Behandlung der Schuldzinsen im Vordruck EÜR 489
6. Die Zinsschranke des § 4h EStG 490

Sonderabschreibungen 490
1. Allgemeines 491
2. Sonderabschreibung zur Förderung kleinerer und mittlerer Betriebe nach § 7g EStG 491

Steuerberatungskosten 494
1. Sonderausgabenabzug 494
2. Zuordnung zu den Betriebsausgaben, Werbungskosten und Kosten der Lebensführung 494

Steuern ... 496
1. Betriebliche Steuern ... 496
2. Private Steuern ... 496
3. Steuerliche Nebenleistungen ... 497

Steuerschuldnerschaft des Leistungsempfängers ... 497
1. Verwaltungsanweisungen ... 497
2. Die Steuerschuldnerschaft des Leistungsempfängers im Einzelnen ... 498
3. Vorsteuerabzug des Leistungsempfängers ... 501

Tausch ... 502
1. Begriff ... 502
2. Rechtsfolgen ... 503
3. Tauschvorgänge ... 504

Umlaufvermögen ... 517
1. Begriff ... 517
2. Behandlung der Anschaffung/Herstellung ... 517
3. Behandlung des Ausscheidens ... 518

Umsatzsteuer/Vorsteuer ... 519
1. Allgemeines ... 519
2. Einzelheiten ... 521

Umsatzsteuervoranmeldung ... 530
1. Allgemeines ... 530
2. Voranmeldungsverfahren ... 530
3. Dauerfristverlängerung ... 531

Unfallkosten ... 534
1. Grundsätzliches ... 534
2. Unfall auf einer betrieblichen Fahrt ... 536
3. Unfall auf einer privaten Fahrt ... 537
4. Totalschaden ... 537
5. Schadensersatzleistungen ... 538
6. Umsatzsteuerrechtliche Behandlung ... 539

Verbindlichkeiten ... 552

Verlust von Wirtschaftsgütern ... 552
1. Allgemeines ... 552
2. Verlust von Geld ... 553
3. Verlust von abnutzbarem Anlagevermögen ... 554
4. Verlust von nicht abnutzbarem Anlagevermögen ... 561
5. Verlust von Umlaufvermögen ... 561
6. Verlust von Darlehen und Beteiligungen ... 563

7. Verlust von Forderungen... 564
8. Verlust von Verbindlichkeiten ... 566
9. Verlust von durchlaufenden Posten ... 566
10. Besonderheiten... 567

Versicherungsbeiträge ... 569
1. Allgemeine Grundsätze... 569
2. Unfallversicherung... 569
3. Krankentagegeldversicherung ... 570
4. Berufsunfähigkeitsversicherung... 571
5. Praxisausfallversicherung ... 572

Vordruck EÜR ... 573
1. Der Vordruck EÜR ... 573
2. Allgemeines... 576
3. Allgemeine Angaben laut Zeilen 1 bis 6 des Vordrucks EÜR... 577
4. Die Betriebseinnahmen laut Zeilen 7 bis 18 des Vordrucks EÜR im Überblick... 578
5. Die Betriebseinnahmen nach dem Vordruck EÜR im Einzelnen ... 580
6. Die Betriebsausgaben laut Zeilen 19 bis 55 des Vordrucks EÜR im Überblick... 595
7. Die Betriebsausgaben nach dem Vordruck EÜR im Einzelnen... 596
8. Gewinnermittlung (Zeilen 60 bis 67 des Vordrucks)... 608
9. Entnahmen und Einlagen bei Schuldzinsenabzug ... 609
   (Zeile 82 und Zeile 83 des Vordrucks)... 609
10. Die Geldverkehrsrechnung ... 611

Vorsteuer- bzw. Umsatzsteuerverprobung... 611

Wahl der Gewinnermittlungsart ... 616
1. Methoden der Gewinnermittlung im Überblick ... 616
2. Ausübung des Wahlrechts... 617
3. Besonderheiten... 623

Wechsel der Gewinnermittlungsart... 624
1. Allgemeines... 624
2. Rechtsgrundlagen ... 625
3. Der Wechsel von der § 4 Abs. 3-Rechnung zur Buchführung... 625
4. Der Wechsel von der Buchführung zur § 4 Abs. 3-Rechnung ... 654
5. Ermittlung des Übergangsgewinns... 666
6. Besteuerungszeitpunkt des Übergangsgewinns... 666
7. Zu Beginn der § 4 Abs. 3-Rechnung bereits vorhandene Wirtschaftsgüter ... 667
8. Wechsel bei Betriebsveräußerung oder -aufgabe ... 668
9. Wechsel bei Betriebsverpachtung ... 669
10. Wechsel bei unentgeltlicher Betriebsübertragung... 669
11. Wechsel bei Schätzung... 670
12. Fehlerhafte Berechnung des Übergangsgewinns... 670

Zahngold 672

Zu- und Abflussprinzip 674
1. Grundsatz des Zuflussprinzips 674
2. Grundsatz des Abflussprinzips 675
3. Anwendung des Zuflussprinzips 675
4. Nichtanwendung des Zuflussprinzips 675
5. Anwendung des Abflussprinzips 676
6. Nichtanwendung des Abflussprinzips 676
7. ABC der wichtigsten Zuflussvarianten 677
8. ABC der wichtigsten Abflussvarianten 689
9. Regelmäßig wiederkehrende Einnahmen und Ausgaben 692

Stichwortverzeichnis 697

Abkürzungsverzeichnis

a. A.	anderer Ansicht
a. a. O.	am angeführten Ort
Abs.	Absatz
Abschn.	Abschnitt
abzgl.	abzüglich
AfA	Absetzung für Abnutzung
AfaA	Absetzung für außergewöhnliche Abnutzung
AfS	Absetzung für Substanzverringerung
AK	Anschaffungskosten
Anm.	Anmerkung
AO	Abgabenordnung
a. o. Aufwand	außerordentlicher Aufwand
a. o. Ertrag	außerordentlicher Ertrag
ArbG	Arbeitgeber
ArbN	Arbeitnehmer
Az.	Aktenzeichen
BA	Betriebsausgaben
BB	Betriebs-Berater (Zeitschrift)
BBK	Buchführung, Bilanz, Kostenrechnung (Zeitschrift)
BE	Betriebseinnahmen
Beschl.	Beschluss
BewG	Bewertungsgesetz
BFH	Bundesfinanzhof
BFH/NV	Sammlung nicht veröffentlichter Entscheidungen des BFH
BGA	Betriebs- und Geschäftsausstattung
BGB	Bürgerliches Gesetzbuch
BGBl	Bundesgesetzblatt
BilMoG	Bilanzrechtsmodernisierungsgesetz
BMF-Schreiben	Schreiben des Bundesministeriums der Finanzen
BStBl	Bundessteuerblatt
BV	Betriebsvermögen
BVerfG	Bundesverfassungsgericht
bzgl.	bezüglich
bzw.	beziehungsweise
DB	Der Betrieb (Zeitschrift)
dgl.	dergleichen
d. h.	das heißt
DStR	Deutsches Steuerrecht (Zeitschrift)
DStZ	Deutsche Steuer-Zeitung (Zeitschrift)
EFG	Entscheidungen der Finanzgerichte (Zeitschrift)
einschl.	einschließlich

ErbStR	Erbschaftsteuer-Richtlinien
ESt	Einkommensteuer
EStDV	Einkommensteuer-Durchführungsverordnung
EStG	Einkommensteuergesetz
EStH	Einkommensteuer-Hinweise
EStR	Einkommensteuer-Richtlinien
EuGH	Europäischer Gerichtshof
e. V.	eingetragener Verein
ev.	evangelisch
evtl.	eventuell
FA	Finanzamt
FG	Finanzgericht
ff.	fortfolgende
FinBeh	Finanzbehörde
FinMin	Finanzministerium
FR	Finanz-Rundschau (Zeitschrift)
GdbR	Gesellschaft des bürgerlichen Rechts
gem.	gemäß
GewSt	Gewerbesteuer
GewStDV	Gewerbesteuer-Durchführungsverordnung
GewStG	Gewerbesteuergesetz
GewStR	Gewerbesteuer-Richtlinien
ggf.	gegebenenfalls
gl. A.	gleicher Ansicht
grds.	grundsätzlich
GrS	Großer Senat
G + V	Gewinn und Verlust
GWG	Geringwertiges Wirtschaftsgut
HGB	Handelsgesetzbuch
HK	Herstellungskosten
h. Mg.	herrschende Meinung
i. d. F.	in der Fassung
i. d. R.	in der Regel
i. H.	in Höhe
i. H. v.	in Höhe von
INF	Die Information über Steuer und Wirtschaft (Zeitschrift)
inkl.	inklusive
i. S. d.	im Sinne des/der
i. S. v.	im Sinne von
i. U.	im Umkehrschluss
i. V. m.	in Verbindung mit

Kfz	Kraftfahrzeug
KG	Kommanditgesellschaft
Kj.	Kalenderjahr
lfd.	laufend(e)
Lfg.	Lieferung
LSt	Lohnsteuer
LStDV	Lohnsteuer-Durchführungsverordnung
LStR	Lohnsteuer-Richtlinien
lt.	laut
m. E.	meines Erachtens
Mio.	Millionen
m. w. N.	mit weiteren Nachweisen
ND	Nutzungsdauer
Nr.	Nummer
NWB	Neue Wirtschafts-Briefe (Zeitschrift)
o. Ä.	oder Ähnliches
OFD	Oberfinanzdirektion
o. g.	oben genannte
OHG	Offene Handelsgesellschaft
R	Richtlinie
RAP	Rechnungsabgrenzungsposten
Rdn.	Randnummer
Rev.	Revision
Rspr.	Rechtsprechung
Rz.	Randziffer
S.	Seite
s. a.	siehe auch
SGB	Sozialgesetzbuch
sog.	so genannte
SolZ	Solidaritätszuschlag
StBp	Die steuerliche Betriebsprüfung (Zeitschrift)
StEntlG	Steuerentlastungsgesetz 1999/2000/2001
Stpfl.	Steuerpflichtiger
SteuerStud	Steuer und Studium (Zeitschrift)
Tz.	Textziffer
u. a.	unter anderem
u. Ä.	und Ähnliches
UmwStG	Umwandlungssteuergesetz

UR	Umsatzsteuer-Rundschau (Zeitschrift)
USt	Umsatzsteuer
UStDV	Umsatzsteuer-Durchführungsverordnung
UStG	Umsatzsteuergesetz
UStR	Umsatzsteuer-Richtlinien
u. U.	unter Umständen
VermBG	Vermögensbildungsgesetz
Vfg.	Verfügung
vgl.	vergleiche
VorSt	Vorsteuer
VZ	Veranlagungszeitraum
WBK	Warenbestandskonto
WEK	Wareneinkaufskonto
WG	Wirtschaftsgut
Wj.	Wirtschaftsjahr
WVK	Warenverkaufskonto
z. B.	zum Beispiel
Ziff.	Ziffer
z. T.	zum Teil
zzgl.	zuzüglich

Einführung und allgemeiner Überblick

1. Gewinnermittlung

1.1 Allgemeines

Bei der Erstellung der jährlichen Einkommensteuererklärung müssen die Steuerpflichtigen mit Gewinneinkünften (§ 2 Abs. 2 Nr. 1 EStG), nämlich
1. Einkünfte aus Land- und Forstwirtschaft (§ 13 EStG),
2. Einkünfte aus Gewerbebetrieb (§ 15 EStG) und
3. Einkünfte aus selbständiger Arbeit (§ 18 EStG),
den Gewinn ermitteln.

Einkunftsart	Einkünfte
Land- und Forstwirtschaft	Gewinn
Gewerbebetrieb	Gewinn
Selbständige Arbeit	Gewinn
Nichtselbständige Arbeit	Überschuss der Einnahmen über die Werbungskosten
Kapitalvermögen	Überschuss der Einnahmen über die Werbungskosten
Vermietung und Verpachtung	Überschuss der Einnahmen über die Werbungskosten
Sonstige Einkünfte	Überschuss der Einnahmen über die Werbungskosten

Abbildung: Ermittlung der Einkünfte nach dem EStG

Das Einkommensteuerrecht kennt mehrere Methoden, den steuerlich relevanten Gewinn zu ermitteln:
- den Betriebsvermögensvergleich nach § 4 Abs. 1 Satz 1 EStG,
- den Betriebsvermögensvergleich nach § 5 Abs. 1 EStG,
- Gewinnermittlung bei Handelsschiffen im internationalen Verkehr (§ 5a EStG),
- die Einnahme-Überschussrechnung (§ 4 Abs. 3-Rechnung),
- die Gewinnermittlung nach § 13a EStG,
- und die Gewinnermittlung durch Schätzung (§ 162 AO; nach h.Mg. aber keine eigenständige Gewinnermittlungsart).

Bei der jährlichen Gewinnermittlung am Ende des Geschäftsjahres (Kalenderjahr, → **Gewinnermittlungszeitraum**) werden die Betriebseinnahmen bzw. Erlöse sowie die Betriebsausgaben bzw. Kosten zusammengetragen und systematisch aufgezeichnet (→ **Aufzeichnungs- und Aufbewahrungspflichten**). Dieser systematische Weg zum Erreichen des Endergebnisses (Gewinn) wird auch als Buchführung bezeichnet. Alle betrieblichen Vorfälle – Geschäftsvorfälle genannt – werden das gesamte Jahr über belegmäßig gesammelt und buchmäßig festgehalten. Die systematische Aufzeichnung der Geschäftsvorfälle nennt man »buchen«.

1.2 Betriebsvermögensvergleich

Das **Ergebnis der Buchführung** ist die Gewinnermittlung durch den **Betriebsvermögensvergleich**. Zu der kaufmännischen **doppelten Buchführung** gehören die Bilanz (Jahresabschluss) und die Gewinn- und Verlustrechnung. Die Bilanz und die Gewinn- und Verlustrechnung sind der Steuererklärung als Unterlagen beizufügen (§ 60 Abs. 1 EStDV).

>   Betriebsvermögen am Schluss des Wirtschaftsjahres
>   abzüglich Betriebsvermögen am Schluss des vorangegangenen Wirtschaftsjahres
>   = Unterschiedsbetrag
>   vermehrt um den Wert der Entnahmen
>   vermindert um den Wert der Einlagen
>   = Gewinn

Abbildung: Gewinnermittlung nach § 4 Abs. 1 EStG

Nach § 238 Abs. 1 HGB ist jeder Kaufmann verpflichtet, Bücher zu führen und in diesen seine Handelsgeschäfte und die Lage seines Vermögens nach den Grundsätzen ordnungsgemäßer Buchführung ersichtlich zu machen. Die Buchführung muss so beschaffen sein, dass sie einem sachverständigen Dritten innerhalb angemessener Zeit einen Überblick über die Geschäftsvorfälle und über die Lage des Unternehmens vermitteln kann. Die Geschäftsvorfälle müssen sich in ihrer Entstehung und Abwicklung verfolgen lassen. Nach § 242 Abs. 2 HGB hat der Kaufmann für den Schluss eines jeden Geschäftsjahres eine Gegenüberstellung der Aufwendungen und Erträge des Geschäftsjahres (Gewinn- und Verlustrechnung) aufzustellen. Die Bilanz und die Gewinn- und Verlustrechnung bilden den Jahresabschluss (§ 242 Abs. 3 HGB). Zu den Grundsätzen ordnungsmäßiger Buchführung siehe R 5.2 EStR und H 5.2 [Grundsätze ordnungsmäßiger Buchführung] EStH.

1.3 Einnahme-Überschussrechnung

Eine Reihe selbständig Tätiger sind von diesem strengen und komplizierten Buchführungsverfahren befreit.

Die § 4 Abs. 3-Rechnung ist eingeführt worden (1925), um bestimmten Steuerpflichtigen die Gewinnermittlung zu erleichtern. Da die Vorschrift eine besondere Form der Gewinnermittlung darstellt, kann sie nur bei den einkommensteuerrechtlichen Einkunftsarten zur Anwendung kommen, bei denen der Gewinn die Besteuerungsgrundlage bildet. Das ist bei den Einkünften aus Land- und Forstwirtschaft, Gewerbebetrieb und selbständiger Arbeit der Fall (§ 2 Abs. 1 Nr. 1–3 i.V.m. § 2 Abs. 2 Nr. 1 EStG). In der Praxis ist diese Form der Gewinnermittlung wesentlich einfacher und für den Steuerpflichtigen auch kostengünstiger, als das Einrichten einer Buchführung und das Aufstellen von Bilanzen, Gewinn- und Verlustrechnungen.

Auch die Gewinnermittlungsformel stellt sich recht einfach dar:

Betriebseinnahmen
./. Betriebsausgaben
= Gewinn

Abbildung: Gewinnermittlung nach § 4 Abs. 3 EStG

In beiden Fällen der Gewinnermittlung – Betriebsvermögensvergleich und → **Einnahme-Überschussrechnung** – stellt der Gewinn die Einkünfte aus Land- und Forstwirtschaft, aus Gewerbebetrieb oder aus selbständiger Arbeit dar (§ 2 Abs. 2 Nr. 1 EStG), d.h., der **Gewinnbegriff ist in beiden Gewinnermittlungsarten gleich** und führt zum **selben Totalgewinn**. Innerhalb dieser → **Gesamtgewinngleichheit** können sich allerdings periodische Verschiebungen, u.a. wegen der Anwendung des Zu- und Abflussprinzips (→ **Zu- und Abflussprinzip**) bei der Einnahme-Überschussrechnung, ergeben. So kann aus der Gesamtgewinngleichheit nicht die Gesamteinkommensteuergleichheit hergeleitet werden. Der zum Jahresende ermittelte **Gewinn unterliegt** als Einkünfte der jeweiligen Einkunftsart **der Einkommensteuer** (§ 2 Abs. 1 EStG).

Der **Betriebsvermögensvergleich** und die **Einnahme-Überschussrechnung** sind zwei verschiedene Gewinnermittlungsarten, die aber **auf Dauer** gesehen zu **demselben Ergebnis** führen müssen. In seiner Entscheidung vom 2.10.2003 (IV R 13/03, BStBl II 2004, 985) leitet der BFH die **Totalgewinngleichheit** aus dem Gleichheitssatz des Art. 3 Abs. 1 GG ab. Aus Gründen der Besteuerungs- und Totalgewinngleichheit ist bei allen Gewinnermittlungsarten das → **Betriebsvermögen** auf die gleiche Art und Weise zu bilden.

Bei einzelnen betrieblichen Vorgängen ist es jedoch schwieriger, die richtige Behandlung i.R.d. § 4 Abs. 3-Rechnung zu erkennen, als den zutreffenden Buchungssatz zu bilden. Der Grund hierfür ist darin zu sehen, dass das – die § 4 Abs. 3-Rechnung tragende – Zu- und Abflussprinzip durch viele Ausnahmen und Sonderregelungen durchbrochen wird.

Wird der Gewinn nach § 4 Abs. 3 EStG durch die Einnahme-Überschussrechnung ermittelt, ist **ab dem Kalenderjahr 2005** der Steuererklärung eine Gewinnermittlung **nach** amtlich vorgeschriebenem Vordruck beizufügen (§ 60 Abs. 4 EStDV → **Vordruck EÜR**).

Liegen die **Betriebseinnahmen** für den – **jeweiligen** – Betrieb **unter** der Grenze von **17 500 €**, wird es nicht beanstandet, wenn **an Stelle** dieses **Vordrucks** der Steuererklärung eine **formlose Gewinnermittlung** beigefügt wird (BMF-Schreiben vom 10.2.2005, BStBl I 2005, 320). Da es in § 60 Abs. 4 EStDV heißt »nach« amtlich vorgeschriebenem Vordruck, ist es zulässig,
- den amtlichen Vordruck zu kopieren und auszufüllen oder
- den amtlichen Vordruck aus dem Internet herunterzuladen, auszudrucken und auszufüllen.

Nach dem Urteil des **FG Münster** besteht für die **Abgabe** des **Vordrucks EÜR keine gesetzliche Grundlage** (s.a. die Pressemitteilung des FG Münster vom 1.4.2009, LEXinform 0432953).

Ein Unternehmer, der seinen Gewinn nicht durch Bilanzierung, sondern durch Einnahmenüberschussrechnung ermittelt, ist nicht verpflichtet, hierfür den amtlich vorgeschriebenen Vordruck »Anlage EÜR« zu verwenden. Dies hat das FG Münster in seinem Urteil vom

17.12.2008 (6 K 2187/08, LEXinform 5008027) entschieden und hierbei – soweit ersichtlich – erstmals zu der seit dem Jahr 2005 geltenden Neuregelung Stellung genommen.

Im Streitfall erklärte der Kläger gewerbliche Einkünfte und reichte beim FA hierzu eine nach dem herkömmlichen elektronischen DATEV-System verfasste Einnahme-Überschussrechnung ein. Das FA beanstandete zwar die Höhe der erklärten Einkünfte nicht, forderte den Kläger unter Hinweis auf die nunmehr bestehende gesetzliche Verpflichtung aber dazu auf, die Gewinnermittlung auf amtlichem Vordruck – Anlage EÜR – vorzunehmen und diesen nachzureichen (§ 60 Abs. 4 EStDV).

Das FG Münster sprach den Kläger von einer solchen Verpflichtung frei. Für die Gewinnermittlung auf einem amtlich vorgeschriebenen Vordruck fehle es an einer wirksamen Rechtsgrundlage. Die Finanzverwaltung könne sich hierfür nicht auf § 60 Abs. 4 EStDV – eine Rechtsverordnung der Bundesregierung – stützen, da bereits die Voraussetzungen der gesetzlichen Ermächtigung im EStG nicht vorlägen. Zum einen werde mit der Verpflichtung zur Abgabe einer Gewinnermittlung nach amtlichem Vordruckmuster das Besteuerungsverfahren nicht vereinfacht, sondern jedenfalls für diejenigen Unternehmer erschwert, die ihre Gewinne bislang mittels elektronischer Standard-Systeme (im Streitfall DATEV) ermittelt haben. Zum anderen führe der mit der Einführung der Anlage EÜR verfolgte Zweck einer Kontroll- und Plausibilitätsprüfung durch die Finanzverwaltung nicht zu einer Gleichmäßigkeit der Besteuerung, sondern – im Gegenteil – zu Ungleichbehandlungen im Gesetzesvollzug. Denn für Unternehmer, die ihren Gewinn durch Bilanzierung ermitteln, stehe den Finanzbehörden derzeit kein der Anlage EÜR entsprechendes Plausibilitätsprüfungsinstrument zur Verfügung, so dass vergleichbare Besteuerungssachverhalte dort möglicherweise nicht aufgegriffen würden.

Auch könne – so das Finanzgericht Münster weiter – die Verpflichtung zur Ermittlung des Gewinns nicht auf eine bloße Rechtsverordnung der Bundesregierung gestützt werden, sondern hätte durch den Gesetzgeber selbst entschieden werden müssen.

Die vom Finanzgericht zugelassene Revision ist beim BFH unter dem Az. X R 18/09 anhängig.

Zum groben Verschulden bei der Erstellung einer Einnahme-Überschussrechnung siehe → **Einnahme-Überschussrechnung**.

2. Grundzüge

Der sachliche Anwendungsbereich der Gewinnermittlung nach § 4 Abs. 3 EStG ist, wie bereits dargelegt, auf die Gewinneinkünfte beschränkt. Die § 4 Abs. 3-Rechnung ist eine eigenständige Gewinnermittlungsart mit einer einfachen Gewinnermittlungstechnik. Nach der Definition des § 4 Abs. 3 EStG ist der Gewinn der Überschuss der → **Betriebseinnahmen** über die → **Betriebsausgaben**. Beherrschendes Prinzip ist das sog. Zu- und Abflussprinzip des § 11 EStG (→ **Zu- und Abflussprinzip**). Danach müsste der Steuerpflichtige nur die ihm zugeflossenen Betriebseinnahmen und die gezahlten Betriebsausgaben aufzeichnen (Prinzip einer einfachen Geld-Rechnung). Im Gegensatz zur Buchführung müssen z.B. Waren-, vorhandene Bargeld- oder Bankbestände, Forderungen und Schulden nicht aufgezeichnet werden. Es sind keine Inventuren, Inventarlisten und Bilanzen, keine Aufzeichnungen über Entnahmen und Einlagen usw. erforderlich. In den vereinfachten Aufzeichnungen und der übersichtlichen Gewinnermittlungsformel liegt der große Kostenvorteil der § 4 Abs. 3-Rechnung gegenüber der Buchführung. Allerdings ist auch bei einer → **Einnahme-Überschussrechnung** die **Vorlage geordneter** und **vollständiger Belege erforderlich**. Die Aufbewahrung aller Belege ist grundsätzliche Voraussetzung für den Schluss, dass die Betriebseinnahmen vollständig erfasst sind (Urteil FG Berlin-Brandenburg vom 26.7.2007 14 K 3368/06 B, LEXinform 5006888).

Der Grundsatz, nach dem nur zugeflossene Betriebseinnahmen und gezahlte Betriebsausgaben zu erfassen sind, wird jedoch durch viele Ausnahmen und Sonderregelungen durchbrochen, die sich teils aus dem Gesetz selbst, teils aus der Rechtsprechung sowie aus den Verwaltungsanweisungen ergeben. Diese vielen Ausnahmen führen dazu, dass die § 4 Abs. 3-Rechnung aufwendiger und oft rechtlich schwieriger ist, als eine reine Geld-Rechnung wäre. Eine reine Geldrechnung hätte aber zur Folge, dass der Gewinn nur nach dem Prinzip »erhaltene Betriebseinnahmen abzüglich gezahlter Betriebsausgaben« zu berechnen wäre. Dies ist jedoch gerade nicht der Fall. Durch die bestehenden Ausnahmen und Sonderregelungen wird die reine Geldrechnung durchlöchert. Der Begriff »Erfolgsrechnung« unter dem Leitgedanken des Zu- und Abflussprinzips erscheint m.E. aussagekräftiger.

Die Gewinnermittlung nach der Einnahme-Überschussrechnung ist in § 4 Abs. 3 EStG nur vage geregelt. So wird auf die Behandlung
- einer Betriebseröffnung,
- einer Betriebsbeendigung,
- der Entnahmen sowie
- der Einlagen
- dort nicht eingegangen.

Die Gewinnermittlung nach § 4 Abs. 3 EStG hat eine gewisse (optische) Ähnlichkeit mit der Gewinn- und Verlustrechnung der doppelten Buchführung. Es ist jedoch zu beachten, dass die § 4 Abs. 3-Rechnung im Grundsatz betriebliche Geschäftsvorfälle zu einem anderen Zeitpunkt erfasst als die Gewinn- und Verlustrechnung der doppelten **Buchführung**. Dort werden Aufwendungen und Erträge (**Sollbeträge**), in der **§ 4 Abs. 3-Rechnung** dagegen grundsätzlich betrieblich veranlasste Zuflüsse und betrieblich veranlasste Abflüsse (**Ist-Beträge**) erfasst. Nicht die Entstehung einer Forderung, sondern der **Zufluss führt zu Betriebseinnahmen**. Für betriebliche Zahlungen gilt Entsprechendes; sie sind grundsätzlich mit **Abfluss** als **Betriebsausgaben** anzusetzen. Dieser Unterschied soll anhand des folgenden Beispiels verdeutlicht werden (auf die USt-Problematik wird hierbei noch nicht eingegangen):

Beispiel:
Einnahme-Überschussrechnung

Geschäftsvorfall	Kalenderjahr 01	Kalenderjahr 02
Warenverkauf auf Ziel 5 000 € im Juli 01. Die **Zahlung** erfolgt im **März 02**.	Mangels Zuflusses liegt **keine Betriebseinnahme** vor (§ 11 Abs. 1 Satz 1 EStG).	Mit **Zufluss** im März liegt eine Betriebseinnahme i.H.v. 5 000 € vor.
	Gewinnauswirkung keine	Gewinnauswirkung + 5 000 €

Buchführung

Der Buchungssatz lautet:	Forderung 5 000 €	Bank 5 000 €
	an Warenverkauf 5 000 €	an Forderung 5 000 €
	Gewinnauswirkung + 5 000 €	Gewinnauswirkung keine

Die Totalgewinngleichheit ist mit 5 000 € gegeben. Wegen der Anwendung des Zu- und Abflussprinzips tritt zwischen den zwei Gewinnermittlungsarten eine periodische Verschiebung ein. Auf Grund des geltenden progressiven Steuertarifs kann die steuerliche Gesamtbelastung völlig unterschiedlich sein (sog. fehlende Totalsteueridentität). Die aufgrund der unterschiedlichen Erfassungsprinzipien entstehenden Gewinnverschiebungen sind auch der Grund dafür, dass bei einem → **Wechsel der Gewinnermittlungsart** Gewinnkorrekturen vorzunehmen sind. Eine Betriebsveräußerung oder -aufgabe führt zwingend zu einem Wechsel von § 4 Abs. 3 EStG zur Buchführung, mit der Folge, dass der Gewinn spätestens dann ausgeglichen wird.

Die Grundzüge der Einnahme-Überschussrechnung werden aus dem obigen Beispiel deutlich:
- Bei der Einnahme-Überschussrechnung werden
- Betriebsausgaben und Betriebseinnahmen nach dem Prinzip der »Istregelung« erfasst;
- Geschäftsvorfälle nur einfach erfasst.

Aus dem Beispiel wird weiterhin deutlich, dass genauso wie beim Bestandsvergleich auch bei der Einnahme-Überschussrechnung jeder
- Betriebseinnahme auch ein Abgang und jeder
- Betriebsausgabe auch ein Zugang
- zu Grunde liegt.

Gewinnermittlung nach § 4 Abs. 3 EStG
für die Zeit vom 01.01.2009 – 31.12.2009

Rechtsanwalt und Fachbuchautor
Justus Juris
Gerichtsgasse 11
99999 Knasterhausen   Steuer-Nummer: 11/123/4567/8

A. Betriebseinnahmen
- vereinnahmte Honorare aus der Rechtsberatung
  (Umsatzerlöse 19%; **Zeile 10** des Vordrucks EÜR)   413 793 €
- vereinnahmte Honorare aus der schriftstellerischen Tätigkeit
  (Umsatzerlöse 7%; **Zeile 10** des Vordrucks EÜR)   20 000 €   433 793 €
- Sachentnahme (Pkw alt)
  (**Zeile 14** des Vordrucks EÜR)   3 000 €
- private Kraftfahrzeugnutzung (Listenpreismethode)
  (**Zeile 15** des Vordrucks EÜR; s.a. R **Vordruck EÜR**;
  s.a. **Zeile 35 bis 37a** des Vordrucks EÜR)   4 140 €
- private Telefonnutzung (**Zeile 16** des Vordrucks EÜR;
  s.a. R **Vordruck EÜR**)   380 €   7 520 €
- vereinnahmte USt 19% (19% von 413 793 €;
  Zeile 12 des Vordrucks EÜR)   78 621 €
- vereinnahme USt 7% (7% von 20 000 €;
  Zeile 12 des Vordrucks EÜR)   1 400 €

– USt auf R **unentgeltliche Wertabgaben** (19 % von 7 520 €; **Zeile 12** des Vordrucks EÜR)	1 429 €	81 450 €
Summe Betriebseinnahmen (Zeile 18 des Vordrucks EÜR)		522 763 €
B. Betriebsausgaben		
– Gehälter, Löhne und Versicherungsbeiträge für ArbN (**Zeile 23** des Vordrucks EÜR)		79 600 €
– AfA (**Zeile 26** des Vordrucks EÜR) a) Büromöbel (Nutzungsdauer 13 Jahre, BStBl I 2000, 1532) 3. von 13 Jahren, degressiv 30 %	1 101 €	
b) Computer (Nutzungsdauer 3 Jahre) 2. von 3 Jahren, linear	360 €	1 461 €
– AfA Pkw, (Nutzungsdauer 6 Jahre, BStBl I 2000, 1532) 2. von 6 Jahren, linear (**Zeile 26** des Vordrucks EÜR)		4 800 €
– Miete Geschäftsräume (**Zeile 39** des Vordrucks EÜR)		36 000 €
– Kfz-Kosten (**Zeile 35** des Vordrucks EÜR)		3 750 €
– Bewirtungskosten nicht abziehbar 180 € abziehbar (**Zeile 44** des Vordrucks EÜR)		420 €
– sonstige Betriebsausgaben a) Bürobedarf (**Zeile 48** des Vordrucks EÜR)	1 300 €	
b) Porto (**Zeile 48** des Vordrucks EÜR)	500 €	
c) Telefon (**Zeile 48** des Vordrucks EÜR)	1 260 €	
d) Zeitschriften, Bücher sonstige Fachliteratur (**Zeile 49** des Vordrucks EÜR)	870 €	
e) Kosten Geldverkehr (**Zeile 51** des Vordrucks EÜR)	60 €	3 990 €
– abziehbare, gezahlte Vorsteuerbeträge (**Zeile 52** des Vordrucks EÜR)		548 €
– Umsatzsteuerzahlungen an das Finanzamt (**Zeile 53** des Vordrucks EÜR)		62 573 €
Summe Betriebsausgaben (Zeile 55 des Vordrucks EÜR)		193 142 €
Summe Betriebseinnahmen (Zeile 60 des Vordrucks EÜR)		522 763 €
Summe Betriebsausgaben (Zeile 61 des Vordrucks EÜR)		./. 193 142 €
Gewinn (Zeile 67 des Vordrucks EÜR)		329 621 €

Abbildung: Grundaufbau einer § 4 Abs. 3-Rechnung

3. Besonderheiten

Der Grundsatz, nach dem nur zugeflossene Betriebseinnahmen und gezahlte Betriebsausgaben zu erfassen sind, wird durch viele Ausnahmen und Sonderregelungen durchbrochen, die sich teils aus dem Gesetz selbst, teils aus der Rechtsprechung sowie aus den Verwaltungsanweisungen ergeben. Grund für diese zahlreichen Ausnahmen dürfte zum einen die Gewährleistung der sog. → **Gesamtgewinngleichheit** (= Totalgewinnidentität) und zum anderen die Vermeidung von steuerlichen Härten sein. Durch diese Ausnahmen und Sonderregelungen wird die einfache Grundkonzeption der § 4 Abs. 3-Rechnung durchlöchert und erschwert. Ausnahmen und Sonderregelungen in diesem Zusammenhang sind z.B.:

- Betriebseinnahmen und Betriebsausgaben in Geldeswert,
- regelmäßig wiederkehrende Betriebseinnahmen und -ausgaben,
- durchlaufende Posten,
- betriebliche Darlehensaufnahme und Darlehensgewährung,
- Behandlung der Umsatzsteuer und Vorsteuer,
- Anschaffung und Veräußerung von Wirtschaftsgütern des Anlagevermögens,
- Renten im Zusammenhang mit der Anschaffung oder Veräußerung von Wirtschaftsgütern des Anlagevermögens,

- Verlust von Wirtschaftsgütern durch Verderb, Schwund, Diebstahl oder Zerstörung,
- Entnahme von Gegenständen, Nutzungen und Leistungen,
- Einlage von Gegenständen und Nutzungen,
- nicht abzugsfähige Betriebsausgaben.

Literatur: Treisch u.a., Betriebsvermögensvergleich und Einnahmen-Ausgaben-Rechnung – Unterschiede und Gemeinsamkeiten, Steuer & Studium 2007, 21; Kratzsch, Gestaltungsmöglichkeiten bei der Einnahmenüberschussrechnung – Gewinnverlagerung, gewillkürtes Betriebsvermögen und Ansparrücklage –, NWB Fach 3, 13927.

4. Unterschiede zwischen Buchführung und der § 4 Abs. 3-Rechnung

	Buchführung §§ 4 Abs. 1 Satz 1 und 5 Abs. 1 EStG	§ 4 Abs. 3-Rechnung
Gewinnermittlung	• BV-Vergleich, § 4 Abs. 1 Satz 1 EStG • G + V-Konto als Kontrolle	Betriebseinnahmen ./. Betriebsausgaben
Gewinnermittlungszeitraum	• **Grundsatz** Wirtschaftsjahr = Kalenderjahr • **Ausnahme** Abweichendes Wirtschaftsjahr ist möglich (s. § 4a Abs. 1 Satz 2 Nr. 1 bis 3 EStG)	• **Grundsatz** Wirtschaftsjahr = Kalenderjahr • **Ausnahme** Abweichendes Wirtschaftsjahr nur bei Land- und Forstwirten
Aufzeichnungen	Buchführungsunterlagen (Bilanz, G + V-Rechnung, Kassenbuch, Konten, Inventarlisten usw.)	Aufzeichnungen nur in bestimmten Fällen (→ **Aufzeichnungs- und Aufbewahrungspflichten**)
Gewinnrealisierung	Periodengerechte Gewinnermittlung, sog. Soll- oder Entstehungsprinzip (§ 252 Abs. 1 Nr. 5 HGB). § 11 EStG wird ausdrücklich ausgeschlossen (§ 11 Abs. 1 Satz 5 und Abs. 2 Satz 4 EStG)	Zeitliche Erfassung unter Berücksichtigung des § 11 EStG (sog. Istprinzip)
Betriebsvermögen	Jegliche Art von Betriebsvermögen (notwendiges und gewillkürtes) ist möglich	Wie Buchführung.
Bewertungsvorschriften	§ 6 EStG gilt uneingeschränkt Bewertung nach den handels- und steuerrechtlichen Vorschriften (§ 252 HGB, § 6 EStG)	§ 6 EStG gilt nur hinsichtlich der Behandlung von • Entnahmen, • Einlagen, • geringwertigen Wirtschaftsgütern Siehe aber auch § 6 Abs. 7 EStG

	Buchführung §§ 4 Abs. 1 Satz 1 und 5 Abs. 1 EStG	§ 4 Abs. 3-Rechnung
Aufgabe und Bedeutung	• **Innerbetrieblich** wichtige Informationsquelle, z.B. für: – Kontrolle (Betriebsergebnis, – Vermögenssituation usw.), – Kalkulation (Preisgestaltung usw.), – Statistik (Geschäftsentwicklung usw.), – Planung (Investitionen, Personal usw.) • **Außerbetrieblich** – Privatrechtlich, z.B. Einblick für Betriebsfremde (Gläubiger, Banken, Kunden usw.) in die Betriebssituation. – Steuerlich, z.B. Zahlenmaterial für die verschiedenen Steuererklärungen	Die § 4 Abs. 3-Rechnung ist lediglich eine einfache, rein steuerliche Gewinnermittlungsart. Aus diesem Grunde ist sie für weiterreichende inner- wie außerbetriebliche Aufgaben weniger geeignet (durch den Einsatz geeigneter Software sind Auswertungen jedoch möglich).

5. Das Erstellen und die Entwicklung der Einnahme-Überschussrechnung im laufenden Jahr

Die praktische → **Einnahme-Überschussrechnung** ist sehr umfangreich und sollte durch einen Steuerberater erstellt werden. Dieser »**verbucht**« die **Geschäftsvorfälle** nach einem bestimmten **Kontenplan**.

Falls Sie selbst Ihre eigene Einnahme-Überschussrechnung erstellen möchten, bietet sich dafür die folgende, mit Hilfe einer Excel-Tabelle erstellte Übersicht an. Organisieren Sie dabei Ihre Einnahme-Überschussrechnung so, dass Sie – je nach Umfang Ihrer Belege – einen oder mehrere Ordner anlegen.

- Der Ordner 1 enthält alle noch nicht »gebuchten« Belege. Es handelt sich dabei um Rechnungen an Ihre Kunden, die noch nicht bezahlt wurden oder um Rechnungen, die Sie erhalten haben und die noch nicht beglichen wurden. In Ihrer Einnahme-Überschussrechnung sind die → **Betriebseinnahmen** nach dem Zuflussprinzip und die → **Betriebsausgaben** nach dem Abflussprinzip zu erfassen.
- Der Ordner 2 enthält alle Belege für die gebuchten und somit zugeflossenen Einnahmen. In der unten dargestellten Einnahme-Überschussrechnung für den Monat Januar sind das die Belege Nr. 4 und 5. Bei einer schriftstellerischen Tätigkeit unterliegen die Betriebseinnahmen dem ermäßigten Steuersatz nach § 12 Abs. 2 Nr. 7 Buchst. c UStG. Im amtlichen Vordruck sind diese Netto-Betriebseinnahmen in **Zeile 10** zu erfassen (→ **Vordruck EÜR**). Nähere Einzelheiten zu den von Ihnen gestellten Rechnungen und zu den sonstigen Einnahmebelegen finden Sie unter → **Aufzeichnungs- und Aufbewahrungspflichten**.
- Der Ordner 3 enthält alle Belege für die gebuchten und somit abgeflossenen Ausgaben. In der unten dargestellten Einnahme-Überschussrechnung für den Monat Januar sind das die Belege Nr. 1 bis 3 und 6. Als Ausgabebeleg dient u.a. auch eine Barzahlungsquittung.

Zu den erforderlichen Aufzeichnungen im Zusammenhang mit Entnahmen und Einlagen siehe unter → **Aufzeichnungs- und Aufbewahrungspflichten**.

Die nachfolgend dargestellte Entwicklung einer Einnahme-Überschussrechnung betrifft die nebenberuflich ausgeübte schriftstellerische Tätigkeit eines Arbeitnehmers. Die Darstellung zeigt die Aufzeichnungen der Monate Januar bis März sowie Dezember.

Einnahme-Überschussrechnung Monat Januar 2009											
Nr.	Datum	Text	Betriebseinnahmen || Betriebsausgaben								
		Konto	Honorar	USt 7%	USt an FA	Porto	Telefon	Bürobedarf, Bücher usw.	AfA	Vorsteuer	Pkw-Kosten	Summe der Betriebsausgaben
		Übertrag	0,00	0,00	0,00	0,00	0,00	0,00	0,00	0,00	0,00	0,00
1	14.01.09	NWB						243,60		17,05		
2	14.01.09	Porto				6,70						
3	14.01.09	Porto und Fahrt zur Post				6,70					0,60	
4	15.01.09	Steuer & Studium	175	12,25								
5	25.01.09	Schäffer-Poeschel Verlag	1 260	88,20								
6	29.01.09	Telefon					13,50			2,56		
Summe Januar			1 435	100,45	0,00	13,40	13,50	243,60	0,00	19,61	0,60	290,71
Summe insgesamt			1 435	100,45	0,00	13,40	13,50	243,60	0,00	19,61	0,60	290,71
USt dazu							2,56	17,05				

Einnahme-Überschussrechnung Monat Februar 2009											
Nr.	Datum	Text	Betriebs-einnahmen	Betriebsausgaben							
		Konto	Ho-no-rar	USt 7%	USt an FA	Porto	Tele-fon	Büro-bedarf, Bücher usw.	AfA	Vor-steuer	Pkw-Kosten	Summe der Betriebs-aus-gaben
		Über-trag	1 435	100,45	0,00	13,40	13,50	243,60	0,00	19,61	0,60	290,71
7	02.02.09	NWB						43,00		3,01		
8	04.02.09	Porto				6,70					0,60	
9	10.02.09	Schäffer-Poeschel	500	35,00								
10	10.02.09	USt IV/03			234,80							
11	29.02.09	Telefon					12,80			2,43		
Summe Februar			500	35,00	234,80	6,70	12,80	43,00	0,00	5,44	0,60	303,34
Summe insgesamt			1 935	135,45	234,80	20,10	26,30	286,60	0,00	25,05	1,20	594,05
USt dazu						4,99	20,06					

Einnahme-Überschussrechnung Monat März 2009											
Nr.	Datum	Text	Betriebs-einnahmen	Betriebsausgaben							
		Konto	Ho-norar	USt 7%	USt an FA	Porto	Te-lefon	Büro-bedarf, Bücher usw.	AfA	Vor-steuer	Pkw-Kosten	Summe der Betriebs-aus-gaben
		Über-trag	1 935	135,45	234,80	20,10	26,30	286,60	0,00	25,05	1,20	594,05
12	04.03.09	Porto				6,70					0,60	
13	10.03.09	Schäffer-Poeschel	500	35,00								
14	29.03.09	Telefon					12,80			2,43		
15	30.03.09	Drucker								54,91		
Summe März			500	35,00	0,00	6,70	12,80	0,00	0,00	57,34	0,60	77,44
Summe insgesamt			2 435	170,45	234,80	26,80	39,10	286,60	0,00	82,39	1,80	671,49
USt dazu						7,42	20,06					

Einnahme-Überschussrechnung Monat Dezember 2009											
Nr.	Datum	Text	Betriebs-einnahmen		Betriebsausgaben						
			Konto	Honorar	USt 7%	USt an FA	Porto	Telefon	Büro-bedarf, Bücher usw.	AfA	Vorsteuer	Pkw-Kosten	Summe der Betriebs-ausgaben
			Übertrag	12 935	905,45	630,80	80,40	132,78	467,60	0,00	112,87	8,20	1 432,65
90	04.12.09	Porto					6,70					0,60	
91	10.12.09	Schäffer-Poeschel		500	35,00								
92	29.12.09	Telefon						12,80			2,43		
93	31.12.09	AfA								543,00			
Summe Dezember				500	35,00	0,00	6,70	12,80	0,00	543,00	2,43	0,60	565,53
Summe insgesamt				13 435	940,45	630,80	87,10	145,58	467,60	543,00	115,30	8,80	1 998,18
USt dazu							27,66	32,73					
							173,24	500,33					
Summe der Betriebsausgaben Dezember												565,15
Summe der Betriebsausgaben zu Beginn des Monats												1 432,65
Summe der Betriebsausgaben im Kalenderjahr 2009												1 998,18
Summe der Betriebseinnahmen 2009 insgesamt												14 375,45
Gewinn 2009												12 377,27

Erläuterungen

Auf dem **Belegen Nr. 3, 8, 12 und 90** ist handschriftlich der Vermerk: »Fahrt zur Post mit dem eigenen Pkw, 2 km« angebracht. Für Fahrten mit dem eigenen, zum Privatvermögen gehörenden Pkw anlässlich von Geschäftsreisen können 0,30 € je gefahrenen Kilometer angesetzt werden (R 4.12 Abs. 2 EStR → **Betriebsausgaben** – Pauschbeträge – → **Einlagen** → **Vordruck EÜR**). Ein Vorsteuerabzug aus pauschalen Aufwendungen ist nicht möglich.

Die mit **Belegen Nr. 6, 11, 14 und 92** aufgezeichneten betrieblichen Telekommunikationsaufwendungen wurden entsprechend der Verwaltungsauffassung in R 9.1 Abs. 5 LStR ermittelt. Nach H 12.2 [Telefonanschluss in einer Wohnung] EStH ist die Aufteilung in R 9.1 Abs. 5 LStR auch im betrieblichen Bereich anzuwenden. Fallen erfahrungsgemäß betrieblich veranlasste Telekommunikationsaufwendungen an, können aus Vereinfachungsgründen ohne Einzelnachweis bis zu 20 % des Rechnungsbetrages, jedoch höchstens 20 € monatlich als Betriebsausgaben/Werbungskosten anerkannt werden (→ **Vordruck EÜR**).

Bei der mit **Beleg Nr. 10** an das FA entrichtete USt handelt es sich um die USt-Vorauszahlung für das IV. Quartal 2008. Mit gewährter **Dauerfristverlängerung** ist die USt-Vorauszahlung am 10.2.09 fällig. Nähere Einzelheiten siehe unter → **Umsatzsteuervoranmeldung**.

Mit einem Brutto-Umsatz i.H.v. 14 375,45 € fällt der Schriftsteller unter die Kleinunternehmerregelung des § 19 Abs. 1 UStG. Der Umsatz darf im vorangegangen Kalenderjahr

17 500 € nicht überstiegen haben und im laufenden Kalenderjahr voraussichtlich 50 000 € nicht übersteigen. In diesen Fällen wird die Umsatzsteuer nicht erhoben; auch der Vorsteuerabzug ist ausgeschlossen (→ **Vordruck EÜR**).

Nach § 19 Abs. 2 UStG kann der Unternehmer auf die Anwendung der Kleinunternehmerregelung verzichten; von diesem Optionsrecht hat der Schriftsteller Gebrauch gemacht.

Nach dem Monatsabschluss März 09 ist die USt-Voranmeldung für das I. Quartal 2009 zu erstellen und bis zum 10.4.2009 – bzw. mit Dauerfristverlängerung bis zum 10.5.2009 – beim FA einzureichen und die Vorauszahlung zu entrichten (§ 18 Abs. 1 UStG i.V.m. §§ 46 ff. UStDV. Nach den Voraussetzungen des § 20 Abs. 1 Nr. 3 UStG berechnet der Schriftsteller die USt nach vereinnahmten Entgelten. Die USt-Vorauszahlung für das I. Quartal 2009 wird wie folgt ermittelt:

Steuerpflichtige Umsätze zum Steuersatz von 7 %	2 435,00 €
Umsatzsteuer darauf	170,45 €
Abzüglich Vorsteuerbeträge (siehe Summe März)	./. 82,39 €
Verbleibender Betrag, Umsatzsteuer-Vorauszahlung	88,06 €

Aus Vereinfachungsgründen – und auch zu seinem Vorteil – ermittelt der Schriftsteller die abzugsfähige Vorsteuer nach § 23 UStG i.V.m. §§ 69 und 70 UStDV i.V.m. der Anlage, Abschnitt A IV Nr. 5, mit 2,6 % des Umsatzes. Näheres siehe dazu unter → **Umsatzsteuer/Vorsteuer**.

Die USt-Vorauszahlung für das I. Quartal 2009 wird danach wie folgt ermittelt:

Steuerpflichtige Umsätze zum Steuersatz von 7 %	2 435,00 €
Umsatzsteuer darauf	170,45 €
Abzüglich Vorsteuerbeträge, die nach allgemeinen Durchschnittssätzen berechnet sind: 2,6 % von 2 435,00 €	./. 63,31 €
Verbleibender Betrag, Umsatzsteuer-Vorauszahlung	107,14 €

Im I. Quartal führt der pauschale Vorsteuerabzug zu einer Mehrzahlung an das FA i.H.v. 17,92 €.

Das Jahresergebnis führt aber zu einem Vorteil für den Steuerpflichtigen (siehe Ermittlung der USt für das Kalenderjahr 2009 unter Tz. 6).

Bei Zahlung dieses Betrages an das FA, bei Dauerfristverlängerung am 10.5.2009, ansonsten am 10.4.2009, ist der Betrag entsprechend Beleg Nr. 10 (**Zeile 53** des Vordrucks EÜR) als Betriebsausgabe aufzuzeichnen.

Beleg Nr. 93 ist das Verzeichnis der abnutzbaren Anlagegüter (→ **Anlageverzeichnis**). Siehe auch → **Abnutzbares Anlagevermögen** → **Absetzung für Abnutzung**. Die AfA beginnt mit Anschaffung und ist im Jahr der Anschaffung ab diesem Monat zu berechnen (§ 7 Abs. 1 Satz 4 EStG). Die Jahres-AfA für den Drucker (**Beleg Nr. 15**) beträgt 289,02 € : 3 Jahre = 96,34 €; die AfA ab März beträgt für 10 Monate: 96,34 € : 12 Monate × 10 Monate = 81 € (gerundet). Da der Schriftsteller zum Vorsteuerabzug berechtigt ist (§ 15 Abs. 1 Nr. 1 UStG), gehört die abzugsfähige Vorsteuer gem. § 9b Abs. 1 EStG nicht zu den Anschaffungskosten (→ **Umsatzsteuer/Vorsteuer**). Im Zeitpunkt der Zahlung der Rechnung an den Lieferanten ist die in Rechnung gestellte USt (= Vorsteuer) als Betriebsausgabe abzugsfähig (R 9b Abs. 1 EStR und H 9b [Gewinnermittlung nach § 4 Abs. 3 EStG ...] EStH; **Beleg Nr. 15**).

Beachten Sie auch die **Besonderheiten** bei der Anschaffung von **geringwertigen Wirtschaftsgütern** (→ **Geringwertige Wirtschaftsgüter**). Wirtschaftsgüter, deren Anschaffungskosten nicht mehr als **150 €** betragen, **sind** im Jahr der Anschaffung in voller Höhe als Betriebsausgaben zu berücksichtigen. Voraussetzung ist allerdings, dass das Wirtschaftsgut selbständig nutzungsfähig ist. Nach dem BFH-Urteil vom 19.2.2004 (VI R 135/01, BStBl II 2004, 958) sind die **Peripheriegeräte** einer PC-Anlage (Monitor, Drucker, Scanner etc.) i.d.R. **keine geringwertigen** Wirtschaftsgüter i.S.d. § 6 Abs. 2 EStG, sodass die Anschaffungskosten nicht im Jahr der Anschaffung in voller Höhe geltend gemacht werden können. Ein Muster zur Ermittlung der Abschreibungsbeträge enthält das BMF-Schreiben vom 18.8.2009 zum Vordruck EÜR (→ **Anlageverzeichnis** → **Geringwertige Wirtschaftsgüter**).

Anlagegut	Anschaffungszeitpunkt	Anschaffungskosten	Nutzungsdauer	Buchwert zu Beginn des Gewinnermittlungszeitraums	Jährliche AfA	Buchwert am Ende des Gewinnermittlungszeitraums
Computer ASUS P4B Beleg Nr. 97/2009	10.07.2007	1 388,00 €	3 Jahre	695,00 €	462 €	233,00 €
Drucker Brother HL – 5140 Beleg Nr. 15/2009	30.03.2009	289,02 €	3 Jahre	289,02 €	81,02 €	208,00 €
Summe		1 677,02 €		984,02 €	543,02 €	441,00 €

6. Die Ermittlung des Gewinns und die Erstellung der Umsatzsteuererklärung

→ **Vorsteuer- bzw. Umsatzsteuerverprobung**

```
                    Gewinnermittlung nach § 4 Abs. 3 EStG
                    für die Zeit vom 01.01.2009 – 31.12.2009
```

Schriftstellerische Tätigkeit
Josef Schnedier
Kantweg 11
99999 Rockerhausen   Steuer-Nummer: 11/123/4567/8

A. Betriebseinnahmen
- vereinnahmte Honorare aus der schriftstellerischen Tätigkeit
  (Umsatzerlöse 7 %; **Zeile 10** des Vordrucks EÜR)   13 435,00 €
- vereinnahme USt 7 % (**Zeile 12** des Vordrucks EÜR)   940,45 €
Summe Betriebseinnahmen (Zeile 18 des Vordrucks EÜR)   14 375,45 €
B. Betriebsausgaben
- AfA (**Zeile 26** des Vordrucks EÜR)   543,00 €
- Kfz-Kosten (**Zeile 35** des Vordrucks EÜR)   8,80 €
- sonstige Betriebsausgaben
  a) Bürobedarf (**Zeile 48** des Vordrucks EÜR)   500,33 €
  b) Porto (**Zeile 48** des Vordrucks EÜR)   87,10 €
  c) Telefon (**Zeile 48** des Vordrucks EÜR)   173,24 €   760,67 €

– Umsatzsteuer aus der Anschaffung des Druckers (**Zeile 51** des Vordrucks EÜR)		54,91 €
– abziehbare Vorsteuerbeträge (**Zeile 52** des Vordrucks EÜR)		0,00 €
– Umsatzsteuerzahlungen an das Finanzamt (**Zeile 53** des Vordrucks EÜR)		630,80 €
Summe Betriebsausgaben (Zeile 55 des Vordrucks EÜR)		**1 998,18 €**
Summe Betriebseinnahmen	(**Zeile 60** des Vordrucks EÜR)	14 375,45 €
Summe Betriebsausgaben	(**Zeile 61** des Vordrucks EÜR)	./. 1 998,18 €
Gewinn	(**Zeile 67** des Vordrucks EÜR)	**12 377,27 €**

Abbildung: Aufbau der Gewinnermittlung nach Vordruck EÜR

Bei einer Vorsteuerpauschalierung ist die tatsächlich gezahlte Vorsteuer i.H.v. 115,30 € nicht unter dieser Bezeichnung unter **Zeile 52** des Vordrucks auszuweisen (Anweisung zum Vordruck EÜR im BMF-Schreiben vom 18.8.2009). Die Betriebsausgaben sind stattdessen als Bruttobeträge zu erfassen. Die Vorsteuer aus **Beleg Nr. 15** (Anschaffung des Druckers) ist i.H.v. 54,91 € als Betriebsausgabe im Zeitpunkt der Bezahlung in **Zeile 51** als übrige Betriebsausgabe zu erfassen. Diese abweichende Behandlung hat jedoch keine Auswirkung auf die Gesamthöhe der Betriebsausgaben und somit auch nicht auf den Gesamtgewinn.

1	Name	Schnedier			**Anlage EÜR**		
2	Vorname	Josef			Bitte für jeden Betrieb eine gesonderte Anlage EÜR einreichen		
3	(Betriebs-)Steuernummer	11/123/4567/8					
					77	09	1
	Einnahmenüberschussrechnung				99		15
	Nach § 4 Abs. 3 EStG für das **Kalenderjahr 2009**						
			Beginn		Ende		
3a	davon abweichend	131	T T M M 2009	132	T T M M J J J J		
	Allgemeine Angaben zum Betrieb				Zuordnung zu Einkunftsart)		
	Art des Betriebs				und Person (siehe Anleitung)		
4	100				105	5	
5	Im Kalenderjahr/Wirtschaftsjahr wurde der Betrieb veräußert oder aufgegeben			111	Ja = 1		
6	Im Kalenderjahr/Wirtschaftsjahr wurden Grundstücke/grundstücksgleiche Rechte entnommen oder veräußert			120	2	Ja = 1 oder Nein = 2	
	1. Gewinnermittlung				99		20
	Betriebseinnahmen				EUR		Ct
7	Betriebseinnahmen als umsatzsteuerlicher **Kleinunternehmer**			111		,	
8	davon aus Umsätzen, die in § 19 Abs. 3 Nr. 1 und Nr. 2 UStG bezeichnet sind	119		,	(weiter ab Zeile 13)		
9	Betriebseinnahmen als **Land- und Forstwirt**, soweit die Durchschnittssatzbesteuerung nach § 24 UStG angewandt wird			104		,	
10	**Umsatzsteuerpflichtige Betriebseinnahmen**			112	13 435	,00	
11	Umsatzsteuerfreie, nicht umsatzsteuerbare Betriebseinnahmen sowie Betriebseinnahmen, für die der Leistungsempfänger die Umsatzsteuer nach § 13b UStG schuldet			103		,	
11a	davon Kapitalerträge	113		,			
12	Vereinnahmte Umsatzsteuer sowie Umsatzsteuer auf unentgeltliche Wertabgaben			140	940	,45	
18	**Summe Betriebseinnahmen**			159	14 375	,45	
	Betriebsausgaben				99		25

			EUR	Ct
	Absetzungen für Abnutzung (AfA)			
24	AfA auf unbewegliche Wirtschaftsgüter (ohne AfA für das häusliche Arbeitszimmer)	136		,
25	AfA auf immaterielle Wirtschaftsgüter (z.B. erworbene Firmen- oder Praxiswerte)	131		,
26	AfA auf bewegliche Wirtschaftsgüter (z.B. Maschinen, Kfz)	130	543	,00
	Kraftfahrzeugkosten und andere Fahrtkosten EUR CT			
35	Laufende und feste Kosten (ohne AfA und Zinsen) 140 8 ,80			
36	Enthaltene Kosten aus Zeilen 26, 35 und 41 für Wege zwischen Wohnung und Betriebsstätte 142 – 0 ,00			
37	Verbleibender Betrag 8 ,80	143	8	,80
37a	Abziehbare Aufwendungen für Wege zwischen Wohnung und Betriebsstätte	176		,
	Sonstige unbeschränkt abziehbare Betriebsausgaben für			
48	Porto, Telefon, Büromaterial	192	760	,67
49	Fortbildung, Fachliteratur	193		,
50	Rechts- und Steuerberatung, Buchführung	194		,
51	Übrige Betriebsausgaben	183	54	,91
52	Gezahlte Vorsteuerbeträge	185	0	,00
53	An das Finanzamt gezahlte und ggf. verrechnete Umsatzsteuer	186	630	,80
54	Rücklagen, stille Reserven und/oder Ausgleichsposten (Übertrag von Zeile 73)			,
55	**Summe Betriebsausgaben**	199	1 998	,18
	Ermittlung des Gewinns		EUR	Ct
60	Summe der Betriebseinnahmen (Übertrag aus Zeile 18)		14 375	,45
61	abzüglich Summe der Betriebsausgaben (Übertrag aus Zeile 55) –		1 998	,18
67	Gewinn/Verlust	119	12 377	,27

Die zu zahlende USt für das Kalenderjahr 2009 wird wie folgt ermittelt (s.a. Einnahme-Überschussrechnung Monat Dezember 2009):

Umsätze zum ermäßigten Steuersatz		13 435,00 €	
USt dafür			940,45 €
Abzüglich Vorsteuerbeträge, die nach allgemeinen Durchschnittssätzen berechnet sind: 2,6 % von 13 435,00 €			./. 349,31 €
Summe			591,14 €
Vorauszahlungssoll 2009	I. Quartal	107,14 €	
	II. bis IV. Quartal	484,00 €	(**Zeile 53**) ./. 591,14 €
Noch zu entrichten			0,00 €

Falls die Vorsteuer nicht nach Durchschnittssätzen ermittelt wird, ergibt sich folgende Berechnung:

Umsätze zum ermäßigten Steuersatz		13 435,00 €	
USt dafür			940,45 €
Abzüglich Vorsteuerbeträge (**Zeile 52**)			./. 115,30 €
Summe			825,15 €
Vorauszahlungssoll 2009	I. Quartal	89,22 €	
	II. bis IV. Quartal	735,93 €	(**Zeile 53**) ./. 825,15 €
Noch zu entrichten			0,00 €

Die Vorauszahlungsbeträge können nicht aus der Einnahme-Überschussrechnung für Januar bis Dezember 2009 entnommen werden, da die Zahlung im Februar das IV. Quartal 2008 betrifft und die Zahlung für das IV. Quartal 2009 erst im Februar 2010 erfolgen wird und somit erst im Zeitpunkt der Zahlung Betriebsausgaben darstellt.

Die pauschalierte Vorsteuer i.H.v. 349,31 € ist um 234,01 € höher als die tatsächliche Vorsteuer i.H.v. 115,30 €. Die höhere Vorsteuer führt zu einer geringeren USt-Zahllast und damit zu niedrigeren Betriebsausgaben; dies wiederum führt zu einem Mehrgewinn i.H.v. 234,01 €. Dieser Mehrgewinn führt zu höheren Einkünften aus freiberuflicher Tätigkeit und muss der ESt unterworfen werden. Bei einem unterstellten Einkommensteuersatz von 30 % beträgt die ESt auf dieses Mehrergebnis 70 €, so dass die Nettoentlastung durch die Vorsteuerpauschalierung 164,01 € beträgt.

7. Informationen aus der Einnahme-Überschussrechnung

Ein Vergleich der Betriebseinnahmen und der Betriebsausgaben mit denen der Vorjahre lässt die betriebliche Entwicklung erkennen. Weiterhin können die einzelnen Posten der Betriebseinnahmen und der Betriebsausgaben des laufenden Jahres mit denen der Vorjahre verglichen werden, um ermitteln zu können, welche Posten gleich geblieben, welche gestiegen und welche gesunken sind.

Ein jährlicher Vergleich der Umsatzrentabilität zeigt ebenfalls die Entwicklung des Unternehmens. Die Umsatzrentabilität unseres Schriftstellers errechnet sich wie folgt:

Umsatzrentabilität:

$$\text{Rentabilität} = \frac{12\,377{,}07 \text{ € (Gewinn)}}{14\,375{,}45 \text{ € (Umsatzerlöse)}} \times 100 = 86{,}10\,\%$$

Bei einem Vergleich der absoluten Zahlen in den folgenden Wirtschaftsjahren kommt der Unternehmer lediglich zu der Erkenntnis, dass die Gewinne und die Umsatzerlöse in Vergleich zu den Vorjahren gestiegen bzw. gefallen sind. Die Umsatzrentabilität zeigt aber darüber hinaus, ob der Unternehmer wirtschaftlich besser oder eventuell schlechter gewirtschaftet hat.

Beispiel: Vergleich der absoluten Zahlen und Vergleich der Umsatzrentabilität

Kalenderjahr 2009 (siehe oben):

$$\text{Rentabilität} = \frac{12\,377{,}07 \text{ € (Gewinn)}}{14\,375{,}45 \text{ € (Umsatzerlöse)}} \times 100 = 86{,}10\,\%$$

Kalenderjahr 2010:

$$\text{Rentabilität} = \frac{15\,890{,}56 \text{ € (Gewinn)}}{20\,789{,}51 \text{ € (Umsatzerlöse)}} \times 100 = 76{,}44\,\%$$

Ergebnis:
Ein Vergleich der absoluten Zahlen zeigt, dass der Gewinn um 3 513,46 € und die Erlöse um 6 414,06 € gestiegen sind. Der Vergleich der Umsatzrendite macht aber deutlich,

dass trotz gestiegenem Umsatz und höherem Gewinn sich die Rendite des Betriebs verringert hat. Das bedeutet, dass die Betriebsausgaben unverhältnismäßig angestiegen sind. Der unverhältnismäßig hohe Anstieg der Betriebsausgaben wird auch dadurch deutlich, dass die Erlöse um 44,62 % gestiegen sind, der Gewinn sich jedoch lediglich um 28,39 % erhöht hat.

8. Anwendungsbereich der Einnahme-Überschussrechnung

8.1 Allgemeines

Der Steuerpflichtige kann nach § 4 Abs. 3 Satz 1 EStG als Gewinn den Überschuss der Betriebseinnahmen über die Betriebsausgaben ansetzen, wenn er aufgrund gesetzlicher Vorschriften nicht verpflichtet ist, Bücher zu führen und regelmäßig Abschlüsse zu machen, dies auch nicht freiwillig tut (freiwillige Buchführung), und er seinen Gewinn nicht nach § 13a EStG (gilt nur i.R.d. Land- und Forstwirtschaft) zu ermitteln hat. Da es sich bei der § 4 Abs. 3-Rechnung um eine der drei möglichen Gewinnermittlungsarten handelt, stellt sich die Frage, wann diese vereinfachte Gewinnermittlungsmöglichkeit zur Anwendung kommt.

8.2 Personenkreis

Wie oben dargelegt, ist die § 4 Abs. 3-Rechnung nur unter bestimmten Voraussetzungen möglich. Sie ist aber keine gleichberechtigte, alternativ neben den anderen beiden Gewinnermittlungsarten stehende Gewinnermittlungsart; die Gewinnermittlung durch Buchführung und die Gewinnermittlung nach § 13a EStG haben Vorrang. Unter Berücksichtigung dieser Vorgabe kann der in der nachfolgenden Abbildung genannte Personenkreis den Gewinn nach § 4 Abs. 3 EStG ermitteln, vgl. auch → **Buchführungspflicht**.

In der Praxis sind es nur wenige Land- und Forstwirte, die ihren (gesamten) Gewinn nach § 4 Abs. 3 EStG ermitteln; zu nennen sind hier beispielsweise »kleine« Weinbau- und Gartenbaubetriebe oder »kleine« Forstwirte. Durch die Buchführungsgrenzen des § 141 AO ist der Kreis der Land- und Forstwirte, die ihren Gewinn durch Buchführung ermitteln müssen, angewachsen. Bei den Gewerbetreibenden sind es neben vielen »kleineren« Handwerks- und Dienstleistungsbetrieben auch »kleine« Einzelhandelsgeschäfte, wie z.B. »Tante-Emma-Läden« und Kioske, die mangels einer Buchführungspflicht die Möglichkeit der § 4 Abs. 3-Rechnung in Anspruch nehmen können.

Der praktische Hauptanwendungsfall der § 4 Abs. 3-Rechnung liegt jedoch im Bereich des § 18 EStG. Insbesondere die Freiberufler wie z.B. Steuerberater, Ärzte, Rechtsanwälte, Architekten und Ingenieure ermitteln ihren Gewinn mit Hilfe der § 4 Abs. 3-Rechnung. Nur wenige Freiberufler führen freiwillig Bücher (sog. bilanzierende Freiberufler). Neben den Freiberuflern sind die Vereine Hauptanwender der § 4 Abs. 3-Rechnung (s. Dauber, Vereinsbesteuerung kompakt, 5. Auflage).

Land- und Forstwirte (§ 13 EStG), wenn sie	Gewerbetreibende (§ 15 EStG), wenn sie	Selbständig Tätige (§ 18 EStG), wenn sie
• nicht nach den §§ 140, 141 AO zur Buchführung verpflichtet sind und auch nicht freiwillig Bücher führen und die Voraussetzungen nach § 13a Abs. 1 Nr. 2 und 3 EStG nicht erfüllen (R 13.5 Abs. 1 Satz 2 EStR); • die Voraussetzungen des § 13a Abs. 1 EStG erfüllen, aber ihren Gewinn auf Antrag nach § 4 Abs. 3 EStG ermitteln wollen (§ 13a Abs. 2 Nr. 2 und Sätze 2 und 3 EStG und R 13.5 Abs. 3 EStR); • ihren Gewinn nach § 13a EStG ermitteln und die § 4 Abs. 3-Rechnung für die Ermittlung des Gewinns nach § 13a Abs. 3 Nr. 5 i.V.m. Abs. 8 Nr. 1 bis 3 EStG anwenden wollen; • ihren Gewinn nach § 13a EStG ermitteln und zusätzlich die § 4 Abs. 3-Rechnung für die Ermittlung der Gewinnzuschläge nach § 13a Abs. 3 Nr. 5 i.V.m. Abs. 8 Nr. 4 EStG anwenden müssen (§ 4 Abs. 3 EStG »kraft Gesetzes«).	nicht nach den §§ 140, 141 AO zur Buchführung verpflichtet sind und auch nicht freiwillig Bücher führen.	freiwillig keine Bücher führen. Beachte: Eine Buchführungspflicht für Steuerpflichtige mit Einkünften aus selbständiger Arbeit (und hier hauptsächlich die Freiberufler) gibt es weder nach § 140 AO noch nach § 141 AO.

Abbildung: Personenkreis für die § 4 Abs. 3-Rechnung

8.3 Wahl der Gewinnermittlungsart

Soweit die angeführten gesetzlichen Voraussetzungen erfüllt werden, steht es im Ermessen des Steuerpflichtigen, durch die Art seiner Aufzeichnungen die jeweilige Gewinnermittlungsart zu wählen. Zur § 4 Abs. 3-Rechnung ist der Steuerpflichtige dann berechtigt, wenn folgende Zulassungsvoraussetzungen erfüllt werden:
- keine gesetzliche Buchführungspflicht nach den §§ 140, 141 AO,
- keine freiwillige Buchführung,
- keine Verpflichtung zur Durchschnittssatzgewinnermittlung gemäß § 13a Abs. 1 EStG,
- Verpflichtung zur Durchschnittssatzgewinnermittlung, aber Antrag auf die § 4 Abs. 3-Rechnung nach § 13a Abs. 2 Nr. 2 EStG,
- die für die § 4 Abs. 3-Rechnung erforderlichen Aufzeichnungen (→ **Aufzeichnungspflichten**) werden geführt.

Besteht demnach eine Wahlmöglichkeit zwischen den Gewinnermittlungsarten, kann grundsätzlich zu Beginn eines jeden Wirtschaftsjahres zwischen den Gewinnermittlungsarten entschieden werden.

Änderung der Rechtsprechung zur Wahlrechtsausübung zur Gewinnermittlung nach § 4 Abs. 3 EStG:

Unter Aufgabe seiner bisherigen Rechtsprechung hat der BFH mit Urteil vom 19.3.2009 IV R 57/07, BFH/NV 2009, 1298) die Wahl der Einnahme-Überschussrechnung als Methode zur Ermittlung des Gewinns von Gewerbetreibenden auch noch nach Ablauf des Gewinnermittlungszeitraums zugelassen.

Unternehmer, die nicht nach den Vorschriften des Handelsrechts buchführungspflichtig sind und deren Betriebe auch bestimmte steuerliche Grenzwerte (z.B. in Bezug auf den Umsatz) nicht überschreiten, können ihren Gewinn entweder aufgrund freiwillig geführter Bücher und Bilanzen oder aber vereinfacht durch Gegenüberstellung der Einnahmen und Ausgaben (Einnahme-Überschussrechnung) ermitteln. Bisher gingen Rechtsprechung und Finanzverwaltung davon aus, dass die Entscheidung zugunsten der Gewinnermittlung durch Bilanzierung bereits gefallen ist, wenn der Unternehmer zu Beginn des Jahres eine Eröffnungsbilanz aufstellt und eine laufende Buchführung einrichtet. Mit dem Urteil vom 19.3.2009 gestattet der BFH nun weitergehend, dass auch noch nach Ablauf des Jahres zwischen Bilanzierung und Einnahme-Überschussrechnung gewählt wird. Stellt der Unternehmer einen Jahresabschluss auf, entscheidet er sich erst dadurch für die Gewinnermittlung durch Bilanzierung.

Ist bei einem Land- und Forstwirt ein Antrag auf die § 4 Abs. 3-Rechnung nach § 13a Abs. 2 Nr. 2 EStG gestellt worden, so ist er grundsätzlich in den nächsten vier Jahren an diese gebunden. Zu diesem Problemkreis sind inzwischen mehrere Entscheidungen der Rechtsprechung ergangen; vgl. auch → **Wahl der Gewinnermittlungsart** und → **Schätzung**.

Literatur: Treisch u.a., Betriebsvermögensvergleich und Einnahmen-Ausgaben-Rechnung – Unterschiede und Gemeinsamkeiten, Steuer & Studium 2007, 21.

9. Betriebseinnahmen und -ausgaben

9.1 Allgemeines

Die § 4 Abs. 3-Rechnung ist geprägt durch eine einfache Gewinnermittlungsformel. Es werden lediglich die Betriebseinnahmen und Betriebsausgaben gegenübergestellt und als Differenz der Gewinn oder Verlust berechnet.

Für die Gewinnermittlung nach § 4 Abs. 3 EStG ist nach § 60 Abs. 4 EStDV ein amtlicher Vordruck aufgelegt (EÜR), der der Steuererklärung beizufügen ist. Nach § 84 Abs. 3c EStDV gilt dies erstmals für das Wj., das nach dem 31.12.2004 beginnt. Das amtlich vorgeschriebene Vordruckmuster 2009 ist mit BMF-Schreiben vom 18.8.2009 (LEXinform 5232248) bekannt gegeben worden. Die Finanzbehörden haben danach die Möglichkeit, die einzelnen – mit Kennziffern versehenen – Positionen der Betriebseinnahmen und Betriebsausgaben durch computerunterstützte Verprobungen und Abgleiche zu überprüfen (→ **Vordruck EÜR** → **Geldverkehrsrechnung** → **Vorsteuer- bzw. Umsatzsteuerverprobung**). Liegen die Betriebseinnahmen für den Betrieb unter der Grenze von 17 500 €, wird es nicht beanstandet, wenn an Stelle dieses Vordrucks der Steuererklärung eine formlose Gewinnermittlung beigefügt wird.

9.2 Betriebseinnahmen

Was → **Betriebseinnahmen** sind, ist im Einkommensteuergesetz nicht definiert worden. Jedoch kann man sich des § 8 Abs. 1 EStG in einer analogen Anwendung oder des § 4 Abs. 4 EStG im Umkehrschluss bedienen. Danach bezeichnet man als Betriebseinnahmen alle Einnahmen, die in Geld oder Geldeswert bestehen und durch den Betrieb veranlasst sind, wie z.B.:

- Einnahmen aus Lieferungen oder sonstigen Leistungen,
- Einnahmen aus dem Verkauf von Anlagevermögen,
- Guthabenzinsen für das betriebliche Bankkonto,
- Erstattung von Betriebssteuern.

Die Umschreibung »betriebliche Veranlassung« hat grundlegende Bedeutung i.R.d. Gewinneinkünfte. Um das Ziel der → **Gesamtgewinngleichheit** zu erreichen, müssen die Grundbegriffe für die einzelnen Gewinnermittlungsarten einheitlich ausgelegt werden. Eine betriebliche Veranlassung ist dann gegeben, wenn ein tatsächlicher oder wirtschaftlicher Zusammenhang mit dem Betrieb besteht. Betrieblich veranlasst sind danach unstreitig Einnahmen aus laufenden und üblichen, wie auch aus einmaligen und außergewöhnlichen betrieblichen Tätigkeiten und Geschäftsvorfällen. Außerbetriebliche Wertzugänge werden im Gegensatz dazu als Einlagen bezeichnet.

In welchem Wirtschaftsjahr Betriebseinnahmen zu versteuern sind, richtet sich nach der Art der jeweiligen Betriebseinnahme. Betriebseinnahmen sind grundsätzlich in dem Wirtschaftsjahr zu erfassen, in dem sie zugeflossen sind (→ **Zu- und Abflussprinzip**). Dieser Zeitpunkt bestimmt sich nach den Grundsätzen des § 11 Abs. 1 EStG. Betriebliche Zahlungseingänge stellen somit auch grundsätzlich Betriebseinnahmen dar (Ist-Einnahmen). Daneben bestehen Sonderregelungen, wie z.B. der Zeitpunkt der Erfassung einer Gegenstandsentnahme.

Für die steuerliche Erfassung von Betriebseinnahmen ist es z.B. unerheblich,

- ob ein Rechtsanspruch auf die Einnahmen besteht, d.h. auch freiwillige Zuflüsse können Betriebseinnahmen sein (Trinkgelder usw.),
- ob sich das Betriebsvermögen dadurch auch tatsächlich vermehrt (z.B. Geldzufluss für betriebliche Lieferungen im privaten Bereich),
- wie die Geldeingänge tatsächlich bezeichnet werden,
- ob die Zahlung beim Zahlenden auch eine gewinnmindernde Betriebsausgabe war (sog. Korrespondenzprinzip).

Neben diesen grundsätzlichen Ausführungen ergeben sich zusätzliche Problemfelder, wie z.B.:

- persönliche Zurechnung von Betriebseinnahmen,
- Betriebseinnahmen in Geldeswert,
- vorweggenommene/nachträgliche Betriebseinnahmen,
- steuerfreie Betriebseinnahmen,
- gemischt veranlasste Betriebseinnahmen.

Diese Problemfelder werden unter dem Stichwort → **Betriebseinnahmen** ausführlich angesprochen und erläutert.

Die Betriebseinnahmen sind in den **Zeilen 7 bis 18** des Vordrucks EÜR 2009 zu erfassen.

9.3 Betriebsausgaben

→ **Betriebsausgaben** sind nach § 4 Abs. 4 EStG alle Aufwendungen in Geld oder Geldeswert, die durch den Betrieb veranlasst sind. Dazu gehören z.B.:
- Löhne und Gehälter,
- Bürokosten,
- Miete für betriebliche Räume,
- Betriebssteuern,
- Wareneinkauf,
- Schuldzinsen und Geldbeschaffungskosten für betriebliche Darlehen,
- betriebliche Versicherungen,
- Kfz-Kosten,
- Kosten im Zusammenhang mit einem betrieblichen Grundstück.

Betrieblich veranlasste Aufwendungen mindern den Gewinn, während alle außerbetrieblichen Vorgänge den Gewinn nicht beeinflussen dürfen. Auch hier ist die Frage zu stellen, in welchem Wirtschaftsjahr Betriebsausgaben den Gewinn mindern. Entscheidend ist, wie auch i.R.d. Betriebseinnahmen, die jeweilige Art der Betriebsausgabe. Bei der § 4 Abs. 3-Rechnung sind Betriebsausgaben grundsätzlich in dem Wirtschaftsjahr anzusetzen, in dem sie geleistet wurden, also abgeflossen sind (§ 11 Abs. 2 EStG und → **Zu- und Abflussprinzip**). Wertabgänge ohne Zahlungen wie z.B. Abschreibungen, Einlagen von abnutzbaren Wirtschaftsgütern wirken sich auch gewinnmindernd aus. Es handelt sich dabei um Sonderregelungen, die innerhalb der § 4 Abs. 3-Rechnung auch i.R.d. Betriebsausgaben bestehen müssen, um dem Grundsatz der → **Gesamtgewinngleichheit** gerecht zu werden.

Auch hier ist die betriebliche Veranlassung dahingehend zu verstehen, dass ein tatsächlicher oder wirtschaftlicher Zusammenhang mit dem Betrieb bestehen muss. Laufende und übliche Aufwendungen für den Betrieb haben Betriebsausgabencharakter, wie auch einmalige und außerordentliche Aufwendungen. Es muss lediglich sichergestellt sein, dass der Steuerpflichtige subjektiv Aufwendungen tätigt, um objektiv den Betrieb zu fördern. Eine ggf. auch vorhandene private Motivation muss dabei als unbedeutend in den Hintergrund treten. Gleichwohl können aber auch ohne oder gegen den subjektiven Willen des Steuerpflichtigen entstandene Aufwendungen zu den Betriebsausgaben zählen (Unterschlagung, Diebstahl, Zerstörung usw. → **Rücklagen**).

Unerheblich für die Einordnung von Aufwendungen als Betriebsausgaben ist z.B.:
- ob eine Rechtspflicht zu Zahlungen besteht (z.B. freiwillige Aufwendungen, Werbegeschenke),
- ob die Aufwendungen üblich, notwendig, angemessen und zweckmäßig sind,
- ob der beabsichtigte Erfolg auch tatsächlich eingetreten ist; entscheidend ist vielmehr die subjektive Absicht, den erwarteten Erfolg eintreten zu lassen,
- wie die Aufwendungen tatsächlich bezeichnet werden,
- ob die Aufwendungen auch beim Empfänger zu einer entsprechenden Besteuerung führen (Korrespondenzprinzip).

Weitere sich ergebende Fragen sollen an dieser Stelle nicht angesprochen werden. Sie werden unter dem Stichwort → **Betriebsausgaben** eingehend erörtert. Zu nennen sind hier beispielsweise:

- persönliche Zurechnung von Betriebsausgaben,
- Betriebsausgaben in Geldeswert,
- vorweggenommene/nachträgliche Betriebsausgaben,
- nichtabzugsfähige Betriebsausgaben.

Die Betriebsausgaben sind in den **Zeilen 19 bis 55** des Vordrucks EÜR zu erfassen.

Literatur: Volk, Die Überschussrechnung nach § 4 Abs. 3 EStG, Der Betrieb 2003, 1871; Kantwill, Die Einnahmen-Überschussrechnung nach § 4 Abs. 3 EStG, Steuer & Studium 2006, 65; Kratzsch, Gestaltungsmöglichkeiten bei der Einnahmenüberschussrechnung – Gewinnverlagerung, gewillkürtes Betriebsvermögen und Ansparrücklage –, NWB Fach 3, 13927; Kai, Gewinnermittlung nach § 4 Abs. 3 EStG durch amtlich vorgeschriebenen Vordruck – Praxishinweise zur »Anlage EÜR«, NWB Fach 17, 2057.

10. ABC der § 4 Abs. 3-Rechnung

Der bisherige Teil des vorliegenden Nachschlagewerks verfolgte den Zweck, den Leser in die § 4 Abs. 3-Rechnung einzuführen. Dabei wurden die grundsätzlich bestehenden Wesensmerkmale und Besonderheiten aufgezeigt. Im Folgenden werden die einzelnen Problemfelder der § 4 Abs. 3-Rechnung in einer alphabetischen Reihenfolge dargestellt. Zahlreiche Beispiele und Schaubilder sollen die entsprechende Handhabung aufzeigen und erleichtern. Zusammenhänge zwischen den einzelnen Stichwörtern werden durch Querverweise hergestellt.

Jedem Stichwort werden – soweit möglich – zum Beginn der Erläuterungen die entsprechenden Rechtsquellen (Gesetze, Verwaltungs-Richtlinien und Einkommensteuer-Hinweise) zugeordnet. Diese Konzeption ermöglicht so einen direkten Zugriff auf das jeweilige Problemfeld und eine ausführliche Darstellung der Rechtslage.

A

Abfindungen

→ Betriebseinnahmen

Rechtsquellen
→ § 24 Nr. 1 EStG → § 34 EStG

1. Allgemeines

Unter Abfindung versteht man Geld- oder Sachleistungen, mit denen Rechtsansprüche abgegolten werden sollen. Für die Besteuerung ist es ohne Bedeutung, unter welcher Bezeichnung (z.B. Entschädigung, Abstandszahlung, Schadensersatz) eine solche Abfindung erfolgt. Je nach Art und betrieblicher Veranlassung der Abfindung entfaltet sie gewinnbeeinflussende Wirkung. Beim Empfänger liegen Betriebseinnahmen, beim Leistenden liegen Betriebsausgaben dann vor, wenn ein tatsächlicher oder wirtschaftlicher Zusammenhang mit dem Betrieb besteht; diese Qualifizierung ist unabhängig von der steuerlichen Beurteilung der Abfindung auf der jeweiligen Gegenseite (sog. fehlendes Korrespondenzprinzip von Betriebseinnahmen und -ausgaben).

Werden im Zusammenhang mit der unternehmerischen Tätigkeit an einen Unternehmer Abfindungen gezahlt, dann sind sie Gegenleistung für eine umsatzsteuerpflichtige Leistung und zu versteuern (**Zeile 10** des Vordrucks EÜR), sofern kein → **Schadensersatz** vorliegt (**Zeile 11** des Vordrucks EÜR). Abfindungszahlungen kommen häufig bei sog. negativen Leistungen vor (Unterlassen einer Handlung, Duldung eines Zustandes). Es handelt sich dabei um sonstige Leistungen i.S.d. § 3 Abs. 9 Satz 2 UStG (s.a. Abschn. 3 UStR).

2. Empfänger der Abfindungen

Die Abfindung ist bei Vereinnahmung (→ **Zu- und Abflussprinzip**) als Betriebseinnahme zu erfassen, wenn sie durch den Betrieb veranlasst ist, z.B.:
Entschädigungen für den Wegfall von Einnahmen werden steuerlich so behandelt, wie die Einnahme selbst zu behandeln gewesen wäre:
- der Ersatz von steuerpflichtigen Betriebseinnahmen ist ebenfalls steuerpflichtige Betriebseinnahme, z.B. bei Aufgabe der beruflichen Tätigkeit, Wettbewerbsabsprachen zwischen Handelsvertretern, Ausgleichszahlungen an einen Handelsvertreter,
- der Ersatz steuerfreier Betriebseinnahmen ist nach h.Mg. auch steuerfreie Betriebseinnahme; die Rechtsprechung allerdings tendiert zu steuerpflichtigen Betriebseinnahmen,
- der Ersatz nicht betrieblich veranlasster Einnahmen stellt auch keine Betriebseinnahme dar.

Ersatz von Aufwendungen:
- der Ersatz abzugsfähiger Betriebsausgaben ist steuerpflichtige Betriebseinnahme, z.B. Versicherungsleistungen bei Schäden am Betriebsvermögen,
- der Ersatz nicht abzugsfähiger Betriebsausgaben ist m.E. als Betriebseinnahme zu erfassen, da es für den Begriff der Betriebseinnahme lediglich auf die betriebliche Veranlassung ankommt. Ob die entsprechenden Ausgaben auch tatsächlich abzugsfähig waren, ist m.E. nicht entscheidungserheblich (fehlendes Korrespondenzprinzip). In der Literatur werden dazu unterschiedliche Meinungen vertreten. Die Rechtsprechung tendiert aber zu steuerpflichtigen Betriebseinnahmen (z.B. BFH-Urteil vom 4.12.1991, BStBl II 1992, 686),
- der Ersatz von nicht betrieblich veranlassten Aufwendungen ist auch keine Betriebseinnahme, z.B. Versicherungsleistungen bei Schäden am Privatvermögen.

Abstandszahlungen:
- Abstandszahlungen wegen vorzeitiger Beendigung eines Mietverhältnisses sind steuerpflichtige Betriebseinnahmen, wenn auf dem gemieteten Grundstück der Betrieb ausgeübt wurde.

In diesem Zusammenhang ist § 24 Nr. 1 EStG anzusprechen. § 24 Nr. 1 EStG ist nur für den Empfänger, nicht jedoch für den Leistenden von Abfindungen von Bedeutung. Die Vorschrift regelt die Besteuerung von Entschädigungen, die gewährt worden sind z.B. als Ersatz für entgangene oder entgehende Einnahmen. Sie schafft jedoch keinen neuen Besteuerungstatbestand, sondern weist die maßgeblichen Einnahmen nur der Einkunftsart zu, zu der z.B. die entgangene Einnahme gehört hätte (H 24.1 [Allgemeines] EStH). Insoweit hat die Vorschrift nur klarstellende Bedeutung. Sie ist aber als sog. »Vorschaltbestimmung« zu § 34 EStG (ermäßigter Steuersatz) von Bedeutung. Wird eine Entschädigung für entgangene Gewinne wie auch für zukünftige Gewinneinbußen gezahlt, so liegt eine steuerlich begünstigte Entschädigung nach § 24 Nr. 1a EStG vor, die als steuerpflichtige Betriebseinnahme zu erfassen, aber nach § 34 Abs. 1 und Abs. 2 Nr. 2 EStG ermäßigt zu besteuern ist.

Die einem freiberuflich tätigen Arzt für die Aufgabe seiner Praxisräume gezahlte Abfindung ist einkommensteuerrechtlich als Betriebseinnahme zu behandeln (BFH-Urteil vom 8.10.1964 IV 365/62 U, BStBl III 1965, 12). Umsatzsteuerrechtlich handelt es sich um ein Hilfsgeschäft. Als Hilfsgeschäft gehört zur Unternehmertätigkeit jede Tätigkeit, die die Haupttätigkeit mit sich bringt. Ein Arzt ist deshalb mit der Abfindung, die er für die vorzeitige Aufgabe seiner Praxisräume erhält, umsatzsteuerpflichtig (BFH-Urteil vom 28.10.1964 V 227/62 U, BStBl III 1965, 34).

3. Leistender der Abfindungen

Im Grundsatz liegen in voller Höhe sofort abzugsfähige (→ **Zu- und Abflussprinzip**) Betriebsausgaben vor, wenn der Ursprung der Abfindung im Betrieb liegt, z.B.:
- Abfindungen an Arbeitnehmer, obgleich diese Abfindung beim Arbeitnehmer steuerfrei ist (z.B. § 3 Nr. 9 EStG) oder ermäßigt besteuert wird (z.B. nach § 34 Abs. 1 EStG). Soweit eine Abfindung wegen Auflösung des Dienstverhältnisses steuerpflichtig ist, unterliegt sie als sonstiger Bezug dem Lohnsteuerabzug (§ 39b Abs. 3 EStG). Soweit es sich bei dem steuerpflichtigen Teil der Abfindung um außerordentliche Einkünfte handelt, werden die-

se durch Fünftelung des sonstigen Bezugs und Verfünffachung des hierauf entfallenden Steuerbetrages tarifbegünstigt besteuert. Die Tarifermäßigung kann auch noch bei der Einkommensteuerveranlagung des Arbeitnehmers berücksichtigt werden.
- Schadensersatzleistungen, z.B. wegen eines ärztlichen Kunstfehlers.

Die Abfindung ist aber dann zu »aktivieren«, also als abnutzbares Anlagevermögen zu behandeln, wenn durch sie ein Nutzungsrecht (immaterielles Wirtschaftsgut, dazu R 5.5 EStR) geschaffen wird. So ist z.B. eine Abstandszahlung, die der Steuerpflichtige als Eigentümer eines vermieteten und zum Betriebsvermögen gehörenden Grundstücks (innerhalb der § 4 Abs. 3-Rechnung ist dies nur im Ausnahmefall möglich), für die vorzeitige Räumung an den Mieter bezahlt, betrieblich veranlasst. Wird dann das zum Betriebsvermögen gehörende Grundstück vom Steuerpflichtigen selbst betrieblich genutzt oder weiter vermietet, so wird dadurch ein Nutzungsrecht erworben, das linear abzuschreiben ist. Soll aber das Gebäude im Anschluss an die vorzeitige Räumung umgebaut oder abgerissen werden, um ein neues zum Betriebsvermögen gehörendes Gebäude zu erstellen, sind die Abstandszahlungen Bestandteil der Herstellungskosten des neuen Gebäudes.

Abnutzbares Anlagevermögen

→ Absetzungen für Abnutzung
→ Anlagevermögen
→ Anlageverzeichnis
→ Anschaffungskosten
→ Anzahlungen
→ Arbeitsmittel
→ Betriebsausgaben
→ Betriebsvermögen
→ Bewegliche Wirtschaftsgüter
→ Einlage
→ Entnahme
→ Geringwertige Wirtschaftsgüter
→ Grundstücke

→ Herstellungskosten
→ Kassenärztliche Zulassungen
→ Kurzlebige Wirtschaftsgüter
→ Nicht abnutzbares Anlagevermögen
→ Pkw-Nutzung
→ Renten, dauernde Lasten und Raten
→ Schenkungen
→ Tausch
→ Umsatzsteuer/Vorsteuer
→ Verbindlichkeiten
→ Verlust von Wirtschaftsgütern
→ Vordruck EÜR
→ Wechsel der Gewinnermittlungsart

Rechtsquellen
→ § 4 Abs. 3 Satz 3 EStG
→ R 4.5 Abs. 3 Sätze 2 und 3 EStR

→ R 6.1 Abs. 1 EStR
→ R 7.1 Abs. 1 EStR

1. Begriff

Zum abnutzbaren → **Anlagevermögen** gehören alle Wirtschaftsgüter, die → **Betriebsvermögen** darstellen, dem Betrieb auf Dauer dienen oder dienen sollen und deren Nutzung zeitlich begrenzt ist. Eine zeitliche Begrenzung der Nutzung kann sich durch die Abnutzung oder insbesondere bei Rechten durch Zeitablauf ergeben (z.B. befristetes Nutzungsrecht). Nur wenn die Nutzungsdauer ein Jahr übersteigt, liegt abnutzbares Anlagevermögen i.S.v. § 7 EStG vor (→ **Kurzlebige Wirtschaftsgüter**). Ohne Bedeutung ist es, ob es sich um bewegliche, unbewegliche, materielle oder immaterielle Wirtschaftsgüter (siehe dazu R 5.5 EStR) handelt.

Beispiele:
Gebäude (→ **Grundstücke**), Außenanlagen, Maschinen, Betriebs- und Geschäftsausstattung, technische Anlagen, Fuhrpark, Betriebsvorrichtungen, Praxiswert (R 6.1 Abs. 1 Satz 5 EStR).

2. Behandlung der Anschaffung/Herstellung

Die Sachbehandlung erfolgt im Wesentlichen wie i.R.d. Buchführung. Das bedeutet, dass auch innerhalb der § 4 Abs. 3-Rechnung die gesetzlichen Vorschriften über die **AfA** zu befolgen sind. Dies wird durch § 4 Abs. 3 Satz 3 EStG ausdrücklich klargestellt. Das bedeutet, dass die Anschaffungskosten/Herstellungskosten nur im Wege der **AfA als Betriebsausgabe** abgesetzt werden dürfen (→ **Absetzung für Abnutzung**); d.h. die Anschaffungskosten/Herstellungskosten dürfen sich nicht bereits bei Zahlung auf den Gewinn auswirken; das **Abflussprinzip** (→ **Zu- und Abflussprinzip**) ist also insoweit **nicht** anzuwenden. Ausnahmeregelungen gelten nur für **geringwertige und kurzlebige Wirtschaftsgüter** (→ **Geringwertige Wirtschaftsgüter**; R 4.5 Abs. 3 Sätze 2 und 3 EStR).

Um die Folgen des § 4 Abs. 3 Satz 3 EStG umzusetzen, bedarf es der Klärung folgender Fragen:
- Welche Aufwendungen gehören zu den → **Anschaffungskosten/Herstellungskosten**?
- Wie wird die in Rechnung gestellte Vorsteuer behandelt (→ **Anschaffungskosten/Herstellungskosten**)?
- Welche AfA-Methoden kennt die § 4 Abs. 3-Rechnung und wie wird die Abschreibung berechnet (→ **Absetzungen für Abnutzung**)?
- Wie wird der Erwerb gegen Zahlung einer betrieblichen Veräußerungsleibrente/dauernden Last oder Kaufpreisrate behandelt (→ **Renten, dauernde Lasten und Raten**)?
- Welche Auswirkungen hat der unentgeltliche Erwerb (→ **Schenkungen**)?

Merke:
Die Zahlung des Kaufpreises hat keine Gewinnauswirkung, da die Anschaffungskosten über die AfA verteilt werden müssen. Die AfA ist auch vor Zahlung des Kaufpreises als Betriebsausgabe absetzbar (s.a. → **Anzahlungen**).

Beispiel: Anschaffung von abnutzbarem Anlagevermögen
→ **Anschaffungskosten (Beispiel: Erwerb eines Pkw)**

Beispiel 1:
Ein vorsteuerabzugsberechtigter Rechtsanwalt erwirbt einen neuen Kopierer (Nutzungsdauer 8 Jahre, ausschließlich berufliche Nutzung) für 8 000 € zzgl. 1 520 € USt. Der Kopierer wurde am 2.1.09 geliefert und sofort bezahlt.

Lösung:
Die → **Anschaffungskosten** des als abnutzbares Anlagevermögen zum notwendigen Betriebsvermögen (R 4.2 Abs. 1 Satz 1 EStR) gehörenden Kopierers, sind im Wege der AfA auf die Nutzungsdauer zu verteilen (§ 4 Abs. 3 Satz 3 EStG → **Absetzung für Abnutzung**):

AfA-Methode:	§ 7 Abs. 1 oder 2 EStG
AfA-Satz:	12,5 % oder 25 %
AfA-Bemessungsgrundlage = Anschaffungskosten:	8 000 € (§ 9b Abs. 1 EStG)
AfA-Betrag:	1 000 € oder 2 000 €

Die AfA beginnt ab dem Jahr der Anschaffung zu laufen (R 7.4 Abs. 1 Satz 1 und 2 EStR; § 7 Abs. 1 Satz 4 EStG). Bemessungsgrundlage sind die zu diesem Zeitpunkt entstandenen → **Anschaffungskosten**, unabhängig von ihrer Zahlung..

Der »Restwert« beträgt nach Ablauf des AfA-Zeitraums jeweils 1 €. Nach § 60 Abs. 4 EStDV ist auch i.R.d. § 4 Abs. 3-Rechnung ein sog. → **Anlageverzeichnis** zu führen, in dem die entsprechende »Kontenentwicklung« dargestellt wird. Die AfA ist als Betriebsausgabe in **Zeile 26** des amtlichen Vordrucks EÜR zu erklären (→ **Vordruck EÜR**).

	Absetzungen für Abnutzung (AfA)		
24	AfA auf unbewegliche Wirtschaftsgüter (ohne AfA für das häusliche Arbeitszimmer)	136	,
25	AfA auf immaterielle Wirtschaftsgüter (z.B. erworbene Firmen- oder Praxiswerte)	131	,
26	AfA auf bewegliche Wirtschaftsgüter (z.B. Maschinen, Kfz)	130	,

Bei Zahlung des Kaufpreises (→ **Zu- und Abflussprinzip**) stellt die USt i.H.v. 1 520 € eine Betriebsausgabe dar (**Zeile 52** des Vordrucks EÜR).

52	Gezahlte Vorsteuerbeträge	185	,
53	An das Finanzamt gezahlte und ggf. verrechnete Umsatzsteuer	186	,

Beispiel 2:
Sachverhalt wie Beispiel 1, nur erwirbt ein nicht vorsteuerabzugsberechtigter Arzt (steuerfreie Umsätze nach § 4 Nr. 14 UStG) den Kopierer.

Lösung:

Im Unterschied zu Beispiel 1 betragen die Anschaffungskosten nun 9 520 €, da auch die nicht abzugsfähige Vorsteuer (§ 15 Abs. 2 Nr. 1 UStG) zu den Anschaffungskosten gehört (§ 9b Abs. 1 EStG). Die jeweiligen AfA-Beträge sind entsprechend höher. Die nicht abzugsfähige Vorsteuer wirkt sich somit über die erhöhte AfA als Betriebsausgabe gewinnmindernd aus. Die nicht abzugsfähige Vorsteuer ist **keine Betriebsausgabe** nach **Zeile 52** des Vordrucks EÜR.

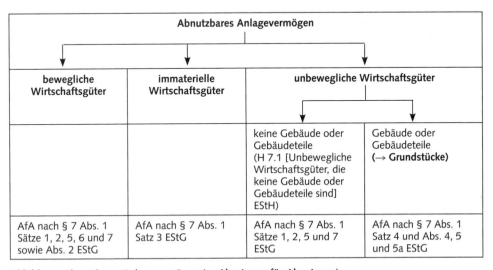

Abbildung: Abnutzbares Anlagevermögen (→ **Absetzung für Abnutzung**)

3. Behandlung des Ausscheidens

3.1 Allgemeines

Ein **Ausscheiden** des abnutzbaren Anlagevermögens aus dem Betriebsvermögen kann z.B. durch **Verkauf**, **Gegenstandsentnahme** oder **Verlust** (Unfall, Abbruch usw.) erfolgen. Im Folgenden soll nur das Ausscheiden durch eine Veräußerung angesprochen werden. Sonderfälle des Ausscheidens wie z.B. durch eine Entnahme oder einen Verlust werden unter dem jeweiligen Stichwort ausführlich erläutert.

Es ergeben sich folgende Konsequenzen für die § 4 Abs. 3-Rechnung (→ **Vordruck EÜR**):

3.2 Betriebseinnahmen

Der **Verkaufserlös** (netto, **Zeile 14** des Vordrucks EÜR) sowie die ggf. darauf entfallende Umsatzsteuer (**Zeile 12** des Vordrucks EÜR) gehören im **Zeitpunkt der Vereinnahmung** (→ **Zu- und Abflussprinzip**) zu den **Betriebseinnahmen** (R 4.5 Abs. 3 Satz 1 EStR). Dies ist auch eine logische Folge aus der Definition von → **Betriebseinnahmen**. Durch die Veräußerung von Betriebsvermögen ist unstreitig eine betriebliche Veranlassung gegeben. Im umsatzsteuerrechtlichen Sinne spricht man hier von einem **Hilfsgeschäft** (Abschn. 20 Abs. 2 UStR). Liegt eine steuerbare und steuerpflichtige Leistung vor, so ist die vereinnahmte und als Betriebseinnahme erfasste Umsatzsteuer bei Zahlung an das Finanzamt wieder gewinnneutralisierend zu korrigieren (**Zeile 53** des Vordrucks EÜR; H 9b [Gewinnermittlung nach § 4 Abs. 3 EStG...] EStH und → **Umsatzsteuer/Vorsteuer**).

3.3 Betriebsausgaben

Für das Jahr der Veräußerung kann eine evtl. noch vorzunehmende **AfA** nur bis einschließlich des **Veräußerungsmonats** als Betriebsausgabe berücksichtigt werden (R 7.4 Abs. 8 EStR). Soweit die Anschaffungs- bzw. Herstellungskosten bis zur Veräußerung noch nicht im Wege der AfA gewinnmindernd berücksichtigt worden sind, ist ein noch vorhandener **Restwert** (= die noch nicht abgeschriebenen Anschaffungskosten/Herstellungskosten) im **Jahr der Veräußerung** als **Betriebsausgabe** abzusetzen (einmalige Wegschreibung, H 4.5 (3) [Veräußerung abnutzbarer Wirtschaftsgüter/Unterlassene AfA] EStH; **Zeile 34** des Vordrucks EÜR). Dieser Restwert kann im Einzelfall 1 € betragen (**Erinnerungswert**), wenn das Wirtschaftsgut bereits vollständig abgeschrieben ist. Vergleicht man diese Folgerungen mit der Buchführung, so ergibt sich im Ergebnis die gleiche Gewinnauswirkung (→ **Gesamtgewinngleichheit**). Fraglich ist, warum auf der Betriebsausgaben-Seite i.d.R. zunächst AfA bis zum Veräußerungsmonat berechnet wird, um dann den vorhandenen Restwert doch noch als Betriebsausgabe abzusetzen. Die Antwort darauf findet sich zum einen im Begriff der Betriebsausgaben nach § 4 Abs. 4 EStG. Die AfA ist danach für den Zeitraum der betrieblichen Zugehörigkeit Betriebsausgabe und muss deshalb auch (zeitanteilig) berechnet werden, s.a. § 7 Abs. 1 EStG (so genannte AfA-Pflicht). Zum anderen darf das Problem der → **Entnahme** von Nutzungen nicht aus den Augen verloren werden. Wird der private Anteil eines zum Betriebsvermögen gehörenden Pkw durch die sog. Fahrtenbuch-Methode ermittelt (→ **Fahrtenbuch**), so ist die jeweilige – korrekt berechnete – AfA Bestandteil der aufzuteilenden Kosten (**Zeile 35** und **Zeile 26** des Vordrucks EÜR). Die korrekte Höhe der Entnahme kann auch Bedeutung haben für die Ermittlung des betrieblichen Schuldzinsenabzugs (→ **Schuldzinsen**; **Zeile 41** des Vordrucks EÜR).

Mit Beschluss vom 4.4.2006 (IV B 12/05, BFH/NV 2006, 1460) hat der BFH zur Frage der Gewinnrealisierung bei teilentgeltlicher Veräußerung wie folgt entschieden:

Die **Veräußerung** eines Wirtschaftsguts (Grundstück) gegen ein **unangemessen niedriges Entgelt** führt nach § 4 Abs. 1 EStG zu einer vollständigen Realisierung der stillen Reserven. Soweit der Erwerber eine Gegenleistung erbracht hat, sind die stillen Reserven durch Veräußerung und im Übrigen durch Entnahme (§ 6 Abs. 1 Nr. 4 EStG) aufgedeckt.

> **Beispiel 3: Verkauf von abnutzbarem Anlagevermögen**
> Verkauf des Kopierers aus dem vorherigen Beispiel 1 im Mai 15 für 7 000 € netto. Am 3.7.15 erhält der Rechtsanwalt einen Scheck über den Rechnungsbetrag.
>
> **Alternative:**
> Der Veräußerungserlös wird erst im Kalenderjahr 16 vereinnahmt.
> Es wird unterstellt, dass der Rechtsanwalt lediglich die lineare AfA gewählt hat.

Lösung:
Betriebseinnahmen 15

Verkaufserlös brutto 8 330 €. Die USt i.H.v. 1 330 € wird aber wieder korrigiert.

Zeile 14 des Vordrucks EÜR:	7 000 €
Zeile 12 des Vordrucks EÜR:	1 330 €
Betriebseinnahmen insgesamt	8 330 €
Zeile 53 des Vordrucks EÜR (Betriebsausgabe):	1 330 €

Betriebsausgaben 15
- AfA bis einschließlich Mai: Jahres-AfA = 12,5 % von 8 000 € = 1 000 € davon 5/12 = 417 € (**Zeile 26** des Vordrucks EÜR);
- der zum 31.5. noch vorhandener Restwert i.H.v. 3 583 € (**Zeile 34** des Vordrucks EÜR).

Stellt man den Veräußerungserlös (netto) und den bei Veräußerung noch vorhandenen Restwert gegenüber, so ergibt sich eine positive Differenz. Diesen entstehenden Gewinn bezeichnet man als **Aufdeckung der stillen Reserven**. Durch diese Systematik der § 4 Abs. 3-Rechnung ergibt sich der gleiche Veräußerungsgewinn wie auch i.R.d. Buchführung.

Alternative:
Der Erlös aus dem Verkauf des Wirtschaftsguts ist stets im Jahr des Zuflusses (hier 16) anzusetzen. Folgt man der wortgetreuen Auslegung des H 4.5 (3) [Veräußerung abnutzbarer Wirtschaftsgüter/Unterlassene AfA] EStH, so ist der noch vorhandene Restwert auf alle Fälle im Jahr der Veräußerung (15) als Betriebsausgabe zu berücksichtigen. Dies würde aber gerade das angestrebte Ziel, nur den Unterschiedsbetrag zwischen Veräußerungserlös und Restwert gewinnwirksam werden zu lassen, vereiteln und zu Gewinnverschiebungen führen. Durch das Zuflussprinzip ist aber eine solche Gewinnverschiebung i.R.d. § 4 Abs. 3-Rechnung möglich.
Der BFH hat sich in seinem Urteil vom 16.2.1995 (H 4.5 (2) [Zufluss von Betriebseinnahmen – Veräußerungserlös –] EStH) mit dieser Problematik beschäftigen müssen. Er kommt zu dem eindeutigen Ergebnis, dass der Veräußerungserlös nicht bereits im Jahr der Veräußerung, sondern erst im Jahr des Zuflusses als Betriebseinnahme zu erfassen ist.

Zum Erwerb und zur Veräußerung eines **unbeweglichen Wirtschaftsguts** des abnutzbaren Anlagevermögens siehe das Beispiel unter → **Grundstücke** (Erwerb und Veräußerung einer Lagerhalle).

3.4 Anmerkungen

Veräußerungserlöse gehören nur dann zu den Betriebseinnahmen, wenn das verkaufte Wirtschaftsgut zum → **Betriebsvermögen** gehört.
Veräußerungen gegen Erhalt einer Veräußerungsrente oder gegen einen in Raten zu zahlenden Kaufpreis sind nach R 4.5 Abs. 5 EStR zu behandeln (**Renten, dauernde Lasten und Raten**).

Auch der Veräußerungserlös von bereits voll abgeschriebenen geringwertigen Wirtschaftsgütern zählt in vollem Umfang zu den Betriebseinnahmen.

Ein eventuell noch vorhandener Restwert ist im Wirtschaftsjahr der Veräußerung als Betriebsausgabe zu berücksichtigen. Jahr der Veräußerung ist in Anlehnung an H 7.4 [Lieferung] EStH der Zeitpunkt, in dem das wirtschaftliche Eigentum übergeht (§ 39 Abs. 2 AO). Das ist i.d.R. dann der Fall, wenn Eigenbesitz, Gefahr, Nutzen und Lasten vom Verkäufer auf den Erwerber übergehen, auch wenn erst nach diesem Zeitpunkt der zivilrechtliche Eigentumsübergang stattfindet. Unerheblich ist der Abschluss des schuldrechtlichen Kaufvertrages.

Zur Rücklagenbildung für Ersatzbeschaffung nach § 6c EStG vgl. → **Rücklagen**.

Absetzung für Abnutzung

→ Abnutzbares Anlagevermögen
→ Anlageverzeichnis
→ Außergewöhnliche Absetzung für Abnutzung
→ Drittaufwand
→ Einlagen

→ Geringwertige Wirtschaftsgüter
→ Kassenärztliche Zulassungen
→ Kurzlebige Wirtschaftsgüter
→ Sonderabschreibung
→ Vordruck EÜR
→ Zu- und Abflussprinzip

Rechtsquellen
→ § 4 Abs. 3 Satz 3 EStG
→ R 4.5 Abs. 3 EStR

→ § 7 Abs. 1 ff. EStG
→ R 7.1 ff. EStR

1. Allgemeines

Bei **Wirtschaftsgütern**, deren Verwendung oder Nutzung durch den Steuerpflichtigen zur **Erzielung von Einkünften** sich erfahrungsgemäß auf einen Zeitraum von **mehr als einem Jahr** erstreckt, ist jeweils für ein Jahr der Teil der Anschaffungs- oder Herstellungskosten abzusetzen, der bei gleichmäßiger Verteilung dieser Kosten auf die gesamte Dauer der Verwendung oder Nutzung auf ein Jahr entfällt (Absetzung für Abnutzung in gleichen Jahresbeträgen, § 7 Abs. 1 Satz 1 EStG).

Nach § 4 Abs. 3 Satz 3 EStG sind die Vorschriften über die Absetzung für Abnutzung oder Substanzverringerung zu befolgen; d.h. die Anschaffungs- oder Herstellungskosten für Anlagegüter, die der Abnutzung unterliegen (z.B. Einrichtungsgegenstände, Maschinen oder der Praxiswert der freien Berufe, → **Abnutzbares Anlagevermögen**) dürfen nur im Wege der AfA auf die Nutzungsdauer des Wirtschaftsguts verteilt werden, sofern nicht die Voraussetzungen des § 6 Abs. 2 EStG vorliegen (R 4.5 Abs. 3 Satz 2 und 3 EStR; → **Geringwertige Wirtschaftsgüter**).

Bewegliche abnutzbare Wirtschaftsgüter des Anlagevermögens mit **Anschaffungs- oder Herstellungskosten** von mehr als **100 €** bis zu **1 000 €** sind ab dem **Veranlagungszeitraum 2008** in einen **jahrgangsbezogenen Sammelposten** einzustellen. Dieser Sammelposten ist über eine Dauer von fünf Jahren gleichmäßig verteilt gewinnmindernd aufzulösen (§ 6 Abs. 2a EStG; → **Geringwertige Wirtschaftsgüter**).

Die Anschaffungs-/Herstellungskosten wirken sich also nicht nach dem Grundsatz des Abflussprinzips im Jahr der Zahlung in voller Höhe auf den Gewinn aus, sondern sie sind abzuschreiben. Der tatsächliche Zahlungszeitpunkt der Anschaffungskosten/Herstellungskosten ist für diesen Bereich ohne Bedeutung, so dass z.B. die **AfA** bereits als **Betriebsausgabe** berücksichtigt werden kann, auch wenn die **Zahlung noch nicht erfolgt** ist.

Insoweit ergeben sich zur Buchführung keine Unterschiede (→ **Gesamtgewinngleichheit**). Die AfA-Vorschriften sind innerhalb der Einkunftsarten nach den gleichen Kriterien anzuwenden, sofern nicht die Eigenheiten der jeweiligen Einkunftsart etwas anderes vorgeben (z.B. ist die degressive AfA nach § 7 Abs. 2 EStG innerhalb der Überschusseinkunftsarten, mangels Anlagevermögen, nicht möglich).

Nach **§ 4 Abs. 3 Satz 3 EStG** i.V.m. § 7 Abs. 1 Satz 1 und Abs. 4 Satz 1 EStG muss die AfA zwingend vorgenommen werden, d.h. es besteht eine sog. **AfA-Pflicht**.

2. Der Begriff »abschreiben«

Abschreiben bedeutet im Grundsatz, die Anschaffungs- bzw. Herstellungskosten auf die Jahre der Nutzung eines Wirtschaftsguts zu verteilen. Im Zeitpunkt der Anschaffung/Herstellung steht den Anschaffungskosten/Herstellungskosten ein reeller Gegenwert in Form des Wirtschaftsguts gegenüber. Der betriebliche Aufwand entsteht erst mit der jährlichen Abnutzung des Wirtschaftsguts und der damit verbundenen Wertminderung. AfA ist diese steuerlich berechnete Wertminderung und wird somit als Betriebsausgabe (Aufwand) erfasst.

	Absetzungen für Abnutzung (AfA)		
24	AfA auf unbewegliche Wirtschaftsgüter (ohne AfA für das häusliche Arbeitszimmer)	136	,
25	AfA auf immaterielle Wirtschaftsgüter (z.B. erworbene Firmen- oder Praxiswerte)	131	,
26	AfA auf bewegliche Wirtschaftsgüter (z.B. Maschinen, Kfz)	130	,
30	Sonderabschreibungen nach § 7g EStG	134	,
31	Herabsetzungsbeträge nach § 7g Abs. 2 EStG	138	,
32	Aufwendungen für geringwertige Wirtschaftsgüter	132	,
33	Auflösung Sammelposten nach § 6 Abs. 2a EStG	137	,
34	Restbuchwert der im Kalenderjahr/Wirtschaftsjahr ausgeschiedenen Anlagegüter	135	,

3. Abschreibungsgrundsätze

3.1 AfA als Betriebsausgabe

Der ermittelte AfA-Betrag wird als Betriebsausgabe angesetzt. Es ist **zwingend** in jedem Jahr des AfA-Zeitraums mindestens die **AfA** nach § 7 Abs. 1 oder Abs. 4 EStG **vorzunehmen**. Die **AfA beginnt** nicht erst im Zeitpunkt der Bezahlung des Kaufpreises, sondern bereits im Zeitpunkt der Anschaffung (Verschaffung der Verfügungsmacht bzw. im Zeitpunkt der Herstellung (Fertigstellung; § 9a EStDV) bzw. im Zeitpunkt der Einlage des Wirtschaftsguts. Für Wirtschaftsgüter, die im Laufe eines Jahres angeschafft oder hergestellt werden, ist die AfA **zeitanteilig** vorzunehmen (§ 7 Abs. 1 Satz 4 EStG).

Die **AfA endet**, wenn ein Wirtschaftsgut veräußert oder aus dem Betriebsvermögen entnommen wird oder wenn es vollständig abgeschrieben ist (R 7.4 Abs. 8 EStR). Beim **Ausscheiden** des Wirtschaftsguts aus dem Betriebsvermögen vor Beendigung des AfA-Zeitraums, kann die **AfA** im Jahr des Ausscheidens lediglich **zeitanteilig** vorgenommen werden.

3.2 AfA als Oberbegriff

AfA ist ein Oberbegriff für sämtliche Abschreibungsmethoden. Demnach fallen darunter z.B. die normale AfA, AfA für Substanzverringerung (AfS), → **Sonderabschreibungen**, wie auch die Teilwertabschreibungen (die es jedoch i.R.d. § 4 Abs. 3-Rechnung mangels Bilanzbewertungsvorschriften nicht geben kann).

Innerhalb der § 4 Abs. 3-Rechnung kommen i.d.R. folgende Abschreibungsmethoden in Betracht:

Normale AfA	Sonderabschreibungen	Erhöhte Abschreibungen	Außerplanmäßige AfA
• lineare AfA (§ 7 Abs. 1 EStG), • AfA nach Maßgabe der Leistung (§ 7 Abs. 1 Satz 6 EStG), • degressive AfA (§ 7 Abs. 2 EStG), • lineare AfA bei Gebäuden (§ 7 Abs. 4 EStG), • degressive AfA bei Gebäuden (§ 7 Abs. 5 EStG)	sind neben der normalen AfA zulässig, z.B.: → **Sonderabschreibungen** zur Förderung kleiner und mittlerer Betriebe (§ 7g EStG).	sind anstelle der normalen AfA möglich, z.B.: • erhöhte Absetzungen bei Gebäuden in Sanierungsgebieten und städtebaulichen Entwicklungsbereichen (§ 7h EStG); • erhöhte Absetzungen bei Baudenkmalen (§ 7i EStG).	• AfA für außergewöhnliche technische oder wirtschaftliche Abnutzung (§ 7 Abs. 1 Satz 7 EStG), • AfA für außergewöhnliche technische oder wirtschaftliche Abnutzung bei Gebäuden (§ 7 Abs. 4 Satz 4 EStG), • AfA für Substanzverringerung bei Bergbauunternehmen (§ 7 Abs. 6 EStG)

Abbildung: Abschreibungsmethoden

3.3 Abschreibungsfähige Wirtschaftsgüter

Der AfA unterliegen nur Wirtschaftsgüter, die einer Abnutzung unterliegen und die innerhalb der Gewinneinkunftsarten zum Anlagevermögen gehören (→ **Abnutzbares Anlagevermögen**). Dabei ist es gleichgültig, ob es sich um bewegliche, unbewegliche, immaterielle (dazu R 5.5 EStR) oder materielle Wirtschaftsgüter handelt (R 7.1 Abs. 1 EStR). Auf → **Umlaufvermögen** oder **nicht abnutzbares Anlagevermögen** (→ **Nicht abnutzbares Anlagevermögen**) kann eine regelmäßige AfA nicht vorgenommen werden. Teilwertabschreibungen sind zwar auch dort grundsätzlich möglich, jedoch bietet die § 4 Abs. 3-Rechnung keinen Raum für diese Teilwertabschreibungsmöglichkeiten. Für die **AfA-Methode** ist es von **Bedeutung**, ob es sich z.B. um **bewegliche** oder **unbewegliche Wirtschaftsgüter** handelt. Auch der Grundsatz der **Einzelabschreibung** ist innerhalb der § 4 Abs. 3-Rechnung zu beachten (s.a. § 7 Abs. 1 Satz 1 EStG). Danach ist die AfA für jedes einzelne Wirtschaftsgut gesondert zu ermitteln.

3.4 Mehr als einjährige Verwendung oder Nutzung

Die Verwendung oder Nutzung des Wirtschaftsguts muss sich auf die Erzielung von Einkünften beziehen. Die AfA ist i.R.d. Gewinneinkünfte eine Betriebsausgabe nach § 4 Abs. 4 EStG. Die Verwendung oder Nutzung muss sich erfahrungsgemäß auf einen Zeitraum von mehr als einem Jahr erstrecken (mehr als zwölf Monate). Somit ist für sog. → **kurzlebige Wirtschaftsgüter** keine AfA vorzunehmen.

3.5 Persönliche AfA-Berechtigung

Will der Steuerpflichtige AfA gewinnmindernd geltend machen, muss ihm das Wirtschaftsgut auch steuerlich zuzurechnen sein (§ 39 AO). AfA-befugt ist derjenige, der das Wirtschaftsgut zur Einkunftserzielung einsetzt. I.d.R. ist dies der zivilrechtliche oder wirtschaftliche Eigentümer. Dessen AfA-Befugnis schließt die AfA-Befugnis eines anderen Steuerpflichtigen bezüglich des gleichen Wirtschaftsguts aus. Mit Urteil vom 28.3.1995 (IX R 126/89, BStBl II 1997, 121) hat der BFH entschieden, dass derjenige zur Vornahme der AfA berechtigt ist, der den Tatbestand der Vermietung verwirklicht und die Anschaffungs- bzw. Herstellungskosten des Gebäudes getragen hat; bürgerlich-rechtliches oder wirtschaftliches Eigentum ist nicht erforderlich.

Ein besonderes Problem stellt die Berücksichtigung von Aufwendungen (insbesondere AfA) bei der unentgeltlichen Nutzungsüberlassung von Gebäuden oder Gebäudeteilen dar. Gerade bei Ehegattengrundstücken entsteht die Frage, inwieweit der Ehegatte, der einen Teil des Grundstücks für seine eigenen betrieblichen Zwecke nutzt (z.B. Büro, Praxis) AfA-berechtigt ist (→ **Drittaufwand**).

3.6 Grundbegriffe

AfA-Formel	AfA-Bemessungsgrundlage × AfA-% Satz = AfA-Betrag
AfA-Bemessungsgrundlage	Bei einem entgeltlichen Erwerb oder im Fall einer Herstellung bilden die tatsächlichen Anschaffungskosten und Herstellungskosten des Wirtschaftsguts die Grundlage für die Berechnung der AfA. Daneben sind aber auch Fälle denkbar, bei denen es keine tatsächlichen Anschaffungs-/Herstellungskosten gibt, z.B. bei einer → **Einlage** oder einem unentgeltlichen Erwerb. In diesen Fällen sind andere Werte (z.B. Teilwert) als AfA-Bemessungsgrundlage zugrunde zu legen.
AfA-Prozentsatz	Abschreibungssatz, der sich nach der jeweiligen AfA-Methode richtet.
AfA-Methode	Die im Steuerrecht vorgesehene Berechnungs-Methode. Das Steuerrecht sieht zwar weniger AfA-Methoden vor als das Handelsrecht; der Steuerpflichtige hat aber trotzdem die Möglichkeit durch eine geschickte Wahl der jeweiligen AfA-Methode seine steuerliche Belastung zu minimieren.
AfA-Volumen	Der noch zu verteilende Restwert, d.h. der Wert, der nach Abzug der (bisherigen) AfA noch verblieben ist.
AfA-Zeitraum	Zeitraum, auf den die Bemessungsgrundlage zu verteilen ist.
Nutzungsdauer	Die Nutzungsdauer kann technisch (z.B. durch mechanischen Verschleiß), wirtschaftlich (z.B. durch wirtschaftliches Veralten) oder durch Fristablauf bestimmt werden (z.B. bei Nutzungsrechten, immateriellen Wirtschaftsgütern).
Anlageverzeichnis	Ein Verzeichnis der Wirtschaftsgüter des Anlagevermögens. Nach § 60 Abs. 4 EStDV ist ein → **Anlageverzeichnis** zu erstellen und der → **Vordruck EÜR** beizufügen.

Abbildung: Grundbegriffe zur AfA

3.7 Die wichtigsten AfA-Methoden im Überblick

AfA-Methode	Geltungsbereich
Lineare AfA, § 7 Abs. 1 Satz 1 bis 3 EStG	• Gewinn- und Überschusseinkünfte • bewegliche Wirtschaftsgüter (R 7.1 Abs. 2 EStR) • immaterielle Wirtschaftsgüter (z.B. Praxiswert, Nutzungsrechte, dazu R 5.5 EStR) • unbewegliche Wirtschaftsgüter, die keine Gebäude/-teile sind (H 7.1 [Unbewegliche Wirtschaftsgüter, die...] EStH)
Absetzung nach der Leistung, § 7 Abs. 1 Satz 7 EStG	• Gewinn- und Überschusseinkünfte • nur bewegliche Wirtschaftsgüter
Degressive AfA, § 7 Abs. 2 EStG	• nur bei den Gewinneinkünften (da nur dort Anlagevermögen als Unterart des Betriebsvermögens vorkommen kann) • nur bewegliche Wirtschaftsgüter (Anschaffung oder Herstellung vor dem 1.1.2008 oder vom 1.1.2009 bis 31.12.2010)

AfA-Methode	Geltungsbereich
Lineare und degressive Gebäude-AfA, § 7 Abs. 4 und 5 i.V.m. § 7 Abs. 5a EStG	• Gewinn- und Überschusseinkünfte • nur bei Gebäuden und sonstigen selbständigen Gebäudeteilen (R 7.1 Abs. 5 EStR i.V.m. R 4.2 Abs. 3 Nr. 5 EStR) **Beachte:** Es handelt sich um Herstellungsfälle vor dem 1.1.2006 (Altfälle).

Abbildung: Die wichtigsten AfA-Methoden

3.8 Keine Fehlerberichtigung in späteren Jahren

Sind Aufwendungen auf ein Wirtschaftsgut nicht als Betriebsausgaben bzw. Werbungskosten abgezogen, sondern zu Unrecht als Herstellungskosten erfasst worden, kann bei der Gewinnermittlung nach § 4 Abs. 3 bzw. nach § 2 Abs. 2 Nr. 2 EStG der Abzug nicht in späteren Veranlagungszeiträumen nachgeholt werden (BFH-Urteil vom 21.6.2006 XI R 49/05, BStBl II 2006, 712). § 7 Abs. 1 Satz 1 EStG ordnet ausdrücklich an, dass jeweils für ein Jahr der Teil der Anschaffungs- oder Herstellungskosten abzusetzen ist, der bei gleichmäßiger Verteilung dieser Kosten auf die Gesamtdauer der Verwendung oder Nutzung auf ein Jahr entfällt. Damit wird eine Verteilung der Anschaffungs- oder Herstellungskosten angeordnet. Eine Fehlerberichtigung in der Weise, dass zu hoch angesetzte Werte zu korrigieren sind, ist nicht vorgesehen.

4. Die AfA-Methoden für bewegliche Wirtschaftsgüter nach § 7 Abs. 1 und 2 EStG

4.1 Die lineare AfA nach § 7 Abs. 1 EStG

Nach § 7 Abs. 1 Satz 1 und 2 EStG sind die Anschaffungskosten/Herstellungskosten eines Wirtschaftsguts auf die Jahre seiner betriebsgewöhnlichen Nutzungsdauer gleichmäßig (linear) zu verteilen. Die betriebsgewöhnliche Nutzungsdauer eines Wirtschaftsguts ist abhängig von seinem betriebsindividuellen Einsatz. Zur Vereinfachung und Vereinheitlichung wurden für die Praxis vom BMF unter Beteiligung der Fachverbände der Wirtschaft sog. AfA-Tabellen erstellt. Das BMF-Schreiben vom 15.12.2000 (BStBl I 2000, 1532) enthält die AfA-Tabelle für alle Anlagegüter, die nach dem 31.12.2000 angeschafft oder hergestellt worden sind. Diese AfA-Tabellen enthalten für verschiedene Wirtschaftszweige eine Vielzahl von Wirtschaftsgütern, deren Nutzungsdauer und damit auch deren Abschreibungszeitraum vorgegeben wird. Diese Nutzungsdauer beruht auf Erfahrungssätzen und dient lediglich als Anhaltspunkt; d.h. der Stpfl. kann eine anderweitige betriebsindividuelle Nutzungsdauer nachweisen oder zumindest glaubhaft machen. Beachte dazu auch das BMF-Schreiben vom 6.12.2001 (BStBl I 2001, 860).

Beispiel 1:
Kauf eines zum notwendigen Betriebsvermögen gehörenden Pkw im Januar 12. Die Anschaffungskosten betragen 25 000 €.

Lösung:
Die Anschaffungskosten i.H.v. 25 000 € sind nach § 7 Abs. 1 Satz 1 und 2 EStG auf die durch die AfA-Tabelle vorgegebene Nutzungsdauer auf sechs Jahre (16,666 % AfA-Satz) gleichmäßig zu verteilen. Also kann der Stpfl. jährlich 4 166 € AfA als Betriebsausgabe ansetzen (**Zeile 26** des Vordrucks EÜR).

4.2 Jahrgangsbezogener Sammelposten

Durch das Unternehmensteuerreformgesetz 2008 wird in § 6 Abs. 2a EStG ein Sammelposten für bestimmte abnutzbare bewegliche Wirtschaftsgüter des Anlagevermögens eingeführt (→ **Geringwertige Wirtschaftsgüter**).

»Für abnutzbare bewegliche Wirtschaftsgüter des Anlagevermögens, die einer selbständigen Nutzung fähig sind, ist im Wirtschaftsjahr der Anschaffung, Herstellung oder Einlage des Wirtschaftsguts oder der Eröffnung des Betriebs ein Sammelposten zu bilden, wenn die Anschaffungs- oder Herstellungskosten, vermindert um einen darin enthaltenen Vorsteuerbetrag (§ 9b Abs. 1 EStG), für das einzelne Wirtschaftsgut 100 €, aber nicht 1 000 € übersteigen. Der Sammelposten ist im Wirtschaftsjahr der Bildung und den folgenden vier Wirtschaftsjahren mit jeweils einem Fünftel gewinnmindernd aufzulösen.«

Für Wirtschaftsgüter eines Sammelposten ist somit die AfA-Tabelle nicht anzuwenden, da die Wirtschaftsgüter einheitlich mit jährlich 20 % des Werts des jahrgangsbezogenen Sammelposten abgeschrieben werden.

4.3 Die degressive AfA nach § 7 Abs. 2 EStG

Bei beweglichen Wirtschaftsgütern des abnutzbaren Anlagevermögens hat der Steuerpflichtige im Jahr der Anschaffung/Herstellung (immer) ein **Wahlrecht** zwischen der **linearen** (gleichmäßigen) AfA nach § 7 Abs. 1 Satz 1 und 2 EStG und der **degressiven** (fallenden) AfA nach § 7 Abs. 2 Satz 1 und 2 EStG. Diese AfA-Methode gilt also nicht für unbewegliche oder immaterielle Wirtschaftsgüter (dazu R 5.5 EStR) und nicht für Wirtschaftsgüter, die innerhalb einer Überschusseinkunftsart genutzt werden (Privatvermögen).

Die Vornahme der degressiven AfA setzt besondere Aufzeichnungen voraus, die den Tag der Anschaffung oder Herstellung, die Anschaffungs- oder Herstellungskosten, die betriebsgewöhnliche Nutzungsdauer und die Höhe der jährlichen Absetzung enthält. Diese besonderen Aufzeichnungen brauchen jedoch m.E. nicht geführt zu werden, wenn diese Angaben aus einem → **Anlageverzeichnis** ersichtlich sind (§ 7 Abs. 2 Satz 3 i.V.m. § 7a Abs. 8 EStG, → **Aufzeichnungspflicht**).

Der AfA-% Satz bestimmt sich nach § 7 Abs. 2 Satz 2 EStG wie folgt:

linearer AfA-%-Satz × 2, 2,5 oder 3, aber höchstens 20 %, 25 % bzw. 30 %

Absetzung für Abnutzung

Bei der degressiven AfA sind AfaA nicht zulässig (§ 7 Abs. 2 Satz 4 EStG). Der Steuerpflichtige hat aber die Möglichkeit, zur linearen AfA überzugehen, um sodann die AfaA geltend zu machen.

Wirtschaftsgut angeschafft							
(§ 52 Abs. 21a EStG)		(§ 7 Abs. 2 Satz 3 EStG)				(§ 7 Abs. 2 Satz 1 EStG)	
vor dem 1.1.2001	nach dem 31.12.2000	nach dem 31.12.2005	nach dem 31.12.2007	nach dem 31.12.2008	nach dem 31.12.2010
3 × linearer AfA-Satz, max. 30%	2 × linearer AfA-Satz, max. 20%	3 × linearer AfA-Satz, max. 30%	abgeschafft (Unternehmensteuerreformgesetz 2008)	2 ½ × linearer AfA-Satz, max. 25%	abgeschafft (Konjunkturpaket)

Abbildung: Überblick über die Anwendung der degressiven AfA nach § 7 Abs. 2 EStG

Beispiel 2:
Kauf einer Maschine für netto 30 000 € am 15.1.10, Nutzungsdauer 10 Jahre.

Lösung:
Während bei der linearen AfA in jedem Jahr der gleiche AfA-Betrag bis zu einem Restwert von 1 € abgesetzt wird, ist i.R.d. degressiven AfA der AfA-Satz auf den jeweiligen letzten Restwert (im ersten Jahr die Anschaffungs-/Herstellungskosten) anzuwenden.

AfA-Methode	linear nach § 7 Abs. 1 EStG	degressiv nach § 7 Abs. 2 EStG
AfA-Satz	10%	25%
Anschaffungskosten 10 ./. AfA 10	30 000 € 3 000 €	30 000 € 7 500 € (= 25% von 30 000 €)
Restwert 31.12.10 ./. AfA 11	27 000 € 3 000 €	22 500 € 5 625 € (= 25% von 22 500 €)
Restwert 31.12.11 ./. AfA 12	24 000 € 3 000 €	16 875 € 4 219 €
Restwert 31.12.12 ./. AfA 13	21 000 € 3 000 €	12 656 € 3 164 €
Restwert 31.12.13 ./. AfA 14	18 000 € 3 000 €	9 492 € 2 373 €
Restwert 31.12.14 ./. AfA 15	15 000 € 3 000 €	7 119 € 1 780 €
Restwert 31.12.15 ./. AfA 16	12 000 € 3 000 €	5 339 € 1 335 €
Restwert 31.12.16 ./. AfA 17	9 000 € 3 000 €	4 004 € 1 001 €
Restwert 31.12.17 ./. AfA 18	6 000 € 3 000 €	3 003 € 751 €
Restwert 31.12.18 ./. AfA 19	3 000 € 2 999 €	2 252 € 563 €
Restwert 31.12.19	1 €	1 689 €

Bei Inanspruchnahme der degressiven AfA verbleibt am Ende der Nutzungsdauer ein Restbuchwert i.H.v. 847 €. Da aber nach Ablauf der Nutzungsdauer das Wirtschaftsgut vollständig abgeschrieben sein muss, muss der Steuerpflichtige im Jahr 15 eine AfA i.H.v. 1 209 € (statt 363 €) vornehmen.

4.4 Wechsel von der degressiven AfA nach § 7 Abs. 2 EStG zur linearen AfA nach § 7 Abs. 1 EStG

Im Jahr der Anschaffung oder Herstellung eines Wirtschaftsguts muss die jeweilige AfA-Methode gewählt werden. An diese Wahl ist der Steuerpflichtige grundsätzlich für die Folgejahre gebunden. Von einem Wechsel der AfA-Methode spricht man, wenn eine zu Beginn gewählte AfA-Methode während des Abschreibungszeitraums durch eine andere ersetzt wird. Nach § 7 Abs. 3 Satz 1 EStG ist ein solcher Wechsel zulässig. Im Jahr des Wechsels ist nach § 7 Abs. 3 Satz 2 EStG eine neue AfA-Berechnung vorzunehmen. Die neue, ab dem Jahr des Übergangs anzusetzende, lineare AfA ergibt sich aus dem Ergebnis:

$$\frac{\text{Restwert zu Beginn des Übergangsjahrs}}{\text{Restnutzungsdauer}}$$

Ein (umgekehrter) **Wechsel** von der **linearen zur degressiven** AfA ist durch § 7 Abs. 3 Satz 3 EStG, wie auch innerhalb der Gebäudeabschreibungen, **ausgeschlossen**.

Beispiel 3: Wechsel § 7 Abs. 2 zu § 7 Abs. 1 EStG
In welchem Jahr ist im vorhergehenden Beispiel 2 ein Wechsel von der degressiven zur linearen AfA sinnvoll?

Lösung:
Üblich und sinnvoll ist ein Übergang zur linearen AfA in dem Jahr, in dem die gleichmäßige (lineare) Verteilung des Restwerts auf die restliche Nutzungsdauer höhere AfA-Beträge ergibt als die Fortführung der degressiven AfA.

Degressive AfA nach § 7 Abs. 2 EStG		Lineare AfA nach einem Wechsel ab dem Jahr ....
Restwert zum 31.12.10 AfA 11	22 500 € 5 625 €	11: Restwert 22 500 € : Restnutzungsdauer 9 Jahre = 2 500,00 €
Restwert zum 31.12.11 AfA 12	16 875 € 4 219 €	12: Restwert 16 875 € : Restnutzungsdauer 8 Jahre = 2 109,38 €
Restwert zum 31.12.12 AfA 13	12 656 € 3 164 €	13: Restwert 12 656 € : Restnutzungsdauer 7 Jahre = 1 808,00 €
Restwert zum 31.12.13 AfA 14	9 492 € 2 373 €	14: Restwert 9 492 € : Restnutzungsdauer 6 Jahre = 1 582,50 €
Restwert zum 31.12.14 AfA 15	7 119 € 1 780 €	15: Restwert 7 119 € : Restnutzungsdauer 5 Jahre = 1 423,80 €
Restwert zum 31.12.15 AfA 16	5 339 € 1 335 €	16: Restwert 5 339 € : Restnutzungsdauer 4 Jahre = 1 334,75 €

Degressive AfA nach § 7 Abs. 2 EStG		Lineare AfA nach einem Wechsel ab dem Jahr	
Restwert zum 31.12.16 AfA 17	4 004 € 1 001 €	17: Restwert 4 004 € : Restnutzungsdauer 3 Jahre =	1 334,66 €
Spätestens im Kj. 17 ist ein Wechsel von der degressiven AfA zur linearen AfA sinnvoll.			
Restwert zum 13.12.17 AfA 18	3 003 € 751 €	18: Restwert 3 003 € : Restnutzungsdauer 2 Jahre =	1 501,50 €
Restwert zum 31.12.18 AfA 19	2 252 € 563 €	19: Restwert 2 252 € : Restnutzungsdauer 1 Jahr	2 252,00 €
Restwert zum 31.12.19	1 689 €	19: Restwert	0,00 €

Anmerkungen:
Bei einer Nutzungsdauer bis zu zehn Jahren ist grundsätzlich im drittletzten Jahr der Übergang von der degressiven AfA zur linearen AfA sinnvoll (günstiger).
Im Jahr des Ausscheidens des Wirtschaftsguts ist die AfA-Methode grundsätzlich ohne Bedeutung, da sich Unterschiede in der Höhe der AfA (Folge: höherer/niedriger Restwert) durch den dann als Betriebsausgabe abzuziehenden veränderten Restwert wieder ausgleichen. Wird das Wirtschaftsgut jedoch auch privat mitbenutzt, ist die AfA-Methode am günstigsten, die zu der niedrigsten AfA führt, da die AfA i.d.R. Teil der Bemessungsgrundlage für die Nutzungsentnahme ist (→ **Entnahmen**).

5. Die AfA-Methoden für Gebäude nach § 7 Abs. 4 und 5 EStG

Innerhalb der Gebäudeabschreibungen ist zu beachten, dass die AfA-Prozentsätze vorgegeben sind, also die tatsächliche Nutzungsdauer grundsätzlich nicht ermittelt werden muss und somit unbeachtlich ist.

Die innerhalb des Betriebsvermögens wichtigste Gebäudeabschreibungsmethode ist die lineare AfA nach § 7 Abs. 4 Nr. 1 EStG. Danach sind betriebliche Gebäude mit jährlich 3 % abzuschreiben.

§ 7 Abs. 4 Nr. 1 EStG ist anzuwenden bei
- Gebäuden im Betriebsvermögen,
- die nicht Wohnzwecken dienen,
- der Bauantrag wurde nach dem 31.3.1985 gestellt,
- der jährlich AfA-Satz beträgt 4 % der Anschaffungs-/Herstellungskosten bzw.
- jährlich 3 % bei Bauantrag/Kaufvertrag ab 1.1.2001.

§ 7 Abs. 4 Nr. 2 EStG ist anzuwenden bei
- allen Gebäude, die § 7 Abs. 4 Nr. 1 EStG nicht erfüllen,
- wenn diese nach dem 31.12.1924 fertig gestellt wurden,
- jährlich 2 % der Anschaffungs-/Herstellungskosten bzw.
- wenn diese vor dem 1.1.1925 fertig gestellt wurden,
- jährlich 2,5 % der Anschaffungs-/Herstellungskosten.

Die degressive Gebäudeabschreibungsmöglichkeit für betriebliche Gebäude nach § 7 Abs. 5 Nr. 1 EStG ist für Neubauten grundsätzlich nicht mehr möglich. Lediglich »Altfälle« (Bauantrag/Kaufvertrag vor dem 1.1.1994) sind noch (weiterhin) nach dieser Vorschrift abzuschreiben. Im Ergebnis bedeutet dies also, dass betriebliche Gebäude, die neu erstellt werden, i.d.R. nur noch mit 3% linear abgeschrieben werden können.

6. Grundsätze zur AfA-Berechnung

Nach der richtigen Wahl der AfA-Methode ist die Berechnung der AfA vorzunehmen. Dabei sind u.a. folgende Besonderheiten zu beachten:
- Welche Kosten sind in die AfA-Bemessungsgrundlage einzubeziehen?
- Ab wann beginnt die AfA zu laufen?
- Wie berechnet sich der AfA-Betrag im Jahr der Anschaffung/Herstellung und im Jahr des Ausscheidens?

	Bewegliche Wirtschaftsgüter	Gebäude
AfA-Bemessungsgrundlage	Die bei AfA-Beginn entstandenen Anschaffungs-/Herstellungskosten. Der Zeitpunkt der Bezahlung der Anschaffungs-/Herstellungskosten spielt insoweit keine Rolle.	Die bei AfA-Beginn entstandenen Anschaffungs-/Herstellungskosten. Der Zeitpunkt der Bezahlung der Anschaffungs-/Herstellungskosten spielt insoweit keine Rolle.
AfA-Methoden	Linear (§ 7 Abs. 1 EStG) oder degressiv (§ 7 Abs. 2 EStG). Wechsel degressiv zu linear möglich (§ 7 Abs. 3 EStG)	Linear (§ 7 Abs. 4 EStG)
AfA-% Satz	Ermitteln nach der betriebsgewöhnlichen Nutzungsdauer	Grundsätzlich vorgegeben
AfA-Beginn	Ab dem Jahr der Anschaffung/Herstellung (R 7.4 Abs. 1 EStR i.V.m. den entsprechenden Hinweisen).	
AfA im Jahr der Anschaffung/Herstellung	Zeitanteilig (zwölfteln, angebrochene Monate zählen mit) nach § 7 Abs. 1 Satz 4 EStG	§ 7 Abs. 4 EStG: Zeitanteilig (zwölfteln, angebrochene Monate zählen mit) nach § 7 Abs. 1 Satz 4 EStG
AfA im Jahr des Ausscheidens	Immer zeitanteilig (zwölfteln); R 7.4 Abs. 8 Satz 1 EStR (H 7.4 [Teil des auf ein Jahr entfallenden AfA-Betrages] EStH)	
Ende der AfA	Zum Beispiel: • wenn das Wirtschaftsgut vollständig abgeschrieben ist; • wenn das Wirtschaftsgut vor Ablauf der AfA aus dem Betriebsvermögen ausscheidet (z.B. Veräußerung, Entnahme)	

Abbildung: Grundsätze zur AfA-Berechnung

7. Besonderheiten

7.1 Außergewöhnliche AfA

Neben der normalen AfA ist auch eine → **außergewöhnliche Absetzung** für technische oder wirtschaftliche Abnutzung zulässig (§ 7 Abs. 1 Satz 7 EStG).

Absetzungen für außergewöhnliche technische oder wirtschaftliche Abnutzung (**AfaA**) setzen entweder eine Substanzeinbuße eines bestehenden Wirtschaftsgutes (**technische Abnutzung**) oder eine Einschränkung seiner Nutzungsmöglichkeit (**wirtschaftliche Abnutzung**) voraus. Die außergewöhnliche »Abnutzung« geschieht durch Einwirkungen auf das Wirtschaftsgut im Zusammenhang mit dessen steuerbarer Nutzung. Diese Voraussetzungen sind nicht gegeben, wenn der Stpfl. ein bereits mit Mängeln behaftetes Wirtschaftsgut erwirbt. Maßstab für die Nutzbarkeit ist das bestehende Wirtschaftsgut in dem Zustand, in dem es sich bei Erwerb befindet. Der Mangel ist aber in dessen Maßstab mit eingegangen und kann ihn deshalb nicht ändern und in seiner Nutzbarkeit mindern (BFH-Urteil vom 14.1.2004 IX R 30/02, BStBl II 2004, 592).

7.2 Nachträgliche Anschaffungs-/Herstellungskosten

Problematisch ist die Behandlung von nachträglichen Anschaffungs- oder Herstellungskosten. Dies sind Aufwendungen, die nach vollendeter Anschaffung bzw. Fertigstellung eines Wirtschaftsguts anfallen. Voraussetzung dafür ist, dass bereits ein fertiges Wirtschaftsgut vorhanden ist. Nachträgliche Kosten, die bei wirtschaftlicher Betrachtungsweise zu einem anderen Wirtschaftsgut führen, sind keine nachträglichen Herstellungskosten i.d.S., sondern Herstellungskosten für ein neues, selbständig AfA-fähiges Wirtschaftsgut (R 7.3 Abs. 5 EStR und H 7.3 [Nachträgliche Anschaffungskosten/Herstellungskosten] EStH). Nachträgliche Anschaffungs-/Herstellungskosten liegen z.B. vor bei nachträglichen Kostenerhöhungen oder bei Zusatzbeschaffungen (z.B. nachträglicher Einbau einer Klimaanlage), die die Benutzbarkeit und auch den Wert eines Wirtschaftsguts erhöhen. Werden jedoch ausgeschiedene Teile ersetzt, liegen keine nachträglichen Anschaffungs-/Herstellungskosten, sondern i.d.R. sofort abzugsfähiger → **Erhaltungsaufwand** vor.

Entstehen nachträglich Anschaffungs-/Herstellungskosten bereits im Jahr der Anschaffung/Herstellung, so ist bereits bei der erstmaligen Ermittlung der AfA von einer erhöhten AfA-Bemessungsgrundlage auszugehen. Werden die Anschaffungs-/Herstellungskosten im Jahr der Anschaffung/Herstellung gemindert (z.B. durch Rabatte, Skonti), so ist insoweit direkt von einer geringeren AfA-Bemessungsgrundlage auszugehen.

Schwierig gestaltet sich jedoch die AfA-Berechnung bei nachträglichen Erhöhungen oder Minderungen der Anschaffungskosten/Herstellungskosten nach dem Jahr der Anschaffung/Herstellung.

In der nachfolgenden Übersicht wird die Auswirkung solcher nachträglicher Erhöhungen oder Minderungen der Anschaffungs-/Herstellungskosten auf die Berechnung der AfA dargestellt.

Erhöhungen	Minderungen
§ 7 Abs. 1 und 2 EStG	
Ab dem Jahr der Entstehung der Erhöhungen berechnet sich die AfA nach dem um die nachträglichen AK/HK vermehrten letzten Restwert und der Restnutzungsdauer (R 7.4 Abs. 9 Satz 1 EStR, H 7.3 [Nachträgliche AK/HK] EStH, H 7.4 [AfA-Volumen] EStH und H 7.4 [Nachträgliche AK/HK] EStH). Bei der linearen AfA wird das jetzt noch bestehende AfA-Volumen bis zum Ablauf der Restnutzungsdauer vollständig abgesetzt. Die degressive AfA führt jedoch nicht zu einer vollständigen Absetzung innerhalb der Restnutzungsdauer. Hier ist im (günstigsten) Jahr ein Übergang nach § 7 Abs. 3 EStG vorzunehmen.	Die geminderten AK/HK sind auf die Restnutzungsdauer zu verteilen.
§ 7 Abs. 4 und 5 EStG	
§ 7 Abs. 4 Satz 1 EStG: Der derzeit für das Gebäude geltende AfA-%-Satz ist weiter anzuwenden. Die neue AfA-Bemessungsgrundlage ergibt sich aus der bisherigen Bemessungsgrundlage zuzüglich der Erhöhungen (H 7.3 [Nachträgliche AK/HK] EStH). Wird in den Fällen des § 7 Abs. 4 Satz 1 EStG auf diese Weise die volle Absetzung innerhalb der tatsächlichen Nutzungsdauer nicht erreicht, so kann die AfA vom Zeitpunkt der Beendigung der Erhöhungen an nach der Restnutzungsdauer des Gebäudes bemessen werden (H 7.4 [Nachträgliche AK/HK] EStH).	Lediglich die AfA-Bemessungsgrundlage ändert sich.
§ 7 Abs. 5 EStG: Der derzeit für das Gebäude nach der jeweiligen Staffelung des § 7 Abs. 5 EStG maßgebende AfA-Prozentsatz ist weiter anzuwenden. Die neue AfA-Bemessungsgrundlage ergibt sich aus der bisherigen Bemessungsgrundlage zuzüglich der Erhöhungen (H 7.3 [Nachträgliche AK/HK] EStH, H 7.4 [AfA-Volumen mit Beispiel 3] EStH und H 7.4 [Nachträgliche AK/HK] EStH). Dabei ist unerheblich, dass dies zu einer Verlängerung des in § 7 Abs. 5 EStG vorgesehenen AfA-Zeitraums führt. Verbleibt am Ende der § 7 Abs. 5 EStG-Nutzungsdauer noch ein Restwert, ist dieser, mangels einer für die Zeit nach Ablauf des AfA-Zeitraums geltenden Sonderregelung, nach § 7 Abs. 4 EStG abzusetzen. In diesem Fall ist die für das Gebäude maßgebende § 7 Abs. 4-AfA bis zur Vollabschreibung zu berücksichtigen, es sein denn, es können Absetzungen für außergewöhnliche technische oder wirtschaftliche Abnutzung vorgenommen werden (§ 7 Abs. 4 Satz 3 i.V.m. § 7 Abs. 1 Satz 6 EStG; BFH-Urteil vom 20.1.1987, BStBl II 1987, 491).	Der verringerte AfA-Betrag wird bis zur vollständigen Verteilung des restlichen AfA-Volumens angesetzt.

Abbildung: AfA-Berechnungen bei nachträglichen Anschaffungskosten/Herstellungskosten

Bei der Bemessung der AfA für das Jahr der Entstehung von nachträglichen Anschaffungs- oder Herstellungskosten sind diese so zu berücksichtigen, als wären sie bereits zu Beginn des Jahres aufgewendet worden (R 7.4 Abs. 9 Satz 3 EStR).

Ist bei einer nachträglichen Minderung der Anschaffungskosten/Herstellungskosten das Wirtschaftsgut bereits aus dem Betriebsvermögen ausgeschieden, so ist der Minderungsbetrag m.E. als Betriebseinnahme gewinnerhöhend zu erfassen.

Beispiel 4: Nachträgliche Erhöhung der Anschaffungskosten
Sachverhalt siehe auch Beispiel 2 und 3.

Kauf einer Maschine für netto 30 000 € am 15.1.10, Nutzungsdauer 10 Jahre. Im Jahr 12 entstehen weitere Anschaffungskosten i.H.v. 1 000 €. Die Nutzungsdauer des Wirtschaftsguts hat sich hierdurch nicht verändert.

Lösung:
Die AfA ist ab dem Jahr 12 neu zu ermitteln, da sich die Bemessungsgrundlage für die AfA um 1 000 € erhöht hat.

AfA-Methode	linear nach § 7 Abs. 1 EStG	degressiv nach § 7 Abs. 2 EStG
AfA-Satz	10 %	25 %
Anschaffungskosten 10 ./. AfA 10	30 000 € 3 000 €	30 000 € 7 500 € (= 25 % von 30 000 €)
Restwert 31.12.10 ./. AfA 11	27 000 € 3 000 €	22 500 € 5 625 € (= 25 % von 22 500 €)
Restwert 31.12.11 Nachträgliche Anschaffungskosten Neues AfA-Volumen an 12 ./. lineare AfA 12 (25 000 € : 8 Jahre) ./. degressive AfA 12 (25 %)	24 000 € 1 000 € 25 000 € 3 125 €	16 875 € 1 000 € 17 875 € 4 469 €
Restwert 31.12.12 ./. AfA 13	21 875 € 3 125 €	13 406 € 3 352 €
Restwert 31.12.13 ./. AfA 14	18 750 € 3 125 €	10 054 € 2 514 €
Restwert 31.12.14 ./. AfA 15	15 625 € 3 125 €	7 540 € 1 885 €
Restwert 31.12.15 ./. AfA 16	12 500 € 3 125 €	5 655 € 1 414 €
Restwert 31.12.16 ./. AfA 17	9 375 € 3 125 €	4 241 € 1 060 €
Restwert 31.12.17 ./. AfA 18	6 250 € 3 125 €	3 181 € 795 €
Restwert 31.12.18 ./. AfA 19	3 125 € 3 124 €	2 386 € 596 €
Restwert 31.12.19	1 €	1 790 €

Degressive AfA nach § 7 Abs. 2 EStG		Lineare AfA nach einem Wechsel ab dem Jahr	
Restwert zum 31.12.10 AfA 11	22 500 € 5 625 €	11: Restwert 22 500 € : Restnutzungsdauer 9 Jahre =	2 500,00 €
Restwert zum 31.12.11 Nachträgliche Anschaffungskosten Neues AfA-Volumen 12 AfA 12 (25 %)	16 875 € 1 000 € 17 875 € 4 469 €	12: Restwert 17 875 € : Restnutzungsdauer 8 Jahre =	2 234,38 €
Restwert zum 31.12.12 AfA 13	13 406 € 3 352 €	13: Restwert 13 406 € : Restnutzungsdauer 7 Jahre =	1 915,14 €
Restwert zum 31.12.13 AfA 14	10 054 € 2 514 €	14: Restwert 10 054 € : Restnutzungsdauer 6 Jahre =	1 675,66 €
Restwert zum 31.12.14 AfA 15	7 540 € 1 885 €	15: Restwert 7 540 € : Restnutzungsdauer 5 Jahre =	1 508,00 €
Restwert zum 31.12.15 AfA 16	5 655 € 1 414 €	16: Restwert 5 655 € : Restnutzungsdauer 4 Jahre =	1 413,75 €
Restwert zum 31.12.16 AfA 17	4 241 € **1 060 €**	17: Restwert 4 241 € : Restnutzungsdauer 3 Jahre =	**1 413,66 €**
Spätestens im Kj. 17 ist ein Wechsel von der degressiven AfA zur linearen AfA sinnvoll.			

Beispiel 5: Nachträgliche Minderung der Anschaffungskosten
Sachverhalt siehe auch Beispiel 2, 3 und 4.

Kauf einer Maschine für netto 30 000 € am 15.1.10, Nutzungsdauer 10 Jahre. Wegen eines gerichtlichen Streits um die Höhe der Anschaffungskosten zahlt der Steuerpflichtige nach Ablauf des Gerichtsverfahrens im Jahr 12 29 000 €.

Lösung:
Die AfA ist ab dem Jahr 12 neu zu ermitteln, da sich die Bemessungsgrundlage für die AfA um 1 000 € verringert hat.

AfA-Methode	linear nach § 7 Abs. 1 EStG	degressiv nach § 7 Abs. 2 EStG
AfA-Satz	10 %	25 %
Anschaffungskosten 10 ./. AfA 10	30 000 € 3 000 €	30 000 € 7 500 € (= 25 % von 30 000 €)
Restwert 31.12.10 ./. AfA 11	27 000 € 3 000 €	22 500 € 5 625 € (= 25 % von 22 500 €)
Restwert 31.12.11 Nachträgliche Minderung der Anschaffungskosten Neues AfA-Volumen ab 12 ./. lineare AfA 12 (23 000 € : 8 Jahre) ./. degressive AfA 12 (25 %)	24 000 € 1 000 € 23 000 € 2 875 €	16 875 € 1 000 € 15 875 € 3 969 €

Degressive AfA nach § 7 Abs. 2 EStG		Lineare AfA nach einem Wechsel ab dem Jahr	
Restwert zum 31.12.10	22 500 €	11: Restwert 22 500 € : Restnutzungsdauer	
AfA 11	5 625 €	9 Jahre =	2 500,00 €
Restwert zum 31.12.11	16 875 €	12: Restwert 15 875 € : Restnutzungsdauer	
Nachträgliche Minderung der Anschaffungskosten	1 000 €	8 Jahre =	1 984,38 €
Neues AfA-Volumen 12	15 875 €		
AfA 12 (25 %)	3 969 €		
Restwert zum 31.12.12	11 906 €	13: Restwert 11 906 € : Restnutzungsdauer	
AfA 13	2 977 €	7 Jahre =	1 700,86 €
Restwert zum 31.12.13	8 929 €	14: Restwert 8 929 € : Restnutzungsdauer	
AfA 14	2 232 €	6 Jahre =	1 488,17 €
Restwert zum 31.12.14	6 697 €	15: Restwert 6 697 € : Restnutzungsdauer	
AfA 15	1 674 €	5 Jahre =	1 339,40 €
Restwert zum 31.12.15	5 023 €	16: Restwert 5 023 € : Restnutzungsdauer	
AfA 16	1 256 €	4 Jahre =	1 255,75 €
Restwert zum 31.12.16	3 767 €	17: Restwert 3 767 € : Restnutzungsdauer	
AfA 17	942 €	3 Jahre =	1 255,66 €
Spätestens im Kj. 13 ist ein Wechsel von der degressiven AfA zur linearen AfA sinnvoll.			

8. Abgrenzung Gebäude – unselbständige Gebäudeteile – selbständige Gebäudeteile – unbewegliche Wirtschaftsgüter, die keine Gebäude oder Gebäudeteile sind

8.1 Allgemeines

Für Zwecke der AfA ist bei einem bebauten Grundstück darauf zu achten, dass die verschiedenen Wirtschaftsgüter dieses bebauten Grundstücks auch steuerrechtlich richtig eingeordnet werden. Ein bebautes Grundstück kann demnach aus verschiedenen Wirtschaftsgütern bestehen. Folgende Wirtschaftsgüter sind gegeneinander abzugrenzen:
- das Gebäude,
- die unselbständigen Gebäudeteile,
- die selbständigen Gebäudeteile
- und unbewegliche Wirtschaftsgüter, die keine Gebäude oder Gebäudeteile sind.

8.2 Gebäude

Für den Begriff des Gebäudes gelten die Abgrenzungsmerkmale des Bewertungsrechts (R 7.1 Abs. 5 Satz 1 und 2 EStR).

8.3 Unselbständige Gebäudeteile

Ein Gebäudeteil ist unselbständig, wenn er der eigentlichen Nutzung des Gebäudes dient. Unselbständige Gebäudeteile sind auch räumlich vom Gebäude getrennt errichtete Baulichkeiten, die in einem so engen Nutzungs- und Funktionszusammenhang mit dem Gebäude stehen, dass es ohne diese Baulichkeiten als unvollständig erscheint. Unselbständige Gebäudeteile sind z.B.: Fahrstuhl-, Heizungs-, Belüftungs- und Entlüftungsanlagen, sanitäre Anlagen, Teppichböden, Einbaumöbel, Sprinkleranlagen (R 4.2 Abs. 5 EStR und H 4.2 Abs. 5 [Unselbständige Gebäudeteile] EStH).

8.4 Selbständige Gebäudeteile

Ein Gebäudeteil ist selbständig, wenn er besonderen Zwecken dient, mithin in einem von der eigentlichen Gebäudenutzung verschiedenen Nutzungs- und Funktionszusammenhang steht. Selbständige Gebäudeteile sind nach R 4.2 Abs. 3 EStR z.B.:
- Betriebsvorrichtungen (R 7.1 Abs. 3 EStR und H 7.1 EStH),
- Scheinbestandteile (R 7.1 Abs. 4 EStR und H 7.1 EStH),
- Ladeneinbauten, Schaufensteranlagen, Gaststätteneinbauten usw.,
- sonstige selbständige Gebäudeteile (R 4.2 Abs. 4 EStR).

8.5 Unbewegliche Wirtschaftsgüter, die keine Gebäude oder Gebäudeteile sind

Dazu gehören beispielsweise:
- Außenanlagen wie Einfriedungen bei Betriebsgrundstücken,
- Hof- und Platzbefestigungen, Straßenzufahrten und Umzäunungen bei Betriebsgrundstücken, wenn sie nicht ausnahmsweise Betriebsvorrichtungen sind (H 7.1 [Unbewegliche Wirtschaftsgüter, die keine Gebäude oder Gebäudeteile sind] EStH).

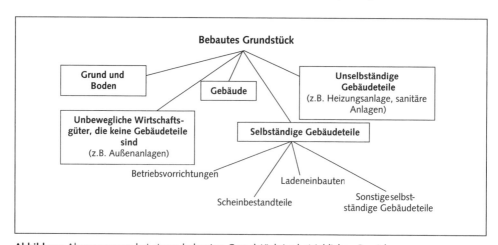

Abbildung: Abgrenzungen bei einem bebauten Grundstück im betrieblichen Bereich

Wirtschaftsgut	AfA-Methode
Gebäude	§ 7 Abs. 4 und 5 EStG
Unselbständige Gebäudeteile	Sind zusammen mit dem Gebäude abzuschreiben.
Selbständige Gebäudeteile	
• Betriebsvorrichtungen und Scheinbestandteile	Hier gilt § 7 Abs. 4 und 5 EStG nicht; diese Wirtschaftsgüter sind als **bewegliche Wirtschaftsgüter** nach § 7 Abs. 1 und 2 EStG abzuschreiben (R 7.1 Abs. 1 Nr. 1 EStR).
• Ladeneinbauten, Schaufensteranlagen, Gaststätteneinbauten usw.	Diese Wirtschaftsgüter stellen jeweils selbständige **unbewegliche Wirtschaftsgüter** i.S.d. § 7 Abs. 5a EStG dar. Demnach sind sie unabhängig vom Gebäude auch nach § 7 Abs. 4 und 5 EStG abzuschreiben (R 7.1 Abs. 6 EStR). In der Praxis wird sich wohl wegen der geringen Nutzungsdauer von ca. 7 Jahren die AfA nach § 7 Abs. 4 Satz 2 EStG bemessen.
• Sonstige selbständige Gebäudeteile	Diese Wirtschaftsgüter stellen ebenfalls selbständige **unbewegliche Wirtschaftsgüter** i.S.d. § 7 Abs. 5a EStG dar. Demnach sind sie unabhängig vom Gebäude auch nach § 7 Abs. 4 und 5 EStG abzuschreiben (R 7.1 Abs. 6 EStR). Je nach der Anzahl der sonstigen selbständigen Gebäudeteile können sich auch unterschiedliche AfA-Methoden und AfA-Sätze ergeben (R 7.4 Abs. 6 Satz 2 EStR).
Unbewegliche Wirtschaftsgüter, die keine Gebäude oder Gebäudeteile sind	Diese sind nach § 7 Abs. 1 EStG linear abzuschreiben (R 7.1 Abs. 1 Nr. 3 EStR). Die degressive AfA nach § 7 Abs. 2 EStG ist nicht möglich, da es sich nicht um bewegliche Wirtschaftsgüter handelt.

Abbildung: AfA-Methoden bei Wirtschaftsgütern innerhalb eines Gebäudes

9. Wechsel der AfA-Methode bei Gebäuden

Innerhalb der Gebäude-AfA ist eine spätere Änderung der AfA-Methode grundsätzlich ausgeschlossen. Ein Wechsel von der degressiven AfA nach § 7 Abs. 5 EStG zur linearen AfA nach § 7 Abs. 4 EStG oder umgekehrt ist grundsätzlich unzulässig (§ 7 Abs. 3 EStG betrifft nach der gesetzlichen Reihenfolge nur die vorstehenden Absätze 1 und 2 des § 7 EStG, H 7.4 [Wechsel der AfA-Methode bei Gebäuden] EStH). Ein Wechsel der AfA-Methode bei Gebäuden ist nur in Ausnahmefällen möglich. Diese Ausnahmefälle werden in R 7.4 Abs. 7 EStR aufgezeigt.

10. Behandlung von immateriellen Wirtschaftsgütern

10.1 Allgemeines

Hier ist zunächst die Frage zu klären, ob dem Grunde nach ein »aktivierungsfähiges« Wirtschaftsgut vorliegt. Wie diese Frage zu beantworten ist, klärt § 5 Abs. 2 EStG und R 5.5 EStR. Diese beiden Rechtsgrundlagen gelten zwar von ihrem Wortlaut her nur i.R.d. Buchführung, ihre Rechtsgrundsätze sind aber auch innerhalb der § 4 Abs. 3-Rechnung zu beachten (H 5.5 [Gewinnermittlung...] EStH). Danach ist ein immaterielles Wirtschaftsgut grundsätzlich nur dann »zu aktivieren«, wenn es entgeltlich erworben wurde oder eingelegt wurde (R 5.5 Abs. 2 und 3 EStR und H 5.5 [Gewinnermittlung...] EStH). Aufwendungen zur Herstellung eines solchen immateriellen Wirtschaftsgutes sind demnach bei Zahlung in voller Höhe als Betriebsausgaben zu berücksichtigen. Beispiele für immaterielle Wirtschaftsgüter enthält H 5.5 EStH. Der entgeltlich erworbene (derivative) Geschäfts- oder Firmenwert ist nach § 5 Abs. 2 EStG zu aktivieren. Die gesetzlich festgelegte lineare AfA beträgt nach § 7 Abs. 1 Satz 3 EStG 15 Jahre.

Literatur: Eder, Der Geschäfts- oder Firmenwert, NWB Fach 17, 1965.

10.2 Softwaresysteme

10.2.1 Allgemeines

Der Erlass der FinBeh Bremen vom 13.9.2004 (S 2172-5968-110, FR 2004, 1410) äußert sich dazu, wie Aufwendungen zur Einführung eines neuen umfassenden Softwaresystems ertragsteuerrechtlich zu behandeln sind. Die Gesamtkosten können sich je nach Größe des Unternehmens auf mehrere Mio. Euro belaufen. Sie setzen sich zusammen aus Aufwendungen für Software, bestehend aus einzelnen problemlos erweiterbaren Modulen, EDV-Beratung für das Festlegen der Arbeitsabläufe und Verfahren zur Einführung des EDV-Systems, Anpassung der Software an die individuellen Bedürfnisse und Strukturen des Unternehmens (Implementierung) und Schulung der Anwender. Es wird gebeten, hierzu folgende Auffassung zu vertreten:

10.2.2 Immaterielles Wirtschaftsgut

Der Erwerb von Computerprogrammen als Anwendersoftware führt zu (immateriellen) Wirtschaftsgütern, wenn das Eigentum oder – wie in der überwiegenden Zahl der Fälle – ein Lizenzrecht und somit ein Nutzungsrecht i.S.d. § 31 UrhG am Programm erworben wird.

10.2.3 Einheitliches Wirtschaftsgut

Die Frage des Umfangs des Wirtschaftsguts ist nach dem Nutzungs- und Funktionszusammenhang zu entscheiden. Bei Erwerb eines Verbundes mehrerer Module zur einheitlichen Nutzung liegt nur ein (aktivierungspflichtiges) Wirtschaftsgut vor. Werden jedoch verschiedene voneinander unabhängig nutzbare Module angeschafft (z.B. durch separate Verträge), kommt eine Aktivierung mehrerer Wirtschaftsgüter in Betracht.

10.2.4 Anschaffungskosten

Anschaffungskosten sind alle Aufwendungen im Zusammenhang mit dem Erwerb eines Wirtschaftsguts bis zur Herstellung der Betriebsbereitschaft beim Nutzer. Zu den → **Anschaffungskosten** gehören auch die Nebenkosten (§ 255 Abs. 1 HGB). Als Anschaffungskosten sind die Erwerbskosten der Software oder die Aufwendungen für die Übertragung der Nutzungsrechte des Programms (Lizenzrechte) zu bilanzieren. Die Aufwendungen für EDV-Beratung, Implementierung sowie Schulungsmaßnahmen zählen zu den Anschaffungsnebenkosten und sind ebenfalls zu aktivieren. Es ist üblich und erforderlich, die Software durch umfangreiche Dienstleistungen an die individuellen Verhältnisse des Unternehmens anzupassen, wodurch letztlich erst die Betriebsbereitschaft des gesamten Systems erreicht wird. Zu den Anschaffungsnebenkosten gehören daher auch Eigenleistungen, die mit der Anschaffung und mit der Implementierung des Programms im direkten Zusammenhang stehen, z.B. durch betriebseigene Administratoren anfallende Personalkosten bis zur erstmaligen Anwendungsreife des neuen Software-Systems im letzten zu unterstützenden Teilbereich des Unternehmens.

10.2.5 Nutzungsdauer

Nach § 6 Abs. 1 Nr. 1 Satz 1 EStG sind Wirtschaftsgüter des Anlagevermögens, die der Abnutzung unterliegen, mit den Anschaffungs- oder Herstellungskosten vermindert um die AfA nach § 7 EStG anzusetzen. Lizenzrechte an Software sind immaterielle Wirtschaftsgüter, die gem. § 7 Abs. 1 Satz 1 EStG i.V.m. R 7.1 Abs. 1 Nr. 2 EStR nur linear abgeschrieben werden dürfen. Nach § 7 Abs. 1 Satz 2 EStG bemisst sich die lineare AfA nach der betriebsgewöhnlichen Nutzungsdauer des Wirtschaftsguts. Da die amtliche AfA-Tabelle für allgemein verwendbare Anlagegüter derzeit keine Hinweise oder Vorgaben zur betriebsgewöhnlichen Nutzungsdauer derartiger System-Software enthält, ist für die Software (Lizenzen zuzüglich Dienstleistungen) von einer betriebsgewöhnlichen Nutzungsdauer von zehn Jahren auszugehen.

10.2.6 Standardsoftware

Das Niedersächsische Finanzgericht hat mit rechtskräftigem Urteil vom 16.1.2003 (10 K 82/99, EFG 2003, 601) entschieden, dass die betriebsgewöhnliche Nutzungsdauer von Standardsoftware sich im Regelfall an der von der Hardware orientiert (3 Jahre).

Mittlerweile hat der BFH entschieden, dass auch die auf einem Datenträger verkörperte Standardsoftware als Ware (körperliche Gegenstände, § 90 BGB) anzusehen ist. Obschon bei dem Erwerb einer Standardsoftware das Programm als Werk mit geistigem Inhalt und damit ein immaterieller Wert im Vordergrund steht, ist Gegenstand des Warenumschlags stets die verkörperte geistige Leistung, wobei es ohne Bedeutung ist, auf welchem Informationsträger das Computerprogramm verkörpert ist. Entscheidend ist vielmehr, dass es verkörpert und damit nutzbar ist. Vergleichbar mit dem elektronischen Datenträger ist das Buch. Auch ein Buch, dem unbestritten die Qualität als Sache zukommt, ist das Ergebnis einer schöpferischen Geistestätigkeit und wird ausschließlich wegen seines geistigen Inhalts und nicht wegen seines Informationsträgers – des Papiers – gehandelt (BFH-Urteile vom 28.10.2008 IX R 22/08, BStBl II 2009, 527 und IX R 23/08, BFH/NV 2009, 562). Nach dem Urteil des FG Köln vom 17.2.2009 (1 K 1171/06, EFG 2009, 1540, Revision eingelegt, Az. BFH: X R 26/09,

LEXinform 0179768) sind Standardprogramme materielle bewegliche Wirtschaftsgüter, für die eine Ansparabschreibung nach § 7g EStG a.F. bzw. ein → **Investitionsabzugsbetrag** nach § 7g n.F. in Betracht kommt.

10.2.7 Updates

Sofern das vorhandene Softwaresystem nach Abschluss der (Erst-)Installation nicht ersetzt, sondern nur regelmäßig der veränderten Entwicklung im Sinne einer Aufrechterhaltung der Funktionsfähigkeit des bestehenden Systems angepasst wird (Updates), sind die hierdurch anfallenden Aufwendungen einschließlich der in diesem Zusammenhang entstehenden eigenen Personalkosten als → **Erhaltungsaufwand** und damit als sofort abzugsfähige Betriebsausgaben zu behandeln (s.a. rechtskräftiges Urteil des FG Niedersachsen vom 16.1.2003 10 K 82/99, a.a.O.). Eine zusätzliche Absetzung für außergewöhnliche technische oder wirtschaftliche Abnutzung auf die noch nicht vollständig abgeschriebene Software ist nicht möglich.

Literatur: Schoor, Bilanzierung und Abschreibung von Standartsoftware, BBK 2009, 813.

11. Falsche AfA-Beträge

11.1 Zu niedrige AfA

Wurde in den Wj. der Zugehörigkeit des Wirtschaftsguts zum Betriebsvermögen die AfA zu niedrig angesetzt, ist bei einer Veräußerung (oder Entnahme) die bislang tatsächlich vorgenommene AfA von den (richtigen) Anschaffungskosten abzuziehen; der Veräußerungsgewinn wird entsprechend gemindert (BFH-Urteil vom 14.11.2007 XI R 37/06, BFH/NV 2008, 356 mit weiteren Nachweisen und → **Entnahmen**).

Beispiel:
Die Anschaffungskosten für ein Wirtschaftsgut betragen 110 000 € im Kj. 01, die AfA beträgt jährlich 3 %. Der Stpfl. hat aber lediglich 100 000 € als AfA-Bemessungsgrundlage berücksichtigt, während er 10 000 € irrtümlich sofort als Betriebsausgaben (Erhaltungsaufwendungen) abgezogen hatte. Im Kj. 05 wird das Wirtschaftsgut am 31.12.05 für 95 000 € veräußert (entnommen).

Lösung:

	Steuerpflichtiger	Richtig
Anschaffungskosten	100 000 €	110 000 €
Betriebsausgaben (Erhaltungsaufwand)	10 000 €	0 €
AfA Kj. 01 bis 05: 5 × 3 % = 15 %	15 000 €	16 500 €
Restwert im Zeitpunkt des Ausscheidens des WG	85 000 €	93 500 €
Veräußerungserlös	95 000 €	95 000 €
Veräußerungsgewinn	10 000 €	1 500 €
Gebuchte Betriebsausgaben insgesamt	./. 25 000 €	./. 16 500 €
Gewinnauswirkung insgesamt	./. 15 000 €	./. 15 000 €

11.2 Zu hohe AfA

Für den Fall, dass tatsächlich zu hohe AfA in Anspruch genommen wurden, gelten die gleichen Grundsätze wie bei einer zu niedrigen AfA. Daraus folgt, dass der Restwert durch Berücksichtigung der tatsächlichen, nämlich der zu hohen AfA niedriger ist als bei zutreffender AfA.

Beispiel:
Die Anschaffungskosten für ein Wirtschaftsgut betragen 100 000 € im Kj. 01, die AfA beträgt jährlich 3 %. Der Stpfl. hat aber tatsächlich 110 000 € als AfA-Bemessungsgrundlage berücksichtigt, da er 10 000 € irrtümlich nicht sofort als Betriebsausgaben (Erhaltungsaufwendungen) abgezogen hatte. Im Kj. 05 wird das Wirtschaftsgut am 31.12.05 für 95 000 € veräußert (entnommen).

Lösung:

	Steuerpflichtiger	Komplett richtig
Anschaffungskosten	110 000 €	100 000 €
Betriebsausgaben (Erhaltungsaufwand)	0 €	10 000 €
AfA Kj. 01 bis 05: 5 × 3 % = 15 %	16 500 €	15 000 €
Restwert im Zeitpunkt des Ausscheidens des WG	93 500 €	85 000 €
Veräußerungserlös	95 000 €	95 000 €
Veräußerungsgewinn	1 500 €	10 000 €
Gebuchte Betriebsausgaben insgesamt	./. 16 500 €	./. 25 000 €
Gewinnauswirkung insgesamt	./. 15 000 €	./. 15 000 €

Der im Kj. 01 unterlassene Betriebsausgabenabzug kann nicht im Kj. 05 nachgeholt werden. Siehe dazu die Ausführungen unter → **Betriebsausgaben**.

Der Abzug der tatsächlich in Anspruch genommenen AfA führt nicht zu einem Verstoß gegen den Grundsatz der Bestandskraft von Steuerbescheiden. Die Gewinnermittlungen und die Steuerbescheide der Vorjahre bleiben unangetastet.

12. Abschreibung nach einer Einlage

Wird ein Wirtschaftsgut in ein Betriebsvermögen eingelegt (→ **Einlagen**), für das zuvor i.R.d. Überschusseinkunftsarten i.S.d. § 2 Abs. 1 Satz 1 Nr. 4 bis 7 EStG Absetzungen für Abnutzung oder Substanzverringerung, Sonderabschreibungen oder erhöhte Absetzungen geltend gemacht worden sind, bemisst sich die weitere AfA nach den fortgeführten Anschaffungs- oder Herstellungskosten (§ 7 Abs. 1 Satz 5 und Abs. 4 Satz 1 EStG). In diesen Fällen darf die Summe der insgesamt in Anspruch genommenen Abschreibungen die Anschaffungs- oder Herstellungskosten nicht übersteigen. Bei Wirtschaftsgütern, die der Steuerpflichtige aus einem Betriebsvermögen in das Privatvermögen überführt hat, ist die weitere AfA nach dem Teilwert (§ 6 Abs. 1 Nr. 4 Satz 1 EStG) oder gemeinen Wert (§ 16 Abs. 3 Satz 6 bis 8 EStG) zu bemessen, mit dem das Wirtschaftsgut bei der Überführung steuerlich erfasst worden ist (R 7.3 Abs. 6 EStR).

Das Schleswig-Holsteinische FG hat mit rechtskräftigem Urteil vom 10.7.2008 (5 K 149/05, LEXinform 5007015) gegen die in R 7.3 Abs. 6 EStR dargestellte Verwaltungsmeinung entschieden (s.a. Urteil des Niedersäsischen FG vom 5.9.2006 13 K 537/05, EFG 2007, 112, bestätig durch BFH vom 18.8.2009 X R 40/06, LEXinform 0587649). Nach Auffassung des BFH bemisst sich die AfA-Bemessungsgrundlage nicht nach den fortgeführten historischen Anschaffungskosten, sondern nach dem Einlagewert gem. § 6 Abs. 1 Nr. 5 EStG abzüglich der bereits vorgenommenen Abschreibungen. Weitere Erläuterungen siehe unter → **Einlagen**.

Literatur: Richter, Abschreibungsmöglichkeiten und -grenzen nach dem Unternehmensteuerreformgesetz 2008, Steuer & Studium 2008, 31.

Anlagevermögen

→ Abnutzbares Anlagevermögen
→ Anzahlungen
→ Betriebsvermögen
→ Bewegliche Wirtschaftsgüter
→ Internet-Adresse

→ Kassenärztliche Zulassungen
→ Nicht abnutzbares Anlagevermögen
→ Schuldzinsenabzug
→ Umlaufvermögen
→ Verbindlichkeiten

Rechtsquellen
→ § 247 Abs. 2 HGB

→ R 6.1 Abs. 1 Satz 1 bis 4 und 7 bis 8 EStR

1. Wirtschaftsgüter des Betriebsvermögens

Auch i.R.d. § 4 Abs. 3-Rechnung ist das → **Betriebsvermögen** von wichtiger Bedeutung. Wirtschaftsgüter, die zu diesem Betriebsvermögen gehören, lassen sich in drei Gruppen unterteilen:
1. Anlagevermögen,
2. → **Umlaufvermögen** und
3. → **Verbindlichkeiten**.

2. Wirtschaftsgüter des Anlagevermögens

Das Einkommensteuerrecht übernimmt den Begriff des Anlagevermögens, in Abgrenzung zum Umlaufvermögen, aus dem Handelsrecht (R 6.1 Abs. 1 Satz 1 EStR, H 6.1 [Anlagevermögen] EStH i.V.m. § 247 Abs. 2 HGB).

Danach gehören zum **Anlagevermögen** nur solche Wirtschaftsgüter, die dazu bestimmt sind, **dauernd dem Betrieb zu dienen** oder ihm dauernd dienen sollen (Zweckbestimmung ist entscheidend). Anlagevermögen sind demnach alle Wirtschaftsgüter, die nicht zum Zweck der Veräußerung oder Verarbeitung beschafft worden sind (R 6.1 Abs. 1 Satz 1 bis 4 EStR).

Beispiele:
Gebäude, Grund und Boden, Außenanlagen, Maschinen, Betriebs- und Geschäftsausstattung, technische Anlagen, langfristige Finanzanlagen, Beteiligungen, Fuhrpark (auch Vorführ- und Dienstwagen), Betriebsvorrichtungen, Praxiswert.

Entscheidend ist letztendlich, welche Verfügungsabsicht der Steuerpflichtige hat. Ist die **langfristige Nutzung** eines Wirtschaftsguts **beabsichtigt**, so steht der Behandlung als Anlagevermögen auch eine vorzeitige Veräußerung nicht entgegen (R 6.1 Abs. 1 Satz 7 und 8 EStR).

Wie auch i.R.d. Buchführung sind Wirtschaftsgüter des Anlagevermögens wiederum zu unterscheiden in → **abnutzbares Anlagevermögen** und → **nicht abnutzbares Anlagevermögen**. Diese Unterscheidung ist wichtig für die »§ 4 Abs. 3-technische« Behandlung dieser Wirtschaftsgüter.

Mit Urteil vom 25.10.2001 (IV R 47, 48/00, BStBl II 2002, 289) nimmt der BFH zur Behandlung eines → **Grundstücks** zum Anlage- bzw. → **Umlaufvermögen** Stellung. Als Anlagevermögen definiert der BFH in Anlehnung an das Handelsrecht (§ 247 Abs. 2 HGB) die Gegenstände, die dazu bestimmt sind, auf Dauer dem Betrieb zu dienen. Zum → **Umlaufvermögen** gehören demgegenüber die zum Verbrauch oder sofortigen Verkauf bestimmten Wirtschaftsgüter (ständige Rechtsprechung des BFH, vgl. etwa Urteile vom 31.5.2001 IV R 73/00, BFH/NV 2001, 1485; vom 28.5.1998 X R 80/94, BFH/NV 1999, 359 und vom 5.2.1987 IV R 105/84, BStBl II 1987, 448). Die Zuordnung orientiert sich danach maßgeblich an der Zweckbestimmung des Wirtschaftsguts im Betrieb, die einerseits subjektiv vom Willen des Steuerpflichtigen abhängt, sich andererseits aber an objektiven Merkmalen nachvollziehen lassen muss (wie z.B. der Art des Wirtschaftsguts, der Art und Dauer der Verwendung im Betrieb, der Art des Betriebs, ggf. auch der Art der Bilanzierung; vgl. BFH-Urteil vom 30.4.1998 III R 29/93, BFH/NV 1998, 1372). Wechselt die Zweckbestimmung eines Wirtschaftsguts während seiner Zugehörigkeit zum Betriebsvermögen, kann damit auch eine veränderte Zuordnung zum Anlage- oder Umlaufvermögen einhergehen. Allerdings wird ein Wirtschaftsgut des Anlagevermögens bei unveränderter Nutzung im Betrieb nicht allein dadurch zum Umlaufvermögen, dass sich der Steuerpflichtige zu seiner Veräußerung entschließt (BFH in BFH/NV 2001, 1485 und vom 26.11.1974 VIII R 61-62/73, BStBl II 1975, 352).

Bei einem seit langem zum Anlagevermögen gehörenden unbebauten Grundstück hat der BFH einen Wechsel der Zweckbestimmung noch nicht darin gesehen, dass dieses in Veräußerungsabsicht parzelliert wird (BFH in BFH/NV 2001, 1485; ebenso die Finanzverwaltung in R 6.1 Abs. 1 Satz 8 EStR). Beschränkt sich der Veräußerer indessen nicht auf die bloße Verkaufstätigkeit, sondern wirkt er an der Aufbereitung und Erschließung des Baulands aktiv mit oder nimmt er hierauf Einfluss, ändert sich auch bei zunächst unveränderter Nutzung des Grundstücks seine Zweckbestimmung und es wird zum Umlaufvermögen (BFH in BFH/NV 2001, 1485).

In dem entschiedenen Fall (BFH-Urteil vom 25.10.2001) hat der Steuerpflichtige sich in Bezug auf die Grundstücke nicht auf die bloße Verkaufstätigkeit beschränkt, denn er hat die Aufstellung eines Bebauungsplans nicht nur beantragt, sondern auch finanziert. Dies hat der BFH in seinem Urteil vom 22.10.1969 (I R 61/68, BStBl II 1970, 61) als gewerbliche Tätigkeit eines Landwirts angesehen. Ein solches Engagement hat zugleich zur Folge, dass sich die Zweckbestimmung des betroffenen Grundstücks ändert, so dass es vom Anlagevermögen zum Umlaufvermögen wechselt.

Anlageverzeichnis

→ Aufzeichnungspflichten
→ Geringwertige Wirtschaftsgüter

→ Vordruck EÜR

Rechtsquellen
→ § 4 Abs. 3 EStG

→ § 60 Abs. 4 EStDV

1. Gesetzliche Verpflichtung zur Erstellung

Nach § 60 Abs. 4 EStDV ist ein Anlageverzeichnis zu erstellen und der Gewinnermittlung nach → **Vordruck EÜR** beizufügen.

Die nach dem 5.5.2006 angeschafften, hergestellten oder in das Betriebsvermögen eingelegten (→ **Einlage**) Wirtschaftsgüter des Anlage- sowie des Umlaufvermögens sind mit den Anschaffungs- oder Herstellungsdatum und den Anschaffungs- oder Herstellungskosten in besondere, laufend zu führende Verzeichnisse aufzunehmen (§ 4 Abs. 3 Satz 5 EStG). Bei Umlaufvermögen gilt diese Verpflichtung lediglich für Wertpapiere, Grund und Boden sowie Gebäude (Gesetz zur Eindämmung missbräuchlicher Steuergestaltungen vom 28.4.2006, BGBl I 2006, 1095). Für zuvor angeschaffte, hergestellte oder in das Betriebsvermögen eingelegte Wirtschaftsgüter gilt dies nur für nicht abnutzbare Wirtschaftsgüter des Anlagevermögens.

Das BMF-Schreiben vom 28.8.2009 enthält das folgende Muster eines Anlageverzeichnisses zur Anlage EÜR.

Anlageverzeichnis

2. Muster eines Anlageverzeichniss

1	Name		Anlageverzeichnis/Ausweis des Umlaufver-
2	Vorname		mögens[1] zur Anlage EÜR
3	(Betriebs-) Steuernummer		

		77	09	1
			99	40

	Gruppe/ Bezeichnung des WG	AK/HK/ Einlagewert EUR	Buchwert zu Beginn des Gewinnermittlungszeitraums EUR	Zugänge EUR	Sonder-AfA nach § 7g EStG EUR	AfA EUR	Abgänge (zu erfassen in Zeile 34)[4] EUR	Buchwert am Ende des Gewinnermittlungszeitraums EUR
	Grundstücke und grundstücksgleiche Rechte							
4	Grund und Boden	100	101	102			105	106
5	Gebäude	110	111	112		114	115	116
6	Andere (z.B. grundstücks-gleiche Rechte)	120	121	122		124	125	126
7	Summe (Übertrag in Zeile 24)					190		
	Häusliches Arbeitszimmer							
8	Anteil Grund und Boden	200	201	202			205	206
9	Gebäudeteil	210	211	212		214	215	216
						(Übertrag in Zeile 38 der Anlage EÜR)		
	Immaterielle Wirtschaftsgüter							
10	Firmen-/ Geschäftswert	300	301	302		304	305	306
11	Andere	310	311	312		314	315	316
12	Summe (Übertrag in Zeile 25 der Anlage EÜR)					390		
	Bewegliche Wirtschaftsgüter							
13	Pkw	400	401	402	403	404	405	406
15	Büroeinrichtung	410	411	412	413	414	415	416
17	Andere	420	421	422	423	424	425	426
19	Summe				480	490		
					(Übertrag in Zeile 30)	(Übertrag in Zeile 26)		
21	Sammelposten 2009			432		434		436
21a	Sammelposten 2008 und 2007	440	441			444		446
21b	Summe					499		
						Übertrag in Zeile 33 der Anlage EÜR		
Finanzanlagen								
22	Anteile an Unternehmen[2]	500	501	502			505	506
23	steuerlich zu berücksichtigen[3]						508	
24	Andere	510	511	512			515	516
25	Umlaufvermögen (zusammengefasst)[1]	600		602			605	606
						(zu erfassen in Zeile 21 Anlage EÜR)		

1) Nur Umlaufvermögen i.S.d. § 4 Abs. 3 Satz 4 EStG (z.B. Wertpapiere, Grund und Boden sowie Gebäude). 2) Für deren Erträge das Teileinkünfteverfahren gilt. 3) Siehe § 3c EStG i.V.m. § 3 Nr. 40 EStG oder § 8b KStG. 4) Summe der Einzelbeträge ohne Beträge zu den Kennziffern 505 und 605.

Anschaffungskosten

→ Abnutzbares Anlagevermögen
→ Absetzung für Abnutzung
→ Anlageverzeichnis
→ Anzahlungen

→ Arbeitszimmer
→ Betriebsausgaben
→ Vordruck EÜR

Rechtsquellen
→ § 255 Abs. 1 HGB
→ § 9b EStG

→ H 6.2 [Anschaffungskosten] EStH
→ H 6.4 EStH

1. Allgemeines

Anschaffungskosten sind in der § 4 Abs. 3-Rechnung mehrfach von Bedeutung. Die Anschaffungskosten bilden z.B.:
- die AfA-Bemessungsgrundlage für die Berechnung der AfA beim abnutzbaren Anlagevermögen,
- die Höhe des Betriebsausgabenabzugs bei den geringwertigen Wirtschaftsgütern,
- die Höhe des Betriebsausgabenabzugs beim Umlaufvermögen,
- die Grundlage für die Behandlung des nicht abnutzbaren Anlagevermögens nach § 4 Abs. 3 Satz 4 und 5 EStG (→ **Nicht abnutzbares Anlagevermögen**).

Weder im EStG noch in den EStR wird der Begriff der Anschaffungskosten definiert. Lediglich in H 6.2 [Anschaffungskosten] EStH erfolgt ein Hinweis auf § 255 Abs. 1 HGB:

»Anschaffungskosten sind die Aufwendungen, die geleistet werden, um einen Vermögensgegenstand zu erwerben und ihn in einen betriebsbereiten Zustand zu versetzen, soweit sie dem Vermögensgegenstand einzeln zugeordnet werden können. Zu den Anschaffungskosten gehören auch die Nebenkosten sowie die nachträglichen Anschaffungskosten. Anschaffungspreisminderungen sind abzusetzen.«

Diese handelsrechtliche Begriffsdefinition ist auch für das Steuerrecht maßgebend.

Als (vereinfachte) Formel könnte man den Anschaffungskosten-Begriff wie folgt darstellen:

```
    Kaufpreis
  + Anschaffungsnebenkosten
 ./. Anschaffungskostenminderungen
  = Anschaffungskosten
```

Anschaffungskosten

2. Kaufpreis

Darunter ist der tatsächlich vereinbarte Betrag zu verstehen, also der in einer Rechnung ausgewiesene Preis. Spätere Marktpreisveränderungen sind ohne Bedeutung.

3. Anschaffungsnebenkosten

Anschaffungsnebenkosten sind alle Kosten, die zusätzlich zum Kaufpreis aufgewendet werden und wirtschaftlich mit dem Erwerbsvorgang in Zusammenhang stehen. Anschaffungsnebenkosten sind demnach z.B.:
- Bei Erwerb von Waren, Maschinen, Betriebs- und Geschäftsausstattung:
  - Fracht- und Transportkosten,
  - Fracht- und Transportversicherung,
  - Montage einer Maschine,
  - Verpackungskosten,
  - Zölle
- Bei Erwerb eines Kraftfahrzeugs:
  - Überführungskosten,
  - Zulassung,
  - Sonderzubehör (andere Bereifung, Anhängerkupplung usw.)
- Bei Erwerb von unbebauten oder bebauten Grundstücken:
  - Kaufpreis,
  - Maklerprovisionen für die Vermittlung des Bauplatzes,
  - Notargebühren für die Beurkundung des Kaufvertrags,
  - Gerichtsgebühren für die Eintragung des Eigentums im Grundbuch,
  - Grunderwerbsteuer,
  - sonstige Kosten im Zusammenhang mit dem Erwerb (Fahrtkosten, Telefonkosten usw.).

4. Besonderheiten

4.1 Die in Rechnung gestellte Vorsteuer

Bei Unternehmern, die nach § 15 UStG zum vollen Vorsteuerabzug berechtigt sind, gehört die offen und gesondert in Rechnung gestellte Vorsteuer grundsätzlich nicht zu den Anschaffungskosten (§ 9b Abs. 1 EStG). Ob eine Vorsteuerabzugsberechtigung besteht, ist alleine nach § 15 UStG zu entscheiden. Die abzugsfähige Vorsteuer hat dann keinen Kostencharakter und ist somit auch nicht Bestandteil der Anschaffungskosten. Bei Zahlung des Kaufpreises stellt die gezahlte Vorsteuer eine Betriebsausgabe (**Zeile 52** des Vordrucks EÜR), bei Erstattung durch das FA eine Betriebseinnahme dar (**Zeile 13** des Vordrucks EÜR). Soweit ein Vorsteuerbetrag nach § 15 UStG nicht abgezogen werden darf, ist er den Anschaffungskosten des zugehörigen Wirtschaftsguts zuzurechnen. Diese Zurechnung gilt sowohl für Wirtschaftsgüter des Anlagevermögens als auch des Umlaufvermögens (R 9b Abs. 1 Satz 1 und 2

EStR). Diese Folge ergibt sich aus dem Umkehrschluss des § 9b Abs. 1 EStG. Dies gilt vor allem für Kleinunternehmer nach § 19 UStG und für solche Unternehmer, die ausschließlich oder teilweise Ausschlussumsätze nach § 15 Abs. 2 UStG tätigen; vor allem bei »steuerfreien« Ärzten (§ 4 Nr. 14 UStG).

Denkbar sind folgende grundlegende Fallkonstellationen:

1. Die Vorsteuer ist nach § 15 UStG abziehbar und abzugsfähig:
- **Die Vorsteuer ist nicht Bestandteil der Anschaffungskosten** (§ 9b Abs. 1 EStG), sondern zunächst bei Zahlung der Anschaffungskosten (→ **Zu- und Abflussprinzip**) in voller Höhe Betriebsausgabe (**Zeile 52** des Vordrucks EÜR) und bei Erstattung durch das Finanzamt als Betriebseinnahme (**Zeile 13** des Vordrucks EÜR) zu erfassen. In diesem Fall ist die Vorsteuer kostenneutral (**Umsatzsteuer/Vorsteuer**).

2. Die Vorsteuer ist nicht nach § 15 UStG abziehbar und abzugsfähig:
- **Die Vorsteuer gehört mit zu den Anschaffungskosten.** Stellen z.B. die Anschaffungskosten die AfA-Bemessungsgrundlage dar, wirkt sich die Vorsteuer über die AfA gewinnmindernd aus. Sind aber die Anschaffungskosten bei Zahlung in voller Höhe Betriebsausgaben (z.B. beim Kauf von Umlaufvermögen, bei laufenden Kosten), wirkt sich die Vorsteuer auch bei Zahlung in voller Höhe als Betriebsausgabe aus (**Zeile 21** des Vordrucks EÜR).

Wird der Vorsteuerabzug nach § 15a UStG berichtigt, so sind die Mehrbeträge zugunsten des Steuerpflichtigen) bei Zufluss als Betriebseinnahme (**Zeile 13** des Vordrucks EÜR), die Minderbeträge (Vorsteuerberichtigung zuungunsten des Steuerpflichtigen) bei Zahlung als Betriebsausgabe (**Zeile 53** des Vordrucks EÜR) zu behandeln; die Anschaffungskosten bleiben in diesen Fällen unberührt (§ 9b Abs. 2 EStG).

4.2 Nachträgliche Anschaffungskosten

Nachträgliche Anschaffungskosten sind Aufwendungen, die nach vollendeter Anschaffung eines Wirtschaftsguts anfallen. Voraussetzung dafür ist, dass bereits ein fertiges Wirtschaftsgut vorhanden ist. Nachträgliche Erhöhungen der Anschaffungskosten liegen z.B. vor bei nachträglichen Kostenerhöhungen, bei Zusatzbeschaffungen (z.B. nachträglicher Einbau einer Klimaanlage), die die Benutzbarkeit und auch den Wert eines Wirtschaftsguts erhöhen, nachträglichen Zölle, nachträglich festgesetzte Grunderwerbsteuer, Vermessungskosten für unbebaute Grundstücke oder Straßenanlieger- und Erschließungsbeiträge als nachträgliche Anschaffungskosten für den Grund und Boden (H 6.4 [Anschaffungskosten des Grund und Bodens] EStH). Werden jedoch ausgeschiedene Teile ersetzt, liegen keine nachträglichen Anschaffungs-/Herstellungskosten, sondern sofort abzugsfähiger → **Erhaltungsaufwand** vor.

Nachträgliche Minderungen können sich z.B. durch Skonto, Rabatte und andere Preisnachlässe ergeben.

Nachträgliche Erhöhungen oder Minderungen der Anschaffungskosten teilen grundsätzlich das Schicksal der ihnen zugrunde liegenden Anschaffungskosten; d.h. werden z.B. nachträglich Anschaffungskosten für abnutzbares Anlagevermögen aufgewendet, so muss i.d.R.

die AfA neu berechnet werden (→ **Absetzung für Abnutzung**), vgl. dazu die nachfolgenden Übersichten.

Abnutzbares Anlagevermögen	• Grundsätzlich Änderung der AfA (→ **Absetzung für Abnutzung**). • Ist das betreffende Wirtschaftsgut aber z.B. im Zeitpunkt der Erhöhung bereits aus dem Betriebsvermögen ausgeschieden oder wurde ein GWG voll abgeschrieben, müssen die entsprechenden Zahlungen im Zeitpunkt des Abflusses in voller Höhe als Betriebsausgaben angesetzt werden (**Zeile 51** des Vordrucks EÜR).
Nicht abnutzbares Anlagevermögen	• Grundsätzlich Erhöhung der Anschaffungskosten um diese Beträge; die weitere Sachbehandlung erfolgt nach § 4 Abs. 3 Satz 4 und 5 EStG (→ **Anlageverzeichnis**). • Ist das betreffende Wirtschaftsgut im Zeitpunkt der Erhöhung bereits aus dem Betriebsvermögen ausgeschieden, müssen m.E. die entsprechenden Zahlungen im Zeitpunkt des Abflusses in voller Höhe als Betriebsausgaben angesetzt werden (**Zeile 51** des Vordrucks EÜR).
Umlaufvermögen und andere laufende Betriebsausgaben	• Voll abzugsfähige Betriebsausgaben bei Zahlung (**Zeile 21** des Vordrucks EÜR).

Anteile an Kapitalgesellschaften, Wertpapiere und vergleichbare nicht verbriefte Forderungen und Rechte, Grund und Boden, Gebäude des Umlaufvermögens	• Grundsätzlich Erhöhung der Anschaffungskosten um diese Beträge; die weitere Sachbehandlung erfolgt nach § 4 Abs. 3 Satz 4 und 5 EStG (→ **Anlageverzeichnis**).
	• Die Anschaffungs- bzw. Herstellungskosten
	  – für nicht abnutzbare WG des Anlagevermögens,
	  – für Anteile an Kapitalgesellschaften,
	  – für Wertpapiere und vergleichbare nicht verbriefte Forderungen und Rechte,
	  – für Grund und Boden sowie
	  – Gebäude des Umlaufvermögens
	sind erst im Zeitpunkt des Zuflusses des Veräußerungserlöses oder bei Entnahme im Zeitpunkt der Entnahme als Betriebsausgaben zu berücksichtigen (§ 4 Abs. 3 Satz 4 EStG). Außerdem sind die vorstehend aufgeführten WG unter Angabe des Tags der Anschaffung oder Herstellung und der Anschaffungs- oder Herstellungskosten oder des an deren Stelle tretenden Werts in besondere, laufend zu führende Verzeichnisse aufzunehmen (§ 4 Abs. 3 Satz 5 EStG). Nach § 52 Abs. 10 EStG ist § 4 Abs. 3 Satz 4 und 5 EStG (Gesetz vom 28.4.2006, BGBl I 2006, 1095) erstmals für WG anzuwenden, die nach dem 5.5.2006 angeschafft, hergestellt oder in das Betriebsvermögen eingelegt werden.

Abbildung: Folgen der nachträglichen Erhöhung der Anschaffungskosten

Abnutzbares Anlagevermögen	• Grundsätzlich Änderung der AfA (→ **Absetzung für Abnutzung**). • Ist das betreffende Wirtschaftsgut aber z.B. im Zeitpunkt der Erhöhung bereits aus dem Betriebsvermögen ausgeschieden oder wurde ein GWG voll abgeschrieben, müssen m.E. die entsprechenden Zahlungen im Zeitpunkt des Zuflusses in voller Höhe als Betriebseinnahmen angesetzt werden (**Zeile 11** des Vordrucks EÜR).
Nicht abnutzbares Anlagevermögen	• Grundsätzlich Minderung der Anschaffungskosten um diese Beträge; die weitere Sachbehandlung erfolgt nach § 4 Abs. 3 Satz 4 und 5 EStG. • Ist das betreffende Wirtschaftsgut aber z.B. im Zeitpunkt der Minderung bereits aus dem Betriebsvermögen ausgeschieden, müssen m.E. die entsprechenden Zahlungen im Zeitpunkt des Zuflusses in voller Höhe als Betriebseinnahmen berücksichtigt werden (**Zeile 11** des Vordrucks EÜR).
Umlaufvermögen und andere laufende Betriebsausgaben	• Entweder Kürzung gleichartiger Betriebsausgaben (**Zeile 21** des Vordrucks EÜR) oder Ansatz einer Betriebseinnahme (**Zeile 11** des Vordrucks EÜR) im Zeitpunkt des Zuflusses.
Anteile an Kapitalgesellschaften, Wertpapiere und vergleichbare nicht verbriefte Forderungen und Rechte, Grund und Boden, Gebäude des Umlaufvermögens	• Siehe Abbildung: Folgen der nachträglichen Erhöhung der Anschaffungskosten.

Abbildung: Folgen der nachträglichen Minderung der Anschaffungskosten

4.3 Geldbeschaffungskosten und Schuldzinsen

Solche Aufwendungen rechnen **nicht** zu den **Anschaffungskosten**, da sie nicht direkt mit der Anschaffung des Wirtschaftsguts selbst wirtschaftlich zusammenhängen, sondern mit der Anschaffung des Kredits. Diese Aufwendungen stehen also im Zusammenhang mit dem Wirtschaftsgut »Verbindlichkeit«.

> **Beispiele:**
> • laufende Schuldzinsen (**Zeile 41** des Vordrucks EÜR),
> • Notargebühren für die Bestellung einer Hypothek/Grundschuld,
> • Grundbuchgebühren beim Amtsgericht für Eintragung der Hypothek/Grundschuld.

Diese Kosten werden bei Zahlung (→ **Zu- und Abflussprinzip**) erfasst und wirken sich somit sofort und in voller Höhe als Betriebsausgaben gewinnmindernd aus (**Zeile 51** des Vordrucks EÜR).

Nach dem Vordruck EÜR sind folgende Zeilen betroffen:

- **Zeile 41**: Schuldzinsen aus der Finanzierung von Anschaffungs-/Herstellungskosten von Wirtschaftsgütern des Anlagevermögens. Nach § 4 Abs. 4a Satz 5 EStG ist die Einschränkung des Schuldzinsenabzugs hier nicht anwendbar.
- **Zeile 42**: Der Schuldzinsenabzug ist eventuell nach § 4 Abs. 4a EStG eingeschränkt (→ **Schuldzinsen** → **Vordruck EÜR**).

4.4 Laufende Kosten

Während sich z.B. die Anschaffungskosten des abnutzbaren Anlagevermögens erst über die AfA gewinnmindernd auswirken, werden alle **laufenden Kosten** (wie z.B. Treibstoffe, Versicherungen, Steuern, Reparaturen) im Jahr der **Zahlung** in voller Höhe als **Betriebsausgaben** gewinnmindernd angesetzt.

Beispiel: Anschaffungskosten (Anschaffung Pkw)
→ Abnutzbares Anlagevermögen (Beispiel: Erwerb und Veräußerung eines unbeweglichen WG des abnutzbaren Anlagevermögens)

Für die Lieferung eines zum Betriebsvermögen gehörenden Pkw erhält der vorsteuerabzugsberechtigte Willi vom Lieferanten im Kj. 14 folgende Rechnung:

→ **Listenpreis** ab Werk	55 000 €
Überführungskosten	+ 1 000 €
	56 000 €
+ Umsatzsteuer	+ 10 640 €
	66 640 €

An der Tankstelle des Lieferanten ließ er das Fahrzeug auftanken und bezahlte für diese erste Tankfüllung 50 € + 9,50 € Umsatzsteuer.
Außerdem entstanden durch den Neuerwerb noch folgende Kosten:

Zulassungsgebühr inkl. Kennzeichen	89,50 €
Darin enthalten 9,50 € USt für das Kennzeichen (50 €)	
Kfz-Steuer für das nächste Jahr	350 €
Kfz-Versicherung für das nächste Jahr	1 850 €

Nach der Übergabe ließ Willi von einer Tuningfirma ein Navigationssystem für 10 000 € zzgl. Umsatzsteuer einbauen sowie den Wagen mit 225-Breitreifen und 17-Zoll-Felgen (4 000 € zzgl. Umsatzsteuer) aufrüsten.
Alle im Sachverhalt genannten Kosten wurden auch im Kj. 14 gezahlt.

Lösung:
Die Anschaffungskosten betragen 70 080 €. Neben dem Kaufpreis von 56 000 € gehören auch die Kosten für die Zulassung und die Sonderausstattung (Navigationssystem und neue Bereifung) als Anschaffungsnebenkosten zu den Anschaffungskosten. Diese bilden auch die AfA-Bemessungsgrundlage.
Die in Rechnung gestellten Vorsteuern i.H.v. insgesamt 13 319 € sind nach § 15 UStG in voller Höhe abzugsfähig und damit nicht Teil der jeweiligen Kosten (§ 9b Abs. 1 EStG). Sie sind im Jahr der Zahlung in voller Höhe als Betriebsausgaben zu erfassen (H 9b [Gewinnermittlung nach § 4 Abs. 3 EStG...] EStH, später gewinnneutralisierende Korrektur – **Zeile 52** und **Zeile 13** des Vordrucks EÜR –).
Die erste Tankfüllung, die Kfz-Steuer und die Kfz-Versicherung stellen keine Anschaffungskosten, sondern laufende Kosten der Nutzung dar und sind somit im Jahr der Zahlung in voller Höhe Betriebsausgaben.

§ 4 Abs. 3-Rechnung im Kj. 14 insoweit:

Betriebsausgaben	– AfA Pkw (→ **Anlageverzeichnis**) (**Zeile 26** des Vordrucks EÜR)	...
	– gezahlte Vorsteuern (**Zeile 52** des Vordrucks EÜR)	13 319 €
	– laufende Kosten der Pkw-Nutzung (netto) (**Zeile 35** des Vordrucks EÜR)	2 250 €

Abwandlung

Was würde sich an der Sachbehandlung ändern, wenn im Ausgangsbeispiel der erwerbende Unternehmer ein Arzt wäre, der nur sog. Ausschlussumsätze nach § 4 Nr. 14 i.V.m. § 15 Abs. 2 Nr. 1 UStG tätigt?

Lösung:

In diesem Falle wären die entsprechenden Kosten mit ihren Bruttobeträgen zu berücksichtigen, da die in Rechnung gestellt Umsatzsteuer nicht als Vorsteuer abzugsfähig ist. Entsprechend würden sich der AfA-Betrag und auch die anderen laufenden Betriebsausgaben erhöhen. Die Gesamtposition »gezahlte Vorsteuern« würde dann wegfallen.

4.5 Provisionszahlungen

Erhält der Grundstückserwerber im Zusammenhang mit dem Grundstückskaufvertrag vom Vermittler dieses Geschäfts eine Provision, die keine besonderen, über die Anschaffung hinausgehenden Leistungen abgelten soll, so mindert diese Zahlung die Anschaffungskosten der Immobilie i.S.d. § 255 Abs. 1 Satz 3 HGB (BFH-Urteil vom 16.3.2004 IX R 46/03, BFH/NV 2004, 1100).

5. Anschaffungskosten eines Gebäudes

5.1 Allgemeines

Anschaffungskosten eines Gebäudes sind die Aufwendungen, die geleistet werden, um das Gebäude zu erwerben und es in einen betriebsbereiten Zustand zu versetzen, soweit sie dem Gebäude einzeln zugeordnet werden können, ferner die Nebenkosten und die nachträglichen Anschaffungskosten (§ 255 Abs. 1 HGB; Rz. 1 des BMF-Schreibens vom 18.7.2003, BStBl I 2003, 386).

5.2 Betriebsbereitschaft

Ein Gebäude ist betriebsbereit, wenn es entsprechend seiner Zweckbestimmung genutzt werden kann. Nutzt der Erwerber das Gebäude ab dem Zeitpunkt der Anschaffung (d.h. ab Übergang von Besitz, Gefahr, Nutzungen und Lasten) zur Erzielung von Einkünften oder zu eigenen Wohnzwecken, ist es ab diesem Zeitpunkt grundsätzlich betriebsbereit. Instandsetzungs- und Modernisierungsaufwendungen können in diesem Fall keine Anschaffungskosten i.S.d. § 255 Abs. 1 Satz 1 HGB sein. Dies gilt nicht, wenn der Erwerber ein vermietetes Gebäude erworben hat und umgehend die Mietverträge kündigt, weil das Gebäude aus der Sicht des Erwerbers nicht zur Erzielung der vor der Veräußerung erwirtschafteten Einkünfte aus Vermietung und Verpachtung bestimmt war, auch wenn diese während einer kurzen Übergangszeit tatsächlich erzielt wurden.

Wird das Gebäude im Zeitpunkt der Anschaffung nicht genutzt, ist zunächst offen, ob es aus Sicht des Erwerbers betriebsbereit ist. Führt der Erwerber im Anschluss an den Erwerb und vor der erstmaligen Nutzung Baumaßnahmen durch, um das Gebäude entsprechend seiner Zweckbestimmung nutzen zu können, sind die Aufwendungen hierfür Anschaffungskosten. Zweckbestimmung bedeutet die konkrete Art und Weise, in der der Erwerber das Gebäude zur Erzielung von Einnahmen im Rahmen einer Einkunftsart nutzen will (z.B. ob er das Gebäude zu Wohnzwecken oder als Büroraum nutzen will).

5.3 Funktionstüchtigkeit

Die Betriebsbereitschaft setzt die objektive und subjektive Funktionstüchtigkeit des Gebäudes voraus (Rz. 5 bis 14 des BMF-Schreibens vom 18.7.2003, a.a.O.).

Ein Gebäude ist objektiv funktionsuntüchtig, wenn für den Gebrauch wesentliche Teile objektiv nicht nutzbar sind. Dies gilt unabhängig davon, ob das Gebäude im Zeitpunkt der Anschaffung bereits genutzt wird oder leer steht. Mängel, vor allem durch Verschleiß, die durch laufende Reparaturen beseitigt werden, schließen die Funktionstüchtigkeit hingegen nicht aus. Werden für den Gebrauch wesentliche Teile des Gebäudes funktionstüchtig gemacht, führen die Aufwendungen zu Anschaffungskosten.

Ein Gebäude ist subjektiv funktionsuntüchtig, wenn es für die konkrete Zweckbestimmung des Erwerbers nicht nutzbar ist. Aufwendungen für Baumaßnahmen, welche zur Zweckerreichung erforderlich sind, führen zu Anschaffungskosten.

> **Beispiele:**
> Die Elektroinstallation eines Gebäudes, die für Wohnzwecke, jedoch nicht für ein Büro brauchbar ist, wird für die Nutzung als Bürogebäude erneuert.
>
> Büroräume, die bisher als Anwaltskanzlei genutzt wurden, werden zu einer Zahnarztpraxis umgebaut.

Zur Zweckbestimmung gehört auch die Entscheidung, welchem Standard das Gebäude künftig entspricht (sehr einfach, mittel oder sehr anspruchsvoll). Baumaßnahmen, die das Gebäude auf einen höheren Standard bringen, machen es betriebsbereit; ihre Kosten sind Anschaffungskosten.

Der Standard eines Wohngebäudes bezieht sich auf die Eigenschaften einer Wohnung. Wesentlich sind vor allem Umfang und Qualität der Heizungs-, Sanitär- und Elektroinstallationen sowie der Fenster (zentrale Ausstattungsmerkmale). Führt ein Bündel von Baumaßnahmen bei mindestens drei Bereichen der zentralen Ausstattungsmerkmale zu einer Erhöhung und Erweiterung des Gebrauchwertes, hebt sich der Standard eines Gebäudes.

Baumaßnahme	Wesentliche Verbesserung	Erläuterungen
übliche, d.h. normalerweise anfallende Instandsetzungs- oder Modernisierungsmaßnahmen wie Tapezierarbeiten, Fußbodenbeläge, Dacheindeckung, Erneuerung von Fliesen, Instandsetzung der Rollläden	nein	
Einbau einer Sprechanlage	nein	BFH-Urteil vom 20.8.2002 (IX R 98/00, BStBl II 2003, 604).
Austausch von Ofen- gegen Etagenheizung	nein	Der Umstand, dass der Vermieter aufgrund des Einbaus von Isolierglasfenstern eine höhere Miete verlangen kann, erlaubt allein nicht den Schluss auf eine wesentliche Verbesserung i.S.d. § 255 Abs. 2 Satz 1 HGB.
Modernisierung der Bäder	nein	
Austausch von einfachverglasten Fenstern gegen Isolierglasfenster	nein	
Instandsetzung vorhandener Sanitär-, Elektro- und Heizungsanlagen, Fenster = wesentliche Bereiche	nein Eine Werterhöhung infolge derartiger Maßnahmen bedingt noch keine wesentliche Verbesserung.	Eine erheblich höhere Miete kann unter weiteren Voraussetzungen ein Indiz für eine wesentliche Verbesserung gegenüber dem Zustand im Zeitpunkt des Erwerbs sein.
Einzelne dieser Maßnahmen führen noch nicht zu einer wesentlichen Verbesserung (s.a. BFH-Urteil vom 20.8.2002 IX R 61/99, BFH/NV 2/2003, 148). Ein Bündel derartiger Baumaßnahmen, bei dem mindestens drei der o.g. wesentlichen Bereiche betroffen sind, kann ein Gebäude gegenüber seinem Zustand bei Erwerb in seinem Standard heben und es damit i.S.d. § 255 Abs. 2 Satz 1 HGB wesentlich verbessern (s.a. BFH-Urteil vom 3.12.2002 IX R 64/99, BStBl II 2003, 590).		
Baumaßnahmen in ihrer Gesamtheit …	… können zu einer wesentlichen Verbesserung i.S.d. § 255 Abs. 2 Satz 1 HGB führen.	

Vergleich
↓
Gebrauchswert des Gebäudes (das Nutzungspotential)

vorher — nachher

Zustand des Erwerbs — deutlich erhöhter Gebrauchswert von
sehr einfacher ⟶ mittlerer
oder
mittlerer ⟶ sehr anspruchsvoller
Standard

Wenn z.B. i.R.d. Baumaßnahmen außergewöhnlich hochwertige Materialien in erheblichem Umfang verwendet werden. Siehe auch BFH-Urteile vom 20.8.2002 (IX R 10/02, IX R 43/00, IX R 21/00, BFH/NV 1/2003, 35, 34, 33).

Abbildung: Wesentliche Verbesserung eines Gebäudes

5.4 Aufteilung eines Gesamtkaufpreises für ein bebautes Grundstück auf die einzelnen Wirtschaftsgüter

Mit rechtskräftigem Urteil vom 20.2.2008 (III 740/05, EFG 2008, 1140) hat das Thüringer FG entschieden, dass das Finanzamt an eine von den Vertragsparteien vorgenommene Aufteilung eines Gesamtkaufpreises für ein bebautes Grundstück auf die einzelnen Wirtschaftsgüter grundsätzlich gebunden ist. Diese Grundsätze gelten auch für Fälle der Ermittlung der Bemessungsgrundlage nach dem FördG. Die Verteilung der Kosten kann nur bei nennenswerten Zweifeln an der Richtigkeit der vertraglichen Aufteilung geändert werden. Dies mag bei verwandtschaftlichen oder gesellschaftsrechtlichen Beziehungen zwischen Verkäufer und Käufer und einem nicht unerheblichen Unterschreiten der Einkaufspreise nahe liegen; nicht jedoch allein aufgrund der gleichgerichteten Interessen des Käufers und Verkäufers an einer hohen Bemessungsgrundlage für die Sonder-AfA nach dem FördG. Nennenswerte Zweifel an der vertraglichen Aufteilung des Gesamtkaufpreises für ein Grundstück bestehen bei einer noch nicht einmal 10 %igen Unterschreitung des Bodenrichtwertes nicht. Zur Aufteilung der Anschaffungskosten entsprechend den Grundsätzen des FG Thüringens siehe die Vfg. der OFD Koblenz vom 31.3.2009 (S 1988 A – St 31 2/St 31 4, DB 2009, 1046).

Anzahlungen

→ Anschaffungskosten   → Vordruck EÜR

Rechtsquellen
→ § 11 EStG   → R 4.5 Abs. 2 Satz 1 und 2 EStR
→ § 13 Abs. 1 Nr. 1 UStG

1. Allgemeines

Anzahlungen liegen vor, wenn bei einem gegenseitigen Vertrag der Erwerber des Gegenstandes oder der Leistung vor Lieferung oder Leistung bereits einen Teil des Preises entrichtet hat. In der Praxis werden Anzahlungen auch als Vorschüsse oder auch Vorauszahlungen bezeichnet. Bei einem bilanzierenden Steuerpflichtigen müssen sowohl erhaltene als auch geleistete Anzahlungen bereits bei Zahlung gebucht werden.

2. Anzahlungen als Betriebseinnahmen

Betriebseinnahmen sind in dem Wirtschaftsjahr anzusetzen, in dem sie dem Steuerpflichtigen zugeflossen sind (§ 11 Abs. 1 EStG). Dieses **Zuflussprinzip** gilt auch bei Anzahlungen. Erhält also z.B. ein Steuerberater eine Anzahlung für eine von ihm noch zu erbringende Leistung, muss er diese streng nach dem Zuflussprinzip im Wirtschaftsjahr der Vereinnahmung versteuern. Je nach umsatzsteuerrechtlicher Behandlung ist die erhaltene Anzahlung in **Zeile 7**, **Zeile 9**, **Zeile 10** oder **Zeile 11** des Vordrucks EÜR zu erfassen. Eine Anzahlung für die Veräußerung von Anlagevermögen ist in **Zeile 14** zu erfassen.

3. Anzahlungen als Betriebsausgaben

3.1 Anzahlungen für den Erwerb von Umlaufvermögen

Soweit die entsprechende Lieferung oder Leistung eine sofort abzugsfähige Betriebsausgabe darstellt (z.B. beim **Erwerb von → Umlaufvermögen** oder anderen laufenden Betriebsausgaben) sind auch entsprechend die **Anzahlungen** bei ihrer Zahlung **sofort abzugsfähig** (§ 11 Abs. 2 EStG). Anzahlungen teilen in der § 4 Abs. 3-Rechnung das Schicksal der Hauptleistung. Die Anzahlungen für Waren, Roh- und Hilfsstoffe sind in **Zeile 21** des Vordrucks EÜR einzutragen. Anzahlungen für sonstiges Umlaufvermögen (Büromaterial u. Ä.) sind in **Zeile 48 ff.** des Vordrucks EÜR zu übernehmen.

3.2 Anzahlungen für den Erwerb von abnutzbarem Anlagevermögen

Handelt es sich um Anzahlungen für den Erwerb von → **abnutzbarem Anlagevermögen**, müssen auch diese nach den Grundsätzen des § 4 Abs. 3 Satz 3 EStG berücksichtigt werden; d.h. die **Anzahlungen** können sich grundsätzlich erst **ab** dem **Jahr der Anschaffung** im Wege der **AfA** (→ **Absetzung für Abnutzung**) auf den **Gewinn** auswirken (→ **Anlageverzeichnis**). Eine Ausnahme von diesen Grundsätzen besteht bei Wirtschaftsgütern, für die erhöhte Absetzungen oder Sonderabschreibungen bereits für Anzahlungen auf → **Anschaffungskosten** oder Teilherstellungskosten in Anspruch genommen werden können (§ 7a Abs. 2 Satz 1 EStG).

Nach der ständigen Rechtsprechung des BFH (z.B. Urteile vom 21.12.1982 VIII R 215/78, BStBl II 1983, 410; vom 27.6.1986 VIII R 30/88, BStBl II 1989, 934; vom 12.9.2001 IX R 39/97, BFH/NV 2002, 968, und IX R 52/00, BFH/NV 2002, 966) sind Anschaffungs- oder Herstellungskosten eines zur Erzielung von Einkünften vorgesehenen abnutzbaren Wirtschaftsguts regelmäßig nur i.R.d. AfA (§ 4 Abs. 3 Satz 3 i.V.m. § 7 EStG) oder ggf. – neben der Normal-AfA nach § 7 Abs. 1 oder 4 EStG (§ 7a Abs. 4 EStG) – i.R.v. Sonderabschreibungen zu berücksichtigen. Daher bleiben (Voraus-)Zahlungen auf Anschaffungskosten im Zeitpunkt ihrer Leistung an den Veräußerer einkommensteuerrechtlich zunächst ohne Auswirkung. Sie wirken sich im Fall der Normal-AfA gem. § 4 Abs. 3 Satz 3 i.V.m. § 7 EStG erst ab Anschaffung des Wirtschaftsguts – verteilt auf dessen Nutzungsdauer – als Betriebsausgaben aus. Voraussetzung ist jedoch, dass das betreffende Wirtschaftsgut letztlich auch angeschafft wurde (**Zeilen 24 bis 26** des Vordrucks EÜR).

In Anlehnung an die Rechtsprechung des BFH zu Vorauszahlungen auf später nicht erbrachte Herstellungsleistungen (Urteile vom 31.3.1992 IX R 164/87, BStBl II 1992, 805; vom 30.8. 1994 IX R 23/92, BStBl II 1995, 306) können hingegen auch (Voraus-)Zahlungen auf Anschaffungskosten dann, wenn das angestrebte Anschaffungsgeschäft nicht zustande gekommen ist und eine Rückzahlung nicht erlangt werden kann, in vollem Umfang abziehbar sein. Derartige **verlorene Aufwendungen** (An- oder Vorauszahlungen auf Anschaffungs- oder Herstellungsvorgänge) sind nach ständiger BFH-Rechtsprechung als Betriebsausgaben gem. § 11 Abs. 2 Satz 1 EStG in dem Zeitpunkt abzuziehen (**Zeile 51** des Vordrucks EÜR), in dem deutlich wird, dass sie ohne Gegenleistung bleiben und eine Rückzahlung nicht zu erlangen ist, es also zu keiner Verteilung der Aufwendungen im Wege der AfA gem. § 4 Abs. 3 Satz 3 EStG kommen wird (vgl. BFH-Urteile vom 14.2.1978 VIII R 9/76, BStBl II 1978, 455; vom 9.9.1980 VIII R 44/78, BStBl II 1981, 418). Siehe dazu auch das BFH-Urteil vom 28.6.2002 (IX R 51/01, BStBl II 2002, 758).

Beispiel:
Steuerberater B. Rater möchte eine neue Computeranlage erwerben. Vor Auslieferung zahlt er bereits 4 000 € an.

Lösung:
Erst mit Lieferung liegt Betriebsvermögen vor. Die Anlage gehört zum abnutzbaren Anlagevermögen, dessen Anschaffungskosten im Wege der AfA verteilt werden müssen (§ 4 Abs. 3 Satz 3 EStG). Die Anzahlungen können demnach bei ihrer Zahlung noch nicht als Betriebsausgaben geltend gemacht werden; sie sind Bestandteil der AfA Bemessungsgrundlage und werden somit erst über die AfA (**Zeile 26** des Vordrucks EÜR) gewinnmindernd berücksichtigt (→ **Anlageverzeichnis**).

Siehe auch das Beispiel zu **Zeile 10** unter → **Vordruck EÜR**.

3.3 Anzahlungen für den Erwerb von nicht abnutzbarem Anlagevermögen

Handelt es sich um → **nicht abnutzbares Anlagevermögen**, müssen auch die Anzahlungen nach den Grundsätzen des § 4 Abs. 3 Satz 4 EStG berücksichtigt werden. Sie sind somit Bestandteil der → **Anschaffungskosten**, werden in dem nach § 4 Abs. 3 Satz 5 EStG erforderlichen Verzeichnis aufgenommen (→ **Anlageverzeichnis**) und wirken sich erst bei Veräußerung oder Entnahme des Wirtschaftsguts als Betriebsausgabe aus.

Durch das Gesetz zur Eindämmung missbräuchlicher Steuergestaltungen vom 28.4.2006 (BGBl I 2006, 1095) ist es bei der Gewinnermittlung durch Einnahme-Überschussrechnung zu folgenden Anpassungen gekommen: Die Anschaffungs- bzw. Herstellungskosten für nicht abnutzbare WG des Anlagevermögen,
- für Anteile an Kapitalgesellschaften,
- für Wertpapiere und vergleichbare nicht verbriefte Forderungen und Rechte,
- für Grund und Boden sowie
- Gebäude des Umlaufvermögens

sind erst im Zeitpunkt des Zuflusses des Veräußerungserlöses oder bei Entnahme im Zeitpunkt der Entnahme als Betriebsausgaben zu berücksichtigen (§ 4 Abs. 3 Satz 4 EStG). Außerdem sind die vorstehend aufgeführten WG unter Angabe des Tags der Anschaffung oder Herstellung und der Anschaffungs- oder Herstellungskosten oder des an deren Stelle tretenden Werts in besondere, laufend zu führende Verzeichnisse aufzunehmen (§ 4 Abs. 3 Satz 5 EStG). Nach § 52 Abs. 10 EStG ist das Gesetz vom 28.4.2006 (a.a.O.) erstmals für WG anzuwenden, die nach dem 5.5.2006 angeschafft, hergestellt oder in das Betriebsvermögen eingelegt werden. Die Anschaffungs- oder Herstellungskosten für nicht abnutzbare Wirtschaftsgüter des Anlagevermögens, die vor dem 5.5.2006 angeschafft, hergestellt oder in das Betriebsvermögen eingelegt wurden, sind erst im Zeitpunkt des Zuflusses des Veräußerungserlöses oder im Zeitpunkt der Entnahme als Betriebsausgaben zu berücksichtigen.

4. Umsatzsteuer

Nach § 13 Abs. 1 Nr. 1 Buchst. a Satz 4 UStG **entsteht** bei Anzahlungen die **Umsatzsteuer** bereits mit Ablauf des Voranmeldungszeitraums, in dem das **Entgelt** oder Teilentgelt **vereinnahmt** worden ist, auch wenn die Leistung noch nicht ausgeführt wurde. Die vereinnahme Umsatzsteuer ist in **Zeile 12** des Vordrucks EÜR zu erfassen. Bei der Besteuerung nach vereinnahmten Entgelten gibt es keine Besonderheit. Zum korrespondierenden Vorsteuerabzug vgl. § 15 Abs. 1 Nr. 1 Satz 2 UStG (**Zeile 53** des Vordrucks EÜR).

Arbeitsmittel

→ Abnutzbares Anlagevermögen → Geringwertige Wirtschaftsgüter
→ Anschaffungskosten

Gegenstände, die der Steuerpflichtige nach Art, Verwendungszweck und tatsächlicher Nutzung ausschließlich für seine betriebliche Tätigkeit einsetzt, gehören zum notwendigen Betriebsvermögen. Solche Arbeitsmittel zählen i.d.R. zum **abnutzbaren Anlagevermögen** und sind auch entsprechend zu behandeln; d.h. die → **Anschaffungskosten** bzw. → **Herstellungskosten** für solche Wirtschaftsgüter sind, soweit nicht die Voraussetzungen für ein GWG (→ **Geringwertige Wirtschaftsgüter**) vorliegen, im Wege der AfA als Betriebsausgaben abzugsfähig (§ 4 Abs. 3 Satz 3 EStG).

Probleme in diesem Bereich bestehen in erster Linie in der Abgrenzung zu den Kosten der Lebensführung. Dienen solche Arbeitsmittel auch privaten Zwecken, sind die Aufwendungen nur dann in vollem Umfang dem Grunde nach als Betriebsausgaben zu berücksichtigen, wenn die private Nutzung ausgeschlossen oder nur ganz geringfügig ist (→ **Aufteilung und Abzugsverbot**).

Beispiele für (typische) betriebliche Arbeitsmittel:
Computer (im betrieblichen Bereich), Diktiergerät, Fachbücher, Fachzeitschriften, Karteikästen, Ordner, Papierkorb, Schreibmaschine, Schreibtisch, Werkzeuge.

Nach dem BFH-Urteil vom 19.2.2004 (VI R 135/01, BStBl II 2004, 958) gibt es keine generelle Vermutung dafür, dass ein privat angeschaffter und in der privaten Wohnung aufgestellter häuslicher PC weit überwiegend privat genutzt wird. Kann der Stpfl. eine nicht unwesentliche berufliche Nutzung des Gerätes nachweisen oder zumindest glaubhaft machen, sind die Aufwendungen anteilig zu berücksichtigen. Bei einer privaten Mitbenutzung von nicht mehr als etwa 10 % ist der PC ein Arbeitsmittel, sodass die gesamten Aufwendungen steuerlich geltend werden können. Gegebenenfalls ist der berücksichtigungsfähige Umfang der beruflichen Nutzung zu schätzen. Dabei kann unter bestimmten Voraussetzungen von einer hälftigen privaten bzw. beruflichen Nutzung ausgegangen werden (s.a. BFH-Urteile vom 10.3.2004 VI R 44/02, BFH/NV 2004, 1242 und VI R 19/02, BFH/NV 2004, 1386; H 12.1 [Personalcomputer] EStH).

Aufwendungen einschließlich der AfA sind, soweit sie der privaten Nutzung des WG zuzurechnen sind, keine Betriebsausgaben (R 4.7 Abs. 1 Satz 1 EStR). Nach § 4 Abs. 1 Satz 2 EStG handelt es sich dabei um eine Nutzungsentnahme (→ **Entnahme**). Die Aufwendungen einschließlich der AfA, soweit sie der privaten Nutzung des WG zuzurechnen sind, sind keine Betriebsausgaben. Es handelt sich dabei um Kosten der Lebensführung i.S.d. § 12 Nr. 1 EStG, die bei der Ermittlung der Einkünfte nicht berücksichtigt werden dürfen (→ **Aufteilungs- und Abzugsverbot**).

Die Nutzungsentnahme ist als fiktive Betriebseinnahme zu behandeln. Nach dem BFH-Urteil vom 21.6.2006 (XI R 50/05, BStBl II 2006, 715) besteht keine Steuerfreiheit für die Vorteile aus der privaten Nutzung von betrieblichen Personalcomputern und Telekommunikationsgeräten für Selbständige. Die Steuerfreiheit des § 3 Nr. 45 EStG bleibt auf ArbN beschränkt.

Der BFH hat weiter entschieden, dass die **Peripheriegeräte** einer PC-Anlage (Monitor, Drucker, Scanner etc.) i.d.R. **keine geringwertigen WG** i.S.d. § 6 Abs. 2 EStG sind (→ **Geringwertige Wirtschaftsgüter**), sodass die Anschaffungskosten nicht im Jahr der Anschaffung in voller Höhe geltend gemacht werden können (s.a. BFH-Urteile vom 10.3.2004 VI R 91/00, BFH/NV 2004, 1241 und vom 15.6.2004 VIII R 42/03, BFH/NV 2004, 1527). Da die Peripheriegeräte **nicht selbständig nutzungsfähig** sind, können sie ab dem Kj. 2008 auch **nicht** in einen **Sammelposten** eingestellt werden (→ **Geringwertige Wirtschaftsgüter**).

Arbeitszimmer

→ Drittaufwand → Grundstücke

Rechtsquellen
→ § 4 Abs. 5 Nr. 6b EStG

1. Grundsätzliches

Nach § 4 Abs. 5 Satz 1 Nr. 6b EStG gehören die **Aufwendungen** für ein **häusliches Arbeitszimmer** in den **Katalog** der **nicht abziehbaren Betriebsausgaben**. Das BMF-Schreiben vom

3.4.2007 (BStBl I 2007, 442) nimmt zur Behandlung der Aufwendungen für ein häusliches Arbeitszimmer Stellung.

Unter die Regelungen des § 4 Abs. 5 Satz 1 Nr. 6b EStG fällt die Nutzung eines häuslichen Arbeitszimmers zur Erzielung von Einkünften sämtlicher Einkunftsarten, also auch z.B. im Rahmen von Einkünften aus Vermietung und Verpachtung, von Kapitaleinkünften oder von sonstigen Einkünften (Rz. 2 des BMF-Schreibens vom 3.4.2007, BStBl I 2007, 442).

Nach der Neufassung des § 4 Abs. 5 Satz 1 Nr. 6b EStG durch das Steueränderungsgesetz 2007 vom 19.7.2006 (BGBl I 2006, 1652) wird der **Betriebsausgaben-** bzw. **Werbungskosten**abzug nur noch zugelassen, wenn das **Arbeitszimmer** den **Mittelpunkt** der **gesamten betrieblichen** und beruflichen **Betätigung** bildet (**Zeile 38** des Vordrucks EÜR).

Das FG Münster hält die ab dem Jahr 2007 geltende Regelung zum Abzug von Werbungskosten für ein häusliches Arbeitszimmer wegen eines Verstoßes gegen den allgemeinen Gleichheitsgrundsatz zumindest teilweise für verfassungswidrig. Es hat daher das finanzgerichtliche Verfahren in einem am 18.5.2009 veröffentlichten Beschluss vom 8.5.2009 (1 K 2872/08 E, DStR 2009, 1024, LEXinform 5008291) ausgesetzt und die Frage der Verfassungswidrigkeit der Regelung des § 4 Abs. 5 Satz 1 Nr. 6b Satz 2 EStG dem BVerfG vorgelegt (s.a. Pressemitteilung des FG Münster vom 18.5.2009, LEXinform 0434073). Das BVerfG wird klären, ob die Neuregelung verfassungswidrig ist.

Nach einem Beschluss des BFH vom 25.8.2009 (VI B 69/09, LEXinform 5008928) im Aussetzungsverfahren bestehen ernstliche Zweifel an der Verfassungsmäßigkeit des Abzugsverbots für häusliche Arbeitszimmer.

2. Begriff des häuslichen Arbeitszimmers

2.1 Grundsatz

Der BFH hat im Urteil vom 19.9.2002 (VI R 70/01, BStBl II 2003, 139) in einer Grundsatzentscheidung zum Abzug von Aufwendungen für ein häusliches Arbeitszimmer Stellung genommen. »Häusliches Arbeitszimmer« i.S.d. § 4 Abs. 5 Satz 1 Nr. 6b EStG ist ein **Raum**, der seiner Lage, Funktion und Ausstattung nach in die **häusliche Sphäre** des Stpfl. **eingebunden** ist und vorwiegend der **Erledigung**

- gedanklicher,
- schriftstellerischer oder
- verwaltungstechnischer bzw. organisatorischer

Arbeiten dient (s.a. BFH-Urteil vom 16.10.2002 XI R 89/00, BStBl II 2003, 185). Es muss sichergestellt sein, dass eine private Nutzung als Wohnraum so gut wie ausgeschlossen ist. Dabei ist u.a. von Bedeutung, ob dem Stpfl. für das Wohnbedürfnis genügend Raum zur Verfügung bleibt und ob der Raum von den Privatzimmern getrennt liegt. Zu der Anerkennung eines Durchgangszimmers als häusliches Arbeitszimmer siehe den BFH-Beschluss vom 4.8.2006 (VI B 49/06, BFH/NV 2006, 2074).

2.2 Kellerraum

Auch ein im Keller des selbst bewohnten Einfamilienhauses gelegener Raum, den der Stpfl. zusätzlich zu einem häuslichen Arbeitszimmer als **Archiv** nutzt, kann zusammen mit diesem unter die Abzugsbeschränkung des § 4 Abs. 5 Satz 1 Nr. 6b EStG fallen. Entscheidend für das Merkmal der »Einbindung in die häusliche Sphäre« ist, dass der Raum **nicht** für einen intensiven und dauerhaften **Publikumsverkehr** geöffnet ist (BFH-Urteil vom 31.3.2004 X R 1/03, BFH/NV 2004, 1387).

2.3 Hobbyraum

Ein Arbeitszimmer in einem zur Wohnung des Stpfl. gehörenden Hobbyraum ist auch dann ein »häusliches« Arbeitszimmer i.S.d. § 4 Abs. 5 Satz 1 Nr. 6b EStG, wenn sich der betreffende Raum im Keller eines Mehrfamilienhauses befindet (BFH-Urteil vom 26.2.2003 VI R 130/01, BStBl II 2004, 74).

2.4 Zusätzliche Wohnung als Arbeitszimmer

Nutzt ein Stpfl., der in einem Mehrfamilienhaus wohnt, eine zusätzliche Wohnung als Arbeitszimmer, so fällt diese jedenfalls dann noch unter die Abzugsbeschränkung des § 4 Abs. 5 Satz 1 Nr. 6b EStG, wenn sie an die Privatwohnung unmittelbar angrenzt (BFH-Urteil vom 26.2.2003 VI R 124/01, BStBl II 2004, 69).

Werden im Dachgeschoss eines Mehrfamilienhauses Räumlichkeiten, die nicht zur Privatwohnung des Stpfl. gehören, als Arbeitszimmer genutzt, so handelt es sich hierbei im Regelfall um ein »außerhäusliches« Arbeitszimmer, das nicht unter die Abzugsbeschränkung des § 4 Abs. 5 Satz Nr. 6b EStG fällt (BFH-Urteil vom 18.8.2005 VI R 39/04, BStBl II 2006, 428).

2.5 Arbeitszimmer außerhalb des Wohngebäudes

Liegt das Arbeitszimmer außerhalb der Privatwohnung und außerhalb der baulichen Einheit des Wohngebäudes, unterliegt das Arbeitszimmer nicht der Abzugsbeschränkung, da es sich dabei nicht um ein häusliches Arbeitszimmer handelt (Rz. 3 des BMF-Schreibens vom 3.4.2007, BStBl I 2007, 442).

2.6 Arbeitszimmer im Anbau

Ein Arbeitszimmer kann auch dann »häuslich« i.S.d. § 4 Abs. 5 Satz 1 Nr. 6b EStG sein, wenn es sich in einem Anbau zum Wohnhaus des Stpfl. befindet und nur über einen separaten Eingang vom straßenabgewandten Garten aus betreten werden kann (BFH-Urteil vom 13.11.2002 VI R 164/00, BStBl II 2003, 350).

2.7 Arztpraxis und Arbeitszimmer in einem Einfamilienhaus

Befindet sich in einem Einfamilienhaus die Arztpraxis und zusätzlich in den Wohnräumen noch ein Arbeitszimmer, so handelt es sich um ein häusliches Arbeitszimmer, wenn der Raum seiner Lage, Funktion und Ausstattung nach in die häusliche Sphäre des Stpfl. eingebunden ist und vorwiegend der Erledigung gedanklicher, schriftlicher oder verwaltungstechnischer Arbeiten dient.

2.8 Zusammenfassung zur räumlichen Lage des Raumes/der Räume und der damit zusammenhängenden Behandlung als Arbeitszimmer

Der BFH fasst mit Urteil vom 26.2.2003 (VI R 160/99, BStBl II 2003, 515) seine bisherige Rechtsprechung bezüglich der räumlichen Nähe des Arbeitszimmers zur Wohnung zusammen. In der folgenden Übersicht wird die BFH-Rechtsprechung zusammengefasst.

Wohnung belegen	Arbeitszimmer belegen	BFH-Urteil vom	Entscheidungstenor
im Mehrfamilienhaus.	unmittelbar angrenzend an die Privatwohnung bzw. dieser unmittelbar gegenüberliegend.	26.2.2003 VI R 124/01, BStBl II 2004, 69	Das Arbeitszimmer ist in die häusliche Sphäre eingebunden.
im Mehrfamilienhaus.	der Privatwohnung gegenüberliegend auf derselben Etage.	26.2.2003 VI R 125/01, BStBl II 2004, 72	Das Arbeitszimmer ist in die häusliche Sphäre eingebunden.
im Mehrfamilienhaus.	in einem zur Wohnung gehörenden Hobbyraum im Keller.	26.2.2003 VI R 130/01, BStBl II 2004, 74	Das Arbeitszimmer ist in die häusliche Sphäre eingebunden.
im Mehrfamilienhaus. Die Wohnung ist angemietet vom Vermieter A.	in angemieteten Kellerräumen in demselben Haus. Die Kellerräume sind von Vermieter B angemietet.	26.2.2003 VI R 160/99, BStBl II 2003, 515	Es handelt sich um ein »außerhäusliches« Arbeitszimmer, das nicht unter die Abzugsbeschränkung des § 4 Abs. 5 Nr. 6 EStG fällt.
im Mehrfamilienhaus. Die Wohnung befindet sich im EG.	in einer abgeschlossenen Wohnung im 1. OG.	10.6.2008 VIII R 52/07, LEXinform 0588732 (Bestätigung des Urteils des FG Köln vom 29.8.2007 10 K 839/04, EFG 2008, 205, LEXinform 5005673)	Es handelt sich um ein »außerhäusliches« Arbeitszimmer, das nicht unter die Abzugsbeschränkung des § 4 Abs. 5 Nr. 6 EStG fällt.
im Mehrfamilienhaus. Die Wohnung liegt im Erdgeschoss.	in einer angemieteten Wohnung im Dachgeschoss, die als Arbeitszimmer genutzt wird.	18.8.2005 VI R 39/04, BStBl II 2006, 428	Es handelt sich um ein »außerhäusliches« Arbeitszimmer, das nicht unter die Abzugsbeschränkung des § 4 Abs. 5 Nr. 6b EStG fällt.

Wohnung belegen	Arbeitszimmer belegen	BFH-Urteil vom	Entscheidungstenor
im selbst bewohnten Zweifamilienhaus.	im Untergeschoss des selbst bewohnten Zweifamilienhauses.	6.7.2005 XI R 47/04, BFH/NV 2006, 43	Es handelt sich um drei Räume eines nebenberuflich tätigen Rechtsanwalts. Die Räume befinden sich im Wohnhaus des Stpfl. und sind büromäßig eingerichtet. Ein intensiver und dauerhafter Publikumsverkehr hat nicht stattgefunden. Die Räume sind in die häusliche Sphäre eingebunden.
im selbst bewohnten Einfamilienhaus.	im Keller.	19.9.2002 VI R 70/01, BStBl II 2003, 139	Das Arbeitszimmer ist in die häusliche Sphäre eingebunden.
im Einfamilienhaus.	in einem Anbau zum Einfamilienhaus, der nur vom straßenabgewandten Garten aus betreten werden kann.	13.11.2002 VI R 164/00, BStBl II 2003, 350	Das Arbeitszimmer ist in die häusliche Sphäre eingebunden.
im Einfamilienhaus.	im gesamten Dachgeschoss.	26.2.2003 VI R 156/01, BStBl II 2004, 75	Das Arbeitszimmer ist in die häusliche Sphäre eingebunden.
im Einfamilienhaus.	im Souterrain gelegene Arztpraxis.	23.1.2003 IV R 71/00, BStBl II 2004, 43	Es handelt sich dann um ein häusliches Arbeitszimmer, wenn die Räumlichkeit **nicht** erkennbar besonders für die **Behandlung** von **Patienten** eingerichtet ist und in ihr auch **kein Publikumsverkehr** stattfindet.
im Einfamilienhaus.	im Erdgeschoss zusätzlich zu den Praxisräumen.	20.11.2003 IV R 30/03, BStBl II 2004, 775	Es handelt sich auch dann um ein häusliches Arbeitszimmer, wenn in demselben Wohnhaus eine Arztpraxis eingerichtet ist und die in dem häuslichen Arbeitszimmer durchgeführten Arbeiten ausschließlich im Zusammenhang mit der häuslichen Praxis stehen.

Abbildung: Räumliche Nähe des Arbeitszimmers zur Wohnung

3. Häusliche Betriebsstätte

3.1 Allgemeines zur häuslichen Betriebsstätte

Nicht unter die **Abzugsbeschränkung** des § 4 Abs. 5 Satz 1 Nr. 6b EStG fallen Räume, bei denen es sich um
- Betriebsräume,
- Lagerräume,
- Ausstellungsräume

handelt, selbst wenn diese an die Wohnung angrenzen (Rz. 4 des BMF-Schreibens vom 3.4.2007, BStBl I 2007, 442).

3.2 Ärztliche Notfallpraxis

Eine ärztliche Notfallpraxis ist allerdings **kein** häusliches Arbeitszimmer i.S.d. § 4 Abs. 5 Satz 1 Nr. 6b EStG, selbst wenn sie mit Wohnräumen des Arztes räumlich verbunden ist (BFH-Urteil vom 5.12.2002 IV R 7/01, BStBl II 2003, 463). Für die Qualifizierung eines Raumes als **häusliches Arbeitszimmer** ist wohl die Frage zu stellen: Ist der Raum zu einer »**Schreibtischtätigkeit**« bestimmt oder dient er anderen beruflichen Aktivitäten wie etwa handwerklicher Arbeit oder medizinischer Behandlung? Liegt danach **kein häusliches Arbeitszimmer** vor und werden die Räumlichkeiten so gut wie ausschließlich beruflich genutzt, sind die durch die **betriebliche** Nutzung veranlassten **Aufwendungen unbeschränkt** als **Betriebsausgaben** abzugsfähig (**Zeilen 39 und 40** des Vordrucks EÜR).

	Raumkosten und sonstige Grundstücksaufwendungen		
38	Abziehbare Aufwendungen für ein häusliches Arbeitszimmer (einschl. AfA lt. Zeile 9 des Anlageverzeichnisses und Schuldzinsen)	172	,
39	Miete/Pacht für Geschäftsräume und betrieblich genutzte Grundstücke	150	,
40	Sonstige Aufwendungen für betrieblich genutzte Grundstücke (ohne Schuldzinsen und AfA)	151	,

3.3 Büroraum für Publikumsverkehr

Ein **Büroraum**, der einem nicht unwesentlichen **Publikumsverkehr** unterliegt (z.B. Gespräche und Beratungen mit Mitarbeitern bzw. Kunden), ist seiner Funktion nach regelmäßig **kein** häusliches Arbeitszimmer (BFH-Urteil vom 14.1.2004 VI R 55/03, BFH/NV 2004, 944), sondern eine häusliche Betriebsstätte.

Nach dem BFH-Beschluss vom 5.12.2005 (XI B 100-102/05, BFH/NV 2006, 721, LEXinform 5902055) ist eine **kleine Beratungsstelle** eines **Lohnsteuerhilfevereins** als **häusliches Arbeitszimmer** zu werten (**Zeile 38** des Vordrucks EÜR). Erst bei einer **Vielzahl** von **Besuchern** sei davon auszugehen, dass das Zimmer **nicht** mehr in die **private Sphäre** eingebunden sei. Der Stpfl. habe dort aber nur gelegentliche Beratungsgespräche geführt. Das Zimmer habe auch **keine entsprechende Möblierung**, etwa einen Beratungs- oder Konferenztisch, aufgewiesen und der Stpfl. sei zudem häufig selbst zu den Mandanten gefahren.

In seiner Entscheidung hat das Gericht auch zu Recht darauf abgestellt, dass das Büro über eine Treppe vom Eingangsbereich der Privatwohnung in offener Bauweise zu erreichen und für einen intensiven und dauerhaften Publikumsverkehr unzureichend ausgestattet war (s.a. BFH-Urteil vom 20.11.2003 IV R 3/02, BStBl II 2005, 203). Die **Bestimmung** für den **Publikumsverkehr** setzt danach voraus, dass der **Raum über** einen **Eingangsbereich** verfügt, der sich **erkennbar von** den **privat** genutzten **Räumlichkeiten absetzt** und **keine unmittelbare räumliche Verbindung** zu diesem aufweist.

Das Gericht hat nicht geklärt, anhand welcher konkreten Merkmale eine kleine Beratungsstelle eines Lohnsteuerhilfevereins i.S.d. Rechtsprechung anzunehmen sei, wie diese von einer großen Beratungsstelle abzugrenzen sei und ob bzw. wann auch eine Einstufung als mittelgroße möglich sei und wie diese dann nach § 4 Abs. 5 Satz 1 Nr. 6b EStG zu beurteilen sei. Diese Fragen lassen sich nicht generell, sondern nur aufgrund einer Gesamtwürdigung der Umstände des Einzelfalles entscheiden.

In einem weiteren Beschluss zur **Raumnutzung** durch einen **Lohnsteuerhilfeverein** hat der BFH am 15.6.2007 (XI B 93/06, BFH/NV 2007, 1650, LEXinform 5903697) Folgendes entschieden: Auch häusliche Arbeitszimmer, die als Beratungsstelle für einen Lohnsteuerhilfeverein genutzt werden und deshalb gem. § 28 Abs. 2 StBerG von Amtsträgern der zuständigen OFD betreten werden dürfen, können der Abzugsbeschränkung des § 4 Abs. 5 Satz 1 Nr. 6b EStG für häusliche Arbeitszimmer unterliegen. Die Frage, ob ein Arbeitszimmer in die häusliche Sphäre des Stpfl. eingebunden ist, lässt sich nicht generell, sondern nur aufgrund einer Gesamtwürdigung der Umstände des Einzelfalls entscheiden. In die Einzelfallentscheidung einbezogen werden darf u.a.

- die räumliche Nähe zu den privaten Wohnräumen des Steuerpflichtigen und
- die Beschäftigung von fremdem Personal sowie
- Dauer und Intensität des Publikumsverkehrs (s.u.).

Eine gemeinsame Qualifizierung mehrerer in die häusliche Sphäre des Stpfl. eingebundener Räume als »ein« häusliches Arbeitszimmer kommt in Betracht, wenn die Räume eine funktionale Einheit bilden.

3.4 Tonstudio

Ein Tonstudio ist **kein** häusliches Arbeitszimmer i.S.d. § 4 Abs. 5 Nr. 6b EStG, selbst wenn es mit den Wohnräumen des Stpfl. räumlich verbunden ist (BFH-Urteil vom 28.8.2003 IV R 53/01, BStBl II 2004, 55).

3.5 Mehrere Räume

Begehrt der Stpfl. den Betriebsausgabenabzug für mehrere in seine häusliche Sphäre eingebundene Räume, ist die **Qualifizierung** als häusliches Arbeitszimmer grundsätzlich für **jeden Raum gesondert** vorzunehmen. Eine **gemeinsame Qualifizierung** kommt nur dann in Betracht, wenn die Räume eine **funktionelle Einheit** bilden (s.a. BFH-Urteil vom 9.11.2006 IV R 2/06, BFH/NV 2007, 677). Diese liegt nur vor, wenn verschiedene Räume nahezu **identisch genutzt** werden (siehe Archiv im Keller; BFH-Urteil vom 6.7.2005 XI R 47/04, BFH/NV 2006, 43). Eine **Arztpraxis** und ein **Arbeitszimmer** bilden **keine funktionale Einheit**. Die **Praxis** dient zur **Behandlung** der Patienten (steuerlicher Ansatz möglich), das **Arbeitszimmer** dagegen zur Durchführung von **Verwaltungsarbeiten** (steuerlicher Ansatz nicht möglich).

Nutzt ein **nebenberuflicher Schriftsteller ein Arbeitszimmer** für die **nichtselbständige** und ein **weiteres Arbeitszimmer** für die **selbständige** Tätigkeit, bilden die **beiden Arbeitszimmer** auf Grund ihrer identischen Nutzung als Büroräume eine **funktionelle Einheit** und sind daher als **ein Objekt** zu behandeln. Es macht keinen Unterschied, ob auf Grund der räumlichen Situation ein großer Raum oder mehrere kleine Räume als Arbeitszimmer genutzt werden (BFH-Urteil vom 16.12.2004 IV R 19/03, BStBl II 2005, 212; BFH-Beschluss vom 9.5.2005 VI B 50/04, BFH/NV 2005, 1550).

Mit Urteil vom 26.3.2009 (VI R 15/07, BFH/NV 2009, 1179, LEXinform 0588327) bestätigt der BFH seine bisherige Rechtsprechung, wonach ein Raum als häusliches Arbeitszimmer von anderen beruflich genutzten Zimmern im häuslichen Bereich abzugrenzen ist. Räumlichkeiten, die ihrer Ausstattung und Funktion nach nicht einem Büro entsprechen, sind auch dann nicht dem Typus des häuslichen Arbeitszimmers zuzuordnen, wenn sie ihrer Lage nach mit dem Wohnraum des Stpfl. verbunden und so in dessen häusliche Sphäre eingebunden sind. Ist eine Zuordnung zum Typus des häuslichen Arbeitszimmers nicht möglich, sind die durch die berufliche Nutzung veranlassten Aufwendungen grundsätzlich unbeschränkt als Betriebsausgaben bzw. Werbungskosten abziehbar (s.a. Pressemitteilung des BFH Nr. 41/09 vom 20.5.2009, LEXinform 0434077).

3.6 Raumnutzung durch fremde Arbeitnehmer

Wird eine **funktionale Büroeinheit** auch von dritten, **nicht familienangehörigen** und **nicht haushaltszugehörigen Personen genutzt**, so wird die Einbindung des Büros in die **häusliche Sphäre aufgehoben** bzw. **überlagert** (BFH-Urteil vom 9.11.2006 IV R 2/06, BFH/NV 2007, 677). Der steuerliche Ansatz ist in diesen Fällen möglich (**häusliche Betriebsstätte**).

> **Beispiel 1:**
> Der Stpfl. A erzielt Einkünfte aus nichtselbständiger Arbeit sowie Einkünfte aus freiberuflicher Tätigkeit als Rechtsanwalt.
> Für seine Tätigkeit als Rechtsanwalt, für die ihm kein anderer Arbeitsplatz zur Verfügung steht, nutzt A zwei Räume im Keller seines privaten Einfamilienhauses, die nicht den Mittelpunkt seiner gesamten betrieblichen und beruflichen Tätigkeit bilden. Bei dem einen Raum handelt es sich um einen Sekretariatsarbeitsplatz mit Computer, bei dem anderen Raum um ein Anwalts- und Besprechungszimmer, das mit einem Schreibtisch und Bücherregalen ausgestattet ist.
> Der Zugang zu den Räumen führt nicht durch die Wohnräume. Sie sind vielmehr nach Eintritt durch die Haustür des Einfamilienhauses über die Treppe in den Keller über einen Flur erreichbar, über den auch die übrigen privat genutzten Räume, nämlich ein Heizungskeller, ein Vorratsraum sowie eine Waschküche erreicht werden können. Sanitäranlagen

befinden sich nicht in den Kellerräumen. Die Räumlichkeiten sind nicht für einen dauerhaften und intensiven Publikumsverkehr eröffnet. Ein Praxisschild ist nicht am Haus angebracht.
Für die anfallenden Schreibarbeiten beschäftigt der Stpfl. A zwei Teilzeitkräfte, die nach Bedarf tätig sind, so dass das Büro nicht ganztägig besetzt ist.
In den Einkommensteuererklärungen für die Streitjahre macht A die Raumkosten i.H.v. ca. 8 300 € als Betriebsausgaben geltend.

Lösung:
Der Sachverhalt und die Lösung ergeben sich aus dem BFH-Urteil vom 9.11.2006 (IV R 2/06, BFH/NV 2007, 677, LEXinform 5903182).
Zunächst ist festzustellen, dass Büroräume einer Rechtsanwaltspraxis nicht generell aus dem Anwendungsbereich der Abzugsbeschränkung für häusliche Arbeitszimmer auszunehmen sind.
Nach der Rechtsprechung des BFH erfasst die Abzugsbeschränkung des § 4 Abs. 5 Satz 1 Nr. 6b EStG das häusliche Büro, d.h. einen Arbeitsraum, der seiner Lage, Funktion und Ausstattung nach in die häusliche Sphäre des Stpfl. eingebunden ist und vorwiegend der Erledigung gedanklicher, schriftlicher oder verwaltungstechnischer Arbeiten dient (BFH-Urteil vom 20.11.2003 IV R 30/03, BStBl II 2004, 775). Für seine Qualifizierung ist es ohne Bedeutung, ob der Raum eine Betriebsstätte i.S.d. § 12 AO darstellt.
Im Beispielsfall bilden der als Sekretariatsarbeitsplatz eingerichtete Raum und der vom Stpfl. A genutzte Büroraum schon deshalb eine funktionale Einheit, weil die in beiden Räumen ausgeübten Tätigkeiten mit der Rechtsanwaltstätigkeit des A in Zusammenhang stehen. Die Sekretärinnen erledigen die der Rechtsanwaltstätigkeit des A dienenden anfallenden Schreibarbeiten an ihrem mit einem Computer ausgestatteten Sekretariatsarbeitsplatz.
Ein im (auch) selbst genutzten Einfamilienhaus gelegenes Büro kann jedoch dann aus dem Anwendungsbereich des § 4 Abs. 5 Satz 1 Nr. 6b EStG herausfallen, wenn aufgrund besonderer Umstände des Einzelfalles die Einbindung des Büros in die häusliche Sphäre aufgehoben oder überlagert wird. Derartige Gründe sind allerdings nicht schon deshalb gegeben, weil ein Stpfl. einen von ihm genutzten Raum gelegentlich für Beratungsgespräche benutzt. Sie sind jedoch u.a. dann zu bejahen, wenn die funktionale Büroeinheit auch von dritten, nicht familienangehörigen und auch nicht haushaltszugehörigen Personen genutzt wird. Danach kann die funktionale Einheit aus dem Anwendungsbereich des § 4 Abs. 5 Satz 1 Nr. 6b EStG ausscheiden, wenn zumindest eine vom Stpfl. A beschäftigte Teilzeitkraft nicht familienangehörig und auch nicht haushaltszugehörig ist. Handelt es sich dagegen bei den Teilzeitkräften ausschließlich um familienangehörige oder haushaltszugehörige Personen, so ist dies für die Aufhebung der Einbindung der genutzten Räumlichkeiten in den Anwendungsbereich des § 4 Abs. 5 Satz 1 Nr. 6b EStG schädlich.

Beispiel 2:
Der Sachverhalt ist dem BMF-Schreiben vom 3.4.2007 (BStBl I 2007, 442) entnommen.
In einem Geschäftshaus befinden sich neben der Wohnung des Bäckermeisters die Backstube, der Verkaufsraum, ein Aufenthaltsraum für das Verkaufspersonal und das Büro, in dem die Buchhaltungsarbeiten durchgeführt werden.

Lösung:
Nach der Lösung im BMF-Schreiben vom 3.4.2007 (BStBl I 2007, 442) ist das Büro in diesem Fall aufgrund der Nähe zu den übrigen Betriebsräumen nicht als häusliches Arbeitszimmer zu werten.

M.E. widerspricht diese Lösung aber der mittlerweile ergangenen BFH-Rechtsprechung. Mit Urteil vom 7.7.2005 (XI R 47/04, BFH/NV 2006, 43) hat der BFH bezüglich dreier Büroräume eines Rechtsanwalts im EG des Wohnhauses (die Wohnung befindet sich im 1. OG) entschieden, dass die Büroräume in die häusliche Sphäre einzubeziehen sind, da die räumliche Trennung der Wohnungen durch Türen mit Knauf die Einbindung der Kanzleiräume als solche im Wohnhaus nicht ausschließt. Die Tatsache, dass diese sich in einem anderen Stockwerk als die Privatwohnung befinden, ist ebenfalls allein nicht entscheidend. Die häusliche Sphäre ist auch nicht notwendigerweise auf den eigentlichen Wohnbereich beschränkt.

Begehrt der Stpfl. den Betriebsausgabenabzug für mehrere in seine häusliche Sphäre eingebundene Räume, ist die Qualifizierung als häusliches Arbeitszimmer grundsätzlich für jeden Raum gesondert vorzunehmen. Eine gemeinsame Qualifizierung kommt nur dann in Betracht, wenn die Räume eine funktionelle Einheit bilden (s.a. BFH-Urteil vom 9.11.2006 IV R 2/06, BFH/NV 2007, 677). Diese liegt nur vor, wenn verschiedene Räume nahezu identisch genutzt werden (siehe Archiv im Keller; BFH-Urteil vom 6.7.2005 XI R 47/04, BFH/NV 2006, 43). Danach bilden die Betriebsräume (Verkaufsraum, Aufenthaltsraum, Bäckerei usw.) und das Büro keine funktionale Einheit. Die Betriebsräume dienen zur Herstellung und zum Verkauf der Backwaren (steuerlicher Ansatz möglich), das Büro dient dagegen zur Durchführung von Verwaltungsarbeiten.

Ein in der häuslichen Sphäre gelegenes Büro kann jedoch dann aus dem Anwendungsbereich des § 4 Abs. 5 Satz 1 Nr. 6b EStG herausfallen, wenn aufgrund besonderer Umstände des Einzelfalles die Einbindung des Büros in die häusliche Sphäre aufgehoben oder überlagert wird. Dies ist u.a. dann zu bejahen, wenn die funktionale Büroeinheit auch von dritten, nicht familienangehörigen und auch nicht haushaltszugehörigen Personen genutzt wird. Der Beispielsfall des BMF-Schreibens unterstellt m.E. in seiner Lösung den Fall, dass ein Bäckermeister die Buchhaltungsarbeiten in seinem Büro nicht selbst, sondern durch angestellte Bürofachkräfte ausführen lässt. Allein die Tatsache, dass das Büro aufgrund der Nähe zu den anderen Betriebsräumen liegt, rechtfertigt nicht den Schluss, dass das Büro nicht als häusliches Arbeitszimmer anzusehen ist.

3.7 Mischnutzung als Büro und Lager

Aufwendungen für einen zugleich als Büroarbeitsplatz und als Warenlager betrieblich genutzten Raum unterliegen der Abzugsbeschränkung für häusliche Arbeitszimmer (**Zeile 38** des Vordrucks EÜR), wenn der Raum nach dem Gesamtbild der Verhältnisse, vor allem aufgrund seiner Ausstattung und Funktion, ein typisches häusliches Büro ist und die Ausstattung und Funktion des Raumes als Lager dahinter zurücktritt. Wird der betrieblich genutzte Raum nicht überwiegend durch seine Funktion und Ausstattung als häusliches Büro geprägt, so ist bei der Berechnung der Raumkosten der betriebliche Nutzungsanteil im Verhältnis der Fläche des Raumes zur Gesamtfläche aller Räume des Gebäudes einschließlich der Nebenräume zu ermitteln (BFH-Urteil vom 22.11.2006 X R 1/05, BStBl II 2007, 304).

Das häusliche Arbeitszimmer ist typischerweise mit Büromöbeln eingerichtet, wobei der Schreibtisch regelmäßig das zentrale Möbelstück ist (BFH-Urteile vom 28.8.2003 IV R 53/01, BStBl II 2004, 55 und vom 20.11.2003, IV R 3/02, BStBl II 2005, 203). Die Ausstattung mit einem Schreibtisch ist indessen nicht zwingend erforderlich. Ebenso wenig muss der Raum für die Verrichtung menschlicher Arbeit von einer gewissen Dauer hergerichtet sein. So kann etwa ein beruflich genutzter Archivraum, in dem Bücher, Akten und Unterlagen aufbewahrt, gesichtet und herausgesucht werden, der vorbereitenden und unterstützenden Erledigung gedanklicher, schriftlicher oder verwaltungstechnischer Arbeiten dienen und dadurch (Teil-)Funktionen erfüllen, die typischerweise einem häuslichen Arbeitszimmer i.S.d. § 4 Abs. 5 Satz 1 Nr. 6b EStG zukommen (BFH-Urteile vom 15.3.2005 VI B 89/04, BFH/NV 2005, 1292 und vom 19.8.2005 VI B 39/05, BFH/NV 2005, 2007).

Andererseits sind Räumlichkeiten, die ihrer Ausstattung und Funktion nach nicht einem Büro entsprechen, auch dann nicht dem Typus des häuslichen Arbeitszimmers zuzuordnen, wenn sie ihrer Lage nach mit den Wohnräumen des Stpfl. verbunden und deswegen in dessen häusliche Sphäre eingebunden sind. Aus diesem Grund unterliegen etwa die **Aufwendungen** für ein **Tonstudio** im **Wohnbereich** des Stpfl. **nicht** der **Abzugsbeschränkung**, sofern der Raum zwar mit einem Schreibtisch zum Abfassen der Kompositionen möbliert, im Übrigen aber so eingerichtet und ausgestattet ist, dass ihm die technischen Einrichtungen sowie eventuelle Schallschutzmaßnahmen der Art und dem Umfang nach das Gepräge geben. Die **gleichen Maßstäbe** gelten nach der Rechtsprechung des BFH auch für eine **ärztliche Notfallpraxis**, für einen **Ausstellungsraum** (BFH-Urteil vom 26.6.2003 VI R 10/02, BFH/NV 2003, 1560), für eine **Werkstatt** und für einen **Lagerraum** (BFH-Urteil vom 19.3.2003 VI R 40/01, BFH/NV 2003, 1163).

4. Die abzugsfähigen Aufwendungen ab dem 1.1.2007

4.1 Allgemeines

Nach der Fassung des § 4 Abs. 5 Satz 1 Nr. 6b EStG durch das Steueränderungsgesetz 2007 vom 19.7.2006 (BGBl I 2006, 1652) wird der Betriebsausgaben- bzw. Werbungskostenabzug nur noch zugelassen, wenn das Arbeitszimmer den Mittelpunkt der gesamten betrieblichen und beruflichen Betätigung bildet.

Vom Abzugsverbot nicht betroffen sind Aufwendungen für Arbeitsmittel wie z.B. Schreibtisch, Bücherregal und PC. Diese Aufwendungen sind weiterhin bei betrieblicher/beruflicher Veranlassung als Betriebsausgaben oder Werbungskosten zu berücksichtigen.

Die Änderung ist erstmals für den VZ 2007 anzuwenden.

4.2 Verfassungswidrigkeit des Abzugsverbots

Seit dem 1.1.2007 ist der Abzug der Aufwendungen für ein häusliches Arbeitszimmer, das nicht den Mittelpunkt der gesamten beruflichen und betrieblichen Tätigkeit bildet, untersagt. Ähnlich wie bei der Entfernungspauschale bestehen aber auch hier verfassungsrechtliche Bedenken. Nach Auffassung im Schrifttum widerspricht die Neuregelung dem Prinzip der

Besteuerung nach der wirtschaftlichen Leistungsfähigkeit (so z.B. Urban, Abzugsverbot für häusliches Arbeitszimmer – verfassungskonform?, Steuertipp auf der Homepage der Steuerberater-Empfehlung). Zu den verfassungsrechtlichen Einwendungen s.a. Paus, Das häusliche Arbeitszimmer, NWB Fach 3, 15357.

Die begrenzte Abzugsfähigkeit wurde vom BVerfG als verfassungsgemäß beurteilt (Urteil vom 7.12.1999 2 BvR 301/98, BStBl II 2000, 162).

Der Gesetzgeber (BT-Drs. 16/1545) begründet die Streichung der begrenzten Abzugsfähigkeit der Aufwendungen für das häusliche Arbeitszimmer unter anderem damit, dass die **Abgrenzung** der Kosten für die private Lebensführung von den Erwerbsaufwendungen **mangels** wirksamer **Kontrollmöglichkeiten** schwierig sei. Um eine gleichmäßige Besteuerung zu gewährleisten, sei der beschränkte Abzug nun zu versagen.

Zur Versagung der Abzugsfähigkeit der Aufwendungen für ein häusliches Arbeitszimmer wegen fehlender Kontrollmöglichkeiten ist der Argumentation von Paus in seinem Beitrag in NWB Fach 3, 15357 uneingeschränkt zu folgen, wenn er ausführt: »Tatsächlich kann niemand feststellen, ob und ggf. wie oft der Stpfl. bzw. der Ehegatte das Arbeitszimmer z.B. für privaten Schriftverkehr oder ggf. die Kinder es für eine Stunde ruhiger Schularbeiten nutzen, statt ihre Freizeit in den weit gemütlicheren Wohnräumen zu verbringen. Allerdings können FÄ und Gerichte die Angaben des Stpfl. in anderen Bereichen (z.B. Fahrtenbuch) ebenso wenig lückenlos überprüfen. Auch das betriebliche Büro wird erfahrungsgemäß privat genutzt, z.B. für private Telefongespräche, private Korrespondenz und privates Surfen im Internet. Danach ist insbesondere eine Rechtfertigung für die unterschiedliche Behandlung häuslicher und außerhäuslicher Büros bzw. Arbeitszimmer nicht zu erkennen. Darüber hinaus liefert der Gesichtspunkt, dass einzelne Stpfl. über die private Mitbenutzung ihres Arbeitszimmers falsche Angaben machen, keine Rechtfertigung, bei anderen Stpfl. ausschließlich beruflich veranlasste Aufwendungen vom Abzug auszuschließen.«

Nach Auffassung des BFH in seinem Beschluss vom 10.1.2008 (VI R 17/07, BFH/NV 2008, 469, LEXinform 5005959) zur Verfassungsmäßigkeit der Entfernungspauschale sind Aufwendungen des Arbeitnehmers für die Wege zwischen Wohnung und regelmäßiger Arbeitsstätte Erwerbsaufwendungen. Sie seien deshalb bei der Bestimmung der finanziellen Leistungsfähigkeit nach dem sog. **objektiven Nettoprinzip** zu berücksichtigen. Die vom Gesetzgeber zur Begründung angeführte Haushaltskonsolidierung biete für sich genommen noch keinen sachlichen Grund für eine Ungleichbehandlung. Das objektive Nettoprinzip besagt, dass der Staat nur das besteuern darf, was dem Stpfl. nach Abzug seiner erwerbsbezogenen Aufwendungen (netto) verbleibt. Da aber bestimmte Berufe – wie Lehrer, Schriftsteller – das häusliche Arbeitszimmer zwingend für ihre Berufsausbildung benötigen, müssen die Arbeitszimmerkosten folglich auch in diesen Fällen nach dem objektiven Nettoprinzip als notwendige Erwerbsaufwendungen steuerlich abzugsfähig sein. Eine Begrenzung des Abzugs ist wegen der nicht auszuschließenden privaten Mitnutzung nicht zu beanstanden.

Beispielsfall:

Wenn ein Arbeitnehmer für seine nicht unerhebliche nebenberufliche schriftstellerische Tätigkeit, die ausschließlich im häuslichen Arbeitszimmer ausgeübt wird, die Aufwendungen dafür steuerlich nicht mehr geltend machen kann, verstößt dies gegen den vom BFH in seinem Beschluss vom 10.1.2008 (VI R 17/07, BFH/NV 2008, 469, LEXinform 5005959) zu beachtenden Grundsatz des objektiven Nettoprinzips. Diese zwangsläufig durch die Berufstätigkeit entstandenen Aufwendungen müssen nach dem objektiven Nettoprinzip zumindest teilweise steuerlich berücksichtigt werden. Ein absolutes Abzugsverbot verstößt nach den oben dargestellten Grundsätzen somit gegen das Prinzip der Besteuerung nach der wirtschaftlichen Leistungsfähigkeit und ist daher verfassungswidrig.

Inzwischen sind wegen des weggefallenen beschränkten Abzugs mehrere Musterverfahren vor verschiedenen Finanzgerichten anhängig:
- FG Rheinland-Pfalz (3 K 1132/07 – entschieden am 17.2.2009 – s.u.),
- FG Thüringen (4 K 351/07),
- FG Berlin-Brandenburg (13 K 110/07),
- FG Münster (7 K 1532/08 E),
- FG Düsseldorf (14 K 1934/08 E),
- FG Düsseldorf (14 K 2056/08),
- FG Köln (12 K 2585/08).

Entscheidung des FG Berlin-Brandenburg vom 6.11.2007:
Es bestehen keine ernstlichen Zweifel an der Verfassungsmäßigkeit von § 4 Abs. 5 Satz 1 Nr. 6b EStG. Der Mittelpunkt der beruflichen Tätigkeit eines Forstbeamten liegt außerhalb des häuslichen Arbeitszimmers. Der Umstand, dass für seine berufliche Tätigkeit kein anderer Arbeitsplatz zur Verfügung steht, reicht ab dem VZ 2007 nicht mehr zur Anerkennung von Aufwendungen für ein häusliches Arbeitszimmer als Werbungskosten aus (FG Berlin-Brandenburg vom 6.11.2007 13 V 13146/07, LEXinform 5005788).

Gerade die Dachverbände der Lehrerinnen und Lehrer werden wegen der Abschaffung der Abzugsmöglichkeit der Arbeitszimmerkosten aktiv (s. die Homepage des Berufsverbands der Lehrerinnen und Lehrer an beruflichen Schulen e.V. – blbs –). So macht der BLBS in einer Pressemitteilung vom 27.3.2007 seine Mitglieder auf die mögliche Verfassungswidrigkeit aufmerksam. Danach unterstützt auch der Deutsche Beamtenbund (dbb) Musterklagen gegen diese Regelung. Auf die beim FG Rheinland-Pfalz anhängige Klage (Az. 3 K 1132/07) wird hingewiesen.

Mit Urteil vom 17.2.2009 (3 K 1132/07, LEXinform 5007828, Rev. eingelegt, Az. des BFH: VI R 13/09, LEXinform 0179585) hat das FG Rheinland-Pfalz entschieden, dass die Neuregelung des EStG 2007 zur Behandlung von Aufwendungen für Arbeitszimmer nicht verfassungswidrig sei.

Die Beschränkung des Abzugs von Aufwendungen für ein häusliches Arbeitszimmer nach § 9 Abs. 5 Satz 1 i.V.m. § 4 Abs. 5 Satz 1 Nr. 6b EStG i.d.F. des StÄndG 2007 verstößt nicht gegen den Gleichheitssatz. Bei der einkommensteuerrechtlichen Behandlung von Aufwendungen, die eine Berührung mit der privaten Lebensführung aufweisen, besteht für den Gesetzgeber ein erheblicher Typisierungsspielraum. Die im StÄndG 2007 bei der Berücksichtigung von Aufwendungen für ein häusliches Arbeitszimmer vorgenommene Differenzierung nach dem Mittelpunkt der erwerbswirtschaftlichen Tätigkeit ist durch Typisierungs- und Vereinfachungszwecke gerechtfertigt. Aufwendungen eines Lehrers für ein häusliches Arbeitszimmer stellen keine zwangsläufigen pflichtbestimmten Aufwendungen dar.

In einer Pressemitteilung des FG Rheinland-Pfalz vom 26.2.2009 (LEXinform 0432818) werden der Sachverhalt und die Entscheidungsgründe zusammengefasst.

Da gegen die Entscheidung zwischenzeitlich das Revisionsverfahren (Az.: VI R 13/09) anhängig ist, erlässt die Verwaltung **Steuerbescheide** insoweit nach § 165 Abs. 1 Satz 2 Nr. 3

und 4 AO **vorläufig** (BMF vom 1.4.2009, BStBl I 2009, 510 sowie Pressemitteilung des Bundes der Steuerzahler vom 24.4.2009, LEXinform 0434021).

Sollte das Abzugsverbot der Aufwendungen für ein häusliches Arbeitszimmer bei einem Lehrer gerade noch verfassungsgemäß sein, so müsste das Abzugsverbot der Aufwendungen bei einem nebenberuflich tätigen Freiberufler gerade nicht mehr verfassungsgemäß und somit verfassungswidrig sein. Gerade ein nebenberuflich tätiger Schriftsteller mit erheblichen nebenberuflichen Einkünften kann seine diesbezügliche Tätigkeit nur in einem Arbeitszimmer ausüben. Die schriftstellerische Tätigkeit kann in solchen Fällen nicht in einer »Arbeitsecke« erledigt werden.

Der BLBS hat zusammen mit anderen im Deutschen Lehrerverband (DL) zusammengeschlossenen Lehrerverbänden eine Studie in Auftrag gegeben. In dieser Studie kommt Dr. Christoph Görisch von der Universität Münster zu dem Urteil, dass die Nichtabziehbarkeit der Arbeitszimmeraufwendungen verfassungswidrig ist. Eine dreiseitige Pressezusammenfassung des Gutachtens stellt der Deutsche Philologenverband (dphv) auf seiner Homepage zur Verfügung.

Auf der Homepage der GEW (Gewerkschaft für Erziehung und Wissenschaft – gew –) weist die Gewerkschaft auf die Verfassungswidrigkeit hin. Die Auffassung der GEW ist durch ein Gutachten, das von Prof. Dr. Anna Liesner-Egensperger, Universität Jena, erstellt wurde, bestätigt worden. Das Gutachten ist auf der Homepage der GEW Saarland nachzulesen. Die GEW gewährt ihren Mitgliedern auch Hilfe bei der Einspruchbegründung.

Der Deutsche Philologenverband (dphv) stellt auf seiner Homepage ein Mustereinspruchsschreiben zur Verfügung.

> **Tipp:**
> Zur möglichen Verfassungswidrigkeit der Neuregelung siehe den Beitrag von Greite, Häuslicher Telearbeitsplatz unter IV., NWB Fach 6, 4703.
>
> Die DATEV-Redaktion stellt in LEXinform zwei Mustereinsprüche zur Verfügung:
> - Mustereinspruch – Betriebsausgabenabzug trotz fehlendem Tätigkeitsmittelpunkt (LEXinform 0922179);
> - Mustereinspruch – Werbungskostenabzug trotz fehlendem Tätigkeitsmittelpunkt (LEXinform 0922178).
>
> Zum Mustereinspruch s.a. Pressemitteilung des Bundes der Steuerzahler vom 21.8.2008 (LEXinform 0174468).

Das **Niedersächsische FG** hat mit Beschluss vom 2.6.2009 (7 V 76/09, LEXinform 5008342) vorläufigen Rechtsschutz zur einschränkenden einkommensteuerlichen Neuregelung der Abzugsfähigkeit von Kosten für ein häusliches Arbeitszimmer gewährt. In einem aktuellen Verfahren hat das FG jetzt das zuständige FA verpflichtet, die von einem Lehrerehepaar beantragten Freibeträge für Aufwendungen für ihre häuslichen Arbeitszimmer im Wege des vorläufigen Rechtsschutzes auf den Lohnsteuerkarten 2009 einzutragen. Zur Begründung führt das FG erhebliche **Zweifel** an der **Verfassungsmäßigkeit** der ab 2007 geltenden Neuregelung an: Die Kosten der häuslichen Arbeitszimmer seien für das Lehrerehepaar beruflich veranlasst. Sie seien zur Erwerbssicherung unvermeidlich, denn wer als Lehrer seiner Dienstverpflichtung nicht folge und seinen Unterricht – mangels angemessenen Arbeitsplatzes in der Schule – zu Hause nicht vor- und nachbereite, könne seiner beruflichen Tätigkeit nicht nachkommen und demgemäß auch keine Einkünfte erzielen. Vor allem nach dem aus dem Gleichbehandlungsgrundsatz (Art. 3 Abs. 1 GG) entwickelten Gebot der Ausrichtung der Steuerlast am Prinzip der finanziellen Leistungsfähigkeit und dem Gebot der Folgerichtigkeit handele es sich um Erwerbsaufwendungen (s.a. Pressemitteilung des FG Niedersachsen vom 4.6.2009, LEXinform 0434119).

Mit Beschluss vom 16.9.2009 (VI B 69/09, LEXinform 0434571) hat der BFH den Beschluss des FG Niedersachsen bestätigt und ernstliche Zweifel daran geäußert, ob das ab 2007 geltende Verbot, Aufwendungen für ein häusliches Arbeitszimmer als Werbungskosten abzuziehen, wenn das Arbeitszimmer nicht den Mittelpunkt der gesamten betrieblichen und beruflichen Betätigung bildet, verfassungsgemäß ist. Im entschiedenen Fall ging es um Arbeitszimmer von Lehrern, denen kein anderer Arbeitsplatz als das häusliche Arbeitszimmer zur Verfügung steht. Seit dem Veranlagungszeitraum 2007 sind Aufwendungen für ein beruflich/betrieblich genutztes häusliches Arbeitszimmer nur noch steuerlich abzugsfähig, wenn das Arbeitszimmer den Mittelpunkt der gesamten betrieblichen und beruflichen Betätigung des Steuerpflichtigen bildet (§ 9 Abs. 5 Satz 1 i.V.m. § 4 Abs. 5 Satz 1 Nr. 6b EStG). Arbeitszimmerkosten von Lehrern, bei denen der Mittelpunkt der beruflichen Tätigkeit regelmäßig in der Schule liegt, sind nach dieser Regelung grundsätzlich nicht mehr als Werbungskosten abzugsfähig. Gleichwohl hat der BFH nun in einem vorläufigen Rechtsschutzverfahren – ohne Präjudiz für die Hauptsache – mit Beschluss vom 25.8.2009 entschieden, dass bei einem Lehrer, dem kein anderer Arbeitsplatz zur Verfügung steht, Aufwendungen für ein häusliches Arbeitszimmer als Werbungskosten im Lohnsteuerermäßigungsverfahren zu berücksichtigen sind. Es bestünden ernstliche Zweifel an der Verfassungsmäßigkeit der Neuregelung, da die Frage, ob § 9 Abs. 5 Satz 1 i.V.m. § 4 Abs. 5 Satz 1 Nr. 6b EStG verfassungsmäßig ist, in der Literatur kontrovers diskutiert werde und zu unterschiedlichen Entscheidungen der Finanzgerichte geführt habe. Der BFH hat deshalb die Interessen des Antragstellers und des von Steuereinnahmen abhängigen Gemeinwesens gegeneinander abgewogen. Dabei ist er zu dem Ergebnis gelangt, dass jedenfalls im Streitfall dem Interesse des Stpfl. an einem – möglicherweise nur vorläufigen – Werbungskostenabzug ein überwiegendes öffentliches Interesse, insbesondere das Interesse an einer geordneten Haushaltsführung, nicht entgegensteht. Zur Frage der Verfassungsmäßigkeit der Neuregelung selbst hat sich der BFH nicht geäußert. Diese Fragestellung bleibt dem Hauptsacheverfahren vorbehalten (s.a. Pressemitteilung des BFH Nr. 88/09 vom 16.9.2009, LEXinform 0434571).

Das **FG Münster** hält die ab dem Jahr 2007 geltende Regelung zum Abzug von Werbungskosten für ein häusliches Arbeitszimmer wegen eines Verstoßes gegen den allgemeinen Gleichheitsgrundsatz zumindest **teilweise** für **verfassungswidrig**. Es hat daher das finanzgerichtliche Verfahren in einem am 18.5.2009 veröffentlichten Beschluss vom 8.5.2009 (1 K 2872/08 E, DStR 2009, 1024, LEXinform 5008291) ausgesetzt und die Frage der Verfassungswidrigkeit der Regelung des § 4 Abs. 5 Satz 1 Nr. 6b Satz 2 EStG dem **BVerfG vorgelegt**.

Das FG Münster hält die Neuregelung jedenfalls insoweit für verfassungswidrig, als sie die Berücksichtigung der Aufwendungen für das häusliche Arbeitszimmer ausschließt, obwohl für die berufliche oder betriebliche Tätigkeit kein anderer Arbeitsplatz zur Verfügung steht. Die Regelung könne wegen des Wortlautes und des erkennbaren Gesetzeszweckes nicht verfassungskonform ausgelegt werden. Sie **verstoße gegen** den allgemeinen Gleichheitsgrundsatz (Art. 3 GG), das Gebot der Folgerichtigkeit und das objektive **Nettoprinzip**. Die Aufwendungen für ein häusliches Arbeitszimmer seien jedenfalls dann Erwerbsaufwendungen, wenn dem Stpfl. kein anderer Arbeitsplatz zur Verfügung stehe. Das nunmehr geltende Abzugsverbot benachteilige die Betroffenen im Vergleich mit Stpfl., bei denen der Mittelpunkt der gesamten beruflichen und betrieblichen Betätigung im häuslichen Arbeitszimmer liege. Auch gegenüber denjenigen, die ein außerhäusliches Arbeitszimmer nutzten, seien sie benachteiligt. Eine Rechtfertigung hierfür ergebe sich weder aus dem Ziel der Haushaltskonsolidierung noch aus der Typisierungskompetenz des Gesetzgebers. Auch andere Gründe, wie das Bestehen einer besonderen Missbrauchsgefahr oder eine Verwaltungsvereinfachung, könnten das Abzugsverbot nicht rechtfertigen.

4.3 Mittelpunkt der Betätigung

4.3.1 Qualitativer Schwerpunkt

Ob das häusliche Arbeitszimmer den **Mittelpunkt** der gesamten betrieblichen und beruflichen Betätigung bildet, bestimmt sich nach dem **qualitativen Schwerpunkt** der Tätigkeit (Rz. 8 ff. des BMF-Schreibens vom 3.4.2007, BStBl I 2007, 442). Im Rahmen dieser Wertung kommt dem zeitlichen (quantitativen) Umfang der Nutzung des häuslichen Arbeitszimmers lediglich indizielle Bedeutung zu. Deswegen schließt das zeitliche Überwiegen der außerhäuslichen Tätigkeit einen unbeschränkten Abzug der Aufwendungen nicht von vornherein aus (BFH-Urteil vom 13.11.2002 VI R 28/02, BStBl II 2004, 59; BFH-Urteil vom 13.11.2002 VI R 104/01, BStBl II 2004, 65; BFH-Urteil vom 21.2.2003 VI R 14/02, BStBl II 2004, 68; BFH-Urteil vom 21.2.2003 VI R 84/02, BFH/NV 2003, 1042; BFH-Urteil vom 29.4.2003 VI R 78/02, BStBl II 2004, 76; BFH-Urteil vom 9.4.2003 X R 52/01, BFH/NV 2003, 1172; BFH-Urteil vom 13.10.2003 VI R 27/02, BStBl II 2004, 771; BFH-Urteil vom 6.7.2005 XI R 87/03, BStBl II 2006, 18; BFH-Urteil vom 14.12.2004 XI R 13/04, BStBl II 2005, 344).

Das Arbeitszimmer ist »Mittelpunkt« i.S.v. § 4 Abs. 5 Satz 1 Nr. 6b Satz 2 EStG, wenn der Stpfl. im Arbeitszimmer diejenigen Handlungen vornimmt und Leistungen erbringt, die für den konkret ausgeübten Beruf wesentlich und prägend sind (BFH-Urteil vom 16.12.2004 IV R 19/03, BStBl II 2005, 212; BFH-Urteil vom 6.7.2005 XI R 87/03, BStBl II 2006, 18).

Wird – wie bei einem Telearbeitsplatz – der betriebliche Arbeitsplatz in den häuslichen Bereich des Arbeitnehmers ausgelagert und übt der Arbeitnehmer gleichartige und in qualitativer Hinsicht gleichwertige Arbeitsleistungen abwechselnd an drei Tagen im häuslichen Arbeitszimmer und an zwei Tagen im Betrieb des Arbeitgebers aus, befindet sich der Mittelpunkt der gesamten beruflichen Betätigung nur im häuslichen Arbeitszimmer (BFH-Urteil vom 23.5.2006 VI R 21/03, BStBl II 2006, 600).

4.3.2 Besonderheiten zur Bestimmung der qualitativen Schwerpunkttätigkeit

4.3.2.1 Die Ausübung einer Erwerbstätigkeit

Der BFH nennt im Urteil vom 13.10.2003 (VI R 27/02, BStBl II 2004, 771) beispielhafte Fallgruppen zur Bestimmung der qualitativen Schwerpunkttätigkeit (s.a. BMF vom 14.9.2004, BStBl I 2004, 861).

Geht der Stpfl. nur einer Erwerbstätigkeit nach, dann sind die Aufwendungen in voller Höhe abzugsfähig, wenn das Arbeitszimmer den qualitativen Mittelpunkt der Tätigkeit bildet. Zum qualitativen Mittelpunkt der Tätigkeit siehe das BFH-Urteil vom 23.5.2006 (VI R 21/03, BStBl II 2006, 600) zum Telearbeitsplatz (Rz. 10 des BMF-Schreibens vom 3.4.2007, BStBl I 2007, 442).

Bei der Ausübung einer **Vortrags- bzw. Lehrtätigkeit** bildet das Arbeitszimmer **keinen** qualitativen **Tätigkeitsmittelpunkt**. Der qualitative Schwerpunkt liegt dabei vielmehr dort, wo die jeweiligen Vorträge bzw. Lehrveranstaltungen tatsächlich abgehalten werden (Urteil FG Köln vom 10.12.2008, 7 K 97/07, LEXinform 5007903, Rev. eingelegt, Az. des BFH: VIII R 5/09, LEXinform 0179594). S.a. Mustereinspruch der DATEV-Redaktion LEXinform vom 2.4.2009 (LEXinform 0922179 zum Betriebsausgabenabzug und LEXinform 0922178 zum Werbungskostenabzug) zum Betriebsausgabenabzug bzw. Werbungskostenabzug trotz fehlendem Tätigkeitsmittelpunkt.

Der inhaltliche (qualitative) **Schwerpunkt** der betrieblichen **Tätigkeit** eines **Unternehmensberaters**, der außerhalb des Arbeitszimmers Einzelpersonen trainiert oder Seminare und Workshops für Gruppen abhält, liegt **nicht** im häuslichen Arbeitszimmer. Die Konzeption des Schulungsangebots ist bei wertender Betrachtung als Vorbereitungs- und Unterstützungsmaßnahme zur Kerntätigkeit »Vortrag« zu qualifizieren, insbesondere dann, wenn der Stpfl. bei seinem Auftreten nach außen vor allem seine Rednerfähigkeiten hervorhebt (rechtskräftiges Urteil FG München vom 10.9.2008 10 K 2577/07, LEXinform 5007508).

Das Arbeitszimmer einer **Berufsbetreuerin** stellt nicht den Mittelpunkt der gesamten betrieblichen Tätigkeit dar (Urteil FG Köln vom 4.3.2009 3 K 3980/05, LEXinform 5008071).

4.3.2.2 Die Ausübung mehrerer Erwerbstätigkeiten

Geht der Stpfl. mehreren Tätigkeiten nach, ist der Mittelpunkt anhand einer Gesamtbetrachtung aller von ihm ausgeübten Tätigkeiten zu bestimmen (BFH-Urteil vom 23.9.1999 VI R 74/98, BStBl II 2000, 7 und BFH-Urteil vom 16.12.2004 IV R 19/03, BStBl II 2005, 212). Die Abzugsbeschränkung setzt nicht voraus, dass das häusliche Arbeitszimmer den Mittelpunkt »jedweder« oder »einer jeden einzelnen betrieblichen und beruflichen Tätigkeit« bilden muss. Maßgeblich ist vielmehr die »gesamte betriebliche und berufliche« Betätigung des betreffenden Stpfl., so dass sich auch in diesem Sinne eine Einzelbetrachtung der jeweiligen Betätigungen verbietet; denn es geht gerade darum, alle Tätigkeiten in ihrer Gesamtheit zu erfassen. Gleichwohl bedarf es zunächst der Bestimmung des jeweiligen Betätigungsmittelpunktes der einzelnen beruflichen und betrieblichen Tätigkeiten des Stpfl., um sodann auf dieser Grundlage den qualitativen Schwerpunkt der Gesamttätigkeit zu ermitteln (Rz. 11 des BMF-Schreibens vom 3.4.2007, BStBl I 2007, 442).

Geht der Stpfl. mehreren Erwerbstätigkeiten nach und bilden bei allen – jeweils – die im häuslichen Arbeitszimmer verrichteten Arbeiten den qualitativen Schwerpunkt, so liegt dort auch der Mittelpunkt der Gesamttätigkeit.

Bilden hingegen die außerhäuslichen Tätigkeiten – jeweils – den qualitativen Schwerpunkt der Einzeltätigkeiten bzw. lassen sich diese keinem Schwerpunkt zuordnen, so kann das häusliche Arbeitszimmer auch nicht durch die Summe der darin verrichteten Arbeiten zum Mittelpunkt der Gesamttätigkeit werden.

Bildet das häusliche Arbeitszimmer schließlich den qualitativen Mittelpunkt lediglich einer Einzeltätigkeit oder mehrerer Einzeltätigkeiten, nicht jedoch im Hinblick auf die übrigen, so muss anhand der konkreten Umstände des Einzelfalles entschieden werden, ob die Gesamttätigkeit gleichwohl einem einzelnen qualitativen Schwerpunkt zugeordnet werden kann und ob dieser im häuslichen Arbeitszimmer liegt. Abzustellen ist dabei auf das Gesamtbild der

Verhältnisse und auf die Verkehrsanschauung, nicht aber auf die Vorstellung des betroffenen Stpfl.

Ist für die im Arbeitszimmer ausgeübten Tätigkeiten oder Einkunftsarten ein unbeschränkter Abzug der Aufwendungen nicht möglich, weil das häusliche Arbeitszimmer nicht der Mittelpunkt der gesamten betrieblichen und beruflichen Betätigung des Stpfl. ist, können die Aufwendungen ab dem 1.1.2007 gar nicht abgezogen werden.

Der Mittelpunkt der gesamten betrieblichen und beruflichen Betätigung kann nicht isoliert für einzelne Tätigkeiten, sondern nur für sämtliche Tätigkeiten des Stpfl. bestimmt werden (BFH-Urteil vom 23.9.1999 VI R 74/98, BStBl II 2000, 7). Aus dieser Entscheidung kann aber nicht der Schluss gezogen werden, dass das häusliche Arbeitszimmer nur dann den Mittelpunkt der gesamten betrieblichen und beruflichen Tätigkeit bildet, wenn sich der Mittelpunkt jeder einzelnen betrieblichen oder beruflichen Tätigkeit oder jedes einzelnen Aufgabenbereichs im Arbeitszimmer befindet. Vielmehr ist bei der Beurteilung des Betätigungsmittelpunktes eine Gesamtbetrachtung anzustellen (BFH-Urteil vom 13.10.2003 VI R 27/02, BStBl II 2004, 771). Dem zeitlichen Umfang der Nutzung des häuslichen Arbeitszimmers kommt nur eine indizielle Bedeutung zu.

Der Schwerpunkt der Gesamttätigkeit wird durch den Mittelpunkt der Haupttätigkeit indiziert (BFH-Urteil vom 16.12.2004 IV R 19/03, BStBl II 2005, 212). Ist der Mittelpunkt der Haupttätigkeit nicht im häuslichen Arbeitszimmer gelegen, indiziert dies regelmäßig, dass auch der qualitative Schwerpunkt der Gesamttätigkeit des Stpfl. nicht im häuslichen Arbeitszimmer gelegen ist.

Als Haupttätigkeit in diesem Zusammenhang ist jede nichtselbständige Vollzeitbeschäftigung eines Stpfl. auf Grund eines privatrechtlichen Arbeits- bzw. Angestelltenverhältnisses oder eines öffentlich-rechtlichen Dienstverhältnisses anzusehen. Insoweit kann typisierend davon ausgegangen werden, dass der vollzeitbeschäftigte Arbeitnehmer dem Arbeitgeber regelmäßig seine »normale« Arbeitskraft und damit seine »volle« Arbeitskraft schuldet.

Geht der Stpfl. allerdings mehreren selbständigen Tätigkeiten oder nichtselbständigen Teilzeitbeschäftigungen nach, muss zur Bestimmung der Haupttätigkeit auf weitere Indizien zurückgegriffen werden. In Betracht kommen, insoweit teilweise abweichend von der zuvor vorgenommenen Beurteilung des Mittelpunktes einer jeder Einzeltätigkeit, alternativ oder kumulativ

a) die Höhe der jeweils erzielten Einnahmen,
b) das den einzelnen Tätigkeiten nach der Verkehrsauffassung zukommende Gewicht und
c) der auf die jeweilige Tätigkeit insgesamt entfallende Zeitaufwand.

Die Gewichtung der einzelnen Indizien ist nach den Umständen des Einzelfalls zu bestimmen.

Beispiel 4:
Ein ArbN nutzt sein Arbeitszimmer zu 40 % für seine nichtselbständige Tätigkeit (für die berufliche Tätigkeit steht ein Arbeitsplatz zur Verfügung) und zu 60 % für eine schriftstellerische Tätigkeit. Für die Nebentätigkeit steht ihm kein anderer Arbeitsplatz zur Verfügung. Von der gesamten beruflichen/betrieblichen Tätigkeit entfallen 45 % auf das Arbeitszimmer. An Aufwendungen sind für das Arbeitszimmer insgesamt 2 700 € entstanden.

Lösung:
Da das Arbeitszimmer nicht den Mittelpunkt der gesamten betrieblichen und beruflichen Tätigkeit bildet, können die Aufwendungen ab 1.1.2007 nicht mehr als Betriebsausgaben bzw. Werbungskosten berücksichtigt werden.

4.4 Einzelfälle

4.4.1 Praxisberater und Pharmavertreter

In dem mit Urteil vom 29.4.2003 (VI R 78/02, BFH/NV 2004, 319) entschiedenen Fall war der Stpfl. **Praxisberater**, d.h., er berät ärztliche Praxen in betriebswirtschaftlichen Fragen. Bei seinem Arbeitgeber steht ihm kein Arbeitsplatz zur Verfügung. Den überwiegenden Teil seiner Arbeiten erledigt er in seinem häuslichen Arbeitszimmer. Auf Außendiensttätigkeiten entfielen im Streitjahr etwa 42 % der Gesamtarbeitszeit. Der **qualitative Schwerpunkt** der Tätigkeit lag im **Arbeitszimmer**. Der Stpfl. erstellte die zum Kernbereich seiner Tätigkeit gehörenden betriebswirtschaftlichen Analysen und Auswertungen in seinem häuslichen Arbeitszimmer. Darin liegt der Unterschied zum Fall des **Pharmavertreters**, dessen **häusliches Arbeitszimmer nicht** als **Tätigkeitsmittelpunkt** anerkannt wurde (BFH-Urteil vom 13.12.2002 VI R 82/01, BStBl II 2004, 62). Dessen prägende Tätigkeit, die Gewinnung von Kunden, vollzieht sich im Außendienst.

4.4.2 Handelsvertreter

Bei einem Handelsvertreter, der nahezu werktäglich von 7 bis 21 Uhr im Außendienst tätig ist, stellt das **häusliche Arbeitszimmer nicht** den **Mittelpunkt** der gesamten beruflichen und betrieblichen Betätigung dar (BFH-Urteil vom 31.3.2004 X R 1/03, BFH/NV 2004, 1387). Bei einem Handelsvertreter ist im Regelfall die **Außendiensttätigkeit prägend** für das Berufsbild (BFH-Urteil vom 23.3.2005 III R 17/03, BFH/NV 2005, 1537).

4.4.3 Verkaufsleiter

Bei einem Verkaufsleiter, der zur Überwachung von Mitarbeitern und zur Betreuung von Großkunden auch im Außendienst tätig ist, kann das häusliche Arbeitszimmer gleichwohl den Mittelpunkt der beruflichen Betätigung bilden, wenn er dort die für seinen Beruf wesentlichen Leistungen (hier: Organisation der Betriebsabläufe) erbringt (BFH-Urteil vom 13.11.2002 VI R 104/01, BStBl II 2004, 65).

4.4.4 Ärzte als Gutachter

Der **qualitative Schwerpunkt** der Tätigkeit einer Ärztin, die Gutachten über die Einstufung der Pflegebedürftigkeit erstellt und dazu ihre Patienten ausschließlich außerhalb des häuslichen Arbeitszimmers untersucht und dort vor Ort auch alle erforderlichen Befunde erhebt, liegt **nicht** im **häuslichen Arbeitszimmer** (BFH-Urteil vom 23.1.2003 IV R 71/00, BStBl II 2004, 43).

4.4.5 Architekten als Bauüberwacher

Ist ein Architekt neben der Planung auch mit der Ausführung der Bauwerke (Bauüberwachung) betraut, kann diese Gesamttätigkeit keinem konkreten Tätigkeitsschwerpunkt zugeordnet werden. In diesem Fall bildet das häusliche Arbeitszimmer nicht den Mittelpunkt der gesamten beruflichen bzw. betrieblichen Betätigung i.S.d. § 4 Abs. 5 Nr. 6b EStG (BFH-Urteil vom 26.6.2003 IV R 9/03, BStBl II 2004, 50 und BFH-Urteil vom 2.7.2003 XI R 5/03, BFH/NV 2004, 29). Zum Mittelpunkt der gesamten betrieblichen und beruflichen Tätigkeit s.a. den BFH Beschluss vom 15.5.2003 (IV B 219/01, BFH/NV 2003, 1408).

4.4.6 Bildjournalisten

Bei einem Stpfl., der als **freier Bildjournalist** tätig ist, kann das häusliche Arbeitszimmer regelmäßig **nicht Mittelpunkt** der beruflichen Betätigung sein (BFH-Urteil vom 28.8.2003 IV R 34/02, BStBl II 2004, 53).

4.4.7 Außendienstmitarbeiter einer Versicherung

Bei einem Außendienstmitarbeiter, der als Referatsleiter einer Lebensversicherungsgesellschaft Altersversorgungsmodelle konzipiert und entsprechende Verträge ausarbeitet und betreut, kann das häusliche Arbeitszimmer den Mittelpunkt der beruflichen Betätigung bilden, so dass die Aufwendungen ohne Beschränkung der Höhe nach steuerlich zu berücksichtigen sind (BFH-Urteil vom 29.4.2003 VI R 34/01, BFH/NV 2004, 319).

4.4.8 Tankstellenbetreiber

Ein Tankstellenbetreiber hat den **Mittelpunkt** seiner gesamten betrieblichen Betätigung i.S.d. § 4 Abs. 5 Satz 1 Nr. 6b Satz 2 EStG am **Ort der Tankstelle**. Das gilt auch, wenn er überwiegend im häuslichen Arbeitszimmer tätig ist (BFH-Urteil vom 6.7.2005 XI R 87/03, BStBl II 2006, 18).

4.4.9 Lehrer

Bei Lehrern befindet sich der **Mittelpunkt** der betrieblichen und beruflichen Betätigung regelmäßig **nicht** im häuslichen **Arbeitszimmer**, weil die berufsprägenden Merkmale eines Lehrers im Unterrichten bestehen und diese Leistungen in der Schule erbracht werden (BFH-Urteil vom 26.2.2003 VI R 125/01, BStBl II 2004, 72). Deshalb sind die Aufwendungen für das häusliche Arbeitszimmer auch dann nicht abziehbar, wenn die überwiegende Arbeitszeit auf die Vor- und Nachbearbeitung des Unterrichts verwendet und diese Tätigkeit im häuslichen Arbeitszimmer ausgeübt wird.

5. Nutzung des Arbeitszimmers durch mehrere Steuerpflichtige

Jeder Nutzende darf die Aufwendungen abziehen, die er getragen hat, wenn die Voraussetzungen des § 4 Abs. 5 Satz 1 Nr. 6b Satz 2 EStG in seiner Person vorliegen (Rz. 13 des BMF-Schreibens vom 3.4.2007 BStBl I 2007, 442).

6. Vermietung von Arbeitszimmern unter Ehegatten

Vermietet eine Ehegattengrundstücksgemeinschaft die in der Ehewohnung belegenen zwei Arbeitszimmer an jeweils einen der Ehegatten allein zur Umgehung der hinsichtlich der Aufwendungen für häusliche Arbeitszimmer gem. § 4 Abs. 5 Satz 1 Nr. 6b EStG bestehenden Abzugsbeschränkung, ist die Vermietung als rechtsmissbräuchlich anzusehen und dem Mietverhältnis die steuerliche Anerkennung zu versagen (Urteil FG München vom 8.10.2008 10 K 1573/07, EFG 2009, 153, LEXinform 5007413).

7. Die Notwendigkeit des häuslichen Arbeitszimmers

Das FG Hessen hat mit rechtskräftigem Urteil vom 21.11.2000 (13 K 1005/00, EFG 2001, 489) entschieden, dass Aufwendungen für ein häusliches Arbeitszimmer nur dann steuerlich anerkannt werden können, wenn das Arbeitszimmer für die Einkünfteerzielung tatsächlich erforderlich ist.

Sachverhalt:
Die Eheleute erzielen Einkünfte aus nichtselbständiger Arbeit und aus Vermietung und Verpachtung. Im Rahmen dieser Einkunftsart beantragen die Eheleute die Anerkennung von Aufwendungen für zwei Arbeitszimmer i.H.v. je 1 250 €. Jeder der Ehegatten hat zwei Eigentumswohnungen zu verwalten. Dafür sei je ein Arbeitszimmer erforderlich. Die beiden Arbeitszimmer sind ausschließlich für diese Zwecke genutzt worden.

Entscheidungsgründe:
Die berufliche Nutzung des Arbeitszimmers beträgt nicht mehr als 50 % der gesamten beruflichen Nutzung. Für die berufliche Nutzung aus Vermietung und Verpachtung steht jedoch kein anderer Arbeitsplatz zur Verfügung. Es ist zwar auf die Einkünfte erzielende Tätigkeit abzustellen; jedoch muss das Arbeitszimmer für diese Tätigkeit erforderlich sein. So kann es nicht sein, dass beispielsweise für die Verwaltung von geringfügigen und einmalig jährlich anfallenden Einkünften aus Kapitalvermögen Aufwendungen für ein Arbeitszimmer bis zu 1 250 € möglich wären.

Das FG Münster hat mit Urteil vom 16.3.2001 (11 K 2207/00 E, EFG 2001, 739) ein Arbeitszimmer für die Verwaltung von drei Grundstücken (Zweifamilienhaus, gemischt-genutztes Grundstück sowie ein Mietwohngrundstück) anerkannt.

8. Arbeitszimmernutzung während der Erwerbslosigkeit

Nutzt ein Stpfl. ein häusliches Arbeitszimmer während der Phase der Erwerbslosigkeit zur Vorbereitung auf eine künftige Erwerbstätigkeit, so kann er die Aufwendungen für das Arbeitszimmer regelmäßig nur geltend machen, wenn und soweit ihm der Werbungskostenabzug auch unter den zu erwartenden Umständen der späteren beruflichen Tätigkeit zustehen würde (BFH-Urteil vom 2.12.2005 VI R 63/03, BStBl II 2006, 329).

9. Betroffene Aufwendungen

Unter die Abzugsbeschränkung (bis einschließlich VZ 2006) bzw. Nichtabzugsfähigkeit fallen die Aufwendungen für ein häusliches Arbeitszimmer sowie die Kosten der Ausstattung. Dazu gehören insbesondere die **anteiligen Aufwendungen** für (Rz. 5 des BMF-Schreibens vom 3.4.2007, BStBl I 2007, 442 und **Zeile 38** des Vordrucks EÜR):

- Miete,
- Gebäude-AfA, Absetzungen für außergewöhnliche technische oder wirtschaftliche Abnutzung, Sonderabschreibungen,
- Schuldzinsen für Kredite, die zur Anschaffung, Herstellung oder Reparatur des Gebäudes oder der Eigentumswohnung verwendet worden sind,
- Wasser- und Energiekosten,
- Reinigungskosten,
- Grundsteuer, Müllabfuhrgebühren, Schornsteinfegergebühren, Gebäudeversicherungen,
- Renovierungskosten
- sowie die Aufwendungen für die Ausstattung des Zimmers. Hierzu gehören Tapeten, Teppiche, Fenstervorhänge, Gardinen und Lampen. Nicht zur Ausstattung gehören Arbeitsmittel (BFH-Urteil vom 21.11.1997, BStBl II 1998, 351; H 45 [Ausstattung] LStH).

Zu den **abziehbaren Aufwendungen** für ein häusliches Arbeitszimmer gehören auch die **anteiligen Kosten** einer **Reparatur** des **Gebäudes**. Die Kosten einer **Gartenerneuerung** können anteilig den Kosten des häuslichen Arbeitszimmers zuzurechnen sein, wenn bei einer Reparatur des Gebäudes, zu dem das Arbeitszimmer gehört, Schäden am Garten verursacht worden sind (BFH-Urteil vom 6.10.2004 VI R 27/01, BStBl II 2004, 1071). Wie der BFH mit Beschluss vom 14.3.2008 (IX B 183/07, BFH/NV 2008, 1146, LEXinform 5904347) verdeutlicht, sind Aufwendungen für die (nicht durch die Reparatur des Gebäudes veranlasste) Neuanlage eines Gartens nicht anteilig den Kosten des häuslichen Arbeitszimmers im selbst genutzten Einfamilienhaus zuzurechnen.

Luxusgegenstände wie z.B. Kunstgegenstände, die vorrangig der Ausschmückung des Arbeitszimmers dienen, gehören zu den nach **§ 12 Nr. 1 EStG nicht abziehbaren Aufwendungen** (Rz. 6 des BMF-Schreibens vom 3.4.2007, BStBl I 2007, 442).

Die Vfg. der OFD Hannover vom 4.8.2008 (S 2354 – 38 – StO 217, LEXinform 5231676) nimmt zur rechnerischen Ermittlung der auf ein häusliches Arbeitszimmer entfallenden Aufwendungen Stellung.

Beispiel 5:
Gesamtfläche (einschl. Arbeitszimmer, ohne Nebenräume)	100 qm
Fläche des Arbeitszimmers	20 qm
verbleibende Wohnfläche	80 qm

Lösung:
Der auf das Arbeitszimmer entfallende Kostenanteil beträgt 20 % (Verhältnis 20/100) und nicht fälschlicherweise 25 % (Verhältnis 20/80).
Bei der Ermittlung der Wohnfläche bleiben Nebenräume, z.B. Keller, Waschküchen, Abstellräume und Dachböden (Zubehörräume), grundsätzlich außer Ansatz (§ 2 Abs. 3 Nr. 1 WoFlV). Nicht zur Wohnfläche gehören außerdem Räume, die den nach ihrer Nutzung zu stellenden Anforderungen des Bauordnungsrechts nicht genügen (§ 2 Abs. 3 Nr. 2 WoFlV). Wird ein Nebenraum also nicht wie ein Zubehörraum genutzt (z.B. Hobbykeller, Kellerbar, Kellersauna, Gästezimmer im Keller), so ist dieser Raum nur dann in die Wohnflächenberechnung einzubeziehen, wenn die entsprechende Nutzung nicht gegen Bauordnungsrecht verstößt. Allein die besondere Ausstattung eines Zubehörraums und seine tatsächliche Nutzung als Wohnraum reichen nicht aus, um die Wohnfläche entsprechend zu erhöhen.

10. Häusliches Arbeitszimmer als notwendiges Betriebsvermögen

Das häusliche Arbeitszimmer eines Stpfl., der diesen Raum **ausschließlich** zu **betrieblichen** Zwecken nutzt, gehört als **selbständiger Gebäudeteil** stets zum **notwendigen Betriebsvermögen** (R 4.2 Abs. 3 und 4 EStR). Liegen die Voraussetzungen des § 8 EStDV (nicht mehr 20 % des Grundstücks und nicht mehr als 20 500 €) vor, braucht es dennoch nicht als Betriebsvermögen behandelt werden.

Zu den besonderen Aufzeichnungspflichten siehe Rz. 17 des BMF-Schreibens vom 3.4.2007 (BStBl I 2007, 442).

11. Die umsatzsteuerrechtliche Behandlung

Wird das Arbeitszimmer unternehmerisch genutzt, sind die damit im Zusammenhang stehenden Vorsteuerbeträge gem. § 15 Abs. 1 UStG abziehbar. Eine Beschränkung des Vorsteuerabzugs auf die Höhe der abzugsfähigen Betriebsausgaben ist in § 15 Abs. 1a Nr. 1 UStG nicht vorgesehen.

Die Änderung durch das Steueränderungsgesetz 2007, wonach bei einem häuslichen Arbeitszimmer der Betriebsausgaben- bzw. Werbungskostenabzug nur noch dann zu gewähren ist, wenn das Arbeitszimmer den Mittelpunkt der gesamten betrieblichen/beruflichen Nutzung bildet, ist umsatzsteuerrechtlich ohne Auswirkung. Maßgeblich für den Vorsteuerabzug aus den Aufwendungen für das häusliche Arbeitszimmer ist allein, dass die Voraussetzungen des § 15 Abs. 1 Nr. 1 UStG vorliegen.

12. Arbeitszimmerüberlassung des Arbeitnehmers an den Arbeitgeber

12.1 Abgrenzung zwischen Vermietung und Verpachtung und Arbeitslohn

In diversen Urteilen hat der BFH zur Vermietung eines Büroraums an den Arbeitgeber Stellung genommen (BFH-Urteile vom 16.9.2004 VI R 25/02, BStBl II 2006, 10; vom 11.1.2005 IX R 72/01, BFH/NV 2005, 882; vom 9.6.2005 IX R 4/05, BFH/NV 2005, 2180 und vom 19.12.2005 VI R 82/04, BFH/NV 2006, 1076). Der Tenor aller Urteile lautet wie folgt:

Leistet der Arbeitgeber Zahlungen für ein im Haus bzw. in der Wohnung des Arbeitnehmers gelegenes Büro, das der Arbeitnehmer für die Erbringung seiner Arbeitsleistung nutzt, so ist die Unterscheidung zwischen Arbeitslohn einerseits und Einkünften aus Vermietung und Verpachtung andererseits danach vorzunehmen, in wessen vorrangigem Interesse die Nutzung des Büros erfolgt.

Zur Anwendung des BFH-Urteils vom 16.9.2004 (BStBl II 2006, 10) hat das BMF am 13.12.2005 (BStBl I 2006, 4) ein Anwendungsschreiben erlassen.

12.2 Begründung einer Betriebsaufspaltung

Wird ein Teil eines normalen Einfamilienhauses von den Gesellschaftern der Betriebs-GmbH an diese als einziges Büro (Sitz der Geschäftsleitung) vermietet, so stellen die Räume auch dann eine wesentliche, die sachliche Verflechtung begründende Betriebsgrundlage i.S.d. Rechtsprechung zur Betriebsaufspaltung dar, wenn sie nicht für Zwecke des Betriebsunternehmens besonders hergerichtet und gestaltet sind. Das gilt jedenfalls dann, wenn der Gebäudeteil nicht die in § 8 EStDV genannten Grenzen unterschreitet (BFH-Urteil vom 13.7.2006 IV R 25/05, BFH/NV 2006, 2182).

12.3 Umsatzsteuerrechtliche Behandlung

Umsatzsteuerrechtlich ist der Stpfl. mit der Vermietung des Büroraums Unternehmer, da er gegen Entgelt sonstige Leistungen ausführt. Die Vermietungsleistungen sind steuerbar und auch steuerpflichtig, da sie nach § 3a Abs. 2 Nr. 1 Satz 1 Buchst. a UStG im Inland ausgeführt werden. Die Vermietung ist nach § 4 Nr. 12 Satz 1 Buchst. a UStG steuerfrei.

Nutzt der Arbeitgeber das Arbeitszimmer zur Ausführung steuerpflichtiger Umsätze, kann der Stpfl. auf die Steuerbefreiung verzichten (§ 9 Abs. 2 UStG). Zur weiteren Behandlung siehe die Beispiele in Abschn. 148a Abs. 1 UStR.

Bei Gebäuden, die nach dem 31.3.1999 angeschafft oder hergestellt werden, ist eine Zuordnung des Gebäudes oder von Gebäudeteilen zum Unternehmensvermögen nur möglich, wenn der unternehmerisch genutzte Teil mindestens 10 % der gesamten Nutz-/Wohnfläche des Gebäudes beträgt (§ 15 Abs. 1 Satz 2 UStG).

13. Entnahme-, Aufgabe- oder Veräußerungsgewinn

Wird ein Zimmer im eigenen Haus unstreitig als häusliches Arbeitszimmer anerkannt, so gehört dieser Raum bei den Gewinneinkunftsarten zum notwendigen Betriebsvermögen. Sind die Grenzen des § 8 EStDV überschritten, ist das häusliche Arbeitszimmer einschließlich seiner Ausstattung zwingend als Betriebsvermögen zu behandeln. Dies gilt unabhängig davon, ob oder in welcher Höhe der Stpfl. die Aufwendungen für das häusliche Arbeitszimmer als Betriebsausgaben abziehen kann.

Ein ggf. durch Nutzungsänderung entstehender Entnahmegewinn oder ein durch Betriebsaufgabe oder durch Betriebsveräußerung entstehender Aufgabe- oder Veräußerungsgewinn ist, unabhängig von der einkommensteuerrechtlichen Behandlung der jeweiligen Aufwendungen, zu ermitteln und zu versteuern. D.h. im Extremfall, dass ein Aufgabe- oder Veräußerungsgewinn aus der Differenz zwischen dem gemeinen Wert im Zeitpunkt der Aufgabe bzw. dem anteiligen Veräußerungspreis und dem Restwert, vermindert um die nach § 7 EStG nur »technisch« abzuziehenden, nach § 4 Abs. 5 Nr. 6b EStG jedoch nichtabzugsfähigen AfA-Beträge, zu versteuern ist.

Die »Härte des Gesetzes« trifft den Stpfl. also zweifach. Einerseits kann er im Fall des Abzugsverbots die gesamten Aufwendungen für das Arbeitszimmer (einschließlich AfA) nicht als Betriebsausgaben gewinnmindernd berücksichtigen, andererseits muss er aber die AfA-Beträge nach § 7 EStG »technisch« zur Restwertermittlung abziehen. Dann muss er bei Entnahme, Aufgabe oder Veräußerung einen durch die Verringerung des Restwerts um die AfA-Beträge höheren Entnahme-, Aufgabe- oder Veräußerungsgewinn versteuern.

In diesem Fall kann nur ein »Entfunktionalisieren« als Lösungsmöglichkeit dienen; d.h., dass das Zimmer so eingerichtet werden muss, dass die Voraussetzungen für die Anerkennung als Arbeitszimmer dem Grunde nach nicht mehr erfüllt sind (z.B.: Fernseher, Bett, Spielzimmer etc.). Hier ist aber darauf zu achten, dass bei einem bereits vorhandenen und steuerlich anerkannten Arbeitszimmer eine Entfunktionalisierung zu einer Entnahme und somit zur ungewollten Aufdeckung der insoweit vorhandenen stillen Reserven führen kann.

Beispiel:
Steuerberater Willi betreibt in Edenkoben eine Kanzlei. Daneben hat er in seinem eigenen Einfamilienhaus noch ein (steuerlich anerkanntes) häusliches Arbeitszimmer, das er ausschließlich an den Wochenenden (ca. 4 Stunden) für berufliche Zwecke nutzt. Das Einfamilienhaus wurde 1998 errichtet und auch bezogen. Die Nutzfläche beträgt 100 qm, wovon 25 qm als Arbeitszimmer genutzt werden. Die Anschaffungskosten des Grund und Bodens beliefen sich auf 80 000 €. Die Herstellungskosten für das Gebäude betrugen netto 250 000 €.
Willi hat das gesamte Grundstück nicht seinem Unternehmensvermögen zugeordnet und demnach auch keine (anteilige) Vorsteuern vom Finanzamt zurückfordern können.

Lösung:
Der für betriebliche Zwecke genutzte selbständige Grundstücksteil stellt notwendiges Betriebsvermögen dar (R 4.2 Abs. 3 Nr. 5 und Abs. 4 Satz 1 und Abs. 7 Satz 1 EStR). Dieser Grundstücksteil ist nicht von untergeordneter Bedeutung i.S.v. § 8 EStDV.

Die anteiligen → **Anschaffungskosten** für den Grund und Boden (20 000 €) sind in das nach § 4 Abs. 3 Satz 5 EStG zu führende Verzeichnis (→ **Anlageverzeichnis**) aufzunehmen. Die auf den betrieblich genutzten Gebäudeteil (abnutzbares Anlagevermögen) entfallenden Herstellungskosten (25 %) sind nach § 4 Abs. 3 Satz 3 EStG mit jährlich 3 % (§ 7 Abs. 4 Nr. 1 EStG) abzuschreiben.

Die gesamten Aufwendungen (AfA und die anteiligen laufenden Kosten) für das häusliche Arbeitszimmer sind jedoch nicht abzugsfähig, weil kein Ausnahmetatbestand des § 4 Abs. 5 Nr. 6b EStG greift. Diese Kosten gehören zwar dem Grunde nach zu den Betriebsausgaben, sind aber der Höhe nach vollständig als Betriebsausgaben nicht abzugsfähig. Obwohl Willi die Aufwendungen für das Arbeitszimmer nicht als Betriebsausgaben gewinnmindernd abziehen kann, gehört das Arbeitszimmer zum notwendigen Betriebsvermögen mit der Folge, dass im Betriebsaufgabe-, Betriebsveräußerungs- oder Entnahmefall anfallende stille Reserven zu versteuern sind (Doppelbelastung).

Aufteilungs- und Abzugsverbot

Rechtsquellen
→ § 12 EStG → R 12.1 ff. EStR

1. Überblick über die Einteilung der Kosten

Das Einkommensteuerrecht wird beherrscht von einer Dreiteilung der Kosten. Danach ist zu unterscheiden, ob es sich bei den Kosten des Steuerpflichtigen um
- → **Betriebsausgaben**,
- Werbungskosten oder
- um Kosten der Lebensführung

handelt.

2. Betriebsausgaben

Liegen betrieblich veranlasste Kosten vor, so stellen diese Betriebsausgaben dar (§ 4 Abs. 4 EStG).

3. Werbungskosten

Sind Kosten ausschließlich und unstreitig durch eine Überschusseinkunftsart veranlasst, so gehören die Kosten zu den Werbungskosten (§ 9 EStG).

4. Private Kosten

Durch die Definition der Betriebsausgaben in § 4 Abs. 4 EStG ergibt sich im Umkehrschluss, dass ausschließlich privat veranlasste Kosten den Gewinn nicht mindernd dürfen. Dies wird durch § 12 Nr. 1 EStG noch einmal ausdrücklich klargestellt.

5. Behandlung der jeweiligen Kosten und Mischkostenproblematik

Unproblematisch ist also der Fall, in dem Ausgaben ausschließlich und eindeutig nur für den betrieblichen Bereich getätigt werden. Diese betrieblich veranlassten Kosten sind demnach Betriebsausgaben und werden bei der § 4 Abs. 3-Rechnung entsprechend gewinnmindernd abgezogen.

Problematisch sind jedoch die Kosten, die sowohl die Gewinneinkunftsart als auch den privaten Bereich betreffen. Diese Kosten werden im Steuerrecht als Mischkosten bezeichnet. Im Bereich dieser Mischkosten gelten folgende steuerliche Grundsätze:

Aufwendungen, die ausschließlich oder ganz überwiegend durch eine Gewinneinkunftsart veranlasst sind, sind auch in vollem Umfang Betriebsausgaben. Darunter fallen Aufwendungen, deren privater Anteil von ganz untergeordneter Bedeutung ist.

> **Beispiel:**
> Das betriebliche Faxgerät wird hin und wieder privat mitgenutzt.

Aufwendungen, die ausschließlich oder ganz überwiegend privat verursacht sind, gehören in vollem Umfang zu den Kosten der Lebensführung, auch dann wenn eine nicht ins Gewicht fallende und völlig untergeordnete betriebliche Mitveranlassung gegeben ist.

> **Beispiel:**
> Ein Steuerberater verwendet den privaten Computer hin und wieder für betriebliche Zwecke.

Eine Aufteilung sowohl betrieblich als auch privat veranlasster Kosten kommt nur dann in Betracht, wenn sich der Anteil der betrieblichen Nutzung nach objektiven Merkmalen und Unterlagen von den Ausgaben, die der privaten Lebensführung gedient haben, leicht und einwandfrei trennen lässt, es sei denn, dass dieser Teil von untergeordneter Bedeutung ist. Sind die Ausgaben danach leicht und einwandfrei trennbar, kann der als Betriebsausgaben zu berücksichtigende Teil gegebenenfalls auch geschätzt werden. Ist aber eine Trennung der Kosten nicht leicht und einwandfrei durchführbar oder ist nur schwer erkennbar, ob sie mehr dem Betrieb oder mehr der privaten Lebensführung gedient haben, so ist der gesamte Betrag nach § 12 Nr. 1 EStG zu den nichtabzugsfähigen Kosten der privaten Lebensführung zu rechnen. Siehe aber auch → **Arbeitsmittel**.

> **Beispiele für leicht und einwandfrei trennbare Kosten**
> Pkw-Kosten: trennbar z.B. durch Fahrtenbuch (km),
> Telefonkosten: trennbar durch Einheiten,

Arbeitszimmer: trennbar durch Quadratmeter,
Waschmaschine: trennbar durch Kosten eines Waschmaschinenlaufs.

Beispiele für nicht trennbare Kosten
Fernseher, Schreibmaschine, allgemein bildende Literatur, Tageszeitungen, allgemeine Nachschlagewerke, Kleidung und Schuhe (Ausnahme = typische Berufskleidung), medizinisch-technische Hilfsmittel und Geräte (wie z.B. Brille, Hörapparat), H 12.1 EStH.

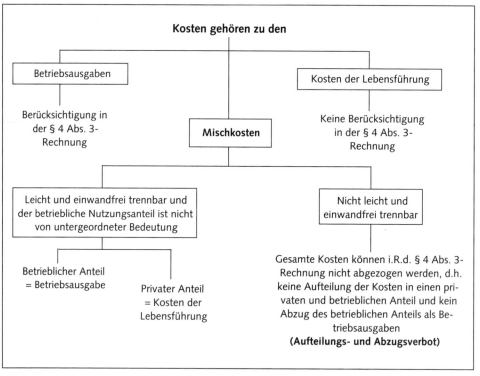

Abbildung: Aufteilungs- und Abzugsverbot i.R.d. § 4 Abs. 3-Rechnung

Der Große Senat des BFH hat mit Beschluss vom 21.9.2009 (GrS 1/06, LEXinform 0434836) seine Rechtsprechung zur Beurteilung gemischt (beruflich und privat) veranlasster Aufwendungen geändert und deshalb Aufwendungen für gemischt veranlasste Reisen in größerem Umfang als bisher zum Abzug als Betriebsausgaben/Werbungskosten zugelassen.

Im Streitfall hatte der Kläger, der im Bereich der Informationstechnologie beschäftigt und anschließend als EDV-Controller tätig war, eine Computer-Messe in Las Vegas besucht. FA und FG waren der Auffassung, von den sieben Tagen des USA-Aufenthalts seien nur vier Tage einem eindeutigen beruflichen Anlass zuzuordnen. Deshalb seien nur die Kongressgebühren, Kosten für vier Übernachtungen und Verpflegungsmehraufwendungen für fünf Tage zu berücksichtigen. Das FG erkannte darüber hinaus auch die Kosten des Hin- und Rückflugs zu 4/7 als Werbungskosten an. Dagegen wandte sich das FA mit der Revision und machte geltend, die Aufteilung der Flugkosten weiche von der ständigen Rechtsprechung des BFH ab.

Der Große Senat ist der Auffassung, dass Aufwendungen für die Hin- und Rückreise bei gemischt beruflich (betrieblich) und privat veranlassten Reisen grundsätzlich in abziehbare Werbungskosten oder Betriebsausgaben und nicht abziehbare Aufwendungen für die private Lebensführung nach Maßgabe der beruflich und privat veranlassten Zeitanteile der Reise aufgeteilt werden können, wenn die beruflich veranlassten Zeitanteile feststehen und nicht von untergeordneter Bedeutung sind. Das unterschiedliche Gewicht der verschiedenen Veranlassungsbeiträge kann es jedoch im Einzelfall erfordern, einen anderen Aufteilungsmaßstab heranzuziehen oder ganz von einer Aufteilung abzusehen.

Ein Abzug der Aufwendungen kommt nach der Entscheidung des Großen Senats nur dann insgesamt nicht in Betracht, wenn die – für sich gesehen jeweils nicht unbedeutenden – beruflichen und privaten Veranlassungsbeiträge (z.B. bei einer beruflich/privaten Doppelmotivation für eine Reise) so ineinandergreifen, dass eine Trennung nicht möglich ist, wenn es also an objektivierbaren Kriterien für eine Aufteilung fehlt.

Damit hat der Große Senat die bisherige Rechtsprechung aufgegeben, die der Vorschrift des § 12 Nr. 1 Satz 2 EStG ein allgemeines Aufteilungs- und Abzugsverbot für gemischt veranlasste Aufwendungen entnommen hatte. Ein solches Aufteilungs- und Abzugsverbot, das die Rechtsprechung in der Vergangenheit ohnehin in zahlreichen Fällen durchbrochen hatte, lässt sich nach Auffassung des Großen Senats dem Gesetz nicht entnehmen. Dies kann Auswirkungen auch auf die Beurteilung anderer gemischt veranlasster Aufwendungen haben.

Von der Änderung der Rechtsprechung sind allerdings solche unverzichtbaren Aufwendungen für die Lebensführung nicht betroffen, die durch die Vorschriften zur Berücksichtigung des steuerlichen Existenzminimums pauschal abgegolten oder als Sonderausgaben oder außergewöhnliche Belastungen abziehbar sind (z.B. Aufwendungen für bürgerliche Kleidung oder für eine Brille).

6. Umsatzsteuerrechtliche Behandlung

Das FG München hat mit Urteil vom 23.2.2006 (14 K 3585/03, EFG 2006, 1018) zu der ertrag- und umsatzsteuerrechtlichen Behandlung von Kleidung Stellung genommen. Es ging dabei u.a. um die Frage, ob ein Smoking eines Piano-Entertainers als Berufskleidung anzusehen ist und wie dieser Smoking umsatzsteuerrechtlich hinsichtlich des Vorsteuerabzugs zu behandeln ist.

Nach § 15 Abs. 1a UStG sind u.a. nicht abziehbar Vorsteuerbeträge, die auf Aufwendungen entfallen, für die das Abzugsverbot des § 12 Nr. 1 EStG gilt. Nach § 12 Nr. 1 Satz 1 EStG dürfen die für den Haushalt des Steuerpflichtigen aufgewendeten Beträge nicht vom Gesamtbetrag der Einkünfte abgezogen werden. Hierzu gehören gem. § 12 Nr. 1 Satz 2 EStG auch Aufwendungen für die Lebensführung, die die wirtschaftliche oder gesellschaftliche Stellung des Steuerpflichtigen mit sich bringt, auch wenn sie zur Förderung des Berufs oder der Tätigkeit des Steuerpflichtigen erfolgen. Aufwendungen für Kleidung sind grundsätzlich Kosten der privaten Lebensführung und damit nach § 12 Nr. 1 Satz 2 EStG nicht abzugsfähig, auch wenn sie der Förderung des Berufs dienen. Lediglich typische Berufskleidung i.S.v. § 9 Abs. 1 Satz 3 Nr. 6 EStG unterliegt nicht dem Vorsteuerabzugsverbot des § 15 Abs. 1a UStG i.V.m. § 12 Nr. 1 EStG.

Bei dem streitgegenständlichen Smoking handelt es sich um keine typische Berufskleidung, sondern um bürgerliche Kleidung, da er seiner Beschaffenheit nach objektiv nicht nahezu ausschließlich für die berufliche Verwendung bestimmt ist (vgl. BFH-Urteil vom 18.4.1991 IV R 13/90, BStBl II 1991, 751). Allerdings können ausnahmsweise auch solche Kleidungsstücke zur typischen Berufskleidung gehören, die ihrer Art nach der bürgerlichen Kleidung zuzurechnen sind. Voraussetzung dafür ist jedoch, dass die Verwendung dieser Kleidungsstücke für Zwecke der privaten Lebensführung aufgrund berufsspezifischer Eigenschaften so gut wie ausgeschlossen ist (vgl. BFH-Urteil vom 18.4.1991 IV R 13/90, a.a.O.). Diese Voraussetzung sieht das FG bei dem Smoking ebenfalls nicht als gegeben an. Somit ist gem. § 15 Abs. 1a UStG kein Vorsteuerabzug aus den Anschaffungskosten des Smokings möglich.

Der Vorsteuerabzug für den Smoking ist aber dennoch nicht ausgeschlossen, weil die Ausschlussregelung des § 15 Abs. 1a UStG i.V.m. § 12 Nr. 1 EStG mit Art. 17 der 6. RLEWG unvereinbar ist (Art. 167 bis Art. 177 MwStSystRL ab 2007).

Nach Art. 17 Abs. 2 Buchst. a der 6. RLEWG (Art. 168 MwStSystRL) ist der Steuerpflichtige befugt, die Mehrwertsteuer für Gegenstände, die ihm von anderen Steuerpflichtigen geliefert wurden, von der von ihm geschuldeten Steuer abzuziehen, soweit die Gegenstände für Zwecke seiner besteuerten Umsätze verwendet werden. Nach der Rechtsprechung kann das Recht auf Vorsteuerabzug nur eingeschränkt werden, wenn Ausnahmen in der Richtlinie selbst zugelassen sind (BFH-Urteil vom 10.2.2005 V R 76/03, BStBl II 2005, 509).Dies ist vorliegend aber nicht der Fall.

Nach Art. 17 Abs. 6 Unterabsatz 2 der 6. RLEWG (Art. 176 MwStSystRL) können die Mitgliedstaaten aber alle Vorsteuerausschlüsse beibehalten, die zum Zeitpunkt des Inkrafttretens der Richtlinie in den innerstaatlichen Rechtsvorschriften vorgesehen waren. Das UStG 1973 schloss jedoch bei Inkrafttreten der Richtlinie 77/388/EWG den Vorsteuerabzug aus Aufwendungen für die Lebensführung i.S.v. § 12 Nr. 1 EStG, die auch der Förderung des Berufs dienen, nicht aus.

Ein solcher Ausschluss war weder unmittelbar in § 15 Abs. 2 UStG 1973 noch mittelbar in der damals geltenden Regelung der Eigenverbrauchsbesteuerung im Umsatzsteuerrecht vorgesehen. Auch die Eigenverbrauchsbesteuerung gemäß § 1 Abs. 1 Nr. 2 Buchst. c UStG 1980 bezweckte die Rückgängigmachung des Vorsteuerabzugs aus den dort genannten Aufwendungen (s. BFH-Urteil vom 6.8.1998 V R 74/96, BStBl II 1999, 104) und enthielt somit mittelbar ein Vorsteuerabzugsverbot.

Nach dem im Wesentlichen mit der Regelung des UStG 1980 inhaltsgleichen § 1 Abs. 1 Nr. 2 Satz 2 Buchst. c UStG 1973 in der bei Inkrafttreten die Richtlinie 77/388/EWG gültigen Fassung liegt Eigenverbrauch vor, soweit ein Unternehmer im Inland Aufwendungen tätigt, die nach § 4 Abs. 5 Nr. 1 bis 7 und Abs. 6 EStG bei der Gewinnermittlung ausscheiden. § 12 Nr. 1 EStG ist erst mit Wirkung vom 1.1.1989 in § 1 Abs. 1 Nr. 2 Satz 2 Buchst. c UStG eingefügt worden. § 4 Abs. 5 Nr. 1 bis 7 und Abs. 6 EStG in der zum Zeitpunkt des Inkrafttretens der Richtlinie 77/388/EWG geltenden Fassung erfassen nicht die vom Kläger getätigten Aufwendungen.

Ohne Bedeutung ist, ob die Neuregelung des Vorsteuerausschlusses in § 15 Abs. 1a Nr. 1 UStG (§ 15 Abs. 1a UStG 2007) inhaltlich der gem. Art. 17 Abs. 6 Unterabsatz 1 der 6. RLEWG (Art. 176 MwStSystRL) noch zu erlassenden Gemeinschaftsbestimmung entspricht, wonach auf jeden Fall diejenigen Ausgaben vom Vorsteuerabzugsrecht ausgeschlossen werden sollen, die keinen streng geschäftlichen Charakter haben, wie etwa Repräsentationsaufwendungen. Denn auch die fehlende und überfällige Umsetzung dieser Richtlinienbestimmung durch den Rat berechtigt die Mitgliedstaaten nicht – gewissermaßen im Vorgriff –, neue Vorsteuerausschlüsse einzuführen (vgl. EuGH-Urteil vom 18.6.1998 C-43/96, Kommission/Frankreich, UR 1998, 352 und BFH-Urteil vom 10.2.2005 V R 76/03, BStBl II 2005, 509).

Der Steuerpflichtige kann sich somit wegen der Unvereinbarkeit des Ausschlusses des Rechts auf Vorsteuerabzug bei Aufwendungen für die Lebensführung i.S.v. § 12 Nr. 1 EStG, die auch der Förderung des Berufs dienen, durch § 15 Abs. 1a UStG auf das ihm günstigere Gemeinschaftsrecht des Art. 176 MwStSystRL berufen (BFH-Urteil vom 19.2.2004 V R 39/02, BStBl II 2004, 672). Der Vorsteuerabzug nach § 15 Abs. 1 UStG steht ihm uneingeschränkt zu.

Eine gegenläufige Besteuerung einer privaten Nutzung nach § 1 Abs. 1 Nr. 1 i.V.m. § 3 Abs. 9a Satz 1 Nr. 1 UStG kommt nach Auffassung des Finanzgerichts nicht in Betracht, da der Steuerpflichtige den Smoking fast ausschließlich für eine Tätigkeit als Piano-Entertainer verwendet hat. Bei dem Smoking handelt es sich um keine Alltagskleidung, so dass eine allenfalls gelegentliche private Mitbenutzung im Hinblick auf die regelmäßige berufliche Nutzung durch den Steuerpflichtigen für Bühnenauftritte hier unberücksichtigt bleiben kann.

Aufzeichnungs- und Aufbewahrungspflichten

→ Anlageverzeichnis → Geldverkehrsrechnung
→ Betriebsausgaben → Vordruck EÜR

Rechtsquellen
→ H 18.2 EStH

1. Aufzeichnungspflichten

Eine allgemeine Aufzeichnungspflicht für Betriebseinnahmen und Betriebsausgaben besteht nicht. Das Einkommensteuergesetz und die Abgabenordnung begründen grundsätzlich keine Verpflichtung, spezielle Aufzeichnungen für eine vollständige § 4 Abs. 3-Rechnung zu fertigen. Jedoch ist auch der § 4 Abs. 3 EStG-Rechner nicht ganz von Aufzeichnungspflichten befreit. Nach den Einzelsteuergesetzen und der AO ergeben sich auch hier bestimmte Aufzeichnungspflichten (H 18.2 [Aufzeichnungspflicht] EStH):

1.1 Nach dem EStG

- § 4 Abs. 3 Satz 5 EStG
  Besonderes laufend zu führendes Verzeichnis für das nicht abnutzbare Anlagevermögen, für Anteile an Kapitalgesellschaften, für Wertpapiere und vergleichbare nicht verbriefte Forderungen und Rechte, für Grund und Boden sowie für Gebäude des Umlaufvermögens:
  – Keine besondere Form vorgeschrieben.
  – Laufend zu führen: bedeutet Aufzeichnung in zeitlicher Reihenfolge. Die Aufzeichnung muss aber nicht zwingend zeitnah mit den ihr zugrunde liegenden Vorgängen vorgenommen werden, vgl. BFH-Urteil vom 9.8.1984 (BStBl II 1984, 47).

Angaben:
- Tag der Anschaffung/Herstellung: dazu § 9a EStDV, R 7.4 Abs. 1 EStR und H 7.4 [Fertigstellung] und [Lieferung] EStH. In Fällen einer Einlage ist der Tag der Einlage einzutragen.
- Anschaffungskosten/Herstellungskosten: dazu die entsprechenden Stichwörter.
- Des an deren Stelle getretenen Werts: betrifft Fälle der fiktiven Anschaffungskosten wie z.B. bei einer Einlage, einer Schenkung (vgl. die entsprechenden Stichwörter) oder in den Fällen des § 55 EStG.
- Die erforderlichen Angaben können sich auch aus dem normalen → **Anlageverzeichnis** ergeben (§ 7a Abs. 8 Satz 2 EStG gilt sinngemäß).
- Ein Verstoß hat m.e. aber nicht zur Folge, dass z.b. die originären Anschaffungskosten bei Veräußerung nicht als Betriebsausgaben berücksichtigt werden können (also keine Anwendung des § 4 Abs. 3 Satz 4 EStG), mit der Konsequenz, dass der Veräußerungserlös in vollem Umfang dem Gewinn zugrunde gelegt werden muss. M.E. dient die Aufzeichnungspflicht der Kontrolle, nicht aber der Versagung der originären Anschaffungs- bzw. Herstellungskosten. Können diese aber nicht nachgewiesen werden (z.B. durch Kaufverträge oder Notaraufzeichnungen), so scheidet m.E. ein Ansatz aus. Im Einzelfall ist aber zu prüfen, ob die Anschaffungs- bzw. Herstellungskosten nicht geschätzt werden können, wenn zweifelsfrei feststeht, dass sie angefallen sind.

- **§ 4 Abs. 7 EStG**
Gesonderte Aufzeichnung der nichtabzugsfähigen Betriebsausgaben:
- Keine besondere Form vorgeschrieben.
- Um den formellen Anforderungen gerecht zu werden, ist m.E. zu empfehlen, dass neben der eigentlichen § 4 Abs. 3-Rechnung, eine Auflistung aller in Betracht kommenden nichtabzugsfähigen Betriebsausgaben mit genauer Bezeichnung und Betrag gefertigt wird (H 4.11 [Besondere Aufzeichnungen] EStH). Bei Softwareeinsatz genügt m.E. das Festhalten auf besonderen Konten.
- Ein Verstoß hat zur Folge, dass die nicht besonders aufgezeichneten Aufwendungen, sofern sie in den Grenzen des § 4 Abs. 7 EStG abzugsfähig wären, nicht abgezogen werden können (H 4.11 [Verstoß gegen die besondere Aufzeichnungspflicht] EStH).
- Der Pflicht zur getrennten Aufzeichnung von Bewirtungskosten ist nur genügt, wenn diese Aufwendungen jeweils von Anfang an, fortlaufend und zeitnah, gesondert von sonstigen Betriebsausgaben schriftlich festgehalten werden. Aufzeichnungen i.S.d. § 4 Abs. 7 EStG können auch i.R.d. Einnahme-Überschussrechnung nicht durch die geordnete Ablage von Belegen ersetzt werden, wiewohl eine Belegsammlung auch im Allgemeinen nach § 146 Abs. 5 Satz 1 AO zulässig sein mag (BFH-Urteil vom 13.5.2004 IV R 47/02, BFH/NV 2004, 1402).

- **§ 6 Abs. 2 i.V.m. § 4 Abs. 3 Satz 5 EStG**
Verzeichnis der geringwertigen Wirtschaftsgüter:
- Keine besondere Form vorgeschrieben.
- Die erforderlichen Angaben (vgl. dazu auch die Ausführungen zu § 4 Abs. 3 Satz 5 EStG) können sich auch aus dem normalen → **Anlageverzeichnis** ergeben, s.a. R 6.13 Abs. 2 Satz 1 EStR.
- Um den formellen Anforderungen gerecht zu werden, ist zu empfehlen, dass ein besonderes Verzeichnis mit den erforderlichen Angaben für GWG erstellt wird.

- Wegen der Absenkung der Geringfügigkeitsgrenze von 410 € auf 150 € durch das Unternehmensteuerreformgesetz 2008 wird auf die bisherige besondere Aufzeichnungspflicht i.S.d. § 6 Abs. 2 Satz 4 EStG verzichtet.
- Durch das Wachstumsbeschleunigungsgesetz vom 22.12.2009 (BGBl I 2009, 3950) wird in § 6 Abs. 2 Satz 4 EStG die Aufzeichnungspflicht wieder eingeführt, die bereits vor 2008 bestand. Wirtschaftsgüter, deren Wert 150 € übersteigt, sind in einem laufen zu führenden Verzeichnis zu erfassen. Das Verzeichnis braucht nicht geführt zu werden, wenn diese Angaben aus der Buchführung ersichtlich sind (§ 6 Abs. 2 Satz 5 EStG).

- **§ 6c Abs. 2 EStG**
  Verzeichnis bei der Übertragung bestimmter stiller Reserven:
  - Keine besondere Form vorgeschrieben.
  - Um den formellen Anforderungen gerecht zu werden, ist auf jeden Fall zu empfehlen, dass ein besonderes Verzeichnis, mit den erforderlichen Angaben (vgl. dazu auch die Ausführungen zu § 4 Abs. 3 Satz 5 EStG) erstellt wird.
  - Ein Verstoß **gegen** diese Aufzeichnungspflicht hat zur Folge, dass § 6c EStG keine Anwendung findet.

- **§ 7 Abs. 2 Satz 3 EStG**
  Verzeichnis der Wirtschaftsgüter, für die degressive AfA in Anspruch genommen wird:
  - Keine besondere Form vorgeschrieben.
  - Die erforderlichen Angaben (vgl. dazu auch die Ausführungen zu § 4 Abs. 3 Satz 5 EStG) ergeben sich i.d.R. aus dem normalen → **Anlageverzeichnis** (§ 7a Abs. 8 Satz 2 EStG entsprechend).
  - Ein Verstoß gegen diese Aufzeichnungspflicht hat zur Folge, dass die degressive AfA nicht in Anspruch genommen werden kann. Somit ist nur die lineare AfA möglich.

- **§ 7a Abs. 8 EStG**
  Verzeichnis der Wirtschaftsgüter, für die erhöhte Absetzungen oder Sonderabschreibungen in Anspruch genommen werden:
  - Keine besondere Form vorgeschrieben.
  - Die erforderlichen Angaben (vgl. dazu auch die Ausführungen zu § 4 Abs. 3 Satz 5 EStG) ergeben sich i.d.R. aus dem normalen → **Anlageverzeichnis** (§ 7a Abs. 8 Satz 2 EStG entsprechend).
  - Ein Verstoß gegen diese Aufzeichnungspflicht hat zur Folge, dass eine erhöhte AfA oder eine Sonderabschreibung nicht in Anspruch genommen werden kann.

- **§ 41 Abs. 1 EStG**
  Aufzeichnungspflichten beim Lohnsteuerabzug.

1.2 Nach dem UStG

- **§ 22 UStG i.V.m. § 63 bis 68 UStDV**
  Aufzeichnungspflichten zur Feststellung der Umsatzsteuer und der Grundlagen ihrer Berechnung, insbesondere:

- die vereinbarten Entgelte für die vom Unternehmer ausgeführten Lieferungen und sonstige Leistungen (§ 22 Abs. 2 Nr. 1 UStG),
- die vereinnahmten Entgelte und Teilentgelte für noch nicht ausgeführte Lieferungen und sonstige Leistungen (§ 22 Abs. 2 Nr. 2 UStG),
- die Bemessungsgrundlage für Lieferungen i.S.d. § 3 Abs. 1b und für sonstige Leistungen i.S.d. § 3 Abs. 9a Satz 1 Nr. 1 UStG (§ 22 Abs. 2 Nr. 3 UStG),
- die Entgelte für steuerpflichtige Eingangsumsätze und die darauf entfallenden Umsatzsteuerbeträge (§ 22 Abs. 2 Nr. 5 UStG).

1.3 Nach der Abgabenordnung

- **§ 90 Abs. 3 AO**
Aufzeichnungen über Vorgänge mit Auslandsbezug (s.a. § 162 Abs. 4 AO und § 4 Abs. 5 Nr. 12 EStG).

- **§ 143 AO**
Aufzeichnung des Wareneingangs bei Gewerbetreibenden.

- **§ 144 AO**
Aufzeichnung des Warenausgangs bei Gewerbetreibenden.

1.4 Nach anderen nicht steuerlichen Gesetzen

- **§ 140 AO**
Sollten sich nach anderen Gesetzen als den Steuergesetzen Aufzeichnungspflichten ergeben (z.B. HGB, Fördergebietsgesetz, Investitionszulagengesetz), die für die Besteuerung von Bedeutung sind, ist diese Verpflichtung auch für die Besteuerung zu erfüllen.

1.5 Allgemeine Aufzeichnungspflicht

Wie bereits erwähnt, besteht keine allgemeine Aufzeichnungspflicht für Betriebseinnahmen und Betriebsausgaben. Durch die in § 22 UStG enthaltene Verpflichtung, vereinbarte, wie auch vereinnahmte Entgelte aufzuzeichnen, ist insoweit eine Kontrolle auch für die Höhe der Betriebseinnahmen gegeben.

Der Steuerpflichtige muss aber zumindest seiner Steuererklärung eine Anlage beifügen, aus der sich die Höhe der Betriebseinnahmen und Betriebsausgaben ergibt. Auf Verlangen des Finanzamts muss er auch diese Besteuerungsgrundlagen erläutern und glaubhaft machen, damit das Finanzamt die Richtigkeit und Vollständigkeit nachprüfen kann (§ 90 Abs. 1 AO).

Stpfl., deren Betriebseinnahmen 17 500 € übersteigen, sind verpflichtet, die **Anlage EÜR** auszufüllen (→ **Vordruck EÜR**). Nach dem **Urteil des FG Münster** besteht für die **Abgabe des Vordrucks EÜR keine gesetzliche Grundlage** (s.a. die Pressemitteilung des FG Münster vom 1.4.2009, LEXinform 0432953).

§ 4 Abs. 3 EStG beschreibt auch nicht im Detail, wie die § 4 Abs. 3-Rechnung durchzuführen ist. Es wird lediglich vorgeschrieben, dass der Gewinn als Überschuss der Betriebseinnahmen über die Betriebsausgaben anzusetzen ist. D.h., dass eine § 4 Abs. 3-Rechnung nur dann vorliegen kann, wenn die Betriebseinnahmen und Betriebsausgaben zumindest dem Grunde nach und der Höhe nach feststehen.

Für die § 4 Abs. 3-Rechnung gibt es also keine verbindlich vorgeschriebene Form. In der Praxis reicht es aus, dem Finanzamt die Höhe, Richtigkeit, Vollständigkeit und betriebliche Veranlassung der Betriebseinnahmen und -ausgaben nachweisen zu können. Um den Mindestanforderungen einer § 4 Abs. 3-Rechnung zu genügen, ist es zweckmäßig, ein sog. Einnahme-Ausgabe-Buch zu führen, in dem jeweils für die steuerlich relevanten Betriebseinnahmen und Betriebsausgaben spezielle Spalten bestehen (Hauptspalten). Nebenspalten z.B. für Erläuterungen (Art der Zahlung, Zahlungszeitpunkt usw.) können die geordnete Führung eines solchen Buches unterstützen. Aus Gründen der Rechtsklarheit, Überschaubarkeit und nicht zuletzt als Informationsquelle eignet sich eine zweckmäßige Gliederung und Bezeichnung der einzelnen Positionen. Wie viele Positionen eingerichtet werden sollten und wie diese zu bezeichnen sind, liegt im Ermessen des Steuerpflichtigen. Die § 4 Abs. 3-Rechnung sollte dabei aber nicht ihre einfache Handhabung verlieren (siehe **Einführung und allgemeiner Überblick** sowie → **Vordruck EÜR**).

Ein zusätzliches Kassenbuch (vollständige und zeitnahe Aufzeichnung aller baren Betriebseinnahmen, Betriebsausgaben und aller Barentnahmen und Bareinlagen, bei eindeutiger Trennung der Gelder nach betrieblichem und privatem Anlass) ist dazu nicht unbedingt notwendig, aber aus praktischen Erwägungen m.E. empfehlenswert (z.B. für Umsatzsteuerzwecke). Ein besonderes Kassenbuch ist aber nur dann erforderlich, soweit im Betrieb tatsächlich eine Kasse geführt wird. Gerade Freiberufler und auch gewerbliche Dienstleistungsunternehmen haben i.d.R. nur selten bare Betriebseinnahmen (→ **Praxisgebühr**) und Betriebausgaben (Tankbelege, Bürobedarf usw.). In diesen Fällen empfiehlt es sich, die baren Betriebsausgaben unmittelbar über den »privaten Geldbeutel« abzuwickeln, um sich die fehleranfällige Führung eines Kassenbuchs zu ersparen. Allerdings sind Steuerpflichtige, die den Gewinn durch → **Einnahme-Überschussrechnung** ermitteln, nicht zum Führen eines Kassenbuches verpflichtet (BFH-Beschluss vom 16.2.2006 X B 57/05, BFH/NV 2006, 940).

Zweckmäßig wäre auch noch eine Übersicht, aus der sich Einnahmen oder Ausgaben ergeben, die jedoch keine Gewinnbeeinflussung haben, z.B. für durchlaufende Posten, innerbetrieblichen Geldverkehr, Geldeinlagen und -entnahmen oder Geldbewegungen im Zusammenhang mit einem betrieblichen Darlehen sowie steuerfreie Einnahmen.

Zu den Buchführungs- und Aufzeichnungspflichten bei Gewinnermittlung durch Einnahme-Überschussrechnung nimmt das FG Berlin-Brandenburg mit Urteil vom 26.7.2007 (14 K 3368/06 B, LEXinform 5006888) Stellung. § 4 Abs. 3 EStG selbst normiert keine Verpflichtung zur Aufzeichnung der Betriebseinnahmen. Aus einer nicht vorhandenen Buchführungspflicht kann jedoch nicht auf eine fehlende Aufzeichnungs- und Aufbewahrungspflicht geschlossen werden. Auch Einnahme-Überschuss-Rechner müssen nach § 146 Abs. 1 Satz 2 AO Kasseneinnahmen und -ausgaben täglich festhalten. Das kann, falls kein Kassenbuch geführt wird, gem. § 146 Abs. 5 Satz 1 1. HS AO auch durch eine geordnete Belegablage erfolgen, da dies eine Nachprüfbarkeit ebenfalls ermöglicht. Ferner ist ein Unternehmer nach § 22 Abs. 1 UStG verpflichtet, zur Feststellung der Umsatzsteuer Aufzeichnungen zu machen, was, falls kein Kassenbuch geführt, wird ebenfalls durch eine geordnete Belegablage geschehen kann, denn dann werden die Aufzeichnungen ebenfalls so geführt, dass sie dem konkreten Besteuerungszweck genügen. Nur bei Vorlage geordneter und vollständiger Belege verdient eine Einnahme-Überschuss-Rechnung Vertrauen und kann für sich die Vermutung der Vollständigkeit und Richtigkeit in Anspruch nehmen. Die Aufbewahrung aller Belege ist grundsätzliche Voraussetzung für den Schluss, dass die Betriebseinnahmen vollständig erfasst sind.

Eine handschriftliche Liste der täglichen Umsätze ohne Aufbewahrung von Belegen ermöglicht keine Nachprüfbarkeit der täglich erzielten Barumsätze wie bei Kassenaufzeichnungen. Ihr fehlt die Beweiskraft nach § 158 AO, so dass das Finanzamt im Wege der Schätzung von weiteren Umsätzen ausgehen kann.

Neben diesen Aufzeichnungen empfiehlt es sich, auch sog. Nutzungsaufzeichnungen zu fertigen, z.B. für die Höhe der betrieblichen Nutzung des Telefons oder des Pkws (→ **Fahrtenbuch**). Dazu sind alle Belege und Unterlagen wie Kontoauszüge, Abrechnungen, Verträge usw. in entsprechenden Ordnern zu sammeln, um die Betriebseinnahmen und Betriebsausgaben dem Grunde und der Höhe nach nachweisen zu können. Diese generelle Mindestaufzeichnungspflicht (Belegsammlung) ist auch die entscheidende Grundlage dafür, dass die → **Wahl der Gewinnermittlungsart** zugunsten der § 4 Abs. 3-Rechnung ausgeübt wird.

Literatur: Spaniel u.a., Das ordnungsgemäße Fahrtenbuch – ein Buch mit sieben Siegeln?, INF 2005, 937.

1.6 Allgemeine Anforderungen an Aufzeichnungen

Aufzeichnungen sind so vorzunehmen, dass der Zweck, den sie für die Besteuerung erfüllen sollen, erreicht wird (§ 145 Abs. 2 AO). Diese Vorschrift gilt für alle Aufzeichnungen, die im steuerlichen Interesse erstellt werden müssen; also auch für spezielle Aufzeichnungen, die nach Vorschriften eines Einzelsteuergesetzes erstellt werden, ohne dass eine allgemeine Aufzeichnungspflicht besteht. Somit entfaltet § 145 Abs. 2 AO m.E. auch Folgewirkungen i.R.d. § 4 Abs. 3-Rechnung. Präzisiert wird dies durch die Ordnungsvorschriften der §§ 146 und 147 AO.

1.7 Ordnungsvorschriften für Aufzeichnungen

Die erforderlichen Aufzeichnungen sind vollständig, richtig, zeitgerecht und geordnet vorzunehmen. Kasseneinnahmen und -ausgaben sollen täglich festgehalten werden, § 146 Abs. 1 AO. Für die § 4 Abs. 3-Rechnung bedeutet dies, dass die Aufzeichnungen vollständig, richtig und geordnet vorzunehmen sind. Das zeitgerechte Aufzeichnen z.B. der Kasseneinnahmen ist – anders als i.R.d. Buchführung – nicht erforderlich.

Die Aufzeichnungen sind in einer lebenden Sprache vorzunehmen. Wird eine andere als die deutsche Sprache verwendet, so kann die Finanzbehörde Übersetzungen verlangen. Werden Abkürzungen, Ziffern, Buchstaben oder Symbole verwendet, muss im Einzelfall deren Bedeutung eindeutig festliegen (§ 146 Abs. 3 AO). Eine Aufzeichnung darf nicht in einer Weise verändert werden, dass der ursprüngliche Inhalt nicht mehr feststellbar ist. Auch solche Veränderungen dürfen nicht vorgenommen werden, deren Beschaffenheit es ungewiss lässt, ob sie ursprünglich oder erst später gemacht worden sind (§ 146 Abs. 4 AO).

Die erforderlichen Aufzeichnungen können auch in der geordneten Ablage von Belegen bestehen oder auf Datenträgern geführt werden. Bei Aufzeichnungen, die allein nach den

Steuergesetzen vorzunehmen sind, bestimmt sich die Zulässigkeit des angewendeten Verfahrens nach dem Zweck, den die Aufzeichnungen für die Besteuerung erfüllen sollen. Bei der Führung von Aufzeichnungen auf Datenträgern muss insbesondere sichergestellt sein, dass die Daten während der Dauer der Aufbewahrungsfrist verfügbar sind und jederzeit innerhalb angemessener Frist lesbar gemacht werden können (§ 146 Abs. 5 AO). Diese Ordnungsvorschriften gelten auch dann, wenn der Steuerpflichtige Aufzeichnungen, die für die Besteuerung von Bedeutung sind, führt, ohne hierzu verpflichtet zu sein (§ 146 Abs. 6 AO).

1.8 Rechtsfolgen mangelhafter oder fehlender Aufzeichnungen

Soweit die Finanzbehörde die Besteuerungsgrundlagen nicht ermitteln oder berechnen kann, hat sie diese zu schätzen. Dabei sind alle Umstände zu berücksichtigen, die für eine → **Schätzung** von Bedeutung sind (§ 162 Abs. 1 AO). Zu schätzen ist insbesondere dann, wenn der Steuerpflichtige die erforderlichen Aufzeichnungen nicht vorlegen kann oder wenn diese Aufzeichnungen mangelhaft (z.B. unvollständig) sind (§ 162 Abs. 2 AO). Des Weiteren sind die §§ 328 ff. AO (Zwangsmittel) und § 379 AO (Steuergefährdung) zu beachten.

Das Fehlen einer Verpflichtung zur Aufzeichnung der Betriebseinnahmen oder -ausgaben bedeutet nicht, dass das FA die erklärten Gewinne oder Verluste stets ungeprüft übernehmen müsste. Auch wenn der Steuerpflichtige nicht gezwungen ist, seine Betriebseinnahmen und -ausgaben aufzuzeichnen und entsprechende Belege aufzubewahren, so trägt er doch wie jeder andere Steuerpflichtige die Gefahr, dass das FA die Besteuerungsgrundlagen nicht ermitteln oder berechnen kann und deshalb die Voraussetzungen für eine Schätzung nach § 162 Abs. 1 AO erfüllt sind. Es ist anerkannt, dass Betriebsausgaben nur insoweit berücksichtigt werden können, als sie der Steuerpflichtige auf Verlangen durch Vorlage von Belegen nachweist. Dies gilt auch dann, wenn der Steuerpflichtige die Betriebseinnahmen und -ausgaben nicht aufzeichnen muss. Er trägt dennoch die objektive Beweislast. Die (ggf. freiwillige und im eigenen Interesse liegende) Aufbewahrung aller Belege ist im Regelfall auch notwendige Voraussetzung für den Schluss, dass die Betriebseinnahmen vollständig erfasst sind und die geltend gemachten Betriebsausgaben als durch den Betrieb veranlasst angesehen werden können. Nur bei Vorlage geordneter und vollständiger Belege verdient eine Einnahme-Überschussrechnung Vertrauen und kann für sich die Vermutung der Richtigkeit in Anspruch nehmen (BFH-Urteil vom 15.4.1999 IV R 68/98, BStBl II 1999, 481).

Nach dem BFH-Urteil vom 26.2.2004 (XI R 25/02, BFH/NV 2004, 858) ist der Steuerpflichtige i.R.d. → **Einnahme-Überschussrechnung** zur Aufzeichnung von → **Betriebseinnahmen** verpflichtet. Auch die Einnahme-Überschussrechnung setzt voraus, dass die Betriebseinnahmen und Betriebsausgaben durch Belege nachgewiesen werden. Die Pflicht zur Einzelaufstellung ergibt sich für Unternehmen aus § 22 UStG i.V.m. §§ 63 bis 68 UStDV. Zwar sind umsatzsteuerrechtliche Aufzeichnungen keine Aufzeichnungen »nach anderen Gesetzen als den Steuergesetzen« i.S.d. § 140 AO. Die Aufzeichnungsverpflichtung aus einem Steuergesetz wirkt aber, sofern dieses Gesetz keine Beschränkung auf seinen Geltungsbereich enthält oder sich eine Beschränkung aus der Natur der Sache nicht ergibt, unmittelbar auch für andere Steuergesetze, also auch für das EStG. Gem. § 22 Abs. 2 Nr. 1 UStG sind u.a. auch die vereinnahmten Entgelte aufzuzeichnen. Nach § 63 Abs. 1 UStDV müssen die Aufzeichnungen so beschaffen sein, dass es einem sachverständigen Dritten innerhalb einer angemessenen Zeit möglich ist, einen Überblick über die Umsätze des Unternehmens und die abziehbaren

Vorsteuern zu erhalten. Betriebseinnahmen sind einzeln aufzuzeichnen. Dem Grundsatz nach gilt das auch für Bareinnahmen. Der Umstand der sofortigen Bezahlung der Leistung rechtfertigt nicht, die jeweiligen Geschäftsvorfälle nicht auch einzeln aufzuzeichnen.

1.9 Aufzeichnungsgrenzen

Besteht für den Steuerpflichtigen keine Verpflichtung zur Buchführung, so hat er grundsätzlich die Wahlmöglichkeit zwischen den Gewinnermittlungsarten. Das Finanzamt wird die Wahl für die § 4 Abs. 3-Rechnung nur dann anerkennen, wenn der Steuerpflichtige die generellen Mindestaufzeichnungspflichten für die § 4 Abs. 3-Rechnung erfüllt, aber die Aufzeichnungsgrenzen nicht überschritten hat; d.h. er darf keine Aufzeichnungen führen, die schon als Buchführung anzusehen sind (→ **Wahl der Gewinnermittlungsart**). Wird die § 4 Abs. 3-Rechnung durch Software unterstützt, wird man m.E. von einem Überschreiten der Aufzeichnungsgrenze nicht mehr sprechen können, wenn durch »Anklicken« die Auswertung des Datenbestandes für Zwecke der § 4 Abs. 3-Rechnung erfolgt.

2. Aufbewahrungspflichten

Die Aufbewahrungspflicht (§ 257 HGB) ist Folge der Aufzeichnungspflicht (AEAO zu § 147 AO Nr. 1) und begründet somit keine eigenständige Aufzeichnungspflicht. Durch diesen Grundsatz wird klargestellt, dass die Aufbewahrungspflichten auch für den Bereich der § 4 Abs. 3-Rechnung gelten, denn Aufzeichnungen und Unterlagen, die nicht aufbewahrt werden müssen, können auch nicht vom Finanzamt überprüft werden. Nach § 147 Abs. 1 AO sind u.a. folgende Unterlagen gesondert aufzubewahren:
- Nr. 1: Aufzeichnungen,
- Nr. 2: die empfangenen Handels- oder Geschäftsbriefe,
- Nr. 3: Wiedergaben der abgesandten Handels- oder Geschäftsbriefe,
- Nr. 4: Buchungsbelege,
- Nr. 5: sonstige Unterlagen, soweit sie für die Besteuerung von Bedeutung sind.

Diese Unterlagen können auch als Wiedergabe auf einem Bildträger oder auf anderen Datenträgern aufbewahrt werden, wenn sichergestellt ist, dass die Wiedergabe oder die Daten mit den empfangenen Handels- oder Geschäftsbriefen und den Belegen bildlich und mit den anderen Unterlagen inhaltlich übereinstimmen, während der Dauer der Aufbewahrungsfrist jederzeit verfügbar sind und unverzüglich lesbar gemacht werden können (§ 147 Abs. 2 AO).

Die in § 147 Abs. 1 Nr. 1 und 4 AO aufgeführten Unterlagen sind zehn Jahre, die sonstigen in § 147 Abs. 1 AO aufgeführten Unterlagen sechs Jahre aufzubewahren, sofern nicht in anderen Steuergesetzen kürzere Aufbewahrungsfristen zugelassen sind. Die Aufbewahrungsfrist läuft jedoch nicht ab, soweit und solange die Unterlagen für Steuern von Bedeutung sind, für welche die Festsetzungsfrist noch nicht abgelaufen ist (§ 147 Abs. 3 AO). Wegen weiterer Ordnungsvorschriften für die Aufbewahrung vgl. § 147 Abs. 4 und 5 AO. Zu den Rechtsfolgen bei Verstößen vgl. die Ausführungen zur Aufzeichnungspflicht.

Durch das SchwarzArbG vom 23.7.2004 (BGBl I 2004, 1842) wird § 14b Abs. 1 UStG um eine Rechnungsaufbewahrungspflicht für private Leistungsempfänger für zwei Jahre erweitert. Im Fall eines Verstoßes des privaten Leistungsempfängers gegen diese Aufbewahrungspflicht muss er nach § 26a Abs. 1 Nr. 3 und Abs. 2 UStG mit einem Bußgeld bis zu 500 € rechnen. Der Verstoß des Unternehmers gegen seine Ausstellungspflicht wird mit bis zu 5 000 € sanktioniert. Der Aufbewahrungszeitraum beginnt mit dem Schluss des Kj., in dem die Rechnung ausgestellt wurde (§ 14b Abs. 1 Satz 3 UStG).

Ziel dieser Gesetzesänderung ist, unversteuerte so genannte »Ohne-Rechnung-Geschäfte« zu verhindern, indem u. a. auch der private Leistungsempfänger zur Vermeidung eines Bußgeldes ein erhebliches Interesse an einer legalen Abwicklung des Geschäfts hat. Zur Erleichterung des Nachweises genügt neben der Rechnungsvorlage selbst auch die Aufbewahrung eines Zahlungsbelegs oder anderer beweiskräftiger Urkunden wie etwa von Kontoauszügen. Daraus folgt, dass der private Leistungsempfänger bei Leistungen von Unternehmern im Zusammenhang mit seinem Grundstück wie z.B. Bauleistungen, Fensterputzen, Gartenarbeiten oder Instandhaltungsarbeiten in und an Gebäuden die vom Unternehmer zwangsweise auszustellende Rechnung oder aber wenigstens einen Zahlungsbeleg für die Dauer von zwei Jahren aufbewahren muss. Die alleinige Verpflichtung des Rechungsausstellers zur Aufbewahrung eines Doppels der erteilten Rechnungen genügt nach Ansicht des Gesetzgebers dem Kontrollbedürfnis nicht. Die Verpflichtung des nichtunternehmerischen Leistungsempfängers zur Aufbewahrung der empfangenen Rechnung soll eine umfassende Kontrolle der Versteuerung der Umsätze durch den leistenden Unternehmer ermöglichen.

Literatur: Pulte, Steuer- und handelsrechtliche Aufbewahrungspflichten – Eine alphabetische Liste der wichtigsten Belege, NWB Fach 18, 937.

Außergewöhnliche Absetzung für Abnutzung

→ Absetzung für Abnutzung   → Unfallkosten

Rechtsquellen
→ § 7 Abs. 1 Satz 7 EStG   → R 7.4 Abs. 11 EStR
→ § 7 Abs. 4 Satz 3 EStG   → H 7.4 [AfaA] EStH

Neben einer normalen AfA (→ **Absetzung für Abnutzung**) ist auch eine Absetzung für außergewöhnliche technische oder wirtschaftliche Abnutzung (AfaA) zulässig (§ 7 Abs. 1 Satz 7 EStG). Die AfaA hat vor allem Bedeutung i.R.d. § 4 Abs. 3-Rechnung. Bei der Gewinnermittlung durch Buchführung wird einer solchen AfaA bereits (weitestgehend) durch die sog. Teilwertabschreibung Rechnung getragen. Die Abgrenzung der AfaA von der Teilwertabschreibung kann oft schwierig sein. AfaA setzt, anders als die Teilwertabschreibung, eine Beeinträchtigung des Wirtschaftsguts in seiner Nutzung voraus. Eine bloße Wertminderung, ohne dass dadurch die betriebsgewöhnliche Nutzung beeinflusst wird, rechtfertigt keine AfaA (allenfalls eine Teilwertabschreibung).

Voraussetzung für eine AfaA ist, dass die Abnutzung über die gewöhnliche betriebsübliche Abnutzung hinausgeht; d. h., dass ein außergewöhnliches Ereignis die Nutzungsfähigkeit des Wirtschaftsguts beeinträchtigt und/oder die Nutzungsdauer verkürzt hat. Unter einer außergewöhnlichen technischen Abnutzung ist eine Substanzbeeinträchtigung, z.B. durch Beschädigung, Zerstörung oder Abbruch zu verstehen. Die AfaA muss im Jahr des Schadenseintritts, spätestens aber im Veranlagungszeitraum der Entdeckung des Schadens, geltend gemacht werden.

Die **AfaA** ist **nicht zulässig** bei Wirtschaftsgütern, die **degressiv abgeschrieben** werden (§ 7 Abs. 2 Satz 4 EStG).

Durch die Nichtanwendung der AfaA im Zusammenhang mit der degressiven AfA ergibt sich m.E. die Folge, dass die AfaA nur dann anzuwenden ist, wenn das Wirtschaftsgut weiterhin zum Betriebsvermögen gehört. Scheidet ein Wirtschaftsgut z.B. durch Diebstahl (→ **Verlust von Wirtschaftsgütern**) aus dem Betriebsvermögen aus, so ist keine Absetzung für außergewöhnliche technische oder wirtschaftliche Abnutzung, sondern eine Restwertabschreibung (**Zeile 34** des Vordrucks EÜR) vorzunehmen. Diese Restwertabschreibung ist auch bei Wirtschaftsgütern vorzunehmen, die nach § 7 Abs. 2 EStG degressiv abgeschrieben werden. Die Restwertabschreibung eines Pkw führt zu Betriebsausgaben (**Zeile 34** des Vordrucks EÜR) und gehört nicht zu den Selbstkosten (**Zeile 35** des Vordrucks EÜR).

Die AfaA ist neben der »normalen AfA« in den **Zeilen 24 bis 26** des Vordrucks EÜR einzutragen.

Beispiel:
Durch einen Unfall auf einer betrieblichen Fahrt wird der zu 60 % zum Betriebsvermögen gehörende Pkw am 15.5.04 total zerstört. Der Buchwert zum 1.1.04 beträgt 8 000 €. Die jährliche lineare AfA beträgt 4 000 €. Der Teilwert beträgt vor dem Unfall 10 000 € und nach dem Unfall 1 000 € (Schrottwert). Die laufenden und festen Kfz-Kosten bis zum Unfall betragen 2 000 €. Am 22.12.04 wird der Schrott-Pkw für 1 200 € zzgl. 228 € USt gegen Barzahlung verkauft. Die Vollkaskoversicherung zahlt eine Ersatzleistung i.H.v. 12 000 €.

Lösung:
Durch den Unfall wird die Betriebsvermögenseigenschaft des Pkw nicht beendet. Solange der Pkw zum Betriebsvermögen gehört, ist die AfA nach § 7 Abs. 1 Satz 1 EStG vorzunehmen und beträgt für das Kj. 04 4 000 € (**Zeile 26** des Vordrucks EÜR). Der Buchwert danach beträgt 4 000 €. Bedingt durch den Totalschaden ist eine AfaA nach § 7 Abs. 1 Satz 7 EStG i.H.v. 3 000 € vorzunehmen. Dieser Betrag ist ebenfalls in **Zeile 26** des Vordrucks EÜR zu übernehmen.
Danach beträgt die Summe in **Zeile 35** des Vordrucks EÜR 2 000 € (2 000 € für die weiteren laufenden und festen Kfz-Kosten). Bei einem privaten Nutzungsanteil von 40 % beträgt der Wert der privaten Kfz-Nutzung in **Zeile 15** des Vordrucks EÜR 3 600 € (40 % von 9 000 €).
Auf die Ermittlung der USt wegen der unentgeltliche Wertabgabe wird aus Vereinfachungsgründen verzichtet. Siehe dazu → **Entnahmen**.
Das Ausscheiden des Schrott-Pkw im Dezember 04 ist in **Zeile 34** des Vordrucks EÜR i.H.v. 1 000 € als Betriebsausgabe zu berücksichtigen. Der Nettoverkaufserlös i.H.v. 1 200 € ist in **Zeile 10**, die USt i.H.v. 228 € in **Zeile 12** des Vordrucks EÜR anzusetzen. Der Verkaufsvorgang wirkt sich auf die Nutzungsentnahme nicht aus.

Die Versicherungsleistung i.H.v. 12 000 € ist als Betriebseinnahme (Zeile 11 des Vordrucks EÜR) zu erfassen.

Betriebseinnahmen	• Nettoverkaufserlös (Schrott) (**Zeile 10** des Vordrucks EÜR)	1 200 €
	• Umsatzsteuer dafür (**Zeile 12** des Vordrucks EÜR)	228 €
	• Versicherungsleistung (**Zeile 11** des Vordrucks EÜR)	12 000 €
	• Private Kfz-Nutzung (**Zeile 15** des Vordrucks EÜR)	3 600 €
Betriebsausgaben	• AfA (**Zeile 26** des Vordrucks EÜR)	7 000 €
	• Laufende und feste Kfz-Kosten (**Zeile 35** des Vordrucks EÜR)	2 000 €
	• Restbuchwert Schrott-Pkw (**Zeile 34** des Vordrucks EÜR)	1 000 €

B

Bankkonto

→ Betriebseinnahmen
→ Entnahmen
→ Geldverkehrsrechnung

→ Kapitalerträge
→ Wechsel der Gewinnermittlungsart
→ Zu- und Abflussprinzip

Wickelt ein Freiberufler, der seinen Gewinn nach § 4 Abs. 3 EStG ermittelt, seine gesamten betrieblichen und privaten Geschäftsvorfälle über dasselbe Bankkonto ab, so handelt es sich um ein gemischtes Konto. Der Stpfl. ist von Gesetzes wegen nicht verpflichtet, für private und betriebliche Vorgänge getrennte Bankkonten zu führen (Beschluss Großer Senat vom 8.12.1997 GrS 1-2/95, BStBl II 1998, 193; BFH-Urteil vom 4.3.1998 XI R 19/95, BFH/NV 1998, 1342). Aus dieser Rechtsprechung kann aber nicht geschlossen werden, dass ungeklärte Geldeingänge auf einem betrieblich und privat genutzten Bankkonto zwingend Privateinnahmen seien. Der Stpfl., der ein solches gemischtes Konto unterhält, muss durch entsprechende Aufzeichnungen dafür sorgen, dass die Herkunft der auf diesem Konto eingehenden Geldbeträge geklärt werden kann. Andernfalls könnten Stpfl. allein durch das Unterhalten eines gemischten Kontos und die bloße Behauptung, sämtliche betrieblichen Vorgänge in der Gewinnermittlung nach § 4 Abs. 3 EStG erfasst zu haben, die betriebliche Veranlassung der Einnahmen der Überprüfung durch das Finanzamt entziehen (BFH-Beschluss vom 12.6.2003 XI B 8/03, BFH/NV 2003, 1323).

Betriebsaufgabe

→ Betriebsübertragung (unentgeltliche)
→ Betriebsveräußerung im Ganzen
→ Betriebsverpachtung

→ Schuldzinsen
→ Wechsel der Gewinnermittlungsart

Rechtsquellen
→ §§ 16 und 34 EStG

→ R 16 Abs. 2 EStR

1. Definition der Betriebsaufgabe im Ganzen

Eine Betriebsaufgabe im Ganzen ist anzunehmen, wenn **alle wesentlichen Betriebsgrundlagen** innerhalb einer **kurzen Zeit** und damit in einem **einheitlichen Vorgang**, und nicht nach und nach, entweder

- in das **Privatvermögen überführt** oder
- an **verschiedene Erwerber veräußert** oder
- **teilweise veräußert** und **teilweise** in das **Privatvermögen überführt** werden

und damit der Betrieb als selbständiger Organismus des Wirtschaftslebens aufhört zu bestehen (R 16 Abs. 2 EStR; H 16 (2) [Allgemeines] und [Zeitraum für die Betriebsaufgabe] EStH). Die Betriebsaufgabe i.S.v. § 16 Abs. 3 EStG ist zu unterscheiden von der – nicht begünstigten – Betriebsabwicklung und der Betriebsverkleinerung (s.a. BFH-Urteil vom 30.8.2007 IV R 5/06, BStBl II 2008, 113).

2. Parallelität zur Betriebsveräußerung

Betriebsaufgabe und → **Betriebsveräußerung** werden weitgehend gleich behandelt. Die **Aufgabe** des Betriebs **gilt als Veräußerung** des Betriebs (§ 16 Abs. 3 Satz 1 EStG). Die in den Wirtschaftsgütern des Betriebs ruhenden **stillen Reserven** müssen **aufgedeckt** und als **Betriebsaufgabegewinn** versteuert werden. Die Aufdeckung der stillen Reserven bedeutet für den Steuerpflichtigen eine erhebliche Härte. Die §§ 16 Abs. 4, 14 Satz 2 und 18 Abs. 3 EStG sehen deshalb bestimmte Freibeträge vor. Nach § 34 EStG können Tarifvergünstigungen in Anspruch genommen werden. Der **Aufgabegewinn** unterliegt **nicht** der **GewSt**.

3. Keine begünstigte Betriebsaufgabe

Eine begünstigte Betriebsaufgabe liegt nicht vor, wenn die Wirtschaftsgüter nach und nach – also sukzessive – im Laufe mehrerer Wirtschaftsjahre an Dritte veräußert werden oder in das Privatvermögen überführt werden (H 16 (2) [Allgemeines] EStH). Der Gewinn muss voll versteuert werden und unterliegt auch der GewSt. Die Betriebseinnahmen aus dem Verkauf der Wirtschaftsgüter sind in **Zeile 10** des Vordrucks EÜR mit ihren Nettowerten zu erfassen. Die → **Entnahmen** sind in **Zeile 14** oder **Zeile 16** des Vordrucks EÜR zu erfassen. **Zeile 34** des Vordrucks EÜR enthält den Restbuchwert der ausgeschiedenen Wirtschaftsgüter.

Keine Betriebsaufgabe liegt vor bei
- unentgeltlicher → **Betriebsübertragung**,
- → **Betriebsunterbrechung**,
- → **Betriebsverlegung**,
- → **Betriebsverpachtung**.

Mit Urteil vom 30.8.2007 (IV R 5/06, BStBl II 2008, 113) nimmt der BFH zur **Betriebsaufgabe** im Zusammenhang mit der »Flucht« eines Landwirts Stellung. Die Flucht eines Landwirts unter Zurücklassung von Zetteln mit der Anweisung zur Betriebsauflösung bewirkt keine sofortige Aufgabe eines aktiv bewirtschafteten landwirtschaftlichen Betriebs. Erforderlich ist darüber hinaus die **Umsetzung** des **Entschlusses** zur **Betriebsaufgabe durch Veräußerung** und/oder **Entnahme** der **wesentlichen Betriebsgrundlagen**.

Bei der **Betriebsaufgabe** handelt es sich um einen tatsächlichen Vorgang, dessen steuerliche Folgen **nicht durch** eine **Aufgabeerklärung** herbeigeführt werden können, es sei denn, es liegt ausnahmsweise der Sonderfall einer Betriebsverpachtung vor. Denn eine solche Erklärung hat, solange sie nicht durch tatsächliche Maßnahmen umgesetzt wird, für sich genommen keine unmittelbare Auswirkung auf die Existenz des Betriebes. Auch der **Tod des Betriebsinhabers** führt **nicht** zu einer **Betriebsaufgabe**. Nichts anderes kann für das Verschwinden des Betriebsinhabers gelten. Auch in einem solchen Fall kann der Betriebsinhaber den Betrieb nicht selbst weiterführen. Eine Betriebsaufgabe tritt jedoch – nicht anders als bei dem Tod des Betriebsinhabers – weder unmittelbar und mit sofortiger steuerlicher Wirkung noch zwangsläufig ein.

4. Gesamtrechtsnachfolge

Beim Übergang eines freiberuflichen Betriebsvermögens im Erbfall kommt es auch dann nicht zu einer Betriebsaufgabe, wenn mit dem Übergang eine **Umqualifizierung** des bisher **freiberuflichen** Betriebsvermögens in **gewerbliches Betriebsvermögen** und eine entsprechende Umqualifizierung der aus dem Betrieb erzielten Einkünfte verbunden ist, weil der Erbe oder die Miterben nicht über die besondere freiberufliche Qualifikation verfügt (→ **Erbauseinandersetzung**). Die Erben brauchen somit nicht zur Gewinnermittlung nach § 4 Abs. 1 EStG überzugehen.

Nach dem BFH-Urteil vom 15.11.2006 (XI R 6/06, BFH/NV 2007, 436) wird der Betrieb beim Tod eines selbständigen Künstlers nicht zwangsläufig aufgegeben, sondern geht trotz der höchstpersönlichen Natur der künstlerischen Tätigkeit als freiberuflicher Betrieb auf die Erben über. Das Betriebsvermögen wird nicht zwangsläufig notwendiges Privatvermögen der Erben. Der Betrieb des Künstlers wird mit dessen Tod endgültig eingestellt; eine Fortführung durch die Erben ist nicht möglich. Der Erbe kann zwischen einer (kurzfristigen) Betriebsaufgabe oder einer (längerfristigen) Betriebsabwicklung wählen. Die **kurzfristige** begünstigte Betriebsaufgabe darf sich keinesfalls über einen Zeitraum von mehr als **36 Monaten** erstrecken.

Von einer **Aufgabe** des ererbten künstlerischen **Betriebes** kann ausgegangen werden, wenn **Anlagevermögen** eindeutig **in** das **Privatvermögen** überführt **oder veräußert** wird und die letzte noch verbliebene wesentliche Betriebsgrundlage (Manuskripte, Ideensammlungen u. Ä.) im Zeitpunkt der Betriebseinstellung objektiv wertlos war oder anlässlich einer Außenprüfung vom Erben und Außenprüfer übereinstimmend für wertlos gehalten wurde.

Haben die Manuskripte u. Ä. noch einen nennenswerten Wert, kann nicht ohne weiteres von einer Betriebsaufgabe ausgegangen werden. Voraussetzung dafür ist eine klare Betriebsaufgabeerklärung sowie eine klar und eindeutig, nach außen erkennbare Überführung der Wirtschaftsgüter in das Privatvermögen. Die Überführung muss in dem Bewusstsein der Versteuerung der stillen Reserven stattfinden.

5. Unterscheidung zur Betriebsunterbrechung

Stellt der Unternehmer seine werbende Tätigkeit ein, so liegt darin nicht notwendigerweise eine Betriebsaufgabe. Die Einstellung kann auch nur als → **Betriebsunterbrechung** zu beurteilen sein, die den Fortbestand des Betriebs unberührt lässt (BFH-Urteil vom 27.2.1985 I R 235/80, BStBl II 1985, 456). Die Betriebsunterbrechung kann darin bestehen, dass der Betriebsinhaber die wesentlichen Betriebsgrundlagen – i.d.R. einheitlich an einen anderen Unternehmer – verpachtet oder darin, dass er die gewerbliche Tätigkeit ruhen lässt. Wird **keine Aufgabeerklärung abgegeben**, so geht die Rechtsprechung davon aus, dass die Absicht besteht, den unterbrochenen Betrieb künftig wieder aufzunehmen, sofern die zurückbehaltenen Wirtschaftsgüter dies ermöglichen (BFH-Beschluss vom 13.11.1963 GrS 1/63, BStBl III 1964, 124). Die → **Betriebsverpachtung** führt danach nicht zwangsläufig zu einer Betriebsaufgabe und damit zur Aufdeckung der stillen Reserven.

Für die Anerkennung der (gewerblichen) Verpachtung reicht es aus, dass die wesentlichen, dem Betrieb das Gepräge gebenden Betriebsgegenstände verpachtet werden. Dabei kommt es für die Beantwortung der Frage, was unter den wesentlichen Betriebsgrundlagen zu verstehen ist, auf die Verhältnisse des verpachtenden, nicht auf diejenigen des pachtenden Unternehmers an (BFH-Urteil vom 15.12.1988 IV R 36/84, BStBl II 1989, 363).

Nur im Fall einer **Betriebsunterbrechung** (→ Betriebsverpachtung) kann eine **Betriebsaufgabe** durch eine **Erklärung** herbeigeführt werden (BFH-Urteil vom 30.8.2007 IV R 5/06, BStBl II 2008, 113). Die Betriebsaufgabe durch Aufgabeerklärung erfordert in den Fällen der Betriebsverpachtung grundsätzlich die Abgabe einer ausdrücklichen Erklärung gegenüber dem FA (R 16 Abs. 5 EStR; H 16 (5) [Betriebsaufgabeerklärung] EStH).

6. Steuerbegünstigte Betriebsaufgabe

6.1 Voraussetzungen im Überblick

Der Betriebsinhaber muss seine
- **betriebliche Tätigkeit einstellen** und alle
- **wesentlichen** Grundlagen des Betriebs
- in einem **einheitlichen** Vorgang
- innerhalb **kurzer** Zeit

entweder **veräußert** oder in das **Privatvermögen überführt** haben und der **Betrieb** muss dadurch als »selbständiger Organismus« zu bestehen **aufhören** (R 16 Abs. 2 EStR).

Die Überführung eines Wirtschaftsguts in das Privatvermögen erfordert eine zielgerichtete eindeutige Handlung des Stpfl., die nach außen seinen Willen erkennen lässt, das fragliche WG fortan nicht mehr für betriebliche Zwecke einzusetzen.

Die Betriebsaufgabe muss sich als **einheitlicher Vorgang** darstellen. Zwischen Beginn und Ende der Betriebsaufgabe muss ein kurzer Zeitraum liegen (H 16 Abs. 2 [Zeitraum für die Betriebsaufgabe EStH]. Mit Urteil vom 25.11.1993 (IV R 19/92, BFH/NV 1994, 540) nimmt der BFH u.a. auch zum »kurzen Zeitraum« Stellung. Aus der **Personenbezogenheit freiberuflicher Betätigung** und der Besonderheit, dass in aller Regel kaum nennenswertes Anlagevermögen, wie Grundbesitz vorhanden ist, dessen Verwertung Schwierigkeiten bereiten könnte, kann sich ergeben, dass der Zeitraum zwischen Beginn und Ende der Aufgabe kürzer zu bemessen ist als bei einem Gewerbetreibenden. Nach Auffassung des BFH ist jedoch auch einem Freiberufler ein Zeitraum bis zu **sechs Monaten** für die Aufgabe seiner Praxis zuzugestehen.

Voraussetzung für die steuerbegünstigte Betriebsaufgabe ist, dass die wesentlichen Betriebsgrundlagen aus dem Betrieb ausscheiden. Dies geschieht entweder durch Veräußerung oder Überführung ins Privatvermögen. Siehe dazu auch H 16 (1) [Zurückbehaltene Wirtschaftsgüter] EStH. Nach dem BFH-Urteil vom 2.10.1997 (BStBl II 1998, 104) gehören zu den wesentlichen Betriebsgrundlagen im Zusammenhang mit einer Betriebsveräußerung oder -aufgabe i.d.R. auch solche WG, die funktional gesehen für den Betrieb, Teilbetrieb oder Mitunternehmeranteil nicht erforderlich sind, in denen aber erhebliche stille Reserven gebunden sind. I.R.d. § 16 EStG ist der Begriff quantitativ und nicht lediglich funktional zu verstehen, wie dies z.B. bei der Anwendung von § 6 Abs. 3 EStG, §§ 15 und 20 des UmwStG der Fall ist.

Die **Betriebsaufgabe beginnt** mit Handlungen, die objektiv auf die Auflösung des Betriebes gerichtet sind. Sie **endet** mit der Veräußerung des letzten zur Veräußerung bestimmten bzw. geeigneten Wirtschaftsguts, das zu den wesentlichen Betriebsgrundlagen gehört (s.a. BFH-Urteil vom 23.1.2003 IV R 75/00, BStBl II 2003, 467). Dabei kann der **Abwicklungszeitraum** nicht dadurch verkürzt werden, dass wesentliche Betriebsgrundlagen, die alsbald veräußert werden sollen, in das Privatvermögen übernommen werden (H 16 (2) [Zeitraum für die Betriebsaufgabe] EStH; BFH-Urteil vom 30.8.2007 IV R 5/06, BStBl II 2008, 113).

6.2 Teilbetriebsaufgabe

Zur Definition eines Teilbetriebes siehe R 16 Abs. 3 Satz 1 EStR. Die Grundsätze über die Veräußerung eines Teilbetriebs gelten für die Aufgabe eines Teilbetriebs entsprechend (H 16 (3) [Teilbetriebsaufgabe] EStH).

7. Rechtsfolgen einer Betriebsaufgabe

7.1 Wechsel der Gewinnermittlungsart

Ermittelt der Steuerpflichtige seinen Gewinn durch Einnahme-Überschussrechnung, so ist er bei der Betriebsveräußerung bzw. -aufgabe so zu behandeln, als wäre er mit der Aufgabe des Betriebs zur Gewinnermittlung durch Bestandsvergleich nach § 4 Abs. 1 EStG übergegangen (→ **Wechsel der Gewinnermittlungsart,** R 4.5 Abs. 6 EStR). Die erforderlichen Hinzurechnungen und Abrechnungen sind nicht bei dem Veräußerungsgewinn, sondern bei dem laufenden Gewinn des Wirtschaftsjahres vorzunehmen, in dem die Veräußerung stattfindet (R 4.6 Abs. 1 Satz 5 EStR). Die Hinzurechnungsbeträge können dabei nicht auf drei Jahre verteilt werden (H 4.5 (6) [Übergangsgewinn] EStH).

7.2 Ermittlung des Aufgabegewinns

Der Aufgabegewinn wird wie folgt ermittelt (§ 16 Abs. 2 EStG):

```
    Veräußerungspreise der verkauften Wirtschaftsgüter insgesamt
  + gemeine Werte der nicht veräußerten, sondern in das Privatvermögen
    überführten Wirtschaftsgüter
  ./. Aufgabe- und Veräußerungskosten
  ./. Buchwert des Betriebsvermögens
  = Aufgabegewinn
```

7.3 Abgrenzung zwischen »laufender Gewinn« und »Aufgabegewinn«

Im Wirtschaftsjahr der Betriebsaufgabe ist neben dem (steuerbegünstigten) Aufgabegewinn auch noch der laufende Gewinn zu ermitteln (H 16 (9) [Abwicklungsgewinn] EStH). Grundlagen für die Ermittlung des laufenden Gewinns sind die »normalen« Geschäftstätigkeiten des Steuerpflichtigen (BFH-Urteile vom 2.7.1981 IV R 136/79, BStBl II 1981, 798 und vom 6.5.1982 IV R 56/79, BStBl II 1982, 691, H 16 (9) [Aufgabegewinn bei Veräußerung von Wirtschaftsgütern EStH). Der **Gewinn** aus einem **Räumungsverkauf** anlässlich einer Betriebsaufgabe zählt zum **laufenden Gewinn** (BFH-Urteil vom 29.11.1988 VIII R 316/82, BStBl II 1989, 602, H 16 (9) [Räumungsverkauf] EStH). Siehe auch H 16 (9) [Versicherungsleistungen] und [Wettbewerbsverbot] EStH. Die Veräußerung von Wirtschaftsgütern des Umlaufvermögens erfolgt dann nicht i.R.d. Betriebsaufgabe, wenn die bisherigen Abnehmer beliefert werden und insoweit die frühere normale Geschäftstätigkeit fortgesetzt wird. Erlöse aus der Veräußerung von Edelmetallabfällen (→ **Zahngold**) können Teil des begünstigten Gewinns aus der Aufgabe einer Zahnarztpraxis sein, wenn sie im Zusammenhang mit der Praxisaufgabe erzielt werden (BFH-Urteil vom 25.11.1993 IV R 19/92, BFH/NV 1994, 540).

7.4 Aufgabebilanz

Bei einer Betriebsaufgabe ist der **Wert des Betriebsvermögens** wie bei einer Betriebsveräußerung durch eine **Bilanz** zu ermitteln. Diese **Aufgabebilanz** (zu Buchwerten) ist auch bei einer zeitlich gestreckten Betriebsaufgabe (H 16 (2) [Zeitraum für die Betriebsaufgabe] EStH) einheitlich und umfassend auf einen bestimmten Zeitpunkt zu erstellen. Das ist zweckmäßigerweise der **Zeitpunkt der Beendigung der betrieblichen Tätigkeit**, zu dem die Schlussbilanz zur Ermittlung des laufenden Gewinns aufzustellen ist. Unabhängig davon bestimmt sich der Zeitpunkt der Gewinnverwirklichung für die einzelnen Aufgabevorgänge (Veräußerung oder Überführung ins Privatvermögen) nach allgemeinen Gewinnrealisierungsgrundsätzen (BFH-Urteil vom 19.5.2005 IV R 17/02, BStBl II 2005, 637; H 16 (2) [Zeitlich gestreckte Betriebsaufgabe] EStH).

8. Steuerrechtliche Vergünstigungen

8.1 Freibetrag und Tarifbegünstigung bei der Einkommensteuer

8.1.1 Allgemeiner Überblick über den Freibetrag und die Tarifermäßigung

Über die Gewährung des Freibetrages nach § 16 Abs. 4 EStG wird bei der Veranlagung zur ESt entschieden (R 16 Abs. 13 Satz 1 EStR). Voraussetzung für die Gewährung des Freibetrages ist, dass

- der Steuerpflichtige im Zeitpunkt der Betriebsaufgabe das 55. Lebensjahr vollendet hat oder
- im sozialversicherungsrechtlichen Sinne dauernd berufsunfähig ist (R 16 Abs. 14 EStR, H 16 (14) [Berufsunfähigkeit im sozialversicherungsrechtlichen Sinne] EStH) und
- der Steuerpflichtige den Freibetrag beantragt.

Der Steuerpflichtige erhält den Freibetrag nur einmal im Leben (§ 16 Abs. 4 Satz 2 EStG). Der Aufgabegewinn wird auf Antrag nur insoweit zur ESt herangezogen, als er den Freibetrag von 45 000 € übersteigt. Der Freibetrag ermäßigt sich um den Betrag, um den der Aufgabegewinn 136 000 € übersteigt.

Aufgabegewinne sind außerordentliche Einkünfte nach § 34 Abs. 2 Nr. 1 EStG, die danach tarifbegünstigt zu besteuern sind. Nach § 34 Abs. 3 EStG hat der Unternehmer ein Wahlrecht; er kann für den Aufgabegewinn

- entweder die Steuerermäßigung der Fünftelregelung (§ 34 Abs. 1 EStG) oder
- eine Besteuerung mit dem halben Durchschnittsteuersatz (§ 34 Abs. 3 EStG) in Anspruch nehmen.

8.1.2 Aufteilung des Freibetrags und Gewährung der Tarifermäßigung bei Betriebsaufgaben über zwei Kalenderjahre

Zur Gewährung des Freibetrages und der Tarifermäßigung hat das BMF mit Schreiben vom 20.12.2005 (BStBl I 2006, 7) Stellung genommen.

Erstreckt sich eine Betriebsaufgabe (§ 16 Abs. 3 Satz 1 EStG, R 16 Abs. 2 EStR) über zwei Kj. und fällt der Aufgabegewinn daher in zwei Veranlagungszeiträumen an, ist der Freibetrag nach § 16 Abs. 4 EStG insgesamt nur einmal zu gewähren. Er bezieht sich auf den gesamten Betriebsaufgabegewinn und ist im Verhältnis der Gewinne auf beide Veranlagungszeiträume zu verteilen. Die Tarifermäßigung nach § 34 Abs. 3 EStG kann für diesen Gewinn auf Antrag in beiden Veranlagungszeiträumen gewährt werden. Der Höchstbetrag von 5 Mio. € ist dabei aber insgesamt nur einmal zu gewähren.

Beispiel 1:

Unternehmer A (60 Jahre alt) will seinen Gewerbebetrieb (Summe der Buchwerte des Betriebsvermögens 20 000 €) aufgeben. In der Zeit von November 04 bis Januar 05 werden daher alle – wesentlichen – WG des Betriebsvermögens veräußert. Die Veräußerungserlöse betragen 80 000 € in 04 (hierauf entfällt anteilig ein Buchwert von 16 000 €) und 100 000 € in 05 (anteiliger Buchwert 4 000 €).

Lösung:
Der begünstigte Aufgabegewinn beträgt insgesamt 160 000 €. Davon entsteht ein Gewinn i.H.v. 64 000 € (40%) in 04 und ein Gewinn i.H.v. 96 000 € (60%) in 05.
Der zu gewährende Freibetrag beträgt insgesamt 21 000 € (45 000 € abzüglich [160 000 € ./. 136 000 €]). Er ist i.H.v. 8 400 € (40%) in 04 und i.H.v. 12 600 € (60%) in 05 zu gewähren.

Da die Höhe des zu berücksichtigenden Freibetrages nach § 16 Abs. 4 EStG nach dem Gesamtaufgabegewinn beider Veranlagungszeiträume zu bemessen ist, steht die Höhe des Freibetrages nach § 16 Abs. 4 EStG erst nach Abschluss der Betriebsaufgabe endgültig fest.

Ergibt sich im zweiten Veranlagungszeitraum durch den Gewinn oder Verlust eine Über- oder Unterschreitung der Kappungsgrenze oder insgesamt ein Verlust, ist der im ersten Veranlagungszeitraum berücksichtigte Freibetrag rückwirkend zu ändern. Diese Tatsache stellt ein Ereignis mit steuerlicher Rückwirkung dar (§ 175 Abs. 1 Satz 1 Nr. 2 AO).

Entsteht in einem Veranlagungszeitraum ein Gewinn und in dem anderen ein Verlust, ist die Tarifermäßigung des § 34 EStG nur auf den saldierten Betrag anzuwenden.

Sowohl nach § 16 Abs. 4 EStG als auch nach § 34 Abs. 3 EStG ist in dem jeweiligen Veranlagungszeitraum maximal der Betrag begünstigt, der sich insgesamt aus dem einheitlich zu beurteilenden Aufgabevorgang ergibt.

8.1.3 Aufteilung des Freibetrages bei Gewinnen, die dem Teileinkünfteverfahren unterliegen

Gehört zu dem aufgegebenen Betrieb eine **Beteiligung an einer Kapitalgesellschaft**, wird der auf die Beteiligung entfallende Aufgabegewinn nach dem **Teileinkünfteverfahren** besteuert (§ 3 Nr. 40 Satz 1 Buchst. b i.V.m. § 3c EStG). Der **steuerpflichtige Teil** dieses Aufgabegewinns gehört nach § 34 Abs. 2 Nr. 1 EStG **nicht** zu den **außerordentlichen Einkünften**. Der Freibetrag nach § 16 Abs. 4 EStG ist entsprechend den Anteilen der Gewinne, die dem ermäßigten Steuersatz nach § 34 EStG unterliegen, und der Gewinne, die im Teileinkünfteverfahren zu versteuern sind, am Gesamtgewinn aufzuteilen (vgl. H 16.13 [Halbeinkünfteverfahren] EStH).

Durch das Unternehmensteuerreformgesetz 2008 wird das Halbeinkünfteverfahren des § 3 Nr. 40 EStG zu einem **Teileinkünfteverfahren** fortentwickelt und die Steuerfreistellung auf 40% zurückgeführt.

8.1.4 Freibetrag bei teilentgeltlicher Veräußerung im Wege der vorweggenommenen Erbfolge

Abweichend von Tz. 36 des BMF-Schreibens vom 13.1.1993 (BStBl I 1993, 80) ist bei Übertragungen von Betrieben, Teilbetrieben oder Mitunternehmeranteilen im Wege der vorweggenommenen Erbfolge der Freibetrag nach § 16 Abs. 4 EStG auch in den Fällen, in denen das Entgelt den Verkehrswert des Betriebs, Teilbetriebs oder Mitunternehmeranteils nicht erreicht (teilentgeltliche Veräußerung), in voller Höhe zu gewähren.

8.1.5 Vollendung der Altersgrenze

Vollendet der Stpfl. das 55. Lebensjahr zwar nach Beendigung der Betriebsaufgabe oder -veräußerung, aber noch vor Ablauf des Veranlagungszeitraums der Betriebsaufgabe, sind weder der Freibetrag nach § 16 Abs. 4 EStG noch die Tarifermäßigung nach § 34 Abs. 3 EStG zu gewähren.

Vollendet der Steuerpflichtige das 55. Lebensjahr bei einer Betriebsaufgabe über mehrere Veranlagungszeiträume zwar vor Beendigung der Betriebsaufgabe, aber erst im zweiten Veranlagungsjahr, sind der (anteilige) Freibetrag und die Tarifermäßigung auch für den ersten Veranlagungszeitraum zu gewähren.

9. Gewerbesteuerrechtliche Folgen

Der **Aufgabegewinn** gehört – ausgenommen bei Kapitalgesellschaften – **nicht** zum **Gewerbeertrag** (§ 7 GewStG, Abschn. 38 Abs. 3 Satz 1 i.V.m. Abschn. 39 GewStR). Gegenstand der Besteuerung ist nur der laufende Gewinn. Gewinne aus der sukzessiven Betriebsaufgabe unterliegen dagegen der GewSt. Die **Gewerbesteuerpflicht erlischt** bei Einzelgewerbetreibenden und bei Personengesellschaften mit der **tatsächlichen** Einstellung des **Betriebs** (Abschn. 19 Abs. 1 Satz 1 GewStR). Die tatsächliche Einstellung des Betriebs ist anzunehmen mit der völligen Aufgabe jeder werbenden Tätigkeit. Die Versilberung der vorhandenen Betriebsgegenstände und die Einziehung einzelner rückständiger Forderungen aus der Zeit vor der Betriebseinstellung können nicht als Fortsetzung einer aufgegebenen Betriebstätigkeit angesehen werden. Ein in Form eines Ladengeschäfts ausgeübter Gewerbebetrieb wird nicht bereits dann eingestellt, wenn kein Zukauf mehr erfolgt, sondern erst dann, wenn das vorhandene Warenlager »im Ladengeschäft« veräußert ist (Abschn. 19 Abs. 1 Satz 6 ff. GewStR). Nach Betriebseinstellung vorgenommene Abwicklungsmaßnahmen außerhalb des gewöhnlichen Geschäftsverkehrs und insbesondere die Versilberung des Aktivvermögens zum Zwecke der Liquidation sind hingegen nicht mehr als Gewerbebetrieb i.S.d. § 2 Abs. 1 GewStG anzusehen. Die Ausführung der vor einer Betriebseinstellung abgeschlossenen Kaufverträge ist hingegen keine reine Abwicklungsmaßnahme, sondern werbende Tätigkeit (Urteil FG Hamburg vom 11.7.2001 VI 46/00).

Es entspricht gefestigter höchstrichterlicher Rechtsprechung, dass bei Kapitalgesellschaften auch der Gewinn aus der Veräußerung oder Aufgabe eines Betriebs, eines Teilbetriebs oder einer betrieblichen Beteiligung zum Gewerbeertrag gehört (BFH-Urteil vom 5.9.2001 I R 27/01, BStBl II 2002, 155; vgl. auch Abschn. 40 Abs. 2 GewStR). Die Gewerbesteuerpflicht knüpft bei Kapitalgesellschaften allein an die Rechtsform an; die Tätigkeit einer solchen Gesellschaft gilt stets und in vollem Umfang als Gewerbebetrieb (§ 2 Abs. 2 GewStG). Sämtliche von der Kapitalgesellschaft entfalteten Aktivitäten fallen unterschiedslos in den Bereich gewerblicher Betätigung, gleichviel, ob es sich um »werbende« Tätigkeit oder um Tätigkeiten im Zusammenhang mit der Betriebsveräußerung oder -beendigung handelt.

10. Umsatzsteuerrechtliche Folgen

Unter den Voraussetzungen des § 1 Abs. 1a UStG kann eine Betriebsaufgabe zu einer begünstigten → **Geschäftsveräußerung** führen. Eine nicht steuerbare Geschäftsveräußerung liegt vor, wenn (Abschn. 5 UStR)
- die wesentlichen Grundlagen eines Unternehmens oder eines gesondert geführten Betriebs
- an einen Unternehmer für dessen Unternehmen übertragen werden.

Das Geschäft stellt eine Sachgesamtheit dar und es handelt sich demzufolge um eine einzige nicht steuerbare Lieferung. Nach § 1 Abs. 1a Satz 3 UStG tritt der erwerbende Unternehmer an die Stelle des Veräußerers. Die Nichtsteuerbarkeit setzt voraus, dass die Wirtschaftsgüter den unternehmerischen Bereich nicht verlassen. Eine Geschäftsveräußerung i.S.d. § 1 Abs. 1a UStG liegt auch dann vor, wenn der Erwerber mit dem Erwerb des Unternehmens seine unternehmerische Tätigkeit beginnt (Abschn. 5 Abs. 1 Satz 2 UStR). Die Zurückbehaltung einzelner unwesentlicher Gegenstände schließt eine begünstigte Geschäftsveräußerung nicht aus (siehe auch Abschn. 5 Abs. 2 UStR). Eine Geschäftsveräußerung i.S.d. § 1 Abs. 1a UStG liegt auch vor, wenn einzelne wesentliche Betriebsgrundlagen nicht mitübereignet worden sind, sofern sie dem Übernehmer langfristig zur Nutzung überlassen werden und eine dauerhafte Fortführung des Unternehmens oder des gesondert geführten Betriebs durch den Übernehmer gewährleistet ist (BFH-Urteil vom 4.7.2002 V R 10/01, BStBl II 2004, 662).

Infolge der Nichtsteuerbarkeit der Geschäftsveräußerung darf der veräußernde Unternehmer in der Rechnung keine USt gesondert ausweisen. Ein gesondert ausgewiesener Steuerbetrag wird nach § 14c Abs. 1 UStG geschuldet.

Mit Urteil vom 2.4.1998 (V R 34/97 BStBl II 1998, 695) hat der BFH entschieden, dass die in einer Rechnung gesondert ausgewiesene Steuer nur dann als Vorsteuer abgezogen werden kann, wenn die ausgewiesene USt für die Leistung »geschuldet« wird. Das bedeutet, dass in den Fällen des § 14c Abs. 1 und Abs. 2 UStG ein Vorsteuerabzug für den Erwerber ausnahmslos nicht möglich ist. Die Verwaltung hat dieses Urteil in Abschn. 192 Abs. 6 UStR übernommen. Danach ist ein Vorsteuerabzug nicht zulässig, soweit der die Rechnung ausstellende Unternehmer die Steuer nach § 14c Abs. 1 und 2 UStG schuldet. Nach § 15 Abs. 1 Nr. 1 UStG ist u.a. nur die gesetzlich geschuldete Steuer als Vorsteuer abziehbar.

Veräußerungen an Nichtunternehmer stellen steuerbare und grundsätzlich steuerpflichtige Lieferungen dar. Entnahmen sind als unentgeltliche Wertabgaben i.S.d. § 3 Abs. 1b UStG zu versteuern.

11. Nachträgliche Betriebseinnahmen und Betriebsausgaben

Bei nachträglich anfallenden Betriebseinnahmen und -ausgaben handelt es sich um Einkünfte aus einer »ehemaligen Tätigkeit« i.S.d. § 24 Nr. 2 EStG. Nachträgliche Einkünfte sind in den Jahren zu versteuern, in denen sie entstanden sind. Sie unterliegen der vollen Tarifversteuerung, sind also nicht nach § 34 EStG begünstigt. Negative Einkünfte können in den Jahren ihrer Entstehung mit positiven Einkünften verrechnet werden.

12. Verwirklichung eines privaten Veräußerungsgeschäfts

Nach § 23 Abs. 1 Satz 2 EStG gilt die Überführung eines Wirtschaftsguts in das Privatvermögen aus Anlass einer Betriebsaufgabe als Anschaffung im privaten Bereich (Rz. 1 des BMF-Schreibens vom 5.10.2000, BStBl I 2000, 1383). Wird dieses Grundstück nach der Überführung in den Privatbereich innerhalb der Behaltefrist des § 23 Abs. 1 Satz 1 Nr. 1 EStG veräußert, tätigt der Steuerpflichtige ein privates Veräußerungsgeschäft. Der Veräußerungsgewinn ist nach § 23 Abs. 3 Satz 1 und 3 EStG wie folgt zu ermitteln:

Veräußerungserlös
./. Wert, mit dem das Grundstück bei der Überführung angesetzt worden ist (Entnahmewert)
./. Werbungskosten der Veräußerung
= Veräußerungsgewinn

Zur Ermittlung des Veräußerungsgewinns siehe auch Rz. 33 und 34 des BMF-Schreibens vom 5.10.2000 (BStBl I 2000, 1383). Der Entnahmewert nach § 6 Abs. 1 Nr. 4 EStG bzw. nach § 16 Abs. 3 Satz 7 EStG ist auch dann anzusetzen, wenn bei der Überführung des Grundstücks in das Privatvermögen der Entnahmegewinn nicht zur ESt herangezogen worden ist (Freibetrag gem. § 16 Abs. 4 EStG).

Beispiel 2:
A (56 Jahre) errichtet im Kj. 09 im Betriebsvermögen ein Gebäude, das er zu eigenbetrieblichen Zwecken nutzt (Fertigstellung 12.12.09). Die Herstellungskosten betragen 500 000 €. Das Grundstück wurde mit Übergang Nutzen, Lasten und Gefahr am 11.11.07 für 100 000 € angeschafft. Datum des Kaufvertrages war der 1.3.07.
Am 30.9.17 erklärt A die Betriebsaufgabe und überführt das Grundstück mit einem gemeinen Wert i.H.v. 850 000 € in das Privatvermögen; davon entfallen 150 000 € auf den Grund und Boden. Der Buchwert des Gebäudes bei Überführung ins Privatvermögen beträgt 382 500 € (AfA im betrieblichen Bereich 117 500 €). Das bewegliche Anlagevermögen veräußert er an B. Der Kaufpreis hierfür beträgt 3,5 Mio. € zzgl. 560 000 € (Buchwert 750 000 €), die Veräußerungskosten dafür betragen 10 000 €.
Nach Umbau- und Renovierungsarbeiten i.H.v. insgesamt 100 000 €, die i.H.v. 60 000 € als nachträgliche Herstellungskosten zu berücksichtigen sind, wird das Grundstück als Mietwohngrundstück genutzt.
Mit Kaufvertrag vom 15.9.27 veräußert A das Grundstück für 900 000 € (180 000 € für Grund und Boden) an B. Übergang Nutzen und Lasten ist am 1.12.27. Am gleichen Tag wird der Kaufpreis gezahlt. Die Eintragung im Grundbuch erfolgt am 15.2.28. An Veräußerungskosten (Makler u.a.) sind 23 000 € angefallen, die am 5.1.28 gezahlt werden.

Lösung:
Da nicht alle wesentlichen Betriebsgrundlagen veräußert werden, liegt keine Veräußerung des Betriebs i.S.d. § 16 Abs. 1 Nr. 1 EStG vor. Auch ohne die ausdrückliche Aufgabeerklärung führt die Entnahme des Grundstücks und die Veräußerung der beweglichen Wirtschaftsgüter (notwendige Betriebsgrundlagen) zu einer Betriebsaufgabe nach § 16 Abs. 3 EStG. Der Aufgabegewinn beläuft sich auf:

Gemeiner Wert Grundstück (§ 16 Abs. 3 Satz 7 EStG)			850 000 €
Veräußerungspreis bewegliche Wirtschaftsgüter (§ 16 Abs. 3 Satz 6 EStG)			4 060 000 €
Veräußerungspreis (§ 16 Abs. 2 EStG)			4 910 000 €
abzgl. Buchwert			./. 1 132 500 €
abzgl. Veräußerungskosten USt und sonstige Kosten)			./. 570 000 €
Aufgabegewinn			3 207 500 €

Nach § 23 Abs. 1 Satz 2 EStG gilt die Überführung des Grundstücks in das Privatvermögen als Abschaffung im privaten Bereich (Rz. 1 des BMF-Schreibens vom 5.10.2005, BStBl I 2000, 1383). Das Grundstück gilt somit am 1.10.17 als angeschafft. Wird dieses Grundstück nach der Überführung in den Privatbereich innerhalb der Behaltefrist des § 23 Abs. 1 Satz 1 Nr. 1 EStG veräußert, tätigt der Stpfl. ein privates Veräußerungsgeschäft.

Die zehnjährige Behaltefrist des § 23 Abs. 1 Satz 1 Nr. 1 EStG endet mit Ablauf des 30.9.27. Für den Beginn und das Ende der Frist ist grundsätzlich das Datum des Kaufvertrages – der obligatorische Vertrag – (H 23 [Veräußerungsfrist] EStH) maßgeblich. Bei einer Überführung in das Privatvermögen ist das Entnahmedatum als Fristbeginn anzusetzen. Die Veräußerung mit Datum 15.9.27 findet noch innerhalb der Behaltefrist statt. Es handelt sich somit um ein steuerpflichtiges privates Veräußerungsgeschäft i.S.d. § 23 Abs. 1 Satz 1 Nr. 1 EStG.

Der Veräußerungsgewinn ist im Veranlagungszeitraum 27 zu erfassen, da der Veräußerungspreis am 1.12.27 zufließt (§ 11 EStG). Der Veräußerungsgewinn wird wie folgt ermittelt:

	Grund und Boden	Gebäude	Gebäude
Veräußerungserlös	180 000 €		720 000 €
./. Gemeiner Wert nach § 16 Abs. 3 Satz 7 EStG (§ 23 Abs. 3 Satz 1 und 3 EStG)	./. 150 000 €	700 000 €	
Nachträgliche Herstellungskosten im privaten Bereich		60 000 €	
Zwischensumme		760 000 €	
Nach § 23 Abs. 3 Satz 4 EStG mindern sich die Anschaffungs- bzw. Herstellungskosten um die Abschreibungen, soweit sie als Werbungskosten abgezogen worden sind. Die AfA im Privatvermögen bestimmt sich nach dem Entnahmewert i.H.v. 700 000 € (R 7.3 Abs. 6 Satz 4 EStR). Zusätzlich sind die nachträglichen Herstellungskosten zu berücksichtigen. Die weitere AfA bestimmt sich nach § 7 Abs. 4 Nr. 2 Buchst. a EStG (R 7.4 Abs. 7 Nr. 1 i.V.m. Abs. 10 Satz 1 Nr. 1 EStR).			
AfA ab 01.10.17: 2 % von 760 000 € × 3/12		./. 3 800 €	
AfA Kj. 18 bis Kj. 26: 15 200 € × 9 Jahre		./. 136 800 €	

	Grund und Boden	Gebäude	Gebäude
AfA bis 30.11.27: 15 200 € × 11/12		./. 13 933 €	
Verminderte Anschaffungskosten		605 467 €	./. 605 467 €
Zwischensumme	30 000 €		114 533 €
Insgesamt			144 533 €
Werbungskosten (Ansatz im VZ 27, s. H 23 [Werbungskosten] EStH)			./. 23 000 €
Privater Veräußerungsgewinn			121 533 €
Die Überführung wirkt sich im betrieblichen Bereich wie folgt aus:			
Gemeiner Wert bei der Überführung ins Privatvermögen (**Zeile 14** des Vordrucks EÜR)	150 000 €		700 000 €
Anschaffungskosten (§ 4 Abs. 3 Satz 4 EStG; **Zeile 34** des Vordrucks EÜR)	./. 100 000 €		
Herstellungskosten (**Zeile 24** als AfA und Restwert in **Zeile 34** des Vordrucks EÜR)			./. 500 000 €
Gewinn im betrieblichen Bereich	**50 000 €**		**200 000 €**

Betriebsausgaben

→ Abfindungen
→ Abnutzbares Anlagevermögen
→ Anzahlungen
→ Aufteilungs- und Abzugsverbot
→ Aufzeichnungs- und Aufbewahrungspflichten
→ Betriebseinnahmen
→ Betriebseröffnung
→ Drittaufwand
→ Erhaltungsaufwand
→ Geldgeschäfte eines Freiberuflers
→ Geschäftsreise

→ Lebensversicherungsverträge als Betriebsvermögen
→ Schadensersatz
→ Schuldzinsen
→ Sonderabschreibungen
→ Steuerberatungskosten
→ Tausch
→ Unfallkosten
→ Verlust von Wirtschaftsgütern
→ Vordruck EÜR
→ Zahngold

Rechtsquellen
→ § 4 Abs. 4 EStG
→ § 4 Abs. 5a EStG
→ § 4 Abs. 5b EStG

→ § 160 Abs. 1 AO
→ R 4.7 EStR
→ H 4.7 EStH

1. Allgemeines

1.1 Benennung von Zahlungsempfängern

Gem. § 160 Abs. 1 Satz 1 AO sind u.a. Betriebsausgaben regelmäßig nicht zu berücksichtigen, wenn der Stpfl. dem Verlangen des FA nicht nachkommt, den **Empfänger** dieser Ausgaben genau zu **benennen** (BFH-Urteil vom 1.4.2003 I R 28/02, BFH/NV 2003, 1241).

Zweck des § 160 Abs. 1 Satz 1 AO ist erkennbar die Verhinderung von Steuerausfällen. Es soll sichergestellt werden, dass nicht nur die steuermindernde Ausgabe beim Stpfl., sondern auch die damit korrespondierende Einnahme beim Geschäftspartner erfasst wird (vgl. z.B. Urteile des BFH vom 30.3.1983 I R 228/78, BStBl II 1983, 654; vom 24.6.1997 VIII R 9/96, BStBl II 1998, 51; vom 10.11.1998 I R 108/97, BStBl II 1999, 121).

Die Prüfung der rechtmäßigen Anwendung des § 160 Abs. 1 Satz 1 AO vollzieht sich in zwei Schritten. Zunächst ist zu prüfen, ob sich das Benennungsverlangen des FA selbst im Rahmen pflichtgemäßen Ermessens gehalten hat, insbesondere ob keine Angaben gefordert werden, die für den Stpfl. unzumutbar sind. Sodann ist zu entscheiden, ob im Falle der nicht ordnungsgemäßen Empfängerbenennung die vom FA angesetzte steuerliche Folge pflichtgemäßem Ermessen entspricht (BFH-Urteil vom 30.8.1995 I R 126/94, BFH/NV 1996, 267).

Empfänger i.S.d. § 160 Abs. 1 Satz 1 AO ist, wem der in der Betriebsausgabe enthaltene wirtschaftliche Wert vom Stpfl. übertragen wurde, bei dem er sich demzufolge steuerlich auswirkt. Benannt ist ein Empfänger, wenn er (nach Namen und Adresse) ohne Schwierigkeiten und eigene Ermittlungen der Finanzbehörde bestimmt und ermittelt werden kann (BFH-Urteil vom 15.3.1995 I R 46/94, BStBl II 1996, 51).

1.2 Betriebliche Veranlassung

Für die Entscheidung der Frage, ob Aufwendungen als Betriebsausgaben abziehbar sind, kommt es darauf an, ob die Aufwendungen »durch den Betrieb veranlasst sind« (§ 4 Abs. 4 EStG). Der Begriff der betrieblichen Veranlassung erfordert, dass ein wirtschaftlicher Zusammenhang zwischen den Aufwendungen und dem Betrieb (Beruf) besteht (BFH-Urteil vom 1.6.1978 IV R 36/73, BStBl II 1978, 499). Liegt ein solcher Zusammenhang vor, so können die Aufwendungen bei der Ermittlung des Gewinns grundsätzlich abgezogen werden. Handelt es sich dagegen um Kosten, die dem privaten Bereich zuzurechnen sind, so kommt ein Abzug nicht in Betracht.

Durch den Betrieb veranlasste Aufwendungen entstehen nicht nur bei Rechtsgeschäften, die i.R.d. Betriebs (Berufs) anfallen, sondern auch bei Einbußen, die ein Steuerpflichtiger im Zusammenhang mit seinem Betrieb (Beruf) erleidet. Das gilt z. B. für Aufwendungen, die ein Angehöriger eines freien Berufs zur Wiederherstellung seiner Gesundheit macht, wenn es sich um eine typische Berufskrankheit handelt oder der Zusammenhang zwischen der Erkrankung und dem Beruf eindeutig feststeht (BFH-Urteil vom 4.10.1968 IV R 59/68, BStBl II 1969, 179). Das gilt ferner auch für die Schäden, die einem Steuerpflichtigen bei einer betrieblichen (beruflichen) Fahrt an seinem Kraftfahrzeug entstanden sind (BFH-Beschluss vom 28.11.1977 GrS 2-3/77, BStBl II 1978, 105).

Betrieblich veranlasst können außerdem Aufwendungen zur Erfüllung von Schadensersatzansprüchen Dritter sein, die i.R.d. Betriebs-(Berufs-)ausübung geschädigt worden sind. Das gilt z. B. für → **Schadensersatz**, den ein Arzt wegen eines von ihm begangenen Kunstfehlers einem Patienten gegenüber leisten muss. Eine betriebliche Veranlassung für Schadensersatzleistungen besteht allerdings nur dann, wenn der Schaden im Wesentlichen als unmittelbare Folge der betrieblichen Tätigkeit anzusehen ist. Wird dagegen der Veranlassungszusammenhang in erheblichem Maße durch Umstände beeinflusst, die dem nicht betrieblichen Bereich zuzuordnen sind, so kann von einer betrieblichen Veranlassung nicht mehr gesprochen werden (BFH-Beschluss vom 28.11.1977 GrS 2-3/77, BStBl II 1978, 105).

Die Betriebsausgaben sind eine wichtige Säule der § 4 Abs. 3-Rechnung. Die Grundsätze zum Betriebsausgabenabzug wurden bereits i.R.d. Einführung zu diesem Buch erläutert. Infolgedessen sollen nun Sonderproblembereiche des Betriebsausgabenabzugs innerhalb der § 4 Abs. 3-Rechnung aufgezeigt werden.

1.3 Aufwendungen, die wie Betriebausgaben behandelt werden

Mit dem Gesetz zur steuerlichen Förderung von Wachstum und Beschäftigung vom 26.4.2006 (BGBl I 2006, 1091) werden erstmals Aufwendungen **wie Betriebsausgaben** behandelt. Es handelt sich dabei um »erwerbsbedingte« → **Kinderbetreuungskosten** nach § 4f EStG. Aus dem Wort »**wie**« wird ersichtlich, dass es sich dabei nicht um Betriebsausgaben handelt, die Aufwendungen dafür aber technisch als solche zu behandeln sind (**Zeile 64** des Vordrucks EÜR).

	Ermittlung des Gewinns		EUR	Ct
60	Summe der Betriebseinnahmen (Übertrag aus Zeile 18)		,	
61	abzüglich Summe der Betriebsausgaben (Übertrag aus Zeile 55)	−	,	
	zuzüglich			
62	− Hinzurechnung der Investitionsabzugsbeträge nach § 7g Abs. 2 EStG	188 +		
63	abzüglich			
64	− erwerbsbedingte Kinderbetreuungskosten	184		
65	− Investitionsabzugsbeträge nach § 7g Abs. 1 EStG (Übertrag aus Zeile 77)	187		
66	Summe	198	▶ − ,	
67	Gewinn/Verlust	119	,	

Durch das Gesetz zur Förderung von Familien und haushaltsnahen Dienstleistungen (Familienleistungsgesetz – FamLeistG) vom 22.12.2008 (BGBl I 2008, 2955) werden die Regelungen bezüglich der Kinderbetreuungskosten in den §§ 4f, 10 Abs. 1 Nr. 5 und 8 EStG ab dem Veranlagungszeitraum 2009 aufgehoben und in § 9c EStG zusammengefasst. § 9c Abs. 1 EStG enthält die bisherigen Regelungen zum Abzug der erwerbsbedingten Kinderbetreuungskosten und ersetzt damit den bisherigen § 4f EStG. § 9c Abs. 2 EStG enthält die bisherigen Regelungen zum Abzug der nicht erwerbsbedingten Kinderbetreuungskosten und ersetzt damit § 10 Abs. 1 Nr. 5 und 8 EStG. § 9c Abs. 3 EStG enthält die bisher in § 4f, § 10 Abs. 1 Nr. 5 und 8 EStG enthaltenen Verfahrensregelungen und Abzugsbedingungen.

2. Auswirkungen der Betriebsausgaben auf die tarifliche Einkommensteuer

Der Gewinn ist als Bestandteil des zu versteuernden Einkommens im Veranlagungsschema zu berücksichtigen. Je niedriger der Gewinn, desto niedriger ist auch die tarifliche Einkommensteuer. Mit anderen Worten: Jede Betriebsausgabe mindert die persönliche Steuerlast des Steuerpflichtigen i.H. seines progressiven Steuersatzes.

3. Arten der Betriebsausgaben

3.1 Allgemeiner Überblick

Das Einkommensteuerrecht wird beherrscht von einer **Dreiteilung der Kosten**. Danach ist zu unterscheiden, ob es sich bei den Kosten des Stpfl. um
1. Betriebsausgaben,
2. Werbungskosten oder
3. Kosten der Lebensführung

handelt.

Liegen betrieblich veranlasste Kosten vor, so stellen diese Betriebsausgaben dar (§ 4 Abs. 4 EStG). Durch die Definition der Betriebsausgaben in § 4 Abs. 4 EStG ergibt sich im Umkehrschluss, dass ausschließlich privat veranlasste Kosten den Gewinn nicht mindernd dürfen. Dies wird durch § 12 Nr. 1 EStG noch einmal ausdrücklich klargestellt.

3.2 Sofort abzugsfähige Betriebsausgaben

Es ist zu unterscheiden, ob es sich um sofort abzugsfähige Betriebsausgaben handelt oder nicht. Zu den sofort abzugsfähigen Betriebsausgaben zählen insbesondere alle laufenden Betriebsausgaben wie z.B. Erwerb von Umlaufvermögen (**Zeile 21** und **Zeile 22** des Vordrucks EÜR), Löhne (**Zeile 23** des Vordrucks EÜR), Zinsen (**Zeile 41, Zeile 42** des Vordrucks EÜR), Miete (**Zeile 39** des Vordrucks EÜR), Versicherungsbeiträge (**Zeile 23, Zeile 35, Zeile 40, Zeile 51** des Vordrucks EÜR), betriebliche Steuern (**Zeile 35, Zeile 40** und **Zeile 51** des Vordrucks EÜR), Raumkosten (**Zeile 38** und **Zeile 39** des Vordrucks EÜR), gezahlte Vorsteuern (**Zeile 52** des Vordrucks EÜR), gezahlte Umsatzsteuer an das Finanzamt (**Zeile 53** EÜR) usw. Bei diesen Betriebsausgaben entscheidet sich der Zeitpunkt des Abzugs nach dem **Abflussprinzip** (→ **Zu- und Abflussprinzip**).

	Betriebsausgaben		99	25
			EUR	Ct
19	Betriebsausgabenpauschale für **bestimmte Berufsgruppen** bzw. Freibetrag nach § 3 Nr. 26 und 26a EStG	190		,
20	Sachliche Bebauungskostenpauschale (für Weinbaubetriebe)/ Betriebsausgabenpauschale für **Forstwirte**	191		,
21	Waren, Rohstoffe und Hilfstoffe einschl. der Nebenkosten	100		,
22	Bezogene Leistungen (z.B. Fremdleistungen)	110		,
23	Ausgaben für eigenes Personal (z.B. Gehälter, Löhne und Versicherungsbeiträge)	120		,
	Kraftfahrzeugkosten und andere Fahrtkosten	EUR	CT	
35	Laufende und feste Kosten (ohne AfA und Zinsen)	140	,	
36	Enthaltene Kosten aus Zeilen 26, 35 und 41 für Wege zwischen Wohnung und Betriebsstätte	142 –	,	
37	Verbleibender Betrag		,	▶143 ,
37a	Abziehbare Aufwendungen für Wege zwischen Wohnung und Betriebsstätte	176		,
	Raumkosten und sonstige Grundstücksaufwendungen			
38	Abziehbare Aufwendungen für ein häusliches Arbeitszimmer (einschl. AfA lt. Zeile 9 des Anlageverzeichnisses und Schuldzinsen)	172		,
39	Miete/Pacht für Geschäftsräume und betrieblich genutzte Grundstücke	150		,
40	Sonstige Aufwendungen für betrieblich genutzte Grundstücke (ohne Schuldzinsen und AfA)	151		,
	Sonstige unbeschränkt abziehbare Betriebsausgaben für			
48	Porto, Telefon, Büromaterial	192		,
49	Fortbildung, Fachliteratur	193		,
50	Rechts- und Steuerberatung, Buchführung	194		,
51	Übrige Betriebsausgaben	183		,
52	Gezahlte Vorsteuerbeträge	185		,
53	An das Finanzamt gezahlte und ggf. verrechnete Umsatzsteuer	186		,

3.3 Nicht oder nicht voll abziehbare Betriebsausgaben

Betriebsausgaben, bei denen das Abflussprinzip keine Anwendung findet, sondern Ausnahmevorschriften gelten, sind z.B.:
- Ausgaben für den Erwerb des abnutzbaren und nicht abnutzbaren Anlagevermögens (→ **Abnutzbares Anlagevermögen** → **Nicht abnutzbares Anlagevermögen**),
- → **Verlust** und
- → **Einlage** von Wirtschaftsgütern.

3.4 Betriebsausgaben bei Erhalt eines Sachguts

Dem Zugang eines als → **Betriebseinnahme** zu erfassenden Sachwerts, der als → **Umlaufvermögen** zu behandeln ist, ist für Zwecke der Gewinnermittlung gedanklich eine gleich hohe Betriebsausgabe entgegenzustellen, so dass sich der Vorgang insgesamt ergebnisneutral auswirkt. Bei einer Veräußerung ist der Erlös als Betriebseinnahme (z.B. **Zeile 10** des Vordrucks EÜR) zu erfassen → **Tausch** → **Zahngold**). Im Urteil vom 17.4.1986 (IV R 115/84,

BStBl II 1986, 607) nimmt der BFH ausführlich zum Ansatz von Betriebsausgaben bzw. Betriebseinnahmen bei Sachzuwendungen Stellung (s.a. BFH-Urteil vom 22.7.1988 III R 175/85, BStBl II 1988, 995).

Betriebseinnahmen:	Verwendung des erhaltenen Sachwerts		Betriebsausgaben
Alle Zugänge in Geld oder Geldeswert, die durch den Betrieb veranlasst sind. Betriebseinnahmen sind beim betrieblichen Erhalt von Sachleistungen anzunehmen. Wie Geldzugänge sind derartige Sacheinnahmen in dem Zeitpunkt als Betriebseinnahmen zu erfassen, in dem der Sachwert zugeht. Der Vorteil aus einer Bewirtung i.S.d. § 4 Abs. 5 Satz 1 Nr. 2 EStG ist aus Vereinfachungsgründen beim bewirteten Steuerpflichtigen nicht als Betriebseinnahme zu erfassen (R 4.7 Abs. 3 EStR).	**zu privaten Zwecken:** Der Zugang des Sachgutes ist lediglich als Betriebseinnahme zu behandeln. Da das Wirtschaftsgut nicht dem Betriebsvermögen zugerechnet wird, ist eine Betriebsausgabe in gleicher Höhe nicht möglich. Es fehlt der betriebliche Zusammenhang.	**zu betrieblichen Zwecken:** Im Zeitpunkt des Zugangs des Sachwerts muss eine Betriebsausgabe angesetzt werden (Ausnahmen: bei abnutzbaren und nicht abnutzbaren Wirtschaftsgütern des Anlagevermögens). Der Betriebseinnahme steht somit in gleicher Höhe eine Betriebsausgabe gegenüber.	Wäre der Sachwert für den betrieblichen Zweck käuflich erworben worden, hätte der **Geldabfluss** zu einer **erfolgswirksamen Ausgabe** geführt.
Der Erwerb von betrieblich verwendeten Sachgütern gegen eine Betriebsleistung kann nicht anders behandelt werden, als wären für die Betriebsleistung **Zahlungsmittel erlangt** und diese **für die Beschaffung des Sachwerts verwendet** worden.			
Betriebseinnahme im Zeitpunkt des Zufließens des Sachwerts (H 4.5 (2) [Sacheinnahmen] EStH).	Sachgut wird → **Umlaufvermögen:**		Betriebsausgabe im Zeitpunkt des Zugangs.
Betriebseinnahme im Zeitpunkt des Zufließens des Sachwerts (H 4.5 (2) [Sacheinnahmen] EStH).	Sachgut wird → **abnutzbares Anlagevermögen:**		Nach § 4 Abs. 3 Satz 3 EStG sind die AfA-Vorschriften zu beachten.
Betriebseinnahme im Zeitpunkt des Zufließens des Sachwerts (H 4.5 (2) [Sacheinnahmen] EStH).	Sachgut wird → **nicht abnutzbares Anlagevermögen:**		Betriebsausgaben nach den Grundsätzen des § 4 Abs. 3 Satz 4 und 5 EStG.

Abbildung: Betriebsausgaben und -einnahmen beim Erhalt eines Sachgutes

Der in Form eines Sachwerts zugewendete Vermögenswert bleibt folglich dann ohne gewinnmäßige Auswirkung, wenn die durch ihn ersparten Aufwendungen ihrerseits durch den Betrieb veranlasst sind (§ 4 Abs. 4 EStG).

Siehe auch → **Zahngold** Abbildung: Betriebsausgaben und -einnahmen beim Erwerb und der Veräußerung von Zahngold.

Zum Vorliegen von Betriebsausgaben im Zusammenhang mit → **Drittaufwand** siehe unter dem betreffenden Stichwort.

4. Betriebsausgaben in Geldeswert

Betriebsausgaben sind i.H.d. tatsächlichen Wertabgabe abzusetzen. Soweit Betriebsausgaben nicht in Geld sondern in Sachleistungen getätigt werden, wie z.B. beim → **Tausch**, ist i.d.R. der gemeine Wert (§ 9 BewG) dieser Sachleistung anzusetzen. § 8 Abs. 2 EStG ist eine Bewertungsvorschrift für Einnahmen und Betriebseinnahmen in Geldeswert ohne entsprechende Korrespondenz zum Betriebsausgabenabzug (s. § 6 Abs. 4 bis 7 EStG).

5. Ersatzanspruch

Das Bestehen eines Ersatzanspruchs (z.B. Versicherung) stellt den Abzug entsprechender Aufwendungen (z.B. → **Unfallkosten**) als Betriebsausgaben nicht in Frage. Ggf. liegen bei Vereinnahmung der Ersatzanspruchszahlungen Betriebseinnahmen vor.

6. Gemischt veranlasste Betriebsausgaben

Sind Betriebsausgaben durch verschiedene Gewinneinkunftsarten veranlasst, so sind sie ggf. im Wege der Schätzung den einzelnen Gewinneinkunftsarten zuzurechnen. Stehen Ausgaben im Zusammenhang mit einer Gewinneinkunftsart und einer Überschusseinkunftsart, so erfolgt auch eine entsprechende Aufteilung der Kosten. Dabei sind die anteiligen Kosten, soweit sie die Überschusseinkunftsart betreffen, aus der Gewinnermittlung zu entnehmen (→ **Entnahme von Nutzungen**) und innerhalb der jeweiligen Überschusseinkunftsart entsprechend zu berücksichtigen. Problematisch ist die Behandlung von Aufwendungen, die teils durch eine Gewinneinkunftsart und teils privat veranlasst sind. Diese Aufwendungen können nur dann aufgeteilt und als Betriebsausgaben anteilig Berücksichtigung finden, wenn eine objektiv nachprüfbare Trennung leicht und einwandfrei möglich ist → **Aufteilungs- und Abzugsverbot**.

7. Gesetz- oder Sittenwidrigkeit

Für die Besteuerung ist es unerheblich, ob ein Verhalten, das den Tatbestand eines Steuergesetzes ganz oder zum Teil erfüllt, gegen ein gesetzliches Gebot oder Verbot oder gegen die guten Sitten verstößt (§ 40 AO). Daher ist der Betriebsausgabenabzug bei diesen Kosten i.d.R. nicht zu verneinen (Ausnahme für bestimmte Schmier- und Bestechungsgelder nach § 4 Abs. 5 Nr. 10 EStG). Zu beachten ist aber § 160 AO, wonach eine Berücksichtigung solcher Betriebsausgaben nur in Betracht kommt, wenn der Steuerpflichtige dem Verlangen der Finanzbehörde nachkommt, die Gläubiger oder Empfänger der Zahlungen genau zu benennen.

8. Nachträgliche Betriebsausgaben

Aufwendungen nach einer Betriebsbeendigung z.B. durch → **Betriebsveräußerung** oder → **Betriebsaufgabe** sind grundsätzlich nicht mehr als Betriebsausgaben zu behandeln. Damit ist jedoch die Möglichkeit von nachträglichen Betriebsausgaben nicht gänzlich ausgeschlossen. Solche nachträglichen Betriebsausgaben liegen z.B. dann vor, wenn **vor Beendigung** des **Betriebs** Betriebsausgaben **entstanden** sind, diese aber erst **nach Betriebsbeendigung gezahlt** werden. Die gewinnmindernde Auswirkung dieser nachträgliche Zahlungen tritt aber nur dann ein, wenn der Betrieb nicht veräußert oder aufgegeben wurde, sondern lediglich liquidiert wurde (→ **Betriebsliquidation**); denn im Falle einer Betriebsveräußerung oder Betriebsaufgabe muss der Steuerpflichtige von der Gewinnermittlung nach § 4 Abs. 3 EStG zur Gewinnermittlung durch Buchführung übergehen und somit die entsprechenden Verbindlichkeiten passivieren, mit der Folge einer Abrechnung bei Ermittlung des Übergangsgewinns (→ **Wechsel der Gewinnermittlungsart**).

Nachträgliche Betriebsausgaben können auch im Zusammenhang mit nachträglichen Betriebseinnahmen i.S.v. § 24 Nr. 2 EStG anfallen. Dieser Fall ist z.B. denkbar, wenn ein Steuerpflichtiger seinen Betrieb gegen Zahlung einer Leibrente veräußert hat (**Betriebsveräußerung im Ganzen**), aber das Wahlrecht des R 16 Abs. 11 EStR dahingehend ausgeübt hat, dass er die Rentenzahlungen als nachträgliche Einkünfte nach § 24 Nr. 2 EStG behandelt (→ **Nachträgliche Einkünfte**).

9. Nicht abzugsfähige Betriebsausgaben

9.1 Allgemeiner Überblick

Ausgaben des Steuerpflichtigen, die ausschließlich betrieblich veranlasst sind, stellen auch unstreitig Betriebsausgaben dar (§ 4 Abs. 4 EStG). Davon abzugrenzen sind die Kosten, die begrifflich keine Betriebsausgaben sind. Es handelt sich dabei um folgende Fälle:
- Kosten der Lebensführung (§ 12 Nr. 1 EStG),
- Unterhalts- und Versorgungsleistungen (§ 12 Nr. 2 EStG),
- nicht abzugsfähige Steuern (§ 12 Nr. 3 EStG),
- Geldstrafen u. Ä. (§ 12 Nr. 4 EStG),
- erstmalige Berufsausbildungskosten (§ 12 Nr. 5 EStG),
- Aufwendungen zur Förderung staatspolitischer Zwecke (§ 4 Abs. 6 EStG).

Pflichtbeiträge von Angehörigen freier Berufe zu den Versorgungswerken ihrer jeweiligen Kammer sind nicht als Betriebsausgaben, sondern als Sonderausgaben nur teilweise abziehbar (§ 10 Abs. 1 Nr. 2 Buchst. a EStG). Auch der Betriebsausgabenabzugs eines dem »ArbG-Anteil« (§ 3 Nr. 62 EStG) entsprechenden Teils der Vorsorgeaufwendungen eines Selbständigen kommt nicht in Betracht (BFH-Beschluss vom 17.3.2004 IV B 185/02, BFH/NV 2004, 1245).

Daneben sind auch Fälle denkbar, bei denen zwar begrifflich Betriebsausgaben vorliegen, die jedoch aus besonderen Gründen nicht abgezogen werden dürfen, z.B.:

- die mit steuerfreien Betriebseinnahmen im Zusammenhang stehenden Ausgaben (§ 3c EStG),
- Betriebsausgaben ohne Benennung des Zahlungsempfängers (§ 160 AO),
- die Gewerbesteuer (§ 4 Abs. 5b EStG), die für Erhebungszeiträume ab 2008 festgesetzt wird.

Nach § 4 Abs. 5 und Abs. 7 EStG wird der Abzug von Betriebsausgaben eingeschränkt (z.B. **Zeile 43** des Vordrucks EÜR; siehe **Zeilen 41 bis 47** des Vordrucks EÜR). Begrifflich liegen zwar dem Grunde nach Betriebsausgaben i.S.v. § 4 Abs. 4 EStG vor, die aber der Höhe nach den Gewinn entweder ganz oder teilweise nicht mindern dürfen. Nicht abzugsfähige Betriebsausgaben stellen jedoch keine Entnahmen i.S.v. § 4 Abs. 1 Satz 2 EStG dar; es handelt sich nach wie vor um Betriebsausgaben (R 4.10 Abs. 1 Satz 3 EStR). Welche Betriebsausgaben zu den nicht abzugsfähigen Betriebsausgaben gehören, klärt § 4 Abs. 5 EStG. Darunter fallen insbesondere:
- Aufwendungen für Geschenke (§ 4 Abs. 5 Nr. 1 EStG),
- Aufwendungen für die Bewirtung von Personen (§ 4 Abs. 5 Nr. 2 EStG),
- Aufwendungen für betrieblich genutzte Einrichtungen, die der Bewirtung, Beherbergung oder Unterhaltung von Personen dienen, soweit diese nicht Arbeitnehmer des Steuerpflichtigen sind (§ 4 Abs. 5 Nr. 3 EStG),
- Betriebsausgaben, die mit Jagd oder Fischerei, mit Jachten oder ähnlichen Zwecken zusammenhängen (§ 4 Abs. 5 Nr. 4 EStG),
- Mehraufwendungen für Verpflegung (§ 4 Abs. 5 Nr. 5 EStG),
- Fahrten zwischen Wohnung und Betrieb (§ 4 Abs. 5 Nr. 6 EStG),
- Aufwendungen für ein häusliches Arbeitszimmer sowie die Kosten der Ausstattung (§ 4 Abs. 5 Nr. 6b EStG; → **Arbeitszimmer**).

Diese nicht abzugsfähigen Betriebsausgaben werden bei der § 4 Abs. 3-Rechnung »technisch« entweder nicht als Betriebsausgaben angesetzt, wenn ein vollständiges Abzugsverbot besteht; z.B. bei Aufwendungen für Gästehäuser nach § 4 Abs. 5 Nr. 3 EStG oder bei Geldbußen, Ordnungs- oder Verwarnungsgelder nach § 4 Abs. 5 Nr. 8 EStG. Bei nur teilweise als Betriebsausgaben abzugsfähigen Aufwendungen, z.B. bei Bewirtungskosten nach § 4 Abs. 5 Nr. 2 EStG oder bei Aufwendungen für ein häusliches Arbeitszimmer nach § 4 Abs. 5 Nr. 6b EStG (bis einschließlich Veranlagungszeitraum 2006; → **Arbeitszimmer**) wird nur der entsprechende Betrag als Betriebsausgabe berücksichtigt. Natürlich ist es auch möglich die entsprechenden Kosten zunächst in voller Höhe als Betriebsausgaben zu erfassen und dann am Schluss zu korrigieren.

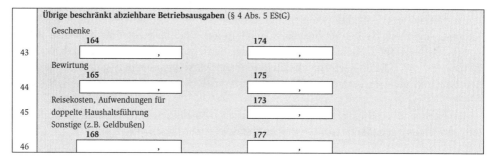

9.2 Geschenke i.S.d. § 4 Abs. 5 Satz 1 Nr. 1 EStG

Geschenke an **Personen**, die **nicht Arbeitnehmer** des Steuerpflichtigen sind (z.B. an Kunden, Geschäftsfreunde und fremde Arbeitnehmer), gehören zu den nicht abzugsfähigen Betriebsausgaben, wenn sie im Veranlagungszeitraum je Empfänger insgesamt 35 € übersteigen (R 4.10 Abs. 2 bis 4 EStR, H 4.10 Abs. 2 bis 4 EStH). Keine Geschenke sind beispielsweise:
- Kränze und Blumen bei Beerdigungen;
- Preise anlässlich eines Preisausschreibens oder einer Auslobung (siehe R 4.10 Abs. 4 Nr. 3 EStR und BMF-Schreiben vom 8.5.1995, DStR 1995, 884);
- zu den Geschenken i.S.d. § 4 Abs. 5 Satz 1 Nr. 1 EStG rechnen ebenfalls nicht die Bewirtung, die damit verbundene Unterhaltung und die Beherbergung von Personen aus geschäftlichem Anlass (R 4.10 Abs. 4 Satz 6 EStR).

Das Abzugsverbot greift nicht, wenn die zugewendeten Wirtschaftsgüter beim Empfänger ausschließlich betrieblich genutzt werden können (R 4.10 Abs. 2 Satz 4 EStR).
Nach § 15 Abs. 1a UStG ist die Vorsteuer dann nicht abziehbar, wenn sie auf Aufwendungen für Geschenke entfällt, für die das Abzugsverbot des § 4 Abs. 5 Satz 1 Nr. 1 EStG gilt.

Beispiel 1:
Der Unternehmer schafft 100 Geschenke zu je 25 € zzgl. 4,75 € USt an. Da die Freigrenze von 35 € für das einzelne Geschenk nicht überschritten ist,
- bleibt der Betriebsausgabenabzug erhalten und
- die Vorsteuer ist i.H.v. von 4,75 € × 100 = 475 € nach § 15 Abs. 1 UStG abzugsfähig.

Erhält ein Geschäftsfreund allerdings zwei dieser Geschenke, so entfällt diesbezüglich der Betriebsausgabenabzug, weil die Freigrenze von 35 € überschritten ist. Ertragsteuerrechtlich sind die Betriebsausgaben um 59,50 € zu korrigieren (**Zeile 43** Kennzahl 164 des Vordrucks EÜR). Nach § 12 Nr. 3 EStG dürfen Vorsteuerbeträge auf Aufwendungen, für die das Abzugsverbot des § 4 Abs. 5 Satz 1 Nr. 1 bis 5, 7 oder Abs. 7 EStG gilt, den Gewinn nicht mindern.
Umsatzsteuerrechtlich sind nach § 15 Abs. 1a UStG 9,50 € Vorsteuerbeträge nicht abziehbar.
Nach § 17 Abs. 2 Nr. 5 UStG tritt eine Änderung der Bemessungsgrundlage ein, da jetzt Aufwendungen i.S.d. § 15 Abs. 1a UStG getätigt worden sind. Die erforderliche Berichtigung ist für den Besteuerungszeitraum vorzunehmen, in dem die Änderung der Bemessungsgrundlage eingetreten ist (Abschn. 223 Abs. 2 UStR), somit in dem Voranmeldungszeitraum, in dem dem Geschäftsfreund das zweite Geschenk übergeben wurde.
Die Anwendung des § 17 Abs. 2 Nr. 5 UStG setzt voraus, dass
- die Vorsteuer in einem Voranmeldungszeitraum abziehbar (kein § 15 Abs. 1a UStG) und abzugsfähig ist und
- in einem anderen Voranmeldungszeitraum die Vorsteuer nicht abziehbar wird (§ 15 Abs. 1a UStG ist gegeben).

Im umgekehrten Fall, dass
- die Vorsteuer in einem Voranmeldungszeitraum nicht abziehbar ist (§ 15 Abs. 1a UStG ist gegeben) und

- in einem anderen Voranmeldungszeitraum die Vorsteuer abziehbar und abzugsfähig wird,

ist § 17 Abs. 2 Nr. 5 UStG nicht anwendbar.

Hinsichtlich der Anwendung der §§ 15 Abs. 1a, 3 Abs. 1b Satz 1 Nr. 3 und 17 Abs. 2 Nr. 5 UStG ist im Voranmeldungszeitraum der Anschaffung/Herstellung des Wirtschaftsguts folgende Prüfung vorzunehmen:

Handelt es sich bei dem angeschafften/hergestellten Wirtschaftsgut um ein Geschenk i.S.d. § 4 Abs. 5 Satz 1 Nr. 1 EStG?			
ja, da als Geschenk vorgesehen § 4 Abs. 5 Satz 1 Nr. 1 EStG erfüllt			nein, z.B. Wirtschaftsgut des Anlagevermögens oder Ware
Geringer Wert bis max. 35 €	Kein geringer Wert (Wert über 35 €)		Im Zeitpunkt der Anschaffung/Herstellung des Wirtschaftsguts kann § 4 Abs. 5 Satz 1 Nr. 5 EStG und § 15 Abs. 1a UStG nicht zur Anwendung kommen.
Kein Abzugsverbot i.S.d. § 4 Abs. 5 Satz 1 Nr. 1 EStG	Gegenstand kann beim Empfänger ausschließlich betrieblich genutzt werden (R 4.10 Abs. 2 Satz 4 EStR).		
	ja	nein	
	Kein Abzugsverbot i.S.d. § 4 Abs. 5 Satz 1 Nr. 1 EStG	Abzugsverbot i.S.d. § 4 Abs. 5 Satz 1 Nr. 1 EStG	
Ertragsteuerrechtlich stellt der Aufwand in voller Höhe Betriebsausgabe dar.	Ertragsteuerrechtlich stellt der Aufwand in voller Höhe Betriebsausgabe dar.	Ertragsteuerrechtlich ist der Betriebsausgabenabzug rückgängig zu machen.	Ertragsteuerrechtlich stellt der Aufwand entweder in voller Höhe Betriebsausgaben dar oder es ist AfA vorzunehmen.
Die Vorsteuer auf die Anschaffungskosten ist abziehbar und abzugsfähig (§ 15 UStG erfüllt).	Die Vorsteuer auf die Anschaffungskosten ist abziehbar und abzugsfähig (§ 15 UStG erfüllt).	Die Vorsteuer auf die Anschaffungskosten ist nicht abziehbar.	Die Vorsteuer auf die Anschaffungskosten ist unter den weiteren Voraussetzungen des § 15 UStG abziehbar und abzugsfähig.
§ 15 Abs. 1a UStG ist nicht anwendbar.	§ 15 Abs. 1a UStG ist nicht anwendbar.	§ 15 Abs. 1a UStG ist anwendbar.	§ 15 Abs. 1a UStG ist nicht anwendbar.
Umsatzsteuerliche Behandlung der Schenkung			
Für die Schenkung ist § 3 Abs. 1b Satz 1 Nr. 3 UStG nicht anwendbar, da Geschenk von geringem Wert.	Es handelt sich um eine unentgeltliche Wertabgabe i.S.d. § 3 Abs. 1b Satz 1 Nr. 3 UStG (Abschn. 24b Abs. 11 Satz 6 UStR).	Kein Fall des § 3 Abs. 1b Satz 1 Nr. 3 UStG. Nach Satz 2 ist Voraussetzung, dass der Vorsteuerabzug möglich war.	Es handelt sich um eine unentgeltliche Wertabgabe i.S.d. § 3 Abs. 1b Satz 1 Nr. 3 UStG (Abschn. 24b Abs. 11 Satz 6 UStR).

Betriebsausgaben

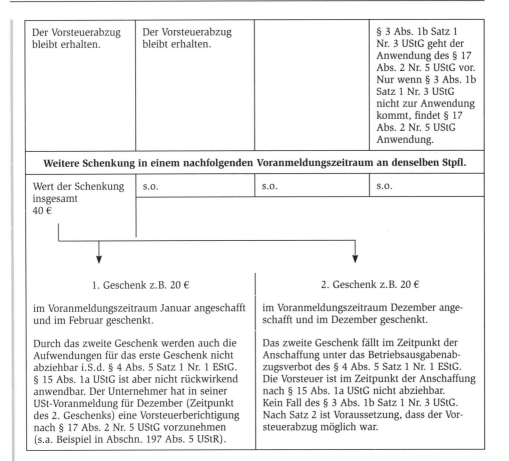

Beispiel 2:
Unternehmer U erwirbt im Voranmeldungszeitraum Januar Gegenstände, die als Geschenke an Geschäftsfreunde vorgesehen sind. Der Wert der einzelnen Gegenstände beträgt 50 € zzgl. 9,50 € USt. Einen Teil der Gegenstände verschenkt U noch im Monat Januar, die übrigen Geschenke werden in den folgenden Voranmeldungszeiträumen verschenkt. Im Voranmeldungszeitraum November verwendet U einen Gegenstand tatsächlich vorsteuerunschädlich in seinem Unternehmen (z.B. Einsatz als Büroartikel im Büro).

Lösung:
Im Zeitpunkt der Anschaffung der Geschenke im Voranmeldungszeitraum Januar tätigt U Aufwendungen, die unter das Abzugsverbot des § 4 Abs. 5 Satz 1 Nr. 1 EStG fallen. Die Vorsteuer ist im Zeitpunkt der Anschaffung nach § 15 Abs. 1a UStG nicht abziehbar. Auch für die noch nicht verschenkten Gegenstände ist die Vorsteuer im Januar nicht abziehbar, da hierfür die vorsteuerschädliche Verwendung vorgesehen ist.
Da U im November einen Gegenstand entgegen der ursprünglichen Absicht tatsächlich vorsteuerunschädlich verwendet, stellt sich die Frage, ob U nachträglich den Vorsteuerabzug dafür beanspruchen kann.

Lang in Weimann/Lang, Umsatzsteuer national und international, USt-Kommentar, 2. A., § 17, S. 990, 991 ist der Auffassung, dass § 17 Abs. 2 Nr. 5 UStG analog angewendet werden kann. Meiner Auffassung nach ist § 17 Abs. 2 Nr. 5 UStG allerdings nur dann anwendbar, wenn ein Vorsteuerabzug rückgängig gemacht wird, weil Aufwendungen i.S.d. § 15 Abs. 1a UStG getätigt werden. Ein Vorsteuerabzug ist allerdings nicht zu korrigieren, wenn bisherige Aufwendungen i.S.d. § 15 Abs. 1a UStG in vorsteuerabziehbare Aufwendungen umqualifiziert werden.

M.E. ist § 17 Abs. 2 Nr. 5 UStG nicht analog anzuwenden, da der Unternehmer beim Leistungsbezug sich für eine Verwendung des Gegenstandes i.R.d. § 4 Abs. 5 Satz 1 Nr. 1 EStG entschieden hatte. Diese Verwendungsabsicht wirkt »wie eine private Verwendung«, da keine Betriebausgaben abgezogen werden dürfen. Wie der BFH mit Urteil vom 25.11.2004 (V R 38/03, BStBl II 2005, 414) entschieden hat, ist für die Entstehung und den Umfang des Rechts auf Vorsteuerabzug aus Rechnungen über Eingangsleistungen bei richtlinienkonformer Anwendung von § 15 Abs. 1 und 2 UStG maßgebend, ob der Steuerpflichtige die durch objektive Anhaltspunkte belegte Absicht hatte, mit den Investitionsausgaben Umsätze auszuführen, für die der Vorsteuerabzug zugelassen ist (vgl. EuGH Urteil vom 8.6.2000 C-400/98 – Breitsohl –, BStBl II 2003, 452).

Da das Recht auf Vorsteuerabzug nach Art. 167 MwStSystRL entsteht, wenn der Anspruch auf die abziehbare Steuer entsteht, d.h. mit der Lieferung eines Gegenstands oder der Ausführung einer Dienstleistung an den vorsteuerabzugsberechtigten Steuerpflichtigen, muss nach der vorbezeichneten Rechtsprechung die Absicht, die Eingangsleistungen zur Ausführung steuerpflichtiger Umsätze zu verwenden, im Zeitpunkt des Bezugs der Leistungen vorliegen. Im Ausgangsfall fehlt es an Anhaltspunkten, dass U bei Bezug der Leistung beabsichtigt hatte, die als Geschenke erworbenen Gegenstände zur Ausführung steuerpflichtiger Umsätze zu verwenden.

Der Entschluss des U, die Gegenstände nachträglich für steuerpflichtige Ausgangsumsätze zu verwenden, stellt eine Absichtsänderung dar. Absichtsänderungen wirken nicht zurück. Deshalb führen sie nicht dazu, dass die für die im Voranmeldungszeitraum Januar empfangenen Eingangsleistungen berechneten Steuerbeträge nachträglich als Vorsteuer abziehbar sind (vgl. auch BFH-Urteil vom 16.5.2002 V R 56/00, BFH/NV 2002, 1265).

M.E ist der Fall analog einer Nutzungsänderung von der Privatnutzung hin zur unternehmerischen Nutzung zu lösen. Wird nämlich ein Gegenstand später unternehmerisch genutzt (die Vorsteuer wird danach abziehbar nach § 15 Abs. 1 UStG), ist eine Vorsteuerberichtigung zugunsten des Unternehmers nach § 15a UStG nicht zulässig (Abschn. 192 Abs. 21 Nr. 2 Satz 11 Buchst. b Satz 6 UStR). Eine Vorsteuerberichtigung ist nur möglich, wenn und soweit die bezogenen Leistungen im Zeitpunkt des Leistungsbezugs dem Unternehmen zugeordnet wurden (Abschn. 214 Abs. 6 UStR).

Die Vorsteuerberichtigung des § 15a UStG korrigiert die abzugsfähige bzw. nicht abzugsfähige Vorsteuer i.S.d. § 15 Abs. 2 und 3 UStG. Sie berücksichtigt nicht die nicht abziehbare Vorsteuer i.S.d. § 15 Abs. 1 UStG (Abschn. 214 Abs. 5 UStR). Durch eine Nutzungsänderung (ertragsteuerrechtliche Einlage) tritt keine Vorsteuerkorrektur i.S.d. § 15a UStG ein (Abschn. 214 Abs. 6 UStR).

Der Ausgangsfall ist mit folgendem Fall vergleichbar:

U erwirbt einen Pkw für 50 000 € zzgl. 9 500 € USt. Er ordnet den Pkw seinem Privatvermögen zu. Die Vorsteuer i.H.v. 9 500 € ist gem. § 15 Abs. 1 UStG nicht abziehbar. Wird der Pkw später für unternehmerische Zwecke verwendet, ist § 15a UStG nicht anwendbar

(Abschn. 214 Abs. 6 Satz 2 Nr. 2 UStR). Die Vorsteuer im Zusammenhang mit den Pkw-Kosten ab der Einlage ist unter den weiteren Voraussetzungen des § 15 UStG abzugsfähig. Hätte der Unternehmer U, statt den Pkw einzulegen, einen neuen Pkw für unternehmerische Zwecke erworben, stünde ihm der Vorsteuerabzug auf die Anschaffungskosten zu. Übertragen auf den Ausgangsfall bedeutet dies, dass der Vorsteuerabzug für den im Büro eingesetzten Gegenstand dann gewährt werden kann, wenn U einen neuen Gegenstand erwirbt, den er für unternehmerische Zwecke entsprechend einzusetzen beabsichtigt.

Die Vorsteuer im Ausgangsfall kann m.E. nur unter den in Abschn. 203 Abs. 5 UStR genannten Voraussetzungen nach abgabenrechtlichen Vorschriften korrigiert werden. Dabei muss aber später festgestellt werden, dass objektive Anhaltspunkte für die Verwendungsabsicht im Zeitpunkt des Leistungsbezugs nicht vorlagen.

Beispiel 3:
Unternehmer U erwirbt im Voranmeldungszeitraum Januar Gegenstände in der Absicht, sie in seinem Unternehmen zur Ausführung von Abzugsumsätzen einzusetzen. Der Wert der einzelnen Gegenstände beträgt 50 € zzgl. 9,50 € USt. Im Voranmeldungszeitraum November verschenkt U einen Gegenstand an einen Geschäftsfreund.

Lösung:
Im Zeitpunkt der Anschaffung des Gegenstandes finden § 4 Abs. 5 Satz 1 Nr. 1 EStG und somit auch § 15 Abs. 1a UStG keine Anwendung. Im Besteuerungszeitraum des erstmaligen Vorsteuerabzugs entscheidet sich der Vorsteuerabzug nach der geplanten Verwendung (Zuordnungsentscheidung, Abschn. 192 Abs. 21 und Abschn. 203 Abs. 3 Satz 7 UStR). Da U zu diesem Zeitpunkt eine Verwendung im eigenen Unternehmen plant (und auch tatsächlich durchführt), kann er die Vorsteuer nach § 15 Abs. 1 UStG geltend machen. Die Vorsteuer ist abziehbar und abzugsfähig. Die spätere tatsächlich anderweitige Nutzung führt aber nicht nachträglich zur Anwendung des § 15 Abs. 1a UStG; die Vorsteuer bleibt abziehbar.

Es handelt sich um eine unentgeltliche Wertabgabe i.S.d. § 3 Abs. 1b Satz 1 Nr. 3 UStG (Abschn. 24b Abs. 11 Satz 6 UStR). Eine Vorsteuerkorrektur nach § 17 Abs. 2 Nr. 5 UStG ist in diesem Fall nicht durchzuführen.

Beispiel 4:
Uhrenhändler U schenkt seinem Geschäftskunden B im April 01 eine Uhr aus seinem Warenbestand. Die Uhr hatte U im Dezember 00 für 25 € zzgl. 4,75 € USt eingekauft. Im Dezember 01 erhält B von U aus Anlass des Weihnachtsfestes ein Weinpräsent, das U im Dezember 01 für 35 € zzgl. 6,65 € USt gekauft hatte.

Lösung:
S.a. Beispiel in Abschn. 197 Abs. 5 UStR.
Im Zeitpunkt der Anschaffung des Gegenstandes finden § 4 Abs. 5 Satz 1 Nr. 1 EStG und somit auch § 15 Abs. 1a UStG keine Anwendung. Im Besteuerungszeitraum des erstmaligen Vorsteuerabzugs entscheidet sich der Vorsteuerabzug nach der geplanten Verwendung (Zuordnungsentscheidung, Abschn. 192 Abs. 21 und Abschn. 203 Abs. 3 Satz 7 UStR). Da U zu diesem Zeitpunkt eine Verwendung im eigenen Unternehmen plant (und auch tatsächlich durchführt), kann er die Vorsteuer nach § 15 Abs. 1 UStG geltend machen.

Die Vorsteuer ist abziehbar und abzugsfähig. Die spätere tatsächlich anderweitige Nutzung führt aber nicht nachträglich zur Anwendung des § 15 Abs. 1a UStG; die Vorsteuer bleibt abziehbar.

Im Normalfall würde es sich um eine unentgeltliche Wertabgabe i.S.d. § 3 Abs. 1b Satz 1 Nr. 3 UStG (Abschn. 24b Abs. 11 Satz 6 UStR) handeln. Da aber wegen der Geringfügigkeitsgrenze von 35 € § 3 Abs. 1b Satz 1 Nr. 3 UStG nicht zur Anwendung kommt, bleibt der Vorsteuerabzug bei der Schenkung im April weiterhin bestehen.

Durch das zweite Geschenk im Dezember i.H.v. 35 € wird auch das erste Geschenk im April i.H.v. 25 € zu einem Geschenk i.S.d. § 4 Abs. 5 Satz 1 Nr. 1 EStG mit einem Gesamtwert an einen Erwerber von über 35 €. Da für das erste Geschenk der Vorsteuerabzug noch nicht durch die unentgeltliche Wertabgabe nach § 3 Abs. 1b Satz 1 Nr. 3 UStG korrigiert wurde, ist in diesem Fall im Dezember 01 eine Änderung gem. § 17 Abs. 2 Nr. 5 UStG vorzunehmen.

Im Voranmeldungszeitraum Dezember 01 stellen die Anschaffungskosten für das zweite Geschenk Aufwendungen dar, die unter § 4 Abs. 5 Satz 1 Nr. 1 EStG fallen, da die Geschenke an einen Geschäftsfreund insgesamt 35 € übersteigen. Da im Zeitpunkt der Anschaffung die Aufwendungen nicht als Betriebsausgaben berücksichtigt werden können, ist auch in diesem Voranmeldungszeitraum die Vorsteuer nach § 15 Abs. 1a UStG nicht abziehbar. Eine unentgeltliche Wertabgabe i.S.d. § 3 Abs. 1b UStG liegt nach Satz 2 nicht vor, da der Gegenstand nicht zum Vorsteuerabzug berechtigt hat.

Beispiel 5:
Uhrenhändler U schenkt seinem Geschäftskunden B im April 01 eine Uhr aus seinem Warenbestand. Die Uhr hatte U im Dezember 00 für 50 € zzgl. 9,50 € USt eingekauft. Im Dezember 01 erhält B von U aus Anlass des Weihnachtsfestes ein Weinpräsent, das U im Dezember 01 für 35 € zzgl. 6,65 € USt gekauft hatte.

Lösung:
Im Zeitpunkt der Anschaffung des Gegenstandes finden § 4 Abs. 5 Satz 1 Nr. 1 EStG und somit auch § 15 Abs. 1a UStG keine Anwendung. Im Besteuerungszeitraum des erstmaligen Vorsteuerabzugs entscheidet sich der Vorsteuerabzug nach der geplanten Verwendung (Zuordnungsentscheidung, Abschn. 192 Abs. 21 und Abschn. 203 Abs. 3 Satz 7 UStR). Da U zu diesem Zeitpunkt eine Verwendung im eigenen Unternehmen plant (und auch tatsächlich durchführt), kann er die Vorsteuer nach § 15 Abs. 1 UStG geltend machen. Die Vorsteuer ist abziehbar und abzugsfähig. Die spätere tatsächlich anderweitige Nutzung führt aber nicht nachträglich zur Anwendung des § 15 Abs. 1a UStG; die Vorsteuer bleibt abziehbar. Bei der Schenkung im April handelt es sich um eine unentgeltliche Wertabgabe i.S.d. § 3 Abs. 1b Satz 1 Nr. 3 UStG (Abschn. 24b Abs. 11 Satz 6 UStR). § 17 Abs. 2 Nr. 5 UStG kommt in diesem Fall nicht zur Anwendung.

Im Voranmeldungszeitraum Dezember 01 stellen die Anschaffungskosten für das zweite Geschenk Aufwendungen dar, die unter § 4 Abs. 5 Satz 1 Nr. 1 EStG fallen, da die Geschenke an einen Geschäftsfreund insgesamt 35 € übersteigen. Da im Zeitpunkt der Anschaffung die Aufwendungen nicht als Betriebsausgaben berücksichtigt werden können, ist auch in diesem Voranmeldungszeitraum die Vorsteuer nach § 15 Abs. 1a UStG nicht abziehbar. Eine unentgeltliche Wertabgabe i.S.d. § 3 Abs. 1b UStG liegt nach Satz 2 nicht vor, da der Gegenstand nicht zum Vorsteuerabzug berechtigt hat.

Umsatzsteuerrechtlich ist die Steuerbefreiung des § 4 Nr. 28 UStG zu beachten.

»Steuerfrei sind die Lieferungen von Gegenständen, für die der Vorsteuerabzug nach § 15 Abs. 1a UStG ausgeschlossen ist oder wenn der Unternehmer die gelieferten Gegenstände ausschließlich für eine nach den Nummern 8 bis 27 steuerfreie Tätigkeit verwendet.«

Beispiel 6:
Der Unternehmer schafft 100 Geschenke zu je 50 € zzgl. 9,50 € USt an. Da die Freigrenze von 35 € für das einzelne Geschenk überschritten ist, ist die Vorsteuer i.H.v. von 9,50 € × 100 = 950 € nach § 15 Abs. 1a UStG nicht abziehbar. Ertragsteuerrechtlich sind die Betriebsausgaben um 5 950 € zu korrigieren, wenn bei der Anschaffung Betriebsausgaben geltend gemacht wurden. Nach **Zeile 43** Kennzahl 164 des Vordrucks EÜR sind die Aufwendungen i.H.v. 5 950 € nicht als Betriebsausgaben zu berücksichtigen.

Nach § 12 Nr. 3 EStG dürfen Vorsteuerbeträge auf Aufwendungen, für die das Abzugsverbot des § 4 Abs. 5 Satz 1 Nr. 1 bis 5, 7 oder Abs. 7 EStG gilt, den Gewinn nicht mindern. Die Hingabe der Geschenke an Geschäftsfreunde wird nicht von § 3 Abs. 1b Nr. 3 UStG erfasst, da die Anschaffung der Gegenstände nicht zum Vorsteuerabzug berechtigt hat.

Umsatzsteuerrechtlich sind nach § 15 Abs. 1a UStG die gesamten Vorsteuerbeträge nicht abziehbar. Werden nun einige dieser »Geschenke« gegen Entgelt an Kunden veräußert (z.B. 5 Geschenke zu je 60 €), so handelt es sich um eine steuerbare Lieferung i.S.d. § 1 Abs. 1 Nr. 1 i.V.m. § 3 Abs. 1 UStG. Da für die Anschaffung dieser Gegenstände der Vorsteuerabzug ausgeschlossen war, sind diese Lieferungen nach § 4 Nr. 28 UStG von der USt befreit.

§ 4 Abs. 3-Rechnung insoweit:

Betriebseinnahmen	Verkaufserlös (5 × 60 €) (**Zeile 11** des Vordrucks EÜR)	300,00 €
Betriebsausgaben	Anschaffung Geschenke (bei Zahlung an Lieferanten) (**Zeile 43** Kennzahl 164 des Vordrucks EÜR)	0,00 €
	Anschaffungskosten für die 5 verkauften Geschenke (5 × 59,50 €) (**Zeile 21** des Vordrucks EÜR)	297,50 €

Ermittlung der Anschaffungskosten für Geschenke (R 4.10 Abs. 3 und R 9b Abs. 3 EStR, H 9b [Freigrenze für Geschenke nach § 4 Abs. 5 Satz 1 Nr. 1 EStG] EStH):
1. **Unternehmer tätigt ausschließlich Abzugsumsätze:** Die Vorsteuer ist abziehbar und abzugsfähig. Die **Freigrenze** von 35 € ist ein **Nettobetrag**.
2. **Unternehmer tätigt ausschließlich Ausschlussumsätze:** Die Vorsteuer ist gem. § 15 Abs. 2 Nr. 1 UStG nicht abzugsfähig. Die nicht abzugsfähige Vorsteuer gehört nach § 9b Abs. 1 EStG zu den Anschaffungskosten. Die **Freigrenze** von 35 € ist ein **Bruttobetrag**.
3. **Unternehmer tätigt sowohl Abzugs- als auch Ausschlussumsätze:** Die anteilige nach § 15 Abs. 2 Nr. 1 i.V.m. Abs. 4 UStG nicht abzugsfähige Vorsteuer gehört nach § 9b Abs. 1 EStG zu den Anschaffungskosten. Die **Freigrenze** von 35 € ist der **Nettobetrag zzgl.** der **individuell** ermittelten **nicht abzugsfähigen Vorsteuer**.

9.3 Bewirtungsaufwendungen

9.3.1 Allgemeiner Überblick

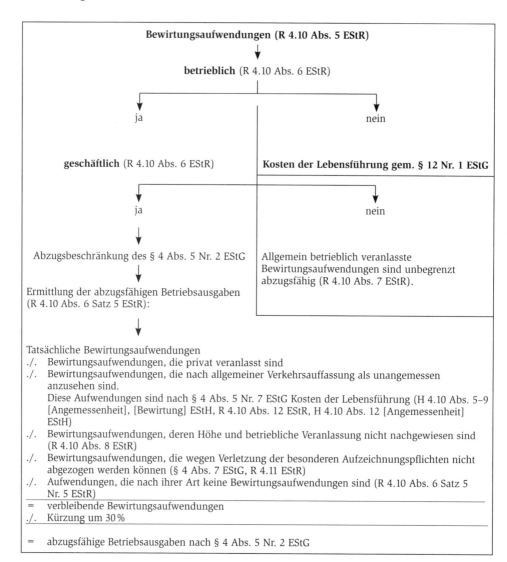

Abbildung: Einteilung der Bewirtungsaufwendungen

Der Vorteil aus einer Bewirtung i.S.d. § 4 Abs. 5 Satz 1 Nr. 2 EStG ist aus Vereinfachungsgründen beim bewirteten Steuerpflichtigen nicht als Betriebseinnahme zu erfassen (R 4.7 Abs. 3 EStR).

9.3.2 Geschäftlich veranlasste Bewirtungsaufwendungen

Die **geschäftlich veranlasste Bewirtung** von Personen nach § 4 Abs. 5 Nr. 2 EStG setzt voraus, dass der Stpfl. zu den bewirteten Personen bereits in Geschäftsbeziehungen steht oder diese erstmalig anbahnen will (R 4.10 Abs. 6 Satz 2 EStR). Eine »**geschäftliche**« Veranlassung i.S.d. § 4 Abs. 5 Satz 1 Nr. 2 EStG **fehlt** nach der Verwaltungsauffassung (R 4.10 Abs. 7 Satz 1 EStR) nur dann, wenn ein Unternehmen seine **eigenen Arbeitnehmer bewirtet** (s.a. BFH-Urteil vom 18.9.2007 I R 75/06, BStBl II 2008, 116). Eine geschäftlich veranlasste Bewirtung liegt danach auch dann vor, wenn ein Unternehmen im Rahmen einer Schulungsveranstaltung Personen bewirtet, die nicht seine Arbeitnehmer sind. Ein geschäftlicher Anlass in diesem Sinne liegt nicht vor, wenn ein Getränkegroßhändler in Lokalen der von ihm belieferten Gastwirte für die dort anwesenden Gäste kostenlos Lokalrunden der von ihm vertriebenen Warenprodukte ausgibt. Die Aufwendungen dafür sind – ebenso wie von den Brauereien veranstalteten Kundschaftstrinken – ausschließlich betrieblich veranlasst und deshalb in voller Höhe als Betriebsausgaben abziehbar (FG Rheinland Pfalz rechtskräftiges Urteil vom 9.11.2000, EFG 2001, 420).

9.3.3 Vorsteuerabzugsverbot

Nach § 15 Abs. 1a UStG sind Vorsteuerbeträge nicht abziehbar, die u.a. auf Aufwendungen entfallen, für die das Abzugsverbot des § 4 Abs. 5 Satz 1 Nr. 2 EStG gilt.

Nach dem BFH-Urteil vom 12.8.2004 (V R 49/02, BStBl II 2004, 1090) rechtfertigt die Unterlassung der nach dem EStG vorgeschriebenen gesonderten Aufzeichnung von Bewirtungsaufwendungen (§ 4 Abs. 7 EStG) keinen Ausschluss des Vorsteuerabzugs nach § 15 Abs. 1a UStG.

Nach dem BFH-Urteil vom 10.2.2005 (V R 76/03, BStBl II 2005, 509) berechtigen betrieblich veranlasste Bewirtungsaufwendungen unter den allgemeinen Voraussetzungen des Art. 17 Abs. 2 der 6. RLEWG (Art. 167 ff. MwStSystRL) zum Vorsteuerabzug. Die Einschränkung des Rechts auf Vorsteuerabzug durch § 15 Abs. 1a UStG ist mit Art. 17 Abs. 6 der 6. RLEWG (Art. 176 MwStSystRL) nicht vereinbar. Der Steuerpflichtige kann sich auf das ihm günstigere Gemeinschaftsrecht berufen. Durch das Jahressteuergesetz 2007 vom 13.12.2006 (BGBl I 2006, 2878) wurde § 15 Abs. 1a UStG dahingehend eingeschränkt, dass das Vorsteuerabzugsverbot des § 15 Abs. 1a UStG für Bewirtungsaufwendungen nicht gilt, soweit § 4 Abs. 5 Satz 1 Nr. 2 EStG einen Abzug angemessener und nachgewiesener Aufwendungen ausschließt. Der Vorsteuerabzug ist unter den allgemeinen Voraussetzungen des § 15 UStG zu gewähren.

> **Beispiel:**
> Anlässlich einer geschäftlichen Bewirtung hat der Unternehmer U folgende Aufwendungen als Betriebsausgaben gebucht:
>
> Für Speisen und Getränke im Lokal 200,00 €
> Trinkgelder dafür an den Gastwirt 10,00 €
>
> Teilnehmer waren: der Geschäftspartner P und dessen Ehefrau, Unternehmer U, dessen Ehefrau sowie deren Sohn. Die Aufwendungen sind ordnungsgemäß nachgewiesen. Für die Teilnahme der Ehefrauen und des Soh-

nes an der Bewirtung liegen keine erkennbaren betrieblichen Gründe vor (falls solche Gründe gegeben sind, sollte dies festgehalten werden).

Besuch einer Nachtbar		150,00 €
insgesamt		360,00 €
zuzüglich 19 % USt	68,40 €	

Lösung:

Die Aufwendungen der geschäftlichen Bewirtung stellen Betriebsausgaben dar, soweit sie nicht unter das Abzugsverbot des § 4 Abs. 5 Nr. 2 EStG fallen.
Die Bewirtungskosten für die Ehefrauen sowie den Sohn sind privat veranlasst. Nach § 12 Nr. 1 EStG handelt es sich um Kosten der Lebensführung. Die darauf entfallende Vorsteuer ist gem. § 15 Abs. 1a UStG nicht abziehbar.

Auf die Ehefrauen und den Sohn entfallen: 210 € : 5 Personen × 3 Personen =		./. 126,00 €
Darauf entfallende USt 19 % von 126 € =	./. 23,94 €	

Ertragsteuerrechtlich handelt es sich um eine Barentnahme i.S.d. § 4 Abs. 1 Satz 2 EStG i.H.v. 149,94 €, die weder als Betriebsausgabe noch als Betriebseinnahme zu berücksichtigen ist.

Die Aufwendungen für den Besuch der Nachtbar sind gem. § 4 Abs. 5 Nr. 7 EStG in voller Höhe nicht abzugsfähig

		./. 150,00 €
Nach § 15 Abs. 1a UStG ist die darauf entfallende Vorsteuer nicht abzugsfähig: 19 % von 150 € =	./. 28,50 €	
Verbleibende Aufwendungen gem. § 4 Abs. 5 Nr. 2 EStG (von insgesamt 360 €)		84,00 €
Verbleibende Vorsteuer (von insgesamt 68,40 €)	15,96 €	

Von den verbleibenden Aufwendungen dürfen nur 70 % den Gewinn mindern.

Abzüglich 30 % =		./. 25,20 €
Höhe der abzugsfähigen Betriebsausgaben		58,80 €
Die nicht abzugsfähigen Betriebsausgaben nach § 4 Abs. 5 Nr. 2 EStG betragen		25,20 €

Da § 15 Abs. 1a UStG mit der MwStSystRL nicht vereinbar ist, ist die darauf entfallende Vorsteuer i.H.v. 19 % von 25,20 € = 4,79 € abziehbar.

Aufwendungen für den Besuch der Nachtbar (§ 4 Abs. 5 Nr. 7 EStG)		150,00 €
USt dafür		28,50 €
		203,70 €

In Höhe der nicht abzugsfähigen Betriebsausgaben handelt es sich **nicht** um Entnahmen i.S.d. § 4 Abs. 1 Satz 2 EStG (R 4.10 Abs. 1 Satz 3 EStR).
Die abzugsfähige Vorsteuer beträgt insgesamt 15,96 €. Dies entspricht 19 % von 84,00 €.

Zeile 44 Kennzahlen 165 und 175 des Vordrucks EÜR enthalten folgende Werte:

	Übrige beschränkt abziehbare Betriebsausgaben (§ 4 Abs. 5 EStG)				
43	Geschenke 164	,	174	,	
44	Bewirtung 165	203,70	175	58,80	
45	Reisekosten, Aufwendungen für doppelte Haushaltsführung		173	,	
46	Sonstige (z.B. Geldbußen) 168	,	177	,	
47	**Summe Zeilen 41 bis 46 (abziehbar)**			58,80 ▶	58,80
48	Porto, Telefon, Büromaterial		192		,
49	Fortbildung, Fachliteratur		193		,
50	Rechts- und Steuerberatung, Buchführung		194		,
51	Übrige Betriebsausgaben		183		,
52	Gezahlte Vorsteuerbeträge		185		15,96
53	An das Finanzamt gezahlte und ggf. verrechnete Umsatzsteuer		186		,
54	Rücklagen, stille Reserven und/oder Ausgleichsposten (Übertrag von Zeile 73)				,
55	**Summe Betriebsausgaben**		199		74,76

Die mit der Rechnung gezahlte Vorsteuer (**Zeile 52** des Vordrucks EÜR) führt im Zeitpunkt der Erstattung durch das Finanzamt wieder zu Betriebseinnahmen (**Zeile 13** des Vordrucks EÜR).

12	Vereinnahmte Umsatzsteuer sowie Umsatzsteuer auf unentgeltliche Wertabgaben	140	,
13	Vom Finanzamt erstattete und ggf. verrechnete Umsatzsteuer	141	,

Zur steuerlichen Anerkennung von Aufwendungen für die Bewirtung von Personen aus geschäftlichem Anlass als Betriebsausgaben ist das BMF-Schreiben vom 21.11.1994 (BStBl I 1994, 855) zu beachten.

9.4 Freizeitgegenstände i.S.d. § 4 Abs. 5 Satz 1 Nr. 4 EStG

Bei der Anschaffung von Freizeitgegenständen ist zu prüfen, ob diese unter § 4 Abs. 5 Nr. 4 EStG fallen. Sind die damit im Zusammenhang stehenden Betriebsausgaben nicht abzugsfähig, sind auch die Vorsteuerbeträge nach § 15 Abs. 1a UStG nicht abziehbar (**Zeile 46** des Vordrucks EÜR). Ist der Betriebsausgabenabzug für diese Aufwendungen zulässig, so ist auch die Vorsteuer in voller Höhe abziehbar. Nach § 4 Abs. 5 Satz 2 EStG gilt das Betriebsausgabenabzugsverbot nicht, wenn der Gegenstand einer mit Gewinnerzielungsabsicht ausgeübten Betätigung des Stpfl. dient. In diesem Fall fällt die nicht unternehmerische Nutzung unter § 3 Abs. 9a Nr. 1 UStG.

Zur Behandlung einer Veräußerung eines solchen Freizeitgegenstandes siehe das BFH-Urteil vom 12.12.1973 (VIII R 40/96, BStBl II 1974, 207; H 4.10 (1) [Veräußerung von Wirtschaftsgütern i.S.d. § 4 Abs. 5 EStG] EStH).

Zur Ermittlung der Bemessungsgrundlage im Fall des § 3 Abs. 9a Nr. 1 UStG hat der BFH mit Urteil vom 24.8.2000 (V R 9/00, BStBl II 2001, 76) wie folgt entschieden:

Die Wertabgabe wird nach den bei der Ausführung dieses Umsatzes entstandenen Kosten bemessen. Dafür sind nur die anteiligen, aus den Gesamtkosten abgeleiteten Kosten heranzuziehen, für die der Unternehmer zum Vorsteuerabzug berechtigt war. Der einzubeziehende Teil der Ausgaben muss zu den Gesamtausgaben im selben Verhältnis stehen, wie die Dauer der tatsächlichen Verwendung des Gegenstands für unternehmensfremde Zwecke zur Gesamtdauer seiner tatsächlichen Verwendung.

Beispiel: (siehe BFH-Urteil vom 24.8.2000, a.a.O.)
Der Stpfl. erwarb eine Segelyacht. Er vercharterte die Yacht an vier Kunden im Umfang von insgesamt 49 Tagen. Privat nutzte er die Yacht an sieben Tagen. Die insgesamt vorsteuerbelasteten Kosten betrugen 26 368 €. Der Stpfl. erklärte eine Wertabgabe nach § 3 Abs. 9a Nr. 1 UStG und ermittelte die Bemessungsgrundlage (§ 10 Abs. 4 Nr. 2 UStG) und die USt dafür wie folgt:
7/365 von 26 368 € = 505,68 €, darauf 19 % USt = 96,08 € USt.

Lösung:
Zunächst ist zu prüfen, ob die Segelyacht zu den Repräsentationsaufwendungen i.S.d. § 4 Abs. 5 Satz 1 Nr. 4 EStG gehört oder ob die Yacht mit Gewinnabsicht vermietet wird. In diesem Fall sind die Voraussetzungen des § 3 Abs. 9a Nr. 1 UStG erfüllt. Im anderen Fall ist die Vorsteuer gem. § 15 Abs. 1a UStG in voller Höhe nicht abziehbar. Aufwendungen für eine Segelyacht, die der Erwerber nachhaltig und zur Erzielung von Einnahmen – aber ohne Gewinnabsicht – vermietet, unterliegen dem Vorsteuerabzugsverbot gem. § 15 Abs. 1a i.V.m. § 4 Abs. 5 Satz 1 Nr. 4 EStG.

Bei Vermietung mit Gewinnabsicht wird die private Verwendung mit den »bei der Ausführung dieses Umsatzes entstandenen Kosten« besteuert. Diese Kosten sind anteilig aus den Gesamtkosten abzuleiten. Dazu ist von den Gesamtkosten der Teil der Ausgaben zu berücksichtigen, der zu den Gesamtausgaben in demselben Verhältnis steht wie die Dauer der tatsächlichen Verwendung des Gegenstandes für unternehmensfremde Zwecke (im Streitfall sieben Tage) zur Gesamtdauer seiner tatsächlichen Verwendung (im Streitfall 56 Tage). Die Ermittlung der Bemessungsgrundlage und die USt dafür sind wie folgt durchzuführen:
7/56 von 26 368 € = 3 296 €, darauf 19 % USt = 626,24 €.

Zur Veranstaltung von Golfturnieren durch Automobilvertragshändler als nichtabzugsfähige Betriebsausgaben nach § 4 Abs. 5 Satz 1 Nr. 4 EStG nimmt die OFD Hannover mit Vfg. vom 20.5.2009 (S 2145 – 80 – StO 224, LEXinform 5232069) ausführlich Stellung.

Automobilvertragshändler führen seit einigen Jahren Golfturniere im Amateurbereich durch. Die Ausrichtung der Golfturniere soll insbesondere den Interessen von potentiellen Käufern von Pkw der Luxusklasse entsprechen und den Dialog mit dieser Klientel aufbauen und fördern. Die örtlichen Vertragshändler übernehmen als Veranstalter der Turniere die Auswahl und Einladung der Teilnehmer, die Platzbuchung und die Platzgebühren, die Fahrzeugpräsentation vor Ort, die Kosten für kleinere Geschenke und die Kosten der anfallenden Bewirtungen. Von Automobilherstellern werden z.B. Kosten für hochwertige Sachpreise, Platzausstattung und Werbetafeln übernommen.

Gem. § 4 Abs. 5 Satz 1 Nr. 4 EStG sind Aufwendungen für Jagd und Fischerei, für Segel- oder Motorjachten sowie für ähnliche Zwecke und für die hiermit zusammenhängenden Bewirtungen nicht abzugsfähige Betriebsausgaben. Unter den Begriff der Aufwendungen für »ähnliche Zwecke« i.S. dieser Vorschrift fallen insbesondere Aufwendungen für Zwecke der sportlichen Betätigung, der Unterhaltung von Geschäftsfreunden, der Freizeitgestaltung oder der Repräsentation. Auch der Golfsport und damit in Zusammenhang stehende Veranstaltungen fallen unter das Abzugsverbot des § 4 Abs. 5 Satz 1 Nr. 4 EStG, da er ähnliche Möglichkeiten zur sportlichen Betätigung, Unterhaltung, Freizeitgestaltung und Repräsentation bietet wie etwa der Segel-, Reit- oder Flugsport.

Nach Abstimmungen auf Bund-Länder-Ebene ist insbesondere der Sponsoring-Erlass des BMF vom 18.2.1998 (BStBl I 1998, 212) für die Veranstaltung von Golfturnieren durch Automobilvertragshändler nicht anwendbar.

Literatur: Völkel u.a., ABC-Führer Umsatzsteuer (Loseblatt).

9.5 Verpflegungsmehraufwendungen

→ Geschäftsreise

9.6 Fahrten zwischen Wohnung und Betrieb sowie Familienheimfahrten

Als Betriebsausgaben sind lediglich die in § 9 Abs. 1 Satz 3 Nr. 4 und Abs. 2 EStG maßgeblichen Beträge zulässig (**Zeilen 36** und **37a** des Vordrucks EÜR). Die darüber hinausgehenden Aufwendungen sind nach § 4 Abs. 5 Nr. 6 EStG nicht als Betriebsausgaben abzugsfähig.

Die Fahrten des Unternehmers zwischen Wohnung und Betriebsstätte sowie Familienheimfahrten wegen einer aus betrieblichem Anlass begründeten doppelten Haushaltsführung sind umsatzsteuerlich der unternehmerischen Nutzung des Fahrzeugs zuzurechnen.

Die Höhe der nicht abzugsfähigen Betriebsausgaben berechnet sich wie folgt:

Fahrten zwischen Wohnung und Betriebsstätte (§ 4 Abs. 5 Nr. 6 EStG)	
Unternehmer führt Fahrtenbuch und Belegnachweis	
Ja	nein
tatsächliche Kosten/km für Fahrten Wohnung – Betrieb (insgesamt nicht als Betriebsausgaben abzugsfähig – Korrektur in **Zeile 36**; § 4 Abs. 5 Nr. 6 Satz 3 2. HS EStG)	monatlich 0,03 % des Listenpreises pro Kalendermonat für jeden Entfernungskilometer (insgesamt nicht als Betriebsausgaben abzugsfähig – Korrektur in **Zeile 36**; § 4 Abs. 5 Nr. 6 Satz 3 1. HS EStG)
./. Pauschale (§ 9 Abs. 1 Satz 3 Nr. 4 und Abs. 2 EStG) für den Entfernungskilometer: 0,30 €	./. Pauschale (§ 9 Abs. 1 Satz 3 Nr. 4 und Abs. 2 EStG) für den Entfernungskilometer: 0,30 €
Der Unterschiedsbetrag stellt die nicht abzugsfähigen Betriebsausgaben dar.	Der Unterschiedsbetrag stellt die nicht abzugsfähigen Betriebsausgaben dar.

Abbildung: Fahrten zwischen Wohnung und Betrieb

Beispiel: Fahrten Wohnung – Betrieb

Die Entfernung zwischen Wohnung und Betrieb beträgt 17 km, der Bruttolistenpreis des Pkw beträgt 17 000 €. Der Pkw wird an 230 Tagen für die Fahrten genutzt. Der Stpfl. führt kein Fahrtenbuch.

Lösung:

0,03 % von 17 000 € × 12 Monate × 17 km
(Betrag lt. **Zeile 36** des Vordrucks) =   1 040 €
zulässige Aufwendungen nach § 9 Abs. 2 EStG:
17 km × 230 Tage × 0,30 € (Betrag lt. **Zeile 37a** des Vordrucks) =   ./. 1 173 €
Unterschiedsbetrag   ./.   133 €

Bei der Ermittlung der nicht als Betriebsausgaben abziehbaren Aufwendungen für Wege zwischen Wohnung und Betriebsstätte sind die tatsächlichen Aufwendungen gegenzurechnen (Fahrtenbuchmethode), wenn der Stpfl. die private Nutzung nach § 6 Abs. 1 Nr. 4 Satz 1 oder Satz 4 EStG ermittelt. Die Listenpreismethode ist nur bei Anwendung des § 6 Abs. 1 Nr. 4 Satz 2 EStG – das Kfz wird zu mehr als 50 % für betriebliche Fahrten verwendet – möglich (Gesetz zur Eindämmung missbräuchlicher Steuergestaltungen vom 28.4.2006, BGBl I 2006, 1095). Die Gesetzesänderung ist erstmals für Wj. anzuwenden, die nach dem 31.12.2005 beginnen.

Zuzüglich zu den Aufwendungen für die Wege zwischen Wohnung und Betrieb sind die Familienheimfahrten im Rahmen einer doppelten Haushaltsführung zu berücksichtigen.

Familienheimfahrten (§ 4 Abs. 5 Nr. 6 EStG)	
Unternehmer führt Fahrtenbuch mit Belegnachweis	
ja	nein
tatsächliche Kosten für Familienheimfahrten	monatlich 0,002 % des Listenpreises für jeden Entfernungskilometer
./. Pauschale (§ 9 Abs. 1 Nr. 4 EStG) 0,30 € pro Entfernungskilometer für eine wöchentliche Familienheimfahrt	./. Pauschale (§ 9 Abs. 1 Nr. 4 EStG) 0,30 € pro Entfernungskilometer für eine wöchentliche Familienheimfahrt
Unterschiedsbetrag = nicht abzugsfähige Betriebsausgaben	Unterschiedsbetrag = nicht abzugsfähige Betriebsausgaben

Abbildung: Familienheimfahrten

Beispiel:

Für einen zum Betriebsvermögen gehörenden – gemischt genutzten – Pkw (Bruttolistenpreis 35 600 €) sind im Wj. nachweislich 10 800 € Gesamtkosten angefallen. Der Pkw wurde an 200 Tagen für Fahrten zwischen Wohnung und Betrieb (Entfernung 27 km) benutzt. Ein Fahrtenbuch wird vom Stpfl. nicht geführt.

Lösung:

1. Nicht als Betriebsausgaben abziehbare Aufwendungen nach § 4 Abs. 5 Nr. 6 EStG:

0,03 % × 35 600 € × 27 km × 12 (**Zeile 36**) =	3 460 €	
Entfernungspauschale 200 Tage × 0,30 € × 27 km (**Zeile 37a**) =	1 620 €	
Der Unterschiedsbetrag darf sich nicht auf das Betriebsergebnis auswirken	1 840 €	1 840 €

2. Privatnutzungsanteil nach § 6 Abs. 1 Nr. 4 Satz 2 EStG:

1 % × 35 600 € × 12 =	4 272 €
Die Fahrten wischen Wohnung und Betriebsstätte sind durch die 1 %-Regelung nicht abgegolten.	
zusammen	6 112 €

Umsatzsteuerrechtlich ist lediglich der Wert der Listenpreismethode für die Besteuerung der nichtunternehmerischen Nutzung (§ 3 Abs. 9a Nr. 1 UStG) zu übernehmen	4 272 €
Für die nicht mit Vorsteuern belasteten Kosten kann ein pauschaler Abschlag von 20 % vorgenommen werden	./. 874 €
Bemessungsgrundlage	3 398 €
USt 19 % =	646 €

12	Umsatzsteuer auf unentgeltliche Wertabgaben		646 ,00
15	Private Kfz-Nutzung	106	4 272 ,00
18	**Summe Betriebseinnahmen**	159	4 918 ,00

Für die Fahrten zwischen Wohnung und Betrieb wurden die Betriebsausgaben um 3 460 € in **Zeile 36** gekürzt.

26	AfA auf bewegliche Wirtschaftsgüter			130	Pkw	0 ,00
	Kraftfahrzeugkosten und andere Fahrtkosten		EUR CT			
35	Laufende und feste Kosten	140	10 800 ,00			
36	Enthaltene Kosten aus Zeilen 26, 35 und 41 für Wege zwischen Wohnung und Betriebsstätte	142 –	3 460 ,00			
37	**Verbleibender Betrag**		7 340 ,00	▶143		7 340 ,00
37a	Abziehbare Aufwendungen für Wege zwischen Wohnung und Betriebsstätte			176		1 620 00
53	An das FA gezahlte USt					646 ,00
55	**Summe Betriebsausgaben**			199		9 606 ,00

	Ermittlung des Gewinns		EUR	Ct
60	Summe der Betriebseinnahmen (Übertrag aus Zeile 18)		4 918	,00
61	abzüglich Summe der Betriebsausgaben (Übertrag aus Zeile 55)	–	9 606	,00
63				
67	**Gewinn/Verlust**	119	./. 4 688	,00

	Entnahmen und Einlagen bei Schuldzinsenabzug		99	29
			EUR	Ct
82	Entnahmen einschl. Sach-, Leistungs- und Nutzungsentnahmen	122	4 272	,00
83	Einlagen einschl. Sach-, Leistungs- und Nutzungseinlagen	123		,

9.7 Häusliches Arbeitszimmer

→ Arbeitszimmer

9.8 Unangemessene Aufwendungen

Bei der Prüfung der Angemessenheit von Aufwendungen nach § 4 Abs. 5 Satz 1 Nr. 7 EStG ist darauf abzustellen, ob ein ordentlicher und gewissenhafter Unternehmer angesichts der erwarteten Vorteile die Aufwendungen ebenfalls auf sich genommen hätte (R 4.10 Abs. 12 EStR, H 4.10 Abs. 12 EStH).

9.9 Geldbußen und ähnliche Sanktionen

Siehe dazu § 4 Abs. 5 Satz 1 Nr. 8 EStG, R 4.13 EStR und H 4.13 EStH (**Zeile 46** des Vordrucks EÜR).
Literatur: Bruschke, Das steuerliche Abzugsverbot für Sanktionen, DStZ 2009, 489.

9.10 Bestechungs- und Schmiergelder

Nach § 4 Abs. 5 Nr. 10 EStG dürfen Aufwendungen für die Gewährung von Vorteilen nicht als Betriebsausgaben abgezogen werden, wenn die Zuwendung der Vorteile eine rechtswidrige Handlung darstellt, die den Tatbestand eines Strafgesetzes oder eines Gesetzes verwirklicht, das die Ahndung mit einer Geldbuße zulässt. Die Regelung findet nur Anwendung, wenn es sich bei den Aufwendungen um Betriebsausgaben oder Werbungskosten handelt. Sind die Aufwendungen auch privat mitveranlasst, fallen sie unter das Aufteilungs- und Abzugsverbot nach § 12 EStG (siehe dazu auch das BMF-Schreiben vom 10.10.2002, BStBl I 2002, 1031).

Ein Vorteil der entsprechenden Straf- oder Bußgeldvorschriften ist jede Leistung des Zuwendenden, auf die der Empfänger keinen rechtlich begründeten Anspruch hat und die ihn materiell oder immateriell in seiner wirtschaftlichen, persönlichen oder rechtlichen Situation objektiv besser stellt. Eine Zuwendung von Vorteilen i.S.d. § 4 Abs. 5 Satz 1 Nr. 10 Satz 1 EStG liegt jedoch nur vor, wenn der Steuerpflichtige eine Geld- oder Sachzuwendung getätigt hat. Dies ist nicht der Fall, wenn der Steuerpflichtige nichts aufgewendet hat (z.B. bei entgangenen Einnahmen für die Erbringung unentgeltlicher Dienstleistungen). Unerheblich ist, ob der Empfänger bereichert ist. Erforderlich ist, dass die Zuwendung der Vorteile eine rechtswidrige Handlung darstellt, die den Tatbestand eines deutschen Strafgesetzes oder eines deutschen Gesetzes erfüllt, das die Ahndung mit einer Geldbuße zulässt. H 4.14 [Zuwendungen] EStH enthält eine zurzeit abschließende Aufzählung der in Betracht kommenden Tatbestände des Straf- und Ordnungswidrigkeitsrechts. Zu weiteren Einzelheiten siehe das BMF-Schreiben vom 10.10.2002 (BStBl I 2002, 1031).

Gerichte, Staatsanwaltschaften oder Verwaltungsbehörden haben Tatsachen, die sie dienstlich erfahren und die den Verdacht einer Tat in diesem Sinne begründen, der Finanzbehörde für Zwecke des Besteuerungsverfahrens und zur Verfolgung von Steuerstraftaten und Steuerordnungswidrigkeiten mitzuteilen (R 4.14 EStR).

§ 4 Abs. 5 Nr. 10 Satz 3 EStG sieht vor, dass die Finanzbehörde Tatsachen, die den Verdacht einer Straftat oder einer Ordnungswidrigkeit i.S.d. Satzes 1 begründen, der Staatsanwaltschaft oder der Verwaltungsbehörde mitteilt.

Umsatzsteuerrechtlich kann die Annahme von Schmiergeldzahlungen zu einem steuerpflichtigen Umsatz nach § 1 Abs. 1 Nr. 1 UStG führen (Niedersächsisches FG, Urteil vom 24.10.1996 V 570/95, UR 1998, 304).

Literatur: Gotzens, Nützliche Aufwendungen und das Abzugsverbot nach § 4 Abs. 5 Nr. 10 EStG, DStR 2005, 673; Preising u.a., Korruptionsbekämpfung durch das Steuerrecht? – Zu den Problemen des Abzugsverbots und der Mitteilungspflicht gem. § 4 Abs. 5 Nr. 10 EStG, DStR 2006, 118.

9.11 Zuschläge nach § 162 Abs. 4 AO

Durch das Steueränderungsgesetz 2007 vom 13.12.2006 (BGBl I 2006, 2878) wird in § 4 Abs. 5 Satz 1 EStG eine neue Nr. 12 aufgenommen, nach der die Zuschläge des § 162 Abs. 4 AO in den Katalog der nicht abzugsfähigen Betriebsausgaben aufgenommen werden. Werden Aufzeichnungen über Vorgänge mit Auslandsbezug i.S.d. § 90 Abs. 3 AO nicht oder nicht rechtzeitig vorgelegt, kann die Finanzverwaltung nach § 162 Abs. 4 AO Zuschläge festsetzen. Da die Zuschläge Sanktionscharakter haben, sollen sie den steuerpflichtigen Gewinn nicht mindern.

Die Änderung ist erstmals für den Veranlagungszeitraum 2007 anzuwenden.

10. Aufzeichnungspflicht

Aufwendungen i.S.d. § 4 Abs. 5 Nr. 1 bis 4, 6b und 7 EStG sind einzeln und getrennt von den sonstigen Betriebsausgaben aufzuzeichnen. Soweit diese Aufwendungen nicht bereits nach § 4 Abs. 5 EStG vom Abzug ausgeschlossen sind, dürfen sie bei der jeweiligen Gewinnermittlungsart nur berücksichtigt werden, wenn sie besonders aufgezeichnet worden sind (§ 4 Abs. 7 EStG). Einer solchen besonderen Auszeichnungspflicht kommt der § 4 Abs. 3 EStG-Rechner nach, wenn er von Beginn an diese Aufwendungen getrennt von den sonstigen Betriebsausgaben einzeln aufgezeichnet hat (H 4.11 [Besondere Aufzeichnung] EStH).

Der Pflicht zur getrennten Aufzeichnung von Bewirtungskosten ist nur genügt, wenn diese Aufwendungen jeweils von Anfang an, fortlaufend und zeitnah, gesondert von sonstigen Betriebsausgaben schriftlich festgehalten werden. Aufzeichnungen i.S.d. § 4 Abs. 7 EStG können auch i.R.d. Einnahme-Überschussrechnung nicht durch die geordnete Ablage von Belegen ersetzt werden, wiewohl eine Belegsammlung auch im Allgemeinen nach § 146 Abs. 5 Satz 1 AO zulässig sein mag (BFH-Urteil vom 13.5.2004 IV R 47/02, BFH/NV 2004, 1402). Zu Einzelheiten vgl. → **Aufzeichnungs- und Aufbewahrungspflichten.**

Nach § 15 Abs. 1a UStG sind Vorsteuerbeträge, die auf Aufwendungen, für die das Abzugsverbot des § 4 Abs. 5 Satz 1 Nr. 1 bis 4, 7, Abs. 7 oder des § 12 Nr. 1 EStG gilt, nicht abziehbar.

Nach dem BFH-Urteil vom 12.8.2004 (V R 49/02, DStR 2004, 1828) rechtfertigt die Unterlassung der nach dem EStG vorgeschriebenen gesonderten Aufzeichnung von Bewirtungsaufwendungen (§ 4 Abs. 7 EStG) keinen Ausschluss des Vorsteuerabzugs nach § 15 Abs. 1a UStG.

11. Pauschbeträge

Anders als im Bereich der Überschusseinkünfte (§ 9a EStG) gibt es grundsätzlich keine gesetzlichen Pauschbeträge für Betriebsausgaben. Eine Ausnahme davon ist z.B. der Abzug von Verpflegungsmehraufwendungen anlässlich von Geschäftsreisen (§ 4 Abs. 5 Nr. 5 EStG; **Zeile 45** des Vordrucks EÜR).

Die Finanzverwaltung lässt jedoch aus Vereinfachungsgründen für **einzelne Berufsgruppen** oder Aufwendungen den pauschalen Abzug von Betriebsausgaben zu. Bei hauptberuflich selbständigen **Schriftstellern** oder **Journalisten** sind **30% der Betriebseinnahmen, höchstens** jedoch **2 455 € jährlich**, bei einer **wissenschaftlichen, künstlerischen** oder **schriftstellerischen Nebentätigkeit** sowie aus einer **nebenberuflichen Lehr- oder Prüfungstätigkeit**, soweit es sich nicht um eine Tätigkeit i.S.d. § 3 Nr. 26 EStG handelt, sind **25% der Betriebseinnahmen, höchstens** jedoch **614 € jährlich** berücksichtigungsfähig (H 18.2 [Betriebsausgabenpauschale] EStH; **Zeile 19** des Vordrucks EÜR). Zu beachten ist in diesem Zusammenhang, dass ggf. vereinnahmte Umsatzsteuerbeträge (z.B. wenn steuerpflichtige sonstige Leistungen getätigt werden und der Steuerpflichtige nicht als Kleinunternehmer i.S.v. § 19 UStG anzusehen ist) Betriebseinnahmen darstellen und somit zur Bemessungsgrundlage für die Pauschalierung der Betriebsausgaben gehören. Die vom Steuerpflichtigen gezahlte Vorsteuer auf Betriebsausgaben oder gezahlte Umsatzsteuer an das Finanzamt können aber dann nicht neben dem Pauschbetrag zusätzlich als Betriebsausgaben angesetzt werden (Wesen der Pauschalierung). Der Steuerpflichtige hat jedoch die Möglichkeit, auf die Pauschalierung zu verzichten und die tatsächlichen Betriebsausgaben nachzuweisen und geltend zu machen oder – wenn möglich und sinnvoll – die Kleinunternehmerregelung des § 19 UStG in Anspruch zu nehmen. Dies gilt auch, wenn die Vorsteuer nach Durchschnittssätzen (§ 23 UStG) berechnet wird (→ **Umsatzsteuer/Vorsteuer**).

Für **Tagespflegepersonen** besteht nach dem BMF-Schreiben vom 20.05.2009 (BStB II 2009, 642) die Möglichkeit, **pauschal 300 € je Kind und Monat** als Betriebsausgaben abzuziehen. Die Pauschale bezieht sich auf eine wöchentliche Betreuungszeit von 40 Stunden und ist bei geringerer Betreuungszeit zeitanteilig zu kürzen.

Die Freibeträge nach § 3 Nr. 26 EStG für bestimmte nebenberufliche Tätigkeiten i.H.v. **2 100 €** (**Übungsleiterfreibetrag**) und nach § 3 Nr. 26a EStG für andere **nebenberufliche Tätigkeiten im gemeinnützigen Bereich** i.H.v. **500 €** sind ebenfalls in **Zeile 19** einzutragen, wenn keine höheren tatsächlichen Betriebsausgaben geltend gemacht werden.

Bei Fahrten mit dem eigenen, zum Privatvermögen gehörenden Pkw anlässlich von Geschäftsreisen können 0,30 € je gefahrenen Kilometer angesetzt werden (R 4.12 Abs. 2 EStR i.V.m. R 9.5 Abs. 1 Satz 5 LStR und H 9.5 [Pauschale Kilometersätze] LStH; **Zeile 35** des Vordrucks EÜR). Es können auch die tatsächlichen Kosten nachgewiesen werden.

12. Persönliche Zurechnung von Betriebsausgaben

Entstehen dem Steuerpflichtigen eigene Aufwendungen für den eigenen Betrieb, so kann er diese nach den Grundsätzen der § 4 Abs. 3-Rechnung als Betriebsausgaben geltend machen. Die Herkunft der Mittel ist dabei nach h.Mg. ohne Bedeutung (Geldschenkung, abgekürzter Zahlungsweg). Problematisch ist insbesondere die Behandlung des sog. → **Drittaufwands**. Zur persönlichen AfA-Berechtigung vgl. → **Absetzung für Abnutzung**.

13. Aufwendungen für fremde Wirtschaftsgüter

Siehe dazu H 4.7 [Eigenaufwand für ein fremdes Wirtschaftsgut] EStH.

Zu den Betriebsausgaben gehören u.a. Aufwendungen, die durch die Nutzungsüberlassung fremder Wirtschaftsgüter für eigene betriebliche Zwecke veranlasst sind, insbesondere die Zahlung von Miet- oder Pachtzinsen für die Nutzung von Betriebsgebäuden bzw. Betriebsflächen. Aufwendungen für eine Dacherneuerung können allerdings nicht als Pachtentgelt angesehen werden (BFH-Urteil vom 13.5.2004 IV R 1/02, BStBl II 2004, 780). Die Dacherneuerung an einem fremden Gebäude sind allerdings dann als Betriebsausgaben abzugsfähig, wenn sie ausschließlich durch den Betrieb des Steuerpflichtigen veranlasst sind. Der Abzugsfähigkeit steht nicht entgegen, dass die Dacherneuerung zu einer Wertverbesserung an einem Wirtschaftsgebäude führt, welches im Eigentum des Verpächters steht. Die Abzugsfähigkeit dieser Aufwendungen folgt aus den allen Einkunftsarten zugrunde liegenden objektiven Nettoprinzip, demzufolge die erwerbssichernden Aufwendungen von den steuerpflichtigen Einnahmen abgezogen werden. Das objektive Nettoprinzip gebietet grundsätzlich den Abzug der vom Steuerpflichtigen zur Einkunftserzielung getätigten Aufwendungen auch dann, wenn und soweit diese Aufwendungen auf in fremdem Eigentum stehende Wirtschaftsgüter erbracht werden (BFH-Beschluss vom 30.1.1995 GrS 4/92, BStBl II 1995, 281, BFH-Urteil vom 28.7.1994 IV R 89/93, BFH/NV 1995, 379 → **Drittaufwand**).

Maßgeblich für die Abzugsfähigkeit der Aufwendungen als Betriebsausgaben ist allein, dass der Steuerpflichtige die Aufwendungen auf das Wirtschaftsgut im eigenen betrieblichen Interesse selbst getragen hat und er das Wirtschaftsgut auch für die betrieblichen Zwecke nutzen darf. Auf die Maßgeblichkeit des eigenen betrieblichen Interesses für die Bejahung der Betriebsausgabeneigenschaft der Aufwendungen auf fremdes Eigentum hat der BFH (in Fortentwicklung seiner Rechtsprechung) nunmehr auch in seinen Urteilen vom 28.2.2002 (IV R 20/00, BStBl II 2003, 644) und vom 8.5.2003 (IV R 6/02, BFH/NV 2003, 1546) abgestellt. In diesen Entscheidungen hat der BFH die die gewöhnlichen Ausbesserungen übersteigenden Aufwendungen eines Steuerpflichtigen für die Wirtschaftsgüter, die ihm auf Grund eines Wirtschaftsüberlassungsvertrages zur Nutzung zur Verfügung standen, als Betriebsausgaben angesehen, soweit diese Aufwendungen im betrieblichen Interesse, aus Verantwortung für die Führung des Betriebes geleistet, gleichermaßen aber auch im Hinblick auf die vorgesehene nachfolgende Eigentumsübertragung vorgenommen worden sind. Gerade die Erwartung des zukünftigen Eigentumserwerbs ist Indiz dafür, dass die Aufwendungen von vornherein nicht dem Überlasser zugewendet werden, sondern ausschließlich dem Betrieb des Übernehmers zu Gute kommen sollen.

14. Vorweggenommene Betriebsausgaben

Betriebliche Aufwendungen können bereits vor einer Betriebseröffnung anfallen, es muss aber ein wirtschaftlicher Zusammenhang mit der Gewinnerzielung bestehen. Die § 4 Abs. 3-Rechnung erfasst solche Betriebsausgaben nach den allgemeinen Grundsätzen (→ **Zu- und Abflussprinzip** → **AfA**). Vorweggenommene Betriebsausgaben in diesem Sinne sind z. B. Gründungskosten, Anlaufkosten, Werbekosten, Finanzierungskosten, s.a. → **Betriebseröffnung**.

15. Berufsausbildungskosten

In § 12 Nr. 5 EStG wird festgelegt, dass Aufwendungen des Stpfl. für seine **erstmalige** Berufsausbildung und für ein **Erst**studium, wenn diese nicht im Rahmen eines Dienstverhältnisses stattfinden, weder bei den einzelnen Einkunftsarten noch vom Gesamtbetrag der Einkünfte abgezogen werden können. Es handelt sich dabei um **Lebensführungskosten**, die nur unter den Voraussetzungen des § 10 EStG als **Sonderausgaben** Berücksichtigung finden. Auch in einer modernen entwickelten Gesellschaft gehört die erste Berufsausbildung typischerweise zu den Grundvoraussetzungen für eine Lebensführung. Sie stellt Vorsorge für die persönliche Existenz dar. Voraussetzung für die Abgrenzung der **erstmaligen** Berufsausbildung bzw. des **Erst**studiums von nachfolgenden Berufsbildungsmaßnahmen ist der Abschluss der ersten Berufsausbildung bzw. der Studienabschluss. Die Regelung des § 12 Nr. 5 Satz 2 EStG nimmt Ausbildungskosten, die Gegenstand eines Dienstverhältnisses sind, von der Zuordnung zu Lebensführungskosten aus.

Aufwendungen für die **erstmalige** Berufsausbildung und für das **Erst**studium können als Sonderausgaben i.R.d. § 10 Abs. 1 Nr. 7 EStG abgezogen werden. Aufwendungen, die nicht der Berufsausbildung dienen, fallen nicht darunter. Den Anforderungen des modernen Berufslebens wird dadurch Rechnung getragen, dass diese Kosten künftig bis zu einem Betrag von 4 000 € pro Kalenderjahr abgezogen werden können. Der Höchstbetrag gilt nach Satz 2 bei der Zusammenveranlagung von Ehegatten für jeden Ehegatten gesondert. Damit wird jedes **erste** Studium unabhängig von vorangegangenen Berufsausbildungen im Wege des Sonderausgabenabzugs bis zu einem Betrag von 4 000 € steuerlich gefördert. Soweit berufliche Bildungsmaßnahmen nach dem Erwerb einer ersten Berufsausbildung oder nach einem ersten Studium erfolgen, sind sie unter dem Gesichtspunkt des lebenslangen Lernens in vollem Umfang als Betriebsausgaben bzw. Werbungskosten abziehbar.

In den Sätzen 3 und 4 des § 10 Abs. 1 Nr. 7 EStG wird die Ermittlung der Aufwendungen geregelt. Zu den Aufwendungen für die eigene Berufsaubildung und das Erststudium

(4 000 €-Grenze) gehören auch Aufwendungen für eine auswärtige Unterbringung. Bei der Ermittlung der Aufwendungen sind folgende Vorschriften entsprechend anzuwenden:
- § 4 Abs. 5 Satz 1 Nr. 5 EStG: Beschränkter Abzug von Verpflegungsmehraufwendungen;
- § 4 Abs. 5 Satz 1 Nr. 6b EStG: Aufwendungen für ein häusliches Arbeitszimmer sind nur unter den dort genannten Voraussetzungen zu berücksichtigen;
- § 9 Abs. 2: Fahrtkosten sind mit 0,30 € ab dem 21. Entfernungskilometer zu berücksichtigen;
- § 9 Abs. 2 Satz 3 Nr. 5 EStG: Mehraufwendungen aus Anlass einer doppelten Haushaltsführung sind nur zu berücksichtigen, wenn der Stpfl. außerhalb des Ortes, in dem er einen **eigenen** Hausstand unterhält, beschäftigt ist und auch am Beschäftigungsort wohnt.

Mit Urteil vom 18.6.2009 (VI R 14/07, BFH/NV 2009, 1875) hat der BFH entschieden, dass das seit 2004 geltende Abzugsverbot für Kosten von Erststudien und Erstausbildungen nach § 12 Nr. 5 EStG der Abziehbarkeit von beruflich veranlassten Kosten für ein Erststudium jedenfalls dann nicht entgegensteht, wenn diesem eine abgeschlossene Berufsausbildung vorausgegangen ist. Mit derselben Begründung sind auch Entscheidungen in vier weiteren Verfahren (VI R 31/07, BFH/NV 2009, 1797, VI R 79/06, LEXinform 0587998, 3332, VI R 6/07, BFH/NV 2009, 1796 und VI R 49/07, BFH/NV 2009, 1799) ergangen.

Nach der Rechtsprechung des BFH sind Aufwendungen für Bildungsmaßnahmen Werbungskosten bzw. Betriebsausgaben, wenn ein Veranlassungszusammenhang mit einer, ggf. auch späteren beruflichen/betrieblichen Tätigkeit besteht. Die ab 2004 geltende Regelung des § 12 Nr. 5 EStG bestimmt nun, dass Aufwendungen des Stpfl. für seine erstmalige Berufsausbildung und für ein Erststudium im Rahmen der Einkünfteermittlung nicht abziehbar sind, wenn die Aufwendungen nicht im Rahmen eines Dienstverhältnisses stattfinden; sie können allerdings jährlich bis zu 4 000 € als Sonderausgaben abgezogen werden (§ 10 Abs. 1 Nr. 7 EStG). Die Verfassungsmäßigkeit der Neuregelung ist umstritten.

Mit den Urteilen vom 18.6.2009 hat der BFH jetzt entschieden, dass § 12 Nr. 5 EStG kein Abzugsverbot für Werbungskosten/Betriebsausgaben enthält. Die Vorschrift bestimme lediglich in typisierender Weise, dass bei einer erstmaligen Berufsausbildung ein hinreichend veranlasster Zusammenhang mit einer bestimmten Erwerbstätigkeit fehle. Die Typisierung erstrecke sich nicht auf Stpfl., die erstmalig ein Studium berufsbegleitend oder in sonstiger Weise als Zweitausbildung absolvieren.

Literatur: von Bornhaupt, Studien- und Umschulungskosten als Werbungskosten, NWB Fach 6, 4325; Drenseck, Aufwendungen für berufliche Bildungsmaßnahmen, DStR 2004, 1766; Vfg. der OFD Münster vom 11.3.2005, DStR 2005, 651; Jochum, Zur einkommensteuerrechtlichen Behandlung von erstmaliger Berufsausbildung, Erststudium und Promotion, DStZ 2005, 260; Assmann, Aktuelles zur steuerlichen Behandlung von Ausbildungskosten, Steuer & Studium 2005, 234.

16. Vergebliche Betriebsausgaben

Auch Aufwendungen, die getätigt werden, ohne dass der beabsichtigte Erfolg auch tatsächlich eintritt, können Betriebsausgaben sein. Entscheidend ist, dass der Steuerpflichtige die subjektive Absicht hatte, den betrieblichen Erfolg eintreten zu lassen, wie z. B. erfolglose Inserate wegen einer Stellenausschreibung im Zusammenhang mit einer Mitarbeitersuche oder vergebliche Fahrten zu Grundstücken, die für betriebliche Zwecke bestimmt waren, jedoch nicht gekauft wurden.

17. Unterlassener Betriebsausgabenabzug

Ausgaben, die mit dem Erwerb von Umlaufvermögen verbunden sind, sind im Jahr der Verausgabung gewinnwirksam als Betriebsausgaben zu berücksichtigen. Das ergibt sich aus § 11 Abs. 2 EStG. Anders als für abnutzbare oder nicht abnutzbare Wirtschaftsgüter des Anlagevermögens, sieht das Gesetz von diesem Grundsatz keine Ausnahme vor. Aus § 11 Abs. 2 EStG ergibt sich aber auch, dass Betriebsausgaben, deren Abzug i.R.d. → **Einnahme-Überschussrechnung** im Jahr der Verausgabung vergessen worden ist, nicht in einem späteren Jahr abgezogen werden können (BFH-Urteil vom 30.6.2005 IV R 20/04, BStBl II 2005, 758). Daraus folgt, dass Anschaffungs- oder Herstellungskosten für Umlaufvermögen, die im Jahr der Zahlung nicht geltend gemacht worden sind und infolge der Bestandskraft der entsprechenden Veranlagung auch in diesem Jahr nicht mehr geltend gemacht werden können, nicht ohne weiteres im Jahr der ersten »offenen« Veranlagung abgezogen werden dürfen. Das gilt unabhängig vom Grund für den Nichtabzug; also zum einen auch dann, wenn der Steuerpflichtige im Jahr der Zahlung davon ausgegangen ist, es handle sich bei dem angeschafften Wirtschaftsgut nicht um Umlauf-, sondern um Anlagevermögen, bei dem der sofortige Abzug nach § 4 Abs. 3 Satz 3 und 4 EStG nicht in Betracht kommt. Zum anderen ist dieser Grundsatz auch dann anzuwenden, wenn der Abzug unterblieben ist, weil der Steuerpflichtige fälschlich davon ausgegangen ist, es handle sich bei dem angeschafften Wirtschaftsgut um Privatvermögen. Das bedeutet nicht, dass die Anschaffungskosten steuerlich endgültig »verloren« wären. Vielmehr mindern sie einen später anfallenden Gewinn aus der Veräußerung oder der Entnahme des Wirtschaftsgutes. Das hat der BFH entschieden für den Fall der Veräußerung eines Wirtschaftsgutes des Anlagevermögens, bei dem die Absetzungen für Abnutzung zu Unrecht unterlassen wurden (BFH-Urteil vom 7.10.1971 IV R 181/66, BStBl II 1972, 271). Nichts anderes kann für Wirtschaftsgüter gelten, die entweder von Anfang an oder zu einem späteren Zeitpunkt als Umlaufvermögen zu qualifizieren waren. Das ergibt sich aus der Notwendigkeit der Angleichung der Gewinnermittlung nach § 4 Abs. 3 EStG an die Gewinnermittlung durch Betriebsvermögensvergleich, die dadurch begründet ist, dass der Erlös aus der Veräußerung eines solchen Gegenstandes nur dann in voller Höhe als Betriebseinnahme angesetzt werden kann, wenn vorher die Kosten der Anschaffung des Gegenstandes in voller Höhe Betriebsausgaben waren.

> **Beispiel:**
> Die A und B-GbR verpachtet an eine GmbH, an der ausnahmslos die Gesellschafter A und B beteiligt sind, ein Grundstück. Die infolgedessen bestehende Betriebsaufspaltung wird zunächst steuerlich (fälschlicherweise) nicht berücksichtigt. Die A und B-GbR behandelt ihre Einkünfte zunächst als solche aus Vermietung und Verpachtung. Sie macht für die im Jahr 03 vorgenommene Gebäudeabschreibung AfA geltend. Im Jahr 05 veräußert die GbR – wie schon seit 03 geplant – das Grundstück. Das Jahr 03 ist bestandskräftig. Können die Anschaffungskosten für das Grundstück im Jahr 04 als Betriebsausgabe abgezogen werden, nachdem das Finanzamt zur Auffassung gelangt ist, dass die GbR aufgrund der Betriebsaufspaltung gewerbliche Einkünfte erzielt?
>
> **Lösung:**
> Das Grundstück war bereits ab dem Jahr 03 zur Veräußerung bestimmt und somit dem Umlaufvermögen zuzurechnen. Bei der Einnahme-Überschussrechnung sind Ausgaben, die mit dem Erwerb von Umlaufvermögen verbunden sind im Jahr der Verausgabung (03) gem. § 11 Abs. 2 EStG Gewinn wirksam abzuziehen.

Im Falle eines versehentlich unterbliebenen Abzugs von sofort abziehbaren Betriebsausgaben ist primär zu prüfen, ob der Steuerbescheid für das Jahr der Veräußerung – z.B. nach den Vorschriften der §§ 172 ff. AO – geändert werden kann. Da 03 bestandskräftig ist, ist ein Betriebsausgabenabzug insoweit nicht zulässig. Zum **groben Verschulden** siehe → **Einnahme-Überschussrechnung**.

Im Falle der Bestandskraft ist eine Nachholung des Betriebsausgabenabzugs nicht möglich. Allerdings mindert der unterbliebene Betriebsausgabenabzug einen späteren Veräußerungsgewinn, hier also in 05.

Eine spätere Gewinnminderung (in 04) ist bei einem unterbliebenen Abzug von sonstigen sofort abziehbaren Betriebsausgaben, die keine Anschaffungskosten darstellen (z.B. Reparaturaufwendungen) nicht möglich.

Literatur: Kratsch, Zu Unrecht gebildete Ansparrücklage, Beispiel 1, NWB Fach 3, 13809.

Mit Urteil vom 21.6.2006 (XI R 49/05, BStBl II 2006, 712) führt der BFH seine Rechtsprechung vom 30.6.2005 (IV R 20/04, a.a.O.) konsequent fort, wonach unterlassene Betriebsausgaben nicht in späteren Jahren nachgeholt werden können. Der BFH hat wie folgt entschieden:
Sind Aufwendungen auf ein WG nicht als Betriebsausgaben bzw. Werbungskosten abgezogen, sondern zu Unrecht als Herstellungskosten erfasst worden, kann bei der Gewinnermittlung nach § 4 Abs. 3 bzw. nach § 2 Abs. 2 Nr. 2 EStG der Abzug nicht in späteren Veranlagungszeiträumen nachgeholt werden.

Beispiel:
Die Eheleute EM und EF sind zu je 1/2 Miteigentumsanteil Eigentümer eines Einfamilienhauses. Im Kj. 04 wird an dem Haus ein Anbau errichtet. Die Herstellungskosten belaufen sich im Jahr 04 auf netto 110 246 € zzgl. USt von (19 %) 20 946 €, brutto somit 131 192 €. Ab 1.11.04 wird der Anbau von der Ehegattengemeinschaft an die Anwaltskanzlei des EM umsatzsteuerpflichtig vermietet. EM hält seinen hälftigen Anteil im Betriebsvermögen der Anwaltskanzlei. Die für den Anbau bezahlte USt i.H.v. 20 946 € hatte die Ehegattengemeinschaft in der USt-Erklärung für das Kj. 04 als Vorsteuer geltend gemacht. Der Erstattungsbetrag im Kj. 06 wird als Einnahmen bzw. Betriebseinnahmen erklärt. Im Jahr 04 haben es die Eheleute unterlassen, die gezahlte USt (Vorsteuer) i.H.v. 20 946 € als Werbungskosten bei den Einkünften aus Vermietung und Verpachtung und als Betriebsausgaben aus der Anwaltstätigkeit abzuziehen. Die AfA für den Anbau wurde von einer AfA-Bemessungsgrundlage von 131 192 € berechnet.

Lösung:
Die Abschreibung des Anbaus ist von den Netto-Herstellungskosten und nicht – wie im Kj. 04 geschehen – von den Brutto-Herstellungskosten vorzunehmen. Nach § 9b Abs. 1 EStG gehören die abzugsfähigen Vorsteuerbeträge nicht zu den Herstellungskosten. Da die Veranlagung für das Kj. 04 bestandskräftig wurde, kann in einem späteren Veranlagungszeitraum (Kj. 05) keine Sonderabschreibung zwecks Korrektur der AfA-Bemessungsgrundlage vorgenommen werden.
Eine Teilwertabschreibung kommt bei der Gewinnermittlung nach § 4 Abs. 3 EStG nicht in Betracht. Eine solche wäre aber auch ohnehin nicht möglich, da der begehrte niedrigere Ansatz nicht auf einer Wertminderung des Gebäudes, sondern allein auf dem Um-

stand beruht, dass irrtümlicherweise die sofort abziehbare Vorsteuer als Herstellungskosten erfasst wurde.

Eine Fehler- und Bilanzberichtigung nach § 4 Abs. 2 EStG ist in den Fällen des § 4 Abs. 3 EStG nicht möglich.

Der als Betriebsausgaben bzw. Werbungskosten unterlassende Sofortabzug der gezahlten USt (Vorsteuer) kann nicht in späteren Veranlagungszeiträumen nachgeholt werden (BFH-Urteil vom 30.6.2005 IV R 20/04, BStBl II 2005, 758).

18. Betriebsausgabenabzugsverbot für Schuldzinsen nach § 4 Abs. 4a EStG

Nach § 4 Abs. 4a EStG besteht ein pauschaliertes Betriebsausgabenabzugsverbot für Zinsaufwendungen, die auf «Überentnahmen» beruhen (→ **Schuldzinsen** → **Vordruck EÜR**).

Durch das Unternehmensteuerreformgesetz 2008 wird in § 4h EStG durch die **Zinsschranke** eine weitere Beschränkung des Betriebsausgabenabzugs für Zinsaufwendungen eingeführt (→ **Schuldzinsen**).

19. Betriebsausgabenabzugsverbot der Gewerbesteuer nach § 4 Abs. 5b EStG

Durch das Unternehmensteuerreformgesetz 2008 wird ab dem Erhebungszeitraum 2008 nach § 4 Abs. 5b EStG der Betriebsausgabenabzug der Gewerbesteuer abgeschafft. Danach sind die GewSt und die darauf entfallenden Nebenleistungen keine Betriebsausgaben mehr. Zinsen auf die GewSt sind demzufolge ebenfalls nicht abzugsfähig.

Nach geltendem Recht wird die GewSt zum einen von ihrer eigenen Bemessungsgrundlage und zum anderen auch von der Bemessungsgrundlage der ESt oder KSt abgezogen. Dies führt zu aufwendigen Berechnungen, um die Steuerbelastung ermitteln zu können, und erschwert es den Beteiligten, das tatsächliche wirtschaftliche Belastungsniveau zutreffend zu erkennen. Als Ausgleich wird der Anrechnungsfaktor gem. § 35 EStG von 1,8 auf 3,8 erhöht. Die Steuerermäßigung des § 35 EStG wird auf die tatsächlich zu zahlende GewSt des Unternehmens begrenzt.

Die Regelung des § 4 Abs. 5b stellt – wie die Regelungen des § 4 Abs. 5 und Abs. 5a EStG – eine Sonderregelung zu § 4 Abs. 4 EStG dar. Sie ist eine Gewinnermittlungsvorschrift und ist auch von Steuerpflichtigen, die ihren Gewinn nach § 5 EStG ermitteln, zu berücksichtigen (§ 5 Abs. 6 EStG).

Soweit GewSt erstattet wird, die dem Betriebsausgabenabzugsverbot unterlegen hat, ist diese Erstattung steuerlich nicht als Betriebseinnahme zu erfassen. Eine Erstattung von bereits als Betriebsausgabe berücksichtigter GewSt ist dagegen als Betriebseinnahme zu behandeln (**Zeile 11** des Vordrucks EÜR).

Literatur: Bergemann u.a., Die Gewerbesteuer im Lichte des Regierungsentwurfs zur Unternehmensteuerreform 2008, DStR 2007, 693.

Betriebseinbringung

→ Wechsel der Gewinnermittlungsart

1. Allgemeines

Von einer Betriebseinbringung spricht man, wenn ein Betrieb mit einem anderen Betrieb verschmolzen wird und dadurch eine Personengesellschaft entsteht (z.B. Einbringung einer Praxis in eine Freiberuflersozietät). Dabei handelt es sich um sog. Umwandlungsfälle, die dem UmwStG unterliegen. Danach besteht z.B. die Möglichkeit, auf die Versteuerung der stillen Reserven zu verzichten (§§ 20 und 24 UmwStG und H 16 Abs. 9 [Betriebseinbringung] EStH). Um die Vergünstigungen des UmwStG in Anspruch nehmen zu können, ist es gleichgültig, nach welcher Methode der Einbringende und die übernehmende Gesellschaft den Gewinn ermittelt. Will aber der einbringende Steuerpflichtige **sämtliche stille Reserven** seines Betriebs durch die Umwandlung **aufdecken** und dafür die **steuerlichen Vergünstigungen** der §§ 16 und 34 EStG erhalten, ist **Voraussetzung**, dass der **Einbringungsgewinn** auf der Grundlage einer **Einbringungs- und Eröffnungsbilanz** ermittelt worden ist (H 18.3 [Einbringungsgewinn] EStH, R 4.5 Abs. 6 Satz 2 EStR und → **Wechsel der Gewinnermittlungsart**).

2. Einbringung in eine Personengesellschaft

Die §§ 24 ff. UmwStG behandeln die Einbringung eines Betriebs, Teilbetriebs oder Mitunternehmeranteils in eine Personengesellschaft (vgl. Rz. 24.01 des BMF-Schreibens vom 25.3.1998, BStBl I 1998, 268). Die Personengesellschaft darf das eingebrachte Vermögen mit seinem Buchwert oder mit einem höheren Wert ansetzen. Es dürfen jedoch die gemeinen Werte der einzelnen Wirtschaftsgüter nicht überschritten werden. Die **§§ 16 Abs. 4 und 34 Abs. 1 EStG** sind nur **anzuwenden, wenn** das **eingebrachte Betriebsvermögen** mit dem **gemeinen Wert** angesetzt wird (§ 24 Abs. 3 Satz 2 UmwStG). Die nach § 16 Abs. 4 und § 34 Abs. 1 und Abs. 3 EStG begünstigte Einbringung eines Betriebs, Teilbetriebs oder Mitunternehmeranteils (→ **Mitunternehmerschaft**) nach § 24 UmwStG hat zur **Voraussetzung**, dass auf den **Einbringungszeitpunkt** eine **Bilanz** aufgestellt wird (§ 24 Abs. 3 Satz 2 und 3 UmwStG). Dies gilt auch für Steuerpflichtige, die ihren Gewinn vor der Einbringung nach § 4 Abs. 3 EStG ermitteln. In derartigen Fällen ist auf den Einbringungszeitpunkt von der Gewinnermittlung nach § 4 Abs. 3 EStG zum Bestandsvergleich überzugehen. Ein dabei entstehender **Übergangsgewinn** ist als **laufender Gewinn** zu behandeln (Vfg. OFD Frankfurt vom 9.5.2001, DStR 2001, 1435 → **Wechsel der Gewinnermittlungsart**).

Beispiel:
Der Sachverhalt und die Lösung ergeben sich aus dem BFH-Urteil vom 13.9.2001 (IV R 13/01, BStBl II 2002, 287).

Zum 1.7.08 gründet Steuerberater A mit Steuerberater B eine Sozietät. A bringt seine Praxis zum Buchwert ein; B erbringt eine Bareinlage i.H.v. 205 000 €. Die Sozietät hat zum 1.7. und 31.12.08, sowie zum 31.12.09 bilanziert. Zum 1.1.10 geht die Sozietät zur Einnahme-Überschussrechnung über.

A ermittelt seinen Gewinn für das Rumpfwirtschaftsjahr 1.1. bis 30.6.08 nach § 4 Abs. 3 EStG und erstellt zum 30.6.08 einen Jahresabschluss. Den sich daraus ergebenden Übergangsgewinn von 191 000 € beantragt A – unter Hinweis auf R 4.6 Abs. 1 Satz 4 EStR –, lediglich mit einem Drittel zu versteuern.

Lösung:
Geht ein Steuerpflichtiger von der Einnahme-Überschussrechnung zur Gewinnermittlung durch Bestandsvergleich über, so erfordert der Wechsel vom Zu- und Abflussprinzip zum Realisationsprinzip die Vornahme von Zu- und Abrechnungen, damit sich Geschäftsvorfälle nicht doppelt oder (andererseits) überhaupt nicht auswirken.
Erfolgt der Übergang zum Bestandsvergleich im Zusammenhang mit der Einbringung eines Betriebs in eine Personengesellschaft, so erhöht ein dabei entstehender Übergangsgewinn den laufenden Gewinn des einbringenden Steuerpflichtigen im letzten Wj. vor der Einbringung (s.a. R 4.6 Abs. 1 Satz 5 EStR und H 4.5 (6) [Übergangsgewinn] EStH). Der Übergangsgewinn ist danach dem Einbringenden und nicht der Gesellschaft zuzurechnen. Die Hinzurechnungen zum laufenden Gewinn können nicht nach R 4.6 Abs. 1 Satz 4 EStR auf drei Jahre verteilt werden (H 4.5 (6) [Übergangsgewinn] EStH).

Zu weiteren Einzelheiten der Gewinnkorrekturen und der Billigkeitsverteilung der Hinzurechnungen siehe → **Wechsel der Gewinnermittlungsart**.

Literatur: Doege, Einbringung von Wirtschaftsgütern des Privatvermögens in das Gesellschaftsvermögen von Personengesellschaften, INF 2005, 306; Korn, »Übergangsbesteuerung« bei der Aufnahme von Partnern in Einzelpraxen und Sozietäten mit Gewinnermittlung nach § 4 Abs. 3 EStG, FR 2005, 1236.

Das Niedersächsische FG hat mit Urteil vom 14.3.2007 (2 K 574/03, LEXinform 5004904) nachmals betont, dass im Falle einer Buchwertfortführung keine Pflicht dazu besteht, zum Bestandsvergleich überzugehen. Mit Urteil vom 24.6.2009 (VIII R 13/07, LEXinform 0588321) hat der BFH die Rechtsausführungen bestätigt.

Beispiel:
Der Sachverhalt und die Lösung ergeben sich aus dem BFH-Urteil vom 24.6.2009 (VIII R 13/07, LEXinform 0588321).
A betreibt eine ärztliche Einzelpraxis. Mit Wirkung zum 1.1.08 gründet er mit dem Stpfl. B eine GbR zum Zweck der gemeinsamen Betriebsführung. Einnahmen und Ausgaben sollen hälftig geteilt und getragen werden. A bringt vereinbarungsgemäß seine Einzelpraxis in die GbR ein. Zum Ausgleich für die Hälfte des Patientenstammes und der Praxisgegenstände zahlt B an A 200 000 €.
Die GbR ermittelt ihren Gewinn nach § 4 Abs. 3 EStG. In ihrer Gewinnermittlung für das Kj. 08 behandelt sie die von B an A geleistete Ausgleichszahlung i.H.v. 50 000 € als Anschaffungskosten auf Gegenstände der Praxiseinrichtung und i.H.v. 150 000 € als Anschaffungskosten auf den Praxiswert. Die sich daraus ergebende AfA von 41 672 € berücksich-

tigt die GbR als Betriebsausgabe im Gesamthandsbereich. Im Übrigen führt die GbR die Buchwerte der vom Beigeladenen eingebrachten Gegenstände fort.
Das FA verteilte die AfA nach Köpfen, das FG rechnete dagegen die AfA allein dem B zu.

Lösung:
Der Einbringungsvorgang zum 1.1.08 fällt nur teilweise unter die Vorschrift des § 24 UmwStG mit der Folge eines Ansatzwahlrechtes, und zwar nur insoweit, wie er auf eigene Rechnung des Einbringenden A erfolgt. Wird ein Betrieb oder Teilbetrieb oder ein Mitunternehmeranteil in eine Personengesellschaft eingebracht und wird der Einbringende Mitunternehmer der Gesellschaft, gilt für die Bewertung des eingebrachten Betriebsvermögens zwar § 24 Abs. 2 bis 4 UmwStG. Danach hat der Einbringende grundsätzlich ein Wahlrecht zum Ansatz der Buchwerte, gemeinen Werte oder Zwischenwerte. Im Falle der Einbringung eines Betriebes werden die steuerrechtlichen Tatbestände der Veräußerung und der Einbringung von Betriebsvermögen miteinander verbunden: Der Betrieb wird in die Personengesellschaft durch den bisherigen (Praxis-) Inhaber »teilweise für eigene Rechnung, und teilweise für Rechnung eines Dritten«, des künftigen Mitgesellschafters, eingebracht, der dafür dem Einbringenden ein Entgelt zahlt (Zuzahlung); diese »Einbringung« stellt sich als Veräußerungsvorgang dar. Bei der Einbringung eines Betriebs in eine Personengesellschaft gegen eine Ausgleichszahlung des aufgenommenen Gesellschafters in das Privatvermögen des Einbringenden liegt nämlich ein von der Einbringung gem. § 24 UmwStG getrennt zu beurteilender Veräußerungsvorgang vor. Die Zuzahlung, die der bisherige Einzelunternehmer von dem aufgenommenen Gesellschafter erhält, unterfällt deshalb nicht den Rechtsfolgen des § 24 UmwStG, weil insoweit ein Veräußerungsgewinn erzielt wird, der nach allgemeinen Grundsätzen im Zeitpunkt seiner Realisierung zu versteuern ist. § 24 UmwStG enthält keine davon abweichende Regelung hinsichtlich der liquiden Mittel, die der Einbringende mit der Zuzahlung erhält. Die Anwendung der Einbringungsvorschriften auf die Zuzahlung ist insbesondere deshalb nicht möglich, weil das nach § 24 Abs. 2 Satz 1, Abs. 3 Satz 1 UmwStG bestehende Wahlrecht der gewinnneutralen Einbringung unter Fortführung der Buchwerte bei einer Barzahlung in das Vermögen des Einbringenden als Gegenleistung nach dem Sinn und Zweck des § 24 UmwStG nicht gerechtfertigt werden kann.
Spiegelbildlich zu dem beim Einbringenden A anzusetzenden Gewinn muss aber der Zuzahlende B Anschaffungskosten aktivieren, soweit seine Aufwendungen die bisherigen Buchwerte übersteigen.
Die Zuzahlung des B in das Privatvermögen des A stellt eine Veräußerung des anteiligen Betriebes des Einbringenden A und eine Anschaffung durch den Zuzahlenden B dar (vgl. auch Rz 24.09 bis 24.11 sowie das Beispiel in Rz. 24.11 Umwandlungssteuererlass – UmwStE – in der Fassung des BMF-Schreibens vom 21.8.2001, BStBl I 2001, 543). Die Einbringung des Betriebes ist dann in Höhe der Beteiligungsquote des Zuzahlenden B eine Einlage für Rechnung des zuzahlenden Gesellschafters. Die anteilige Veräußerung an den Zuzahlenden B führt damit zu einem Geschäftsvorfall des einzubringenden Betriebes. Dabei wird folgender Ablauf fingiert: Der durch die Veräußerung erzielte Veräußerungserlös wird vor der Einbringung dem Betriebsvermögen entnommen. Anschließend wird der restliche Betrieb so eingebracht, wie er sich nach der Entnahme des Veräußerungserlöses noch darstellt (vgl. auch Rz 24.11 UmwStE, a.a.O.). Der Veräußerungsgewinn ist als laufender Gewinn des Einbringenden A voll der Besteuerung zu unterwerfen; spiegelbildlich dazu

entstehen dem Zuzahlenden B Anschaffungskosten. Abschreibungen entfallen zwangsläufig in voller Höhe auf den Zuzahlenden B.

Bei der Gewinnermittlung nach § 4 Abs. 3 EStG sind die Anschaffungskosten eines Gesellschafters für den Erwerb seiner mitunternehmerischen Beteiligung in einer steuerlichen Ergänzungsrechnung nach Maßgabe der Grundsätze über die Aufstellung von Ergänzungsbilanzen zu erfassen, wenn sie in der Überschussrechnung der Gesamthand nicht berücksichtigt werden können.

Das FG Münster hat mit Urteil vom 23.6.2009 (1 K 4263/06 F, LEXinform 5009001, Revision eingelegt, Az. BFH: VIII R 41/09, LEXinform 0927322) entschieden, dass **kein Zwang zum Wechsel der Gewinnermittlungsart** bei Einbringung einer Steuerberatungspraxis in eine Sozietät **im Fall der Zurückbehaltung des Forderungsbestandes** besteht. Ein Steuerpflichtiger, der als Einnahme-Überschussrechner seine Praxis, gegen Aufdeckung sämtlicher stiller Reserven, in eine Personengesellschaft einbringt, ist so zu behandeln, als ob er im Zeitpunkt der Einbringung zur Gewinnermittlung mittels Betriebsvermögensvergleich gem. § 4 Abs. 1 EStG gewechselt hätte. Die Folge wäre dann, dass der erstmals durch Betriebsvermögensvergleich zu ermittelnde laufende Gewinn oder Verlust durch Zu- und Abschläge so zu korrigieren wäre, als ob der Gewinn oder Verlust von Anfang an durch Betriebsvermögensvergleich ermittelt worden wäre. Im Fall von Forderungen wäre ein Zuschlag vorzunehmen, da der bisher ermittelte Gewinn diese Beträge mangels Zufluss nicht enthalten hat.

In dem Fall, in dem der Einbringende aber **Forderungen** aus der Zeit vor der Einbringung **zurückhält**, tritt nach der Rechtsprechung des BFH (BFH-Urteil vom 14.11.2007 XI R 32/06, BFH/NV 2008, 359) eine solche **Gewinnrealisierung nicht zwingend** ein. Eine Realisierung des Gewinns wird bei Zufluss im Zuflussjahr als nachträgliche Einkünfte gem. § 24 Nr. 2 EStG erfasst. Die **Honorarforderungen** bleiben »**Restbetriebsvermögen ohne Betrieb**« des Einbringenden.

3. Haftung bei Sozietätsgründungen

Schließt sich ein Rechtsanwalt mit einem bisher als Einzelanwalt tätigen anderen Rechtsanwalt zur gemeinsamen Berufsausübung in einer Sozietät in der Form einer Gesellschaft bürgerlichen Rechts zusammen, so haftet er nicht entsprechend § 28 Abs. 1 Satz 1 i.V.m. § 128 Satz 1 HGB für die im Betrieb des bisherigen Einzelanwalts begründeten Verbindlichkeiten (BGH-Urteil vom 22.1.2004 IX ZR 65/01, HFR 2004, 803).

Betriebseinnahmen

- → Abfindungen
- → Abnutzbares Anlagevermögen
- → Anzahlungen
- → Aufzeichnungs- und Aufbewahrungspflichten
- → Betriebsausgaben
- → Entnahmen
- → Geschäftsreise
- → Investitionszulage
- → Lebensversicherungsverträge als Betriebsvermögen
- → Praxisgebühr
- → Preisnachlässe
- → Schenkungen
- → Tausch
- → Verlust von Wirtschaftsgütern
- → Vordruck EÜR
- → Zahngold
- → Zu- und Abflussprinzip

Rechtsquellen
- → § 4 Abs. 4 EStG i.U.
- → R 4.7 EStR
- → H 4.7 EStH

1. Allgemeiner Überblick über die Betriebseinnahmen

1.1 Der Betriebseinnahmenbegriff

Der Begriff der Betriebseinnahmen i.S.d. des § 4 Abs. 3 EStG ist gesetzlich nicht bestimmt. Nach seinem Sinn und Zweck ist er in Anlehnung an die Vorschrift des § 8 EStG, die unmittelbar allerdings nur für die Einkunftsarten i.S.d. § 2 Abs. 3 Nr. 4 bis 7 EStG gilt, und an die Vorschrift des § 4 Abs. 4 EStG dahin zu bestimmen, dass **Betriebseinnahmen** grundsätzlich alle **Zugänge** von Wirtschaftsgütern in der Form von **Geld** oder von **Geldeswert** sind, die **durch den Betrieb veranlasst** sind. Ist ein Betrieb auf die Erbringung von Dienst- oder Werkleistungen gerichtet, so sind demnach Betriebseinnahmen insbesondere alle Entgelte für die erbrachten Dienst- oder Werkleistungen. Dabei kommt es aber nicht darauf an, dass die Betriebseinnahmen dem Steuerpflichtigen aus Geschäften zufließen, die den **Hauptgegenstand** seines Betriebs ausmachen. Betriebseinnamen sind auch die aus so genannten **Hilfs- oder Nebengeschäften** herrührenden Einnahmen, sofern sich diese nur i.R.d. Betriebs halten (BFH-Urteil vom 8.10.1964 IV 365/63 U, BStBl III 1965, 12). Die Entgelte werden regelmäßig in Geld bestehen. Dann sind Betriebseinnahmen in dem Kalenderjahr bezogen, in dem der Geldbetrag als Barbetrag oder als Bankguthaben zufließt (→ **Zu- und Abflussprinzip**). Die **Forderung** auf Geldzahlung oder -überweisung selbst ist anders als bei der Gewinnermittlung nach § 4 Abs. 1 EStG (vgl. § 11 Abs. 1 Satz 4 EStG) noch **keine Betriebseinnahme** i.S.d. § 4 Abs. 3 EStG. Die Entgelte können aber auch in anderen Vermögensgegenständen als Geld oder Bankguthaben bestehen, sei es, dass die Hingabe dieser Vermögensgegenstände von vornherein als Entgelt vereinbart ist (→ **Tausch**) oder dass diese an Erfüllungs statt (§ 364 BGB) hingegeben werden. Auch der **Zugang** solcher **Vermögensgegenstände**, insbesondere von **Sachwerten** (s.a. → **Betriebsausgaben**), führt zu **Betriebseinnahmen**. In diesem Falle sind die Betriebseinnahmen mit dem Erwerb der Vermögensgegenstände bezogen (BFH-Urteil vom 16.1.1975 IV R 180/71, BStBl II 1975, 526).

Beispiele:
Die Erlangung einer Eigentumswohnung durch einen Freiberufler zur Tilgung seiner Honorarforderung gegenüber dem Bauherrn. Näheres siehe unter 3. Betriebseinnahmen in Geldeswert.

Grundstücksschenkung einer Gemeinde an einen Arzt für die Niederlassung in der Gemeinde. Unerheblich ist, dass das Grundstück für den Bau eines privaten Wohnhauses zugewendet wird (Rechtskräftiges Urteil FG Baden-Württemberg vom 14.3.2003 13 K 203/99, EFG 2003, 1223).

1.2 Zusammensetzung der Betriebseinnahmen

Eine Betriebseinnahme ist ein betrieblich veranlasster Wertzuwachs, der in einem nicht nur äußerlichen, sondern sachlichen, wirtschaftlichen Zusammenhang zum Betrieb steht (BFH-Urteil vom 27.5.1998 X R 17/95, BStBl II 1998, 618). Eine derartige Vermögensmehrung muss – sofern nur objektiv betrieblich veranlasst – nicht notwendig als Entgelt auf eine konkrete betriebliche Leistung bezogen werden können, weswegen z.B. grundsätzlich auch Zuschüsse für Investitionen oder Existenzgründungen zu den Betriebseinnahmen gehören. Da es außerdem nicht darauf ankommt, dass sich der Wertzuwachs im Betriebsvermögen auswirkt, und insoweit auch die Art der Verwendung unbeachtlich ist, setzen sich die Betriebseinnahmen zusammen aus
- Beträgen für die eigentliche gewerbliche oder berufliche Tätigkeit (**Grundgeschäfte**);
- **Geschenke** an den Steuerpflichtigen, die durch die steuerbare Leistung veranlasst sind, aber **zusätzlich** zum dafür geschuldeten **Entgelt** erbracht werden (BFH-Urteil vom 6.9.1990 IV R 125/89, BStBl II 1990, 1028);
- **Geschenke** von **Geschäftsfreunden**. Dies können Sachleistungen und Nutzungsvorteile sein. Es ist nicht erforderlich, dass die Vorteile die Voraussetzungen eines Wirtschaftsgutes erfüllen. Betrieblich veranlasst kann ein Vorteil auch sein, wenn er nicht Entgelt für eine konkrete betriebliche Gegenleistung des Empfängers ist. Die für die Besteuerung des Zuwendenden ggf. wesentliche Differenzierung zwischen Zahlungen für eine konkrete Gegenleistung und Zuwendungen zur bloßen Kontaktpflege ist für die Besteuerung des Empfängers ohne Bedeutung (BFH-Urteil vom 26.9.1995 VIII R 35/93, BStBl II 1996, 273 → **Schenkungen**);
- Einnahmen aus **Hilfsgeschäften**, z.B. die vom Gastwirt vereinnahmte Saalmiete oder das dem Zahnarzt von seinen Patienten überlassene Zahngold;
- Renten, dauernden Lasten und Raten;
- Erträgen aus Wertpapieren;
- Erstattungen von früher abgezogenen Betriebsausgaben;
- Schadensersatzleistungen (→ **Schadensersatz**);
- **Versicherungsleistungen** für betriebliche Vorfälle (Brandschaden);
- **Nebentätigkeiten**, die wirtschaftlich mit der beruflichen Haupttätigkeit zusammenhängen, z.B. Honorare für Prüfungstätigkeiten;

- **Preisen** für bestimmte Einzelleistungen (s.a. BFH-Urteil vom 14.3.1989 I R 83/85, BStBl II 1989, 650). Die Zuwendung (z.B. Geldpreis) muss einen wirtschaftlichen Bezug zum Betrieb aufweisen. Die betriebliche Veranlassung wird nicht dadurch ausgeschlossen, dass die Prämie auch von herausragenden Leistungen in der Meisterprüfung abhängig war;
- der **Veräußerung** von Anlagegütern des Betriebsvermögens;
- dem Veräußerungspreis des ganzen Betriebs;
- nachträglichen Betriebseinnahmen;
- → **Preisnachlässen**;
- **Investitionszuschüssen**. Erhält ein Steuerpflichtiger, der seinen Gewinn nach § 4 Abs. 3 EStG ermittelt, für die Anschaffung oder Herstellung bestimmter Wirtschaftsgüter öffentliche Investitionszuschüsse, so mindern diese die Anschaffungs- oder Herstellungskosten bereits im Jahr der Bewilligung und nicht im Jahr der Auszahlung. Sofern der Empfänger den Zuschuss sofort als Betriebseinnahme versteuern will, muss er das entsprechende Wahlrecht ebenfalls im Jahr der Zusage ausüben (BFH-Urteil vom 29.11.2007 IV R 81/05, BStBl II 2008, 561).
- **Eigenprovisionen** eines Versicherungsvertreters für den Abschluss eigener privater Versicherungen (BFH-Urteil vom 27.5.1998 X R 17/95, BStBl II 1998, 618);
- **Entschädigungen** für die vorzeitige Aufgabe des Rechts aus dem Mietvertrag (Urteil FG Nürnberg vom 30.7.2002 III 268/2001).

Die Betriebseinnahmen sind in den **Zeilen 7 bis 18** des Vordrucks EÜR zu erfassen.

	1. Gewinnermittlung			99	20
	Betriebseinnahmen			EUR	Ct
7	Betriebseinnahmen als umsatzsteuerlicher **Kleinunternehmer**		111		,
8	davon aus Umsätzen, die in § 19 Abs. 3 Nr. 1 und Nr. 2 UStG bezeichnet sind	119	,	(weiter ab Zeile 13)	
9	Betriebseinnahmen als **Land- und Forstwirt**, soweit die Durchschnittssatzbesteuerung nach § 24 UStG angewandt wird		104		,
10	**Umsatzsteuerpflichtige Betriebseinnahmen**		112		,
11	Umsatzsteuerfreie, nicht umsatzsteuerbare Betriebseinnahmen sowie Betriebseinnahmen, für die der Leistungsempfänger die Umsatzsteuer nach § 13b UStG schuldet		103		,
11a	davon Kapitalerträge	113	,		
12	Vereinnahmte Umsatzsteuer sowie Umsatzsteuer auf unentgeltliche Wertabgaben		140		,
13	Vom Finanzamt erstattete und ggf. verrechnete Umsatzsteuer		141		,
14	Veräußerung oder Entnahme von Anlagevermögen		102		,
15	Private Kfz-Nutzung		106		,
16	Sonstige Sach-, Nutzungs- und Leistungsentnahmen (z.B. private Telefonnutzung)		108		,
17	Auflösung von Rücklagen, Ansparabschreibungen für Existenzgründer und/oder Ausgleichsosten (Übertrag von Zeile 73)				,
18	**Summe Betriebseinnahmen**		159		

Betriebseinnahmen sind alle Zugänge in Geld oder Geldeswert (→ **Tausch**), die durch den Betrieb veranlasst sind. Dabei ist nicht erheblich, ob die für eine Betriebsleistung erlangte Gegenleistung in den betrieblichen oder in den privaten Bereich des Steuerpflichtigen gelangt.

Eine Betriebseinnahme setzt nicht voraus, dass die erlangte Leistung Betriebsvermögen wird (BFH-Urteile vom 13.12.1973 I R 136/72, BStBl II 1974, 210; vom 17.4.1986 IV R 115/84, BStBl II 1986, 607). Deswegen sind auch Gegenleistungen, die auf einem privaten → **Bankkonto** des Steuerpflichtigen eingehen, als Betriebseinnahmen anzusehen (BFH-Urteil vom 2.10.1986 IV R 173/84, BFH/NV 1987, 495). Vermögenszuflüsse, die auf einem betrieblichen Vorgang beruhen, gelangen in das → **Betriebsvermögen** (BFH-Urteil vom 11.11.1987 I R 7/84, BStBl II 1988, 424). Die Begriffsbestimmung des Betriebsvermögens beruht auf dem aus § 4 Abs. 4 EStG abgeleiteten Veranlassungsprinzip. Zum Betriebsvermögen rechnen hiernach alle Wirtschaftsgüter, die betrieblich veranlasst angeschafft, hergestellt oder eingelegt werden. Eine betriebliche Veranlassung liegt vor, wenn ein objektiver wirtschaftlicher oder tatsächlicher Zusammenhang mit dem Betrieb besteht (vgl. BFH-Urteil vom 29.3.1979 IV R 103/75, BStBl II 1979, 512). Dieser Zusammenhang mit dem Betrieb wird nicht nur durch die Widmung eines angeschafften Gegenstandes zu betrieblichen Zwecken begründet; er wird auch unabhängig von der tatsächlichen oder beabsichtigten Nutzung des Gegenstandes dadurch hergestellt, dass der Anschaffungsvorgang als solcher betrieblich veranlasst ist. In diesem Fall ist der Zugang des angeschafften Gegenstandes zum Betriebsvermögen notwendige Folge des betrieblich veranlassten Erwerbs.

Ein vergleichbarer Zusammenhang besteht bei allen Vermögenszuflüssen, die auf einem betrieblichen Vorgang beruhen. So gelangt ein Vermögensgegenstand, den ein Unternehmer als Entgelt für eine betriebliche Leistung statt Geld erhält, auch dann in sein Betriebsvermögen, wenn eine betriebliche Verwendung weder vorgesehen noch möglich ist. Auch betrieblich veranlasste Sachgeschenke, die ihrer Art nach nicht im Betrieb verwendet werden können, werden im Zeitpunkt des Zugangs trotzdem Betriebsvermögen (BFH-Urteil vom 13.12.1973 I R 136/72, BStBl II 1974, 210).

Zum Betriebsvermögen rechnen somit alle Gegenstände, die dem Unternehmer im Rahmen seiner betrieblichen Tätigkeit, deren Ziel gerade die Mehrung des Betriebsvermögens ist, zugehen.

→ **Entnahmen** werden als gedachte (**fiktive**) Betriebseinnahmen berücksichtigt (s.a. BFH-Urteil vom 18.9.1986 IV R 50/86, BStBl II 1986, 907 und die **Zeile 14**, **Zeile 15** und **Zeile 16** des Vordrucks EÜR). Zu den Entnahmen siehe auch die Erläuterungen zu **Zeile 42** des Vordrucks EÜR (→ **Vordruck EÜR** → **Schuldzinsen**)

Entschädigungsleistungen oder → **Abfindungen**, die einem Gewerbetreibenden bzw. einem Freiberufler im Rahmen seiner Tätigkeit zufließen, sind grundsätzlich Betriebseinnahmen. Dabei bedeutet Zufluss i.R.d. Betriebs, dass die Abfindung/Entschädigung für den Verlust, für den Verzicht oder die Aufgabe von etwas geleistet wird, was als Teil des Betriebs oder Objekt des Gewinnstrebens des Betriebsinhabers zu qualifizieren ist. Dabei kann es sich um eine Sache, ein Recht, eine Tätigkeit oder eine bloße Erwerbschance handeln. Es kommt nicht darauf an, ob dasjenige, für dessen Verlust, Verzicht oder Aufgabe die Entschädigung geleistet wird, ein aktivierungspflichtiges Wirtschaftsgut des Betriebsvermögens darstellt.

1.3 Keine Betriebseinnahmen

Nicht zu Betriebseinnahmen führen
- → **Einlagen** aus dem Privatvermögen des Steuerpflichtigen in sein Betriebsvermögen;

- **Wertsteigerungen** bei einem betrieblichen Wirtschaftsgut. Die Wertsteigerung wirkt sich im Allgemeinen erst aus, wenn das Wirtschaftsgut veräußert, aus dem Betriebsvermögen entnommen oder der Betrieb veräußert oder aufgegeben wird;
- → **Darlehen**, die dem Betrieb zufließen. Die vereinnahmten Zinsen führen jedoch zu Betriebseinnahmen;
- ersparte Aufwendungen;
- steuerfreie Einnahmen (s.u. und → **Investitionszulage**);
- → **durchlaufende Posten** (§ 4 Abs. 3 Satz 2 EStG).

Erwirbt ein Steuerpflichtiger, der sich mit der gewerblichen Vermittlung bestimmter Wertpapierverkäufe befasst, selbst derartige Wertpapiere zu privaten Zwecken, so sind die ihm in diesem Zusammenhang zugeflossenen Vorteile (Preisnachlässe, Barzuwendungen usw.) keine Betriebseinnahmen (BFH-Urteil vom 18.3.1982 IV R 183/78, BStBl II 1982, 587).

1.4 Umsatzsteuer und Vorsteuer

I.R.d. § 4 Abs. 3-Rechnung wirkt sich grundsätzlich jeder Zahlungseingang (Betriebseinnahme) und jeder Zahlungsausgang (Betriebsausgabe) sofort auf den Gewinn aus. Wegen des Zu- und Abflussprinzips des § 11 EStG wird auch die → **Umsatzsteuer/Vorsteuer** entweder als Betriebseinnahme (**Zeile 12** des Vordrucks EÜR) oder als Betriebsausgabe (**Zeile 52** des Vordrucks EÜR) erfasst. Dies hat zur Folge, dass sich die Umsatzsteuer/Vorsteuer zunächst erfolgswirksam auswirkt; im Endergebnis wird aber die Gewinnneutralität – wie i.R.d. Buchführung – auch hier gewahrt. Nach H 9b [Gewinnermittlung nach § 4 Abs. 3 EStG ...] EStH sind betriebliche Umsatzsteuer- bzw. Vorsteuerzahlungen innerhalb der § 4 Abs. 3-Rechnung wie folgt zu berücksichtigen:

- vereinnahmte Umsatzsteuerbeträge für Leistungen = Betriebseinnahmen
- Umsatzsteuer-Erstattung vom Finanzamt = Betriebseinnahmen
- Umsatzsteuer auf unentgeltliche Wertabgaben = Betriebseinnahmen
- gezahlte abzugsfähige Vorsteuerbeträge = Betriebsausgaben
- Umsatzsteuer-Zahllast an das Finanzamt = Betriebsausgaben

Die Erstattung von Umsatzsteuerbeträgen durch das Finanzamt ist als Betriebseinnahme zu erfassen (**Zeile 13** des Vordrucks EÜR). Dabei ist es ohne Bedeutung, welchen Zeitraum die Erstattungen betreffen. Solche Erstattungen können z.B. aus folgenden Gründen in Betracht kommen:
- Erstattungen aufgrund einer abgegebenen Umsatzsteuer-Voranmeldung, die mehr Vorsteuer- als Umsatzsteuerbeträge ausweist,
- Erstattungen aufgrund zuviel gezahlter Vorauszahlungen nach Abgabe der Umsatzsteuer-Jahreserklärung,
- Verrechnung von Umsatzsteuer-Erstattungsbeträgen mit privaten Steuerzahlungen,
- Erstattung von Umsatzsteuer aufgrund einer Betriebsprüfung,
- Erstattung von Umsatzsteuer aufgrund von Änderungsveranlagungen.

Die Umsatzsteuer auf → **unentgeltliche Wertabgaben** darf sich nach § 12 Nr. 3 EStG nicht auf den Gewinn mindernd auswirken. Das bedeutet im Ergebnis, dass die Umsatzsteuer auf die → **Entnahme** nicht als Betriebsausgabe berücksichtigt werden darf. Man müsste also infolgedessen bei jeder Umsatzsteuererklärung den Anteil der Umsatzsteuer, die auf die Entnahme entfällt, herausrechnen, und nur die Differenz gewinnmäßig erfassen. Die entsprechenden Entnahmen/nichtabzugsfähigen Betriebsausgaben werden dann aber nur i.H. ihrer Nettowerte als fiktive Betriebseinnahme angesetzt. Die Kontrolle dieser – der Gesetzessystematik – entsprechenden Methode bringt jedoch sowohl für den Steuerpflichtigen als auch für die Finanzverwaltung große praktische Schwierigkeiten mit sich. Aus diesem Grund verfährt die Praxis in der Weise, dass der Bruttowert der entsprechenden Entnahmen/nicht abzugsfähigen Betriebsausgaben als fiktive Betriebseinnahme angesetzt wird (**Zeilen 14 bis 16 und Zeile 12** des Vordrucks EÜR). Dies hat den praktischen Vorzug, dass eine erforderliche Überwachung und Kürzung der zu einem späteren Zeitpunkt gezahlten und als Betriebsausgabe abzugsfähigen Umsatzsteuer (**Zeile 53** des Vordrucks EÜR) entfällt und im Ergebnis die Gewinnneutralität der Umsatzsteuer gewahrt bleibt. Zur Behandlung der Umsatzsteuer und Vorsteuer i.R.d. Einnahme-Überschussrechnung siehe auch die Erläuterungen unter → **Vordruck EÜR** sowie in der Einleitung.

2. Betriebseinnahmen in Geldeswert

→ Betriebsausgaben → Tausch
→ Preisnachlässe → Zahngold
→ Schenkungen

2.1 Wertzugänge in Geldeswert

Geldwerte Güter sind z.B. Sachwerte, Sachleistungen und Nutzungsvorteile (BFH-Urteil vom 26.9.1995 VIII R 35/93, BStBl II 1996, 273). Es ist nicht erforderlich, dass die Vorteile die Voraussetzungen eines Wirtschaftsguts i.S.d. Bilanzsteuerrechts haben. Eine Betriebseinnahme setzt auch weiterhin nicht voraus, dass die erbrachte Leistung in das Betriebsvermögen desjenigen gelangt, bei dem sie steuerrechtlich zu erfassen ist. Nach der Rechtsprechung des BFH besteht zwischen den Begriffen Betriebseinnahmen und Einnahmen weitgehende Übereinstimmung (BFH-Urteile vom 29.6.1982 VIII R 6/79, BStBl II 1982, 755 und vom 22.7.1988 III R 175/85, BStBl II 1988, 955). Der BFH hat ferner ausdrücklich klargestellt, dass auch im betrieblichen Bereich für nicht in Geld bestehende Zugänge wie Sachleistungen und Nutzungsvorteile die zu § 8 EStG entwickelten Grundsätze Anwendung finden (s.a. → **Preisnachlässe**).

Wertzugänge in Geldeswert sind alle nach objektiven Merkmalen in Geld ausdrückbaren Vorteile, die einen wirtschaftlichen und nicht nur einen ideellen Wert besitzen und damit eine objektive Bereicherung des Zuwendungsempfängers zur Folge haben. Geldwerte Güter sind somit zumindest solche Vorteile, die Gegenstand eines entgeltlichen Vertrags sein können.

Wenn ein Freiberufler zur Tilgung seiner Honorarforderung an den Bauherrn von diesem eine Eigentumswohnung erwirbt, so ist die Betriebseinnahme i.H.d. Verkehrswerts der Wohnung anzusetzen (FG Baden-Württemberg vom 10.7.1980 VI 502/77, EFG 1981, 75).

Die Grundstücksschenkung einer Gemeinde an einen praktischen Arzt dafür, dass sich der Stpfl. in der Gemeinde als praktischer Arzt niederlässt, stellt eine Betriebseinnahme in

Höhe des Verkehrswerts des Grundstücks dar (rechtskräftiges Urteil FG Baden-Württemberg vom 14.3.2003 13 K 203/99, EFG 2003, 1223). Die Grundstücksschenkung (→ **Schenkungen**) steht in einem unmittelbaren Zusammenhang mit der beruflichen Tätigkeit. Unerheblich ist insoweit, dass das Grundstück für den Bau eines privaten Wohnhauses zugewendet wird, da die Veranlassung für die Grundstücksschenkung jedenfalls in der beruflichen Sphäre wurzelt. Diese Betriebseinnahme ist mit Abschluss des notariellen Vertrags zugeflossen. Entscheidend für den Zuflusszeitpunkt ist die Erlangung der wirtschaftlichen Verfügungsmacht und zwar in Form zivilrechtlichen oder wirtschaftlichen Eigentums. Bei Grundstücken erlangt der Erwerber wirtschaftliches Eigentum regelmäßig ab dem Zeitpunkt, von dem ab er nach dem Willen der Vertragspartner wirtschaftlich über das Grundstück verfügen kann. Das ist i.d.R. der Fall, sobald Besitz, Gefahr, Nutzungen und Lasten auf den Erwerber übergegangen sind.

Umsatzsteuerrechtlich tätigt der Arzt eine sonstige Leistung, deren Gegenleistung in der Lieferung des Grundstücks besteht (tauschähnlicher Umsatz; **Zeile 10** des Vordrucks EÜR). Die Leistung des Arztes ist eine solche im wirtschaftlichen Sinne (Abschn. 18 Abs. 1 Satz 2 UStR), und als solche steuerbar. So wie der Verzicht, ganz oder teilweise eine gewerbliche oder berufliche Tätigkeit auszuüben eine Leistung i.S.d. UStG darstellt (§ 3a Abs. 4 Nr. 9 UStG), so muss auch die Absicht, eine gewerbliche oder berufliche Tätigkeit zu beginnen, eine Leistung darstellen. Die Leistung des Arztes ist nicht nach § 4 Nr. 14 UStG steuerfrei, da es sich dabei nicht um eine typische ärztliche Tätigkeit handelt (Abschn. 88 Abs. 1 UStR). Zum Verzicht auf die Ausübung einer Tätigkeit als sonstige Leistung siehe u.a. die BFH-Urteile vom 13.11.2003 (V R 59/02, BStBl II 2004, 472) und vom 6.5.2004 (V R 40/02, BFH/NV 2004, 1352).

2.2 Betriebseinnahmen in Korrespondenz mit Betriebsausgaben

Dem als **Betriebseinnahme** zu erfassenden Zugang eines **Sachwerts** steht bei **betrieblicher** Verwendung dieses Sachwerts eine → **Betriebsausgabe** gegenüber (s.a. BFH-Urteil vom 22.7.1988 III R 175/85, BStBl II 1988, 995). Der in Form eines Sachwerts zugewendete Vermögenswert bleibt aber nur dann ohne gewinnmäßige Auswirkung, wenn die durch ihn ersparten Aufwendungen ihrerseits durch den Betrieb veranlasst sind.

Ist dieser Sachwert z.B. als → **Umlaufvermögen** zu behandeln, ist der **Betriebseinnahme** gedanklich eine gleich hohe **Betriebsausgabe** entgegenzustellen, so dass sich der Vorgang insgesamt **ergebnisneutral** auswirkt. Bei einer Veräußerung ist der Erlös als Betriebseinnahme zu erfassen (s.a. BFH-Urteil vom 12.3.1992 IV R 29/91, BStBl II 1993, 36). Siehe auch zu → **Betriebsausgaben** Abbildung: Betriebsausgaben und -einnahmen beim Erhalt eines Sachgutes und → **Zahngold** Abbildung: Betriebsausgaben und -einnahmen beim Erwerb und der Veräußerung von Zahngold.

2.3 GmbH-Beteiligung

Mit Urteil vom 1.2.2001 (IV R 57/99, BStBl II 2001, 546) hat der BFH zum Sachbezug eines GmbH-Anteils bei einem Steuerberater wie folgt entschieden (→ **Geldgeschäfte eines Freiberuflers**):

Leitsatz:
Sollen Honoraransprüche eines Steuerberaters in der Weise erfüllt werden, dass er Anteile an einer GmbH erwirbt, um diese Anteile später, nachdem ihr Wert verabredungsgemäß durch verbilligten Erwerb von Betriebsvermögen der GmbH gesteigert worden ist, wieder zu veräußern, so gehören die GmbH-Anteile zum notwendigen Betriebsvermögen des Steuerberaters.

Entscheidungsgründe:
Die Entlohnung eines Steuerberaters ist nicht auf die Form von Geldzahlungen beschränkt, sondern kann auch in der Einräumung von Gesellschaftsrechten bestehen. In einem solchen Fall sind die als Entgelt für die erbrachten Leistungen gewährten Beteiligungen notwendiges Betriebsvermögen (BFH-Beschluss vom 27.1.1995 X B 144/94, BFH/NV 1995, 784). Der an Erfüllungs statt gegebene Vermögensgegenstand bleibt grundsätzlich Teil des notwendigen Betriebsvermögens, es sei denn, er kann nur für private Zwecke genutzt werden (→ **Betriebsvermögen** → **Incentive-Reise**). Die erhaltenen Anteile sind als Bestandteil des Honorars Betriebsvermögen geworden. Es handelt sich dabei um → **nicht abnutzbares Anlagevermögen** (R 6.1 Abs. 1 EStR).
Es ist zu unterstellen, dass sich die Beratungsleistung des Steuerberaters und der gemeine Wert der Gesellschaftsrechte gleichwertig gegenüberstehen. Unter entsprechender Anwendung des § 6 Abs. 6 Satz 1 EStG sind die Anschaffungskosten der Gesellschaftsanteile mit dem gemeinen Wert der hingegebenen Leistung anzusetzen. Da kein Barausgleich erfolgt, entspricht dieser gemeine Wert dem Wert der Gesellschaftsanteile. In Höhe des Nennwerts der Anteile ist eine Betriebseinnahme anzusetzen. Entsprechend der Regelung des § 4 Abs. 3 Satz 4 EStG ist im Zeitpunkt des Ausscheidens aus dem Betriebsvermögen in gleicher Höhe eine Betriebsausgabe anzusetzen. Für Anteile, die nach dem 5.5.2006 angeschafft werden, ist die Betriebsausgabe erst im Zeitpunkt des Zuflusses des Veräußerungserlöses oder im Zeitpunkt der Entnahme zu berücksichtigen (Gesetz zur Eindämmung missbräuchlicher Steuergestaltungen vom 28.4.2006, BGBl I 2006, 1095).

Zum Erwerb von Zahngold bei einem Zahnarzt siehe → **Zahngold**. Siehe auch → **Schenkungen**.

3. Einnahmeverzicht

3.1 Ertragsteuerrechtlich

→ Entnahme (Entnahme von Forderungen)   → Verlust (Verlust von Forderungen)
→ Erlass

Mangels Zufluss können **keine** Betriebseinnahmen vorliegen. War das Motiv betrieblich veranlasst (z.B. der Mandant steckt in Zahlungsschwierigkeiten), hat der Verzicht keinerlei Auswirkung auf den Gewinn. War jedoch das Motiv privater Natur (z.B. Verzicht wegen eines Verwandtschaftsverhältnisses), liegt i.H.d. Forderung eine → **Entnahme** vor, die als gewinnerhöhende Betriebseinnahme zu erfassen ist.

Von einem entgeltlichen Verzicht spricht man, wenn z.B. für entgangene Betriebseinnahmen Entschädigungen (→ **Abfindungen**) gezahlt werden. Diese Entschädigungszahlungen stellen dann Betriebseinnahmen dar.

3.2 Umsatzsteuerrechtlich

Bei einem **Forderungsverzicht** handelt sich um eine **Entgeltsminderung** nach § 17 UStG, auch wenn der Forderungsverzicht aus privaten Gründen erfolgte (BFH-Urteil vom 28.9.2000 V R 37/98, BFH/NV 2001, 491). Entgelt nach § 10 Abs. 1 UStG ist grundsätzlich alles, was der Leistungsempfänger aufwendet, um die Leistung zu erhalten. Entscheidend ist »letztendlich« die **tatsächlich erhaltene** Gegenleistung **für die erbrachte** Leistung. Dementsprechend kann die zunächst maßgebende (vereinbarte) Bemessungsgrundlage nachträglich mit umsatzsteuerrechtlicher Wirkung verändert (erhöht oder ermäßigt) werden. § 17 Abs. 1 UStG bestimmt für diese Fälle, dass sowohl der Unternehmer, der diesen Umsatz ausgeführt hat, den dafür geschuldeten Steuerbetrag, als auch der Unternehmer, an den dieser Umsatz ausgeführt worden ist, den dafür in Anspruch genommenen Vorsteuerabzug entsprechend zu berichtigen hat. Maßgeblicher Berichtigungszeitraum ist der Besteuerungszeitraum, in dem die Änderung der Bemessungsgrundlage eingetreten ist. Siehe auch Urteil FG Münster vom 15.7.2003 (15 K 5979/99 U, EFG 2004, 1409).

4. Ersparte Betriebsausgaben

Ersparte Betriebsausgaben sind **keine** Betriebseinnahmen. Die Gewinnneutralität ergibt sich bereits durch den Nichtansatz eingesparter Betriebsausgaben. Ersparte Aufwendungen führen nur insoweit nicht zu – fiktiven – Einnahmen, als sie auf einem eigenen Verhalten des Steuerpflichtigen beruhen. Ist die Ersparnis dagegen Folge einer Zuwendung von dritter Seite, so besteht die Einnahme gerade nicht in ersparten Aufwendungen, sondern im Wert des zugewendeten Vermögensvorteils (BFH-Urteil vom 22.7.1988 III R 175/85, BStBl II 1988, 995 → **Incentive-Reise**).

5. Erstattungspflicht

Zugeflossene Betriebseinnahmen sind auch dann anzusetzen, wenn sie in einem späteren Veranlagungszeitraum zurückgezahlt werden müssen.

6. Fiktive Betriebseinnahmen

Einnahmen, die der Steuerpflichtige tatsächlich nicht erzielt hat, aber hätte erzielen können, sind i.d.R. mangels Zuflusses **keine** Betriebseinnahmen (Ausnahme z.B. bei einem Forderungsverzicht aus privaten Gründen liegt eine Entnahme vor). Jedoch wird in einigen Fällen aus »§ 4 Abs. 3-technischen« Gründen eine fiktive Betriebseinnahme angesetzt. Dies ist z.B. denkbar i.R.d. → **Entnahmen,** nichtabzugsfähigen → **Betriebsausgaben** oder → **Rücklagen.**

7. Gemischt veranlasste Betriebseinnahmen

Werden Einnahmen teils aus betrieblichen und teils aus privaten Gründen erzielt (z.B. Zinsgutschrift für ein gemischtes Kontokorrentkonto), müssen die Einnahmen, ggf. auch im Wege der Schätzung, **aufgeteilt** werden.

8. Gesetz- und Sittenwidrigkeit

Für die Besteuerung ist es ohne Bedeutung, ob Betriebseinnahmen durch ein gesetz- oder sittenwidriges Handeln (z.B. erhaltene Bestechungsgelder oder Einnahmen aus verbotenen Einfuhrgeschäften) getätigt werden. Entscheidend ist nur, dass die Einnahmen unter den Betriebseinnahmenbegriff zu subsumieren sind (§ 40 AO).

9. Korrespondenzprinzip

Für die Erfassung von Betriebseinnahmen ist es ohne Bedeutung, ob die entsprechenden Beträge beim Leistungserbringenden auch als Betriebsausgaben abzugsfähig sind (fehlendes Korrespondenzprinzip). Anzumerken bleibt in diesem Zusammenhang z.B., dass § 160 AO und § 4 Abs. 5 EStG nur i.R.d. Betriebsausgabenabzugs gelten und keinerlei Einfluss auf die Besteuerung der Betriebseinnahmen haben.

10. Nachträgliche Betriebseinnahmen

Einnahmen, die nach Beendigung des Betriebs erzielt werden und als solche auch zu besteuern sind, wie z.B. der Eingang einer Forderung nach dem Tod eines Freiberuflers, wenn die Erben die Praxis im Wege der § 4 Abs. 3-Rechnung bis zu ihrer Abwicklung noch fortführen oder noch nicht versteuerte Rentenzahlungen aus einer Betriebsveräußerung i.S.v. R 16 Abs. 11 EStR stellen nachträgliche Betriebseinnahmen dar. Zur Gewinnermittlungstechnik im Falle der nachträglichen Betriebseinnahmen vgl. → **Nachträgliche Einkünfte.**

11. Negative Betriebseinnahmen

Diese sind nach Auffassung der Rechtsprechung gegeben, wenn steuerpflichtige Betriebseinnahmen zurückgezahlt werden müssen (→ **Betriebsausgaben/zurückgezahlte Betriebseinnahme**).

12. Pauschalierung

Eine Pauschalierung von Betriebseinnahmen ist, anders als im Bereich der Betriebsausgaben, in keinem Fall möglich. Nicht zu verwechseln ist diese Pauschalierung mit der Pauschalierung von Vorsteuern (→ **Umsatzsteuer/Vorsteuer**) oder der teilweisen → **Schätzung** von Betriebseinnahmen.

13. Persönliche Zurechnung von Betriebseinnahmen

Betriebseinnahmen sind dem Steuerpflichtigen dann zuzurechnen, wenn er den Tatbestand der Gewinntätigkeit i.S.v. §§ 13–18 EStG verwirklicht hat. Die Verwendung der Betriebseinnahmen ist dabei ohne Bedeutung. Ebenso ist nicht entscheidend, ob die Betriebseinnahmen einem Bevollmächtigten oder im privaten Bereich zufließen.

14. Steuerfreie Betriebseinnahmen

→ Investitionszulage

Liegen Betriebseinnahmen vor, die (im Ausnahmefall) nach § 3 EStG steuerfrei sind, so müssen diese innerhalb der § 4 Abs. 3-Rechnung nicht aufgezeichnet werden.
Eine für die Praxis wichtige Vorschrift ist die des § 3 Nr. 26 EStG. Danach sind Aufwandsentschädigungen für Übungsleiter und ähnliche Berufe bis zur Höhe von insgesamt 2 100 € im Jahr steuerfrei (→ **Vordruck EÜR Zeile 19**). Der Steuerpflichtige muss nebenberuflich (selbständig oder nichtselbständig) als Übungsleiter usw. tätig sein. Der Freibetrag ist immer ein Jahresbetrag. Erzielt der Steuerpflichtige mit dieser Tätigkeit Gewinneinkünfte und ermittelt seinen Gewinn durch die § 4 Abs. 3-Rechnung, so sind Betriebseinnahmen bis 2 100 € nicht anzusetzen. Soweit die Betriebseinnahmen aber diesen Betrag übersteigen, sind sie zu erfassen. Betriebsausgaben können aber nur dann geltend gemacht werden, soweit sie ihrerseits den Betrag von 2 100 € übersteigen. Der Freibetrag hat also insoweit auch Abgeltungscharakter für die Betriebsausgaben. Zu Einzelheiten vgl. R 3.26 LStR und H 3.26 LStH (**Zeile 19** des Vordrucks EÜR). Entsprechend zu verfahren ist in den Fällen des § 3 Nr. 26a EStG (Steuerfreibetrag bis 500 €).

15. Vorweggenommene Betriebseinnahmen

Solche sind i.d.R. wohl nicht denkbar, aber dennoch nicht ausgeschlossen, wenn beispielsweise ein zukünftiger Mandant einem Steuerberater bereits vor Praxiseröffnung Anzahlungen für noch zu erbringende Leistungen zahlt. Nach dem Zuflussprinzip sind diese im Jahr der Vereinnahmung zu erfassen.

16. Zurückgezahlte Betriebsausgaben

Diese sind als Betriebseinnahmen zu versteuern, auch wenn die entsprechenden Betriebsausgaben nicht oder nur teilweise gewinnmindernd abzugsfähig waren (z.B. nach § 4 Abs. 5 EStG). Negative Betriebsausgaben sind nach h.Mg. begrifflich nicht anzunehmen.

17. Ungewisse Betriebseinnahmen

Betriebseinnahmen sind nach § 11 Abs. 1 EStG in dem Veranlagungszeitraum zu erfassen (→ **Zu- und Abflussprinzip**), in dem sie zugeflossen sind. Ein Zufluss liegt vor, wenn der Empfänger die wirtschaftliche Verfügungsmacht über die in Geld oder Geldeswert bestehenden Güter erlangt hat. Einnahmen sind danach auch in den Fällen zugeflossen, in denen noch nicht zweifelsfrei feststeht, ob die Einnahmen dem Empfänger endgültig verbleiben; stellt sich später heraus, dass der Empfänger den ihm zunächst zugegangenen Wert nicht endgültig behalten darf, sondern in einem späteren Veranlagungszeitraum zurückgewähren muss, so ist dieser Vorgang einkommensteuerrechtlich nach § 11 EStG erst in dem späteren Veranlagungszeitraum zu berücksichtigen (BFH-Urteil vom 29.4.1982 IV R 95/79, BStBl II 1982, 593).

Betriebseröffnung

→ Betriebsausgaben → Umsatzsteuervoranmeldung
→ Investitionsabzugsbeträge nach § 7g EStG

1. Vorweggenommene Betriebsausgaben

Bei natürlichen Personen und Personengesellschaften beginnt die betriebliche Tätigkeit mit den ersten Vorbereitungshandlungen, die der Betriebsgründung dienen und mit dieser in einem unmittelbaren Zusammenhang stehen. Laufende Ausgaben, die zeitlich vor der Betriebseröffnung anfallen, wie z.B. Miete, Schuldzinsen, Inserate oder Reisekosten werden als sog. vorweggenommene Betriebsausgaben (→ **Betriebsausgaben**) bezeichnet. Diese »Aufbaukosten« werden innerhalb der § 4 Abs. 3-Rechnung nach den allgemeinen Grundsätzen des Abflussprinzips (→ **Zu- und Abflussprinzip**) oder der → **AfA** als Betriebsausgaben abgesetzt.

2. Einlage bzw. Anschaffung von Wirtschaftsgütern

Werden hingegen Wirtschaftsgüter zur Betriebsgründung zum Teil aus dem Privatvermögen verwendet und zum Teil entgeltlich erworben, gelten die allgemeinen Grundsätze der Behandlung von Wirtschaftsgütern des Betriebsvermögens innerhalb der § 4 Abs. 3-Rechnung, d.h.:

1. die aus dem Privatvermögen übernommenen Wirtschaftsgüter sind einzulegen und als → **Einlage** zu behandeln (§ 6 Abs. 1 Nr. 6 i.V.m. Nr. 5 EStG). Für die Bestimmung des Teilwerts gilt die Vermutung, dass der Teilwert eines Wirtschaftsgutes im Zeitpunkt des Erwerbs den Anschaffungskosten entspricht und sich zu einem späteren Zeitpunkt mit den Wiederbeschaffungskosten deckt (BFH-Urteil vom 29.4.1999 IV R 63/97, BStBl II 2004, 639). Dies gilt auch für den Ansatz des Teilwerts bei einer Betriebseröffnung nach § 6 Abs. 1 Nr. 6 i.V.m. Nr. 5 EStG. Für die Bewertung von Wirtschaftsgütern im Zeitpunkt der Eröffnung eines Betriebs ist die Definition des Teilwerts nach der Rechtsprechung des BFH (BFH-Urteil vom 7.12.1978 I R 142/76, BStBl II 1979, 729) allerdings entsprechend zu modifizieren. Teilwert ist dann der Preis, den ein fremder Dritter für die Beschaffung des Wirtschaftsgutes aufgewendet hätte, wenn er den Betrieb eröffnet und fortgeführt haben würde. Nach der Teilwertdefinition umfassen die Wiederbeschaffungskosten auch die Anschaffungsnebenkosten (BFH-Urteil vom 29.4.1999 a.a.O.);
2. die entgeltlich erworbenen Wirtschaftsgüter sind wie folgt zu berücksichtigen:
    - Anschaffungskosten für → **abnutzbares Anlagevermögen** sind i.d.R. über die AfA zu verteilen (§ 4 Abs. 3 Abs. 3 EStG),
    - Anschaffungskosten für
        - → **nicht abnutzbares Anlagevermögen**,
        - Anteile an Kapitalgesellschaften,
        - Wertpapiere und vergleichbare nicht verbriefte Forderungen und Rechte,
        - Grund und Boden sowie
        - Gebäude des Umlaufvermögens

    sind erst im Zeitpunkt des Zuflusses des Veräußerungserlöses oder bei Entnahme im Zeitpunkt der Entnahme als Betriebsausgaben zu berücksichtigen (§ 4 Abs. 3 Satz 4 EStG). Außerdem sind die vorstehend aufgeführten Wirtschaftsgüter unter Angabe des Tags der Anschaffung oder Herstellung und der Anschaffungs- oder Herstellungskosten oder des an deren Stelle tretenden Werts in besondere, laufend zu führende Verzeichnisse aufzunehmen (§ 4 Abs. 3 Satz 5 EStG). Die Anschaffungs- oder Herstellungskosten für nicht abnutzbare Wirtschaftsgüter des Anlagevermögens, die vor dem 5.5.2006 angeschafft, hergestellt oder in das Betriebsvermögen eingelegt wurden, sind erst im Zeitpunkt des Zuflusses des Veräußerungserlöses oder im Zeitpunkt der Entnahme als Betriebsausgaben zu berücksichtigen.

3. Beginn der Gewerbesteuerpflicht

Unterliegt der Betrieb eines Einzelgewerbetreibenden oder einer Personengesellschaft auch der Gewerbesteuer, so begründen diese Vorbereitungshandlungen noch nicht die Gewerbesteuerpflicht (Abschn. 18 Abs. 1 Satz 3 GewStR); d.h. diese Anlaufkosten dürfen den gewerbesteuerrechtlichen Gewinn nicht mindern.

4. Rumpfwirtschaftsjahr

Zum → **Gewinnermittlungszeitraum** siehe § 4a EStG. Bei Land- und Forstwirten ist der Gewinnermittlungszeitraum grundsätzlich der Zeitraum vom 1.7. bis 30.6. (§ 4a Abs. 1 Nr. 1 EStG). Zum Wirtschaftsjahr bei Land- und Forstwirten siehe auch § 8c EStDV. Für kleinere Gewerbetreibende entspricht das Wirtschaftsjahr dem Kalenderjahr (§ 4a Abs. 1 Nr. 3 EStG). Für Freiberufler ist § 4a EStG nicht anzuwenden. Bei Betriebseröffnung im Laufe des Kalenderjahres entsteht hier nach § 8b Satz 1 Nr. 1 EStG ein Rumpfwirtschaftsjahr.

Betriebserwerb (entgeltlicher)

→ Betriebsveräußerung im Ganzen   → Kassenärztliche Zulassungen

Rechtsquellen
→ §6 EStG

1. Gegen Zahlung eines festen Gesamtkaufpreises

Erwirbt ein Steuerpflichtiger entgeltlich einen Betrieb im Ganzen, sind die einzelnen **Wirtschaftsgüter** mit dem **Teilwert**, höchstens jedoch mit den **Anschaffungskosten** anzusetzen (§ 6 Abs. 1 Nr. 7 EStG). Werden **mehrere** Wirtschaftsgüter erworben, muss der gesamte Kaufpreis auf die einzelnen Wirtschaftsgüter **aufgeteilt** werden, um die rechtlichen Folgen für den Betriebsausgabenabzug innerhalb der § 4 Abs. 3-Rechnung zu ziehen. Dies wird in der Praxis keine Schwierigkeiten bereiten, wenn Anschaffungskosten für die einzelnen Wirtschaftsgüter vereinbart worden sind. Ggf. ist ein Betrag, der über der Summe der Anschaffungskosten hinausgeht, als Kaufpreis für einen Geschäfts-/Praxiswert anzusehen. Siehe auch → **Kassenärztliche Zulassungen**.

Schwieriger gestaltet es sich, wenn ein gesamter Kaufpreis vereinbart wurde, ohne den einzelnen Wirtschaftsgütern einen speziellen Wert zuzuordnen. In diesem Fall ist der gesamte **Kaufpreis** nach dem **Verhältnis der Teilwerte** auf die einzelnen Wirtschaftsgüter zu verteilen. Geht der für den gesamten Betrieb gezahlte Kaufpreis über die Teilwerte der einzelnen Wirtschaftsgüter hinaus, so ist dieser hinausgehende Betrag i.d.R. als Geschäfts-/Praxiswert zu behandeln. Der Erwerb einer kassenärztlichen Zulassung ist getrennt vom Praxiswert auszuweisen (→ **Kassenärztliche Zulassung**).

Beispiel: Betriebserwerb gegen einen festen Gesamtkaufpreis
Ein Steuerpflichtiger erwirbt eine freiberufliche Praxis gegen Zahlung eines festen Kaufpreises i. H. v. 500 000 €. Die Teilwerte der Wirtschaftsgüter des Anlagevermögens betragen 400 000 €, die des Umlaufvermögens 60 000 €.

Lösung:
Es ist davon auszugehen, dass die Anschaffungskosten der einzelnen Wirtschaftsgüter des Anlagevermögens und Umlaufvermögens, dem jeweiligen Teilwert im Zeitpunkt des Praxiserwerbs entsprechen. Die Summe der Teilwerte ist jeweils den einzelnen Wirtschaftsgütern zuzuordnen und entsprechend zu behandeln, d. h.:
- die Anschaffungskosten der Wirtschaftsgüter des abnutzbaren Anlagevermögens sind grundsätzlich über die AfA zu verteilen (§ 4 Abs. 3 Satz 3 EStG; **Zeile 26, Zeile 25, Zeile 32** des Vordrucks EÜR),
- die Anschaffungskosten des nicht abnutzbaren Anlagevermögens sind erst zum Zeitpunkt des Zuflusses des Veräußerungserlöses oder im Zeitpunkt der Entnahme zu berücksichtigen (§ 4 Abs. 3 Satz 4 EStG → **Anlageverzeichnis**).
- die Anschaffungskosten des Umlaufvermögens sind bei Zahlung Betriebsausgabe (**Zeile 21** des Vordrucks EÜR).

Nicht zulässig ist es, den Unterschiedsbetrag zum Gesamtkaufpreis i. H. v. 40 000 € im Verhältnis der Teilwerte den Wirtschaftsgütern des Anlagevermögens und Umlaufvermögens zuzurechnen. Grundsätzlich ist dieser Unterschiedsbetrag als Praxiswert anzusetzen und als solcher über die AfA als Betriebsausgabe zu verteilen (**Zeile 25** des Vordrucks EÜR). Liegt der gesamte Kaufpreis hingegen unter der Summe der Teilwerte der einzelnen Wirtschaftsgüter (in Fällen des sog. negativen Geschäfts-/Praxiswerts), ist ein entsprechender Abschlag bei den einzelnen Wirtschaftsgütern vorzunehmen. Keinesfalls darf ein Ansatz der einzelnen Wirtschaftsgüter mit dem jeweiligen Teilwert erfolgen und zum Ausgleich ein negativer Geschäfts- bzw. Praxiswert angesetzt werden. Ein solcher Abschlag ist für jedes einzelne Wirtschaftsgut nach dem Verhältnis der Teilwerte zum Gesamtkaufpreis zu berechnen.

2. Gegen Zahlung von Kaufpreisraten

Kaufpreisraten sind von Renten zu unterscheiden. **Kaufpreisraten** sind **Teilbeträge des Kaufpreises**, deren Summe den gesamten Kaufpreis ergeben. Sinn und Zweck dieser Kaufpreisraten ist dem Erwerber die Zahlung des Kaufpreises zu erleichtern (Stundungseffekt). Renten hingegen werden in aller Regel vereinbart, um die Versorgung des Veräußerers zu sichern. Kaufpreisraten werden grundsätzlich angenommen, wenn die **Laufzeit** der Zahlung **zehn Jahre nicht überschreitet**. Die Unterscheidung zwischen Kaufpreisraten und Renten kann im Einzelfall sehr schwierig sein. Entscheidend sind im Einzelfall das Gesamtbild der Vereinbarungen und der Wille der Vertragsparteien.

Die steuerliche Behandlung dieser Kaufpreisraten beim Erwerber des Betriebs richtet sich grundsätzlich danach, ob es sich um normal verzinsliche oder um unverzinsliche Kaufpreisraten handelt.

2.1 Normal verzinsliche Kaufpreisraten

Wurde eine normale Verzinsung vereinbart so entspricht die Summe der Raten (ohne Zinsanteil) den Anschaffungskosten des Betriebs. Diese Anschaffungskosten sind auf die einzelnen Wirtschaftsgüter zu verteilen und entsprechend zu behandeln (§ 6 Abs. 1 Nr. 7 EStG), vgl. die Ausführungen zum Betriebserwerb gegen Zahlung eines festen Gesamtkaufpreises. Die **Zinsen** sind darüber hinaus **bei Zahlung** in voller Höhe als **Betriebsausgaben** abzugsfähig. Die Zinsaufwendungen sind **nicht** in **Zeile 41** einzutragen. Diese Zeile enthält die Schuldzinsen für gesondert aufgenommene Darlehen. Die **Zinszahlungen** sind in **Zeile 51** zu erfassen.

2.2 Unverzinsliche Kaufpreisraten

Werden Kaufpreisraten gezahlt ohne ausdrückliche Zinsvereinbarung oder vereinbarter **Zinslosigkeit** wird eine angemessene Verzinsung unterstellt. Die Kaufpreisraten sind also **abzuzinsen**. Die Raten müssen demnach in einen **Tilgungs-** und **Zinsanteil** aufgeteilt werden. Der **Tilgungsanteil** entspricht dem sog. **Barwert** des Kaufpreises. Dieser Barwert muss nach finanzmathematischen Grundsätzen ermittelt werden (s.a. § 12 BewG). Der so ermittelte **Barwert** entspricht den **Anschaffungskosten** des Betriebs und ist den einzelnen **Wirtschaftsgütern** entsprechend zuzuordnen (§ 6 Abs. 1 Nr. 7 EStG). Die Behandlung der Anschaffungskosten der einzelnen Wirtschaftsgüter erfolgt nach den zum Betriebserwerb gegen Zahlung eines festen Gesamtkaufpreises dargestellten Grundsätzen.

Der in den Raten enthaltene **Zinsanteil** ist bei Zahlung in voller Höhe abzugsfähige **Betriebsausgabe** (**Zeile 51** des Vordrucks EÜR). Der Zinsanteil ergibt sich aus dem Unterschiedsbetrag zwischen den jährlichen Kaufpreisraten einerseits und dem jährlichen Rückgang des Barwerts der Kaufpreisraten andererseits.

> **Beispiel: Betriebserwerb gegen unverzinsliche Kaufpreisraten**
> Ein Steuerpflichtiger erwirbt im Kj. 02 eine freiberufliche Praxis für 1 000 000 €. Veräußerer und Erwerber vereinbaren, dass der Gesamtkaufpreis in 5 gleichen Jahresraten, jeweils zum 1.1. eines Jahres (beginnend ab dem 1.1.02) unverzinslich entrichtet werden soll.
> Die Teilwerte der veräußerten Wirtschaftsgüter betragen:
>
> | | |
> |---|---:|
> | Grund und Boden | 280 000 € |
> | Gebäude | 200 000 € |
> | Betriebs- und Geschäftsausstattung | 125 000 € |
> | Praxisgeräte | 75 000 € |
> | Beteiligungen | 30 000 € |
> | Summe | 710 000 € |
>
> Der übersteigende Betrag entfällt nach den Vereinbarungen der Vertragsparteien auf den Praxiswert.

Lösung:
Bei einem Praxiserwerb gegen Zahlung von unverzinslichen Kaufpreisraten bestehen die **Anschaffungskosten** in dem **Barwert** der **Kaufpreisschuld**. Dieser Barwert ist nach den Vorschriften des § 12 BewG zu ermitteln:

Barwert zum 1.1.02:
200 000 € × 4,388 (Vervielfältiger nach Tabelle 2 zu § 12 Abs. 1 BewG) = 877 600 €
(s.a. BMF-Schreiben vom 7.12.2002, BStBl I 2001, 1041 ber. I 2002, 112).
Wird eine unverzinsliche Kapitalforderung bzw. -schuld in Raten getilgt, erfolgt die Bewertung nach Tabelle 2 des BMF-Schreibens vom 7.12.2002.
Demnach entfallen auf
die Wirtschaftsgüter des Anlagevermögens 710 000 €
den Praxiswert 167 600 €

Die Anschaffungskosten dieser verschiedenen Wirtschaftsgüter werden nach den allgemeinen Grundsätzen der § 4 Abs. 3-Rechnung behandelt (s.o. § 6 Abs. 1 Nr. 7 EStG).
Die in den jährlichen Ratenzahlungen von 200 000 € enthaltenen Zinsanteile sind im jeweiligen Jahr der Zahlung in voller Höhe als Betriebsausgaben abzuziehen (**Zeile 51** des Vordrucks EÜR).

Die jeweils abzugsfähigen Zinsanteile werden wie folgt berechnet:

	Barwert zum 1.1. (jeweils ermittelt nach Anlage 2 zu § 12 Abs. 1 BewG)	Barwertminderung zum 31.12. (Tilgungsanteil)	Ratenzahlung	Abzugsfähiger Zinsanteil: Betriebsausgaben (Zeile 51 des Vordrucks EÜR)
01.01.02	877 600 €	157 200 €	200 000 €	42 800 €
31.12.02	720 400 €			
01.01.03	720 400 €	166 000 €	200 000 €	34 000 €
31.12.03	554 400 €			
01.01.04	554 400 €	175 000 €	200 000 €	25 000 €
31.12.04	379 400 €			
01.01.05	379 400 €	184 600 €	200 000 €	15 400 €
31.12.05	194 800 €			
01.01.06	194 800 €	194 800 €	200 000 €	5 200 €
31.12.06	0 €			
Summen		877 600 €	1 000 000 €	122 400 €

Literatur: Horst, Erwerb eines Wirtschaftsguts des Anlagevermögens gegen unverzinslich gestundete Kaufpreisraten, Steuer & Studium 2005, 262.

3. Gegen Zahlung einer Veräußerungsleibrente

3.1 Allgemeiner Überblick

Zunächst einmal ist eine Abgrenzung zwischen einer Veräußerungs-, Versorgungs- oder Unterhaltsleibrente vorzunehmen.

Versorgungsleistungen	Wiederkehrende Leistungen im Austausch mit einer Gegenleistung	Unterhaltsleistungen
Versorgungsleistungen (Renten oder dauernde Lasten) sind wiederkehrende Leistungen im Zusammenhang mit einer Vermögensübertragung zur vorweggenommenen Erbfolge (Vermögensübergabe). Vermögensübergabe ist die Vermögensübertragung kraft einzelvertraglicher Regelung unter Lebenden mit Rücksicht auf die künftige Erbfolge, bei der sich der Vermögensübergeber in Gestalt der Versorgungsleistungen typischerweise Erträge seines Vermögens vorbehält, die nunmehr allerdings vom Vermögensübernehmer erwirtschaftet werden müssen.	Wiederkehrende Leistungen werden entgeltlich im Austausch mit einer Gegenleistung erbracht, wenn die Beteiligten Leistung und Gegenleistung nach kaufmännischen Gesichtspunkten gegeneinander abgewogen haben und subjektiv von der Gleichwertigkeit der beiderseitigen Leistung ausgehen durften. Wiederkehrende Leistungen werden teilentgeltlich erbracht, wenn der Wert des übertragenen Vermögens höher ist als der Barwert der wiederkehrenden Leistungen.	Ist der Barwert der wiederkehrenden Leistungen höher als der Wert des übertragenen Vermögens, ist Entgeltlichkeit i.H.d. angemessenen Kaufpreises anzunehmen. Der übersteigende Betrag ist eine Zuwendung i.S.d. § 12 Nr. 2 EStG (Unterhaltsleistung). Ist der Barwert der wiederkehrenden Leistungen mehr als doppelt so hoch wie der Wert des übertragenen Vermögens, liegt insgesamt eine Zuwendung i.S.d. § 12 Nr. 2 EStG vor.

Abbildung: Wiederkehrende Leistungen im Zusammenhang mit einer Betriebsübertragung

Aus dieser Unterscheidung ergeben sich aus dem BMF-Schreiben vom 16.9.2004 (BStBl I 2004, 922 – Rentenerlass –) die folgenden grundsätzlichen steuerlichen Konsequenzen i.R.d. Übertragung von Betriebsvermögen (vgl. auch H 12.6 EStH).

	Versorgungsleistungen (= private Versorgungsrente)	Wiederkehrende Leistungen im Austausch mit einer Gegenleistung (= Veräußerungsrente)	Unterhaltsleistungen (= private Unterhaltsrente)
Verpflichteter	**Unentgeltlicher Vorgang** • keine Gegenleistung • keine Wertgleichheit oder Wertverrechnung • keine Veräußerung • keine originären Anschaffungskosten **Folgen** Versorgungsleistungen sind keine Betriebsausgaben, sondern, bei einer Betriebsübertragung, Sonderausgaben nach § 10 Abs. 1 Nr. 1a Buchst. b EStG.	Im Fall der Gewinnermittlung nach § 4 Abs. 3 EStG siehe R 4.5 Abs. 4 und 5 EStR. Das in R 16 Abs. 11 EStR behandelte Wahlrecht im Fall der Veräußerung eines Betriebs gegen Leibrente bleibt unberührt (→ **Betriebsveräußerung im Ganzen**).	Nichtabzugsfähige Kosten der Lebensführung (§ 12 Nr. 2 EStG)

	Versorgungsleistungen (= private Versorgungsrente)	Wiederkehrende Leistungen im Austausch mit einer Gegenleistung (= Veräußerungsrente)	Unterhaltsleistungen (= private Unterhaltsrente)
Berechtigter	Keine Veräußerung. Wiederkehrende Bezüge nach § 22 Nr. 1b EStG		Keine steuerbaren Einkünfte (§ 22 Nr. 1 Satz 2 EStG)

Abbildung: Übertragung von Betriebsvermögen gegen wiederkehrende Leistungen

Handelt es sich danach um eine betriebliche Veräußerungsrente, so ist nach den Rechtsgrundsätzen des R 4.5 Abs. 4 EStR zu verfahren. Die Zahlung von **Versorgungs- oder Unterhaltsleistungen** betrifft den **privaten Bereich** des Betriebsübernehmers und sind ggf. als Sonderausgaben, nicht jedoch als Betriebsausgaben abzugsfähig.

3.2 Erwerb von Anlagevermögen

Erwirbt ein Steuerpflichtiger mit Gewinnermittlung nach § 4 Abs. 3 EStG bei Betriebserwerb mehrere Wirtschaftsgüter des Anlagevermögens gegen eine Veräußerungsrente, so ergeben sich die Anschaffungskosten für diese Wirtschaftsgüter aus dem Barwert der Rentenverpflichtung. Dieser als Anschaffungskosten zu behandelnde Barwert der Rente kann abweichend von den §§ 12 ff. BewG auch nach versicherungsmathematischen Grundsätzen berechnet werden (R 6.2 EStR). Die einzelnen Rentenzahlungen sind wie bei Kaufpreisraten in einen Tilgungs- und einen Zinsanteil zu zerlegen. Der Barwert (Tilgungsanteil) ist den einzelnen Wirtschaftsgütern des Anlagevermögens zuzuordnen und nach den dargestellten Grundsätzen zu behandeln (§ 6 Abs. 1 Nr. 7 EStG). In Höhe des **Zinsanteils**, der in den einzelnen Rentenzahlungen enthalten ist, liegt eine in voller Höhe sofort abzugsfähige **Betriebsausgabe** vor. Der Zinsanteil ergibt sich aus dem Unterschiedsbetrag zwischen den Rentenzahlungen einerseits und dem jährlich Rückgang des Barwerts der Leibrentenverpflichtung andererseits (R 4.5 Abs. 4 Satz 1 bis 3 EStR). Es muss also bei dieser Methode in jedem Jahr der aktuelle Rentenbarwert ermittelt werden. Praktisch können die Barwertminderungen in voller Höhe als Betriebseinnahmen und die Rentenzahlungen in voller Höhe als Betriebsausgaben behandelt werden. Der Saldo beider Beträge entspricht dann dem gewinnmindernden Zinsanteil.

> **Beispiel: Ermittlung des Zinsanteils einer Rentenverpflichtung**
> Willi erwirbt im Kj. 22 eine freiberufliche Praxis. Veräußerer V (59 Jahre) und Erwerber Willi vereinbaren, dass der Gesamtkaufpreis gegen eine Veräußerungsleibrente i.H.v. 32 000 € jährlich getilgt wird (s.a. → **Betriebsveräußerung im Ganzen**).
>
> **Lösung:**
> Die einzelnen Rentenzahlungen sind wie bei Kaufpreisraten in einen Tilgungs- und einen Zinsanteil zu zerlegen. Die Vervielfältiger zur Berechnung der Kapitalwerte lebenslänglicher Nutzungen und Leistungen (insbesondere Leibrenten) ergeben sich aus der Tabelle 8 des BMF-Schreibens vom 7.12.2001, BStBl I 2001, 1041). Nach § 14 Abs. 1 Satz 4 BewG werden die Vervielfältiger jährlich neu im BStBl veröffentlicht.

Für **Bewertungsstichtage** ab dem **1.1.2009** siehe das BMF-Schreiben vom 20.1.2009 (BStBl I 2009, 270).
Für **Bewertungsstichtage** ab dem **1.1.2010** siehe das BMF-Schreiben vom 1.10.2009 (LEXinform 5232346).

Der weiteren Lösung liegen die Vervielfältiger des BMF-Schreibens vom 1.10.2009 zugrunde. Den Vervielfältigern liegt die jeweilige durchschnittliche Lebenserwartung zugrunde. Beim vollendeten 59. Lebensjahr haben sich die Vervielfältiger wie folgt entwickelt:

Vollendetes Lebensalter	Bewertungsstichtage	Durchschnittliche Lebenserwartung	Kapitalwert
	bis 2008	18	10,720
59	ab 1.1.2009	21,54	12,786
	ab 1.1.2010	21,73	12,845

Barwert der Rente zu Beginn des Jahres 22: 32 000 € × 12,845	411 040 €
Dies entspricht den Anschaffungskosten des Betriebs.	
Barwert der Rente am Ende des Jahres 22: 32 000 € × 12,590	402 880 €
Tilgungsanteil	8 160 €
Jahreswert der Rente	32 000 €
Zinsanteil, in voller Höhe Betriebsausgabe im Jahr 22	23 840 €

Praktisch können die Barwertminderungen in voller Höhe als Betriebseinnahmen und die Rentenzahlungen in voller Höhe als Betriebsausgaben behandelt werden. Der Saldo beider Beträge entspricht dann dem gewinnmindernden Zinsanteil.

Die Finanzverwaltung gesteht jedoch dem Betriebserwerber nach R 4.5 Abs. 4 Satz 4 EStR ein Wahlrecht zu. Danach ist es aus Vereinfachungsgründen nicht zu beanstanden, wenn die einzelnen Rentenzahlungen, soweit sie auf das Anlagevermögen entfallen (Verhältnis der Teilwerte des Anlagevermögens und des Umlaufvermögens), mit dem Barwert der ursprünglichen Rentenverpflichtung verrechnet werden. Sobald die Summe der Rentenzahlungen diesen Wert übersteigt, sind die darüber hinausgehenden Rentenzahlungen in voller Höhe als Betriebsausgaben gewinnmindernd abzusetzen (sog. buchhalterische Methode). Diese Vereinfachungsregelung erspart dem Steuerpflichtigen die jährliche Ermittlung des aktuellen Rentenbarwerts; dadurch wird aber die gewinnmindernde Wirkung der Zinsen »verschoben«. Bei diesem Verfahren wird nicht zwischen Tilgungs- und Zinsanteil unterschieden. Dadurch werden anfangs zu hohe und später zu niedrige Gewinne der Besteuerung zugrunde gelegt, weil zunächst keine Zinsanteile und danach neben den Zinsanteilen auch Tilgungsanteile als Betriebsausgaben Berücksichtigung finden. Die Behandlung des ursprünglichen Rentenbarwerts, soweit er auf das Anlagevermögen entfällt und die Anschaffungskosten bildet, bleibt von dieser Regelung unberührt.

3.3 Erwerb von Umlaufvermögen

Erwirbt ein Steuerpflichtiger mit Gewinnermittlung nach § 4 Abs. 3 EStG Wirtschaftsgüter des Umlaufvermögens gegen eine Veräußerungsleibrente, so stellen die Rentenzahlungen (Gesamtbetrag) zum Zeitpunkt ihrer Verausgabung in voller Höhe Betriebsausgaben dar (R 4.5 Abs. 4 Satz 6 EStR). Eine Aufteilung in einen (nicht abziehbaren) Tilgungsanteil und eine (abziehbaren) Zinsanteil muss also nicht vorgenommen werden.

3.4 Fortfall der Rentenverpflichtung

Fällt die zur Anschaffung von Wirtschaftsgütern des Anlagevermögens eingegangene Rentenverpflichtung fort, z.B. bei Tod des Rentenberechtigten, so liegt grundsätzlich eine Betriebseinnahme in Höhe des Barwerts vor, den die Rentenverpflichtung im Augenblick ihres Fortfalls hatte. Der Grund ist darin zu sehen, dass sich der (fortgefallene) Barwert ja auch noch weiterhin auf die § 4 Abs. 3-Rechnung auswirkt, z.B. über die AfA (H 4.5 (4) [Fortfall der Rentenverpflichtung] EStH). Hier müsste also auf den Zeitpunkt des Fortfalls der Rentenverpflichtung eine aktuelle Barwertermittlung vorgenommen werden. Deshalb ist es einfacher, wenn der Steuerpflichtige den Barwert vom letzten Jahresbeginn ermittelt und diesen in voller Höhe als Betriebseinnahme ansetzt und entsprechend die laufenden Rentenzahlungen bis zum Fortfall der Rentenverpflichtung als Betriebsausgaben berücksichtigt. Dies führt zum gleichen Ergebnis, ist jedoch wesentlich einfacher zu handhaben.

Hat jedoch der Steuerpflichtige von der Vereinfachungsregelung des R 4.5 Abs. 4 Satz 4 EStR Gebrauch gemacht, ist bei vorzeitigem Fortfall der Rentenverpflichtung der Betrag als Betriebseinnahme anzusetzen, der nach Abzug aller bis zum Fortfall geleisteten Rentenzahlungen von dem ursprünglichen Barwert verbleibt (R 4.5 Abs. 4 Satz 5 EStR). Übersteigen die laufenden Rentenzahlungen bereits den ursprünglichen Rentenbarwert und sind sie deshalb in voller Höhe als Betriebsausgaben abzusetzen, so bleibt ein vorzeitiger Wegfall der Rentenverpflichtung ohne Auswirkung. Eine Korrektur der ursprünglichen Anschaffungskosten ist also in allen Fällen nicht erforderlich.

Demnach ist der Fortfall einer solchen Rentenverpflichtung, soweit sie auf das Umlaufvermögen entfällt, nicht als Betriebseinnahme zu behandeln, da sich nach R 4.5 Abs. 4 Satz 6 EStR nur die jeweilige Rentenzahlung als Betriebsausgabe auswirken kann; die »Gewinnerhöhung« liegt de facto in der Einsparung künftiger Betriebsausgaben (R 4.5 Abs. 4 Satz 7 EStR).

> **Beispiel: Fortfall einer Rentenverpflichtung**
> Ein Steuerpflichtiger erwirbt am 1.1.08 einen Gemischtwarenladen mit Gewinnermittlung nach § 4 Abs. 3 EStG. Die Teilwerte der übernommenen Wirtschaftsgüter betragen für das Anlagevermögen und Umlaufvermögen (Waren) jeweils 200 000 €.
> Der erwerbende Steuerpflichtige vereinbart mit dem Veräußerer die Zahlung einer lebenslangen monatlichen Veräußerungsleibrente von 4 000 €. Der Veräußerer stirbt im Juni 09; die Rente wird ab Juli 09 nicht mehr gezahlt. Die Rentenbarwerte betragen zum
> 01.01.08   400 000 €,
> 31.12.08   384 000 €.
> Der Steuerpflichtige macht von der buchhalterischen Methode des R 4.5 Abs. 4 Satz 4 EStR Gebrauch.

Lösung:

Zunächst einmal muss der Rentenbarwert zum 1.1.08 i.H.v. 400 000 € auf die erworbenen Wirtschaftsgüter des Anlagevermögens und Umlaufvermögens verteilt werden. Verteilungsmaßstab ist das Verhältnis, in dem die Teilwerte der erworbenen Wirtschaftsgüter zueinander stehen; in diesem Fall also 1:1.

Die Hälfte des Rentenbarwerts entfällt also auf den Erwerb von Anlagevermögen, die andere auf den Erwerb von Umlaufvermögen. Soweit der Anteil des Rentenbarwerts auf das abnutzbare Anlagevermögen entfällt, ist er ab dem Jahr der Anschaffung im Wege der AfA als Betriebsausgabe abzusetzen (§ 4 Abs. 3 Satz 3 EStG, **Zeile 26** des Vordrucks EÜR). Ist nicht abnutzbares Anlagevermögen vorhanden, ist der anteilige Rentenbarwert erst im im Zeitpunkt des Zuflusses des Veräußerungserlöses oder im Zeitpunkt der Entnahme zu berücksichtigen.

Die laufenden Rentenzahlungen sind im gleichen Verhältnis dem Anlagevermögen und dem Umlaufvermögen zuzuordnen. Das bedeutet, dass jeweils die Hälfte der monatlichen Rentenzahlungen auf das Anlagevermögen und Umlaufvermögen entfällt.

Laufende Rente für das Anlagevermögen

Da der Steuerpflichtige von der Vereinfachungsregelung des R 4.5 Abs. 4 Satz 4 EStR Gebrauch gemacht hat, kann er in den Kj. 08 und 09 keine Betriebsausgaben absetzen.

Laufende Rente für das Umlaufvermögen

Insoweit stellen die Rentenzahlungen zum Zeitpunkt ihrer jeweiligen Verausgabung in voller Höhe Betriebsausgaben dar. Demnach ergeben sich für 08 Betriebsausgaben i.H.v. 24 000 € und für 09 Betriebsausgaben i.H.v. 12 000 € (**Zeile 21** des Vordrucks EÜR).

Wegfall der Rentenverpflichtung in Bezug auf das Anlagevermögen

Der Steuerpflichtige muss beim Wegfall dieser Verpflichtung den verbliebenen Rentenbarwert als Betriebseinnahme erfassen.

Der Ende Juni 09 vorhandene Rentenbarwert ist im vorliegenden Fall nach R 4.5 Abs. 4 Satz 5 EStR zu ermitteln:

Ursprünglicher anteiliger Rentenbarwert zum 01.01.08	200 000 €
Rentenzahlungen 08 und 09	./. 36 000 €
Barwert Ende Juni 09	164 000 €

Dieser Betrag ist in der Gewinnermittlung 09 als Betriebseinnahme zu erfassen.

§ 4 Abs. 3-Rechnung 09 insoweit:

Betriebseinnahmen	• Wegfall Rentenverpflichtung (**Zeile 11** des Vordrucks EÜR)	164 000 €
Betriebsausgaben	• Rentenzahlungen bzgl. erworbenen Umlaufvermögens (**Zeile 21** des Vordrucks EÜR)	12 000 €

3.5 Erhöhung der Rente aufgrund einer Wertsicherungsklausel

3.5.1 Erwerb von Anlagevermögen

Die Rentenzahlungen sind Betriebsausgaben, die nach dem Grundsatz des § 11 Abs. 2 EStG im Jahr des tatsächlichen Abflusses zu berücksichtigen sind (H 4.5 (4) [Nachträgliche Erhöhung der Rente] EStH). Bei der ursprünglich vereinbarten Rente ist beim Anlagevermögen die Aufteilung der jeweiligen Rentenzahlung in einen Tilgungs- und einen Zinsanteil erforderlich, weil der Tilgungsanteil z.B. im Wege der Abschreibung den Gewinn bereits mindert. Bei dem Erhöhungsbetrag kann es dazu jedoch nicht kommen, weil die Anschaffungskosten und damit das Abschreibungsvolumen durch die Anhebung der Rente nicht nachträglich erhöht werden. Erhöhung, Minderung und Wegfall der Rentenverpflichtung werden nach h.Mg. nicht als nachträgliche Veränderungen der ursprünglichen Anschaffungskosten angesehen.

Auch der Grundsatz der → **Gesamtgewinngleichheit** steht dieser Auffassung nicht entgegen. Denn auf die Dauer der Rentenlaufzeit ist der Gewinn bei Betriebsvermögensvergleich und § 4 Abs. 3-Rechnung insoweit identisch. In Höhe der ursprünglich vereinbarten Rente wird bei beiden Gewinnermittlungsarten gleich verfahren. Hinsichtlich des Erhöhungsbetrags wird beim Betriebsvermögensvergleich nach gewinnmindernder Barwerterhöhung im Jahr des Eintritts des Wertsicherungsfalls in den Folgejahren der Zinsanteil als Betriebsausgabe abgezogen; beim Tode des Berechtigten erhöht der Wegfall der gesamten Verbindlichkeit den Gewinn. Bei der § 4 Abs. 3-Rechnung werden die gesamten Erhöhungsbeträge im Zahlungsjahr als Betriebsausgabe abgezogen; im Todesjahr des Berechtigten bleibt der Barwert deshalb ohne Auswirkungen auf den Gewinn, soweit er auf die Erhöhungen infolge der Wertsicherungsklausel entfällt. Insoweit kommt es also nicht zur Zurechnung einer Betriebseinnahme. Die Ausführungen in H 4.5 (4) [Fortfall der Rentenverpflichtung] EStH sind deshalb relativiert zu betrachten.

Wendet der Steuerpflichtige die buchhalterische Methode nach R 4.5 Abs. 4 Satz 4 EStR an, wird zwischen Tilgungs- und Zinsanteil der Rentenzahlung nicht unterschieden. Für Erhöhungsbeträge aufgrund einer Wertsicherungsklausel gelten in diesem Fall m.E. keine Besonderheiten. Sie führen mit Rücksicht auf den Vereinfachungseffekt nicht zu einer (nachträglichen) Erhöhung des zur Verrechnung anstehenden Barwerts und werden, je nach Zahlungszeitpunkt, wie die ursprünglichen Rentenbeträge entweder in voller Höhe gewinnneutral verrechnet oder insgesamt als Betriebsausgabe abgezogen. Beim Wegfall der Rentenverpflichtung, z.B. durch Tod des Berechtigten, ergeben sich auch keine Besonderheiten. Bei der buchhalterischen Methode wird der Rentenbarwert nicht fortentwickelt. Aus diesem Grunde kann, wie auch in R 4.5 Abs. 4 Satz 5 EStR vorgesehen, als Betriebseinnahme nur der Betrag erfasst werden, der nach Abzug aller bis zum Fortfall der Verpflichtung geleisteten Rentenzahlungen von dem ursprünglichen Barwert noch verblieben ist. Zwischenzeitliche Barwerterhöhungen haben für die Besteuerung bei Wegfall der Verpflichtung keine Bedeutung.

3.5.2 Erwerb von Umlaufvermögen

Beim Umlaufvermögen hingegen ist die praktische Handhabung wesentlich unproblematischer. Die jeweiligen Rentenzahlungen stellen im Zeitpunkt der Zahlung in voller Höhe abzugsfähige Betriebsausgaben dar. Die Erhöhung durch eine Wertsicherungsklausel ist Bestandteil der Rentenzahlung und wirkt sich damit automatisch bei jeder Zahlung gewinnmindernd aus (R 4.5 Abs. 4 Satz 6 EStR). Aus diesem Grunde führt auch der Fortfall der Rentenverpflichtung nicht zu einer (neutralisierenden) Betriebseinnahme (R 4.5 Abs. 4 Satz 7 EStR).

3.6 Ermäßigung der Rente

Wird die Rente nachträglich ermäßigt, ist die Systematik entsprechend anzuwenden; d.h. beim Anlagevermögen ist der jeweilige Ermäßigungsbetrag bei jeder Rentenzahlung als (neutralisierende) Betriebseinnahme anzusetzen (a.A. Schmidt/Heinicke, EStG § 4 Rz. 411 = sofortige Besteuerung als Betriebseinnahme) und beim Umlaufvermögen Betriebsausgabenabzug nur noch i.H.d. jeweiligen (ermäßigten) Rente.

4. Gegen Zahlung einer dauernden Last

Dauernde Lasten sind wiederkehrende, nach Zahl oder Wert abänderbare Aufwendungen, die ein Steuerpflichtiger in Geld oder Sachwerten für längere Zeit einem anderen gegenüber aufgrund einer rechtlichen Verpflichtung zu erbringen hat (H 10.3 [Dauernde Last] EStH).

Eine dauernde Last ist z.B. eine Gewinn- oder Umsatzbeteiligung. Erwirbt ein Steuerpflichtiger einen Betrieb gegen Zahlung einer solchen Gewinn- oder Umsatzbeteiligung, so sind die Folgen für die § 4 Abs. 3-Rechnung in entsprechender Art und Weise zu ziehen, wie bei einem Erwerb mit Leibrentenverpflichtung.

5. Gegen Zahlung von wiederkehrenden Leistungen und eines festen Kaufpreises

Wird ein Betrieb gegen Zahlung von wiederkehrende Leistungen (Raten, Renten oder dauernden Lasten) und eines festen Kaufpreises erworben (sog. Mischvertrag), so müssen die den jeweiligen Zahlungen zugrunde liegenden Folgen gezogen werden; d.h. die nach den einzelnen Grundsätzen ermittelten Anschaffungskosten werden den jeweiligen Wirtschaftsgütern zugeordnet und entsprechend behandelt. Auch die einzelnen laufenden Zahlungen sind, wie in den vorhergehenden Darstellungen entsprechend aufgezeigt, auf ihre Auswirkungen zu untersuchen. Zuordnungsmaßstab ist immer das Verhältnis, in dem die Teilwerte der einzelnen Wirtschaftsgüter zueinander stehen.

Literatur: Schulze zur Wiesche, Betriebsübertragungen gegen Raten, Renten und sonstige wiederkehrende Bezüge, StBp 2005, 52.

Betriebserwerb (unentgeltlicher)

→ Betriebserwerb (entgeltlicher) → Erbauseinandersetzung
→ Betriebsübertragung (unentgeltliche) → Mitunternehmerschaft

Rechtsquellen
→ § 6 Abs. 3 EStG

1. Unveränderte Betriebsfortführung

Ein unentgeltlicher Erwerb liegt z.B. bei einer → **Schenkung** oder einer Erbfolge (vorweggenommene) vor. Wird ein Betrieb unentgeltlich übertragen, so sind bei der Ermittlung des Gewinns des bisherigen Betriebsinhabers die Wirtschaftsgüter mit den Werten anzusetzen, die sich nach den Vorschriften über die jeweilige Gewinnermittlungsart ergeben. Der Rechtsnachfolger (Gesamtrechtsnachfolger oder Einzelrechtsnachfolger) ist an diese Werte gebunden (§ 6 Abs. 3 EStG). Im Fall der Gewinnermittlung nach § 4 Abs. 3 EStG sind bei der Bemessung der AfA durch den Rechtsnachfolger diese Werte als Anschaffungskosten zugrunde zu legen; d.h. bei einem unentgeltlichen Erwerb eines Betriebes tritt der Rechtsnachfolger in die Rechtsstellung des Rechtsvorgängers ein (sog. Fußstapfentheorie). Steuerrechtlich wird also der **Betrieb** durch den Rechtsnachfolger **unverändert** fortgeführt.

Daraus folgt, dass der Rechtsvorgänger nicht die stillen Reserven im Rahmen einer Betriebsveräußerung oder Betriebsaufgabe versteuern muss und dass der Empfänger keine eigenen originären Anschaffungskosten hat, s.a. → **Betriebsübertragung (unentgeltliche)**.

2. Versorgungs- und Unterhaltsrenten

Auch die Zahlung von Versorgungs- oder Unterhaltsleistungen ändern am Charakter der unentgeltlichen Betriebsübertragung nichts. Die Zahlung dieser wiederkehrenden Leistungen betrifft den privaten Bereich des Betriebsübernehmers. Die Aufwendungen sind ggf. als Sonderausgaben, nicht jedoch als Betriebsausgaben abzugsfähig, vgl. auch das BMF-Schreiben vom 13.1.1993 (BStBl I 1993, 80).

3. Fortführung der Gewinnermittlungsart

Wurde der Gewinn beim Rechtsvorgänger nach § 4 Abs. 3 EStG ermittelt, ergeben sich überhaupt keine Besonderheiten. Der Rechtsnachfolger führt die Gewinnermittlung in seiner Person lediglich fort. In diesen Fällen kommt es nicht zu einem → **Wechsel der Gewinnermittlungsart**. Wurde jedoch im übergebenden Betrieb der Gewinn durch Buchführung ermittelt und will der übernehmende Steuerpflichtige die § 4 Abs. 3-Rechnung anwenden, kommt es zu einem Wechsel der Gewinnermittlungsart. In diesem Fall muss der Rechtsnachfolger den Wechsel mit den entsprechenden Folgen vornehmen; d.h. Zu- und Abrechnungen sind bei ihm und nicht beim Rechtsvorgänger anzusetzen, denn er hat den Betrieb so übernommen, wie er vorher bestand und er nimmt den Wechsel vor.

4. Zusammenfassung der Folgen eines entgeltlichen oder unentgeltlichen Betriebserwerbs

Die nachfolgende Tabelle zeigt in einer zusammenfassenden Darstellung die grundsätzlichen Folgen eines entgeltlichen oder unentgeltlichen Betriebserwerbs für die § 4 Abs. 3-Rechnung auf.

	Folgen für die § 4 Abs. 3-Rechnung
Entgeltlicher Betriebserwerb gegen Zahlung eines festen Gesamtkaufpreises	Der Kaufpreis ist den einzelnen Wirtschaftsgütern zuzuordnen und entsprechend den Grundsätzen der § 4 Abs. 3-Rechnung zu behandeln. Ggf. ist ein Geschäfts-/Praxiswert zu »aktivieren« (§ 6 Abs. 1 Nr. 7 EStG).
Entgeltlicher Betriebserwerb gegen Zahlung von Kaufpreisraten	Die Summe der Raten (netto bei verzinslichen Kaufpreisraten) bzw. der Barwert (bei unverzinslichen Kaufpreisraten) entspricht den Anschaffungskosten des Anlagevermögens (inkl. eines ggf. erworbenen Geschäfts-/ Praxiswerts; § 6 Abs. 1 Nr. 7 EStG). Die laufend zu zahlenden Kaufpreisraten sind wie folgt zu behandeln: **Bzgl. Anlagevermögen:** nur der Zinsanteil ist als Betriebsausgabe abzugsfähig. **Bzgl. Umlaufvermögen:** in voller Höhe als Betriebsausgabe abzugsfähig.
Entgeltlicher Betriebserwerb gegen Zahlung einer Veräußerungsleibrente	**Bzgl. Anlagevermögen:** Barwert entspricht den Anschaffungskosten (§ 6 Abs. 1 Nr. 7 EStG), bzgl. der laufenden Rentenzahlungen ist nur der Zinsanteil als Betriebsausgabe abzugsfähig; der Tilgungsanteil ist insoweit erfolgsneutral (Vereinfachungsregelung nach R 4.5 Abs. 4 Satz 4 EStR beachten).
Entgeltlicher Betriebserwerb gegen Zahlung einer dauernden Last	**Bzgl. Umlaufvermögen:** Laufende Rentenzahlungen sind in voller Höhe als Betriebsausgabe abzugsfähig.

	Folgen für die § 4 Abs. 3-Rechnung
Unentgeltlicher Betriebserwerb (Schenkung, Versorgungsrenten oder Unterhaltsrenten)	Der Rechtsnachfolger tritt in die Rechtsstellung des Rechtsvorgängers (Fußstapfentheorie). Wurde der Betrieb vom Rechtsvorgänger nach § 4 Abs. 3 geführt und ermittelt der Rechtsnachfolger den Gewinn ebenfalls durch die § 4 Abs. 3-Rechnung, ergeben sich keinerlei Besonderheiten. Wurde jedoch im übergebenen Betrieb der Gewinn durch Buchführung ermittelt und will der Rechtsnachfolger seine Gewinnermittlung nach § 4 Abs. 3 EStG durchführen, ändert er und nicht der Rechtsvorgänger die Gewinnermittlungsart.

Abbildung: Betriebserwerb

Betriebsfortführung

Werden nicht der Betriebsorganismus als Ganzes, sondern nur wichtige Betriebsmittel übertragen, während der Steuerpflichtige das Unternehmen in derselben oder in einer veränderten Form fortführt, so liegt keine → **Betriebsveräußerung** vor (H 16 (1) [Betriebsfortführung] EStH). Die Veräußerungserlöse für die übertragenen Wirtschaftsgüter werden nach den allgemeinen Grundsätzen der § 4 Abs. 3-Rechnung behandelt (→ **Abnutzbares Anlagevermögen**).

Betriebsliquidation

Handelt es sich weder um eine → **Betriebsveräußerung** noch um eine → **Betriebsaufgabe** oder → **Betriebsverpachtung**, z.B. in den Fällen, in denen der Betrieb sukzessive aufgelöst und dann eingestellt wird, spricht man von einer sog. Betriebsliquidation (Betriebsauflösung oder -einstellung). Eine solche Betriebsliquidation liegt insbesondere dann vor, wenn nach und nach Waren verkauft, Forderungen eingezogen und Schulden beglichen werden. Wesentliche Betriebsgrundlagen, wie z.B. Fuhrpark, Geschäftsausstattung usw. werden erst dann veräußert, wenn sich eine günstige Verkaufsgelegenheit ergibt. Zur Abgrenzung der Betriebsaufgabe zur Betriebsabwicklung siehe das BFH-Urteil vom 15.11.2006 (XI R 6/06, BFH/NV 2007, 436 unter → **Betriebsaufgabe**).

Hierbei gibt es keinerlei Besonderheiten. Der Betrieb wird bis zu seiner endgültigen Beendigung als laufender Betrieb behandelt; d.h., dass der Gewinn auch weiterhin nach der § 4 Abs. 3-Rechnung ermittelt werden kann.

Werden Wirtschaftsgüter bei einer solchen Betriebsliquidation nach und nach veräußert oder entnommen, so führt dies zu einer sukzessiven Gewinnrealisierung, aber i.d.R. nicht zu einer nach §§ 16 und 34 EStG steuerbegünstigten Veräußerung oder Aufgabe des Betriebs.

Betriebsübertragung (unentgeltliche)

→ Betriebserwerb (unentgeltlicher)   → Erbfolge (vorweggenommene)
→ Betriebsliquidation   → Mitunternehmerschaft

Rechtsquellen
→ H 16 Abs. 6 EStH

1. Fußstapfentheorie

Bei der unentgeltlichen Übertragung des Betriebs werden die stillen Reserven beim Rechtsvorgänger nicht aufgedeckt, weil der Rechtsnachfolger in die Rechtsstellung des Rechtsvorgängers eintritt (**Fußstapfentheorie**). Der Betrieb wird steuerrechtlich unverändert durch den Rechtsnachfolger fortgeführt. Im Fall der **Buchwertübertragung** ist der **Rechtsnachfolger** bei seiner Gewinnermittlung **an die Buchwerte** des Rechtsvorgängers **gebunden**. Der Betriebsübernehmer ist nicht nur hinsichtlich der »Aktivposten«, sondern auch hinsichtlich der »Passivposten« an die Buchwerte des Rechtsvorgängers gebunden. Auch die vom Rechtsvorgänger gebildeten → **Rücklagen** für Ersatzbeschaffung gehen auf den Rechtsnachfolger über. Beim Rechtsnachfolger ist die Auflösung als Betriebseinnahme zu behandeln.

2. Wechsel der Gewinnermittlungsart

Ein → **Wechsel der Gewinnermittlungsart** ist nicht vorzunehmen, wenn beim Rechtsvorgänger wie auch beim Rechtsnachfolger der Gewinn nach § 4 Abs. 3 EStG ermittelt wird; vgl. auch die Ausführungen zum → **Betriebserwerb (unentgeltlicher)**. Übergangsprobleme können sich aber dann ergeben, wenn ein nicht berufsqualifizierter Rechtsnachfolger die freiberufliche Tätigkeit zum Gewerbebetrieb macht.

Die Auswirkungen eines Wechsels der Gewinnermittlungsart des Rechtsvorgängers sind beim laufenden Gewinn des Rechtsnachfolgers zu berücksichtigen (H 4.6 [Unterbliebene Gewinnkorrekturen] EStH).

Wechselt der Rechtsnachfolger die Gewinnermittlungsart, so sind auch die Verhältnisse des Rechtsvorgängers für die notwendigen Korrekturen zu berücksichtigen.

3. Buchwertübertragung i.S.d. § 6 Abs. 3 EStG
– Einheitstheorie –

Wird also ein Betrieb oder ein Teilbetrieb im Ganzen im Wege der einen Schenkung (§ 516 BGB) z.B. vom Vater auf sein Kind übertragen, verwirklicht der Übergeber damit keinen Gewinn, der Übernehmer muss hinsichtlich der vorhandenen positiven und negativen Wirtschaftsgüter des Betriebs an die Buchwerte seines Vorgängers anknüpfen. Diese **Buchwertübertragung** i.S.d. § 6 Abs. 3 EStG liegt nur dann vor, wenn das Eigentum an allen funktional wesentlichen Betriebsgrundlagen in einem einheitlichen Übertragungsakt und unter Aufrechterhaltung des geschäftlichen Organismus auf einen Erwerber übertragen wird. Nach der **Einheitstheorie** findet bei der Übertragung eines Betriebs keine Aufteilung in einen voll entgeltlichen und in einen voll unentgeltlichen Vorgang statt. Solange das Entgelt den Buchwert des Betriebs (Kapitalkonto) nicht übersteigt, liegt eine unentgeltliche Übertragung vor. Ein Veräußerungsverlust liegt beim Übergeber nicht vor (Rz. 38 des BMF-Schreibens vom 13.1.1993, BStBl I 1993, 80). Nach der **Einheitstheorie** hat der Übernehmer **keine Anschaffungskosten** und der Übergeber **keinen steuerbaren Veräußerungsgewinn**.

Werden anlässlich der unentgeltlichen Übertragung eines Betriebs Wirtschaftsgüter vom Übertragenden zurückbehalten, die zu den wesentlichen Betriebsgrundlagen gehören, liegt keine Betriebsübertragung, sondern eine → **Betriebsaufgabe** vor (§ 16 Abs. 3 EStG). Die stillen Reserven sind aufzudecken.

Voraussetzung einer Betriebsübertragung i.S.d. § 6 Abs. 3 EStG ist, dass der Übertragende
- die wesentlichen Betriebsgrundlagen überträgt und
- seine mit dem übertragenen Betriebsvermögen verbundene Tätigkeit beendet.

4. Umsatzsteuerrechtliche Behandlung

Bei einer unentgeltlichen Betriebsübertragung liegt ein nichtsteuerbarer Umsatz i.S.d. UStG vor, mit der Folge, dass insoweit keine Umsatzsteuer anfällt.

Literatur: Schoor, Betriebsübertragung von Eltern auf Kinder im Wege vorweggenommener Erbfolge Teil I und II, StBp 2004, 131 und 169.

Betriebsunterbrechung

→ Betriebsverpachtung

1. Begriff

Stellt der Unternehmer seine werbende betriebliche Tätigkeit ein (Betriebseinstellung), so liegt darin nicht notwendigerweise eine → **Betriebsaufgabe**. Die Einstellung kann auch nur als Betriebsunterbrechung zu beurteilen sein, die den Fortbestand des Betriebs unberührt lässt (BFH-Urteil vom 27.2.1985 I R 235/80, BStBl II 1985, 456). Die Betriebsunterbrechung kann darin bestehen, dass der Betriebsinhaber die wesentlichen Betriebsgrundlagen – i.d.R. einheitlich an einen anderen Unternehmer – verpachtet (Betriebsunterbrechung im weiteren Sinne) oder darin, dass er die gewerbliche Tätigkeit ruhen lässt (Betriebsunterbrechung im engeren Sinne). Voraussetzung der Betriebsunterbrechung ist weiterhin, dass **keine Betriebsaufgabe erklärt** wird (H 16 (2) [Betriebsunterbrechung] EStH).

2. Vorläufige Einstellung der werbenden Tätigkeit

2.1 Maßgebliche Zeitspanne

Der Stpfl. darf seine werbende Tätigkeit nur **vorläufig** einstellen. Die zurückbehaltenen Wirtschaftsgüter müssen es ermöglichen, den unterbrochenen Betrieb künftig – innerhalb eines überschaubaren Zeitraums – wieder aufzunehmen. Mit Urteil vom 28.9.1995 (IV R 39/94, BStBl II 1996, 276; H 16 (2) [Betriebsunterbrechung] EStH) hat der BFH entschieden, dass bei einer GbR, die zuvor auf dem Gebiet des Bauwesens, des Grundstückshandels und der Grundstücksverwaltung tätig war, und nunmehr nur noch die Grundstücksverwaltung betreibt, selbst dann noch von einer Betriebsunterberechung auszugehen ist, wenn diese 11–14 Jahre betragen hat. Selbst eine Zeitspanne von 25 Jahren steht einer Betriebsunterbrechung nicht entgegen (BFH Beschluss vom 7.10.1998 VIII B 43/97, BFH/NV 1999, 350).

Eine → **Betriebsaufgabe** i.S.d. § 16 Abs. 3 EStG ist nur dann gegeben, wenn diese klar und unmissverständlich gegenüber dem FA erklärt wird. Die Erklärung muss erkennbar von dem Bewusstsein der daraus folgenden Versteuerung der stillen Reserven getragen sein (BFH-Urteil vom 22.9.2004 III R 9/03, BStBl II 2005, 160; H 16 (5) [Betriebsaufgabeerklärung] EStH).

2.2 Zwangsbetriebsaufgabe

Werden anlässlich der Verpachtung eines Gewerbebetriebs die wesentlichen Betriebsgrundlagen so umgestaltet, dass sie nicht mehr in der bisherigen Form genutzt werden können, entfällt grundsätzlich die Möglichkeit, das Betriebsvermögen fortzuführen; damit entfällt auch die Möglichkeit der Betriebsverpachtung (BGH Urteil vom 15.10.1987 IV R 91/85, BStBl II 1988, 257; H 16 (5) [Umgestaltung wesentlicher Betriebsgrundlagen] EStH).

Zur Abgrenzung der Betriebsaufgabe von der Betriebsabwicklung siehe das BFH-Urteil vom 15.11.2006 (XI R 6/06, BFH/NV 2007, 436). **Voraussetzung** für eine **Betriebsunterbrechung** ist, dass die **Absicht** und die objektive **Möglichkeit** besteht, den Betrieb innerhalb eines **überschaubaren Zeitraums**, der nach den Umständen des Einzelfalles auch lange dauern kann, **wieder aufzunehmen**. Gibt der Inhaber eines Betriebes bei Einstellung seiner Tätigkeit keine Aufgabeerklärung ab, geht die Rechtsprechung zwar im Allgemeinen davon aus, dass er beabsichtigt, den unterbrochenen Betrieb künftig wieder aufzunehmen, sofern die zurückbehaltenen Wirtschaftsgüter dies ermöglichen (vgl. z.B. BFH-Urteile vom 22.9.2004 III R 9/03, BStBl II 2005, 160; vom 16.12.1997 VIII R 11/95, BStBl II 1998, 379).

Auch muss grundsätzlich nicht der Steuerpflichtige persönlich den ruhenden Betrieb wieder aufnehmen.

Diese Grundsätze greifen aber nicht, wenn infolge der höchstpersönlichen Natur z.B. der künstlerischen Tätigkeit eine Wiederaufnahme des Betriebes durch den Erben ausgeschlossen ist. Wiederaufgenommen bzw. fortgeführt wird allenfalls die sukzessive Veräußerung oder Entnahme des noch verbliebenen Betriebsvermögens, also die – laufend zu besteuernde – Betriebsabwicklung. Eine **Unterbrechung einer Betriebsabwicklung** ist **keine Betriebsunterbrechung** i.S.d. Rechtsprechung.

Betriebsveräußerung im Ganzen

→ Betriebsaufgabe
→ Betriebseinbringung
→ Betriebsverpachtung

→ Kassenärztliche Zulassungen
→ Verlust von Wirtschaftsgütern
→ Wechsel der Gewinnermittlungsart

Rechtsquellen
→ §§ 16 und 34 EStG
→ § 1 Abs. 1a UStG
→ R 4.5 Abs. 6 EStR

→ R 16 Abs. 1 EStR
→ R 16 Abs. 11 EStR

1. Begriff

Eine Veräußerung des ganzen Betriebs liegt vor, wenn der Betrieb mit seinen wesentlichen Grundlagen (→ **Betriebsaufgabe**) gegen Entgelt in der Weise auf einen Erwerber übertragen wird, dass der **Betrieb** als geschäftlicher Organismus **fortgeführt** werden kann. Nicht erforderlich ist, dass der Erwerber den Betrieb auch tatsächlich fortführt (R 16 Abs. 1 EStR und H 16 Abs. 1 EStH). **Wesentliche** Betriebsgrundlagen der freiberuflichen Tätigkeit sind:
- die Beziehungen zur Mandantschaft,
- der Patientenstamm und
- der Kundenstamm.

Das Sachvermögen (Forderungen, Büroeinrichtung, Kfz, Computer) dürfte bei selbständig Tätigen in den Hintergrund treten. Den Schulungsfahrzeugen einer Fahrschule fällt im Zusammenhang mit der Veräußerung der Niederlassung kein besonderes wirtschaftliches Gewicht zu (BFH-Urteil vom 5.6.2003 IV R 18/02, BStBl II 2003, 838). Das Büro- oder Verwaltungsgebäude dürfte aber zu den wesentlichen Betriebsgrundlagen gehören (BFH-Urteil vom 23.5.2000 VIII R 11/99, BStBl II 2000, 621 zur Betriebsaufspaltung).

Die Annahme einer Betriebsveräußerung im Ganzen wird nicht dadurch ausgeschlossen, dass der Veräußerer Wirtschaftsgüter, die nicht zu den wesentlichen Betriebsgrundlagen gehören, zurückbehält. Das gilt auch, wenn einzelne, nicht zu den wesentlichen Betriebsgrundlagen gehörende Wirtschaftsgüter in zeitlichem Zusammenhang mit der Veräußerung in das Privatvermögen überführt oder anderen betriebsfremden Zwecken zugeführt werden (H 16 (1) [Zurückbehaltene Wirtschaftsgüter] EStH). Wird daher ein Teil des Patienten-, Kunden- bzw. Mandantenstammes zurückbehalten, liegt keine Betriebsveräußerung vor; der bei der Veräußerung erzielte Gewinn ist nicht nach § 18 Abs. 3 i.V.m. § 34 EStG begünstigt. Unschädlich ist jedoch die Fortführung einer freiberuflichen Tätigkeit in geringem Umfang, wenn die darauf entfallenden Umsätze in den letzten drei Jahren weniger als 10% der gesamten Einnahmen ausmachen (H 18.3 [Veräußerung] EStH und BFH-Beschluss vom 28.6.2000 IV B 35/00, BFH/NV 2001, 33).

Unschädlich für eine Betriebsveräußerung im Ganzen ist die Weiterbeschäftigung des Betriebsveräußerers, wenn dieser eine nichtselbständige Tätigkeit in der Praxis des Erwerbers ausübt. Unschädlich ist es auch, wenn der Veräußerer nach der Veräußerung frühere Mandanten auf Rechnung und im Namen des Erwerbers berät (H 18.3 [Veräußerung] EStH und BFH-Urteil vom 18.5.1994 I R 109/93, BStBl II 1994, 925).

Die Hinzugewinnung neuer Mandaten/Patienten innerhalb der »gewissen« Zeit nach Betriebsaufgabe ist – auch ohne Überschreiten der 10%-Grenze – in jedem Fall schädlich, da eine Betriebsaufgabe dann tatsächlich nicht stattgefunden hat (BMF-Schreiben vom 28.7.2003, BB 2004, 89).

Ergänzend zum BMF-Schreiben vom 28.7.2003 gibt die Vfg. der OFD Koblenz vom 15.12.2006 (S 2249 A – St 31 1, LEXinform 5230470) Hinweise zur Steuerbegünstigung des Gewinns aus einer Praxisveräußerung bei Fortführung der ärztlichen Tätigkeit in geringem Umfang.

Voraussetzung für eine **Betriebsveräußerung** ist weiterhin, dass die **freiberufliche Tätigkeit** in dem bisherigen örtlichen Wirkungskreis wenigstens für eine kurze Zeit **eingestellt** wird. Die zeitliche Dauer der kurzen Zeit ist von den Umständen des Einzelfalles abhängig; in Betracht kommen als solche Umstände etwa die räumliche Entfernung der wieder aufgenommen Berufstätigkeit zur veräußerten Praxis, die Vergleichbarkeit der Betätigung oder die Art und Struktur der Mandate. Mit Beschluss vom 7.11.2006 (XI B 177/05, BFH/NV 2007, 431) führt der BFH aus, dass eine Zeitspanne von drei Jahren, die in etwa der Nutzungsdauer eines erworbenen Praxiswerts entspreche, als ausreichende Wartezeit dafür angesehen werden, dass nicht mehr von einer Praxisverlegung, sondern von einer Neueröffnung auszugehen sei (s.a. BFH-Urteil vom 10.6.1999 IV R 11/99, BFH/NV 1999, 1594).

Werden von einem Steuerpflichtigen, der seinen Gewinn nach § 4 Abs. 3 EStG durch Einnahme-Überschuss-Rechnung ermittelt, anlässlich einer Betriebsveräußerung **Forderungen zurückbehalten** (unwesentliche Betriebsgrundlagen), die dem Grunde und der Höhe nach unstreitig sind, und gehören diese Forderungen nach der Veräußerung noch zum Restbetriebsvermögen des Veräußerers (Betriebsvermögen ohne Betrieb), kann von einer **Erfassung** der **Forderungen** als **Übergangsgewinn abgesehen** werden und eine **Versteuerung** der Einnahmen erst **bei Zufluss** erfolgen (BFH-Urteil vom 14.11.2007 XI R 32/06, BFH/NV 2008, 385 zur → **Betriebseinbringung**). Das Urteil ist m.E. auf die Betriebsveräußerung übertragbar (s.a. Urteil FG Münster vom 23.6.2009 1 K 4263/06 F, LEXinform 5009001, Revision eingelgt, Az. BFH: VIII R 41/09, LEXinform 0927322).

2. Rechtsfolgen einer Betriebsveräußerung im Ganzen

Die Rechtsfolgen einer Betriebsveräußerung innerhalb der § 4 Abs. 3-Rechnung unterscheiden sich grundsätzlich nicht von den Rechtsfolgen i.R.d. Gewinnermittlung durch Buchführung. Deshalb kommen insbesondere folgende Auswirkungen in Betracht:

Ein **Veräußerungsgewinn** wird nach den Sonderregelungen des § 16 Abs. 2 EStG – Erstellen einer **Schlussbilanz** auf den Veräußerungszeitpunkt – ermittelt (→ **Wechsel der Gewinnermittlungsart**). Die Anwendung der **§ 4 Abs. 3-Rechnung** ist dadurch insoweit **ausgeschlossen**. Zur Berechnung des Veräußerungsgewinns sind die Veräußerungskosten (H 16 (12) [Veräußerungskosten] EStH) im Jahr der Entstehung des Veräußerungsgewinns abzuziehen, egal in welchem Jahr sie gezahlt wurden. Die Berechnung des Veräußerungsgewinns nach § 16 Abs. 2 EStG hat insoweit Vorrang vor dem Abflussprinzip.

Dieser Veräußerungsgewinn zählt bei
- Veräußerung eines Gewerbebetriebes zu den Einkünften aus Gewerbebetrieb (§ 16 Abs. 1 EStG),
- Veräußerung eines land- und forstwirtschaftlichen Betriebs zu den Einkünften aus Land- und Forstwirtschaft (§ 14 EStG),
- Veräußerung einer freiberuflichen Praxis zu den Einkünften aus selbständiger Arbeit (§ 18 Abs. 3 EStG).

Der **Veräußerungsgewinn** ist vom **laufenden Gewinn** abzugrenzen. Für Veräußerungsgewinne können ggf. die Vergünstigungen nach § 16 Abs. 4 EStG (Freibetrag) und § 34 Abs. 1 und 3 EStG (ermäßigter Steuersatz) gewährt werden.

3. Ermittlung des Veräußerungsgewinns

	Veräußerungspreis	
./.	Veräußerungskosten	
./.	Buchwert Kapitalkonto	
=	Veräußerungsgewinn	
./.	Freibetrag	45 000 €
=	**steuerpflichtiger Veräußerungsgewinn**	

4. Betriebsveräußerung gegen eine Veräußerungsleibrente

4.1 Grundsätzliches zum Wahlrecht

Veräußert ein Steuerpflichtiger seinen Betrieb gegen eine Veräußerungsleibrente, so hat er ein **Wahlrecht** zwischen der **Sofortversteuerung** und der **Zuflussversteuerung** (R 16 Abs. 11 EStR und H 16 Abs. 11 EStH). Das Wahlrecht besteht nur bei einer **betrieblichen Veräußerungsleibrente**. Die Zahlung von **Versorgungs-** oder **Unterhaltsleistungen** bewirkt eine unentgeltliche → **Betriebsübertragung**, so dass sich das Problem einer Versteuerung naturgemäß nicht stellt.

4.2 Sofortversteuerung

Der Steuerpflichtige kann den bei der Veräußerung entstandenen **Gewinn sofort versteuern**. **Veräußerungsgewinn** ist der Unterschiedsbetrag zwischen dem nach den Vorschriften des BewG (§§ 13, 14 BewG) ermittelten **Barwert der Rente**, vermindert um etwaige **Veräußerungskosten** des Steuerpflichtigen, und dem **Buchwert** des steuerlichen Kapitalkontos im Zeitpunkt der Veräußerung des Betriebs. Die **Aufteilung in einen Zins- und einen Tilgungsanteil** kann auch nach versicherungsmathematischen Grundsätzen erfolgen.

In diesem Fall muss der Steuerpflichtige zur Gewinnermittlung durch Betriebsvermögensvergleich übergehen (→ **Wechsel der Gewinnermittlungsart**) und kann ggf. die Vergünstigungen der §§ 16 und 34 EStG in Anspruch nehmen. Die § 4 Abs. 3-Rechnung spielt also insoweit keine Rolle mehr. Die in den Rentenzahlungen enthaltenen **Ertragsanteile** sind dann als **sonstige Einkünfte** i.S.v. § 22 Nr. 1 Satz 3 Buchst. a Doppelbuchst. bb EStG mit dem Ertragsanteil zu versteuern (R 16 Abs. 11 Satz 1–5 EStR).

4.3 Zuflussversteuerung (nachträgliche Versteuerung)

Der Steuerpflichtige kann aber auch die Rentenzahlungen als → **nachträgliche Einkünfte** nach § 24 Nr. 2 EStG innerhalb der jeweiligen Gewinneinkunftsart behandeln, mit der Folge, dass die Vergünstigungen der §§ 16 und 34 EStG nicht in Betracht kommen (R 16 Abs. 11 Satz 6 EStR). Bei dieser Wahl ist die § 4 Abs. 3-Rechnung auch weiterhin von Bedeutung.

I.R.d. **Zuflussversteuerung** entsteht ein **Gewinn** erst, wenn der **Kapitalanteil** der Renten das **steuerliche Kapitalkonto** des Veräußerers zuzüglich etwaiger Veräußerungskosten **übersteigen** (R 16 Abs. 11 Satz 7 EStR); der in den Rentenzahlungen enthaltene **Zinsanteil** stellt bereits im **Zeitpunkt des Zuflusses** nachträgliche **Betriebseinnahmen** dar (§ 24 Nr. 2 EStG). Die Aufteilung in einen Zins- und einen Tilgungsanteil ist nach §§ 13, 14 BewG oder nach versicherungsmathematischen Grundsätzen vorzunehmen.

In diesem Zusammenhang entsteht das Problem, dass der § 4 Abs. 3-Rechner, mangels Bilanz, kein Kapitalkonto ausweisen kann. Er ist auch nicht verpflichtet zur Gewinnermittlungsart durch Betriebsvermögensvergleich zu wechseln. Mit Kapitalkonto i.d.S. kann m.E. nur der gesamte – noch nicht als Betriebsausgabe berücksichtigte – Restwert aller veräußerten Wirtschaftsgüter des Anlagevermögens gemeint sein. Ein Gewinn entsteht somit erst, wenn der Kapitalanteil der Rentenzahlungen diesen Gesamtrestwert zzgl. etwaiger Veräußerungskosten übersteigt (Aufdeckung der stillen Reserven). Bezüglich aller anderen übertragenen Wirtschaftsgüter (insbesondere Umlaufvermögen) tritt die Aufdeckung der stillen Reserven mit jeder Rentenzahlung sofort ein. Das hat u.a. auch zur Folge, dass der Steuerpflichtige im Jahr der Veräußerung die noch nicht als Betriebsausgaben abgesetzten Restwerte des Anlagevermögens, nicht nach den allgemeinen Grundsätzen voll als Betriebsausgaben berücksichtigen muss. Er verteilt vielmehr diese noch nicht verbrauchten Restwerte – zum Ausgleich der als Betriebseinnahmen anzusetzenden Kapitalanteile der Rentenzahlungen – auf die folgenden Jahre. Dieser Rechtsgedanke ist auch bei Veräußerung einzelner Wirtschaftsgüter des Anlagevermögens gegen Raten- oder Leibrentenzahlungen in R 4.5 Abs. 5 EStR enthalten.

Wird die Rentenforderung uneinbringlich (z.B. bei Konkurs des Erwerbers) oder fällt die Rentenverpflichtung fort (z.B. bei Tod des Rentenverpflichteten), so ergeben sich insoweit keine Gewinnauswirkungen. Mangels Zuflusses sind keine Betriebseinnahmen mehr anzunehmen und der noch vorhandene Barwert ist deshalb auch nicht als Betriebsausgabe zu erfassen. Der bis dahin noch nicht verbrauchte Restwert ist in dem Wirtschaftsjahr als Betriebsausgabe zu berücksichtigen, in dem der Verlust eintritt (R 4.5 Abs. 5 Satz 2 EStR entsprechend). Für die Darstellung innerhalb der § 4 Abs. 3-Rechnung bedeutet dies z.B., dass erst die übersteigenden Beträge als Betriebseinnahmen angesetzt werden. Aus Gründen der Übersichtlichkeit und Kontrolle ist es aber m.E. geschickter, die gesamten Rentenzahlungen als Betriebseinnahmen anzusetzen und gleichzeitig in gleicher Höhe den noch nicht verbrauchten Restwert der übertragenen Wirtschaftsgüter zu berücksichtigen (gesamtgewinnneutral). Ist dieser Restwert verbraucht, so erfolgt insoweit kein Betriebsausgaben-Ansatz mehr, und die Rentenzahlungen wirken sich voll als Betriebseinnahmen gewinnerhöhend aus. Andere nachträgliche Betriebseinnahmen oder Betriebsausgaben sind in die Gewinnermittlung mit einzubeziehen.

4.4 Zusammenfassende Übersicht

Das BMF-Schreiben vom 3.8.2004 (BStBl I 2004, 1187) nimmt zur Veräußerung von Betrieben, Teilbetrieben, Mitunternehmeranteilen und Beteiligungen an Kapitalgesellschaften gegen wiederkehrende Leistungen Stellung.

Wird ein Betrieb, ein Teilbetrieb, ein Mitunternehmeranteil oder eine Beteiligung i.S.d. § 17 EStG gegen eine Leibrente oder gegen einen in Raten zu zahlenden Kaufpreis (zur Verschaffung einer Versorgung) veräußert, hat der Veräußerer die Wahl zwischen der sofortigen Besteuerung eines Veräußerungsgewinns (Sofortbesteuerung) und einer nicht tarifbegünstigten Besteuerung als nachträgliche Betriebseinnahmen im Jahr des Zuflusses (Zuflussbesteuerung). Siehe auch R 16 Abs. 11 EStR und BFH-Beschluss vom 29.3.2007 (XI B 56/06, BFH/NV 2007, 1306). Nach dem BFH-Beschluss vom 29.3.2007 (a.a.O.) ist die Sofortversteuerung der gesetzliche Normalfall und die laufende Versteuerung eine auf Billigkeitserwägungen beruhende Ausnahmeregelung.

Soweit die Rechtsprechung dem Veräußerer bei der Vereinbarung von Kaufpreisraten auch für den Fall ein Wahlrecht zwischen der Sofortbesteuerung und der Erfassung nachträglicher Einnahmen eingeräumt hat, dass die ratenweise Zahlung des Kaufpreises hauptsächlich deshalb vereinbart wurde, um zugleich die Versorgung des Berechtigten zu sichern (vgl. BFH-Urteil vom 12.6.1968 IV 254/62, BStBl II 1968, 653; H 16 (11) [Ratenzahlungen] EStH), kann die Richtigkeit dieser Rechtsprechung dahingestellt bleiben. da im Urteilsfall die Kaufpreisraten eindeutig keinen Versorgungscharakter hatten. Es besteht jedenfalls kein Grund für eine Ausdehnung des Wahlrechts auf solche Fälle, in denen die Kaufpreisraten nicht der Versorgung des Veräußerers dienen. Bei einer Ausdehnung würde die in § 18 Abs. 3 i.V.m. § 16 Abs. 2 bis 4 und § 34 Abs. 1 und 2 Nr. 1 EStG grundsätzlich zwingend angeordnete Sofortversteuerung unterbleiben, ohne dass dafür Rechtfertigungsgründe vorliegen. Mit Urteil vom 12.6.1968 (IV 254/62, a.a.O.) hatte der BFH ein Wahlrecht verneint und klargestellt, dass für die Annahme eines Versorgungscharakters der Zahlungszeitraum nicht nur mehr als 10 Jahre betragen müsse, sondern dass außerdem auch die sonstige Ausgestaltung des Vertrags eindeutig die Absicht des Veräußerers auf Versorgung zum Ausdruck bringen müsse.

Veräußerung des Betriebs, Teilbetriebs oder Mitunternehmeranteils gegen Leibrente (R 16 Abs. 11 EStR):			
Sofortversteuerung:		Zuflussbesteuerung:	
Zinsanteil	Tilgungsanteil	Zinsanteil	Tilgungsanteil
Der Ertragsanteil (Ermittlung nach der Tabelle in § 22 Nr. 1 Satz 3 Buchst. a Doppelbuchst. bb EStG) stellt sonstige Einkünfte dar.	Barwert der Rente nach dem BewG ./. Veräußerungskosten ./. Kapitalkonto = Veräußerungsgewinn § 16 EStG ist anzuwenden.	Im Jahr des Zuflusses nachträgliche Einnahmen i.S.v. §§ 13 oder 15 oder 18 EStG i.V.m. § 24 Nr. 2 EStG. Die Aufteilung in einen Zins- und Tilgungsanteil erfolgt nach §§ 13 und 14 BewG oder nach versicherungsmathematischen Grundsätzen.	Der Tilgungsanteil stellt nach Verrechnung mit dem Kapitalkonto und etwaigen Veräußerungskosten im Jahr des Zuflusses nachträgliche Einkünfte aus §§ 13, 15, oder 18 EStG i.V.m. § 24 Nr. 2 EStG dar.

Abbildung: Veräußerung von Betrieben, Teilbetrieben oder Mitunternehmeranteilen gegen Leibrente

Beispiel: Betriebsveräußerung gegen eine Veräußerungsleibrente
W (59 Jahre) veräußert zum 1.5.08 seine Praxis gegen eine ab 1.5.08 vorschüssig zu zahlende Veräußerungsleibrente i.H.v. 32 000 € jährlich.
Die Vervielfältiger zur Berechnung der Kapitalwerte lebenslänglicher Nutzungen und Leistungen (insbesondere Leibrenten) ergeben sich aus der Tabelle 8 des BMF-Schreibens vom 7.12.2001, BStBl I 2001, 1041). Nach § 14 Abs. 1 Satz 4 BewG werden die Vervielfältiger jährlich neu im BStBl veröffentlicht.
Für **Bewertungsstichtage** ab dem **1.1.2009** siehe das BMF-Schreiben vom 20.1.2009 (BStBl I 2009, 270).
Für **Bewertungsstichtage** ab dem **1.1.2010** siehe das BMF-Schreiben vom 1.10.2009 (LEXinform 5232346).
Der weiteren Lösung liegen die Vervielfältiger des BMF-Schreibens vom 1.10.2009 zugrunde.
Der Rentenbarwert zum 31.4.08 beträgt
Jahreswert 32 000 € × Vervielfältiger 12,845 = 411 040 €.
Die Buchwerte der einzelnen Wirtschaftsgüter des Anlagevermögens betrugen zum 1.5.08 insgesamt 29 000 €.

Lösung:
S.a. das Beispiel unter → **Betriebserwerb**.
W hat nach R 16 Abs. 11 EStR ein Wahlrecht zwischen Sofortversteuerung des Veräußerungsgewinns und Besteuerung der laufenden Rentenzahlungen als nachträgliche Betriebseinnahmen.

Sofortversteuerung
Berechnung des Veräußerungsgewinns:

Barwert der Rente		411 040 €
abzgl. Kapitalkonto		./. 29 000 €
stpfl. Veräußerungsgewinn (nachträgliche Einkünfte aus § 18 EStG)		382 040 €
Freibetrag gem. § 16 Abs. 4 EStG		
(auf Antrag und falls noch nicht »verbraucht«)	45 000 €	
Veräußerungsgewinn	382 040 €	
Grenzbetrag	./. 136 000 €	
Freibetragskürzung	246 040 €	./. 246 040 €
Freibetrag	0 €	./. 0 €
stpfl. Veräußerungsgewinn		**382 040 €**

Dieser Veräußerungsgewinn gehört zu den Einkünften aus selbständiger Arbeit (§ 18 Abs. 3 EStG) und ist – als außerordentliche Einkünfte i.S.d. § 34 Abs. 2 Nr. 1 EStG – nach § 34 Abs. 1 EStG ermäßigt zu besteuern. Die nach der Betriebsveräußerung eingehenden Rentenzahlungen sind nach § 22 Nr. 1 Satz 3 Buchst. a Doppelbuchst. bb EStG mit einem Ertragsanteil i.H.v. 23 % von 32 000 € (Einnahmen) und unter Abzug der Werbungskosten (ggf. Pauschbetrag i.H.v. 102 €, § 9a Nr. 3 EStG) als sonstige Einkünfte zu versteuern.

Zuflussbesteuerung
Sobald der Buchwert der einzelnen Wirtschaftsgüter des Anlagevermögens zzgl. der Veräußerungskosten durch den Tilgungsanteil der Rentenzahlungen überschritten wird, liegen steuerpflichtige nachträgliche Einkünfte aus § 18 EStG vor. Die Aufteilung in einen Zins- und Tilgungsanteil erfolgt nach Tabelle 8 zu § 14 BewG (BMF-Schreiben vom 7.12.2001, BStBl I 2001, 1041, berichtigt BStBl I 2002, 112 und BMF-Schreiben vom 1.10.2009, LEXinform 5232346).

Jahr	zuge-flossene Rate (in €)	Vervielfältiger nach Tabelle 8	Kapitalwert am Anfang (in €)	Kapitalwert am Ende (in €)	Tilgungsanteil (in €)	Differenz zwischen dem verbleibendem Kapitalkonto (29 000 €) und dem Tilgungsanteil (in €)	Zinsanteil § 15 i.V.m. § 24 Nr. 2 EStG (in €)	Tilgungsanteil § 15 i.V.m. § 24 Nr. 2 EStG (in €)
08	32 000	12,845	411 040	402 880	8 160	20 840	23 840	0
09	32 000	12,590	402 880	394 560	8 320	12 520	23 680	0
10	32 000	12,330	394 560	386 016	8 544	3 976	23 456	0
11	32 000	12,063	386 016	377 088	8 928	./. 4 952	23 072	**4 952**
12	32 000	11,784	377 088	368 064	9 024		22 976	9 024
13	32 000	11,502	368 064	358 656	9 408		22 592	9 408
14	32 000	11,208	358 656					
usw.		10,910						

Das Wahlrecht ist auch anzuwenden, wenn ein Betrieb gegen einen festen Barpreis und eine Leibrente (Mischvertrag) veräußert wird. Das Wahlrecht bezieht sich jedoch in diesem Fall nur auf den durch die Leibrente realisierten Teil des Veräußerungsgewinns (R 16 Abs. 11 Satz 8 EStR).

Die infolge einer Wertsicherungsklausel nachträglich eingetretene Erhöhung einer Rente ist in vollem Umfang als Betriebseinnahme im Zeitpunkt der jeweiligen Zahlung zu erfassen (H 4.5 (4) [Nachträgliche Erhöhung der Rente] EStH analog).

Literatur: Paus, Übertragung von Betrieben und wesentlichen Beteiligungen gegen Leibrente, NWB Fach 3, 13683.

5. Betriebsveräußerung gegen Ratenzahlungen

Zu den Folgen einer Betriebsveräußerung gegen Ratenzahlungen und Zeitrenten vgl. H 16 (11) [Ratenzahlungen, Zeitrente] EStH. Danach ist bei Raten und Zeitrenten nur im Ausnahmefall das Wahlrecht gegeben. Im Regelfall ist bei einer Betriebsveräußerung gegen Zahlung von Kaufpreisraten (egal ob normal verzinslich oder unverzinslich) sowie gegen Zahlung einer Zeitrente eine **sofortige Versteuerung** des Veräußerungsgewinns mit evtl. Inanspruchnahme der Vergünstigungen der §§ 16 und 34 EStG durchzuführen (Veräußerungspreis i.S.v. § 16 Abs. Satz 1 EStG ist dann der nach den allgemeinen Grundsätzen ermittelte Barwert). Die in den laufenden Zahlungen enthaltenen **Zinsanteile** sind als **Einkünfte aus Kapitalvermögen** nach § 20 Abs. 1 Nr. 7 EStG zu versteuern, wenn man in Übereinstimmung mit der ständigen Rechtsprechung davon ausgeht, dass die Kaufpreisforderung notwendigerweise in das Privatvermögen des Betriebsveräußerers übergeht.

Veräußerung des Betriebs, Teilbetriebs oder Mitunternehmeranteils gegen Ratenzahlung (R 16 Abs. 11 EStR; H 16 (11) [Ratenzahlungen] EStH):			
Bei Veräußerung gegen einen in Raten zu zahlenden Kaufpreis ist dieser in den Fällen, in denen die Raten während eines mehr als zehn Jahre dauernden Zeitraums zu zahlen sind und die Ratenvereinbarung sowie die sonstige Ausgestaltung des Vertrags eindeutig die Absicht des Veräußerers zum Ausdruck bringen, sich eine Versorgung zu verschaffen, der Sofortbesteuerung oder der Zuflussbesteuerung zu unterwerfen.			
Sofortversteuerung:		**Zuflussbesteuerung:**	
Zinsanteil	Tilgungsanteil	Zinsanteil	Tilgungsanteil
Der Zinsanteil stellt Einkünfte aus Kapitalvermögen nach § 20 Abs. 1 Nr. 7 EStG dar.	Barwert der Rate nach dem BewG ./. Veräußerungskosten ./. Kapitalkonto = Veräußerungsgewinn § 16 EStG ist anzuwenden.	Ermittlung nach der Tabelle 2 zu § 12 BewG (BMF-Schreiben vom 7.12.2001, BStBl I 2001, 1041 berichtigt BStBl I 2002, 112). Aus Vereinfachungsgründen kann der Zinsanteil auch nach der Tabelle in § 55 EStDV ermittelt werden. Der Zinsanteil unterliegt nach §§ 13, 15 oder 18 i.V.m. 24 Nr. 2 EStG im Jahr des Zuflusses in voller Höhe der Besteuerung.	Der Tilgungsanteil stellt nach Verrechnung mit dem Kapitalkonto und etwaigen Veräußerungskosten im Jahr des Zuflusses nachträgliche Einkünfte aus §§ 13, 15, oder 18 EStG i.V.m. § 24 Nr. 2 EStG dar.

Abbildung: Veräußerung von Betrieben, Teilbetrieben oder Mitunternehmeranteilen gegen Kaufpreisraten

Betriebsveräußerung im Ganzen **199**

Beispiel: Betriebsveräußerung gegen Kaufpreisrate
W (59 Jahre) veräußert zum 1.5.08 seine Praxis gegen einen ab 1.5.08 vorschüssig in 11 gleichen Jahresraten zu zahlenden Kaufpreis i.H.v. 32 000 € jährlich. Eine Verzinsung ist nicht vereinbart. Die Ratenzahlungen wurden vereinbart, um W eine Versorgung zu verschaffen. Das Kapitalkonto beträgt 29 000 €.

Lösung:
W hat nach R 16 Abs. 11 EStR ein Wahlrecht zwischen Sofortversteuerung des Veräußerungsgewinns und Besteuerung der laufenden Ratenzahlungen als nachträgliche Betriebseinnahmen.

Sofortversteuerung
Berechnung des Veräußerungsgewinns:
Barwert der Rate nach Tabelle 2 zu § 12 BewG: 32 000 € × 8,315 =   266 080 €
abzgl. Kapitalkonto   ./. 29 000 €
stpfl. Veräußerungsgewinn (Einkünfte aus § 18 EStG)   237 080 €
Zur Versteuerung des Zinsanteils siehe die Lösung zur Zuflussbesteuerung.

Zuflussbesteuerung
Sobald der Buchwert der einzelnen Wirtschaftsgüter des Anlagevermögens zzgl. der Veräußerungskosten durch den Tilgungsanteil der Ratenzahlungen überschritten wird, liegen steuerpflichtige nachträgliche Einkünfte aus freiberuflicher Tätigkeit vor.
Die jährliche Rate beträgt 32 000 €. Die Jahresraten sind nach Tabelle 2 zu § 12 BewG in einen Tilgungs- und in einen Zinsanteil aufzuteilen:

Jahr	zugeflossene Rate (in €)	Vervielfältiger nach Tabelle 2 zu § 12 BewG	Kapitalwert am Anfang (in €)	Kapitalwert am Ende (in €)	Tilgungsanteil (in €)	Differenz zwischen dem verbleibenden Kapitalkonto (29 000 €) und dem Tilgungsanteil (in €)	Zinsanteil § 15 i.V.m. § 24 Nr. 2 EStG (in €)	Tilgungsanteil § 15 i.V.m. § 24 Nr. 2 EStG (in €)
08	32 000	8,315	266 080	247 840	18 240	10 760	13 760	0
09	32 000	7,745	247 840	228 576	19 264	./. 8 504	12 736	8 504
10	32 000	7,143	228 576	208 288	20 288		11 712	20 288
11	32 000	6,509	208 288	186 848	21 440		10 560	21 440
12	32 000	5,839	186 848	164 256	22 592		9 408	22 592
13	32 000	5,133	164 256	140 416	23 840		8 160	23 840
14	32 000	4,388	140 416	115 264	25 152		6 848	25 152
15	32 000	3,602	115 264	88 704	26 560		5 440	26 560
16	32 000	2,772	88 704	60 704	28 000		4 000	28 000
17	32 000	1,897	60 704	31 168	29 536		2 464	29 536
18	32 000	0,974	31 168	0	31 168		832	31 168
Summe	352 000				266 080		85 920	237 080

6. Besonderheiten

6.1 Wechsel der Gewinnermittlungsart

Veräußert ein Steuerpflichtiger, der den Gewinn nach § 4 Abs. 3 EStG ermittelt, den Betrieb, so ist er so zu behandeln, als wäre er im Augenblick der Veräußerung zunächst zur Gewinnermittlung durch Betriebsvermögensvergleich nach § 4 Abs. 1 EStG übergegangen (§ 16 Abs. 2 Satz 2 EStG und R 4.5 Abs. 6 EStR). Dies gilt auch, wenn bei einer Betriebsveräußerung gegen eine Veräußerungsleibrente die Sofortversteuerung gewählt wird.

Die wegen des → **Wechsels der Gewinnermittlungsart** erforderlichen Hinzurechnungen und Abrechnungen sind nicht bei dem Veräußerungsgewinn, sondern bei dem laufenden Gewinn des Wirtschaftsjahres vorzunehmen, in dem die Veräußerung stattfindet; ein Übergangsgewinn kann nicht auf drei Jahre verteilt werden (H 4.5 (6) [Übergangsgewinn] EStH). Daher sollte man in der Praxis darauf achten, dass ein Betrieb nicht zum Ende eines Jahres veräußert wird. Eine Veräußerung im darauf folgenden Jahr würde die Höhe des laufenden Gewinns des Veräußerungsjahres reduzieren und damit durch die Steuerprogression auch die Steuerlast minimieren. Dies gilt auch, wenn der Betrieb gegen wiederkehrende Zahlungen (Veräußerungsleibrente, Raten usw.) veräußert wird.

6.2 Gewerbesteuer

Der Gewinn aus der Veräußerung des Betriebs gehört bei natürlichen Personen und Personengesellschaften nicht mehr zum Gewerbeertrag (Abschn. 38 Abs. 3 Satz 1 und 39 Abs. 1 Nr. 1 GewStR).

6.3 Umsatzsteuer

6.3.1 Grundsätzliches

Die Umsätze im Rahmen einer Betriebsveräußerung im Ganzen unterliegen nicht der Umsatzsteuer (§ 1 Abs. 1a UStG). Dies hat zur Folge, dass der Betriebsveräußerer keine steuerbaren Umsätze tätigt und insoweit auch keine Umsatzsteuer entsteht. Der Betriebserwerber hat demnach auch keinen → **Vorsteuerabzug**.

6.3.2 Die Voraussetzungen im Einzelnen

Nach dem Urteil des FG Münster vom 24.10.2000 (15 K 6391/99 U, EFG 77 2001, 109) sind für die Frage, ob eine Unternehmens-/Teilbetriebsübereignung i.S.d. § 1 Abs. 1a UStG vorliegt, dieselben Grundsätze maßgeblich wie bei § 75 AO und § 34 Abs. 2 Nr. 1 i.V.m. § 16 Abs. 1 Nr. 1 EStG. Eine Geschäftsveräußerung im Ganzen i.S.d. § 1 Abs. 1a UStG läge demzufolge nach Auffassung des FG nicht vor, wenn ein Stpfl. vor der Betriebsübereignung ein für das Unternehmen wesentliches Betriebsgrundstück in das Privatvermögen entnimmt und es sodann an den Unternehmenserwerber vermietet. Die Vermietung und Verpachtung von Wirtschaftsgütern kommt einer Übereignung nicht gleich.

Im Revisionsverfahren (BFH-Urteil vom 28.11.2002 V R 3/01, BStBl II 2004, 655) hat der BFH die Vorentscheidung des FG Münster aufgehoben. Nach der BFH-Entscheidung setzt § 1 Abs. 1a UStG die Regelung des Art. 19 MwStSystRL in nationales Recht um. Gem. dieser Richtlinienbestimmung können die Mitgliedstaaten die Übertragung des Gesamtvermögens oder eines Teilvermögens, die entgeltlich oder unentgeltlich oder durch Einbringung in eine Gesellschaft erfolgt, so behandeln, als ob keine Lieferung von Gegenständen vorliegt, und den Begünstigten der Übertragung als Rechtsnachfolger des Übertragenden ansehen. Die Mitgliedstaaten treffen ggf. die erforderlichen Maßnahmen, um Wettbewerbsverzerrungen für den Fall zu vermeiden, dass der Begünstigte nicht voll steuerpflichtig ist. Auch wenn nationale Maßnahmen eine Richtlinie umsetzen, erschöpft sich deren Wirkung jedoch nicht darin. Die Mitgliedstaaten – und damit im Rahmen ihrer Zuständigkeit auch die Gerichte – müssen auch nach Erlass dieser Maßnahmen weiterhin die vollständige Anwendung der Richtlinie tatsächlich gewährleisten.

Die Frage, ob ein Unternehmen oder ein in der Gliederung gesondert geführter Betrieb »im Ganzen« übereignet wird, kann deshalb nicht nach nationalen ertragsteuerrechtlichen Kriterien, sondern nur unter Berücksichtigung der Regelung der Richtlinie entschieden werden. Für die Übertragung eines Unternehmens oder eines in der Gliederung des Unternehmens gesonderten Teils »im Ganzen« bedeutet dies, dass eine organische Zusammenfassung von Sachen und Rechten übertragen wird, die dem Erwerber die Fortführung des Unternehmens oder des in der Gliederung des Unternehmens gesondert geführten Teils ohne großen finanziellen Aufwand ermöglicht. Nach der BFH-Entscheidung ist es nicht erforderlich, dass alle Wirtschaftsgüter, insbesondere auch die dem Unternehmen dienenden Grundstücke, übereignet werden. Wesentlich ist vielmehr, dass die übertragenen Vermögensgegenstände ein hinreichendes Ganzes bilden, um die Ausübung einer wirtschaftlichen Tätigkeit zu ermöglichen, und der Übernehmer diese Tätigkeit ausübt. Um zu ermitteln, ob dies der Fall ist, sind der Vorgang und seine Begleitumstände einer Gesamtbewertung zu unterziehen, bei der insbesondere die Art der übertragenen Vermögensgegenstände und der Grad der Übereinstimmung oder Ähnlichkeit zwischen den vor und nach der Übertragung ausgeübten Tätigkeiten zu berücksichtigen sind. Danach genügt es, wenn ein Betriebsgrundstück dem Erwerber durch ein langfristiges Nutzungsrecht überlassen wird, das die dauerhafte Fortführung des Unternehmens ermöglicht.

> **Beispiel:**
> Der Stpfl. U erklärt zum 1.1.05 die Betriebsaufgabe und überträgt das Anlagevermögen seines Bauunternehmens unentgeltlich auf seinen Sohn. Das Betriebsgrundstück behält er zurück und vermietet es seinem Sohn ab 1.1.05 gegen eine Monatsmiete von 1 500 € für zehn Jahre. Den Pkw und das Kopiergerät überführt der Stpfl. U in sein Privatvermögen.
>
> **Lösung:**
> Der Sachverhalt ist dem des BFH-Urteils vom 28.11.2002 (V R 3/01, BStBl II 2004, 655) nachgebildet.
> **Ertragsteuerrechtlich** liegt eine begünstigte Betriebsaufgabe i.S.d. § 16 Abs. 3 Satz 1 EStG vor, da alle wesentlichen Betriebsgrundlagen innerhalb kurzer Zeit – und damit in einem einheitlichen Vorgang – entweder in das Privatvermögen überführt oder an verschiedene Erwerber veräußert oder teilweise veräußert und teilweise in das Privatvermögen überführt werden und damit der Betrieb als selbständiger Organismus des Wirtschaftslebens

zu bestehen aufhört (H 16 (2) [Allgemeines] EStH). Die Überführung des Betriebsgrundstücks (wesentliche Betriebsgrundlage) in das Privatvermögen stellt eine Entnahme dar, die nach § 16 Abs. 3 Satz 7 EStG mit dem gemeinen Wert anzusetzen ist. Die Mieteinnahmen stellen Einkünfte aus Vermietung und Verpachtung i.S.d. § 21 Abs. 1 Nr. 1 EStG dar. Auch die Entnahme des Pkw sowie des Kopiergerätes (unwesentliche Betriebsgrundlagen) ist mit dem gemeinen Wert anzusetzen.

Umsatzsteuerrechtlich liegt eine nicht steuerbare Geschäftsveräußerung im Ganzen i.S.d. § 1 Abs. 1a UStG vor, da ein Unternehmen im Ganzen unentgeltlich übereignet wird. Voraussetzung dabei ist, dass eine organische Zusammenfassung von Sachen und Rechten übertragen wird, die dem Erwerber die Fortführung des Unternehmens ohne großen finanziellen Aufwand ermöglicht (Abschn. 5 Abs. 1 Satz 2 UStR). Bei entgeltlicher oder unentgeltlicher Übereignung eines Unternehmens oder eines gesondert geführten Betriebs im Ganzen ist eine nicht steuerbare Geschäftsveräußerung auch dann anzunehmen, wenn einzelne unwesentliche Wirtschaftsgüter davon ausgenommen werden (Abschn. 5 Abs. 1 Satz 6 UStR).

Wie der BFH im Urteil vom 4.7.2002 (VR 10/01, BStBl II 2004, 662) im Anschluss an sein Urteil vom 15.10.1998 (V R 69/97, BStBl II 1999, 41) entschieden hat, liegt eine Geschäftsveräußerung i.S.d. § 1 Abs. 1a UStG auch vor, wenn einzelne wesentliche Betriebsgrundlagen nicht mitübereignet worden sind, sofern sie dem Übernehmer langfristig zur Nutzung überlassen werden und eine dauerhafte Fortführung des Unternehmens oder des gesondert geführten Betriebes durch den Übernehmer gewährleistet ist.

Umsatzsteuerrechtlich hat der Stpfl. U sein bebautes Grundstück nicht aus seinem Unternehmen entnommen, sondern für seine nach der Geschäftsveräußerung begonnene Vermietertätigkeit verwendet. Diese Vermietung ist grundsätzlich steuerfrei (§ 4 Nr. 12 Buchst. a UStG) oder aber nach einer eventuellen Option nach § 9 UStG steuerpflichtig. Einzelne – unwesentliche – Wirtschaftsgüter hat der Stpfl. U für unternehmensfremde Zwecke entnommen. Obwohl ertragsteuerrechtlich der gemeine Wert anzusetzen ist, wird dieser Umsatz gem. § 10 Abs. 4 Nr. 1 UStG nach dem Einkaufspreis zuzüglich der Nebenkosten für den Gegenstand oder für einen gleichartigen Gegenstand oder mangels eines Einkaufspreises nach den Selbstkosten jeweils zum Zeitpunkt des Umsatzes bemessen.

Werden unwesentliche Wirtschaftsgüter von der Geschäftsveräußerung im Ganzen ausgenommen, so ist das für die Behandlung als nicht steuerbare Geschäftsveräußerung i.S.d. § 1 Abs. 1a UStG unschädlich (Abschn. 5 Abs. 1 Satz 6 UStR).

	Erwerber 1	Erwerber 2	Veräußerer
Wesentliche Betriebsgrundlagen	alle an Erwerber 1 veräußert		
Unwesentliche Betriebsgrundlagen	z.T. an Erwerber 1 veräußert	z.T. an Erwerber 2 veräußert	z.T. in den nichtunternehmerischen Bereich übertragen
Ergebnis:	Nicht steuerbare Geschäftsveräußerung nach § 1 Abs. 1a UStG	Die Einzelveräußerung von WG ist nach den allgemeinen Vorschriften des UStG zu beurteilen.	Unentgeltliche Wertabgaben nach § 3 Abs. 1b oder Abs. 9a UStG

6.3.3 Vergleich zwischen der ertragsteuerrechtlichen Geschäftsveräußerung bzw. -aufgabe und der umsatzsteuerrechtlichen Geschäftsveräußerung im Ganzen

Hinweis: In allen Fällen ist die Beendigung der unternehmerischen Tätigkeit des Veräußerers zu unterstellen.

Fall 1 (Geschäftsveräußerung)	Erwerber 1	Erwerber 2
Wesentliche Betriebsgrundlagen	alle an Erwerber 1 veräußert	
Unwesentliche Betriebsgrundlagen	alle an Erwerber 1 veräußert	
Erläuterungen:		
Ertragsteuerrechtlich	Umsatzsteuerrechtlich	
Nach § 16 Abs. 1 Satz 1 Nr. 1 EStG liegt eine begünstigte Betriebsveräußerung/Teilbetriebsveräußerung vor (s.a. § 34 Abs. 2 Nr. 1 und § 16 Abs. 4 EStG; R 16 Abs. 1 EStR, H 16 (1) [Aufgabe der bisherigen Tätigkeit] EStH).	Nach § 1 Abs. 1a UStG (Abschn. 5 UStR) ist die Geschäftsveräußerung nicht steuerbar.	

Fall 2 (Geschäftsveräußerung)	Erwerber 1	Erwerber 2
Wesentliche Betriebsgrundlagen	z.T. an Erwerber 1 veräußert, z.T. vermietet (Grundstück)	
Unwesentliche Betriebsgrundlagen	z.T. an Erwerber 1 veräußert	z.T. an Erwerber 2 veräußert
Erläuterungen:		
Ertragsteuerrechtlich	Umsatzsteuerrechtlich	
Da nicht alle wesentlichen Betriebsgrundlagen an einen Erwerber veräußert werden, liegt keine Betriebsveräußerung i.S.d. § 16 EStG vor. Unter den Voraussetzungen des H 16 (2) [Allgemeines] EStH könnte eine begünstigte Betriebsaufgabe gegeben sein.	Eine nicht steuerbare Geschäftsveräußerung im Ganzen liegt auch vor, wenn einzelne wesentliche WG an den Erwerber vermietet oder verpachtet werden (Abschn. 5 Abs. 1 Satz 7 ff. UStR). Die Grundstücksvermietung ist unter den Voraussetzungen des § 1 Abs. 1 Nr. 1 i.V.m. § 3a Abs. 2 Nr. 1 Buchst. a UStG steuerbar und nach § 4 Nr. 12 Buchst. a UStG steuerfrei. Die Veräußerung der unwesentlichen WG i.R.d. Geschäftsveräußerung an Erwerber 1 ist als Geschäftsveräußerung im Ganzen insgesamt nach § 1 Abs. 1a UStG nicht steuerbar. Die Veräußerungen der unwesentlichen WG an den Erwerber 2 sind für die Geschäftsveräußerung im Ganzen unschädlich (Abschn. 5 Abs. 1 Satz 6 UStR). Die Veräußerungen sind nach den allgemeinen Vorschriften des UStG zu beurteilen.	

Fall 3 (Betriebsverpachtung im Ganzen)	Erwerber 1	Erwerber 2
Wesentliche Betriebsgrundlagen	alle an Erwerber 1 vermietet bzw. verpachtet	
Unwesentliche Betriebsgrundlagen	alle an Erwerber 1 vermietet bzw. verpachtet	
Erläuterungen:		
Ertragsteuerrechtlich		Umsatzsteuerrechtlich
Es handelt sich um eine Betriebsverpachtung im Ganzen (R 16 Abs. 5 EStR). Der Stpfl. kann gegenüber dem FA ausdrücklich die Betriebsaufgabe erklären (Verpächterwahlrecht). Nach Ausübung des Wahlrechts ist der Stpfl. privater Verpächter (§ 21 Abs. 1 Nr. 2 EStG; s.a. H 16 (5) [Abgrenzung Betriebsverpachtung/Betriebsaufgabe] EStH).		Die Vermietung oder Verpachtung der wesentlichen Betriebsgrundlagen ist keine Geschäftsveräußerung im Ganzen, weil der Vorgang nicht als Lieferung beurteilt werden kann. Zur Vermietung und Verpachtung von Grundstücken sowie Betriebsvorrichtungen s. Abschn. 34 Abs. 3 und 85 UStR.

Literatur: Ehlers, Praxisveräußerungen und Sozietätsgründungen in ertragsteuerlicher Sicht, NWB Fach 3, 12201; Völkel u.a., ABC-Führer Umsatzsteuer, Stichwort: Geschäftsveräußerung (Loseblatt).

Betriebsveräußerung und -aufgabe von Teilbetrieben

Rechtsquellen
→ § 16 Abs. 1 Nr. 1 EStG → R 16 Abs. 3 EStR

1. Begriff des Teilbetriebs

Zum Begriff der Teilbetriebsveräußerung und Teilbetriebsaufgabe vgl. R 16 Abs. 3 EStR. Die Grundsätze über die Rechtsfolgen einer Betriebsveräußerung und Betriebsaufgabe gelten in den Fällen der Teilbetriebsveräußerung und Teilbetriebsaufgabe entsprechend (§ 16 Abs. 1 Nr. 1 EStG und H 16 (3) [Teilbetriebsaufgabe] EStH).

2. Einheitliche Praxis mit gleichartiger Tätigkeit

Bei einer sachlich einheitlichen Praxis mit gleichartiger Tätigkeit kann eine Teilpraxisveräußerung dann in Betracht kommen, wenn die Tätigkeit im Rahmen selbständiger Büros mit besonderem Personal, wobei die Büros sich nicht unbedingt an verschiedenen Orten befinden müssen, in voneinander entfernten örtlichen Wirkungsbereichen mit getrennten Kundenkreisen ausgeübt wird. Eine steuerbegünstigte Teilpraxisveräußerung setzt dann die Veräußerung des einen Büros samt den Kundenbeziehungen und die völlige Einstellung der freiberuflichen Tätigkeit in dem dazugehörigen örtlich abgegrenzten Wirkungsbereich voraus. Die Einstellung der freiberuflichen Tätigkeit ist deshalb erforderlich, weil es gerade der eigene, von der übrigen Praxis abgegrenzte örtliche Wirkungsbereich ist, der dem organisatorisch selbständigen Büro trotz der sachlich einheitlichen freiberuflichen Praxis das Gepräge einer selbständigen Teilpraxis verleiht (BFH-Urteil vom 5.6.2003 IV R 18/02, BStBl II 2003, 838).

3. Praxisteile bei verschiedenartigen Tätigkeiten

Zur Teilbetriebsveräußerung hat der BFH mit Urteil vom 4.11.2004 (IV R 17/03, BStBl II 2005, 208) wie folgt entschieden: Ist ein freiberuflich tätiger Arzt sowohl als Allgemeinmediziner als auch auf arbeitsmedizinischem Gebiet tätig, übt er zwei ihrer Art nach verschiedene Tätigkeiten aus. Die Veräußerung eines dieser Praxisteile stellt eine tarifbegünstigte Teilpraxisveräußerung dar, sofern den Praxisteilen die notwendige organisatorische Selbständigkeit zukommt.

4. Übersicht über Teilbetriebe bei Freiberuflern

Mit Urteil vom 4.11.2004 (a.a.O.) erläutert der BFH die Teilbetriebsvoraussetzungen eines Freiberuflers. Gem. § 18 Abs. 3 i.V.m. § 16 Abs. 2 bis 4 und § 34 Abs. 1 und 2 Nr. 1 EStG kann ein steuerbegünstigter Veräußerungsgewinn entstehen, wenn ein freiberuflich Tätiger einen der selbständigen Arbeit dienenden Anteil am Vermögen, das seiner selbständigen Arbeit dient, veräußert oder in einem entsprechenden selbständigen Teilbereich seine Tätigkeit aufgibt. Eine derartige Teilpraxisveräußerung bzw. -aufgabe setzt in Anlehnung an den Begriff des Teilbetriebs i.S.d. § 16 Abs. 1 Nr. 1 EStG einen mit einer gewissen Selbständigkeit ausgestatteten, organisatorisch in sich geschlossenen und für sich lebensfähigen Teil der Gesamtpraxis voraus.

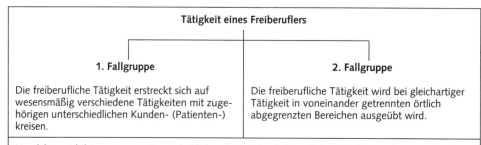

Abbildung: Teilbetrieb eines Freiberuflers

5. Der Tanzlehrer

Es ist zweifelhaft, ob die Tätigkeit als Tanzlehrer und die Tätigkeit als Tanzsporttrainer wesensmäßig verschiedene berufliche Tätigkeiten darstellen. Übt ein Freiberufler zwei wesensmäßig verschiedene Tätigkeiten aus, setzt die Annahme zweier Teilpraxen gleichwohl das Vorliegen einer gewissen organisatorischen Verselbständigung der verschiedenen Praxisteile voraus. Die getrennte Gewinnermittlung ist dann nicht zwingende Voraussetzung für die Annahme eines Teilbetriebes (Teilpraxis), wenn andere Umstände, wie die räumliche Trennung oder der Einsatz besonderen Personals, die organisatorische Selbständigkeit hinreichend deutlich werden lassen (BFH-Urteil vom 1.7.2004 IV R 32/02, BFH/NV 2005, 31).

Nach den unter Tz. 4 aufgeführten Tatbeständen ist es zweifelhaft, ob die Tätigkeit des Steuerpflichtigen in zwei wesensmäßig verschiedene berufliche Tätigkeiten aufgeteilt werden kann – Tanzlehrer und Tanzsporttrainer – und der Streitfall damit – wie das FG meint – unter die oben aufgeführte 1. Fallgruppe zu subsumieren ist.

Sowohl der Tanzlehrer als auch der Tanzsporttrainer erteilen Tanzunterricht und Tanztraining entsprechend den jeweils auf die Tanzschüler bzw. Tanzsportler zugeschnittenen Unterrichts- und Trainingsprogrammen. Der Unterschied zwischen einem Tanzschüler und einem Tanzsportler besteht zunächst nur darin, dass der Tanzschüler das Tanzen regelmäßig als reine Freizeitbeschäftigung, der Tanzsportler das Tanzen darüber hinaus aber in erster Linie als Wettkampf zwischen Paaren bzw. Formationen i.R.d. Vereins- bzw. Leistungssports betreibt. Soweit das FG ausführt, die Tätigkeit des Tanzlehrers erschöpfe sich im Wesentlichen in der Vermittlung motorischer Grundfertigkeiten, während der Tanzsporttrainer im Leistungs- und Hochleistungssport in Bereichen gefordert sei, denen auf Grund der Gestaltungshöhe etwas Künstlerisches innewohne, fehlt es an tatsächlichen Feststellungen, die diese Annahme rechtfertigen könnten.

Ebenso wenig lassen die unterschiedlichen Ausbildungsordnungen ohne weiteres Rückschlüsse darauf zu, dass die Tätigkeiten eines Tanzlehrers und eines Tanzsporttrainers wesensmäßig verschiedene Berufe sind. Beide Ausbildungsordnungen stellen lediglich verbandsinterne Richtlinien dar, denen keinerlei Rechtsverbindlichkeit zukommt. Grundsätzlich ist die Ausbildung zum Tanzlehrer nach den Richtlinien des ADTV weder Voraussetzung für die

Tätigkeit als Tanzlehrer noch für das Führen einer Tanzschule. Ebenso wenig ist der Erwerb der entsprechenden Lizenzen für die Ausübung des Berufs des Tanzsporttrainers erforderlich.

Der BFH kann die Beantwortung dieser Fragen indes dahinstehen lassen. Denn selbst für den Fall, dass der Steuerpflichtige zwei wesensmäßig verschiedene berufliche Tätigkeiten ausgeübt haben sollte, scheitert die Annahme einer Teilpraxis bereits an der fehlenden organisatorischen Selbständigkeit der Betätigungen des Steuerpflichtigen. Entgegen der Ansicht des Steuerpflichtigen indiziert die Ausübung wesensmäßig unterschiedlicher Tätigkeiten nicht das Vorliegen organisatorisch selbständiger Praxisteile. Auch insoweit bedarf es jedenfalls einer gewissen organisatorischen Verselbständigung der verschiedenen Praxisteile. Ob ein Betriebs- bzw. Praxisteil die für die Annahme eines Teilbetriebs erforderliche Selbständigkeit besitzt, ist nach dem Gesamtbild der Verhältnisse – beim Veräußerer/Aufgebenden – zu entscheiden. Nach den Feststellungen des FG hat der Kläger mit Ausnahme der Erfassung der Betriebseinnahmen auf unterschiedlichen Erlöskonten keine getrennte Gewinnermittlung für die Tätigkeit als Tanzsporttrainer und die Tanzschule durchgeführt. Zu Unrecht misst das FG diesem Umstand im Streitfall keine Bedeutung bei. Zwar ist die getrennte Gewinnermittlung nicht zwingende Voraussetzung für die Annahme eines Teilbetriebes (vgl. BFH-Urteil vom 24.8.1989 IV R 120/88, BStBl II 1990, 55); gleichwohl muss dann aber die organisatorische Selbständigkeit des einzelnen Teilbetriebes durch andere Umstände, wie etwa durch die eindeutige räumliche Trennung oder durch den Einsatz besonderen Personals, hinreichend deutlich werden. Daran fehlt es im Streitfall. Die Geschäftskontakte auch zu den Tanzsportpaaren haben nach den Feststellungen des FG ebenfalls teilweise in den Räumlichkeiten der Tanzschule stattgefunden. Auch das einzige Personal (die Ehefrau) ist nach der Aufgabe der Tanzschule unverändert weiterbeschäftigt worden.

6. Konsequenzen für die Einnahme-Überschussrechnung

Für die § 4 Abs. 3-Rechnung hat dies also dieselben Konsequenzen wie eine → **Betriebsveräußerung** und → **Betriebsaufgabe**. Auch in diesen Fällen muss der Steuerpflichtige, der den Gewinn bisher nach § 4 Abs. 3 EStG ermittelt hat, grundsätzlich zur Gewinnermittlung durch Buchführung übergehen (R 4.5 Abs. 6 Satz 2 EStR).

Betriebsverlegung

Keine → **Betriebsaufgabe**, sondern eine Betriebsverlegung liegt vor, wenn der alte und neue Betrieb bei wirtschaftlicher Betrachtung und unter Berücksichtigung der Verkehrsauffassung wirtschaftlich identisch sind, wovon regelmäßig auszugehen ist, wenn die wesentlichen Betriebsgrundlagen in den neuen Betrieb überführt werden (H 16 Abs. 2 [Betriebsverlegung] EStH). Für die § 4 Abs. 3-Rechnung ergeben sich insoweit keine Probleme; sie wird unverändert fortgeführt.

Betriebsvermögen

- → Abnutzbares Anlagevermögen
- → Absetzung für Abnutzung
- → Anlagevermögen
- → Anschaffungskosten
- → Arbeitsmittel
- → Arbeitszimmer
- → Bankkonto
- → Betriebsausgaben
- → Betriebseinnahmen
- → Betriebserwerb
- → Betriebsveräußerung im Ganzen
- → Darlehen
- → Einlage
- → Entnahmen
- → Erlass
- → Forderungen
- → Geldgeschäfte eines Freiberuflers
- → Gesamtgewinngleichheit
- → Grundstücke
- → Kapitalerträge
- → Lebensversicherungsverträge als Betriebsvermögen
- → Nicht abnutzbares Anlagevermögen
- → Rücklagen
- → Schadensersatz
- → Schenkungen
- → Schuldzinsen
- → Sonderabschreibungen
- → Tausch
- → Umlaufvermögen
- → Verbindlichkeiten
- → Verlust von Wirtschaftsgütern
- → Versicherungsbeiträge
- → Wechsel der Gewinnermittlungsart
- → Zahngold
- → Zu- und Abflussprinzip

Rechtsquellen
→ R 4.2 Abs. 1, 7, 8, 9, 10, 15 und 16 EStR

1. Allgemeines

Wirtschaftsgüter, die dem Betrieb des Steuerpflichtigen dienen, rechnen zum Betriebsvermögen, während die i.R.d. Überschusseinkünfte eingesetzten Wirtschaftsgüter – mangels Betriebs – zum Privatvermögen gehören. Die Betriebsvermögenseigenschaft bewirkt, dass Gewinne und Verluste, die bei der Veräußerung entstehen, sich auf das steuerliche Einkommen auswirken. Die Veräußerung von Privatvermögen ist grundsätzlich nicht steuerbar. Als Ausnahme hiervon sind lediglich die privaten Veräußerungsgeschäfte i.S.d. § 23 EStG sowie die Veräußerungen von Anteilen an Kapitalgesellschaften i.S.d. § 17 EStG zu erwähnen. Die Betriebsvermögenseigenschaft eines Wirtschaftsguts bewirkt weiterhin, dass auch Wertveränderungen, die während der Zugehörigkeit zum Betriebsvermögen eingetreten sind, sich auf die Höhe des Gewinns auswirken, wenn die Wirtschaftsgüter aus dem Betriebsvermögen ausscheiden, also in das Privatvermögen überführt werden.

Wirtschaftsgüter des Betriebsvermögens können zum → **Anlagevermögen**, zum → **Umlaufvermögen** oder zu den → **Verbindlichkeiten** gehören. Auch bei der § 4 Abs. 3-Rechnung stellen die aus betrieblicher Veranlassung angeschafften oder hergestellten sowie dem Betrieb gewidmeten Wirtschaftsgüter Betriebsvermögen dar. Unter welchen Voraussetzungen diese Wirtschaftsgüter zum Betriebsvermögen gehören, entscheidet sich nach den allgemeinen Bestimmungen. Eine betriebliche Veranlassung liegt vor, wenn ein objektiver wirtschaftlicher oder tatsächlicher Zusammenhang mit dem Betrieb besteht. Dieser Zusammenhang mit dem Betrieb wird nicht nur durch die Widmung eines angeschafften Gegenstandes zu betrieblichen Zwecken begründet; er wird auch unabhängig von der tatsächlichen oder beabsichtigten Nutzung des Gegenstandes dadurch hergestellt, dass der Anschaffungsvorgang als solcher betrieblich veranlasst ist. In diesem Fall ist der Zugang des angeschafften Gegenstandes zum Betriebsvermögen notwendige Folge des betrieblich veranlassten Erwerbs. Dies gilt auch dann, wenn die betriebliche Verwendung dieser Gegenstände weder vorgesehen noch möglich ist. Auch betrieblich veranlasste Sachgeschenke, die ihrer Art nach nicht im Betrieb verwendet werden können, werden im Zeitpunkt des Zugangs Betriebsvermögen (BFH-Urteile vom 13.12.1973 I R 136/72, BStBl II 1974, 210; vom 11.11.1987 I R 7/84, BStBl II 1988, 424 und vom 9.8.1989 X R 20/86, BStBl II 1990, 128).

Der Grundsatz, wonach die für notwendiges Betriebsvermögen eingetauschten Wirtschaftsgüter zunächst (notwendiges) Betriebsvermögen bleiben (→ **Tausch**) bis sie entnommen werden (BFH-Urteile vom 11.11.1987 I R 7/84, BStBl II 1988, 424 und vom 9.8.1989 X R 20/86, BStBl II 1990, 128), gilt nicht für den entgeltlichen Erwerb von Wirtschaftsgütern mit betrieblichen Geldmitteln (BFH-Urteile vom 22.9.1993 X R 37/91, BStBl II 1994, 172 und vom 18.12.1996 XI R 52/95, BStBl II 1997, 351; H 4.2 (1) [Wirtschaftsgut – Eingetauschte Wirtschaftsgüter -] EStH und H 6b.1 [Entnahme] sowie [Tausch] EStH). Handelt es sich bei dem eingetauschten (erhaltenen) Wirtschaftsgut um ein solches des notwendigen Privatvermögens, so stellt die Hingabe eines betrieblichen Wirtschaftsguts eine Entnahme dar (BFH-Urteil vom 23.6.1981 VIII R 41/79, BStBl II 1982, 18). Entnahmen sind alle Wirtschaftsgüter, die der Steuerpflichtige dem Betrieb zu betriebsfremden Zwecken entnommen hat (§ 4 Abs. 1 Satz 2 EStG). Betriebsfremd ist die Verwendung eines betrieblichen Wirtschaftsguts zur Erlangung eines privaten Wirtschaftsguts oder zur Befreiung von einer privaten Schuld. Entnahmehandlung kann auch eine Veräußerung im bürgerlich-rechtlichen Sinne sein.

Zum Betriebsvermögen können nur solche Wirtschaftsgüter zählen, die auch dem Steuerpflichtigen zuzurechnen sind (§ 39 AO), d.h. er muss zumindest wirtschaftlicher Eigentümer des Wirtschaftsguts sein.

Des Weiteren lässt sich eine Dreiteilung des Vermögens in notwendiges Betriebsvermögen, gewillkürtes Betriebsvermögen und Privatvermögen vornehmen.

2. Notwendiges Betriebsvermögen

2.1 Fast ausschließliche betriebliche Nutzung

Alle Wirtschaftsgüter, die ihrer Art und Funktion nach **ausschließlich** und **unmittelbar** dem Betrieb dienen bzw. zu dienen bestimmt sind, gehören zum **notwendiges** Betriebsvermögen (R 4.2 Abs. 1 Satz 1 EStR). Der Begriff »notwendig« ist etwas missverständlich. »Notwendig« bedeutet nicht, dass nur die Wirtschaftsgüter Betriebsvermögen sein können, die für die Betriebsführung unerlässlich sind. Mit »notwendig« soll zum Ausdruck gebracht werden, dass die Wirtschaftsgüter, die unmittelbar und (fast) ausschließlich mit dem Betrieb verbunden sind, zwingend zum Betriebsvermögen gehören und die entsprechenden steuerlichen Folgen, wie z.B. Betriebsausgabenabzug, Veräußerungsgewinne oder Entnahmen, daraus zu ziehen sind.

Notwendiges Betriebsvermögen i.d.S. sind z.B.: Maschinen, Fuhrpark, Betriebs- und Geschäftsausstattung, Waren, Forderungen (auch wenn ihre Existenz in der § 4 Abs. 3-Rechnung i.d.R. keine Rolle spielt).

Nicht nur die Zuordnung von Wirtschaftsgütern zum gewillkürten, sondern auch zum notwendigen Betriebsvermögen setzt die Bestimmung zu betrieblichen Zwecken voraus. Insbesondere die Zuordnung von unbebauten Grundstücken zum notwendigen Betriebs- oder Privatvermögen richtet sich nach dem nach außen erkennbaren Nutzungswillen des Steuerpflichtigen (BFH-Beschluss vom 5.3.2002 IV B 22/01, BFH/NV 2002, 860).

2.2 Gemischt genutzte Wirtschaftsgüter

Wirtschaftsgüter, die nicht Grundstücke oder Grundstücksteile sind und die **zu mehr als 50 %** eigenbetrieblich genutzt werden, sind in vollem Umfang **notwendiges** Betriebsvermögen (R 4.2 Abs. 1 Satz 4 EStR). Diese Regelung gilt natürlich nur dann, wenn die betriebliche Nutzung nach objektiven Merkmalen und Unterlagen leicht und einwandfrei nachprüfbar ist; insoweit gelten auch für die Bestimmung der Betriebsvermögenseigenschaft die Regeln zur Abgrenzung der Betriebsausgaben von den Kosten der Lebensführung (R 12.1 EStR → **Aufteilungs- und Abzugsverbot**). Ist eine einwandfreie Abgrenzung nicht möglich, ist das Wirtschaftsgut in vollem Umfang dem Privatvermögen zuzuordnen.

Unter R 4.2 Abs. 1 Satz 4 EStR werden vor allem Pkw fallen. Bei einem Wirtschaftsgut wie z.B. dem Computer, den Geräten der Unterhaltungselektronik wird – wenn diese Geräte im Privatbereich stehen und betrieblich genutzt werden – oft eine einwandfreie Abgrenzung nicht möglich sein. Zur Abzugsfähigkeit der Aufwendungen siehe aber → **Arbeitsmittel**.

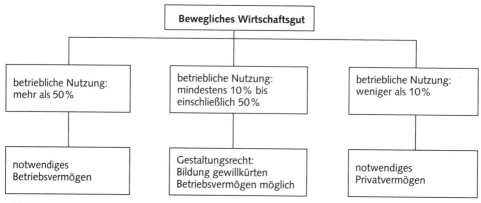

Abbildung: Betriebsvermögen und Privatvermögen

2.3 Grundstücke und Grundstücksteile

→ **Grundstücke** und Grundstücksteile, die ausschließlich und unmittelbar für **eigenbetriebliche** Zwecke des Steuerpflichtigen genutzt werden, gehören regelmäßig zum **notwendigen** Betriebsvermögen. Wird ein Teil eines Gebäudes eigenbetrieblich genutzt, so gehört der zum

Gebäude gehörende Grund und Boden anteilig zum notwendigen Betriebsvermögen; in welchem Umfang der Grund und Boden anteilig zum Betriebsvermögen gehört, ist unter Berücksichtigung der Verhältnisse des Einzelfalles zu ermitteln (R 4.2 Abs. 7 EStR).

Eigenbetrieblich genutzte Grundstücksteile brauchen nicht als Betriebsvermögen behandelt zu werden, wenn ihr Wert nicht mehr als ein Fünftel des gemeinen Werts des gesamten Grundstücks und nicht mehr als 20 500 € beträgt (§ 8 EStDV und R 4.2 Abs. 8 EStR), d.h., trotz eigenbetrieblicher Nutzung können diese Grundstücke dem Privatvermögen zugeordnet werden. Die Prüfung erfolgt jedes Jahr neu. Die geringfügige und vorübergehende Überschreitung der Grenzen wird nicht als Einlage gewertet. Zur Ermittlung der Gebäude-AfA handelt es sich um ein Gebäude i.S.d. § 7 Abs. 4 Nr. 2 EStG. Ein Absinken unter die Grenzen führt nur mit einer ausdrücklichen Entnahmehandlung des Stpfl. zu einer Entnahme.

Literatur: Heinicke in Schmidt, ESt-Kommentar, 28. Auflage 2009, § 4 Rdnr. 200 und 201.

2.4 GmbH-Anteile

Siehe dazu das BFH-Urteil vom 1.2.2001 (IV R 57/99, BStBl II 2001, 546 → **Kapitalerträge**).

Leitsatz:
Sollen Honoraransprüche eines Steuerberaters in der Weise erfüllt werden, dass er Anteile an einer GmbH erwirbt, um diese Anteile später, nachdem ihr Wert verabredungsgemäß durch verbilligten Erwerb von Betriebsvermögen der GmbH gesteigert worden ist, wieder zu veräußern, so gehören die GmbH-Anteile zum notwendigen Betriebsvermögen des Steuerberaters.

Entscheidungsgründe:
Die Entlohnung eines Steuerberaters ist nicht auf die Form von Geldzahlungen beschränkt, sondern kann auch in der Einräumung von Gesellschaftsrechten bestehen. In einem solchen Fall sind die als Entgelt für die erbrachten Leistungen gewährten Beteiligungen notwendiges Betriebsvermögen (BFH-Beschluss vom 27.1.1995 X B 144/94, BFH/NV 1995, 784). Der an Erfüllungs statt gegebene Vermögensgegenstand bleibt grundsätzlich Teil des notwendigen Betriebsvermögens, es sei denn, er kann nur für private Zwecke genutzt werden (→ **Betriebseinnahme** → **Incentive-Reise**).

Die unentgeltlich erhaltenen Anteile sind als Bestandteil des Honorars Betriebsvermögen geworden. Es handelt sich dabei um → **nicht abnutzbares Anlagevermögen** (R 6.1 Abs. 1 EStR). In Höhe des Nennwerts der Anteile ist eine Betriebseinnahme anzusetzen (**Zeile 10** des Vordrucks EÜR). Entsprechend der Regelung des § 4 Abs. 3 Satz 4 EStG ist im Zeitpunkt des Zuflusses des Veräußerungserlöses oder im Zeitpunkt der Entnahme aus dem Betriebsvermögen in gleicher Höhe eine Betriebsausgabe anzusetzen (**Zeile 34** des Vordrucks EÜR). Der Veräußerungserlös ist als Betriebseinnahme anzusetzen (**Zeile 11** des Vordrucks EÜR). Der Umsatz ist nach § 4 Nr. 8 Buchst. f UStG steuerfrei. Nach § 3 Nr. 40 Buchst. a EStG ist das Teileinkünfteverfahren anzuwenden. Der betriebliche **Kapitalertrag** (Veräußerungserlös) ist zusätzlich in **Zeile 11a** des Vordrucks EÜR zu erfassen.

Mit Urteil vom 15.10.2003 (XI R 39/01, BFH/NV 2004, 622) hat der BFH entschieden, dass eine GmbH-Beteiligung dann zum notwendigen Betriebsvermögen gehört, wenn sie unmittelbar für eigenbetriebliche Zwecke genutzt wird. Sie muss dazu bestimmt sein, die gewerbliche Betätigung des Stpfl. entscheidend zu fördern oder dazu dienen, den Absatz von Produkten des Stpfl. zu gewährleisten. Weiterhin kann eine Beteiligung auch dann Betriebsvermögen sein, wenn ein Stpfl. sie als Betriebseinnahme anstelle eines Honorars erhält. Der an Erfüllungs statt gegebene Vermögensgegenstand bleibt grundsätzlich Teil des notwendigen Betriebsvermögens, es sei denn, er kann nur für private Zwecke genutzt werden (BFH-Urteil vom 1.2.2001 IV R 57/99, BStBl II 2001, 546).

Die Beteiligung eines Mediziners, der Ideen und Rezepturen für medizinische Präparate entwickelt, an einer Kapitalgesellschaft, die diese Präparate als Lizenznehmerin vermarktet, gehört zum notwendigen Betriebsvermögen eines freiberuflichen Unternehmers (BFH-Urteil vom 26.4.2001 IV R 14/00, BStBl II 2001, 798; s.a. BFH-Urteil vom 31.5.2001 IV R 49/00, BStBl II 2001, 828).

Die Beteiligung eines Freiberuflers an einer GmbH ist als notwendiges Betriebsvermögen des freiberuflichen Betriebs zu qualifizieren, wenn die GmbH der alleinige Auftraggeber des Freiberuflers ist und der Geschäftsgegenstand der GmbH der betreffenden freiberuflichen Tätigkeit nicht wesensfremd ist (Urteil FG Baden-Württemberg vom 12.12.2007 7 K 243/04, LEXinform 5006176).

2.5 Verbindlichkeiten

Sach- und Geldschulden rechnen zum Betriebsvermögen, soweit sie durch den Betrieb veranlasst sind. Maßgebend für ihre Zurechnung zum Betriebsvermögen ist ihr tatsächlicher Verwendungszweck. Bei einer Geldschuld kommt es deshalb auf die tatsächliche Verwendung der finanziellen Mittel und bei einer Sachschuld auf die tatsächliche Verwendung der Sachen an (R 4.2 Abs. 15 Satz 1 bis 3 EStR; H 4.2 (15) [Betriebsschuld] EStH).

Innerhalb der § 4 Abs. 3-Rechnung ist das Bestehen von → **Verbindlichkeiten** ohne Einfluss auf den Gewinn. Jedoch kann der Verlust von Verbindlichkeiten (→ **Verlust von Wirtschaftsgütern**) zu einer Gewinnerhöhung führen.

3. Gewillkürtes Betriebsvermögen

3.1 Allgemeines

Wirtschaftsgüter, die weder zum notwendigen Betriebsvermögen noch zum notwendigen Privatvermögen gehören, können u.U. gewillkürtes Betriebsvermögen sein. Wirtschaftsgüter, die in einem **gewissen objektiven Zusammenhang** mit dem Betrieb stehen und ihn zu fördern bestimmt und geeignet sind, **können** als gewillkürtes Betriebsvermögen behandelt werden. Bei einer betrieblichen Nutzung von Wirtschaftsgütern, die nicht Grundstücke oder Grundstücksteile sind, von **mindestens 10 % bis 50 %** ist ein Ausweis dieser Wirtschaftsgüter als gewillkürtes Betriebsvermögen in vollem Umfang möglich. Um die Nutzungsanteile feststellen zu können, muss eine Aufteilung leicht und einwandfrei möglich sein. Bei nicht objektiver Aufteilungsmöglichkeit und nicht nur untergeordneter Privatnutzung (z.B. Computer im Privatbereich) liegt zwingend Privatvermögen vor. Zu der gewillkürten Betriebsvermögenseigenschaft von Grundstücken und Grundstücksteilen vgl. R 4.2 Abs. 9 EStR und → **Grundstücke**.

Die Annahme gewillkürten Betriebsvermögens setzt ein Wirtschaftsgut voraus, das seiner Art nach nicht eindeutig in den privaten Bereich weist und dessen Zuordnung zum Betriebsvermögen nicht seiner Natur widerspricht. In diesem Sinne kommen als Wirtschaftsgüter des Betriebsvermögens nur solche in Betracht, die in einem gewissen objektiven Zusammenhang mit dem Betrieb stehen und ihn zu fördern bestimmt und geeignet sind. Die Steuerpflichtigen haben kein (freies) Wahlrecht, gewillkürtes Betriebsvermögen oder Privatvermögen zu bilden. Vielmehr muss auch die Bildung gewillkürten Betriebsvermögens betrieblich veranlasst sein. Die Wirtschaftsgüter müssen objektiv »**betriebsdienlich**« sein (BFH-Urteil vom 18.12.1996 XI R 52/95, BStBl II 1997, 351). Die Willkürung muss ihr auslösendes Moment im Betrieb haben. Deshalb muss der Steuerpflichtige darlegen, welche Beziehung das Wirtschaftsgut zum Betrieb hat und welche vernünftigen wirtschaftlichen Überlegungen ihn veranlasst haben, das Wirtschaftsgut als Betriebsvermögen zu behandeln (BFH-Urteil vom 24.2.2000 IV R 6/99, BStBl II 2000, 297).

3.2 Gewillkürtes Betriebsvermögen in der § 4 Abs. 3-Rechnung

Mit Urteil vom 2.10.2003 (IV R 13/03, BStBl II 2004, 985) hat der BFH zur Behandlung von gewillkürtem Betriebsvermögen bei der Einnahme-Überschussrechnung entschieden, dass ein Kfz mit mindestens 10%iger betrieblicher Nutzung zum gewillkürten Betriebsvermögen gehört (s.a. Pressemitteilung des BFH Nr. 39/2003 vom 3.12.2003, LEXinform 0170648).

Wirtschaftsgüter des Betriebsvermögens können solche des notwendigen oder des gewillkürten Betriebsvermögens sein. Nach dem Urteil des BFH vom 15.7.1960 (VI 10/60 S, BStBl III 1960, 484) folgt diese Unterscheidung aus dem vom Privatvermögen abzugrenzenden Begriff des Betriebsvermögens, so dass sich eine Dreiteilung der Vermögensarten ergibt.

Die Annahme notwendigen Betriebsvermögens scheidet dann aus, wenn das Wirtschaftsgut (Pkw) als abnutzbares bewegliches Wirtschaftsgut sowohl betrieblich als auch privat genutzt wird und der betriebliche Anteil nicht mehr als 50% der gesamten Nutzung beträgt (→ **Entnahme**). Ist ein Wirtschaftsgut weder notwendiges Betriebsvermögen noch notwendiges Privatvermögen, so kann es gewillkürtes Betriebsvermögen sein, wenn es objektiv dazu geeignet und erkennbar dazu bestimmt ist, den Betrieb zu fördern

Allerdings scheidet eine Zuordnung zum gewillkürten Betriebsvermögen auch dann aus, wenn das Wirtschaftsgut nur in geringfügigem Umfang betrieblich genutzt wird. Die Finanzverwaltung selbst sieht einen betrieblichen Anteil von weniger als 10% der gesamten Nutzung als geringfügig mit der Folge an, dass das Wirtschaftsgut zum notwendigen Privatvermögen gerechnet wird. Dieser Wert entspricht nicht nur der zum Vorsteuerabzug und daher zu einer vergleichbaren Abgrenzungsfrage ergangenen Regelung in § 15 Abs. 1 Satz 2 UStG, sondern auch der sonst im Steuerrecht allgemein anerkannten Geringfügigkeitsgrenze.

Die Gewinnermittlung nach § 4 Abs. 3 EStG steht der Bildung gewillkürten Betriebsvermögens nicht entgegen. Für die Zuordnung eines Wirtschaftsguts zum gewillkürten Betriebsvermögen fordert der BFH, dass dies unmissverständlich in einer solchen Weise dokumentiert wird, dass ein sachverständiger Dritter ohne weitere Erklärung des Stpfl. die Zugehörigkeit des Wirtschaftsguts zum Betriebsvermögen erkennen kann. Es reicht die zeitnahe Aufnahme des Wirtschaftsguts in das betriebliche Bestandsverzeichnis aus.

Die Zuordnung eines **geleasten Pkw** zum **gewillkürten Betriebsvermögen** setzt entsprechende, zeitnah erstellte Aufzeichnungen voraus; dafür genügt nicht allein die Erfassung der Leasingraten sowie der weiteren Betriebskosten des Kraftfahrzeugs in der Gewinnermittlung als Betriebsausgaben (BFH-Urteil vom 29.4.2008 VIII R 67/06, BFH/NV 2008, 1662; Anschluss an BFH-Urteil vom 2.3.2006 IV R 36/04, BFH/NV 2006, 1277). Nach dem Urteil des FG Köln vom 20.5.2009 (14 K 4223/06, EFG 2009, 1441, Revision eingelegt, Az. BFH: VIII R 31/09, LEXinform 0179818) kann das BFH-Urteil vom 29.4.2008 (VIII R 67/06, BFH/NV 2008, 1662) nur dann gelten, wenn der geleaste Pkw im wirtschaftlichen Eigentum des Steuerpflichtigen steht. Ist der Steuerpflichtige weder zivilrechtlicher noch wirtschaftlicher Eigentümer geworden, dann hat er lediglich ein obligatorisches Nutzungsrecht an dem jeweiligen Leasing-Fahrzeug erworben. Das Nutzungsrecht aus dem Leasingvertrag darf nicht in ein Anlage- und Abschreibungsverzeichnis aufgenommen werden. Wenn der Steuerpflichtige die gesamten Kfz-Kosten – auch die monatlichen Leasingraten – als Betriebsausgaben behandelt, dokumentiert er, dass das Fahrzeug sein Geschäftsfahrzeug sein soll. Nach Auffassung des FG ist somit das Nutzungsrecht des Kfz dem Betriebsvermögen zuzuordnen. Entsprechend der jeweiligen Nutzung des Kfz ist das Nutzungsrecht an dem Leasingfahrzeug dem notwendigen oder gewillkürten Betriebsvermögen zuzurechnen. Die private Nutzung des Leasingfahrzeugs ist nach der ypisierenden Regelung des § 6 Abs. 1 Nr. 4 Satz 2 EStG zu ermitteln und der Besteuerung zugrunde zu legen, wenn das Leasingfahrzeug zu mehr als 50 % betrieblich genutzt wird (s.a. Rz. 1 des BMF-Schreibens vom 18.11.2009, BStBl I 2009, 1326).

Zur Bildung gewillkürten Betriebsvermögens bei der Gewinnermittlung nach § 4 Abs. 3 EStG nimmt das BMF-Schreiben vom 17.11.2004 (BStBl I 2004, 1064) Stellung. Danach trägt der Steuerpflichtige für die Zuordnung eines Wirtschaftsguts zum gewillkürten Betriebsvermögen die Beweislast. Als Nachweis ausreichend ist die zeitnahe Aufnahme in ein laufend zu führendes Bestandsverzeichnis (→ **Anlageverzeichnis**). Die Unterlagen, aus denen sich der Nachweis sowie der Zeitpunkt der Zuführung eines Wirtschaftsguts zum gewillkürten Betriebsvermögen ergeben, sind mit der Einnahme-Überschussrechnung beim FA einzureichen.

Literatur: Bischoff, Gewillkürtes Betriebsvermögen ist auch bei der Einnahmeüberschussrechnung möglich, DStR 2004, 1280.

3.3 Besonderheiten bei Freiberuflern

Auch Freiberufler können gewillkürtes Betriebsvermögen haben. Das den freien Berufen zugrunde liegende eigene Berufsfeld begrenzt und prägt auch den dazugehörigen Betrieb. Selbst ein bilanzierender Angehöriger der freien Berufe kann nicht in demselben Umfang gewillkürtes Betriebsvermögen bilden wie ein Gewerbetreibender; vielmehr wird der Umfang des **Betriebsvermögens** durch die Erfordernisse des Berufs **begrenzt** (BFH-Urteil vom 31.5.2001 IV R 49/00, BStBl II 2001, 828). Freiberufler sind ebenso wie etwa Land- und Forstwirte in der Bildung gewillkürten Betriebsvermögens gegenüber Gewerbetreibenden stärker eingeschränkt (BFH-Urteil vom 22.8.2002 IV R 57/00, BFH/NV 2003, 105). **Kein Betriebsvermögen** sind **Wirtschaftsgüter**, die der freiberuflichen Tätigkeit **wesensfremd** sind und bei denen eine **sachliche Beziehung** zum Betrieb **fehlt**. Betroffen davon sind insbesondere Geldgeschäfte eines Freiberuflers, wie z.B. Beteiligungen an Kapitalgesellschaften (→ **Kapitalerträge**). Siehe auch die Ausführungen uter → **Geldgeschäfte eines Freiberuflers**.

3.4 Betriebliche Nutzung von Pkw

Zum Nachweis des Umfangs der betrieblichen Nutzung bei gewillkürtem Betriebsvermögen (hier Pkw) hat das FG München mit rechtskräftigem Urteil vom 9.3.2009 (6 K 4619/06, LEXinform 5008044) Stellung genommen.

Soll ein gemischt genutztes Wirtschaftsgut (hier **Pkw**) als **gewillkürtes Betriebsvermögen** behandelt werden, muss der Steuerpflichtige den Umfang der **betrieblichen Nutzung** in geeigneter Form darlegen und glaubhaft machen. Zur **Glaubhaftmachung** können
- Eintragungen in Terminkalendern,
- die Abrechnung gefahrener Kilometer gegenüber den Auftraggebern,
- Reisekostenaufstellungen
- sowie andere Abrechnungsunterlagen

geeignet sein.

Sind entsprechende Unterlagen nicht vorhanden, kann die überwiegende betriebliche Nutzung durch **formlose** und **zeitnahe Aufzeichnungen** über einen **repräsentativen zusammenhängenden Zeitraum** (i.d.R. **drei Monate**) glaubhaft gemacht werden. Dabei reichen Angaben über die betrieblich veranlassten Fahrten (jeweiliger Anlass und die jeweils zurückgelegte Strecke) und die Kilometerstände zu Beginn und Ende des Aufzeichnungszeitraumes aus. Es kommt damit nicht entscheidend darauf an, ob ein ordnungsgemäßes Fahrtenbuch vorliegt (s.a. BMF-Schreiben vom 7.7.2006, BStBl I 2006, 446).

Zeitnahe Aufzeichnungen liegen nicht vor, wenn die Aufstellungen nachträglich gefertigt werden, indem auf der Grundlage von Rechnungen die daraus erforderlichen Fahrten abgeleitet werden. Eine Glaubhaftmachung der betrieblichen Nutzung liegt nicht vor, wenn die Privatfahrten nicht erfasst, sondern lediglich als Differenz zwischen Gesamtfahrleistung und den beruflich bzw. betrieblich gefahrenen Kilometern abgeleitet werden.

4. Privatvermögen

Wirtschaftsgüter, die nicht zum Betriebsvermögen gehören, werden als (notwendiges) Privatvermögen bezeichnet (z.B. Hausrat, persönliche Kleidung, private Beteiligungen). Gemischt genutzte Wirtschaftsgüter, deren private Nutzung mehr als 90 % beträgt, gehören in vollem Umfang zum notwendigen Privatvermögen (R 4.2 Abs. 1 Satz 5 EStR). Werden solche Wirtschaftsgüter auch betrieblich mitbenutzt, so werden die anteiligen Kosten als Betriebsausgaben erfasst (→ **Einlage von Nutzungen**).

	Notwendiges, gewillkürtes Betriebsvermögen	Privatvermögen
Laufende Kosten	• Soweit erforderlich, sind die laufenden Kosten (inkl. AfA) in einen betrieblichen und privaten Teil aufzuteilen; nur der betriebliche Anteil mindert den Gewinn (R 4.7 Abs. 1 Satz 1 EStR). • Die gesamten laufenden Kosten werden zunächst in voller Höhe als Betriebsausgaben berücksichtigt. Zum Ausgleich wird der Privatanteil im Wege einer Entnahme von Nutzungen als (fiktive) Betriebseinnahme behandelt.	• Soweit erforderlich, sind die laufenden Kosten (inkl. AfA) in einen betrieblichen und privaten Teil aufzuteilen; nur der betriebliche Anteil mindert den Gewinn (R 4.7 Abs. 1 Satz 2 EStR und H 4.7 [Gemischtgenutzte Wirtschaftsgüter] EStH). • Der betriebliche Anteil wird im Wege einer Einlage von Nutzungen als (fiktive) Betriebsausgabe angesetzt.
Gegenstandsentnahme	Möglich, mit der Folge der Aufdeckung der stillen Reserven.	Nicht möglich
Verkaufserlös	Betriebseinnahme (H 4.7 [Veräußerung eines zum Betriebsvermögen gehörenden ...] EStH).	Keine Betriebseinnahme

Abbildung: Rechtsfolgen Betriebsvermögen/Privatvermögen

5. Entstehung von Betriebsvermögen

Betriebsvermögen entsteht bei
- **Eröffnung eines Betriebs** (→ **Betriebseröffnung**). Es handelt sich um einlageähnliche Vorgänge (§ 6 Abs. 1 Nr. 6 EStG); es gelten die Grundsätze der → **Einlage** (§ 6 Abs. 1 Nr. 5 EStG).
- **Erwerb eines Betriebs** (→ **Betriebserwerb**). Der sachliche Zusammenhang der erworbenen Wirtschaftsgüter mit dem Betrieb ist bereits vorhanden. Die bereits zu einem Betriebsvermögen gehörenden Wirtschaftsgüter werden dem neuen Betriebsinhaber zugerechnet (§ 6 Abs. 1 Nr. 7 EStG).
- **Erwerb eines Wirtschaftsguts.** Betriebsvermögen werden im Zeitpunkt des Zugangs auch betrieblich veranlasste Sachgeschenke, die ihrer Art nach nicht im Betrieb verwendet werden können (BFH-Urteil vom 11.11.1987 I R 7/84, BStBl II 1988, 424 → **Tausch**).
- **Herstellung eines Wirtschaftsguts.** Mit der Herstellung von Wirtschaftsgütern im Betrieb wird grundsätzlich die Betriebsvermögenseigenschaft begründet. Denkbar ist aber auch, dass unter Einsatz betrieblicher Mittel Wirtschaftsgüter des notwendigen Privatvermögens hergestellt werden (privates Einfamilienhaus). Der Einsatz betrieblicher Arbeitnehmer und die Verwendung von Baumaterial ist als → **Entnahme** zu behandeln.
- → **Einlagen** in das Betriebsvermögen (§ 4 Abs. 1 Satz 5 EStG).

6. Verlust der Betriebsvermögenseigenschaft

Ein Wirtschaftsgut verliert seine Eigenschaft als Betriebsvermögen dadurch, dass der sachliche und/oder persönliche Zusammenhang mit dem Betrieb gelöst wird (BFH-Urteil vom 31.1.1985 IV R 130/82, BStBl II 1985, 395). Dies wird bewirkt durch
- Veräußerung oder
- → **Entnahme** eines Wirtschaftsguts sowie durch
- Veräußerung (→ Betriebsveräußerung im Ganzen) oder
- Aufgabe des Betriebs (→ **Betriebsaufgabe**).

7. Betriebsvermögen und Unternehmensvermögen

Die **einkommensteuerliche** Einordnung eines Wirtschaftsguts zum **Betriebsvermögen** oder Privatvermögen hat keine unmittelbare zwingende Folge für die Einordnung dieses Wirtschaftsguts zum **umsatzsteuerlichen Unternehmensvermögen**. Das Umsatzsteuerrecht kennt kein gewillkürtes Unternehmensvermögen. Wird ein Wirtschaftsgut ausschließlich betrieblich/unternehmerisch oder ausschließlich privat genutzt, gehört es zweifelsohne zum notwendigen Betriebsvermögen/Privatvermögen wie auch zum Unternehmensvermögen/Nichtunternehmensvermögen. Bei gemischt genutzten Wirtschaftsgütern gehen die beiden Steuerarten jedoch unterschiedliche Wege. Nach Abschn. 192 Abs. 21 UStR hat der Unternehmer ein Wahlrecht, ob er einheitliche Gegenstände ganz oder teilweise seinem Unternehmensvermögen zuordnet. Konsequenzen hat dies insbesondere für den → **Vorsteuerabzug** und damit auch für die Höhe der → **Anschaffungskosten**, als auch für die Eigenverbrauchsbesteuerung. In der Praxis wird aber wohl in der Mehrzahl der Fälle die Betriebsvermögenseigenschaft auch die umsatzsteuerliche Einordnung als Unternehmensvermögen zur Folge haben.

Nach dem BMF-Schreiben vom 30.3.2004 (BStBl I 2004, 451) bezüglich der Zuordnung eines Gegenstandes zum Unternehmen, kann die bilanzielle bzw. ertragsteuerrechtliche Behandlung ein Indiz für die umsatzsteuerrechtliche Behandlung sein. Zwar ist die Wahrnehmung von Bilanzierungspflichten für die umsatzsteuerrechtliche Zuordnung nicht maßgeblich, jedoch kann z.B. der Umstand, dass der Unternehmer einen Gegenstand nicht als gewillkürtes Betriebsvermögen behandelt, obwohl die Voraussetzungen dafür gegeben sind, ein Indiz dafür sein, dass er es auch umsatzsteuerrechtlich nicht seinem Unternehmen zuordnen wollte. Gibt es keine derartigen Beweisanzeichen für eine Zuordnung des Gegenstandes zum Unternehmen, kann diese nicht unterstellt werden.

Literatur: Schoor, Abgrenzung des notwendigen und gewillkürten Betriebsvermögens vom Privatvermögen, StBp 2005, 102; Treisch u.a., Betriebsvermögensvergleich und Einnahmen-Ausgaben-Rechnung – Unterschiede und Gemeinsamkeiten, Steuer & Studium 2007, 21.

Betriebsverpachtung im Ganzen

→ Betriebsaufgabe
→ Betriebsunterbrechung

→ Schuldzinsen
→ Wechsel der Gewinnermittlungsart

Rechtsquellen
→ R 16 Abs. 5 EStR

1. Begriff

Für den Steuerpflichtigen bietet sich die Möglichkeit an, den Betrieb mit allen wesentlichen Betriebsgrundlagen zu verpachten (H 16 (5) [Wesentliche Betriebsgrundlagen] EStH). In diesem Fall wird ihm ein **Wahlrecht** eingeräumt, ob er im Rahmen einer Betriebsaufgabe alle **stillen Reserven versteuern** will, um dann nur noch **Einkünfte aus Vermietung und Verpachtung** zu erzielen oder aber **weiterhin** Einkünfte aus der jeweiligen **Gewinneinkunftsart** erzielen möchte. Dieses Wahlrecht besteht aber nur dann, wenn eine Betriebsverpachtung und nicht lediglich eine Vermietung einzelner Wirtschaftsgüter des Betriebsvermögens vorliegt. Eine Betriebsverpachtung erfordert die Überlassung der wesentlichen Betriebsgrundlagen, so dass bei wirtschaftlicher Betrachtung das bisherige Unternehmen in seinen wesentlichen Grundlagen zur Fortsetzung des Betriebs übergeben wird und deshalb der Verpächter oder sein Rechtsnachfolger bei Beendigung des Pachtvertrags den Betrieb wieder aufnehmen und fortsetzen könnte (H 16 (5) [Abgrenzung Betriebsverpachtung/Betriebsaufgabe] EStH, R 16 Abs. 5 Satz 1-3 EStR; BFH-Urteil vom 26.6.1975 IV R 122/71, BStBl II 1975, 885; → **Betriebsunterbrechung**). Der Begriff der **wesentlichen Betriebsgrundlagen** ist bei der **Betriebsverpachtung ausschließlich funktional** zu verstehen (BFH-Urteil vom 17.4.1997 VIII R 2/95, BStBl II 1998, 388; H 16 (5) [Wesentliche Betriebsgrundlagen] EStH).

Mit Urteil vom 28.8.2003 (IV R 20/02, BStBl II 2004, 10) hält der BFH an der im Urteil vom 26.6.1975 (IV R 122/71, BStBl II 1975, 885) geäußerten Rechtsauffassung, die Betriebsverpachtung setze die pachtweise Fortführung des bisherigen Betriebs durch ein branchengleiches Unternehmen voraus, nicht mehr fest. Die Annahme einer Betriebsverpachtung scheitert nicht bereits daran, dass das mietende Unternehmen einer anderen Branche angehört. Der BFH hält es nicht für entscheidend, ob der Mieter oder Pächter den bisherigen Betrieb fortführt, sondern ob der bisherige Betrieb vom Vermieter oder Verpächter nach Ablauf des Vertragsverhältnisses ohne wesentliche Änderungen fortgeführt werden kann (so bereits Urteil des FG Baden-Württemberg vom 12.3.1998 14 K 215/95, EFG 1998, 1063 zur Vermietung eines Hotelgebäudes an eine Massageschule). Der XI. Senat des BFH entschied durch BFH-Urteil vom 20.12.2000 (XI R 26/00, BFH/NV 2001, 1106), dass ein verpachteter Hotel- und Gaststättenbetrieb (»Landgasthof«) nicht allein deswegen aufgegeben werde, weil dem Pächter erlaubt werde, in den Räumen eine Nachtbar zu betreiben.

Die Vermietung oder Verpachtung an einen Branchenfremden hat allerdings vielfach zur Folge, dass das Nutzungsobjekt baulich umgestaltet wird und damit nicht mehr zu den bisherigen Zwecken genutzt werden kann (Urteile des FG Baden-Württemberg in EFG 1998, 1063). Ein solcher Fall liegt z.B. bei der Umgestaltung eines Bäckerei- und Konditoreibetriebs zur

Diskothek vor. Auch kann die branchenfremde Vermietung zusammen mit anderen Beweisanzeichen darauf hindeuten, dass die Absicht, den Betrieb später fortzuführen, entfallen ist (BFH-Urteil vom 15.10.1987 IV R 91/85, BStBl II 1988, 257).

Wer einen Betrieb entgeltlich erwirbt, ihn aber nicht selbst führt, sondern im unmittelbaren Anschluss an den Erwerb verpachtet, hat kein Verpächterwahlrecht (BFH-Urteil vom 20.4.1989 IV R 95/87, BStBl II 1989, 863). Beim Betrieb des Verpächters handelt es sich von Anfang an um Privatvermögen. Der Verpächter bezieht in diesem Fall stets Einkünfte aus Vermietung und Verpachtung.

2. Rechtsfolgen einer Betriebsverpachtung

Wird im Rahmen einer Betriebsverpachtung bei Pachtbeginn oder im Laufe des Pachtverhältnisses die Betriebsaufgabe erklärt, so ist entsprechend den Grundsätzen des § 16 Abs. 3 EStG ein Aufgabegewinn zu ermitteln und sind ggf. die Vergünstigungen nach den §§ 16 und 34 EStG zu gewähren. Da nach erfolgter Betriebsaufgabe kein Betrieb mehr existiert, können die Pachteinnahmen auch nicht mehr betrieblich veranlasst sein. Daher hat der verpachtende Steuerpflichtige hinsichtlich der Pachteinnahmen Einkünfte aus Vermietung und Verpachtung nach § 21 EStG, die dann auch nach den ihr zugrunde liegenden Vorschriften zu ermitteln sind. Wird jedoch der verpachtete Betrieb vom Pächter nicht weitergeführt, so entfällt für den Steuerpflichtigen das Verpächterwahlrecht. In diesem Fall liegt zwangsweise eine Betriebsaufgabe vor.

Wird jedoch die Betriebsaufgabe nicht erklärt, so liegen i.H.d. Pachteinnahmen weiterhin Betriebseinnahmen i.R.d. jeweiligen Gewinneinkunftsart vor. Es gelten dann, soweit der Betriebsgewinn bisher nach § 4 Abs. 3 EStG ermittelt wurde, auch weiterhin die allgemeinen Bestimmungen der § 4 Abs. 3-Rechnung.

Bestand jedoch vor Pachtbeginn eine Buchführungspflicht und entfällt diese mit Beginn der Verpachtung, so kann es möglich sein, dass der Verpächter von der Buchführung zur Gewinnermittlung nach § 4 Abs. 3 EStG wechselt, so dass die Rechtsfolgen des R 4.6 EStR eintreten (→ **Wechsel der Gewinnermittlungsart**). Eine Pflicht zu diesem Wechsel besteht jedoch nicht, denn der Steuerpflichtige kann auch weiterhin freiwillig Bücher führen.

Zur Form und Frist der gegenüber dem Finanzamt abzugebenden Aufgabeerklärung vgl. R 16 Abs. 5 Satz 2 ff. EStR.

Liegen – je nach Wahlrechtsausübung – weiterhin Einkünfte aus einer Gewinneinkunftsart vor, so unterliegen diese Betriebseinnahmen jedoch nicht mehr der Gewerbesteuer (Abschn. 11 Abs. 3 Satz 1 und 2 GewStR).

Geht ein Betrieb unentgeltlich, insbesondere im Erbwege, über, so steht das Wahlrecht, bei einer Betriebsverpachtung die Betriebsaufgabe zu erklären oder den Betrieb als Verpachtungsbetrieb fortzuführen, dem Rechtsnachfolger zu. Dazu ist nicht erforderlich, dass der Rechtsnachfolger den Betrieb zunächst in eigener Person fortführt und erst später verpachtet. Vielmehr besteht das Wahlrecht auch, wenn der Rechtsnachfolger alsbald den Betrieb verpachtet, ohne ihn zuvor selbst geführt zu haben.

Für freiberufliche Betriebe wird angenommen, dass bei ihrer Verpachtung i.d.R. eine Betriebsaufgabe mit der Folge vorliegt, dass etwa vorhandene stille Reserven aufzulösen sind. Eine besondere Beurteilung ist nach Auffassung des BFH (Urteil vom 12.3.1992 IV R 29/91,

BStBl II 1993, 36) jedenfalls geboten und gerechtfertigt, wenn der Rechtsnachfolger im Zeitpunkt des unentgeltlichen Erwerbs zwar die freiberufliche Qualifikation noch nicht besitzt, jedoch im Begriffe ist, sie zu erwerben, mit einer entsprechenden berufsbezogenen Ausbildung bereits begonnen und die Absicht bekundet hat, die Ausbildung abzuschließen und danach die Praxis fortzuführen (vgl. H 18.3 [Verpachtung] EStH). Die vorübergehende »Verpachtung« der Praxis, aus der Einkünfte aus Gewerbebetrieb erzielt werden, soll dann im Wesentlichen bewirken, dass die Praxis während eines Übergangszeitraums bis zur Übernahme durch den Rechtsnachfolger als wirtschaftlicher Organismus bestehen bleibt. Nach Auffassung des Senats wäre es nicht vertretbar, einerseits bei Verpachtung gewerblicher oder landwirtschaftlicher Betriebe von einer Realisierung der stillen Reserven – mitunter über Jahrzehnte – abzusehen, obwohl im Einzelfall eine Fortführung des Betriebs durch den früheren Unternehmer oder seine Erben tatsächlich nicht in Betracht kommt, andererseits bei einem freiberuflichen Betrieb auf der sofortigen Auflösung der stillen Reserven auch zu bestehen, wenn nach den objektiven und subjektiven Gegebenheiten mit einer baldigen Praxisfortführung durch den Rechtsnachfolger nach Erlangung der besonderen freiberuflichen Qualifikation zu rechnen ist. Wird die Berufsausbildung nicht abgeschlossen oder wird nach erfolgreichem Abschluss der Ausbildung die bisherige Praxis nicht fortgeführt, ist eine Betriebsaufgabe in dem Zeitpunkt anzunehmen, in dem die Berufsausbildung abgebrochen oder beendet wird.

Nach ständiger Rechtsprechung des BFH muss die Betriebsaufgabe, um als solche zu wirken, vom Verpächter dem FA gegenüber eindeutig und klar erklärt werden. Hierzu genügt es nicht, dass der Verpächter in seiner Steuererklärung die Pachteinnahmen als Einkünfte aus Vermietung und Verpachtung bezeichnet; aus diesem Grunde ist zu verlangen, dass zu der Erklärung einer bestimmten Einkunftsart noch besondere Umstände hinzutreten, die auf einen Betriebsaufgabewillen schließen lassen (R 16 Abs. 5 Satz 9 EStR, vgl. z.B. BFH-Urteile vom 18.12.1985 I R 169/82, BFH/NV 1986, 726; vom 15.10.1987 IV R 91/85, BStBl II 1988, 257; vom 23.2.1989 IV R 63/87, BFH/NV 1990, 219).

Mit Urteil vom 22.9.2004 (III R 9/03, BStBl II 2005, 160; H 16 (5) [Betriebsaufgabeerklärung] EStH) macht der BFH erneut deutlich, dass bei der Auslegung von Erklärungen des Steuerpflichtigen gegenüber der Finanzbehörde maßgebend ist, was bei objektiver Würdigung für die Behörde erkennbar geworden ist. Dabei ist nicht nur die Erklärung selbst, sondern auch die objektive Erklärungsbedeutung des Gesamtverhaltens des Erklärenden einschließlich der Begleitumstände in die Auslegung einzubeziehen. In dem entschiedenen Fall hatte der Steuerberater des Steuerpflichtigen in der ESt-Erklärung einen Veräußerungsgewinn i.S.d. § 16 EStG erklärt. Aus dieser Steuererklärung wurde deutlich, dass die zuvor mit einem Schreiben mitgeteilte Einstellung des Betriebs als endgültige Einstellung zu verstehen war. Dem entsprach auch, dass der Steuerpflichtige die Einnahmen aus der Verpachtung des Betriebsgrundstücks als Einkünfte aus Vermietung und Verpachtung und nicht als gewerbliche (freiberufliche) Einkünfte deklariert hatte.

Der BFH stellt weiterhin klar, dass ein Bewusstsein, die stillen Reserven zu versteuern, bei einer ausdrücklichen Betriebsaufgabeerklärung nicht erforderlich ist. Wörtlich heißt es: »Erklärt der Unternehmer dagegen ausdrücklich, den Betrieb endgültig eingestellt zu haben, kann er sich später nicht darauf berufen, diese rechtsgestaltende Erklärung sei wirkungslos, weil ihm nicht bewusst gewesen sei, dass mit der Betriebsaufgabe auch die stillen Reserven des verpachteten Betriebsgrundstücks zu versteuern seien.«

Literatur: Heidrich u.a., Verpächterwahlrecht im Ertragsteuerrecht, NWB Fach 3, 12699; Paus, Kann eine Betriebsverpachtung auch bei langfristiger, branchenfremder Verpachtung allein des Grundstücks angenommen werden?, FR 2004, 198; Schoor, Beratungsaspekte und Gestaltungsmöglichkeiten bei der Betriebsverpachtung im Ganzen, INF 2007, 110 und 148.

Bewegliche Wirtschaftsgüter

Bewegliche Wirtschaftsgüter können nach R 7.1 Abs. 2 EStR nur **Sachen**, **Tiere** und **Scheinbestandteile** sein. **Betriebsvorrichtungen** (siehe H 7.1 EStH) sind selbständige Wirtschaftsgüter, weil sie nicht in einem einheitlichen Nutzungs- und Funktionszusammenhang mit dem Gebäude stehen. Sie gehören auch dann zu den beweglichen Wirtschaftsgütern, wenn sie wesentliche Bestandteile eines Grundstücks sind (R 7.1 Abs. 3 EStR). Scheinbestandteile entstehen, wenn bewegliche Wirtschaftsgüter zu einem vorübergehenden Zweck in ein Gebäude eingefügt werden (R 7.1 Abs. 4 EStR). Zur AfA-Methode siehe R 7.1 Abs. 1 Nr. 1 EStR.

Buchführungspflicht

Rechtsquellen
→ §§ 140, 141 AO   → § 7a Abs. 6 EStG

1. Begriff

Unter Buchführungspflicht versteht man die rechtliche Verpflichtung Bücher zu führen und dabei alle Geschäftsvorfälle ordnungsgemäß und zeitnah zu verbuchen und grundsätzlich am Jahresende eine Bilanz sowie eine Gewinn- und Verlustrechnung zu erstellen.

Zunächst einmal ist festzuhalten, dass nur Steuerpflichtige mit **Gewinneinkünften** einer Buchführungspflicht unterliegen können. Die Buchführung ist neben der § 4 Abs. 3-Rechnung und der Durchschnittssatzgewinnermittlung nach § 13a EStG eine der drei – durch das EStG vorgesehenen – Gewinnermittlungsarten. Mit Hilfe des BV-Vergleichs und des G + V-Kontos lässt sich i.R.d. Buchführung der Gewinn des Unternehmens berechnen. Durch ihr geordnetes Aufzeichnen aller Geschäftsvorfälle und durch die Bilanz erlaubt die Buchführung einen effektiven und detaillierten Überblick über den Betrieb. Alles ist genau dokumentiert und dadurch auch nachvollziehbar. Insoweit bietet die Buchführung einen entscheidenden Vorteil gegenüber der § 4 Abs. 3-Rechnung.

Buchführungspflicht und § 4 Abs. 3-Rechnung schließen einander aus. Wer buchführungspflichtig ist, kann nicht die § 4 Abs. 3-Rechnung als Gewinnermittlungsart der Besteuerung zu Grunde legen. Wer den Gewinn nach § 4 Abs. 3 EStG ermitteln kann, wurde bereits i.R.d. Einführung zu diesem Handbuch dargestellt.

2. Rechtliche Regelungen zur Buchführungspflicht

2.1 Buchführungspflicht nach § 140 AO

§ 140 AO verweist auf andere Gesetze, die für den Steuerpflichtigen eine Buchführungspflicht begründen (sog. derivative Buchführungspflicht). Ein anderes Gesetz i.d.S. ist insbesondere das HGB. Nach dem HGB ist jeder Kaufmann zur Buchführung verpflichtet (§ 238 Abs. 1 HGB). Kaufmann ist derjenige, der einen Gewerbebetrieb betreibt, es sei denn, dass das Unternehmen nach Art und Umfang einen in kaufmännischer Weise eingerichteten Geschäftsbetrieb nicht erfordert (§ 1 HGB). AG, GmbH und Personenhandelsgesellschaften (OHG und KG) sind auf jeden Fall buchführungspflichtig. Ergibt sich also eine Buchführungspflicht nach dem HGB, so ist eine § 4 Abs. 3-Rechnung ausgeschlossen.

2.2 Handelsrechtliche Buchführungspflicht

2.2.1 Allgemeiner Überblick

Kaufleute i.S.d. HGB, und somit zur Buchführung verpflichtet, sind
- Istkaufleute (§ 1 HGB),
- Kannkaufleute (§ 2 HGB) und
- Formkaufleute (§ 6 HGB).

Rechtsgrundlage für die **handelsrechtliche Buchführungspflicht** ist **§ 238 Abs. 1 Satz 1 HGB**. Danach ist jeder Kaufmann verpflichtet, Bücher zu führen und in diesen seine Handelsgeschäfte und die Lage seines Vermögens nach den Grundsätzen ordnungsmäßiger Buchführung ersichtlich zu machen.

2.2.2 Istkaufmann nach § 1 HGB

Nach § 1 HGB ist jede Person, die ein Handelsgewerbe betreibt, Kaufmann i.S.d. HGB. Unter § 1 HGB fallen überwiegend natürliche Personen sowie Gesellschaften des bürgerlichen rechts. Für die Personen- und Kapitalgesellschaften ergibt sich die Kaufmannseigenschaft aus § 6 HGB. Gewerbetreibende, deren Unternehmen nach Art oder Umfang einen in kaufmännischer Weise eingerichteten Geschäftsbetrieb erfordert, werden kraft Gesetzes zu Kaufleuten, und zwar auch dann, wenn sie ihrer Verpflichtung zur Eintragung ins Handelsregister nicht nachgekommen sind. Die Eintragung im Handelsregister hat in diesem Fall nur deklaratorische Bedeutung.

Kein Istkaufmann sind die **Kleingewerbetreibenden**. Bei diesen ist aufgrund der Tätigkeit kein in kaufmännischer Weise eingerichteter Geschäftsbetrieb erforderlich. Abgrenzungskriterien sind u.a.
- die Höhe des Gewinns,
- die Höhe des Umsatzes,
- die Anzahl der beschäftigten Arbeitnehmer,
- das Geschäftsvolumen,
- die Produktpalette usw.

Da der Kleingewerbetreibende kein Handelsgewerbe nach HGB betreibt, ist er auch nicht nach dem HGB zur Buchführung verpflichtet.

2.2.3 Kannkaufmann nach § 2 HGB

Ein gewerbliches Unternehmen kann mit der Eintragung ins Handelsregister die Kaufmannseigenschaft erwerben und damit zur Buchführung verpflichtet sein. In diesem Fall hat die Eintragung konstitutive Wirkung. Gewerbetreibende, die an sich Nicht-Kaufleute wären, werden durch die Eintragung zu Kannkaufleuten und unterliegen dem HGB.

2.2.4 Formkaufmann nach § 6 HGB

Bestimmte Unternehmen erlangen aufgrund ihrer Rechtsform Kaufmannseigenschaft und somit die Verpflichtung zur Buchführung.

2.2.5 Befreiung von der Buchführungspflicht für kleine Einzelkaufleute

Durch das Gesetz zur Modernisierung des Bilanzrechts (Bilanzrechtsmodernisierungsgetz – BilMoG –) vom 25.5.2009 (BGBl I 2009, 1102, BStBl I 2009, 650) wurde mit § 241a HGB eine Befreiungsvorschrift von der Buchführungspflicht geschaffen. Die Vorschrift tritt für Geschäftsjahre in Kraft, die nach dem 31.12.2007 beginnen.

§ 241a Satz 1 HGB sieht vor, dass **kleine Einzelkaufleute**, die
- an den Abschlussstichtagen von zwei aufeinander folgenden Geschäftsjahren
- nicht mehr als 500 000 € Umsatzerlöse und
- nicht mehr als 50 000 € Jahresüberschuss

aufweisen, die §§ 238 bis 241 HGB nicht anzuwenden brauchen. Diese Kaufleute haben ein **Wahlrecht**, ob sie ihren Gewinn weiterhin durch eine Jahresüberschuss- oder durch eine Einnahme-Überschussrechnung ermitteln.

Literatur: Schoor, Befreiung von der Buchführungspflicht für Einzelkaufleute nach dem BilMoG, Steuer & Studium 2009, 452.

2.3 Buchführungspflicht nach § 141 AO

In § 141 AO wird eine eigenständige steuerrechtliche Buchführungspflicht begründet (sog. originäre Buchführungspflicht). Danach werden Steuerpflichtige zur Buchführung verpflichtet, die nicht bereits nach § 140 AO buchführungspflichtig sind. Der Gesetzgeber zieht mit Hilfe des § 141 AO den Rahmen für die Buchführungspflicht weiter als das Handelsrecht, um die Besteuerung möglichst richtig und gerecht durchführen zu können.

2.3.1 Gewerbetreibende und Land- und Forstwirte

Nur Gewerbetreibende und Land- und Forstwirte werden von § 141 AO erfasst. Überschreiten diese bestimmte, in § 141 Abs. 1 Nr. 1 bis 5 AO genannte Grenzen (z.B. Gewinn aus Gewerbebetrieb von mehr als 50 000 €), werden sie von der Finanzbehörde zur Buchführung verpflichtet. Die Verpflichtung ist vom Beginn des Wirtschaftsjahres an zu erfüllen, das auf die

Bekanntgabe der Mitteilung folgt, durch die die Finanzbehörde auf den Beginn dieser Verpflichtung hingewiesen hat (§ 141 Abs. 2 Satz 1 AO). Die Verpflichtung endet mit dem Ablauf des Wirtschaftsjahres, das auf das Wirtschaftsjahr folgt, in dem die Finanzbehörde feststellt, dass die Voraussetzungen nach § 141 Abs. 1 AO nicht mehr vorliegen (§ 141 Abs. 2 Satz 2 AO). Die Voraussetzungen der Buchführungspflicht nach § 141 AO sind:

- Umsätze von mehr als 500 000 € im Kj. oder
- selbst bewirtschaftete land- und forstwirtschaftliche Flächen mit einem Wirtschaftswert von mehr als 25 000 € oder
- Gewinn aus Gewerbebetrieb von mehr als 50 000 € oder
- Gewinn aus Land- und Forstwirtschaft von mehr als 50 000 €.

Erhöhte Absetzungen und → **Sonderabschreibungen** sind bei der Prüfung, ob die Gewinngrenzen des § 141 Abs. 1 Nr. 4 und 5 AO überschritten sind, nicht zu berücksichtigen (§ 7a Abs. 6 EStG). Eine Erweiterung über den Wortlaut des § 7a Abs. 6 EStG hinaus ist nicht vorzunehmen; → **Rücklagen** nach § 6b bzw. § 6c EStG, Ansparrücklagen nach § 7g EStG a.F. (rechtskräftiges Urteil FG Berlin Brandenburg vom 14.11.2007 7 K 7124/0, EFG 2008, 514) sowie → **Investitionsabzugsbeträge nach § 7g EStG** n.F. sind daher bei der Prüfung der Buchführungsgrenzen zu berücksichtigen (s.a. Kulosa in Schmidt, ESt-Kommentar, 28. Auflage 2009, § 7a Rz. 11).

Bei der Ermittlung der für die Buchführungspflicht nach § 141 Abs. 1 Satz 1 Nr. 1 AO maßgeblichen Umsatzgrenze sind bei einer Auslegung nach dem Wortlaut sowie dem Sinn und Zweck der Vorschrift alle steuerpflichtigen, steuerfreien und nicht steuerbaren Umsätze i.S.d. UStG des Steuerpflichtigen zu berücksichtigen, und damit auch nicht steuerbare Auslandsumsätze (BFH-Urteil vom 7.10.2009 II R 23/08, BFH/NV 2010, 90, LEXinform 0179008).

2.3.2 Freiberufler

Freiberufler (§ 18 EStG) können weder nach § 140 noch nach § 141 AO zur Buchführung verpflichtet werden. Bei dieser Berufsgruppe kommt eine Buchführung nur dann in Betracht, wenn freiwillig Bücher geführt werden (sog. bilanzierende Freiberufler). Dies ist jedoch eine Ausnahme; i.d.R. ermitteln Freiberufler ihren Gewinn nach § 4 Abs. 3 EStG. Freiberufler haben demnach ein uneingeschränktes Wahlrecht zwischen der Gewinnermittlung durch Buchführung und der § 4 Abs. 3-Rechnung.

Ein Freiberufler, der seinen Gewinn durch **Einnahme-Überschussrechnung** ermittelt, kann ab dem Kj. 2008 die **Begünstigung** der nicht entnommenen Gewinne i.S.d. **§ 34a EStG nicht** in Anspruch nehmen (Unternehmensteuerreformgesetz 2008).

Nach ständiger Rechtsprechung des BFH kann das Wahlrecht zur Gewinnermittlung (→ **Wahl der Gewinnermittlungsart**) nach § 4 Abs. 3 EStG nur zu Beginn des Gewinnermittlungszeitraums durch schlüssiges Verhalten ausgeübt werden (BFH-Urteil vom 13.10.1989 III R 30-31/85, BStBl II 1990, 287; BFH-Urteil vom 12.10.1994 X R 192/93, BFH/NV 1995, 587). Diese Wahlentscheidung setzt denknotwendig das Bewusstsein des Stpfl. zur Einkünfteerzielung voraus (BFH-Urteil vom 9.2.1999 VIII R 49/97, BFH/NV 1999, 1195). Ist der Stpfl. davon ausgegangen, gar nicht gewerblich tätig und demgemäß auch nicht verpflichtet gewesen zu sein, für Zwecke der Besteuerung einen Gewinn aus Gewerbebetrieb ermitteln und erklären zu müssen, ist eine Wahl zwischen verschiedenen Gewinnermittlungsarten nicht denkbar (BFH-Urteil vom 9.2.1999 a.a.O.). Das Wahlrecht zur Einnahme-Überschussrechnung kann nicht nachträglich ausgeübt werden.

Mit Urteil vom 2.3.2006 (IV R 32/04, BFH/NV 2006, 1457) hat der BFH zur → **Wahl der Gewinnermittlungsart** im Jahr der Praxiseröffnung wie folgt entschieden:

Ein nicht buchführungspflichtiger Freiberufler übt sein Wahlrecht im Jahr der Praxiseröffnung für eine Gewinnermittlung durch Einnahme-Überschussrechnung aus, wenn er nach Form und ausdrücklicher Bezeichnung eine Gewinnermittlung nach § 4 Abs. 3 EStG einreicht und eine zeitnah aufgestellte Eröffnungsbilanz fehlt. Das gilt auch dann, wenn er eine EDV-Buchführung verwendet, die sowohl eine Gewinnermittlung durch Einnahme-Überschussrechnung als auch durch Betriebsvermögensvergleich ermöglicht und lediglich die Verwechslung einer Kennziffer zum Ausdruck einer Einnahme-Überschussrechnung geführt hat. Eine zeitnah aufgestellte Eröffnungsbilanz ist – als Voraussetzung der Ausübung des Wahlrechts für eine Gewinnermittlung durch Bestandsvergleich – auch nicht deshalb entbehrlich, weil Aktiva und Passiva mit 0 € zu bewerten wären.

2.3.3 Personengesellschaften

Personenhandelsgesellschaften (OHG und KG) sind bereits nach dem HGB und damit nach § 140 AO buchführungspflichtig. Die übrigen Personengesellschaften, wie z.B. die gewerblich tätige GdbR oder die freiberuflichen Sozietäten und Partnerschaftsgesellschaften sind keine Kaufleute und damit auch nicht nach § 140 AO zur Buchführung verpflichtet. Eine Buchführungspflicht kann sich demnach nur aus § 141 AO ergeben, wenn die dort aufgeführten Voraussetzungen erfüllt sind. Damit ist für eine Freiberufler-Personengesellschaft eine Buchführungspflicht auf alle Fälle ausgeschlossen.

Kommt eine Verpflichtung zur Buchführung für diese Personengesellschaften nicht in Betracht und ermitteln sie ihren Gewinn auch nicht freiwillig durch Betriebsvermögensvergleich, so kann der Gewinn durch die § 4 Abs. 3-Rechnung berechnet werden. Im Rahmen dieser § 4 Abs. 3-Rechnung sind dann auch ggf. Sonderbetriebseinnahmen und Sonderbetriebsausgaben zu integrieren.

	Gewinneinkunftsarten (§ 2 Abs. 2 Nr. 1 EStG) Einkünfte = Gewinn aus		
Gewinnermittlungs-arten	§ 13 EStG: Land- und Forstwirtschaft	§ 15 EStG: Gewerbebetrieb	§ 18 EStG: selbständige Arbeit
§ 13a EStG: Gewinnermittlung nach Durchschnittssätzen	Wenn nicht gesetzlich zur Buchführung verpflichtet (R 4.1 Abs. 1 EStR)		
§ 4 Abs. 1 i.V.m. § 5 EStG: Betriebsvermögensvergleich		Wenn gesetzlich dazu verpflichtet (s. HGB, §§ 140, 141 AO)	
§ 4 Abs. 1 EStG: Betriebsvermögensvergleich	Wenn nach §§ 140, 141 AO zur Buchführung verpflichtet oder wenn der Land- und Forstwirt freiwillig Bücher führt		Es besteht keine gesetzliche Buchführungspflicht, weder nach HGB noch nach der AO; bei freiwilliger Buchführung.

	Gewinneinkunftsarten (§ 2 Abs. 2 Nr. 1 EStG) Einkünfte = Gewinn aus		
Gewinnermittlungsarten	§ 13 EStG: Land- und Forstwirtschaft	§ 15 EStG: Gewerbebetrieb	§ 18 EStG: selbständige Arbeit
§ 4 Abs. 3 EStG: Einnahme-Überschussrechnung	Wenn Land- und Forstwirt keine Bücher führt (nicht gesetzlich verpflichtet, nicht freiwillig) und nicht § 13a EStG anwendet	Wenn keine gesetzliche Buchführungspflicht besteht bzw. wenn nicht freiwillig Bücher geführt werden	Wenn nicht freiwillig Bücher geführt werden

Abbildung: Gewinnermittlungsarten

Literatur: Drüen, Zur Wahl der steuerrechtlichen Gewinnermittlungsart, DStR 1999, 1589.

C

Chefärzte

→ Einkünfte aus selbständiger Arbeit

Rechtsquellen
→ § 18 Abs. 1 Nr. 1 EStG

Mit Urteil vom 5.10.2005 (VI R 152/01, BStBl II 2006, 94) hat der BFH entschieden, dass ein angestellter Chefarzt mit den Einnahmen aus dem ihm eingeräumten Liquidationsrecht für die gesondert berechenbaren wahlärztlichen Leistungen i.d.R. Arbeitslohn bezieht, wenn die wahlärztlichen Leistungen innerhalb des Dienstverhältnisses erbracht werden. Ob die wahlärztlichen Leistungen innerhalb des Dienstverhältnisses oder im Rahmen einer selbständigen Tätigkeit erbracht werden, ist im Einzelfall unter Berücksichtigung der vom BFH im dem o.g. Urteil aufgestellten Grundsätzen und nach Würdigung des Gesamtbildes der Verhältnisse zu beurteilen.

Die Vfg. der OFD Karlsruhe vom 24.4.2006 (S 236.0/15 – St 131, DStR 2006, 1041) nimmt zur lohnsteuerlichen Behandlung der Einnahmen von Chefärzten aus der Erbringung wahlärztlicher Leistungen im Krankenhaus Stellung.

Für das Vorliegen von Einkünften aus nichtselbständiger Arbeit spricht Folgendes:
- Die Erbringung der wahlärztlichen Leistungen gehört zu den vertraglich geschuldeten Dienstaufgaben des Arztes gegenüber dem Krankenhaus.
- Die Verträge über die wahlärztlichen Leistungen werden unmittelbar zwischen den Patienten und dem Krankenhaus geschlossen.
- Der Arzt unterliegt – mit Ausnahme seiner rein ärztlichen Tätigkeit – den Weisungen des leitenden Arztes des Krankenhauses.
- Der Arzt erbringt die mit den wahlärztlichen Leistungen zusammenhängenden Behandlungen mit den Einrichtungen und Geräten des Krankenhauses.
- Neue diagnostische und therapeutische Untersuchungs- und Behandlungsmethoden bzw. Maßnahmen, die wesentliche Mehrkosten verursachen, können grundsätzlich nur im Einvernehmen mit dem Krankenhaus eingeführt werden.
- Der Dienstvertrag sieht für die gesondert berechenbaren wahlärztlichen Leistungen ausdrücklich vor, dass diese im Verhinderungsfall vom Stellvertreter übernommen werden.
- Der betroffene Arzt hat nur eine begrenzte Möglichkeit, den Umfang der wahlärztlichen Leistungen zu bestimmen.
- Sofern wahlärztliche Leistungen vereinbart werden, beziehen sich diese nicht speziell auf die Leistungen des liquidationsberechtigten Arztes, sondern auf die Leistungen aller an der Behandlung beteiligten liquidationsberechtigten Ärzte des Krankenhauses.
- Der Arzt kann es nicht ablehnen, die mit dem Krankenhaus vereinbarten wahlärztlichen Leistungen zu erbringen.

- Das Risiko eines Forderungsausfalls, das der liquidationsberechtigte Arzt zu tragen hat, ist gering.
- Das Krankenhaus rechnet über die wahlärztlichen Leistungen direkt mit den Patienten ab und vereinnahmt auch die geschuldeten Beträge.

Demgegenüber sprechen folgende Kriterien für eine selbständige Tätigkeit:
- Die Erbringung der wahlärztlichen Leistung wird nicht gegenüber dem Krankenhaus geschuldet.
- Der liquidationsberechtigte Arzt vereinbart die zu erbringende wahlärztliche Leistung direkt mit den Patienten und wird hierdurch unmittelbar verpflichtet.
- Nur der liquidationsberechtigte Arzt haftet für die von ihm vorgenommenen wahlärztlichen Behandlungen.
- Der liquidationsberechtigte Arzt rechnet direkt mit den Patienten ab und vereinnahmt auch selbst die geschuldeten Beträge.

Nach den aufgezeigten Abgrenzungsmerkmalen liegen jedenfalls in folgenden Fällen Einkünfte aus nichtselbständiger Arbeit vor:
- Der Vertrag für die Erbringung der wahlärztlichen Leistungen wird zwischen dem Krankenhaus und den Patienten geschlossen. Die Liquidation erfolgt ebenfalls durch das Krankenhaus.
- Der Vertrag für die Erbringung der wahlärztlichen Leistungen wird zwischen dem Krankenhaus und den Patienten geschlossen. Die Liquidation erfolgt aber durch den Arzt auf ein von ihm geführtes persönliches Konto.

D

Darlehen

→ Drittaufwand → Schuldzinsen

Rechtsquellen
→ § 11 Abs. 1 und 2 EStG → H 4.5 (2) [Fremdwährungsdarlehen] EStH
→ H 4.5 (2) [Darlehen] EStH

1. Allgemeines

Ein Darlehen ist eine Grundform der Fremdfinanzierung. Die zivilrechtlichen Ausführungen zum Darlehen sind in den §§ 607–609 BGB niedergelegt. Beträge, die dem Steuerpflichtigen durch eine betriebliche **Darlehensaufnahme** zufließen oder die durch eine betriebliche Darlehensgewährung abfließen, sind **keine** → **Betriebseinnahmen** oder → **Betriebsausgaben** (H 4.5 (2) [Darlehen] EStH). Begründet wird diese Auffassung damit, dass die Gewährung bzw. Aufnahme des Darlehens und die jeweiligen Tilgungsbeträge auf **Geldbewegungen im Vermögensbereich** beruhen. Bei einer Darlehensaufnahme steht dem Zufluss der Darlehensbeträge in der gleichen Höhe eine Darlehensschuld gegenüber. Die Tilgung führt in gleicher Höhe zu einer Minderung der Darlehensschuld. Gleiches gilt mit umgekehrten Vorzeichen bei der Darlehensgewährung.

Wie auch i.R.d. Buchführung werden also solche Darlehensgeschäfte erfolgsneutral abgewickelt. Für die § 4 Abs. 3-Rechnung hat dies zur Folge, dass Geldbewegungen aufgrund einer Darlehensgewährung und Darlehensaufnahme, wie auch der entsprechenden Tilgungen, nicht in die § 4 Abs. 3-Rechnung aufgenommen werden. Zu beachten ist jedoch, dass Schuldzinsen (einschließlich eines Damnums), Geldbeschaffungskosten, Bearbeitungsgebühren, Vermittlungsprovisionen, Schätzungsgebühren und ähnliche Nebenkosten im Zusammenhang mit dem Darlehen unstreitig Betriebsausgaben sind, und gewinnmindernd berücksichtigt werden (→ **Zu- und Abflussprinzip**).

Ist die Darlehensgewährung oder Darlehensaufnahme betrieblich veranlasst, so zählt die Darlehensforderung und Darlehensverbindlichkeit zum notwendigen → **Betriebsvermögen**. Zunächst hat dies jedoch, wie bereits dargelegt, keinerlei Gewinnauswirkung.

> **Beispiel: Darlehensgewährung**
> Steuerberater B. Rater hat im Jahr 10 einem Kunden aus betrieblichen Gründen ein Darlehen i.H.v. 20 000 € gewährt. Der Kunde zahlt im Kj. 10 1 400 € Zinsen und 3 000 € Tilgungsbeträge.

Lösung:
Darlehenshingabe und Darlehenstilgung werden bei der § 4 Abs. 3-Rechnung nicht erfasst. Die Zinsen sind jedoch den Betriebseinnahmen zuzurechnen (Subsidiaritätsprinzip, § 20 Abs. 3 EStG).

Hinweis:
Die vereinnahmten Zinsen sind in dem Jahr als Betriebseinnahme anzusetzen, in dem sie dem Steuerpflichtigen zugeflossen sind (§ 11 Abs. 1 Satz 1 EStG; **Zeile 11** des Vordrucks EÜR). Die Gewährung von Krediten ist gem. § 4 Nr. 8 Buchst. a UStG umsatzsteuerfrei. Hierbei ist zu beachten, dass u.U. die Ausnahmeregelung für regelmäßig wiederkehrende Einnahmen nach § 11 Abs. 1 Satz 2 EStG greift (→ **Zu- und Abflussprinzip**).

Beispiel: Darlehensaufnahme
Steuerberater B. Rater nimmt zur Finanzierung eines betrieblichen Grundstücks ein Darlehen auf:

Darlehenssumme	201 000 €
Darlehensauszahlung	195 000 €
gezahlte Tilgungen	10 000 €
gezahlte Schuldzinsen	20 000 €
gezahlte Darlehensgebühren	450 €
Laufzeit des Darlehens:	15 Jahre

Lösung:
Die Darlehensauszahlung wie auch die Darlehenstilgung berühren den Gewinn nicht. Das einbehaltene Damnum i.H.v. 6 000 €, die gezahlten Schuldzinsen und Darlehensgebühren werden als Betriebsausgaben angesetzt. Der Gewinn wird insgesamt um 26 450 € gemindert.

Hinweise:
Die gezahlten Zinsen (20 000 €) sind in dem Jahr als Betriebsausgaben anzusetzen, in dem sie vom Steuerpflichtigen geleistet worden sind (§ 11 Abs. 2 Satz 1 EStG). Hierbei ist zu beachten, dass u.U. die Ausnahmeregelung für regelmäßig wiederkehrende Ausgaben nach § 11 Abs. 2 Satz 2 EStG greift (→ **Zu- und Abflussprinzip**). Zur Berücksichtigung des Schuldzinsenabzugs siehe **Zeile 41 und 42** des → **Vordrucks EÜR** sowie → **Schuldzinsen**. I.R.d. Buchführung müsste das Damnum als aktiver Rechnungsabgrenzungsposten auf die Laufzeit des Darlehens verteilt werden (H 6.10 [Damnum] EStH). Die § 4 Abs. 3-Rechnung kennt jedoch keine Rechnungsabgrenzungsposten.

	Darlehensgewährung	Darlehensaufnahme
Darlehensauszahlung	Keine Gewinnauswirkung	Keine Gewinnauswirkung
Tilgungen	Keine Gewinnauswirkung	Keine Gewinnauswirkung
Schuldzinsen	Betriebseinnahmen im Zeitpunkt des Zuflusses (§ 11 Abs. 1 EStG)	Betriebsausgaben im Zeitpunkt der Leistung (§ 11 Abs. 2 EStG)
Damnum		
Geldbeschaffungskosten		
Sonstige Darlehensnebenkosten		

Abbildung: Darlehen

2. Fremdwährungsdarlehen

Die Mehrausgaben, die sich bei der Tilgung eines aufgenommenen betrieblichen Fremdwährungsdarlehens nach einer Kurssteigerung der ausländischen Währung ergeben, sind im Zeitpunkt der Zahlung als Betriebsausgabe – umgerechnet in Euro – abzuziehen.

Wird infolge eines Kursrückgangs der ausländischen Währung ein geringerer als der ursprünglich zugeflossene Betrag zurückgezahlt, ist der Unterschiedsbetrag – umgerechnet in Euro – im Zeitpunkt der Zahlung als Betriebseinnahme zu erfassen (H 4.5 (2) [Fremdwährungsdarlehen] EStH).

Entsprechendes dürfte m.E. gelten, wenn der Steuerpflichtige betriebliche Darlehen in ausländischer Währung gewährt.

> **Beispiel: Fremdwährungsdarlehen**
> Steuerberater B. Rater hat im Januar 10 ein betriebliches Darlehen über 40 000 Schweizer Franken (SFr) aufgenommen. Der Kurs des sfr betrug im Zeitpunkt der Darlehensaufnahme 1 SFr = 0,60 €. Im Dezember 10 zahlt Willi das Darlehen zur Hälfte zurück. Der Kurs des SFr ist bis zum Tilgungstag auf 0,62 € gestiegen.

Lösung:
Die Aufnahme wie auch die Tilgung eines betrieblichen Darlehens haben bei der § 4 Abs. 3-Rechnung keinen Einfluss auf den Gewinn. Diese Grundsätze gelten auch für Darlehen, die in fremder Währung aufgenommen werden (Fremdwährungsdarlehen).

Kurssteigerungen der ausländischen Währung haben hingegen gewinnbeeinflussende Wirkung. Steigt der Kurs der ausländischen Währung im Vergleich zum Kurs im Zeitpunkt der Darlehensaufnahme, wird diese Steigerung gewinnmindernd als Betriebsausgabe abgezogen. Wird das Darlehen durch Rückzahlung des gesamten Darlehensbetrags in einer Summe getilgt, geschieht dies in der Weise, dass die durch die Kurssteigerung bedingte Mehrausgabe im Jahr der Tilgung als Betriebsausgabe berücksichtigt wird. Denn in diesem Jahr fließt der zu zahlende Mehrbetrag beim Darlehensnehmer ab (§ 11 Abs. 2 EStG). Wird aber die Darlehensverbindlichkeit nur zum Teil getilgt, gilt nichts anderes. Ist nämlich infolge der Kurssteigerung für die Tilgung eines Teilbetrags ein höherer Betrag als der entsprechende ursprünglich zugeflossene Darlehensteilbetrag aufzuwenden, so ist dieser (Teil-)Mehrbetrag im Jahr der Zahlung als Betriebsausgabe zu erfassen.

B. Rater kann daher im Kj. 10 folgenden Kursverlust in seiner § 4 Abs. 3-Rechnung berücksichtigen:

Zugeflossener Darlehensteilbetrag	20 000 × 0,60 € =	12 000 €
getilgter Darlehensteilbetrag:	20 000 × 0,62 € =	12 400 €
Mehrzahlung	**= Kursverlust**	**400 €**

Doppelte Haushaltsführung

→ Betriebsausgaben → Geschäftsreise

Rechtsquelle
→ § 9 Abs. 1 Satz 3 Nr. 5 EStG → R 4.12 Abs. 3 EStR
→ § 4 Abs. 5 Satz 1 Nr. 6 EStG → R 9.11 LStR

1. Übersicht

1.1 Gesetzliche Definition der doppelten Haushaltsführung

Nach § 9 Abs. 1 Satz 3 Nr. 5 Satz 2 EStG liegt eine doppelte Haushaltsführung nur vor, wenn der Stpfl. außerhalb des Ortes, in dem er einen eigenen Hausstand unterhält, beschäftigt ist und auch am Beschäftigungsort wohnt (R 9.11 Abs. 1 LStR). Nach R 4.12 Abs. 3 EStR ist bei Gewinneinkünften § 9 Abs. 1 Nr. 5 EStG zu beachten und R 9.11 LStR entsprechend anzuwenden.

1.2 Zeile 45 des Vordrucks EÜR

	Übrige beschränkt abziehbare Betriebsausgaben (§ 4 Abs. 5 EStG)		
43	Geschenke 164 ,	174 ,	
44	Bewirtung 165 ,	175 ,	
45	Reisekosten, Aufwendungen für doppelte Haushaltsführung	173 ,	
46	Sonstige (z.B. Geldbußen) 168 ,	177 ,	
47	Summe Zeilen 41 bis 46 (abziehbar)	, ▶	,

Die Aufwendungen für Reisekosten und doppelte Haushaltsführung befinden sich unter der Rubrik der beschränkt abzugsfähigen Betriebsausgaben. Eine Abzugsbeschränkung besteht hier hinsichtlich der Fahrtkosten bei Familienheimfahrten und für Fahrten zwischen Wohnung bzw. Zweitwohnung und Betrieb/Betriebsstätte sowie bei Verpflegungsmehraufwendungen. Die Fahrtkosten sind jedoch in **Zeile 35** des Vordrucks EÜR einzutragen; in **Zeile 36** sind die tatsächlichen **Aufwendungen**, die auf die Wege zwischen Wohnung und Betriebsstätte sowie auf **Familienheimfahrten** entfallen, einzutragen. Diese Aufwendungen mindern die tatsächlich ermittelten Aufwendungen (Betrag aus **Zeile 35**, zzgl. AfA und Zinsen). Die

Doppelte Haushaltsführung

für Wege zwischen Wohnung und Betriebsstätte sowie für Familienheimfahrten abziehbaren Pauschbeträge werden in **Zeile 37a** erfasst (→ **Vordruck EÜR**).

	Kraftfahrzeugkosten und andere Fahrtkosten		EUR	CT		
35	Laufende und feste Kosten (ohne AfA und Zinsen)	140		,		
36	Enthaltene Kosten aus Zeilen 26, 35 und 41 für Wege zwischen Wohnung und Betriebsstätte	142	−			
37	Verbleibender Betrag			,	▶143	,
37a	Abziehbare Aufwendungen für Wege zwischen Wohnung und Betriebsstätte	176				,

Die abzugsfähige und gezahlte Vorsteuer ist in **Zeile 52** des Vordrucks EÜR (→ **Vordruck EÜR**) einzutragen.

2. Eigener Hausstand

2.1 Bestimmung bzw. Mitbestimmung der Haushaltsführung

Ein eigener Hausstand setzt eine Wohnung voraus, die der Stpfl. aus eigenem Recht, z.B. als Eigentümer oder als Mieter nutzt (R 9.11 Abs. 3 LStR; H 9.11 (1–4) [Eigener Hausstand] LStH).

> **Beispiel:**
> Jutta und Karl leben in einer nichtehelichen Gemeinschaft in einer Wohnung in der Gemeinde X, die den Eltern des Karl gehört. Miete ist nicht zu zahlen. Sie tragen lediglich die Nebenkosten. Jutta ist in X polizeilich gemeldet und ist auch dort beschäftigt. Im Kj. 07 beginnt sie eine betriebliche Tätigkeit in B und mietet dort eine Einzimmerwohnung. An den Wochenenden fährt sie regelmäßig nach X. Der Sachverhalt und die Lösung entsprechen dem rechtskräftigen Urteil des FG Baden-Württemberg vom 12.4.2000 (5 K 486/99, EFG 2000, 784).
>
> **Lösung:**
> Das Fehlen von Mietzahlungen lässt das Erfordernis der Nutzung einer Wohnung aus eigenem Recht nicht entfallen. Die Überlassung der Wohnung an die Lebensgemeinschaft ist als ein Leihverhältnis zu qualifizieren. Die Wohnung wird von Jutta – ebenso wie bei einem Mietverhältnis – aus eigenem Recht genutzt.
> Ein eigener Hausstand setzt bei einem nicht verheirateten, aber in einer nichtehelichen Gemeinschaft lebenden Steuerpflichtigen nicht voraus, dass die Wohnung aus eigenem Recht genutzt wird; eine tatsächliche Verfügungsmacht über die Wohnung genügt.

Ein eigener Hausstand erfordert, dass er vom Steuerpflichtigen aus eigenem oder abgeleitetem Recht genutzt wird; eine Wohnung wird auch dann aus abgeleitetem Recht genutzt, wenn diese zwar allein vom Lebenspartner des Steuerpflichtigen angemietet wurde, der

Steuerpflichtige sich aber mit Duldung seines Partners dauerhaft dort aufhält und sich finanziell in einem Umfang an der Haushaltsführung beteiligt, dass daraus auf eine gemeinsame Haushaltsführung geschlossen werden kann (BFH-Urteil vom 12.9.2000 VI R 165/97, BStBl II 2001, 29).

Wichtig ist, dass der Hausstand dem Stpfl. als eigener zugerechnet werden kann. Wesentlich ist dabei, dass sein Verbleiben in der Wohnung gesichert ist. Für die Frage, ob der Stpfl. den Hausstand aus eigenem oder abgeleitetem Recht nutzt, spielt es keine Rolle, ob die ihm zu Grunde liegenden Vereinbarungen dem unter Fremden Üblichen entsprechen. Denn ein Fremdvergleich dient dazu, eine berufliche bzw. betriebliche von einer privaten Veranlassung zu unterscheiden (BFH-Urteil vom 4.11.2003 VI R 170/99, BStBl II 2004, 16).

2.2 Keine Wohnung im Sinne des BewG erforderlich

Unterhält ein unverheirateter Stpfl. am Ort des Lebensmittelpunktes seinen Haupthausstand, so kommt es für das Vorliegen einer doppelten Haushaltsführung nicht darauf an, ob ihm dort zur ausschließlichen Nutzung zur Verfügung stehenden Räumlichkeiten den bewertungsrechtlichen Anforderungen an eine Wohnung gerecht werden (BFH-Urteil vom 14.10.2004 VI R 82/02, DStR 2004, 2091).

Nutzt der Stpfl. die Wohnung nicht allein, muss er sie aber zumindest gleichberechtigt mitbenutzen können.

Die durch das Leben am Beschäftigungsort zusätzlich entstehenden notwendigen Aufwendungen können grundsätzlich auch dann zu Werbungskosten führen, wenn die Wohnverhältnisse des Stpfl. am Ort seines Lebensmittelpunkts vergleichsweise einfach und beengt sein sollten.

Es ist nach diesem Urteil auch möglich, dass ein Alleinstehender auch in einer Wohngemeinschaft einen eigenen Hausstand in der Zeit unterhalten kann, für die sein Verbleiben sichergestellt ist, er die Wohnung gleichberechtigt nutzt und sich an den Kosten maßgebend beteiligt.

2.3 Mittelpunkt der Lebensinteressen

Die Wohnung muss auch Mittelpunkt der Lebensinteressen des Stpfl. sein. Der Mittelpunkt der Lebensinteressen befindet sich bei einem verheirateten Stpfl. regelmäßig am tatsächlichen Wohnort seiner Familie (R 9.10 Abs. 1 Satz 4 LStR). Es ist nicht erforderlich, dass in der Wohnung am Ort des eigenen Hausstandes hauswirtschaftliches Leben herrscht, z.B. wenn der Stpfl. seinen nicht berufstätigen Ehegatten an den auswärtigen Beschäftigungsort mitnimmt (R 9.11 Abs. 3 Satz 3 LStR). Bei anderen Stpfl. befindet sich der Mittelpunkt der Lebensinteressen an dem Wohnort, zu dem die engeren persönlichen Beziehungen bestehen.

3. Zweitwohnung

Als Zweitwohnung am Beschäftigungsort kommt jede Unterkunft in Betracht (H 9.11 (1–4) [Zweitwohnung] LStH).

Eine Zweitwohnung in der Nähe des Beschäftigungsorts steht einer Zweitwohnung am Beschäftigungsort gleich (R 9.11 Abs. 4 LStR).

Ein Missbrauch rechtlicher Gestaltungsmöglichkeiten i.S.d. § 42 AO liegt nicht vor, wenn ein Ehegatte dem anderen seine an dessen Beschäftigungsort belegene Wohnung im Rahmen einer doppelten Haushaltsführung zu fremdüblichen Bedingungen vermietet (BFH-Urteil vom 11.3.2003 IX R 55/01, BStBl II 2003, 627).

4. Berufliche bzw. betriebliche Veranlassung

Das Beziehen einer **Zweitwohnung** ist regelmäßig bei einem Wechsel des **Beschäftigungsorts** auf Grund einer Verlegung des Betriebssitzes oder der erstmaligen Begründung eines Betriebssitzes beruflich bzw. betrieblich veranlasst (R 9.11 Abs. 2 LStR; H 9.11 (1–4) [Berufliche Veranlassung] LStH). Beschäftigungsort i.S.d. § 9 Abs. 1 Satz 3 Nr. 5 EStG ist der Ort der regelmäßigen, **dauerhaften** Arbeitsstätte (BFH-Urteil vom 24.5.2007 VI R 47/03, BStBl II 2007, 609). Nach der BFH-Entscheidung wird die doppelte Haushaltsführung nicht dadurch ausgeschlossen, dass der Steuerpflichtige auch am Ort seines Hauptwohnsitzes beschäftigt ist.

Nach dem BFH-Urteil vom 4.4.2001 (VI R 130/99, BFH/NV 2001, 1384) ist durch Zuzug zum Lebenspartner kein beruflicher Anlass einer doppelten Haushaltsführung gegeben.

Der **BFH** hat mit zwei Urteilen vom 5.3.2009 (VI R 23/07, BFH/NV 2009, 1176 und VI R 58/06, BFH/NV 2009, 1173) seine **Rechtsprechung** zur doppelten Haushaltsführung nach Wegverlegung des Familienwohnsitzes vom Beschäftigungsort **geändert**. Nach § 9 Abs. 1 Satz 3 Nr. 5 Satz 1 EStG gehören zu den Werbungskosten auch notwendige Mehraufwendungen, die einem Arbeitnehmer wegen einer aus beruflichem Anlass begründeten doppelten Haushaltsführung entstehen. Bisher verneinte die Rechtsprechung die berufliche Veranlassung einer doppelten Haushaltsführung, wenn der Steuerpflichtige die Familienwohnung aus privaten Gründen vom Beschäftigungsort wegverlegt hatte und dann von einer Zweitwohnung am Beschäftigungsort seiner bisherigen Beschäftigung weiter nachging. Nach neuer Rechtsprechung des BFH schließt nun eine solche **Wegverlegung** des **Haupthausstands** aus **privaten Gründen** eine **beruflich veranlasste doppelte Haushaltsführung nicht aus**. Eine beruflich begründete doppelte Haushaltsführung setzt voraus, dass aus beruflicher Veranlassung am Beschäftigungsort ein zweiter (doppelter) Haushalt zum Hausstand des Steuerpflichtigen hinzutritt. Beruflich veranlasst ist der Haushalt dann, wenn ihn der Steuerpflichtige nutzt, um seinen Arbeitsplatz von dort aus erreichen zu können. Wird ein solcher beruflich veranlasster Zweithaushalt am Beschäftigungsort eingerichtet, so wird damit auch die doppelte Haushaltsführung selbst aus beruflichem Anlass begründet. Dies gilt selbst dann, wenn der Haupthausstand aus privaten Gründen vom Beschäftigungsort wegverlegt und dann die bereits vorhandene oder eine neu eingerichtete Wohnung am Beschäftigungsort aus beruflichen Gründen als Zweithaushalt genutzt wird. Denn der (beibehaltene) Haushalt am Beschäftigungsort wird nun aus beruflichen Motiven unterhalten.

5. Notwendige Mehraufwendungen

5.1 Fahrtkosten

5.1.1 Zu Beginn und am Ende der doppelten Haushaltsführung

Anzuerkennen sind die tatsächlichen Aufwendungen für die Fahrten bzw. 0,30 € pro km (R 9.11 Abs. 6 Nr. 1 LStR; R 4.12 Abs. 3 EStR).

5.1.2 Wöchentliche Familienheimfahrten

Die Aufwendungen für die Familienheimfahrten mit dem eigenen Pkw sind mit einer Entfernungspauschale von 0,30 € **für jeden vollen Kilometer der Entfernung** (§ 9 Abs. 1 Satz 3 Nr. 5 Satz 4 EStG) anzusetzen. Zur Ermittlung der nicht abzugsfähigen Betriebsausgaben (§ 4 Abs. 5 Nr. 6 EStG) siehe → **Betriebsausgaben** → **Vordruck EÜR**.

5.1.3 Fahrten zwischen Zweitwohnung und Betriebsstätte

Als Ausgangspunkt für die Wege zwischen Wohnung und Betriebsstätte kommt jede Wohnung des Stpfl. in Betracht, die er regelmäßig zur Übernachtung nutzt und von der aus er seine Betriebsstätte aufsucht (R 9.10 Abs. 1 Satz 1 LStR). Die Aufwendungen sind mit der Entfernungspauschale anzusetzen (§ 4 Abs. 5 Nr. 6 EStG; H 4.12 [Wege zwischen Wohnung und Betriebsstätte] EStH).

5.2 Wöchentliche Familienferngespräche

Anstelle der Fahrtkosten können Ferngespräche bis zu einer Dauer von 15 Minuten berücksichtigt werden (H 9.11 (5–10) [Telefonkosten] LStH).

5.3 Verpflegungsmehraufwendungen

Diese sind wie bei mehrtägigen → **Geschäftsreisen** mit den jeweiligen Pauschbeträgen zu berücksichtigen, längstens jedoch für einen Zeitraum von drei Monaten (R 9.11 Abs. 7 LStR). Maßgeblich für die jeweilige Höhe des Pauschbetrages ist allein die Dauer der Abwesenheit von der Mittelpunktwohnung.

Ist der doppelten Haushaltsführung eine Dienstreise (→ **Geschäftsreise**) vorangegangen, so ist deren Dauer auf die Dreimonatsfrist für die Gewährung der Verpflegungsmehraufwendungen anzurechnen. Unterbrechungen i.S.d. R 9.6 Abs. 4 LStR – u.a. von mindestens vier Wochen – führen nur unter der Voraussetzung zu einem Neubeginn der Dreimonatsfrist für Verpflegungsmehraufwendungen, dass die bisherige Zweitwohnung nicht beibehalten wurde (R 9.11 Abs. 7 Satz 3 LStR).

5.4 Notwendige Aufwendungen für die Zweitwohnung

Anzuerkennen sind die tatsächlichen Kosten (R 9.11 Abs. 8 LStR). Steht die Zweitwohnung im Eigentum des Stpfl., so sind die Aufwendungen in der Höhe als notwendig anzusehen, in der sie der Stpfl. als Mieter für eine nach Größe, Ausstattung und Lage angemessene Wohnung tragen müsste (R 9.11 Abs. 8 Satz 3 LStR; H 9.11 (5–10) [Eigene Zweitwohnung] LStH).

5.5 Umzugskosten

Der Nachweis der Umzugskosten i.S.d. § 10 BUKG ist notwendig, weil die Pauschalierung hier nicht gilt (R 9.11 Abs. 9 LStR).

6. Werbungskostenerstattungen durch den Arbeitgeber

Bis zur Höhe der abzugsfähigen Werbungskosten kann der ArbG die Mehraufwendungen bei doppelter Haushaltsführung des Arbeitnehmers steuerfrei nach § 3 Nr. 16 EStG ersetzen. Für Verpflegungsmehraufwendungen kann der ArbG die LSt mit einem Pauschsteuersatz von 25% erheben, soweit diese die jeweiligen Pauschbeträge um nicht mehr als 100% übersteigen (§ 40 Abs. 2 Nr. 4 EStG).

Literatur: Völkel u.a., ABC-Führer Umsatzsteuer, Stichwort Reisekosten (Loseblatt).

Drittaufwand

1. Abgrenzung zwischen Drittaufwand, abgekürztem Zahlungsweg bzw. Vertragsweg

1.1 Drittaufwand

Trägt ein Dritter Kosten, die durch die Einkünfteerzielung des Steuerpflichtigen veranlasst sind, können sie als so genannter Drittaufwand nicht Betriebsausgaben oder Werbungskosten des Steuerpflichtigen sein (BFH-Urteil vom 23.8.1999, BStBl II 1999, 782, H 4.7 [Drittaufwand] EStH). Unter Drittaufwand ist ein Aufwand zu verstehen, der durch die Einkünfteerzielung des Steuerpflichtigen veranlasst ist, den dieser jedoch nicht – auch nicht im Wege eines verkürzten Vertrags- oder Zahlungsweges – getragen hat, sondern ein Dritter (s.a. BFH-Urteil vom 7.6.2000 III R 82/97, BFH/NV 2000, 1462). Der Dritte tätigt eine Zahlung zur Erfüllung einer eigenen Verbindlichkeit. Zwar stellt die Definition des § 4 Abs. 4 EStG nicht darauf ab, wer die durch den Betrieb veranlassten Aufwendungen getragen hat, doch nach den für die Gewinnermittlung geltenden allgemeinen Grundsätzen muss jede Aufwendung, die in der Gewinn- und Verlustrechnung angesetzt werden soll, das Eigenkapital des Stpfl. mindern, d.h. jeder Stpfl. darf bei der Gewinnermittlung nur die ihm persönlich zuzurechnenden Einnahmen und Aufwendungen berücksichtigen.

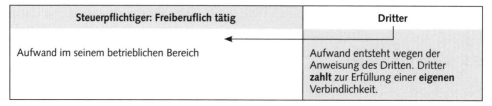

Abbildung: Drittaufwand

→ **Schuldzinsen**, die ein Ehegatte auf seine Darlehensverbindlichkeit zahlt, kann der andere Ehegatte auch dann nicht bei der Ermittlung seiner Einkünfte abziehen, wenn die Darlehensbeträge zur Anschaffung von Wirtschaftsgütern seines Betriebsvermögens verwendet wurden (BFH-Urteil vom 24.2.2000 IV R 75/98, BStBl II 2000, 314).

1.2 Abgekürzter Zahlungsweg

Aufwendungen eines **Dritten** können allerdings im Falle der so genannten **Abkürzung** des **Zahlungswegs** als **Aufwendungen** des **Steuerpflichtigen** zu werten sein; Abkürzung des Zahlungswegs bedeutet die **Zuwendung** eines **Geldbetrags** an den Steuerpflichtigen in der Weise, dass der Zuwendende im Einvernehmen mit dem Steuerpflichtigen dessen Schuld tilgt, statt ihm den Geldbetrag unmittelbar zu geben, wenn also der **Dritte für Rechnung des Steuerpflichtigen an dessen Gläubiger leistet** (BFH-Urteil vom 13.3.1996 VI R 103/95, BStBl II 1996, 375). Ein lediglich abgekürzter Zahlungsweg liegt jedoch nicht vor, wenn der Dritte mit der Zahlung eigene Verbindlichkeiten begleicht. In diesem Falle können Zahlungen des Dritten nicht als Betriebsausgaben des Begünstigten abgezogen werden. Mithin müssen die Verträge, auf die die Zahlungen des Dritten erfolgen, für den Steuerpflichtigen abgeschlossen sein.

1.3 Abgekürzter Vertragsweg

Schließt hingegen der **Dritte** im **eigenen Namen** einen Vertrag und leistet er selbst die geschuldeten Zahlungen – so genannter abgekürzter Vertragsweg –, sind die Aufwendungen als solche des Steuerpflichtigen nur abziehbar, wenn es sich um **Geschäfte des täglichen Lebens** handelt. Nach Auffassung des BFH im Urteil vom 24.2.2000 (IV R 75/98, BStBl II 2000, 314) kann es jedenfalls bei Bargeschäften des täglichen Lebens auf die Unterscheidung zwischen einem abgekürzten Zahlungs- und einem abgekürzten Vertragsweg nicht ankommen (s.a. BFH-Urteil vom 15.11.2005 IX R 25/03, BStBl II 2006, 623). Bei »Geschäften für den, den es angeht«, ist dem Vertragspartner die Person des Leistenden ebenso gleichgültig wie beim abgekürzten Zahlungsweg. Es macht daher keinen Unterschied, ob der Dritte gegenüber dem

Steuerpflichtigen auf eine Barzahlung verzichtet und für Rechnung des Steuerpflichtigen an dessen Gläubiger leistet (abgekürzter Zahlungsweg) oder ob er seinem Vertragspartner vorenthält (abgekürzter Vertragsweg), dass er im Namen des Steuerpflichtigen, also in fremdem Namen handelt. In beiden Fällen handelt der Dritte nicht für eigene Rechnung, sondern für Rechnung des Steuerpflichtigen.

Bei **Dauerschuldverhältnissen** führt eine Abkürzung des Vertragswegs dagegen **nicht** zu abziehbaren Aufwendungen des Steuerpflichtigen. Deshalb können Schuldzinsen, die ein Ehegatte auf seine Darlehensverbindlichkeit zahlt, vom anderen Ehegatten auch dann nicht als Betriebsausgaben oder Werbungskosten abgezogen werden, wenn die Darlehensbeträge zur Anschaffung von Wirtschaftsgütern zur Einkünfteerzielung verwendet wurden (BFH-Urteil vom 24.2.2000, BStBl II 2000, 314). Bezahlt hingegen der andere Ehegatte die Zinsen aus eigenen Mitteln, bilden sie bei ihm abziehbare Betriebsausgaben oder Werbungskosten. Nehmen Ehegatten gemeinsam ein gesamtschuldnerisches Darlehen zur Finanzierung eines Wirtschaftsguts auf, das nur einem von ihnen gehört und von diesem zur Einkünfteerzielung genutzt wird, sind die Schuldzinsen in vollem Umfang bei den Einkünften des Eigentümer-Ehegatten als Betriebsausgaben oder Werbungskosten abziehbar (BFH-Urteil vom 2.12.1999, BStBl II 2000, 310 und 312). Werden die laufenden Aufwendungen für ein Wirtschaftsgut, das dem nicht Einkünfte erzielenden Ehegatten gehört, gemeinsam getragen, kann der das Wirtschaftsgut Einkünfte erzielend nutzende (andere) Ehegatte nur die nutzungsorientierten Aufwendungen (z.B. bei einem Arbeitszimmer die anteiligen Energiekosten und die das Arbeitszimmer betreffenden Reparaturkosten) als Betriebsausgaben oder Werbungskosten geltend machen (BFH-Urteil vom 23.8.1999, GrS 2/97, BStBl II 1999, 782, 786).

Der BFH vertritt aber mit Urteil vom 15.11.2005 (IX R 25/03, a.a.O.) die Auffassung, dass laufende Aufwendungen für Erhaltungsarbeiten dem Stpfl. nicht nur im Fall des abgekürzten Zahlungswegs zurechenbar seien, sondern ebenso, wenn der Dritte im eigenen Namen für den Stpfl. einen Vertrag abschließe und die geschuldete Zahlung auch selbst leiste (abgekürzter Vertragsweg). Auch hier wende der Dritte dem Stpfl. Geld zu und bewirke dadurch zugleich dessen Entreicherung, indem er mit der Zahlung an den Leistenden den Vertrag erfülle. Der BFH begründet die Entscheidung damit, dass der Dritte die Verträge über Erhaltungsaufwendungen mit den Handwerkern im eigenen Namen, aber im Interesse des Stpfl. abgeschlossen und die vereinbarte Vergütung selbst entrichtet habe. Weil er die Beträge nicht vom Stpfl. zurückgefordert habe, habe er sie ihm zugewendet. Sie seien deshalb von dem Stpfl. als Werbungskosten abziehbar.

Nach dem BMF-Schreiben vom 9.8.2006 (BStBl I 2006, 492) ist das BFH-Urteil vom 15.11.2005 (IX R 25/03, a.a.O.) nicht über den entschiedenen Einzelfall hinaus anzuwenden. Die Abziehbarkeit von Aufwendungen als Werbungskosten richtet sich beim abgekürzten Vertragsweg weiterhin nach den BFH-Urteilen vom 13.3.1996 (VI R 103/95, BStBl II 1996, 375) und vom 24.2.2000 (IV R 75/98, BStBl II 2000, 314). Danach sind in den Fällen des abgekürzten Vertragswegs ausnahmsweise Aufwendungen als solche des Stpfl. abziehbar, bei denen es sich um Bargeschäfte des täglichen Lebens handelt. Entsprechendes gilt für den Betriebsausgabenabzug nach § 4 Abs. 4 EStG.

Die Vorinstanz zum BFH-Urteil vom 15.11.2005 (IX R 25/03, a.a.O.) – das Sächsisches FG – lehnt mit Urteil vom 12.7.2002 (6 K 2176/00, EFG 2003, 1237) die Aufwendungen des Dritten (Vater) i.R.d. abgekürzten Vertragsweges ab (Aufwendungen für den Sohn als Vermieter), da der Dritte eigene Verbindlichkeiten tilgt, der Dritte der Höhe nach erhebliche Verpflichtungen eingegangen ist und das Verpflichtungs- mit dem Erfüllungsgeschäft nicht zeitlich annähernd zusammenfällt. Bei Dauerschuldverhältnissen wie Miete oder Darlehen, wenn der Dritte dem Stpfl. lediglich ein obligatorisches, ungesichertes Nutzungsrecht oder eine Nutzungsmöglichkeit zuwendet und hierauf Aufwendungen tätigt, ist der Zuwendungszweck jedenfalls zu verneinen. Denn der Dritte wird bei Aufwendungen auf den Gegenstand, der dem Stpfl. zur Nutzung überlassen ist, regelmäßig für eigene Rechnung tätig. Auch bei Verträgen, die erhebliche Verpflichtungen begründen und bei denen (z.B. Werkverträge) nicht das Verpflichtungs- mit dem Erfüllungsgeschäft zeitlich annähernd zusammenfällt, sondern wie bei einem Dauerschuldverhältnis sich die Primärleistungspflichten über einen längeren Zeitraum erstrecken, ist ein überwiegender Zuwendungszweck zu verneinen. Der Dritte verpflichtet sich gegenüber dem Vertragspartner in einem solchen Maß selbst, dass der Zuwendungszweck hinter der Erfüllung der eigenen Verbindlichkeit zurücktritt. Er bindet sich in erheblichem Umfang über einen längeren Zeitraum selbst, in dem außerdem das wirtschaftliche sowie rechtliche Schicksal der Vereinbarung ebenso ungewiss ist wie die Tatsache, ob und in welcher Form eine Zuwendung den Empfänger erreichen wird. Außerdem ist dem Vertragspartner die Person des Leistenden nicht gleichgültig. Er vertraut insbesondere auf die wirtschaftliche Leistungsfähigkeit des Leistenden. Es macht in diesen Fällen also einen Unterschied, ob der Dritte gegenüber dem Stpfl. auf eine Bargeldschenkung verzichtet und für Rechnung des Stpfl. an dessen Gläubiger leistet oder ob er seinem Vertragspartner vorenthält, dass er im Namen des Stpfl. handelt. In letzterem Fall handelt der Dritte für eigene Rechnung.

Wie das FG betont, ist die Abzugsfähigkeit dieser Aufwendungen im Übrigen nicht ausgeschlossen. Denn der Dritte kann zum einen die Verbindlichkeiten im Namen des Stpfl. begründen, so dass über den abgekürzten Zahlungsweg die Abzugsfähigkeit erreicht wird, oder zum anderen den Geldbetrag dem Stpfl., der die Aufwendungen dann selbst tätigt, schenkweise zuwenden.

Die in dem FG-Urteil niedergelegte Rechtsauffassung ist nach dem BMF-Schreiben vom 9.8.2006 (a.a.O.) weiterhin auch von der Verwaltung anzuwenden.

Mit Urteil vom 15.1.2008 (IX R 45/07, BStBl II 2008, 572) hat der BFH wie folgt entschieden (Leitsatz): Erhaltungsaufwendungen sind auch dann Werbungskosten bzw. Betriebsausgaben des Stpfl., wenn sie auf einem von einem Dritten im eigenen Namen, aber im Interesse des Stpfl. abgeschlossenen Werkvertrag beruhen und der Dritte dem Stpfl. den Betrag zuwendet (Bestätigung des BFH-Urteils vom 15.11.2005 IX R 25/03, BStBl II 2006, 623; gegen BMF-Schreiben vom 9.8.2006, BStBl I 2006, 492).

Mit koordiniertem Ländererlass vom 7.7.2008 (BStBl I 2008, 717) hebt das BMF sein Schreiben vom 9.8.2006 (BStBl I 2006, 492) auf.

Der BFH bestätigt in seinem Urteil vom 15.1.2008 (IX R 45/07, BStBl II 2008, 572) seine Rechtsprechung (vgl. BFH-Urteil vom 15.11.2005 IX R 25/03, BStBl II 2006, 623), nach der Erhaltungsaufwendungen auch dann Werbungskosten des Stpfl. bei den Einkünften aus Vermietung und Verpachtung sind, wenn sie auf einem von einem Dritten im eigenen Namen, aber im Interesse des Stpfl. abgeschlossenen Werkvertrag beruhen und der Dritte die geschuldete Zahlung auch selbst leistet. Die Rechtsgrundsätze des Urteils vom 15.1.2008 sind anzuwenden. Entsprechendes gilt für den Betriebsausgabenabzug nach § 4 Abs. 4 EStG. Bei Kreditverbindlichkeiten und anderen Dauerschuldverhältnissen (z.B. Miet- und Pachtverträgen) kommt eine Berücksichtigung der Zahlung unter dem Gesichtspunkt der Abkürzung des Vertragswegs weiterhin nicht in Betracht (vgl. BFH-Urteil vom 24.2.2000 IV R 75/98, BStBl II 2000, 314). Gleiches gilt für Aufwendungen, die Sonderausgaben oder außergewöhnliche Belastungen darstellen.

1.4 Zusammenfassung

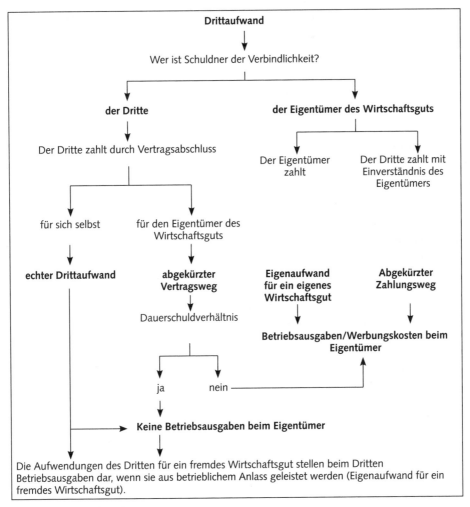

Abbildung: Drittaufwand

2. Eigenaufwand für ein fremdes Wirtschaftsgut

2.1 Aufwendungen im Zusammenhang mit Grundstücken

Die Grundsätze ergeben sich aus den BFH-Urteilen vom 30.1.1995 (GrS 4/92, BStBl II 1995, 281) und vom 23.8.1999 (GrS 5/97, BStBl II 1999, 774 und GrS 1/97, 778).

Trägt ein Steuerpflichtiger aus betrieblichem Anlass die Anschaffungs- oder Herstellungskosten für ein Gebäude oder einen Gebäudeteil, die im Alleineigentum oder Miteigentum eines Dritten stehen, mit dessen Zustimmung und darf er den Eigentumsanteil des Dritten unentgeltlich nutzen, so hat er die durch die Baumaßnahme geschaffene Nutzungsmöglichkeit entsprechend seinem Miteigentumsanteil als Gebäude und, soweit sie auf den Eigentumsanteil des Dritten entfällt, als so genannte Nutzungsbefugnis an dem fremden Gebäude oder Gebäudeteil »wie ein materielles Wirtschaftsgut« mit den Anschaffungs- oder Herstellungskosten anzusetzen und nach den für Gebäude geltenden Regelungen abzuschreiben (BFH-Urteil vom 30.1.1995, BStBl II 1995, 281).

2.2 Kfz-Aufwendungen

Der Ansatz der Kilometerpauschale von 0,30 € gilt nicht bei betrieblicher Nutzung eines unentgeltlich überlassenen Fahrzeugs (rkr. Urteil FG Nürnberg vom 29.8.2002 VII 201/1999, DStRE 2003, 1198). Mit der Pauschale werden alle gewöhnlichen Kfz-Kosten abgegolten, zu denen z.B. auch die AfA sowie Versicherung und Steuer gehören. Derartige Kosten sind dem nutzenden Steuerpflichtigen nicht entstanden bzw. bei ihm steuerlich nicht zu berücksichtigen. Die AfA kann der Steuerpflichtige nicht geltend machen, weil insoweit nicht abziehbare Drittaufwendungen des Pkw-Überlassenden vorliegen, der die Anschaffungskosten getragen hat. Was die Versicherung und die Steuer betrifft, so ist davon auszugehen, dass insoweit nicht der Steuerpflichtige, sondern der Pkw-Überlassende als Halter des Fahrzeugs Schuldner ist, so dass dessen Zahlungen auch nicht unter dem Gesichtspunkt des abgekürzten Zahlungswegs beim Steuerpflichtigen zu berücksichtigen sind. Es verbleibt danach beim allgemeinen Grundsatz, dass ein Steuerpflichtiger, der ein ihm von einem Dritten unentgeltlich überlassenes Fahrzeug für betriebliche Zwecke nutzt, nur die eigenen Aufwendungen abziehen kann, die ihm durch die Nutzung entstanden sind. Aus den tatsächlich entstandenen Kosten ist der Vorsteuerabzug dem Grunde nach möglich (§ 15 Abs. 1 Nr. 1 UStG).

Literatur: Heubeck, Behandlung des Drittaufwandes bei Ehegatten, Steuer & Studium 2001, 401.

Durchlaufende Posten

Rechtsquellen
→ § 4 Abs. 3 Satz 2 EStG
→ R 4.5 Abs. 2 Satz 3 EStR
→ § 10 Abs. 1 Satz 5 UStG

1. Allgemeines

Betriebseinnahmen und Betriebsausgaben, die im Namen und für Rechnung eines anderen vereinnahmt und verausgabt werden, sind in der § 4 Abs. 3-Rechnung nicht zu berücksichtigen. Solche Geldbewegungen werden als durchlaufende Posten bezeichnet (§ 4 Abs. 3 Satz 2 EStG). Sinn und Zweck dieser Regelung ist, dass Gelder, die der Steuerpflichtige von seinem Auftraggeber erhält, um sie in dessen Namen und für dessen Rechnung lediglich weiterzuleiten, den Gewinn nicht beeinflussen sollen. Durchlaufende Posten liegen insbesondere dann vor, wenn der Steuerpflichtige, der die Beträge vereinnahmt und verauslagt, im Zahlungsverkehr lediglich die Funktion einer Mittelsperson ausübt, ohne selbst einen Anspruch auf den Betrag gegen den Leistenden zu haben und auch nicht zur Zahlung an den Empfänger verpflichtet zu sein. Es darf sich also nicht um eine eigene Verbindlichkeit handeln.

Ob der Steuerpflichtige Beträge im Namen und für Rechnung eines anderen vereinnahmt und verauslagt, kann nicht unbedingt alleine nach der wirtschaftlichen Betrachtungsweise entschieden werden. Es ist vielmehr erforderlich, dass zwischen dem Zahlungsverpflichteten und dem, der Anspruch auf die Zahlung hat (Zahlungsempfänger), unmittelbaren Rechtsbeziehungen bestehen und der Steuerpflichtige lediglich den Auftrag hat, den entsprechenden Betrag an einen bestimmten Dritten zu leisten. Liegen solche unmittelbare Rechtsbeziehungen mit dem Steuerpflichtigen selbst vor, so sind Rechtsbeziehungen ohne Bedeutung, die zwischen dem Zahlungsempfänger und der Person bestehen, die an den Steuerpflichtigen leistet oder zu leisten verpflichtet ist. Nicht erforderlich ist jedoch, dass die Vereinnahmung und Verausgabung im gleichen Wirtschaftsjahr erfolgt. Es genügt, wenn die spätere Verausgabung mit Sicherheit erfolgen wird, oder wenn der Steuerpflichtige Zahlungen im Voraus geleistet hat und ihm die entsprechenden Beträge erst in einem späteren Jahr wieder erstattet werden.

Durchlaufenden Posten sind demnach z.B.:
- Gebühren für eine Baugenehmigung, die ein Architekt beim Bauamt im Namen und für Rechnung seines Auftraggebers verauslagt und später von diesem zurückerhält.
- Gerichtskosten, Zeugen- und Sachverständigengebühren, Streitsummen und Sicherheitsgelder, die ein Rechtsanwalt im Auftrag seines Mandanten vorschießt und an die zuständige Stelle weiterleitet.
- Kosten (Gebühren und Auslagen), die Rechtsanwälte, Notare, Architekten und Angehörige verwandter Berufe bei Behörden und ähnlichen Stellen für ihre Auftraggeber auslegen, sind auch dann als durchlaufende Posten zu behandeln, wenn dem Zahlungsempfänger Namen und Anschrift der Auftraggeber nicht mitgeteilt werden. Voraussetzung dafür ist, dass die Kosten nach Kosten- oder Gebührenordnungen berechnet werden, die den Auftraggeber als Kosten- oder Gebührenschuldner bestimmen.
- Zulassungsgebühren, die ein Kfz-Händler für seinen Kunden bei der Zulassungsstelle verauslagt, und die er sich später wieder zurückerstatten lässt.
- Beträge, die ein Handelsvertreter mit Inkassovollmacht anlässlich eines Kundenbesuchs erhält, um diesen an seinen Auftraggeber weiterzuleiten.

Keine durchlaufenden Posten sind z.B.:
- Auslagen eines Rechtsanwalts für Porto und Telefon, denn diese Aufwendungen tätigt er im eigenen Namen und auf eigene Rechnung; diese Auslagen sind als Betriebsausgaben zu erfassen. Entsprechende Ersatzleistungen des Mandanten sind demnach den Betriebseinnahmen zuzurechnen.
- Die an das Finanzamt zu zahlende Umsatzsteuer auf steuerpflichtige Umsätze, denn diese werden aufgrund der persönlichen Unternehmereigenschaft des Steuerpflichtigen in seinem eigenen Namen entrichtet. Siehe dazu auch den BFH-Beschluss vom 29.5.2006 (IV S 6/06, BFH/NV 2006, 1827).
- Erhaltene Vorschüsse auf Honorare, die später teilweise zurückgezahlt werden müssen, da sie für den Steuerpflichtigen selbst und nicht zur Weiterleitung an Dritte bestimmt sind.

2. Besonderheiten

2.1 Ansatz als Betriebsausgaben bzw. -einnahmen

Hat z.B. der Steuerpflichtige entgegen der Anweisung des § 4 Abs. 3 Satz 2 EStG Zahlungen im Auftrag seines Mandanten als Betriebsausgaben behandelt, kann er nicht deren Erstattung durch den Mandanten unter Berufung auf § 4 Abs. 3 Satz 2 EStG als gewinnneutral behandeln. In diesem Fall müsste die Veranlagung des Abzugsjahres entsprechend geändert werden. Ist dies jedoch aus verfahrensrechtlichen Gründen nicht mehr möglich, so muss er m.E. zum Ausgleich die Erstattung als Betriebseinnahme gewinnerhöhend ansetzen.

2.2 Ausfall der Forderung

Hat ein Steuerpflichtiger Gelder in fremdem Namen und für fremde Rechnung verausgabt, ohne dass entsprechende Gelder vereinnahmt werden, so kann er in dem Wirtschaftsjahr, in dem er nicht mehr mit einer Erstattung der verausgabten Gelder rechnen kann (z.B. wegen Tod des Mandanten bei fehlendem Nachlass oder bei Insolvenz), eine Betriebsausgabe in Höhe des nicht erstatteten Betrags absetzen. Soweit der bisher nicht erstattete Betrag in einem späteren Wirtschaftsjahr doch erstattet wird, ist er als Betriebseinnahme zu erfassen, wenn entsprechend zuvor eine Betriebsausgabe angesetzt wurde (R 4.5 Abs. 2 Satz 3 und 4 EStR).

2.3 Umsatzsteuerrechtliche Behandlung

Umsatzsteuerrechtlich ist zu beachten, dass Beträge, die der Unternehmer im Namen und für Rechnung eines anderen vereinnahmt und verausgabt (durchlaufende Posten), nicht zum Entgelt gehören (§ 10 Abs. 1 Satz 5 UStG). Die Folge ist, dass diese Beträge bei der Berechnung der Umsatzsteuer nicht zum Ansatz kommen (Abschn. 152 UStR).

Die Vfg. der OFD Karlsruhe vom 15.8.2007 (S 7200/16, DStR 2007, 1728) äußert sich zur Frage, wann von Rechtsanwälten, Notaren und Angehörigen verwandter Berufe verauslagte Gebühren (Gebühren nach dem GKG, Grundbuchabrufgebühren, Kosten für Aktenversendungspauschalen, Grundbuchauszüge, Handelsregisterauszüge und Einwohnermeldeanfragen) durchlaufende Posten darstellen.

Die von den Rechtsanwälten und Notaren verauslagten Gebühren werden bei der Weiterberechnung an den Mandanten häufig nicht der USt unterworfen. Dies ist nur zulässig, wenn es sich um durchlaufende Posten nach § 10 Abs. 1 Satz 6 UStG handelt. Ansonsten liegt ein Auslagenersatz vor, der zum Entgelt der steuerpflichtigen Anwalts- bzw. Notarleistung rechnet. Ein **durchlaufender Posten** nach § 10 Abs. 1 Satz 6 UStG liegt dann vor, wenn der Unternehmer, der die Beträge vereinnahmt und verauslagt, im Zahlungsverkehr lediglich die Funktion einer **Mittelsperson** ausübt, ohne selbst einen Anspruch auf den Betrag gegen den Leistenden zu haben. Weiterhin darf er auch nicht zur Zahlung an den Empfänger verpflichtet sein (Abschn. 152 UStR). Der **Unternehmer** darf also **weder Gläubiger** noch **Schuldner** dieser Beträge sein. Es ist vielmehr erforderlich, dass zwischen dem Zahlungsverpflichteten und dem, der Anspruch auf die Zahlung hat (Zahlungsempfänger), unmittelbare Rechtsbeziehungen bestehen.

Kosten (Gebühren und Auslagen), die Rechtsanwälte, Notare und Angehörige verwandter Berufe bei Behörden und ähnlichen Stellen für ihre Auftraggeber auslegen, können als durchlaufende Posten nur dann anerkannt werden, wenn die Kosten nach Kosten- bzw. Gebührenordnungen berechnet werden und den Auftraggeber (Mandanten) als Kosten- bzw. Gebührenschuldner bestimmen. Dabei ist nicht erforderlich, dass die Namen und Anschriften der Auftraggeber dem Zahlungsempfänger mitgeteilt werden (Abschn. 152 Abs. 2 Satz 4 UStR).

Steuern, öffentliche Gebühren und Abgaben, die vom Unternehmer (Rechtsanwalt, Notar, Steuerberater) geschuldet werden, sind bei ihm keine durchlaufenden Posten, auch wenn sie dem Leistungsempfänger gesondert berechnet werden (vgl. Abschn. 149 Abs. 6 UStR).

Die **Gebühren nach dem GKG** stellen i.d.R. einen **durchlaufenden Posten** dar, da hier der Gebührenschuldner nicht der Rechtsanwalt, sondern die Partei ist.

Gebühren für die Nutzung des automatisierten Verfahrens zum Abruf von Daten aus dem maschinellen Grundbuch sind **keine** durchlaufenden Posten. Nach dem Beschluss der obersten Finanzbehörden des Bundes und der Länder gilt hierzu Folgendes: Nach § 2 VO über **Grundbuchabrufverfahrensgebühren** i.V.m. § 133 Abs. 2 der Grundbuchordnung ist nicht der Auftraggeber, sondern der Notar gegenüber der Justiz Gebührenschuldner, da ihm die Genehmigung zur Einrichtung eines automatisierten Abrufverfahrens zu erteilen ist. Der Notar zahlt die Grundbuchabrufverfahrensgebühren daher im eigenen Namen und auf eigene Rechnung, so dass diese zum umsatzsteuerlichen Entgelt gehören. Eine Behandlung als durchlaufende Posten kommt nicht in Betracht.

Bei den Kosten für **Aktenversendungspauschale**, **Grundbuchauszüge**, **Handelsregisterauszüge**, **Einwohnermeldeamtanfragekosten** ist regelmäßig der Unternehmer (Rechtsanwalt, Notar u. Ä.) der Schuldner. Somit handelt es sich lediglich um **Auslagenersatz**, der bei Weiterberechnung an den Mandanten der USt unterworfen werden muss.

Literatur: Klein, Anwaltliche und notarielle Rechnungsposten, NWB Fach 7, 6929.

E

Einkünfte aus selbständiger Arbeit

→ Chefärzte

Rechtsquellen
→ § 18 EStG

1. Überblick über den Einkünftekatalog des § 18 EStG

Zu den Einkünften aus selbständiger Arbeit gehören:
1. Einkünfte aus freiberuflicher Tätigkeit (§ 18 Abs. 1 Nr. 1 EStG).
   Das Verfassen von technischen Gebrauchsanleitungen ist eine schriftstellerische Tätigkeit, wenn der erstellte Text eine eigenständige gedankliche Leistung des Autors darstellt (BFH-Urteil vom 25.4.2002 IV R 4/01, BStBl II 2002, 475).
   Ein selbständig tätiger Krankenpfleger kann Einkünfte aus einer freiberuflichen Tätigkeit erzielen, wenn er Leistungen der häuslichen Krankenpflege erbringt. Bedient er sich dabei qualifizierten Personals, setzt eine leitende und eigenverantwortliche Tätigkeit voraus, dass er auch selbst gegenüber jedem Patienten pflegerisch tätig wird. Leistungen der häuslichen Pflegehilfe führen zu Einkünften aus Gewerbebetrieb (BFH-Urteil vom 22.1.2004 IV R 51/01, BFH/NV 2004, 884).
   Wird ein selbständiger Arbeitsmediziner zugleich auch auf dem Gebiet der Arbeitssicherheit tätig, sind die Einkünfte aus dem Bereich der Arbeitssicherheit nur dann solche aus freiberuflicher Tätigkeit, wenn der Mediziner insoweit einen dem Beruf des Ingenieurs ähnlichen Beruf ausübt. Dafür muss er über die theoretischen Kenntnisse eines Ingenieurs verfügen. Wenn dies nicht der Fall ist, ist die gesamte Tätigkeit als gewerblich zu beurteilen (BFH-Beschluss vom 11.4.2005 IV B 106/03, BFH/NV 2005, 1544).
2. Einkünfte der Einnehmer einer staatlichen Lotterie, wenn sie nicht Einkünfte aus Gewerbebetrieb sind (§ 18 Abs. 1 Nr. 2 EStG).
3. Einkünfte aus sonstiger selbständiger Arbeit (§ 18 Abs. 1 Nr. 3 EStG).
   Die Tätigkeit eines Konkurs-(Insolvenz-) Zwangs- und Vergleichsverwalters ist eine vermögensverwaltende i.S.d. § 18 Abs. 1 Nr. 3 EStG und keine freiberufliche Tätigkeit i.S.d. § 18 Abs. 1 Nr. 1 EStG (BFH-Urteil vom 12.12.2001 XI R 56/00, BStBl II 2002, 202). Wird ein Rechtsanwalt (überwiegend) als Verwalter im Gesamtvollstreckungsverfahren tätig, gilt nichts anderes; auch ein Rechtsanwalt kann Vermögensverwaltung i.S.d. § 18 Abs. 1 Nr. 3 EStG betreiben. Eine Tätigkeit ist nicht allein deswegen eine freiberufliche, weil sie mit dem Berufsbild eines Katalogberufs nach den berufsrechtlichen Vorschriften vereinbar ist. Die Tätigkeit als Testamentsvollstrecker ist, auch wenn sie von einem Steuerberater oder Wirtschaftsprüfer ausgeübt wird, keine Beratungsleistung i.S.d. § 3a Abs. 4 Nr. 3 UStG. Der Ort der sonstigen Leistung bestimmt sich daher nach § 3a Abs. 1 UStG (BFH-Urteil vom 5.6.2003 V R 25/02, BStBl II 2003, 734).

Einkünfte aus selbständiger Arbeit

4. Einkünfte, die ein Beteiligter an einer vermögensverwaltenden Gesellschaft, deren Zweck im Erwerb, Halten und in der Veräußerung von Anteilen an Kapitalgesellschaften besteht, als Vergütung für Leistungen zur Förderung des Gesellschaftszwecks erzielt (§ 18 Abs. 1 Nr. 4 EStG; sog. Wagniskapitalgesellschaften).
5. Veräußerungsgewinne (§ 18 Abs. 3 EStG).

Zur Abgrenzung von Einkünften aus Gewerbebetrieb siehe H 15.6 EStH.

2. Die Zuordnung der Einkunftsart auf dem Vordruck EÜR

Für die Zuordnung der Einkunftsart sieht Zeile 1a des Vordrucks EÜR folgende Eintragungen vor:

	Allgemeine Angaben zum Betrieb		Zuordnung zu Einkunftsart	
	Art des Betriebs		und Person (siehe Anleitung)	
4	100		105	
5	Im Kalenderjahr/Wirtschaftsjahr wurde der Betrieb veräußert oder aufgegeben	111	Ja = 1	
6	Im Kalenderjahr/Wirtschaftsjahr wurden Grundstücke/grundstücksgleiche Rechte entnommen oder veräußert	120	Ja = 1 = 2	oder Nein

	Stpfl./Ehemann	Ehefrau	Ehegatten-Mitunternehmerschaft
Einkünfte aus Land- und Forstwirtschaft	1	2	7
Einkünfte aus Gewerbebetrieb	3	4	8
Einkünfte aus selbständiger Tätigkeit	5	6	9

Einlagen

→ Aufzeichnungs- und Aufbewahrungspflichten
→ Betriebseröffnung
→ Entnahmen
→ Geldverkehrsrechnung

→ Geringwertige Wirtschaftsgüter
→ Schenkungen
→ Schuldzinsen
→ Vordruck EÜR

Rechtsquellen
→ § 4 Abs. 1 Satz 5 EStG
→ § 6 Abs. 1 Nr. 5 EStG
→ R 4.3 Abs. 1 EStR

→ R 6.12 EStR
→ R 7.3 Abs. 6 EStR
→ R 7.4 Abs. 10 EStR

1. Begriff

Wie beim Betriebsvermögensvergleich sind auch bei der § 4 Abs. 3-Rechnung Einlagen zu berücksichtigen. Nur so kann die Totalgewinnidentität zwischen den beiden Gewinnermittlungsarten sichergestellt werden (→ **Gesamtgewinngleichheit**). Was unter einer Einlage zu verstehen ist, definiert § 4 Abs. 1 Satz 5 EStG. Danach sind Einlagen alle Wirtschaftsgüter, die der Steuerpflichtige **aus seinem Privatbereich dem Betrieb zugeführt** hat. Gegenstand einer Einlage können demnach abnutzbare und nicht abnutzbare, materielle und immaterielle Wirtschaftsgüter aller Art sein, unabhängig davon, ob sie dem Anlage- oder dem Umlaufvermögen zuzuordnen sind (R 4.3 Abs. 1 EStR).

Im Unterschied zu der Legaldefinition von Entnahmen (§ 4 Abs. 1 Satz 2 EStG), erwähnt § 4 Abs. 1 Satz 5 EStG nur Geld und sonstige Wirtschaftsgüter als einlagefähig. Nutzungen und Leistungen werden nicht genannt. Der Große Senat des BFH hat in seinem Urteil vom 26.10.1987 (BStBl II 1988, 348) ausgeführt, dass eine bloße Nutzung oder Leistung nicht Gegenstand einer Einlage sein kann (H 4.3 (1) [Nutzungsrechte/Nutzungsvorteile] EStH). Dies bedeutet aber nicht, dass z.B. die anteiligen Kosten, die etwa eine betriebliche Nutzung des privaten Pkws verursacht, sich nicht gewinnmindernd auswirken dürfen. Nach R 4.7 Abs. 1 Satz 2 EStR sind diese anteiligen betrieblich veranlassten Kosten als Betriebsausgaben abzugsfähig. Im Schrifttum wird diese Form der Einlage als »Aufwands- oder Nutzungseinlage« bezeichnet.

Einlagen liegen insbesondere dann vor, wenn aus dem **außerbetrieblichen Bereich** Wertabgaben **an den Betrieb** erfolgen. Dieser außerbetriebliche Bereich kann der **private Bereich** des Steuerpflichtigen aber auch der **Bereich der Überschusseinkünfte** sein. Wird z.B. eine bisher der nichtselbständigen Arbeit (§ 19 EStG) dienende Computeranlage nur noch für den betrieblichen Bereich genutzt, so ist dies eine Einlage von → **abnutzbarem Anlagevermögen**. Hingegen ist begrifflich keine Einlage gegeben, wenn z.B. aus einem Gewerbebetrieb in einen Betrieb der Land- und Forstwirtschaft oder der selbständigen Arbeit desselben Steuerpflichtigen ein Wirtschaftsgut überführt wird. Dieser Vorgang ist grundsätzlich weder eine Entnahme aus dem abgebenden Betrieb noch eine Einlage bei dem empfangenden Betrieb, weil die Wertabgabe nicht aus dem außerbetrieblichen Bereich erfolgte. Alle Betriebe des Steuerpflichtigen begründen zusammen die betriebliche Sphäre. In diesem Fall wird man zum einen eine »buchtechnische« Entnahme und zum anderen eine »buchtechnische« Einlage annehmen müssen, die beide zu keiner Gewinnrealisierung führen.

Einlagen haben in der § 4 Abs. 3-Rechnung i.d.R. den **Charakter von** → **Betriebsausgaben**. Es kommt daher, wie bei einem entgeltlichen Erwerb von Wirtschaftsgütern, entscheidend darauf an, welche Art von Wirtschaftsgut eingelegt wird.

Sämtliche Einlagen innerhalb des Kalenderjahres sind in **Zeile 83** des Vordrucks EÜR zu erfassen (→ Vordruck EÜR → Schuldzinsen). Nach § 4 Abs. 4a EStG sind die Einlagen gesondert aufzuzeichnen.

	Entnahmen und Einlagen		99	29
			EUR	Ct
82	Entnahmen einschl. Sach-, Leistungs- und Nutzungsentnahmen	122		,
83	Einlagen einschl. Sach-, Leistungs- und Nutzungseinlagen	123		,

2. Einlage von Geld

Dieser Vorgang bleibt i.R.d. § 4 Abs. 3-Rechnung als solcher unberücksichtigt. Insbesondere liegen keine Betriebseinnahmen vor, da dieser Geldzufluss nicht betrieblich, sondern privat veranlasst war. Bezahlt jedoch der Steuerpflichtige mit privaten Mitteln eine betriebliche Schuld, treten die Gewinnauswirkungen ein, die auch eingetreten wären, wenn er die Schuld aus betrieblichen Mitteln beglichen hätte.

Werden also z.B. laufende Betriebsausgaben mit privaten Geldern gezahlt, so liegt im Zeitpunkt der Zahlung eine in voller Höhe abzugsfähige Betriebsausgabe vor.

Wird eine private Forderung des Steuerpflichtigen mit einer betrieblichen Schuld verrechnet, so treten auch hier die Auswirkungen ein, als wenn die Schuld mit betrieblichen Mitteln beglichen worden wäre.

In **Zeile 83** des Vordrucks EÜR sind auch die reinen **Geldeinlagen** zu **erfassen**.

Beispiel 1:
Das Finanzamt verrechnet einen Einkommensteuer-Erstattungsanspruch mit einer betrieblichen Umsatzsteuerschuld i.H.v. 1 500 €.

Lösung:
In diesem Fall wird gedanklich unterstellt, dass der Einkommensteuer-Erstattungsbetrag privat vereinnahmt wurde, sodann ins Betriebsvermögen eingelegt und damit die betrieblichen Schulden beglichen wurden. Im Endergebnis hat also der Steuerpflichtige eine gewinnneutrale Geldeinlage getätigt und mit dieser eine betriebliche Schuld bezahlt. Im Zeitpunkt der Verrechnung ist die USt abgeflossen und damit als Betriebsausgabe anzusetzen (H 9b [Gewinnermittlung nach § 4 Abs. 3 EStG ...] EStH; **Zeile 53** des Vordrucks EÜR). Die private Geldeinlage ist in **Zeile 83** zu erfassen.

	Sonstige unbeschränkt abziehbare Betriebsausgaben für		
48	Porto, Telefon, Büromaterial	192	,
49	Fortbildung, Fachliteratur	193	,
50	Rechts- und Steuerberatung, Buchführung	194	,
51	Übrige Betriebsausgaben	183	,
52	Gezahlte Vorsteuerbeträge	185	,
53	An das Finanzamt gezahlte und ggf. verrechnete Umsatzsteuer	186	,

Beispiel 2:
Rechtsanwalt A zahlt die Miete für seine Büroräume i.H.v. 2 000 € von seinem privaten Konto.

Lösung:
Im Zeitpunkt der Zahlung liegt i.H.v. 2 000 € eine Betriebsausgabe vor, die in **Zeile 39** des Vordrucks EÜR zu erfassen ist.

	Raumkosten und sonstige Grundstücksaufwendungen		
38	Abziehbare Aufwendungen für ein häusliches Arbeitszimmer (einschl. AfA lt. Zeile 9 des Anlageverzeichnisses und Schuldzinsen)	172	,
39	Miete/Pacht für Geschäftsräume und betrieblich genutzte Grundstücke	150	,
40	Sonstige Aufwendungen für betrieblich genutzte Grundstücke (ohne Schuldzinsen und AfA)	151	,

Die private Geldeinlage ist in **Zeile 83** zu erfassen.

3. Einlage von Gegenständen (Sacheinlagen)

Eine Sacheinlage kann nur dann vorliegen, wenn ein Einlagewille vorhanden ist und eine Einlagehandlung vorgenommen wurde, aus der sich zweifelsfrei ergibt, dass das Wirtschaftsgut endgültig zum Betriebsvermögen gehören soll. Man könnte die Sacheinlage auf eine einfache Formel bringen: aus bisherigem Privatvermögen wird → **Betriebsvermögen**.

Einlagen sind mit dem Teilwert im Zeitpunkt der Zuführung anzusetzen. In bestimmten Fällen sind jedoch höchstens die Anschaffungs- oder Herstellungskosten zu berücksichtigen. Die Bewertungsvorschriften finden sich in § 6 Abs. 1 Nr. 5 EStG. Durch das nachfolgende Schaubild werden die möglichen Wertansätze einer Sacheinlage dargestellt.

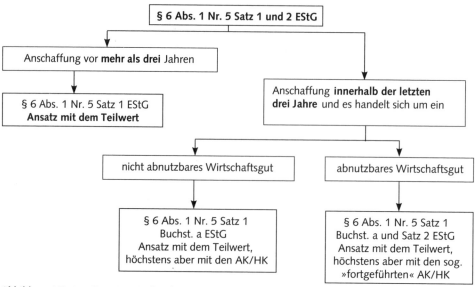

Abbildung: Wertansätze einer Sacheinlage

Wie dieser nach § 6 Abs. 1 Nr. 5 EStG ermittelte Wert der Sacheinlage innerhalb der § 4 Abs. 3-Rechnung berücksichtigt wird, hängt davon ab, um welche Art der Sacheinlage es sich handelt. Es ist demnach zu unterscheiden, ob → **Umlaufvermögen**, → **abnutzbares**

Anlagevermögen oder → **nicht abnutzbares Anlagevermögen** eingelegt wird. Die jeweilige **Sacheinlage** wird **so** behandelt, **als wäre** das entsprechende Wirtschaftsgut **entgeltlich angeschafft** worden. Vereinfachend könnte man sagen, dass eine Sacheinlage zu sehen ist »wie ein Kauf von sich selbst« zu einem Einkaufspreis entsprechend dem Einlagewert.

3.1 Einlage von Umlaufvermögen

Der Wert dieser Einlage wirkt sich im Jahr der Einlage sofort und in voller Höhe als Betriebsausgabe aus (**Zeile 21** des Vordrucks EÜR). Der spätere Verkauf oder eine spätere Gegenstandsentnahme des eingelegten Gegenstandes stellt in voller Höhe Betriebseinnahme dar (**Zeile 10** bzw. **Zeile 11** des Vordrucks EÜR).

Beispiel:
Ein Gemüse- und Obsthändler verkauft in seinem Laden auch Gemüse und Kartoffeln aus seinem privaten Garten.
Ein Gebrauchtwagenhändler verkauft in seinen Räumen seinen eigenen alten privaten Wagen.

Lösung:
In beiden Fällen ist der Einlagewert im Zeitpunkt der Einlage in voller Höhe als Betriebsausgabe (**Zeile 21** des Vordrucks EÜR) zu erfassen. Der jeweilige Verkaufserlös ist dann als Betriebseinnahme zu versteuern (**Zeile 10** des Vordrucks EÜR).

3.2 Einlage von abnutzbarem Anlagevermögen

3.2.1 Allgemeines

Hier wirkt sich der Einlagewert i.d.R. nur über die AfA als Betriebsausgabe aus. Die AfA bemisst sich nach den fortgeführten Anschaffungs- oder Herstellungskosten (§ 4 Abs. 3 Satz 3 EStG i.V.m. R 7.3 Abs. 6 Satz 1 EStR, § 7 Abs. 1 Satz 5 EStG; → **Anlageverzeichnis**). Bei einem späteren Verkauf oder einer Gegenstandsentnahme ist ein etwaiger noch vorhandener Restwert als Betriebsausgabe abzusetzen (H 4.5 (3) [Veräußerung abnutzbarer Wirtschaftsgüter/Unterlassene AfA] EStH; **Zeile 34** des Vordrucks EÜR).
  Nach dem BFH-Urteil vom 18.8.2009 (X R 40/06, LEXinform 0587649) ist Bemessungsgrundlage für die AfA nach der Einlage die Differenz zwischen dem Einlagewert und den vor der Einlage bei den Überschusseinkünften bereits in Anspruch genommenen planmäßigen und außerplanmäßigen Absetzungen (gegen R 7.3 Abs. 6 Satz 1 EStR). Der BFH bestätigt die Rechtsgrundsätze des Niedersächsischen FG vom 5.9.2006 (13 K 537/05, EFG 2007, 112).

Wirtschaftsgut dient der Erzielung von **Überschusseinkünften** i.S.d. § 2 Abs. 1 Nr. 4 bis 7 EStG	Wirtschaftsgut dient **keiner Einkunftsart**	
Nutzungsänderung:	**Nutzungsänderung:**	
Wirtschaftsgut dient **Gewinneinkunftsart** i.S.d. § 2 Abs. 1 Nr. 1 bis 3 EStG:	Wirtschaftsgut dient **Gewinneinkunftsart** i.S.d. § 2 Abs. 1 Nr. 1 bis 3 EStG:	Wirtschaftsgut dient **Überschusseinkunftsart** i.S.d. § 2 Abs. 1 Nr. 4 bis 7 EStG:
Einlage i.S.d. § 6 Abs. 1 Nr. 5 EStG		Umwidmung
Anschaffung oder Herstellung innerhalb der letzten drei Jahre vor der Einlage	Anschaffung oder Herstellung innerhalb der letzten drei Jahre vor der Einlage	
ja	nein	ja	nein	
Vergleich Teilwert mit den fortgeführten AK/HK, geringerer Wert wird angesetzt (R 6.12 Satz 1 EStR)	Teilwert ansetzen	Vergleich Teilwert mit den fortgeführten AK, geringerer Wert wird angesetzt (R 6.12 Satz 1 und 2 EStR)	Teilwert ansetzen	
§ 7 Abs. 1 Satz 5 EStG; R 7.3 Abs. 6 Satz 1 bis 3 EStR	§ 7 Abs. 1 Satz 5 EStG; R 7.3 Abs. 6 Satz 1 bis 3 EStR	R 7.3 Abs. 6 Satz 3 EStR	R 7.3 Abs. 6 Satz 5 EStR
Die weitere AfA bemisst sich **immer** nach den **fortgeführten** AK/HK (s.a. H 7.3 [Einlage eines Wirtschaftsguts] EStH). Gegen diese Verwaltungsauffassung hat das Schleswig-Holsteinische FG mit rechtskräftigen Urteil vom 10.7.2008 (5 K 149/05, LEXinform 5007015) entschieden. Siehe auch das BFH-Urteil vom 18.8.2009 (X R 40/06, LEXinform 0587649), das die Finanzgerichtsrechtsprechung bestätigt (Urteil des Niedersächsischen FG vom 5.9.2006, 13 K 537/05, EFG 2007, 112).		Die AfA bemisst nach dem Einlagewert.	Die AfA bemisst sich nach den Anschaffungs- oder Herstellungskosten. Die fiktive AfA, die auf die Zeit vor der Umwidmung entfällt, ist zu berücksichtigen (R 7.4 Abs. 10 Nr. 2 Satz 4 EStR; H 7.4 [AfA-Volumen: Umwidmung eines Wirtschaftsgutes in den Bereich der Einkünfteerzielung] EStH).
R 7.4 Abs. 10 Satz 1 Nr. 1 EStR			R 7.4 Abs. 10 Satz 1 Nr. 2 EStR
Im Einlagejahr ist die AfA zeitanteilig zu berücksichtigen (§ 7 Abs. 1 Satz 4 EStG).			

Abbildung: Einlage bzw. Umwidmung eines beweglichen Wirtschaftsguts

Wird ein Wirtschaftsgut in ein Betriebsvermögen eingelegt, für das zuvor i.R.d. Überschusseinkunftsarten i.S.d. § 2 Abs. 1 Satz 1 Nr. 4 bis 7 EStG Absetzungen für Abnutzung oder Substanzverringerung, Sonderabschreibungen oder erhöhte Absetzungen geltend gemacht worden sind, bemisst sich die weitere AfA nach den fortgeführten Anschaffungs- oder Herstellungskosten (§ 7 Abs. 1 Satz 5 und Abs. 4 Satz 1 EStG). In diesen Fällen darf die Summe der insgesamt in Anspruch genommenen Abschreibungen die Anschaffungs- oder Herstellungskosten nicht übersteigen. Bei Wirtschaftsgütern, die der Steuerpflichtige aus einem Betriebsvermögen in das Privatvermögen überführt hat, ist die weitere AfA nach dem Teilwert (§ 6 Abs. 1 Nr. 4 Satz 1 EStG) oder gemeinen Wert (§ 16 Abs. 3 Satz 6 bis 8 EStG) zu bemessen, mit dem das Wirtschaftsgut bei der Überführung steuerlich erfasst worden ist (R 7.3 Abs. 6 EStR).

Das Schleswig-Holsteinische FG hat mit rechtskräftigem Urteil vom 10.7.2008 (5 K 149/05, EFG 2008, 1610, LEXinform 5007015) gegen die in R 7.3 Abs. 6 EStR dargestellte Verwaltungsmeinung entschieden. Das FG schließt sich der finanzgerichtlichen Rechtsprechung und der herrschenden Meinung in der Literatur an, wonach für die weitere AfA der Einlagewert nach § 6 Abs. 1 Nr. 5 EStG abzüglich der bereits im Bereich der Überschusseinkunftsarten in Anspruch genommenen AfA maßgeblich ist (vgl. Urteil des Niedersächsischen FG vom 5.9.2006 13 K 537/05, EFG 2007, 112; Urteil FG Münster vom 23.8.2006 1 K 6956/03 F, EFG 2007, 178). Zwar deutet der Wortlaut des § 7 Abs. 1 Satz 5 EStG auf die von der Finanzverwaltung vertretene Auslegung hin. Denn die Regelung erwähnt nicht den Einlagewert i.S.d. § 6 Abs. 1 Nr. 5 EStG, sondern nur die Anschaffungs- oder Herstellungskosten. Insoweit ist aber zu beachten, dass sich nach einer Einlage gem. § 6 Abs. 1 Nr. 5 EStG die weitere AfA schon immer nach dem Einlagewert bemessen hat, obwohl nach dem Wortlaut des § 7 Abs. 1 EStG eigentlich nur die Anschaffungs- oder Herstellungskosten für die Bemessung der AfA maßgeblich sind. Die Einlage wird für Zwecke der AfA als anschaffungsähnlicher Vorgang und der Einlagewert als »fiktive« Anschaffungs- oder Herstellungskosten gewertet. Wird der Wortlaut des § 7 Abs. 1 Satz 5 EStG im Kontext mit der herkömmlichen Ermittlung der AfA-Bemessungsgrundlage bei Einlagen in das Betriebsvermögen gesehen, kann § 7 Abs. 1 Satz 5 EStG auch so verstanden werden, dass lediglich die AfA, die bereits i.R.d. Überschusseinkunftsarten vorgenommen worden ist, aus der AfA Bemessungsgrundlage auszuklammern ist.

Mit Urteil vom 18.8.2009 (X R 40/06, LEXinform 0587649) hat der BFH die Rechtsauffassung des Niedersächsischen FG vom 5.9.2006 (13 K 537/05, EFG 2007, 112) bestätigt.

Beispiel: Einlage eines Pkw
Ein Pkw (Nutzungsdauer = 5 Jahre) wird am 14.9.16 für 20 000 € plus 3 800 € USt (19 %) erworben und ausschließlich privat genutzt.
Ab dem 5.11.18 wird er dem Betrieb gewidmet und nur noch für betriebliche Zwecke verwendet. Der Teilwert zum 5.11.18 beträgt
• in der Variante a) 13 000 € und
• in der Variante b) 15 000 €.

Lösung:
Bis zum 4.11.18 stellte der Pkw notwendiges Privatvermögen dar. Durch die Nutzungsänderung am 5.11.18 muss er aufgrund seiner ausschließlich nur noch betrieblichen Nutzung dem notwendigen Betriebsvermögen zugeordnet werden. Durch diese Nutzungsänderung wird also aus Privatvermögen Betriebsvermögen. Die Zuführung zum Betriebsvermögen erfolgt durch eine Sacheinlage. Zunächst einmal ist der Wert dieser Sacheinlage zu ermitteln und dann innerhalb der § 4 Abs. 3-Rechnung entsprechend zu berücksichtigen. Da die Anschaffung des Pkw innerhalb der letzten 3 Jahre vor der Einlage erfolgte, sind die »fortgeführten« Anschaffungskosten zu ermitteln und mit dem Teilwert zu vergleichen.

AK am 14.9.16	23 800 €	Die in Rechnung gestellte USt war nicht abziehbar (nicht für das Unternehmen; § 15 Abs. 1 Nr. 1 UStG i.V.m. § 9b Abs. 1 EStG).
»verbrauchte« lineare AfA für die Zeit vom 14.9.16 bis 4.11.18	23 800 € × 25/60 = 9 916 €	Der Berechnung kann weder die degressive AfA nach § 7 Abs. 2 EStG noch die Sonderabschreibung nach § 7g EStG zugrunde gelegt werden, da im Privatvermögensbereich begrifflich kein Anlagevermögen möglich ist. 25 = »verbrauchte« AfA-Monate (zugunsten abgerundet), 60 AfA-Monate insgesamt. Die »verbrauchte« AfA ist auch dann zu berücksichtigen, wenn die AfA sich steuerlich bisher nicht ausgewirkt hat (R 6.12 Satz 2 EStR).
»fortgeführte« AK zum 5.11.18	13 884 €	
Ergebnis	Variante a) Die »fortgeführten« Anschaffungskosten sind höher als der Teilwert zum Zeitpunkt der Einlage, also Ansatz mit dem Teilwert = 13 000 €. Variante b) Die »fortgeführten« Anschaffungskosten sind niedriger als der Teilwert zum Zeitpunkt der Einlage, also Ansatz mit den »fortgeführten« Anschaffungskosten = 13 884 €	§ 6 Abs. 1 Nr. 5 Satz 1 Buchst. a und Satz 2 EStG
Folgewirkungen der Sacheinlage auf die § 4 Abs. 3-Rechnung	Die Sacheinlage als solche hat keinerlei Auswirkung auf die Höhe der Betriebsausgaben bzw. Betriebseinnahmen. Der Einlagewert ist allerdings in **Zeile 83** der Anlage EÜR zu erfassen. Da der Pkw nunmehr zum abnutzbaren Anlagevermögen gehört, sind die entsprechenden AfA-Beträge als Betriebsausgaben zu berücksichtigen. AfA-Bemessungsgrundlage = der Einlagewert = 13 000 € bzw. 13 884 € (→ **Anlageverzeichnis**) AfA-Methode = lineare AfA nach § 7 Abs. 1 EStG oder degressive AfA nach § 7 Abs. 2 EStG, wobei als Nutzungsdauer die tatsächliche künftige Nutzungsdauer zugrunde zu legen ist (als künftige Nutzungsdauer ist z.B. ein Zeitraum von drei Jahren zugrunde zu legen). Dies hat zur Folge, dass die lineare AfA günstiger ist und zu einem AfA-Jahresbetrag von 4 334 €/4 628 € führt.	§ 4 Abs. 3 Satz 3 EStG R 7.3 Abs. 6 Satz 1 EStR R 7.4 Abs. 10 Nr. 1 EStR § 7 Abs. 1 Satz 4 EStG

Einkünfte aus selbständiger Arbeit

Folgewirkungen der Sacheinlage auf die § 4 Abs. 3-Rechnung	Die AfA ist zeitanteilig zu gewähren. Es ergibt sich ein AfA-Betrag i.H.v. 722 €/771 €.		§ 4 Abs. 4 EStG
	Dieser Betrag ist innerhalb der § 4 Abs. 3-Rechnung als Betriebsausgabe zu erfassen (**Zeile 26** des Vordrucks EÜR).		§ 4 Abs. 4 EStG i.V.m. § 11 Abs. 2 EStG
	Die anderen, ab dem 5.11.18 anfallenden Pkw-Kosten sind bei Leistung in voller Höhe als Betriebsausgaben gewinnmindernd anzusetzen. M.E. ist auch die im Privatbereich vor der Einlage gezahlte Kfz-Steuer und -Versicherung, soweit sie auf die Zeit nach der Einlage entfallen, als Nutzungseinlage zu behandeln (**Zeile 35** des Vordrucks EÜR).		
	Würde der Pkw nach der Sacheinlage auch privat mitbenutzt werden, ohne die Eigenschaft als notwendiges Betriebsvermögen zu verlieren, so müssten die privat veranlassten Pkw-Kosten im Wege einer Nutzungsentnahme gewinnerhöhend (als fiktive Betriebseinnahmen) berücksichtigt werden (**Zeile 15** des Vordrucks EÜR).		

1	Name				Anlageverzeichnis/Ausweis des Umlaufvermögens[1] zur Anlage EÜR				
2	Vorname								
3	(Betriebs-) Steuernummer						77	09	1
								99	40
	Gruppe/Bezeichnung des WG	AK/HK/ Einlagewert EUR	Buchwert zu Beginn des Gewinnermittlungszeitraums EUR	Zugänge EUR	Sonder-AfA nach § 7g EStG EUR	AfA EUR	Abgänge (zu erfassen in Zeile 34)[4] EUR	Buchwert am Ende des Gewinnermittlungszeitraums EUR	
	Bewegliche Wirtschaftsgüter								
13	Pkw Fall a)	400 13 000	401 0	402	403	404 722	405	406 12 278	
13	Pkw Fall b)	13 884				771		13 113	
15	Büroeinrichtung	410	411	412	413	414	415	416	
17	Andere	420	421	422	423	424	425	426	
19	Summe				480 (Übertrag in Zeile 30)	490 (Übertrag in Zeile 26)			

3.2.2 Besonderheiten

Auch bei einer Einlage von Gebäuden/Gebäudeteilen bestimmt sich die neue AfA-Bemessungsgrundlage nach R 7.3 Abs. 6 Satz 1 EStR. Zur Vornahme der weiteren AfA vgl. R 7.4 Abs. 10 EStR und H 7.4 [AfA-Volumen] EStH.

Wird ein Wirtschaftsgut in ein Betriebsvermögen eingelegt, für das zuvor i.R.d. Überschusseinkunftsarten i.S.d. § 2 Abs. 1 Nr. 4 bis 7 EStG Absetzungen für Abnutzung oder Substanzverringerung, Sonderabschreibungen oder erhöhte Absetzungen geltend gemacht worden sind, so bemisst sich die weitere AfA nach den fortgeführten Anschaffungs- oder Herstellungskosten (§ 7 Abs. 1 Satz 5 und Abs. 4 Satz 1 EStG). In diesen Fällen darf die Summe der insgesamt in Anspruch genommenen Abschreibungen die Anschaffungs- oder Herstellungskosten nicht übersteigen (R 7.3 Abs. 6 Satz 1 und 2 EStR, H 7.3 [Einlage eines WG – Beispiel –] EStH). Siehe aber auch die Entscheidung des Schleswig-Holsteinischen FG vom 10.7.2008 (5 K 149/05, EFG 2008, 1610) sowie das BFH-Urteil vom 18.8.2009 (X R 40/06, LEXinform 0587649), wonach der Einlagewert abzüglich der bereits in Anspruch genommenen AfA die weitere AfA-Bemessungsgrundlage darstellt (s.o.).

Bei der Einlage eines fremdfinanzierten WG wird die zur Finanzierung des Wirtschaftsguts aufgenommene private Schuld zu einer betrieblichen Schuld (R 4.2 Abs. 15 EStR).

Die GWG-Regelung nach § 6 Abs. 2 EStG gilt auch bei der Einlage von geringwertigen Wirtschaftsgütern (→ **Geringwertige Wirtschaftsgüter**). Sind die Voraussetzungen nach § 6 Abs. 2 EStG erfüllt, übersteigt insbesondere der Einlagewert (§ 6 Abs. 1 Nr. 5 EStG) nicht die 150 €-Grenze, so liegen im Einlagezeitpunkt sofort und in voller Höhe Betriebsausgaben vor. Bei der Prüfung der 150 €-Grenze kann aber in diesen Fällen ein Vorsteuerbetrag nicht abgezogen werden, da im Einlagewert naturgemäß (da nicht von einem anderen Unternehmer, § 15 Abs. 1 Nr. 1 UStG) keine Vorsteuer enthalten sein kann. Sind bei einer Einlage innerhalb von drei Jahren nach Anschaffung des GWG die Anschaffungskosten während der Zugehörigkeit des Wirtschaftsguts zum Privatvermögen nach § 9 Abs. 1 Nr. 7 Satz 2 EStG in voller Höhe als Werbungskosten abgesetzt worden, beträgt der Einlagewert 0 € (H 6.12 [Geringwertiges Wirtschaftsgut] EStH).

Wirtschaftsgüter, deren Einlagewerte zwischen 150 € und 1 000 € betragen, sind unter den weiteren Voraussetzungen des § 6 Abs. 2a EStG in einen Sammelposten einzustellen, der im Jahr der Bildung und den folgenden vier Jahren gleichmäßig aufzulösen ist. Näheres siehe unter → **Geringwertige Wirtschaftsgüter**.

Durch das **Wachstumsbeschleunigungsgesetz** vom 22.12.2009 (BGBl I 2009, 3950) wird für Wirtschaftsgüter, die nach dem 31.12.2009 angeschafft, hergestellt oder in das Betriebsvermögen eingelegt werden, die vor dem 1.1.2008 gültige GWG-Regelung des § 6 Abs. 2 EStG wieder eingeführt. Der Steuerpflichtige hat danach ein Wahlrecht. Bei Wirtschaftsgütern, deren Anschaffungs- oder Herstellungskosten 410 € nicht übersteigen, kann er die Anschaffungs- oder Herstellungskosten im Jahr der Anschaffung oder Herstellung in voller Höhe als Betriebsausgaben geltend machen (§ 6 Abs. 2 EStG i.V.m. § 52 Abs. 16 Satz 14 EStG). Alternativ zu der Sofortabschreibung nach § 6 Abs. 2 Satz 1 EStG **kann** der Steuerpflichtige mit Gewinneinkünften bewegliche abnutzbare Wirtschaftsgüter des Anlagevermögens mit Anschaffungs- oder Herstellungskosten von mehr als 150 € bis zu 1 000 € in einen jahresbezogenen **Sammelposten** einstellen (→ **Geringwertige Wirtschaftsgüter**).

Beispiel: Einlage eines GWG
Steuerberater B. Rater möchte einen Schreibtisch (Anschaffungskosten im Kj. 17 = 350 €, Teilwert bei Einlage im Kj. 18 = 90 €), der bisher in seinem steuerlich anerkannten häuslichen Arbeitszimmer (nichtselbständige Tätigkeit als Fußballtrainer in der Oberliga) stand, in sein Büro innerhalb der Praxisräume stellen. Die Anschaffungskosten hatte er im Kj. 17 zulässigerweise nach § 9 Abs. 1 Nr. 7 EStG i.V.m. § 6 Abs. 2

EStG als Werbungskosten geltend gemacht. Im Werbungskostenbereich gilt weiterhin die GWG-Reglung i.H.v. 410 €.

Lösung:
Durch die Änderung der Nutzung des Schreibtischs wird aus Privatvermögen Betriebsvermögen. Somit liegt eine Sacheinlage von abnutzbarem Anlagevermögen vor. Die Sacheinlage ist zunächst zu bewerten. Der Wertansatz erfolgt nach § 6 Abs. 1 Nr. 5 Satz 1 Buchst. a und Satz 2 EStG.
Danach sind höchstens die Anschaffungskosten anzusetzen, wenn das zugeführte Wirtschaftsgut innerhalb der letzten drei Jahre vor dem Zeitpunkt der Zuführung angeschafft worden ist. Bei abnutzbaren Wirtschaftsgütern sind die Anschaffungskosten um die Absetzung für Abnutzung (AfA) zu kürzen, die auf den Zeitraum zwischen Anschaffung und Einlage entfallen.
Fraglich ist in diesem Zusammenhang, ob unter AfA i.S. dieser Vorschrift auch die »Sofortabschreibung« nach § 6 Abs. 2 EStG zu verstehen ist. Dies ist zu bejahen. § 6 Abs. 2 EStG erlaubt eine »Sofortabschreibung« anstelle der an sich gebotenen Aufwandsverteilung im Wege der AfA nach § 7 EStG und ergänzt demnach rechtssystematisch die Vorschriften über die AfA.
Der Einlagewert des im Kj. 17 angeschafften Schreibtischs errechnet sich daher aus den Anschaffungskosten abzüglich der bereits in Anspruch genommenen »GWG-Abschreibung«. Die Einlage ist deshalb mit 0 € zu bewerten und führt damit nicht zu einer weiteren gewinnmindernden Abschreibung i.R.d. Tätigkeit als Steuerberater. Die Höhe des Teilwerts ist in diesem Fall ohne Bedeutung.
Die Begrenzung des Einlagewerts auf die um die AfA gekürzten Anschaffungskosten gilt jedoch nach dem eindeutigen Gesetzeswortlaut nur für die innerhalb von drei Jahren vor der Einlage angeschafften abnutzbaren Wirtschaftsgüter. Einlagen von Wirtschaftsgütern, deren Anschaffung außerhalb dieses Zeitraums erfolgen sind deshalb stets mit dem Teilwert zu bewerten. Die auf die (mehr als dreijährige) Zeit zwischen Anschaffung und Einlage entfallende AfA hat hier nur insoweit Bedeutung, als sie i.R.d. Teilwertvermutung ggf. ein Anhaltspunkt für die Bestimmung des Teilwerts sein kann. Im Ergebnis würde dies die Möglichkeit eröffnen, durch die Einlage von Wirtschaftsgütern, deren Anschaffungskosten sich bereits zuvor im Wege der Abschreibung in vollem Umfang oder teilweise bereits gewinnmindernd ausgewirkt haben, erneut Volumen für eine erneute Abschreibung zu schaffen. Dem steht allerdings die Regelung des § 7 Abs. 1 Satz 5 EStG (R 7.3 Abs. 6 Satz 1 und 2 EStR) entgegen. Danach darf die Summe der insgesamt in Anspruch genommenen Abschreibungen die Anschaffungs- oder Herstellungskosten nicht übersteigen. Wie aus dem folgenden Beispiel deutlich wird, weicht die AfA-Bemessungsgrundlage (fortgeführte Anschaffungs- bzw. Herstellungskosten) in diesen Fällen vom Einlagewert (Teilwert) ab (siehe auch H 7.3 [Einlage eines Wirtschaftsguts] EStH).

Beispiel:
Einlage eines beweglichen abnutzbaren Wirtschaftsguts des Anlagevermögens
Der Stpfl. A hat am 15.1.14 ein bewegliches abnutzbares WG für 50 000 € angeschafft. Das WG dient zur Erzielung einer Überschusseinkunftsart. Die Nutzungsdauer beträgt 4 Jahre. Am 15.5.18 legt der Stpfl. das WG in seinen Betrieb ein. Der Teilwert beträgt 60 000 €.

Lösung:
I.R.d. Überschusseinkunftsart sind die Anschaffungskosten i.H.v. 50 000 € nach § 9 Abs. 1 Nr. 7 i.V.m. § 7 Abs. 1 EStG als Werbungskosten über die Nutzungsdauer zu verteilen. Im Jahr der Anschaffung erhält der Stpfl. die volle Jahres-AfA. Mit Ablauf des Kj. 17 ist das WG abgeschrieben.

Die Einlage (§ 4 Abs. 1 Satz 5 EStG) erfolgt mit dem Teilwert (§ 6 Abs. 1 Nr. 5 Satz 1 EStG) i.H.v. 60 000 € (**Zeile 83** der Anlage EÜR). Bemessungsgrundlage für die Abschreibung im betrieblichen Bereich ist gem. § 7 Abs. 1 Satz 5 EStG der Wert von 0 € (Anschaffungskosten abzüglich AfA im privaten Bereich; R 7.3 Abs. 6 Satz 1 EStR). AfA-Bemessungsgrundlage und Einlagewert fallen somit auseinander. Dieser Restbuchwert (60 000 €) ist bei einer Veräußerung gewinnmindernd zu berücksichtigen (**Zeile 34** des Vordrucks EÜR).

Gegen die in R 7.3 Abs. 6 Satz 1 EStR enthaltene Rechtsauffassung der Verwaltung hat das Schleswig-Holsteinische FG mit rechtskräftigem Urteil vom 10.7.2008 (5 K 149/05, EFG 2008, 1610) entschieden. Liegen die Voraussetzungen des § 7 Abs. 1 Satz 5 EStG vor, bemisst sich die AfA-Bemessungsgrundlage nicht nach den fortgeführten historischen Anschaffungskosten, sondern nach dem Einlagewert gem. § 6 Abs. 1 Nr. 5 EStG abzüglich der bereits vorgenommenen Abschreibungen. Die Einlage wird für Zwecke der AfA als anschaffungsähnlicher Vorgang und der Einlagewert als »fiktive« Anschaffungs- oder Herstellungskosten gewertet. Wird der Wortlaut des § 7 Abs. 1 Satz 5 EStG im Kontext mit der herkömmlichen Ermittlung der AfA-Bemessungsgrundlage bei Einlagen in das Betriebsvermögen gesehen, kann § 7 Abs. 1 Satz 5 EStG auch so verstanden werden, dass lediglich die AfA, die bereits i.R.d. Überschusseinkunftsarten vorgenommen worden ist, aus der AfA-Bemessungsgrundlage auszuklammern ist (so auch das Urteil des Niedersächsischen FG vom 5.9.2006 13 K 537/05, EFG 2007, 112, bestätigt durch das BFH-Urteil vom 18.8.2009 X R 40/06, LEXinform 0587649). Es ist systemgerecht, wenn die im Privatvermögen entstandenen Wertsteigerungen nach der Einlage in das Betriebsvermögen – mit Ausnahme der bereits im Bereich der Überschusseinkunftarten erhaltenen AfA – über die Nutzungsdauer abgeschrieben werden können. So kann ein Steuerpflichtiger, der ein Wirtschaftsgut im Privatvermögen nicht zur Erzielung von Überschusseinkünften genutzt hat, dieses nach einer Einlage in ein Betriebsvermögen von dem hohen Einlagewert abschreiben. Systemwidrig ist es, die Abschreibungen auf die im Privatbereich entstandenen Wertsteigerungen zu versagen und nur von den fortgeführten Anschaffungs- oder Herstellungskosten auszugehen. Auch der Gesetzeszweck des § 7 Abs. 1 Satz 5 EStG spricht für diese Auslegung. In der Gesetzesbegründung ist als Grund für die Regelung angegeben worden, dass eine »doppelte« Abschreibung derselben Anschaffungs- oder Herstellungskosten sowohl im Bereich der Überschusseinkunftsarten als auch im Betriebsvermögen verhindert werden sollte (BT-Drs. 14/23, 172). Dieser Gesetzeszweck wird aber dadurch erreicht, dass die bereits i.R.d. Überschusseinkunftsarten geltend gemachte AfA von dem Einlagewert abgezogen wird. Würde die Vorschrift dahingehend ausgelegt werden, dass für die weitere SAfA die fortgeführten historischen Anschaffungs- oder Herstellungskosten maßgeblich wären, würde neben der Verhinderung der »Doppelabschreibung« außerdem noch bewirkt werden, dass die steuerfreien Wertsteigerungen im Privatvermögen nicht mehr zeitnah berücksichtigt werden könnten.

Nach dem BFH-Urteil vom 18.8.2009 (X R 40/06, LEXinform 0587649) erfolgt die Einlage (§ 4 Abs. 1 Satz 5 EStG) mit dem Teilwert (§ 6 Abs. 1 Nr. 5 Satz 1 EStG) i.H.v. 60 000 € (**Zeile 83** der Anlage EÜR). Die AfA-Bemessungsgrundlage beträgt:

Einlagewert (Teilwert)	60 000 €
abzüglich bereits in Anspruch genommene AfA (§ 7 Abs. 1 Satz 5 EStG)	./. 50 000 €
AfA-Bemessungsgrundlage	10 000 €
Diese AfA-Bemessungsgrundlage setzt sich zusammen aus dem Restbuchwert des Wirtschaftsguts vor der Einlage	0 €
und aus den vor der Einlage gebildeten stillen Reserven	10 000 €

Diese vor der Einlage gebildeten stillen Reserven dürfen abgeschrieben werden, bis der nicht weiter abschreibbare Restbuchwert i.H.d. vor der Einlage in Anspruch genommenen AfA (hier 50 000 €) erreicht ist. Mit diesem Restbuchwert bleibt das Wirtschaftsgut bis zum Abgang aus dem Betriebsvermögen in der Bilanz des Steuerpflichtigen stehen.

Einlagewert	60 000 €
abzüglich AfA-Bemessungsgrundlage nach § 7 Abs. 1 Satz 5 EStG nach der Einlage	./. 10 000 €
nicht abschreibbarer Restbuchwert	50 000 €

Abwandlung
Der Stpfl. A hat am 15.1.14 ein bewegliches abnutzbares WG für 50 000 € angeschafft. Das WG dient zur Erzielung einer Überschusseinkunftsart. Die Nutzungsdauer beträgt 4 Jahre. Am 15.5.18 legt der Stpfl. das WG in seinen Betrieb ein. Der Teilwert beträgt 10 000 €.

Lösung:
I.R.d. Überschusseinkunftsart sind die Anschaffungskosten i.H.v. 50 000 € nach § 9 Abs. 1 Nr. 7 i.V.m. § 7 Abs. 1 EStG als Werbungskosten über die Nutzungsdauer zu verteilen. Im Jahr der Anschaffung erhält der Stpfl. die volle Jahres-AfA. Mit Ablauf des Kj. 17 ist das WG abgeschrieben.
Die Einlage (§ 4 Abs. 1 Satz 5 EStG) erfolgt mit dem Teilwert (§ 6 Abs. 1 Nr. 5 Satz 1 EStG) i.H.v. 10 000 € (**Zeile 83** der Anlage EÜR). Bemessungsgrundlage für die Abschreibung im betrieblichen Bereich ist gem. § 7 Abs. 1 Satz 5 EStG der Wert von 0 € (Anschaffungskosten abzüglich AfA im privaten Bereich; R 7.3 Abs. 6 Satz 1 EStR). AfA-Bemessungsgrundlage und Einlagewert fallen somit auseinander. Dieser Restbuchwert (10 000 €) ist bei einer Veräußerung gewinnmindernd zu berücksichtigen (**Zeile 34** des Vordrucks EÜR).
Nach der Entscheidung des Schleswig-Holsteinischen FG vom 10.7.2008 (5 K 149/05, EFG 2008, 1610) sowie nach dem BFH-Urteil vom 18.8.2009 (X R 40/06, LEXinform 0587649) erfolgt die Einlage (§ 4 Abs. 1 Satz 5 EStG) mit dem Teilwert (§ 6 Abs. 1 Nr. 5 Satz 1 EStG) i.H.v. 10 000 € (**Zeile 83** der Anlage EÜR). Bemessungsgrundlage für die Abschreibung im betrieblichen Bereich ist gem. § 7 Abs. 1 Satz 5 EStG der Einlagewert von 10 000 € abzüglich der AfA im privaten Bereich i.H.v. 50 000 €. Danach verbleibt kein weiteres AfA-Potential. Der Einlagewert und gleichzeitig der Restbuchwert (10 000 €) ist erst beim Abgang aus dem Betriebsvermögen gewinnmindernd zu berücksichtigen (**Zeile 34** des Vordrucks EÜR).

Beispiel: Einlage eines bebauten Grundstücks und privates Veräußerungsgeschäft
Der Stpfl. B hat im Kj. 1999 ein bebautes Grundstück für umgerechnet 600 000 € angeschafft und zur Erzielung von Einkünften aus Vermietung und Verpachtung genutzt (auf

den Grund und Boden entfallen 100 000 €). Die Voraussetzungen für die degressive Gebäude-AfA liegen vor. Ab April 2003 legt er das Grundstück mit einem Teilwert von 750 000 € in sein Einzelunternehmen ein (Grund und Boden 150 000 €). Das Grundstück wird als Bürogebäude genutzt (Betriebsvermögen). Im August 08 veräußert B das Grundstück für 860 000 € umsatzsteuerfrei (§ 4 Nr. 9 Buchst. a UStG).

Lösung:
In den Kj. 1999 bis 2002 ist die AfA als Werbungskosten gem. § 9 Abs. 1 Nr. 7 i.V.m. § 7 Abs. 5 Nr. 3 Buchst. b EStG bei den Einkünften aus Vermietung und Verpachtung zu berücksichtigen. Die AfA beträgt insgesamt 4 × 5 % = 20 % von 500 000 € = 100 000 €. Der Restwert des Gebäudes zum 31.12.2002 beträgt 400 000 €. Bis einschließlich März 2003 beträgt die Gebäude-AfA 5 % von 500 000 € = 25 000 € × 1/4 = 6 250 €. Der Restwert des Gebäudes im Zeitpunkt der Einlage beträgt 393 750 €.
Nach § 6 Abs. 1 Nr. 5 Satz 1 EStG ist das Grundstück mit dem Teilwert = 750 000 € in den Betrieb einzulegen (**Zeile 83** des Vordrucks EÜR), da das Grundstück nicht innerhalb eines Zeitraums von drei Jahren erworben wurde. Die weitere AfA im betrieblichen Bereich bemisst sich nach den fortgeführten Anschaffungskosten (§ 7 Abs. 1 Satz 5 EStG, R 7.3 Abs. 6 Satz 1 bis 3 EStR, H 7.3 [Einlage eines Wirtschaftsgutes] EStH). Nach R 7.4 Abs. 7 Nr. 1 EStR findet ein Wechsel der AfA-Methode statt. Die weitere AfA wird nach § 7 Abs. 4 Nr. 1 EStG ermittelt. Die AfA-Bemessungsgrundlage i.H.v. 393 750 € und der Einlagewert i.H.v. 600 000 € (750 000 € ./. 150 000 € Grund- und Bodenanteil) fallen auseinander. Die AfA im Kj. 2003 beträgt 3 % von 393 750 € = 11 812 € × 3/4 = 8 859 €.
Nach der Entscheidung des Schleswig-Holsteinischen FG vom 10.7.2008 (5 K 149/05, EFG 2008, 1610) sowie des BFH-Urteils vom 18.8.2009 (X R 40/06, LEXinform 0587649) erfolgt die Einlage (§ 4 Abs. 1 Satz 5 EStG) mit dem Teilwert (§ 6 Abs. 1 Nr. 5 Satz 1 EStG) i.H.v. 750 000 € (**Zeile 83** der Anlage EÜR). Davon entfallen 600 000 € auf das Gebäude und 150 000 € auf den Grund und Boden. Bemessungsgrundlage für die Abschreibung im betrieblichen Bereich ist gem. § 7 Abs. 1 Satz 5 EStG der Einlagewert von 600 000 € abzüglich der AfA im privaten Bereich i.H.v. 106 250 €, somit 493 750 €.

Die AfA-Bemessungsgrundlage i.H.v.	493 750 €
setzt sich zusammen aus dem Restbuchwert des Gebäudes im Zeitpunkt der Einlage	393 750 €
und den vor der Einlage gebildeten stillen Reserven i.H.v.	100 000 €
Der Einlagewert des Gebäudes i.H.v.	600 000 €
darf abgeschrieben werden um die AfA-Bemessungsgrundlage nach § 7 Abs. 1 Satz 5 EStG	./. 493 750 €
nicht weiter abschreibbarer Restwert	106 250 €

Der nicht weiter abschreibbare Restwert ist identisch mit der vor der Einlage in Anspruch genommenen AfA.
Die AfA im Kj. 2003 beträgt 3 % von 493 750 € = 14 812 € × 3/4 = 11 109 €.
Die AfA in den Kj. 2004 bis 2007 beträgt 11 812 € × 4 = 47 248 € (nach BFH-Entscheidung: 14 812 € × 4 = 59 248 €). Bis zur Veräußerung im Kj. 2008 beträgt die AfA 11 812 € × 7/12 = 6 891 € (nach der BFH-Entscheidung: 14 812 € × 7/12 = 8 640 €).
Der Buchwert des Gebäudes im Zeitpunkt der Veräußerung beträgt:

			BFH-Entscheidung:
Einlagewert Gebäude		600 000 €	600 000 €
abzüglich AfA 2003 ⎤		./. 8 859 €	./. 11 109 €
abzüglich AfA 2004–2007 ⎬	(**Zeile 24** des Vordrucks EÜR)	./. 47 248 €	./. 59 248 €
abzüglich AfA 2008 ⎦		./. 6 891 €	./. 8 640 €
Buchwert Gebäude	(**Zeile 34** des Vordrucks EÜR)	537 002 €	521 003 €
Buchwert Grund und Boden	(**Zeile 34** des Vordrucks EÜR)	150 000 €	150 000 €
insgesamt		687 002 €	671 003 €
Veräußerungspreis	(**Zeile 11** oder 14 des Vordrucks EÜR)	860 000 €	860 000 €
Betrieblicher Veräußerungsgewinn		172 998 €	188 997 €

Nach § 23 Abs. 1 Satz 5 Nr. 1 EStG gilt die Einlage eines WG in das Betriebsvermögen als Veräußerung, wenn die Veräußerung aus dem Betriebsvermögen innerhalb eines Zeitraums von zehn Jahren seit Anschaffung des WG erfolgt. Die Veräußerung aus dem Betriebsvermögen im August 08 erfolgt innerhalb eines Zeitraums von zehn Jahren seit der Anschaffung im Kj. 1999. Die Einlage in das Betriebsvermögen wird somit einem privaten Veräußerungsgeschäft gleichgestellt. Nach § 23 Abs. 3 EStG ist der Veräußerungsgewinn der Unterschied zwischen dem Einlagewert i.S.d. § 6 Abs. 1 Nr. 5 EStG i.H.v.   750 000 €
und den Anschaffungskosten
sowie den Werbungskosten   600 000 €
Da der Stpfl. das WG nach dem 31.7.1995 angeschafft hat,
mindern sich die Anschaffungskosten um die Absetzungen.   ./. 106 250 €
                                                           493 750 €   493 750 €
privater Veräußerungsgewinn   256 250 €

Beispiel:
Einlage eines Pkw in einem Rumpfwirtschaftsjahr und private Nutzung dieses Pkw
Vom 01.01.15 bis zum 30.09.15 ist S als Steuerberater angestellt. Ab 01.10.15 ist S selbständiger Steuerberater.
Am 05.01.15 hat S einen neuen Pkw (Neu-Pkw) angeschafft. Der → **Listenpreis** beträgt einschließlich USt 15 080,00 €. Der Rechnungsbetrag beträgt 11 356,00 € zuzüglich 19 % USt i.H.v. 2 157,64 €, insgesamt somit 13 513,64 €. Dieser Betrag wird bei Anschaffung entrichtet. Der Teilwert des Neu-Pkw am 01.10.15 beträgt 10 000,00 €. Die betriebsgewöhnliche Nutzungsdauer beträgt sechs Jahre. Der Neu-Pkw wurde bisher ausschließlich für Privatfahrten genutzt.
Ab dem 01.10.15 wird der Neu-Pkw nach dem ordnungsgemäß geführten → **Fahrtenbuch** wie folgt genutzt:
betrieblich gefahrene Kilometer   11 517 km
privat gefahrene Kilometer   483 km
insgesamt gefahrene Kilometer   12 000 km

Die tatsächliche künftige Nutzungsdauer beträgt ab 01.10.15 5 Jahre.

Für diesen Pkw sind folgende belegmäßig nachgewiesene Aufwendungen entstanden:
Benzin, Wartungskosten, Reparaturen, Inspektionen ab Oktober
(monatlich je 271,66 €)   815,00 €
zzgl. 19 % USt dafür   154,85 €
Versicherung (Januar bis Dezember 15, gezahlt am 02.02.15)   1 200,00 €
Steuer   0,00 €
Summe   2 169,85 €

S ist gem. § 18 Abs. 2 UStG zur monatlichen Abgabe von USt-Voranmeldungen verpflichtet. Er versteuert seine Umsätze gem. § 20 Abs. 1 Nr. 3 UStG nach vereinnahmten Entgelten. Er ist zum vollen Vorsteuerabzug berechtigt. Die jeweiligen USt-Voranmeldungen werden von S fristgerecht beim Finanzamt eingereicht und jeweils am Fälligkeitstag gezahlt. Ein Antrag auf Dauerfristverlängerung wurde nicht gestellt.
Er ermittelt seinen Gewinn nach § 4 Abs. 3 EStG.

Lösung:
Betriebseinnahmen (§ 4 Abs. 4 im Umkehrschluss oder § 8 Abs. 1 EStG analog i.V.m. § 11 Abs. 1 Satz 1 EStG) und Betriebsausgaben (§ 4 Abs. 4 i.V.m. § 11 Abs. 2 EStG) sind in dem Wirtschaftsjahr anzusetzen, in dem sie dem Stpfl. zugeflossen sind (R 4.5 Abs. 2 Satz 1 EStR). Das Wirtschaftsjahr entspricht dem Kalenderjahr, da die Regelungen des § 4a ESG bei Freiberuflern nicht anzuwenden sind. Nach § 8b Satz 1 Nr. 1 EStDV handelt es sich aber um ein **Rumpfwirtschaftsjahr** vom 01.10. bis 31.12.15 (**Betriebseröffnung**). Der Neu-Pkw wird ab 01.10.15 zu (11 517 km: 12 000 km × 100 =) 95,975 % betrieblich genutzt. Es handelt sich nach R 4.2 Abs. 1 Satz 1 EStR um notwendiges Betriebsvermögen sowie nach R 6.1 Abs. 1 Satz 1 und 5 EStR um abnutzbares bewegliches Anlagevermögen. Nach § 4 Abs. 1 Satz 7 EStG wird der Pkw im Wege einer Einlage dem Betrieb zugeführt; bei Eröffnung eines Betriebs ist § 6 Abs. 1 Nr. 5 EStG entsprechend anzuwenden (§ 6 Abs. 1 Nr. 6 EStG). Nach § 6 Abs. 1 Nr. 5 Satz 1 Buchst. a und Satz 2 EStG ist als Einlagewert der Teilwert i.H.v. 10 000 €, höchstens jedoch die um die AfA fortgeführten Anschaffungskosten anzusetzen. Die Anschaffungskosten am 05.01.15 betrugen 13 513,64 €. Da die unternehmerische Tätigkeit erst am 01.10.15 beginnt, ist S nicht zum Vorsteuerabzug berechtigt. Nach § 9b Abs. 1 im Umkehrschluss EStG gehört die nicht abziehbare Vorsteuer zu den Anschaffungskosten. Bei einer Nutzungsdauer von sechs Jahren beträgt die Jahres-AfA nach § 7 Abs. 1 EStG 2 252 €. Auf den Zeitraum Januar bis September 15 entfällt ein AfA-Betrag von (2 252 €: 12 × 9 =) 1 689 € (Beachte R 6.12 EStR). Die fortgeführten Anschaffungskosten betragen somit (13 513,64 € ./. 1 689 € =) 11 824,64 €. Die Einlage ist mit dem Teilwert von 10 000 € anzusetzen (**Zeile 83** des Vordrucks EÜR). Dieser Betrag bildet die weitere AfA-Bemessungsgrundlage (R 7.3 Abs. 6 Satz 3 EStR). Nach R 7.4 Abs. 10 Nr. 1 EStR ist die AfA nach der tatsächlichen künftigen Nutzungsdauer zu berechnen. Danach beträgt die Nutzungsdauer noch fünf Jahre. Die monatliche AfA beträgt somit 10 000 €: 60 Monate = 166,66 €. Nach § 7 Abs. 1 Satz 4 EStG ist die AfA für 3 Monate (166,66 × 3 =) i.H.v. 500 € zu berücksichtigen (**Zeile 26** des Vordrucks EÜR). Die Kosten für Benzin usw. stellen ab Oktober i.H.v. 815 € Betriebsausgaben dar. Die Vorsteuer ist in voller Höhe abzugsfähig. Die USt i.H.v. 154,85 € ist bei Zahlung (§ 11 Abs. 2 Satz 1 EStG) als Betriebsausgabe zu berücksichtigen (H 9b [Gewinnermittlung...] EStH). Sie gehört nach § 9b Abs. 1 EStG nicht zu den Aufwendungen.

Von dem Jahresbetrag der Versicherung i.H.v. 1 200 € entfallen 3 Monate = 300 € auf den betrieblichen Bereich.

Hinsichtlich der Privatnutzung i.H.v. 4,025 % liegt eine Nutzungsentnahme vor (§ 4 Abs. 1 Satz 2 EStG). Die private Pkw-Nutzung ist wie folgt anzusetzen (→ **Entnahme**):

§ 6 Abs. 1 Nr. 4 Satz 2 EStG: 1 %-Regelung	§ 6 Abs. 1 Nr. 4 Satz 3 EStG: Fahrtenbuchregelung
1 % des Bruttolistenpreises i.H.v. 15 080 € = 150,80 € × 3 Monate = 452,40 €	4,025 % der Aufwendungen i.H.v. 1 615 € = 65 €

Der Wert der Nutzungsentnahme i.H.v. 65 € ist als Betriebseinnahme zu erfassen.

Die nicht unternehmerische Nutzung i.H.v. 4,025 % unterliegt nach § 3 Abs. 9a Satz 1 Nr. 1 UStG als fiktive entgeltliche Leistung der Umsatzbesteuerung (Tz. 2 des BMF-Schreibens vom 27.8.2004, BStBl I 2004, 864). Die Ermittlung der Bemessungsgrundlage erfolgt nach Tz. 2.2 des BMF-Schreibens vom 27.8.2004 (a.a.O.) und Abschn. 155 Abs. 2 UStR. In die Bemessungsgrundlage der unentgeltlichen Wertabgabe sind neben den anteiligen mit USt belasteten Betriebskosten auch die anteiligen ertragsteuerrechtlichen AfA-Beträge einzubeziehen. Dadurch fließen die Anschaffungskosten in die Ermittlung der Bemessungsgrundlage für die Besteuerung der unentgeltlichen Wertabgabe ein. Die Grundsätze des BMF-Schreibens vom 13.4.2004 (BStBl I 2004, 468) sind dabei zu beachten (s.a. § 10 Abs. 4 Nr. 2 UStG). Danach sind die Anschaffungskosten abweichend von den ertragsteuerlichen Grundsätzen gleichmäßig auf den nach § 15a UStG für diesen Gegenstand (Pkw) jeweils maßgeblichen Berichtigungszeitraum zu verteilen. Die Grundsätze des BMF-Schreibens sind ab 1.7.2004 anzuwenden. Für vor dem 1.7.2004 angeschaffte Gegenstände ist es nicht zu beanstanden, wenn bis zum 30.6.2004 bei der Berechnung der Ausgaben i.S.d. § 10 Abs. 4 UStG insoweit grundsätzlich von den bei der Ertragsteuer zugrunde gelegten Ausgaben ausgegangen wird. Dabei ist das bei Inkrafttreten der Neuregelung noch nicht verbrauchte Abschreibungsvolumen nicht auf den nach § 15a UStG maßgeblichen verbleibenden Berichtigungszeitraum zu verteilen.

Nachgewiesene Aufwendungen	1 615,00 €
davon nicht mit Vorsteuern belastete Kosten	./. 300,00 €
Summe	1 315,00 €
abzüglich AfA	500,00 €
verbleiben	815,00 €
zzgl. anteiliger Betrag nach § 15a UStG	
(10 000 € : 60 Monate × 3 Monate =)	500,00 €
verbleiben	1 315,00 €
davon 4,025 % (Bemessungsgrundlage nach § 10 Abs. 4 Nr. 2 UStG)	52,93 €
Steuersatz § 12 Abs. 1 UStG 19 % USt	10,06 €

Die USt darf nach § 12 Nr. 3 EStG den Gewinn nicht mindern und ist deshalb als Betriebseinnahme zu erfassen.

§ 4 Abs. 3-Rechnung im Kalenderjahr 15 insoweit:

Betriebseinnahmen
- private Pkw-Nutzung 65,00 €
- Umsatzsteuer darauf 10,06 €
(später gewinnneutralisierende Korrektur)
- anteilige Vorsteuer aus den Bezinkosten für Oktober und November
(154,85 € : 3 Monate × 2 Monate =) 103,23 €

Betriebsausgaben
- Pkw-Kosten (netto) 815,00 €
- USt 154,85 €
- Versicherung 300,00 €
- AfA 500,00 €

12	Vereinnahmte Umsatzsteuer sowie Umsatzsteuer auf unentgeltliche Wertabgaben	140	10 ,06
13	Vom Finanzamt erstattete und ggf. verrechnete Umsatzsteuer	141	103 ,23
14	Veräußerung oder Entnahme von Anlagevermögen	102	,
15	Private Kfz-Nutzung	106	65 ,00
16	Sonstige Sach-, Nutzungs- und Leistungsentnahmen (z.B. private Telefonnutzung)	108	,
17	Auflösung von Rücklagen, Ansparabschreibungen für Existenzgründer und/ oder Ausgleichsosten (Übertrag von Zeile 73)		,
18	**Summe Betriebseinnahmen**	159	178 ,29

26	AfA auf bewegliche Wirtschaftsgüter (z.B. Maschinen, Kfz)		130		500 ,00
	Kraftfahrzeugkosten und andere Fahrtkosten		**EUR**	**CT**	
35	Laufende und feste Kosten (ohne AfA und Zinsen)	140	1 115 ,00		
36	Enthaltene Kosten aus Zeilen 26, 35 und 41 für Wege zwischen Wohnung und Betriebsstätte	142	– 0 ,00		
37	Verbleibender Betrag		1 115 ,00	▶143	1 115 ,00
37a	Abziehbare Aufwendungen für Wege zwischen Wohnung und Betriebsstätte		176		0 ,00
52	**Gezahlte Vorsteuerbeträge**		185		154 ,85
55	**Summe Betriebsausgaben**		199		1 769 ,85

	Entnahmen und Einlagen		99	29
			EUR	**Ct**
82	Entnahmen einschl. Sach-, Leistungs- und Nutzungsentnahmen	122	65 ,00	
83	Einlagen einschl. Sach-, Leistungs- und Nutzungseinlagen	123	10 000 ,00	

Literatur: Spaniol u.a., Das ordnungsgemäße Fahrtenbuch – ein Buch mit sieben Siegeln?, INF 2005, 937.

3.3 Einlage von nicht abnutzbarem Anlagevermögen

3.3.1 Allgemeiner Überblick

Der Einlagewert (§ 6 Abs. 1 Nr. 5 EStG) wirkt sich bei Einlage nicht sofort als Betriebsausgabe aus. Im Zeitpunkt der Einlage ist jedoch der Einlagewert in ein besonderes Verzeichnis (→ **Aufzeichnungspflichten** → **Anlageverzeichnis**) aufzunehmen (§ 4 Abs. 3 Satz 5 EStG). Der Einlagewert führt erst im Zeitpunkt des Zuflusses des Veräußerungserlöses oder im Zeitpunkt der Entnahme zu Betriebsausgaben (§ 4 Abs. 3 Satz 4 EStG analog und R 4.5 Abs. 3 Satz 4 EStR; **Zeile 34** des Vordrucks EÜR).

3.3.2 Beteiligungen i.S.d. § 17 EStG

Beteiligungen an Kapitalgesellschaften gehören bei Freiberuflern nur in wenigen Ausnahmefällen zum → **Betriebsvermögen**. Wenn der Steuerpflichtige an einer Kapitalgesellschaft zu mindestens 1 % beteiligt ist und er diese Beteiligung in sein Betriebsvermögen einlegt, so ist die Einlage mit dem Teilwert, höchstens jedoch mit den Anschaffungskosten anzusetzen (§ 6 Abs. 1 Nr. 5 Satz 1 Buchst. b EStG).

> **Beispiel:**
> Der Stpfl. hat im Kj. 08 eine GmbH-Beteiligung von 20 % für 30 000 € erworben. Im Kj. 09 legt er die Beteiligung in sein Betriebsvermögen ein. Der Teilwert beträgt 35 000 €. Im Kj. 11 veräußert er die Beteiligung für 38 000 €.
>
> **Lösung:**
> Die Einlage in das Betriebsvermögen erfolgt mit dem Teilwert i.H.v. 35 000 €, höchstens jedoch mit den Anschaffungskosten i.H.v. 30 000 €. Die Einlage in das Betriebsvermögen stellt keine Veräußerung i.S.d. § 23 EStG dar, wie das z.B. bei einem Grundstück der Fall wäre (hier § 23 Abs. 1 Satz 5 Nr. 1 EStG). Die Veräußerung im Kj. 11 führt zu einem betrieblichen Veräußerungsgewinn i.H.v. 8 000 €. Durch die Begrenzung des Einlagewertes auf die Höhe der Anschaffungskosten soll die Umgehung der Steuerbehaftung einer solchen Beteiligung umgangen werden. Nach § 3 Nr. 40 Buchst. a EStG ist das Teileinkünfteverfahren zu beachten.
>
> **Abwandlung:**
> Der Teilwert im Zeitpunkt der Einlage beträgt 28 000 €.
>
> **Lösung:**
> Die Einlage in das Betriebsvermögen erfolgt mit dem Teilwert i.H.v. 28 000 €; die höheren Anschaffungskosten kommen nicht zum Ansatz. Durch die Veräußerung im Kj. 11 entsteht dadurch ein betrieblicher Veräußerungsgewinn i.H.v. 10 000 €.
> Aus Gründen sachlicher Billigkeit ist in Fällen, in denen eine Beteiligung i.S.d. § 17 Abs. 1 Satz 1 EStG aus einem Privatvermögen in ein Betriebsvermögen eingelegt wird und der Teilwert der Beteiligung im Zeitpunkt der Einlage unter die Anschaffungskosten gesunken ist, der Unterschiedsbetrag zwischen den Anschaffungskosten und dem niedrigeren Teilwert im Zeitpunkt der Einlage festzuhalten und im Zeitpunkt des Ausscheidens der Betei-

ligung aus dem Betriebsvermögen für Zwecke der Einkommensteuer zu 60 % (§ 3c Abs. 2 EStG) gewinnmindernd zu berücksichtigen (R 17 Abs. 8 EStR).

3.3.3 Beteiligungen i.S.d. § 20 Abs. 2 EStG (ab 2009)

Für **Kapitalanteile, die nach dem 31.12.2008 erworben** werden, treten durch das Unternehmensteuerreformgesetz 2008 gravierende Änderungen ein. Die Veräußerung **privater** Kapitalanteile wird nicht **mehr nach § 23 Abs. 1 Nr. 2 EStG**, sondern nach **§ 20 Abs. 2 Nr. 1 EStG** – als **Einkünfte aus Kapitalvermögen** – versteuert. Die steuerpflichtige Veräußerung ist **unabhängig** von einer **Behaltefrist** der Anlagen im Privatvermögen. Wie bisher ist die **Veräußerung einer relevanten Beteiligung** nach § 17 EStG zu erfassen.

Offene Einlagen privater Anteile an Kapitalgesellschaften in das Betriebsvermögen, die keine relevante Beteiligung i.S.d. § 17 EStG darstellen und die nach dem 31.12.2008 angeschafft wurden (§ 52a Abs. 5 EStG i.d.F. des Unternehmensteuerreformgesetzes 2008) sind nach § 6 Abs. 1 Nr. 5 Buchst. c EStG mit dem Teilwert, höchstens jedoch mit den Anschaffungskosten zu bewerten. Durch die Regelung wird gewährleistet, dass bei der Einlage von Wirtschaftsgütern i.S.d. § 20 Abs. 2 EStG in das Betriebsvermögen die stillen Reserven, die sich vor der Einlage gebildet haben und die durch die spätere Veräußerung im Betrieb realisiert werden, steuerlich erfasst werden (siehe obiges Beispiel). S.a. → **Kapitalerträge**.

3.4 Einlage von Wirtschaftsgütern i.S.v. § 4 Abs. 5 EStG

Legt der Steuerpflichtige ein Wirtschaftsgut ein, dessen Abzug z.B. nach § 4 Abs. 5 Nr. 1 EStG (Geschenke → **Betriebsausgaben**) vom Betriebsausgabenabzug ausgeschlossen ist, liegt zwar begrifflich eine Sacheinlage vor, deren Wert jedoch in diesem Fall den Gewinn nicht mindern darf.

4. Einlage von Forderungen

Forderungen sind von ihrer Rechtsnatur her Wirtschaftsgüter. Entsteht eine → **Forderung** im privaten Bereich, so handelt es sich um Privatvermögen. Es besteht auch hier – wie bei allen Wirtschaftsgütern – die (praktisch innerhalb der § 4 Abs. 3-Rechnung wohl kaum eintretende) Möglichkeit eine privat begründete Forderung in das (notwendige) Betriebsvermögen einzulegen, wenn ein objektiver, wirtschaftlicher und eindeutiger Zweckzusammenhang mit dem Betrieb hergestellt werden kann. Der Steuerpflichtige muss darlegen können, welche konkreten betrieblichen Gründe ihn zur Einlage der Forderung veranlasst haben. Der bloße Hinweis auf eine Betriebskapitalverstärkung wird i.R.d. § 4 Abs. 3-Rechnung sicherlich nicht ausreichen, eine private Forderung dem notwendigen Betriebsvermögen zuzuordnen.

Beispiel:
Verpfändung einer privaten Forderung für betriebliche Zwecke.

Die Einlage einer privaten Forderung führt i.H.d. Einlagewerts (Nennwert) zu einer gewinnmindernden Betriebsausgabe im Zeitpunkt der Einlage, soweit bei Einziehung dieser Forderung auch (steuerpflichtige) Betriebseinnahmen anfallen. Insgesamt gesehen ist also dieser Vorgang, wie auch i.R.d. Buchführung, gewinnneutral. Die Einlage einer Darlehensforderung hat jedoch keine Gewinnauswirkung, da deren Rückzahlung in den nichtsteuerbaren Vermögensbereich fällt (H 4.5 (2) [Darlehen] EStH).

Werden Forderungen verzinst, so rechnen die Zinsen nach Einlage zu den Betriebseinnahmen (Subsidiaritätsprinzip nach § 20 Abs. 8 EStG).

5. Einlage von Verbindlichkeiten

Dieser Vorgang dürfte i.d.R. keine praktische Relevanz haben. Eine isolierte Einlage einer privat entstandenen Verbindlichkeit in das notwendige Betriebsvermögen ist nur dann denkbar, wenn eine Privatschuld in eine (notwendige) Betriebsschuld umgewandelt wird, z.B. wenn ein privat aufgenommener Kredit für betriebliche Zwecke verwendet wird. Sollte im Einzelfall eine Einlage einer Verbindlichkeit gegeben sein, so wirkt sich ihre spätere Bezahlung nicht als Betriebsausgabe aus.

Werden Wirtschaftsgüter, wie z.B. Anlagevermögen oder Umlaufvermögen eingelegt, deren Bezahlung noch aussteht, so wird zwar in diesem Fall auch die Verbindlichkeit mit eingelegt, aber ohne steuerliche Auswirkung. Der Einlagewert des eingelegten Anlagevermögens oder Umlaufvermögens wirkt sich entsprechend gewinnmindernd aus. Die Verbindlichkeit als solche beeinflusst den Gewinn jedoch nicht. Werden die Verbindlichkeiten verzinst, so rechnen die Zinsen nach Einlage zu den Betriebsausgaben.

6. Einlage von Nutzungen

6.1 Allgemeines

Wie bereits zuvor erwähnt ist eine Einlage von reinen Nutzungen nicht möglich. Wird ein Wirtschaftsgut, das zum Privatvermögen gehört auch betrieblich genutzt, so sind die anteiligen betrieblich veranlassten Kosten (auch die AfA) als Betriebsausgaben zu berücksichtigen, wenn der betriebliche Nutzungsanteil nicht nur von untergeordneter Bedeutung ist und einwandfrei anhand von Unterlagen (z.B. → **Fahrtenbuch**) nachgeprüft werden kann (R 4.7 Abs. 1 Satz 2 und H 4.7 [Gemischtgenutzte Wirtschaftsgüter] EStH). Von praktischer Bedeutung ist insbesondere die betriebliche Mitbenutzung des zum Privatvermögen gehörenden Pkw. Der »Einlagewert« ist in **Zeile 83** des Vordrucks EÜR einzutragen. Die nachfolgende Übersicht zeigt, in welcher Höhe die anteiligen Betriebsausgaben zu berücksichtigen sind.

Wenn Fahrtenbuch	Wenn kein Fahrtenbuch
Die tatsächlichen anteiligen Kosten = Betriebsausgaben (ggf. § 11 Abs. 2 EStG beachten, AfA nur linear)	a) Ansatz der jeweiligen Pauschbeträge – betriebliche Fahrten = 0,30 € je gefahrenen Kilometer – Fahrten Wohnung/Betrieb und Familienheimfahrten = grundsätzlich 0,30 € je Entfernungskilometer. b) M.E. auch Schätzung vertretbar, da die Regelung des § 6 Abs. 1 Nr. 4 Satz 2 und 3 EStG nur für die Entnahme gilt.

Abbildung: Höhe der Pkw-Nutzungseinlage

6.2 Umsatzsteuerliche Betrachtung

Für die Einordnung eines beweglichen Wirtschaftsguts zum Unternehmensvermögen besteht keine rechtliche Bindung an die einkommensteuerrechtliche Behandlung, d.h. ein Wirtschaftsgut kann sehr wohl Betriebsvermögen aber kein Unternehmensvermögen sein (oder umgekehrt).

Das Umsatzsteuerrecht gewährt bei einer Mischnutzung eines Wirtschaftsguts ein Wahlrecht. Die entsprechende Sachbehandlung ergibt sich aus Abschn. 192 Abs. 21 UStR. Danach können bewegliche Wirtschaftsgüter, die unternehmerisch als auch nicht unternehmerisch genutzt werden, insgesamt dem nicht unternehmerischen Bereich oder insgesamt dem unternehmerischen Bereich zugeordnet werden. Darüber hinaus könnte man sogar auch nur einen Teil des Wirtschaftsguts dem Unternehmen zuordnen.

Bei einer Zuordnung zum Unternehmensvermögen ist jedoch i.d.R. davon auszugehen, dass der Unternehmer ein bewegliches Wirtschaftsgut insgesamt dem Unternehmen zugeordnet hat.

7. Einlage von privaten Leistungen

Wird z.B. ein **privater Arbeitnehmer** des Steuerpflichtigen (Haushaltsgehilfin usw.) **gelegentlich für betriebliche Zwecke eingesetzt**, ist dies nicht als Einlage zu sehen, da kein Wirtschaftsgut i.S.d. § 4 Abs. 1 Satz 5 EStG vorliegt. Auch hier müssen die betrieblich angefallenen anteiligen Kosten berechnet und im Wege einer **Nutzungseinlage** berücksichtigt werden (**Zeile 83** des Vordrucks EÜR). Wird also mit dem Arbeitnehmer kein zusätzlicher Arbeitsvertrag abgeschlossen, der die betrieblichen zu erbringenden Leistungen abdeckt, so muss z.B. der anteilige Arbeitslohn, der auf die betriebliche Arbeitszeit entfällt, gewinnmindernd als Betriebsausgabe abgesetzt werden (**Zeile 51** des Vordrucks EÜR).

Die eigene Arbeitsleistung des Steuerpflichtigen und der Wert einer unentgeltlich aus privaten Gründen geleisteten Mithilfe kann – mangels Kosten – nicht Gegenstand einer Einlage sein.

	Auswirkung auf die § 4 Abs. 3-Rechnung
Einlage von Geld	Keine Auswirkung auf den Gewinn.
Einlage von Umlaufvermögen	Der Einlagewert ist im Zeitpunkt der Einlage in voller Höhe als Betriebsausgabe zu erfassen.
Einlage von abnutzbarem Anlagevermögen	Der Einlagewert ist grundsätzlich im Wege der AfA auf die Jahre der Restnutzungsdauer als Betriebsausgabe zu berücksichtigen. Ausnahmen sind gegeben, wenn die Voraussetzungen nach § 6 Abs. 2 EStG (GWG) erfüllt sind bzw. das Wirtschaftsgut in einen Sammelposten i.S.d. § 6 Abs. 2a EStG einzustellen ist.
Einlage von nicht abnutzbarem Anlagevermögen	Keine Betriebsausgabe im Zeitpunkt der Einlage. Der Einlagewert ist erst bei Veräußerung, bei Zufluss des Veräußerungserlöses oder Entnahme als Betriebsausgabe anzusetzen. Der Einlagewert ist aber in das besondere Verzeichnis aufzunehmen (§ 4 Abs. 3 Satz 5 EStG).
Einlage von Forderungen	Grundsätzlich Betriebsausgabe im Zeitpunkt der Einlage, wenn die Einziehung zu einer (steuerpflichtigen) Betriebseinnahme führt.
Einlage von Verbindlichkeiten	Keine Auswirkung auf den Gewinn.
Aufwands- oder Nutzungseinlage	Die anteiligen betrieblich veranlassten Kosten sind als Betriebsausgaben absetzbar.
Einlage von Wirtschaftsgütern, bei denen ein Betriebsausgabenabzug nach § 4 Abs. 5 EStG ausgeschlossen ist	Kein Betriebsausgabenabzug möglich.

Abbildung: Einlageformen

Einnahme-Überschussrechnung

Zur Einnahme-Überschussrechnung siehe die ausführlichen Erläuterungen und Darstellungen unter **Einführung und allgemeiner Überblick** sowie dort die Abbildung: Grundaufbau einer § 4 Abs. 3-Rechnung.

Der sachliche Anwendungsbereich der Gewinnermittlung nach § 4 Abs. 3 EStG ist auf die Gewinneinkünfte beschränkt. Die § 4 Abs. 3-Rechnung ist eine eigenständige Gewinnermittlungsart mit einer einfachen Gewinnermittlungstechnik. Nach der Definition des § 4 Abs. 3 EStG ist der Gewinn der Überschuss der → **Betriebseinnahmen** über die **Betriebsausgaben**. Beherrschendes Prinzip ist das sog. Zu- und Abflussprinzip des § 11 EStG (→ **Zu- und Abflussprinzip**). Danach müsste der Steuerpflichtige nur die ihm zugeflossenen Betriebseinnahmen und die gezahlten Betriebsausgaben aufzeichnen (Prinzip einer einfachen Geld-Rechnung). Im Gegensatz zur Buchführung müssen z.B. Waren-, vorhandene Bargeld- oder

Bankbestände, Forderungen und Schulden nicht aufgezeichnet werden. Es sind keine Inventuren, Inventarlisten und Bilanzen, keine Aufzeichnungen über Entnahmen und Einlagen usw. erforderlich. In den vereinfachten Aufzeichnungen und der übersichtlichen Gewinnermittlungsformel liegt der große Kostenvorteil der § 4 Abs. 3-Rechnung gegenüber der Buchführung. Allerdings ist auch bei einer Einnahme-Überschussrechnung die **Vorlage geordneter und vollständiger Belege erforderlich**. Die Aufbewahrung aller Belege ist grundsätzliche Voraussetzung für den Schluss, dass die Betriebseinnahmen vollständig erfasst sind (Urteil FG Berlin-Brandenburg vom 26.7.2007 14 K 3368/06 B, LEXinform 5006888).

Das FG Baden-Württemberg hat mit rechtskräftigem Urteil vom 28.5.2009 (3 K 4125/08, LEXinform 5008950) zum groben Verschulden bei der Erstellung einer Einnahme-Überschussrechnung entschieden.

Sachverhalt
Die Finanzbuchhaltungs- und Steuererklärungsarbeiten waren zwischen dem Steuerpflichtigen – einem Zahnarzt – und dem langjährigen Steuerberater wie folgt aufgeteilt: Der Zahnarzt erfasste die laufenden Einnahmen und Ausgaben der Zahnarztpraxis in einem ersten Schritt im eigenen PC mit einem EDV-Programm. Hiervon ausgehend erstellte der Steuerberater in einem zweiten Schritt die Einnahme-Überschussrechnung und darauf aufbauend die Einkommensteuererklärung. Der Steuerberater übernahm die Buchhaltung des Zahnarztes nicht in Dateiform, sondern in Papierform. Er erhielt die Unterlagen des Arztes monatlich, nach Ablauf des Jahres erhielt er die Kontensalden für den Dezember und eine Summen- und Saldenliste für das Gesamtjahr.

Der Steuerberater vervollständigte die Buchungen des Arztes um Jahresendkorrekturen wie insbesondere Abschreibungen und Erfassung von Privatanteilen. Im Interesse der besseren Nachvollziehbarkeit der Betriebsausgaben nahm der Steuerberater eine Umgliederung der Ausgaben in 22 Einzelpositionen vor. Die eigenen Arbeitspapiere und Berechnungen erstellte der Steuerberater handschriftlich bzw. mit einer Rechenmaschine. Eine EDV-basierte Unterstützung für die Erstellung der Einnahme-Überschussrechnung bestand im Büro des als Einzelsteuerberater tätigen Beraters nicht.

Nach Eingang der Einkommensteuererklärung veranlagte das Finanzamt den Zahnarzt gemäß der eingereichten Steuererklärung, setzte die Einkommensteuer auf 83 995,03 € fest und passte die Einkommensteuervorauszahlungen entsprechend an. Der mit einer Rechtsbehelfsbelehrung versehene Einkommensteuerbescheid und wurde bestandskräftig. Wegen aufgekommener Zweifel an der Richtigkeit der Einkommensteuerfestsetzung wandte sich der Steuerpflichtige an den Steuerberater, der Kontakt mit dem Finanzamt aufnahm. In seinem Schreiben stellte er fest, dass die Zahlungen an Fremdlabore höher als in der Einnahme-Überschussrechnung deklariert und die festgesetzten Steuern unverhältnismäßig hoch ausgefallen seien. Im Einzelnen handle es sich um einen Betrag i.H.v. ca. 30 000 €, um den die Materialkosten in der Einnahme-Überschussrechnung zu niedrig ausgewiesen worden seien. Eine überaus gründliche Nachprüfung habe ergeben, dass »in mehreren Monaten die gebuchten Zahlungen auf den Unterkonten nicht ausgewiesen, die Salden aber fortgeschrieben und im Schlußprotokoll erschienen« seien.

Entscheidungsgründe
Nach § 173 Abs. 1 Nr. 2 AO sind Steuerbescheide zu Gunsten des Steuerpflichtigen aufzuheben oder zu ändern, soweit Tatsachen oder Beweismittel nachträglich bekannt werden,

die zu einer niedrigeren Steuer führen und den Steuerpflichtigen kein grobes Verschulden daran trifft, dass die Tatsachen oder Beweismittel erst nachträglich bekannt werden. Das Verschulden ist unbeachtlich, wenn die Tatsachen oder Beweismittel in einem unmittelbaren oder mittelbaren Zusammenhang mit Tatsachen oder Beweismitteln i.S.d. § 173 Abs. 1 Nr. 1 AO stehen. Als grobes Verschulden hat der Steuerpflichtige Vorsatz und grobe Fahrlässigkeit zu vertreten. Grobe Fahrlässigkeit ist anzunehmen, wenn der Steuerpflichtige die ihm nach seinen persönlichen Fähigkeiten und Verhältnissen zumutbare Sorgfalt in ungewöhnlichem Maße und in nicht entschuldbarer Weise verletzt hat.

Bei der Anwendung des § 173 Abs. 1 Nr. 2 AO ist dem Steuerpflichtigen nach ständiger Rechtsprechung des BFH ein grobes Verschulden (d.h. Vorsatz oder grobe Fahrlässigkeit) seines steuerlichen Beraters zuzurechnen (BFH-Urteil vom 17.11.2005 III R 44/04, BStBl II 2006, 412). Die Zurechnung des Verschuldens des steuerlichen Beraters bei der Anfertigung der Steuererklärung ist nach der Rechtsprechung – unabhängig davon, aus welchen Vorschriften der Rechtsgedanke abgeleitet wird – deshalb gerechtfertigt, weil sich der Steuerpflichtige, der für die Richtigkeit seiner Angaben in der Steuererklärung einzustehen hat, sich dieser Verantwortung nicht dadurch entziehen darf, dass er die Ausarbeitung der Steuererklärung seinem steuerlichen Berater überträgt. An den steuerlichen Berater, dessen sich der Steuerpflichtige zur Ausarbeitung der Steuererklärung bedient, sind hinsichtlich der zu erwartenden Sorgfalt erhöhte Anforderungen zu stellen.

Die grobe Fahrlässigkeit des Steuerberaters liegt noch nicht darin begründet, dass er auf die gängige EDV-Unterstützung gänzlich verzichtet und seine Mandatsarbeit in weiten Teilen handschriftlich und mit einer einfachen Rechenmaschine geleistet hat. Ein gewisses Risiko für einen Verschuldensvorwurf besteht bei einem EDV-unkundigen Steuerberater zwar insofern, als er sich bei der Datenübernahme aus einem Computerprogramm seiner eigenen Unvertrautheit mit der Datenerfassung im PC und der gegebenenfalls auch im Vergleich zum Mandanten schlechteren technischen Ausstattung stets bewusst sein muss. Eine zweifelsfrei festzustellende und deshalb zur Klageabweisung führende grobe Fahrlässigkeit ist dem Steuerberater zumindest insoweit anzulasten, als er augenscheinlich keinerlei Vollständigkeitskontrolle vorgenommen hat. Es ist in keiner Weise ersichtlich, dass der Steuerberater geprüft hätte, ob er im Ausgangspunkt alle (noch vergleichsweise übersichtlichen) Einnahmenkonten der übergebenen Summen- und Saldenlisten und vor allen Dingen auch alle (deutlich unübersichtlicheren) Ausgabenkonten erfasst hatte und ob er auch nach den von ihm vorgenommenen Korrekturen, Ergänzungen und Umgliederungen alle Positionen der übernommenen Buchhaltung ausnahmslos und vollständig abgearbeitet hatte.

Völlig zu Recht weist das Finanzamt darauf hin, dass ein Vollständigkeitsabgleich der Summen- und Saldenliste des Kalenderjahres und der aus ihr heraus vom Steuerberater entwickelten bzw. zu entwickelnden Einnahmenüberschussrechnung aus Gründen der Richtigkeit und Vollständigkeit der Gewinnermittlung zwingend notwendig ist. Unterbleibt der erforderliche Vollständigkeitsabgleich, bei dem es gerade in Ermangelung jeglicher EDV-Unterstützung einer besonderen Sorgfalt und Konzentration bedarf, so können hieraus – wie vorliegend geschehen – vermeidbare grobe Fehler resultieren.

Entnahmen

→ Arbeitsmittel
→ Betriebsaufgabe
→ Betriebseinnahmen
→ Einlagen

→ Geldverkehrsrechnung
→ Unentgeltliche Wertabgaben
→ Vordruck EÜR

Rechtsquellen
→ § 4 Abs. 1 Satz 2 EStG
→ § 6 Abs. 1 Nr. 4 EStG
→ R 4.3 Abs. 2–4 EStR

→ H 4.3 (2–4) EStH
→ R 6.12 EStR
→ H 6.12 EStH

1. Begriff

Wie beim Betriebsvermögensvergleich sind auch bei der § 4 Abs. 3-Rechnung Entnahmen zu berücksichtigen. Nur so kann die Totalgewinnidentität zwischen den beiden Gewinnermittlungsarten sichergestellt werden (→ **Gesamtgewinngleichheit**). Was unter einer Entnahme zu verstehen ist, definiert § 4 Abs. 1 Satz 2 EStG. Danach sind **Entnahmen alle Wirtschaftsgüter**, die der Steuerpflichtige **aus seinem Betrieb dem Privatbereich zugeführt** hat. Gegenstand einer Entnahme können demnach abnutzbare und nicht abnutzbare, materielle und immaterielle Wirtschaftsgüter aller Art sein, unabhängig davon, ob sie dem Anlage- oder dem Umlaufvermögen zuzuordnen sind.

Im Unterschied zu der Legaldefinition von → **Einlagen** erwähnt § 4 Abs. 1 Satz 2 EStG **auch Nutzungen und Leistungen** als entnahmefähig (R 4.3 Abs. 4 EStR). Entnahme ist folglich die Abgabe jedes geldwerten Vorteils i.S.d. § 8 Abs. 1 EStG (s. BFH-Urteil vom 22.7.1988 III R 175/85, BStBl II 1988, 995).

Man kann festhalten, dass Entnahmen und Einlagen sich mit entgegengesetzten Vorzeichen gegenüberstehen. Bei Entnahmen gehen Wirtschaftsgüter aus dem Betriebsvermögen in das Privatvermögen über, während bei Einlagen Wirtschaftsgüter aus dem Privatvermögen in das Betriebsvermögen überführt werden.

Ein Wirtschaftsgut wird entnommen, wenn es aus dem betrieblichen in den privaten oder einen anderen betriebsfremden Bereich übergeht oder wenn das Wirtschaftsgut von einem Betrieb in einen anderen Betrieb oder Betriebsteil übergeht und eine spätere einkommensteuerrechtliche Erfassung der im Wirtschaftsgut enthaltenen stillen Reserven nicht mehr gewährleistet ist. Dagegen liegt keine Entnahme vor, wenn ein Wirtschaftsgut von einem Betrieb in einen anderen Betrieb oder Betriebsteil derselben oder einer anderen Gewinneinkunftsart überführt wird, weil eine spätere einkommensteuerrechtliche Erfassung der im Wirtschaftsgut enthaltenen stillen Reserven gewährleistet ist (sog. »buchtechnische« Entnahme). In diesen Fällen ist es jedoch nicht zu beanstanden, wenn der Steuerpflichtige die Überführung des Wirtschaftsguts wie eine Entnahme (und im übernehmenden Betrieb wie eine Einlage) behandelt.

Eine Entnahme erfordert regelmäßig eine Entnahmehandlung, die von einem Entnahmewillen getragen wird. Wirtschaftsgüter, die zur Zeit der Aufnahme in das Betriebsvermögen zulässigerweise zum Betriebsvermögen gerechnet worden sind, bleiben daher grundsätzlich so lange Betriebsvermögen, bis sie durch eine eindeutige, unmissverständliche – ausdrückliche oder schlüssige – Entnahmehandlung des Steuerpflichtigen Privatvermögen werden (R 4.3 Abs. 3 EStR; H 4.3 (2-4) [Entnahmehandlung] EStH). Eine Entnahme liegt auch ohne Entnahmeerklärung vor, wenn der Steuerpflichtige die bisherige betriebliche Nutzung eines Wirtschaftsguts auf Dauer so ändert, dass es seine Beziehung zum Betrieb verliert und dadurch zum notwendigen Privatvermögen wird. Eine Nutzungsänderung, durch die das Wirtschaftsgut zwar seinen Charakter als notwendiges Betriebsvermögen verliert, jedoch nicht zu notwendigem Privatvermögen wird, ist ohne eindeutige Entnahmeerklärung des Steuerpflichtigen keine Entnahme des Wirtschaftsguts.

14	Veräußerung oder Entnahme von Anlagevermögen	102	,
15	Private Kfz-Nutzung	106	,
16	Sonstige Sach-, Nutzungs- und Leistungsentnahmen (z.B. private Telefonnutzung)	108	,

Abbildung: Auszug aus dem Vordruck EÜR

Entnahmen haben in der § 4 Abs. 3-Rechnung i.d.R. den **Charakter von Betriebseinnahmen** (**Zeile 14** bis **Zeile 16** des Vordrucks EÜR). Im Folgenden wird auf die unterschiedlichen Entnahmeformen und ihre Auswirkungen auf die § 4 Abs. 3-Rechnung ausführlich eingegangen.

	Entnahmen und Einlagen		99	29
			EUR	Ct
82	Entnahmen einschl. Sach-, Leistungs- und Nutzungsentnahmen	122		,
83	Einlagen einschl. Sach-, Leistungs- und Nutzungseinlagen	123		,

Abbildung: Auszug aus dem Vordruck EÜR

Sämtliche Entnahmen innerhalb des Kalenderjahres sind in **Zeile 82** des Vordrucks EÜR zu erfassen (→ **Vordruck EÜR** → **Schuldzinsen**). Nach § 4 Abs. 4a Satz 6 EStG sind die Entnahmen gesondert aufzuzeichnen. Den Stpfl. kann es zugemutet werden, die Einlagen und Entnahmen aus den vorhandenen Unterlagen (Kassenaufzeichnungen soweit vorhanden, Kontoauszüge) zu ermitteln. Verlangt der Stpfl. den Abzug von Zinsen als Betriebsausgaben, hat er die betriebliche Veranlassung nachzuweisen. Er trägt für den Abzug von Betriebsausgaben die objektive Beweislast. Wurden die für die Ermittlung der nicht abziehbaren Schuldzinsen notwendigen Salden der Entnahmen und Einlagen nicht aufgezeichnet, sind sie gem. § 162 AO zu schätzen (BMF-Schreiben vom 8.9.2005, DStR 2005, 1899).

2. Entnahme von Geld

Dieser Vorgang darf den Gewinn nicht beeinflussen. Entnimmt der Steuerpflichtige z.B. Bargeld aus der Betriebskasse oder von einem betrieblichen → **Bankkonto** bzw. zahlt er private Rechnungen über ein betriebliches Bankkonto, so liegen **keine Betriebsausgaben**, sondern sog. Kosten der privaten Lebensführung vor (§ 12 Nr. 1 EStG); es ergibt sich somit keine Auswirkung auf die § 4 Abs. 3-Rechnung. Auch können Geldentnahmen nicht als Betriebseinnahmen behandelt werden, da sich ihre frühere Vereinnahmung i.d.R. schon als Betriebseinnahme ausgewirkt hat. Auch umsatzsteuerrechtlich ist dieser Vorgang unrelevant, da kein wirtschaftlicher Umsatz i.S.d. UStG getätigt wird. Die Geldentnahme ist – wie jede Entnahme – in **Zeile 82** des Vordrucks EÜR zu erfassen.

Wird eine betriebliche Forderung des Steuerpflichtigen mit einer privaten Schuld verrechnet, so ist in Höhe des Verrechnungsbetrags eine Betriebseinnahme anzusetzen.

Beispiel:
Das Finanzamt verrechnet einen Umsatzsteuer-Erstattungsanspruch mit einer Einkommensteuer-Abschlusszahlung i.H.v. 1 500 € (**Einlage**).

Lösung:
In diesen Fall wird angenommen, dass der Umsatzsteuer-Erstattungsbetrag betrieblich vereinnahmt wurde und dieses Geld danach entnommen wird, um die private Schuld zu begleichen. Im Endergebnis hat also der Steuerpflichtige eine Betriebseinnahme erhalten, danach eine Geldentnahme getätigt (**Zeile 82** des Vordrucks EÜR) und mit dieser eine private Schuld bezahlt. Im Zeitpunkt der Verrechnung ist der Umsatzsteuer-Erstattungsbetrag zugeflossen und damit als Betriebseinnahme zu erfassen (H 9b [Gewinnermittlung nach § 4 Abs. 3 EStG ...] EStH; **Zeile 13** des Vordrucks EÜR).

13	Vom Finanzamt erstattete und ggf. verrechnete Umsatzsteuer	141	1 500 ,00

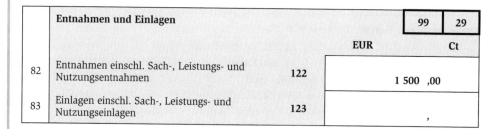

3. Entnahme von Gegenständen (Sachentnahmen)

3.1 Grundsätzliches zur Gegenstandsentnahme

Eine solche **Gegenstandsentnahme** ist dann anzunehmen, wenn der Gegenstand endgültig aus dem Betrieb ausscheidet; also wenn aus Betriebsvermögen **Privatvermögen** wird, z.B.:
- durch Schenkung,
- durch Nutzungsänderung,
- durch Verbrauch für private Zwecke.

Werden also Gegenstände des → **Umlaufvermögens**, des → **abnutzbaren Anlagevermögens** sowie des **nicht abnutzbaren Anlagevermögens** entnommen, spricht man von einer **Gegenstandsentnahme**. Man könnte vereinfachend sagen, eine Sachentnahme ist zu sehen »wie ein Verkauf an sich selbst zum Entnahmewert«. Eine Sachentnahme liegt bei einer Nutzungsänderung dann vor, wenn der Steuerpflichtige die bisherige betriebliche oder berufliche Nutzung eines Wirtschaftsgutes auf Dauer so ändert, dass es seine Beziehung zum Betrieb verliert und dadurch zu notwendigem Privatvermögen wird. Eine Nutzungsänderung, durch die das Wirtschaftsgut zwar seinen Charakter als notwendiges Betriebsvermögen verliert, jedoch nicht zu notwendigem Privatvermögen wird, ist ohne eindeutige Entnahmehandlung des Steuerpflichtigen keine Entnahme eines Wirtschaftsguts (R 4.3 Abs. 3 Satz 4 und 5 EStR).

14	Veräußerung oder Entnahme von Anlagevermögen	102	,
15	Private Kfz-Nutzung	106	,
16	Sonstige Sach-, Nutzungs- und Leistungsentnahmen (z.B. private Telefonnutzung)	108	,

In Höhe des **Entnahmewerts** (**Zeile 82** des Vordrucks EÜR) erfolgt i.d.R. eine **Hinzurechnung** zu den **Betriebseinnahmen** (**Zeile 14** oder **Zeile 16** des Vordrucks EÜR), denn die Anschaffungs- bzw. Herstellungskosten der entnommenen Wirtschaftsgüter haben den Gewinn i.d.R. bereits beeinflusst. Bei einem tatsächlichen Verkauf wären zudem auch Betriebseinnahmen erzielt worden. Die Auswirkung der Sachentnahme auf den Gewinn soll damit neutralisiert werden. Zu beachten ist aber, dass wie auch i.R.d. Buchführung, die Versteuerung der in den entnommenen Wirtschaftsgütern enthaltenen stillen Reserven sichergestellt werden muss.

Im Folgenden werden die unterschiedlichen Gegenstandsentnahmeformen und ihre Auswirkungen auf die § 4 Abs. 3-Rechnung untersucht.

3.2 Entnahme des Umlaufvermögens

Beim Kauf (und Zahlung) haben sich die Anschaffungskosten des → **Umlaufvermögens** bereits als Betriebsausgaben gewinnmindernd ausgewirkt. Da durch die private Verwendung letztendlich keine Betriebsausgaben, sondern Kosten der Lebensführung vorliegen, muss der Gewinn entsprechend korrigiert werden (§ 12 Nr. 1 EStG).

Die Frage ist, mit welchem Wert eine solche Entnahme anzusetzen ist. § 6 Abs. 1 Nr. 4 Satz 1 EStG sieht dafür i.d.R. den **Teilwert** vor. Nach ständiger Rechtsprechung, wie auch der h.Mg. in der Literatur ist die Bewertungsvorschrift des § 6 Abs. 1 Nr. 4 EStG auch i.R.d. § 4 Abs. 3-Rechnung anzuwenden. Wäre dies nicht der Fall und würde man die Sachentnahmen mit dem Restwert ansetzen, so käme es nicht zu einer Aufdeckung der stillen Reserven. Dies würde aber zu Verzerrungen beim Totalgewinn im Vergleich zur Buchführung führen. Bei einer → **Betriebsveräußerung** oder → **Betriebsaufgabe** müssen auch innerhalb der § 4 Abs. 3-Rechnung die stillen Reserven aufgedeckt werden. Anders kann es also auch nicht sein, wenn ein einzelnes Wirtschaftsgut während des laufenden Geschäftsbetriebs entnommen wird.

Als Zweites muss überlegt werden, wann die Entnahme zu erfassen ist, also in welchem Jahr der Gewinn berichtigt werden muss. Es wäre natürlich möglich, nachträglich den Betriebsausgabenabzug des entsprechenden Veranlagungszeitraums rückgängig zu machen. Dies hätte aber folgende Nachteile:
- die Gewinnermittlung müsste wieder korrigiert werden, wenn Kauf und Entnahme in zwei verschiedenen Jahren stattfinden, da bei Kauf die spätere private Verwendung noch nicht absehbar war;
- da eine Entnahme mit dem Teilwert anzusetzen ist, könnte es zu Wertabweichungen kommen.

Aus diesen Gründen wird ein solcher Sachverhalt i.R.d. § 4 Abs. 3-Rechnung wie folgt behandelt:

Im Jahr der Entnahme wird ihr Wert (Teilwert) als (fiktive) Betriebseinnahme angesetzt (**Zeile 16** des Vordrucks EÜR). Der Grund ist darin zu sehen, dass im Falle eines Verkaufs der Verkaufserlös auch zu den Betriebseinnahmen gehören würde. Der Kauf hatte sich damals bei Zahlung als Betriebsausgabe ausgewirkt. Durch den Ansatz dieser (fiktiven) Betriebseinnahme erfolgt die entsprechende Korrektur. Liegt der Teilwert über den damaligen Anschaffungskosten, ergibt sich im Endergebnis ein Gewinn (so wie bei einem Verkauf auch). Diesen Vorgang der Gewinnverwirklichung bei Entnahme nennt man auch die Aufdeckung der stillen Reserven.

Gleichzeitig ist aber zu beachten, dass eine einkommensteuerliche Gegenstandsentnahme umsatzsteuerrechtlich grundsätzlich eine → **unentgeltliche Wertabgabe** nach § 3 Abs. 1b UStG darstellt. Diese unentgeltliche Wertabgaben sind den entgeltlichen Lieferungen gleichgestellt (Abschn. 24a UStR).

Für unentgeltliche Wertabgaben gilt nach § 3f UStG ein einheitlicher Leistungsort. Danach ist grundsätzlich der Ort maßgebend, von dem aus der Unternehmer sein Unternehmen betreibt. Geschieht die Wertabgabe von einer Betriebsstätte aus, ist die Belegenheit der Betriebsstätte maßgebend.

Ist diese Wertabgabe steuerbar und steuerpflichtig, so ist Umsatzsteuer zu berechnen. Bemessungsgrundlage ist nach § 10 Abs. 4 Nr. 1 UStG der Einkaufspreis zzgl. der Nebenkosten im Zeitpunkt des Umsatzes; d.h. Bemessungsgrundlage sind hier im Ergebnis die Wiederbeschaffungskosten. Also ist der einkommensteuerliche Wert der Entnahme i.d.R. auch gleichzeitig die umsatzsteuerliche Bemessungsgrundlage. Nach den Grundsätzen des H 9b [Gewinnermittlung ...] EStH würde diese Umsatzsteuer auf die Wertabgabe bei Zahlung an das Finanzamt eine Betriebsausgabe darstellen (**Zeile 53** des Vordrucks EÜR).

| 53 | An das Finanzamt gezahlte und ggf. verrechnete Umsatzsteuer | 186 | , |

Nach § 12 Nr. 3 EStG darf aber diese (durch einen privaten Vorgang) entstandene Umsatzsteuer auf den Eigenverbrauch den Gewinn nicht mindern; also wird zum Ausgleich im Jahr der Wertabgabe die Umsatzsteuer ebenfalls als (fiktive) Betriebseinnahme erfasst (**Zeile 12** des Vordrucks EÜR), um im Endergebnis die Gewinnneutralität der Umsatzsteuervorgänge zu wahren (→ **Umsatzsteuer/Vorsteuer**).

| 12 | Vereinnahmte Umsatzsteuer sowie Umsatzsteuer auf unentgeltliche Wertabgaben | 140 | , |

Nach dem BFH-Urteil vom 25.4.1990 ist die Umsatzsteuer, soweit sie auf den Eigenverbrauch entfällt, grundsätzlich erst im Zeitpunkt der Zahlung von den entsprechenden Betriebsausgaben zu kürzen. Da die Überwachung der zutreffenden ertragsteuerlichen Berücksichtigung der Umsatzsteuer auf den Eigenverbrauch sowohl für den Steuerpflichtigen als auch für die Finanzverwaltung zu Schwierigkeiten führt, wenn die Erfassung des (Netto-)Eigenverbrauchs in einem anderen Jahr erfolgt als die Umsatzsteuer gezahlt wird, verfährt die Praxis in der Weise, dass der Bruttowert des Eigenverbrauchs als (fiktive) Betriebseinnahme angesetzt wird. Dies hat den praktischen Vorzug, dass eine nach der o.a. BFH-Rechtsprechung erforderliche Überwachung und Kürzung der zu einem späteren Zeitpunkt gezahlten und als Betriebsausgabe abzugsfähigen Umsatzsteuer entfällt und im Ergebnis die Gewinnneutralität der Umsatzsteuer gewahrt bleibt.

Jedoch löst nicht jede Sachentnahme auch immer eine steuerbare unentgeltliche Wertabgabe aus. Beispielsweise ist in den Fällen eines Innenumsatzes, einer Entnahme von Gegenständen, bei deren Erwerb kein Vorsteuerabzug möglich war (§ 3 Abs. 1b Satz 2 UStG) oder einer Entnahme von Wirtschaftsgütern, die nicht dem Unternehmensvermögen zugeordnet wurden, eine unentgeltliche Wertabgabe nicht möglich (s.a. Abschn. 24b UStR). Aus einkommensteuerrechtlicher Sicht ist aber auch in diesen Fällen eine Sachentnahme bewirkt worden.

Beispiel: Entnahme von Umlaufvermögen
Ein Spielzeughändler schenkt seiner Tochter zu Weihnachten des Kj. 18 eine Barbiepuppe aus seinem Sortiment. Eingekauft hatte er die Puppe bereits im März 18 für 35 € zzgl. 6,65 € USt. Im Dezember 18 musste er für eine gleiche Puppe bereits 40 € netto bezahlen. Der Verkaufspreis im Dezember 18 betrug 55 €.

Lösung:
Kauf
Die Puppe stellt beim Kauf notwendiges Betriebsvermögen, das zum Umlaufvermögen zu rechnen ist, dar. Daher sind die Anschaffungskosten i.H.v. 35 € bei Zahlung in voller Höhe als Betriebsausgabe anzusetzen (§ 11 Abs. 2 EStG; **Zeile 21** des Vordrucks EÜR). Die abzugsfähige Vorsteuer gehört nicht zu den Anschaffungskosten (§ 9b Abs. 1 EStG i.V.m. § 15 UStG). Auch sie stellt bei Zahlung in voller Höhe Betriebsausgaben dar (H 9b [Gewinnermittlung nach § 4 Abs. 3 EStG ...] EStH; **Zeile 52** des Vordrucks EÜR).

Schenkung

Einkommensteuerrechtliche Sicht

Durch die Schenkung der Puppe wird aus notwendigem Betriebsvermögen notwendiges Privatvermögen. Es ist also eine Gegenstandsentnahme zu erfassen (§ 4 Abs. 1 Satz 2 EStG). Diese Entnahme ist mit dem Teilwert, der hier den Wiederbeschaffungskosten i.H.v. 40 € entspricht, anzusetzen (§ 6 Abs. 1 Nr. 4 Satz 1 EStG). Der tatsächliche Verkaufspreis ist insoweit ohne Bedeutung. Dieser Entnahmewert (**Zeile 82** des Vordrucks EÜR) wird innerhalb der § 4 Abs. 3-Rechnung als (fiktive) Betriebseinnahme berücksichtigt (**Zeile 16** des Vordrucks EÜR).

Umsatzsteuerrechtliche Sicht

Diese steuerbare und steuerpflichtige Wertabgabe führt zu einer Bemessungsgrundlage von 40 € (§ 3 Abs. 1b Nr. 1 UStG i.V.m. § 10 Abs. 4 Nr. 1 UStG). Die Umsatzsteuer beträgt demnach 19% von 40 € = 7,60 € und ist ebenfalls als (fiktive) Betriebseinnahme anzusetzen (§ 12 Nr. 3 EStG; **Zeile 12** des Vordrucks EÜR).

§ 4 Abs. 3-Rechnung im Kj.108 insoweit:

Betriebseinnahmen	• Entnahmewert der Puppe	40,00 €
	• Umsatzsteuer auf die Wertabgabe	7,60 €
	• Erstattung der Vorsteuer durch FA	6,65 €
Betriebsausgaben	• Anschaffungskosten Puppe (Waren)	35,00 €
	• Vorsteuern auf Anschaffungskosten Waren	6,65 €
	• Zahlung USt für Wertabgabe an das FA	7,60 €

12	Vereinnahmte Umsatzsteuer sowie Umsatzsteuer auf unentgeltliche Wertabgaben	140	7	,60
13	Vom Finanzamt erstattete und ggf. verrechnete Umsatzsteuer	141	6	,65
14	Veräußerung oder Entnahme von Anlagevermögen	102		,
15	Private Kfz-Nutzung	106		,
16	Sonstige Sach-, Nutzungs- und Leistungsentnahmen (z.B. private Telefonnutzung)	108	40	,00
17	Auflösung von Rücklagen, Ansparabschreibungen für Existenzgründer und/oder Ausgleichsposten (Übertrag von Zeile 73)			,
18	**Summe Betriebseinnahmen**	159	54	,25

	Betriebsausgaben		99	25
			EUR	Ct
21	Waren, Rohstoffe und Hilfsstoffe einschl. der Nebenkosten	100	35	,00
52	Gezahlte Vorsteuerbeträge	185	6	,65
53	An das Finanzamt gezahlte und ggf. verrechnete Umsatzsteuer	186	7	,60
55	**Summe Betriebsausgaben**	199	49	,25

	Ermittlung des Gewinns			EUR	Ct
60	Summe der Betriebseinnahmen (Übertrag aus Zeile 18)			54	,25
61	abzüglich Summe der Betriebsausgaben (Übertrag aus Zeile 55)		−	49	,25
	zuzüglich				
62	− Hinzurechnung der Investitionsabzugsbeträge nach § 7g Abs. 2 EStG	188	+		
63	abzüglich				
64	− erwerbsbedingte Kinderbetreuungskosten	184			
65	− Investitionsabzugsbeträge nach § 7g Abs. 1 EStG (Übertrag aus Zeile 77)	187			
66	Summe	198	▶ −		,
67	**Gewinn/Verlust**	119		5	,00

	Entnahmen und Einlagen			99	29
				EUR	Ct
82	Entnahmen einschl. Sach-, Leistungs- und Nutzungsentnahmen	122		40	,00
83	Einlagen einschl. Sach-, Leistungs- und Nutzungseinlagen	123			,

Im Endergebnis entsteht durch diese Entnahme ein Gewinn von 5 € (Aufdeckung der stillen Reserven). Wäre die Puppe auch für 40 € (netto) verkauft worden, wäre der gleiche Gewinn realisiert worden. Vergleicht man dieses Ergebnis mit der Buchführung, so wird auch insoweit die Gesamtgewinngleichheit gewahrt.

Praxishinweis:
In der Praxis ist es sehr schwierig, für jede Entnahme des Umlaufvermögens den entsprechenden Teilwert zu ermitteln und anzusetzen. So müsste z.B. ein Metzger, oder ein Bäcker immer genau aufzeichnen, wie viel Entnahmen und zu welchem Wert er sie getätigt hat. Aus diesem Grund werden vom Bundesministerium der Finanzen **Pauschbeträge für den Eigenverbrauch** (Sachentnahmen) festgesetzt. Diese Pauschalregelung dient der Vereinfachung. Das BMF-Schreiben vom 4.1.2007 (BStBl I 2007, 67) enthält die Pauschbeträge für das Kj. 2007; das BMF-Schreiben vom 19.12.2008 (BStBl I 2008, 1012) enthält die Pauschbeträge für das Kj. 2009. Bei Betrieben, für die eine solche Pauschalregelung nicht vorgesehen ist, müssen die Entnahmen mit den jeweiligen Teilwerten bewertet werden.

3.3 Entnahme des abnutzbaren Anlagevermögens

3.3.1 Ermittlung der Betriebseinnahmen und Betriebsausgaben

Die Konsequenzen für die § 4 Abs. 3-Rechnung sind quasi genau dieselben wie bei einem tatsächlichen Verkauf. Im Jahr der Entnahme ist deshalb wie folgt zu verfahren:

(fiktive) Betriebseinnahmen:	• Wert der Entnahme (= Teilwert), § 6 Abs. 1 Nr. 4 Satz 1 EStG;
	• ggf. Umsatzsteuer auf diese Wertabgabe, wenn sie steuerbar und steuerpflichtig ist (§ 12 Nr. 3 EStG – später gewinnneutralisierende Korrektur –).
Betriebsausgaben:	• Ggf. AfA bis einschließlich Entnahmemonat (R 7.4 Abs. 8 Satz 1 EStR);
	• im Entnahmezeitpunkt noch vorhandener Restwert (H 4.5 (3) [Veräußerung abnutzbarer Wirtschaftsgüter/Unterlassene AfA] EStH analog).

In diesen Fällen kann es also auch dazu kommen, dass die stillen Reserven aufgedeckt werden. Wird z.B. ein betrieblicher Pkw entnommen und ist der Teilwert höher als der Restwert zum Entnahmezeitpunkt, so entsteht ein Gewinn (stille Reserven); möglich ist natürlich auch ein Verlust (H 4.3 (2–4) [Gewinnrealisierung] EStH).

Beispiel:
Entnahme von abnutzbarem Anlagevermögen
Steuerberater Willi nutzt den bislang zum Betriebsvermögen gehörenden Pkw (mit Vorsteuerabzug erworben) nur noch privat. Der Teilwert zum Entnahmezeitpunkt (Juni 18) beträgt 25 000 €, der Restwert 18 000 €. Bis zum Entnahmezeitpunkt ist noch die degressive AfA i.H.v. 4 500 € zu erfassen.

Lösung:
Einkommensteuerrechtliche Sicht
Durch die Änderung der Nutzung wird aus notwendigem Betriebsvermögen notwendiges Privatvermögen. Somit liegt eine Gegenstandsentnahme vor, deren Wert 25 000 € beträgt.

Umsatzsteuerrechtliche Sicht
Die Bemessungsgrundlage für diese steuerbare und steuerpflichtige Wertabgabe beträgt 25 000 €, die Umsatzsteuer damit 4 750 €.
§ 4 Abs. 3-Rechnung im Kj. 18 insoweit:

Betriebseinnahmen	• Entnahmewert Pkw	25 000 €
	• Umsatzsteuer auf Eigenverbrauch	4 750 €
Betriebsausgaben	• AfA Pkw bis Entnahme	4 500 €
	• Restwert bei Pkw-Entnahme	18 000 €
	• Zahlung USt für Wertabgabe an das FA	4 750 €

12	Vereinnahmte Umsatzsteuer sowie Umsatzsteuer auf unentgeltliche Wertabgaben	140	4 750 ,00
14	Veräußerung oder Entnahme von Anlagevermögen	102	25 000 ,00
18	**Summe Betriebseinnahmen**	159	29 750 ,00

	Betriebsausgaben		99	25
			EUR	Ct
26	AfA auf bewegliche Wirtschaftsgüter (z.B. Maschinen, Kfz)	130	4 500	,00
34	Restbuchwert der im Kalenderjahr/Wirtschaftsjahr ausgeschiedenen Anlagegüter	135	18 000	,00
53	An das Finanzamt gezahlte und ggf. verrechnete Umsatzsteuer	186	4 750	,00
55	**Summe Betriebsausgaben**	199	27 250	,00
	Ermittlung des Gewinns		EUR	Ct
60	Summe der Betriebseinnahmen (Übertrag aus Zeile 18)		29 750	,00
61	abzüglich Summe der Betriebsausgaben (Übertrag aus Zeile 55)	−	27 250	,00
	zuzüglich			
62	− Hinzurechnung der Investitionsabzugsbeträge nach § 7g Abs. 2 EStG	188 +		
63	abzüglich			
64	− erwerbsbedingte Kinderbetreuungskosten 184			
65	− Investitionsabzugsbeträge nach § 7g Abs. 1 EStG (Übertrag aus Zeile 77) 187			
66	Summe 198	▶ −		,
67	**Gewinn/Verlust**	119	2 500	,00

	Entnahmen und Einlagen		99	29
			EUR	Ct
82	Entnahmen einschl. Sach-, Leistungs- und Nutzungsentnahmen	122	25 000	,00
83	Einlagen einschl. Sach-, Leistungs- und Nutzungseinlagen	123		,

Variante:
Würde eine solche Entnahme durch einen Arzt vorgenommen, dessen Umsätze von der Umsatzsteuer befreit sind (§ 4 Nr. 14 UStG), so ergäben sich folgende Konsequenzen (der Teilwert soll aus Vereinfachungsgründen auch 25 000 € betragen):

Einkommensteuerrechtliche Sicht
Auch hier handelt es sich unstreitig um eine Gegenstandsentnahme, deren Entnahmewert als fiktive Betriebseinnahme zu erfassen ist. Wie auch im Ausgangsbeispiel ist die AfA bis zur Entnahme und der Restwert bei Entnahme als Betriebsausgaben anzusetzen.

Umsatzsteuerrechtliche Sicht
Da der Arzt steuerfreie Ausgangsumsätze tätigt, konnte er bei Erwerb des Pkw keinen Vorsteuerabzug vornehmen (§ 15 Abs. 2 Nr. 1 UStG). Folglich ist auch die Wertabgabe nicht steuerbar.

§ 4 Abs. 3-Rechnung im Kj. 18 insoweit:

Betriebseinnahmen
- Entnahmewert Pkw 25 000 €

Betriebsausgaben
- AfA Pkw bis Entnahme 4 500 €
- Restwert bei Pkw-Entnahme 18 000 €

14	Veräußerung oder Entnahme von Anlagevermögen	102	25 000 ,00
18	**Summe Betriebseinnahmen**	159	25 000 ,00

	Betriebsausgaben		99	25
			EUR	Ct
26	AfA auf bewegliche Wirtschaftsgüter (z.B. Maschinen, Kfz)	130	4 500	,00
34	Restbuchwert der im Kalenderjahr/Wirtschaftsjahr ausgeschiedenen Anlagegüter	135	18 000	,00
55	**Summe Betriebsausgaben**	199	22 500	,00
	Ermittlung des Gewinns		EUR	Ct
60	Summe der Betriebseinnahmen (Übertrag aus Zeile 18)		25 000	,00
61	abzüglich Summe der Betriebsausgaben (Übertrag aus Zeile 55) –		22 500	,00
	zuzüglich			
62	– Hinzurechnung der Investitionsabzugsbeträge nach § 7g Abs. 2 EStG	188 +		
63	abzüglich			
64	– erwerbsbedingte Kinderbetreuungskosten	184		
65	– Investitionsabzugsbeträge nach § 7g Abs. 1 EStG (Übertrag aus Zeile 77)	187		
66	Summe 198	▶ –		,
67	**Gewinn/Verlust**	119	2 500	,00

	Entnahmen und Einlagen		99	29
			EUR	Ct
82	Entnahmen einschl. Sach-, Leistungs- und Nutzungsentnahmen	122	25 000	,00
83	Einlagen einschl. Sach-, Leistungs- und Nutzungseinlagen	123		,

3.3.2 Besonderheiten zur Berücksichtigung der AfA

Wie der BFH in seinem Urteil vom 14.11.2007 (XI R 37/6, BFH/NV 2008, 365) entschieden hat, sind zur Berechnung des Restwerts im Zeitpunkt der Entnahme von dem richtigen Einlagewert – bzw. den richtigen Anschaffungskosten – die AfA abzusetzen, die sich bis zu diesem Zeitpunkt bereits als Betriebsausgaben ausgewirkt haben.

Wurde in den Wj. der Zugehörigkeit des WG zum Betriebsvermögen die AfA zu niedrig angesetzt, ist bei einer Veräußerung (oder Entnahme) die bislang tatsächlich vorgenommene

AfA von den (richtigen) Anschaffungskosten abzuziehen; der Veräußerungsgewinn wird entsprechend gemindert. Siehe dazu das Beispiel unter → **Absetzung für Abnutzung**.

Für den Fall, dass tatsächlich zu hohe AfA in Anspruch genommen wurden, kann nichts anderes gelten. Daraus folgt, dass der Restwert durch Berücksichtigung der tatsächlichen, nämlich der zu hohen AfA niedriger ist als bei zutreffender AfA.

Mit Urteil vom 14.11.2007 (XI R 37/06, BFH/NV 2008, 365) hat der BFH folgenden Fall entschieden:

Sachverhalt:
Der Steuerpflichtige ist als Unternehmensberater selbständig tätig und ermittelt seinen Gewinn nach § 4 Abs. 3 EStG. Seit Juli 04 nutzte er einen Teil seines Wohnhauses als Büro. Das Büro erfasste der Steuerpflichtige als Betriebsvermögen. Zum 31.7.09 gab der Steuerpflichtige die berufliche Nutzung auf und entnahm den Gebäudeanteil. Die AfA für den betrieblichen Gebäudeteil berechnete der Steuerpflichtige nach § 7 Abs. 5 Satz 1 Nr. 1 EStG.

Berechnungen des Stpfl. und des FA:

	Steuerpflichtiger	Finanzamt	Klagebegehren des Stpfl.
Einlagewert Grundstück	132 658 €	90 000 €	90 000 €
Gebäudeanteil = AfA-Bemessungsgrundlage	132 658 €	74 250 €	74 250 €
Grund und Bodenanteil	0 €	15 750 €	15 750 €
AfA Kj. 04 bis 06: 3 × 10 % = 30 %	39 797 €	39 797 €	22 275 €
AfA Kj. 07 bis 08: 2 × 5 % = 10 %	13 266 €	13 266 €	7 425 €
AfA Kj. 09 bis 31.7.2009: 5 % (voller Jahresbetrag)	6 633 €	6 633 €	3 713 €
Da das Kj. 09 noch nicht bestandskräftig war, berücksichtigte das FA zusätzlich die seiner Auffassung nach korrekte AfA 09 (5 % von 74 250 €)		3 713 €	
Restwert im Zeitpunkt des Ausscheidens des WG (inkl. Grund und Boden)	72 962 €	26 591 €	56 587 €
Entnahmewert	111 624 €	82 000 €	82 000 €
Veräußerungsgewinn	**38 662 €**	**55 409 €**	**25 413 €**

Entscheidung des BFH:

	BFH
Einlagewert Grundstück	90 000 €
Gebäudeanteil = AfA-Bemessungsgrundlage	74 250 €
Grund und Bodenanteil	15 750 €
AfA Kj. 04 bis 06: 3 × 10 % = 30 %	39 797 €
AfA Kj. 07 bis 08: 2 × 5 % = 10 %	13 266 €
AfA Kj. 09 bis 31.7.2009: 5 % (voller Jahresbetrag)	6 633 €
Da das Kj. 09 noch nicht bestandskräftig ist, berücksichtigt der BFH zusätzlich die korrekte zeitanteilige AfA 09 (5 % von 74 250 € × 7/12)	2 165 €
Restwert im Zeitpunkt des Ausscheidens des WG (inkl. Grund und Boden)	28 139 €
Entnahmewert	82 000 €
Veräußerungsgewinn	**53 861 €**
Die Einkünfte des Stpfl. für das Kj. 09 ermittelt der BFH wie folgt:	
Einkünfte lt. Erklärung	.............€
zuzüglich AfA Gebäudeteil alt 09 (5 % von 132 658 € × 7/12)	+ 3 869 €
abzüglich AfA Gebäudeteil neu 09	./. 2 165 €
abzüglich Entnahmewert alt	./. 111 624 €
zuzüglich Entnahmewert neu	+ 82 000 €
zuzüglich Restwert alt	+ 72 962 €
abzüglich Restwert neu	./. 28 139 €
Gewinnkorrektur lt. BFH	**16 903 €**

Meiner Ansicht nach ist entgegen der Berechnung des BFH im Kj. 09 der AfA-Betrag, der sich in der Einnahme-Überschussrechnung des Stpfl. tatsächlich ausgewirkt hat, als Korrekturposten zu berücksichtigen (6 633 €).

Da das Streitjahr 09 noch nicht bestandskräftig ist, wäre meiner Auffassung nach folgende Berechnung durchzuführen:

	Eigene Auffassung
Einlagewert Grundstück	90 000 €
Gebäudeanteil = AfA-Bemessungsgrundlage	74 250 €

	Eigene Auffassung
Grund und Bodenanteil	15 750 €
AfA Kj. 04 bis 06: 3 × 10 % = 30 %	39 797 €
AfA Kj. 07 bis 08: 2 × 5 % = 10 %	13 266 €
Da das Kj. 09 noch nicht bestandskräftig ist, ist lediglich die korrekte zeitanteilige AfA 09 (5 % von 74 250 € × 7/12) zu berücksichtigen	2 165 €
Restwert im Zeitpunkt des Ausscheidens des WG (inkl. Grund und Boden)	34 772 €
Entnahmewert	82 000 €
Veräußerungsgewinn	47 228 €
Die Einkünfte des Stpfl. für das Kj. 09 sind wie folgt zu ermitteln:	
Einkünfte lt. Erklärung	.... €
zuzüglich AfA Gebäudeteil alt 09	+ 6 633 €
abzüglich AfA Gebäudeteil neu 09	./. 2 165 €
abzüglich Entnahmewert alt	./. 111 624 €
zuzüglich Entnahmewert neu	+ 82 000 €
zuzüglich Restwert alt	+ 72 962 €
abzüglich Restwert neu	./. 34 772 €
Gewinnkorrektur	13 034 €

3.4 Entnahme des nicht abnutzbaren Anlagevermögens

Auch hier sind die Konsequenzen für die § 4 Abs. 3-Rechnung quasi genau dieselben wie bei einem tatsächlichen Verkauf. Der Kauf des nicht abnutzbaren Anlagevermögens (z.B. Grund und Boden) hat sich bisher noch nicht auf den Gewinn ausgewirkt. Im Jahr der Anschaffung erfolgte lediglich eine Aufnahme in das Anlageverzeichnis (§ 4 Abs. 3 Sätze 4 und 5 EStG).

Im Jahr der Entnahme ist wie folgt zu verfahren:

(fiktive) Betriebseinnahmen: • Wert der Entnahme = Teilwert
(§ 6 Abs. 1 Nr. 4 Satz 1 EStG)

Betriebsausgaben: • Die originären Anschaffungs-/Herstellungskosten
(§ 4 Abs. 3 Satz 4 EStG)

Es wirken sich im Jahr der Entnahme nur die tatsächlich realisierten stillen Reserven gewinnerhöhend oder im Ausnahmefall auch gewinnmindernd aus.

Beachte:
Nach der Zuordnung des Grundstücks zum Unternehmensvermögen hat der Unternehmer die Möglichkeit, das Grundstück aus dem Unternehmensvermögen zu »entnehmen«. Diese Entnahme wird gem. § 3 Abs. 1b Nr. 1 UStG einer Lieferung gegen Entgelt gleichgestellt und ist nicht nach § 4 Nr. 9 Buchst. a UStG steuerbefreit (BMF-Schreiben bezüglich der Verwendung eines dem Unternehmen zugeordneten Grundstücks als unentgeltliche Wertabgabe: BMF vom 13.4.2004, BStBl I 2004, 469; Abschn. 71 Abs. 1 Satz 1, Abs. 3 UStR). Ist die Entnahme für den Vorsteuerabzug anders zu beurteilen als die für den ursprünglichen Vorsteuerabzug maßgebliche Verwendung und wird die Entnahme innerhalb des Berichtigungszeitraums ausgeführt, ist die Vorsteuer nach § 15a UStG zu berichtigen (Vorsteuerberichtigung).

Die EU-Kommission vertritt die Auffassung, dass die deutsche Auslegung in Abschn. 71 Abs. 1 und 3 UStR nicht mit Art. 16 und Art. 135 Abs. 1 Buchst. j und k MwStSystRL vereinbar sei. Ihrer Auffassung nach können die in dem EuGH-Urteil vom 8.5.2003 (C-269/00 – Seeling –, BStBl II 2004, 378) niedergelegten Grundsätze nicht auf die Entnahme von Grundstücken oder Gebäuden angewendet werden.

Mit Schreiben vom 22.9.2008 (BStBl I 2008, 895) korrigiert das BMF seine Rechtsauffassung und stellt fest, dass **Grundstücksentnahmen steuerfrei** sind. Die **entgegenstehenden Aussagen des Abschn. 71 Abs. 1 Satz 1 UStR** und die des BMF-Schreibens vom 13.4.2004 (BStBl I 2004, 469) sind **nicht mehr anzuwenden**. Für vor dem 1.10.2008 bewirkte Entnahmen von Grundstücken aus dem Unternehmen wird es nicht beanstandet, wenn sich ein Unternehmer auf die entgegenstehenden Aussagen des Abschn. 71 Abs. 1 Satz 1 UStR und des BMF-Schreibens vom 13.4.2004 beruft.

Zu den Grundstücksentnahmen und den Grundstücksübertragungen zwischen Angehörigen s. die Vfg. der OFD Hannover vom 11.6.2008 (S 7109 – 10 – StO 172, UR 2008, 671).

Beispiel: Entnahme von nicht abnutzbarem Anlagevermögen
Steuerberater Willi hatte im Kj. 21 ein unbebautes Grundstück (700 qm) zur Nutzung als Kundenparkplatz erworben; die »umsatzsteuerfreien« Anschaffungskosten betrugen damals 20 500 €.
Im Kj. 28 wird dieses Grundstück als Bauplatz zum Bau eines privaten Einfamilienhauses erschlossen. Der qm-Preis solcher baureifen Grundstücke betrug im Kj. 28 ortsüblich 350 €.

Lösung:
Kauf im Kj. 21
Durch die betriebliche Zweckbestimmung wurde das unbebaute Grundstück im Kj. 21 zum notwendigen Betriebsvermögen. Die Anschaffungskosten haben sich damals nicht als Betriebsausgaben ausgewirkt. Das zum nicht abnutzbaren Anlagevermögen gehörende Grundstück wurde lediglich in das Anlageverzeichnis aufgenommen (§ 4 Abs. 3 Satz 4 und 5 EStG).

Erschließung zum Bauplatz im Kj. 28
Einkommensteuerrechtliche Sicht
Wird auf einem bisher unbebauten Betriebsgrundstück ein zum Privatvermögen gehörendes Gebäude errichtet, so wird das Grundstück durch die Bebauung entnommen (Nutzungsänderung; H 4.3 (2–4) [Grundstücke oder Grundstücksteile] EStH). Diese Gegen-

standsentnahme muss mit dem Teilwert angesetzt werden. Dieser beträgt im vorliegenden Falle 245 000 € (**Zeile 82** des Vordrucks EÜR). Der Entnahmewert ist innerhalb der § 4 Abs. 3-Rechnung als (fiktive) Betriebseinnahme zu berücksichtigen. Im Jahr der Entnahme sind die ursprünglichen Anschaffungskosten des Grundstücks als Betriebsausgaben zu erfassen (§ 4 Abs. 3 Satz 4 EStG). Dadurch wird – wie auch i.R.d. Buchführung – sichergestellt, dass die stillen Reserven erst im Jahr der Entnahme aufgedeckt werden müssen.

Umsatzsteuerrechtliche Sicht
Da das Grundstück nicht zum Vorsteuerabzug berechtigt hat, ist die Wertabgabe nicht steuerbar.

§ 4 Abs. 3-Rechnung im Kj. 28 insoweit:

Betriebseinnahmen	• Entnahmewert Grundstück	245 000 €
Betriebsausgaben	• originäre Anschaffungskosten Grundstück	20 500 €

14	Veräußerung oder Entnahme von Anlagevermögen	102	245 000	,00
18	**Summe Betriebseinnahmen**	159	245 000	,00

	Betriebsausgaben		**99**	**25**
			EUR	Ct
34	Restbuchwert der im Kalenderjahr/Wirtschaftsjahr ausgeschiedenen Anlagegüter	135	20 500	,00
55	**Summe Betriebsausgaben**	199	20 500	,00
	Ermittlung des Gewinns		EUR	Ct
60	Summe der Betriebseinnahmen (Übertrag aus Zeile 18)		245 000	,00
61	abzüglich Summe der Betriebsausgaben (Übertrag aus Zeile 55)	–	20 500	,00
	zuzüglich			
62	– Hinzurechnung der Investitionsabzugsbeträge nach § 7g Abs. 2 EStG	188 +		
63	abzüglich			
64	– erwerbsbedingte Kinderbetreuungskosten	184		
65	– Investitionsabzugsbeträge nach § 7g Abs. 1 EStG (Übertrag aus Zeile 77)	187		
66	Summe	198	▶ –	,
67	**Gewinn/Verlust**	119	224 500	,00

	Entnahmen und Einlagen		**99**	**29**
			EUR	Ct
82	Entnahmen einschl. Sach-, Leistungs- und Nutzungsentnahmen	122	245 000	,00
83	Einlagen einschl. Sach-, Leistungs- und Nutzungseinlagen	123		,

4. Entnahme von Forderungen

Eine eindeutige und endgültige Entnahme einer betrieblichen Forderung muss zu einer Gewinnrealisierung führen. Im Zeitpunkt der Entnahme ist i.H.d. Nennwerts der Forderung eine (fiktive) Betriebseinnahme zu berücksichtigen (**Zeile 16** des Vordrucks EÜR). Ansonsten würde der betrieblich entstandene Gewinn der Besteuerung entzogen.

Beispiel:
Steuerberater Willi erlässt einem Mandanten aus privaten Gründen eine Honorarforderung.

Lösung:
Siehe das BFH-Urteil vom 16.1.1975 (IV R 180/71, BStBl II 1975, 526).
Der Erlass aus privaten Gründen ist eine Entnahme (**Zeile 82** des Vordrucks EÜR). Die Höhe der Forderung ist bei Erlass als Betriebseinnahme zu erfassen. Maßgebliche Begründung des BFH hierfür ist die → **Gesamtgewinngleichheit**. Über die Gesamtheit der Jahre hinweg muss die Gewinnermittlung nach § 4 Abs. 3 EStG letztlich zu demselben Gesamtergebnis führen wie die Gewinnermittlung nach § 4 Abs. 1 EStG. Bei beiden Gewinnermittlungsarten sind grundsätzlich alle Wirtschaftsgüter entnahmefähig. Auch bei der Einnahme-Überschussrechnung sind Entnahmen und Einlagen zu berücksichtigen. Der Wert der Entnahmen wird dem Überschuss der Betriebseinnahmen über die Betriebsausgaben hinzugerechnet und der Wert der Einlagen davon abgezogen (entsprechend der Vorschrift des § 4 Abs. 1 EStG). Eine Ausnahme gilt bei der Gewinnermittlung nach § 4 Abs. 3 EStG allerdings für Geld, weil sein Zufluss bereits als Betriebseinnahme erfasst oder das Geld ohne Fiktion einer Betriebsausgabe eingelegt wurde. Entnahmefähig sind auch entstandene Honorarforderungen. Denn die Aufwendungen, die ein Steuerpflichtiger macht, um die geschuldeten Dienst- oder Werkleistungen zu erbringen und damit die Honorarforderungen zu erwerben, sind Betriebsausgaben und mindern als solche den nach § 4 Abs. 3 EStG ermittelten Gewinn nicht anders als z.B. die Anschaffungskosten von Waren. Für den Bereich des § 4 Abs. 1 EStG ist der Anspruch auf das Entgelt im Jahr der Ausführung der Leistung gewinnerhöhend zu aktivieren; der spätere Erlass des Anspruchs aus privaten Gründen darf den Gewinn nicht mindern. Die Gewinnermittlung nach § 4 Abs. 3 EStG muss zum gleichen Gesamtergebnis führen. Das bedeutet, dass der Anspruch auf das Entgelt im Zeitpunkt seines Erlasses unter dem rechtlichen Gesichtspunkt der Entnahme dem Überschuss der Betriebseinnahmen über die Betriebsausgaben hinzuzurechnen ist.

Die Entnahme einer Darlehensforderung hingegen hat keine gewinnerhöhende Auswirkung, da auch die Rückzahlung des Darlehensbetrags nicht zu Betriebseinnahmen geführt hätte (H 4.5 (2) [Darlehen] EStH). Werden Forderungen verzinst, so rechnen die Zinsen nach der Entnahme nicht mehr zu den Betriebseinnahmen, sondern zu den Einkünften aus Kapitalvermögen (Subsidiaritätsprinzip nach § 20 Abs. 8 EStG).

5. Entnahme von Verbindlichkeiten

Die Entnahmemöglichkeit einer Verbindlichkeit ist wohl praktisch begrenzt. In Betracht kommen insbesondere die Fälle, in denen noch mit Verbindlichkeiten behaftete Wirtschaftsgüter entnommen werden. Es werden dann nicht nur die Wirtschaftsgüter selbst, sondern gleichzeitig auch die damit im Zusammenhang stehenden Verbindlichkeiten entnommen. Im Endergebnis führt die korrekte Erfassung einer Entnahme von Verbindlichkeiten dazu, dass die ihnen zugrunde liegenden Anschaffungs- bzw. Herstellungskosten der betroffenen Wirtschaftsgüter sich noch auf den Gewinn auswirken können, da der Entnahmewert der entnommenen Wirtschaftsgüter als Betriebseinnahme angesetzt werden muss.

Entnahme einer Verbindlichkeit im Zusammenhang mit Umlaufvermögen	Der Nennwert der Verbindlichkeit ist im Zeitpunkt der Entnahme in voller Höhe als Betriebsausgabe zu erfassen, ansonsten wären die Anschaffungskosten nicht mehr als Betriebsausgabe berücksichtigt worden.
Entnahme einer Verbindlichkeit im Zusammenhang mit abnutzbarem Anlagevermögen	Hier ergeben sich keine Gewinnauswirkungen, da bereits ab Anschaffung/Herstellung die Anschaffungskosten/ Herstellungskosten im Wege der AfA verteilt worden sind oder als GWG behandelt wurden und ein ggf. noch vorhandener Restwert bei Entnahme als Betriebsausgaben angesetzt wird (§ 4 Abs. 3 Satz 3 EStG).
Entnahme einer Verbindlichkeit im Zusammenhang mit nicht abnutzbarem Anlagevermögen	Auch hier ergeben sich keine Gewinnauswirkungen, denn die Anschaffungskosten für ein solches Wirtschaftsgut werden erst bei Zufluss des Veräußerungserlöses oder Entnahme desselben berücksichtigt (§ 4 Abs. 3 Satz 4 EStG).

Abbildung: Rechtsfolgen für die § 4 Abs. 3-Rechnung:

Wurde die Verbindlichkeit verzinst, so rechnen die Zinsen nach der Entnahme nicht mehr zu den Betriebsausgaben, sondern zu den Kosten der Lebensführung (§ 12 Nr. 1 EStG) oder bei Überführung in eine Überschusseinkunftsart, zu den Werbungskosten (§ 9 Abs. 1 Satz 1 Nr. 1 EStG).

6. Entnahme von Nutzungen und Leistungen

6.1 Allgemeines

Diese Form der Entnahme kommt dann vor, wenn ein zum → **Betriebsvermögen** gehörendes Wirtschaftsgut oder eine für den Betrieb bestimmte Leistung (z.B. Arbeitnehmer) auch zu betriebsfremden Zwecken genutzt wird. In diesen Fällen wird also das Wirtschaftsgut im Unterschied zur Gegenstandsentnahme nicht endgültig in das Privatvermögen überführt, sondern nur zeitweise privat mitbenutzt. Die in der Praxis am häufigsten auftretenden Fälle sind:
- Privatnutzung des betrieblichen Pkw,
- Privatnutzung des betrieblichen Telefons,
- Einsatz von Arbeitnehmern für private Zwecke.

Die **Bewertung der Nutzungsentnahme** richtet sich nicht nach § 6 Abs. 1 Nr. 4 Satz 1 EStG. Diese Vorschrift regelt nach ganz herrschender Auffassung lediglich die Bewertung der Sachentnahmen, trifft hingegen für die Bewertung der Nutzungsentnahmen keine Aussage (BFH-Urteil vom 26.1.1994 X R 1/92, BStBl II 1994, 353). Die danach für die Bewertung der Nutzungsentnahmen bestehende Gesetzeslücke ist in der Weise zu schließen, dass nicht etwa der Wert der privaten Nutzung, sondern der durch diese **verursachte Aufwand** als entnommen angesetzt wird (BFH-Urteil vom 26.10.1987 GrS 2/86, BStBl II 1988, 348). Als verursachter Aufwand sind die »**tatsächlichen Selbstkosten**« zu verstehen. Siehe dazu auch das BFH-Urteil vom 26.4.2006 (X R 35/05, BStBl II 2007, 445).

Die tatsächlichen Selbstkosten bestehen aus (BFH-Urteil vom 19.12.2002 IV R 46/00, BFH/NV 2003, 979)

- den als Betriebsausgaben i.R.d. Minderung des buchmäßigen Betriebsvermögens abgezogenen (Gesamt-)Aufwendungen
- einschließlich der sog. festen (Kfz-Steuer, Kfz-Versicherung, Garagenkosten) und
- variablen Kosten (Öl, Benzin),
- der Absetzung für Abnutzung (AfA) in der in Anspruch genommenen Höhe und
- der Finanzierungskosten.

6.2 Private Nutzung des betrieblichen Pkw

→ Außergewöhnliche Absetzung für Abnutzung
→ Betriebsvermögen
→ Listenpreis

→ Pkw-Nutzung
→ Unfallkosten
→ Verlust von Wirtschaftsgütern
→ Vordruck EÜR

Wird ein **Pkw** des **Betriebsvermögens** (**auch Vorratsvermögen**) privat mitbenutzt, so stellen zunächst alle Kosten, die mit diesem Pkw im Zusammenhang stehen (wie z.B. AfA, Treibstoffe, Kfz-Steuer, Versicherungen, Wartung) unstreitig Betriebsausgaben dar, da der Pkw auch in vollem Umfang zum Betriebsvermögen gehört. Jedoch ist (grundsätzlich) am Jahresende i.H.d. Privatanteils eine gewinnerhöhende Korrektur durch eine (fiktive) Betriebseinnahme vorzunehmen, da insoweit diese aufteilbaren Mischkosten (→ **Aufteilungs- und Abzugsverbot**) nicht abzugsfähige Kosten der privaten Lebensführung darstellen (R 4.7 Abs. 1 Satz 1 EStR). Im Endergebnis dürfen sich also nur die Kosten gewinnmindernd auswirken, die auch wirklich betrieblich veranlasst waren. Der private Kostenanteil darf den Gewinn nicht beeinflussen. Insoweit müssen also die in voller Höhe angesetzten Betriebsausgaben rückgängig gemacht werden.

Gleichzeitig ist aber zu beachten, dass eine **einkommensteuerliche Nutzungsentnahme** umsatzsteuerrechtlich grundsätzlich eine **unentgeltliche Wertabgabe** nach § 3 Abs. 9a Nr. 1 UStG auslöst. Diese Wertabgabe ist den entgeltlichen sonstigen Leistungen gleichgestellt (→ **Unentgeltliche Wertabgabe**).

Die unentgeltlichen Wertabgaben i.S.d. § 3 Abs. 9a UStG umfassen alle sonstigen Leistungen, die ein Unternehmer im Rahmen seines Unternehmens für eigene, außerhalb des Unternehmens liegende Zwecke oder für den privaten Bedarf seines Personals ausführt. Sie erstrecken sich auf alles, was seiner Art nach Gegenstand einer sonstigen Leistung i.S.d. § 3 Abs. 9 UStG sein kann (Abschn. 24c Abs. 1 UStR).

Eine Wertabgabe i.S.v. § 3 Abs. 9a Satz 1 Nr. 1 UStG setzt voraus, dass der verwendete Gegenstand dem Unternehmen zugeordnet ist und zum vollen oder teilweisen Vorsteuerabzug berechtigt hat. Wird ein dem Unternehmen zugeordneter Gegenstand, bei dem kein Recht zum Vorsteuerabzug bestand (z.B. ein von einer Privatperson erworbener Computer), für nicht unternehmerische Zwecke genutzt, liegt eine sonstige Leistung i.S.v. § 3 Abs. 9a Satz 1 Nr. 1 UStG nicht vor.

Ist diese Wertabgabe steuerbar und steuerpflichtig, so ist USt zu berechnen. Bemessungsgrundlage sind nach § 10 Abs. 4 Nr. 2 UStG die bei diesem Umsatz entstandenen Ausgaben. Nach den Grundsätzen des H 9b [Gewinnermittlung ...] EStH würde diese USt bei Zahlung an das Finanzamt eine Betriebsausgabe darstellen. Die USt auf die Wertabgabe darf aber (als privat veranlasste Steuer) den Gewinn nicht mindern (§ 12 Nr. 3 EStG); also muss zum Ausgleich im Jahr der Nutzungsentnahme die USt ebenfalls als (fiktive) Betriebseinnahme erfasst werden, um im Endergebnis die Gewinnneutralität der Umsatzsteuervorgänge zu wahren.

Die Sachbehandlung innerhalb der § 4 Abs. 3-Rechnung stellt sich wie folgt dar:

(fiktive) Betriebseinnahmen:
- Wert der Nutzungsentnahme (**Zeile 15** des Vordrucks EÜR),
- ggf. USt auf diese Wertabgabe (**Zeile 12** des Vordrucks EÜR), wenn diese steuerbar und steuerpflichtig ist (§ 12 Nr. 3 EStG; später gewinnneutralisierende Korrektur; **Zeile 53** des Vordrucks EÜR).

Betriebsausgaben:
- Lfd. Pkw-Kosten (in voller Höhe), § 11 Abs. 2 EStG (**Zeile 35** des Vordrucks EÜR).
- Pkw-AfA (in voller Höhe), § 4 Abs. 3 Satz 3 EStG (**Zeile 26** des Vordrucks EÜR).

Hierdurch wirken sich de facto nur die betrieblich veranlassten Pkw-Kosten gewinnmindernd aus. Natürlich wäre es auch möglich, die entsprechenden Betriebsausgaben um den Privatanteil zu kürzen. Dies ist aber aus Gründen der Darstellung und Rechtsklarheit m.E. nicht zu empfehlen.

Problematisch ist natürlich, wie man den Wert dieser Pkw-Nutzungsentnahme ermittelt und wie man die ggf. entstehende Umsatzsteuer berechnet. Das nachfolgende Schaubild soll die aktuelle Rechtslage verdeutlichen.

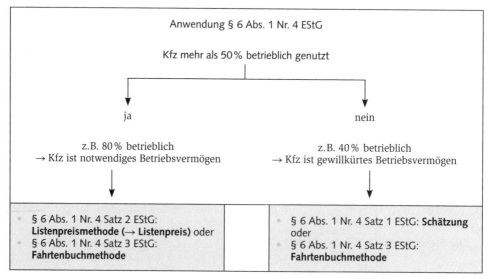

Abbildung: Die einkommensteuerrechtliche Behandlung der privaten Pkw-Nutzung

Zur ertrag- und umsatzsteuerrechtlichen Problematik der Pkw-Nutzung siehe die ausführlichen Erläuterungen unter **Pkw-Nutzung**.

6.3 Private Nutzung des betrieblichen Telefons

Hat der Unternehmer die unternehmerisch genutzten Endgeräte selbst angeschafft, steht ihm hierfür der Vorsteuerabzug zu. Voraussetzung für den Vorsteuerabzug ist, dass der Unternehmer den gelieferten Gegenstand zu mindestens 10 % für sein Unternehmen nutzt (§ 15 Abs. 1 Satz 2 UStG). Die private Nutzung dieser Geräte wird nach § 3 Abs. 9a Nr. 1 UStG einer sonstigen Leistung gegen Entgelt gleichgestellt. Bemessungsgrundlage hierfür sind die Absetzungen für Abnutzung für die jeweiligen Geräte. Nicht zur Bemessungsgrundlage gehören die Grund- und Gesprächsgebühren. Die auf diese Gebühren entfallende USt ist in einen abziehbaren und in einen nicht abziehbaren Anteil aufzuteilen (Abschn. 24c Abs. 4 UStR).

Der ertragsteuerrechtliche Wert der privaten Telefonnutzung ist durch sachgerechte Schätzung zu ermitteln (**Zeile 16** des Vordrucks EÜR).

7. Entnahme beim Wechsel der Gewinnermittlungsart

Geht ein Steuerpflichtiger von der § 4 Abs. 3-Rechnung zur Buchführung über oder umgekehrt (→ **Wechsel der Gewinnermittlungsart**), so sind entsprechende Korrekturen des Gewinns vorzunehmen. Entnahmen sind in diesen Fällen deshalb nicht denkbar, da die Wirtschaftsgüter bisher Betriebsvermögen waren und auch weiterhin Betriebsvermögen bleiben (s.a. § 4 Abs. 1 Satz 3 EStG und → **Betriebsvermögen**). Natürlich ist nach dem Übergang zu der anderen Gewinnermittlungsart jederzeit eine Entnahme unter den erforderlichen Voraussetzungen möglich.

	Auswirkung auf die § 4 Abs. 3-Rechnung
Entnahme von Geld	Keine Auswirkung auf den Gewinn.
Entnahme von Umlaufvermögen	Entnahmewert ist im Zeitpunkt der Entnahme in voller Höhe als (fiktive) Betriebseinnahme zu erfassen.
Entnahme von abnutzbarem Anlagevermögen	<ul><li>Entnahmewert (§ 6 Abs. 1 Nr. 4 EStG) ist im Zeitpunkt der Entnahme in voller Höhe als (fiktive) Betriebseinnahme zu erfassen;</li><li>ggf. ist noch AfA bis zur Entnahme als Betriebsausgaben anzusetzen;</li><li>ggf. ist ein bei Entnahme noch vorhandener Restwert als Betriebsausgabe anzusetzen.</li></ul>
Entnahme von nicht abnutzbarem Anlagevermögen	<ul><li>Entnahmewert ist im Zeitpunkt der Entnahme in voller Höhe als (fiktive) Betriebseinnahme zu erfassen.</li><li>Die ursprünglichen Anschaffungskosten sind als Betriebsausgaben anzusetzen.</li></ul>
Entnahme von Forderungen	Grundsätzlich ist im Zeitpunkt der Entnahme i.H.d. Nennwerts eine (fiktive) Betriebseinnahme zu erfassen, da ansonsten die entsprechenden Einnahmen nicht mehr dem Gewinn zugrunde gelegt würden.
Entnahme von Verbindlichkeiten	<ul><li>Im Zusammenhang mit Umlaufvermögen → Betriebsausgabe im Zeitpunkt der Entnahme</li><li>Im Zusammenhang mit Anlagevermögen → Keine Gewinnauswirkung</li></ul>
Nutzungs- Leistungsentnahme	Der Privatanteil der Kosten ist, zum Ausgleich der insoweit in voller Höhe berücksichtigten Betriebsausgaben, als (fiktive) Betriebseinnahme anzusetzen.
Entnahme von Wirtschaftsgütern, bei denen ein Betriebsausgabenabzug ganz oder teilweise nach § 4 Abs. 5 EStG ausgeschlossen ist (z.B. § 4 Abs. 5 Nr. 7 EStG)	Entnahmewert ist im Zeitpunkt der Entnahme in voller Höhe als (fiktive) Betriebseinnahme zu erfassen, unabhängig davon, wie die ursprünglichen Anschaffungskosten nach § 4 Abs. 5 EStG behandelt wurden (→ **Betriebsausgaben**).
Umsatzsteuer auf den Eigenverbrauch	Erfassung der Umsatzsteuer als (fiktive) Betriebseinnahme im Jahr der Entnahme; bei Zahlung an das Finanzamt Ansatz als Betriebsausgabe.

Abbildung: Entnahmeformen und ihre Auswirkungen

Literatur: Hartmann, Die Nutzungsentnahme im Einkommensteuerrecht, Steuer & Studium 2006, 294.

Erhaltungsaufwand

Rechtsquellen
→ R 21.1 EStR

1. Definition

Erhaltungsaufwand liegt dann vor, wenn für einen Gegenstand Aufwendungen getätigt werden, die nicht zu einer Substanzvermehrung oder zu einer wesentlichen Veränderung oder erheblichen Verbesserung dieses Gegenstands führen. Vereinfachend könnte man sagen, dass Erhaltungsaufwand dann anzunehmen ist, wenn »etwas Altes durch etwas Neues ersetzt wird«, z.B.: Reparaturen, Instandsetzungsarbeiten, Schönheitsreparaturen.

2. Behandlung als Betriebsausgaben

Erhaltungsaufwendungen sind in voller Höhe als Betriebsausgaben im Zeitpunkt ihrer Leistung (→ **Zu- und Abflussprinzip**) abzugsfähig, z.B. **Zeile 35**, **Zeile 38** und **Zeile 40** des Vordrucks EÜR. Bei Gebäuden hat es die Finanzverwaltung aus Vereinfachungsgründen zugelassen, dass Aufwendungen bis zu 4 000 € (ohne Umsatzsteuer) je Gebäude auf Antrag stets als sofort abzugsfähige Betriebsausgaben behandelt werden können, auch wenn im Einzelfall nachträgliche Herstellungskosten vorliegen (R 21.1 Abs. 2 Satz 2 EStR). Diese Vereinfachungsregelung kann jedoch nur dann angewandt werden, wenn die Aufwendungen nicht zur endgültigen Fertigstellung des Gebäudes dienen (R 21.1 Abs. 2 Satz 3 EStR). Gerade im Bereich von Gebäuden gibt es oft Abgrenzungsprobleme zwischen nachträglichen Herstellungskosten und Erhaltungsaufwand. Die Finanzverwaltung hat in dem BMF-Schreiben vom 18.7.2003 (BStBl I 2003, 386) zu dieser Problematik ausführlich Stellung genommen.

3. Sonderregelungen

Weiterhin ist zu beachten, dass es Sonderregelungen für Erhaltungsaufwendungen bei bestimmten Gebäuden gibt:
a) Sonderbehandlung von Erhaltungsaufwand bei Gebäuden in Sanierungsgebieten und städtebaulichen Entwicklungsbereichen (§ 4 Abs. 8 i.V.m. § 11a EStG). Diese Vorschrift regelt die Verteilung von Erhaltungsaufwand auf zwei bis fünf Jahre.
b) Sonderbehandlung von Erhaltungsaufwand bei Baudenkmalen (§ 4 Abs. 8 i.V.m. § 11b EStG). Auch hier wird die Verteilung von Erhaltungsaufwand auf zwei bis fünf Jahren geregelt.

In beiden Fällen bleibt es jedoch dem Steuerpflichtigen unbenommen, diese Erhaltungsaufwendungen in voller Höhe im Jahr der Leistung als Betriebsausgaben abzusetzen (§ 11 Abs. 2 EStG).

4. Verteilung größerer Erhaltungsaufwendungen

Die Sonderregelung des § 82b EStDV kann der Stpfl. nur für solche Gebäude anwenden, die **nicht** zu einem **Betriebsvermögen** gehören.

Erlass von Forderungen und Verbindlichkeiten

I.R.d. § 4 Abs. 3-Rechnung wirkt sich das **Entstehen von Forderungen** und Verbindlichkeiten **nicht auf den Gewinn** aus. Sie gehören jedoch beide zum **notwendigen Betriebsvermögen**, wenn dem Geschäftsvorfall eine betriebliche Veranlassung zugrunde lag. Bei Forderungen führt erst deren Vereinnahmung im Zeitpunkt des Zuflusses zu Betriebseinnahmen (→ **Zu- und Abflussprinzip**; **Zeile 10** oder **Zeile 11** des Vordrucks EÜR).

Wurden Verbindlichkeiten eingegangen im Zusammenhang mit:	
Umlaufvermögen oder anderen laufenden Betriebsausgaben:	wirkt sich deren Bezahlung im Zeitpunkt des Abflusses gewinnmindernd als Betriebsausgabe aus (→ **Zu- und Abflussprinzip**; **Zeile 21** des Vordrucks EÜR).
abnutzbarem Anlagevermögen:	wird AfA/GWG-Abschreibung bereits ab Anschaffung/Herstellung berechnet und als Betriebsausgabe berücksichtigt (§ 4 Abs. 3 Satz 3 EStG → **Anlageverzeichnis**). Die Bezahlung der entsprechenden Verbindlichkeit ist daher ohne Gewinnauswirkung.
nicht abnutzbarem Anlagevermögen:	wurden die Anschaffungskosten im Jahr der Anschaffung lediglich in das besondere Verzeichnis eingetragen. Eine Gewinnauswirkung ergibt sich erst im Zeitpunkt des Zuflusses des Veräußerungserlöses oder im Zeitpunkt der Entnahme (§ 4 Abs. 3 Satz 4 und 5 EStG; **Zeile 34** des Vordrucks EÜR). Also spielt die Bezahlung der Verbindlichkeit auch hier keine Rolle.

Abbildung: Verbindlichkeiten

Werden jedoch Forderungen vom Steuerpflichtigen oder Verbindlichkeiten dem Steuerpflichtigen erlassen, so ergeben sich Probleme, wie dieser Erlass innerhalb der § 4 Abs. 3-Rechnung zu behandeln ist. Grundprinzip muss aber sein, dass sich der Erlass der Forderung oder der Schuld beim Überschussrechner genauso auswirkt wie beim Bilanzierenden.

Bei einem **Forderungserlass** aus **betrieblichen Gründen** ergibt sich die **Gewinnminderung** durch die **fehlende Vereinnahmung** entsprechender Gelder. Bei **Darlehensforderungen** oder Forderungen bzgl. durchlaufender Posten ist aber im Zeitpunkt des Erlasses eine Betriebsausgabe zu berücksichtigen, da die Vereinnahmung der entsprechenden Gelder keine Betriebseinnahmen dargestellt hätte und die Auslagen der entsprechenden Beträge sich nicht gewinnmindernd ausgewirkt hatte (H 4.5 (2) [Darlehen] und [Darlehens- und Beteiligungsverlust] EStH).

Bei einem **Forderungserlass** aus **privaten Gründen** liegt im **Zeitpunkt** des **Erlasses** eine **Entnahme** der Forderung zum Nennwert vor, die als (fiktive) **Betriebseinnahme** gewinnerhöhend zu erfassen ist, wenn die spätere Vereinnahmung der Forderung zu Betriebseinnahmen geführt hätte.

F

Fahrtenbuch

→ Betriebsausgaben → Unfallkosten
→ Entnahmen → Vordruck EÜR

Rechtsquellen
→ § 6 Abs. 1 Nr. 4 EStG → § 8 Abs. 2 EStG

1. Abweichung von der Listenpreismethode

Siehe dazu das BMF-Schreiben vom 21.1.2002 (BStBl I 2002, 148). Die Anwendung von § 4 Abs. 5 Satz 1 Nr. 6 EStG, des § 6 Abs. 1 Nr. 4 Sätze 2 und 3 EStG sowie des § 8 Abs. 2 Satz 4 EStG setzt voraus, dass ein Kfz des Steuerpflichtige zu seinem → **Betriebsvermögen** gehört und auch für Privatfahrten, für Fahrten zwischen Wohnung und Betriebsstätte oder für Familienheimfahrten genutzt wird. Auch nach § 8 Abs. 2 Satz 4 EStG kann bei der Ermittlung des geldwerten Vorteils für die private Pkw-Nutzung eines Arbeitnehmers die Fahrtenbuchmethode angewendet werden. Der Steuerpflichtige kann zwischen der Besteuerung aufgrund der pauschalen Nutzungswerte und der tatsächlich angefallenen Kosten wählen.

Nach § 6 Abs. 1 Nr. 4 Satz 2 EStG wird die Anwendung der 1%-Regelung auf Fahrzeuge beschränkt, deren betriebliche Nutzung mehr als 50% beträgt. Bei einer Nutzung zwischen 10% und 50% ist der Entnahmewert nach § 6 Abs. 1 Nr. 4 Satz 1 EStG zu ermitteln und mit den auf die geschätzte private Nutzung entfallenden Kosten anzusetzen. Dieser Nutzungsanteil ist vom Steuerpflichtigen im Rahmen allgemeiner Darlegungs- und Beweislastregelungen nachzuweisen (d.h. glaubhaft zu machen). Die Führung eines Fahrtenbuches ist dazu nicht zwingend erforderlich (BMF-Schreiben vom 7.7.2006, BStBl I 2006, 446).

2. Fahrtenbuchführung

Ein Fahrtenbuch soll die Zuordnung von Fahrten zur betrieblichen und beruflichen Sphäre darstellen und ermöglichen. Es muss laufend geführt werden. Die Fahrtenbuchmethode des § 6 Abs. 1 Nr. 4 Satz 3 EStG ist ab 1.1.2006 gerade bei einem Pkw, der lediglich bis zu 50% betrieblich genutzt wird, von Bedeutung, da hier die Listenpreismethode des § 6 Abs. 1 Nr. 4 Satz 2 EStG nicht mehr anwendbar ist. Der Privatanteil kann auch geschätzt werden.

3. Mussinhalt eines Fahrtenbuchs

Ein Fahrtenbuch muss mindestens folgende Angaben enthalten (s.a. R 8.1 Abs. 9 Nr. 2 LStR): Datum und Kilometerstand zu Beginn und Ende jeder einzelnen betrieblich/beruflich veranlassten Fahrt,
- Reiseziel,
- Reisezweck und aufgesuchte Geschäftspartner,
- Umwegfahrten.

Folgende berufsspezifisch bedingte Erleichterungen sind möglich:
- Handelsvertreter und andere Stpfl., die regelmäßig aus betrieblichen Gründen große Strecken mit mehreren unterschiedlichen Reisezielen zurücklegen. Zu Reisezweck, Reiseziel und aufgesuchtem Geschäftspartner ist anzugeben, welche Kunden an welchem Ort besucht wurden.
- Taxifahrer. Bei Fahrten im sog. Pflichtfahrgebiet ist es in Bezug auf Reisezweck, Reiseziel und aufgesuchtem Geschäftspartner ausreichend, täglich zu Beginn und Ende der Gesamtheit dieser Fahrten den Kilometerstand anzugeben mit der Angabe »Taxifahrten im Pflichtfahrgebiet« o.Ä. Wurden Fahrten durchgeführt, die über dieses Gebiet hinausgehen, kann auf die genaue Angabe Reiseziels nicht verzichtet werden.
- Fahrlehrer. Es ist ausreichend, in Bezug auf Reisezweck, Reiseziel und aufgesuchtem Geschäftspartner »Lehrfahrten«, »Fahrschulfahrten« o.Ä. anzugeben.

Für Privatfahrten genügen jeweils Kilometerangaben; für Fahrten zwischen Wohnung und Betriebsstätte genügt jeweils ein kurzer Vermerk im Fahrtenbuch.

Nach dem BFH-Urteil vom 9.11.2005 (VI R 27/05, DStR 2006, 409) muss ein ordnungsgemäßes Fahrtenbuch zeitnah und in geschlossener Form geführt werden und die zu erfassenden Fahrten einschließlich des an ihrem Ende erreichten Gesamtkilometerstands vollständig und in ihrem fortlaufenden Zusammenhang wiedergeben. Lose Notizzettel können daher schon in begrifflicher Hinsicht kein »Fahrtenbuch« sein.

Der BFH fasst in seinem Urteil vom 16.3.2006 (VI R 87/04, DStR 2006, 749) die erforderlichen Angaben eines ordnungsgemäßen Fahrtenbuchs wie folgt zusammen:
1. Ein ordnungsgemäßes Fahrtenbuch muss grundsätzlich zu den beruflichen Reisen Angaben zum Datum, zum Reiseziel, zum aufgesuchten Kunden oder Geschäftspartner bzw. zum Gegenstand der dienstlichen Verrichtung und zu dem bei Abschluss der Fahrt erreichten Gesamtkilometerstand des Fahrzeugs enthalten.
2. Mehrere Teilabschnitte einer einheitlichen beruflichen Reise können miteinander zu einer zusammenfassenden Eintragung verbunden werden, wenn die einzelnen aufgesuchten Kunden oder Geschäftspartner im Fahrtenbuch in der zeitlichen Reihenfolge aufgeführt werden.
3. Der Übergang von der beruflichen Nutzung zur privaten Nutzung des Fahrzeugs ist im Fahrtenbuch durch Angabe des bei Abschluss der beruflichen Fahrt erreichten Gesamtkilometerstandes zu dokumentieren.
4. Die erforderlichen Angaben müssen sich dem Fahrtenbuch selbst entnehmen lassen. Ein Verweis auf ergänzende Unterlagen ist nur zulässig, wenn der geschlossene Charakter der Fahrtenbuchaufzeichnungen dadurch nicht beeinträchtigt wird.

4. Ordnungsmäßigkeit eines Fahrtenbuchs

Ein mit PC geführtes Fahrtenbuch ist nur dann ordnungsgemäß, wenn nachträgliche Änderungen technisch ausgeschlossen sind oder zumindest dokumentiert werden (rechtskräftiges Urteil FG Baden-Württemberg vom 27.2.2002 2 K 235/00, EFG 2002, 667). Siehe dazu auch das BFH-Urteil vom 16.11.2005 (VI R 64/04, DStR 2006, 411).

Nach dem BFH-Beschluss vom 31.5.2005 (VI B 65/04, BFH/NV 2005, 1554) ist es nicht zu beanstanden, wenn das FG wegen gerundeter km-Angaben zu einem Großteil der Fahrten und wegen bisweilen monatlich für alle Tage zusammen vorgenommener Eintragungen ein ordnungsgemäßes Fahrtenbuch verneint und ein Abweichung von der 1 %-Regelung nicht zulässt.

Die Aufzeichnungen im Fahrtenbuch müssen eine hinreichende Gewähr für ihre Vollständigkeit und Richtigkeit bieten. Kleinere Mängel führen nicht zur Verwerfung des Fahrtenbuchs und Anwendung der 1 %-Regelung, wenn die Angaben insgesamt plausibel sind (BFH-Urteil vom 10.4.2008 (VI R 38/06, BStBl II 2008, 768). Mit rechtskräftigem Urteil vom 7.11.2008 (12 K 4479/07 E, LEXinform 5008112) hat das FG Düsseldorf entschieden, dass Differenzen zwischen eingetragenen Streckenlängen und Kilometerständen von insgesamt 14 km an zwei Tagen und Abweichungen der Streckenlängen von den Ergebnissen eines Routenplaners mit einer Quote von 1,5 % nicht zur Verwerfung der Ordnungsmäßigkeit eines Fahrtenbuches und zur Anwendung der 1 %-Regelung führen.

Forderungen

Auch i.R.d. § 4 Abs. 3-Rechnung können Forderungen als Betriebsvermögen entstehen. So gehören z.B. Forderungen aus Dienstleistungen oder aus dem Verkauf von Anlagevermögen zum notwendigen Betriebsvermögen. Forderungen können nicht abnutzbares Anlagevermögen oder Umlaufvermögen darstellen. Zunächst hat aber das Entstehen einer Forderung keinen Einfluss auf den Gewinn. Erst durch den Zahlungseingang wird der Gewinn berührt (§ 11 Abs. 1 EStG). Problembereiche wie z.B.: Entnahme von Forderungen, Erlass von Forderungen oder Verlust von Forderungen werden unter dem jeweiligen Stichwort ausführlich besprochen. Siehe auch → **Verbindlichkeiten**.

G

Geldgeschäfte eines Freiberuflers

Mit Urteil vom 24.8.1989 (IV R 80/88, BStBl II 1990, 17) befasst sich der BFH mit den Geldgeschäften eines Freiberuflers, insbesondere mit Bürgschaftsaufwendungen.

Sachverhalt:
Der Steuerpflichtige (S) ist als Steuerberater freiberuflich tätig; er ermittelt seinen Gewinn durch Überschussrechnung nach § 4 Abs. 3 EStG. Seine Praxis hat er im Kj. 02 erworben. Zum übernommenen Mandantenstamm gehörte auch ein Gastwirt, der ein Unternehmen in gepachteten Räumen betrieb. Die Bewirtschaftung ging im Kj. 08 auf seinen Sohn über. Dieser nahm im selben Jahr ein Bankdarlehen über 35 000 € für die Renovierung der Gastwirtschaft auf. S verbürgte sich hierfür. Aus dieser Bürgschaft wurde er in den Jahren 11 und 12 mit Zahlungen von 15 000 € und 16 988 € in Anspruch genommen. S macht geltend, er habe die Bürgschaft übernommen, um den Schuldner als Mandanten zu gewinnen.

Ein Freiberufler kann die Zahlungen aufgrund der Bürgschaftsübernahme als Betriebsausgaben absetzen, wenn sie durch seine Berufstätigkeit veranlasst sind (§ 4 Abs. 4 EStG).
Die Rechtsprechung hat allerdings Aufwendungen eines Freiberuflers aus der Hingabe von Darlehen, der Übernahme von Bürgschaften, dem Erwerb von Beteiligungen und ähnlichen Geldgeschäften nur ausnahmsweise als Betriebsausgaben anerkannt, selbst wenn dadurch Aufträge für die freiberufliche Tätigkeit gewonnen werden sollten (s.a. **Betriebsvermögen**).
Der BFH hat »Geldgeschäfte« als berufsfremde Vorgänge bezeichnet, die in der Gewinnermittlung außer Betracht bleiben müssten (BFH-Urteile vom 28.1.1960 IV 109/59 U, BStBl III 1960, 172; vom 11.1.1966 I 53/63, BStBl III 1966, vom 22.1.1981 IV R 107/77, BStBl II 1981, 564; vom 9.10.1986 IV R 57/83, BFH/NV 1987, 708), während Geschäfte zur Sicherung eigener Forderungen Anerkennung gefunden haben (vgl. BFH-Urteile vom 22.4.1980 VIII R 236/77, BStBl II 1980, 571; vom 15.10.1981 IV R 77/76, BStBl II 1982, 340). Andererseits hat der BFH die Beteiligung an einer Kapitalgesellschaft zum Betriebsvermögen eines Freiberuflers gerechnet, wenn die Tätigkeit der Kapitalgesellschaft die eigene berufliche Tätigkeit ergänzt (BFH-Urteil vom 11.3.1976 IV R 185/71, BStBl II 1976, 380, betreffend Beteiligung eines beratenden Ingenieurs für Baustatik an einer Fachberatungs-GmbH), oder wenn mit der Gesellschaft eine auf die Vergabe von Aufträgen gerichtete Geschäftsbeziehung bestand bzw. geschaffen werden sollte (BFH-Urteil vom 14.1.1982 IV R 168/78, BStBl II 1982, 345, betreffend Beteiligung eines Architekten an einer Bauträger-Gesellschaft; Urteil vom 23.11.1978 IV R 146/75, BStBl II 1979, 109, betreffend Beteiligung eines Baustatikers an einer Wohnungsbaugesellschaft); unter dieser Voraussetzung ist auch ein Darlehen zum Betriebsvermögen des Freiberuflers gezählt worden (BFH-Urteil vom 14.1.1982 IV R 168/78, BStBl II 1982, 345).
Von dieser Rechtsprechung ist auch im Streitfall auszugehen. Sie beruht auf dem Umstand, dass den in § 18 Abs. 1 Nr. 1 EStG genannten freien Berufen jeweils ein eigenes Be-

rufsbild zugrunde liegt, das auch den zugehörigen Betrieb prägt und begrenzt (BFH-Urteil vom 23.5.1985 IV R 198/83, BStBl II 1985, 517). Beteiligt sich ein Angehöriger der freien Berufe noch in anderer Weise mit Gewinnerzielungsabsicht am allgemeinen wirtschaftlichen Verkehr, entfaltet er damit eine zusätzliche gewerbliche Tätigkeit (§ 2 Abs. 1 GewStG); beide Tätigkeiten sind getrennt zu beurteilen, auch wenn zwischen ihnen ein sachlicher und wirtschaftlicher Zusammenhang besteht (BFH-Urteil vom 9.8.1983 VIII R 92/83, BStBl II 1984, 129). Eine derartige Abgrenzung ist auch gegenüber den Einkünften aus Kapitalvermögen sowie aus Vermietung und Verpachtung erforderlich. Das gilt vor allem für die Gewinnermittlung nach § 4 Abs. 3 EStG, für die sich S entschieden hat. Aber selbst ein bilanzierender Angehöriger der freien Berufe kann nicht in demselben Umfang gewillkürtes Betriebsvermögen bilden wie ein Gewerbetreibender; vielmehr wird der Umfang des Betriebsvermögens durch die Erfordernisse des Berufs begrenzt (BFH-Urteil vom 23.5.1985 IV R 198/83, BStBl II 1985, 517).

Dies gilt insbesondere für »Geldgeschäfte«, die ihrer Art nach zu Einkünften nach § 20 EStG führen. Sie sind nach dem gesetzlichen Bild der persönlichkeitsbezogenen freiberuflichen Tätigkeit grundsätzlich getrennt zu beurteilen, auch wenn es zur Eingehung solcher Geschäfte im sachlichen und wirtschaftlichen Zusammenhang mit der Praxis, so auch mit dem Ziel der Gewinnung eines Mandanten, gekommen ist. Eines Rückgriffs auf Standesrecht, soweit es überhaupt für die in § 18 Abs. 1 EStG erwähnten Berufsgruppen besteht, bedarf es dazu nicht. Im Einzelfall kann sich allerdings ergeben, dass die Eingehung von »Geldgeschäften« als Hilfstätigkeit zur freiberuflichen Tätigkeit anzusehen ist; wie sich aus den angeführten Entscheidungen ergibt, kann dies selbst im Falle der Beteiligung an Kapitalgesellschaften und der Darlehensgewährung zutreffen. Zur Unterscheidung hat die Rechtsprechung in letzter Zeit darauf abgestellt, ob das »Geldgeschäft« ein eigenes wirtschaftliches Gewicht hat und deswegen aus der freiberuflichen Tätigkeit auszuscheiden ist (BFH-Urteil vom 23.5.1985 IV R 198/83, BStBl II 1985, 517).

Im Streitfall muss angenommen werden, dass S für die Zusage der Bürgschaft kein besonderes Entgelt erhalten hat und dass die Zusage auch nicht im Zusammenhang mit anderen auf die Erzielung von Einnahmen gerichteten Geschäften stand, die für sich gesehen zu Einkünften aus Kapitalvermögen oder Gewerbebetrieb führen würden. Der Bürgschaftserklärung kommt damit kein wirtschaftliches Eigengewicht i.S.d. Rechtsprechung des BFH zu, so dass der Abzug der entstandenen Aufwendungen als Betriebsausgaben nicht von vornherein ausgeschlossen ist; auch der BFH hat in früheren Entscheidungen einen derartigen Abzug nicht ausgeschlossen, wenn die Bürgschaftszusage in einem unmittelbaren und notwendigen Zusammenhang mit der freiberuflichen Tätigkeit steht (Urteile vom 9.12.1982 IV R 122/80, n.v.; vom 12.1.1984 IV R 89/81, n.v.). Hierzu muss allerdings die Möglichkeit ausgeschlossen werden, dass persönlich-private Gründe für die Übernahme der Bürgschaft allein – oder mitentscheidend waren. I.d.R. wird für die Bürgschaftszusage eines Steuerberaters ein privater Anlass bestehen. Eine betriebliche Veranlassung kann unter Umständen angenommen werden, wenn ein Mandant den Steuerberater auf Dauer mit der steuerlichen Beratung bzw. mit Buchführungsarbeiten beauftragt, dies aber von einer Bürgschaftszusage abhängig macht, und sich für den Steuerberater auch unter Berücksichtigung des Bürgschaftsrisikos ein betrieblicher Nutzen ergibt. Ein anderer Anlass kann nur dann dem betrieblichen Bereich zugeordnet werden, wenn er in derselben Weise unverkennbar mit der beruflichen Tätigkeit des Beraters verbunden ist.

Zu den Geldgeschäften eines Freiberuflers siehe auch das rechtskräftige Urteil des FG Köln vom 12.2.2008 (15 K 2446/02, EFG 2008, 1880). Die Rechtsprechung hat »Geldgeschäfte« eines Freiberuflers wie die Gewährung von Darlehen, die Übernahme einer Bürgschaft oder die Beteiligung an einer Kapitalgesellschaft generell als berufsfremde Vorgänge bezeichnet, die in der Gewinnermittlung außer Betracht bleiben müssen (BFH-Urteil vom 31.5.2001 IV R 49/00, BStBl II 2001, 828). Bei der Ausübung eines freien Berufs stehen grundsätzlich die eigene Arbeitskraft des Steuerpflichtigen sowie der Einsatz seines geistigen Vermögens und der durch eine qualifizierte Ausbildung erworbenen Kenntnisse im Vordergrund. Wenn es auch freie Berufe gibt, die etwa wegen der benötigten technischen Geräte einen nicht unerheblichen Kapitaleinsatz erfordern, so ist doch die Nutzung vorhandenen Kapitals eher die Ausnahme und jedenfalls nicht das Merkmal einer freiberuflichen Tätigkeit. Das den freien Berufen zugrunde liegende eigene Berufsbild begrenzt und prägt auch den dazugehörigen Betrieb. Selbst ein bilanzierender Angehöriger der freien Berufe kann nicht in demselben Umfang gewillkürtes Betriebsvermögen bilden wie ein Gewerbetreibender; vielmehr wird der Umfang des Betriebsvermögens durch die Erfordernisse des Berufs begrenzt. Daraus folgt, dass »Geldgeschäfte«, die ihrer Art nach zu Einkünften nach § 20 EStG führen, der persönlichkeitsbezogenen freiberuflichen Tätigkeit grundsätzlich wesensfremd und deshalb getrennt zu beurteilen sind, auch wenn sie der Steuerpflichtige im sachlichen und wirtschaftlichen Zusammenhang mit seiner eigentlichen Tätigkeit, etwa mit dem Ziel der Gewinnung eines Mandanten oder Auftraggebers, eingegangen ist.

Geldverkehrsrechnung

→ Vordruck EÜR

1. Allgemeines

Die Geldverkehrsrechnung als eine der möglichen Verprobungs- und Schätzungsmethoden basiert auf dem Gedanken, dass ein Steuerpflichtiger nicht mehr Mittel verbrauchen kann, als ihm durch steuerpflichtige Einkünfte oder sonstige Vermögenseingänge zur Verfügung stehen (BFH-Urteil vom 21.2.1974 I R 65/72, BStBl II 1974, 591).

Eine Geldverkehrsrechnung kann vom Innendienst nur in einer sehr vereinfachten Form durchgeführt werden. Immerhin kann eine solche Rechnung für den Innendienst signalisieren, dass Aufklärungsbedarf besteht. Eine gesicherte Geldverkehrsrechnung kann in aller Regel nur die Außenprüfung durchführen. Das Finanzamt trägt für die Aufdeckung eines ungeklärten Ausgabenüberschusses die objektive Beweislast (BFH-Urteil vom 8.11.1989 X R 178/87, BStBl II 1990, 268). Wirkt der Steuerpflichtige bei der Erstellung der Geldverkehrsrechnung aber nicht mit, geht das zu seinen Lasten (BFH-Urteil vom 25.7.1991 XI R 27/89, BFH/NV 1991, 796).

Ein Steuerpflichtiger muss für seine privaten Sparkonten weder eine Buchführung einrichten noch irgendwelche Nachweise führen. Es kann auch nicht angenommen werden, dass alle Einzahlungen, für die kein Buch- oder Herkunftsnachweis erbracht wird, aus einkommensteuerpflichtigen Einkunftsquellen stammen. Der Steuerpflichtige ist zwar zur Auskunftserteilung und zur Mitwirkung verpflichtet; ihn trifft jedoch keine Pflicht, einen in sich geschlossenen Nachweis über die Herkunft seines Privatvermögens zu führen. Infolgedessen ist von einem ungeklärten Vermögenszuwachs i.d.R. nur dann auszugehen, wenn mit Hilfe einer Vermögenszuwachs- oder Geldverkehrsrechnung nachgewiesen werden kann, dass die auf ein Privatkonto eingezahlten Beträge nicht aus den sog. ungebundenen Einnahmen oder aber aus anderen versteuerten oder steuerbefreiten Einkunftsquellen stammen können (BFH-Urteile vom 1.7.1987 I R 284-286/83, BFH/NV 1988, 12 und vom 7.6.2000 III R 82/97, BFH/NV 2000, 1462).

Anders als bei Einzahlungen auf ein privates Konto trifft den Steuerpflichtigen bei Einzahlungen auf ein betriebliches Konto (→ **Bankkonto**) eine erhöhte Mitwirkungspflicht zur Sachaufklärung hinsichtlich der Herkunft der verbuchten Guthaben (BFH-Urteil vom 4.12.2001 III B 76/01, BFH/NV 2002, 476).

Bei formell ordnungsmäßiger Buchführung ist die → **Schätzung** eines höheren Gewinns durch die Finanzbehörde oder das Finanzgericht nur möglich, wenn aufgrund einer Vermögenszuwachs- oder Geldverkehrsrechnung ein ungeklärter Vermögenszuwachs festgestellt wird; die Last der Beweisfälligkeit trifft das Finanzamt. Sofern die Möglichkeit besteht, dass Einzahlungen auf ein Sparkonto aus versteuerten Entnahmen stammen, lässt der Umstand, dass das Konto in fremdem Namen errichtet wurde, nicht den Schluss zu, die Mittel stammten aus steuerpflichtigen, aber nicht versteuerten Einkünften. Die Einrichtung eines Kontos auf den Namen eines anderen rechtfertigt für sich allein noch nicht den Schluss auf einen Vertrag zugunsten Dritter; bei einem Sparkonto ist der Besitz des Sparbuches ein wesentliches Indiz für die Inhaberschaft der Forderung (BFH-Urteil vom 1.7.1987 I R 284-286/83, BFH/NV 1988, 12).

Kann die Herkunft eines bestimmten Vermögens (Sparguthaben) eines Steuerpflichtigen nicht aufgeklärt werden, so ist, wenn die Buchführung des Steuerpflichtigen ordnungsmäßig ist, nach den Grundsätzen der objektiven Beweislast (Feststellungslast) darüber zu befinden, wer den Nachteil der Unaufgeklärtheit des Sachverhaltes zu tragen hat. Dem Steuerpflichtigen kann das Vermögen i.d.R. nur dann als steuerpflichtige Einkünfte zugerechnet werden, wenn mit einer dem Einzelfall angepassten Vermögenszuwachs- und Geldverkehrsrechnung ein ungeklärter Vermögenszuwachs oder Ausgabenüberschuss aufgedeckt wird (BFH-Urteil vom 28.5.1986 I R 265/83, BStBl II 1986, 732).

Auf die Aufstellung einer dem Einzelfall angepassten Vermögenszuwachs- oder Geldverkehrsrechnung kann nur dann verzichtet werden, wenn die Verhältnisse einfach gelagert und leicht überschaubar sind. Das kann der Fall sein, wenn der Steuerpflichtige Einkünfte nur aus einer Quelle erzielt und diese durch Einnahme-Überschussrechnung nach § 4 Abs. 3 EStG ermittelt. Dann ist – vorausgesetzt, dass im Übrigen keine nennenswerten liquiden Bestände vorhanden sind – der Gewinn leicht durch Eliminierung der Nichtgeldverkehrsposten (z.B. Absetzung für Abnutzung) in die verfügbaren Mittel einer Privatgeldverkehrsrechnung umzusetzen. In solchen Fällen lässt sich mit Hilfe der Einnahme-Überschussrechnung erkennen, ob die i.d.R. zu schätzenden Lebenshaltungskosten, die sonstigen privaten Ausgaben und etwa festgestellte Geldanlagen aus den erklärten Einkünften geleistet werden konnten, wenn sonst keine nennenswerten Verwendungen von Mitteln erkennbar sind.

Wird bei einem Steuerpflichtigen ein ungeklärter Vermögenszuwachs festgestellt, so ist der Schluss zulässig, dass dieser Vermögenszuwachs aus unversteuerten Einnahmen stammt. Bei einem arbeitslosen Fliesenleger, bei dem ein anderweitiger Erwerb der fehlenden Mittel unwahrscheinlich ist, kann angenommen werden, dass er selbständig als Schwarzarbeiter tätig war. Bei einer Geldverkehrsrechnung sind, soweit keine besseren Anhaltspunkte vorliegen, die Lebenshaltungskosten nach Maßgabe statistischer Durchschnittswerte anzusetzen (BFH-Urteil vom 25.7.1991 XI R 27/89 BFH/NV 1991, 796).

2. Besonderheiten

2.1 Die verschiedenen Geldverkehrsrechnungen

Sowohl die Vermögenszuwachsrechnung als auch die Geldverkehrsrechnung sind Schätzungsmethoden, die – richtig angewendet – so zuverlässig sind, dass sie das Buchführungsergebnis widerlegen und in Höhe der errechneten Fehlbeträge nicht verbuchte Betriebseinnahmen bzw. einen Saldo nicht verbuchter Betriebseinnahmen/-ausgaben nachweisen können (BFH-Urteil vom 8.11.1989 X R 178/87, BStBl II 1990, 268).

Die Geldverkehrsrechnung kann durchgeführt werden als Gesamtrechnung, die sich auf den betrieblichen und außerbetrieblichen Bereich erstreckt (Gesamtgeldverkehrsrechnung), oder als Teilrechnung, die sich auf den betrieblichen oder außerbetrieblichen Bereich beschränkt (Teilgeldverkehrsrechnung; BFH-Urteil vom 21.2.1974 I R 65/72, BStBl II 1974, 591).

2.2 Die Gesamtgeldverkehrsrechnung

Der Grundgedanke der Geldverkehrsrechnung ist, dass ein Steuerpflichtiger während des Vergleichszeitraumes nicht mehr Geld ausgeben oder anlegen kann, als ihm aus Einkünften oder sonstigen Quellen zufließt. An eine Gesamtgeldverkehrsrechnung sind deshalb grundsätzlich die folgenden Anforderungen zu stellen (BFH-Urteil vom 21.2.1974 I R 65/72, BStBl II 1974, 591). Die Rechnung muss den gesamten Geldverkehr des Steuerpflichtigen während des Vergleichszeitraums erfassen. Unter Geldverkehr sind nicht nur die Bargeldbewegungen zu verstehen, sondern auch die Bewegungen auf den Bank- und Postscheckkonten (Giroverkehr). Nicht hierher gehören aber Wechsel- und Scheckbegebungen, die noch keinen Zu- oder Abfluss bewirken. Vermögensveränderungen sind nur zu berücksichtigen, sofern sie mit einer Geldbewegung verbunden sind (Auszahlung oder Rückzahlung eines Darlehens, nicht hingegen der Erlass eines Darlehens oder die Kursveränderung eines Wertpapiers). Die erklärten Einkünfte sind für Zwecke der Geldrechnung um Vermögensänderungen und steuerliche Ansätze zu bereinigen, die nicht die Geldrechnung beeinflussen. So ist der Eigenverbrauch wieder abzusetzen; andererseits sind AfA-Beträge und Steuerfreibeträge wieder hinzuzurechnen. Anschaffungs- oder Herstellungskosten sind im Ausmaß und im Zeitpunkt der Zahlung als Geldbedarf anzusetzen. Die betrieblichen und außerbetrieblichen Geldbestände und Guthaben zu Beginn und am Ende des Vergleichszeitraums müssen in die Rechnung einbezogen werden. Die Bestände zu Beginn des Vergleichszeitraums sind verfügbare Mittel. Die Bestände am Ende des Vergleichszeitraums sind hingegen wie Mittel anzusehen, die zur Vermögensbildung verwandt werden (Geldbedarf). Steuerfreie Einnahmen und Einnahmen außerhalb der Einkunftsarten sind zusätzlich verfügbare Mittel. Entnahmen und Einlagen bleiben – auch soweit es sich um Barentnahmen und Bareinlagen handelt – bei der Gesamtgeldverkehrsrechnung außer Ansatz. Im Zweifel muss auf den eingangs hervorgehobenen Grundgedanken dieser Rechnung zurückgegangen werden.

In vereinfachter Form ergibt sich hiernach folgender Aufbau der Gesamtgeldverkehrsrechnung:

I. Verfügbare Mittel:
a) Betriebliche und außerbetriebliche Geldbestände und Guthaben zu Beginn des Vergleichszeitraums,
b) erklärte Einkünfte (in Geldrechnung, d.h. bereinigt um Eigenverbrauch, AfA, Freibeträge usw., jeweils in der vom Steuerpflichtigen angesetzten oder geltend gemachten Höhe),
c) Gelder aus Schuldaufnahmen und Rückzahlungen von ausgeliehenen Geldern,
d) steuerfreie Einnahmen und Einnahmen außerhalb der Einkunftsarten (Renten, Erlöse aus dem Verkauf von nichtbetrieblichem Vermögen, Gelderbschaften und Geldschenkungen, Erstattungen nichtabzugsfähiger Steuern usw.).

II. Mittelverwendung (Geldbedarf) und Schlussbestände:
a) Privater Geldverbrauch (Lebenshaltung, tatsächlich gezahlte Sonderausgaben, Mietzinsen, nichtabzugsfähige Steuern, Aussteuern usw.),
b) Zahlungen auf nur verteilt oder gar nicht abzugsfähige Anschaffungs- oder Herstellungskosten (z.B. für die Anschaffung von betrieblichen und privaten Kraftfahrzeugen, nicht hingegen für die Anschaffung von Waren und geringwertigen Wirtschaftsgütern),
c) Ausleihungen und Rückzahlungen auf Schulden,
d) betriebliche und außerbetriebliche Geldbestände und Guthaben am Ende des Vergleichszeitraums.

Die Summe I a) bis d) muss bei zutreffenden Ansätzen gleich der Summe II a) bis d) sein. Übersteigt bei sonst zutreffenden Ansätzen die Summe II a) bis d) die Summe I a) bis d), so kann davon ausgegangen werden, dass die Einkünfte (Posten I b) zu niedrig erklärt worden sind.

Die Zusammenfassung mehrerer Jahre zu einem Vergleichszeitraum ist unbedenklich. Geldverkehrsrechnungen müssen sich sowohl über kürzere als auch über längere Zeiträume ausgleichen.

2.3 Die Teilgeldverkehrsrechnung für den Privatbereich

Das BFH-Urteil vom 2.3.1982 (VIII R 225/80, BStBl II 1984, 504) stellt den Unterschied zwischen einer Gesamtgeldverkehrsrechnung und einer Teilgeldverkehrsrechnung dar.

Nach den Feststellungen des BFH war in dem zu entscheidenden Fall unklar, ob eine Gesamtgeldverkehrsrechnung oder eine auf das Privatvermögen bezogene Teilgeldverkehrsrechnung angestellt werden sollte. Es sind lediglich die Gewinne aus einer Gastwirtschaft als verfügbare Mittel angesetzt worden. Im Falle einer Gesamtgeldverkehrsrechnung hätten jedoch auch die betrieblichen Bestände berücksichtigt und die Gewinne auf Geldrechnung umgestellt werden müssen (z.B. Ausscheiden des Eigenverbrauchs und der Absetzung für Abnutzung

– AfA –). Im Falle einer auf das Privatvermögen beschränkten Geldverkehrsrechnung wären indessen als verfügbare Mittel nicht die Gewinne, sondern die Barentnahmen – ggf. unter Verrechnung mit Bareinlagen – anzusetzen. In die Geldverkehrsrechnung sind die Einkünfte, z.B. aus Vermietung und Verpachtung oder Renteneinkünfte in ihrer tatsächlichen Höhe einzurechnen. Die Einnahmen aus Vermietung und Verpachtung sind jedoch nur insoweit zu berücksichtigen, soweit auch tatsächlich Mieten gezahlt werden. Rentenzahlungen sind in voller Höhe und nicht nur mit dem Ertragsanteil (steuerpflichtiger Anteil) zu berücksichtigen.

Eine private Teilgeldverkehrsrechnung könnte wie folgt aufgebaut sein:

I. Verfügbare Mittel:
a) Anfangsbestand der verfügbaren Mitteln (Bank- und Sparguthaben, Bargeld),
b) Entnahmen lt. **Zeile 82** des Vordrucks EÜR, soweit es sich um Geldentnahmen im Kalenderjahr handelt,
c) verfügbare Mittel aus anderen Einkunftsarten im Kalenderjahr,
d) außerbetrieblich erhaltene Darlehen,
e) steuerfreie und nicht steuerbare Einnahmen (z.B. Erbschaften, Schenkungen, Spielgewinne usw.). An den Nachweis von Spielgewinnen sind strenge Maßstäbe zu stellen (BFH-Urteil vom 3.8.1966 IV R 75/66, BStBl III 1966, 650).

II. Mittelverwendung (Geldbedarf) und Schlussbestände:
a) Außerbetriebliche Bargeldbestände, Bank- und Sparguthaben am Ende des Kalenderjahres,
b) Einlagen lt. **Zeile 83** des Vordrucks EÜR, soweit es sich um Geldeinlagen im Kalenderjahr handelt,
c) Mittel, die für andere Betriebe des Steuerpflichtigen verwendet wurden,
d) Mittel, die für andere Einkunftsarten im Kalenderjahr verwendet wurden,
e) außerbetrieblich gewährte Darlehen zum Ende des Kalenderjahres,
f) privater Geldverbrauch (z.B. Versicherungen, Miete, Lebenshaltungskosten usw.),
g) sonstige Geldabflüsse.

Ist der Saldo aus der Summe I a) bis e) und der Summe aus II a) bis g) negativ, d.h. sind die verwendeten Mittel höher als die verfügbaren Mittel, kann das Finanzamt eine Zuschätzung zum Gewinn vornehmen.

Wie in der ständigen Rechtsprechung des BFH anerkannt ist (BFH-Urteil vom 13.11.1969 IV R 22/67, BStBl II 1970, 189), darf die Tatsacheninstanz bei der ihr zustehenden freien Beweiswürdigung annehmen, dass ein nicht aufgeklärter Vermögenszuwachs aus Einkünften herrührt, die nicht versteuert wurden. Das ergibt sich aus folgenden Erwägungen. I.d.R. wird das Vermögen eines Steuerpflichtigen durch die im Einkommensteuerrecht geregelten Einkünfte hervorbringenden Tatbestände gemehrt. Diese Mehrung ist der Einkommensteuer unterworfen. Daneben ist es denkbar, dass ein Steuerpflichtiger auf andere Weise Vermögen hinzu erwirbt. Doch wird es sich dabei in aller Regel um einmalige, leicht feststellbare und in der Erinnerung des Steuerpflichtigen haften bleibende Sachverhalte handeln, wie z.B. Schenkung, Erbgang, Darlehen oder Entschädigung. Auch Spiel- oder Lotteriegewinne rechnen hierher, wobei allerdings Spielgewinne oft nicht durch einmaliges Spiel, sondern durch eine längere, sich oft über Jahre erstreckende und nicht leicht nachweisbare Betätigung erzielt werden. Stellt sich heraus, dass ein Steuerpflichtiger ein

Vermögen erworben hat, das (unter Berücksichtigung seiner Ausgaben) nicht aus dem von ihm in seinen Steuererklärungen gegebenen Einkünften stammen kann, so gehört es zu den ihm i.R.d. Steuerrechtsverhältnisses obliegenden Mitwirkungspflichten, darzulegen, auf Grund welcher Ausnahmesachverhalte er das Mehr an Vermögen erworben hat.

Literatur: Schmidt-Liebig, Die Schätzung im Steuerrecht, NWB Fach 17, 1881; Mitsch u.a., Die Schätzung von Besteuerungsgrundlagen mittels Vermögenszuwachsrechnung, INF 2005, 539; Klingebiel, Geldverkehrsrechnung und sachliche Richtigkeit der Buchführung, NWB Fach 17, 2233.

Geringwerte Wirtschaftsgüter

Rechtsquellen
- → § 6 Abs. 2 EStG
- → § 6 Abs. 2a EStG
- → R 6.13 EStR
- → R 9b Abs. 2 EStR

1. Sofortabschreibung

Durch das Unternehmensteuerreformgesetz 2008 werden die Regelungen zur Sofortabschreibung der GWGs neu strukturiert. Nach § 6 Abs. 2 Satz 1 EStG **ist** (nicht wie bisher »kann«) bei Steuerpflichtigen mit Gewinneinkünften ein Sofortabzug bei selbständig nutzbaren beweglichen Wirtschaftsgütern des Anlagevermögens erforderlich, deren Anschaffungs- oder Herstellungskosten jeweils **150 €** nicht übersteigen. Auf die bisherigen besonderen Aufzeichnungspflichten des § 6 Abs. 2 Sätze 4 und 5 EStG wird vollständig verzichtet. Die Regelung ist erstmals bei Wirtschaftsgütern anzuwenden, die nach dem 31.12.2007 angeschafft, hergestellt oder in das Betriebsvermögen eingelegt werden.

Durch das JStG 2008 vom 20.12.2007 (BGBl I 2007, 3150) wird § 4 Abs. 3 Satz 3 EStG dahingehend ergänzt, dass die Vorschriften über die Sofortabschreibung geringwertiger WG bis zu einem Wert von 150 € und über die Sammelpostenbildung auch für den Bereich der Einnahme-Überschussrechnung gelten. Bisher war die Anwendung des § 6 Abs. 2 EStG für Einnahme-Überschussrechner in R 6.13 Abs. 3 EStR geregelt.

Hinweis:
Im Bereich der **Überschusseinkünfte** bleibt es bei einem Sofortabzug als Werbungskosten, wenn die Anschaffungs- oder Herstellungskosten **wie bisher 410 €** nicht übersteigen (§ 9 Abs. 1 Satz 3 Nr. 7 Satz 2 EStG).

Durch das Wachstumsbeschleunigungsgesetz vom 22.12.2009 (BGBl I 2009, 3950) werden die Regelungen zur Sofortabschreibung geringwertiger Wirtschaftsgüter erneut geändert. Für Wirtschaftsgüter, die nach dem 31.12.2009 angeschafft, hergestellt oder in das Betriebsvermögen eingelegt werden (§ 52 Abs. 16 Satz 14 EStG), hat der Steuerpflichtige mit Gewinneinkünften das Wahlrecht, einen Sofortabzug bei selbständig nutzbaren beweglichen Wirtschaftsgütern des Anlagevermögens vorzunehmen, deren Anschaffungs- oder Herstellungskosten jeweils 410 € nicht übersteigen (§ 6 Abs. 2 EStG). Entsprechend der früheren Rechtslage vor der Einführung des Sammelposten (vor dem 1.1.2008) werden diese Wirtschaftsgüter, deren Wert 150 € übersteigt, in einem laufend zu führenden Verzeichnis erfasst.

Alternativ zu der Sofortabschreibung nach § 6 Abs. 2 Satz 1 EStG kann der Steuerpflichtige mit Gewinneinkünften bewegliche abnutzbare Wirtschaftsgüter des Anlagevermögens mit Anschaffungs- oder Herstellungskosten von mehr als 150 € bis zu 1 000 € in einen jahresbezogenen Sammelposten einstellen (§ 6 Abs. 2a Satz 1 EStG).

2. Bildung von Sammelposten

Nach § 6 Abs. 2a EStG sind **bewegliche abnutzbare Wirtschaftsgüter** des Anlagevermögens mit Anschaffungs- oder Herstellungskosten von **mehr als 150 € bis zu 1 000 €** in einen **jahrgangsbezogenen** Sammelposten einzustellen. Dieser Sammelposten ist über eine Dauer von **5 Jahren gleichmäßig** verteilt **gewinnmindernd aufzulösen**. Die Einbeziehung der Wirtschaftsgüter in einem Sammelposten bedingt eine **zusammenfassende Behandlung** der einzelnen Wirtschaftsgüter. In der Folge wirken sich Vorgänge nicht aus, die sich nur auf das einzelne Wirtschaftsgut beziehen. Durch **Veräußerungen, Entnahmen** oder **Wertminderungen** wird der Wert des Sammelpostens **nicht** beeinflusst.

Durch das Wachstumsbeschleunigungsgesetz vom 22.12.2009 (BGBl I 2009, 3950) werden die Regelungen zur Sofortabschreibung geringwertiger Wirtschaftsgüter erneut geändert. **Alternativ** zu der **Sofortabschreibung** nach § 6 Abs. 2 Satz 1 EStG **kann** der Steuerpflichtige mit Gewinneinkünften bewegliche abnutzbare Wirtschaftsgüter des Anlagevermögens mit Anschaffungs- oder Herstellungskosten von mehr als 150 € bis zu 1 000 € in einen jahresbezogenen **Sammelposten einstellen** (§ 6 Abs. 2a Satz 1 EStG). Dieser Sammelposten ist über eine Dauer von fünf Jahren gleichmäßig verteilt gewinnmindernd aufzulösen. Abgesehen von der buchmäßigen Erfassung des Zugangs des jeweiligen Wirtschaftsguts bestehen keine weiteren Dokumentationspflichten. Durch das Wahlrecht werden diejenigen Unternehmer, bei denen die Sammelposten-Regelung zu einer spürbaren Reduzierung der Aufzeichnungspflichten geführt hat, nicht gezwungen, sich erneut umzustellen. Aufgrund des Erfordernisses einer einheitlichen **Wahlrechtsausübung** ist eine **wirtschaftsjahrbezogene Betrachtungsweise** erforderlich.

Die Sammelpostenabschreibung für alle Wirtschaftsgüter zwischen 150,01 € und 1 000 € gilt nur, wenn die Sofortabschreibung für GwG bis 150 € gewählt wird, d.h § 6 Abs. 2 EStG nicht zur Anwendung kommt.

> **Beispiel 1:**
> Die Anschaffung eines abnutzbaren beweglichen WG des Anlagevermögens erfolgt am 28.12.2008. Die in der Rechnung gesondert ausgewiesenen Netto-Anschaffungskosten betragen
> a) 152 € bzw.
> b) 1 015 € (Nutzungsdauer z.B. 3 Jahre).
>
> Am 9.1.2009 zahlt der Stpfl. die Rechnung unter Abzug von 2 % Skonto.

Lösung:
Nach § 6 Abs. 2a EStG ist im Wj. der Anschaffung ein Sammelposten zu bilden, wenn die Anschaffungskosten für das einzelne WG 150 €, aber nicht 1 000 € übersteigen. Skonti mindern die Anschaffungskosten erst im Zeitpunkt der Inanspruchnahme (H 6.2 [Skonto] EStH).

Lösung Fall a:
Da die Anschaffungskosten 150 € übersteigen, ist nach § 6 Abs. 2 EStG keine Sofortabschreibung möglich. Im Jahr der Anschaffung (Kj. 2008) handelt es sich nicht um ein geringwertiges WG. Das WG ist mit seinen Anschaffungskosten i.H.v. 152 € in den »Sammelposten Wj. 2008« einzustellen (§ 6 Abs. 2a EStG). In der Folge wirken sich Vorgänge nicht aus, die sich nur auf das einzelne WG beziehen. Die Zahlung am 9.1.2009 mit Skonto-Abzug lässt den Sammelposten unberührt.
In der Einnahme-Überschussrechnung stellt die Abschreibung des Sammelpostens eine Betriebsausgabe i.H.v. (20 % von 152 €) 30,40 € und der Skonto-Ertrag eine fiktive Betriebseinnahme i.H.v. 3,04 € dar. Eventuell muss der Vorsteuerabzug korrigiert werden:

11	Umsatzsteuerfreie, nicht umsatzsteuerbare Betriebseinnahmen sowie Betriebseinnahmen, für die der Leistungsempfänger die Umsatzsteuer nach § 13b UStG schuldet Bei einer Vorsteuerkorrektur ist der Nettobetrag anzusetzen.	103	Brutto: 3 ,04
33	Auflösung Sammelosten nach § 6 Abs. 2a EStG	137	30 ,40

Lösung Fall b:
Da die Anschaffungskosten 1 000 € übersteigen, ist nach § 6 Abs. 2a EStG das WG nicht in den »Sammelposten 2008« einzustellen. Die Anschaffungskosten sind auf die betriebsgewöhnliche Nutzungsdauer von z.B. drei Jahren zu verteilen.

Die AfA-Bemessungsgrundlage beträgt		1 015,00 €
Bei einer Nutzungsdauer von drei Jahren beträgt die lineare AfA		
(§ 7 Abs. 1 EStG, R 7.4 Abs. 2 Satz 1 EStR) 1/3 von 1 015 € = 338,34 €		
zeitanteilig nach § 7 Abs. 1 Satz 4 EStG: 338,34 € : 12 Monate		./. 29,00 €
Restwert zum 31.12.2008		986,00 €
Die Anschaffungskosten nach Abzug des Skontos betragen		
(1 015 € × 2 % Skonto)	995 €	
abzgl. bereits in Anspruch genommene AfA	./. 29 €	
AfA-Bemessungsgrundlage ab 1.1.2009	966 €	966,00 €
Verteilt auf die Rest-ND von 2 Jahren und 11 Monaten		
(35 Monate) verbleibt eine monatliche AfA i.H.v. 27,60 €.		
Die Jahres-AfA beträgt		./. 331,00 €
Restwert zum 31.12.2009		635,00 €

Beispiel 1a:
Die Anschaffung eines abnutzbaren beweglichen WG des Anlagevermögens erfolgt am 28.12.2010. Die in der Rechnung gesondert ausgewiesenen Netto-Anschaffungskosten betragen:

a) 152 € bzw.
b) 1 015 € (Nutzungsdauer z.B. 3 Jahre).
Am 9.1.2011 zahlt der Stpfl. die Rechnung unter Abzug von 2 % Skonto.

Lösung:

Nach § 6 Abs. 2 EStG **kann** für Wirtschaftsgüter, deren Anschaffungskosten 410 € nicht übersteigen, im Wirtschaftsjahr der Anschaffung ein **Sofortabzug** vorgenommen werden. Der Steuerpflichtige **kann** aber auch die Anschaffungskosten für das Wirtschaftsgut auf die **Nutzungsdauer verteilen.**
Alternativ **kann** nach § 6 Abs. 2a EStG im Wj. der Anschaffung ein **Sammelposten** gebildet werden, wenn die Anschaffungskosten für das einzelne WG 150 €, aber nicht 1 000 € übersteigen. Skonti mindern die Anschaffungskosten erst im Zeitpunkt der Inanspruchnahme (H 6.2 [Skonto] EStH).

Lösung Fall a:

Der Steuerpflichtige kann somit im Kj. 2010 einen Sofortabzug (Betriebsausgaben **Zeile 32** des Vordrucks EÜR) i.H.v. 152 € vornehmen (§ 6 Abs. 2 EStG). Die Zahlung selbst im Kj. 2011 wirkt sich nicht als Betriebsausgabe aus. Der Skonto-Ertrag stellt eine fiktive Betriebseinnahme dar.
Da die Anschaffungskosten 150 € übersteigen, kann er aber auch das WG mit seinen Anschaffungskosten i.H.v. 152 € in den »Sammelposten Wj. 2010« einstellen (§ 6 Abs. 2a EStG). In der Folge wirken sich Vorgänge nicht aus, die sich nur auf das einzelne WG beziehen. Die Zahlung am 9.1.2011 mit Skonto-Abzug lässt den Sammelposten unberührt.
In der Einnahme-Überschussrechnung stellt die Abschreibung des Sammelpostens eine Betriebsausgabe i.H.v. (20 % von 152 €) 30,40 € (**Zeile 33** des Vordrucks EÜR) und der Skonto-Ertrag eine fiktive Betriebseinnahme i.H.v. 3,04 € dar. Eventuell muss der Vorsteuerabzug korrigiert werden.

11	Umsatzsteuerfreie, nicht umsatzsteuerbare Betriebseinnahmen sowie Betriebseinnahmen, für die der Leistungsempfänger die Umsatzsteuer nach § 13b UStG schuldet	103	Brutto: 3 ,04
	Bei einer Vorsteuerkorrektur ist der Nettobetrag anzusetzen.		

33	Auflösung Sammelposten nach § 6 Abs. 2a EStG	137	30 ,40

Lösung Fall b:

Da die Anschaffungskosten 410 € übersteigen, ist nach § 6 Abs. 2 Satz 1 EStG keine Sofortabschreibung zulässig.
Da die Anschaffungskosten 1 000 € übersteigen, ist das Wirtschaftsgut nach § 6 Abs. 2a EStG nicht in den »Sammelposten 2010« einzustellen. Die Anschaffungskosten sind auf die betriebsgewöhnliche Nutzungsdauer von z.B. drei Jahren zu verteilen.

		1 015,00 €
Die AfA-Bemessungsgrundlage beträgt		
Bei einer Nutzungsdauer von drei Jahren beträgt die lineare AfA (§ 7 Abs. 1 EStG, R 7.4 Abs. 2 Satz 1 EStR) 1/3 von 1 015 € = 338,34 €		
zeitanteilig nach § 7 Abs. 1 Satz 4 EStG: 338,34 € : 12 Monate		./. 29,00 €
Restwert zum 31.12.2010		986,00 €
Die degressive AfA nach § 7 Abs. 2 EStG wäre ungünstiger.		
Die Anschaffungskosten nach Abzug des Skontos betragen		
(1 015 € × 2% Skonto)	995 €	
abzgl. bereits in Anspruch genommene AfA	./. 29 €	
AfA-Bemessungsgrundlage ab 1.1.2011	966 €	966,00 €
Verteilt auf die Rest-ND von 2 Jahren und 11 Monaten (35 Monate) verbleibt eine monatliche AfA i.H.v. 27,60 €.		
Die Jahres-AfA beträgt		./. 331,00 €
Restwert zum 31.12.2011		635,00 €

Bei **entgeltlichem Übergang** des **gesamten** Betriebs oder Teilbetriebs auf einen Rechtsnachfolger **erwirbt** dieser die einzelnen **Wirtschaftsgüter**, die in dem **Sammelposten enthalten** sind. Diese Wirtschaftsgüter sind – soweit die Anschaffungskosten innerhalb der genannten Werte liegen – entsprechend der Neuregelung in einem Sammelposten auszuweisen (**neuer Sammelposten**). Bei **unentgeltlichem** Übergang werden die jeweiligen **Sammelposten** mit ihren **Buchwerten fortgeführt**.

3. Überblick über die Rechtslage 2007 bis 2010

angeschafft/ hergestellt	Anschaffungskosten bzw. Herstellungskosten in €			
	bis 150	bis 410	bis 1 000	über 1 000
bis 31.12.2007	Kann-GWG oder AfA nach § 7 Abs. 1 oder Abs. 2 EStG	Kann-GWG oder AfA nach § 7 Abs. 1 oder Abs. 2 EStG	AfA nach § 7 Abs. 1 oder Abs. 2 EStG	AfA nach § 7 Abs. 1 oder Abs. 2 EStG
ab 1.1.2008	Muss-GWG	150,01 € bis 1 000 € Sammelposten § 6 Abs. 2a EStG		AfA nach § 7 Abs. 1 oder Abs. 2 EStG
ab 1.1.2010	Kann-GWG bis 410 € nach § 6 Abs. 2 EStG **oder** AfA nach § 7 Abs. 1 oder Abs. 2 EStG **oder**		AfA nach § 7 Abs. 1 oder Abs. 2 EStG	AfA nach § 7 Abs. 1 oder Abs. 2 EStG
	Sofortabzug nach § 6 Abs. 2a Satz 4 EStG **und**	150,01 € bis 1 000 € Sammelposten § 6 Abs. 2a Satz 1 bis 3 EStG **oder**		
	AfA nach § 7 Abs. 1 oder Abs. 2 EStG	Sammelposten § 6 Abs. 2a Satz 1 bis 3 EStG		

Zur Neuregelung des Abzugs durch das Wachstumsbeschleunigungsgesetz s.a. Kanzler, Irritationen um das Wahlrecht auf Sofortabschreibung, NWB 10/2010, 746. Kanzler vertritt dabei die Auffassung, dass Wirtschaftsgüter mit Anschaffungs- oder Herstellungskosten bis 150 € immer sofort dem Betriebsausgabenabzug unterliegen, d.h. ein Wahlrecht zwischen § 6 Abs. 2 und § 7 Abs. 1 oder Abs. 2 EStG bestünde nicht. Auch für Wirtschaftsgüter von mehr als 410 € bis zu 1 000 € bestünde kein Wahlrecht auf Aktivierung; es käme dafür lediglich die Sammelpostenbildung in Betracht. Lediglich für Wirtschaftsgüter von mehr als 150 € bis 410 € bestünde ein Wahlrecht zwischen dem Sofortabzug und der Sammelpostenbildung. Eine Aktivierung sei aber auch hier nicht möglich. Diese Auffassung entspricht laut Kanzler dem Willen des Gesetzgebers und der Gesetzesbegründung, obwohl der tatsächliche Wortlaut des Gesetzes anders auszulegen ist. Die o.a. Übersicht gibt den Wortlaut des Gesetzes wieder.

4. Die Auswirkungen der Inanspruchnahme des Investitionsabzugsbetrages auf die Geringwertigen Wirtschaftsgüter

Die beabsichtigte Anschaffung oder Herstellung eines geringwertigen Wirtschaftsguts i.S.v. § 6 Abs. 2 EStG oder eines Wirtschaftsguts, das nach § 6 Abs. 2a EStG in einem Sammelposten zu erfassen ist, berechtigt ebenfalls zur Inanspruchnahme eines Investitionsabzugsbetrages (Rz. 4 des BMF-Schreibens vom 8.5.2009, BStBl I 2009, 633).

Im Wj. der Anschaffung oder Herstellung des begünstigten Wirtschaftsguts können die Anschaffungs- oder Herstellungskosten um bis zu 40%, höchstens jedoch um die Hinzurechnung i.S.d. § 7g Abs. 2 Satz 1 EStG herabgesetzt werden (§ 7g Abs. 2 Satz 2 EStG). Die Bemessungsgrundlage für die Absetzungen für Abnutzung, erhöhten Absetzungen und Sonderabschreibungen sowie die Anschaffungs- oder Herstellungskosten i.S.v. § 6 Abs. 2 und Abs. 2a EStG verringert sich entsprechend. Voraussetzung für die Kürzung ist, dass das begünstigte Wirtschaftsgut innerhalb der dreijährigen Investitionsfrist angeschafft oder hergestellt wird.

Hat die Herabsetzung gem. § 7g Abs. 2 Satz 2 EStG zur Anwendung der §§ 6 Abs. 2 und 2a EStG geführt oder wurden die insoweit maßgebenden maximalen Anschaffungs- oder Herstellungskosten bereits vor Anwendung von § 7g Abs. 2 Satz 2 EStG unterschritten, bestehen für das betreffende Wirtschaftsgut – abgesehen von der buchmäßigen Erfassung des Zugangs des WG – keine Aufzeichnungsverpflichtungen. Deshalb ist in diesen Fällen die Einhaltung der Verbleibens- und Nutzungsvoraussetzungen i.S.d. § 7g Abs. 4 Satz 1 EStG aus Vereinfachungsgründen nicht zu prüfen (Rz. 64 des BMF-Schreibens vom 8.5.2009, BStBl I 2009, 633).

Beispiel 2:
Der Stpfl. erwirbt im Kj. 08 ein selbständig nutzungsfähiges WG des Anlagevermögens (Nutzungsdauer: drei Jahre) für 180 €.

Lösung:
Da es sich bei dem WG um ein selbständig nutzungsfähiges WG des Anlagevermögens handelt, dessen Anschaffungskosten 150 € übersteigen, ist das WG grundsätzlich in den Sammelposten für das Kj. 08 einzustellen und über fünf Jahre gleichmäßig abzuschreiben.

Nimmt der Stpfl. für das WG im Kj. 07 den Investitionsabzugsbetrag von max. 40 % der geschätzten Anschaffungskosten (40 % von 180 € =) i.H.v. 72 € in Anspruch, muss der Stpfl. im Jahr der Anschaffung (Kj. 08) den Investitionsabzugsbetrag gewinnerhöhend auflösen und gleichzeitig die Anschaffungskosten um 72 € gewinnmindern kürzen. Danach betragen die gekürzten Anschaffungskosten für das WG noch lediglich 108 € und übersteigen nicht den für die Einstellung in einen Sammelposten maßgebenden Betrag von 150 €. Die verbleibenden Anschaffungskosten von 108 € sind sofort als Betriebsausgaben zu berücksichtigen.

Beispiel 2a:
Der Stpfl. erwirbt im Kj. 2010 ein selbständig nutzungsfähiges Wirtschaftsgut des Anlagevermögens (Nutzungsdauer: drei Jahre) für 180 €.

Lösung:
Da es sich bei dem Wirtschaftsgut um ein selbständig nutzungsfähiges Wirtschaftsgut des Anlagevermögens handelt, dessen Anschaffungskosten 150 € übersteigen, ist das Wirtschaftsgut entweder nach § 6 Abs. 2a EStG in den Sammelposten für das Kj. 2010 einzustellen und über fünf Jahre gleichmäßig abzuschreiben oder, da die Anschaffungskosten 410 € nicht übersteigen, als GWG nach § 6 Abs. 2 EStG zu behandeln. Die Anschaffungskosten können aber auch auf die Nutzungsdauer verteilt werden.
Nimmt der Stpfl. für das Wirtschaftsgut im Kj. 09 den Investitionsabzugsbetrag von max. 40 % der geschätzten Anschaffungskosten (40 % von 180 € =) i.H.v. 72 € in Anspruch, muss der Stpfl. im Jahr der Anschaffung (Kj. 10) den Investitionsabzugsbetrag gewinnerhöhend auflösen und gleichzeitig die Anschaffungskosten um 72 € gewinnmindern kürzen. Danach betragen die gekürzten Anschaffungskosten für das Wirtschaftsgut noch lediglich 108 € und übersteigen nicht den für die Einstellung in einen Sammelposten maßgebenden Betrag von 150 €. Die verbleibenden Anschaffungskosten von 108 € können entweder sofort als Betriebsausgaben berücksichtigt oder auf die Nutzungsdauer verteilt werden. Das Wirtschaftsgut darf nach § 6 Abs. 2a EStG nicht in den Sammelposten 2010 eingestellt werden.

Beispiel 3:
Ab dem Kj. 08 schafft der Stpfl. mit Gewinneinkunftsart folgende Wirtschaftsgüter an:

2008	bewegliches abnutzbares Anlagevermögen	selbständig nutzungsfähig	Anschaffungs- bzw. Herstellungskosten
WG 1	ja	ja	180 €
WG 2	ja	ja	900 €
WG 3	ja	ja	220 €
WG 4	ja	ja	200 €
WG 5	ja	nein (Drucker)	250 €
WG 6	ja	nein (Scanner)	120 €
WG 7	nein (Grund und Boden und Gebäude)	ja	100 000 €/300 000 €
WG 8	ja	ja	120 €
2009			
WG 9	ja	ja	280 €
WG 10	ja	ja	920 €

Lösung:
Nach § 6 Abs. 2a EStG sind die WG 1 bis 4 in den Sammelposten 2008 und die WG 9 und 10 in den Sammelposten 2009 einzustellen. Die jeweiligen Anschaffungskosten sind gleichmäßig auf 5 Jahre zu verteilen.
Der BFH hat entschieden, dass die Peripheriegeräte einer PC-Anlage (Monitor, Drucker, Scanner etc.) i.d.R. keine geringwertigen WG i.S.d. § 6 Abs. 2 EStG sind (nicht selbständig nutzungsfähig), sodass die Anschaffungskosten nicht im Jahr der Anschaffung in voller Höhe geltend gemacht werden können (BFH-Urteile vom 10.3.2004 VI R 91/00, BFH/NV 2004, 1241 und vom 15.6.2004 VIII R 42/03, BFH/NV 2004, 1527; → **Arbeitsmittel**). Die WG 5 und 6 sind nicht in den Sammelposten einzustellen, da sie nicht einer selbständigen Nutzung fähig sind. Diese Wirtschaftsgüter sind nach § 7 Abs. 1 oder 2 EStG abzuschreiben.
Das WG 7 ist in Grund und Boden und Gebäude aufzuteilen. Die Anschaffungskosten für den Grund und Boden i.H.v. 100 000 € stellen nach § 4 Abs. 3 Satz 4 EStG erst im Zeitpunkt des Zufließens des Veräußerungserlöses oder im Zeitpunkt der Entnahme Betriebsausgaben dar. Das Gebäude ist nach § 7 Abs. 4 EStG abzuschreiben.
Bei dem WG 8 handelt es sich um ein GWG i.S.d. § 6 Abs. 2 EStG, dessen Anschaffungskosten im Jahr der Anschaffung sofort als Betriebsausgaben abzusetzen sind.

Sammelposten 2008:

2008	Anschaffungs- bzw. Herstellungskosten	Auflösung 2008	Restwert 31.12.2008	Auflösung 2009
WG 1	180 €	36 €	144 €	36 €
WG 2	900 €	180 €	720 €	180 €
WG 3	220 €	44 €	176 €	44 €
WG 4	200 €	40 €	160 €	40 €
Summe	1 500 €	300 €	1 200 €	300 €

Sammelposten 2009:

2009	Anschaffungs- bzw. Herstellungskosten	Auflösung 2009	Restwert 31.12.2009	Auflösung 2010
WG 9	280 €	56 €	224 €	56 €
WG 10	920 €	184 €	736 €	184 €
Summe	1 200 €	240 €	960 €	240 €

Ausscheiden eines Wirtschaftsguts
Wenn z.B. das **WG 2** im Laufe des Kj. 10 aus dem Betriebsvermögen **ausscheidet**, wird der Sammelposten 2008 nicht vermindert. Durch Veräußerungen, Entnahmen oder Wertminderungen wird der Wert des Sammelpostens nicht beeinflusst. Bei einer Veräußerung oder Entnahme ist der Veräußerungserlös im Zeitpunkt des Zufließens des Veräußerungserlöses bzw. im Zeitpunkt der Entnahme als Betriebseinnahme anzusetzen (**Zeile 10** des Vordrucks EÜR; → **Abnutzbares Anlagevermögen**). Entgegen der bisherigen Behandlung des Veräußerungsvorgangs stellt der **Restwert des WG 2** beim Ausscheiden **keine Be-**

triebsausgabe dar (**Zeile 34** des Vordrucks EÜR ist **nicht** betroffen; H 4.5 (3) [Veräußerung abnutzbarer Wirtschaftsgüter/Unterlassene AfA] EStH ist nicht anzuwenden). Die WG 5 bis 7 sind in das allgemeine → **Anlageverzeichnis** einzustellen und über drei Jahre abzuschreiben.

Betriebsveräußerung
Wird z.B. mit Wirkung zum **1.7.2010** der gesamte **Betrieb veräußert**, so erwirbt der Rechtnachfolger u.a. die einzelnen Wirtschaftsgüter, die in den Sammelposten enthalten sind. Der Sammelposten 2008 hat zum 31.12.2009 noch einen Wertansatz i.H.v. 900 €, der Sammelposten 2009 noch einen Wertansatz i.H.v. 960 €. Angenommen, der Erwerber zahlt für die WG des Sammelpostens 08 920 € und für die WG des Sammelpostens 09 980 €. Die Anschaffungskosten müssen auf die einzelnen WG innerhalb der Sammelposten verteilt werden. Entweder bestimmen die Beteiligten die anteiligen Anschaffungskosten oder die Anschaffungskosten sind durch eine verhältnismäßige Aufteilung zu schätzen.

2008	Restwert 31.12.2008	Auflösung 2009	Restwert 31.12.2009	Verhältnis der Restwerte zum Gesamtwert des Sammelpostens
WG 1	144 €	36 €	108 €	108/900 = 0,120
WG 2	720 €	180 €	540 €	540/900 = 0,600
WG 3	176 €	44 €	132 €	132/900 = 0,147
WG 4	160 €	40 €	120 €	120/900 = 0,133
Summe	1 200 €	300 €	900 €	

2009	Restwert 31.12.2009	Verhältnis der Restwerte zum Gesamtwert des Sammelpostens
WG 9	224 €	224/960 = 0,233
WG 10	736 €	736/960 = 0,767
Summe	960 €	

Fraglich ist, wie die Auflösung des Sammelpostens im Falle einer entgeltlichen Betriebsveräußerung zu handhaben ist. Im Jahr der Anschaffung der Wirtschaftsgüter und der Bildung des Sammelpostens ist die Summe des jeweiligen Sammelpostens gleichmäßig auf einen Fünfjahreszeitraum zu verteilen. Eine zeitanteilige Berücksichtigung entsprechend § 7 Abs. 1 Satz 4 EStG findet im Jahr der Bildung des jeweiligen Sammelpostens nicht statt. Im Zusammenhang mit einer Betriebsveräußerung ist bei der Auflösung des Sammelpostens m.E. entsprechend § 7a Abs. 7 EStG (H 7a [Mehrere Beteiligte EStH) zu verfahren. Die Auflösung des Sammelpostens ist im Jahr der Veräußerung zeitanteilig vorzunehmen. Als weiteres Indiz für die Zeitanteiligkeit spricht auch die Behandlung der degressiven Gebäude-AfA i.S.d. § 7 Abs. 5 EStG im Jahr der Veräußerung. Auch hier kann die degressive AfA nur zeitanteilig abgezogen werden (H 7.4 [Teil des auf ein Jahr entfallenden AfA-Betrags] EStH). Die zeitanteilige Auflösung des Sammelpostens 08 führt somit beim Veräußerer zu Betriebsausgaben i.H.v. 300 € : 12 Monate × 6 Monate = 150 €, die Auflösung des Sammelpostens 09 zu 240 € : 12 Monate × 6 Monate = 120 €.

Mit **Betriebserwerb zum 1.7.2010** hat der Erwerber die Gesetzesänderungen durch das **Wachstumsbeschleunigungsgesetz** vom 22.12.2009 (BGBl I 2009, 3950) zu beachten.

Alternative 1:

2010	Anschaffungs- bzw. Herstellungskosten	GWG § 6 Abs. 2a Satz 4 EStG	Sammelposten § 6 Abs. 2a Satz 1 bis 3 EStG	§ 7 Abs. 1 oder Abs. 2 EStG
WG 1	920 € × 0,120 = **110,40 €**	110,40 € oder		110,40 €
WG 2	920 € × 0,600 = **552,00 €**		552,00 €	
WG 3	920 € × 0,147 = **135,24 €**	135,24 € oder		135,24 €
WG 4	920 € × 0,133 = **122,36 €**	122,36 € oder		122,36 €
WG 9	980 € × 0,233 = **228,34 €**		228,34 €	
WG 10	980 € × 0,767 = **751,66 €**		751,66 €	

Nach § 6 Abs. 2a Satz 5 EStG ist das Wahlrecht wirtschaftsjahrbezogen auszuüben. Wenn ein Sammelposten für das WG 2 nach § 6 Abs. 2a Satz 1 bis 3 EStG gebildet wird, sind auch die weiteren Wirtschaftsgüter, deren Anschaffungskosten 150 € übersteigen, in den Sammelposten einzustellen. Nach § 6 Abs. 2a Satz 5 EStG sind die Sätze 1 bis 3 für alle in einem Wirtschaftsjahr angeschafften, hergestellten oder eingelegten Wirtschaftsgüter einheitlich anzuwenden.

Alternative 2:

2010	Anschaffungs- bzw. Herstellungskosten	GWG § 6 Abs. 2 EStG	Sammelposten § 6 Abs. 2a EStG	§ 7 Abs. 1 oder Abs. 2 EStG
WG 1	920 € × 0,120 = **110,40 €**	110,40 € oder		110,40 €
WG 2	920 € × 0,600 = **552,00 €**			552,00 €
WG 3	920 € × 0,147 = **135,24 €**	135,24 € oder		135,24 €
WG 4	920 € × 0,133 = **122,36 €**	122,36 € oder		122,36 €
WG 9	980 € × 0,233 = **228,34 €**	228,34 € oder		228,34 €
WG 10	980 € × 0,767 = **751,66 €**			751,66 €

Für das WG 10 darf kein Sammelposten gebildet werden, da auch die WG 2 und 9 nicht in den Sammelposten 2010 eingestellt wurden (§ 6 Abs. 2a Satz 5 EStG). Für WG mit einem Wert bis 150 € können die Anschaffungskosten sowohl nach § 6 Abs. 2a Satz 4 als auch nach § 6 Abs. 2 EStG entweder sofort im Jahr der Anschaffung als Betriebsausgaben abgezogen oder auf die Nutzungsdauer verteilt werden.

Unentgeltliche Betriebsübertragung

Angenommen, der Betrieb wird mit Wirkung zum 1.7.2010 unentgeltlich übertragen. Der Rechtsnachfolger führt in diesem Fall die jeweiligen Sammelposten mit ihren Buchwerten fort. Dabei erhält der Rechtsvorgänger den jeweiligen Auslösungsbetrag bis zum 30.6.2010.

Literatur: Richter, Abschreibungsmöglichkeiten und -grenzen nach dem Unternehmensteuerreformgesetz 2008, Steuer & Studium 2008, 31.

Gesamtgewinngleichheit

Das Einkommensteuerrecht kennt vier »echte« Gewinnermittlungsarten:
- den »einfachen« Bestandsvergleich nach § 4 Abs. 1 Satz 1 EStG,
- den »qualifizierten« Bestandsvergleich nach § 5 Abs. 1 EStG,
- die Einnahme-Überschussrechnung nach § 4 Abs. 3 EStG und
- die Gewinnermittlung nach Durchschnittssätzen (§ 13a EStG).

Diese verschiedenen Gewinnermittlungsarten sind historisch gewachsen. Ihre Existenz verursacht aufgrund ihrer Eigenarten zahlreiche Probleme, deren Lösung immer wieder durch den Gesetzgeber, die Rechtsprechung oder die Finanzverwaltung geklärt werden musste. Zu der heute noch geltenden Unterscheidung von § 4 Abs. 3-Rechnung und Bestandsvergleich kam es durch das Einkommensteuergesetz aus dem Jahre 1934. Die Bestimmung des Gewinns in § 4 Abs. 3 EStG ließ vermuten, dass mit dieser Technik ein anderer Gewinnbegriff umschrieben werden sollte, als dies beim Betriebsvermögensvergleich, der auf die Veränderungen des Vermögens abstellt, geschieht. Dem kann aber nicht gefolgt werden. Gesetzgeber, Rechtsprechung und auch Finanzverwaltung haben im Laufe der Zeit dazu beigetragen, dass ein Auseinandergehen der beiden Gewinnermittlungsarten verhindert wurde. Dies wurde oft unter dem Hinweis auf den Grundsatz der sog. Gesamt- oder Totalgewinngleichheit gestützt. Nicht der allgemeine Gleichheitsgrundsatz des Art. 3 GG, sondern die Vorstellung, dass die § 4 Abs. 3-Rechnung eine vereinfachte Form des Betriebsvermögensvergleichs sei, war die Begründung für diesen Gesamtgewinngleichheitsgrundsatz (Totalgewinnidentität). Daher beschränkt sich die Anwendung dieses Grundsatzes auch nur auf das Verhältnis des § 4 Abs. 3 EStG zu § 4 Abs. 1 EStG. Im Verhältnis der anderen Gewinnermittlungsarten zueinander ist dieser Grundsatz nicht anzuwenden.

Zahlreiche Beispiele lassen sich für eine solche Angleichung der § 4 Abs. 3-Rechnung an den Bestandsvergleich anführen:
- Erhöhung oder Wegfall einer betrieblichen Rentenverpflichtung,
- Kursgewinne oder -verluste aus Fremdwährungsdarlehen,
- Ausfall einer betrieblichen Darlehensforderung im Zeitpunkt der Entstehung des Verlustes,
- Verzicht auf eine Honorarforderung aus privaten Gründen als Entnahme,
- Berücksichtigung der Anschaffungskosten des nicht abnutzbaren Anlagevermögens erst im Zeitpunkt der Veräußerung oder Entnahme.

Im Prinzip soll die § 4 Abs. 3-Rechnung von Eröffnung bis Aufgabe oder Veräußerung des Betriebs zu demselben Totalgewinn führen, wie die Gewinnermittlung durch Bestandsvergleich. Aufgrund der Besonderheiten der § 4 Abs. 3-Rechnung kann es jedoch auch aufgrund des Grundsatzes der Gesamtgewinngleichheit zu Gewinnverschiebungen, und damit zur steuerlichen Ungleichbehandlung, kommen; so ist z.B. das die § 4 Abs. 3-Rechnung beherrschende

Zu- und Abflussprinzip Ursache dafür, dass Einnahmen aus dem Verkauf von Waren erst im Jahr der Vereinnahmung versteuert werden müssen. Die Totalgewinnidentität wird aber dadurch nicht berührt. Nur in bestimmten Ausnahmefällen führt die § 4 Abs. 3-Rechnung nicht zum gleichen Gesamtgewinn wie der Betriebsvermögensvergleich.

Mit Urteil vom 21.6.2006 (XI R 49/05, BStBl II 2006, 712) nimmt der BFH u.a. zum Grundsatz der Gesamtgewinngleichheit Stellung. Der Grundsatz der Gesamtgewinngleichheit besagt, dass die verschiedenen Gewinnermittlungsarten auf Dauer gesehen zu demselben Gesamtgewinn führen müssen. Dabei wird aber vorausgesetzt, dass die Regeln der jeweiligen Ermittlungsmethode beachtet werden. Der Grundsatz der Gesamtgewinngleichheit verlangt indes nicht, dass Fehler, die nach der Lehre vom formellen Bilanzzusammenhang in späteren Veranlagungszeiträumen noch berichtigt werden können, in vergleichbarer Weise auch bei der Einnahme-Überschussrechnung zu korrigieren sind; die Möglichkeiten der bilanziellen Fehlerkorrektur sind nicht auf die Einnahme-Überschussrechnung zu übertragen, bei der im Hinblick auf die Erfassung von Einnahmen und Ausgaben auf § 11 EStG abzustellen ist.

Geschäftsreise

→ Betriebsausgaben   → Pkw-Nutzung
→ Doppelte Haushaltsführung

Rechtsquellen
→ R 4.12 Abs. 2 EStR   → Abschn. 192 Abs. 21 UStR
→ R 9.4 ff. LStR

1. Definition

Eine Geschäftsreise liegt bei einer beruflich veranlassten Auswärtstätigkeit vor. Nach R 4.12 Abs. 2 EStR sind R 9.4 bis R 9.7 LStR sinngemäß anzuwenden.

2. Abzugsfähige Aufwendungen

2.1 Fahrtkosten

2.1.1 Tatsächliche Aufwendungen

Die aus Anlass einer Geschäftsreise entstehenden und nachgewiesenen oder zumindest glaubhaft gemachten Fahrtkosten (→ **Pkw-Nutzung**) können in ihrer tatsächlichen Höhe als Betriebsausgaben (§ 4 Abs. 4 EStG) abgezogen werden (vgl. R 9.5 Abs. 1 Satz 1 LStR).

Ein Vorsteuerabzug ist unter den Voraussetzungen des Abschn. 192 Abs. 21 Nr. 2 Buchst. a UStR möglich.

2.1.2 Pauschale Kilometersätze

2.1.2.1 Ertragsteuerrechtlicher Ansatz

Die in H 9.5 LStH genannten pauschalen Kilometersätze sind nur bei Benutzung privater Beförderungsmittel anzuwenden (R 4.12 Abs. 2 Satz 2 EStR). Verwendet der Unternehmer ein nicht zu seinem Unternehmen gehörendes Kfz, so kann er die pauschalen Kilometersätze geltend machen.

Die tatsächlichen oder die pauschalen Fahrtkosten sind in **Zeile 35** des Vordrucks EÜR zu erfassen. Zur Berücksichtigung der Fahrtkosten siehe → **Doppelte Haushaltsführung** → **Vordruck EÜR**.

2.1.2.2 Vorsteuerabzug

Ein pauschaler Vorsteuerabzug ist nicht möglich. Deshalb kommt für Unternehmer, die die Aufwendungen für ihre unternehmerischen (betrieblichen) Fahrten lediglich anhand des ertragsteuerlichen Pauschalwerts von 0,30 €/km ermitteln, ein Vorsteuerabzug aus den Fahrzeugkosten nicht in Betracht.

Die USt auf Kfz-Kosten für Fahrzeuge, die der Unternehmer wegen Unterschreitens der 10%-Grenze in § 15 Abs. 1 Satz 2 UStG nicht dem unternehmerischen Bereich zuordnen konnte, ist grundsätzlich – mangels »Bezugs für das Unternehmen« – nicht als Vorsteuer abziehbar (§ 15 Abs. 1 Nr. 1 UStG). Es können jedoch ausnahmsweise solche Vorsteuerbeträge in voller Höhe abgezogen werden, die unmittelbar und ausschließlich auf die unternehmerische Verwendung des Fahrzeugs entfallen, z.B. Vorsteuerbeträge aus Reparaturaufwendungen für einen Unfall während einer unternehmerischen Fahrt oder aus Benzinkosten für eine längere – von den übrigen Fahrten abgrenzbare – Geschäftsreise (vgl. Abschn. 192 Abs. 21 Nr. 2 Buchst. a Satz 6 UStR).

2.2 Verpflegungskosten

Mehraufwendungen für Verpflegung sind lediglich i.R.d. § 4 Abs. 5 Nr. 5 EStG als Betriebsausgaben abzugsfähig (Zeile 45 des Vordrucks EÜR; siehe auch → Doppelte Haushaltsführung).

Abwesenheitsdauer	Pauschbetrag
weniger als 8 Stunden	0 €
mindestens 8 Stunden	6 €
mindestens 14 Stunden	12 €
mindestens 24 Stunden	24 €

Abbildung: Verpflegungsmehraufwendungen

Der Einzelnachweis von Verpflegungsmehraufwendungen berechtigt nicht zum Abzug höherer Beträge. Bei derselben Auswärtstätigkeit beschränkt sich der Abzug der Verpflegungsmehraufwendungen auf die ersten drei Monate (R 9.6 Abs. 4 LStR).

Der Stpfl. hat einen Rechtsanspruch darauf, dass die gesetzlichen Pauschbeträge berücksichtigt werden. Es ist nicht zu prüfen, ob der Ansatz der Pauschalen zu einer offensichtlich unzutreffenden Besteuerung führen würde (BFH-Urteil vom 4.4.2006 VI R 44/03, BFH/NV 2006, 1396).

Bei Geschäftsreisen kann der Unternehmer den gesondert ausgewiesenen Steuerbetrag aus Rechnungen über an ihn erbrachte Leistungen grundsätzlich in vollem Umfang als Vorsteuer abziehen (**Zeile 43** des Vordrucks EÜR).

2.3 Übernachtungskosten

Übernachtungskosten sind die tatsächlichen Aufwendungen, die dem Unternehmer für die persönliche Inanspruchnahme einer Unterkunft zur Übernachtung entstehen (R 9.7 Abs. 1 Satz 1 LStR). Die Übernachtungskosten sind grundsätzlich im Einzelnen nachzuweisen. Sie können geschätzt werden, wenn sie dem Grunde nach zweifelsfrei entstanden sind (H 9.7 [Übernachtungskosten] LStH). Wird durch Zahlungsbelege nur ein Gesamtpreis für Unterkunft und Verpflegung nachgewiesen und lässt sich der Preis für die Verpflegung nicht feststellen (z.B. Tagungspauschale), ist der Gesamtpreis zur Ermittlung der Übernachtungskosten wie folgt zu kürzen:
1. für Frühstück um 20 %,
2. für Mittag- und Abendessen um jeweils 40 %

des für den Unterkunftsort maßgebenden Pauschbetrags für Verpflegungsmehraufwendungen bei einer Auswärtstätigkeit mit einer Abwesenheitsdauer von mindestens 24 Stunden.

Beispiel:
Eine inländische Hotelrechnung lautet:
Übernachtung mit Frühstück   96,50 €

Lösung:
Die Übernachtungskosten sind wie folgt zu ermitteln:
Übernachtung mit Frühstück   96,50 €
abzgl. 20 % von 24 € =   ./. 4,80 €
Übernachtungskosten   91,70 €

Beispiel:
In einer Hoteltagungspauschale von 150 € ist das Frühstück und das Mittagessen enthalten.

Lösung:
Hoteltagungspauschale   150,00 €
abzgl. 20 % von 24 € für das Frühstück   ./. 4,80 €
abzgl. 40 % von 24 € für das Mittagessen   ./. 9,60 €
Übernachtungskosten   135,60 €

Der Unternehmer kann aus Rechnungen für Übernachtungen anlässlich einer Geschäftsreise unter den weiteren Voraussetzungen des § 15 UStG den Vorsteuerabzug in Anspruch nehmen

(**Zeile 52** des Vordrucks EÜR). Voraussetzung hierfür ist, dass der Unternehmer als Empfänger der Übernachtungsleistungen anzusehen ist (vgl. Abschn. 192 Abs. 16 UStR) und die Rechnung mit dem gesonderten Ausweis der USt dementsprechend auf den Namen des Unternehmers ausgestellt ist.

Nach Art. 5 Nr. 1 des Wachstumsbeschleunigungsgesetzes vom 22.12.2009 (BGBl I 2009, 3950) unterliegen dem **ermäßigten Steuersatz** von 7 % nach § 12 Abs. 2 Nr. 11 UStG **ab 1.1.2010** u. a. die **Vermietung und Verpachtung von Wohn- und Schlafräumen**, die ein Unternehmer zur kurzfristigen Beherbergung von Fremden bereithält. Dies gilt nicht für Leistungen, die nicht unmittelbar der Vermietung dienen, auch wenn diese Leistungen mit dem Entgelt für die Vermietung abgegolten sind.

Nach der Gesetzesbegründung umfasst die Steuersatzermäßigung sowohl die Umsätze des klassischen Hotelgewerbes als auch kurzfristige Beherbergungen in Pensionen, Fremdenzimmern und vergleichbaren Einrichtungen. **Nicht** von der Steuerermäßigung umfasst sind die **Verpflegung**, insbesondere das **Frühstück**, der Zugang zu Kommunikationsnetzen (insbesondere **Telefon** und **Internet**), die **TV-Nutzung** (»pay per view«) die **Getränkeversorgung** aus der Minibar, Wellnessangebote, Überlassung von Tagungsräumen, sonstige Pauschalangebote usw., auch wenn diese Leistungen mit dem Entgelt für die Beherbergung abgegolten sind (s. a. Pressemitteilung der OFD Karlsruhe vom 15.1.2010, LEXinform 0434847).

Beispiel:
Unternehmer U erhält für eine **Geschäftsreise im Kj. 2010** eine Hotelrechnung über 96,00 € zzgl. 7 % USt i.H.v. 6,72 €. Das Frühstück ist gesondert i.H.v. 6,00 € zzgl. 19 % USt = 1,14 € ausgewiesen.

Lösung:
Nach R 4.12 Abs. 2 EStR sind die für Geschäftsreisen die Regelungen in den LStR sinngemäß anzuwenden. Die Übernachtungskosten können i.H.v. 96,00 € als Betriebsausgaben berücksichtigt werden.
Verpflegungsmehraufwendungen können nur unter den Voraussetzungen des § 4 Abs. 5 Nr. 5 EStG i. H. d. dort genannten Pauschbeträge als Betriebsausgaben abgezogen werden. Umsatzsteuerrechtlich kann aus der Hotelrechnung die gesamte in Rechnung gestellte USt i. H. v. (6,72 € + 1,14 € =) 7,86 € als Vorsteuer abgezogen werden.

Für den Ansatz von Verpflegungsmehraufwendungen bei Auswärtstätigkeiten im Ausland gelten nach Staaten unterschiedliche Pauschbeträge (Auslandstagegelder), die vom BMF im BStBl veröffentlicht werden (R 9.6 Abs. 3 Satz 1 LStR; BMF-Schreiben vom 9.11.2004, BStBl I 2004, 1052). Die ab 1.1.2009 geltenden Pauschbeträge sind im BMF-Schreiben vom 17.12.2008 (BStBl I 2008, 1077) veröffentlicht.

Bei Dienstreisen vom Inland in das Ausland bestimmt sich der Pauschbetrag nach dem Ort, den der Stpfl. vor 24 Uhr Ortszeit zuletzt erreicht hat. Für eintägige Reisen ins Ausland und für Rückreisetage aus dem Ausland in das Inland ist der Pauschbetrag des letzten Tätigkeitsortes im Ausland maßgebend (s. a. § 4 Abs. 5 Nr. 5 Satz 4 EStG).

Für die im BMF-Schreiben vom 9.11.2004 (BStBl I 2004, 1052) bzw. im BMF-Schreiben vom 17.12.2008 (BStBl I 2008, 1077) nicht erfassten Länder ist der für Luxemburg geltende Pauschbetrag maßgebend, für nicht erfasste Übersee- und Außengebiete eines Landes ist der für das Mutterland geltende Pauschbetrag maßgebend (s. a. R 9.6 Abs. 3 LStR).

2.4 Reisenebenkosten

Als Reisenebenkosten kommen die in R 9.8 LStR aufgeführten tatsächlichen Aufwendungen in Betracht. Siehe dazu auch H 9.8 LStH. Reisenebenkosten sind z.B. Parkgebühren oder auch Wertverluste wegen gestohlenen Gepäcks. Die tatsächlich nachgewiesenen Aufwendungen stellen voll abzugsfähige Betriebsausgaben dar (**Zeile 45** des Vordrucks EÜR).

3. Zeilennummer 45 des Vordrucks EÜR

In **Zeile 45** des Vordrucks EÜR (→ **Vordruck EÜR** → **Doppelte Haushaltsführung**) sind nur die Aufwendungen für **Verpflegungsmehraufwendungen**, **Übernachtungskosten** und **Reisenebenkosten** einzutragen. Die Verpflegungsmehraufwendungen sind nur in Höhe der Pauschbeträge abzugsfähig und in **Zeile 45** zu erfassen. Sämtliche **Fahrtkosten**, sei es mit dem betrieblichen oder privaten Kfz oder mit öffentlichen Verkehrsmitteln, sind in **Zeile 35** des Vordrucks EÜR zu erfassen.

4. Gemischte Reisetätigkeit

Der Abzug der Reisekosten setzt nach der bisherigen Rechtsprechung des BFH voraus, dass die Reise ausschließlich oder nahezu ausschließlich der beruflichen/betrieblichen Sphäre zuzuordnen ist. Das ist zum einen der Fall, wenn der Reise ein unmittelbarer beruflicher bzw. betrieblicher Anlass zugrunde liegt (z.B. das Aufsuchen eines Geschäftsfreundes, das Halten eines Vortrages auf einem Fachkongress, die Durchführung eines Forschungsauftrages) und die Verfolgung privater Reiseinteressen nicht den Schwerpunkt der Reise bildet. Gleiches gilt, wenn die berufliche bzw. betriebliche Veranlassung bei weitem überwiegt und die Befriedigung privater Interessen, wie z.B. Erholung, Bildung und Erweiterung des allgemeinen Gesichtskreises, nach dem Anlass der Reise, dem vorgesehenen Programm und der tatsächlichen Durchführung nicht ins Gewicht fällt und nur von untergeordneter Bedeutung ist. Anderenfalls sind die gesamten Reisekosten nicht abziehbar, soweit sich nicht ein durch den Beruf/Betrieb veranlasster Teil nach objektiven Maßstäben sicher und leicht abgrenzen lässt.

> **Beispiel:**
> (siehe auch BFH-Urteil vom 26.11.1997 X R 146/94, BFH/NV 1998, 961)
> Vom 14. bis 30.10.06 unternimmt der Rechtsanwalt R auf Einladung der Firma X aus Japan zusammen mit seiner Ehefrau und den drei Kindern eine Japanreise. Die japanischen Geschäftsfreunde haben deren Anwesenheit ausdrücklich gewünscht. Am 22., 23. und 24.10. trifft sich R mit Vertretern der Firma X zu geschäftlichen Gesprächen. Nahezu die gesamten Kosten des Aufenthalts in Japan trägt die Firma X, die dem R und seiner Familie außerdem für diese Zeit einen Kleinbus mit Fahrer und einen Dolmetscher zur Verfügung stellt. Die Reise verläuft nach dem von der Firma X gestalteten Programm. R hat im Wesentlichen nur die Flugkosten nach Japan für sich, seine Ehefrau und die drei Kinder i.H.v. 8 125 € zu tragen.

Lösung:
Die Abziehbarkeit von Aufwendungen als → **Betriebsausgaben** setzt gem. § 4 Abs. 4 EStG voraus, dass sie durch den Betrieb veranlasst sind. Das erfordert einen wirtschaftlichen Zusammenhang zwischen Aufwand und Betrieb (BFH-Urteile vom 1.6.1978 IV R 36/73, BStBl II 1978, 499, und vom 16.10.1986 IV R 138/83, BStBl II 1987, 208). Andererseits dürfen solche Kosten im Hinblick auf § 12 Nr. 1 Satz 2 EStG die einkommensteuerliche Bemessungsgrundlage grundsätzlich nicht mindern, wenn sie zugleich die private Lebensführung des Steuerpflichtigen betreffen; für diese sog. gemischten Aufwendungen gilt aus Gründen steuerlicher Gerechtigkeit grundsätzlich ein Aufteilungs- und Abzugsverbot (BFH-Beschlüsse vom 19.10.1970 GrS 2/70, BStBl II 1971, 17 und vom 27.11.1978 GrS 8/77, BStBl II 1979, 213); in solchen Fällen kommt ein uneingeschränkter Betriebsausgabenabzug nur ausnahmsweise in Betracht, wenn die betriebliche Veranlassung bei weitem überwiegt, das Hineinspielen der Lebensführung nicht ins Gewicht fällt und von ganz untergeordneter Bedeutung ist.

Für die Zuordnung eines durch Auslandsreisen verursachten Aufwands ist maßgebend, ob die Aufwendungen objektiv durch die besonderen betrieblichen Gegebenheiten veranlasst sind und die Befriedigung privater Interessen – wie z.B. Erholung, Bildung und Erweiterung des allgemeinen Gesichtskreises – nach dem Anlass der Reise, dem vorgesehenen Programm und der tatsächlichen Durchführung nahezu ausgeschlossen ist (BFH-Urteile vom 12.4.1979 IV R 106/77, BStBl II 1979, 513 und vom 23.1.1997 IV R 39/96, BStBl II 1997, 357). Bei der in diesem Zusammenhang vorzunehmenden Gesamtwürdigung aller Umstände kommt einerseits dem Zweck der Reise eine gewichtige Bedeutung zu (BFH-Urteile vom 13.12.1984 VIII R 296/81, BStBl II 1985, 325 und vom 18.10.1990 IV R 72/89, BStBl II 1991, 92), andererseits können aber auch der Reiseverlauf und die Begleitumstände – wie die Mitnahme der Ehefrau – für eine nicht unerhebliche private Mitveranlassung sprechen (vgl. BFH-Urteil vom 25.3.1993 VI R 58/92, BStBl II 1993, 639).

Auf den Fall angewendet heißt dies, dass der Hauptzweck, das Aufsuchen des japanischen Geschäftspartners zum Abschluss eines Vertrages zwar der Reise des R selbst einen unmittelbar betrieblichen Anlass verleiht, der es erlaubt, die sonstigen Umstände bei der Gesamtbeurteilung in den Hintergrund treten zu lassen, dass sich Gleiches aber für die Mitreise der Ehefrau und von drei Kindern nicht sagen lässt: Der in der Einladung ausgedrückte Wunsch des japanischen Geschäftspartners, die gesamte Familie des R kennen zu lernen, ist nicht geeignet, der Mitreise der übrigen Familienmitglieder den touristischen Charakter zu nehmen. Bezogen auf die Beteiligung dieser Personen unterschied sich die Reise nicht wesentlich von einer privaten Familienunternehmung. Dass die einzelnen Stationen und Programmpunkte nicht von R selbst festgelegt worden waren, ist nicht entscheidend. Das ist bei der Mehrzahl privater Reisen (Pauschalreisen) nicht anders.

Einer Aufteilung des Aufwands des R erübrigt sich, weil er insgesamt, ungeachtet seiner teilweisen Zuordnung zum betrieblichen Bereich, in jedem Fall aufgewogen wird durch den ihm zuzurechnenden Vorteil des kostenlosen zweiwöchigen Japanaufenthalts für vier Familienmitglieder.

Der dem R zuzurechnende Vorteil des kostenlosen zweiwöchigen Japanaufenthalts für die Familie ist als → **Betriebseinnahme** des R zu werten.

Unter Betriebseinnahmen sind in Anlehnung an § 8 Abs. 1 EStG und § 4 Abs. 4 EStG alle Zugänge in Geld oder Geldeswert zu verstehen, die durch den Betrieb veranlasst sind (BFH in ständiger Rechtsprechung; vgl. z.B. Urteile vom 14.3.1989 I R 83/85, BStBl II

1989, 650; vom 13.3.1991 X R 24/89, BFH/NV 1991, 537 und vom 9.10.1996 XI R 35/96, BStBl II 1997, 125). Dabei zählen zu den Wertzugängen in Geldeswert für alle Einkunftsarten i.S. des § 2 Abs. 1 Satz 1 EStG gleichermaßen alle nach objektiven Merkmalen in Geld ausdrückbaren Vorteile, die einen wirtschaftlichen (nicht rein ideellen) Wert besitzen und damit eine objektive Bereicherung des Zuwendungsempfängers zur Folge haben (BFH-Urteile vom 17.9.1982 VI R 75/79, BStBl II 1983, 39 und vom 22.7.1988 III R 175/85, BStBl II 1988, 995). Diese Voraussetzungen erfüllt auch die von einem Geschäftspartner kostenlos gewährte Reise, sofern sie – wie hier – in nicht unerheblichem Umfang auch der Befriedigung allgemeintouristischer Interessen dient (vgl. BFH-Urteil vom 20.4.1989 IV R 106/87, BStBl II 1989, 641). Dabei ergibt sich die betriebliche Veranlassung des Wertzugangs aus dem zuvor schon erörterten Sachzusammenhang mit der Geschäftsbeziehung des R; sie wird durch den privaten Charakter, den die Reise für die Familienmitglieder des R hatte, nicht in Frage gestellt, weil betriebliche Veranlassung nicht notwendig auch eine betriebliche Verwendung eines solchen Vorteils erfordert (BFH-Urteil vom 1.10.1993 III R 32/92, BStBl II 1994, 179).

Der Höhe nach ist die in der Einladung zum zweiwöchigen kostenlosen Japanaufenthalt (samt Nebenleistungen, wie Überlassung eines Kleinbusses nebst Fahrer und Dolmetscher) bestehende Betriebseinnahme gem. § 8 Abs. 2 EStG mit den üblichen Mittelpreisen des Verbrauchsorts anzusetzen.

Mangels Leistungsaustauschs handelt es sich um eine nicht umsatzsteuerbare Betriebseinnahme, die in **Zeile 11** des Vordrucks EÜR zu erfassen ist.

Der VI. Senat des BFH ist nun der Auffassung, dass bei gemischt veranlassten Reisen auch die Kosten der An- und Abreise grundsätzlich eindeutig abgrenzbare, beruflich/betrieblich (mit-)veranlasste Aufwendungen sind, bei denen eine Aufteilung nach objektiven und leicht nachprüfbaren Maßstäben i.d.R. möglich ist. Mit Beschluss vom 20.7.2006 (VI R 94/01, BStBl II 2007, 121) hat der VI. Senat des BFH dem Großen Senat (GrS 1/06) folgende Rechtsfrage zur Entscheidung vorgelegt: Können Aufwendungen für die Hin- und Rückreise bei gemischt beruflich (betrieblich) und privat veranlassten Reisen in abziehbare Werbungskosten (Betriebsausgaben) und nicht abziehbare Aufwendungen für die private Lebensführung nach Maßgabe der beruflich (betrieblich) und privat veranlassten Zeitanteile der Reise aufgeteilt werden, wenn die beruflich (betrieblich) veranlassten Zeitanteile feststehen und nicht von untergeordneter Bedeutung sind?

Der Große Senat ist mit Beschluss vom 21.9.2009 (GrS 1/06, BFH/NV 2010, 285, LEXinform 0587569) der Auffassung des vorlegenden VI. Senats gefolgt: Aufwendungen für die Hin- und Rückreise bei gemischt beruflich (betrieblich) und privat veranlassten Reisen können grundsätzlich in abziehbare Werbungskosten oder Betriebsausgaben und nicht abziehbare Aufwendungen für die private Lebensführung nach Maßgabe der beruflich und privat veranlassten Zeitanteile der Reise aufgeteilt werden, wenn die beruflich veranlassten Zeitanteile fest stehen und nicht von untergeordneter Bedeutung sind. Das unterschiedliche Gewicht der verschiedenen Veranlassungsbeiträge kann es jedoch im Einzelfall erfordern, einen anderen Aufteilungsmaßstab heranzuziehen oder ganz von einer Aufteilung abzusehen.

Ein Abzug der Aufwendungen kommt nach der Entscheidung des Großen Senats nur dann insgesamt nicht in Betracht, wenn die – für sich gesehen jeweils nicht unbedeutenden – beruflichen und privaten Veranlassungsbeiträge (z.B. bei einer beruflich/privaten Doppelmotivation für eine Reise) so ineinandergreifen, dass eine Trennung nicht möglich ist, wenn es also an objektivierbaren Kriterien für eine Aufteilung fehlt.

Damit hat der Große Senat die bisherige Rechtsprechung aufgegeben, die der Vorschrift des § 12 Nr. 1 Satz 2 EStG ein allgemeines Aufteilungs- und Abzugsverbot für gemischt veranlasste Aufwendungen entnommen hatte. Ein solches Aufteilungs- und Abzugsverbot, das die Rechtsprechung in der Vergangenheit ohnehin in zahlreichen Fällen durchbrochen hatte, lässt sich nach Auffassung des Großen Senats dem Gesetz nicht entnehmen (s.a. Pressemitteilung des BFH Nr. 1/10 vom 13.1.2010, LEXinform 0434836).

Als Maßstab für die Aufteilung der gemischt veranlassten An- und Abreisekosten ist grundsätzlich das Verhältnis der beruflich/betrieblich und privat veranlassten Zeitanteile der Reise heranzuziehen. Der Stpfl. muss substantiiert darlegen, an welchen Tagen und in welchem zeitlichen Umfang er während der Reise beruflich bzw. betrieblich veranlasst tätig geworden ist. Ebenso ist ein substantiierter Vortrag des Stpfl. zum Inhalt der während der Reise tatsächlich ausgeübten beruflichen/betrieblichen Tätigkeiten erforderlich. Ein betrieblich/beruflicher Zeitanteil von 15 % wird als nicht mehr unerheblich eingestuft. Dies ist jedoch keine starre Grenze.

Beispiel:
Unternehmer U macht am 16.2.08 eine eintägige Geschäftsreise und ist deswegen 16 Stunden von seiner Wohnung und seinem Betrieb abwesend. Für seine Verpflegung hat er dabei in Gaststätten insgesamt 59,30 € aufgewendet. Hierüber hat U ordnungsgemäße zum Vorsteuerabzug berechtigende Kleinbetragsrechnungen mit Angabe des Steuersatzes von 19 %. Weiterhin hat er eine ordnungsgemäße Kleinbetragsrechnung über Benzin i.H.v. 30,68 €. Der Pkw wird zu 60 % unternehmerisch genutzt und ist in vollem Umfang Unternehmensvermögen.

Lösung:
Aus den Verzehrrechnungen in den Gaststätten hat U einen Vorsteuerabzug. Der Vorsteuerabzug aus den Kleinbetragsrechnungen beträgt (vgl. Abschn. 194 Abs. 1 UStR) 59,30 € × 19 : 119 = 9,47 €. Nach § 15 Abs. 1 UStG ist die Vorsteuer aus dem Benzinaufwand abziehbar und abzugsfähig. Die Vorsteuer beträgt (siehe Abschn. 194 Abs. 2 UStR): 30,68 € × 19 : 119 = 4,90 €.

Beispiel:
Unternehmer U hat bei einer Geschäftsreise, die vom 01.02.08 18.00 Uhr bis zum 03.02.08 12.00 Uhr gedauert hat, für Verpflegung folgende Beträge gezahlt:
01.02.08: 20,45 €
02.02.08: 51,13 €
03.02.08: 10,22 €
Außer für den 03.02.08 liegen ordnungsgemäße Kleinbetragsrechnungen vor.

Lösung:
01.02.08:
Ertragsteuerrechtlich können nach § 4 Abs. 5 Nr. 5 EStG keine Verpflegungsmehraufwendungen als Betriebsausgaben abgezogen werden, da die Geschäftsreise nicht mindestens

8 Stunden gedauert hat. Umsatzsteuerrechtlich ist der Vorsteuerabzug i.H.v. 19/119 von 20,45 € = 3,26 € möglich.

02.02.08:
Ein Vorsteuerabzug ist i.H.v. 19/119 von 51,13 € = 8,16 € möglich.

03.02.08:
Ohne ordnungsgemäße Rechnung ist kein Vorsteuerabzug möglich.

Literatur: Völkel u.a., ABC-Führer Umsatzsteuer (Loseblatt); Rondorf, Vorsteuerabzug aus Verpflegungs-, Übernachtungs-, Fahrt-, Umzugs- und Repräsentationskosten, NWB Fach 7, 6189.

Gewinn

→ Vordruck EÜR

Nach § 4 Abs. 3 EStG kann als Gewinn der Überschuss der → **Betriebseinnahmen** über die → **Betriebsausgaben** angesetzt werden. Im Grundsatz handelt es sich dabei um eine Zu- und Abflussrechnung i.S.v. § 11 EStG. Dieser Grundsatz wird jedoch durch zahlreiche Ausnahmen im Hinblick auf die → **Gesamtgewinngleichheit** durchbrochen. Die verschiedenen Geschäftsvorfälle berühren i.d.R. den Gewinn in gleicher Art und Weise wie i.R.d. Buchführung. Jedoch sind z.B. Rechnungsabgrenzungsposten, Rückstellungen sowie Teilwertabschreibungen nicht möglich.

Die Höhe der Einkommensteuer wird durch den Gewinn beeinflusst. Durch das → **Zu- und Abflussprinzip** sollten alle Möglichkeiten genutzt werden, um den optimalen Gewinn für das jeweilige Jahr zu ermitteln. Betriebseinnahmen und Betriebsausgaben sind dabei entsprechend zu verlagern. Wann solche Gewinnverlagerungen von Vorteil sind, hängt von mehreren Faktoren ab (z.B. Verluste aus anderen Einkunftsarten, geplante Änderungen von Steuergesetzen).

Ergibt sich durch die § 4 Abs. 3-Rechnung ein negativer Betrag, so spricht man von einem Verlust. Ein solcher Verlust kann im Wege des horizontalen wie auch des vertikalen Verlustausgleichs innerhalb der Veranlagung im Endergebnis steuermindernd berücksichtigt werden. Dabei nicht ausgeglichene Verluste (negativer Gesamtbetrag der Einkünfte) sind im Rahmen des Verlustabzugs nach § 10d EStG vor- bzw. rücktragsfähig.

Gewinnermittlungszeitraum

Rechtsquellen
→ § 4a EStG   → §§ 8b und 8c EStDV

1. Allgemeines

Bei Land- und Forstwirten und bei Gewerbetreibenden ist der Gewinn nach dem Wirtschaftsjahr zu ermitteln (§ 4a Abs. 1 Satz 1 EStG). Das Wirtschaftsjahr umfasst i.d.R. einen Zeitraum von zwölf Monaten. Es darf nur in Ausnahmefällen einen Zeitraum von weniger als zwölf Monaten umfassen (§ 8b Satz 2 EStDV).

2. Land- und Forstwirte

Das Wirtschaftsjahr ist grundsätzlich der Zeitraum vom 1. Juli bis zum 30. Juni eines Jahres. Durch Rechtsverordnung kann für einzelne Gruppen von Land- und Forstwirten ein anderer Zeitraum bestimmt werden, wenn das aus wirtschaftlichen Gründen erforderlich ist (§ 4a Abs. 1 Nr. 1 EStG). Diese Rechtsverordnung ist in § 8c EStDV enthalten.

3. Gewerbetreibende

Das Wirtschaftsjahr wird bei Gewerbetreibenden nach § 4a Abs. 2 Nr. 2 und Nr. 3 EStG geregelt. Danach ist bei Gewerbetreibenden, deren Firma im Handelsregister eingetragen ist, der Zeitraum das Wirtschaftsjahr, für den sie regelmäßig Abschlüsse machen. Die Umstellung des Wirtschaftsjahrs auf einen vom Kalenderjahr abweichenden Zeitraum ist steuerlich nur dann wirksam, wenn sie im Einvernehmen mit dem Finanzamt vorgenommen wird (§ 4a Abs. 1 Nr. 2 EStG). Bei anderen Gewerbetreibenden ist Wirtschaftsjahr das Kalenderjahr (§ 4a Abs. 1 Nr. 3 Satz 1 EStG). Somit ist ein abweichendes Wirtschaftsjahr bei Gewerbetreibenden, die ihren Gewinn durch die § 4 Abs. 3-Rechnung ermitteln, nicht möglich.

4. Selbständig Tätige (§ 18 EStG)

Für die Bestimmung des Gewinnermittlungszeitraums gibt es keine eigene gesetzliche Vorschrift. Es ist demnach von dem allgemeinen Grundsatz auszugehen, nach dem die Grundlagen für die Einkommensteuerfestsetzung jeweils für ein Kalenderjahr zu ermitteln sind (§ 2 Abs. 7 Satz 2 EStG). Ein abweichendes Wirtschaftsjahr kommt also nicht in Betracht.

Literatur: Schoor, Wirtschaftsjahr und abweichendes Wirtschaftsjahr bei Gewebetreibenden, StBp 2003, 245.

Grundstücke

- → Abfindungen
- → Abnutzbares Anlagevermögen
- → Absetzung für Abnutzung
- → Anlagevermögen
- → Anschaffungskosten
- → Arbeitszimmer
- → Betriebsveräußerung im Ganzen
- → Betriebsvermögen
- → Darlehen

- → Drittaufwand
- → Einlagen
- → Entnahmen
- → Erhaltungsaufwendungen
- → Herstellungskosten
- → Nicht abnutzbares Anlagevermögen
- → Renten, dauernde Lasten und Raten
- → Rücklagen
- → Schenkungen

Rechtsquellen
→ R 4.2 EStR

1. Allgemeines

Grundstücke und Grundstücksteile, die ausschließlich und unmittelbar für eigenbetrieblichen Zwecke des Steuerpflichtigen genutzt werden, gehören regelmäßig zum notwendigen → **Betriebsvermögen**. Wird ein Teil eines Gebäudes eigenbetrieblich genutzt, so gehört der zum Gebäude gehörende Grund und Boden anteilig zum notwendigen Betriebsvermögen; in welchem Umfang der Grund und Boden anteilig zum Betriebsvermögen gehört, ist unter Berücksichtigung der Verhältnisse des Einzelfalles zu ermitteln (R 4.2 Abs. 7 EStR).

2. Grundstücke von untergeordnetem Wert

Grundstücksteile von untergeordnetem Wert, müssen **nicht als Betriebsvermögen** behandelt werden (§ 8 EStDV und R 4.2 Abs. 8 EStR). Grundstücksteile von untergeordneter Bedeutung liegen nach § 8 EStDV vor, wenn der Gebäudeteil und der dazugehörige Bodenanteil zusammen höchstens 20 500 € betragen und der eigenbetriebliche Gebäudeteil höchstens 20 % des Gesamtgebäudes ausmacht. Trotz **eigenbetrieblicher Nutzung** können diese Grundstücke dem **Privatvermögen** zugeordnet werden. Die Prüfung erfolgt jedes Jahr neu. Die geringfügige und vorübergehende Überschreitung der Grenzen wird nicht als Einlage gewertet. Zur Ermittlung der Gebäude-AfA handelt es sich um ein **Gebäude i.S.d. § 7 Abs. 4 Nr. 2 EStG**. Ein Absinken unter die Grenzen führt nur mit einer ausdrücklichen Entnahmehandlung des Stpfl. zu einer Entnahme.

3. Unterscheidung zwischen unbebauten und bebauten Grundstücken

Zu unterscheiden ist zwischen bebauten und unbebauten Grundstücken. Unbebaute Grundstücke sind als → **nicht abnutzbares Anlagevermögen** zu qualifizieren. Die Anschaffungskosten werden im Jahr der Anschaffung gewinnmäßig nicht erfasst, sondern lediglich in das besondere Verzeichnis eingetragen (§ 4 Abs. 3 Satz 4 EStG, → **Aufzeichnungspflichten**). Bei einem bebauten Grundstück sind i.d.R. zwei Wirtschaftsgüter vorhanden: der Grund und Boden und das aufstehende Gebäude. Diese verschiedenen Wirtschaftsgüter gehen steuerrechtlich unterschiedliche Wege. Während der Grund und Boden den Bestimmungen über das nicht abnutzbare Anlagevermögen unterliegt, gelten für das Gebäude die Ausführungen über das → **abnutzbare Anlagevermögen**. Die → **Anschaffungskosten/Herstellungskosten** sind demnach im Wege der → **Absetzung für Abnutzung** als Betriebsausgaben anzusetzen.

4. Gebäude-Mischnutzung

4.1 Ertragsteuerrechtliche Behandlung

Wird ein Gebäude teils eigenbetrieblich, teils fremdbetrieblich, teils zu eigenen und teils zu fremden Wohnzwecken genutzt, so ist jeder der vier unterschiedlich genutzten Gebäudeteile ein besonderes Wirtschaftsgut, weil das Gebäude in verschiedenen Nutzungs- und Funktionszusammenhängen steht (R 4.2 Abs. 4 EStR). Auch i.R.d. § 4 Abs. 3-Rechnung können derartige Probleme entstehen.

Nachfolgend eine kurze Darstellung der Rechtsfolgen bei der Gebäude-Mischnutzung:
- Jeder dieser unterschiedlich genutzten Gebäudeteile ist ein selbständiger Gebäudeteil (besonderes Wirtschaftsgut, R 4.2 Abs. 3 Nr. 5 und Abs. 4 Satz 1 EStR).
- Jeder dieser selbständigen Gebäudeteile muss separat auf seine steuerlichen Auswirkungen untersucht werden.
- Soweit Gebäudeteile und der anteilige Grund und Boden zu betrieblichen Zwecken genutzt werden, gehören sie zum notwendigen Betriebsvermögen (R 4.2 Abs. 7 Satz 1 und 2 EStR).
- Die Anschaffungskosten/Herstellungskosten des gesamten Gebäudes sind wegen der unterschiedlichen Auswirkungen und den möglichen unterschiedlichen AfA-Methoden i.d.R. nach dem Nutzflächenverhältnis auf die einzelnen Gebäudeteile aufzuteilen (R 7.4 Abs. 6 Satz 2 und R 4.2 Abs. 6 Satz 1 und 2 EStR).
- Für jeden Gebäudeteil ist dann – soweit notwendig – die AfA zu berechnen, wobei die AfA-Methoden für Gebäude auf Gebäudeteile entsprechend anzuwenden sind (§ 7 Abs. 5a und Abs. 4 und 5 EStG).
- Soweit die Anschaffungskosten/Herstellungskosten auf die eigengenutzte Wohnung entfallen (Kosten der Lebensführung), gehören diese zu den Kosten der Lebensführung i.S.d. § 12 Nr. 1 EStG.
- Die Anschaffungskosten des Grund und Bodens sind in ein besonderes Verzeichnis aufzunehmen (§ 4 Abs. 3 Satz 5 EStG) und entsprechend aufzuteilen. Der Aufteilungsmaßstab ist dabei grundsätzlich das Nutzflächenverhältnis der Gebäudeteile.

- Alle anderen Kosten (z.B. Schuldzinsen, Erhaltungsaufwendungen, Versicherungen, Grundsteuer, öffentliche Abgaben) sind wie folgt zuzuordnen:

Kosten betreffen das **gesamte** Gebäude	aufzuteilen nach dem Nutzflächenverhältnis und entsprechend zuzuordnen (Betriebsausgaben/ Werbungskosten/Kosten der Lebensführung)
Kosten betreffen nur **einzelne** Gebäudeteile	direkt in vollem Umfang dem jeweiligen Gebäudeteil zuzuordnen (Betriebsausgaben/Werbungskosten/Kosten der Lebensführung)

Zum Schuldzinsenabzug siehe aber auch die Besonderheiten unter → **Schuldzinsen**.

Mit Beschluss vom 26.11.1973 (GrS 5/71, BStBl II 1974, 132) hat der Große Senat des BFH den »Einheitlichkeitsgrundsatz« unterschiedlich genutzter Gebäudeteile geprägt. In seinem Beschluss hat der Große Senat ausgeführt, dass in Fällen, in denen ein Gebäude teils eigenbetrieblich, teils fremdbetrieblich, teils zu Wohnzwecken durch Vermietung oder Eigengebrauch genutzt wird, die einzelnen Gebäudeteile gesondert zu behandeln sind, sei es als notwendiges oder gewillkürtes Betriebsvermögen, sei es als Privatvermögen. Nach dem Einheitlichkeitsgrundsatz ist es unzulässig, z.B. den fremdbetrieblich genutzten Gebäudeteil von vornherein teilweise dem Betriebs- und teilweise dem Privatvermögen zuzuordnen.

Mit Urteil vom 10.11.2004 (XI R 31/03, DStR 2005, 368) hat der BFH den Einheitlichkeitsgrundsatz weiter konkretisiert und dahingehend interpretiert, dass ein bereits zum Betriebsvermögen gehörender Gebäudeteil seine Betriebsvermögenseigenschaft nur durch Entnahme (oder Veräußerung) oder dadurch, dass er zum notwendigen Privatvermögen wird (z.B. infolge einer Nutzungsänderung), verlieren kann. Die Grundsätze über die Entnahme (und Einlage) von Wirtschaftsgütern sind insoweit vorrangig zu beachten. Eine Nutzungsänderung, durch die das Wirtschaftsgut zwar seinen Charakter als notwendiges Betriebsvermögen verliert, andererseits aber auch nicht zu notwendigem Privatvermögen wird, führt ohne eindeutige Entnahmehandlung des Steuerpflichtigen nicht zu einer Entnahme des Wirtschaftsguts. Dies gilt, wie sich aus § 4 Abs. 1 Satz 4 EStG ergibt, auch bei der Gewinnermittlung nach § 4 Abs. 3 EStG.

Beispiel:
Der Sachverhalt ergibt sich aus dem BFH-Urteil vom 10.11.2004 (XI R 31/03, DStR 2005, 368).

Der Steuerpflichtige ist als Freiberufler tätig und ermittelt seinen Gewinn nach § 4 Abs. 3 EStG. Das Grundstück wird wie folgt genutzt:	
3. Obergeschoss:	fremde Wohnzwecke
2. Obergeschoss: Zwei-Zimmer-Wohnung sowie ein separater Raum:	Ab Anschaffung bis Kalenderjahr 12: Nutzung zu eigenen beruflichen Zwecken (Büro); von Kalenderjahr 13 bis Kalenderjahr 16: zu fremdgewerblichen Zwecken vermietet; ab Kalenderjahr 17: die Zwei-Zimmer-Wohnung zu fremden Wohnzwecken vermietet, den separaten Raum als Arbeitszimmer zu eigenberuflichen Zwecken.
1. Obergeschoss:	eigene Wohnzwecke
Erdgeschoss:	eigene Wohnzwecke

Lösung:
Die Zwei-Zimmer-Wohnung im 2. Obergeschoss gehörte während der Zeit der Nutzung zu eigenen beruflichen Zwecken bis zum Kalenderjahr 12 zunächst zum notwendigen Betriebsvermögen.
Durch die erste Nutzungsänderung im Kalenderjahr 13 (die Vermietung zu fremdgewerblichen Zwecken) hatte die Wohnung ihre Eigenschaft als notwendiges Betriebsvermögen verloren, war aber kein notwendiges Privatvermögen geworden, sondern nunmehr als »geduldetes« Betriebsvermögen dem betrieblichen Bereich des Steuerpflichtigen zuzuordnen. Nach dem BFH-Urteil vom 2.10.2003 (IV R 13/03, BStBl II 2004, 985) kann auch ein Steuerpflichtiger, der seinen Gewinn durch Einnahme-Überschussrechnung ermittelt, gewillkürtes Betriebsvermögen bilden.
Die zweite Nutzungsänderung durch die Vermietung der Wohnung zu Wohnzwecken ist nicht anders zu beurteilen. Durch die Vermietung zu Wohnzwecken ist eine Entnahme dieses Gebäudeteils nicht erfolgt. Der Steuerpflichtige hat die Wohnung weiterhin in seinem Anlageverzeichnis als Betriebsvermögen ausgewiesen; Anhaltspunkte dafür, dass eine spätere Wiederverwendung zu eigenbetrieblichen Zwecken ausscheidet, sind nicht erkennbar. Die Wohnung ist danach ebenfalls kein notwendiges Privatvermögen geworden, sondern weiterhin Betriebsvermögen geblieben.
Der dem Betriebsvermögen zugeordnete Gebäudeteil im zweiten Obergeschoss hat seine Eigenart als Betriebsvermögen auch nicht dadurch verloren, dass in demselben Gebäude ein anderer Gebäudeteil (3. Obergeschoss), der ebenfalls zu fremden Wohnzwecken genutzt wird – und damit im gleichen Nutzungs- und Funktionszusammenhang steht – zum Privatvermögen des Steuerpflichtigen gehörte.

Gehört ein Grundstück nur teilweise dem Betriebsinhaber, so kann es nur insoweit Betriebsvermögen sein, als es dem Betriebsinhaber gehört; das gilt auch dann, wenn ein Grundstück Ehegatten gemeinsam gehört (H 4.2 (7) [Miteigentum] EStH).
Für die einkommensteuerrechtliche Behandlung von Grundstücken und Grundstücksteilen als Betriebsvermögen kommt es nicht darauf an, wie ein Grundstück bei der Einheitsbewertung oder Bedarfsbewertung behandelt worden ist (R 4.2 Abs. 13 EStR).

4.2 Vorsteuer- und Umsatzsteuerproblematik

4.2.1 Grundsätzliches

Soweit die Vorsteuer nach dem UStG abziehbar und abzugsfähig ist (§ 15 Abs. 1 Nr. 1, Abs. 2 und 3 UStG), gehört sie nicht zu den Anschaffungs/Herstellungskosten oder anderen Kosten (§ 9b Abs. 1 EStG). Ihre Behandlung erfolgt nach H 9b [Gewinnermittlung nach § 4 Abs. 3 EStG ...] EStH. Soweit die Vorsteuer nach den Vorschriften des UStG zwar abziehbar (Voraussetzungen nach § 15 Abs. 1 UStG erfüllt), aber nicht abzugsfähig ist (z.B. umsatzsteuerfreie Vermietung, § 15 Abs. 2 Nr. 1 UStG) gehört sie zu den Anschaffungs-/Herstellungskosten oder anderen Kosten (§ 9b Abs. 1 EStG, R 9b Abs. 1 Satz 1 EStR und → **Umsatzsteuer/Vorsteuer**). Die Aufteilung der Vorsteuerbeträge erfolgt in diesen Fällen i.d.R. nach dem Nutzflächenverhältnis (§ 15 Abs. 4 UStG).
Die mit Beschluss des BFH vom 25.5.2000 (V R 39/99, BFH/NV 2000, 1175) dem EuGH vorgelegte Frage wurde durch das EuGH-Urteil vom 8.5.2003 (C-269/00, BStBl II 2004, 378) beantwortet.

Frage:
Darf ein Mitgliedstaat die nach Art. 6 Abs. 2 Buchst. a der 6. RLEWG (Art. 26 Abs. 1 Buchst. a MwStSystRL) einer Dienstleistung gegen Entgelt gleichgestellte Verwendung einer Wohnung zu eigenen Wohnzwecken in einem insgesamt dem Unternehmen zugeordneten Betriebsgebäude als steuerfrei (gem. Art. 13 Teil B Buchst. b der 6. RLEWG, Art. 135 Abs. 1 Buchst. l MwStSystRL; aber ohne Möglichkeit, auf die Steuerbefreiung zu verzichten) behandeln mit der Folge, dass der Abzug der im Zusammenhang mit der Herstellung des Gebäudes angefallenen Mehrwertsteuer als Vorsteuer insoweit gem. Art. 17 Abs. 2 Buchst. a der 6. RLEWG (Art. 168 MwStSystRL) ausgeschlossen ist?

Antwort:
Die Regelungen der 6. RLEWG steht der deutschen Auffassung entgegen, wonach die private Verwendung eines insgesamt dem Unternehmen zugeordneten Gebäudes als eine steuerfreie Vermietung oder Verpachtung eines Grundstücks i.S.d. Art. 13 Teil B Buchst. b der 6. RLEWG (Art. 135 Abs. 1 Buchst. l MwStSystRL) behandelt wird. Dies hat zur Folge, dass der auf den privat genutzten Gebäudeteil entfallende Vorsteuerabzug nicht mehr nach § 15 Abs. 2 Satz 1 Nr. 1 i.V.m. § 4 Nr. 12 Buchst. a UStG vom Abzug ausgeschlossen ist.

Die Nachfolgeentscheidung des BFH (BFH-Urteil vom 24.7.2003 V R 39/99, BStBl II 2004, 371): Ein Unternehmer, der ein Gebäude errichtet, das er teilweise unternehmerisch und teilweise nichtunternehmerisch (zu eigenen Wohnzwecken) nutzt, darf das Gebäude insgesamt seinem Unternehmen zuordnen und die auf das gesamte Gebäude – einschließlich des nichtunternehmerisch genutzten Teils – entfallenden Vorsteuerbeträge nach Maßgabe des § 15 Abs. 1 UStG abziehen.

Die (teilweise) Verwendung des dem Unternehmen zugeordneten Gebäudes für den privaten Bedarf des Unternehmers ist keine steuerfreie Grundstücksvermietung i.S.d. § 4 Nr. 12 Satz 1 Buchst. a UStG und schließt deshalb den Vorsteuerabzug nicht gem. § 15 Abs. 2 Nr. 1 UStG aus.

Die nichtunternehmerische Verwendung des Gebäudes unterliegt als steuerpflichtige → **unentgeltliche Wertabgabe** nach § 3 Abs. 9a Nr. 1 UStG der Umsatzbesteuerung.

Für die Anwendung dieser Grundsätze ist nach § 15 Abs. 1 Satz 2 UStG eine unternehmerische Nutzung von mindestens 10 % erforderlich.

Ein Grundstück wird wie folgt genutzt:			
ausschließlich für eigengewerbliche Zwecke:	ausschließlich für fremdgewerbliche Zwecke:	ausschließlich für fremde Wohnzwecke:	ausschließlich für eigene Wohnzwecke:
Das Grundstück gehört zum notwendigen Betriebsvermögen und zum Unternehmensvermögen. Die Vorsteuerbeträge sind unter den Voraussetzungen des § 15 UStG abziehbar und abzugsfähig.	Das Grundstück ist ertragsteuerrechtlich notwendiges Privatvermögen (R 4.2 Abs. 1 EStR). Die Einnahmen führen zu Einkünften aus Vermietung und Verpachtung. Umsatzsteuerrechtlich gehört das Grundstück zum Unternehmensvermögen. Die Vermietungsumsätze sind grundsätzlich nach § 4 Nr. 12 Buchst. a UStG steuerfrei. Nach einer zulässigen Option nach § 9 UStG ist die Vorsteuer abzugsfähig.	Siehe die Ausführungen zu fremdgewerblichen Zwecken. Ein Verzicht auf die Steuerbefreiung des § 4 Nr. 12 Buchst. a UStG ist nach § 9 UStG nicht möglich.	Das Grundstück ist ertragsteuerrechtlich notwendiges Privatvermögen. Umsatzsteuerrechtlich ist das Grundstück nicht von Bedeutung.

Abbildung: Grundstücksnutzung

Ein Grundstück wird wie folgt genutzt:			
25 % für eigengewerbliche Zwecke:	25 % für fremdgewerbliche Zwecke:	25 % für fremde Wohnzwecke:	25 % für eigene Wohnzwecke:
Nach R 4.2 Abs. 3 i.V.m. Abs. 4 EStR sind Gebäudeteile, die nicht in einem einheitlichen Nutzungs- und Funktionszusammenhang mit dem Gebäude stehen, selbständige WG. Jede Nutzung ist ein selbständiger Gebäudeteil.			
25 % des Grundstücks gehören zum notwendigen Betriebsvermögen.	25 % des Grundstücks sind ertragsteuerrechtlich grundsätzlich notwendiges Privatvermögen. Die Einnahmen führen zu Einkünften aus Vermietung und Verpachtung. Unter den Voraussetzungen des R 4.2 Abs. 9 EStR und H 4.2 (9) EStH kann dieser Gebäudeteil als gewillkürtes Betriebsvermögen behandelt werden.	Siehe die Ausführungen zu fremdgewerblichen Zwecken.	Dieser Grundstücksteil darf ertragsteuerrechtlich nicht als Betriebsvermögen behandelt werden.
Der Eigentümer hat nach Abschn. 192 Abs. 21 Nr. 2 UStR folgendes Wahlrecht:			
Unternehmensvermögen	Privatvermögen Ein Verkauf des Grundstücks erfolgt in diesem Bereich nicht i.R.d. Unternehmens und ist nicht steuerbar (Abschn. 192 Abs. 21 Nr. 2 Buchst. b Satz 7 UStR).		
Unternehmensvermögen		Privatvermögen	
Die Vorsteuerbeträge sind unter den Voraussetzungen des § 15 UStG abziehbar und abzugsfähig.	Die Vermietungsumsätze sind grundsätzlich nach § 4 Nr. 12 Buchst. a UStG steuerfrei. Die Vorsteuerbeträge sind nach § 15 Abs. 2 Nr. 1 UStG nicht abzugsfähig. Nach einer zulässigen Option i.S.d. § 9 UStG ist die anteilige Vorsteuer abzugsfähig.	Die Vorsteuer ist nach § 15 Abs. 1 Nr. 1 UStG nicht abziehbar.	
Unternehmensvermögen			Privatvermögen
Unternehmensvermögen, wenn die unternehmerische Nutzung mindestens 10 % beträgt.			
Die Vermietungsumsätze sind grundsätzlich nach § 4 Nr. 12 Buchst. a UStG steuerfrei. Die Vorsteuerbeträge im Zusammenhang mit der Vermietung sind nach § 15 Abs. 1 Nr. 1 UStG abziehbar aber nach § 15 Abs. 2 Nr. 1 UStG nicht abzugsfähig. Nach einer zulässigen Option i.S.d. § 9 UStG ist die anteilige Vorsteuer abzugsfähig. Für den Grundstücksteil fremde Wohnzwecke ist ein Verzicht auf die Steuerbefreiung nach § 9 Abs. 1 UStG nicht möglich. Die Nutzung zu eigenen Wohnzwecken stellt eine nach § 3 Abs. 9a Nr. 1 UStG steuerbare und auch steuerpflichtige Wertabgabe dar, wenn das Grundstück zum vollen oder teilweisen Vorsteuerabzug berechtigt hat.			
Privatvermögen Ein Vorsteuerabzug ist insgesamt ausgeschlossen.			

Abbildung: Mischnutzung eines Grundstücks

4.2.3 Wohnung als Unternehmensvermögen

4.2.3.1 Mindestnutzung von 10 %

Für die Anwendung der oben dargestellten Grundsätze ist nach § 15 Abs. 1 Satz 2 UStG eine unternehmerische Nutzung von mindestens 10 % erforderlich. Für die Berechnung der 10 %-Grenze ist das Verhältnis der gesamten Wohn- und Nutzfläche zu der unternehmerisch

genutzten Fläche maßgebend. Die 10%-Grenze hat allerdings für folgende Zeiträume keine gemeinschaftsrechtliche Grundlage (siehe Vfg. OFD Karlsruhe vom 20.9.2006, UR 2007, 42):
- bis 4.3.2000,
- vom 1.1.2003 bis 17.5.2003 und
- vom 1.7.2004 bis 2.12.2004.

Maßgeblich für die 10%-Grenze ist der Umfang der erstmaligen Verwendung. Durch eine spätere Änderung der Nutzung, die zu einer unternehmerischen Nutzung unter 10% führt, kann der Unternehmer nicht dazu gezwungen werden, das Gebäude aus seinem Unternehmensvermögen zu entnehmen. Es ergibt sich ab der Nutzungsänderung lediglich bei der Besteuerung der unentgeltlichen Wertabgabe eine höhere Bemessungsgrundlage (Vfg. OFD Karlsruhe vom 29.4.2005, S 7300, DStR 2005, 1140).

> **Beispiel:**
> Unternehmer U baut ein Einfamilienhaus mit zwei Büroräumen. Die Wohnfläche beträgt 180 qm, die unternehmerisch genutzte Fläche 25 qm. Die Herstellungskosten von 400 000 € entfallen auf den Wohnteil mit 370 000 € und auf den unternehmerischen Teil mit 30 000 €. Nach der Wohn- und Nutzfläche beträgt der unternehmerisch genutzte Anteil 12,2%, nach dem Verhältnis der Herstellungskosten aber nur 7,5%.
>
> **Lösung:**
> Ein Gegenstand kann dem Unternehmen zugeordnet werden, wenn er zu mindestens 10% für unternehmerische Zwecke verwendet wird (§ 15 Abs. 1 Satz 2 UStG). Für die Berechnung der 10%-Grenze ist das Verhältnis der gesamten Wohn- und Nutzfläche zu der unternehmerisch genutzten Fläche maßgebend. Danach wird das Gebäude zu 12,2% für unternehmerische Zwecke verwendet und kann insgesamt dem Unternehmensvermögen zugeordnet werden.

4.2.3.2 Häusliches Arbeitszimmer

Auch ein häusliches Arbeitszimmer eines Unternehmers kommt grundsätzlich für die unternehmerische Nutzung in Betracht (→ **Arbeitszimmer**).

Die Änderung durch das Steueränderungsgesetz 2007 vom 19.7.2006 (BGBl I 2006, 1652), wonach bei einem häuslichen Arbeitszimmer der Betriebsausgaben- bzw. Werbungskostenabzug nur noch dann zu gewähren ist, wenn das Arbeitszimmer den Mittelpunkt der gesamten betrieblichen/beruflichen Nutzung bildet, ist umsatzsteuerrechtlich ohne Auswirkung. Maßgeblich für den Vorsteuerabzug aus den Aufwendungen für das häusliche Arbeitszimmer ist allein, dass die Voraussetzungen des § 15 Abs. 1 Nr. 1 UStG vorliegen.

> **Beispiel:**
> D ist als Beamter Dozent einer Fachhochschule und lehrt dort das Steuerrecht. Weiterhin hat D einen USt-Kommentar veröffentlicht, der ständig ergänzt wird. Am 1.7.14 bezieht D sein Einfamilienhaus, das er für 230 000 € zzgl. 43 700 € USt herstellen ließ. In diesem Haus nutzt D einen Raum (20% der Fläche) als häusliches Arbeitszimmer, welches ausschließlich für die schriftstellerische Tätigkeit genutzt wird.

Lösung:
D ist neben seiner unselbständigen Tätigkeit als Beamter auch Unternehmer, weil er sich gegen entgeltliche Ausgangsleistungen als Schriftsteller betätigt. Nach den Grundsätzen des EuGH-Urteils »Seeling« kann er das gemischt genutzte Grundstück auch insgesamt seinem Unternehmen zuordnen. In diesem Fall dient das Grundstück zu 100 % für besteuerte Umsätze, nämlich das Arbeitszimmer für steuerpflichtige schriftstellerische Umsätze und die Wohnräume für die steuerpflichtige unentgeltliche Wertabgabe i.S.d. § 3 Abs. 9a Nr. 1 UStG. D kann somit die gesamten Vorsteuerbeträge aus der Herstellung i.H.v. 43 700 € abziehen.

4.2.3.3 Steuerbare und steuerpflichtige Verwendung

Zur Verwendung eines dem Unternehmen zugeordneten Grundstücks als unentgeltliche Wertabgabe nimmt das BMF-Schreiben vom 13.4.2004 (BStBl I 2004, 469) Stellung. Das BMF macht dabei deutlich, dass die Verwendung eines dem Unternehmen zugeordneten Grundstücks/Gebäudes (z.B. die Benutzung von Räumen in einem dem Unternehmen zugeordneten Gebäude) für Zwecke außerhalb des Unternehmens als unentgeltliche Wertabgabe (§ 3 Abs. 9a Nr. 1 UStG) steuerbar oder nicht steuerbar sein kann. Gem. § 3 Abs. 9a Nr. 1 UStG ist die Verwendung eines dem Unternehmen zugeordneten Gegenstandes i.S.d. Vorschrift nur steuerbar, wenn der Gegenstand zum vollen oder teilweisen Vorsteuerabzug berechtigt hat. Bei der Prüfung der Frage, ob diese Voraussetzung vorliegt, ist ausschließlich die unternehmerische Nutzung des Gegenstandes maßgeblich (Abschn. 24c Abs. 7 UStR und dort die Beispiele 1 bis 5).

Beispiel:
A ist neben seiner nichtselbständigen Tätigkeit im Nebenberuf selbständiger Versicherungsvertreter. Er baut sich ein Haus für 200 000 € zzgl. 38 000 € USt von vornherein mit der Absicht, es auch für seine Nebentätigkeit zu verwenden. Das Haus wird dann nach Fertigstellung entsprechend der Absicht zu 15 % für die selbständige unternehmerische, aber steuerfreie Tätigkeit als Versicherungsvertreter verwendet.

Lösung:
Nach der Auffassung des BMF im Schreiben vom 13.4.2004 (BStBl I 2004, 469) steht A hinsichtlich des Hauses kein Vorsteuerabzug zu (§ 15 Abs. 2 Satz 1 Nr. 1 UStG). Die private Nutzung ist daher keine steuerbare unentgeltliche Wertabgabe i.S.d. § 3 Abs. 9a Nr. 1 UStG, da das dem Unternehmen zugeordnete Gebäude hinsichtlich des unternehmerisch genutzten Gebäudeteils nicht zum Vorsteuerabzug berechtigt hat.

4.2.4 Bemessungsgrundlage – Ausgaben des Unternehmers

Zur Ermittlung der Bemessungsgrundlage bei sonstigen Leistungen i.S.d. § 3 Abs. 9a Nr. 1 und 2 UStG nimmt das BMF-Schreiben vom 13.4.2004 (BStBl I 2004, 468) Stellung. Nach § 10 Abs. 4 Satz 1 Nr. 2 UStG wird der Umsatz bei sonstigen Leistungen i.S.d. § 3 Abs. 9a Nr. 1 UStG nach den bei der Ausführung dieser Umsätze entstandenen Ausgaben, soweit sie zum vollen oder teilweisen Vorsteuerabzug berechtigt haben, bemessen. Darunter sind die Ausgaben des Unternehmers für die Erbringung der sonstigen Leistung zu verstehen (Art. 11

Teil A Abs. 1 Buchst. c der 6. RLEWG; Art. 75 MwStSystRL). Zu den zu berücksichtigenden Ausgaben gehören z.B. Aufwendungen des Unternehmens für den laufenden Betrieb oder Unterhalt des dem Unternehmen zugeordneten Gegenstandes, aber auch Anschaffungs- oder Herstellungskosten. **Anschaffungs- oder Herstellungskosten** eines Gegenstandes sind dabei **abweichend** von den **ertragsteuerlichen Grundsätzen** gleichmäßig auf den nach **§ 15a UStG** für diesen Gegenstand jeweils maßgeblichen **Berichtigungszeitraum zu verteilen** (Neutralitätsgrundsatz). Nach Ablauf des jeweils nach § 15a UStG maßgeblichen Berichtigungszeitraums sind die auf den Gegenstand entfallenden Kosten vollständig in die Bemessungsgrundlage eingeflossen und in den Folgejahren nicht mehr als Bemessungsgrundlage zu berücksichtigen (Abschn. 155 Abs. 2 UStR). Durch das EURLUmsG vom 9.12.2004 (BGBl I 2004, 3310) wurde die Regelung in das Gesetz aufgenommen (§ 10 Abs. 4 Nr. 2 UStG).

Das FG München hat mit Beschluss vom 1.2.2005 (14 K 2944/04, DStR 2005, 420) dem EuGH die Frage vorgelegt, ob die umsatzsteuerrechtliche Verteilung der Gebäudeherstellungskosten auf zehn Jahre mit der 6. RLEWG vereinbar ist. Mit Urteil vom 14.9.2006 (C-72/05, BStBl II 2007, 32) hat der EuGH entschieden, dass die ab 1.7.2004 geltende Fassung des § 10 Abs. 4 Nr. 2 UStG mit der 6. RLEWG (MwStSystRL) vereinbar ist. Die Verteilung der Anschaffungs- oder Herstellungskosten auf den Berichtigungszeitraum des § 15a UStG steht der 6. RLEWG (MwStSystRL) nicht entgegen.

Mit Urteil vom 19.4.2007 (V R 56/04, BStBl II 2007, 676) hat der BFH zur rückwirkenden Anwendung zur Ermittlung der Bemessungsgrundlage der unentgeltlichen Wertabgabe bei gemischt genutzten Grundstücken vor dem 1.7.2004 entschieden, dass es dafür keine Rechtsgrundlage gibt. Die Neuregelung der Bemessungsgrundlage in § 10 Abs. 4 Satz 1 Nr. 2 UStG durch das EURLUmsG vom 9.12.2004 (BGBl I 2004, 3310) gilt mit Wirkung vom 1.7.2004. Soweit das zuvor erlassene BMF-Schreiben vom 13.4.2004 (BStBl I 2004, 468) als »Interpretation« des bisherigen Kostenbegriffs in § 10 Abs. 4 Satz 1 Nr. 2 UStG 1999 a.F. Rückwirkung auf davor liegende »offene« Besteuerungszeiträume beilegt, gibt es dafür keine Rechtsgrundlage. Nach dem BMF-Schreiben vom 10.8.2007 (BStBl I 2007, 690) ist in den Fällen, in denen ein Unternehmer für einen Zeitraum vor dem 1.7.2004 ein Gebäude seinem Unternehmen zugeordnet und auch für den nichtunternehmerisch verwendeten Teil des Gebäudes den Vorsteuerabzug geltend gemacht hat, zur Ermittlung der Bemessungsgrundlage für die nach § 3 Abs. 9a Nr. 1 UStG zu versteuernde unentgeltliche Wertabgabe § 10 Abs. 4 Satz 1 Nr. 2 UStG in der bis einschließlich 30.6.2004 geltenden Fassung anzuwenden. Bei der Kostenermittlung ist grundsätzlich von den bei der ESt zugrunde gelegten Kosten auszugehen. Siehe dazu auch die Anmerkung von Küffner u.a. zum BMF-Schreiben vom 10.8.2007 (DStR 2007, 1483). Bisher nicht geklärt ist die verfassungsrechtliche Problematik der rückwirkenden Änderung durch das EURLUmsG vom 9.12.2004 auf den 1.4.2004. Nach der Anweisung der OFD Koblenz mit Vfg. vom 14.5.2008 (S 7206 A – St 44 4, LEXinform 5231524) ist aufgrund des BFH-Urteils vom 19.4.2007 (V R 56/04, BStBl II 2007, 676) und des hierzu ergangenen BMF-Schreibens vom 10.8.2007 (BStBl I 2007, 690) die Sachlage zum zeitlichen Anwendungsbereich der Regelung des § 10 Abs. 4 Satz 1 Nr. 2 UStG hinreichend geklärt. Die OFD bittet, entsprechende Anträge auf Ruhen des Verfahrens zurückzuweisen und über Einsprüche oder eventuelle Änderungsanträge abschließend zu entscheiden.

Beispiel:
Steuerberater S hat am 15.7.13 ein Gebäude steuerpflichtig für 720 000 € zzgl. 19 % USt (Gebäudeanteil 600 000 €) erworben. Er nutzt das Gebäude im Erdgeschoss als Steuerberater (70 % der Fläche) und wohnt mit seiner Familie im Obergeschoss. Die Netto-Aufwendungen für die Nutzung des Grundstücks betragen – einschließlich AfA – 30 000 €; darin enthalten sind Kreditzinsen i.H.v. 10 000 €; Grundsteuer i.H.v. 1 500 € und Versicherungen i.H.v. 500 €.

Lösung:
Nach R 192 Abs. 21 Nr. 2 UStR kann S das gesamte Grundstück seinem Unternehmen zuordnen. Sämtliche Eingangsleistungen sind somit für das Unternehmen bezogen, so dass die Vorsteuer nach § 15 Abs. 1 Nr. 1 UStG abziehbar ist. Die Höhe der abzugsfähigen Vorsteuer richtet sich nach den getätigten Ausgangsumsätzen. S nutzt das Grundstück zur Ausführung steuerpflichtiger Steuerberatungsleistungen und zur Ausführung steuerpflichtiger Wohnungsumsätze. Die Vorsteuer aus den Eingangsleistungen ist somit zu 100 % abzugsfähig.
Die Nutzung der Räume zu eigenen Wohnzwecken im Obergeschoss ist eine steuerpflichtige unentgeltliche Wertabgabe i.S.d. § 3 Abs. 9a Nr. 1 UStG; § 4 Nr. 12 UStG ist nicht entsprechend anwendbar. Als Bemessungsgrundlage sind die bei der Ausführung des Umsatzes entstandenen Ausgaben anzusetzen, soweit sie zum vollen oder teilweisen Vorsteuerabzug berechtigt haben (§ 10 Abs. 4 Nr. 2 UStG). Die Gesamtausgaben für die Nutzung des gesamten Grundstücks i.H.v. 30 000 € sind um 12 000 € – für die keine USt angefallen war – zu kürzen. Danach verbleiben mit Vorsteuern belastete Ausgaben i.H.v. 18 000 €.
In den oben berechneten mit Vorsteuern belasteten Ausgaben i.H.v. 18 000 € ist die ertragsteuerrechtliche AfA i.S.d. § 7 Abs. 4 Nr. 1 EStG noch enthalten. Die AfA beträgt 3 % von 420 000 € (70 % von 600 000 €) = 12 600 €. Bei einer Anschaffung am 15.7.13 beträgt die zeitanteilige AfA im Kj. 13: 12 600 € : 12 Monate × 6 Monate = 6 300 €. Danach verbleiben mit Vorsteuern belastete Ausgaben – ohne AfA – i.H.v. 11 700 €.
Die Anschaffungs- oder Herstellungskosten des Gebäudes i.H.v. 720 000 € sind abweichend von den ertragsteuerrechtlichen Grundsätzen gleichmäßig auf den nach § 15a UStG für das Gebäude maßgeblichen zehnjährigen Berichtigungszeitraum (§ 15a Abs. 1 Satz 2 UStG) zu verteilen.
Zu den Ausgaben gehören die auf zehn Jahre zu verteilenden Anschaffungskosten i.H.v. jährlich 72 000 €. Da die Anschaffungskosten analog zum Berichtigungszeitraum i.S.d. § 15a UStG zu verteilen sind, beginnt der Verteilungszeitraum am 15.7.13 und endet mit Ablauf des 14.7.23. Nach der Vereinfachungsregelung des § 45 UStDV bleibt der Juli des Kj. 23 für die Berichtigung unberücksichtigt. Der Verteilungszeitraum beginnt somit am 1.7.13 und endet mit Ablauf des 30.6.23. Von den anteiligen jährlichen Anschaffungskosten entfallen 36 000 € auf das Kj. 13.
Auf die unentgeltliche Wertabgabe entfallen somit 30 % von 47 700 € = 14 310 € (§ 10 Abs. 4 Satz 1 Nr. 2 UStG). Die USt darauf beträgt 19 % = 2 718,90 €.

4.2.5 Veräußerung des Grundstücks im Unternehmensvermögen

Nach einer Zuordnung des gesamten gemischt genutzten Grundstücks zum Unternehmensvermögen stellt nicht nur die private Nutzung eine steuerpflichtige unentgeltliche Wertabgabe dar, auch eine spätere Veräußerung führt zu einer steuerbaren Lieferung des gesamten Grundstücks, die normalerweise nach § 4 Nr. 9 Buchst. a UStG steuerfrei ist. Der Unternehmer kann aber unter den Voraussetzungen des § 9 Abs. 1 UStG auf die Steuerbefreiung verzichten. Der Unternehmer hat sogar die Möglichkeit, den Verzicht auf einen abgrenzbaren Teil des Grundstücks zu beschränken (BFH-Urteil vom 26.6.1996 XI R 43/90, BStBl II 1997, 98). Die steuerfreie Veräußerung des dem Unternehmen zugeordneten Grundstücks innerhalb des Berichtigungszeitraums von zehn Jahren verpflichtet zur Vorsteuerberichtigung nach § 15a UStG.

4.2.6 Entnahme des Grundstücks aus dem Unternehmensvermögen als steuerpflichtige Wertabgabe

Nach der Zuordnung des gesamten gemischt genutzten Grundstücks zum Unternehmensvermögen hat der Unternehmer auch die Möglichkeit, entweder das gesamte Grundstück oder auch lediglich den privat genutzten Teil wieder aus dem Unternehmensvermögen zu »entnehmen«. Diese Entnahme wird gem. § 3 Abs. 1b Nr. 1 UStG einer Lieferung gegen Entgelt gleichgestellt und ist nach § 4 Nr. 9 Buchst. a UStG steuerbefreit (BMF-Schreiben vom 22.9.2008, BStBl I 2008, 895).

4.2.7 Nachträgliche Nutzungsänderung

4.2.7.1 Von der eigengewerblichen Nutzung zu eigenen Wohnzwecken

Wird ein Grundstück mit der Anschaffung oder Fertigstellung zunächst ausschließlich eigengewerblich bzw. -beruflich (Abzugsumsätze zu 100 %) und erst in einem späteren Jahr auch zu eigenen Wohnzwecken genutzt, stellt die spätere Benutzung zu eigenen Wohnzwecken weiterhin eine steuerpflichtige Leistung i.S.d. § 3 Abs. 9a Nr. 1 UStG dar. Mangels Verwendungsänderung scheidet daher eine Vorsteuerberichtigung aus.

> **Beispiel:**
> U hat ein Zweifamilienhaus, das er im Jahr 01 zu 50 % für eigene unternehmerische und zum Vorsteuerabzug berechtigte Zwecke (Büroräume) nutzt und zu 50 % steuerfrei vermietet, insgesamt seinem Unternehmen zugeordnet. Ab dem Jahr 04 nutzt er die Büroräume ausschließlich für eigene Wohnzwecke.
>
> **Lösung:**
> U steht ab dem Jahr 01 hinsichtlich der Büroräume der Vorsteuerabzug zu; für den steuerfrei vermieteten Gebäudeteil ist der Vorsteuerabzug hingegen ausgeschlossen. Ab dem Jahr 04 unterliegt die Nutzung der Büroräume zu eigenen Wohnzwecken des U als steuerbare unentgeltliche Wertabgabe i.S.d. § 3 Abs. 9a Nr. 1 UStG der USt, da das dem Unternehmen zugeordnete Gebäude insoweit zum Vorsteuerabzug berechtigt hat. Es liegt keine Änderung der Verhältnisse i.S.d. § 15a UStG vor.

4.2.7.2 Von der eigengewerblichen Nutzung zu Vermietungszwecken

Wird ein Grundstück mit der Anschaffung oder Fertigstellung zunächst ausschließlich eigengewerblich bzw. -beruflich (Abzugsumsätze zu 100 %) und erst in einem späteren Jahr auch zu vermieteten Wohnzwecken genutzt, treten nach der Verwaltungsauffassung in Abschn. 215 Abs. 7 Nr. 1 Buchst. b und c UStR Änderungen der Verhältnisse ein, die innerhalb des Berichtigungszeitraums zu einer Vorsteuerberichtigung des § 15a UStG führen. Zu beachten ist weiterhin, dass nach § 10 Abs. 5 Nr. 1 UStG eventuell die Mindestbemessungsgrundlage in Betracht kommt.

Beispiel:
Steuerberater S verwendet ein für 600 000 € zzgl. 114 000 € erworbenes Grundstück ausschließlich zur Ausführung seiner steuerpflichtigen Ausgangsumsätze. Der Erwerb fand am 15.7.13 statt. Der gesamte Vorsteuerbetrag wird im Kj. 13 abgezogen. Ab 1.1.17 bewohnt die Tochter die Räume im Obergeschoss (30 % der Fläche) und zahlt eine monatliche Miete i.H.v. 100 €; angemessen wären 1 200 €. Die auf die Wohnräume entfallenden Nettokosten betragen monatlich 200 €.

Lösung:
Ab 1.1.17 tätigt S einen steuerfreien Vermietungsumsatz nach § 3 Abs. 9 i.V.m. § 4 Nr. 12 Buchst. a UStG. Ein Verzicht auf die Steuerbefreiung ist nicht möglich. Das monatliche Entgelt beträgt nach § 10 Abs. 1 Satz 1 und 2 UStG 100 €. Nach § 10 Abs. 4 Nr. 2 UStG wären die entstandenen Ausgaben i.H.v. 200 € anzusetzen. Da die Bemessungsgrundlage nach § 10 Abs. 4 das Entgelt nach § 10 Abs. 1 UStG übersteigt, sind nach § 10 Abs. 5 Nr. 1 UStG die Ausgaben i.S.d. § 10 Abs. 4 Nr. 2 UStG als Mindestbemessungsgrundlage anzusetzen. Die angemessene Miete i.H.v. 1 200 € darf nicht angesetzt werden.
Ab 1.1.17 wird das Grundstück sowohl zur Ausführung von Abzugs- als auch zur Ausführung von Ausschlussumsätzen verwendet. Dadurch haben sich die für den ursprünglichen Vorsteuerabzug maßgebenden Verhältnisse (100 % Abzugsumsätze) innerhalb des Berichtigungszeitraums von zehn Jahren geändert.

4.2.8 Vorsteueraufteilung bei gemischt genutzten Gebäuden nach § 15 Abs. 4 UStG

4.2.8.1 Grundsätzliches zur Vorsteueraufteilung
Bei Errichtung von Gebäuden ist die Vorsteueraufteilung nach § 15 Abs. 4 UStG vorzunehmen. Mit BMF-Schreiben vom 30.9.2008 (BStBl I 2008, 896) gibt die Verwaltung ihren Widerstand gegen die Anwendung der BFH-Rechtsprechung vom 28.9.2006 (V R 43/03, BStBl II 2007, 417) und vom 22.11.2007 (V R 43/06, BStBl II 2008, 770) auf. Die Finanzverwaltung wollte bisher bei den Anschaffungs- oder Herstellungskosten jede einzelne Aufwendung zunächst konkret den Abzugs- bzw. Ausschlussumsätzen zuordnen. Nur die Aufwendungen, die nicht konkret zuzuordnen waren, sollten nach § 15 Abs. 4 UStG nach einem bestimmten Schlüssel in einen abzugsfähigen und einen nicht abzugsfähigen Teil aufgeteilt werden.

Der BFH hat dagegen in seinen Urteilen vom 28.9.2006 (V R 43/03, BStBl II 2007, 417) und vom 22.11.2007 (V R 43/06, BStBl II 2008, 770) die Anschaffungs- oder Herstellungskosten nicht konkret bestimmten Gebäudeteilen zugeordnet, sondern sämtliche Anschaffungs- oder Herstellungskosten nach einem einheitlichen Aufteilungsmaßstab aufgeteilt.

4.2.8.2 Unterscheidung in Anschaffungs-/Herstellungskosten sowie Erhaltungsaufwendungen

4.2.8.2.1 Prüfungsreihenfolge für die Aufteilung
Nach dem BMF-Schreiben vom 30.9.2008 (BStBl I 2008, 896) ist für die Anwendung des § 15 Abs. 4 UStG folgende Prüfungsreihenfolge vorzunehmen:
1. Die auf die gesamten Anschaffungs- oder Herstellungskosten des Gebäudes entfallenden Vorsteuerbeträge sind nach § 15 Abs. 4 UStG aufzuteilen. Für die Zurechnung dieser Vorsteuerbeträge ist die »prozentuale« Aufteilung der Verwendung des gesamten Gebäudes zu vorsteuerunschädlichen bzw. vorsteuerschädlichen Umsätzen maßgebend (vgl. BFH-Urteil vom 28.9.2006 V R 43/03, BStBl II 2007, 417). Daraus folgt regelmäßig eine Ermittlung der nicht abziehbaren Vorsteuerbeträge nach § 15 Abs. 4 UStG im Wege einer sachgerechten Schätzung. Als sachgerechter Aufteilungsmaßstab kommt bei Gebäuden i.d.R. die Aufteilung nach dem Verhältnis der Nutzflächen in Betracht. Die Ermittlung des nicht abziehbaren Teils der Vorsteuerbeträge nach dem Verhältnis der vorsteuerschädlichen Umsätze zu den vorsteuerunschädlichen Umsätzen (Umsatzschlüssel) ist dabei nach § 15 Abs. 4 Satz 3 UStG nur zulässig, wenn keine andere wirtschaftliche Zurechnung möglich ist. Eine Zurechnung der Aufwendungen zu bestimmten Gebäudeteilen nach einer räumlichen (sog. geografischen) oder zeitlichen Anbindung oder nach einem Investitionsschlüssel (vgl. BFH-Urteil vom 18.11.2004 V R 16/03, BStBl II 2005, 503) ist nicht zulässig.
2. Entsprechend ist bei nachträglichen Anschaffungs- oder Herstellungskosten zu verfahren. Maßgeblich für die Vorsteueraufteilung ist in diesem Fall die beabsichtigte Verwendung des Gegenstands, der durch die nachträglichen Anschaffungs- oder Herstellungskosten entstanden ist. Abgrenzbare Gebäudeteile sind dabei gesondert zu beurteilen.
3. Handelt es sich bei den bezogenen Leistungen um Aufwendungen, die ertragsteuerrechtlich als Erhaltungsaufwand anzusehen sind, oder um solche, die mit dem Gebrauch oder der Nutzung des Gebäudes zusammenhängen, ist vorrangig zu prüfen, ob die bezogenen Leistungen vorsteuerunschädlich oder vorsteuerschädlich verwendeten Gebäudeteilen zugeordnet werden können.
4. Ist eine direkte Zurechnung des Erhaltungsaufwands oder der Aufwendungen im Zusammenhang mit dem Gebrauch zu bestimmten Gebäudeteilen nicht möglich, ist die Aufteilung der Vorsteuerbeträge nach § 15 Abs. 4 UStG vorzunehmen.

4.2.8.2.2 Bestimmung der Anschaffungskosten
Der Begriff der Anschaffungskosten ist nach den für das Einkommensteuerrecht geltenden Grundsätzen auszulegen. Danach sind die Grundsätze des BMF-Schreibens vom 18.7.2003 (BStBl I 2003, 386) zu beachten.

Die Anschaffungskosten sind in § 255 Abs. 1 HGB wie folgt definiert: »Anschaffungskosten eines Gebäudes sind die Aufwendungen, die geleistet werden, um das Gebäude zu erwerben und es in einen betriebsbereiten Zustand zu versetzen, soweit sie dem Gebäude einzeln zugeordnet werden können, ferner die Nebenkosten und die nachträglichen Anschaffungskosten.«

Ein Gebäude ist betriebsbereit, wenn es entsprechend seiner Zweckbestimmung genutzt werden kann. Die nachfolgende Übersicht fasst die Rz. 1 bis 16 des BMF-Schreibens vom 18.7.2003 (BStBl I 2003, 386) zusammen.

Grundstücke

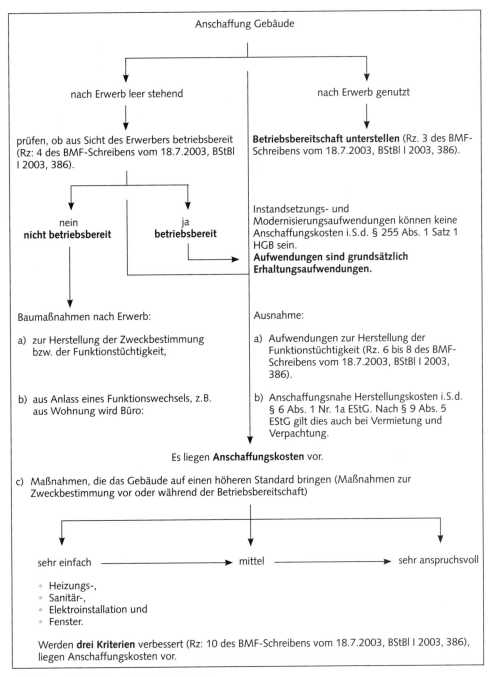

Abbildung: Anschaffungskosten bei Gebäuden

4.2.8.2.3 Bestimmung der Herstellungskosten

4.2.8.2.3.1 Die Herstellungskosten im Überblick

Herstellungskosten eines Gebäudes sind nach § 255 Abs. 2 Satz 1 HGB Aufwendungen für die Herstellung eines Gebäudes sowie Aufwendungen, die für die Erweiterung oder für die über den ursprünglichen Zustand hinausgehende wesentliche Verbesserung eines Gebäudes entstehen. Die Herstellungskosten sind in den Rz. 17 bis 32 des BMF-Schreibens vom 18.7.2003 (BStBl I 2003, 386) definiert.

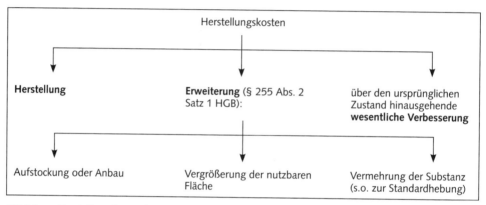

Abbildung: Herstellungskosten bei Gebäuden

Beispiel:
U errichtet ein Wohn- und Geschäftshaus. Er beabsichtigt, die Fläche des Hauses zu jeweils 50 % vorsteuerunschädlich bzw. vorsteuerschädlich zu vermieten. Die Herstellungskosten des Gebäudes betragen 400 000 € zzgl. 19 % USt = 76 000 €. Aus der Erstellung des Fußbodenbelags im vorsteuerunschädlich verwendeten Gebäudeteil entstehen U zusätzlich Aufwendungen von 100 000 € zzgl. 19 000 € USt.

Lösung:
Umsatzsteuerrechtlich
Es handelt sich insgesamt um Aufwendungen für die (Neu-)Herstellung des Gebäudes. Die auf die gesamten Anschaffungs- oder Herstellungskosten des Gebäudes entfallenden Vorsteuerbeträge i.H.v. insgesamt 95 000 € sind nach § 15 Abs. 4 UStG aufzuteilen. Für die Zurechnung dieser Vorsteuerbeträge ist die »prozentuale« Aufteilung der Verwendung des gesamten Gebäudes zu vorsteuerunschädlichen bzw. vorsteuerschädlichen Umsätzen maßgebend (vgl. BFH-Urteil vom 28.9.2006 V R 43/03, BStBl II 2007, 417). Daraus folgt regelmäßig eine Ermittlung der nicht abziehbaren Vorsteuerbeträge nach § 15 Abs. 4 UStG im Wege einer sachgerechten Schätzung. Als sachgerechter Aufteilungsmaßstab kommt bei Gebäuden i.d.R. die Aufteilung nach dem Verhältnis der Nutzflächen in Betracht. U ist unter den weiteren Voraussetzungen des § 15 UStG berechtigt, den Vorsteuerabzug aus den Aufwendungen (auch für den Fußbodenbelag) zu 50 % (= 47 500 €) geltend zu machen.

Hinweis:
Mit Urteil vom 13.8.2008 (XI R 53/07, BFH/NV 2009, 228) bestätigt der BFH seine Rechtsprechung hinsichtlich der Vorsteueraufteilung bei Gebäuden. Wird ein **Gebäude** angeschafft oder hergestellt, welches »**gemischt**« für steuerfreie und steuerpflichtige Umsätze **verwendet** werden soll, kann für den **Umfang** der abziehbaren **Vorsteuerbeträge nicht** darauf abgestellt werden, welche **Aufwendungen** in **bestimmte Teile** des Gebäudes (z.B. Wohnungsteil oder Gewerbeteil) eingehen. Für die Zurechnung der Vorsteuerbeträge ist die »**prozentuale**« **Verwendung** des gesamten Gebäudes zu steuerfreien und steuerpflichtigen Umsätzen maßgeblich. Daraus folgt regelmäßig eine Ermittlung der nicht abziehbaren Vorsteuerbeträge im Wege einer sachgerechten Schätzung. Ein sachgerechter **Aufteilungsmaßstab** kann **auch** der **Umsatzschlüssel** sein. Wird bei der Errichtung eines gemischt genutzten Gebäudes u.a. ein Fahrstuhl eingebaut, der ausschließlich von den Mietern der steuerfrei vermieteten Privatwohnungen genutzt wird, sind die Vorsteuerbeträge nicht nach dem Verhältnis der tatsächlichen Nutzflächen, sondern nach dem zwischen den Beteiligten übereinstimmend gewählten Umsatzschlüssel aufzuteilen.

Ertragsteuerrechtlich
Nach § 9b Abs. 1 EStG stellt die nicht abzugsfähige Vorsteuer Anschaffungskosten/Herstellungskosten dar. Die Herstellungskosten betragen insgesamt 400 000 € zzgl. 47 500 € nicht abzugsfähige Vorsteuer. Ertragsteuerrechtlich erfolgt die Zuordnung der Vorsteuer m.E. weiterhin zu dem Gebäudeteil, welches wirtschaftlich die Nichtabzugsfähigkeit bzw. Abzugsfähigkeit verursacht hat.

Herstellungskosten vorsteuerunschädlicher Teil:
50 % von 400 000 € =	200 000 €
100 % der Herstellungskosten des Fußbodenbelags	100 000 €
50 % der nicht abzugsfähigen Vorsteuer bezgl. des Fußbodenbelags	9 500 €
Herstellungskosten vorsteuerunschädlicher Teil	309 500 €

Herstellungskosten vorsteuerschädlicher Teil:
50 % von 400 000 € =	200 000 €
50 % der Vorsteuer auf die allgemeinen Herstellungskosten	38 000 €
Herstellungskosten vorsteuerschädlicher Teil	**238 000 €**

Nach der Verwaltungsauffassung im BMF-Schreiben vom 30.9.2008 (BStBl I 2008, 896) sind die Begriffe der Anschaffungs- oder Herstellungskosten, der nachträglichen Anschaffungs- oder Herstellungskosten und der Erhaltungsaufwendungen nach den für das Einkommensteuerrecht geltenden Grundsätzen (siehe BMF-Schreiben vom 18.7.2003, BStBl I 2003, 386) auszulegen. Dies gilt jedoch nicht, soweit § 6 Abs. 1 Nr. 1a EStG Erhaltungsaufwendungen zu Herstellungskosten umqualifiziert (anschaffungsnahe Herstellungskosten).

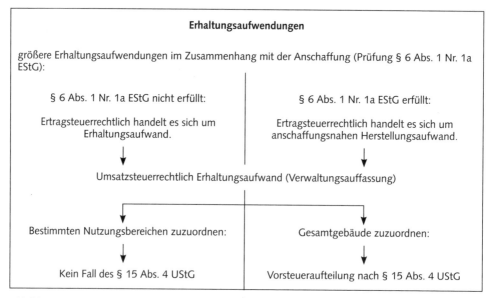

Abbildung: Vorsteuerabzug bei Erhaltungsaufwendungen

Beispiel:

U besitzt ein Wohn- und Geschäftshaus, dessen Fläche er zu jeweils 50 % vorsteuerunschädlich bzw. vorsteuerschädlich vermietet hat. In den vorsteuerunschädlich vermieteten Räumen lässt U durch den Maler M sämtliche Wände neu anstreichen.

Lösung:

U ist aus den Aufwendungen zum Anstrich der Wände unter den weiteren Voraussetzungen des § 15 UStG in vollem Umfang zum Vorsteuerabzug berechtigt.

Beispiel:

U lässt an seinem Wohn- und Geschäftshaus, dessen Fläche er zu jeweils 50 % vorsteuerunschädlich bzw. vorsteuerschädlich vermietet, die Fassade neu anstreichen.

Lösung:

Der Fassadenanstrich kann keinem zur Erzielung von vorsteuerunschädlichen bzw. vorsteuerschädlichen Ausgangsumsätzen verwendeten Gebäudeteil zugeordnet werden. U kann daher unter den weiteren Voraussetzungen des § 15 UStG zu 50 % aus den Aufwendungen den Vorsteuerabzug vornehmen.

Beispiel: Gebäude-Mischnutzung

Der selbständige Augenarzt A erwirbt im Kj. 05 einen Bauplatz (umsatzsteuerfrei) für 200 000 €. Darauf lässt er von einer Baufirma ein mehrgeschossiges Gebäude bauen, das ab Fertigstellung wie folgt genutzt wird:

3. Obergeschoss eigene Wohnung	100 m²
2. Obergeschoss an Grundstücksmakler (Büro) umsatzsteuerfrei vermietet	100 m²
1. Obergeschoss an andere Familie vermietet	100 m²
Erdgeschoss eigene Augenarztpraxis	100 m²

Sonstige Angaben zu dem Grundstück:
Bauantrag gestellt im Kalenderjahr 05
Fertigstellung im November 08:   Herstellungskosten   1 000 000 €
                                      Umsatzsteuer   190 000 €

Laufende Kosten 08:   Schuldzinsen   9 000 €
                                      Dachreparatur (Blitzeinschlag) 12 000 €
                                      Umsatzsteuer   2 280 €
                                      Neue Fensterscheibe (1. OG)   2 000 €
                                      Umsatzsteuer   380 €

Mieteinnahmen 08:   1. Obergeschoss   2 000 €
                                      2. Obergeschoss   3 000 €

Der Gewinn aus der Augenarztpraxis beträgt nach § 4 Abs. 3 EStG im Kj. 08 130 000 €. Die Kosten bzgl. des bebauten Grundstücks (alle in 08 gezahlt) wurden aber noch nicht berücksichtigt. Das Gebäude einschließlich Grund und Boden hat A in vollem Umfang seinem Unternehmen zugeordnet (vgl. Abschn. 192 Abs. 21 UStR → **Anlageverzeichnis**).

Lösung:
Jeder unterschiedlich genutzte Gebäudeteil ist ein selbständiges Wirtschaftsgut (selbständiger Gebäudeteil) und separat auf seine steuerliche Auswirkung hin zu überprüfen. Der Grund und Boden teilt das Schicksal des Gebäudeteils; d.h. auch der anteilige Grund und Boden ist separat auf seine steuerliche Auswirkung hin zu überprüfen.
Der gesamte Vorsteuerbetrag ist abziehbar (§ 15 Abs. 1 Nr. 1 UStG) aber für das EG sowie das 1. und 2. OG nicht abzugsfähig (§ 15 Abs. 2 Nr. 1 UStG), da die jeweiligen Gebäudeteile für umsatzsteuerfreie Ausschlussumsätze verwendet werden:
EG   steuerfreie Umsätze nach § 4 Nr. 14 UStG,
1. und 2. OG   steuerfreie Vermietung nach § 4 Nr. 12 Buchst. a UStG

Die Vorsteuer i.H.v. 190 000 € ist zu 75 % (= 142 500 €) nicht abzugsfähig und gehört nach § 9b Abs. 1 EStG zu den Herstellungskosten.
Die nichtunternehmerische Verwendung des Gebäudes im 3. OG unterliegt als nicht steuerbare unentgeltliche Wertabgabe nicht der Umsatzbesteuerung. Die Nutzung ist nur steuerbar, wenn die unternehmerische Nutzung anderer Räume zum vollen oder teilweisen Vorsteuerabzug berechtigt hat (Abschn. 24c Abs. 7 Satz 2 UStR).

3. Obergeschoss
Dieser Gebäudeteil und der anteilige Grund und Boden stellen notwendiges Privatvermögen dar. Es fallen auch keine Einkünfte an. Alle Kosten sind insoweit Kosten der Lebensführung nach § 12 Nr. 1 EStG.

Die Vorsteuer auf die Dachreparatur i.H.v.		2 280 €
entfällt auf die jeweiligen Geschosse i.H.v. 2 280 € : 4 =		570 €

Für das 3. OG (eigen genutzte Wohnung) ist die Vorsteuer nicht abzugsfähig. Ertragsteuerrechtlich stellt die nicht abzugsfähige Vorsteuer bei Zahlung der Rechnung eine Ausgabe (Werbungskosten) dar.

Die Vorsteuer auf die Herstellungskosten i.H.v.	190 000 €

entfällt zu 25 % = 47 500 € auf das 3. OG. Diese Vorsteuer ist nicht abzugsfähig und gehört nach § 9b Abs. 1 EStG zu den Herstellungskosten.

1. und 2. Obergeschoss
Auch dieser Gebäudeteil und der anteilige Grund und Boden gehören zum notwendigen Privatvermögen. Durch die Vermietung erzielt A Einkünfte aus Vermietung und Verpachtung gem. § 21 Abs. 1 Nr. 1 EStG. Die Ermittlung der Einkünfte erfolgt gem. § 2 Abs. 2 Nr. 2 EStG.

Voll abzugsfähige Werbungskosten § 11 Abs. 2 EStG

Kosten, die das gesamte Gebäude betreffen:

Schuldzinsen (§ 9 Abs. 1 Satz 3 Nr. 1 EStG)	9 000 €	
(siehe aber → **Schuldzinsen**)		
Auf die jeweiligen Geschosse entfallen 9 000 € : 4 =	2 250 €	
Als Werbungskosten abzugsfähig sind die anteiligen Aufwendungen für das 1. und 2. OG; somit		./. 4 500 €
Dachreparatur (Netto)	12 000 €	
Auf die jeweiligen Geschosse entfallen 12 000 € : 4 =	3 000 €	
Als Werbungskosten abzugsfähig sind die anteiligen Aufwendungen für das 1. und 2. OG; somit		./. 6 000 €
Die Vorsteuer auf die Dachreparatur i.H.v.	2 280 €	
entfällt auf die jeweiligen Geschosse i.H.v. 2 280 € : 4 =	570 €	
Für das 1. und 2. OG ist die Vorsteuer nicht abzugsfähig. Nach § 9b Abs. 1 EStG ist sie Bestandteil der Kosten.		./. 1 140 €

Kosten, die nur das 1. und 2. OG betreffen:

Neue Fensterscheibe inklusive der nicht abzugsfähigen Vorsteuer	./. 2 380 €
Die voll abzugsfähigen Werbungskosten aus Vermietung und Verpachtung betragen	14 020 €

Gebäudeabschreibung:
Die Gebäudeabschreibungen sind als Werbungskosten nach § 9 Abs. 1 Nr. 7 EStG zu berücksichtigen. Die AfA beginnt ab Fertigstellung im November 08 (§ 11c Abs. 1 Nr. 2 EStDV, R 7.4 Abs. 1 Satz 1 und 5 EStR, H 7.4 [Fertigstellung] EStH). Die AfA-Methoden

Grundstücke

nach § 7 Abs. 4 und 5 EStG gelten auch für Gebäudeteile (§ 7 Abs. 5a EStG). Die Herstellungskosten sind nach dem Nutzflächenverhältnis auf die Gebäudeteile aufzuteilen (R 4.2 Abs. 6 Satz 1 und 2 EStR). Für jeden Gebäudeteil ist die entsprechende AfA-Methode zu prüfen (R 7.4 Abs. 6 Satz 2 EStR).

	1. OG	2. OG
AfA-Bemessungsgrundlage: Herstellungskosten 1 000 000 € davon jeweils 25 % anteilige nicht abzugsfähige Vorsteuer 190 000 €	250 000 € 47 500 €	250 000 € 47 500 €
AfA-Bemessungsgrundlage	297 500 €	297 500 €
AfA-Methode:	§ 7 Abs. 5a i.V.m. Abs. 5 Nr. 3 Buchst. c EStG.	§ 7 Abs. 5a i.V.m. Abs. 4 Nr. 2 Buchst. a EStG.
AfA-Satz:	4 %	2 %
AfA-Jahresbetrag:	11 900 €	5 950 €
AfA im Kj. 08:	volle Jahres-AfA (H 7.4 [Teil des ...] EStH)	zeitanteilig nach § 7 Abs. 1 Satz 4 EStG 2/12 992 €
AfA insgesamt		12 892 €

Gesamtergebnis Vermietung und Verpachtung:
Die Einnahmen betragen   5 000 €
voll abzugsfähige Werbungskosten   ./. 14 020 €
anteilige Gebäude-AfA   ./. 12 892 €
Verlust aus Vermietung und Verpachtung   ./. 21 912 €

Erdgeschoss:
Der selbständige Gebäudeteil und der anteilige Grund und Boden sind notwendiges Betriebsvermögen (R 4.2 Abs. 7 Satz 1 und 2 EStR). Alle Kosten, die auf diesen Gebäudeteil entfallen (inkl. AfA) sind noch als Betriebsausgaben zu berücksichtigen (§ 4 Abs. 4 EStG und R 4.7 Abs. 2 Satz 3 EStR). Der freiberuflich genutzte Grundstücksteil (25 %) ist nach § 8 EStDV nicht von untergeordnetem Wert.

Voll abzugsfähige Betriebsausgaben § 11 Abs. 2 EStG

Kosten, die das gesamte Gebäude betreffen:
Schuldzinsen   9 000 €
Als Betriebsausgaben abzugsfähig sind 25 % davon
(**Zeile 41** des Vordrucks EÜR)   2 250 €
Dachreparatur (netto) 12 000 €; davon 25 %   ./. 3 000 €
Die Vorsteuer für die Dachreparatur i.H.v. 2 280 € ist nicht abzugsfähig
und erhöht die Kosten   ./. 570 €
Zeile 40 des Vordrucks EÜR   3 570 €   3 570 €
Die voll abzugsfähigen Betriebsausgaben betragen   5 820 €

Kosten, die nur das Erdgeschoss betreffen: 0 €

Gebäudeteil-AfA Erdgeschoss:
Der Gebäudeteil gehört zum abnutzbaren Anlagevermögen. Die anteiligen Herstellungskosten sind im Wege der AfA zu verteilen (§ 4 Abs. 3 Satz 3 EStG → **Anlageverzeichnis**):

AfA-Bemessungsgrundlage:	anteilige HK (brutto) 25 % von 1 190 000 €	297 500 €
AfA-Methode:	§ 7 Abs. 5a i.V.m. § 7 Abs. 4 Nr. 1 EStG: Betriebsvermögen, keine Wohnzwecke Bauantrag nach dem 31.3.1985	
AfA-Satz:	3 %	
AfA-Betrag:	8 925 € × 2/12 (§ 7 Abs. 1 Satz 4 EStG) (**Zeile 24** des Vordrucks EÜR)	1 488 €

Grund und Boden:
Der betrieblich genutzte Anteil gehört zum nicht abnutzbaren Anlagevermögen. Die Anschaffungskosten sind keine Betriebsausgaben (§ 4 Abs. 3 Satz 4 EStG). Die anteiligen Anschaffungskosten sind in das besondere Verzeichnis einzutragen (§ 4 Abs. 3 Satz 5 EStG):
200 000 € × 25 % 50 000 €

Gesamtergebnis
Gewinn lt. Stpfl.	130 000 €
voll abzugsfähige Betriebsausgaben	./. 5 820 €
AfA für Erdgeschoss	./. 1 488 €
Korrekter Gewinn 08	**122 692 €**

§ 4 Abs. 3-Rechnung im Kalenderjahr 08 insoweit:

Betriebsausgaben	Gebäudeteil »Augenarztpraxis« anteilige Schuldzinsen (**Zeile 41** des Vordrucks EÜR)	2 250 €
	anteilige Dachreparatur (brutto) (**Zeile 40** des Vordrucks EÜR)	3 570 €
	Summe	5 730 €
	AfA (**Zeile 24** des Vordrucks EÜR)	1 488 €

Variante:
Willi ist ein vorsteuerabzugsberechtigter Steuerberater.

Lösung:
Allgemeines zum Vorsteuerabzug
Das gesamte Grundstück ist Unternehmensvermögen. Mit dem Erdgeschoss und dem 3. OG tätigt Willi vorsteuerunschädliche Abzugsumsätze (50 %). Die Vorsteuer auf die Herstellungskosten i.H.v. insgesamt 190 000 € ist nach § 15 Abs. 4 UStG zu 50 % nicht abzugsfähig (95 000 €). Hinsichtlich der Vorsteueraufteilung ist es ohne Bedeutung, in welchem Nutzungsbereich die Vorsteuer anfällt.

Die Vorsteuer für Erhaltungsaufwendungen ist, wenn möglich, den einzelnen Gebäudeteilen zuzuordnen. Eine nicht direkt zuzuordnende Vorsteuer ist nach § 15 Abs. 4 UStG aufzuteilen. Die Vorsteuer für die Dachreparatur i.H.v. 2 280 € ist zu 25 % jedem Gebäudeteil nach dem Nutzflächenverhältnis zuzuordnen, somit jeweils 570 €. Die Vorsteuer für die neue Fensterscheibe im 1. OG i.H.v. 380 € ist allein diesem Gebäudeteil zuzuordnen.

3. Obergeschoss:
Die nichtunternehmerische Verwendung des Gebäudes im 3. OG unterliegt als steuerbare und steuerpflichtige unentgeltliche Wertabgabe der Umsatzbesteuerung nach § 3 Abs. 9a Nr. 1 UStG. Die Nutzung ist steuerbar und steuerpflichtig, da die unternehmerische Nutzung anderer Räume zum vollen oder teilweisen Vorsteuerabzug berechtigt hat (Abschn. 24c Abs. 7 UStR).

Ertragsteuerrechtliche Lösung
Ertragsteuerrechtlich erfolgt die Zuordnung der Vorsteuer m.E. weiterhin zu dem Gebäudeteil, welches wirtschaftlich die Nichtabzugsfähigkeit bzw. Abzugsfähigkeit verursacht hat.

1. bis 2. Obergeschoss:
Hier ergeben sich keine Änderungen zur vorhergehenden Lösung. Die Vorsteuer ist weiterhin i.H.v. jeweils 47 500 € nicht abzugsfähig (§ 15 Abs. 2 Nr. 1 i.V.m. § 4 Nr. 12 Buchst. a UStG) und gehört nach § 9b Abs. 1 EStG zu den Herstellungskosten.

Erdgeschoss:
Die in Rechnung gestellten Vorsteuerbeträge sind für diesen Gebäudeteil i.H.v. 47 500 € abzugsfähig und gehören nach § 9b Abs. 1 EStG nicht zu den Herstellungskosten.
Die jeweils abzugsfähige Vorsteuer ist nicht Bestandteil der Herstellungskosten und der anderen Kosten (§ 9b Abs. 1 EStG). Die Kosten für die Dachreparatur sowie die anteiligen Herstellungskosten für die AfA-Bemessungsgrundlage sind jeweils mit den Nettowerten zu berücksichtigen. Die gezahlte abzugsfähige Vorsteuern sind bei Zahlung zunächst als Betriebsausgabe zu berücksichtigen (später aber gewinnneutralisierende Korrektur, H 9b [Gewinnermittlung nach § 4 Abs. 3 EStG ...] EStH).

§ 4 Abs. 3-Rechnung im Kalenderjahr 08 insoweit:

Betriebsausgaben	Gebäudeteil »Steuerberatungspraxis«	
	anteilige Schuldzinsen	2 250 €
	anteilige Dachreparatur (netto)	3 000 €
	gezahlte anteilige Vorsteuer auf die Dachreparatur	570 €
	AfA (2/12 von 250 000 € × 3 %)	1 250 €
	gezahlte anteilige Vorsteuer auf die Herstellungskosten	47 500 €

Beispiel: Erwerb und Veräußerung einer Lagerhalle
Gewerbetreibender G hat am 17.10.08 (Übergang Gefahr, Nutzen und Lasten; Datum des Kaufvertrags 15.05.08) eine Lagerhalle (Betriebsvermögen und Unternehmensvermögen) angeschafft. Die Lagerhalle war am 01.07.05 fertig gestellt. Die Anschaffung erfolgte im

Rahmen eines nach § 4 Nr. 9 Buchst. a UStG steuerfreien Umsatzes. Im Zusammenhang mit der Anschaffung hatte G folgende Aufwendungen:

Kaufpreis laut Notarvertrag	100 000 €	Zahlung am 15.12.08
Grunderwerbsteuer 3,5 %	3 500 €	Zahlung am 18.01.09
Notargebühren	3 000 €	Zahlung am 18.12.08
USt dafür	570 €	
Grundbuchkosten	2 000 €	Zahlung am 02.02.09
insgesamt	109 070 €	

Die Grundstücksfläche beträgt 400 qm. Der Verkehrswert für den Grund und Boden beträgt 50 €/qm.

G nutzt die Lagerhalle zur Ausführung steuerpflichtiger Umsätze.

Am 15.12.10 (Übergang Gefahr, Nutzen und Lasten) veräußert G das Grundstück umsatzsteuerfrei an A für 120 000 €.

Der Verkaufspreis wird
1. am 18.12.10 bzw.
2. am 04.01.11 gezahlt.

Lösung:

Anschaffung:

Die Lagerhalle gehört nach R 6.1 Abs. 1 Satz 1 EStR zum Anlagevermögen. Das Gebäude ist abnutzbares (R 6.1 Abs. 1 Satz 5 EStR), der Grund und Boden nicht abnutzbares (R 6.1 Abs. 1 Satz 6 EStR) Anlagevermögen. Nach § 4 Abs. 3 Satz 4 EStG sind die Anschaffungskosten des Grund und Bodens erst im Zeitpunkt des Zuflusses des Veräußerungserlöses oder im Zeitpunkt der Entnahme als Betriebsausgaben zu berücksichtigen (R 4.5 Abs. 3 Satz 4 EStR). Nach § 4 Abs. 3 Satz 5 EStG ist der Grund und Boden unter Angabe des Tages der Anschaffung (17.10.08) und der Anschaffungskosten in das → **Anlageverzeichnis** aufzunehmen.

Bei Anschaffung eines bebauten Grundstücks ist der Kaufpreis (100 000 €) nach dem Verhältnis der Verkehrswerte auf den Grund und Boden und auf das Gebäude aufzuteilen (H 7.3 [Anschaffungskosten] EStH). Der Verkehrswert des Grund und Bodens beträgt (400 qm × 50 € =) 20 000 €. Von dem Kaufpreis entfallen somit 20 % auf den Grund und Boden.

Nach § 4 Abs. 3 Satz 3 EStG sind für die Anschaffungskosten des Gebäudes die AfA-Vorschriften zu beachten (R 4.5 Abs. 3 Satz 2 EStR).

Die USt auf die Notargebühren ist gem. § 15 Abs. 1 Nr. 1 UStG als Vorsteuer abziehbar und abzugsfähig (kein Fall des § 15 Abs. 2 Nr. 1 UStG). Nach § 9b Abs. 1 EStG gehört die abzugsfähige Vorsteuer nicht zu den Anschaffungskosten. Die Anschaffungskosten für das Grundstück (§ 255 Abs. 1 HGB, H 6.2 [Anschaffungskosten] EStH) betragen demnach 108 500 €. Bei Zahlung der Notargebühren am 18.12.08 stellt die USt nach § 4 Abs. 4 EStG (H 9b EStH) eine Betriebsausgabe dar.

Von den gesamten Anschaffungskosten i.H.v. 108 500 € entfallen 20 % = 21 700 € auf den Grund und Boden. Mit diesem Wert ist der Grund und Boden in das Anlageverzeichnis aufzunehmen.

Von den gesamten Anschaffungskosten i.H.v. 108 500 €
entfallen 80 % =   86 800 €
auf das Gebäude. Dieser Betrag bildet die Bemessungsgrundlage für die AfA (R 7.3 Abs. 1 EStR).

Die Lagerhalle ist ein Gebäude i.S.d. § 7 Abs. 4 Nr. 1 EStG. Sie ist Betriebsvermögen (R 4.2 Abs. 7 EStR) und dient nicht Wohnzwecken. Die degressive AfA nach § 7 Abs. 5 Nr. 1 EStG ist nicht anzuwenden, da der Kaufvertrag nach dem 1.1.1994 abgeschlossen wurde.
Die lineare AfA beträgt nach § 7 Abs. 4 Nr. 1 i.V.m. § 52 Abs. 21b EStG 3 % (Kaufvertrag nach dem 01.01.2001).
Die Jahres-AfA beträgt 3 % von 86 800 € = 2 604 €
Nach R 7.4 Abs. 1 Satz 1 EStR beginnt die AfA im Zeitpunkt der Anschaffung. Jahr der Anschaffung ist das Jahr der Lieferung (§ 9a EStDV). Der Zeitraum der Nutzungsdauer beginnt nach § 11c Abs. 1 Nr. 3 EStDV mit dem Zeitpunkt der Anschaffung. Zeitpunkt der Anschaffung ist, wenn Eigenbesitz, Gefahr, Nutzen und Lasten auf den Erwerber übergehen (H 7.4 [Lieferung] EStH). Die AfA beginnt somit am 17.10.08. Bei Anschaffung im Laufe eines Jahres kann nur der Teil des auf ein Jahr entfallenden AfA-Betrages abgesetzt werden, der dem Zeitraum zwischen der Anschaffung und dem Ende des Jahres entspricht (§ 7 Abs. 1 Satz 4 EStG). Im Kj. 2008 ist die AfA für 3 Monate zu berücksichtigen. 2 604 € : 12 Monate × 3 Monate =

651 €

Betriebsausgaben im Kj. 2008:
gezahlte USt am 18.12.08   570 €
AfA   651 €

Kj. 09:
Betriebsausgaben i.H.d. AfA	./. 2 604 €	2 604 €
Restwert des Gebäudes zum 31.12.09:	83 545 €	

Veräußerung am 15.12.2010:
Bis zur Veräußerung ist die AfA zu berücksichtigen
(R 7.4 Abs. 8 EStR). AfA für 12 Monate   ./. 2 604 €   ./. 2 604 €
Der Restwert des Gebäudes im Zeitpunkt der Veräußerung
beträgt   80 941 €
Dieser Restwert ist im Wirtschaftsjahr der Veräußerung
als Betriebsausgabe anzusetzen (H 4.5 (3) [Veräußerung
abnutzbarer Wirtschaftsgüter/Unterlassene AfA] EStH)   ./. 80 941 €
Mit Zufluss (§ 11 Abs. 1 Satz 1 EStG) am 18.12.10 ist
der Verkaufserlös als Betriebseinnahme (§ 4 Abs. 4 EStG
im Umkehrschluss, § 8 Abs. 1 EStG analog, R 4.5 Abs. 3
Satz 1 EStR) zu erfassen.
Betriebseinnahmen 18.12.10:   + 120 000 €

Im Zeitpunkt des Zuflusses des Veräußerungserlöses
am 18.12.10 sind die Anschaffungskosten des Grund
und Bodens als Betriebsausgaben zu berücksichtigen
(§ 4 Abs. 3 Satz 4 EStG)

Betriebsausgaben 18.12.10:	./. 21 700 €
Gewinn 10:	**14 755 €**
Eingang Veräußerungserlös am 04.01.11	
AfA 10	./. 2 604 €
Restwert des Gebäudes	./. 80 941 €
Verlust 10:	**./. 83 545 €**

Mit Zufluss (§ 11 Abs. 1 Satz 1 EStG) am 04.01.11 ist der Verkaufserlös
als Betriebseinnahme (§ 4 Abs. 4 EStG im Umkehrschluss,
§ 8 Abs. 1 EStG analog) zu erfassen.

Betriebseinnahmen 11:	+ 120 000 €

Im Zeitpunkt des Zuflusses des Veräußerungserlöses am 04.01.11
sind die Anschaffungskosten des Grund und Bodens
als Betriebsausgaben zu berücksichtigen
(§ 4 Abs. 3 Satz 4 EStG)

Betriebsausgaben 11:	./. 21 700 €
Gewinn 11:	**+ 98 300 €**

Literatur: Schoor, Bilanzierung von Grundstücken und Gebäuden, Steuer & Studium 2003, 231; Leipold, Unternehmensgegenstände im Umsatzsteuerrecht – dargestellt an Grundstücken und Pkw –, Steuer & Studium 2009, 455.

H

Herstellungskosten

→ Grundstücke

Rechtsquellen
→ H 6.3 [Herstellungskosten] EStH → § 255 Abs. 2 HGB

1. Allgemeines

Herstellungskosten sind in der § 4 Abs. 3-Rechnung z.B. von Bedeutung als AfA-Bemessungsgrundlage für die Berechnung der AfA beim abnutzbaren Anlagevermögen oder für die Höhe des Betriebsausgabenabzugs beim Umlaufvermögen. Weder im Einkommensteuergesetz noch in den Einkommensteuerrichtlinien wird der Begriff der Herstellungskosten definiert. Lediglich in H 6.3 [Herstellungskosten] EStH erfolgt ein Hinweis auf § 255 Abs. 2 HGB. Danach werden die Herstellungskosten im Grundsatz wie folgt definiert:

»Herstellungskosten sind die Aufwendungen, die durch den Verbrauch von Gütern und die Inanspruchnahme von Diensten für die Herstellung eines Vermögensgegenstands, seine Erweiterung oder für eine über seinen ursprünglichen Zustand hinausgehende wesentliche Verbesserung entstehen. Dazu gehören die Materialkosten, die Fertigungskosten und die Sonderkosten der Fertigung.«

Diese handelsrechtliche Begriffsdefinition ist auch für das Steuerrecht maßgebend. Zu Einzelheiten betreffend Herstellungskosten (allgemein) vgl. R 6.3 EStR und H 6.3 EStH, zu Herstellungskosten im Zusammenhang mit einem Gebäude vgl. R 6.4 EStR und H 6.4 EStH.

2. Gebäudeherstellungskosten

2.1 Allgemeines

Zu den Herstellungskosten eines Gebäudes gehören alle Aufwendungen, die auf einer Herstellungsleistung für das Gebäude beruhen und die zum Verbrauch von Gütern oder zur Inanspruchnahme von Diensten geführt haben (BFH-Urteil vom 4.7.1990 GrS 1/89, BStBl II 1990, 830). Herstellungskosten sind auch Aufwendungen, die für die Erweiterung oder für die über den ursprünglichen Zustand hinausgehende wesentliche Verbesserung eines Gebäudes entstehen (Rz. 17 des BMF-Schreibens vom 18.7.2003, BStBl I 2003, 386).

2.2 Erweiterungen

Eine Erweiterung liegt in folgenden Fällen vor (Rz. 19 bis 24 des BMF-Schreibens vom 18.7.2003, a.a.O.):
- Aufstockung oder Ausbau;
- Vergrößerung der nutzbaren Fläche;
- Vermehrung der Substanz.

2.3 Über den ursprünglichen Zustand hinausgehende wesentliche Verbesserung

2.3.1 Ursprünglicher Zustand

Ursprünglicher Zustand ist grundsätzlich der Zustand des Gebäudes im Zeitpunkt der Herstellung oder Anschaffung durch den Steuerpflichtigen oder seinen Rechtsvorgänger im Fall des unentgeltlichen Erwerbs (Rz. 26 des BMF-Schreibens vom 18.7.2003, a.a.O.). Es findet somit ein Vergleich statt zwischen
- dem Zustand des Gebäudes, in dem es sich bei Herstellung oder Anschaffung befunden hat oder
- der geänderten AfA-Bemessungsgrundlage, nachdem die ursprünglichen Herstellungs- oder Anschaffungskosten zwischenzeitlich z.B. durch anderweitige Herstellungs- oder Anschaffungskosten, durch Absetzung für außergewöhnliche Abnutzung nach § 7 Abs. 4 Satz 3 i.V.m. Abs. 1 Satz 5 EStG verändert worden sind oder
- dem ursprünglichen Zustand im Zeitpunkt einer Entnahme, wenn das Gebäude aus dem Betriebsvermögen entnommen wird oder
- dem ursprünglichen Zustand im Zeitpunkt einer Einlage, wenn das Gebäude in das Betriebsvermögen eingelegt wird

mit dem Zustand des Gebäudes, in den es durch die vorgenommenen Instandsetzungs- oder Modernisierungsarbeiten versetzt worden ist.

2.3.2 Wesentliche Verbesserung

Eine wesentliche Verbesserung i.S.v. § 255 Abs. 2 Satz 1 HGB und damit Herstellungskosten sind dann gegeben, wenn die Maßnahmen zur Instandsetzung und Modernisierung eines Gebäudes in ihrer Gesamtheit über eine zeitgemäße substanzerhaltende (Bestandteil-) Erneuerung hinausgehen, den Gebrauchswert des Gebäudes insgesamt deutlich erhöhen und damit für die Zukunft eine erweiterte Nutzungsmöglichkeit geschaffen wird (Rz. 28 bis 32 des BMF-Schreibens vom 18.7.2003, a.a.O.). Von einer deutlichen Erhöhung des Gebrauchswerts ist z.B. auszugehen, wenn der Gebrauchswert des Gebäudes (Nutzungspotential) von einem sehr einfachen auf einen mittleren oder von einem mittleren auf einen sehr anspruchsvollen Standard gehoben wird. Der Standard eines Wohngebäudes bezieht sich auf die Eigenschaften einer Wohnung. Wesentlich sind vor allem Umfang und Qualität der Heizungs-, Sanitär- und Elektroinstallationen sowie der Fenster (zentrale Ausstattungsmerkmale). Führt ein Bündel von Baumaßnahmen bei mindestens drei Bereichen der zentralen Ausstattungsmerkmale zu einer Erhöhung und Erweiterung des Gebrauchwertes, hebt sich der Standard eines Gebäudes (Rz. 9 und 10 des BMF-Schreibens vom 18.7.2003; BFH-Urteil vom 19.11.2003 IX R 50/02, BFH/NV 6/2004, 767).

Baumaßnahme	Wesentliche Verbesserung	Erläuterungen
übliche, d.h. normalerweise anfallende Instandsetzungs- oder Modernisierungsmaßnahmen wie • Tapezierarbeiten, • Fußbodenbeläge, • Dacheindeckung, • Erneuerung von Fliesen, • Instandsetzung der Rollläden	nein	
Einbau einer Sprechanlage	nein	BFH-Urteil vom 20.8.2002 (IX R 98/00, BStBl II 2003, 604)
Austausch von Ofen- gegen Etagenheizung	nein	Der Umstand, dass der Vermieter aufgrund des Einbaus von Isolierglasfenstern eine höhere Miete verlangen kann, erlaubt allein nicht den Schluss auf eine wesentliche Verbesserung i.S.d. § 255 Abs. 2 Satz 1 HGB.
Modernisierung der Bäder	nein	
Austausch von einfachverglasten Fenstern gegen Isolierglasfenster	nein	
Instandsetzung vorhandener • Sanitär-, • Elektro- und • Heizungsanlagen, • Fenster = wesentliche Bereiche	nein Eine Werterhöhung infolge derartiger Maßnahmen bedingt noch keine wesentliche Verbesserung.	Eine erheblich höhere Miete kann unter weiteren Voraussetzungen ein Indiz für eine wesentliche Verbesserung gegenüber dem Zustand im Zeitpunkt des Erwerbs sein.
Einzelne dieser Maßnahmen führen noch nicht zu einer wesentlichen Verbesserung (s.a. BFH-Urteil vom 20.8.2002 IX R 61/99, BFH/NV 2003, 148). Ein Bündel derartiger **Baumaßnahmen**, bei dem **mindestens drei** der o.g. **wesentlichen Bereiche betroffen** sind, kann ein Gebäude gegenüber seinem Zustand bei Erwerb in seinem Standard heben und es damit i.S.d. § 255 Abs. 2 Satz 1 HGB wesentlich verbessern (s.a. BFH-Urteil vom 3.12.2002 IX R 64/99, BStBl II 2003, 590).			
Baumaßnahmen in ihrer Gesamtheit ...	... können zu einer wesentlichen Verbesserung i.S.d. § 255 Abs. 2 Satz 1 HGB führen.	

Vergleich
↓
Gebrauchswert des Gebäudes (das Nutzungspotential)

vorher → Zustand des Erwerbs

nachher → deutlich erhöhter Gebrauchswert von
sehr einfacher ⟶ mittlerer
oder
mittlerer ⟶ sehr anspruchsvoller Standard

Wenn z.B. i.R.d. Baumaßnahmen außergewöhnlich hochwertige Materialien in erheblichem Umfang verwendet werden. Siehe auch BFH-Urteile vom 20.8.2002 (IX R 10/02, IX R 43/00, IX R 21/00, BFH/NV 2003, 35, 34, 33).

Abbildung: Wesentliche Verbesserung eines Gebäudes

Kriterien für eine wesentliche Verbesserung und somit für eine Wohnstandard-Änderung sind:

Sehr einfach	Mittel	Sehr anspruchsvoll
Heizungs-, Sanitär- und Elektroinstallationen sowie die Fenster		
Sehr einfacher Wohnungsstandard liegt vor, wenn die zentralen Ausstattungsmerkmale im Zeitpunkt der Anschaffung nur im nötigen Umfang oder in einem technisch überholten Zustand vorhanden sind. Beispiele: • Das Bad besitzt kein Handwaschbecken. • Das Bad ist nicht beheizbar. • Eine Entlüftung ist im Bad nicht vorhanden. • Die Wände im Bad sind nicht überwiegend gefliest. • Die Badewanne steht ohne Verblendung frei. • Es ist lediglich ein Badeofen vorhanden. • Die Fenster haben nur eine Einfachverglasung. • Es ist eine technisch überholte Heizungsanlage vorhanden (z.B. Kohleöfen). • Die Elektroversorgung ist unzureichend. (Rz. 11 des BMF-Schreibens vom 18.7.2003).	Entsprechen in Umfang und Ausführung durchschnittlichen und selbst höheren Ansprüchen (Rz. 12 des BMF-Schreibens vom 18.7.2003).	Es ist nicht nur das Zweckmäßige, sondern sogar das Mögliche vorhanden und das vor allem unter Verwendung außergewöhnlich hochwertiger Materialien (Luxus; Rz. 13 des BMF-Schreibens vom 18.7.2003).
Baumaßnahmen, die das Gebäude auf einen höheren Standard bringen, machen es betriebsbereit, ihre Kosten führen zu Anschaffungskosten i.S.d. § 255 Abs. 1 bzw. Herstellungskosten i.S.d. § 255 Abs. 2 HGB. Es sind die Maßstäbe zu Grunde zu legen, die zu dem Zeitpunkt, in dem sich das Gebäude im ursprünglichen Zustand befand, allgemein üblich waren (BFH-Urteil vom 3.12.2002 IX R 64/99, BFH/NV 3/2003, 406). Indizien für die Hebung des Standards liegen vor, wenn • ein Gebäude in zeitlicher Nähe zum Erwerb im Ganzen und von Grund auf modernisiert wird, • hohe Aufwendungen für die Sanierung der zentralen Ausstattungsmerkmale getätigt werden, • auf Grund dieser Baumaßnahmen der Mietzins erheblich erhöht wird. Ob eine Hebung des Standards vorliegt, ist für die ersten drei Jahre nach Anschaffung des Gebäudes nicht zu prüfen, wenn die Aufwendungen für die Instandsetzung und Modernisierung des Gebäudes insgesamt 15 % der Anschaffungskosten des Gebäudes nicht übersteigen. Dies gilt nicht, wenn sich bei Erwerb des Gebäudes mit mehreren Wohnungen der Standard für einzelne Wohnungen hebt oder die Instandsetzungsmaßnahme der Beginn einer Sanierung in Raten sein kann. Veranlagungen sind vorläufig durchzuführen, solange in diesem Zeitraum die Instandsetzungsarbeiten 15 % der Anschaffungskosten des Gebäudes nicht übersteigen oder wenn eine Sanierung in Raten zu vermuten ist (Rz. 37 und 38 des BMF-Schreibens vom 18.7.2003).		

Abbildung: Wohnstandard eines Gebäudes

2.4 Unentgeltlicher Erwerb

Die nach einem unentgeltlichen Erwerb getätigten Aufwendungen sind zu unterscheiden in
- solche, die das Gebäude in einen betriebsbereiten Zustand versetzen und
- solche, die zu einer über den ursprünglichen Zustand hinausgehenden wesentlichen Verbesserung des Gebäudes führen.

Aufwendungen für Baumaßnahmen, die das Gebäude in einen betriebsbereiten Zustand versetzen, führen bei einem unentgeltlichen Erwerb mangels Anschaffung i.S.d. § 255 Abs. 1

HGB nicht zu Anschaffungskosten; vielmehr handelt es sich um Erhaltungsaufwendungen oder, sofern die Voraussetzungen des § 255 Abs. 2 HGB erfüllt sind, um Herstellungskosten.

Aufwendungen, die zu einer über den ursprünglichen Zustand hinausgehenden wesentlichen Verbesserung des Gebäudes führen sind auch dann als Herstellungskosten zu behandeln, wenn oder soweit das Gebäude unentgeltlich erworben wurde.

2.5 Anzahlungen

Herstellungskosten entstehen erst mit der Erbringung von Herstellungsleistungen und nicht bereits durch Voraus- oder → **Anzahlungen** für die Herstellung. Vorauszahlungen für ein Bauvorhaben, für die infolge Konkurses des Bauunternehmers Herstellungsleistungen nicht erbracht werden, gehören nicht zu den Herstellungskosten des Bauherrn, weil es insoweit nicht zum Verbrauch von Gütern oder zur Inanspruchnahme von Diensten für das herzustellende Gebäude gekommen ist.

3. Abnutzbares Anlagevermögen

Stellt der Steuerpflichtige im eigenen Betrieb Wirtschaftsgüter des abnutzbaren Anlagevermögens her, sind die Herstellungskosten im Jahr der Herstellung als (fiktive) Betriebseinnahmen zu erfassen, wenn sie sich bereits als Betriebsausgaben bei Zahlung ausgewirkt haben sollten (Gleichbehandlung mit der Buchführung). Die Herstellungskosten bilden dann die AfA-Bemessungsgrundlage und wirken sich erst ab Fertigstellung im Wege der → **Absetzung für Abnutzung** gewinnmindernd aus. Handelt es sich um ein **geringwertiges Wirtschaftsgut mit Herstellungskosten bis max. 150 €, muss** unter den Voraussetzungen des § 6 Abs. 2 EStG eine **Sofortabschreibung** vorgenommen werden (→ **Geringwertige Wirtschaftsgüter**). Zur Bildung von **Sammelposten** nach § 6 Abs. 2a EStG siehe → **Geringwertige Wirtschaftsgüter**.

Bei der Einnahme-Überschussrechnung werden zur Erlangung abnutzbarer Anlagegüter geleistete Vorauszahlungen (→ **Anzahlungen**) noch nicht im Zeitpunkt des Geldabgangs berücksichtigt. Soweit für die Vorauszahlungen Herstellungsleistungen erbracht werden, wirken sie sich erst ab Fertigstellung des Wirtschaftsgutes – auf dessen Nutzungsdauer verteilt – gem. § 7 EStG als Betriebsausgaben aus. Erst wenn deutlich wird, dass die zur Erlangung abnutzbarer Wirtschaftsgüter geleistete Vorauszahlung zum Teil oder ganz ohne Gegenleistung bleibt und insoweit auch eine Rückzahlung nicht zu erlangen ist, wird die Vorauszahlung als verausgabt angesehen.

Zu weiteren Einzelheiten vgl. die Ausführungen zu den Stichwörtern: → **Anschaffungskosten**, → **Absetzung für Abnutzung** und → **Erhaltungsaufwand**.

4. Nicht abnutzbares Anlagevermögen und Umlaufvermögen

Die Herstellung von nicht abnutzbarem Anlagevermögen und Umlaufvermögen wird i.R.d. § 4 Abs. 3-Rechnung nur selten von praktischer Relevanz sein. Sollte im Ausnahmefall ein solcher Geschäftsvorfall in Betracht kommen, so gilt Folgendes:
- Herstellungskosten des nicht abnutzbaren Anlagevermögens sind im Jahr der Herstellung – soweit ein Betriebsausgabenabzug vorgenommen wurde – zu neutralisieren (Ansatz einer [fiktiven] Betriebseinnahme) und in das besondere Verzeichnis aufzunehmen. Die Herstellungskosten dürfen sich erst im Zeitpunkt des Zuflusses des Veräußerungserlöses oder im Zeitpunkt der Entnahme dieses Wirtschaftsguts als Betriebsausgabe auswirken (§ 4 Abs. 3 Satz 4 und 5 EStG).
- Herstellungskosten des Umlaufvermögens sind bei Verausgabung als Betriebsausgabe abzusetzen (§ 11 Abs. 2 EStG).

5. Behandlung von Zuschüssen

Werden **Anlagegüter** mit **Zuschüssen** aus öffentlichen oder privaten Mitteln hergestellt, so hat der Steuerpflichtige ein **Wahlrecht**. Er kann die Zuschüsse als Betriebseinnahmen ansetzen; in diesem Fall werden die Herstellungskosten der betreffenden Wirtschaftsgüter nicht berührt. Er kann die Zuschüsse auch erfolgsneutral behandeln; in diesem Fall dürfen die Anlagegüter, für die die Zuschüsse gewährt worden sind, nur mit den Herstellungskosten bewertet werden, die der Stpfl. selbst, also ohne Berücksichtigung der Zuschüsse aufgewendet hat (R 6.5 Abs. 2 EStR → **Investitionszulage**).

Erhält ein Steuerpflichtiger, der seinen Gewinn nach § 4 Abs. 3 EStG ermittelt, für die Anschaffung oder Herstellung bestimmter Wirtschaftsgüter öffentliche Investitionszuschüsse, so mindern diese die Anschaffungs- oder Herstellungskosten bereits im Jahr der Bewilligung und nicht im Jahr der Auszahlung. Sofern der Empfänger den Zuschuss sofort als Betriebseinnahme versteuern will, muss er das entsprechende Wahlrecht ebenfalls im Jahr der Zusage ausüben (BFH-Urteil vom 29.11.2007 IV R 81/05, BStBl II 2008, 561).

Honorare (Ärzte)

Rechtsquellen
→ H 11 [Arzthonorar] EStH → Abschn. 88 ff. UStR

1. Allgemeines

Eine Honorarforderung ist auf den Gewinn des Überschussrechners ohne Einfluss. Erst die Vereinnahmung der Honoraransprüche führt zu Betriebseinnahmen. Vorschussweise gezahlte Honorare sind auch dann bereits zugeflossen, wenn im Zeitpunkt der Veranlagung feststeht, dass sie teilweise zurückzuzahlen sind; das »Behaltendürfen« ist nicht Merkmal des Zuflusses (H 4.5 (2) [Vorschusszahlung] EStH). Für Honorarverbindlichkeiten gelten sinngemäß die gleichen Grundsätze.

2. Honorare von Privatpatienten

Honorare eines Arztes von Privatpatienten, die er durch eine privatärztliche Verrechnungsstelle einziehen lässt (Inkasso), sind bereits mit dem Eingang bei der Verrechnungsstelle zugeflossen und in dem entsprechenden Jahr als Betriebseinnahme zu versteuern (H 11 [Arzthonorar] EStH). Die Verrechnungsstelle vereinnahmt die Beträge nur als Bevollmächtigter des Arztes. Das gilt selbst dann, wenn der Arzt mit der Verrechnungsstelle die Abrechnung und Überweisung der für ihn eingegangenen Honorare zu bestimmten Zeiten vereinbart.

Die Ausnahmeregelung des → **Zu- und Abflussprinzips** für wiederkehrende Einnahmen nach § 11 Abs. 1 Satz 2 EStG ist insoweit nicht anzuwenden.

3. Honorare von den Kassenärztlichen Vereinigungen

Honorare eines Arztes für kassenärztliche Tätigkeiten sind dagegen dem Arzt erst mit Überweisung (Auszahlung) durch die Kassenärztliche Vereinigung zugeflossen und als Betriebseinnahmen anzusetzen. Der Arzt erbringt rechtlich Leistungen gegenüber dem gesetzlichen Krankenversicherungsträger. Die Abrechnung mit dem Arzt erfolgt über die Kassenärztlichen Vereinigungen. Diese sind nicht Bevollmächtigte des Arztes, sondern vereinnahmen die entsprechenden Beträge aufgrund eigenen Rechts von den gesetzlichen Krankenkassen. Die Kassenärztlichen Vereinigungen erhalten von den Krankenkassen für die Leistung aller Kassenärzte bestimmte Pauschalbeträge, die sie dann ihrerseits nach einem bestimmten Schlüssel an die Ärzte verteilen. Dem Arzt steht deshalb ein Vergütungsanspruch nur gegen die Kassenärztliche Vereinigung, nicht aber gegen die Krankenkasse zu.

Die Einnahmen von der Kassenärztlichen Vereinigung stellen regelmäßig wiederkehrende Einnahmen i.S.d. § 11 Abs. 1 Satz 2 EStG dar.

Betriebseinnahmen sind auch die von den Kassenärztlichen Vereinigungen gezahlten Ausgleichszahlungen (sog. Einnahmegarantien), in Fällen, in denen Kassenärzte vorübergehend an der Ausübung ihres Berufs gehindert sind. Die Zahlung von Krankengeld durch die Kassenärztliche Vereinigung in bestimmten Fällen gehört ebenfalls zu den steuerpflichtigen Betriebseinnahmen.

Muss der Arzt ggf. Honorare zurückzahlen, sind diese im Jahr der Rückzahlung abgeflossen und dann als Betriebsausgabe zu berücksichtigen. Die Veranlagung des Jahres der Vereinnahmung der Honorare ist nicht nach den AO-rechtlichen Vorschriften zu ändern. Das gilt selbst dann, wenn sich die Rückzahlung nicht steuermindernd auswirkt. Dies liegt im Wesen der Abschnittsbesteuerung und des ihr zugrunde liegenden Zu- und Abflussprinzips.

Literatur: Vfg. OFD Frankfurt vom 3.3.2004 (S 2226 A – 86 – St II 2.06) zum Zeitpunkt des Zufließens der Einnahmen von Privatärztlichen Verrechnungsstellen und Kassenärztlichen bzw. Kassenzahnärztlichen Vereinigungen (LEXinform 0578341).

4. Umsatzsteuerrechtliche Behandlung

Die Umsätze aus der Tätigkeit als Arzt, Zahnarzt, Heilpraktiker, Physiotherapeut, Hebamme oder aus einer ähnlichen heilberuflichen Tätigkeit und aus der Tätigkeit als klinischer Chemiker sind nach § 4 Nr. 14 UStG steuerfrei. Die Honorare aus dieser umsatzsteuerfreien Tätigkeit sind in Zeile 11 des Vordrucks EÜR zu erfassen.

	1. Gewinnermittlung			99	20
7	Betriebseinnahmen		EUR		Ct
	Betriebseinnahmen als umsatzsteuerlicher **Kleinunternehmer**		111		,
8	davon aus Umsätzen, die in § 19 Abs. 3 Nr. 1 und Nr. 2 UStG bezeichnet sind	119	,	(weiter ab Zeile 13)	
9	Betriebseinnahmen als **Land- und Forstwirt**, soweit die Durchschnittssatzbesteuerung nach § 24 UStG angewandt wird		104		,
10	**Umsatzsteuerpflichtige Betriebseinnahmen**		112		,
11	Umsatzsteuerfreie, nicht umsatzsteuerbare Betriebseinnahmen sowie Betriebseinnahmen, für die der Leistungsempfänger die Umsatzsteuer nach § 13b UStG schuldet		103		,
11a	davon Kapitalerträge	113	,		
12	Vereinnahmte Umsatzsteuer sowie Umsatzsteuer auf unentgeltliche Wertabgaben		140	.	,

Zur Tätigkeit als Arzt siehe Abschn. 88 UStR, zur Tätigkeit als Zahnarzt Abschn. 89 der UStR. Dabei ist zu beachten, dass die Lieferung oder Wiederherstellung von Zahnprothesen, anderen Waren der Zahnprothetik sowie kieferorthopädischen Apparaten und Vorrichtungen von der Umsatzsteuerbefreiung ausgeschlossen sind. Diese Nettoeinnahmen sind in **Zeile 10** des Vordrucks EÜR, die vereinnahmte USt dafür in **Zeile 12** des Vordrucks EÜR zu erfassen.

Literatur: Völkel u.a., ABC-Führer Umsatzsteuer, Stichwort: Heilberufe (Loseblatt).

Beispiel: Honorarzufluss

Dr. Hasenbein ist als Arzt für Allgemeinmedizin selbständig tätig. Im Februar 09 erhält er den Honorarbescheid der Kassenärztlichen Vereinigung für das 3. Quartal 08, der eine Honorarzuweisung für diesen Zeitraum von 80 000 € ausweist. Auf diesen Betrag rechnete die Kassenärztliche Vereinigung Abschlagszahlungen und Verwaltungskosten i.H.v. 12 000 € an und überwies den Restbetrag von 68 000 € im März 09 auf das betriebliche Bankkonto des Dr. Hasenbein. Darüber hinaus ist er einer privatärztlichen Verrechnungsstelle angeschlossen, die die Honorarliquidation von Privatpatienten für ihn vornimmt. Am 21.01.09 erhält er von der Verrechnungsstelle einen Kontoauszug, aus dem sich sein Guthaben zum 31.12.08 ergibt. Die privatärztliche Verrechnungsstelle zahlt das Guthaben Ende Januar 09 an Dr. Hasenbein aus.

Lösung:
1. Überweisung der Kassenärztlichen Vereinigung
Die Restzahlung der Kassenärztlichen Vereinigung für das 3. Quartal 08 i.H.v. 68 000 € ist im Kalenderjahr 09, d. h. im Zeitpunkt des tatsächlichen Zuflusses, als Betriebseinnahme zu erfassen (**Zeile 11** des Vordrucks EÜR). Die Kassenärztliche Vereinigung vereinnahmt von den Krankenkassen aufgrund eigenen Rechts einen für die Leistung aller Kassenärzte bestimmten Pauschbetrag, den sie dann ihrerseits nach einem bestimmten Schlüssel auf die Ärzte verteilt. Erst nach dieser Verteilung kann der einzelne Arzt den ihm zukommenden Honorarbetrag von der Kassenärztlichen Vereinigung verlangen. Durch die Gutschrift auf dem Honorarbescheid für das 3. Quartal 08 wird lediglich die Verpflichtung der Kassenärztlichen Vereinigung gegenüber Dr. Hasenbein buchmäßig festgehalten; sie bewirkt aber noch keinen Zufluss. Ein Sonderfall nach § 11 Abs. 1 Satz 2 EStG liegt hier nicht vor (→ **Zu- und Abflussprinzip**), da die entsprechende Zahlung dieser regelmäßig wiederkehrenden Betriebseinnahmen nicht im sog. »Zehntageszeitraum« liegt.

2. Überweisung der privatärztlichen Verrechnungsstelle
Privatärztliche Verrechnungsstellen werden als Einziehungsbevollmächtigte der Ärzte tätig. Sie nehmen die Honorarzahlungen der Privatpatienten im Auftrag der Ärzte in Empfang. Werden von einem Dritten als Bevollmächtigten des Steuerpflichtigen Zahlungen entgegengenommen, so tritt damit grundsätzlich ein Zufluss beim Vollmachtgeber ein. Dr. Hasenbein muss daher das Guthaben, das ihm Ende Januar 09 von der privatärztlichen Verrechnungsstelle überwiesen worden ist, bereits im Jahr 08 als Betriebseinnahme in **Zeile 11** des Vordrucks EÜR erfassen.

I

Internet-Adresse

Rechtsquellen
→ § 4 Abs. 3 EStG
→ § 5 Abs. 2 EStG
→ § 6 Abs. 1 Nr. 2 EStG

1. Immaterielles Wirtschaftsgut

1.1 Vermögensgegenstand und Wirtschaftsgut

Ein Domain-Name ist ein immaterieller Vermögensgegenstand i.S.d. § 266 Abs. 2 Buchst. A I.1. HGB und damit zugleich ein immaterielles WG. Die Begriffe Vermögensgegenstand und WG stimmen inhaltlich überein (Beschluss des Großen Senats des BFH vom 7.8.2000 GrS 2/99, BStBl II 2000, 632). Zu den Vermögensgegenständen und WG gehören neben Gegenständen i.S.d. bürgerlichen Rechts alle vermögenswerten Vorteile des Betriebs einschließlich tatsächlicher Zustände und konkreter Möglichkeiten, sofern ihnen im Geschäftsverkehr ein selbständiger Wert beigelegt wird und sie – allein oder mit dem Betrieb – verkehrsfähig sind (BFH-Urteil vom 26.8.1992 I R 24/91, BStBl II 1992, 977).

1.2 Ähnliches Recht i.S.d. § 266 Abs. 2 HGB

Ein Domain-Name ist ein ähnliches Recht i.S.d. § 266 Abs. 2 Buchst. A I.1. HGB. Als ähnliche Rechte und Werte kommen Positionen in Betracht, die nicht unter die Begriffe Konzessionen oder gewerbliche Schutzrechte fallen, ihnen aber inhaltlich vergleichbar sind. Ein Domain-Name ist kein gewerbliches Schutzrecht, da der Inhaber eines Domain-Namens an der Domain kein absolutes Recht erwirbt, welches ähnlich einem Immaterialgüterrecht verdinglicht wäre. Eine Domain ist nur eine technische Adresse im Internet. Die ausschließliche Stellung, die darauf beruht, dass eine Domain von der DENIC (Deutsche Network Information Center eG) nur einmal vergeben wird, ist allein technisch bedingt. Eine derartige, rein faktische Ausschließlichkeit begründet kein absolutes Recht.

Eine Domain ist allerdings mit einem gewerblichen Schutzrecht inhaltlich vergleichbar. Denn die faktische Ausschließlichkeitsstellung des Domaininhabers ist durch seinen schuldrechtlichen Anspruch gegen die DENIC aus dem Registrierungsvertrag, die Eintragung seiner Domain und ihrer technischen Daten in die Nameserver der DENIC aufrechtzuerhalten, abgesichert. Mit Abschluss des Vertrages über die Registrierung einer Domain erhält der Domaininhaber zunächst einen Anspruch auf Aufnahme der Domain und ihrer technischen Daten in die Nameserver der DENIC (Konnektierung). Mit der Aufnahme in die Nameserver erlischt zwar dieser Anspruch (§ 362 Abs. 1 BGB). Der Registrierungsvertrag ist allerdings ein Dauerschuldverhältnis, da der Vertrag auf unbestimmte Zeit geschlossen wird. Die DENIC schuldet dem Domaininhaber daher für die Dauer des Vertragsverhältnisses die Aufrechterhaltung der Eintragung in die Nameserver als Voraussetzung für den Fortbestand der Konnektierung. Nicht maßgebend für die inhaltliche Vergleichbarkeit mit einem gewerblichen Schutzrecht ist demgegenüber, dass ein Domain-Name geschützt sein kann. Denn nicht jedem Domain-Namen kommt eine Namens- und Kennzeichenfunktion zu. Ein Domain-Name als solcher ist weder ein Kennzeichenrecht noch ein Namensrecht.

1.3 Verkehrsfähigkeit

Eine Domain ist auch verkehrsfähig. Für die Verkehrsfähigkeit eines WG ist dessen abstrakte Veräußerbarkeit maßgebend. Eine Veräußerbarkeit im Rechtssinne ist nicht erforderlich. Es genügt, dass der Rechtsverkehr Möglichkeiten entwickelt hat, eine Domain wirtschaftlich zu übertragen. Eine solche Möglichkeit hat die DENIC geschaffen Die DENIC überträgt die Domain an einen vom Kunden benannten Dritten, wenn der Kunde den Registrierungsvertrag kündigt und der Dritte einen Auftrag zur Registrierung erteilt. Die DENIC ist berechtigt, einen Registrierungsauftrag abzulehnen, solange ein Dritter ein Recht auf die Nutzung der Domain gegenüber der DENIC geltend macht (Dispute-Eintrag). Der bisherige Domaininhaber kann danach seinen Domain-Namen durch die Kündigung seines Registrierungsvertrags und die Benennung des Dritten auf diesen übertragen. Der Annahme einer wirtschaftlichen Übertragungsmöglichkeit steht nicht entgegen, dass der Dritte erst einen neuen Registrierungsvertrag mit der DENIC abschließen muss, um den Domain-Namen zu erwerben. Der Domaininhaber hat damit eine Rechtsposition inne, über die er in dem Sinn wirtschaftlich frei verfügen kann, dass er seine Kündigung und die Benennung des Dritten von der Zahlung eines Kaufpreises abhängig machen kann.

1.4 Selbständig bewertbar

Ein Domain-Name ist schließlich selbständig bewertbar, da ein eigener Markt für den Handel mit Domain-Namen besteht.

2. Steuerrechtliche Behandlung der Aufwendungen für den Erwerb eines Domain-Namens

2.1 Tenor der BFH-Rechtsprechung

Mit Urteil vom 19.10.2006 (III R 6/05, BStBl II 2007, 301) hat der BFH bezüglich der Behandlung der Aufwendungen für die Übertragung eines Domain-Namens erstmals entschieden. Bei den Aufwendungen, die für die Übertragung eines Domain-Namens an den bisherigen Domaininhaber geleistet werden, sind Anschaffungskosten für ein i.d.R. nicht abnutzbares immaterielles WG.

2.2 Abgrenzung der Websites vom Domain-Namen

Durch die Einrichtung von Websites wird kein aus Websites und Domain-Namen bestehendes einheitliches Wirtschaftsgut hergestellt. Der Domain-Name hat durch die Erstellung der Websites nicht seine selbständige Bewertbarkeit und damit nicht seine Eigenschaft als selbständiges WG verloren. Nach der Verkehrsanschauung bleibt der Domain-Name in seiner Einzelheit von Bedeutung und ist bei einer Veräußerung greifbar. Die Einrichtung der Websites ist unabhängig von dem Domain-Namen, unter welchem die Websites im Internet abgerufen werden können; der Domain-Name kann weiterhin ohne die Web-Dateien veräußert werden.

2.3 Abgrenzung zu abnutzbaren Wirtschaftsgütern

Der Domain-Name ist nicht abnutzbar, da seine Nutzbarkeit weder unter rechtlichen noch unter wirtschaftlichen Gesichtspunkten zeitlich begrenzt ist.

Im Urteil vom 19.10.2006 (III R 6/05, a.a.O.) hatte der BFH über einen **generic Domain** zu entscheiden. Der Bekanntheitsgrad des Domain-Namens »... .de« ist in diesem Fall von werterhaltenden Maßnahmen sowie vom Zeitgeist unabhängig, weil er einen allgemein bekannten Fluss bzw. eine allgemein bekannte Region in Deutschland bezeichnet.

Anders kann es sein, wenn sich der Domain-Name von einem Schutzrecht wie z.B. einer Marke ableitet (sog. »**qualified Domain**«), weil in einem solchen Fall der Wert der Domain von dem ihr zugrunde liegenden Schutzrecht bestimmt wird.

Ebenso lässt sich eine wirtschaftliche Abnutzbarkeit nicht damit begründen, dass dem Stpfl. die Verwendung des Domain-Namens zivilrechtlich untersagt werden kann, wenn er dadurch das Namens- oder Markenrecht eines Dritten verletzt oder die Verwendung wettbewerbswidrig ist. Wird dem Stpfl. die Verwendung des Domain-Namens zivilrechtlich untersagt, begründet dies eine Teilwertabschreibung nach § 6 Abs. 1 Nr. 2 Satz 2 EStG, nicht aber die Abnutzbarkeit der Domain-Adresse.

2.4 Zusammenfassung

Nach § 5 Abs. 2 EStG besteht eine Aktivierungspflicht nur für entgeltlich erworbene immaterielle WG. Die Aufwendungen für ein nicht abnutzbares immaterielles WG können nicht sofort als Betriebsausgaben abgezogen werden. Absetzungen sind nicht möglich. Bei der Einnahme-Überschussrechnung sind die Anschaffungskosten nach § 4 Abs. 3 Satz 4 EStG erst im Zeitpunkt des Zuflusses des Veräußerungserlöses oder bei Entnahme als Betriebsausgaben zu berücksichtigen. Die an die DENIC zu entrichtenden jährlichen Gebühren stellen Betriebsausgaben oder Werbungskosten dar.

Investitionsabzugsbeträge nach § 7g EStG

→ Buchführungspflicht   → Sonderabschreibungen

Rechtsquellen
→ § 7g Abs. 1 bis 4 EStG

1. Allgemeiner Überblick

Im Zuge der Unternehmensteuerreform 2008 werden die bisherigen Regelungen zu den Ansparabschreibungen umgestaltet und vereinfacht. Im Rahmen dieser Umgestaltung wird auf die Existenzgründerrücklage verzichtet.

Aus systematischen Gründen werden die bisherigen Regelungen in § 7g Abs. 3 bis 6 EStG nunmehr in den Absätzen 1 bis 4 den → **Sonderabschreibungen** vorangestellt. Die Vorverlagerung von Abschreibungspotenzial liegt zeitlich gesehen vor der Inanspruchnahme der Sonderabschreibungen bei Investitionen des begünstigten Wirtschaftsguts.

Die folgende Tabelle enthält eine Kurzübersicht über die Anwendung des § 7g EStG.

Inanspruchnahme eines Investitionsabzugsbetrags außerhalb der Gewinnermittlung möglich in den Kj. 2007, 2008 oder 2009	Begünstigtes WG angeschafft z.B. im Kj. 2010
Möglicher Investitionsabzugsbetrag: 1 € bis maximal 40 % der voraussichtlichen Anschaffungskosten.	Es **muss** eine Hinzurechnung zum Gewinn i.H.v. 40 % der tatsächlichen Anschaffungskosten = 40 000 €, maximal i.H.d. Investitionsabzugsbetrags vorgenommen werden (§ 7g Abs. 2 Satz 1 EStG). Bis zur Höhe des Hinzurechnungsbetrages **kann** eine besondere Abschreibung vorgenommen werden (§ 7g Abs. 2 Satz 2 EStG). Die tatsächlichen Anschaffungskosten mindern sich um den Hinzurechnungsbetrag.
	Im Jahr der Anschaffung und in den vier folgenden Jahren können Sonderabschreibungen bis zu insgesamt 20 % der Anschaffungs- oder Herstellungskosten unter den Voraussetzungen des § 7g Abs. 5 und 6 EStG in Anspruch genommen werden.

Abbildung: Übersicht über die Anwendung des § 7g EStG

Mit Beschluss vom 13.10.2009 (VIII B 62/09, LEXinform 5009168) hat der BFH entschieden, dass es nicht ernstlich zweifelhaft ist, dass Steuerpflichtige mit Einkünften aus selbständiger Arbeit für 2007 keine Ansparabschreibung nach § 7g EStG a.F. geltend machen können, sondern – bei Einhaltung der in § 7g Abs. 1 Satz 2 Nr. 1 Buchst. a und c EStG n.F. genannten Größenmerkmale – den Investitionsabzugsbetrag nach § 7g EStG n.F.

Mit Schreiben vom 8.5.2009 (koordinierter Ländererlass) nimmt das BMF zu Zweifelsfragen zum Investitionsabzugsbetrag nach § 7g Abs. 1 bis 4 und 7 EStG Stellung (BStBl I 2009, 633).

2. Der Investitionsabzugsbetrag im Einzelnen

2.1 Allgemeiner Überblick

Steuerpflichtige können für die **künftige Anschaffung oder Herstellung** eines Wirtschaftsguts einen den Gewinn mindernden Investitionsabzugsbetrag abziehen. Die Berücksichtigung erfolgt **außerbilanziell**. Die bisherige buchungsmäßige Bildung von Rücklagen entfällt.

Der Abzugsbetrag darf **40% der Anschaffungs- oder Herstellungskosten** des begünstigten Wirtschaftsguts nicht überschreiten, das der Steuerpflichtige voraussichtlich bis zum **Ende des dritten auf den Abzug des Investitionsabzugsbetrages folgenden Wirtschaftsjahres anschaffen oder herstellen** wird.

Ein bestimmter Mindestabzugsbetrag ist nicht erforderlich. Der jeweilige Abzugsbetrag bezieht sich auf eine künftige Investition. Bei mehreren künftigen Investitionen ist für **jede einzelne** Investition ein **gesonderter** Abzugsbetrag abzuziehen.

	Ermittlung des Gewinns		EUR	Ct
60	Summe der Betriebseinnahmen (Übertrag aus Zeile 18)			,
61	abzüglich Summe der Betriebsausgaben (Übertrag aus Zeile 55)	−		,
	zuzüglich			
62	− Hinzurechnung der Investitionsabzugsbeträge nach § 7g Abs. 2 EStG	188 +	Im Wirtschaftsjahr der Anschaffung	
63	abzüglich			
64	− erwerbsbedingte Kinderbetreuungskosten	184		
65	− Investitionsabzugsbeträge nach § 7g Abs. 1 EStG (Übertrag aus Zeile 77)	187	Investitionsabzugsbetrag als Gewinn mindernder Abzug	
66	Summe	198	▶ −	,
67	Gewinn/Verlust	119		,

	2. Ergänzende Angaben				99	27
	Rücklagen, stille Reserven und Ansparabschreibungen		Bildung/Übertragung EUR	Ct	Auflösung EUR	Ct
68	Rücklagen nach § 6c i.V.m. § 6b EStG, R 6.6 EStR	187		,	120	,
69	Übertragung von stillen Reserven nach § 6c i.V.m. § 6b EStG, R 6.6 EStR	170		,		
70	Ansparabschreibungen für Existenzgründer nach § 7g Abs. 7 und 8 EStG a.F.				122	,

71	Gewinnzuschlag nach § 6b Abs. 7 und 10 EStG			123	,
72	Ausgleichsposten nach § 4g EStG	191	,	125	,
73	Gesamtsumme	190	,	124	,
		Übertrag in Zeile 54		Übertrag in Zeile 17	

Investitionsabzugsbeträge – Bildung (§ 7g Abs. 1 EStG)

Lfd. Nr.	Einzelnes Wirtschaftsgut/ Funktion des Wirtschaftsguts	Voraussichtliche Anschaffungs-/ Herstellungskosten		darauf entfallender Investitionsabzugsbetrag	
		EUR	Ct	EUR	Ct
74	1.		,		,
75	2.		,		,
76	3.	Summe aus der Bildung weiterer Investitionsabzugsbeträge (Erläuterungen auf gesondertem Blatt)			
77	Gesamtsumme				
				Übertrag in Zeile 65	

Investitionsabzugsbeträge – Hinzurechnungen (§ 7g Abs. 2 EStG)

Lfd. Nr.	Einzelnes Wirtschaftsgut/ Funktion des Wirtschaftsguts	Voraussichtliche Anschaffungs-/ Herstellungskosten		Hinzurechnung (40% der Anschaffungs-/Herstellungskosten, max. Investitionsabzugsbetrag	
		EUR	Ct	EUR	CT
78	1.		,		,
79	2.		,		,
80	3.	Summe weiterer Investitionsabzugsbeträge (Erläuterungen auf gesond. Blatt)			,
81	Gesamtsumme				,
				Übertrag in Zeile 62	

Durch den Gewinn mindernden Abzug des Investitionsabzugsbetrages sollen Abschreibungen, die im Jahr der tatsächlichen Anschaffung oder Herstellung anfallen, aufwandsmäßig vorweggenommen werden. Die Inanspruchnahme von § 7g Abs. 1 EStG führt zu einer Steuerstundung, wodurch Mittel angespart werden können, um dem Unternehmen die Finanzierung von Investitionen zu erleichtern. Der Investitionsabzugsbetrag ist in dem Wirtschaftsjahr, in dem die geförderte Investition durchgeführt wird, außerbilanziell gewinnerhöhend hinzuzurechnen. (§ 7g Abs. 2 EStG). Diesem zwangsläufig entstehenden Ertrag stehen aber

- die Abschreibungen auf das neu angeschaffte oder hergestellte Wirtschaftsgut sowie
- ein zusätzlicher den Gewinn mindernder Abzug von 40% der Anschaffungs- oder Herstellungskosten der begünstigten Investitionen

gegenüber.

Die Steuervergünstigung des § 7g EStG ist ihrem Regelungszweck nach, welcher in dem Anreiz besteht, betrieblich zu investieren, auf Fälle einzuschränken, in denen der Steuerpflichtige die beabsichtigte Investition innerhalb des Dreijahreszeitraums (§ 7g Abs. 1 Nr. 2 Buchst. a EStG) noch real vornehmen kann (s.a. BFH-Urteil vom 13.5.2004 IV R 11/02, BFH/NV 2004, 1400).

2.2 Zeitlicher Anwendungsbereich

Der Investitionsabzugsbetrag kann erstmals für Wirtschaftsjahre beansprucht werden, die nach Verkündung des Unternehmensteuerreformgesetzes 2008 am 17.8.2007 enden (§ 52 Abs. 23 Satz 1 EStG). Bei Stpfl., bei denen das Wj. dem Kj. entspricht (z.B. bei Einnahme-Überschussrechnung), sind die **Neuregelungen** somit **ab** dem **Veranlagungszeitraum 2007** anzuwenden. Ab diesem Wj. können Ansparabschreibungen nach § 7g Abs. 3 ff. EStG a.F. nicht mehr gebildet oder aufgestockt werden. Bei Existenzgründern i.S.v. § 7g Abs. 7 EStG a.F. gilt dies auch dann, wenn der Gründungszeitraum (§ 7g Abs. 7 Satz 1 EStG a.F.) noch nicht abgelaufen ist (Rz. 73 des BMF-Schreibens vom 8.5.2009, BStBl I 2009, 633).

In vorangegangenen Wirtschaftsjahren nach § 7g Abs. 3 ff. EStG a.F. gebildete Ansparabschreibungen und Rücklagen für Existenzgründer sind auf Basis der bisherigen Regelungen unter Berücksichtigung der dort genannten Fristen beizubehalten und aufzulösen. Eine Pflicht zur vorzeitigen Auflösung von Ansparabschreibungen und Rücklagen für Existenzgründer besteht nicht.

2.3 Voraussetzungen

Der Investitionsabzugsbetrag ist nur unter den folgenden Bedingungen möglich:
a) der Steuerpflichtige ermittelt den **Gewinn** nach § 4 Abs. 1, § 5 oder **§ 4 Abs. 3 EStG** (§ 7g Abs. 1 Nr. 1 Buchst. a und c EStG).
b) Die Inanspruchnahme von Investitionsabzugsbeträgen ist ausschließlich bei Betrieben (Einzelunternehmen, Personengesellschaften und Körperschaften) möglich, die **aktiv am wirtschaftlichen Verkehr teilnehmen** und eine in diesem Sinne werbende Tätigkeit ausüben (Rz. 1 des BMF-Schreibens vom 8.5.2009, BStBl I 2009, 633).
Steuerpflichtige, die ihren Betrieb ohne Aufgabeerklärung durch Verpachtung im Ganzen fortführen (sog. **Betriebsverpachtung im Ganzen**), können die Regelungen in **§ 7g EStG nicht anwenden** (BFH-Urteil vom 27.9.2001 X R 4/99, BStBl II 2002, 136). Im Falle einer **Betriebsaufspaltung** können sowohl das Besitzunternehmen als auch das Betriebsunternehmen **Investitionsabzugsbeträge beanspruchen**. Entsprechendes gilt bei Organschaften für Organträger und Organgesellschaft.
c) Bei **Betriebseröffnung** kann auch in den Jahren vor Abschluss der Betriebseröffnung ein Investitionsabzugsbetrag für die künftige Investition eines begünstigten WG in Anspruch genommen werden. Die Eröffnung eines Betriebes ist dann abgeschlossen, wenn alle wesentlichen Grundlagen vorhanden sind (Rz. 28 ff. des BMF-Schreibens vom 8.5.2009, BStBl I 2009, 633).
Bei der Inanspruchnahme von Investitionsabzugsbeträgen für wesentliche Betriebsgrundlagen ist es erforderlich, dass das Wirtschaftsgut, für das ein Abzugsbetrag geltend gemacht wird, bis zum Ende des Jahres, in dem der Abzug vorgenommen wird, verbindlich bestellt worden ist (Tz. 29 des BMF-Schreibens vom 8.5.2009, BStBl I 2009 633). Im Falle der Herstellung muss eine Genehmigung verbindlich beantragt oder – falls eine Genehmigung nicht erforderlich ist – mit der Herstellung des Wirtschaftsgutes bereits tatsächlich begonnen worden sein.
d) Anschaffung oder Herstellung eines **beweglichen** und **abnutzbaren Wirtschaftsguts** des **Anlagevermögens** (Wirtschaftsgüter i.S.d. § 7g Abs. 1 Satz 1 EStG; Rz. 3 des BMF-Schrei-

bens vom 8.5.2009, BStBl I 2009, 633). Die Inanspruchnahme von § 7g Abs. 1 EStG wird dadurch erleichtert, dass das begünstigte bewegliche Wirtschaftsgut des Anlagevermögens nicht mehr »neu« sein muss.

Mit Urteil vom 28.10.2008 (IX R 22/08, BStBl II 2009, 527) wurde vom BFH entschieden, dass es sich bei der auf einem Datenträger verkörperten **Standardsoftware** um eine »Ware« i.S.d. § 2a Abs. 2 Satz 1 EStG handelt. In diesem Zusammenhang vertritt der BFH die Auffassung, dass er mit seiner Auslegung des Begriffs der Ware i.S.d. § 2a Abs. 2 EStG nicht von der Rechtsprechung des BFH zu den Investitionszulagengesetzen abweiche, da der Begriff der Ware anders auszulegen sei als der Begriff des immateriellen bzw. des materiellen Wirtschaftsgutes. Allerdings sei fraglich, ob die bisherige Auffassung des BFH, auch eine Standardsoftware als immaterielles Wirtschaftsgut zu behandeln, für dessen Anschaffung keine Investitionszulage gewährt werde, vor dem (geänderten) zivilrechtlichen und wirtschaftlichen Hintergrund überhaupt noch zeitgemäß sei. Nach dem Urteil des FG Köln vom 17.2.2009 (1 K 1171/06, EFG 2009, 1540, Revision eingelegt, Az. BFH X R 26/09, LEXinform 0179768) konnte für Standardsoftware eine Ansparabschreibung gebildet werden. Das FG Köln folgt der Auffassung, dass es sich bei fixen Standardprogrammen um ein **materielles bewegliches Wirtschaftsgut** handelt. Danach ist nach § 7g EStG n.F ebenfalls ein Investitionsabzugsbetrag möglich (→ **Absetzung für Abnutzung** Tz. 10.2: Softwaresysteme).

Die beabsichtigte Anschaffung oder Herstellung eines geringwertigen Wirtschaftsguts i.S.v. § 6 Abs. 2 EStG oder eines Wirtschaftsguts, das nach § 6 Abs. 2a EStG in einem Sammelposten zu erfassen ist (→ **Geringwertige Wirtschaftsgüter**), berechtigt ebenfalls zur Inanspruchnahme eines Investitionsabzugsbetrages (Rz. 4 des BMF-Schreibens vom 8.5.2009, BStBl I 2009, 633).

e) Das **Betriebsvermögen** zum Schluss des Wirtschaftsjahres, in dem der Abzug vorgenommen wird, darf **nicht mehr als 235 000 €** (vorher 204 517 €) betragen.

Durch das Konjunkturpaket der Bundesregierung (Gesetz zur Umsetzung steuerrechtlicher Regelungen des Maßnahmenpakets »Beschäftigungssicherung durch Wachstumsstärkung«) vom 21.12.2008 (BGBl I 2008, 2896) werden die Größenmerkmale des § 7g Abs. 1 Satz 2 Nr. 1 EStG für die Inanspruchnahme von Investitionsabzugsbeträgen und Sonderabschreibungen in den Jahren 2009 und 2010 erhöht (§ 52 Abs. 23 EStG n.F.). Dabei wird der Betrag von 235 000 € auf 335 000 € angehoben.

f) Bei Betrieben, die ihren **Gewinn** nach **§ 4 Abs. 3 EStG** ermitteln, darf der Gewinn **100 000 €** nicht überschreiten (§ 7g Abs. 1 Satz 2 Nr. 1 Buchst. c EStG). In den **Jahren 2009 und 2010** beträgt die Grenze **200 000 €**. Dabei ist das oben dargestellte Betriebsvermögen nicht relevant.

Gewinn i.S.v. § 7g Abs. 1 Satz 2 Nr. 1 Buchst. c EStG ist der Betrag, der ohne Berücksichtigung von Investitionsabzugsbeträgen nach § 7g Abs. 1 EStG der Besteuerung zugrunde zu legen ist. Die Gewinngrenze ist für jeden Betrieb getrennt zu ermitteln und gilt unabhängig davon, wie viele Personen an dem Unternehmen beteiligt sind (Rz. 13 des BMF-Schreibens vom 8.5.2009, BStBl I 2009, 633).

g) Ein Abzugsbetrag kann auch gebildet werden, wenn dadurch ein Verlust entsteht oder sich erhöht (§ 7g Abs. 1 Satz 3 EStG).

h) Die insgesamt getätigten Investitionsabzugsbeträge dürfen im Wirtschaftsjahr des Abzugs und in den drei vorangegangenen Wirtschaftsjahren den Betrag von **200 000 € nicht übersteigen** (§ 7g Abs. 1 Satz 4 EStG).

Dieser Betrag vermindert sich um die in den drei vorangegangenen Wirtschaftsjahren berücksichtigten Abzugsbeträge nach § 7g Abs. 1 EStG, die noch »vorhanden« sind, d.h. nicht wieder hinzugerechnet (§ 7g Abs. 2 EStG) oder rückgängig gemacht wurden (§ 7g Abs. 3 und 4 EStG). Zusätzlich sind noch bestehende Ansparabschreibungen nach § 7g EStG a.F. auf den Höchstbetrag anzurechnen (§ 52 Abs. 23 Satz 4 EStG; Rz. 49 des BMF-Schreibens vom 8.5.2009, BStBl I 2009, 633).

i) Ein **Investitionsabzugsbetrag im Wirtschaftsjahr der Anschaffung** oder Herstellung des Wirtschaftsgutes ist **nicht möglich**. Die Geltendmachung eines Abzugsbetrags setzt die Absicht des Steuerpflichtigen voraus, das begünstigte Wirtschaftsgut voraussichtlich in den dem Wirtschaftsjahr des Abzugs folgenden drei Wirtschaftsjahren anzuschaffen oder herzustellen (Investitionszeitraum).

Das Tatbestandsmerkmal »voraussichtlich« erfordert eine Prognoseentscheidung über das künftige Investitionsverhalten des Stpfl. (s.a. BFH-Urteil vom 1.8.2007 XI R 47/06, BStBl II 2008, 106). Hat der Stpfl. bereits im Zeitpunkt des Einreichens des entsprechenden Jahresabschlusses, in dem der Investitionsabzugsbetrag nach § 7g Abs. 1 EStG abgezogen wurde, den Beschluss gefasst, seinen Betrieb zu veräußern oder aufzugeben, so ist regelmäßig nicht mehr mit der Anschaffung oder Herstellung des jeweiligen WG im Rahmen dieses Betriebs zu rechnen; bei geplanter Betriebsveräußerung oder Betriebsaufgabe wird typischerweise nicht mehr in den Betrieb investiert. Besteht allerdings gleichwohl objektiv noch ernsthaft die Möglichkeit, dass die Investition vor der Veräußerung vorgenommen wird (z.B. kleinere Investitionen), so ist der Abzug des Investitionsabzugsbetrages nicht per se ausgeschlossen, es sei denn, es sollte ein sog. Gestaltungsmissbrauch vorliegen (§ 42 AO). Auch in solchen Fällen, in denen der Stpfl. bei Abgabe der Gewinnermittlung für das Abzugsjahr bereits seinen Betrieb veräußert hat oder den Entschluss hierzu gefasst hat, kann eine Investition »voraussichtlich bis zum Ende des dritten auf den Abzug des Investitionsabzugsbetrags folgenden Wj.« getätigt werden, wenn der Betriebsveräußerer mit zurückbehaltenem »Restbetriebsvermögen« seinen Betrieb – wenn auch in geringem Umfang – fortführt (s.a. Rz. 22 f. des BMF-Schreibens vom 8.5.2009, BStBl I 2009, 633). Ist bei Abgabe der Steuererklärung für das Kalenderjahr, in dem ein Investitionsabzugsbetrag geltend gemacht wird, die Investitionsfrist gem. § 7g Abs. 1 Satz 2 Nr. 2 Buchst. a EStG bereits abgelaufen und wurde tatsächlich keine Investition getätigt, kann ein Investitionsabzugsbetrag bereits wegen der gleichzeitigen Rückgängigmachung nicht mehr berücksichtigt werden (Rz. 20 des BMF-Schreibens vom 8.5.2009, BStBl I 2009, 633).

j) Das Wirtschaftsgut muss im Jahr der Anschaffung bzw. Herstellung und im kompletten darauf folgenden Wj. ausschließlich oder fast ausschließlich betrieblich genutzt werden (§ 7g Abs. 1 Satz 2 Nr. 2 Buchst. b EStG). Eine fast ausschließliche Nutzung liegt vor, wenn das WG mindestens zu 90% betrieblich genutzt wird (Rz. 43 ff. des BMF-Schreibens vom 8.5.2009, BStBl I 2009, 633). Fahrten zwischen Wohnung und Betriebsstätte sind der betrieblichen Nutzung zuzurechnen. Der Umfang der betrieblichen Nutzung im maßgebenden Nutzungszeitraum ist vom Steuerpflichtigen anhand geeigneter Unterlagen darzulegen; im Fall des § 6 Abs. 1 Nr. 4 Satz 3 EStG durch das ordnungsgemäße Fahrtenbuch. Bei **Anwendung der sog. 1%-Regelung** (§ 6 Abs. 1 Nr. 4 Satz 2 EStG) ist grundsätzlich von einem **schädlichen Nutzungsumfang** auszugehen (Rz. 47 des BMF-Schreibens vom 8.5.2009, BStBl I 2009, 633). Gegen die stringente Anwendung der Rz. 47 des BMF-Schreibens vom 8.5.2009 (BStBl I 2009, 633) hat das FG des Saarlandes mit Beschluss vom 30.7.2009 (1 V 1185/09, LEXinform 5008938, Beschwerde eingelegt, Az. BFH VIII

B 190/09) wie folgt entschieden: Kündigt der Steuerpflichtige glaubhaft an, die künftige fast ausschließliche betriebliche Nutzung eines noch anzuschaffenden Pkw anhand geeigneter Aufzeichnungen nachzuweisen, so bestehen ernstliche Zweifel an der Versagung des Investitionsabzugsbetrags nach § 7g EStG n.F. mit der Begründung, die bisherige Anwendung der 1%-Regelung als Pauschalbesteuerung der privaten Pkw-Nutzung im Investitionsabzugsjahr stehe dem Investitionsabzug für einen neuen Pkw entgegen.

2.4 Investitionsabzugsbetrag und Betriebsveräußerung

Mit Urteil vom 1.8.2007 (XI R 47/06, BStBl II 2008, 106) hat der BFH über die Bildung der Ansparrücklage im Jahr vor der beabsichtigten Betriebsveräußerung entschieden, dass die Bildung der Rücklage unter bestimmten Voraussetzungen zulässig ist. Die Grundsätze dieses Urteils können auf die Neufassung des § 7g Abs. 1 EStG übertragen werden.

Weder die teilweise Steuerfreiheit (§ 16 Abs. 4 EStG) noch die Tarifbegünstigung (§ 34 EStG) des im Folgejahr verwirklichten Betriebsveräußerungsgewinns stehen dem Abzug des Abzugsbetrages entgegen, solange die geplante Investition im fortbestehenden »Restbetrieb« objektiv möglich und wahrscheinlich ist. Zwar setzt die Annahme des Betriebsveräußerungsgewinns nach dem Wortlaut des Gesetzes die Veräußerung des »ganzen« Gewerbebetriebes oder eines Teilbetriebes oder »des Vermögens oder eines selbständigen Teils des Vermögens oder eines Anteils am Vermögen« (§ 16 Abs. 1 Nr. 1, § 18 Abs. 3 EStG) oder die Aufgabe des Betriebes (§ 16 Abs. 3 EStG) voraus. Rein sprachlich besteht nach der Betriebsveräußerung oder -aufgabe in der Hand des Stpfl. kein Betrieb mehr. Für eine Betriebsveräußerung reicht aber die Veräußerung aller – qualitativ oder quantitativ – wesentlichen Betriebsgrundlagen aus. Nicht erforderlich ist, dass alle WG, die zum Betriebsvermögen des Betriebes gehörten, veräußert werden; es ist möglich, dass einzelne WG, die nicht die Eigenschaft von wesentlichen Betriebsgrundlagen haben, als Betriebsvermögen zurückbehalten und erst später – und dann nach § 24 Nr. 2 EStG nicht tarifbegünstigt – verwertet werden. Eine Betriebsveräußerung liegt danach auch vor, wenn ein Steuerberater einzelne Mandate zurückbehält, auf die in den letzten drei Jahren weniger als 10 % der gesamten Einnahmen entfielen, und er diese nach der Veräußerung weiter betreut (H 18.3 [Veräußerung, 1. Einzelunternehmen, Buchst. a] EStH).

Wird der Stpfl. nach der (steuerbegünstigten) Betriebsveräußerung unter Einsatz des bei der Veräußerung zurückbehaltenen (nicht wesentlichen) Betriebsvermögens weiterhin der Art nach wie bisher tätig, so begründet er keinen anderen Betrieb, sondern führt seinen bisherigen, wenn auch in geringerem Umfang fort. In diesem Sinne spricht der BFH – wenn auch in anderem Zusammenhang – vom »Restbetriebsvermögen« des veräußerten oder aufgegebenen Betriebes und von der »Fortführung« der freiberuflichen Tätigkeit. Soweit der BFH das »Restbetriebsvermögen« als »Betriebsvermögen ohne Betrieb« bezeichnet (vgl. z.B. Urteil vom 30.1.2002 X R 56/99, BStBl II 2002, 387), betraf dies nicht die Fälle, in denen der Stpfl. nach Veräußerung noch – in geringem Umfang – tatsächlich unternehmerisch tätig war.

3. Nachweis der geplanten Investitionen

Nach § 7g Abs. 1 EStG kann für jede begünstigte Investition ein Investitionsabzugsbetrag in Anspruch genommen werden. Die Investitionsabsicht ist jeweils glaubhaft zu machen. Hierzu muss weder ein Investitionsplan vorgelegt noch eine feste Bestellung eines bestimmten Wirtschaftsguts nachgewiesen werden. Es reicht aus, wenn das Wirtschaftsgut, das angeschafft oder hergestellt werden soll, seiner Funktion nach benannt und der **beabsichtigte Investitionszeitpunkt** sowie die Höhe der voraussichtlichen → **Anschaffungs-** oder → **Herstellungskosten** angegeben werden.

Für den Betriebsausgabenabzug nach § 7g Abs. 1 EStG genügt es, wenn die notwendigen Angaben zur Funktion des Wirtschaftsguts und zu den voraussichtlichen Anschaffungs- oder Herstellungskosten – und im Falle eines Gesamtpostens die entsprechenden Aufschlüsselungen – in einer zeitnah erstellten Aufzeichnung festgehalten werden, die in den steuerlichen Unterlagen des Stpfl. aufgewahrt wird und auf Verlagen jederzeit zur Verfügung gestellt werden kann (BFH-Urteil vom 13.12.2005 XI R 52/04, BStBl II 2006, 462; § 60 EStDV).

Keine ausdrückliche Regelung enthält das Gesetz darüber, ob und ggf. wie nachzuweisen bzw. glaubhaft zu machen ist, dass eine Investition tatsächlich beabsichtigt ist. Aus dem Begriff »voraussichtlich« lässt sich das Erfordernis einer Absicht nicht herleiten. Nach dem BMF-Schreiben vom 25.2.2004 (Rz. 7 bis 12, a.a.O.) ist die Investitionsabsicht zwar jeweils glaubhaft zu machen, aus den weiteren Erläuterungen ergibt sich aber, dass damit im Kern die Bezeichnung der Investition in dem vorstehend dargelegten Sinne gemeint ist. Nach der Gesetzesbegründung ist eine Vorlage von Investitionsplänen oder die Vornahme einer Bestellung ausdrücklich keine (vgl. Gesetzentwurf, BT-Drucks 16/4841, 52) Voraussetzung für die Bildung der Ansparrücklage. In seinem Urteil vom 11.10.2007 (X R 1/06, BStBl II 2008, 119) führt der BFH aus, dass der Abzug des Investitionsabzugsbetrages nicht voraussetzt, dass der voraussichtliche Investitionszeitpunkt in der Buchführung oder in den Aufzeichnungen für die Gewinnermittlung ausgewiesen wird. Das Urteil ist zur Ansparrücklage ergangen und kann aber auf den Investitionsabzugsbetrag sinngemäß angewandt werden (s.a. Rz. 17 f. des BMF-Schreibens vom 8.5.2009, BStBl I 2009, 633).

Neben der Angabe der voraussichtlichen Anschaffungs- oder Herstellungskosten ist das begünstigte Wirtschaftsgut in den dem FA einzureichenden Unterlagen seiner Funktion nach zu benennen (§ 7g Abs. 1 Satz 2 Nr. 3 EStG; Rz. 41 f. des BMF-Schreibens vom 8.5.2009, BStBl I 2009, 633). Hierfür reicht es aus, die betriebsinterne Bestimmung stichwortartig darzulegen. Dabei muss erkennbar sein, für welchen Zweck das Wirtschaftsgut angeschafft oder hergestellt werden soll. Lässt sich die geplante Investition einer stichwortartigen Bezeichnung zuordnen, aus der sich die Funktion des Wirtschaftsguts ergibt, reicht die Angabe dieses Stichwortes aus. Allgemeine Bezeichnungen, aus denen sich die Funktion des Wirtschaftsguts nicht hinreichend bestimmen lässt (z.B. »Maschinen« oder »Fuhrpark«), sind dagegen nicht zulässig. Auch eine »räumliche« Betrachtungsweise, wonach alle Wirtschaftsgüter begünstigt sind, die in einem bestimmten räumlichen Zusammenhang stehen (z.B. Büro, Werkshalle, Stall), lässt § 7g Abs. 1 Satz 2 Nr. 3 EStG nicht zu. Die Rz. 41 des BMF-Schreibens vom 8.5.2009 (BStBl I 2009, 633) enthält Beispiele für die zutreffende Funktionsbeschreibung eines Wirtschaftsguts.

4. Höhe des Investitionsabzugsbetrages

Es können bis zu 40 % der voraussichtlichen Anschaffungs- oder Herstellungskosten gewinnmindernd geltend gemacht werden. § 9b Abs. 1 EStG ist zu beachten.

Für das begünstigte Wirtschaftsgut kann ein Investitionsabzugsbetrag nur in einem Wirtschaftsjahr geltend gemacht werden (Abzugsjahr). Erhöhen sich die prognostizierten Anschaffungs- oder Herstellungskosten, können bis zu 40 % dieser zusätzlichen Aufwendungen den ursprünglichen Abzugsbetrag erhöhen, soweit dadurch der für das Abzugsjahr geltende Höchstbetrag (200 000 €) nicht überschritten wird und die Steuerfestsetzung des Abzugsjahres verfahrensrechtlich noch änderbar ist. Dagegen können Bestandteile der berücksichtigungsfähigen Anschaffungs- oder Herstellungskosten, die wegen des Höchstbetrages nicht im Abzugsjahr abgezogen werden konnten, nicht in einem Folgejahr geltend gemacht werden. Entsprechendes gilt auch dann, wenn im Abzugsjahr nicht der höchstmögliche Abzugsbetrag von 40 % der Anschaffungs- oder Herstellungskosten in Anspruch genommen wurde (Rz. 5 und 6 des BMF-Schreibens vom 8.5.2009, BStBl I 2009, 633).

Tipp:
Rosarius kritisiert in seinem Beitrag: Investitionsabzugsbetrag – neues BMF-Schreiben zu Zweifelsfragen, DStZ 2009, 463, diese restriktive Regelung der Verwaltung in Rz. 6 des BMF-Schreibens vom 8.5.2009 (BStBl I 2009, 633). Seiner Meinung nach müsste es ohne Weiteres möglich sein, den nicht ausgeschöpften Höchstbetrag im Folgejahr nachzuholen. M.E. ist aber der Verwaltungsmeinung zu folgen, da die gesetzliche Regelung in § 7g Abs. 1 Satz 2 Nr. 2 Buchst. a EStG von »dem Wj. des Abzugs« spricht, das auch für die Bestimmung des Investitionszeitraums von Bedeutung ist.
Rosarius rät in seinem Beitrag den Stpfl. zur Vermeidung eines Rechtsstreits, die Steuerfestsetzung des Abzugsjahres nach Möglichkeit nicht bestandskräftig werden zu lassen, damit nachträgliche Erhöhungen der voraussichtlichen Anschaffungs- oder Herstellungskosten bei der Bemessung des Investitionsabzugsbetrages noch berücksichtigt werden können. Dieser Rechtsauffassung kann nur gefolgt werden.

5. Verwendung des Investitionsabzugsbetrages

Sind die beabsichtigte Investition und die später tatsächlich durchgeführte Investition nicht gleichartig, ist die Berücksichtigung des Investitionsabzugsbetrages rückgängig zu machen (§ 7g Abs. 3 EStG). Es ist nicht zulässig, den für eine bestimmte künftige Investition berücksichtigten Abzugsbetrag ganz oder teilweise für eine Investition anderer Art zu verwenden (s.a. BFH-Urteil vom 21.9.2005 X R 32/03, BStBl II 2006, 66). Das bei Inanspruchnahme des Investitionsabzugsbetrages benannte Wirtschaftsgut und das später tatsächlich angeschaffte oder hergestellte Wirtschaftsgut müssen zumindest funktionsgleich sein. Dies ist z.B. der Fall, wenn der Steuerpflichtige anstelle der geplanten Anschaffung eines Pkw der Marke A einen Pkw der Marke B erwirbt. Dagegen ist die Funktionsgleichheit zu verneinen, wenn z.B. anstelle der geplanten Anschaffung eines Pkw ein Lkw erworben wird.

6. Hinzurechnung des Investitionsabzugsbetrages sowie Kürzung der Anschaffungs- bzw. Herstellungskosten

6.1 Hinzurechnung nach § 7g Abs. 2 Satz 1 EStG

Im Wirtschaftsjahr der Anschaffung oder Herstellung des begünstigten Wirtschaftsguts ist der für dieses Wirtschaftsgut in Anspruch genommene Investitionsabzugsbetrag i.H.v. 40 % der Anschaffungs- oder Herstellungskosten **gewinnerhöhend** hinzuzurechnen. Die **Hinzurechnung** (**Zeile 62** des Vordrucks EÜR) darf den tatsächlich abgezogenen Investitionsabzugsbetrag nicht übersteigen (Rz. 50 ff. des BMF-Schreibens vom 8.5.2009, BStBl I 2009, 633).

	Ermittlung des Gewinns		EUR	Ct
60	Summe der Betriebseinnahmen (Übertrag aus Zeile 18)			,
61	abzüglich Summe der Betriebsausgaben (Übertrag aus Zeile 55)	−		,
	zuzüglich			
62	− Hinzurechnung der Investitionsabzugsbeträge nach § 7g Abs. 2 EStG	188 +		
63	abzüglich			
64	− erwerbsbedingte Kinderbetreuungskosten	184		
65	− Investitionsabzugsbeträge nach § 7g Abs. 1 EStG (Übertrag aus Zeile 77)	187		
66	Summe	198	▶ −	,
67	**Gewinn/Verlust**	119		

Soweit der für das begünstigte Wirtschaftsgut beanspruchte Investitionsabzugsbetrag 40 % der tatsächlichen Anschaffungs- oder Herstellungskosten übersteigt, kann der Restbetrag für innerhalb des verbleibenden Investitionszeitraumes nachträglich anfallende Anschaffungs- oder Herstellungskosten verwendet werden. Soweit allerdings innerhalb des verbleibenden Investitionszeitraums keine nachträglichen Anschaffungs- oder Herstellungskosten für das begünstigte Wirtschaftsgut entstehen, ist der noch nicht hinzugerechnete Investitionsabzugsbetrag rückgängig zu machen. Eine »Übertragung« von Restbeträgen auf ein anderes begünstigtes Wirtschaftsgut ist auch dann nicht zulässig, wenn das andere Wirtschaftsgut funktionsgleich ist.

6.2 Kürzung der Anschaffungs- bzw. Herstellungskosten

Im Wirtschaftsjahr der Anschaffung oder Herstellung des **begünstigten** Wirtschaftsgutes können die **Anschaffung- oder Herstellungskosten** des Wirtschaftsgutes um bis zu 40 %, höchstens jedoch um die Hinzurechnung i.S.d. § 7g Abs. 2 Satz 1 EStG **herabgesetzt** werden (§ 7g Abs. 2 Satz 2 EStG). Die Bemessungsgrundlage für die Absetzungen für Abnutzung, erhöhten Absetzungen und Sonderabschreibungen sowie die Anschaffungs- oder Herstellungskosten i.S.v. § 6 Abs. 2 und Abs. 2a EStG (→ **Geringwertige Wirtschaftsgüter**) verringern sich entsprechend. Voraussetzung für die Kürzung ist, dass das begünstigte Wirtschaftsgut innerhalb der dreijährigen Investitionsfrist angeschafft oder hergestellt wird.

Beispiel:
Der Stpfl. erwirbt im Kj. 08 ein selbständig nutzungsfähiges Wirtschaftsgut des Anlagevermögens (Nutzungsdauer drei Jahre) für 180 €.

Lösung:
Da es sich bei dem Wirtschaftsgut um ein selbständig nutzungsfähiges Wirtschaftsgut des Anlagevermögens handelt, dessen Anschaffungskosten 150 € übersteigen, ist das Wirtschaftsgut grundsätzlich in den Sammelposten für das Kj. 08 einzustellen und über fünf Jahre gleichmäßig abzuschreiben (**Zeile 33** des Vordrucks EÜR; → **Geringwertige Wirtschaftsgüter**).
Nimmt der Steuerpflichtige für das Wirtschaftsgut im Kalenderjahr 07 den Investitionsabzugsbetrag von max. 40 % der geschätzten Anschaffungskosten (40 % von 180 € =) i.H.v. 72 € in Anspruch (**Zeile 65** des Vordrucks EÜR), muss der Steuerpflichtige im Jahr der Anschaffung (Kj. 08) den Investitionsabzugsbetrag gewinnerhöhend auflösen (**Zeile 62** des Vordrucks EÜR) und gleichzeitig die Anschaffungskosten um 72 € gewinnmindernd kürzen (**Zeile 31** des Vordrucks EÜR). Danach betragen die gekürzten Anschaffungskosten für das Wirtschaftsgut noch lediglich 108 € und übersteigen nicht den für die Einstellung in einen Sammelposten maßgebenden Betrag von 150 €. Die verbleibenden Anschaffungskosten von 108 € sind sofort als Betriebsausgaben (**Zeile 32** des Vordrucks EÜR) zu berücksichtigen (s.a. Rz. 54 des BMF-Schreibens vom 8.5.2009, BStBl I 2009, 633).

Entsprechen die bei Inanspruchnahme des Investitionsabzugsbetrages prognostizierten Anschaffungs- oder Herstellungskosten dem tatsächlichen Investitionsaufwand, ergeben sich im Wirtschaftsjahr der Anschaffung oder Herstellung bei Inanspruchnahme der maximalen Herabsetzung der Anschaffungs- oder Herstellungskosten keine Gewinnauswirkungen. Die außerbilanzielle gewinnerhöhende Hinzurechnung kann durch die gewinnmindernde Kürzung der Anschaffungs- oder Herstellungskosten des investierten Wirtschaftsgutes vollständig kompensiert werden.

Sind dagegen die tatsächlichen Kosten höher als der prognostizierte Anschaffungs- oder Herstellungsaufwand, übersteigt die höchstmögliche gewinnmindernde Kürzung der Bemessungsgrundlage den hinzuzurechnenden, in einem Vorjahr berücksichtigten Abzugsbetrag. In Höhe der Differenz verbleibt ein den Gewinn mindernder Aufwand. Wenn sich die prognostizierten Anschaffungs- oder Herstellungskosten erhöhen, können bis zu 40 % dieser zusätzlichen Aufwendungen den ursprünglichen Abzugsbetrag erhöhen, wenn die Steuerfestsetzung des Abzugsjahres verfahrensrechtlich noch änderbar ist (Rz. 6 des BMF-Schreibens vom 8.5.2009, BStBl I 2009, 633). Ein erhöhter Abzugsbetrag kann allerdings nicht in einem Folgejahr geltend gemacht werden.

Wurden die voraussichtlichen Kosten zu hoch geschätzt, kann ein maximal beanspruchter Investitionsabzugsbetrag nicht vollständig hinzugerechnet werden, da die Hinzurechnung auf 40 % der (geringeren) Investitionskosten beschränkt ist. Der verbleibende Restbetrag ist spätestens nach Ablauf der Investitionsfrist gem. § 7g Abs. 1 Satz 2 Nr. 2 Buchst. a i.V.m. Abs. 3 EStG rückwirkend gewinnerhöhend zu erfassen. Diese rückwirkende Hinzurechnung entfällt nur dann, wenn innerhalb des verbleibenden Investitionszeitraumes nachträgliche Anschaffungs- oder Herstellungskosten i.S.v. § 255 Abs. 1 HGB für das begünstigte Wirtschaftsgut anfallen, die entsprechend den »Hauptkosten« zu behandeln sind (Berücksichtigung zu 40 %).

Beispiel:
Der Steuerpflichtige S – Rechtsanwalt – plant im Kj. 08 zukünftig ein Wirtschaftsgut (Pkw) für ca. 40 000 € anzuschaffen. Die Anschaffung soll voraussichtlich im Kj. 11 erfolgen. Die Größenmerkmale des § 7g Abs. 1 Satz 2 Nr. 1 Buchst. a bis c EStG sind erfüllt. Die Anschaffung erfolgt tatsächlich im Kj. 10 für
a) 35 000 € bzw.
b) 40 000 € bzw.
c) 45 000 €.

Lösung:
Der Investitionsabzugsbetrag darf nur dann in Anspruch genommen werden, wenn der Steuerpflichtige beabsichtigt, das begünstigte Wirtschaftsgut voraussichtlich (§ 7g Abs. 1 Satz 2 Nr. 2 Buchst. a und b EStG)
1. in den dem Wj. des Abzugs folgenden drei Wj. anzuschaffen oder herzustellen;
2. mindestens bis zum Ende des dem Wj. der Anschaffung oder Herstellung folgenden Wj. in einer inländischen Betriebsstätte des Betriebes ausschließlich oder fast ausschließlich betrieblich zu nutzen.

Der Steuerpflichtige muss das begünstigte Wirtschaftsgut in den beim FA einzureichenden Unterlagen seiner Funktion nach benennen und die Höhe der voraussichtlichen Anschaffungs- oder Herstellungskosten angeben (§ 7g Abs. 1 Satz 2 Nr. 3 EStG).

	Lfd. Nr.	Einzelnes Wirtschaftsgut/ Funktion des Wirtschaftsguts	Voraussichtliche Anschaffungs-/ Herstellungskosten		darauf entfallender Investitionsabzugsbetrag	
			EUR	Ct	EUR	Ct
74	1.	Pkw Marke Opel	40 000	,00	max. 16 000	,00
75	2.			,		,
76	3.	Summe aus der Bildung weiterer Investitionsabzugsbeträge (Erläuterungen auf gesondertem Blatt)				
77		Gesamtsumme				

Investitionsabzugsbeträge – Bildung (§ 7g Abs. 1 EStG) im Kj. 2008

Übertrag in Zeile 65

Da die Voraussetzungen des § 7g Abs. 1 Satz 2 Nr. 1 bis 3 EStG erfüllt sind, kann der Steuerpflichtige nach § 7g Abs. 1 Satz 1 EStG bis zu 40 % der voraussichtlichen Anschaffungskosten als Investitionsabzugsbetrag gewinnmindernd abziehen. Bei einem beabsichtigten Investitionsvolumen von 40 000 € bewegt sich der Investitionsabzugsbetrag zwischen 0 € und 16 000 €.

Nach § 7g Abs. 2 Satz 1 EStG ist im Kj. 10 (Jahr der Anschaffung des begünstigten Wirtschaftsguts) der für dieses Wirtschaftsgut tatsächlich in Anspruch genommene Investiti-

onsabzugsbetrag, maximal allerdings ein Betrag i.H.v. 40% der Anschaffungskosten hinzuzurechnen. Der Hinzurechnungsbetrag beträgt somit grundsätzlich
a) 40% von 35 000 € = 14 000 € bzw.
b) 40% von 40 000 € = 16 000 € bzw.
c) 40% von 45 000 € = 18 000 €.
Die Hinzurechnung ist allerdings begrenzt auf die Höhe des tatsächlich abgezogenen Investitionsabzugsbetrages i.S.d. § 7g Abs. 1 Satz 1 EStG.

Tatsächlicher Investitionsabzugsbetrag im Kj. 08	Hinzurechnung im Kj. 10 (§ 7g Abs. 2 Satz 1 EStG): Tatsächliche Anschaffungskosten		
	a) 35 000 €	b) 40 000 €	c) 45 000 €
0 €	0 €	0 €	0 €
8 000 €	8 000 €	8 000 €	8 000 €
max. 16 000 €	14 000 € Differenz: 2 000 €	16 000 €	16 000 €
	Kürzung der Anschaffungskosten im Kj. 10 (§ 7g Abs. 2 Satz 2 EStG):		
	0 €	0 €	0 €
40% der Anschaffungskosten, höchstens i.H.d. Hinzurechnung.	8 000 €	8 000 €	8 000 €
	14 000 €	16 000 €	16 000 €

Im Fall a) wurden die voraussichtlichen Kosten um 5 000 € zu hoch geschätzt. Der maximal beanspruchte Investitionsabzugsbetrag i.H.v. 16 000 € kann nicht vollständig hinzugerechnet werden, da die Hinzurechnung auf 40% der (geringeren) Investitionskosten (40% von 35 000 € = 14 000 €) beschränkt ist. Der verbleibende **Restbetrag** i.H.v. 2 000 € ist spätestens nach Ablauf der Investitionsfrist – mit Ablauf des Kj. 11 – gem. § 7g Abs. 1 Satz 2 Nr. 2 Buchst. a i.V.m. Abs. 3 EStG **rückwirkend gewinnerhöhend** zu erfassen. Der Abzug ist im Kj. 08 rückgängig zu machen. Der Steuerbescheid ist nach § 7g Abs. 3 Satz 2 EStG zu ändern.

		Investitionsabzugsbeträge – Bildung (§ 7g Abs. 1 EStG) im Kj. 2008		
	Lfd. Nr.	Einzelnes Wirtschaftsgut/ Funktion des Wirtschaftsguts	Voraussichtliche Anschaffungs-/ Herstellungskosten EUR / Ct	darauf entfallender Investitionsabzugsbetrag EUR / Ct
74	1.	Pkw Marke Opel	40 000 ,00	max. 16 000 ,00
75	2.		,	,
76	3.	Summe aus der Bildung weiterer Investitionsabzugsbeträge (Erläuterungen auf gesondertem Blatt)		
77		Gesamtsumme		
				Übertrag in Zeile 65

378 — Investitionsabzugsbeträge nach § 7g EStG

	Ermittlung des Gewinns für das Kj. 2008		EUR	Ct
60	Summe der Betriebseinnahmen (Übertrag aus Zeile 18)			,
61	abzüglich Summe der Betriebsausgaben (Übertrag aus Zeile 55) −			,
	zuzüglich			
62	− Hinzurechnung der Investitionsabzugsbeträge nach § 7g Abs. 2 EStG	188 +		
63	abzüglich			
64	− erwerbsbedingte Kinderbetreuungskosten	184		
65	− Investitionsabzugsbeträge nach § 7g Abs. 1 EStG (Übertrag aus Zeile 77)	187 — 16 000 ,00		
66	Summe 198	▶ −		,
67	**Gewinn/Verlust**	119		

Kalenderjahr 10 (Anschaffung Pkw):

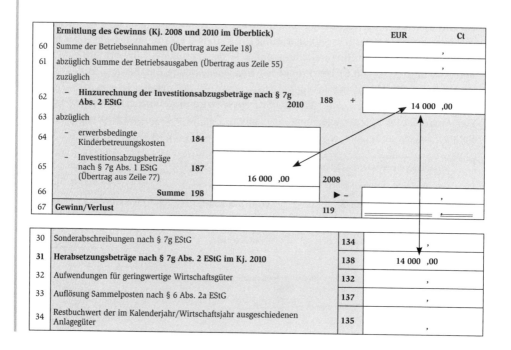

Rückgängigmachung des Investitionsabzugsbetrag 2008 spätestens im Kj. 2011:

	Ermittlung des Gewinns (Kj. 2008, 2010 und 2011 im Überblick)			EUR	Ct
60	Summe der Betriebseinnahmen (Übertrag aus Zeile 18)				,
61	abzüglich Summe der Betriebsausgaben (Übertrag aus Zeile 55)		−		,
	zuzüglich				
62	− Hinzurechnung der Investitionsabzugsbeträge nach § 7g Abs. 2 EStG 2010		188 +	14 000	,00
63	abzüglich				
64	− erwerbsbedingte Kinderbetreuungskosten	184			
65	− Investitionsabzugsbeträge nach § 7g Abs. 1 EStG (Übertrag aus Zeile 77)	187	16 000 ,00 14 000 ,00	bisher im Kj. 2008 nach der Änderung gem. § 7g Abs. 3 Satz 2 EStG	
66	Summe 198		▶ −		,
67	Gewinn/Verlust		119		

1	Name		Anlageverzeichnis/Ausweis des Umlaufvermögens[1] zur Anlage EÜR					
2	Vorname							
3	(Betriebs-) Steuernummer					77	09	1
							99	40

	Gruppe/ Bezeichnung des WG	AK/HK/ Einlage-wert EUR	Buchwert zu Beginn des Gewinner-mittlungs-zeitraums EUR	Zugänge EUR	Sonder-AfA nach § 7g EStG EUR	AfA EUR	Abgänge (zu erfassen in Zeile 34)[4] EUR	Buchwert am Ende des Gewinner-mittlungs-zeitraums EUR
	Bewegliche Wirtschaftsgüter							
13	Pkw	400 21 000		(= 35 000 € abzgl. Herabsetzungs-betrag von 14 000 €)		404	405	406

Der übersteigende Betrag i.H.v. 2 000 € kann auch für innerhalb des verbleibenden Investitionszeitraums nachträglich anfallende Anschaffungs- oder Herstellungskosten verwendet werden (Rz. 52 des BMF-Schreibens vom 8.5.2009, BStBl I 2009, 633). Fallen z.B. im Kj. 11 zusätzliche Anschaffungskosten i.H.v. 7 000 € an, dann können im Kj. 11 40 % davon = 2 800 €, maximal jedoch lediglich 2 000 € als Hinzurechnungsbetrag im Kj. 11 behandelt werden. Gleichzeitig sind die nachträglichen Anschaffungskosten von 2 800 € um 2 000 € zu mindern. Eine Rückgängigmachung des Investitionsabzugsbetrages nach § 7g Abs. 3 EStG ist nicht erforderlich. Dadurch entfällt ein eventuell zu verzinsender Unterschiedsbetrag (s.a. Rz. 72 des BMF-Schreibens vom 8.5.2009, BStBl I 2009, 633).

Im Fall b) entsprechen die bei Inanspruchnahme des Investitionsabzugsbetrages prognostizierten Anschaffungskosten dem tatsächlichen Investitionsaufwand (40 000 €). Es ergeben sich im Wj. der Anschaffung bei Inanspruchnahme der maximalen Herabsetzung der Anschaffungskosten (16 000 €) keine Gewinnauswirkungen. Die gewinnerhöhende Hinzurechnung (16 000 €) nach § 7g Abs. 2 Satz 1 EStG (**Zeile 62** des Vordrucks EÜR) kann durch die gewinnmindernde Kürzung der Anschaffungskosten (16 000 €) nach § 7g Abs. 2 Satz 2 EStG (**Zeile 31** des Vordrucks EÜR) des investierten Wirtschaftsguts vollständig kompensiert werden.

Im Fall c) sind die tatsächlichen Kosten (45 000 €) höher als der prognostizierte Anschaffungsaufwand (40 000 €). Wegen der Begrenzung des Kürzungsbetrages auf die maximale Höhe des Hinzurechnungsbetrages ergibt sich auch hier – ebenso wie im Fall b) – keine Gewinnauswirkung.

Erhöhen sich die prognostizierten Anschaffungs- oder Herstellungskosten – hier 5 000 € –, können bis zu 40 % dieser zusätzlichen Aufwendungen den ursprünglichen Abzugsbetrag erhöhen, soweit dadurch der für das Abzugsjahr geltende Höchstbetrag (200 000 €) nicht überschritten wird und die Steuerfestsetzung des Abzugsjahres verfahrensrechtlich noch änderbar ist. Dagegen können Bestandteile der berücksichtigungsfähigen Anschaffungs- oder Herstellungskosten, die wegen des Höchstbetrages nicht im Abzugsjahr abgezogen werden konnten, nicht in einem Folgejahr geltend gemacht werden. Entsprechendes gilt auch dann, wenn im Abzugsjahr nicht der höchstmögliche Abzugsbetrag von 40 % der Anschaffungs- oder Herstellungskosten in Anspruch genommen wurde (Rz. 6 des BMF-Schreibens vom 8.5.2009, BStBl I 2009, 633).

7. Zusammenfassende Übersicht

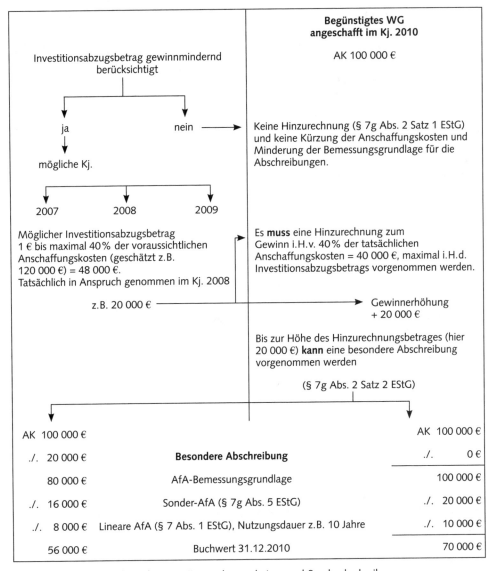

Abbildung: Investitionsabzugsbetrag, Hinzurechnungsbetrag und Sonderabschreibung

8. Rückabwicklung des Investitionsabzugsbetrages

8.1 Korrektur nach § 7g Abs. 3 EStG

Nach § 7g Abs. 3 EStG ist die Veranlagung des **Abzugsjahres** zu **korrigieren**, d.h. der Investitionsabzugsbetrag (**Zeile 65** des Vordrucks EÜR) ist rückgängig zu machen. Gründe dafür sind (Rz. 55 ff. des BMF-Schreibens vom 8.5.2009, BStBl I 2009, 633):
- die geplante Investition, für die ein Investitionsabzugsbetrag in Anspruch genommen wurde, unterbleibt innerhalb des dreijährigen Investitionszeitraums oder
- die beabsichtigte Anschaffung/Herstellung und die später tatsächlich durchgeführte Investition sind nicht gleichartig oder
- der beanspruchte Investitionsabzugsbetrag übersteigt 40 % der tatsächlichen Anschaffungs- oder Herstellungskosten oder
- die freiwillige Rückgängigmachung eines Investitionsabzugsbetrages (Rz. 62 des BMF-Schreibens vom 8.5.2009, BStBl I 2009, 633).

Als Folge kann sich eine Verzinsung der daraus resultierenden Steuernachforderung gem. § 233a AO ergeben. Die bisherige Verzinsung (Gewinnzuschlag) entfällt (Rz. 72 des BMF-Schreibens vom 8.5.2009, BStBl I 2009, 633).

Wurden für die Anschaffung von gleichartigen WG Investitionsabzugsbeträge nach § 7g Abs. 1 EStG in Anspruch genommen, ohne dass der Stpfl. die vorgeblich geplanten Investitionen innerhalb des gesetzlich vorgesehenen Drei-Jahres-Zeitraums vornahm, so können für dieselben WG nur dann erneute Abzugsbeträge abgezogen werden, wenn der Stpfl. plausible Gründe dafür anführen kann, warum die Investitionen trotz gegenteiliger Bekundung seiner Investitionsabsicht bislang nicht durchgeführt wurden, gleichwohl aber weiterhin geplant seien (Bestätigung des BFH-Urteils vom 6.9.2006 XI R 28/05, BStBl II 2007, 860 durch das BFH-Urteil vom 11.10.2007 X R 1/06, BStBl II 2008, 119).

8.2 Korrektur nach § 7g Abs. 4 EStG

§ 7g Abs. 4 EStG regelt die Folgen, die sich ergeben, wenn zunächst ein begünstigtes Wirtschaftsgut angeschafft oder hergestellt und somit § 7g Abs. 2 EStG angewendet wurden, die Investition aber nicht bis zum Ende des dem Wirtschaftsjahr der Anschaffung oder Herstellung folgenden Jahres in einer inländischen Betriebsstätte des Betriebs ausschließlich oder fast ausschließlich betrieblich genutzt wird (§ 7g Abs. 1 Satz 2 Nr. 2 EStG). In diesen Fällen ist die Anwendung des § 7g Abs. 1 und 2 EStG rückgängig zu machen (Rz. 63 ff. des BMF-Schreibens vom 8.5.2009, BStBl I 2009, 633). § 7g Abs. 4 EStG enthält eine entsprechende Änderungsvorschrift sowie eine Ablaufhemmung für die Festsetzungsfrist.

Beispiel:

VZ 2011	VZ 2014	VZ 2015
Für eine geplante Anschaffung eines Pkw nimmt der Stpfl. einen Investitionsabzugsbetrag i.H.v. 40% von 60 000 € = 24 000 € in Anspruch (**Zeile 65** des Vordrucks EÜR). Bei einem **Durchschnittssteuersatz** von **35%** wirkt sich die Gewinnminderung mit 8 400 € aus (35% von 24 000 €).	Im Juli 14 wird der Pkw (Nutzungsdauer 6 Jahre) für 60 000 € angeschafft. Der Gewinn der Jahres 14 wird durch den Hinzurechnungsbetrag um 24 000 € erhöht (**Zeile 62** des Vordrucks EÜR) und gleichzeitig durch die besondere AfA nach § 7g Abs. 2 EStG um 24 000 € gemindert (**Zeile 31** des Vordrucks EÜR). Die weitere AfA-Bemessungsgrundlage beträgt 36 000 €. Die Sonderabschreibung nach § 7g Abs. 5 EStG beträgt 20% von 36 000 € = 7 200 € (**Zeile 30** des Vordrucks EÜR), die lineare AfA nach § 7 Abs. 1 EStG beträgt 3 000 € (36 000 € : 6 Jahre = 6 000 € Jahres-AfA, im Kj. 14 für 6 Monate; **Zeile 26** des Vordrucks EÜR).	Bei einer Außenprüfung im Kj. 18 für die Jahre 13 bis 15 wird festgestellt, dass der Pkw im Jahr 15 zu 60% betrieblich und zu 40% privat genutzt wird. Dadurch sind die Voraussetzungen des § 7g Abs. 1 und Abs. 5 EStG für den Investitionsabzugsbetrag und die Sonderabschreibung nicht mehr erfüllt (§ 7g Abs. 1 Satz 2 Nr. 2 Buchst. b EStG). Nach § 7g Abs. 4 EStG sind die Investitionsvergünstigung, die Hinzurechnung sowie die Sonderabschreibung rückgängig zu machen. Die Steuerbescheide 11 und 14 sind zu ändern. Die **geänderten Bescheide** werden am **11.11.18** bekannt gegeben. Die Festsetzungsfristen enden insoweit nicht, bevor die Festsetzungsfrist für den Veranlagungszeitraum abgelaufen ist, in dem die Voraussetzungen des § 7g Abs. 1 Satz 2 Nr. 2 Buchst. b EStG erstmals nicht mehr vorliegen. Die Verjährung tritt eventuell mit Ablauf des Kj. 22 ein (§§ 169 und 170 AO).

Lösung:
Berichtigung des Steuerbescheids für den VZ 2011:
Die Berichtigung erfolgt nach § 7g Abs. 4 EStG. Der Investitionsabzugsbetrag i.H.v. 24 000 € (**Zeile 65** des Vordrucks EÜR) ist rückgängig zu machen. Bei einem Durchschnittssteuersatz von 35% führt dies zu einer Steuererhöhung von 8 400 €.
Für die Steuernachforderung beginnt der Zinslauf nach § 233a Abs. 2 Satz 1 AO 15 Monate nach Ablauf des Kj. 11, somit am 1.4.13. Der Zinslauf endet mit Wirksamwerden der Steuerfestsetzung am 11.11.18. Zinsen sind nach § 238 Abs. 1 AO nur für volle Monate des Zinslaufs mit 0,5% pro Monat festsetzen. Für 67 volle Monate betragen die Zinsen 33,5%. Zu verzinsen ist nach § 233a Abs. 3 AO die festgesetzte Steuer i.H.v. 8 400 €. Die Zinsen betragen nach § 238 Abs. 2 AO: 8 400 € × 33,5% = 2 814 €.

Berichtigung des Steuerbescheids für den VZ 2014:
Nach § 7g Abs. 4 EStG ist folgende Berichtigung durchzuführen:

Änderung	bisherige Gewinnauswirkung	Korrektur
Hinzurechnungsbetrag	+ 24 000 €	./. 24 000 €
Besondere Abschreibung	./. 24 000 €	+ 24 000 €
Sonder-AfA	./. 7 200 €	+ 7 200 €
Lineare AfA	./. 3 000 €	+ 3 000 €
Zwischenergebnis	./. 10 200 €	+ 10 200 €
Neue lineare AfA (60 000 € : 6 Jahre = 10 000 €, für 6 Monate)		./. 5 000 €
Korrektur		+ 5 200 €
Steuerbetrag (Steuersatz 35 %)		1 820 €

Für die Steuernachforderung beginnt der Zinslauf nach § 233a Abs. 2 Satz 1 AO 15 Monate nach Ablauf des Kj. 14, somit am 1.4.16. Der Zinslauf endet mit Wirksamwerden der Steuerfestsetzung am 11.11.18. Zinsen sind nach § 238 Abs. 1 AO nur für volle Monate des Zinslaufs mit 0,5 % pro Monat festsetzen. Für 31 volle Monate betragen die Zinsen 15,5 %. Zu verzinsen ist nach § 233a Abs. 3 AO die festgesetzte Steuer i.H.v. 1 820 €. Die Zinsen betragen nach § 238 Abs. 2 AO: 1 820 € × 15,5 % = 282 € (gerundet).

9. Sonderabschreibung

Unter den in § 7g Abs. 5 und 6 EStG genannten Voraussetzungen kann wie bisher eine Sonderabschreibung im Jahr der Anschaffung oder Herstellung und in den vier folgenden Jahren bis zu insgesamt 20 % der Anschaffungs- oder Herstellungskosten in Anspruch genommen werden. Näheres siehe unter → **Sonderabschreibungen**.

Literaturhinweise: Seifert, Investitionsabzugsbeträge und Sonderabschreibungen zur Förderung von kleinen und mittleren Betrieben – Die Neuregelungen durch die Unternehmensteuerreform 2008, DStZ 2007, 818; Richter, Abschreibungsmöglichkeiten und -grenzen nach dem Unternehmensteuerreformgesetz 2008, Steuer & Studium 2008, 31; Siegle, Investitionsabzugsbetrag und Sonderabschreibung zur Förderung kleiner und mittlerer Betriebe, Steuer & Studium 2008, 255; Peetz, Investitionsabzugsbetrag statt Ansparabschreibung – eine vergleichende Betrachtung, DStZ 2008, 680; Rosarius, Investitionsabzugsbetrag – neues BMF-Schreiben zu Zweifelsfragen, DStZ 2009, 463.

Investitionszulage

→ Betriebseinnahmen

Die Investitionszulage ist kein Zuschuss (R 6.5 Abs. 1 EStR, H 6.5 EStH → **Herstellungskosten**). Sie gehört weder zu den Einkünften i.S.d. EStG (H 3.0 [Steuerbefreiungen nach anderen Gesetzen, Verordnungen und Verträgen] EStH) noch führt sie zu einer Kürzung der AfA-Bemessungsgrundlage oder der als Betriebsausgaben abzugsfähigen Aufwendungen (§ 9 InvZulG).

K

Kapitalerträge

Rechtsquellen
→ § 20 Abs. 8 EStG

1. Allgemeines

Im Grundsatz gehören Kapitalerträge (z.B. Beteiligungserträge, Zinsen) zu den Einkünften aus Kapitalvermögen gem. § 20 EStG. Gehört das zur Nutzung überlassene Kapital hingegen zum Betriebsvermögen, greift § 20 EStG nicht. Nach § 20 Abs. 8 sind Einkünfte der in § 20 Abs. 1 bis 3 EStG bezeichneten Art zu den Einkünften aus Land- und Forstwirtschaft, aus Gewerbebetrieb, aus selbständiger Arbeit oder aus Vermietung und Verpachtung zuzurechnen, wenn sie zu diesen Einkünften gehören. Man bezeichnet dies als das sog. Subsidiaritätsprinzip; d.h. die in § 20 Abs. 8 EStG genannten Einkünfte gehen den Einkünften aus Kapitalvermögen vor.

> **Beispiel:**
> Guthabenzinsen für ein betriebliches Bankkonto stellen bei der jeweiligen Gewinneinkunftsart Betriebseinnahmen dar und sind i.R.d. § 4 Abs. 3-Rechnung mit Zufluss zu erfassen (Zeile 11a des Vordrucks EÜR).

	1. Gewinnermittlung			99	20
	Betriebseinnahmen		EUR		Ct
7					
8	Betriebseinnahmen als umsatzsteuerlicher **Kleinunternehmer**	111			,
	davon aus Umsätzen, die in § 19 Abs. 3 Nr. 1 und Nr. 2 UStG bezeichnet sind	119	, (weiter ab Zeile 13)		
9	Betriebseinnahmen als **Land- und Forstwirt**, soweit die Durchschnittssatzbesteuerung nach § 24 UStG angewandt wird	104			,
10	**Umsatzsteuerpflichtige Betriebseinnahmen**	112			,
11	Umsatzsteuerfreie, nicht umsatzsteuerbare Betriebseinnahmen sowie Betriebseinnahmen, für die der Leistungsempfänger die Umsatzsteuer nach § 13b UStG schuldet	103			,
11a	davon Kapitalerträge	113	,		
12	Vereinnahmte Umsatzsteuer sowie Umsatzsteuer auf unentgeltliche Wertabgaben	140			,

Erträge aus Beteiligungen und Wertpapieren sind dann Betriebseinnahmen, wenn die Beteiligungen oder die Wertpapiere zum → **Betriebsvermögen** gehören. Folge dieses Subsidiaritätsprinzips ist, dass die Vergünstigung des § 20 Abs. 9 EStG (Sparer-Pauschbetrag) nicht in Betracht kommt.

2. Beteiligungen

Beteiligungen setzen den Erwerb gesellschaftsrechtlicher Befugnisse an Kapitalgesellschaften zur Herstellung einer dauernden Unternehmensverbindung voraus. Notwendiges → **Betriebsvermögen** ist anzunehmen, wenn die Anschaffung betrieblich veranlasst war, d.h. wenn die Beteiligung nach ihrer Art und nach der tatsächlichen Betriebsführung besonderes Gewicht für die Betriebsführung hat und der Stärkung der unternehmerischen Position dient.

2.1 Rechtsfolgen bei Beteiligung an einer Kapitalgesellschaft

Es gelten die Ausführungen zum → **nicht abnutzbaren Anlagevermögen**. Die laufenden Erträge sind einschließlich der Kapitalertragsteuer und des Solidaritätszuschlags (§ 12 Nr. 3 EStG) als Betriebseinnahme zu erfassen (§ 20 Abs. 1 Nr. 1 Satz 1 EStG). Zu den Erträgen gehören auch die verdeckten Gewinnausschüttungen (§ 20 Abs. 1 Nr. 1 Satz 2 EStG). Veräußerungsgewinne und -verluste sind betrieblich veranlasst und demnach im Ergebnis gewinnbeeinflussend zu berücksichtigen. Der Veräußerungserlös wird mit Zufluss als Betriebseinnahme erfasst. Nach § 3 Nr. 40 Buchst. a EStG ist das **Teileinkünfteverfahren** zu beachten. Durch das Unternehmensteuerreformgesetz 2008 wurde das bisherige Halbeinkünfteverfahren zu einem **Teileinkünfteverfahren** fortentwickelt und die Steuerfreistellung auf 40 % zurückgeführt.

Die originären Anschaffungskosten sind im Jahr des Zuflusses des Veräußerungserlöses als Betriebsausgaben zu berücksichtigen (§ 4 Abs. 3 Satz 4 EStG).

Durch die Regelungen im Unternehmensteuerreformgesetz 2008 wird in § 3 Nr. 40 Satz 2 EStG das Teileinkünfteverfahren auf Kapitaleinkünfte im betrieblichen Bereich (§ 20 Abs. 8 EStG) sowie auf die Veräußerung von Anteilen an Kapitalgesellschaften i.S.v. § 17 EStG beschränkt. Für natürliche Personen sind im Privatvermögen die Dividendenerträge bzw. Veräußerungsgewinne zu 100 % steuerpflichtig.

2.2 Nichtanwendung der Abgeltungsteuer im betrieblichen Bereich

Die Abgeltungsteuer gilt nicht für Kapitalerträge, die zu den Einkünften aus Land- und Forstwirtschaft, aus Gewerbebetrieb, aus selbständiger Arbeit oder aus Vermietung und Verpachtung gehören (§ 32d Abs. 1 Satz 1 und § 43 Abs. 5 EStG). Werden Beteiligungen an Kapitalgesellschaften im (Sonder-) Betriebsvermögen gehalten, unterliegen die Erträge ab dem 1.1.2009 dem Teileinkünfteverfahren und nicht der Abgeltungsteuer (§ 3 Nr. 40 Satz 2 EStG). Betriebsausgaben können zu 60 % steuerlich berücksichtigt werden (§ 3c Abs. 2 EStG). Unabhängig davon ist allerdings ein Kapitalertragsteuerabzug vorzunehmen (§ 43 Abs. 1 Satz 3 EStG). Zur Behandlung der Wertpapiere im Betriebsvermögen s. den Beitrag von Kracht, NWB Fach 2, 9883, 9890.

Unter den Voraussetzungen des § 36 Abs. 2 Nr. 2 EStG wird die **Kapitalertragsteuer** auf die ESt des Steuerpflichtigen. **angerechnet**, soweit sie auf die bei der Veranlagung erfassten Einkünfte oder auf die nach § 3 Nr. 40 EStG bei der Ermittlung des Einkommens außer Betracht bleibenden Bezüge entfällt.

Im Vergleich zur Abgeltungsteuer gelten im betrieblichen Bereich weiterhin folgende Vergünstigungen:
- Kursgewinne bleiben zu 40% steuerfrei und der Aufwand kann mit 60% als Betriebsausgabe berücksichtigt werden.
- Aufwendungen für Wertpapiere, die nicht dem Halbeinkünfteverfahren unterliegen, mindern den Gewinn aus Gewerbebetrieb in voller Höhe.
- Die Betriebseinnahmen mit den Aktien sind gewerbesteuerpflichtig. Durch die Anrechnung nach § 35 EStG erfolgt jedoch ein Ausgleich.

Beispiel:
Der Steuerpflichtige D ist als Dozent für Steuerrecht selbständig tätig. Sehr häufig hält er Vorträge, die von der Firma Steuer & Seminare GmbH veranstaltet werden. Im Interesse einer guten Zusammenarbeit erwirbt D im Kalenderjahr 09 Anteile an der GmbH zum Nennwert von 10 000 €. Am 24.04.10 zahlt die GmbH eine Gewinnausschüttung von 1 000 €, die nach Abzug der KapESt (250 €) und des SolZ (13,75 €) am gleichen Tag dem betrieblichen Konto gutgeschrieben wird. Die KapESt beträgt nach § 43a Abs. 1 Nr. 1 EStG 25% des Ertrags.

Lösung:
Da die Beteiligung ausschließlich aus betrieblichen Gründen erworben wurde, stellt sie notwendiges Betriebsvermögen (R 4.2 Abs. 1 Satz 1 EStR; H 4.2 [Beteiligungen] EStH) dar. Es handelt sich um ein nicht abnutzbares Wirtschaftsgut des Anlagevermögens. Beim Kauf sind keine Betriebseinnahmen zu erfassen. Nach § 4 Abs. 3 Satz 4 und 5 EStG ist die Beteiligung mit den Anschaffungskosten und dem Anschaffungstag in ein besonderes Verzeichnis aufzunehmen. Betriebsausgaben ergeben sich erst im Zeitpunkt des Zuflusses des Veräußerungserlöses.
Die Gewinnausschüttung ist eine Einnahme i.S.d. § 20 Abs. 1 Nr. 1 EStG, die aber als Betriebseinnahme zu erfassen ist, weil die GmbH-Beteiligung notwendiges Betriebsvermögen darstellt (§ 20 Abs. 8 EStG). Die einbehaltene KapESt und der SolZ sind nach § 12 Nr. 3 EStG nicht abzugsfähig und daher von den Einnahmen nicht zu kürzen. Die Betriebseinnahmen in **Zeilen 11 und 11a** des Vordrucks EÜR betragen daher 1 000 €. I.R.d. Gewinnermittlung nach § 4 Abs. 3 EStG werden die vollen Beträge bei den Betriebseinnahmen und bei den Betriebsausgaben erfasst. Die Zu- und Abrechnung wegen des § 3 Nr. 40 Buchst. d i.V.m. § 3 Nr. 40 Satz 2 EStG bzw. § 3c Abs. 2 EStG erfolgt außerhalb der Gewinnermittlung. Von dem Gewinn in **Zeile 67** des Vordrucks EÜR bleiben deshalb 400 € wegen der Anwendung des § 3 Nr. 40 Buchst. a EStG außer Betracht. Dies ist als Anlage zum Vordruck EÜR auf einem Extrablatt zu erläutern.

3. Zinsen

Zinsen (ggf. inkl. KapESt) aus betrieblichen Forderungen (z.B. Guthabenszinsen für das betriebliche → **Bankkonto**) sowie Erstattungszinsen und Prozesszinsen auf Betriebssteuern sind ebenfalls als Betriebseinnahmen zu behandeln (§ 20 Abs. 1 Nr. 7 EStG i.V.m. §§ 233a und 236 AO und § 20 Abs. 8 EStG). Zinsen aus hingegebenen → **Darlehen** sind dann Betriebseinnahmen, wenn die Darlehensforderung zum (notwendigen) Betriebsvermögen gehört. Das gilt auch i.R.d. § 4 Abs. 3-Rechnung, obwohl die Darlehensrückzahlung ohne Auswirkung auf die Höhe der Betriebseinnahmen ist.

Kassenärztliche Zulassungen

1. Grundsätzliches

Ärzte veräußern i.R.d. Praxisübergabe oder -aufgabe die kassenärztliche Zulassung an den Erwerber zusammen mit der Praxis oder veräußern die kassenärztliche Zulassung im Rahmen einer Einzelveräußerung. Fraglich ist, ob es sich bei dem Kauf einer Zulassung um die Anschaffung eines (abnutzbaren) Wirtschaftsgutes oder um sofort abzugsfähige Betriebsausgaben handelt. Die OFD Münster nimmt mit Vfg. vom 11.2.2009 (S 2172 - 152 - St 12-33, LEXinform 5231964) zur steuerlichen Behandlung des Erwerbs kassenärztlicher Zulassungen Stellung.

Seit dem Gesundheitsstrukturgesetz 1993 (vom 21.12.1992, BGBl I 1993, 2266) bestehen für die Niederlassung von Ärzten Zulassungsbeschränkungen. Sofern durch die kassenärztliche Vereinigung eine Überversorgung in einem Planungsbereich festgestellt wird, tritt somit grundsätzlich eine Zulassungssperre ein, wobei die frei werdenden Vertragsarztsitze erlöschen.

Nach § 103 Abs. 4 SGB V kann allerdings ein ausscheidender Arzt, der seine Praxis in einem überversorgten Planungsbereich betreibt und diese veräußern möchte, beim Zulassungsausschuss der kassenärztlichen Vereinigung einen Antrag stellen, den Vertragsarztsitz auszuschreiben, so dass für ihn eine wirtschaftliche Verwertung der Praxis oder zumindest der Zulassung möglich wird. Nach erfolgter Ausschreibung hat der Zulassungsausschuss nach seinem Ermessen einen Nachfolger auszuwählen. Dabei sind jedoch neben anderen Kriterien auch die wirtschaftlichen Interessen des ausscheidenden Vertragsarztes angemessen zu berücksichtigen.

§ 103 Abs. 4 SGB V bewirkt daher, dass der Kaufinteressent der Praxis die öffentlich-rechtliche Zulassung erhalten kann und somit u.U. auch der Praxiserwerb möglich wird, obwohl grundsätzlich eine Zulassungssperre für den Planungsbereich besteht. Ohne diese Regelung könnte ein aufgebender Arzt seine Praxis quasi nicht mehr veräußern, da ohne eine vertragsärztliche Zulassung die Grundlage für die Fortführung der Praxis durch den Erwerber entzogen wäre.

Dies bedeutet allerdings, dass der mit einer Vertragsarztzulassung verbundene wirtschaftliche Vorteil grundsätzlich verwertet werden kann und auch einer selbständigen Bewertung zugänglich ist. Nach ständiger Rechtsprechung des BFH sind Wirtschaftsgüter nicht nur Gegenstände i.S.d. BGB, sondern auch tatsächliche Zustände, konkrete Möglichkeiten und sämtliche Vorteile für den Betrieb, deren Erlangung der Kaufmann sich etwas kosten lässt und die einen wesentlichen und über die Dauer des einzelnen Steuerabschnitts hinausreichenden Wert für das Unternehmen haben und gesondert bewertbar sind. Der wirtschaftliche Vorteil der Vertragsarztzulassung stellt grundsätzlich ein selbständiges, immaterielles Wirtschaftsgut des Anlagevermögens und nicht nur einen unselbständigen wertbildenden Faktor dar, der nur i.R.d. Praxiswertes in Erscheinung tritt (vgl. Urteil des Niedersächsischen FG vom 28.09.2004, EFG 2005, 420). Dies zeigt insbesondere der Umstand, dass in Einzelfällen für diesen Vorteil unabhängig von einer gleichzeitigen Praxisveräußerung ein besonderes Entgelt gezahlt wird.

Das FG Rheinland-Pfalz hat in seinem Urteil vom 9.4.2008 (Az. 2 K 2649/07, EFG 2008, 1107) dieser Auffassung widersprochen. Nach Auffassung des Gerichtes handelt es sich bei dem wirtschaftlichen Vorteil Vertragsarztzulassung lediglich um einen Bestandteil des immateriellen Wirtschaftsgutes »Praxiswert«. Gegen das Urteil wurde Revision eingelegt (Az. VIII R 13/08). Soweit sich Rechtsbehelfsverfahren auf dieses Verfahren beziehen, ruhen die Verfahren nach § 363 Abs. 2 Satz 2 AO kraft Gesetzes.

2. Bewertung des wirtschaftlichen Vorteils »Vertragsarztzulassung«

2.1 Vertragsarztzulassung als immaterielles Wirtschaftsgut

Soweit der Erwerber die kassenärztliche Zulassung zusammen mit der Praxis erwirbt und für den Erwerb einen Gesamtkaufpreis zahlt, muss der Kaufpreis grundsätzlich im Verhältnis der Teilwerte der einzelnen Wirtschaftsgüter auf diese aufgeteilt werden. Der Erwerb der **kassenärztlichen Zulassung** führt in diesem Fall ebenfalls zum **Erwerb** eines **selbständigen, immateriellen** Wirtschaftsgutes des Anlagevermögens, das auch **getrennt vom Praxiswert** auszuweisen ist.

2.2 Erwerb einer bestehenden Praxis in der Absicht, die Kassenzulassung zu erlangen

Erwirbt ein Praxisnachfolger i.R.d. Nachbesetzung eine Praxis und ergeben sich aufgrund vorliegender Vereinbarungen oder Verträge Anhaltspunkte dafür, dass der Erwerb der Kassenzulassung z.B. nur aus dem Grund erfolgt, die Aufnahme des Erwerbers als weiteren Gesellschafter in eine bestehende freiberufliche Personengesellschaft zu ermöglichen, dann kommt der Anschaffung des Vertragsarztsitzes eine nicht unerhebliche wirtschaftliche Bedeutung zu. Unter dem Az. 6 K 4538/07 ist beim FG Köln ein Verfahren anhängig. Dort geht es um den Erwerb einer Einzelpraxis, bei der bereits vor Abschluss des Kaufvertrages die Absicht dokumentiert wurde, dass der im Zusammenhang mit der Praxis erworbene Vertragsarztsitz auf einen Mitgesellschafter der erwerbenden Gemeinschaftspraxis übergehen sollte.

Die Anschaffungskosten sind in diesem Fall in vollem Umfang der Kassenzulassung zuzuordnen.

2.3 Erwerb einer Praxis innerhalb eines zulassungsbeschränkten Planungsbereichs

Nach den in § 103 Abs. 4 bis 6 SGB V vorgeschriebenen Auswahlkriterien entscheiden über die Nachbesetzung eines ausgeschriebenen Vertragsarztsitzes grundsätzlich die Zulassungsgremien der kassenärztlichen Vereinigungen. Die Auswahl unter mehreren Beteiligten erfolgt dabei nach pflichtgemäßem Ermessen der Gremien. Bei der Auswahl sind berufliche Eignung, das Approbationsalter sowie die Dauer der ärztlichen Tätigkeit zu berücksichtigen. Ferner wird berücksichtigt, ob der Erwerber ein Ehegatte oder Nachkomme, ein bisher angestellter Arzt oder ein Vertragsarzt ist, der bisher mit dem Veräußerer die Praxis gemeinschaftlich betrieben hat. Für Gemeinschaftspraxen regelt § 103 Abs. 6 SGB V, dass die Interessen eines in der Praxis verbleibenden Vertragsarztes angemessen bei den Entscheidungen zu berücksichtigen sind. I.R.d. Auswahlkriterien kann es erforderlich werden, dass die Ermittlung des Verkehrswertes der Praxis durch den Zulassungsausschuss in Auftrag gegeben wird.

Die Ermittlung des Verkehrswertes der Praxis war bisher jedoch dann nicht notwendig, wenn nach Prüfung der Zulassungs- und Berücksichtigungsfähigkeit nur ein einziger Bewerber verblieb oder der Praxisübergeber mit einem Bewerber bereits einen aufschiebend bedingten Kaufvertrag abgeschlossen hatte. Erfolgt demnach keine Unternehmensbewertung durch den Zulassungsausschuss oder ist im Kaufvertrag kein Wert der immateriellen Wirtschaftsgüter ausgewiesen, muss die Wertermittlung für die immateriellen Wirtschaftsgüter von der Finanzbehörde durchgeführt werden.

Folgende Bewertungsmethoden kommen dabei in Betracht:
- Ärztekammermethode;
- Umsatzmethode;
- Ertragswertmethode (Ermittlung und Gewichtung eines bereinigten Gewinns erforderlich – Bereinigung z.B. um außerordentliche Erträge und Aufwendungen wie Einmalerlöse aus Anlagenverkäufen, nicht abzugsfähige BA i.S.d. § 4 Abs. 5 EStG, Guthabenzinsen, überproportional erhöhtes Ehegattengehalt, Finanzierungszinsen, AfA auf den Praxiswert, Abzugsbeträge und Sonderabschreibungen nach § 7g EStG);
- Rückgriff auf die Veröffentlichung ideeller Praxis- und Substanzwerte durch das Zentralinstitut für die Kassenärztliche Versorgung (ZI) – Stand 2004.

Den tatsächlichen Verhältnissen am nächsten kommt nach Auffassung der OFD Münster die Ermittlung des immateriellen Werts der Praxis (Goodwill) nach dem Ertragswertverfahren. Dieses wird daher im Folgenden beispielhaft dargestellt:

Jahresgewinn 3. Vorjahr		100 000 € × 1
Jahresgewinn 2. Vorjahr		120 000 € × 2
Jahresgewinn 1. Vorjahr		5 000 € × 3
Summe		**565 000 €**
Gewichteter Durchschnittsgewinn (: 6)		94 166 €
Immaterieller Wert (Goodwill) zwischen 50–100 %	47 083 € bis 94 166 € (üblich ca. 70 %) =	**65 900 €**

Der Kaufpreis der Praxis muss grundsätzlich nach dem Verhältnis der Teilwerte auf die materiellen und immateriellen Wirtschaftsgüter aufgeteilt werden. Der sich nach dieser Zuordnung ergebende sog. »Goodwill« ist sodann in einen Wert Vertragsarztzulassung und »Rest-Goodwill« aufzuteilen.

Auch für diese Aufteilung sind unterschiedliche Methoden denkbar, die in der Vfg. der OFD Münster vom 11.2.2009 (a.a.O.) ausführlich anhand von Beispielen erläutert werden.

2.4 Erwerb einer Praxis in einem Planungsbereich, für den es keine Zulassungsbeschränkungen gibt, oder es gibt für diese Arztgruppe offene Planungsbereiche

Erwirbt der Praxisübernehmer eine Praxis in einem Planungsbereich, für den es keine Zulassungsbeschränkung gibt, oder eine Praxis, für deren Arztgruppe offene Planungsbereiche vorliegen, so kann der Vertragsarztzulassung kein Wert beigemessen werden. Der Wert des immateriellen Anlagevermögens entfällt somit insgesamt auf den Praxiswert und ist nach den allgemeingültigen Regeln abschreibungsfähig.

Um festzustellen, ob die erworbene Praxis in einem gesperrten oder offenen Planungsbereich liegt, kann auf die amtlichen Bekanntmachungen der Kassenärztlichen Vereinigung zurückgegriffen werden.

Kinderbetreuungskosten

→ Betriebsausgaben

Rechtsquellen
→ § 9c EStG

1. Rechtsentwicklung

Nach der wechselvollen Geschichte des § 33c EStG waren Kinderbetreuungskosten bis zum 31.12.1999 sowie ab dem 1.1.2002 in unterschiedlicher Höhe nach dem jeweils geltenden Recht des § 33c begünstigt. Ab dem 1.1.2006 wurde durch das Gesetz zur steuerlichen Förderung von Wachstum und Beschäftigung vom 26.4.2006 (BGBl I 2006, 1091) die Vorschrift des § 33c EStG wieder aufgehoben und die Berücksichtigung der Kinderbetreuungskosten in den §§ 4f sowie 10 Abs. 1 Nr. 5 und 8 EStG neu geregelt. Das Anwendungsschreiben des BMF vom 19.1.2007 (BStBl I 2007, 184) regelt die steuerliche Berücksichtigung von Kinderbetreuungskosten.

Durch das Gesetz zur Förderung von Familien und haushaltsnahen Dienstleistungen (Familienleistungsgesetz – FamLeistG) vom 22.12.2008 (BGBl I 2008, 2955) werden die Regelungen bezüglich der Kinderbetreuungskosten in den §§ 4f, 10 Abs. 1 Nr. 5 und 8 EStG ab dem Veranlagungszeitraum 2009 aufgehoben und in § 9c EStG zusammengefasst. § 9c Abs. 1 EStG enthält die bisherigen Regelungen zum Abzug der erwerbsbedingten Kinderbetreuungskosten und ersetzt damit den bisherigen § 4f EStG (Zeile 64 des Vordrucks EÜR). § 9c Abs. 2 EStG enthält die bisherigen Regelungen zum Abzug der nicht erwerbsbedingten Kinderbetreuungskosten und ersetzt damit § 10 Abs. 1 Nr. 5 und 8 EStG. § 9c Abs. 3 EStG enthält die bisher in § 4f, § 10 Abs. 1 Nr. 5 und 8 EStG enthaltenen Verfahrensregelungen und Abzugsbedingungen.

	Ermittlung des Gewinns		EUR	Ct
60	Summe der Betriebseinnahmen (Übertrag aus Zeile 18)			,
61	abzüglich Summe der Betriebsausgaben (Übertrag aus Zeile 55)	−		,
	zuzüglich			
62	− Hinzurechnung der Investitionsabzugsbeträge nach § 7g Abs. 2 EStG	188 +		
63	abzüglich			
64	− erwerbsbedingte Kinderbetreuungskosten	184		
65	− Investitionsabzugsbeträge nach § 7g Abs. 1 EStG (Übertrag aus Zeile 77)	187		
66	Summe	198	▶ −	,
67	Gewinn/Verlust	119		

2. Die Berücksichtigung der Kinderbetreuungskosten nach § 9c Abs. 1 EStG

2.1 Allgemeines

Durch die Einführung »erwerbsbedingter« Kinderbetreuungskosten soll die Vereinbarkeit der Kinderbetreuung mit der Erwerbstätigkeit verbessert werden (Rz. 23 bis 29 des BMF-Schreibens vom 19.1.2007, BStBl I 2007, 184). Wie bisher in § 33c Abs. 1 EStG muss die **Erwerbstätigkeit** des Stpfl. **ursächlich** dafür sein, dass Aufwendungen für die Dienstleistung zur Betreuung des Kindes anfallen. Die Ursächlichkeit der Kinderbetreuungskosten wird bei Vorliegen einer Erwerbstätigkeit unterstellt (Schmidt/Glanegger, EStG, § 4f Rz. 5).

2.2 Die Voraussetzungen des § 4f EStG im Einzelnen

Die folgenden Tatbestandsmerkmale müssen erfüllt sein:
- Aufwendungen für Dienstleistungen (Rz. 1 bis 9 des BMF-Schreibens vom 19.1.2007, BStBl I 2007, 184) zur Betreuung. Berücksichtigt werden können z.B.:
  - Die Unterbringung von Kindern in Kindergärten, Kindertagesstätten, Kinderhorten, Kinderheimen und Kinderkrippen sowie bei Tagesmüttern, Wochenmüttern und in Ganztagspflegestellen,
  - die Beschäftigung von Kinderpflegerinnen, Erzieherinnen und Kinderschwestern,
  - die Beschäftigung von Hilfen im Haushalt, soweit sie ein Kind betreuen,
  - die Beaufsichtigung des Kindes bei Erledigung seiner häuslichen Schulaufgaben.
  Aufwendungen für Unterricht (z.B. Schulgeld, Nachhilfe-, Fremdsprachenunterricht), für Vermittlung besonderer Fähigkeiten (z.B. Musikunterricht, Computerkurse) oder für sportliche und andere Freizeitbetätigungen (z.B. Mitgliedschaft in Sportvereinen oder anderen Vereinen, Tennis-, Reitunterricht) werden nicht nach § 4f EStG berücksichtigt (§ 4f Satz 3 EStG; Rz. 6 des BMF-Schreibens vom 19.1.2007, BStBl I 2007, 184).

- Die Aufwendungen müssen wegen einer **Erwerbstätigkeit** des Stpfl angefallen sein.
  Ein Stpfl. ist erwerbstätig, wenn er einer auf die Erzielung von Einkünften gerichteten Tätigkeit nachgeht (BFH-Urteil vom 16.5.1975 VI R 143/73, BStBl II 1975, 537). Allein die Erzielung von Einkünften aus Vermietung und Verpachtung, Kapitalvermögen oder z.B. aus Renten reicht nicht aus (Schmidt/Glanegger, EStG § 33c Rz. 6; § 4f Rz. 5). Ein Studium ist keine Erwerbstätigkeit. Heimarbeit und Aushilfstätigkeit i.S.d. § 40a EStG sind Erwerbstätigkeit. Bei einem Minijob oder einer nicht sozialversicherungspflichtigen Tätigkeit kann es sich um eine Erwerbstätigkeit i.S.d. Gesetzes handeln. Bei einer Arbeitszeit von mindestens zehn Stunden pro Woche kann davon ausgegangen werden, dass die Kinderbetreuungskosten erwerbsbedingt anfallen.
  Wird die Erwerbstätigkeit unterbrochen, z.B. durch Arbeitslosigkeit, so können auch die während der Zeit der Unterbrechung entstandenen Kinderbetreuungskosten berücksichtigt werden, längstens jedoch für einen zusammenhängenden Zeitraum von vier Monaten (Rz. 24 des BMF-Schreibens vom 19.1.2007, BStBl I 2007, 184). Nach Ablauf der vier Monate sind die Voraussetzungen des § 4f EStG nicht mehr erfüllt. Die Kinderbetreuungskosten können unter den Voraussetzungen des § 10 Abs. 1 Nr. 5 oder 8 EStG berücksichtigt werden.
- Die Aufwendungen müssen zur Betreuung eines Kindes i.S.d. § 32 Abs. 1 EStG anfallen.
- Aufwendungen zur Betreuung von Stiefkindern und Enkelkindern können nicht berücksichtigt werden, da es sich insoweit nicht um Kinder i.S.d. § 32 Abs. 1 EStG handelt (Rz. 12 des BMF-Schreibens vom 19.1.2007, BStBl I 2007, 184).
- Das Kind gehört zum Haushalt des Stpfl. (Rz. 10 bis 12 des BMF-Schreibens vom 19.1.2007, BStBl I 2007, 184).
- Das Kind hat das 14. Lebensjahr noch nicht vollendet oder ist wegen einer vor Vollendung des 25. Lebensjahres eingetretenen körperlichen, geistigen oder seelischen Behinderung außer Stande sich selbst zu unterhalten.
- Die Aufwendungen müssen durch Vorlage einer Rechnung und die Zahlung auf das Konto des Erbringers der Leistung nachgewiesen sein (Rz. 20 bis 22 des BMF-Schreibens vom 19.1.2007, BStBl I 2007, 184).

2.3 Die Berücksichtigung erwerbsbedingter Kinderbetreuungskosten im Veranlagungsschema

Wenn diese Voraussetzungen erfüllt sind, können die Betreuungsaufwendungen i.H.v. zwei Drittel der Aufwendungen, höchstens 4 000 € je Kind bei der Ermittlung der Einkünfte wie Betriebsausgaben bzw. wie Werbungskosten (§ 9 Abs. 5 Satz 1 EStG) berücksichtigt werden. Nach § 9a Satz 1 Nr. 1 Buchst. a EStG sind die Kinderbetreuungskosten neben dem Arbeitnehmer-Pauschbetrag zu berücksichtigen. Die Kinderbetreuungskosten können auch zusätzlich zu einer Betriebsausgabenpauschale (H 18.2 EStH) berücksichtigt werden. Der Abzug von Kinderbetreuungskosten wie Betriebsausgaben oder Werbungskosten kann auch zu einem Verlust führen und den Gewerbeertrag (§ 7 GewStG) mindern. Bei einer gesonderten sowie einer gesonderten und einheitlichen Feststellung der Einkünfte sind die Kinderbetreuungskosten in die Feststellung der Einkünfte mit einzubeziehen und dem Wohnsitzfinanzamt nachrichtlich mitzuteilen.

Nach einem Urteil des Sächsischen FG vom 19.8.2009 (2 K 1038/09, LEXinform 5008940, Rev. eingelegt, Az. BFH III R 67/09) bestehen gegen den beschränkten Abzug keine verfassungsrechtlichen Bedenken. Die Vorschrift über die Abzugsfähigkeit von erwerbsbedingten Kinderbetreuungskosten nach § 4f EStG ist nicht in verfassungskonformer Weise dahingehend auszulegen, dass nicht nur zwei Drittel, sondern die gesamten entstandenen Kosten wie Werbungskosten bzw. Betriebsausgaben zu berücksichtigen sind. Die – der privaten Mitveranlassung der Kosten Rechnung tragende – Begrenzung auf zwei Drittel der Betreuungskosten begegnet keinen verfassungsrechtlichen Bedenken.

2.4 Zuordnung der Aufwendungen

Eine zeitanteilige Kürzung des Höchstbetrages findet nicht statt (Rz. 18 des BMF-Schreibens vom 19.1.2007, BStBl I 2007, 184).

Erwerbsbedingte Kinderbetreuungskosten sind grundsätzlich bei der Einkunftsquelle zu berücksichtigen, durch die sie verursacht worden sind. Sind die Kinderbetreuungskosten durch mehrere Einkunftsquellen verursacht, ist aus Vereinfachungsgründen der Aufteilung der Aufwendungen durch den Stpfl. oder der Zuordnung zu einer Einkunftsquelle zu folgen (Rz. 28 des BMF-Schreibens vom 19.1.2007, BStBl I 2007, 184).

2.5 Erwerbsbedingte Kinderbetreuungskosten bei beiden Elternteilen

Wenn beide Elternteile zusammenleben, müssen beide Elternteile auch erwerbstätig sein. Zum Abzug ist der Elternteil berechtigt, der die Aufwendungen getragen hat. Haben beide Elternteile Aufwendungen i.S.d. § 9c Abs. 1 Satz 1 EStG getragen, so können gleichwohl je Kind nur maximal 4 000 € wie Betriebsausgaben bzw. wie Werbungskosten geltend gemacht werden. Sofern die Eltern nicht eine andere Aufteilung wählen, ist der Betrag je zur Hälfte bei der Einkünfteermittlung der Eltern zu berücksichtigen (Rz. 29 des BMF-Schreibens vom 19.1.2007, BStBl I 2007, 184).

Zur Berücksichtigung erwerbsbedingter Kinderbetreuungskosten bei beiden Elternteilen siehe auch Fuchsen, Abzugsfähigkeit von Kinderbetreuungskosten i.S.d. § 4f EStG – Alleinerziehender ist kein Tatbestandsmerkmal –, EStB 2007, 58.

3. Übersicht zur Berücksichtigung von Kinderbetreuungskosten

Kinderbetreuungskosten für ein Kind, dessen Elternteile zusammenleben (Kind gehört zum Haushalt der Eltern)					
Elternteil	erwerbstätig	Berufsausbildung	behindert	krank	Gesetzliche Norm
1	x				§ 9c Abs. 1 EStG
2	x				

Kinderbetreuungskosten für ein Kind, dessen Elternteile zusammenleben (Kind gehört zum Haushalt der Eltern)					
Elternteil	erwerbstätig	Berufs-ausbildung	behindert	krank	Gesetzliche Norm
1	x				§ 9c Abs. 2 Satz 4 EStG
2	–	–	–	–	
1	x				§ 9c Abs. 2 Sätze 1 bis 3 EStG
2		x			
1	x				§ 9c Abs. 2 Sätze 1 bis 3 EStG
2			x		
1	x				§ 9c Abs. 2 Sätze 1 bis 3 EStG
2				x	
1		x			§ 9c Abs. 2 Sätze 1 bis 3 EStG
2		x			
1		x			§ 9c Abs. 2 Satz 4 EStG
2	–	–	–	–	
1		x			§ 9c Abs. 2 Sätze 1 bis 3 EStG
2			x		
1		x			§ 9c Abs. 2 Sätze 1 bis 3 EStG
2				x	
1			x		§ 9c Abs. 2 Sätze 1 bis 3 EStG
2			x		
1			x		§ 9c Abs. 2 Satz 4 EStG
2	–	–	–	–	
1			x		§ 9c Abs. 2 Sätze 1 bis 3 EStG
2				x	
1				x	§ 9c Abs. 2 Sätze 1 bis 3 EStG
2				x	
1				x	§ 9c Abs. 2 Satz 4 EStG
2	–	–	–	–	

Abbildung: Kinderbetreuungskosten bei zusammenlebenden Elternteilen

Kleinunternehmer

→ Umsatzsteuervoranmeldung   → Vordruck EÜR

Rechtsquellen
→ § 19 Abs. 1 UStG   → Abschn. 246 bis 253 UStR

Unter den Voraussetzungen des § 19 Abs. 1 UStG ist die Steuer für steuerpflichtige Umsätze nicht zu erheben. Die Vorschrift bezieht sich auf Umsätze des § 1 Abs. 1 Nr. 1 bis 3 UStG. Der Umsatz des Unternehmers i.S.d. § 19 Abs. 1 Satz 2 UStG zuzüglich der darauf entfallenden Steuer darf
- im vorangegangenen Kj. 17 500 € nicht überstiegen haben und
- im laufenden Kj. 50 000 € voraussichtlich nicht übersteigen.

Beide Voraussetzungen müssen gemeinsam erfüllt sein.
Die Umsatzbesteuerung von Kleinunternehmern mit schwankenden Umsätzen war Streitfall im BFH-Beschluss vom 16.10.1998 (V B 56/98, BFH/NV 1999, 227).

> Der Unternehmer hatte folgende Einnahmen:
> Kj. 02   8 000 €
> Kj. 03   20 342 €
> Kj. 04   11 150 €
> Kj. 05   11 918 €
> Kj. 06   13 348 €
> Die einmalige Überschreitung der Umsatzgrenze von 17 500 € im Kj. 03 führt im Kj. 04 einmalig zur Regelbesteuerung. Diese Regelung ist nach Auffassung des BFH nach dem Gesetz ohne weiteres zu bejahen. Nach dem BFH-Beschluss bleibt aber offen, ob etwas anderes gilt, wenn bereits zu Beginn des Jahres voraussehbar ist, dass der Jahresumsatz wieder unter die Grenze von 17 500 € absinken wird.

Bei der Ermittlung der Umsatzgrenzen ist jeweils von dem Gesamtumsatz i.S.d. § 19 Abs. 3 UStG auszugehen. Der Gesamtumsatz ist hier jedoch stets nach vereinnahmten Entgelten zu berechnen. Der Umsatz i.S.d. § 19 Abs. 1 Satz 2 UStG ist ein Brutto-Ist-Gesamtumsatz.

Die maßgebliche Grenze, bis zu der von einem Unternehmer USt nicht erhoben wird, ist der im vorangegangenen Kalenderjahr von ihm vereinnahmte Bruttobetrag (Umsatz zuzüglich der darauf entfallenden Steuer). Es kommt nicht darauf an, ob der Unternehmer seine Umsätze mit dem Regelsteuersatz oder mit dem ermäßigten Steuersatz zu versteuern hat (BFH-Beschluss vom 4.4.2003 V B 7/02, UR 2003, 551).

Beginnt der Unternehmer seine unternehmerische Tätigkeit im laufenden Kalenderjahr, so bedeutet das, dass für das vorangegangene Kalenderjahr kein Umsatz vorhanden war. Maßgeblich ist der voraussichtliche Umsatz zu Beginn der unternehmerischen Tätigkeit. Allerdings gilt hier nicht die Umsatzgrenze von 50 000 €, sondern die Umsatzgrenze von 17 500 € (Abschn. 246 Abs. 4 UStR).

Unternehmer, die unter § 19 Abs. 1 UStG fallen, können keine steuerbefreite innergemeinschaftliche Lieferung ausführen und können nicht nach § 9 UStG auf Steuerbefreiungen verzichten. Der Unternehmer darf keine Vorsteuer nach § 15 UStG abziehen. Der Unternehmer darf keine USt-Identifikationsnummer (§ 14a Abs. 2 UStG) und keine USt gesondert in einer Rechnung ausweisen (§ 14 UStG). Die nach § 14c Abs. 2 UStG (unberechtigter Steuerausweis; Abschn. 190d UStR) und § 25b Abs. 2 UStG (innergemeinschaftliches Dreiecksgeschäft) geschuldete Steuer muss der Unternehmer auf jeden Fall an das Finanzamt abführen (§ 19 Abs. 1 Satz 3 UStG).

Der Rechnungsempfänger hat aus den Rechnungen mit unberechtigtem Steuerausweis keinen Vorsteuerabzug (Abschn. 192 Abs. 1 UStR).

Der Unternehmer kann dem Finanzamt erklären, dass er auf die Anwendung des § 19 Abs. 1 UStG verzichtet (§ 19 Abs. 2 UStG). Er unterliegt damit der Besteuerung nach den allgemeinen Vorschriften des UStG. Die Erklärung bindet den Unternehmer für mindestens fünf Kalenderjahre. Die Erklärung nach § 19 Abs. 2 Satz 1 UStG kann der Unternehmer bis zur Unanfechtbarkeit der Steuerfestsetzung abgeben (Abschn. 247 Abs. 1 UStR). Unter Unanfechtbarkeit ist die formelle Bestandskraft der erstmaligen Steuerfestsetzung zu verstehen, die auch in einer Steuerfestsetzung unter Vorbehalt der Nachprüfung oder in einer Steueranmeldung bestehen kann (Abschn. 247 Abs. 6 UStR). Formelle Bestandskraft liegt vor, wenn kein Rechtsbehelf (Einspruch) mehr gegen ist. Für die Erklärung ist keine besondere Form vorgeschrieben. Das Wahlrecht kann insbesondere durch Abgabe von USt-Voranmeldungen und -Jahreserklärungen mit steuerpflichtigen Umsätzen ausgeübt werden.

Ist der Unternehmer Kleinunternehmer i.S.d. § 19 UStG, dann sind in **Zeile 7** des Vordrucks EÜR die Betriebseinnahmen einzutragen (→ **Vordruck EÜR**). Die **Zeilen 9 bis 12** des Vordrucks EÜR sind **nicht** auszufüllen (»weiter ab Zeile 13«).

	1. Gewinnermittlung		99	20
7	Betriebseinnahmen		EUR	Ct
	Betriebseinnahmen als umsatzsteuerlicher **Kleinunternehmer**	111		,
8	davon aus Umsätzen, die in § 19 Abs. 3 Nr. 1 und Nr. 2 UStG bezeichnet sind	119	, (weiter ab Zeile 13)	

Siehe auch die Beispiele unter → **Vordruck EÜR**.

Literatur: Völkel u.a., ABC- Führer Umsatzsteuer (Loseblatt); Zugmaier, Die Kleinunternehmerregelung des § 19 UStG, NWB Fach 7, 6577.

Kurzlebige Wirtschaftsgüter

→ Abnutzbares Anlagevermögen → Absetzung für Abnutzung

Rechtsquellen
→ § 7 Abs. 1 EStG

1. AfA-Grundsätze

§ 7 Abs. 1 Satz 1 EStG bestimmt, dass bei Wirtschaftsgütern, deren Verwendung oder Nutzung durch den Steuerpflichtigen zur Erzielung von Einkünften sich erfahrungsgemäß auf einen Zeitraum von mehr als einem Jahr erstreckt, jeweils für ein Jahr der Teil der Anschaffungs- oder Herstellungskosten abzusetzen ist, der bei gleichmäßiger Verteilung dieser Kosten auf die Gesamtdauer der Verwendung oder Nutzung auf ein Jahr entfällt. Aus diesem Grunde werden Wirtschaftsgüter des → **abnutzbaren Anlagevermögens** im Wege der AfA (→ **Absetzung für Abnutzung**) gewinnmindernd berücksichtigt.

2. Definition der kurzlebigen Wirtschaftsgüter

Für abnutzbare Wirtschaftsgüter, deren betriebsgewöhnliche Nutzung nicht mehr als ein Jahr (zwölf Monate) beträgt, können demnach keine Abschreibungen vorgenommen werden. Diese abnutzbaren Wirtschaftsgüter bezeichnet man als kurzlebige Wirtschaftsgüter. Die Anschaffungs- oder Herstellungskosten solcher kurzlebiger Wirtschaftsgüter sind zwingend im Jahr der Anschaffung oder Herstellung in voller Höhe gewinnmindernd zu berücksichtigen (sog. gewinnmindernde Vollabschreibung). Der Steuerpflichtige hat kein Wahlrecht zur Verteilung über die AfA. Da es sich hierbei nach h.Mg. nicht um Umlaufvermögen handelt, ist diese Vollabschreibung im Jahr der Anschaffung oder Herstellung vorzunehmen; das Abflussprinzip spielt insoweit keine Rolle. Die Aufwendungen sind – entsprechend denen für geringwertige Wirtschaftsgüter – in Zeile 32 des Vordrucks zu erfassen.

30	Sonderabschreibungen nach § 7g EStG	134	,
31	Herabsetzungsbeträge nach § 7g Abs. 2 EStG	138	,
32	**Aufwendungen für geringwertige Wirtschaftsgüter**	132	,
33	Auflösung Sammelposten nach § 6 Abs. 2a EStG	137	,
34	Restbuchwert der im Kalenderjahr/Wirtschaftsjahr ausgeschiedenen Anlagegüter	135	,

Mit Urteil vom 26.8.1993 (IV R 127/91, BStBl II 1994, 232) hat der BFH Folgendes entschieden: Die Anschaffungs- oder Herstellungskosten von Wirtschaftsgütern des Anlagevermögens, deren Nutzungsdauer zwölf Monate nicht übersteigt (kurzlebige Wirtschaftsgüter), sind auch dann in voller Höhe im Wirtschaftsjahr der Anschaffung oder Herstellung abzuziehen, wenn sie in der zweiten Hälfte des Wirtschaftsjahres angeschafft oder hergestellt werden und ihre Nutzungsdauer über den Bilanzstichtag hinausreicht. Anschaffungs- oder Herstellungskosten eines Wirtschaftsguts sind nur dann nach § 7 EStG zu verteilen, wenn die gesamte Nutzungsdauer eines Wirtschaftsguts einen Jahreszeitraum i.S. eines Zeitraums von mehr als 365 Tagen überschreitet. Mit den Worten in § 7 Abs. 1 Satz 1 EStG »Zeitraum von mehr als einem Jahr« ist nach dem gewöhnlichen Sprachgebrauch ein Zeitraum gemeint, der über die Dauer eines vollen Jahres hinausreicht.

L

Lebensversicherungsverträge als Betriebsvermögen

→ Versicherungsbeiträge

Zur Zuordnung von Lebensversicherungsverträgen zum Betriebs- oder Privatvermögen siehe H 4.2 Abs. 1 [Lebensversicherungen] EStH und Vfg. OFD Düsseldorf vom 7.5.2003 (DStR 2003, 1299).

Ein Anspruch aus einer Versicherung gehört zum notwendigen Privatvermögen, soweit das versicherte Risiko privater Natur ist und mithin der Abschluss der Versicherung privat veranlasst ist. Dies ist insbesondere der Fall, wenn die Versicherung von einem Unternehmen auf das Leben oder den Todesfall des (Mit-)Unternehmers oder eines nahen Angehörigen abgeschlossen wird (BFH-Urteil vom 14.3.1996, BStBl II 1997, 343). Schließt ein Unternehmen einen Versicherungsvertrag auf das Leben oder den Tod eines fremden Dritten ab, und ist Bezugsberechtigter nicht der Dritte, sondern das Unternehmen, so kann der Anspruch auf die Versicherungsleistung zum Betriebsvermögen gehören.

Ansprüche aus Lebensversicherungsverträgen, die zur Tilgung oder Sicherung betrieblicher Darlehen dienen oder zu dienen bestimmt sind, werden durch die Abtretung oder Beleihung oder durch eine Hinterlegung der Police nicht zu Betriebsvermögen.

Ist die Lebensversicherung dem → **Betriebsvermögen** zuzuordnen, so sind die Prämien als → **Betriebsausgaben** abzugsfähig. Die Erträge aus den Versicherungsleistungen sind als → **Betriebseinnahmen** zu erfassen (§ 20 Abs. 3 EStG). Eine Steuerfreistellung nach § 20 Abs. 1 Nr. 6 Satz 2 EStG kommt nicht in Betracht.

Listenpreis

→ Entnahmen → Unfallkosten
→ Geschäftsreise

Rechtsquellen
→ § 6 Abs. 1 Nr. 4 Satz 2 EStG   → R 8.1 Abs. 9 Nr. 1 Satz 6 LStR

1. Allgemeines

Listenpreis ist – auch bei gebraucht erworbenen oder geleasten Fahrzeugen – die auf volle hundert Euro abgerundete unverbindliche Preisempfehlung des Herstellers für das genutzte Kraftfahrzeug im Zeitpunkt seiner Erstzulassung zzgl. der Kosten für – auch nachträglich eingebaute – Sonderausstattungen (z.B. Navigationsgeräte, Diebstahlsicherungssysteme; BFH-Urteil vom 16.2.2005 VI R 37/04, BStBl II 2005, 563) und der USt; der Wert eines Autotelefons einschließlich Freisprecheinrichtung bleibt außer Ansatz (R 8.1 Abs. 9 Nr. 1 Satz 6 LStR). Die 1%-Regelung gilt auch für bereits abgeschriebene Kfz. Insoweit bestehen keine verfassungsrechtlichen Bedenken, da einer nicht sachgerechten Bewertung der Nutzungsentnahme durch die Führung eines Fahrtenbuchs begegnet werden kann (BFH-Beschluss vom 3.1.2007 XI B 128/06, BFH/NV 2007, 706).

Übernimmt der ArbG die Straßenbenutzungsgebühren (Vignetten, Mautgebühren) für die mit einem Firmenwagen unternommenen Privatfahrten seines ArbN, liegt darin die Zuwendung eines geldwerten Vorteils, der nicht von der Abgeltungswirkung der 1%-Regelung erfasst wird (BFH-Urteil vom 14.9.2005 VI R 37/03, BStBl II 2006, 72).

2. Bedeutung des Listenpreises

Mit dem Betrag, der nach der 1%-Regelung als **Einnahme** anzusetzen ist (**Zeile 15** des Vordrucks EÜR), werden sämtliche geldwerten Vorteile abgegolten, die sich aus der Möglichkeit zur privaten Nutzung des betrieblichen Fahrzeugs ergeben. Der vereinfachte und typisierende Charakter der Bewertungsregelung gestattet es nicht, die mit dem Gebrauch des Firmenwagens notwendigerweise verbundenen Vorteile aus der Verfügbarkeit einzelner unselbständiger Ausstattungsmerkmale von der Nutzungsmöglichkeit des Fahrzeugs selbst zu trennen (BFH-Urteil vom 16.2.2005, VI R 37/04, a.a.O.).

Die Nutzung eines betrieblichen Kfz zur Erzielung von Überschusseinkünften sowie für einen weiteren Betrieb des Steuerpflichtigen ist durch die Bewertung der privaten Nutzung nach der 1%-Regelung nicht mit abgegolten. Sie ist vielmehr mit den auf sie entfallenden tatsächlichen Selbstkosten als Entnahme zu erfassen (BFH-Urteile vom 26.4.2006 X R 35/05, BStBl II 2007, 445 und vom 19.3.2009 IV R 59/06, BFH/NV 2009, 1617). Siehe dazu die Erläuterungen unter → **Entnahmen**.

Die Listenpreismethode kann nach § 6 Abs. 1 Nr. 4 Satz 2 EStG für die Fahrzeuge angewendet werden, die zu mehr als 50% betrieblich genutzt werden. Begrenzt wird dieser Betrag durch die sog. Kostendeckelung. Alternativ zur Listenpreismethode kann der tatsächliche private Nutzungsanteil an den Gesamtkosten des jeweiligen Kfz durch Führen eines Fahrtenbuches ermittelt werden. Der private Nutzungsanteil eines Fahrzeugs, das nicht zu mehr als 50% betrieblich genutzt wird, ist mit dem auf die nicht betrieblichen Fahrten entfallenden Anteil an den Gesamtaufwendungen für das Kfz zu bewerten. S. dazu Rz. 8 bis 20 des BMF-Schreibens vom 18.11.2009 (BStBl I 2009, 1326).

M

Mitunternehmerschaft

→ Betriebsaufgabe
→ Betriebseinbringung
→ Betriebsübertragung (unentgeltliche)
→ Betriebsveräußerung im Ganzen

→ Erbauseinandersetzung
→ Erbfolge (vorweggenommene)
→ Kassenärztliche Zulassungen

Rechtsquellen
→ § 6 Abs. 3 EStG
→ § 15 Abs. 1 Nr. 2 EStG
→ § 16 Abs. 1 Nr. 2 EStG

→ § 18 Abs. 3 EStG
→ § 18 Abs. 4 EStG
→ § 34 EStG

1. Voraussetzungen einer freiberuflichen Mitunternehmerschaft

Voraussetzung einer (freiberuflichen) Mitunternehmerschaft gem. § 15 Abs. 1 Satz 1 Nr. 2, § 18 Abs. 4 EStG ist, dass der Mitunternehmer Mitunternehmerrisiko trägt und Mitunternehmerinitiative entfalten kann. Beide Merkmale müssen vorliegen; dabei kann die geringere Ausprägung eines Merkmals i.R.d. gebotenen Gesamtbeurteilung der Umstände des Einzelfalles durch eine stärkere Ausprägung des anderen Merkmals ausgeglichen werden (ständige Rechtsprechung, vgl. z.B. BFH-Urteile vom 9.12.2002 VIII R 20/01, BFH/NV 2003, 601 und vom 16.12.2003 VIII R 6/93, BFH/NV 2004, 1080).

2. Mitunternehmerinitiative

Mitunternehmerinitiative bedeutet vor allem Teilnahme an unternehmerischen Entscheidungen, wie sie z.B. Gesellschaftern oder diesen vergleichbaren Personen als Geschäftsführern, Prokuristen oder anderen leitenden Angestellten obliegen.

3. Mitunternehmerrisiko

Mitunternehmerrisiko bedeutet gesellschaftsrechtliche oder eine dieser wirtschaftlich vergleichbare Teilnahme am Erfolg oder Misserfolg eines Unternehmens. Dieses Risiko wird regelmäßig durch Beteiligung am Gewinn und Verlust sowie an den stillen Reserven des Anlagevermögens einschließlich eines Geschäftswerts vermittelt (Beschluss des Großen Senats des BFH vom 25.6.1984 GrS 4/82, BStBl II 1984, 751, 769).

4. Gemeinschaftliche Gewinnerzielungsabsicht

Die Begriffe **Mitunternehmerschaft**, Mitunternehmerinitiative und Mitunternehmerrisiko lassen erkennen, dass das **Unternehmen gemeinsam betrieben** werden muss. Ausdruck dieses gemeinsamen Betriebs ist eine **gemeinschaftliche Gewinnerzielungsabsicht** auf der »Ebene der Gesellschaft«. Dementsprechend hat der Große Senat in dem Beschluss vom 25.6.1984 (a.a.O.) eine Gewinnerzielungsabsicht »auf der Ebene des Gesellschafters« für unerheblich gehalten. Diese gemeinschaftliche Gewinnerzielungsabsicht **fehlt** in den Fällen einer **Büro- oder Praxisgemeinschaft** (→ **Laborgemeinschaft**). Im Unterschied zu einer **Gemeinschaftspraxis** hat eine Büro- und Praxisgemeinschaft lediglich den Zweck, den Beruf in gemeinsamen Praxisräumen auszuüben und bestimmte Kosten von der Praxisgemeinschaft tragen zu lassen und umzulegen. Die gemeinsame Beschäftigung von Personal und die gemeinsame Nutzung von Einrichtungsgegenständen führen nicht zu einer Mitunternehmerschaft.

5. Die Büro- oder Praxisgemeinschaft

Mit Urteil vom 14.4.2005 (XI R 82/03, BFH/NV 2005, 1911) hat der BFH die **Gemeinschaftspraxis (Mitunternehmerschaft)** von der Büro- und Praxisgemeinschaft abgegrenzt. Letztere hat lediglich den Zweck, den Beruf in gemeinsamen Praxisräumen auszuüben und bestimmte Kosten von der Praxisgemeinschaft tragen zu lassen und umzulegen. Ein einheitliches Auftreten nach außen genügt nicht, um aus einer Bürogemeinschaft eine Mitunternehmerschaft werden zu lassen.

> **Sachverhalt nach dem BFH-Urteil vom 14.4.2005:**
> Ein Steuerberater (T) und zwei Rechtsanwälte (L und B) hatten ihre selbständigen Kanzleien nach außen in Form einer Sozietät und nach innen in Form einer Bürogemeinschaft verbunden. Dazu gründeten sie zum 1.1.06 eine Gesellschaft bürgerlichen Rechts (GbR), deren Zweck die gemeinsame Berufsausübung war. Sie vereinbarten u.a., dass jeder Partner seine Tätigkeit unabhängig und in eigener Verantwortung ausübt und dass nach außen die GbR unter gemeinsamem Praxisschild und Briefpapier auftritt. Im April 06 veräußerte T einen 25 %igen Anteil seiner Beteiligung an der GbR an die Steuerberaterin U. Das Finanzamt lehnte für die L-T-B-U & Partner GbR die Durchführung einer einheitlichen und gesonderten Feststellung ab, da es die GbR nicht als Mitunternehmerschaft ansah. Es stellte die Einkünfte der T & U Steuerberatersozietät einheitlich und gesondert fest und sah dabei die Veräußerung an U nicht als begünstigte Anteilsveräußerung an.

Entscheidungsgründe:
- Demnach sollte jeder Vertragspartner seine Tätigkeit unabhängig und in eigener Verantwortung ausüben;
- sollte jeder Partner bei der Einstellung und Entlassung von Personal unabhängig sein;
- wurden Einnahmen und Ausgaben in getrennten «Buchungskreisen" erfasst;
- ermittelte jeder Partner das Betriebsergebnis für seinen jeweiligen Bereich völlig getrennt;
- blieben alle der gemeinschaftlichen Berufsausübung dienenden Gegenstände Vermögen des einzelnen Partners; das sollte auch für den Praxiswert gelten.

Aus diesen Vereinbarungen folgt, dass nur eine **Bürogemeinschaft** vereinbart war, die mangels gemeinschaftlicher Gewinnerzielungsabsicht **nicht** als freiberufliche **Mitunternehmerschaft** beurteilt werden kann. Der Umstand, dass die Gemeinschaft nach außen unter gemeinsamem Briefpapier und Praxisschild auftrat und dass Rechnungen unter dem gemeinsamen Namen ausgestellt wurden, steht dieser Beurteilung nicht entgegen. Dieser Umstand allein wiegt zu wenig, als dass er dem Zusammenschluss den Charakter einer Bürogemeinschaft nehmen könnte; entscheidend ist, dass die Beteiligten keine gemeinschaftliche, sondern eine **individuelle Gewinnerzielung** beabsichtigten. Auch der Praxiswert, der sich vor allem im Mandantenstamm niederschlägt, sollte dem einzelnen Partner zugeordnet bleiben. Allein das einheitliche Auftreten nach außen genügt nicht, um aus einer Bürogemeinschaft eine freiberufliche Mitunternehmerschaft werden zu lassen.

N

Nachträgliche Einkünfte

Rechtsquellen
→ § 24 Nr. 2 EStG
→ R 24.2 EStR
→ H 24.2 EStH

1. Allgemeines

Zu den Einkünften i.S.d. § 2 Abs. 1 Nr. 1 bis 3 EStG (Gewinneinkünfte), gehören auch Einkünfte aus einer ehemaligen Tätigkeit, und zwar auch dann, wenn sie dem Steuerpflichtigen als Rechtsnachfolger zufließen (§ 24 Nr. 2 EStG). Einkünfte aus einer solchen ehemaligen Tätigkeit liegen vor, wenn sie in wirtschaftlichem Zusammenhang mit der ehemaligen Tätigkeit stehen, insbesondere ein Entgelt für die i.R.d. ehemaligen Tätigkeit erbrachten Leistungen darstellen, vgl. dazu die Ausführungen in H 24.2 EStH und → **Betriebsausgaben/Betriebseinnahmen** – nachträgliche –. Die Vorschrift des § 24 Nr. 2 EStG begründet keine neue selbständige Einkunftsart, sondern hat lediglich klarstellende Bedeutung. Durch diese Vorschrift wird ausgeschlossen, dass von einer Besteuerung abzusehen ist, weil eine Einkünfteerzielungstätigkeit aufgegeben wurde und Betriebseinnahmen erst nachträglich eingehen oder Betriebsausgaben erst nachträglich geleistet werden. Die nachträglichen Einkünfte gehören der Einkunftsart an, zu der die aufgegebene Tätigkeit gehörte. Positive Einkünfte daraus sind nicht nach den §§ 16 und 34 EStG begünstigt. Negative Einkünfte können im Wege des horizontalen und vertikalen Verlustausgleichs berücksichtigt werden. Danach nicht ausgeglichene Verluste können im Wege des Verlustabzugs nach § 10d EStG abgezogen werden.

2. Gewinnermittlungsart

Fraglich ist in diesem Zusammenhang, ob die Ermittlung dieser nachträglichen Einkünfte nach § 4 Abs. 3 EStG oder durch Buchführung zu erfolgen hat. Das EStG enthält keine Regelung darüber; auch die Rechtsprechung hat darüber noch nicht abschließend entschieden. Die Finanzverwaltung schließt sich dem BFH-Urteil vom 22.2.1978 (I R 137/74, BStBl II 1978, 430) an, wonach die nachträglichen Einkünfte in sinngemäßer Anwendung der Grundsätze der § 4 Abs. 3-Rechnung zu ermitteln sind (H 16 Abs. 1 [Gewinnermittlung] und H 24.2 [Ermittlung der nachträglichen Einkünfte] EStH). Die Pflicht und das Recht zur Buchführung und Bilanzierung enden im Zeitpunkt der Betriebsaufgabe (vgl. BFH-Urteil vom 13.11.1963 GrS 1/63 S, BStBl III 1964, 124). Nach diesem Zeitpunkt können zwar noch Betriebseinnahmen und -ausgaben anfallen, welche zu nachträglichen Einkünften aus Gewerbebetrieb führen. Aber diese Einkünfte sind nicht mehr nach den Grundsätzen des Vermögensvergleichs, sondern in sinngemäßer Anwendung der Vorschriften des § 4 Abs. 3 EStG (Einnahme-Überschuss-Rechnung) zu ermitteln. Eine unmittelbare Anwendung des § 4 Abs. 3 EStG scheidet aus, weil die Vorschrift voraussetzt, dass eine Buchführungspflicht nicht besteht und der Steuerpflichtige auch nicht freiwillig Bücher führt und Abschlüsse macht. Der Grundgedanke der Vorschrift muss indes auch dann zur Anwendung kommen, wenn es sich zwar um betriebliche Einkünfte handelt, diese aber nicht nach den Grundsätzen des Betriebsvermögensvergleichs ermittelt werden dürfen und es demgemäß unerheblich ist, ob der Steuerpflichtige etwa freiwillig Bücher führt (siehe auch BFH-Urteil vom 11.2.1999 XI S 14/98, BFH/NV 1999, 926).

Nicht abnutzbares Anlagevermögen

→ Grundstücke
→ Internet-Adresse

→ Verbindlichkeiten

Rechtsquellen
→ § 4 Abs. 3 Satz 4 und 5 EStG
→ R 4.5 Abs. 3 Satz 1 und 4 EStR

→ R 6.1 Abs. 1 Satz 6 EStR

1. Begriff

Zum nicht abnutzbaren → **Anlagevermögen** gehören alle Wirtschaftsgüter, die → **Betriebsvermögen** darstellen und dem Betrieb auf Dauer dienen oder dienen sollen und deren Nutzung zeitlich nicht begrenzt ist.

> **Beispiele:**
> Grund und Boden, langfristige Finanzanlagen, Beteiligungen, Wald einschließlich Erstaufforstung (R 6.1 Abs. 1 Satz 6 EStR).

2. Behandlung der Anschaffung

Die Sachbehandlung erfolgt im Wesentlichen wie i.R.d. Buchführung. Dies wird durch § 4 Abs. 3 Satz 4 EStG ausdrücklich klargestellt. Nach § 4 Abs. 3 Satz 4 EStG sind die Anschaffungskosten grundsätzlich erst im Zeitpunkt des Zuflusses des Veräußerungserlöses bzw. im Zeitpunkt der Entnahme dieser Wirtschaftsgüter als Betriebsausgaben zu berücksichtigen (**Zeile 34** des Vordrucks EÜR), d.h. die Anschaffungskosten dürfen sich nicht bereits bei Zahlung oder Anschaffung auf den Gewinn auswirken. Das **Abflussprinzip** ist also insoweit **nicht anzuwenden**; der Betriebsausgabenabzug wird hinausgeschoben. Auch AfA ist nicht möglich, da die Wirtschaftsgüter nicht abnutzbar sind. Das gilt auch für → **Anzahlungen** sowie für Nebenkosten der Anschaffung (z.B. Grunderwerbsteuer, Notargebühren). Zu welchem Zeitpunkt die Anschaffungskosten tatsächlich gezahlt worden sind, ist ohne Bedeutung. Zu beachten ist, dass diese Wirtschaftsgüter aus Kontrollzwecken unter Angabe des Tages der Anschaffung und der Anschaffungskosten in ein besonderes, laufend zu führendes Verzeichnis aufzunehmen sind (§ 4 Abs. 3 Satz 5 EStG und → **Aufzeichnungspflicht** → **Anlageverzeichnis**). Ohne diese Aufzeichnungen wird die korrekte Ermittlung des Gewinns bei Veräußerung oder Entnahme erschwert. Auch in diesem Zusammenhang ist die tatsächliche Zahlung der Anschaffungskosten m.E. ohne Bedeutung. Die Eintragungen müssen aber fortgeführt werden, z.B. bei nachträglichen Anschaffungskosten.

Um die Folgen des § 4 Abs. 3 Satz 4 EStG umzusetzen, bedarf es der Klärung folgender Fragen:
- Was gehört zu den → **Anschaffungskosten**?
- Wie wird die in Rechnung gestellte Vorsteuer behandelt (→ **Anschaffungskosten**)?
- I.d.R. wird es bei Grundstücken aber nicht zu einem Vorsteuerproblem kommen, da die Lieferung grundsätzlich nach § 4 Nr. 9a UStG als steuerfrei zu behandeln und somit ein Vorsteuerabzug nicht möglich ist (→ **Grundstücke**).
- Wie wird der Erwerb gegen Zahlung einer betrieblichen Veräußerungsleibrente/dauernden Last oder Kaufpreisrate behandelt (→ **Renten, dauernde Lasten und Raten**)?
- Welche Auswirkungen hat der unentgeltliche Erwerb (→ **Schenkungen**)?

3. Behandlung des Ausscheidens

3.1 Allgemeines

Ein Ausscheiden aus dem Betriebsvermögen kann z.B. durch Verkauf oder eine Gegenstandsentnahme erfolgen. Im Folgenden soll nur das Ausscheiden durch eine Veräußerung angesprochen werden. Sonderfälle des Ausscheidens wie z.B. durch Entnahme oder Verlust werden unter dem jeweiligen Stichwort ausführlich erläutert.

3.2 Betriebseinnahmen

Der Verkaufserlös (netto) sowie die ggf. darauf entfallende Umsatzsteuer gehören im Zeitpunkt der Vereinnahmung zu den Betriebseinnahmen (R 4.5 Abs. 3 Satz 1 EStR, **Zeilen 10, 11** oder **14** des Vordrucks EÜR; → **Zuflussprinzip**). Dies ist auch eine logische Folge aus der Definition von Betriebseinnahmen. Durch die Veräußerung von Betriebsvermögen ist unstreitig eine betriebliche Veranlassung gegeben.

3.3 Betriebsausgaben

Die ursprünglichen Anschaffungskosten sind als Betriebsausgaben (**Zeile 34** des Vordrucks EÜR) zu berücksichtigen (§ 4 Abs. 3 Satz 4 EStG). Gleichzeitig darf das Wirtschaftsgut nicht mehr im Anlageverzeichnis erscheinen. Vergleicht man diese Folgerungen mit der Buchführung, so ergibt sich im Ergebnis die gleiche Gewinnauswirkung (→ **Gesamtgewinngleichheit**).

4. Sonderproblembereiche

Veräußerungserlöse gehören nur dann zu den Betriebseinnahmen, wenn das verkaufte Wirtschaftsgut zum → **Betriebsvermögen** gehört.

Veräußerungen gegen Erhalt einer Veräußerungsrente oder gegen einen in Raten zu zahlenden Kaufpreis sind nach R 4.5 Abs. 5 EStR zu behandeln.

Die ursprünglichen Anschaffungskosten sind erst im Zeitpunkt des Zuflusses des Veräußerungserlöses als Betriebsausgaben zu berücksichtigen.

Zur Rücklagenbildung für Ersatzbeschaffung nach § 6c EStG vgl. → **Rücklagen**.

Beispiel: Anschaffung eines unbebauten Grundstücks
Steuerberater Willi erwirbt im Juni 02 ein unbebautes Grundstück zur Nutzung als Mandantenparkplatz. Die Anschaffungskosten betragen 50 000 € (umsatzsteuerfreier Erwerb). Im Dezember 08 wird das Grundstücks umsatzsteuerfrei für 70 000 € bar verkauft.

Lösung:
Kalenderjahr 02
Es sind insoweit weder Betriebseinnahmen noch Betriebsausgaben zu berücksichtigen. Das Grundstück muss aber in das besondere Verzeichnis aufgenommen werden.

Kalenderjahr 08
§ 4 Abs. 3-Rechnung im Jahr 08 insoweit:

Betriebseinnahmen	• Veräußerungserlös (**Zeile 14** des Vordrucks EÜR)	70 000 €
Betriebsausgaben	• Anschaffungskosten (**Zeile 34** des Vordrucks EÜR)	50 000 €

Variante:
Der Verkaufspreis i.H.v. 70 000 € wird erst im Jahr 10 vereinnahmt.

Lösung:
Nach § 4 Abs. 3 Satz 4 EStG sind die Betriebsausgaben i.H.v. 50 000 € im Zeitpunkt des Zuflusses des Veräußerungserlöses anzusetzen. Dies bedeutet, dass erst im Jahr 10 der Gewinn von 20 000 € realisiert wird.

Beispiel: Anschaffung Bauplatz und Bau Lagerhalle
Im Jahr 07 wird ein Bauplatz für die Errichtung einer Lagerhalle erworben. Im Jahre 08 wird mit dem Bau der Lagerhalle begonnen; der Bauantrag wurde bereits 07 gestellt. Die Fertigstellung erfolgte im November 08. Im April 14 wird das Grundstück bar verkauft.

Lösung:

Kalenderjahr 07

Der Bauplatz gehört als nicht abnutzbares Anlagevermögen zum notwendigen Betriebsvermögen (Funktionszuweisung, H 4.2 (7) [Zeitpunkt der erstmaligen Zugehörigkeit zum Betriebsvermögen] EStH) und wirkt sich nicht auf die § 4 Abs. 3-Rechnung aus. Es erfolgt lediglich eine Aufnahme in das Anlageverzeichnis.

Kalenderjahr 08

Die Lagerhalle stellt → **abnutzbares Anlagevermögen** dar. Die Herstellungskosten sind im Wege der AfA gewinnmindernd zu verteilen (§ 4 Abs. 3 Satz 3 EStG). In Betracht kommt hier die lineare Gebäude-AfA nach § 7 Abs. 4 Nr. 1 EStG.

Kalenderjahre 09 bis 13

In den jeweiligen Jahren wird die AfA für die Lagerhalle als Betriebsausgabe angesetzt.

Kalenderjahr 14

Der Verkaufserlös aus dem bebauten Grundstück ist vollständig als Betriebseinnahme zu erfassen. Als Betriebsausgaben wirken sich die ursprünglichen Anschaffungskosten des Bauplatzes, die AfA für die Lagerhalle bis einschließlich April und der dann noch vorhandene Restwert der Lagerhalle gewinnmindernd aus.

§ 4 Abs. 3-Rechnung im Jahr 14 insoweit:

Betriebseinnahmen	• Verkaufserlös bebautes Grundstück (**Zeile 14** des Vordrucks EÜR)
Betriebsausgaben	• Anschaffungskosten Bauplatz (**Zeile 34** des Vordrucks EÜR)
	• AfA Lagerhalle (**Zeile 24** des Vordrucks EÜR)
	• Restwert Lagerhalle (**Zeile 34** des Vordrucks EÜR)

P

Pkw-Nutzung

→ Abnutzbares Anlagevermögen
→ Absetzung für Abnutzung
→ Anschaffungskosten
→ Aufzeichnungs- und Aufbewahrungsfristen
→ Außergewöhnliche Absetzung für Abnutzung
→ Betriebsausgaben
→ Betriebseinnahmen

→ Betriebsvermögen
→ Einlagen
→ Entnahmen
→ Geschäftsreise
→ Schadensersatz
→ Schuldzinsen
→ Tausch
→ Unfallkosten
→ Verlust von Wirtschaftsgütern

Rechtsquellen
→ § 6 Abs. 1 Nr. 4 EStG
→ § 9 Abs. 1 Satz 3 Nr. 3 EStG
→ § 3 Abs. 9a Nr. 1 UStG

→ § 10 Abs. 4 Nr. 2 UStG
→ § 15 Abs. 1 UStG

1. Ertragsteuerrechtliche Behandlung

1.1 Betriebsvermögen

Für die Kfz-Nutzung ist zu unterscheiden, ob ein betriebliches oder privates Kfz genutzt wird (→ **Betriebsvermögen**).

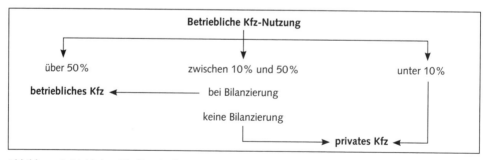

Abbildung: Betriebliches Kfz (R 4.2 Abs. 1 EStR)

Weist ein Unternehmer ein 27 Jahre altes Mercedes 300 SE Cabriolet als Betriebsvermögen aus, so kann der Behandlung als gewillkürtes Betriebsvermögen das Fehlen eines betrieblichen Nutzens entgegenstehen. Soweit es sich infolge der überwiegend betrieblichen Nutzung um notwendiges Betriebsvermögen handelt, sind die Höhe des Einlagewertes und die Angemessenheit der durch das Fahrzeug veranlassten Betriebsausgaben zu überprüfen. Auch wenn das Fahrzeug nicht zum Betriebsvermögen gehört, können einzelne Fahrten betrieblich veranlasst sein und durch sie veranlasste Kosten steuerlich absetzbar sein (BFH-Beschluss vom 5.2.2007 IV B 73/05, BFH/NV 2007, 1106).

Zu den Voraussetzungen der Zuordung von Leasingfahrzeugen zum notwendigen oder gewillkürten Betriebsvermögen siehe → **Betriebsvermögen**.

1.2 Betriebliche Fahrten

1.2.1 Geschäftsreisen

Bei Verwendung eines betrieblichen Kfz sind die tatsächlichen Aufwendungen als Betriebsausgaben abzugsfähig. Bei Verwendung eines privaten Kfz kann auch der in R 9.5 Abs. 1 Satz 5 LStR und H 9.5 [Pauschale Kilometersätze] LStH aufgeführte pauschale Kilometersatz als Betriebsausgabe berücksichtigt werden (→ **Geschäftsreise**). Bei der betrieblichen Nutzung eines unentgeltlich überlassenen Fahrzeugs erfolgt allerdings kein Ansatz der Kilometerpauschale (rkr. Urteil FG Nürnberg vom 29.8.2002 VII 201/1999, DStRE 2003, 1198). Die Anwendung des Pauschsatzes würde zu einer offensichtlich unzutreffenden Besteuerung führen, weil ein großer Teil der Kosten, die durch den Pauschsatz abgegolten werden sollen, beim nutzenden Stpfl. nicht angefallen bzw. nicht zu berücksichtigen sind. Der Stpfl. kann nur die eigenen Aufwendungen abziehen, die ihm durch die Nutzung entstanden sind.

1.2.2 Fahrten zwischen Betriebsstätten

Zur Abzugsfähigkeit der Aufwendungen siehe → **Geschäftsreisen**.

1.2.3 Fahrten zwischen Wohnung und ständig wechselnden Betriebsstätten

Siehe (H 4.12 [Fahrten zwischen Wohnung und ständig wechselnden Betriebsstätten] EStH). Zur Abzugsfähigkeit siehe → **Geschäftsreisen**.

1.2.4 Fahrten zur Miterledigung betrieblicher Angelegenheiten

Siehe H 4.12 [Miterledigung betrieblicher Angelegenheiten] EStH. Werden anlässlich einer Fahrt zwischen Wohnung und Betrieb oder umgekehrt andere betriebliche Angelegenheiten mit erledigt, so können die dadurch bedingten Mehraufwendungen, wie unter → **Geschäftsreisen** erläutert, als Betriebsausgaben abgezogen werden.

1.2.5 Fahrten zwischen Wohnung und Betriebsstätte und für Familienheimfahrten

Als Betriebsausgaben sind lediglich die in § 9 Abs. 1 Satz 3 Nr. 4 und Abs. 2 EStG maßgeblichen Beträge zulässig. Die darüber hinausgehenden Aufwendungen sind nach § 4 Abs. 5 Nr. 6 EStG nicht als Betriebsausgaben abzugsfähig (→ **Betriebsausgaben**).

Die Höhe der nicht abzugfähigen Betriebsausgaben berechnet sich wie folgt:

Fahrten zwischen Wohnung und Betriebsstätte (§ 4 Abs. 5 Nr. 6 EStG)	
Unternehmer führt Fahrtenbuch und Belegnachweis	
ja	nein
tatsächliche Kosten/km für Fahrten Wohnung – Betrieb	monatlich 0,03 % des Listenpreises pro Kalendermonat für jeden Entfernungskilometer
./. Pauschale (§ 9 Abs. 1 Satz 3 Nr. 4 EStG) 0,30 € für jeden Entfernungskilometer	./. Pauschale (§ 9 Abs. 1 Satz 3 Nr. 4 EStG) 0,30 € für jeden Entfernungskilometer
Unterschiedsbetrag = nicht abzugsfähige Betriebsausgaben	Unterschiedsbetrag = nicht abzugsfähige Betriebsausgaben

Abbildung: Fahrten zwischen Wohnung und Betrieb

Zur betrieblichen Nutzung zählt auch die auf Wege zwischen Wohnung und Betriebsstätte entfallende Nutzung gem. § 4 Abs. 5 Satz 1 Nr. 6 EStG (Rz. 1 des BMF-Schreibens vom 18.11.2009, BStBl I 2009, 1326).

Die Listenpreismethode ist auf Fahrzeuge des notwendigen Betriebsvermögens beschränkt (Gesetz zur Eindämmung missbräuchlicher Steuergestaltungen vom 28.4.2006, BGBl I 2006, 1095). Die Gesetzesänderung ist erstmals für Wj. anzuwenden, die nach dem 31.12.2005 beginnen.

Werden täglich mehrere Fahrten zwischen Wohnung und Betriebsstätte zurückgelegt, so vervielfacht sich der pauschale Hinzurechnungsbetrag nach § 4 Abs. 5 Satz 1 Nr. 6 EStG nicht. Für die Ermittlung des betrieblichen Nutzungsumfangs sind auch die Mehrfachfahrten zu berücksichtigen (Rz. 33 des BMF-Schreibens vom 18.11.2009, BStBl I 2009, 1326). Siehe auch das Beispiel unter → **Unfallkosten**.

Die Familienheimfahrten sind wie folgt abzugsfähig:

Familienheimfahrten (§ 4 Abs. 5 Nr. 6 EStG)	
Unternehmer führt Fahrtenbuch mit Belegnachweis	
ja	nein
tatsächliche Kosten für Familienheimfahrten	monatlich 0,002 % des (→) Listenpreises für jeden Entfernungskilometer
./. Pauschale (§ 9 Abs. 1 Nr. 4 EStG) 0,30 € pro Entfernungskilometer für **eine wöchentliche** Familienheimfahrt	./. Pauschale (§ 9 Abs. 1 Nr. 4 EStG) 0,30 € pro Entfernungskilometer für **eine wöchentliche** Familienheimfahrt
Unterschiedsbetrag = nicht abzugsfähige Betriebsausgaben	Unterschiedsbetrag = nicht abzugsfähige Betriebsausgaben

Abbildung: Familienheimfahrten

Nach R 4.12 Abs. 1 EStR sind die Abzugsbeschränkungen des § 4 Abs. 5 Nr. 6 EStG zu beachten. R 9.11 LStR ist entsprechend anzuwenden. Die Fahrtkosten zu Beginn und am Ende der doppelten Haushaltsführung können, wie unter → **Geschäftsreisen** erläutert, als Betriebsausgaben abgezogen werden.

Zur betrieblichen Nutzung zählt auch die auf Familienheimfahrten entfallende Nutzung gem. § 4 Abs. 5 Satz 1 Nr. 6 EStG (Rz. 1 des BMF-Schreibens vom 18.11.2009, BStBl I 2009, 1326).

Die Anwendung von § 4 Abs. 5 Satz 1 Nr. 6 EStG setzt voraus, dass ein Kfz für Fahrten zwischen Wohnung und Betriebsstätte oder für Familienheimfahrten genutzt wird. Die Zugehörigkeit des Kfz zum Betriebsvermögen des Stpfl. ist hierbei nicht erforderlich. Für ein Kfz im Privatvermögen des Stpfl. werden im Ergebnis nur Aufwendungen i.H.d. Entfernungspauschale i.S.d. § 9 Abs. 1 Satz 3 Nr. 4 und Nr. 5 Satz 1 bis 6 EStG zum Abzug zugelassen. Die Regelung des § 9 Abs. 2 EStG ist entsprechend anzuwenden (Rz. 3 des BMF-Schreibens vom 18.11.2009, BStBl I 2009, 1326). Siehe auch das Beispiel unter → **Unfallkosten**.

1.3 Private Fahrten

1.3.1 Allgemeines

Die ertragsteuerliche Behandlung regeln die BMF-Schreiben vom 21.1.2002 (BStBl I 2002, 148) und vom 7.7.2006 (BStBl I 2006, 446). Das BMF-Schreiben (koordinierter Ländererlass) vom 18.11.2009 (BStBl I 2009, 1326) ersetzt in allen offenen Fällen die zuvor genannten BMF-Schreiben.

Die Regelungen gelten für solche **Kraftfahrzeuge** des Stpfl., die zu seinem **Betriebsvermögen** gehören, und **auch** für **gemietete** oder **geleaste** Fahrzeuge, die zu **mehr als 50 % für betrieblich veranlasste Fahrten genutzt** werden. Die **Regelungen** gelten **nicht** für **Zugmaschinen** oder **Lastkraftwagen**. Nach dem BFH-Urteil vom 13.2.2003 (X R 23/01, BStBl II 2003, 472) ist die **1 %-Regelung auch bei Geländewagen** anzuwenden.

Wie der BFH in seinem Urteil vom 18.12.2008 (BStBl II 2009, 381) feststellt, definiert das EStG den Begriff »Kraftfahrzeug« weder in § 6 Abs. 1 Nr. 4 Satz 2 noch in § 8 Abs. 2 Satz 2 EStG. Nach dem Wortlaut der Vorschriften wird von den Regelungen jedwedes zum Betriebsvermögen des Steuerpflichtigen rechnendes »Kraftfahrzeug« erfasst. Nach der Rechtsprechung des BFH ist es nach Sinn und Zweck jedoch geboten, bestimmte Arten von Kraftfahrzeugen, namentlich auch Lkw, von der Anwendung der 1 %-Regelung auszunehmen (BFH-Urteil vom 13.2.2003 X R 23/01, BStBl II 2003, 472; vgl. auch BMF-Schreiben vom 21.1.2002, BStBl I 2002, 148, Tz. 1 am Ende). Unter dem Begriff Lkw werden üblicherweise solche Kraftfahrzeuge erfasst, die nach ihrer Bauart und Einrichtung ausschließlich oder vorwiegend zur Beförderung von Gütern dienen.

Im Urteilsfall vom 8.12.2008 (BStBl II 2009, 381) ist das Fahrzeug kraftfahrzeugsteuer- und verkehrsrechtlich als Lkw klassifiziert. Zwar ist nach der BFH-Entscheidung 13.2.2003 (X R 23/01, BStBl II 2003, 472) diese Klassifizierung für die Feststellung des sachlichen Anwendungsbereichs des § 6 Abs. 1 Nr. 4 Satz 2 EStG unmaßgeblich. Das Fahrzeug des Steuerpflichtigen ist als Werkstattwagen aufgrund seiner objektiven Beschaffenheit und Einrichtung typischerweise so gut wie ausschließlich nur zur Beförderung von Gütern bestimmt. Ein Fahrzeug dieser Art wird allenfalls gelegentlich und ausnahmsweise auch für private Zwecke eingesetzt. Insbesondere die Anzahl der Sitzplätze (2), das äußere Erscheinungsbild, die Verblendung der hinteren Seitenfenster und das Vorhandensein einer Abtrennung zwischen Lade- und Fahrgastraum machen deutlich, dass das Fahrzeug für private Zwecke nicht geeignet ist. Die Bewertung richtet sich nach § 6 Abs. 1 Nr. 4 Satz 1 EStG (Schätzmethode, s.u.).

Das FG München hat allerdings mit rechtskräftigem Beschluss vom 11.6.2008 (10 V 1084/08, LEXinform 5007001) entschieden, dass der Beweis des ersten Anscheins für eine auch **private Nutzung** des Firmenwagens auch **Kombinationskraftwagen** erfasst, die wahlweise zur Güter- oder Personenbeförderung eingesetzt werden.

Nach § 6 Abs. 1 Nr. 4 Satz 2 und 3 EStG wird der ertragsteuerliche Wert der **Nutzungsentnahme** entweder

- durch die **Listenpreismethode** (1%-Regelung → **Listenpreis**) oder
- nach den auf die Privatfahrten entfallenden tatsächlichen Aufwendungen (**Fahrtenbuchmethode**)

ermittelt. Die Methodenwahl muss für das Wirtschaftsjahr einheitlich getroffen werden. Im Falle des Fahrzeugwechsels ist auch während eines Wirtschaftsjahres der Übergang zu einer anderen Ermittlungsmethode zulässig (Rz. 8 des BMF-Schreibens vom 18.11.2009, BStBl I 2009, 1326).

Wird das Kfz zu **50% oder weniger betrieblich genutzt**, ist die **Listenpreismethode nicht** anzuwenden.

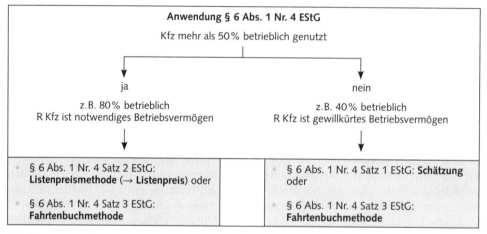

Abbildung: Die einkommensteuerrechtliche Behandlung der privaten Pkw-Nutzung

Wie das FG München mit rechtskräftigem Urteil vom 28.5.2008 (10 K 819/07, LEXinform 5006999) entschieden hat, kann auch das **Vorratsvermögen** eines Kfz-Händlers **Gegenstand** der privaten **Nutzungsentnahme** i.S.d. § 4 Abs. 1 Satz 2 EStG sein. Nach § 6 Abs. 1 Nr. 4 Satz 2 EStG ist für die gelegentliche private Nutzung die Listenpreismethode anwendbar. Nach Rz. 11 des BMF-Schreibens vom 21.1.2002 (BStBl I 2002, 148) erfolgen der pauschale Ansatz des Nutzungswerts und die pauschale Ermittlung der nicht abziehbaren Betriebsausgaben mit den Monatswerten auch dann, wenn das Kraftfahrzeug nur gelegentlich zu Privatfahrten oder zu Fahrten zwischen Wohnung und Betriebsstätte genutzt wird. Durch geeignete Unterlagen (z.B. Fahrtenbuch) lässt sich die Vermutung der Privatnutzung widerlegen.

1.3.2 Umfang der betrieblichen Nutzung

Nach § 6 Abs. 1 Nr. 4 Satz 2 EStG ist die private Nutzung eines Kraftfahrzeugs mit 1% des inländischen **Listenpreises** zu ermitteln, wenn dieses zu **mehr als 50% betrieblich genutzt** wird. Der betrieblichen Nutzung eines Kraftfahrzeugs werden alle Fahrten zugerechnet, die betrieblich veranlasst sind, die also in einem tatsächlichen oder wirtschaftlichen Zusammenhang mit dem Betrieb stehen (§ 4 Abs. 4 EStG). Fahrten zwischen Wohnung und Betriebsstätte oder Familienheimfahrten sind dabei der betrieblichen Nutzung zuzurechnen.

Die Überlassung eines Kraftfahrzeugs auch zur privaten Nutzung an einen Arbeitnehmer stellt für den Steuerpflichtigen (Arbeitgeber) eine vollumfängliche betriebliche Nutzung dar (BMF-Schreiben vom 7.7.2006, BStBl I 2006, 446).

1.3.3 Die Listenpreismethode

Die Anwendung der Listenpreismethode (→ **Listenpreis**) war bisher unabhängig davon möglich, ob das Kfz zum notwendigen oder gewillkürten Betriebsvermögen gehörte. Durch die Anerkennung von gewillkürtem Betriebsvermögen auch bei der Gewinnermittlung nach § 4 Abs. 3 EStG (BFH-Urteil vom 2.10.2003 IV R 13/03, BStBl II 2004, 985) ergeben sich zahlreiche Fallgestaltungen, bei denen die 1 %-Regelung zu einem ungerechtfertigten Vorteil für den Stpfl. führt, weil der Gesetzgeber bei der Schaffung der Regelung von einer durchschnittlichen privaten Nutzung von 30 bis 35 % ausgegangen ist (BT-Drs. 16/634, 7). Mit der Änderung des § 6 Abs. 1 Nr. 4 Satz 2 EStG wird die Anwendung der **1 %-Regelung** auf **Fahrzeuge** des **notwendigen Betriebsvermögens** (betriebliche Nutzung zu mehr als 50 %) beschränkt (Gesetz zur Eindämmung missbräuchlicher Steuergestaltungen vom 28.4.2006, BGBl I 2006, 1095). Befindet sich ein **Fahrzeug** im **gewillkürten Betriebsvermögen** (betriebliche Nutzung zu mindestens 10 % bis 50 %), ist der **Entnahmewert** nach **§ 6 Abs. 1 Nr. 4 Satz 1 EStG** zu ermitteln und mit den auf die **geschätzte private Nutzung** entfallenden Kosten anzusetzen. Dieser Nutzungsanteil ist vom Steuerpflichtigen im Rahmen allgemeiner Darlegungs- und Beweislastregelungen nachzuweisen (d.h. glaubhaft zu machen). Die Führung eines **Fahrtenbuches** ist dazu **nicht zwingend** erforderlich (BT-Drs. 16/634, 8). Zur Anwendung der 1 %-Regelung siehe das BMF-Schreiben vom 18.11.2009 (BStBl I 2009, 1326).

Wird das Kfz in einem Veranlagungszeitraum nicht zu mehr als 50 % betrieblich genutzt, kann der Stpfl. nach § 6 Abs. 1 Nr. 4 EStG von der **1 %-Regelung** in diesem Veranlagungszeitraum **keinen Gebrauch** machen. Er hat zwei Möglichkeiten, die Nutzungsentnahme zu berechnen:
1. entweder die **Fahrtenbuchmethode** (§ 6 Abs. 1 Nr. 4 Satz 3 EStG) oder
2. das prozentuale Herausrechnen des Privatanteils anhand der geschätzten privaten Kilometerleistung (**Schätzung**, § 6 Abs. 1 Nr. 4 Satz 1 EStG).

Beispiel 1:
Der Freiberufler F fährt täglich von seiner Wohnung zu seiner 60 km entfernt liegenden Praxis. Im Kj. 09 fährt er somit insgesamt: 220 Tage × 60 km × 2 = 26 400 km. Nachweislich hat sein Kfz eine Jahresgesamtfahrleistung von 45 000 km. F kann glaubhaft darlegen, dass mit dem Pkw zusätzlich 9 000 km privat zurückgelegt werden.

Lösung:
Voraussetzung für die 1 %-Regelung ist, dass der Pkw zu mehr als 50 % betrieblich genutzt wird.
Für die Überprüfung, ob der Pkw überhaupt als Betriebsvermögen behandelt werden kann – dafür muss die betriebliche Nutzung mindestens 10 % betragen (R 4.2.Abs. 1 Satz 6

EStR) –, sind die **Fahrten zwischen Wohnung und Betriebsstätte** nach **§ 4 Abs. 5 Satz 1 Nr. 6 EStG als betriebliche Fahrten anzusetzen** (→ Betriebsausgaben). Danach beträgt die betriebliche Nutzung i.S.d. § 6 Abs. 1 Nr. 4 Satz 2 EStG (45 000 km ./. 9 000 km =) 36 000 km von insgesamt 45 000 km oder 80 %. Danach ist der Pkw notwendiges Betriebsvermögen und die Listenpreismethode anwendbar.

Eines besonderen Nachweises der betrieblichen Nutzung bedarf es nicht, wenn die Fahrten zwischen Wohnung und Betriebsstätte und die Familienheimfahrten mehr als 50 % der Jahreskilometerleistung des Kfz ausmachen (Rz. 6 des BMF-Schreibens vom 18.11.2009, BStBl I 2009, 1326).

Für den pauschalen Nutzungswert ist der inländische → **Listenpreis** des Kfz im Zeitpunkt seiner Erstzulassung zuzüglich der Kosten für Sonderausstattungen einschließlich der USt maßgebend. Zeitpunkt der Erstzulassung ist der Tag, an dem das Fahrzeug erstmals zum Straßenverkehr zugelassen worden ist. Dies gilt auch für gebrauchte Fahrzeuge. Für Fahrzeuge, für die der inländische Listenpreis nicht ermittelt werden kann, ist dieser zu schätzen. Die sog. 1 %-Regelung gilt auch für bereits abgeschriebene Kfz (BFH Beschluss vom 3.1.2007 XI B 128/05, BFH/NV 2007, 706). Der Listenpreis ist auf volle 100 € abzurunden (Rz. 10 des BMF-Schreibens vom 18.11.2009, BStBl I 2009, 1326).

Bei mehreren Kfz im Betriebsvermögen ist grundsätzlich der pauschale Nutzungswert für jedes Fahrzeug anzusetzen, das vom Unternehmer oder von zu seiner Privatsphäre gehörenden Personen für Privatfahrten genutzt wird. Kann der Stpfl. glaubhaft machen, dass die betrieblichen Kfz durch Personen, die zur Privatsphäre des Stpfl. gehören, nicht genutzt werden, weil sie für eine private Nutzung nicht geeignet sind (z.B. bei sog. Werkstattwagen) oder diese ausschließlich eigenen Arbeitnehmern zur Nutzung überlassen werden, ist für diese Kfz kein pauschaler Nutzungswert zu ermitteln.

Beispiel 2:
Zum Betriebsvermögen des Unternehmers C gehören fünf Kraftfahrzeuge, die von C, seiner Ehefrau und dem erwachsenen Sohn auch zu Privatfahrten genutzt werden; von C auch für Fahrten zwischen Wohnung und Betriebsstätte. Ein Kraftfahrzeug wird ausschließlich einem Angestellten auch zur privaten Nutzung überlassen; der Nutzungsvorteil wird bei diesem lohnversteuert. Die betriebliche Nutzung der Kraftfahrzeuge beträgt jeweils mehr als 50 %. Es befindet sich kein weiteres Kraftfahrzeug im Privatvermögen.

Lösung:
Die private Nutzungsentnahme nach § 6 Abs. 1 Nr. 4 Satz 2 EStG ist für vier Kraftfahrzeuge anzusetzen, und zwar mit jeweils 1 % des Listenpreises. Zusätzlich ist für Fahrten zwischen Wohnung und Betriebsstätte der Betriebsausgabenabzug zu kürzen. Dabei ist der höchste Listenpreis zugrunde zu legen.

Auch nur bei gelegentlichen Privatfahrten ist der pauschale monatliche Nutzungswert anzusetzen. Für volle Kalendermonate, in denen eine private Nutzung ausgeschlossen ist, sind die Monatswerte nicht anzusetzen.

Zur Widerlegung der Vermutung einer auch privaten Nutzung eines betrieblichen Fahrzeugs bei Vorhandensein von zwei gleichwertigen privaten Fahrzeugen im Privatvermögen des Steuerpflichtigen und seiner Ehefrau hat das FG Sachsen-Anhalt mit Urteil vom 6.5.2009

(2 K 442/02, LEXinform 5009033, Revision eingelegt, Az. BFH: VIII R 42/09, LEXinform 0927323) Folgendes entschieden: Eine Besteuerung einer Privatnutzung eines auf den Gesellschafter einer GbR zugelassenen Fahrzeugs (hier: Porsche 911) kommt nur für den Teil des Jahres, in dem das Fahrzeug zugelassen war, und nur insoweit in Betracht, als dem Gesellschafter und seiner Ehefrau in dieser Zeit im Privatvermögen nicht in etwa gleichwertige Fahrzeuge für Privatfahrten zur Verfügung gestanden haben (im Streitfall: Widerlegung der Vermutung einer auch privaten Nutzung des Porsche 911, wenn dem Gesellschafter und seiner Ehefrau im Privatvermögen ein Porsche 928 sowie ein Volvo zur Verfügung gestanden haben und wegen der Minderjährigkeit der Kinder auch keine Nutzung dieser Fahrzeuge durch andere Haushaltsmitglieder vorgelegen hat).

Bei der Listenpreismethode ist die **Kostendeckelung** zu beachten (Rz. 18 des BMF-Schreibens vom 18.11.2009, BStBl I 2009, 1326). Übersteigt der Wert nach der Listenpreismethode i.S.d. § 6 Abs. 1 Nr. 4 Satz 2 EStG sowie die nicht abziehbaren Betriebsausgaben für Fahrten zwischen Wohnung und Betriebsstätte und Familienheimfahrten nach § 4 Abs. 5 Satz 1 Nr. 6 EStG den Wert in **Zeile 35** des Vordrucks EÜR zuzüglich AfA und Schuldzinsen, ist in **Zeile 15** des Vordrucks höchstens dieser Wert zu übernehmen (→ **Vordruck EÜR – Zeile 15** und **Zeile 35**). Die pauschalen Wertansätze sind auf die Gesamtkosten des Kfz zu begrenzen.

Bei der Kostendeckelung ist auf die für das Fahrzeug angefallenen Gesamtkosten abzustellen. Diese Gesamtkosten dürfen nicht mit einer Kostenerstattung für die Nutzung des Fahrzeugs von dritter Seite saldiert werden (rechtskräftiges Urteil FG Nürnberg vom 31.5.2006 III 251/2004, DStRE 2007, 137, LEXinform 5002861). Wie unten dargestellt (unter Gesamtkosten), gehören die Unfallkosten nicht zu den Gesamtkosten.

Wird neben dem pauschalen Nutzungswert nach § 6 Abs. 1 Nr. 4 Satz 2 EStG eine Entnahme aufgrund der Nutzung des Kfz zur Erzielung anderer Einkunftsarten erfasst, ist auch dieser Betrag den tatsächlichen Aufwendungen gegenüberzustellen (Rz. 19 des BMF-Schreibens vom 18.11.2009, BStBl I 2009, 1326).

Bei Anwendung der Kostendeckelung müssen dem Steuerpflichtigen als abziehbare Aufwendungen mindestens die nach § 4 Abs. 5 Satz 1 Nr. 6 Satz 2, § 9 Abs. 1 Satz 3 Nr. 4 und Nr. 5 EStG ermittelten Beträge (Entfernungspauschalen) verbleiben.

Beispiel 4:
Für einen zum notwendigen Betriebsvermögen gehörenden – gemischt genutzten – Pkw (Bruttolistenpreis 35 600 €) sind im Wj. nachweislich 6 500 € Gesamtkosten angefallen. Der Pkw wurde an 200 Tagen für Fahrten zwischen Wohnung und Betrieb (Entfernung 27 km) benutzt. Ein Fahrtenbuch wird vom Stpfl. nicht geführt.

Lösung:
Die nicht abziehbaren Betriebsausgaben und der private Nutzungswertanteil sind pauschal wie folgt zu ermitteln:
1. Nicht abziehbare Betriebsausgaben nach § 4 Abs. 5 Satz 1 Nr. 6 EStG:

0,03 % × 35 600 € × 27 km × 12 =	3 460 €	
Entfernungspauschale 200 × 0,30 € × 27 km =	1 620 €	
Nicht abziehbar	1 840 €	1 840 €

Es handelt sich dabei um betriebliche Fahrten.

2. Privatnutzungsanteil nach § 6 Abs. 1 Nr. 4 EStG:
1 % × 35 600 € × 12 = 4 272 €
zusammen 6 112 €
tatsächliche Gesamtkosten 6 500 €
als gewinnmindernder Betrag verbleibt tatsächlich 388 €

Um dem Stpfl. mindestens i.H.d. Entfernungspauschale, die ja unabhängig von tatsächlichen Aufwendungen zu gewähren ist, einen Betriebsausgabenabzug zu belassen, ist eine Kostendeckelung erforderlich. Es ist nicht zulässig, den Stpfl. auf die Fahrtenbuchmethode zu verweisen, damit er die Entfernungspauschale zur Geltung bringen kann.

Für das Beispiel ergibt sich somit folgende Berechnung:
Pauschaler Wertansatz nach § 4 Abs. 5 Satz 1 Nr. 6 EStG 3 460 €
Pauschaler Wertansatz nach § 6 Abs. 1 Nr. 4 Satz 2 EStG 4 272 €
Gesamtaufwendungen 7 732 €
Die pauschalen Wertansätze übersteigen die Gesamtaufwendungen i.H.v. 6 500 €
Es liegt ein Fall der Kostendeckelung vor. Die pauschalen Wertansätze sind auf die Höhe der Gesamtaufwendungen von 6 500 € beschränkt.
Die Entfernungspauschale nach § 9 Abs. 1 Satz 3 Nr. 4 i.H.v. 1 620 €
ist zu berücksichtigen.

Tatsächlich entstandene Aufwendungen 6 500 €
Zu gewährende Entfernungspauschale 1 620 €
Differenz (= Höchstbetrag der pauschalen Wertansätze) 4 880 €
tatsächliche pauschale Wertansätze 6 112 €
übersteigender Höchstbetrag ./. 1 232 €
pauschaler Privatanteil 4 272 €
i.R.d. Kostendeckelung zu berücksichtigen **3 040 €**
Bei den Eintragungen in der Anlage EÜR wurde auf die USt verzichtet.

| 15 | Private Kfz-Nutzung 4 272,00 €; wegen Kostendeckelung | 106 | 3 040 | ,00 |
| 18 | **Summe Betriebseinnahmen** | 159 | 3 040 | ,00 |

Übersteigt der Wert nach der Listenpreismethode (4 272 €) den Wert in **Zeile 35** des Vordrucks EÜR zuzüglich AfA und Schuldzinsen (insgesamt 6 500 €), ist in **Zeile 15** des Vordrucks höchstens dieser Wert zu übernehmen. Für die Kostendeckelung ist aber nicht von den tatsächlich entstandenen Aufwendungen (6 500 €), sondern von den um eine Entfernungspauschale gekürzten tatsächlich entstandenen Aufwendungen (4 880 €) auszugehen. Für die Fahrten zwischen Wohnung und Betrieb wurden die Betriebsausgaben um 3 460 € in **Zeile 36** gekürzt, in **Zeile 37a** aber wieder 1 620 € als Betriebsausgaben berücksichtigt. Von der insgesamt in Betracht kommenden Kostendeckelung i.H.v. 4 880 € wurden bereits durch die Fahrten zwischen Wohnung und Betrieb 1 840 € berücksichtigt. Für die 1 %-Methode können danach noch 3 040 € in **Zeile 15** berücksichtigt werden.
Siehe auch das Beispiel unter → **Unfallkosten**.

	Kraftfahrzeugkosten und andere Fahrtkosten		EUR	CT		
35	Laufende und feste Kosten (ohne AfA und Zinsen)	140	6 500	,00		
36	Enthaltene Kosten aus Zeilen 26, 35 und 41 für Wege zwischen Wohnung und Betriebsstätte	142	– 3 460	,00		
37	Verbleibender Betrag		3 040	,00	►143	3 040 ,00
37a	Abziehbare Aufwendungen für Wege zwischen Wohnung und Betriebsstätte				176	1 620 ,00
55	**Summe Betriebsausgaben**				199	4 660 ,00

	Ermittlung des Gewinns			EUR	Ct
60	Summe der Betriebseinnahmen (Übertrag aus Zeile 18)			3 040	00,
61	abzüglich Summe der Betriebsausgaben (Übertrag aus Zeile 55)		–	4 660	,00
	zuzüglich				
62	– Hinzurechnung der Investitionsabzugsbeträge nach § 7g Abs. 2 EStG	188	+		
63	abzüglich				
64	– erwerbsbedingte Kinderbetreuungskosten	184			
65	– Investitionsabzugsbeträge nach § 7g Abs. 1 EStG (Übertrag aus Zeile 77)	187			
66	Summe	198	►–		,
67	**Gewinn/Verlust**		119	./. 1 620	,00

Im Ergebnis wird erreicht, dass sich trotz Kostendeckelung die maßgebliche Entfernungspauschale gewinnmindern auswirkt (s.a. Beispiel 4 in Rz. 19 des BMF-Schreibens vom 18.11.2009, BStBl I 2009, 1326).

			99	29
	Entnahmen und Einlagen bei Schuldzinsenabzug		EUR	Ct
82	Entnahmen einschl. Sach-, Leistungs- und Nutzungsentnahmen	122	3 040	,00
83	Einlagen einschl. Sach-, Leistungs- und Nutzungseinlagen	123		,

1.3.4 Wechselseitige Wirkung der ertrag- und umsatzsteuerrechtlichen Nutzungsentnahme

Nach dem BFH-Urteil vom 24.2.2000 (III R 59/98, BStBl II 2000, 273) verstößt die 1 %-Regelung nicht gegen das GG. Dies trifft auch für den Fall zu, in dem die Nutzungsentnahme bei einem Gebrauchtfahrzeug ebenfalls nach dem Listenpreis bei der Erstzulassung bemessen wird (BFH-Urteil vom 1.3.2001 IV R 27/00, BStBl II 2001, 404). Mit Urteil vom 1.3.2001 setzt sich der BFH mit der wechselseitigen Wirkung der umsatzsteuer- und ertragsteuerrechtlichen Ermittlung der Nutzungsentnahme eines Pkws auseinander. Zum einen bestätigt er die Entscheidung vom 11.3.1999 (V R 78/98, BFH/NV 8/99, 1178), nach der die **1%-Methode** des § 6 Abs. 1 Nr. 4 Satz 2 EStG **für** das **Umsatzsteuerrecht** grundsätzlich **kein brauchbarer Maßstab** ist, die gesamten Kosten auf die Privatfahrten und die unternehmerischen Fahrten aufzuteilen. Umgekehrt ist aber auch die umsatzsteuerliche Schätzung nicht geeignet, die Führung eines Fahrtenbuches zu vermeiden oder die pauschalierende 1%-Methode zu ersetzen. Beide Maßnahmen sind ausdrücklich im EStG geregelt; das UStG folgt insoweit anderen Grundsätzen.

Ertragsteuerrechtlich setzt die pauschalierende 1%-Methode die Zugehörigkeit des Kfz zum Betriebsvermögen voraus, hat aber keinen Einfluss auf dessen Zuordnung zum Betriebs- oder Privatvermögen. Die 1%-Methode ist ein bloßer Berechnungsmodus. Für die Zuordnungsentscheidung eines Fahrzeugs zum Betriebsvermögen kommt nur die Führung eines Fahrtenbuches für einen repräsentativen Zeitraum in Betracht. Dieses Ergebnis ist auch der umsatzsteuerrechtlichen Beurteilung der unentgeltlichen Wertabgabe zu Grunde zu legen.

Mit Urteil vom 6.3.2003 (XI R 12/02, BStBl II 2003, 704) bestätigt der BFH die Berechnung der privaten Kfz-Nutzung mittels der 1%-Methode. Maßgeblich ist dabei der Listenpreis einschließlich der USt.

1.3.5 Fahrtenbuchmethode

Wird der Nutzungswert anhand der Fahrtenbuchmethode ermittelt, ist ein → **Fahrtenbuch** mindestens für die Kfz zu führen, für die 1% des inländischen Listenpreises anzusetzen wäre.

Führt ein Stpfl. bei mehreren auch privat genutzten betrieblichen Kfz nur für einzelne der Fahrzeuge ordnungsgemäß ein Fahrtenbuch, so kann er für diese Fahrzeuge die private Nutzung mit den auf die Privatfahrten entfallenden Aufwendungen ansetzen und für die anderen auch privat genutzten Kfz die sog. 1%-Regelung (betriebliche Nutzung über 50%) wählen (BFH-Urteil vom 3.8.2000 III R 2/00, BStBl II 2001, 332). Führt ein Rechtsanwalt kein Fahrtenbuch, ist die private Nutzung des betrieblichen Kfz auch dann nach der sog. 1%-Regelung bzw. nach der Schätzmethode zu ermitteln, wenn er vorträgt, aus Gründen seiner Verschwiegenheitspflicht kein Fahrtenbuch zu führen (BFH Beschluss vom 3.1.2007 XI B 128/06, BFH/NV 2007, 706).

Literatur: Spaniol u.a., Das ordnungsgemäße Fahrtenbuch – ein Buch mit sieben Siegeln?, INF 2005, 937.

1.3.6 Methodenwechsel

Nach Rz. 8 des BMF-Schreibens vom 18.11.2009 (BStBl I 2009, 1326) kann der Steuerpflichtige die Wahl zwischen der Besteuerung nach der pauschalen Nutzungswertmethode oder nach den tatsächlich angefallenen Kosten durch Einreichen der Steuererklärung beim Finanzamt vornehmen; die Methodenauswahl muss für das Wirtschaftsjahr einheitlich getroffen werden. Im Fall des Fahrzeugwechsels ist auch während eines Wirtschaftsjahres der Übergang zu einer anderen Ermittlungsmethode zulässig. Nach ständiger Rechtsprechung des BFH können **unbefristete Wahlrechte bis zur Bestandskraft** der Steuerfestsetzung ausgeübt werden und sind erst mit Eintritt der Unanfechtbarkeit verbraucht. Das Wahlrecht kann bis zur Bestandskraft der Steuerfestsetzung ausgeübt oder geändert werden.

1.3.7 Betriebliche Kfz-Nutzung zwischen 10 % und 50 %

Beträgt der Umfang der betrieblichen Nutzung 10 % bis 50 %, darf der private Nutzungsanteil nicht gem. § 6 Abs. 1 Nr. 4 Satz 2 EStG (Listenpreismethode) bewertet werden. Der private Nutzungsanteil ist als Entnahme gem. § 6 Abs. 1 Nr. 4 Satz 1 EStG mit den auf die private Nutzung entfallenden tatsächlichen Selbstkosten zu bewerten. Für Fahrten zwischen Wohnung und Betriebsstätte und Familienheimfahrten sind die nicht abziehbaren Betriebsausgaben nach den tatsächlichen Aufwendungen zu ermitteln.

Um den **Umfang** der **betrieblichen Nutzung** des Kfz **nachzuweisen**, ist es **nicht** erforderlich, ein ordnungsgemäßes **Fahrtenbuch** zu führen. Vielmehr reichen andere geeignete Nachweise oder eine Glaubhaftmachung auf andere geeignete Weise aus. So kann z.B. ein gut geführter Terminkalender zur Glaubhaftmachung ausreichen (s. das rechtskräftige Urteil des FG München vom 9.3.2009, 6 K 4619/06, LEXinform 5008044) Zum Nachweis der betrieblichen Nutzung siehe die Rz. 4 bis 7 des BMF-Schreibens vom 18.11.2009 (BStBl I 2009, 1326) und → **Betriebsvermögen**.

1.3.8 Gesamtaufwendungen

Zu den Gesamtaufwendungen für das Kfz (Gesamtkosten) gehören Kosten, die unmittelbar dem Halten und dem Betrieb des Kfz zu dienen bestimmt sind und im Zusammenhang mit seiner Nutzung zwangsläufig anfallen (BFH-Urteil vom 14.9.2005 VI R 37/03, BStBl II 2006, 72). Das Urteil VI R 37/03 ist zwar zur Firmenwagenüberlassung vom Arbeitgeber an den Arbeitnehmer ergangen, ist aber, wie auch der BFH betont, auf die Ermittlung des privaten Nutzungsanteils nach § 6 Abs. 1 Nr. 4 Satz 3 und 3 EStG entsprechend anzuwenden. Sowohl von der Listenpreis- als auch von der Fahrtenbuchmethode erfasst werden nach dem Wortlaut des § 6 Abs. 1 Nr. 4 Satz 3 EStG »die durch das Kfz insgesamt entstehenden Aufwendungen«. Zu diesen Aufwendungen zählen nur solche Kosten, die unmittelbar dem Halten und dem Betrieb des Fahrzeugs zu dienen bestimmt sind und im Zusammenhang mit seiner Nutzung zwangsläufig anfallen. Erfasst werden daher neben den von der Fahrleistung abhängigen Aufwendungen für Treib- und Schmierstoffe auch die regelmäßig wiederkehrenden festen Kosten, etwa für Haftpflichtversicherung, Kraftfahrzeugsteuer, Absetzungen für Abnutzung und Garagenmiete. Diesen Aufwendungen ist gemein, dass sie sich entweder – wie die festen Kosten – den einzelnen Fahrten nicht unmittelbar zuordnen lassen, oder dass sie – soweit sie von der Fahrleistung abhängig sind – bei unterstelltem gleichmäßigem Kraftstoffverbrauch unabhängig davon in gleicher Höhe anfallen, ob eine bestimmte Fahrtstrecke aus privatem oder aus beruflichem Anlass zurückgelegt worden ist. Für derartige Kosten ist eine Aufteilung im (kilometer- und damit fahrleistungsbezogenen) Verhältnis der privaten Fahrten zu den übrigen Fahrten, wie sie die Fahrtenbuchmethode zur Ermittlung des auf die private Nutzung entfallenden Teils vorsieht, sinnvoll und systemgerecht. Nach dem BFH-Urteil vom 14.9.2005 (VI R 37/03, BStBl II 2006, 72) werden danach Mautgebühren auf einer privaten Urlaubsreise nicht von der Abgeltungswirkung der 1 %-Regelung – und auch nicht von der Fahrtenbuchregelung – erfasst. Es handelt sich dabei zusätzlich um eine Privatentnahme, die nach § 6 Abs. 1 Nr. 4 Satz 1 EStG zu bewerten ist.

Zu den Gesamtkosten gehören nicht die → **Sonderabschreibungen** (BFH-Urteil vom 25.3.1988 III R 96/85, BStBl II 1988, 655).

Von Gesamtkosten erfasst werden u.a. die von der Fahrleistung abhängigen Aufwendungen für Treib- und Schmierstoffe. Bei diesen von der Fahrleistung abhängigen Kosten wird unterstellt, dass bei gleichmäßigem Kraftstoffverbrauch diese Kosten unabhängig von der Fahrleistung in gleicher Höhe anfallen, egal ob eine bestimmte Fahrtstrecke aus privatem oder aus beruflichem Anlass zurückgelegt worden ist (BFH-Urteil vom 14.9.2005 VI R 37/03, BStBl II 2006, 72). Nach diesen vom BFH festgelegten Grundsätzen gehören → **Unfallkosten** nicht zu den Gesamtkosten, sondern zu den außergewöhnlichen Kraftfahrzeugkosten. Diese außergewöhnlichen Kraftfahrzeugkosten sind vorab der beruflichen oder privaten Nutzung zuzurechnen (BMF-Schreiben vom 18.11.2009, BStBl I 2009, 1326). Aufwendungen, die ausschließlich der privaten Nutzung zuzurechnen sind – wie z.B. Unfallkosten –, sind vorab als Entnahme zu behandeln (z.B. auch Mautgebühren auf einer privaten Urlaubsreise, BFH-Urteil vom 14.9.2005 VI R 37/03, BStBl II 2006, 72 und BMF-Schreiben vom 18.11.2009, BStBl I 2009, 1326). Wie der BFH in seinem Urteil vom 18.4.2007 (XI R 60/04, BStBl II 2007, 762) ausdrücklich betont (II.1.a) der Revisionsbegründung), teilen Kosten eines Kfz-Unfalls grundsätzlich das rechtliche Schicksal der Fahrtkosten. Die Zugehörigkeit des Wirtschaftsguts (Pkw) zum Betriebsvermögen indiziert noch nicht die betriebliche Veranlassung des Unfalls. Erforderlich ist, dass der Unfall so gut wie ausschließlich betrieblich und nicht wesentlich durch den Steuerpflichtigen privat (mit-)veranlasst ist. Die während einer Privatfahrt entstandenen Unfallaufwendungen an einem betrieblichen Pkw können nicht als Betriebsausgaben abgezogen werden (II.2.c der BFH-Entscheidung vom 18.4.2007 XI R 60/04, BStBl II 2007, 762). Auch nach der Vfg. der OFD Frankfurt vom 2.2.2009 (S 2334 A – 18 – St 211, ohne Fundstelle) gehören Unfallkosten im betrieblichen Bereich nicht zu den Gesamtkosten und führen im Falle von Privatfahrten zu einer Entnahme. Die Verwaltungsmeinung in H 9.5 [Einzelnachweis] LStH, wonach Unfallkosten zu den Gesamtkosten gehören, kann m.E. so nicht mehr aufrechterhalten werden.

Bei der Ermittlung des privaten Nutzungsanteils nach § 6 Abs. 1 Nr. 4 Satz 3 EStG (Fahrtenbuchmethode) sind die nach dem Ausscheiden der außergewöhnlichen Kraftfahrzeugkosten verbleibenden Kraftfahrzeugaufwendungen anhand des Fahrtenbuches anteilig der privaten Nutzung, der Nutzung für Fahrten zwischen Wohnung und Betriebsstätte oder für Familienheimfahrten zuzurechnen. Siehe auch das Beispiel unter → **Unfallkosten**.

2. Die umsatzsteuerrechtliche Behandlung

2.1 Grundsätzliches

Zur umsatzsteuerrechtlichen Behandlung der Kfz-Nutzung siehe das BMF-Schreiben vom 27.8.2004 (BStBl I 2004, 864).

Ein Fahrzeug, welches von dem Unternehmer (insbesondere von einem Einzelunternehmer oder einem Personengesellschafter) sowohl unternehmerisch als auch für nichtunternehmerische (private) Zwecke genutzt wird (sog. gemischt genutztes Fahrzeug), kann – unabhängig von der ertragsteuerlichen Behandlung als Betriebs- oder Privatvermögen – dem Unternehmen zugeordnet werden. Voraussetzung für die Zuordnung zum Unternehmen ist, dass das Fahrzeug zu mindestens 10 % für das Unternehmen genutzt wird (§ 15 Abs. 1 Satz 2 UStG). Maßgebend ist bei einem Fahrzeug das Verhältnis der Kilometer unternehmerischer Fahrten zu den Jahreskilometern des Fahrzeugs. Wenn danach die 10 %ige Mindestnutzung für unternehmerische Zwecke nicht erreicht wird, kann das Fahrzeug nicht dem Unternehmen zugeordnet werden. In Zweifelsfällen muss der Unternehmer dem FA die mindestens 10 %ige unternehmerische Nutzung glaubhaft machen, z.B. durch Aufzeichnung der Jahreskilometer des betreffenden Fahrzeugs und der unternehmerischen Fahrten (mit Fahrtziel und gefahrenen Kilometern). Bei sog. Zweit- oder Drittfahrzeugen von Einzelunternehmern oder sog. Alleinfahrzeugen bei einer nebenberuflichen Unternehmertätigkeit ist regelmäßig davon auszugehen, dass diese Fahrzeuge zu weniger als 10 % unternehmerisch genutzt werden. Das Gleiche gilt bei Personengesellschaften, wenn ein Gesellschafter mehr als ein Fahrzeug privat nutzt, für die weiteren privat genutzten Fahrzeuge.

Kann der Unternehmer ein Fahrzeug dem Unternehmen nach § 15 Abs. 1 Satz 2 UStG nicht zuordnen, weil er es zu weniger als 10 % für sein Unternehmen nutzt, steht ihm aus den Anschaffungs- oder Herstellungskosten kein Vorsteuerabzug zu. Die Zuordnungsbeschränkung des § 15 Abs. 1 Satz 2 UStG erstreckt sich jedoch nicht auf die Leistungen, die der Unternehmer im Zusammenhang mit dem Betrieb des Fahrzeugs bezieht. Der Unternehmer kann deshalb unter den übrigen Voraussetzungen des § 15 UStG z.B. Vorsteuerbeträge aus Benzin- und Wartungskosten im Verhältnis der unternehmerischen zur nichtunternehmerischen Nutzung abziehen. Vorsteuerbeträge, die unmittelbar und ausschließlich auf die unternehmerische Verwendung des Fahrzeugs entfallen, z.B. Vorsteuerbeträge aus Reparaturaufwendungen in Folge eines Unfalls während einer unternehmerisch veranlassten Fahrt, können unter den übrigen Voraussetzungen des § 15 UStG in voller Höhe abgezogen werden.

Hat der Unternehmer ein erworbenes Fahrzeug, welches sowohl für unternehmerische als auch für nichtunternehmerische Zwecke genutzt wird, zulässigerweise insgesamt seinem Unternehmen zugeordnet, kann er die auf die Anschaffungskosten des Fahrzeugs sowie die auf den laufenden Unterhalt entfallenden Vorsteuerbeträge in vollem Umfang abziehen (§ 15 Abs. 1 Satz 1 Nr. 1 UStG; Abschn. 192 Abs. 21 Nr. 2 Buchst. a UStR). Die nichtunternehmerische Nutzung unterliegt unter den Voraussetzungen des § 3 Abs. 9a Nr. 1 UStG als unentgeltliche Wertabgabe der Besteuerung.

Wenn ein Unternehmer ein gemischt genutztes Fahrzeug nur teilweise (z.B. zu 60 %) dem Unternehmen zuordnet (vgl. Abschn. 192 Abs. 21 Nr. 2 Buchst. c UStR), mindert sich der Vorsteuerabzug entsprechend. Der Unternehmer, der auch Umsätze ausführt, die zum Ausschluss vom Vorsteuerabzug nach § 15 Abs. 2 UStG führen, hat eine Aufteilung der Vorsteuerbeträge nach § 15 Abs. 4 UStG vorzunehmen.

Die Veräußerung eines Fahrzeugs, das der Unternehmer dem Unternehmen zugeordnet hat, unterliegt insgesamt der Umsatzsteuer; die Entnahme eines dem Unternehmen zugeordneten Fahrzeugs unterliegt unter der Voraussetzung des § 3 Abs. 1b Satz 2 UStG der Besteuerung.

Der Rat der EU hat mit Entscheidung vom 19.11.2004 (2004/817/EG, ABl. EU Nr. L 357 vom 2.12.2004, 33) die Bundesrepublik Deutschland ermächtigt, die 10 %-Grenze bis zum 31.12.2009 anzuwenden (UR 2005, 19). Da die 10 %-Grenze von der MwStSystRL abweicht, gilt sie nur aufgrund einer bereits zweimal verlängerten Sonderermächtigung des EU-Rates. Diese kann jedoch aus Vertrauensschutzgründen immer erst ab ihrer Veröffentlichung im EU-Amtsblatt gelten (siehe EuGH-Urteil vom 29.4.2004 C-17/01 – Sudholz –, BStBl II 2004, 806; BMF vom 27.8.2004, BStBl I 2004, 864).

Die Ermächtigungen erfolgten:
- am 28.2.2000 für die Zeit vom 1.4.1999 bis zum 31.12.2002 (veröffentlicht im EU-Amtsblatt vom **4.3.2000**);

- 1. Verlängerung am 13.5.2003 für die Zeit vom 1.1.2003 bis zum 30.6.2004 (veröffentlicht im EU-Amtsblatt vom **17.5.2003**);
- 2. Verlängerung am 19.11.2004 für die Zeit vom 1.7.2004 bis zum 31.12.2009 (veröffentlicht im EU-Amtsblatt vom **2.12.2004**).

Somit gilt die 10%-Grenze nur für Wirtschaftsgüter, die angeschafft bzw. hergestellt wurden
a) vom 5.3.2000 bis zum 31.12.2002;
b) vom 18.5.2003 bis zum 30.6.2004 und
c) vom 3.12.2004 bis zum 31.12.2009.

Die 10%-Grenze gilt nur für Gegenstände. Für die Inanspruchnahme einer Dienstleistung gilt diese Grenze nicht. Der Unternehmer kann also z.B. weiterhin die Inanspruchnahme einer Leasingleistung hinsichtlich eines Fahrzeugs, das nur zu 5% unternehmerisch genutzt werden soll, dem Unternehmen zuordnen. Der Vorsteuerabzug aus den Leasing- und anderen Fahrzeugkosten wird dann zu 100% gem. § 15 Abs. 1 UStG abziehbar; die Besteuerung der Privatnutzung erfolgt unter den Voraussetzungen des § 3 Abs. 9a UStG. Es ist nicht nachvollziehbar, warum der Gesetzgeber Lieferungen anders als sonstige Leistungen behandelt wissen will.

Ist im Jahr der Anschaffung eines Gegenstandes die 10%-Grenze des § 15 Abs. 1 Satz 2 UStG erreicht, so bleibt der Gegenstand auch dann Unternehmensvermögen, wenn in den Folgejahren die 10%-Grenze unterschritten sein sollte (keine Zwangsentnahme). Bei der Beurteilung der 10%-Grenze ist auf die Nutzungsabsicht abzustellen.

Besteuerungszeitraum ist nach § 16 Abs. 1 Satz 2 UStG das Kalenderjahr. Somit ist für den Umfang der Nutzung des Gegenstandes das Verhältnis der unternehmerischen zur nichtunternehmerischen Nutzung im Kalenderjahr des Leistungsbezugs maßgebend. Das Kalenderjahr umfasst nur den Zeitraum vom Erwerb bis zum Ablauf desselben Jahres. Dieser Zeitraum kann weniger als zwölf Monate umfassen. Eine Umrechnung kommt nicht in Betracht. Für die Feststellung des Umfangs der unternehmerischen Nutzung eines Pkw kommt es bei sehr geringen Nutzungszeiträumen im Erwerbsjahr (z.B. vom 28. bis 31.12.) auf die sich aus den Gesamtumständen ergebende Nutzungsabsicht an (Urteil FG Saarland vom 12.4.2005 1 K 248/01).

Wird ein Gegenstand, dessen Lieferung, Einfuhr oder innergemeinschaftlicher Erwerb nicht für das Unternehmen als ausgeführt galt, weil die Nutzung im Erstjahr unterhalb des erforderlichen Mindestumfangs von 10% lag, in einem Folgejahr über diese Grenze hinaus für das Unternehmen genutzt, ist eine Vorsteuerberichtigung nach § 15a UStG nicht vorzunehmen. Mit einer späteren Zuordnung zum Unternehmen wäre eine Einlage verwirklicht. Der Umkehrschluss aus § 15a Abs. 8 UStG ergibt, dass eine Vorsteuerberichtigung auf Einlagen nicht zugelassen wird. Somit wird mit einer Erhöhung der unternehmerischen Nutzung über die Mindestgrenze hinaus kein nachträglich teilweiser Vorsteuerabzug durch Vorsteuerberichtigung verbunden.

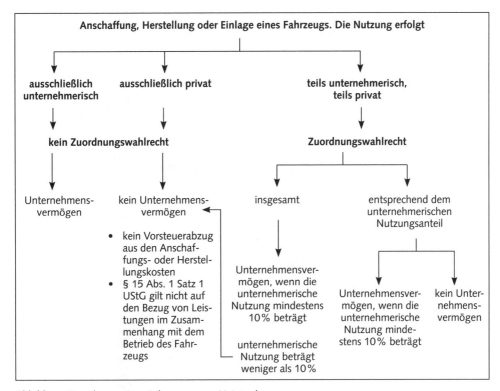

Abbildung: Zuordnung eines Fahrzeugs zum Unternehmen

2.2 Fahrten zwischen Wohnung und Betriebsstätte sowie Familienheimfahrten

Die Fahrten des Unternehmers zwischen Wohnung und Betriebsstätte sowie Familienheimfahrten wegen einer aus betrieblichem Anlass begründeten doppelten Haushaltsführung sind umsatzsteuerlich der unternehmerischen Nutzung des Fahrzeugs zuzurechnen. Die darauf entfallenden Vorsteuerbeträge sind gem. § 15 Abs. 1a UStG **nicht** vom Vorsteuerabzug ausgeschlossen (Tz. 3 des BMF vom 27.8.2004, BStBl I 2004, 864).

2.3 Pkw-Überlassung an Arbeitnehmer

Überlässt ein Unternehmer (Arbeitgeber) seinem Personal (Arbeitnehmer) ein erworbenes Fahrzeug auch zur privaten Nutzung (Privatfahrten, Fahrten zwischen Wohnung und Arbeitsstätte sowie Familienheimfahrten aus Anlass einer doppelten Haushaltsführung), ist dies regelmäßig als entgeltliche Leistung i.S.d. § 1 Abs. 1 Nr. 1 Satz 1 UStG anzusehen. Derartige Fahrzeuge werden, wenn sie nicht ausnahmsweise zusätzlich vom Unternehmer nichtunternehmerisch verwendet werden, durch die entgeltliche umsatzsteuerpflichtige Überlassung an das Personal ausschließlich unternehmerisch genutzt. Somit kann der Vorsteuerabzug sowohl aus den Anschaffungskosten als auch aus den Unterhaltskosten der sog. Dienst- oder Firmenwagen in voller Höhe in Anspruch genommen werden.

2.4 Umsätze im Zusammenhang mit der Kfz-Nutzung

Die umsatzsteuerrechtliche Behandlung der unterschiedlichen Kfz-Nutzung ergibt sich aus der nachfolgenden Tabelle.

Umsätze im Zusammenhang mit der Pkw-Nutzung			
§ 1 Abs. 1 Nr. 1 Satz 1 UStG	§ 3 Abs. 9a Nr. 1 UStG	§ 3 Abs. 9a Nr. 1 UStG	Unternehmerische Fahrten
Entgeltliche private Pkw-Nutzung durch ArbN (Abschn. 12 Abs. 1 i.V.m. Abschn. 103 Abs. 7 UStR). Zur umsatzsteuerrechtlichen Behandlung siehe Abschn. 12 Abs. 18 UStR.	Unentgeltliche Pkw-Überlassung an ArbN. Die private Nutzung ist so gering, dass sie für die Gehaltsbemessung keine Rolle spielt (Tz. 4.2.2.1 des BMF vom 27.8.2004, BStBl I 2004, 864).	Die private Nutzung eines dem Unternehmen zugeordneten Pkw wird einer sonstigen Leistung gegen Entgelt gleichgestellt (Tz. 2 des BMF vom 27.8.2004, BStBl I 2004, 864).	Auch Fahrten zwischen Wohnung und Betrieb und für Familienheimfahrten. Eine Umsatzbesteuerung findet nicht statt. Der Vorsteuerabzug ist nach § 15 Abs. 1a UStG nicht eingeschränkt (Tz. 3 des BMF vom 27.8.2004, BStBl I 2004, 864).

Abbildung: Umsätze im Zusammenhang mit der Kfz-Nutzung

2.5 Privatnutzung

Die umsatzsteuerrechtliche Behandlung der nichtunternehmerischen Kfz-Nutzung regelt das BMF-Schreiben vom 27.8.2004 (BStBl I 2004, 864).

Hat der Unternehmer ein erworbenes Fahrzeug, welches sowohl für unternehmerische als auch für nichtunternehmerische Zwecke genutzt wird, zulässigerweise insgesamt seinem Unternehmen zugeordnet, kann er die Vorsteuer aus der Anschaffung, der Herstellung sowie der Verwendung oder Nutzung in voller Höhe abziehen, wenn er das Fahrzeug für Umsätze verwendet, die den Vorsteuerabzug nicht ausschließen (s.a. Abschn. 192 Abs. 21 Nr. 2 Buchst. a UStR). Die nichtunternehmerische Nutzung unterliegt nach § 3 Abs. 9a Nr. 1 UStG als unentgeltliche Wertabgabe der USt (→ **Unentgeltliche Wertabgabe**).

Die Verwendung eines Gegenstandes aus dem Unternehmen für außerhalb des Unternehmens liegende Zwecke unterliegt nur der USt, wenn dem Unternehmer für den Erwerb oder die Herstellung des Gegenstandes zumindest teilweise ein Vorsteuerabzug zustand (§ 3 Abs. 9a Nr. 1 UStG). Sind diese Voraussetzungen nicht erfüllt (z.B. beim Kauf eines Gegenstandes von einer Privatperson), unterliegt die spätere Verwendung des Gegenstandes folglich nicht der USt (Abschn. 24c Abs. 2 Satz 3 UStR). Die Steuer auf die laufenden Kosten ist entsprechend dem Verwendungszweck in einen abziehbaren und einen nicht abziehbaren Anteil aufzuteilen (Abschn. 192 Abs. 21 Nr. 1 UStR). Aus Vereinfachungsgründen ist jedoch auch nicht zu beanstanden, wenn der Unternehmer den Vorsteuerabzug aus den Kosten in voller Höhe vornimmt und den nichtunternehmerischen Anteil nach § 3 Abs. 9a Nr. 1 UStG besteuert (s.a. Rz. 20 des BMF-Schreibens vom 29.5.2000, BStBl I 2000, 819).

Beispiel 1:

Der Unternehmer U erwirbt am 6.5.12 einen Pkw zum Preis von 50 000 € zzgl. 9 500 € USt. Der Pkw wird unternehmerisch genutzt zu:

5 %	30 %	80 %
Ertragsteuerrechtlich ist der Pkw notwendiges Privatvermögen (R 4.2. Abs. 1 Satz 5 EStR). Nach § 15 Abs. 1 Satz 2 UStG gilt die Lieferung des Pkw nicht als für das Unternehmen ausgeführt, da der Unternehmer den Pkw zu weniger als 10 % für sein Unternehmen nutzt. Da der Pkw nicht dem Unternehmen zugeordnet werden kann, ist § 3 Abs. 9a Nr. 1 UStG nicht anzuwenden.	Ertragsteuerrechtlich kann der Pkw als gewillkürtes Betriebsvermögen behandelt werden (R 4.2. Abs. 1 Satz 6 EStR).	Ertragsteuerrechtlich ist der Pkw notwendiges Betriebsvermögen (R 4.2 Abs. 1 Satz 4 EStR).
	Unabhängig von der ertragsteuerrechtlichen Behandlung kann der Pkw wie folgt zugeordnet werden:	
	voll dem Privatbereich. / voll dem Unternehmensvermögen. / anteilig dem Unternehmensvermögen entsprechend dem Nutzungsanteil.	
	Nur wenn der Unternehmer den Pkw insgesamt seinem Unternehmen zugeordnet hat, kann er die auf die Anschaffungs- und Unterhaltskosten des Fahrzeugs entfallenden Vorsteuerbeträge in voller Höhe abziehen. Die nichtunternehmerische Nutzung unterliegt unter den Voraussetzungen des § 3 Abs. 9a Nr. 1 UStG als unentgeltliche Wertabgabe der Besteuerung (Abschn. 24c Abs. 3 UStR).	

2.6 Bemessungsgrundlage für die Umsatzsteuer

2.6.1 Allgemeiner Überblick

Die Bemessungsgrundlage wird wie folgt ermittelt:

Ermittlung der Bemessungsgrundlage gem. § 10 UStG		
§ 1 Abs. 1 Nr. 1 Satz 1 UStG: entgeltliche Pkw-Überlassung an ArbN	§ 3 Abs. 9a Nr. 1 UStG: unentgeltliche Pkw-Überlassung an ArbN	§ 3 Abs. 9a Nr. 1 UStG: private Pkw-Nutzung durch den Unternehmer
§ 10 Abs. 2 Satz 2 i.V.m. § 10 Abs. 1 Satz 1 UStG	§ 10 Abs. 4 Nr. 2 UStG	§ 10 Abs. 4 Nr. 2 UStG
Wert der nicht durch den Barlohn abgedeckten Arbeitsleistung	anteilige Ausgaben	anteilige Ausgaben

entweder	entweder	entweder
• Schätzung anhand der Gesamtkosten. Dabei kein Ausgabenabzug der nicht mit Vorsteuern belasteten Ausgaben = Nettowert oder • lohnsteuerrechtliche Werte = Bruttowert. Kein pauschaler Abschlag für nicht mit Vorsteuer belastete Ausgaben. 1 %-Regelung oder Fahrtenbuchregelung (Tz. 4.2.1.3 und 4.1.2.4 des BMF-Schreibens vom 27.8.2004, BStBl I 2004, 864).	• anteilige Ausgaben anhand der Gesamtausgaben. Aus der Bemessungsgrundlage sind die nicht mit Vorsteuern belasteten Ausgaben auszuscheiden = Nettowert (Tz. 4.2.2.2 des BMF vom 27.8.2004, BStBl I 2004, 864) oder • lohnsteuerrechtliche Werte = Bruttowert. Die USt ist herauszurechnen (4.2.2.3 des BMF-Schreibens vom 27.8.2004, BStBl I 2004, 864).	• 1 %-Regelung, wenn diese ertragsteuerrechtlich angewendet wird (= Nettowert). Pauschaler Abschlag von 20 % für nicht mit Vorsteuern belastete Ausgaben oder • bei Fahrtenbuchregelung die tatsächlich angefallen Ausgaben. Die nicht mit Vorsteuern belasteten Ausgaben sind in nachgewiesener Höhe auszuscheiden oder • Unternehmer will nicht die 1 %-Regelung für die USt und führt auch kein Fahrtenbuch: Privater Nutzungsanteil ist für die USt zu schätzen.

Abbildung: Bemessungsgrundlage für die Kfz-Nutzung

Als Bemessungsgrundlage für die Besteuerung der nichtunternehmerischen Nutzung eines Fahrzeugs (§ 3 Abs. 9a Nr. 1 UStG) sind die auf die unternehmensfremde Nutzung entfallenden Ausgaben anzusetzen, soweit sie zum vollen oder teilweisen Vorsteuerabzug berechtigt haben (§ 10 Abs. 4 Satz 1 Nr. 2 UStG). Die Anschaffungs- oder Herstellungskosten sind dabei, soweit sie mindestens 500 € betragen, auf einen Zeitraum zu verteilen, der dem für das Wirtschaftsgut maßgeblichen Berichtigungszeitraum nach § 15a UStG entspricht. Bei einem Pkw beträgt danach der Verteilungszeitraum fünf Jahre.

2.6.2 Listenpreismethode (1 %-Regelung)

Ermittelt der Unternehmer für Ertragsteuerzwecke den Wert der Nutzungsentnahme nach der sog. 1 %-Regelung des § 6 Abs. 1 Nr. 4 Satz 2 und 3 EStG, so kann er von diesem Wert aus Vereinfachungsgründen bei der Bemessungsgrundlage für die Besteuerung der nichtunternehmerischen Nutzung ausgehen. Für die nicht mit Vorsteuern belasteten Kosten kann er einen pauschalen Abschlag von 20 % vornehmen (siehe auch das Beispiel unter → **Unfallkosten**). Der so ermittelte Betrag ist ein sog. Nettowert, auf den die Umsatzsteuer mit dem allgemeinen Steuersatz aufzuschlagen ist (BFH-Urteile vom 6.3.2003 XI R 12/02, BStBl II 2003, 704 und vom 30.7.2003 X R 70/01, BFH/NV 2003, 1580; Tz. 2.1 des BMF-Schreibens vom 27.8.2004, BStBl I 2004, 864). Die sog. 1 %-Regelung gilt auch für bereits abgeschriebene Kfz. Insoweit bestehen keine verfassungsrechtlichen Bedenken, da einer nicht sachgerechten Bewertung der Nutzungsentnahme durch die Führung eines Fahrtenbuchs begegnet werden kann (BFH-Beschluss vom 3.1.2007 XI B 128/06, BFH/NV 2007, 706).

Nach dem BFH-Urteil vom 13.2.2003 (X R 23/01, BStBl II 2003, 472) ist die 1 %-Regelung auch bei Geländewagen anzuwenden.

Mit Urteil vom 11.3.1999 (V R 78/98, BFH/NV 1999, 1178) hat der BFH die Übernahme der einkommensteuerrechtlichen Regelung auf die USt abgelehnt. Der Wert der Nutzungsentnahme nach § 6 Abs. 1 Nr. 4 Satz 2 EStG ist für das Umsatzsteuerrecht grundsätzlich kein geeigneter Maßstab, um diese Kosten auf die Privatfahrten und die unternehmerischen Fahrten aufzuteilen. Die Kosten sind aufgrund anderer Wahrscheinlichkeitsüberlegungen aufzuteilen. Schätzungsunschärfen, die sich zu Ungunsten des Stpfl. ergeben, muss dieser hinnehmen (BFH-Urteil vom 18.12.1984 VIII R 195/82, BStBl II 1986, 226).

Mit Urteil vom 2.6.2008 (15 K 2935/05, UStB 2008, 333, Rev. eingelegt, Az. BFH: XI R 32/08) hat das FG Köln entschieden, dass der Stpfl. zwar den ertragsteuerlichen Entnahmewert eines gemischt genutzten Pkw auch zur Versteuerung der unentgeltlichen Wertabgabe zugrunde legen kann, er aber nicht gezwungen ist, die nicht vorsteuerbehafteten Kosten mit 20 % zu schätzen. Er ist berechtigt, den Abschlag für die nicht vorsteuerbehafteten Pkw-Kosten konkret aus den belegmäßig nachgewiesenen Pkw-Kosten zu berechnen.

Zu beachten ist, dass die ertragsteuerliche Listenpreismethode des § 6 Abs. 1 Nr. 4 Satz 2 EStG ab dem Kj. 2006 nur noch für Fahrzeuge anzuwenden ist, die zu mehr als 50 % betrieblich genutzt werden (Gesetz zur Eindämmung missbräuchlicher Steuergestaltungen vom 28.4.2006, BGBl I 2006, 1095). Für Fahrzeuge des gewillkürten Betriebsvermögens ist entweder die Fahrtenbuchmethode (§ 6 Abs. 1 Nr. 4 Satz 3 EStG) anzuwenden oder die Privatfahrten sind zu schätzen (Schätzmethode, § 6 Abs. 1 Nr. 4 Satz 1 EStG).

Ist die Anwendung der **1 %-Regelung** gem. § 6 Abs. 1 Nr. 4 Satz 2 EStG **ausgeschlossen**, weil das Fahrzeug zu weniger als 50 % betrieblich genutzt wird, und wird der nichtunternehmerische Nutzungsanteil **nicht** durch ein ordnungsgemäßes **Fahrtenbuch** nachgewiesen, ist dieser **Nutzungsanteil** im Wege der **Schätzung** zu ermitteln, wobei der Umsatzbesteuerung grundsätzlich der für ertragsteuerliche Zwecke ermittelte private Nutzungsanteil zugrunde zu legen ist (BMF-Schreiben vom 18.11.2009, BStBl I 2009, 1326).

2.6.3 Kostendeckelung

In der Urteilsbegründung vom 11.3.1999 (V R 78/98, BFH/NV 1999, 1178) nimmt der BFH u.a. auch zur Anwendung der Kostendeckelung Stellung. Danach verbietet sich der Ansatz des Entnahmewerts, wenn die mit der Nutzung des Pkw zusammenhängenden Kosten, für die der Steuerpflichtige den Vorsteuerabzug berechtigterweise in Anspruch genommen hat, geringer sind. Die Bemessungsgrundlage für die unentgeltliche Wertabgabe kann immer nur einen Bruchteil der gesamten Kraftfahrzeugkosten ausmachen (Kostendeckelung; Rz. 14 des BMF-Schreibens vom 21.1.2002, BStBl I 2002, 148 zur ertragsteuerlichen Erfassung der privaten Kfz-Nutzung). Im Fall der **Kostendeckelung** ist der **private Nutzungsanteil** für **Umsatzsteuerzwecke** anhand geeigneter Unterlagen im Wege einer **sachgerechten Schätzung** zu ermitteln. Ohne geeignete Unterlagen ist der private Nutzungsanteil mit mindestens 50 % zu schätzen, soweit sich aus den besonderen Verhältnissen des Einzelfalles nichts Gegenteiliges ergibt (BMF vom 27.8.2004, BStBl I 2004, 864, Rz 2.3).

2.6.4 Fahrtenbuchregelung

Setzt der Unternehmer für Ertragsteuerzwecke die private Nutzung mit den auf die Privatfahrten entfallenden Aufwendungen an, indem er die für das Fahrzeug insgesamt entstehenden Aufwendungen durch Belege und das Verhältnis der privaten zu den übrigen Fahrten durch ein ordnungsgemäßes Fahrtenbuch nachweist (§ 6 Abs. 1 Nr. 4 Satz 4 EStG), ist von diesem Wert – gemeint ist hier m.E. nach das Nutzungsverhältnis – auch bei der Bemessungsgrundlage für die Besteuerung der nichtunternehmerischen Nutzung auszugehen. Die ertragsteuerliche Anwendung der Fahrtenbuchregelung führt zwingend auch zur Fahrtenbuchregelung bei der USt. Aus den Gesamtaufwendungen sind für Umsatzsteuerzwecke die nicht mit Vorsteuern belasteten Ausgaben in der belegmäßig nachgewiesenen Höhe auszuscheiden (Tz. 2.2 des BMF-Schreibens vom 27.8.2004, BStBl I 2004, 864).

Führt ein Rechtsanwalt kein Fahrtenbuch, ist die private Nutzung des betrieblichen Kfz auch dann nach der sog. 1%-Regelung zu ermitteln, wenn er vorträgt, aus Gründen seiner Verschwiegenheitspflicht kein Fahrtenbuch zu führen (BFH Beschluss vom 3.1.2007 XI B 128/06, BFH/NV 2007, 706).

Zur Ermittlung der Bemessungsgrundlage i.S.d. § 10 Abs. 4 Satz 1 Nr. 2 UStG bei sonstigen Leistungen i.S.d. § 3 Abs. 9a Nr. 1 UStG nimmt das BMF-Schreiben vom 13.4.2004 (BStBl I 2004, 468) Stellung. Unter den Ausgaben sind danach die Aufwendungen des Unternehmers für die Erbringung der sonstigen Leistung zu verstehen. Zu den zu berücksichtigenden Ausgaben gehören z.B. Aufwendungen des Unternehmers für den laufenden Betrieb oder Unterhalt des dem Unternehmen zugeordneten Fahrzeugs, aber auch Anschaffungs- oder Herstellungskosten. Anschaffungs- oder Herstellungskosten eines Gegenstandes sind dabei abweichend von den ertragsteuerlichen Grundsätzen gleichmäßig auf den nach § 15a UStG für diesen Gegenstand jeweils maßgeblichen Berichtigungszeitraum zu verteilen (Neutralitätsgrundsatz). Nach Ablauf des jeweils nach § 15a UStG maßgeblichen Berichtigungszeitraums sind die auf den Gegenstand entfallenden Ausgaben vollständig in die Bemessungsgrundlage eingeflossen und in den Folgejahren nicht mehr als Bemessungsgrundlage zu berücksichtigen (s.a. Abschn. 155 Abs. 3 UStR).

Betragen bei einem Gegenstand die Anschaffungs- oder Herstellungskosten weniger als 500 €, sind diese nicht auf mehrere Jahre zu verteilen, sondern im Jahr der Anschaffung oder Herstellung zu berücksichtigen.

Konnte der Unternehmer bei der Anschaffung eines dem Unternehmen zugeordneten Fahrzeugs keinen Vorsteuerabzug vornehmen (z.B. Erwerb von einem Nichtunternehmer), sind nur die vorsteuerbelasteten Unterhaltskosten zur Ermittlung der Bemessungsgrundlage heranzuziehen.

2.6.5 Schätzung des nichtunternehmerischen Nutzungsanteils

Macht der Unternehmer von der 1%-Regelung keinen Gebrauch oder werden die pauschalen Wertansätze durch die sog. Kostendeckelung auf die nachgewiesenen tatsächlichen Kosten begrenzt (vgl. Rz. 18 des BMF-Schreibens vom 18.11.2009, BStBl I 2009, 1326) und liegen die Voraussetzungen der Fahrtenbuchmethode nicht vor (z.B. weil kein ordnungsgemäßes Fahrtenbuch geführt wird), ist der private Nutzungsanteil für USt-Zwecke anhand geeigneter Unterlagen im Wege einer sachgerechten Schätzung zu ermitteln. Grundsätzlich ist der für ertragsteuerliche Zwecke ermittelte private Nutzungsanteil auch bei der Umsatzsteuer zugrunde zu legen.

Wird ertragsteuerrechtlich die Listenpreismethode angewandt oder kommt die Kostendeckelung zum Tragen, kann – bei der ertragsteuerlichen Listenpreismethode – bzw. muss – bei der ertragsteuerlichen Kostendeckelung – allein für Umsatzsteuerzwecke der private Nutzungsanteil geschätzt werden. Liegen geeignete Unterlagen für eine Schätzung nicht vor, ist der private Nutzungsanteil mit mindestens 50% zu schätzen, soweit sich aus den besonderen Verhältnissen des Einzelfalls nichts Gegenteiliges ergibt (Tz. 2.3 des BMF vom 27.8.2004, BStBl I 2004, 864). Aus den Gesamtaufwendungen sind die nicht mit Vorsteuern belasteten Kosten in der belegmäßig nachgewiesenen Höhe auszuscheiden.

Auch ertragsteuerrechtlich ist die Schätzmethode dann anzuwenden, wenn kein Fahrtenbuch geführt wird und das Fahrzeug nicht zu mehr als 50 % betrieblich genutzt wird. In diesen Fällen ist bei der Umsatzbesteuerung grundsätzlich der für ertragsteuerliche Zwecke ermittelte private Nutzungsanteil zugrunde zu legen (BMF-Schreiben vom 18.11.2009, BStBl I 2009, 1326).

Das BMF-Schreiben vom 18.11.2009 (BStBl I 2009, 1326) nimmt ausführlich in den Rz. 4 bis 7 zur Schätzmethode Stellung. Der Umfang der betrieblichen Nutzung ist vom Stpfl. darzulegen und glaubhaft zu machen. Dies kann in jeder geeigneten Form erfolgen. Auch die Eintragungen in Terminkalendern, die Abrechnung gefahrener Kilometer gegenüber den Auftraggebern, Reisekostenaufstellungen sowie andere Abrechnungsunterlagen können zur Glaubhaftmachung geeignet sein. Sind entsprechende Unterlagen nicht vorhanden, kann die überwiegende betriebliche Nutzung durch formlose Aufzeichnungen über einen repräsentativen zusammenhängenden Zeitraum (i.d.R. 3 Monate) glaubhaft gemacht werden. Dabei reichen Angaben über die betrieblich veranlassten Fahrten (jeweiliger Anlass und die jeweils zurückgelegte Strecke) und die Kilometerstände zu Beginn und Ende des Aufzeichnungszeitraumes aus.

Auf einen Nachweis der betrieblichen Nutzung kann verzichtet werden, wenn sich bereits aus Art und Umfang der Tätigkeit des Steuerpflichtigen ergibt, dass das Kfz zu mehr als 50 % betrieblich genutzt wird. Dies kann i.d.R. bei Stpfl. angenommen werden, die ihr Kraftfahrzeug für eine durch ihren Betrieb oder Beruf bedingte typische Reisetätigkeit benutzen oder die zur Ausübung ihrer räumlich ausgedehnten Tätigkeit auf die ständige Benutzung des Kfz angewiesen sind (z.B. bei Taxiunternehmern, Handelsvertretern, Handwerkern der Bau- und Baunebengewerbe, Landtierärzten). Diese Vermutung gilt, wenn ein Stpfl. mehrere Kfz im Betriebsvermögen hält, nur für das Kfz mit der höchsten Jahreskilometerleistung. Für die weiteren Kfz gelten die allgemeinen Grundsätze.

Hat der Steuerpflichtige den betrieblichen Nutzungsumfang des Kfz einmal dargelegt, so ist – wenn sich keine wesentlichen Veränderungen in Art oder Umfang der Tätigkeit oder bei den Fahrten zwischen Wohnung und Betriebsstätte ergeben – auch für die folgenden Veranlagungszeiträume von diesem Nutzungsumfang auszugehen. Ein Wechsel der Fahrzeugklasse kann im Einzelfall Anlass für eine erneute Prüfung des Nutzungsumfangs sein.

Beträgt der betriebliche Nutzungsanteil 10 bis 50 %, darf der private Nutzungsanteil nicht gem. § 6 Abs. 1 Nr. 4 Satz 2 EStG (1 %-Regelung) bewertet werden. Die gesamten angemessenen Kraftfahrzeugaufwendungen sind Betriebsausgaben; der private Nutzungsanteil ist als Entnahme gem. § 6 Abs. 1 Nr. 4 Satz 1 EStG zu erfassen. Diese ist mit dem auf die nicht betrieblichen Fahrten entfallenden Anteil an den Gesamtaufwendungen für das Kfz zu bewerten.

2.6.6 Gesamtaufwendungen für das Kraftfahrzeug bei der Umsatzsteuer

Ertragsteuerrechtlich gehören zu den Gesamtaufwendungen für das Kfz die Kosten, die unmittelbar dem Halten und dem Betrieb des Kfz zu dienen bestimmt sind und im Zusammenhang mit seiner Nutzung zwangsläufig anfallen (BMF-Schreiben vom 18.11.2009, BStBl I 2009, 1326). Während somit bei der **Ertragsteuer** das **Verursacherprinzip** gilt, sind bei der **Umsatzsteuer** die Aufwendungen **objektbezogen** zu beurteilen. Umsatzsteuerbeträge, die durch den Erwerb, die Herstellung sowie die Verwendung oder Nutzung des Gegenstandes anfallen, können in vollem Umfang abgezogen werden, wenn der Gegenstand dem

Unternehmen insgesamt zugeordnet wird. Zum Ausgleich dafür unterliegt die Verwendung des Gegenstandes für unternehmensfremde Zwecke nach § 3 Abs. 9a Nr. 1 UStG der Umsatzsteuer (Abschn. 192 Abs. 21 Nr. 2 Buchst. a UStG). Umsatzsteuerrechtlich gehören die außergewöhnlichen Kraftfahrzeugkosten – wie z.B. die → **Unfallkosten** – zu den Gesamtaufwendungen, unabhängig davon auf welcher Fahrt – unternehmerisch oder privat – sich der Unfall ereignet.

2.6.7 Übersicht über die Listenpreis- und Fahrtenbuchmethode

Die folgende Übersicht stellt die Listenpreis- und Fahrtenbuchmethode aus ertrag- und umsatzsteuerrechtliche Sicht dar.

Ermittlung der Werts der Pkw-Nutzungsentnahme bzw. der unentgeltlichen Wertabgabe i.S.d. § 3 Abs. 9a Nr. 1 UStG		
Listenpreismethode	**Fahrtenbuchmethode**	
§ 6 Abs. 1 Nr. 4 Sätze 2 EStG	§ 6 Abs. 1 Nr. 4 Satz 3 EStG	
Der Privatanteil wird pauschal ermittelt. Ab dem Kj. 2006 muss das Fahrzeug zum notwendigen Betriebsvermögen gehören.	Die tatsächlich angefallenen Pkw-Kosten werden anhand eines ordnungsgemäßen Fahrtenbuches in einen betrieblichen und privaten Anteil aufgeteilt.	
Ertragsteuerrechtlich	**Ertragsteuerrechtlich**	**Umsatzsteuerrechtlich**
Für **Privatfahrten** (ohne Fahrten zwischen Wohnung und Betrieb sowie Familienheimfahrten): 1% des Bruttolistenpreises im Zeitpunkt der Erstzulassung zzgl. der Kosten der Sonderausstattung für jeden Kalendermonat. Für **Fahrten zwischen Wohnung und Betrieb** (§ 4 Abs. 5 Nr. 6 i.V.m. § 9 Abs. 1 Satz 3 Nr. 4 EStG): 0,03% des Bruttolistenpreises im Zeitpunkt der Erstzulassung zzgl. der Kosten der Sonderausstattung je Kalendermonat für jeden Entfernungskilometer. Für **Familienheimfahrten** (§ 4 Abs. 5 Nr. 6 EStG): 0,002% des Bruttolistenpreises im Zeitpunkt der Erstzulassung zzgl. der Kosten der Sonderausstattung für jeden Entfernungskilometer.	Alle Pkw-Kosten. In den Kosten enthalten ist u.a. die AfA. Nach der AfA-Tabelle, lfd. Nr. 4.2.1 (BStBl I 2000, 1532) beträgt die Nutzungsdauer eines Pkw sechs Jahre. **Nicht** zu den Gesamtkosten gehören die **außergewöhnlichen Kosten** (Unfallkosten).	Alle Pkw-Kosten • abzgl. ertragsteuerrechtliche AfA, • zzgl. anteilige, auf den Fünfjahreszeitraum des § 15a Abs. 1 Satz 1 UStG entfallende Anschaffungskosten, wenn der Unternehmer zum Vorsteuerabzug aus den Anschaffungskosten berechtigt war, • abzgl. nicht mit Vorsteuern belastete Kosten in der belegmäßig nachgewiesenen Höhe.
Umsatzsteuerrechtlich		
1% des Bruttolistenpreises × Anzahl der Monate, in denen der Pkw privat genutzt wurde,	= Ausgangswert für die ESt	= Ausgangswert für die USt
./. 20% pauschaler Abschlag für nicht mit Vorsteuern belastete Kosten	× Privatanteil lt. Fahrtenbuch in %	× Privatanteil lt. Fahrtenbuch in %

= Bemessungsgrundlage nach § 10 Abs. 4 Nr. 2 UStG	= Wert der Nutzungsentnahme	= Bemessungsgrundlage nach § 10 Abs. 4 Nr. 2 UStG
× 19% = USt		× 19% = USt
§ 12 Nr. 3 EStG: Die USt darf den Gewinn nicht mindern.	§ 12 Nr. 3 EStG: Die USt darf den Gewinn nicht mindern.	

Abbildung: Wert der Pkw-Nutzungsentnahme bzw. der unentgeltlichen Wertabgabe

Beispiel 2:
Der Freiberufler F fährt täglich von seiner Wohnung zu seiner 60 km entfernt liegenden Praxis. Im Kj. 16 fährt er somit insgesamt: 220 Tage × 60 km × 2 = 26 400 km. Nachweislich hat sein Kfz eine Jahresgesamtfahrleistung von 45 000 km. F kann glaubhaft darlegen, dass mit dem Pkw zusätzlich 9 000 km privat zurückgelegt werden. Der Bruttolistenpreis des Pkw beträgt 40 000 €.

Lösung:
Voraussetzung für die Anwendung der 1%-Regelung ist, dass der Pkw zu mehr als 50% betrieblich genutzt wird. Die betriebliche Nutzung i.S.d. § 6 Abs. 1 Nr. 4 Satz 2 EStG beträgt (45 000 km ./. 9 000 km =) 36 000 km oder 80%. Danach ist die Listenpreismethode anwendbar.

1. Aufwendungen für die Fahrten Wohnung – Betrieb i.S.d.
 § 4 Abs. 5 Nr. 6 EStG: 0,03% × 40 000 € × 60 km × 12 = 8 640 €
 Entfernungspauschale 220 Tage × 0,30 € × 60 km = 3 960 €
 Der Unterschiedsbetrag darf sich nicht auf das Betriebsergebnis auswirken (nicht abzugsfähige Betriebsausgaben) 4 680 €   4 680 €
2. Privatnutzungsanteil nach § 6 Abs. 1 Nr. 4 Satz 2 EStG:
 1% × 40 000 € × 12 = 4 800 €
 zusammen 9 480 €

Umsatzsteuerrechtlich ist lediglich der Wert der Listenpreismethode für die Besteuerung der nichtunternehmerischen Nutzung (§ 3 Abs. 9a Nr. 1 UStG) zu übernehmen   4 800 €
Für die nicht mit Vorsteuern belasteten Kosten kann ein pauschaler Abschlag von 20% vorgenommen werden   ./. 960 €
Bemessungsgrundlage   3 840 €
USt 19% =   730 €

Beispiel 3:
Die Entfernung zwischen Wohnung und Betrieb beträgt 17 km, der Bruttolistenpreis des Pkw beträgt 17 000 €. Der Pkw wird an 230 Tagen für die Fahrten genutzt. Der Stpfl. führt kein Fahrtenbuch.

Lösung:
Der Unterschiedsbetrag des § 4 Abs. 5 Nr. 6 EStG berechnet sich wie folgt:

0,03 % von 17 000 € × 12 Monate × 17 km =   1 040 €
zulässige Aufwendungen nach § 9 Abs. 1 Nr. 4 und Abs. 2 EStG:
17 km × 230 Tage × 0,30 € =   ./. 1 173 €
Unterschiedsbetrag   ./. 133 €

Der negative Unterschiedsbetrag ist als zusätzlicher Betriebsausgabenabzug abzugsfähig (R 4.12 Abs. 1 Satz 2 EStR).

Die Fahrten des Unternehmers zwischen Wohnung und Betriebsstätte sind der unternehmerischen Nutzung des Fahrzeugs zuzurechnen. Es ist auch keine Vorsteuerkürzung nach § 15 Abs. 1a UStG vorzunehmen (Tz. 3 des BMF-Schreibens vom 27.8.2004, a.a.O.).

3. Zusätzliche Nutzung des betrieblichen Pkw für andere Einkünfte

Mit Urteil vom 26.4.2006 (X R 35/05, BStBl II 2007, 445) hat der BFH zur Anwendung der Listenpreismethode und zur Nutzung des betrieblichen Pkw für andere Einkünfte entschieden, dass die **anderweitige Nutzung zu anderen Einkunftsarten** nicht durch die Bewertung der privaten Nutzung nach der 1%-Methode mit abgegolten ist. Diese Nutzung ist vielmehr mit den auf sie entfallenden tatsächlichen **Selbstkosten** als **Entnahme** zu erfassen (s.a. BFH-Urteil vom 19.3.2009 IV R 59/06, BFH/NV 2009, 1617, Rz. 17 des BMF-Schreibens vom 18.11.2009, BStBl I 2009, 1326). Nach der Verwaltungsanweisung im BMF-Schreiben vom 18.11.2009 (BStBl I 2009, 1326) bestehen keine Bedenken, diese Entnahmen mangels anderer Anhaltspunkte mit 0,001 % des inländischen Listenpreises des Kfz je gefahrenen Kilometer zu bewerten; dieser Entnahmewert stellt vorbehaltlich bestehender Abzugsbeschränkungen die i.R.d. anderen Einkunftsart abziehbaren Betriebsausgaben oder Werbungskosten dar. Aus Vereinfachungsgründen wird einkommensteuerrechtlich auf den Ansatz einer zusätzlichen Entnahme verzichtet, soweit die Aufwendungen bei der anderen Einkunftsart keinen Abzugsbeschränkungen unterliegen und dort nicht abgezogen werden.

Entscheidungsfall:
Der Bruttolistenpreis des Pkw beträgt 47 310 €. Die gesamten Pkw-Kosten betragen 11 380 €. Die Gesamtfahrleistung beträgt 51 821 km.

	Pkw-Nutzung	
	Gesamtfahrleistung: 51 821 km	
13 331 km	28 000 km	10 490 km
Gewerbebetrieb 2 (BFH-Urteil vom 19.3.2009, IV R 59/06, BFH/NV 2009, 1617)	**Gewerbebetrieb 1** Der Pkw ist Betriebsvermögen dieses Betriebs	Einkünfte aus § 19 Abs. 1 Nr. 1 EStG

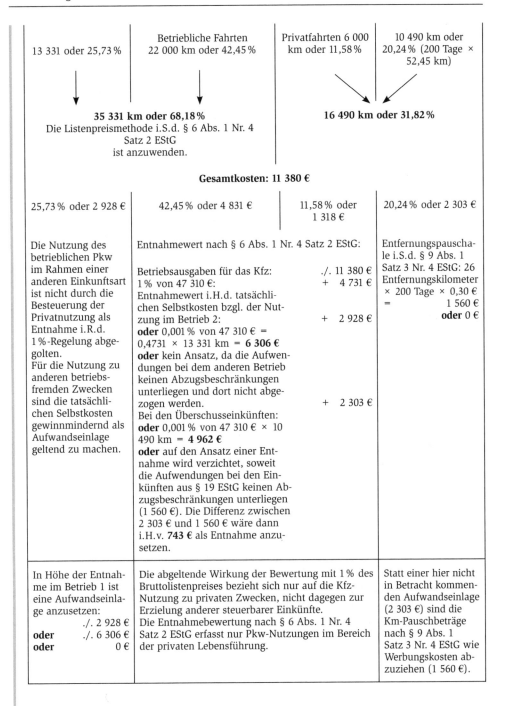

Das o.g. BFH-Urteil vom 26.4.2006 (X R 35/05, BStBl II 2007, 445) ist erst ab dem Veranlagungszeitraum 2007 anzuwenden.

Zur umsatzsteuerrechtlichen Behandlung hat der BFH nicht Stellung genommen. Wenn der Unternehmer den Pkw zu 100 % seinem Unternehmen zugeordnet hat (Betrieb 1 und Betrieb 2), ist die Vorsteuer aus den Anschaffungskosten unter den Voraussetzungen des § 15 UStG zu 100 % abziehbar und abzugsfähig. Die Verwendung des Pkw für Zwecke, die außerhalb des Unternehmens liegen (Einkünfte aus § 19 EStG und Privatfahrten), stellt eine unentgeltliche Wertabgabe i.S.d. § 3 Abs. 9a Nr. 1 UStG dar. Die Bemessungsgrundlage wird nach § 10 Abs. 4 Satz 1 Nr. 2 UStG nach den bei der Ausführung dieser Umsätze entstandenen Ausgaben ermittelt. Da der Unternehmer ertragsteuerrechtlich die 1 %-Regelung anwendet, kann er diese aus Vereinfachungsgründen auch umsatzsteuerrechtlich zugrunde legen. Der Entnahmewert i.S.d. § 6 Abs. 1 Nr. 4 Satz 2 EStG i.H.v. 4 731 € ist um 20 % zu kürzen und bildet danach i.H.v. 3 785 € die Bemessungsgrundlage für die Besteuerung der nichtunternehmerischen Nutzung (Tz. 2.1 des BMF-Schreibens vom 27.8.2004, a.a.O.). Nach der Entscheidung des BFH werden mit der Listenpreismethode aber lediglich die Privatfahrten (keine andere Einkunftsart) erfasst. Nicht berücksichtigt sind die Fahrten i.R.d. Einkünfte aus § 19 Abs. 1 Nr. 1 EStG, die umsatzsteuerrechtlich ebenfalls der nichtunternehmerischen Nutzung zuzurechnen sind. Da für diese Fahrten ertragsteuerrechtlich die 1 %-Regelung nicht anzuwenden ist, gilt dies auch für Umsatzsteuerzwecke; der private Nutzungsanteil ist für die Fahrten i.R.d. Einkünfte aus § 19 Abs. 1 Nr. 1 EStG für Umsatzsteuerzwecke zu schätzen (Tz. 2.3 des BMF-Schreibens vom 27.8.2004, a.a.O.). Hinsichtlich der Pkw-Nutzung im Betrieb 2 liegt ein nichtsteuerbarer Innenumsatz vor (Abschn. 183 Abs. 4 UStR). Es handelt sich um einen innerbetrieblichen Vorgang.

Literaturhinweise: Stahlschmidt, Der BFH und die Fahrten zu betriebsfremden Zwecken, FR 2007, 457; Liess, Gestaltungsmöglichkeiten bei der Nutzung von Geschäftswagen, NWB 20 und 21/2009, 1522, 1606; Leipold, Unternehmensgegenstände im Umsatzsteuerrecht – dargestellt an Grundstücken und Pkw –, Steuer & Studium 2009, 455.

Praxisgebühr

Das BMF-Schreiben vom 25.5.2004 (BStBl I 2004, 526) nimmt zur steuerlichen Behandlung der Praxisgebühr Stellung.

Der sich nach § 61 Satz 2 SGB V ergebende, einmal im Kalendervierteljahr zu leistende Betrag wird gem. § 28 Abs. 4 SGB V vom Versicherten als Zuzahlung zu den ärztlichen Behandlungen an den Leistungserbringer gezahlt. Nach § 43b Abs. 2 SGB V hat der Leistungserbringer die Zuzahlungen einzubehalten. Der Vergütungsanspruch des Arztes gegenüber der Krankenkasse verringert sich i.H.d. einbehaltenen Zuzahlungen bei Abrechnung seiner Leistungen. Zahlt der Versicherte trotz Mahnung nicht, so treibt die Krankenkasse die Zuzahlung ein. Der Arzt trägt somit kein Ausfallrisiko und sein Vergütungsanspruch bleibt in vollem Umfang erhalten (§ 43b Abs. 1 Satz 2 SGB V).

Die vom Versicherten zu zahlende Praxisgebühr stellt beim Arzt eine Betriebseinnahme (**Zeile 11** des Vordrucks EÜR) und keinen durchlaufenden Posten dar. Die zeitliche Erfassung dieser Betriebseinnahme richtet sich nach den allgemeinen Gewinnermittlungsgrundsätzen. Bei der Einnahme-Überschussrechnung wird die Einnahme im Zeitpunkt des Zuflusses (→ **Zu- und Abflussprinzip**) der Zuzahlung erfasst (→ **Betriebseinnahmen**).

Preisnachlässe

→ Anschaffungskosten → Schenkungen
→ Betriebseinnahmen

1. Naturalrabatte

Werden im Rahmen von Lieferbeziehungen Waren teilweise ohne Berechnung geliefert, liegt ein entgeltlicher Erwerb vor. Zur Behandlung derartiger Preisnachlässe (Naturalrabatte) siehe unter → **Anschaffungskosten**.

2. Behandlung als Betriebseinnahmen

Mit Urteil vom 13.3.1991 (X R 24/89, BFH/NV 1991, 537) nimmt der BFH zur Behandlung von Preisnachlässen als Betriebseinnahmen Stellung. Preisnachlässe, die ein Geschäftspartner gewährt, sind zumindest dann → **Betriebseinnahmen**, wenn sie ungewöhnlich sind und eine private Veranlassung ausscheidet. Eine betriebliche Veranlassung ist nicht schon deswegen zu verneinen, weil das Wirtschaftsgut alsbald nach der Anschaffung in das Privatvermögen überführt wird. Die betriebliche Veranlassung von Preisnachlässen entfällt auch nicht dadurch, dass diese in Vergütungs- oder Provisionsvereinbarungen nicht vorgesehen sind oder sich auf Wirtschaftsgüter beziehen, die nicht dem Geschäftsbetrieb des Steuerpflichtigen dienen. Betriebsinhaber dürfen nach der Feststellung des BFH nicht besser gestellt werden als Arbeitnehmer, für die der Gesetzgeber bei Einführung des § 8 Abs. 3 EStG davon ausgegangen ist, dass die ihnen vom Arbeitgeber gewährten Preisnachlässe Arbeitslohn sind.

Eine Definition des »ungewöhnlichen« Preisnachlasses wird vom BFH nicht vorgenommen. Bei analoger Anwendung der Bewertungsvorschrift des § 8 Abs. 3 EStG bei den Gewinneinkünften liegt ein ungewöhnlicher Preisnachlass dann vor, wenn die maßgeblichen Grenzen des § 8 Abs. 3 EStG, nämlich
- die um 4 % geminderten Endpreise und
- der maximale Preisnachlass i.H.v. 1 080 €

überschritten sind. Diese Grenzen gelten dann m.E. für jeden Geschäftspartner.

Beispiel:
Ein Möbelhändler überlässt seinem Steuerberater eine Schrankwand zu einem Preis von 2 521,00 € zzgl. 19 % USt i.H.v. 479,00 €; der durch Preisauszeichnung angegebene Endpreis dieser Schrankwand beträgt 4 500 €.

Lösung:
Die Lösung ergibt sich durch analoge Anwendung des Beispiel 1 in H 8.2 [Anwendung des Rabatt-Freibetrags] LStH. Zur Ermittlung des ungewöhnlichen Preisnachlasses ist der Endpreis um 4 % von 4 500 € = 180 € zu kürzen, so dass sich nach Anrechnung des vom

Steuerberater gezahlten Entgelts ein Preisnachlass von 1 320 € ergibt. Dieser Preisnachlass überschreitet den Rabatt-Freibetrag von 1 080 € um 240 €, so dass der Betrag von 240 € als Betriebseinnahme zu erfassen ist.

Würde der Steuerberater im selben Kj. ein weiteres Möbelstück unter denselben Bedingungen beziehen, so käme der Rabatt-Freibetrag nicht mehr in Betracht; es ergäbe sich dann ein ungewöhnlicher Preisnachlass von 1 320 € (Unterschiedsbetrag zwischen dem um 4 % = 180 € geminderten Endpreis von 4 500 € und dem Abgabepreis von 3 000 €). Die jeweilige AfA-Bemessungsgrundlage (= Anschaffungskosten) für das Möbelstück beträgt 2 521 € (3 000 € abzüglich 19 % USt).

Preisverleihung

→ Betriebseinnahmen

Preise für bestimmte Einzelleistungen stellen u.U. Betriebseinnahmen dar (s.a. BFH-Urteil vom 14.3.1989 I R 83/85, BStBl II 1989, 650). Zur einkommensteuerrechtlichen Behandlung von Preisgeldern ist das BMF-Schreiben vom 5.9.1996 (BStBl I 1996, 1150) zu beachten. Die Zuwendung (z.B. Geldpreis) muss einen wirtschaftlichen Bezug zum Betrieb aufweisen. Die betriebliche Veranlassung wird nicht dadurch ausgeschlossen, dass die Prämie auch von herausragenden Leistungen in der Meisterprüfung abhängig war. Die Betriebsbezogenheit einer Preisverleihung und die Wertung der damit verbundenen Dotation als Betriebseinnahme kann sich daraus ergeben, dass die Zuwendung unbeschadet ihres besonderen Rechtsgrundes (Auslobung § 657 BGB) wirtschaftlich den Charakter eines leistungsbezogenen Entgelts hat. Dies gilt z.B. bei einem Architektenwettbewerb, bei dem der Veranstalter typische Berufsleistungen eines Architekten zum Inhalt seiner Auslobung macht und auch ein besonderes wirtschaftliches Interesse an dem Ergebnis des Wettbewerbs hat (BFH-Urteil vom 9.5.1985 IV R 184/82, BStBl II 1985, 427).

Preisgelder eines freiberuflich tätigen Architekten gehören zu dessen steuerpflichtigen Betriebseinnahmen, wenn die Preisverleihung betriebsbezogen ist und das Preisgeld wirtschaftlich den Charakter eines leistungsbezogenen Entgelts hat (Urteil FG Münster vom 16.9.2009 10 K 4647/07 F, LEXinform 5009285). Die Kläger, Gesellschafter einer Architekten-GbR, erhielten für die Planung und Betreuung bereits abgeschlossener Bauprojekte anlässlich zwei verschiedener Architektenwettbewerbe Preisgelder. Die Kläger gingen davon aus, die Preisgelder gehörten nicht zu den Einnahmen aus freiberuflicher Tätigkeit. Das FG Münster sah die Preisgelder dagegen als betrieblich veranlasste Einnahmen an. Bei den Wettbewerben seien typische Berufsleistungen eines Architekten erbracht worden, die im sachlichen und wirtschaftlichen Zusammenhang mit dem Betrieb der Kläger gestanden hätten. Die erst nachträgliche Prämierung sei unbeachtlich. Durch die Teilnahme an den Architekturwettbewerben sei die bereits erbrachte Arbeit weiter ausgenutzt worden. Anhaltspunkte für eine preisdotierte Würdigung des Lebenswerks oder des Gesamtschaffens der Kläger – allein dies hätte zur begehrten Steuerfreiheit geführt – lägen nicht vor.

Keinen Zusammenhang mit einer Einkunftsart haben Einnahmen aus Preisen, deren Verleihung in erster Linie dazu bestimmt ist, das Lebenswerk oder die Persönlichkeit des Preisträgers zu würdigen. Solchen Preisverleihungen liegt kein wirtschaftlicher Leistungsaustausch zugrunde. Die Auszeichnung wird dem Steuerpflichtigen auch nicht in seiner Eigenschaft als Betriebsinhaber zuteil.

Bei der Verleihung von Filmpreisen für künstlerische Einzelleistungen ist im Allgemeinen davon auszugehen, dass mit dem Preis in erster Linie eine bestimmte berufliche Leistung des Preisträgers gewürdigt werden soll.

Geldpreise, die ein Unternehmer als Anerkennung oder zur Förderung seiner im allgemeinen Interesse liegenden Tätigkeiten ohne Bindung an bestimmte Umsätze erhält, sind keine Entgelte i.S.d. § 10 UStG.

R

Renten, dauernde Lasten und Raten

→ Betriebserwerb (entgeltlicher)   → Erbfolge (vorweggenommene)
→ Betriebsveräußerung im Ganzen

1. Allgemeines

Die Unterscheidung zwischen Renten, dauernden Lasten und Raten und ihre steuerliche Einordnung ist von entscheidender Bedeutung für die Besteuerung beim Verpflichteten und Berechtigten. Diese Unterscheidung kann im Einzelfall zu Schwierigkeiten führen. Entscheidend sind immer das Gesamtbild der Vereinbarungen und der Wille der Vertragsparteien. Weiterhin ist zu beachten, dass sich Auswirkungen auf die § 4 Abs. 3-Rechnung nur dann ergeben, wenn es sich um betriebliche Renten, dauernde Lasten und Raten handelt. Es muss demnach ein Kausalzusammenhang mit den Gewinneinkünften bestehen.

2. Abgrenzung zwischen Renten und dauernden Lasten

2.1 Renten

Renten sind wiederkehrende Bezüge, die auf einem einheitlichen Entschluss oder einem einheitlichen Rechtsgrund beruhen und mit einer gewissen Regelmäßigkeit wiederkehren (R 22.1 Abs. 1 Satz 2 EStR und H 22.3 [Allgemeines] EStH). Die in der Praxis wohl am häufigsten vorkommende Form der Rente ist die Leibrente. Eine Leibrente wird i.d.R. durch folgende Merkmale gekennzeichnet (H 22.3 EStH):
- Vorliegen eines Rentenstammrechts (z.B. Gesetz, Vertrag, Testament),
- Leistung in Geld oder vertretbaren Sachen,
- regelmäßig wiederkehrend,
- gleich bleibende Höhe; Wertsicherungsklauseln zur Anpassung der Kaufkraft sind unschädlich (H 22.3 [Begriff der Leibrente] EStH),
- Zahlungsrisiko durch Verknüpfung an das Leben einer Person,
- Versorgungsgedanke des Zahlungsempfängers steht im Vordergrund.

2.2 Dauernde Lasten

Dauernde Lasten sind wiederkehrende, nach Zahl oder Wert abänderbare Bezüge, die ein Steuerpflichtiger in Geld oder Sachwerten für längere Zeit einem anderen gegenüber aufgrund einer rechtlichen Verpflichtung zu erbringen hat (H 10.3 [Dauernde Last] EStH). Eine dauernde Last ist z.B. eine Gewinn- oder Umsatzbeteiligung. Wesentliches Merkmal einer dauernden Last ist die Abänderbarkeit der wiederkehrenden Leistungen.

3. Renten und dauernde Lasten im Zusammenhang mit einer Vermögensübertragung

Renten und dauernde Lasten sind beide als sog. wiederkehrende Leistungen voneinander abzugrenzen, da sie unterschiedliche steuerliche Folgen bewirken. Renten und dauernde Lasten im Zusammenhang mit einer Vermögensübertragung können Versorgungsleistungen, Unterhaltsleistungen oder wiederkehrende Leistungen im Austausch mit einer Gegenleistung sein (vgl. dazu das BMF-Schreiben vom 16.9.2004, BStBl I 2004, 922 – sog. Rentenerlass – betreffend der einkommensteuerrechtlichen Behandlung von wiederkehrenden Leistungen im Zusammenhang mit Übertragung von Privat- oder Betriebsvermögen Rz. 1).

In der nachfolgenden Übersicht werden die Grundsätze dieses BMF-Schreibens dargestellt.

Versorgungsleistungen	Wiederkehrende Leistungen im Austausch mit einer Gegenleistung	Unterhaltsleistungen
Versorgungsleistungen (Renten oder dauernde Lasten) sind wiederkehrende Leistungen im Zusammenhang mit einer **Vermögensübertragung zur vorweggenommenen Erbfolge** (Vermögensübergabe). Vermögensübergabe ist die Vermögensübertragung kraft einzelvertraglicher Regelung unter Lebenden mit Rücksicht auf die künftige Erbfolge, bei der sich der Vermögensübergeber in Gestalt der Versorgungsleistungen typischerweise Erträge seines Vermögens vorbehält, die nunmehr allerdings vom Vermögensübernehmer erwirtschaftet werden müssen. ▶ Rz. 2 – 49	Wiederkehrende Leistungen werden entgeltlich im Austausch mit einer Gegenleistung erbracht, wenn die Beteiligten **Leistung und Gegenleistung nach kaufmännischen Gesichtspunkten gegeneinander abgewogen** haben und subjektiv von der **Gleichwertigkeit** der beiderseitigen Leistung ausgehen durften. Wiederkehrende Leistungen werden teilentgeltlich erbracht, wenn der Wert des übertragenen Vermögens höher ist als der Barwert der wiederkehrenden Leistungen. ▶ Rz. 50 – 64	Ist der Barwert der wiederkehrenden Leistungen höher als der Wert des übertragenen Vermögens, ist Entgeltlichkeit i.H.d. angemessenen Kaufpreises anzunehmen. Der übersteigende Betrag ist eine Zuwendung i.S.d. § 12 Nr. 2 EStG (Unterhaltsleistung). Ist der Barwert der wiederkehrenden Leistungen mehr als doppelt so hoch wie der Wert des übertragenen Vermögens, liegt insgesamt eine Zuwendung i.S.d. § 12 Nr. 2 EStG vor. ▶ Rz. 50

Abbildung: Wiederkehrende Leistungen im Zusammenhang mit einer Vermögensübertragung

Aus dieser Unterscheidung ergeben sich aus dem BMF-Schreiben die folgenden grundsätzlichen steuerlichen Konsequenzen i.R.d. Übertragung von Betriebsvermögen (vgl. auch H 12.6 EStH). Zur zeitlichen Anwendung dieser Erlass-Regelungen vgl. Rz. 65 ff.

	Versorgungsleistungen (= private Versorgungsrente) Rz. 7 ff., 23 ff.	Wiederkehrende Leistungen im Austausch mit einer Gegenleistung (= Veräußerungsrente) Rz. 63 und 64	Unterhaltsleistungen (= private Unterhaltsrente) Rz. 1
Verpflichteter	**Unentgeltlicher Vorgang** • keine Gegenleistung • keine Wertgleichheit oder Wertverrechnung • keine Veräußerung • keine originären Anschaffungskosten **Folgen** Versorgungsleistungen sind keine Betriebsausgaben, sondern in voller Sonderausgaben nach § 10 Abs. 1 Nr. 1a Buchst. b EStG.	Im Fall der Gewinnermittlung nach § 4 Abs. 3 EStG siehe R 4.5 Abs. 4 und 5 EStR. Das in R 16 Abs. 11 EStR behandelte Wahlrecht im Fall der Veräußerung eines Betriebs gegen Leibrente bleibt unberührt (→ **Betriebsveräußerung im Ganzen**).	Nichtabzugsfähige Kosten der Lebensführung (§ 12 Nr. 2 EStG)
Berechtigter	Keine Veräußerung Wiederkehrende Bezüge nach § 22 Nr. 1b EStG		Keine steuerbaren Einkünfte (§ 22 Nr. 1 Satz 2 EStG)

Abbildung: Übertragung von Betriebsvermögen gegen wiederkehrende Leistungen

4. Raten

Raten sind keine wiederkehrenden Bezüge (R 22.1 Abs. 1 Satz 1 EStR). Merkmale einer Kaufpreisrate sind:
- Leistungen sind Teilbeträge eines festen Kaufpreises,
- Ratenzahlungen sind wirtschaftliche Teilzahlungen auf den gestundeten Kaufpreis im Interesse des Zahlungsverpflichteten,
- zeitliche Begrenzung (i.d.R. nicht mehr als zehn Jahre).

5. Erwerb von Wirtschaftsgütern gegen Zahlung einer betrieblichen Veräußerungsleibrente/ dauernden Last/Kaufpreisrate

Ein solcher Erwerb liegt immer dann vor, wenn ein zum Betriebsvermögen gehörendes Wirtschaftsgut auf dieser Basis erworben wird, z.B. Erwerb eines einzelnen Wirtschaftsguts oder Erwerb von Wirtschaftsgütern im Zusammenhang mit einem → **Betriebserwerb**. Der Erwerb von einzelnen Wirtschaftsgütern wird grundsätzlich nicht anders behandelt als der Erwerb von mehreren Wirtschaftsgütern im Rahmen eines Betriebserwerbs. Zu beachten ist nur, dass u.U. ein Vorsteuerabzug in Betracht kommt (vgl. Veräußerung von Wirtschaftsgütern gegen

Zahlung einer Veräußerungsleibrente/Kaufpreisraten/dauernde Lasten – Anmerkungen –), der i.d.R. bei einem Betriebserwerb nicht möglich ist, da eine Geschäftsveräußerung im Ganzen nicht umsatzsteuerbar ist (§ 1 Abs. 1a UStG).

Die Anschaffungskosten für die Wirtschaftsgüter des Anlage- oder Umlaufvermögens ergeben sich aus dem Barwert der Rentenverpflichtung bzw. aus dem Kapitalwert der Ratenverpflichtung. Die einzelnen Rentenzahlungen sind in Höhe ihres Zinsanteils Betriebsausgaben (R 4.5 Abs. 4 EStR).

Literatur: Horst, Erwerb eines Wirtschaftsgutes des Anlagevermögens gegen unverzinslich gestundete Kaufpreisraten, Steuer & Studium 2005, 262; Schulze zur Wiesche, Betriebsübertragungen gegen Raten, Renten und sonstige wiederkehrende Bezüge, StBp 2005, 52.

6. Veräußerung von einzelnen Wirtschaftsgütern gegen Zahlung einer betrieblichen Veräußerungsleibrente/dauernden Last/Kaufpreisrate

6.1 Grundsatz

Eine solche Veräußerung liegt immer dann vor, wenn ein zum Betriebsvermögen gehörendes Wirtschaftsgut auf dieser Basis verkauft wird. Die Veräußerung von Wirtschaftsgütern im Rahmen einer Betriebsveräußerung wurden bereits unter diesem Stichwort ausführlich erläutert (→ **Betriebsveräußerung im Ganzen**).

Veräußert der Steuerpflichtige ein **einziges Wirtschaftsgut** gegen einen in **Raten** zu zahlenden Kaufpreis oder gegen eine **Veräußerungsleibrente**/dauernde Last, hat er die jeweiligen **Zahlungen bei Zufluss** in voller Höhe (nicht Ertrags- oder Zinsanteil) als Betriebseinnahme zu **versteuern** (R 4.5 Abs. 3 Satz 1 EStR). Auf der Betriebsausgabenseite ergeben sich im Jahr der Veräußerung folgende Konsequenzen:

Wirtschaftsgut	Sachbehandlung
Abnutzbares Anlagevermögen	• Ggf. AfA bis zum Verkaufsmonat (§ 4 Abs. 3 Satz 3 EStG und R 7.4 Abs. 8 Satz 1 EStR); • (vorhandener) Restwert bei Verkauf (H 4.5 (3) [Veräußerung abnutzbarer Wirtschaftsgüter/Unterlassene AfA] EStH. Diese Ausführungen gelten nicht, wenn die GWG-Regelung in Anspruch genommen wurde. In diesem Fall ist kein Betriebsausgabenabzug mehr möglich.
Nicht abnutzbares Anlagevermögen	Ansatz der ursprünglichen Anschaffungskosten/Einlagewert (§ 4 Abs. 3 Satz 4 EStG)
Umlaufvermögen	**Betriebsausgaben** bereits bei Zahlung des Kaufpreises (§ 11 Abs. 2 EStG) oder bei Einlage

6.2 Ausnahme

Hinsichtlich der Veräußerung von Wirtschaftsgütern i.S.d. § 4 Abs. 3 Satz 4 EStG, nämlich
- von nicht abnutzbaren Wirtschaftsgütern des Anlagevermögens,
- von Anteilen an Kapitalgesellschaften,
- von Wertpapieren und vergleichbaren nicht verbrieften Forderungen und Rechten,
- von Grund und Boden sowie
- von Gebäuden des Umlaufvermögens

gegen einen in Raten zu zahlenden Kaufpreis oder gegen eine Veräußerungsrente, **ist** in jedem Wirtschaftsjahr ein Teilbetrag der noch nicht als Betriebsausgaben berücksichtigten Anschaffungs- oder Herstellungskosten i.H.d. in demselben Wirtschaftsjahr zufließenden Kaufpreisraten oder Rentenzahlungen als Betriebsausgaben abzusetzen.

Bei der Veräußerung **abnutzbarer Wirtschaftsgüter des Anlagevermögens kann** der beim Verkauf noch vorhandene Restwert entsprechend verteilt werden können (**Zeile 34** des Vordrucks EÜR). Diese Verwaltungsregelung in R 4.5 Abs. 5 Satz 2 EStR ist eine Billigkeitsregelung, nach der der Steuerpflichtige in einem Jahr keinen hohen Verlust ausweisen und in den nächsten Jahren entsprechend hohe Gewinne versteuern müsste. Die entsprechenden Zahlungen wirken sich demnach erst nach »Verbrauch« des jeweiligen Restwerts auf den Gewinn aus. Da es sich um eine Kann-Regelung handelt, bleibt es dem Steuerpflichtigen unbenommen, nach der Grundsatz-Regelung zu verfahren um dann auch die Möglichkeit des Verlustabzugs nach § 10d EStG in Anspruch zu nehmen.

> **Beispiel:**
> **Verkauf eines unbebauten Grundstücks gegen eine betriebliche Veräußerungsleibrente**
> Steuerberater B. Rater erwirbt im Kalenderjahr 07 ein betriebliches unbebautes Grundstück für 70 000 €. Im Dezember 18 schließt er mit einem Käufer den Kaufvertrag über den Verkauf dieses Grundstücks i.H.v. 140 000 €. Der Kaufpreis wird nicht sofort, sondern in Form einer Leibrente ab dem 1.1.19 monatlich i.H.v. 800 € fällig. Der Übergang von Besitz, Nutzen und Lasten wurde zum 1.1.19 vereinbart. B. Rater musste noch im Jahr 18 für die Vermittlung des Verkaufs eine Maklerprovision von 980 € bezahlen.
>
> **Lösung:**
> Hinsichtlich der Vermittlungsgebühr bestehen keine Besonderheiten, so dass diese im Jahre 18 in voller Höhe als Betriebsausgabe zu berücksichtigen ist (§ 11 Abs. 2 EStG). Die Rentenzahlungen i.H.v. 9 600 € sind bei Zufluss in voller Höhe als Betriebseinnahme zu erfassen.
>
> Bzgl. der Betriebsausgaben muss B. Rater nach R 4.5 Abs. 5 Satz 1 EStR verfahren. Danach muss er dem jeweiligen Rentenzufluss in der gleichen Höhe die noch nicht zum Abzug gebrachten Anschaffungskosten gegenüberstellen. Dies hat folgende Auswirkungen auf die § 4 Abs. 3-Rechnung:

Kalenderjahre	19 – 25	26	27 ff.
Betriebseinnahmen	9 600 €	9 600 €	9 600 €
Betriebsausgaben	9 600 € (bis zum Jahr 25 sind also insgesamt 67 200 € der ursprünglichen Anschaffungskosten »verbraucht«)	2 800 €	–

Ab dem Jahre 27 werden sich die Rentenzahlungen voll gewinnerhöhend auswirken.

6.3 Anmerkungen

6.3.1 Mischvertrag

Wird ein Wirtschaftsgut gegen Zahlung von wiederkehrenden Leistungen/Kaufpreisraten und einem festen Kaufpreis veräußert (Mischvertrag), so sind die jeweiligen Zahlungen bei Zufluss in voller Höhe als Betriebseinnahmen anzusetzen. Bezüglich der Betriebsausgaben ist die Regelung des R 4.5 Abs. 5 EStR anzuwenden. Zu diesem Zweck ist das Verhältnis des festen Kaufpreises und der wiederkehrenden Leistungen (Barwert) zum Gesamtveräußerungserlös zu berechnen. In Höhe des prozentualen Festkaufpreisanteils sind die jeweiligen »Restwerte« des Anlagevermögens nach den allgemeinen Grundsätzen als Betriebsausgaben zu berücksichtigen. Der Anteil der »Restwerte«, der auf die wiederkehrenden Leistungen entfällt, ist entsprechend R 4.5 Abs. 5 Satz 1 EStR bzw. kann nach R 4.5 Abs. 5 Satz 2 EStR als Betriebsausgabe angesetzt werden.

6.3.2 Wertsicherungsklausel

Die infolge einer Wertsicherungsklausel nachträglich eingetretene Erhöhung einer Rente ist in vollem Umfang als Betriebseinnahme im Zeitpunkt der jeweiligen Zahlung zu erfassen (H 4.5 (4) [Nachträgliche Erhöhung der Rente] EStH analog).

6.3.3 Uneinbringlichkeit der Kaufpreisforderung

Wird bei einem Raten- oder Rentenverkauf von Anlagevermögen die Kaufpreisforderung uneinbringlich (z.B. bei Konkurs des Erwerbers) oder fällt die Rentenverpflichtung fort (z.B. bei Tod des Rentenberechtigten), so ergeben sich insoweit keine Gewinnauswirkungen. Mangels Zufluss sind keine Betriebseinnahmen mehr anzunehmen und der noch vorhandene Barwert ist deshalb auch nicht als Betriebsausgabe zu erfassen. Bei Anwendung des R 4.5 Abs. 5 Satz 1 und 2 EStR ist der bis dahin noch nicht abgesetzte Betrag des »Restwerts« in dem Wirtschaftsjahr als Betriebsausgabe zu berücksichtigen, in dem der Verlust eintritt (R 4.5 Abs. 5 Satz 3 EStR).

6.3.4 Besonderheiten bei der Umsatzsteuer

Aus umsatzsteuerrechtlicher Sicht ist bei einer Lieferung eines einzelnen Wirtschaftsguts mit Rentenverpflichtung zu beachten, dass die Rente zum Entgelt gehört (§ 10 Abs. 1 UStG). Das Entgelt ist nach dem Kapitalwert der Rente, der nach § 14 BewG zu ermitteln ist, zzgl. der ggf. übernommenen Schulden zu berechnen. Eine Berichtigung der Steuer oder des Vorsteuerabzugs nach § 17 Abs. 1 UStG ist bei kürzerer oder längerer Lebensdauer des Rentenberechtigten nicht vorzunehmen, auch wenn eine Wertsicherungsklausel vereinbart wurde.

Wird einem Wirtschaftsgut gegen Vereinbarung von Kaufpreisraten geliefert, so erbringt der Verkäufer i.d.R. zwei Leistungen, und zwar einerseits die Lieferung und andererseits die Bewilligung der Teilzahlungen gegen jeweils gesondert vereinbartes und berechnetes Entgelt. Die Teilzahlungszuschläge sind daher das Entgelt für eine gesondert zu beurteilende steuerfreie Kreditleistung (§ 4 Nr. 8a UStG und Abschn. 29a UStR).

7. Besondere betriebliche Renten

7.1 Versorgungsrenten

Unter betrieblichen Versorgungsrenten sind Renten zu verstehen, die im Unterschied zu privaten Versorgungsleistungen aus betrieblichen Gründen als Gegenleistung für frühere im Betrieb erbrachte Leistungen gezahlt werden. Solche Versorgungsrenten sind vor allem bei Personengesellschaften, bei Einzelunternehmern jedoch nur ausnahmsweise denkbar. Nach der h.Mg. sind die Rentenzahlungen beim Zahlungsverpflichteten in voller Höhe als Betriebsausgaben zu berücksichtigen. Für die § 4 Abs. 3-Rechnung hat dies zur Folge, dass die jeweiligen Rentenzahlungen bei Zahlung als Betriebsausgaben abzugsfähig sind. Liegen beim Empfänger der Zahlungen betrieblich veranlasste Bezüge vor, so gehören sie i.d.R. zu den nachträglichen Betriebseinnahmen i.S.d. § 24 Nr. 2 EStG, vgl. auch → **Nachträgliche Einkünfte**.

7.2 Schadensersatzrenten

Nach der neueren BFH-Rechtsprechung unterliegen Schadensersatzrenten (→ **Schadensersatz**) nur in den Fällen der Einkommensteuer, in denen Ersatz für andere, bereits steuerbare Einkünfte geleistet wird (§ 24 Nr. 1a EStG), vgl. BMF-Schreiben vom 8.11.1995 (BStBl I 1995, 705). Betriebliche Schadensersatzrenten sind insbesondere dann anzunehmen, wenn die Rente beim Empfänger zu den Gewinneinkünften gehört. Es muss eindeutig eine betriebliche Veranlassung gegeben sein. Dies ist der Fall, wenn der Schadensfall in die betriebliche Sphäre fällt und die Rente vom Schädiger als Entschädigung für entgehende oder entgangene Einnahmen gezahlt wird. Rentenzahlungen allein für Schmerzensgeld (§ 847 BGB) haben keinen betrieblichen Charakter und sind auch nicht nach § 22 Nr. 1 EStG steuerbar.

Innerhalb der § 4 Abs. 3-Rechnung liegen bei:
- Zufluss einer betrieblichen Schadensersatzrente voll zu besteuernde Betriebseinnahmen vor (§ 24 Nr. 1a EStG),
- Leistung einer betrieblichen Schadensersatzrente voll abzugsfähige Betriebsausgaben vor.

7.3 Unfallrenten

Unterliegt ein Unternehmer z.B. einem erhöhten betrieblichen Unfallrisiko und schließt er für diese Zwecke eine Unfallversicherung für betriebliche Unfälle ab, so rechnet diese zum notwendigen Betriebsvermögen. Die jeweiligen Versicherungsbeiträge sind als Betriebsausgaben abzugsfähig. Kommt es zum Versicherungsfall und zahlt die Versicherung eine Unfallrente, führt diese bei Zufluss zu Betriebseinnahmen. Bei einem pflichtversicherten Unternehmer, der eine Rente aus der gesetzlichen Unfallversicherung bezieht (Berufsgenossenschaft), greift die Steuerbefreiung nach § 3 Nr. 1a EStG.

Rücklagen

→ Buchführungspflicht

→ Verlust von Wirtschaftsgütern

Rechtsquellen
→ § 6c EStG

→ R 6.6 EStR

1. Allgemeines

Rücklagen sind innerhalb der § 4 Abs. 3-Rechnung grundsätzlich nicht von Bedeutung. Jedoch haben der Gesetzgeber und die Finanzverwaltung bestimmte Ausnahmen zugelassen. So ist z.B. die Übertragung (und Rücklage) aufgedeckter stiller Reserven bei Ersatzbeschaffungen (R 6.6 EStR) auch i.R.d. Gewinnermittlung nach § 4 Abs. 3 EStG möglich (R 6.6 Abs. 5 EStR). Weitere Ausnahmen werden durch § 6c EStG zugelassen.

2. Rücklage nach § 6c EStG

2.1 Allgemeines

Nach § 6c EStG ist § 6b EStG auch i.R.d. § 4 Abs. 3-Rechnung anwendbar (R 6c Abs. 1 EStR). Siehe dazu das ausführliche Berechnungsbeispiel in H 6c EStH. Der durch die Veräußerung eines Wirtschaftsguts entstehende Veräußerungsgewinn kann auf die Anschaffungs- oder Herstellungskosten des reinvestierten Wirtschaftsguts übertragen werden und mindert so dessen Anschaffungs- oder Herstellungskosten. Der Veräußerungsgewinn wird auf das neue Wirtschaftsgut übertragen und mindert die AfA für dieses WG.

Bezüglich der Behandlung der gebildeten Rücklage nach einem → **Wechsel der Gewinnermittlungsart** siehe R 6b.2 Abs. 11 EStR. Das Wahlrecht auf Gewinnübertragung nach § 6c EStG kann bis zum Eintritt der formellen Bestandskraft der Steuerfestsetzung ausgeübt werden (BFH-Urteil vom 30.8.2001 IV R 30/99, BStBl II 2002, 49).

2.2 Voraussetzungen für die Anwendung des § 6c EStG

§ 6c i.V.m. § 6b EStG kann unter folgenden Voraussetzungen angewendet werden:
1. Veräußerung der in § 6b Abs.1 Satz 1 EStG genannten Wirtschaftsgüter:
   - Grund und Boden,
   - Aufwuchs auf oder Anlagen im Grund und Boden mit dem dazugehörigen Grund und Boden, wenn der Aufwuchs oder die Anlagen zu einem land- und forstwirtschaftlichen Betrieb gehören,
   - Gebäude oder Binnenschiffe.
   - Durch das Gesetz zur steuerlichen Förderung von Wachstum und Beschäftigung vom 26.4.2006 (BGBl I 2006, 1091) wurde § 6b Abs. 1 Satz 1 EStG um die Binnenschiffe ergänzt, um die bei der Veräußerung eines Binnenschiffs aufgedeckten stillen Reserven auf erworbene Binnenschiffe übertragen zu können. Nach § 52 Abs. 18a EStG ist die Vorschrift des § 6b EStG erstmals auf Veräußerungen von Binnenschiffen nach dem 31.12.2005 und letztmals auf Veräußerungen vor dem 1.1.2011 anzuwenden.
2. Die **veräußerten Wirtschaftsgüter** müssen im Zeitpunkt der Veräußerung **mindestens sechs Jahre** ununterbrochen zum **Anlagevermögen** einer inländischen Betriebsstätte gehört haben. Das Wirtschaftsgut darf also vor der Veräußerung noch nicht zum **Umlaufvermögen** geworden sein (siehe dazu das BFH-Urteil vom 25.10.2001 IV R 47, 48/00, BStBl II 2002, 289).
3. Steuerpflichtige, die keine Körperschaften und Personenvereinigungen sind, können Gewinne aus der Veräußerung von Anteilen an Kapitalgesellschaften bis zu einem Betrag von 500 000 € im Wirtschaftsjahr der Veräußerung oder in den folgenden zwei Wirtschaftsjahren auf die Anschaffungskosten von neu angeschafften Anteilen an Kapitalgesellschaften oder abnutzbaren beweglichen Wirtschaftsgütern oder in den folgenden vier Wirtschaftsjahren auf die Anschaffungskosten von neu angeschafften Gebäuden übertragen (§ 6b Abs. 10 Satz 1 EStG).

Voraussetzung für die Anwendung des § 6c i.V.m. § 6b EStG ist weiterhin, dass im Zusammenhang mit einer Veräußerung tatsächlich ein Veräußerungsgewinn entstanden ist.

2.3 Veräußerungsgewinn i.S.d. § 6b Abs. 2 EStG

2.3.1 Definition

Nach § 6b Abs. 2 EStG ist **Veräußerungsgewinn** der Betrag, um den der **Veräußerungspreis nach Abzug der Veräußerungskosten** die Aufwendungen für das veräußerte Wirtschaftsgut übersteigt, die bis zu seiner Veräußerung noch nicht als Betriebsausgaben abgesetzt worden sind (R 6c Abs. 1 Satz 2 EStR). Das bedeutet, dass bei abnutzbaren Anlagegütern auch noch AfA nach § 7 EStG, erhöhte Abschreibungen sowie etwaige Sonderabschreibungen für den Zeitraum bis zum Veräußerungszeitpunkt vorzunehmen sind (R 6b.1 Abs. 2 EStR).

2.3.2 Abweichung vom Zufluss- und Abflussprinzip

Der Veräußerungspreis ist in voller Höhe im Veräußerungszeitpunkt als Betriebseinnahme zu behandeln, auch wenn er nicht gleichzeitig zufließt. Der (früher oder später) tatsächlich zufließende Veräußerungserlös bleibt dann außer Betracht, wird also nicht als Betriebseinnahmen angesetzt. Entsprechend gelten die Veräußerungskosten als im Veräußerungsjahr verausgabt (R 6c Abs. 1 EStR).

Der Steuerpflichtige kann die Rücklage, die er für den Gewinn aus der Veräußerung eines bebauten Grundstücks gebildet hat, rückwirkend aufstocken, wenn sich der Veräußerungspreis in einem späteren Veranlagungszeitraum erhöht (BFH-Urteil vom 13.9.2000 X R 148/97, BStBl II 2001, 641).

2.4 Übertragung aufgedeckter stiller Reserven nach § 6b und § 6c EStG

Stpfl., die Wirtschaftsgüter i.S.d. § 6b Abs. 1 und Abs. 10 EStG veräußern, können **im Wj. der Veräußerung** von den Anschaffungs- oder Herstellungskosten der in § 6b Abs. 1 Satz 2 EStG bezeichneten Wirtschaftsgütern, die im Wj. der Veräußerung oder im vorangegangenen Wj. angeschafft oder hergestellt worden sind, einen Betrag bis zur Höhe des bei der Veräußerung entstandenen Gewinns abziehen (s.a. R 6b.2 Abs. 1 EStR). Ein nach § 6c EStG i.V.m. § 6b Abs. 1 Satz 1 EStG vorgenommener Abzug von den Anschaffungs- oder Herstellungskosten begünstigter Investitionen ist als **Betriebsausgabe** zu behandeln (R 6c Abs. 1 Satz 5 EStR).

	Sonstige unbeschränkt abziehbare Betriebsausgaben für		
48	Porto, Telefon, Büromaterial	192	,
49	Fortbildung, Fachliteratur	193	,
50	Rechts- und Steuerberatung, Buchführung	194	,
51	Übrige Betriebsausgaben	183	,
52	Gezahlte Vorsteuerbeträge	185	,
53	An das Finanzamt gezahlte und ggf. verrechnete Umsatzsteuer	186	,
54	Rücklagen, stille Reserven und/oder Ausgleichsposten (Übertrag von Zeile 73)		,
55	Summe Betriebsausgaben	199	

	Rücklagen, stille Reserven und Ansparabschreibungen		Bildung/Übertragung EUR Ct		Auflösung EUR Ct	
68	Rücklagen nach § 6c i.V.m. § 6b EStG, R 6.6 EStR	187		,	120	,
69	Übertragung von stillen Reserven nach § 6c i.V.m. § 6b EStG, R 6.6 EStR	170		,		
70	Ansparabschreibungen für Existenzgründer nach § 7g Abs. 7 und 8 EStG a.F.				122	,
71	Gewinnzuschlag nach § 6b Abs. 7 und 10 EStG				123	,
72	Ausgleichsposten nach § 4g EStG	191		,	125	,
73	Gesamtsumme	190		,	124	,
			Übertrag in Zeile 54		Übertrag in Zeile 17	

Diejenigen Wirtschaftsgüter, auf die die aufgedeckten stillen Reserven übertragen werden sollen, brauchen nicht die gleiche Funktion zu erfüllen, wie die veräußerten Wirtschaftsgüter.

Die stillen Reserven können im Jahr ihrer Entstehung übertragen werden
a) auf nach § 6b Abs. 1 Satz 2 EStG begünstigte Wirtschaftsgüter, die in demselben Wirtschaftsjahr angeschafft oder hergestellt werden oder
b) auf nach § 6b Abs. 1 Satz 2 EStG begünstigte Wirtschaftsgüter, die im Jahr vor der Entstehung des Veräußerungsgewinns angeschafft oder hergestellt worden sind.

Der Steuerpflichtige kann auch die Übertragung in den folgenden vier Wirtschaftsjahren auf angeschaffte oder hergestellte begünstigte Wirtschaftsgüter vornehmen (§ 6b Abs. 3 EStG).

Veräußerungsgewinne aus der Veräußerung von:	Übertragungsmöglichkeit auf:	bis zu
Grund und Boden	• Grund und Boden • Aufwuchs mit dem dazugehörigen Grund und Boden (land- und forstwirtschaftliches Betriebsvermögen) • Gebäude	100 % 100 % 100 %
Aufwuchs mit dem dazugehörigen Grund und Boden (land- und forstwirtschaftliches Betriebsvermögen)	• Aufwuchs mit dem dazugehörigen Grund und Boden (land- und forstwirtschaftliches Betriebsvermögen) • Gebäude	100 % 100 %
Gebäuden	• Gebäude	100 %
Binnenschiffen (vom 1.1.2006 – 31.12.2010)	• Binnenschiffen	100 %
Anteilen an Kapitalgesellschaften bis zu 500 000 € (§ 6b Abs. 10 EStG)	• im Wirtschaftsjahr der Veräußerung oder in den folgenden zwei Wirtschaftsjahren angeschaffte Anteile an Kapitalgesellschaften, die zum Anlagevermögen rechnen • im Wirtschaftsjahr der Veräußerung oder in den folgenden zwei Wirtschaftsjahren angeschaffte oder hergestellte abnutzbare bewegliche Wirtschaftsgüter des Anlagevermögens • in den folgenden vier Wirtschaftsjahren angeschaffte oder hergestellte Gebäude	100 % 100 % 100 %

Abbildung: Übertragungsmöglichkeiten nach § 6b EStG

2.5 Rücklage nach § 6b und § 6c EStG

Für den **Veräußerungsgewinn**, der bei der Veräußerung eines begünstigten Veräußerungsobjektes i.S.d. § 6b Abs. 1 Satz 1 EStG entsteht und soweit der Stpfl. im Jahr der Veräußerung **keinen Abzug** i.H.d. begünstigten Gewinns von den Anschaffungs- und Herstellungskosten der im Veräußerungsjahr durchgeführten begünstigten Neuinvestitionen und auch keinen Abzug von dem Betrag nach § 6b Abs. 5 EStG der im Vorjahr angeschafften oder hergestellten begünstigten Wirtschaftsgüter vornimmt, ist die Bildung einer **Rücklage** nach § 6b Abs. 3 i.V.m. § 6c Abs. 1 Satz 2 EStG möglich (**Zeile 68** des Vordrucks). Die **Rücklage** stellt im **Jahr der Veräußerung** eine **fiktive Betriebsausgabe** dar (**Zeile 54** des Vordrucks EÜR; R 6c Abs. 1 Satz 6 EStR). In **Zeile 17** wird die Auflösung von Rücklagen in den folgenden Wj. als Betriebseinnahme erfasst (R 6c Abs. 1 Satz 7 EStR).

Rücklagenbildung = Betriebsausgabe im Veräußerungsjahr

Bei der Anschaffung bzw. Herstellung begünstigter Reinvestitionsobjekte i.S.d. § 6b Abs. 1 Satz 2 EStG in den folgenden vier Wj. kann die Rücklage von den Anschaffungs- oder Herstellungskosten abgezogen werden. Der vorgenommene Abzug ist als Betriebsausgabe zu behandeln (R 6c Abs. 1 Satz 5 EStR).

Minderung der Anschaffungskosten = Betriebsausgabe im Anschaffungsjahr

Die Rücklage ist i.H.d. abgezogenen Betrages gewinnerhöhend aufzulösen (§ 6b Abs. 3 Satz 4 EStG). Diese Minderung ist als Betriebseinnahme zu behandeln.

In gleicher Höhe = Betriebseinnahme als Minderung der Rücklage

Die Betriebsausgabe »Minderung der Anschaffungskosten« sowie die Betriebseinnahme »Minderung der Rücklage« sind im zu führenden Verzeichnis i.S.d. § 6c Abs. 2 EStG nachzuweisen. In der Anlage EÜR sind diese **fiktiven Betriebseinnahmen** in **Zeile 17** und die **fiktiven Betriebsausgaben** in **Zeile 54** aufzuzeichnen.

Nach dem **vierten des auf die Veräußerung folgenden Wirtschaftsjahres** muss die gebildete **Rücklage gewinnerhöhend aufgelöst** werden, ohne dass ein entsprechender Betrag abgezogen werden kann (§ 6b Abs. 3 i.V.m. Abs. 7 EStG; R 6c Abs. 1 Satz 8 EStR). Diese auflösungsbedingte Betriebseinnahme ist in **Zeile 17** des Vordrucks zu erfassen (**Zeile 68 Kz. 120, Zeile 71 Kz. 123** sowie **Zeile 73 Zeile 124**). Der Gewinn des Wirtschaftsjahrs, in dem die Rücklage aufgelöst wird, ist für jedes volle Wirtschaftsjahr, in dem die Rücklage bestanden hat, um **6%** des aufgelösten Rücklagenbetrags zu **erhöhen**. Dieser **Gewinnzuschlag** ist ebenfalls in **Zeile 17** des Vordrucks EÜR zu erfassen (§ 6b Abs. 7 EStG, Beispiel in H 6b.2 [Gewinnzuschlag] EStH).

Bezeichnung des Wirtschaftsguts	Anschaffungs- bzw. Herstellungszeitpunkt	Anschaffungs- bzw. Herstellungskosten	Abzug nach § 6b Abs. 1 oder Abs. 3 i.V.m. § 6c Abs. 1 EStG	Rücklagenbildung nach § 6b Abs. 3 EStG (Abzug)	Rücklagenauflösung (Zuschlag)	Sonder-AfA	AfA
			Zeile 69 und 54 des Vordrucks EÜR	Zeile 68, 73 und 54 des Vordrucks EÜR	Zeile 68 und 17 des Vordrucks EÜR		

Abbildung: Verzeichnis nach § 6c Abs. 2 EStG

Das Verzeichnis nach § 6c Abs. 2 EStG ergänzt, ersetzt aber nicht das Anlageverzeichnis.

Beispiel: Rücklage nach § 6c EStG

Willi hat im November des Kj. 18 ein unbebautes Grundstück (Parkplatz) für 170 000 € veräußert. Der Veräußerungserlös fließt im Februar des Kj. 19 zu. Die Veräußerungskosten (Verausgabung im Dezember des Kj. 18) betragen 5 000 €. Das Grundstück wurde im Jahr 11 für 110 000 € erworben. Willi will für den bei der Veräußerung erzielten Gewinn § 6c i.V.m. § 6b EStG in Anspruch nehmen.

Er schafft im Jahr 18 für 20 000 €, im Jahr 19 für 10 000 € und im Jahr 20 für 20 000 € begünstigte Reinvestitionsobjekte an. Eine eventuell noch vorhandene Rücklage wird im Kj. 20 aufgelöst.

Lösung:

Jahr 18:

Die Voraussetzungen der §§ 6b, 6c EStG sind erfüllt. Nach § 6b Abs. 1 Satz 1 i.V.m. Satz 2 Nr. 1 ist der Abzug des Veräußerungsgewinns aus der Veräußerung von Grund und Boden bei Anschaffung von Grund und Boden zulässig.

In **Zeile 6** des Vordrucks EÜR ist in **Kz. 120** die »1« – im Kalenderjahr wurden Grundstücke veräußert – einzutragen.

Veräußerungsgewinn (R 6c Abs. 1 Satz 2 EStR):

Veräußerungspreis	170 000 €
abzgl. Veräußerungskosten (**Zeile 51** des Vordrucks EÜR im Kj. 18)	./. 5 000 €
abzgl. damalige Anschaffungskosten	./. 110 000 €
Veräußerungsgewinn	55 000 €

Die damaligen Anschaffungskosten i.H.v. 110 000 € wären grundsätzlich nach § 4 Abs. 3 Satz 4 EStG im Zeitpunkt des Zufließens des Veräußerungserlöses im Kj. 19 als Betriebsausgaben in **Zeile 34** des Vordrucks EÜR zu berücksichtigen. Da aber der **Veräußerungserlös** in voller Höhe **im Veräußerungszeitpunkt** als **Betriebseinnahme** zu behandeln ist (**Zeile 14** des Vordrucks EÜR), auch wenn er nicht gleichzeitig zufließt (R 6c Abs. 1 Satz 3 EStR), so sind auch die **damaligen Anschaffungskosten** zu diesem Zeitpunkt als **Betriebsausgaben** zu berücksichtigen (**Zeile 34** des Vordrucks EÜR).

Für die Übertragung der stillen Reserven ist der bei der Veräußerung eines nach § 6c EStG begünstigten Wirtschaftsguts erzielte Veräußerungsgewinn ohne Rücksicht auf den Zeitpunkt des Zufließens des Veräußerungspreises begünstigt.

Da Willi im Jahr 18 von den Anschaffungskosten der in diesem Jahr vorgenommenen Neuinvestitionen einen Abzug von 20 000 € vornehmen möchte, liegen in Höhe dieser 20 000 € Betriebsausgaben vor (»Abzug nach § 6c«), so dass sich von dem Gewinn aus der Veräußerung des Grundstücks nur noch ein Betrag von 35 000 € auswirkt. In Höhe dieser 35 000 € kann Willi im Jahr 18 noch eine fiktive Betriebsausgabe (»Rücklage nach § 6c«) absetzen und damit den bei der Veräußerung entstandenen Gewinn neutralisieren.

In **Zeile 54** des Vordrucks EÜR ist die gebildete Rücklage sowie die Übertragung der stillen Reserven einzutragen. Eine Rücklage ist nur dann zu bilden, wenn noch keine Übertragung der stillen Reserven vorgenommen wurde (R 6b.2 Abs. 1 EStR). Die **Eintragung** in **Zeile 54** erfolgt **automatisch** nach den Eintragungen in **Zeile 73 Kz. 190**. Die Minderung der Anschaffungs- bzw. Herstellungskosten bei der begünstigten Investition durch Übertragung der stillen Reserven erfolgt in **Zeile 69** und wird automatisch in **Zeile 54** übernommen.

Rücklagen

Die **Betriebsausgaben** betragen **insgesamt** 55 000 €, nämlich
- Minderung der Anschaffungskosten nach § 6b Abs. 1 EStG i.H.v. 20 000 € in **Zeile 69 und Zeile 54** (R 6b.2 Abs. 1 EStR) und
- Bildung einer Rücklage nach § 6b Abs. 3 EStG i.H.v. 35 000 € in **Zeile 68 und Zeile 54** (R 6b.2 Abs. 2 und Abs. 3 EStR).

	Einnahmenüberschussrechnung			99	15
	(Gewinnermittlung nach § 4 Abs. 3 EStG) für das **Kalenderjahr 18** bzw. **Wirtschaftsjahr 2008/2009**				
	Allgemeine Angaben zum Betrieb			Zuordnung zu Einkunftsart und Person (siehe Anleitung)	
	Art des Betriebs				
4	100			105	
5	Im Kalenderjahr/Wirtschaftsjahr wurde der Betrieb veräußert oder aufgegeben		111	Ja = 1	
6	Im Kalenderjahr/Wirtschaftsjahr wurden Grundstücke/grundstücksgleiche Rechte entnommen oder veräußert		120	1	Ja = 1 oder Nein = 2

	1. Gewinnermittlung			99	20
	Betriebseinnahmen			EUR	Ct
7	Betriebseinnahmen als umsatzsteuerlicher **Kleinunternehmer**		111		,
8	Davon aus Umsätzen, die in § 19 Abs. 3 Nr. 1 und Nr. 2 UStG bezeichnet sind	119	,	(weiter ab Zeile 13)	
9	Betriebseinnahmen als Land- und Forstwirt, soweit die Durchschnittssatzbesteuerung nach § 24 UStG angewandt wird		104		,
10	**Umsatzsteuerpflichtige Betriebseinnahmen**		112		,
11	Umsatzsteuerfreie, nicht umsatzsteuerbare Betriebseinnahmen sowie Betriebseinnahmen, für die der Leistungsempfänger die Umsatzsteuer nach § 13b UStG schuldet		103		,
11a	davon Kapitalerträge	113			
12	Vereinnahmte Umsatzsteuer sowie Umsatzsteuer auf unentgeltliche Wertabgaben		140		,
13	Vom Finanzamt erstattete und ggf. verrechnete Umsatzsteuer		141		,
14	Veräußerung oder Entnahme von Anlagevermögen		102	170 000	,00

	Betriebsausgaben		99	25
			EUR	Ct
19	Betriebsausgabenpauschale **für bestimmte Berufsgruppen** bzw. Freibetrag nach § 3 Nr. 26 und 26a EStG (weiter ab Zeile 55)	190		,
20	Sachliche Bebauungskostenpauschale (für Weinbaubetriebe)/ Betriebsausgabenpauschale für **Forstwirte**	191		,

30	Sonderabschreibungen nach § 7g EStG	134		,
31	Herabsetzungsbeträge nach § 7g Abs. 2 EStG	138		,
32	Aufwendungen für geringwertige Wirtschaftsgüter	132		,
33	Auflösung Sammelposten nach § 6 Abs. 2a EStG	137		,
34	Restbuchwert der im Kalenderjahr/Wirtschaftsjahr ausgeschiedenen Anlagegüter	135	110 000	,00

51	Übrige Betriebsausgaben	183		,
52	Gezahlte Vorsteuerbeträge	185		,
53	An das Finanzamt gezahlte und ggf. verrechnete Umsatzsteuer	186		,
54	Rücklagen, stille Reserven und/oder Ausgleichsposten (Übertrag von Zeile 73)		55 000	,00

Für das Kj. 18 ergibt sich keine Gewinnauswirkung.

2. Ergänzende Angaben

Rücklagen und Ansparabschreibungen

			Bildung EUR	Ct	Auflösung EUR	Ct
					99	27
68	Rücklagen nach § 6c i.V.m. § 6b EStG, R 6.6 EStR	187	35 000	,00	120	,
69	Übertragung von stillen Reserven nach § 6c i.V.m. § 6b EStG, R 6.6 EStR	170	20 000	,00		
73	Gesamtsumme	190	55 000	,00	124	,
			Übertrag in Zeile 54		Übertrag in Zeile 17	

Bezeich-nung des Wirt-schafts-guts	Anschaf-fungs-bzw. Herstel-lungszeit-punkt	Anschaf-fungs-bzw. Her-stellungs-kosten	Abzug nach § 6b Abs. 1 oder Abs. 3 i.V.m. § 6c Abs. 1 EStG	Rücklagen-bildung nach § 6b Abs. 3 EStG (Abzug)	Rücklagen-auflösung (Zuschlag)	Sonder-AfA	AfA
Grund und Boden I Jahr 18	02.07.18	20 000 €	20 000 €	35 000 €	0 €	0 €	0 €
			Zeile 69, 73 und 54 des Vordrucks EÜR	Zeile 68, 73 und 54 des Vordrucks EÜR	Zeile 17 des Vordrucks EÜR		

Das Verzeichnis nach § 6c Abs. 2 EStG ergänzt, ersetzt aber nicht das Anlageverzeichnis.

1	Name		**Anlageverzeichnis/Ausweis des Umlaufvermögens[1] zur Anlage EÜR**					
2	Vorname							
3	Steuernummer					Nr. des Betriebs (lfd. Nr.)		
						77	08	1
Die Summe der AfA-Beträge ist in die Zeilen 24 bis 33 der Anlage EÜR zu übertragen						99		40
	Gruppe/Bezeich-nung des WG	AK/HK/ Teilwert EUR	Buchwert zu Beginn des Gewinn-ermittlungs-zeitraums EUR	Zugänge EUR	Sonder-AfA nach § 7g EStG EUR	AfA EUR	Abgänge (zu erfassen in Zeile 34 und 54)[4] EUR	Buchwert am Ende des Gewinn-ermittlungs-zeitraums EUR
	Grundstücke und grundstücksgleiche Rechte							
4	Grund und Boden	100 110 000	101 110 000	102 0			105 110 000	106 0 €
5	Gebäude	110	111	112		114	115	116

Jahr 19:
Willi nimmt von den Anschaffungskosten der Neuinvestitionen einen Abzug von 10 000 € vor, der als Betriebsausgabe zu behandeln ist (**Zeile 54** des Vordrucks EÜR). Die Rücklage ist i.H.d. abgezogenen Betrags gewinnerhöhend aufzulösen (§ 6b Abs. 3 Satz 4 EStG). Er hat infolgedessen eine fiktive Betriebseinnahme (»Auflösung Rücklage nach § 6c«) von 10 000 € anzusetzen, um den Vorgang zu neutralisieren. Diese Betriebseinnahme ist in **Zeile 17** des Vordrucks EÜR zu erfassen. (s.a. **Zeile 68** Kz. 120 des Vordrucks EÜR).

2. Ergänzende Angaben

Rücklagen und Ansparabschreibungen		Bildung EUR	Ct		Auflösung 99 EUR	27 Ct
68	Rücklagen nach § 6c i.V.m. § 6b EStG, R 6.6 EStR	187	im Kj. 18 35 000 ,00	120	10 000	,00
69	Übertragung von stillen Reserven nach § 6c i.V.m. § 6b EStG, R 6.6 EStR	170	10 000 ,00			
	Gesamtsumme	190		124	10 000	,00
			Übertrag in Zeile 54		Übertrag in Zeile 17	

1. Gewinnermittlung

	Betriebseinnahmen			99 EUR	20 Ct
7	Betriebseinnahmen als umsatzsteuerlicher **Kleinunternehmer**		111		,
8	Davon aus Umsätzen, die in § 19 Abs. 3 Nr. 1 und Nr. 2 UStG bezeichnet sind	119	,	(weiter ab Zeile 13)	
14	Veräußerung oder Entnahme von Anlagevermögen		102		
15	Private Kfz-Nutzung		106		,
16	Sonstige Sach-, Nutzungs- und Leistungsentnahmen (z.B. private Telefonnutzung)		108		,
17	Auflösung von Rücklagen, Ansparabschreibungen für Existenzgründer und/oder Ausgleichsosten (Übertrag von Zeile 73)			10 000	,00
18	Summe Betriebseinnahmen		159		,

Bezeichnung des Wirtschaftsguts	Anschaffungs- bzw. Herstellungszeitpunkt	Anschaffungs- bzw. Herstellungskosten	Abzug nach § 6b Abs. 1 oder Abs. 3 i.V.m. § 6c Abs. 1 EStG	Rücklagenbildung nach § 6b Abs. 3 EStG (Abzug)	Rücklagenauflösung (Zuschlag)	Sonder-AfA	AfA
Grund und Boden II Jahr 19	11.03.19	10 000 €	10 000 €	0 €	10 000 €	0 €	0 €
			Zeile 69, 73 und 54 des Vordrucks EÜR	Zeile 68, 73 und 54 des Vordrucks EÜR	Zeile 17 des Vordrucks EÜR		

	Betriebsausgaben		99 EUR	25 Ct
19	Betriebsausgabenpauschale **für bestimmte Berufsgruppen** bzw. Freibetrag nach § 3 Nr. 26 und 26a EStG (weiter ab Zeile 55)	190		,
20	Sachliche Bebauungskostenpauschale (für Weinbaubetriebe)/ Betriebsausgabenpauschale für **Forstwirte**	191		,
51	Übrige Betriebsausgaben	183		
52	Gezahlte Vorsteuerbeträge	185		,
53	An das Finanzamt gezahlte und ggf. verrechnete Umsatzsteuer	186		,
53	An das Finanzamt gezahlte und ggf. verrechnete Umsatzsteuer	186		,
54	Rücklagen, stille Reserven und/oder Ausgleichsposten (Übertrag von Zeile 73)		10 000	,00

Das Verzeichnis nach § 6c Abs. 2 EStG ergänzt, ersetzt aber nicht das Anlageverzeichnis.

1	Name							Anlageverzeichnis/Ausweis des Umlaufvermögens[1] zur Anlage EÜR	
2	Vorname								
3	Steuernummer							Nr. des Betriebs (lfd. Nr.)	
								77 08	1
Die Summe der AfA-Beträge ist in die Zeilen 24 bis 33 der Anlage EÜR zu übertragen								99	40
	Gruppe/Bezeichnung des WG	AK/HK/ Teilwert EUR	Buchwert zu Beginn des Gewinnermittlungszeitraums EUR	Zugänge EUR	Sonder-AfA nach § 7g EStG EUR	AfA EUR	Abgänge (zu erfassen in Zeile 34 und 54)[4] EUR	Buchwert am Ende des Gewinnermittlungszeitraums EUR	
	Grundstücke und grundstücksgleiche Rechte								
4	Grund und Boden	100 0	101 0	102 0			105 0	106 0 €	
5	Gebäude	110	111	112		114	115	116	

Jahr 20:
Willi nimmt von den Anschaffungskosten der Neuinvestitionen einen Abzug von 20 000 € vor, der als Betriebsausgabe (**Zeile 54** des Vordrucks EÜR) zu behandeln ist. Er hat deshalb in diesem Wirtschaftsjahr eine fiktive Betriebseinnahme von 20 000 € (Auflösung der Rücklage) anzusetzen (**Zeile 17** des Vordrucks EÜR), um den Vorgang zu neutralisieren. Soweit er einen Abzug von den Anschaffungskosten der neu angeschafften Wirtschaftsgüter vorgenommen hat, kann er darüber hinaus keine AfA, erhöhte Absetzungen oder Sonderabschreibungen mehr vornehmen (§ 6b Abs. 6 EStG, R 7.3 Abs. 4 EStR).
Durch die beiden fiktiven Betriebseinnahmen »Auflösung Rücklage nach § 6c« von 10 000 € und 20 000 € in den Jahren 19 und 20 ist die fiktive Betriebsausgabe aus dem Kj. 18 i.H.v. 35 000 € bis auf einen Betrag von 5 000 € ausgeglichen. In Höhe dieses Betrags hat Willi spätestens (vorher ist dies natürlich auch schon möglich) im vierten auf die Veräußerung folgenden Wirtschaftsjahr (22) eine weitere (sich in vollem Umfang gewinnerhöhend auswirkende) fiktive Betriebseinnahme (**Zeile 17** des Vordrucks EÜR) anzusetzen (§ 6b Abs. 3 Satz 5 EStG). In Höhe dieser 5 000 € ergibt sich im Endergebnis ein Gewinn. Dieser Gewinn resultiert aus der Differenz des Veräußerungsgewinns i.H.v. 55 000 € und der übertragenen stillen Reserven auf die Anschaffungskosten für das Anlagevermögen von insgesamt 50 000 €. Soweit die gebildete Rücklage gewinnerhöhend aufgelöst werden muss, ohne dass ein entsprechender Betrag bei Anschaffungs- oder Herstellungskosten abgezogen werden kann, ist der Gewinn des Wirtschaftsjahrs, in dem die Rücklage aufgelöst wird, für jedes volle Wirtschaftsjahr, in dem die Rücklage bestanden hat, um 6 % des aufgelösten Rücklagenbetrags zu erhöhen (§ 6b Abs. 7 EStG und das Beispiel in H 6b.2 [Gewinnzuschlag] EStH; **Zeile 17** des Vordrucks EÜR); das sind die Wirtschaftsjahre 19 und 20. Der Gewinnzuschlag beträgt 2 × 6 % von 5 000 € = 600 €.

2. Ergänzende Angaben

Rücklagen, stille Reserven und Ansparabschreibungen

99	27

			Bildung/Übertragung EUR	Ct		Auflösung EUR	Ct
68	Rücklagen nach § 6c i.V.m. § 6b EStG, R 6.6 EStR	187	im Kj. 18 35 000	,00	120	im Kj. 19 10 000,00 20 000 5 000	,00 ,00
69	Übertragung von stillen Reserven nach § 6c i.V.m. § 6b EStG, R 6.6 EStR	170	im Kj. 19 10 000,00 20 000	,00			
70	Ansparabschreibungen für Existenzgründer nach § 7g Abs. 7 und 8 EStG a.F.				122		,
71	Gewinnzuschlag nach § 6b Abs. 7 und 10 EStG				123	600	,00
72	Ausgleichsposten nach § 4g EStG	191		,	125		
73	Gesamtsumme	190	20 000	,00	124	25 600	,00
			Übertrag in Zeile 54			Übertrag in Zeile 17	

1. Gewinnermittlung

Betriebseinnahmen

99	20

			EUR	Ct
7	Betriebseinnahmen als umsatzsteuerlicher **Kleinunternehmer**	111		,
8	Davon aus Umsätzen, die in § 19 Abs. 3 Nr. 1 und Nr. 2 UStG bezeichnet sind	119	, (weiter ab Zeile 13)	
14	Veräußerung oder Entnahme von Anlagevermögen	102		
15	Private Kfz-Nutzung	106		,
16	Sonstige Sach-, Nutzungs- und Leistungsentnahmen (z.B. private Telefonnutzung)	108		,
17	Auflösung von Rücklagen, Ansparabschreibungen und/oder Ausgleichsosten (Übertrag von Zeile 73)		25 600	,00
18	Summe Betriebseinnahmen	159		,

Bezeichnung des Wirtschaftsguts	Anschaffungs-bzw. Herstellungszeitpunkt	Anschaffungs- bzw. Herstellungskosten	Abzug nach § 6b Abs. 1 oder Abs. 3 i.V.m. § 6c Abs. 1 EStG	Rücklagenbildung nach § 6b Abs. 3 EStG (Abzug)	Rücklagenauflösung (Zuschlag)	Sonder-AfA	AfA
Grund und Boden III Jahr 20	11.05.20	20 000 €	20 000 €	0 €	25 000€	0 €	0 €
			Zeile 69, 73 und 54 des Vordrucks EÜR	Zeile 68, 73 und 54 des Vordrucks EÜR	Zeile 17 des Vordrucks EÜR		

Betriebsausgaben

99	25

			EUR	Ct
19	Betriebsausgabenpauschale **für bestimmte Berufsgruppen** bzw. Freibetrag nach § 3 Nr. 26 und 26a EStG (weiter ab Zeile 55)	190		,
20	Sachliche Bebauungskostenpauschale (für Weinbaubetriebe)/ Betriebsausgabenpauschale für **Forstwirte**	191		,

51	Übrige Betriebsausgaben	183	
52	Gezahlte Vorsteuerbeträge	185	,
53	An das Finanzamt gezahlte und ggf. verrechnete Umsatzsteuer	186	,
53	An das Finanzamt gezahlte und ggf. verrechnete Umsatzsteuer	186	,
54	Rücklagen, stille Reserven und/oder Ausgleichsposten (Übertrag von Zeile 73)		20 000 ,00

Das Verzeichnis nach § 6c Abs. 2 EStG ergänzt, ersetzt aber nicht das Anlageverzeichnis.

1	Name				Anlageverzeichnis/Ausweis des Umlaufvermögens[1] zur Anlage EÜR				
2	Vorname								
3	Steuernummer				Nr. des Betriebs (lfd. Nr.)				
							77	08	1
Die Summe der AfA-Beträge ist in die Zeilen 24 bis 33 der Anlage EÜR zu übertragen								99	40
Gruppe/ Bezeichnung des WG	AK/HK/ Teilwert EUR	Buchwert zu Beginn des Gewinnermittlungszeitraums EUR	Zugänge EUR	Sonder-AfA nach § 7g EStG EUR	AfA EUR	Abgänge (zu erfassen in Zeile 34 und 54)[4] EUR	Buchwert am Ende des Gewinnermittlungszeitraums EUR		
Grundstücke und grundstücksgleiche Rechte									
4	Grund und Boden	100 0	101 0	102 0		105 0	106 0 €		
5	Gebäude	110	111	112		114	115	116	

3. Rücklage für Ersatzbeschaffung

3.1 Allgemeines

Scheidet ein Wirtschaftsgut aus dem Betriebsvermögen aus (→ **Verlust von Wirtschaftsgütern**), so werden i.d.R. die stillen Reserven aufgedeckt und versteuert. In bestimmten Fällen besteht aber nach R 6.6 EStR die Möglichkeit die Aufdeckung der stillen Reserven zu vermeiden; sog. Übertragung stiller Reserven bei Ersatzbeschaffung.

3.2 Voraussetzungen für die Übertragung der stillen Reserven

Die Voraussetzungen dafür sind, dass:
- ein Wirtschaftsgut des Anlage- oder Umlaufvermögens infolge höherer Gewalt (z.B. durch Brand oder Diebstahl) oder infolge oder zur Vermeidung eines behördlichen Eingriffs (z.B. drohende Enteignung) gegen Entschädigung aus dem Betriebsvermögen ausscheidet (R 6.6 Abs. 2 EStR) und
- innerhalb einer bestimmten Frist (R 6.6 Abs. 4 EStR) ein funktionsgleiches Wirtschaftsgut (Ersatzwirtschaftsgut) angeschafft oder hergestellt wird, auf dessen Anschaffungs- oder

Herstellungskosten die aufgedeckten stillen Reserven übertragen werden (R 6.6 Abs. 1 EStR).

3.3 Ursächlicher Zusammenhang

Wird ein Grundstück des Betriebsvermögens im Hinblick auf ein behördlich angeordnetes Nutzungsverbot veräußert, so können die aufgedeckten stillen Reserven grundsätzlich auf ein Ersatzwirtschaftsgut übertragen werden, auch wenn dieses vor der Veräußerung erworben wird, sofern zwischen beiden Vorgängen ein ursächlicher Zusammenhang besteht (BFH-Urteil vom 12.6.2001 XI R 5/00, BStBl II 2001, 830). Nach den von der Rechtsprechung entwickelten und von der Finanzverwaltung in R 6.6 EStR übernommenen Grundsätzen zur sog. Rücklage für Ersatzbeschaffung kann eine Gewinnrealisierung durch Aufdeckung stiller Reserven ausnahmsweise dann vermieden werden, wenn ein WG aufgrund höherer Gewalt oder infolge oder zur Vermeidung eines behördlichen Eingriffs gegen eine Entschädigung aus dem Betriebsvermögen ausscheidet und alsbald ein funktionsgleiches Ersatzwirtschaftsgut angeschafft wird (BFH-Urteile vom 4.2.1999 IV R 57/97, BStBl II 1999, 602 und vom 14.10.1999 IV R 15/99, BStBl II 2001, 130). Insbesondere infolge einer behördlichen Anordnung oder zur Vermeidung eines behördlichen Eingriffs kann das Wirtschaftsgut durch Veräußerung aus dem Betriebsvermögen ausscheiden und der entsprechende Veräußerungsgewinn Gegenstand der Rücklage bzw. der Anschaffungskostenkürzung sein (vgl. BFH-Urteile vom 22.9.1959 I 51/59 U, BStBl III 1961, 1 und vom 8.10.1975 I R 134/73, BStBl II 1976, 186). In diesen Fällen tritt an die Stelle der Entschädigung der Veräußerungserlös.

I.d.R. folgt die Ersatzbeschaffung zeitlich dem Vorgang nach, der zur Aufdeckung der stillen Reserven führt. Unter besonderen Umständen kann sie aber auch vorangehen, z.B. wenn ein Unternehmer einen behördlichen Eingriff (Enteignung) als unmittelbar bevorstehend erkennt und bereits vor dem Eingriff ein Ersatzgut beschafft, weil sich eine günstige Gelegenheit bietet. In diesen Fällen muss aber, um die Steuerbegünstigung zu erhalten, ein ursächlicher Zusammenhang zwischen dem behördlichen Eingriff und der Ersatzbeschaffung einwandfrei dargetan werden können. Wenn ein Unternehmer freiwillig oder aus spekulativen Gründen zwischen Veräußerung und Ersatzbeschaffung eine unangemessen lange Zeit verstreichen lässt, so ist eine Übertragung der stillen Reserven ausgeschlossen; der Gewinn ist dann als verwirklicht zu behandeln (BFH-Urteil vom 22.9.1959, BStBl III 1961, 1). Ein solcher ursächlicher Zusammenhang kann aber nicht bejaht werden, wenn zwischen der Ersatzbeschaffung und der Veräußerung ein Zeitraum von mehr als sechs Jahren liegt (BFH-Urteil vom 12.6.2001 a.a.O.). Der BFH ist stets davon ausgegangen, dass die Ersatzbeschaffung nicht unbegrenzt vorgezogen werden kann (vgl. z.B. BFH-Urteil vom 14.11.1990 X R 85/87, BStBl II 1991, 222 unter II.2.a). Bei vorgezogener Ersatzbeschaffung erscheint ein Zeitraum von zwei bis drei Jahren zwischen Erwerb und Veräußerung noch angemessen, um den Zusammenhang zwischen den beiden Vorgängen zu bejahen (vgl. BFH-Urteil vom 22.9.1959, BStBl III 1961, 1).

Die Bildung einer Rücklage für Ersatzbeschaffung sechs Jahre nach Ausscheiden des Wirtschaftsguts und drei Jahre nach Anschaffung des vermeidlichen Ersatzwirtschaftsguts scheidet mangels Finanzierungszusammenhangs aus (Urteil FG Schleswig-Holstein vom 27.9.2002 1 K 266/00 – Rev. eingelegt, Az. des BFH: IV R 65/02, EFG 2003, 75).

Eine Rücklage für Ersatzbeschaffung kann nach dem BFH-Urteil vom 14.10.1999 (IV R 15/99, BStBl II 2001, 130) auch bei Ausscheiden eines Wirtschaftsguts des Betriebsvermögens infolge eines unverschuldet erlittenen Verkehrsunfalls gebildet werden (gegen R 6.6 Abs. 2 EStR).

Soweit am Schluss des Wirtschaftsjahres, in dem das Wirtschaftsgut aus dem Betriebsvermögen ausgeschieden ist, noch keine Ersatzbeschaffung vorgenommen wurde, kann i.H.d. aufgedeckten stillen Reserven eine steuerfreie Rücklage gebildet werden, wenn zu diesem Zeitpunkt eine Ersatzbeschaffung ernstlich geplant und zu erwarten ist (R 6.6 Abs. 4 EStR).

3.4 Auflösung der Rücklage

Bewegliches WG	Grundstück bzw. Gebäude
Am Schluss des ersten auf die Bildung der Rücklage folgenden Wj. ist diese gewinnerhöhend aufzulösen, wenn kein Ersatzwirtschaftsgut angeschafft, hergestellt oder bestellt worden ist (R 6.6 Abs. 4 Satz 3 EStR).	Die Rücklage ist am Schluss des zweiten auf die Bildung der Rücklage folgenden Wj. gewinnerhöhend aufzulösen (R 6.6 Abs. 4 Satz 4 EStR).

Abbildung: Auflösung der Rücklage

Eine Rücklage für Ersatzbeschaffung ist erfolgswirksam aufzulösen, wenn das aus dem Betriebsvermögen ausgeschiedene oder beschädigte Wirtschaftsgut nicht durch ein wirtschaftlich gleichartiges und ebenso genutztes Wirtschaftsgut ersetzt wird (BFH-Urteil vom 29.4.1999 IV R 7/98, BStBl II 1999, 488).

3.5 Anwendung bei Einnahme-Überschussrechnung

Bei der Gewinnermittlung nach § 4 Abs. 3 EStG gelten die vorgenannten Grundsätze entsprechend (R 6.6 Abs. 5 EStR). Aus Billigkeitsgründen ist es nicht zu beanstanden, wenn sowohl der noch nicht abgesetzte Betrag der Anschaffungs- oder Herstellungskosten des ausgeschiedenen WG als auch die Entschädigungsleistung erst in dem Wj. berücksichtigt werden, in dem der Schaden beseitigt wird. Es gelten aber auch hier die oben dargestellten Fristen.

Das BFH-Urteil vom 29.4.1999 (IV R 7/98, BStBl II 1999, 488) nimmt zur Rücklagenbildung wie folgt Stellung:

Eine in zulässiger Weise gebildete Rücklage für Ersatzbeschaffung kann auch fortgeführt werden, wenn der Steuerpflichtige von der Gewinnermittlung durch Betriebsvermögensvergleich nach § 4 Abs. 1 EStG zur Einnahme-Überschussrechnung nach § 4 Abs. 3 EStG übergeht (→ **Wechsel der Gewinnermittlungsart**).

3.6 Rücklagenbildung bei vorsteuerabzugsberechtigten Unternehmern

Mit Urteil vom 24.6.1999 (IV R 46/97, BStBl II 1999, 561) nimmt der BFH zur Höhe der Rücklage für Ersatzbeschaffung bei vorsteuerabzugsberechtigten Unternehmen Stellung. Wird danach einem vorsteuerabzugsberechtigten Unternehmer anlässlich eines Versicherungsfalls der Wiederbeschaffungswert einschließlich USt ersetzt, so kann auch der auf die USt entfallende

Entschädigungsbetrag in eine Rücklage für Ersatzbeschaffung eingestellt werden. Die spätere Inanspruchnahme eines Vorsteuerabzugs im Zusammenhang mit der Wiederbeschaffung führt nicht dazu, dass die Rücklage i.H.d. Vorsteuerbetrags gewinnerhöhend aufzulösen ist.

3.7 Folgewirkungen

Ist die Entschädigungsleistung höher als der im Zeitpunkt des Ausscheidens noch nicht abgesetzte Teil der Anschaffungs- oder Herstellungskosten, so kann der darüber hinausgehende Betrag im Wirtschaftsjahr der Ersatzbeschaffung von den Anschaffungs- oder Herstellungskosten des Ersatzwirtschaftsguts sofort voll abgesetzt werden.

> **Beispiel: Rücklage für Ersatzbeschaffung**
> Steuerberater B. Rater veräußert im Jahr 18 zur Vermeidung eines behördlichen Eingriffs an die Gemeinde ein zum notwendigen Betriebsvermögen gehörendes unbebautes Grundstück für 200 000 € (umsatzsteuerfrei, § 4 Nr. 9a UStG). Die damaligen Anschaffungskosten betrugen 120 000 €. Noch im gleichen Jahr erwirbt er ein Ersatzgrundstück für 150 000 €.
>
> **Lösung:**
> Es werden stille Reserven im Wert von 80 000 € aufgedeckt. Die Versteuerung dieses Gewinns kann dadurch vermieden werden, dass der Betrag von 80 000 € im Jahr 18 als Betriebsausgabe abgesetzt wird (außerplanmäßige Abschreibung, **Zeile 69, 73 und 54** des Vordrucks EÜR). Dadurch werden die stillen Reserven auf das Ersatzwirtschaftsgut übertragen, so dass sich dessen Anschaffungskosten auf 70 000 € verringern (würde es sich um abnutzbares Anlagevermögen handeln, so mindert eine Übertragung der stillen Reserven die Anschaffungs- oder Herstellungskosten des Ersatzwirtschaftsguts mit der Folge einer niedrigeren AfA-Bemessungsgrundlage. Beim Umlaufvermögen liegen entsprechend niedrigere Anschaffungskosten und damit auch niedrigere Betriebsausgaben vor). Wird das Ersatzgrundstück später veräußert oder entnommen, sind als Betriebsausgaben nur noch 70 000 € (**Zeile 34** des Vordrucks EÜR) zugrunde zu legen (§ 4 Abs. 3 Satz 4 EStG)
> § 4 Abs. 3-Rechnung im Jahr 18 insoweit:
>
> | | | |
> |---|---|---|
> | **Betriebseinnahmen** | • Veräußerungserlös Grundstück (**Zeile 14** des Vordrucks EÜR) | 200 000 € |
> | **Betriebsausgaben** | • Anschaffungskosten Grundstück (**Zeile 34** des Vordrucks EÜR) | 120 000 € |
> | | • außerplanmäßige Abschreibung (**Zeile 54** des Vordrucks EÜR) | 80 000 € |

Fließt die Entschädigungsleistung nicht in dem Wirtschaftsjahr zu, in dem der Schaden entstanden ist, so ist es aus Billigkeitsgründen nicht zu beanstanden, wenn der Steuerpflichtige den noch nicht abgesetzten Betrag der Anschaffungs- oder Herstellungskosten des ausgeschiedenen Wirtschaftsguts in dem Wirtschaftsjahr berücksichtigt, in dem die Entschädigung geleistet wird.

Beispiel:
Wie vorheriges, nur wird der Veräußerungserlös erst im Jahr 19 vereinnahmt

Lösung:
Es ergeben sich für das Jahr 19 die gleichen Auswirkungen wie im Ausgangsbeispiel. Die Anschaffungskosten für das im Jahr 18 erworbene neue Ersatzgrundstück betragen jedoch auch hier nur 70 000 €. Zur Frage der Erfassung der originären Anschaffungskosten, wenn der Verkaufserlös in einem anderen Jahr als dem Veräußerungsjahr zufließt, vgl. → **Nicht abnutzbares Anlagevermögen**.

Wird der Schaden nicht in dem Wirtschaftsjahr beseitigt, in dem er eingetreten ist oder in dem die Entschädigung gezahlt wird, so ist es aus Billigkeitsgründen auch nicht zu beanstanden, wenn sowohl der noch nicht abgesetzte Betrag der Anschaffungs- oder Herstellungskosten des ausgeschiedenen Wirtschaftsguts als auch die Entschädigungsleistung erst in dem Wirtschaftsjahr berücksichtigt werden, in dem der Schaden beseitigt wird. Voraussetzung ist, dass die Anschaffung oder Herstellung eines Ersatzwirtschaftsguts am Schluss des Wirtschaftsjahrs, in dem der Schadensfall eingetreten ist, ernstlich geplant und zu erwarten ist und das Ersatzwirtschaftsgut bei beweglichen Gegenständen bis zum Schluss des ersten, bei Grundstücken oder Gebäuden bis zum Schluss des zweiten Wirtschaftsjahrs, das auf das Wirtschaftsjahr des Eintritts des Schadensfalls folgt, angeschafft oder hergestellt oder bestellt worden ist.

Beispiel:
Wie vor, nur wird der Veräußerungserlös erst im Jahr 19 vereinnahmt und das neue Ersatzgrundstück erst im Jahr 19 angeschafft.

Lösung:
Die Betriebseinnahmen und Betriebsausgaben im Jahre 18 betragen insoweit jeweils 0 €. Es ergeben sich für das Jahr 19 die gleichen Auswirkungen wie im Ausgangsbeispiel. Die Anschaffungskosten für das neue Ersatzgrundstück betragen jedoch nur 70 000 €.

Siehe auch das Beispiel unter → **Verlust von Wirtschaftsgütern** (Verlust von abnutzbarem Anlagevermögen)

Literatur: Bröder, Übertragung stiller Reserven nach § 6b EStG, Steuer & Studium 2003, 139; Schönwald, Besteuerung von Gewinnausschüttungen und Veräußerungsgewinnen, Steuer & Studium 2004, 316.

S

Schadensersatz

→ Betriebsausgaben
→ Betriebseinnahmen
→ Renten, dauernde Lasten und Raten
→ Unfallkosten

1. Behandlung beim Empfänger als Betriebseinnahmen

Ob ein Wertzugang betrieblich veranlasst ist, richtet sich danach, ob das ihn auslösende Ereignis der betrieblichen Sphäre zuzuordnen ist. Handelt es sich um eine Schadensersatzzahlung im Rahmen eines mit dem Betriebsinhaber geschlossenen Vertrags, so ist darauf abzustellen, ob die schadenstiftende Ursache einen betrieblichen oder einen außerbetrieblichen Vorgang betrifft. Bezogen auf Schadensersatzleistungen wegen vermeidbar zuviel entrichteter Steuern bedeutet dies, dass es maßgeblich darauf ankommt, ob die Entrichtung der Steuer zu einer Betriebsausgabe führt oder in die außerbetriebliche Sphäre fällt (BFH-Urteil vom 18.6.1998 IV R 61/97, BStBl II 1998, 621).

Schadensersatzleistungen eines Steuerberaters oder seines Haftpflichtversicherers wegen einer von dem Berater zu vertretenden höheren als vom Gesetz vorgesehenen KSt-Festsetzung ist ein betrieblicher Ertrag, weil die KSt handelsrechtlich und damit auch körperschaftsteuerrechtlich Aufwand darstellt. Dass sie aufgrund des ausdrücklichen Abzugsverbots in § 10 Nr. 2 KStG den Gewinn nicht mindern darf, ändert an dieser Beurteilung nichts (BFH-Urteile vom 8.12.1971 I R 80/70, BStBl II 1972, 292, vom 4.12.1991 I R 26/91, BStBl II 1992, 686).

Schadensersatz, den ein Steuerberater oder sein Haftpflichtversicherer zum Ausgleich dafür leistet, dass aufgrund einer Nicht- oder Schlechterstellung des Beratungsvertrags ESt festgesetzt wird, die bei ordnungsgemäßer Erfüllung des Vertrags nicht angefallen wäre, stellt keine Betriebseinnahme dar (s.a. H 4.7 [Schadensersatz als Betriebseinnahme] EStH).

Wird ein Wirtschaftsgut des Betriebsvermögens während seiner Nutzung zu privaten Zwecken des Steuerpflichtigen zerstört, so tritt bezüglich der stillen Reserven, die sich bis zu seiner Zerstörung gebildet haben, keine Gewinnrealisierung ein. In Höhe des Restbuchwerts liegt eine Nutzungsentnahme vor. Eine Schadensersatzforderung für das während der privaten Nutzung zerstörte Wirtschaftsgut ist als Betriebseinnahme zu erfassen, wenn und soweit sie über den Restbuchwert hinausgeht (R 4.7 Abs. 1 EStR, BFH-Urteil vom 24.5.1989 I R 213/85, BStBl II 1990, 8).

Beispiel:

Zum Betriebsvermögen des Steuerpflichtigen gehört ein Pkw, der auf 1 € abgeschrieben ist. Diesen Pkw nutzt der Steuerpflichtige auf einer Privatfahrt. Dabei wird der Pkw vollständig zerstört. Der Unternehmer erzielt für den Schrottwert des Pkw noch 300 €. Außerdem erhält er von der Versicherung seines Unfallgegners 40 % des eigenen Schadens

(= 1 000 €) ersetzt. Ein Sachverständiger ermittelt den Zeitwert des Pkw unmittelbar vor dem Unfall mit 2 800 €.
Durch den Unfall entstehen dem Steuerpflichtigen Mietkosten für einen Ersatz-Pkw i.H.v. 329,22 €, wovon ihm die Versicherung des Unfallgegners 40 % = 131,68 € erstattet.

Lösung:
Der Sachverhalt und die Lösung ergeben sich aus dem BFH-Urteil vom 24.5.1989 (I R 213/85, BStBl II 1990, 8).
Die Nutzung des zum Betriebsvermögen gehörenden Pkw auf einer Privatfahrt ist nicht als Entnahme der Sache zu beurteilen. Die Nutzung des Pkw einschließlich des dadurch ausgelösten Unfalls ist als eine Nutzungsentnahme i.S.d. § 4 Abs. 1 Satz 2 EStG anzusehen. Die Entnahmehandlung des Steuerpflichtigen ist darin zu sehen, dass er willentlich und wissentlich den Pkw des Betriebsvermögens zu privaten Zwecken nutzt. Darauf, ob der Steuerpflichtige den Unfall wollte oder nicht, kommt es steuerrechtlich nicht an.
Bei der Bewertung einer Nutzungsentnahme müssen stille Reserven außer Betracht bleiben. Die vorgesehene Korrektur findet nur i.H.d. durch die Nutzungsentnahme bewirkten Minderung statt (**Zeile 15** des Vordrucks EÜR). Nach § 6 Abs. 1 Nr. 4 Satz 1 bis 3 EStG ist die private Nutzung (→ **Pkw-Nutzung**) entweder mit der Listenpreismethode (→ **Listenpreis**), mit der Fahrtenbuchmethode oder mit der Schätzmethode zu berücksichtigen (→ **Entnahmen**). Der Zeitwert des Pkw vor dem Unfall i.H.v. 2 800 € führt nicht zu einer Gewinnrealisierung und somit nicht zum Ansatz von Betriebseinnahmen.
Der Erlös aus dem Verkauf des zerstörten Pkw i.H.v. 300 € ist als Betriebseinnahme anzusetzen (**Zeile 14** des Vordrucks EÜR). Ebenso muss die Schadensersatzleistung des Unfallgegners i.H.v. 1 000 € als Betriebseinnahme erfasst werden (**Zeile 11** des Vordrucks EÜR). Soweit im wirtschaftlichen Zusammenhang mit dem Unfallgeschehen Mietwagen- und Gutachterkosten angefallen sind, handelt es sich um Betriebsausgaben des Unternehmers, wenn der Mietwagen betrieblich genutzt wird (**Zeile 51** des Vordrucks EÜR; siehe dazu die Erläuterungen unter → **Unfallkosten**). Die Betriebsausgaben sind netto, d.h. nach Abzug der in Rechnung gestellten Vorsteuer (**Zeile 52** des Vordrucks EÜR) abzusetzen. Die dem Steuerpflichtigen als Schadensersatz erstatteten Betriebsausgaben sind Betriebseinnahmen (**Zeile 11** des Vordrucks EÜR).

2. Behandlung beim Leistenden als Betriebsausgaben

Betrieblich veranlasste Schadensersatzleistungen sind Betriebsausgaben (§ 4 Abs. 4 EStG) und können deshalb bei der Einnahme-Überschussrechnung sofort abgezogen werden (**Zeile 51** des Vordrucks EÜR). Betrieblich veranlasst ist die Schadensersatzleistung, wenn das auslösende Ereignis im Wesentlichen unmittelbar aus der betrieblichen oder beruflichen Betätigung folgt, wie z.B. bei mangelhaften Warenlieferungen oder Werkleistungen. Die Ursache kann auch in einer zum Schadensersatz verpflichtenden Handlung des Betriebsinhabers liegen (BFH-Urteil vom 19.3.1987 IV R 140/84, BFH/NV 1987, 577). Dazu genügt aber nicht, dass die Handlung in irgendeinem Zusammenhang mit der betrieblichen oder beruflichen Betätigung des Inhabers steht. Vielmehr muss das die Schadensersatzpflicht auslösende Ereignis im Wesentlichen unmittelbare Folge der betrieblichen oder beruflichen Betätigung sein.

Dies beurteilt sich danach, ob die den Schadensersatz verursachende Handlung noch i.R.d. beruflichen Aufgabenerfüllung lag oder aber auf privaten, den betrieblichen Zusammenhang aufhebenden Vorgängen beruhte. Verwaltet jemand fremdes Vermögen und verwendet er Teile dieses Vermögens pflichtwidrig für eigene Zwecke, so sind die veruntreuten Beträge keine Betriebseinnahmen und die aufgrund der Veruntreuung geleisteten Schadensersatzbeträge keine Betriebsausgaben (BFH-Urteil vom 19.3.1987 IV R 140/84, a.a.O.).

Auch das BFH-Urteil vom 17.4.1980 (IV R 207/75, BStBl II 1980, 639) befasst sich mit »betrieblichen« Schadensersatzleistungen. Aufwendungen zur Erfüllung Schadensersatzleistungen Dritter können betrieblich veranlasst sein, wenn der Dritte i.R.d. Betriebsausübung geschädigt worden ist. Das gilt z.B. für Schadensersatz, den ein Arzt wegen eines von ihm begangenen Kunstfehlers einem Patienten gegenüber leisten muss. Treten bei den Kindern eines Röntgenarztes genetische Strahlenschäden auf, so sind die Aufwendungen des Vaters zur Heilung oder Linderung solcher Schäden keine Betriebsausgaben.

Mit Urteil vom 1.12.2005 (IV R 26/04, BStBl II 2006, 182) nimmt der BFH ausführlich zu der Zuordnung von unfallbedingten Schadensersatzleistungen Stellung.

Sachverhalt:
Der Stpfl. V charterte ein Privatflugzeug für die Reise von X nach Y zu einer Fortbildungsveranstaltung, auf der er anstelle einer verhinderten Referentin einen Diavortrag halten sollte.

Beim Absturz des Flugzeugs kamen V, der Safety-Pilot und zwei Fluggäste, die Lehrer A und B, die V nach Y mitnehmen wollte, ums Leben. Beide Lehrer unterrichteten an der Schule, die auch eine Tochter des V, besuchte. A war ihr Klassenlehrer. Die Ursache des Absturzes konnte nicht restlos geklärt werden.

Nach den Feststellungen des OLG war das Flugzeug bei schlechten Witterungs- und Sichtverhältnissen wegen zu geringer Flughöhe an einem Berg zerschellt. Das Gericht kam zu der Auffassung, dass V trotz mangelhafter Sicht den Flug fortgesetzt und damit den Absturz fahrlässig verursacht habe.

Entscheidungsgründe:
Schadensersatzleistungen können betrieblich veranlasst sein und führen dann zu Betriebsausgaben. Dabei kann die Ursache auch in einer zum Schadensersatz verpflichtenden Handlung des Betriebsinhabers liegen. Dazu genügt jedoch nicht, dass die Handlung in irgendeinem Zusammenhang mit der betrieblichen oder beruflichen Betätigung des Inhabers steht. Vielmehr muss das die Schadensersatzpflicht auslösende Ereignis im Wesentlichen unmittelbare Folge der betrieblichen oder beruflichen Betätigung sein. Dies beurteilt sich danach, ob die den Schadensersatz verursachende Handlung noch i.R.d. beruflichen Aufgabenerfüllung lag oder aber auf privaten, den betrieblichen Zusammenhang aufhebenden Vorgängen beruhte. Dabei gilt zwar der Grundsatz, dass Unfallschäden steuerrechtlich das Schicksal der Fahrt oder Reise teilen, auf der sie entstanden sind. Auf einer betrieblichen Reise eingetretene Schäden können jedoch dann nicht zu Betriebsausgaben führen, wenn der Zusammenhang mit der betrieblichen Tätigkeit zu lose und entfernt ist, als dass er eine betriebliche Veranlassung begründen könnte. Ein steuerrechtlich anzuerkennender wirtschaftlicher Zusammenhang der Schadensersatzleistungen mit den Einkünften des V aus selbständiger Arbeit wäre danach zu bejahen, wenn der Flugzeugabsturz als »auslösendes Moment« zu Aufwendungen geführt hat, die der einkommensteuerrechtlich relevanten Er-

werbssphäre zuzuweisen wären. Ergibt diese sog. zweistufige Prüfung des Zurechnungszusammenhangs betrieblich oder beruflich veranlasster Aufwendungen, dass diese nicht nur in unbedeutendem Maße auf privaten, der Lebensführung des Stpfl. zuzurechnenden Umständen beruhen, so sind sie wegen § 12 EStG nicht als Betriebsausgaben (oder Werbungskosten) abziehbar.

Beruht danach eine Reise bereits als solche auf einer doppelten Veranlassung, weil der Stpfl. einerseits eine berufliche Veranstaltung (Kongress) besucht, andererseits aber Mitreisenden eine private Gefälligkeit erweist, so mag die private Mitveranlassung der Aufwendungen von untergeordneter Bedeutung sein, so lange die Reise planmäßig verläuft. Tritt allerdings ein unvorhergesehenes Ereignis, wie der vorliegende Unfall, auf dieser Reise ein und werden dann gerade aufgrund der privaten Mitveranlassung erhebliche Kosten ausgelöst, die bezogen auf die gesamten Reiseaufwendungen nicht mehr von untergeordneter Bedeutung sind, so führt dies zu einem Abzugsverbot für diese privat veranlassten Aufwendungen, das die betriebliche Veranlassung der übrigen Aufwendungen jedoch unberührt lässt.

V hat den beiden Lehrern mit dem Angebot, sie im Flugzeug nach Y mitzunehmen, eine private Gefälligkeit erwiesen. Der von V organisierte Charterflug war zwar insoweit betrieblich veranlasst, als er die Teilnahme des V an einer ärztlichen Fortbildungsveranstaltung ermöglichen sollte. Die beiden Lehrer sind jedoch nicht aus betrieblicher Veranlassung mit geflogen.

3. Umsatzsteuerrechtliche Behandlung

Im Fall einer echten Schadensersatzleistung fehlt es umsatzsteuerrechtlich an einem Leistungsaustausch. Echter Schadensersatz ist insbesondere gegeben bei Schadenbeseitigung durch den Schädiger. Ein Schadensersatz ist dagegen dann nicht anzuwenden, wenn die Ersatzleistung tatsächlich die – wenn auch nur teilweise – Gegenleistung für eine Lieferung oder sonstige Leistung darstellt (Abschn. 3 Abs. 1 UStR). Beseitigt der Geschädigte im Auftrag des Schädigers einen ihm zugefügten Schaden selbst, ist die Schadensersatzleistung als Entgelt i.R.d. Leistungsaustausches anzusehen.

Vertragsstrafen, die wegen Nichterfüllung geleistet werden, haben Schadensersatzcharakter. Erteilt ein Unternehmer in den Fällen des Schadensersatzes eine Rechnung mit gesondertem Steuerausweis, so handelt es sich um einen unberechtigten Steuerausweis i.S.d. § 14 Abs. 3 UStG (Abschn. 190 Abs. 2 Nr. 2 UStR).

Literatur: Völkel u.a., ABC-Führer Umsatzsteuer (Loseblatt).

Schätzung

→ Geldverkehrsrechnung

Rechtsquellen

→ § 162 AO → H 4.1 [Gewinnschätzung] EStH

Soweit die Finanzbehörde die Besteuerungsgrundlagen (z.B. Betriebseinnahmen, Betriebsausgaben) nicht ermitteln oder berechnen kann, hat sie diese zu schätzen. Dabei sind alle Umstände zu berücksichtigen, die für die Schätzung von Bedeutung sind. Zu schätzen ist insbesondere dann, wenn der Steuerpflichtige über seine Angaben keine ausreichenden Aufklärungen zu geben vermag oder weitere Auskunft oder eine Versicherung an Eides statt verweigert oder seine Mitwirkungspflicht verletzt (§ 162 Abs. 1 und Abs. 2 AO).

Bei Gewerbetreibenden, die zur Führung von Büchern verpflichtet sind oder freiwillig Bücher führen, ist die Schätzung nach den Grundsätzen des § 5 EStG durchzuführen.

Für Betriebe, für die keine Buchführungspflicht besteht, für die auch freiwillig keine Bücher geführt werden und für die anhand der Unterlagen auch nicht festgestellt werden kann, dass die § 4 Abs. 3-Rechnung gewählt wurde, ist der Gewinn nach den Grundsätzen des § 4 Abs. 1 Satz 1 EStG (Betriebsvermögensvergleich) zu schätzen (Vollschätzung). Ist in diesem Fall der Gewinn im Vorjahr durch die § 4 Abs. 3-Rechnung ermittelt worden, so handelt es sich bei der erstmaligen Schätzung um einen → **Wechsel der Gewinnermittlungsart**.

Hat der Steuerpflichtige hingegen für den Betrieb zulässigerweise die § 4 Abs. 3-Rechnung gewählt, so ist ggf. auch eine Vollschätzung in dieser Gewinnermittlungsart durchzuführen (H 4.1 [Gewinnschätzung] EStH).

Schenkungen

→ Betriebseinnahmen → Tausch
→ Preisnachlässe → Vordruck EÜR

Rechtsquellen

→ § 4 Abs. 1 Satz 2 EStG → § 6 Abs. 4 EStG
→ § 4 Abs. 5 Nr. 1 und 2 EStG → § 3 Abs. 1b Nr. 1 UStG
→ § 6 Abs. 1 Nr. 4 Satz 1 EStG → § 15 Abs. 1a UStG
→ § 6 Abs. 1 Nr. 5 EStG → § 17 Abs. 2 Nr. 5 UStG
→ § 6 Abs. 2 EStG

1. Abgrenzung entgeltliche/unentgeltliche Übertragung

Um die steuerlichen Folgen für die § 4 Abs. 3-Rechnung ziehen zu können, müssen zunächst einmal folgende Fälle unterschieden werden:

- voll entgeltliche Übertragung,
- teilentgeltliche Übertragung (gemischte Schenkung),
- unentgeltliche Übertragung (Schenkung).

1.1 Voll entgeltliche Übertragung

Eine voll entgeltliche Übertragung ist anzunehmen, wenn die Werte der Leistung und Gegenleistung nach kaufmännischen Gesichtspunkten gegeneinander abgewogen sind. Es genügt wenn die Beteiligten subjektiv von der Gleichwertigkeit ausgegangen sind. Es ergeben sich keinerlei Besonderheiten. Es sind die allgemeinen Grundsätze hinsichtlich der Anschaffung bzw. Veräußerung des jeweiligen Wirtschaftsguts anzuwenden (→ **Betriebseinnahmen** → **Tausch**).

1.2 Voll unentgeltliche Übertragungen

Eine unentgeltliche Übertragung liegt dann vor, wenn für eine Leistung keinerlei Gegenleistung zu erbringen ist (Schenkung ohne jegliche Auflage). Diese Fälle sind i.d.R. nur denkbar zwischen nahe stehenden Personen. Im Geschäftsleben wird üblicherweise, von wenigen Ausnahmen wie z.B. Werbegeschenke abgesehen, nichts ohne Gegenleistung übereignet.

Die Bewertung von einzelnen Wirtschaftsgütern, die unentgeltlich in das Betriebsvermögen eines anderen Steuerpflichtigen übertragen werden, erfolgt nach § 6 Abs. 4 EStG. Davon betroffen sind nur Übertragungen, die beim erwerbenden Steuerpflichtigen **keine Einlagen** darstellen, bei ihm folglich **betrieblich**, nicht aber privat **veranlasst** sind. Auf Seiten des Übertragenden kann der Vorgang betrieblich oder privat veranlasst sein. Rechtsfolge des § 6 Abs. 4 EStG ist die Bewertung unentgeltlich erworbener Wirtschaftsgüter im aufnehmenden Betriebsvermögen mit fiktiven Anschaffungskosten i.H.d. gemeinen Werts. Wegen des Fehlens eigener Aufwendungen ergibt sich für den Erwerber in gleicher Höhe eine Betriebseinnahme (**Zeilen 8 bis 10** des Vordrucks EÜR). Die Anschaffungskosten wirken sich nach § 4 Abs. 3 Satz 3 i.V.m. § 7 EStG über die Nutzungsdauer als Betriebsausgaben aus. Beim unentgeltlichen Erwerb von Umlaufvermögen steht den Betriebseinnahmen in gleicher Höhe (gemeiner Wert des geschenkten Wirtschaftsguts) eine Betriebsausgabe (**Zeile 21** oder **Zeile 51** des Vordrucks EÜR) gegenüber (→ **Betriebsausgaben**).

Die Vorschrift des § 6 Abs. 4 EStG erfasst nur den Fall des unentgeltlichen Erwerbs einzelner Wirtschaftsgüter. Der Übertragung des Wirtschaftsguts darf daher keine konkrete, von dem Erwerber erbrachte oder noch zu erbringende Entschädigung oder Gegenleistung gegenüberstehen. Verspricht sich der Übertragende z.B. lediglich Vorteile, die sich in günstigeren Geschäftsbeziehungen erschöpfen, liegt keine konkrete Gegenleistung des Erwerbers vor. Dies ist regelmäßig der Fall bei Werbe- oder Gefälligkeitsgeschenken, Warenmustern u. Ä.

Ein entgeltlicher Erwerb liegt u.a. vor, wenn im Rahmen von Lieferbeziehungen Waren teilweise ohne Berechnung geliefert werden. Derartige → **Preisnachlässe** in Form von Zugaben, Naturalrabatten oder -boni mindern die Anschaffungskosten aller bezogenen Waren und führen infolgedessen nicht zu einer Betriebsvermögensmehrung. Zu den Folgen der nachträglichen Minderung der Anschaffungskosten siehe unter → **Anschaffungskosten**.

Die nachfolgende Darstellung behandelt die voll unentgeltliche Übertragung (Schenkung) von einzelnen Wirtschaftsgütern und deren grundsätzliche Auswirkungen auf die § 4 Abs. 3-Rechnung. Dabei wird unterstellt, dass die einzelnen Wirtschaftsgüter zum Betriebsvermögen des schenkenden Steuerpflichtigen gehörten.

Zur Schenkung eines ganzen Betriebs vgl. die Stichwörter: → **Betriebserwerb** (unentgeltlicher) und → **Betriebsübertragung** (unentgeltliche).

	Schenkung durch den Steuerpflichtigen	Schenkung an den Steuerpflichtigen
Bargeld	• betrieblicher Anlass = Betriebsausgabe (§ 4 Abs. 5 Nr. 1 EStG beachten) • privater Anlass = erfolgsneutrale Geldentnahme	• betrieblicher Anlass = Betriebseinnahme • privater Anlass = erfolgsneutrale Geldeinlage
Abnutzbares Anlagevermögen	• betrieblicher Anlass = Betriebsausgabe i.H.d. bei Schenkung noch vorhandenen Restwerts (H 4.5 (3) [Veräußerung abnutzbarer Wirtschaftsgüter/Unterlassene AfA] EStH analog). Für die Überprüfung der Wertgrenze des § 4 Abs. 5 Nr. 1 EStG – 35 €-Grenze – sind die fiktiven AK/HK im Zeitpunkt der Schenkung maßgebend) • privater Anlass = Entnahme (ESt) und ggf. unentgeltliche Wertabgabe (USt)	• betrieblicher Anlass = Betriebseinnahme i.H.d. gemeinen Werts nach § 6 Abs. 4 EStG und gleichzeitig AfA als Betriebsausgabe (§ 4 Abs. 3 Satz 3 EStG); AfA-Bemessungsgrundlage sind die (fiktiven) AK (gemeiner Wert) • privater Anlass = Gegenstandseinlage (§ 6 Abs. 1 Nr. 5 EStG)
GWG	• betrieblicher Anlass = keine Gewinnauswirkung, wenn Sofortabschreibung nach § 6 Abs. 2 EStG, sonst wie abnutzbares Anlagevermögen. Wenn die Wertgrenze des § 4 Abs. 5 Nr. 1 EStG überschritten wird, sind die Betriebsausgaben rückgängig zu machen. • privater Anlass = Entnahme (ESt) und ggf. unentgeltliche Wertabgabe (USt)	• betrieblicher Anlass = Betriebseinnahme i.H.d. (fiktiven) AK (= gemeiner Wert i.S.d. § 6 Abs. 4 EStG) und gleichzeitig Sofortabschreibung nach § 6 Abs. 2 EStG i.H.d. (fiktiven) AK; (strittig, ob § 6 Abs. 2 EStG in diesen Fällen anwendbar ist; nach Sinn und Zweck der GWG-Regelung steht dem m.E. nichts entgegen) • privater Anlass = Gegenstandseinlage
Nicht abnutzbares Anlagevermögen	• betrieblicher Anlass = Betriebsausgaben i.H.d. tatsächlichen (damaligen) AK (§ 4 Abs. 3 Satz 4 EStG analog). Unter den Voraussetzungen des § 4 Abs. 5 Nr. 1 EStG ist ein Betriebsausgabenabzug nicht zulässig. • privater Anlass = Entnahme (ESt) und ggf. unentgeltliche Wertabgabe (USt)	• betrieblicher Anlass = Betriebseinnahme i.H.d. (fiktiven) AK (= gemeiner Wert) nach § 6 Abs. 4 EStG. Keine Betriebsausgaben bei Schenkung, sondern lediglich Aufnahme der (fiktiven) AK in das besondere Verzeichnis (§ 4 Abs. 3 Satz 5 EStG); Betriebsausgabenabzug erst bei Veräußerung bzw. erst im Zeitpunkt des Zuflusses des Veräußerungserlöses (§ 4 Abs. 3 Satz 4 EStG) • privater Anlass = Gegenstandseinlage

Umlaufvermögen	• **betrieblicher Anlass** = keine Auswirkung, da bereits bei Zahlung Betriebsausgabenabzug. Unter den Voraussetzungen des § 4 Abs. 5 Nr. 1 EStG ist der Betriebsausgabenabzug rückgängig zu machen.	• **betrieblicher Anlass** → **Möglichkeit 1:** Betriebseinnahme i.H.d. (fiktiven) AK (= gemeiner Wert) nach § 6 Abs. 4 EStG und gleichzeitig Betriebsausgaben i.H.d. (fiktiven) Anschaffungskosten (§ 6 Abs. 4 EStG) → **Möglichkeit 2 (Praxis):** keine Berücksichtigung des Vorgangs in der § 4 Abs. 3-Rechnung; Betriebseinnahmen erst mit Verkauf
	• **privater Anlass** = Entnahme (ESt) und ggf. unentgeltliche Wertabgabe (USt)	• **privater Anlass** = Gegenstandseinlage

Abbildung: Schenkungen

Bei Schenkungen durch den Steuerpflichtigen aus betrieblichem Anlass ist § 4 Abs. 5 Nr. 1 EStG (nichtabzugsfähige → **Betriebsausgaben** bei Geschenken über 35 €) zu beachten. Das Abzugsverbot für Geschenke i.S.d. § 4 Abs. 5 Nr. 1 EStG greift nicht, wenn die zugewendeten Wirtschaftsgüter beim Empfänger ausschließlich betrieblich genutzt werden können (R 4.10 Abs. 2 Satz 4 EStR).

Der Vorteil aus einer Bewirtung i.S.d. § 4 Abs. 5 Nr. 2 EStG ist aus Vereinfachungsgründen beim bewirteten Steuerpflichtigen nicht als Betriebseinnahme zu erfassen (R 4.7 Abs. 3 EStR).

Beispiel:

Ein Möbelhändler M schenkt seinem Steuerberater S zu dessen Geschäftsjubiläum einen Büroschrank. Über die Geschäftsbeziehungen hinaus bestehen zwischen M und S keine Verbindungen. S nutzt den erhaltenen Schrank zu eigenbetrieblichen Zwecken. Die Anschaffungskosten betrugen bei M 1 000 € zzgl. 190 € USt. Der gemeine Wert beträgt 1 740 €. Der Teilwert beträgt 1 500 €.

Lösung:

Aufwendungen für Geschenke an Personen, die nicht Arbeitnehmer des Steuerpflichtigen sind, dürfen den Gewinn des M nur mindern, wenn die Anschaffung- oder Herstellungskosten der dem Empfänger im Wirtschaftsjahr zugewendeten Gegenstände insgesamt 35 € nicht übersteigen (§ 4 Abs. 5 Nr. 1 EStG). Die bei Anschaffung und Zahlung des Büroschranks (Umlaufvermögen) getätigten Betriebsausgaben sind im Zeitpunkt der Schenkung rückgängig zu machen.
Umsatzsteuerrechtlich sind nach § 15 Abs. 1a UStG 190 € Vorsteuerbeträge nicht abziehbar. Nach § 17 Abs. 2 Nr. 5 UStG tritt eine Änderung der Bemessungsgrundlage ein, da jetzt Aufwendungen i.S.d. § 15 Abs. 1a UStG getätigt worden sind. Die erforderliche Berichtigung ist für den Besteuerungszeitraum vorzunehmen, in dem die Änderung der Bemessungsgrundlage eingetreten ist (Abschn. 223 Abs. 2 UStR), somit in dem Voranmeldungszeitraum, in dem dem Geschäftsfreund das Geschenk übergeben wurde. Die nichtabzugsfähigen Betriebsausgaben betragen bei M insgesamt 1 190 € (**Zeile 43** [Zeilennummer 164] des Vordrucks EÜR). Nach § 12 Nr. 3 EStG darf die Vorsteuer für Aufwendungen i.S.d. § 4 Abs. 5 Nr. 1 EStG den Gewinn nicht mindern.

S muss den unentgeltlich erworbenen Schrank nach § 6 Abs. 4 EStG mit dem gemeinen Wert i.H.v. 1 740 € ansetzen und als abnutzbares bewegliches Anlagevermögen behandeln. Die Anschaffungskosten i.H.v. 1 740 € stellen bei S Betriebseinnahmen dar (**Zeile 11** des Vordrucks EÜR). Die Anschaffungskosten des Schranks sind gem. § 4 Abs. 3 Satz 3 i.V.m. § 7 Abs. 1 oder 2 EStG über die AfA als Betriebsausgaben zu behandeln (**Zeile 26** des Vordrucks EÜR → **Anlageverzeichnis**).

Variante:
Die Schenkung erfolgt bei M als auch bei S aus privatem Anlass. S nutzt den Schrank zu betrieblichen Zwecken.

Lösung:
M tätigt eine Entnahme gem. § 4 Abs. 1 Satz 2 EStG, die mit dem Teilwert i.H.v. 1 500 € zu bewerten ist (§ 6 Abs. 1 Nr. 4 Satz 1 EStG). Umsatzsteuerrechtlich handelt es sich um eine steuerbare und steuerpflichtige unentgeltliche Lieferung i.S.d. § 3 Abs. 1b Satz 1 Nr. 1 UStG, die nach § 10 Abs. 4 Nr. 1 UStG mit dem Einkaufspreis zum Zeitpunkt des Umsatzes zu versteuern ist. Der Einkaufspreis entspricht dem Teilwert i.H.v. 1 500 € (**Zeile 14** des Vordrucks EÜR). Die USt beträgt 285 € (**Zeile 12** des Vordrucks EÜR). In Höhe des Teilwerts und der USt (1 785 €) hat M eine (fiktive) Betriebseinnahme zu erfassen). Die Anschaffungskosten des Schranks haben sich bei Zahlung als Betriebsausgaben ausgewirkt. Für S liegt zunächst ein privater unentgeltlicher Erwerb vor. Da S den Schrank aber sofort betrieblich nutzt, liegt eine Einlage vor, die mit dem bei ihm in Betracht kommenden Teilwert – hier ebenfalls 1 500 € – nach § 6 Abs. 1 Nr. 5 Satz 1 EStG zu bewerten ist (**Zeile 82** des Vordrucks EÜR). Da es sich bei dem Schrank um ein bewegliches abnutzbares Wirtschaftsgut des Anlagevermögens handelt, wirkt sich die Einlage nur über die AfA als Betriebsausgabe aus (**Zeile 26** des Vordrucks EÜR).

2. Teilentgeltliche Übertragung (gemischte Schenkung)

Bei einer teilentgeltlichen Übertragung (→ **Tausch**) wird von der Finanzverwaltung die sog. »**Trennungstheorie**« angewandt (s.a. Beispiel in Rz. 34 des BMF-Schreibens vom 13.1.1993, BStBl I 1993, 80). Danach ist eine gemischte Schenkung regelmäßig in einen voll entgeltlichen und einen voll unentgeltlichen Teil aufzuteilen und der steuerlichen Beurteilung zu unterwerfen. Solche teilentgeltliche Übertragungen kommen in aller Regel nur unter nahe stehenden Personen vor.

Mit Beschluss vom 4.4.2006 (IV B 12/05, BFH/NV 2006, 1460) hat der BFH zur Frage der Gewinnrealisierung bei teilentgeltlicher Veräußerung wie folgt entschieden:

Die Veräußerung eines Wirtschaftsguts (Grundstück) gegen ein unangemessen niedriges Entgelt führt nach § 4 Abs. 1 EStG zu einer vollständigen Realisierung der stillen Reserven. Soweit der Erwerber eine Gegenleistung erbracht hat, sind die stillen Reserven durch Veräußerung und im Übrigen durch Entnahme (§ 6 Abs. 1 Nr. 4 EStG) aufgedeckt. Bei der Veräußerung eines Einzelwirtschaftsguts gilt die Trennungstheorie. Die Einheitstheorie gilt nur für die teilentgeltliche Veräußerung von betrieblichen Einheiten (nämlich Betrieben, Teilbetrieben und Mitunternehmeranteilen).

Beispiel: Teilentgeltlicher Erwerb

Der Bruder von Steuerberater Willi verkauft diesem ein unbebautes Grundstück (Verkehrswert = 80 000 €; das Grundstück gehörte zu seinem Betriebsvermögen) zu einem Verkaufspreis von 60 000 €. Willi benutzt dieses Grundstück als Mandantenparkplatz. Der Kaufvertrag ist steuerlich anzuerkennen. Die Beteiligten sind sich darüber bewusst, dass der Verkehrswert des Grundstücks über dem Verkaufspreis liegt.

Lösung:

In diesem Fall handelt es sich um einen teilentgeltlichen Erwerb, also um eine gemischte Schenkung. Dieser Erwerb ist nach der Trennungstheorie aufzuteilen:

- zu 75 % erwirbt Willi entgeltlich und hat damit tatsächliche Anschaffungskosten i. H. v. 60 000 €. Diese wirken sich jedoch bei Kauf oder Zahlung nicht auf den Gewinn aus (§ 4 Abs. 3 Satz 4 EStG). Im Jahr der Anschaffung sind diese Anschaffungskosten in das besondere Verzeichnis aufzunehmen (§ 4 Abs. 3 Satz 5 EStG);
- zu 25 % liegt ein unentgeltlicher Erwerb i. S. d. § 6 Abs. 4 EStG vor. Anzusetzen ist der gemeine Wert i. H. v. 80 000 € vermindert um das Teilentgelt i. H. v. 60 000 € (Glanegger in Schmidt, EStG 28. Auflage 2009 zu § 6 EStG, Rz. 496). Durch diesen unentgeltlichen Erwerb entsteht ein Ertrag (Betriebseinnahme in **Zeile 11** des Vordrucks EÜR) i. H. v. 20 000 €, der sich erst im Zuge einer Veräußerung oder bei einer Entnahme als Betriebsausgabe ausgleicht (**Zeile 34** des Vordrucks EÜR). Für Anschaffungen nach dem 5.5.2006 sind die Anschaffungskosten erst im Zeitpunkt des Zuflusses des Veräußerungserlöses oder im Zeitpunkt der Entnahme zu berücksichtigen.

In das besondere Verzeichnis sind also insgesamt 80 000 € als Anschaffungskosten einzutragen.

Schuldzinsen

→ Betriebsausgaben
→ Darlehen

→ Drittaufwand
→ Vordruck EÜR

Rechtsquellen
→ § 4 Abs. 4a EStG
→ § 4h EStG

→ R 4.2 Abs. 15 EStR

1. Allgemeines

Schuldzinsen sind grundsätzlich dann **betrieblich** veranlasst, wenn die Schuld zum → **Betriebsvermögen** gehört (R 4.2 Abs. 15 EStR, Veranlassungsprinzip). Es muss also ein wirtschaftlicher Zusammenhang mit einer betrieblichen Schuld bestehen. Die Schuld muss objektiv mit dem Betrieb zusammenhängen und subjektiv dem Betrieb zu dienen bestimmt sein. Entscheidend dafür sind der schuldauslösende Sachverhalt und die Zuweisung dieses Sachverhalts zur einkommensteuerrechtlich relevanten betrieblichen Einkunftssphäre. Demnach sind Zinsen für Privatschulden nicht als Betriebsausgaben abzugsfähig. Es ist jedoch möglich, eine private Schuld in eine betriebliche Schuld umzuwandeln, wenn z.B. dem Betrieb Gelder entnommen werden und gleichzeitig die Betriebsaufwendungen durch Darlehen fremdfinanziert werden. Dadurch werden Gestaltungen ermöglicht, mit denen private Geldausgaben indirekt über betriebliche Kredite finanziert werden können. Dies gilt auch i.R.d. § 4 Abs. 3-Rechnung (BFH-Urteil vom 4.11.2004 III R 5/03, BStBl II 2005, 277). Der Unternehmer ist in seiner Entscheidung frei, ob er sein Unternehmen unter Einsatz von Eigenkapital oder Fremdkapital führt. Ausschlaggebend für die Bestimmung des einkommensteuerrechtlichen bedeutsamen Veranlassungszusammenhangs ist allein die Verwendung des Darlehensbetrages. Daraus folgt, dass es unerheblich ist, ob der Steuerpflichtige die mit den Darlehen finanzierten Aufwendungen auch durch eigene Mittel hätte bestreiten können oder ob der Betrieb über aktives Betriebsvermögen oder stille Reserven verfügt, die zur Deckung der Betriebsschulden herangezogen werden könnten.

Verwendet ein Steuerpflichtiger allerdings in fremdem Eigentum stehende Geldbeträge (durchlaufende Posten i.S.d. § 4 Abs. 3 Satz 2 EStG) zunächst für sich und nimmt er sodann ein Darlehen auf, mit dem er den Geldbetrag ersetzt, entnimmt er weder Betriebseinnahmen noch finanziert er Betriebsausgaben (BFH-Urteil vom 4.11.2004 III R 5/03, BStBl II 2005, 277).

Schuldzinsen, die ein Ehegatte auf seine Darlehensverbindlichkeit zahlt, kann der andere Ehegatte auch dann nicht bei der Ermittlung seiner Einkünfte abziehen, wenn die Darlehensbeträge zur Anschaffung von Wirtschaftsgütern seines Betriebsvermögens verwendet wurden (BFH-Urteil vom 24.2.2000 IV R 75/98, BStBl II 2000, 314 → **Drittaufwand**).

2. Nachträgliche Betriebsausgaben

Die für den Betriebsausgabenabzug nach § 4 Abs. 4 EStG erforderliche betriebliche Veranlassung von Schuldzinsen ist dann gegeben, wenn die Zinsen für eine Verbindlichkeit geleistet werden, die durch den Betrieb veranlasst ist und deshalb zum Betriebsvermögen gehört. Für die Bestimmung des Veranlassungszusammenhangs ist allein die Verwendung des Darlehensbetrages ausschlaggebend (vgl. Beschlüsse des Großen Senats des BFH vom 4.7.1990 GrS 2-3/88, BStBl II 1990, 817; vom 8.12.1997 GrS 1-2/95, BStBl II 1998, 193; BFH-Urteile vom 4.3.1998 XI R 64/95, BFH/NV 1998, 1299; vom 29.7.1998 X R 105/92, BStBl II 1999, 81; vom 29.8.2001 XI R 74/00, BFH/NV 2002:).

Zu Fällen der **Betriebsaufgabe** (§ 16 Abs. 3 EStG) hat die Rechtsprechung entschieden, dass **Schuldzinsen** für betrieblich begründete Verbindlichkeiten als nachträgliche Betriebsausgaben (§ 4 Abs. 4, § 24 Nr. 2 EStG) abziehbar sein können. Voraussetzung hierfür ist zunächst, dass die nicht getilgten **Verbindlichkeiten** während des **Bestehens** des einkommensteuerrechtlich relevanten **Betriebs begründet** wurden und damit als zurückbehaltenes passives Betriebsvermögen in Betracht kommen (BFH-Urteil vom 23.1.1991 X R 37/86, BStBl II 1991, 398; BFH-Urteil vom 12.11.1997 XI R 98/96, BStBl II 1998, 144). Des Weiteren sind Zinszahlungen auf betrieblich begründete Darlehensverbindlichkeiten als nachträgliche Betriebsausgaben nur abziehbar, wenn und soweit die zugrunde liegenden **Verbindlichkeiten** nicht durch den **Veräußerungserlös** oder durch eine **mögliche Verwertung** von **Aktivver-**

mögen beglichen werden können (BFH-Urteile vom 13.2.1996 VIII R 18/92, BStBl II 1996, 291 sowie vom 7.7.1998 VIII R 5/96, BStBl II 1999, 209), ihrer Tilgung Hindernisse entgegenstanden oder eine Tilgung – etwa wegen eines zugesagten Erlasses – aus sonstigen Gründen nicht veranlasst war (BFH-Urteil vom 26.1.1989 IV R 86/87, BStBl II 1989, 456).

Mit Urteil vom 28.3.2007 (X R 15/04, LEXinform 0585616) nimmt der BFH zum Schuldzinsenabzug für betrieblich aufgenommene Darlehen nach Betriebsaufgabe als nachträgliche Betriebsausgaben Stellung.

Es steht nicht im Belieben des Unternehmers, im Falle einer Betriebsaufgabe betrieblich veranlasste Verbindlichkeiten zu tilgen. Vielmehr hat bei der Beendigung einer gewerblichen Tätigkeit die Schuldentilgung Vorrang vor einer privaten Bedürfnisbefriedigung. Wer sich anders verhält, muss sich so behandeln lassen, als ob er die erhaltenen und zurückbehaltenen Aktivwerte voll zur Schuldentilgung verwendet hätte (BFH-Urteil vom 11.12.1980 I R 119/78, BStBl II 1981, 460). Deshalb können in Fällen, in denen aktive Wirtschaftsgüter des Betriebsvermögens nicht zur Schuldentilgung eingesetzt worden sind, Schuldzinsen nicht als nachträgliche Betriebsausgaben geltend gemacht werden.

Werden im Falle einer Betriebsaufgabe aktive Wirtschaftsgüter aus privaten Gründen zusammen mit der ursprünglich betrieblich begründeten Verbindlichkeit ins Privatvermögen übernommen, sind die Schulden – gleichgültig, ob sie zur Finanzierung allgemein betrieblicher Zwecke oder bestimmter, nun nicht mehr im Betriebsvermögen vorhandener Wirtschaftsgüter aufgenommen wurden – bis zur Höhe des Werts der ins Privatvermögen übernommenen Wirtschaftsgüter diesen zuzuordnen.

Werden die ins Privatvermögen überführten Wirtschaftsgüter im Rahmen einer anderen Einkunftsart genutzt, stehen die durch die ursprünglich betrieblichen Verbindlichkeiten verursachten Schuldzinsen nun in wirtschaftlichem Zusammenhang mit dieser neuen Einkunftsart und können bei dieser ggf. als Betriebsausgaben/Werbungskosten steuerlich geltend gemacht werden.

Diese Grundsätze zur Abzugsfähigkeit betrieblich veranlasster Schuldzinsen nach Betriebsaufgabe oder Betriebsveräußerung gelten auch, wenn ein Betrieb zu einem Liebhabereibetrieb wird.

Allerdings führt die Zuordnung eines einkommensteuerrechtlich relevanten Betriebs – z.B. eines Gewerbebetriebs – ab einem bestimmten Zeitpunkt zur Liebhaberei nicht zu einer Betriebsaufgabe, so dass zu diesem Zeitpunkt, solange der Steuerpflichtige nicht ausdrücklich die Betriebsaufgabe erklärt, das Betriebsvermögen nicht unter Auflösung der stillen Reserven in das Privatvermögen überführt wird (BFH-Urteile vom 29.10.1981 IV R 138/78, BStBl II 1982, 381; vom 13.2.1997 IV R 57/96, BFH/NV 1997, 649). Gleichwohl hat der Übergang zur Liebhaberei eine der Betriebsaufgabe ähnliche Wirkung. Denn die Fortführung des Einzelhandels ist in Ermangelung einer Gewinnerzielungsabsicht der steuerlich irrelevanten Privatsphäre (§ 12 EStG) zuzuordnen mit der Folge, dass das dabei eingesetzte Vermögen als Privatvermögen angesehen wird, obwohl eine Betriebsaufgabe mangels Aufgabehandlung (noch) nicht vorliegt. Die danach rechtlich folgerichtige Zuordnung zur Privatsphäre wirkt sich in der Weise aus, dass bei einer späteren – ausdrücklich erklärten – Betriebsaufgabe für die Ermittlung des Aufgabegewinns ausschließlich der Wert des Betriebsvermögens im Zeitpunkt des Übergangs zur Liebhaberei maßgeblich ist. Alle Wertänderungen des Betriebsvermögens während der Zugehörigkeit zum Liebhabereibetrieb sind steuerlich unbeachtlich, mit der Folge, dass die im Zeitpunkt des Übergangs zur Liebhaberei vorhandenen stillen Reserven festzuhalten sind und bei einem späteren gewinnrealisierenden Vorgang aufgelöst werden. Die realisierten festgeschriebenen stillen Reserven sind dann als nachträgliche Einnahmen aus dem vormals bestehenden Betrieb i.S.v. § 13, § 15 oder § 18 EStG zu versteuern.

Wenn schon die auf einen Schuldüberhang entfallenden künftigen Schuldzinsen nach einer »echten« – durch ein willentliches und damit vom Steuerpflichtigen beeinflussbares Verhalten veranlassten – Betriebsveräußerung oder Betriebsaufgabe abgezogen werden können, muss dies erst recht für den vom Steuerpflichtigen regelmäßig nicht beeinflussbaren Beurteilungswandel zur Liebhaberei gelten. Dies gebietet auch das auf Art. 3 des Grundgesetzes beruhende Gebot der steuerrechtlichen Gleichbehandlung.

Als nachträgliche Betriebsausgaben kommen nur solche Aufwendungen in Betracht, die objektiv erkennbar ausschließlich auf die betriebliche Tätigkeit vor Übergang zur Liebhaberei bezogen sind. Es sind zunächst solche Schuldzinsen abziehbar, die zwar nach Übergang zur Liebhaberei gezahlt wurden, aber auf einen Zeitraum entfallen, der vor dem Übergang zur Liebhaberei liegt. Dies setzt allerdings regelmäßig voraus, dass der Steuerpflichtige in diesem Zeitraum den Gewinn aus Gewerbebetrieb nach § 4 Abs. 3 EStG ermittelt hat.

Schuldzinsen, die wirtschaftlich auf die Zeit nach der Umqualifizierung des Betriebs in einen Liebhabereibetrieb entfallen, sind dagegen lediglich insoweit abziehbar, als sie auch im Falle einer vollzogenen Betriebsveräußerung oder Betriebsaufgabe abziehbar gewesen wären. Sie müssen mithin auf denjenigen Teil der zu diesem Zeitpunkt vorhandenen und ablösbaren Betriebsschulden entfallen, der mit dem erzielbaren Erlös aus der Veräußerung des gesamten Aktivvermögens nicht hätte getilgt werden können.

3. Typisierender Schuldzinsenabzug

3.1 Verwaltungsregelung

Nach § 4 Abs. 4a EStG werden die als Betriebsausgaben abziehbaren Schuldzinsen mit einem typisierenden Wert ermittelt. Zur Anwendung des § 4 Abs. 4a EStG nimmt das BMF-Schreiben vom 17.11.2005 (BStBl I 2005, 1019) Stellung. Siehe auch das BMF-Schreiben vom 4.11.2008 (BStBl I 2008, 957) zur gesellschafterbezogenen Ermittlung der Überentnahmen:

3.2 Einteilung der Schuldzinsen

Der Regelung unterliegen nur Schuldzinsen, die betrieblich veranlasst sind. Dies erfordert im Hinblick auf die steuerliche Abziehbarkeit eine **zweistufige Prüfung**. In einem ersten Schritt ist zu ermitteln, ob und inwieweit Schuldzinsen zu den betrieblich veranlassten Aufwendungen gehören. In einem zweiten Schritt muss geprüft werden, ob der Betriebsausgabenabzug im Hinblick auf **Überentnahmen** eingeschränkt ist. Diese in Rz. 1 des BMF-Schreibens vom 17.11.2005 (a.a.O.) festgelegte Prüfungsreihenfolge wurde durch das BFH-Urteil vom 21.9.2005 (X R 46/04, BFH/NV 2006, 184) bestätigt.

Zu den im Wirtschaftsjahr angefallenen Schuldzinsen gehören alle Aufwendungen zur Erlangung wie Sicherung eines Kredits einschließlich der Nebenkosten der Darlehensaufnahme und der Geldbeschaffungskosten. Nachzahlungs-, Aussetzungs- und Stundungszinsen i.S.d.

AO sind ebenfalls in die nach § 4 Abs. 4a EStG zu kürzenden Zinsen einzubeziehen (Rz. 22 des BMF-Schreibens vom 17.11.2005, a.a.O.).

Zunächst sind die Schuldzinsen anhand des tatsächlichen Verwendungszwecks der Darlehensmittel der Erwerbs- oder Privatsphäre zuzuordnen. Darlehen zur Finanzierung außerbetrieblicher Zwecke, insbesondere zur Finanzierung von Entnahmen, sind nicht betrieblich veranlasst. Unterhält der Steuerpflichtige für den betrieblich und den privat veranlassten Zahlungsverkehr ein einheitliches – gemischtes – Kontokorrentkonto, ist für die Ermittlung der als Betriebsausgaben abziehbaren Schuldzinsen der Sollsaldo grundsätzlich aufzuteilen. Das anzuwendende Verfahren bei der Aufteilung ergibt sich aus Tz. 11 bis 18 des BMF-Schreibens vom 10.11.1993 (BStBl I 1993, 930).

Die für den Betriebsausgabenabzug nach § 4 Abs. 4 EStG erforderliche betriebliche Veranlassung von Schuldzinsen ist dann gegeben, wenn die Zinsen für eine Verbindlichkeit geleistet werden, die durch den Betrieb veranlasst ist und deshalb zum → **Betriebsvermögen** gehört. Für die Bestimmung des Veranlassungszusammenhangs ist allein die Verwendung des Darlehensbetrages ausschlaggebend (BFH-Urteil vom 15.5.2002 X R 3/99, BFH/NV 2002, 1512; Beschlüsse des Großen Senats vom 4.7.1990 GrS 2-3/88, BStBl II 1990, 817; vom 8.12.1997 GrS 1-2/95, BStBl II 1998, 193; BFH-Urteile vom 4.3.1998 XI R 64/95, BFH/NV 1998, 1299; vom 29.7.1998 X R 105/92, BStBl II 1999, 81; vom 29.8.2001 XI R 74/00, BFH/NV 2002, 188).

Ermittlung betrieblicher Schuldzinsen bei einem gemischten Kontokorrentkonto
Entsprechend den Rz. 11 bis 18 des BMF-Schreibens vom 10.11.1993 (BStBl I 1993, 930) sind die betrieblichen Schuldzinsen wie folgt zu ermitteln:
Unterhält der Stpfl. für den betrieblich und den privat veranlassten Zahlungsverkehr ein einheitliches – gemischtes – Kontokorrentkonto, ist für die Ermittlung der als Betriebsausgaben abziehbaren Schuldzinsen der Sollsaldo grundsätzlich aufzuteilen.
Der Sollsaldo rechnet zum Betriebsvermögen, soweit er betrieblich veranlasst ist. Zur Bestimmung des – anteiligen – betrieblich veranlassten Sollsaldos sind die auf dem Kontokorrentkonto erfolgten Buchungen nach ihrer privaten und betrieblichen Veranlassung zu trennen. Hierzu ist das Kontokorrentkonto rechnerisch in ein betriebliches und ein privates Unterkonto aufzuteilen. Auf dem betrieblichen Unterkonto sind die betrieblich veranlassten und auf dem privaten Unterkonto die privat veranlassten Sollbuchungen zu erfassen. Habenbuchungen sind vorab dem privaten Unterkonto bis zur Tilgung von dessen Schuldsaldo gutzuschreiben; nur darüber hinausgehende Beträge sind dem betrieblichen Unterkonto zuzurechnen. Betriebseinnahmen werden nicht zuvor mit Betriebsausgaben des gleichen Tages saldiert
In der Schlussbilanz ist nur der nach diesen Grundsätzen für den Bilanzstichtag ermittelte Sollsaldo des betrieblichen Unterkontos auszuweisen.
Schuldzinsen sind abzuziehen, soweit sie durch Sollsalden des betrieblichen Unterkontos veranlasst sind. Ihre Berechnung erfolgt grundsätzlich nach der Zinszahlenstaffelmethode. Bei der Zinszahlenstaffelmethode wird nicht auf die einzelne Buchung, sondern auf die jeweiligen Soll- oder Habensalden (Zwischensalden) abgestellt. Dies hat zur Folge, dass dem Stpfl. eine Schuld nur zuzurechnen ist, soweit diese Zwischensalden negativ sind. Entsprechend sind auch nur dann Schuldzinsen zu berechnen. Ausgehend von einem Zwischensaldo wird die Zinszahl für diesen Saldo für die Zeit (Tage) seiner unveränderten Dauer (Wertstellung) nach einer besonderen Formel berechnet (Zinszahlenstaffel):

$$\text{Zinszahl} = \frac{\text{Kapital} \times \text{Tage}}{100}$$

Am Ende der Rechnungsperiode werden die Zinszahlsummen der Soll- und Habenseite addiert und durch einen Zinsdivisor ($^{360}/_{\text{Zinsfuß}}$) geteilt.

Datum	Geschäftsvorfall	Betrag	betrieblich	privat	betriebliche Zinszahlen	
01.01.02	Saldo		0	0		
15.01.02	»Entnahme«	./. 15 000	0	./. 15 000	Keine Entnahme	
	Saldo bis 14.02.02	./. 15 000	0	./. 15 000	keine betriebliche Schuld	
15.02.02	Wareneinkauf	./. 20 000	./. 20 000	0		
	Saldo bis 14.03.02	./. 35 000	./ 20 000	./. 15 000	20 000 × 30 Tage : 100	6 000
15.03.02	Einlage	+ 5 000	0	+ 5 000		
	Saldo bis 14.04.02	./. 30 000	./. 20 000	./. 10 000	20 000 × 30 Tage : 100	6 000
15.04.02	Einlage	+ 5 000	0	+ 5 000		
	Saldo bis 14.05.02	./. 25 000	./. 20 000	./. 5 000	20 000 × 30 Tage : 100	6 000
15.05.02	Warenverkauf	+ 30 000	+ 25 000	+ 5 000	Werden eingehende Betriebseinnahmen zur Tilgung eines Sollsaldos verwendet, der aufgrund privater Zahlungsvorgänge entstanden ist oder sich dadurch erhöht, liegt hierin im Zeitpunkt der Gutschrift eine **Entnahme**, die bei der Ermittlung der Überentnahmen i.S.d. § 4 Abs. 4a EStG zu berücksichtigen ist (BFH-Urteil vom 21.9.2005, a.a.O.).	
	Saldo bis 14.06.02	+ 5 000	+ 5 000	0	keine betriebliche Schuld	
15.06.02	Wareneinkauf	./. 15 000	./. 15 000	0		
	Saldo bis 14.07.02	./. 10 000	./. 10 000	0	10 000 × 30 Tage : 100	3 000
15.07.02	»Entnahme«	./. 10 000	0	./. 10 000	Keine Entnahme	
	Saldo bis 14.08.02	./. 20 000	./. 10 000	./. 10 000	10 000 × 30 Tage : 100	3 000
15.08.02	Warenverkauf	+ 15 000	+ 5 000	+ 10 000	**Entnahme**, siehe 15.05.02	
	Saldo bis 14.09.02	./. 5 000	./. 5 000	0	5 000 × 30 Tage : 100	1 500
15.09.02	»Entnahme«	./. 5 000	0	./. 5 000	Keine Entnahme	
	Saldo bis 14.10.02	./. 10 000	./. 5 000	./. 5 000	5 000 × 30 Tage : 100	1 500
15.10.02	Wareneinkauf	./. 10 000	./. 10 000	0		
	Saldo bis 14.11.02	./. 20 000	./. 15 000	./. 5 000	15 000 × 30 Tage : 100	4 500
15.11.02	Kauf Maschine	./. 20 000	./. 20 000	0		
	Saldo bis 14.12.02	./. 40 000	./. 35 000	./. 5 000	35 000 × 30 Tage : 100	10 500
15.12.02	»Entnahme«	./. 5 000	0	./. 5 000	Keine Entnahme	
	Saldo bis 31.12.02	./. 45 000	./. 35 000	./. 10 000	35 000 × 15 Tage : 100	5 250
					Betriebliche Zinszahlsumme:	47 250

Angenommen, der Schuldzinsensatz beträgt 7 %; der Gewinn im Kj. 02 beträgt 20 000 €, die Sach- und Leistungsentnahmen betragen 30 000 €.

Nach § 4 Abs. 4a Satz 5 EStG sind Zinsen für Darlehen aus der Abzugsbeschränkung ausgenommen, wenn diese zur Finanzierung von Anschaffungs- oder Herstellungskosten betrieblicher Anlagegüter verwendet werden. Hierzu ist aber erforderlich, dass zu dieser Finanzierung ein gesondertes Darlehen aufgenommen wird. Die Finanzierung von WG des Anlagevermögens durch Belastung des Kontokorrentkontos reicht nicht aus, um die Abzugsfähigkeit der Schuldzinsen von der Überentnahmeregelung auszunehmen (Rz. 26 bis 29 des BMF-Schreibens vom 17.11.2005, a.a.O.).

Bei einem Schuldzinsensatz von 7 % ergeben sich am Ende der Rechnungsperiode folgende Zinsen:

47 250 € × 7 : 360 = 918,75 €.

Eine Entnahme i.S.d. § 4 Abs. 4a Satz 2 EStG liegt erst in dem Zeitpunkt vor, in dem der privat veranlasste Teil des Schuldsaldos durch eingehende Betriebseinnahmen getilgt wird, weil insoweit betriebliche Mittel zur Tilgung einer privaten Schuld verwendet werden (Rz. 6 des BMF-Schreibens vom 17.11.2005, a.a.O. und BFH-Urteil vom 21.9.2005 X R 46/04, BFH/NV 2006, 184).

Weist z.B. das gemischte Konto zum Zeitpunkt der Geldentnahme i.H.v. 40 000 € einen Schuldsaldo i.H.v. 50 000 € aus, der unstreitig betrieblich veranlasst ist, so ergeben sich durch die privat veranlasste Erhöhung des Schuldensaldos um 40 000 € auf 90 000 € höhere Schuldzinsen.

Durch die Anwendung der Zinsstaffelmethode muss der privat veranlasste Anteil der Schuldzinsen ermittelt werden. Die privat veranlasste Erhöhung des Schuldsaldos von 40 000 € führt nicht bereits zu einer Entnahme von zum Betriebsvermögen gehörenden WG und ist daher nicht bei der Ermittlung der Entnahmen i.S.d. § 4 Abs. 4a EStG zu berücksichtigen.

Aus Vereinfachungsgründen ist es jedoch nicht zu beanstanden, wenn der Stpfl. schon die Erhöhung des Schuldensaldos aus privaten Gründen als Entnahme bucht und bei der Tilgung des privat veranlassten Schuldensaldos keine Entnahmebuchung mehr vornimmt (Rz. 6 des BMF-Schreibens vom 17.11.2005, a.a.O.).

Ermittlung der Überentnahmen nach § 4 Abs. 4a EStG:

Gewinn			20 000 €
Einlagen am 15.03. und 15.04. je 5 000 €			+ 10 000 €
Zwischensumme			30 000 €
./. Entnahmen in Geld	15.05.	5 000 €	
	15.08.	10 000 €	
./. Sach- und Leistungsentnahmen		30 000 €	
insgesamt		45 000 €	./. 45 000 €
Überentnahme			./. 15 000 €

Die nicht abziehbaren Schuldzinsen werden typisiert mit 6 % von 15 000 € = 900 € ermittelt.

betriebliche Schuldzinsen		918,75 €
Hinzurechnungsbetrag § 4 Abs. 4a Satz 3 und 4 EStG		900,00 €
Höchstbetrag:		
Tatsächliche Schuldzinsen		918,75 €
./. Kürzungsbetrag		./. 2 050,00 €
verbleiben als Höchstbetrag		0,00 €

Der Hinzurechnungsbetrag wird auf den Höchstbetrag von 0 € begrenzt.

3.3 Eingeschränkter Schuldzinsenabzug nur bei Überentnahmen

Der Abzug betrieblich veranlasster Schuldzinsen ist eingeschränkt, wenn Überentnahmen vorliegen (§ 4 Abs. 4a Satz 1 EStG). Die Überentnahme ist in § 4 Abs. 4a Satz 2 EStG wie folgt definiert:

	Gewinn des Wj.	
zuzüglich	Einlagen des Wj.	
abzüglich	Entnahmen des Wj.	
	Summe ./.	=> Überentnahmen
	Summe +	=> Unterentnahmen

Abbildung: Überentnahme

Beispiel 1:
Der Gewinn des laufenden Wj. 09 (= Kj.) hat 250 000 € betragen. Über- bzw. Unterentnahmen wurden in den vorangegangenen Wj. nicht getätigt. Ferner wurden während des Wj. 50 000 € in den Betrieb eingelegt. Die in diesem Jahr vorgenommenen Entnahmen beliefen sich insgesamt auf 400 000 €. An betrieblichen Schuldzinsen sind
a) 2 000 €,
b) 3 000 €,
c) 4 000 €,
d) 10 000 €
angefallen.

Lösung:
Die Überentnahme wird wie folgt berechnet:
Überentnahme Wj. 09

Gewinn	250 000 €
Einlage (**Zeile 83** des Vordrucks EÜR)	+ 50 000 €
Entnahme (**Zeile 82** des Vordrucks EÜR)	./. 400 000 €
tatsächliche Überentnahme	./. 100 000 €

Nach § 4 Abs. 4a Satz 4 EStG werden betrieblich veranlasste Schuldzinsen pauschal zu nicht abzugsfähigen Betriebsausgaben umqualifiziert. Die Bemessungsgrundlage für die typisierende Ermittlung des nicht abziehbaren Schuldzinsenabzugs wird wie folgt ermittelt:

	Überentnahmen eines Wj.		
zzgl.	Überentnahmen vorangegangener Wj.		
abzgl. Wj.	Unterentnahmen vorangegangener		
=	positives Ergebnis	=	Bemessungsgrundlage davon 6%
		=	Höhe der nach § 4 Abs. 4a Satz 3 EStG typisierend festgestellten nicht abziehbaren Schuldzinsen

Die nach § 4 Abs. 4a Satz 3 EStG nicht abziehbaren Schuldzinsen betragen 6% von 100 000 € = 6 000 €. Der Gewinn ist um diesen Betrag zu erhöhen. Nach § 4 Abs. 4a Satz 4 EStG ist allerdings ein Schuldzinsenabzug bis 2 050 € unbeschränkt möglich. Danach ergibt sich in Beispiel 1 folgender Hinzurechnungsbetrag:

betriebliche Schuldzinsen	2 000 €	3 000 €	4 000 €	10 000 €
Hinzurechnungsbetrag	6 000 €	6 000 €	6 000 €	6 000 €
Höchstbetrag (betriebliche Schuldzinsen abzgl. 2 050 €)	0 €	950 €	1 950 €	7 950 €
Hinzurechnung	0 €	950 €	1 950 €	6 000 €
abzugsfähige Schuldzinsen	2 000 €	2 050 €	2 050 €	4 000 €
nicht abzugsfähige Schuldzinsen	0 €	950 €	1 950 €	6 000 €

Der Gewinn von 250 000 € wird jeweils um die nicht abzugsfähigen Schuldzinsen erhöht. Siehe auch Erläuterungen und Beispiele unter → **Vordruck EÜR**.

Beispiel 2:
Im Wj. 03 beträgt der Gewinn ebenfalls 250 000 €. Die Einlagen belaufen sich auf 150 000 €, die Entnahmen auf 430 000 €.

Lösung:
Die Überentnahme berechnet sich wie folgt:
Überentnahme Wj. 03

Gewinn	250 000 €
Einlage	+ 150 000 €
Entnahme	./. 430 000 €
Überentnahme im Wj. 03	./. 30 000 €
zzgl. Überentnahme Wj. 02	./. 100 000 €
Bemessungsgrundlage	130 000 €

Bei einem → **Wechsel der Gewinnermittlungsart** beeinflusst der Übergangsgewinn bzw. -verlust das steuerunschädliche Entnahmepotential (Urteil FG Düsseldorf vom 22.3.2007 16 K 4797/04 F, LEXinform 5006673, Revision eingelegt, Az. BFH: VIII R 5/08 LEXinform 0179025). Der BFH hat danach die Frage zu klären, ob bei der Gewinnermittlung nach § 4 Abs. 3 EStG Entnahmen auch in der Höhe zulässig sind, in der Gewinne bereits erwirtschaftet wurden, die entsprechenden Betriebseinnahmen steuerlich aber wegen der Anwendung des § 11 EStG noch nicht als Betriebseinnahme erfasst wurden? Nach Rz. 8 des BMF-Schreibens vom 17.11.2005 (BStBl I 2005, 1019) gehören auch Übergangsgewinne i.S.v. R 4.6 EStR zu dem Gewinn i.S.d. § 4 Abs. 4a EStG.

Beispiel 3:
Der nach § 4 Abs. 3 EStG ermittelte laufende Gewinn des Kj. 2009 beträgt 40 000 €. Zu Beginn des Kj. 2009 wechselt der Steuerpflichtige die Gewinnermittlungsart von § 4 Abs. 1 EStG zu § 4 Abs. 3 EStG. Der dabei angefallene Übergangsverlust beträgt 30 000 € (z.B. Forderungen in der Schlussbilanz zum 31.12.2008). Im Kj. 2009 betragen die Entnahmen 40 000 € und die Einlagen 20 000 €. Die als Betriebsausgaben berücksichtigten betrieblichen Schuldzinsen betragen im Kj. 2009 5 000 €.

Lösung:
a) Die Begrenzung des Schuldzinsenabzugs ohne Berücksichtigung des Übergangsverlustes

Gewinn im Kj. 2009	40 000 €
Einlagen	+ 20 000 €
Entnahmen	./. 40 000 €
Unterentnahmen	20 000 €

Die Schuldzinsen sind i.H.v. 5 000 € als Betriebsausgaben zu berücksichtigen. Eine Begrenzung nach § 4 Abs. 4a EStG erfolgt nicht, da keine Überentnahmen getätigt wurden.

b) Die Begrenzung des Schuldzinsenabzugs unter Berücksichtigung des Übergangsverlustes

Laufender Gewinn	40 000 €
Übergangsverlust	./. 30 000 €
Gewinn im Kj. 2009	10 000 €
Einlagen	+ 20 000 €
Entnahmen	./. 40 000 €
Überentnahmen	./. 10 000 €
Die nichtabzugsfähigen Schuldzinsen betragen 6 % der Überentnahmen	600 €
Als Betriebsausgaben berücksichtigte Schuldzinsen	5 000 €

Höchstbetragsberechnung nach § 4 Abs. 4a Satz 4 EStG:

Hinzurechnungsbetrag nach § 4 Abs. 4a Satz 3 EStG		600 €
höchstens der um 2 050 € verminderte Betrag		
der angefallen Schuldzinsen	5 000 €	
	./. 2 050 €	
höchstens	2 950 €	2 950 €

ist dem Gewinn hinzuzurechnen.

Hinzurechnung somit 600 €, höchstens 2 950 €   ./.   600 €
verbleiben als Betriebsausgaben   4 400 €

Wie das FG Düsseldorf in seinem Urteil vom 22.3.2007 (16 K 4797/04 F, LEXinform 5006673, Revision eingelegt, Az. BFH: VIII R 5/08 LEXinform 0179025) betont, ist der Gewinnbegriff in § 4 Abs. 4a EStG mangels einer besonderen Bestimmung in dieser Vorschrift i.S.d. allgemeinen Gewinnbegriffs in § 4 Abs. 1 EStG bzw. § 4 Abs. 3 EStG auszulegen. Der nach § 4 Abs. 3 EStG in Betracht kommende Gewinnbegriff umfasst auch den Übergangsverlust mit der Folge, dass sich das steuerunschädliche Entnahmepotential mindert.

3.4 Überentnahme in einem Verlustjahr

In einem Verlustjahr ist die Überentnahme nicht höher als der Betrag anzusetzen, um den die Entnahmen die Einlagen des Wj. übersteigen (Entnahmenüberschuss). Der Verlust ist jedoch mit Unterentnahmen vergangener und zukünftiger Wj. zu verrechnen. Entsprechendes gilt für einen Verlust, soweit er nicht durch einen Einlagenüberschuss ausgeglichen wird. Verbleibende Verluste sind – ebenso wie die Über- und Unterentnahmen – formlos festzuhalten.

Beispiel 4:
Der Betrieb des Stpfl. hat für das Wj. mit einem Verlust von 100 000 € abgeschlossen. Im Hinblick auf die Ertragslage des Betriebs hat der Stpfl. keine Entnahmen vorgenommen. Dem Betrieb wurden aber auch keine Einlagen zugeführt. Im vorangegangenen Wj. ergab sich eine Unterentnahme von 10 000 €.

Lösung:
Der Verlust bewirkt keine Überentnahme. Der Verlust ist mit der Unterentnahme des Vorjahres zu verrechnen, so dass ein Verlustbetrag von 90 000 € zur Verrechnung mit künftigen Unterentnahmen verbleibt.

Das Gleiche gilt, wenn der Stpfl. in einer Verlustsituation Entnahmen tätigt, die zu einem Entnahmenüberschuss dieses Wj. führen. In diesen Fällen ergeben sich im Hinblick auf diese Entnahmen Überentnahmen, die sich jedoch nicht noch um den Verlust erhöhen.

Beispiel 5:
Der Betrieb des Stpfl. hat für das Wj. mit einem Verlust von 100 000 € abgeschlossen. Dem Betrieb wurden Einlagen i.H.v. 80 000 € zugeführt. Der Stpfl. entnimmt keine liquiden Mittel, er nutzt indes – wie bisher – einen zum Betriebsvermögen gehörigen Pkw auch für Privatfahrten. Die Nutzungsentnahme wird nach der 1 %-Methode, bezogen auf einen → **Listenpreis** von 60 000 €, mit 7 200 € angesetzt. Im vorangegangenen Wj. ergab sich eine Unterentnahme von 10 000 €.

Lösung:

Zunächst ist der Einlagenüberschuss zu ermitteln. Die Einlagen von 80 000 € abzüglich Entnahmen von 7 200 € ergeben einen Einlagenüberschuss von 72 800 €. Der Einlagenüberschuss ist mit dem Verlust zu verrechnen. Soweit der Verlust von 100 000 € nicht mit dem Einlagenüberschuss von 72 800 € verrechnet werden kann, ist er mit der Unterentnahme des Vorjahres zu verrechnen. Der verbleibende Verlust von 17 200 € ist mit künftigen Unterentnahmen zu verrechnen.

3.5 Schuldzinsen aus Investitionsdarlehen

Die Regelung des § 4 Abs. 4a Satz 5 EStG nimmt Zinsen für Darlehen aus der Abzugsbeschränkung aus, wenn diese zur Finanzierung von Anschaffungs- oder Herstellungskosten betrieblicher Anlagegüter verwendet werden. Hierzu ist grundsätzlich erforderlich, dass zur Finanzierung von Anlagevermögen ein gesondertes Darlehen aufgenommen wird. Die Finanzierung von Wirtschaftsgütern des Anlagevermögens durch Belastung des Kontokorrentkontos reicht nicht aus, um die Abzugsfähigkeit der Schuldzinsen von der Überentnahmeregelung auszunehmen. Werden Darlehensmittel zunächst auf ein betriebliches Kontokorrentkonto überwiesen, von dem sodann die Anlagegüter bezahlt werden, oder wird zunächst das Kontokorrentkonto belastet und anschließend eine Umschuldung in ein langfristiges Darlehen vorgenommen, kann ein Finanzierungszusammenhang zur Anschaffung oder Herstellung von Wirtschaftsgütern des Anlagevermögens dann noch angenommen werden, wenn ein enger zeitlicher und betragsmäßiger Zusammenhang zwischen der Belastung auf dem Kontokorrentkonto und der Darlehensaufnahme besteht. Im Falle der Umschuldung in ein langfristiges Darlehen unterliegen die vor der Umschuldung entstandenen Kontokorrentzinsen nicht der Regelung des § 4 Abs. 4a Satz 5 EStG (Rz. 26 ff. des BMF-Schreibens vom 17.11.2005, a.a.O.).

3.6 Gewinnermittlung nach § 4 Abs. 3 EStG

Die oben dargestellten Grundsätze gelten auch bei der Gewinnermittlung durch Einnahme-Überschussrechnung nach § 4 Abs. 3 EStG (§ 4 Abs. 4a Satz 6 EStG; Rz. 33 bis 35 des BMF-Schreibens vom 17.11.2005, a.a.O.). Hierzu müssen ab dem Kj. 2000 alle Entnahmen und Einlagen gesondert aufgezeichnet werden (§ 52 Abs. 11 Satz 4 EStG). Werden die erforderlichen Aufzeichnungen nicht geführt, sind zumindest die nach § 4 Abs. 4a Satz 5 EStG privilegierten Schuldzinsen für »Investitionsdarlehen« sowie tatsächlich entstandene nicht begünstigte Schuldzinsen bis zum Sockelbetrag i.H.v. 2 050 € als Betriebsausgaben abziehbar.

Den Stpfl. kann es zugemutet werden, die Einlagen und Entnahmen aus den vorhandenen Unterlagen (Kassenaufzeichnungen soweit vorhanden, Kontoauszüge) zu ermitteln. Verlangt der Stpfl. den Abzug von Zinsen als Betriebsausgaben, hat er die betriebliche Veranlassung nachzuweisen. Er trägt für den Abzug von Betriebsausgaben die objektive Beweislast. Wurden die für die Ermittlung der nicht abziehbaren Schuldzinsen notwendigen Salden der Entnahmen und Einlagen nicht aufgezeichnet, sind sie gem. § 162 AO zu schätzen (BMF-Schreiben vom 8.9.2005 IV B 2 – S 2144 – 3/05, ohne Fundstelle).

Literatur: Jakob, Schuldzinsenabzug bei kreditfinanzierter Entnahme – § 4 Abs. 4a EStG i.d.F. des Steuerbereinigungsgesetzes 1999, DStR 2000, 101; Hegemann u.a., Nicht abzugfähige, betrieblich veranlasste

Schuldzinsen, DStR 2000, 408; Höck, Das Abzugsverbot für betriebliche Schuldzinsen gem. § 4 Abs. 4a EStG, Steuerwarte 2001, 189; Schmidt, Der Schuldzinsenabzug nach § 4 Abs. 4a EStG im Lichte der neueren Verwaltungsanweisungen und Rechtsprechung, INF 2002, 545; Schulz u.a., Der Abzug betrieblicher Schuldzinsen – Erläuterung der Berechnung –, NWB Fach 3, 13749.

4. Schuldzinsenabzug für Baudarlehen

Der BFH hat am 27.10.1998 mit drei Urteilen (IX R 44/95, BStBl II 1999, 676, IX R 19/96, BStBl II 1999, 678 und IX R 29/96, BStBl II 1999, 680) zu den Voraussetzungen für den Schuldzinsenabzug bei Baudarlehen für die Herstellung eines teilweise vermieteten und teilweise selbst genutzten Gebäudes Stellung genommen. Die Anwendung dieser Urteile regelt das BMF-Schreiben vom 16.4.2004 (BStBl I 2004, 464). Schuldzinsen (und sonstige Kreditkosten) sind als Werbungskosten bzw. Betriebsausgaben abziehbar, soweit sie mit einer bestimmten Überschuss- bzw. Gewinneinkunftsart in wirtschaftlichem Zusammenhang stehen. Ein solcher wirtschaftlicher Zusammenhang ist dann gegeben, wenn die Schuldzinsen für eine Verbindlichkeit geleistet worden sind, die durch die Einkünfteerzielung veranlasst ist. Diese Voraussetzung ist erfüllt, wenn und soweit das Darlehen tatsächlich zum Erzielen von Einkünften verwendet worden ist. Steuerrechtlich entscheidend ist, ob der Steuerpflichtige Aufwendungen zum Schaffen eines der Einkünfteerzielung dienenden Wirtschaftsgutes tätigt und diese tatsächlich mit Kredit finanziert. Ist der wirtschaftliche Zusammenhang mit einer Einkunftsart durch eine solche tatsächliche Verwendung der Fremdmittel begründet, sind die Schuldzinsen bei der jeweiligen Einkunftsart als Werbungskosten bzw. Betriebsausgaben abziehbar. Der Werbungskosten- bzw. Betriebsausgabenabzug der Schuldzinsen setzt zunächst voraus, dass die Herstellungskosten den eigenständige Wirtschaftsgüter bildenden Gebäudeteilen zugeordnet werden.

Dient ein Gebäude nicht nur dem Erzielen von Einkünften, sondern auch der Selbstnutzung, und werden Darlehensmittel lediglich teilweise zur Einkünfteerzielung verwandt, so sind die für den Kredit entrichteten Zinsen nur anteilig als Werbungskosten bzw. Betriebsausgaben abziehbar (z.B. BFH-Urteil vom 16.4.2002 IX R 65/98, BFH/NV 2002, 1154). In vollem Umfang sind sie nur dann zu berücksichtigen, wenn der Steuerpflichtige die Herstellungskosten den eigenständige Wirtschaftsgüter bildenden Gebäudeteilen zuordnet und diese gesondert zugeordneten Herstellungskosten (Entgelte für Lieferungen und Leistungen) – objektiv nachprüfbar – auch tatsächlich mit Darlehensmitteln bezahlt. Finanziert der Stpfl. dagegen die Errichtung eines Gebäudes und rechnet er die Herstellungskosten einheitlich ab, ohne die auf den vermieteten Gebäudeteil entfallenden Kosten gesondert auszuweisen, sind die Darlehenszinsen nur nach dem Verhältnis der selbst genutzten Wohn-/Nutzflächen des Gebäudes zu denen, die der Einkünfteerzielung dienen, abziehbar (BFH-Urteil vom 27.10.1998 IX R 29/96, BStBl II 1999, 680 und BFH-Beschluss vom 14.4.2004 IX B 106/03, BFH/NV 2004, 1392).

> **Beispiel 1:**
> Die Herstellungskosten für ein Zweifamilienhaus betragen insgesamt 800 000 €. Davon entfallen
> - 100 000 € auf den eigenberuflichen (freiberuflichen) Teil (200 qm). Die Herstellungskosten sind tatsächlich genau zugeordnet;

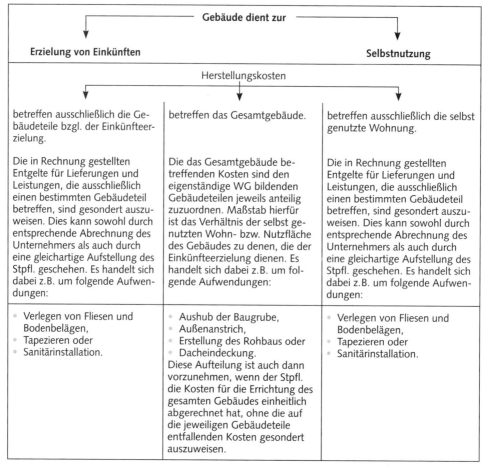

Abbildung: Genaue Zuordnung der Herstellungskosten eines Gebäudes

- 550 000 € auf das Gesamtgebäude (Baugrube, Rohbau, Dach);
- 150 000 € auf die eigen genutzte Wohnung (200 qm).

Das Haus wird mit 500 000 € Fremdmitteln (Darlehen) und mit 300 000 € Eigenmitteln finanziert. Der Darlehensbetrag wird einem gesonderten Konto gutgeschrieben, von dem der Stpfl. die der freiberuflichen Nutzung gesondert zugeordneten Kosten bezahlt. Die Aufwendungen für die eigen genutzte Wohnung werden ausschließlich aus eigenen Mitteln getilgt.
Die im Kj. gezahlten Schuldzinsen betragen 30 000 €.

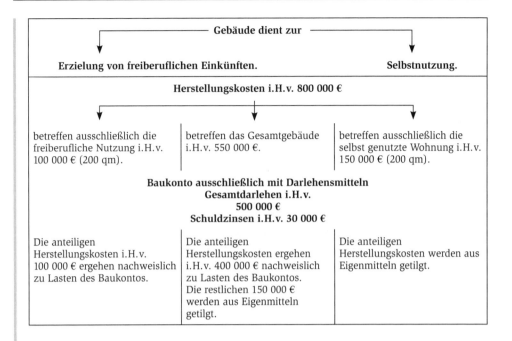

Lösung:
Die Darlehensmittel von 500 000 € hat der Stpfl. i.H.v. 100 000 € (20 %) zur Finanzierung des zur freiberuflichen Nutzung vorgesehenen Gebäudeteils verwendet. Die darauf entfallenen Schuldzinsen von 20 % von 30 000 € = 6 000 € sind in vollem Umfang als Betriebsausgaben abziehbar.

Die Herstellungskosten i.H.v. 550 000 €, die das Gesamtgebäude betreffen, sind den einzelnen Gebäudeteilen nach dem Verhältnis der Wohn-/Nutzflächen anteilig zuzuordnen. Danach entfallen 275 000 € (50 %) davon auf den freiberuflichen Teil. Diese anteiligen Herstellungskosten wurden nachweislich vom Baukonto ausschließlich mit Darlehensmitteln gezahlt. Die Schuldzinsen i.H.v. 30 000 € sind i.H.v. 275/500 = 16 500 € als Betriebsausgaben abzugsfähig. Die Schuldzinsen sind in **Zeile 41** des Vordrucks EÜR zu erfassen.

Beispiel 2:
Sachverhalt siehe Beispiel 1. Der Stpfl. hat die der freiberuflichen Nutzung gesondert zugeordneten Kosten von einem »gemischten Konto« bezahlt.

Lösung:
Versäumt es der Stpfl., die den unterschiedlich genutzten Gebäudeteilen gesondert zugeordneten Aufwendungen getrennt mit Eigen-/Darlehensmitteln zu finanzieren, sind die Schuldzinsen nach dem Verhältnis der Baukosten der einzelnen Gebäudeteile schätzungsweise aufzuteilen.

Von den gesamten Baukosten i.H.v. 800 000 € entfallen 550 000 € auf die Gesamtgebäudekosten und 250 000 € auf die Innenausbaukosten der beiden Gebäudeteile. Die Herstellungskosten i.H.v. 550 000 €, die das Gesamtgebäude betreffen, sind den einzelnen Gebäudeteilen nach dem Verhältnis der Wohn-/Nutzflächen anteilig zuzuordnen. Danach entfallen 275 000 € davon auf den freiberuflichen Teil. Auf den freiberuflichen Gebäudeteil entfallen demnach insgesamt 375 000 € anteilige Herstellungskosten oder 46,875 % von 800 000 €. Von den Schuldzinsen i.H.v. insgesamt 30 000 € sind 46,875 % = 14 062,50 € als Betriebsausgaben (**Zeile 41** des Vordrucks EÜR) zu berücksichtigen.

Beispiel 3:
Sachverhalt siehe Beispiel 1. Der Stpfl. hat die Herstellungskosten nicht gesondert den jeweiligen Wohn-/Nutzflächen zugeordnet.

Lösung:
In diesem Fall sind die Herstellungskosten anteilig zuzuordnen. Maßstab hierfür ist das Verhältnis der selbst genutzten Wohn-/Nutzfläche des Gebäudes zu denen, die der Einkünfteerzielung dienen (hier jeweils 50 %). Entsprechend dieser Aufteilung der Herstellungskosten erfolgt auch die Verteilung der Schuldzinsen. In diesem Fall kann der Stpfl. 50 % von 30 000 € = 15 000 € Schuldzinsen als Betriebsausgaben (**Zeile 41** des Vordrucks EÜR) abziehen.
Etwas anderes gilt nur dann, wenn der Stpfl. durch eigene Aufstellung die Herstellungskosten anteilig dem freiberuflich genutzten Gebäudeteil zuordnet und die sich danach ergebenden Herstellungskosten mit Darlehensmitteln bezahlt.

Mit Urteil vom 9.7.2002 (IX R 65/00, BStBl II 2003, 389) hat der BFH entschieden, dass die o.g. Grundsätze auch in Anschaffungsfällen anzuwenden sind. Nach Ansicht des BFH besteht kein sachlicher Unterschied zwischen Anschaffung und Herstellung eines Objekts, sodass beide Fälle prinzipiell gleich zu behandeln sind.

Entscheidungsgründe:
Finanziert der Stpfl. die Anschaffung eines Gebäudes, das nicht nur dem Erzielen von Einkünften, sondern auch der (nicht steuerbaren) Selbstnutzung dient, mit Eigenmitteln und Darlehen, kann er die Darlehenszinsen insoweit als Werbungskosten bzw. Betriebsausgaben abziehen, als er das Darlehen tatsächlich zur Anschaffung des der Einkünfteerzielung dienenden Gebäudeteils verwendet. Der Werbungskosten- bzw. Betriebsausgabenabzug setzt voraus, dass der Stpfl. die Anschaffungskosten im Rahmen seiner Finanzierungsentscheidung dem ein eigenständiges Wirtschaftsgut bildenden Gebäudeteil gesondert zuordnet und die so zugeordneten Anschaffungskosten mit Geldbeträgen aus dem dafür aufgenommenen Darlehen zahlt (s.a. BFH-Urteil vom 9.7.2002 IX R 40/01, BFH/NV 1/2003, 23).

Nach dem BMF-Schreiben vom 16.4.2004 (BStBl I 2004, 464) ist in Anschaffungsfällen wie folgt zu verfahren:
- Einer nach außen hin erkennbaren Zuordnung der Anschaffungskosten durch den Stpfl., z.B. durch Aufteilung des zivilrechtlich einheitlichen Kaufpreises im notariellen Kaufvertrag, ist steuerlich zu folgen, soweit die Aufteilung nicht zu einer unangemessenen wertmäßigen Berücksichtigung der einzelnen Gebäudeteile führt.
- Trifft der Stpfl. keine nach außen hin erkennbare Zuordnungsentscheidung, sind die Anschaffungskosten den einzelnen Gebäudeteilen nach dem Verhältnis der Wohn- bzw. Nutzflächen anteilig zuzuordnen.

Die vorstehenden Grundsätze sind auch für ein vom Stpfl. beruflich genutztes häusliches Arbeitszimmer anwendbar, das als selbständiger Gebäudeteil gilt.

5. Die Behandlung der Schuldzinsen im Vordruck EÜR

→ Vordruck EÜR

			EUR	CT		
	Kraftfahrzeugkosten und andere Fahrtkosten					
35	Laufende und feste Kosten (ohne AfA und Zinsen)	140		,		
36	Enthaltene Kosten aus Zeilen 26, 35 und 41 für Wege zwischen Wohnung und Betriebsstätte	142	–	,		
37	Verbleibender Betrag			,	▶143	,
37a	Abziehbare Aufwendungen für Wege zwischen Wohnung und Betriebsstätte		176			,
	Raumkosten und sonstige Grundstücksaufwendungen					
38	Abziehbare Aufwendungen für ein häusliches Arbeitszimmer (einschl. AfA lt. Zeile 9 des Anlageverzeichnisses und Schuldzinsen)		172			,
39	Miete/Pacht für Geschäftsräume und betrieblich genutzte Grundstücke		150			,
40	Sonstige Aufwendungen für betrieblich genutzte Grundstücke (ohne Schuldzinsen und AfA)		151			,
		nicht abziehbar		abziehbar		
		EUR	Ct	EUR	Ct	
41	**Schuldzinsen** (§ 4 Abs. 4a EStG) Finanzierung von Anschaffungs-/Herstellungskosten von Wirtschaftsgütern des Anlagevermögens			178	,	
42	Übrige Schuldzinsen	167	,	179	,	

Schuldzinsen für Darlehen zur **Finanzierung von Anschaffungs- bzw. Herstellungskosten** von Grundstücken – Betriebsgebäude – sind in **Zeile 41** einzutragen (beachte **Zeile 40**).
Sonstige Schuldzinsen, die mit zum Betriebsvermögen gehörenden Grundstücken zusammenhängen, z.B. für **Renovierungsarbeiten**, sind in **Zeile 42** einzutragen.
Schuldzinsen für ein betriebliches Kfz sind in **Zeile 42** einzutragen (beachte **Zeile 35**). Dabei ist zu beachten, dass Schuldzinsen bis zu einem Betrag von 2 050 € unbeschränkt abzugsfähig sind.
Schuldzinsen für ein **häusliches Arbeitszimmer** sind in **Zeile 38** einzutragen.
»**Investitionsschuldzinsen**« in **Zeile 41** zur Finanzierung von Wirtschaftsgütern des Anlagevermögens sind nach § 4 Abs. 4a Satz 5 EStG in voller Höhe als Betriebsausgaben abzugsfähig. **Zeile 41** ist daher nicht in einen nicht abziehbaren und in einen abziehbaren Teil aufgeteilt. Nicht begünstigt sind **Schuldzinsen** für Darlehen, die zur **Anschaffung von**

Wirtschaftsgütern des Umlaufvermögens oder zur Finanzierung **sonstigen betrieblichen Aufwands** dienen. Diese Schuldzinsen sind in **Zeile 42** zu erfassen.

Aus der Formulierung vor **Zeile 41:** »Schuldzinsen (§ 4 Abs. 4a EStG)« wird dem Steuerpflichtigen nicht klar, dass nicht abziehbare Schuldzinsen in **Zeile 42** des Vordrucks nur dann anfallen, wenn Überentnahmen bestehen. Nur in diesem Fall sind die übrigen Schuldzinsen in einen abziehbaren und einen nicht abziehbaren Teil aufzuteilen.

Achtung: Ein Zinsaufwand für übrige Schuldzinsen, der 2 050 €/Jahr nicht übersteigt, ist trotz eventueller Überentnahmen nicht in einen abziehbaren und einen nicht abziehbaren Teil aufzuteilen. Eine Überentnahme ist in diesen Fällen nicht zu berechnen. Zur Ermittlung der Überentnahme sind die **Zeilen 82 und 83** auszufüllen. Zu den weiteren Auswirkungen dieser Eintragungen siehe → **Geldverkehrsrechnung**.

6. Die Zinsschranke des § 4h EStG

Die Schuldzinsen sind bisher einzuteilen in
- nicht betrieblich veranlasste und
- betrieblich veranlasste Schuldzinsen.

Nicht betrieblich veranlasste Schuldzinsen sind nicht als Betriebsausgaben abzugsfähig. Für betrieblich veranlasste Schuldzinsen besteht unter den Voraussetzungen des § 4 Abs. 4a EStG ein pauschaliertes Abzugsverbot, das auch weiterhin zu beachten ist. Zusätzlich wird in § 4h EStG mit der Zinsschranke eine weitere pauschalierte Betriebsausgabenabzugsbeschränkung geschaffen (Unternehmensteuerreformgesetz 2008). Die Vorschrift des § 4h EStG beschränkt die Abziehbarkeit von Zinsaufwendungen in Abhängigkeit vom Gewinn. Durch die Zinsschranke erfasst wird jede Art der Fremdfinanzierung, also insbesondere auch die Bankenfinanzierung. Nicht zum Abzug zugelassene können in den folgenden Jahren i.R.d. Zinsschranke abgezogen werden.

Nicht betroffen von der Zinsschranke sind vor allem **Einzelunternehmer**, die keine weiteren Beteiligungen halten (§ 4h Abs. 2 Buchst. a EStG).

Literatur: Middendorf u.a., Die Zinsschranke nach der geplanten Unternehmensteuerreform 2008 – Funktionsweise und erste Gestaltungsüberlegungen, INF 2007, 305.

Sonderabschreibungen

→ Investitionsabzugsbeträge nach § 7g EStG → Verlust von Wirtschaftsgütern

Rechtsquellen
→ § 4 Abs. 3 Satz 3 EStG
→ § 7 Abs. 1, 2 und 3 EStG
→ § 7a EStG
→ § 7g EStG 2008

→ R 4.5 Abs. 3 EStR
→ R 7.3 EStR
→ R 7a Abs. 3 und 4 EStR

1. Allgemeines

Anschaffungskosten- oder Herstellungskosten von → **abnutzbarem Anlagevermögen** können auch innerhalb der § 4 Abs. 3-Rechnung i.d.R. nur im Wege der AfA als Betriebsausgabe abgesetzt werden (§ 4 Abs. 3 Satz 3 EStG → **Absetzung für Abnutzung**). Auch die Sonderabschreibungen gehören zur AfA (R 4.5 Abs. 3 Satz 3 EStR). **Sonderabschreibungen** sind solche Abschreibungen, die **neben der linearen AfA** vorgenommen werden können (§ 7a Abs. 4 EStG). Bei Sonderabschreibungen sind die Grundsätze des § 7a EStG zu beachten. Nach der aktuellen Rechtslage kommen i.R.d. § 4 Abs. 3-Rechnung nur wenige Sonderabschreibungen in Betracht. Hauptanwendungsfall ist vor allem die Sonderabschreibung zur Förderung kleinerer und mittlerer Betriebe nach § 7g EStG.

Gem. § 7a Abs. 4 EStG sind bei Wirtschaftsgütern, für die Sonderabschreibungen in Anspruch genommen werden, die AfA nach § 7 Abs. 1 oder 4 EStG, also linear, anzusetzen. Es bestehen ernstliche Zweifel daran, dass es an dieser Voraussetzung für die Inanspruchnahme der Sonderabschreibung fehlt, wenn der Steuerpflichtige das angeschaffte Wirtschaftsgut gem. § 7 Abs. 2 EStG zunächst degressiv abschreibt, sodann aber im Jahr der Sonderabschreibung – in Einklang mit § 7 Abs. 3 EStG – zur linearen AfA nach § 7 Abs. 1 EStG übergeht (BFH-Beschluss vom 23.4.2003 I B 11/03, BFH/NV 2003, 1053). Nach § 7a Abs. 4 EStG ist die **degressive** AfA **neben** Sonderabschreibungen **nicht** zulässig; **Ausnahme** ist § 7g EStG. Zur Anwendung der degressiven AfA siehe → **Absetzung für Abnutzung**.

2. Sonderabschreibung zur Förderung kleinerer und mittlerer Betriebe nach § 7g EStG

2.1 Allgemeines

Durch das Unternehmensteuerreformgesetz 2008 wird § 7g EStG komplett neu gefasst. Aus systematischen Gründen werden die bisherigen Regelungen in § 7g Abs. 3 bis 6 EStG nunmehr in den Absätzen 1 bis 4 den Sonderabschreibungen vorangestellt. Die Sonderabschreibung ist nunmehr in den Absätzen 5 und 6 geregelt.

Nach § 7g Abs. 5 EStG können Steuerpflichtige bei beweglichen Wirtschaftsgütern des Anlagevermögens im Jahr der Anschaffung oder Herstellung und in den vier folgenden Jahren (fünfjähriger Begünstigungszeitraum) Sonderabschreibungen bis zu insgesamt 20 % der Anschaffungs- oder Herstellungskosten in Anspruch nehmen.

In Anlehnung an die geänderten Voraussetzungen für die **Inanspruchnahme** des Investitionsabzugsbetrages (→ **Investitionsabzugsbeträge**) ist die Inanspruchnahme von Sonderabschreibung **auch für nicht neue** abnutzbare bewegliche Wirtschaftsgüter zulässig.

Der nach § 7g Abs. 5 EStG ermittelte Betrag der Sonderabschreibung ist i.R.d. § 4 Abs. 3-Rechnung als Betriebsausgabe zu berücksichtigen.

> **Beachte:**
> Die bisher bestehende Regelung, wonach die Sonderabschreibungen nach § 7g Abs. 1 EStG – alt – nur in Anspruch genommen werden können, wenn vorher eine entsprechende Ansparabschreibung gebildet wurde, besteht nicht mehr.

2.2 Voraussetzungen

2.2.1 Bemessungsgrundlage

Bemessungsgrundlage sind grundsätzlich die → **Anschaffungs-** oder → **Herstellungskosten**. Hat der Steuerpflichtige für das Wirtschaftsgut einen Investitionsabzugsbetrag nach § 7g Abs. 1 EStG abgezogen und die Anschaffungs- oder Herstellungskosten nach § 7g Abs. 2 EStG entsprechend gemindert, ist die Sonderabschreibung von den gekürzten Anschaffungs- oder Herstellungskosten vorzunehmen (→ **Investitionsabzugsbeträge**).

Nachträgliche Anschaffungs- oder Herstellungskosten erhöhen gem. § 7a Abs. 1 EStG im Jahr ihrer Entstehung die Bemessungsgrundlage für die Sonderabschreibung.

2.2.2 Begünstigungszeitraum und Höhe der Sonderabschreibung

Im Jahr der Anschaffung und in den folgenden vier Jahren können neben der AfA nach § 7 Abs. 1 Sonderabschreibungen bis zu insgesamt 20 % der Anschaffungs- oder Herstellungskosten in Anspruch genommen werden. Der Begünstigungszeitraum beträgt somit insgesamt fünf Jahre. Im Jahr der Anschaffung oder Herstellung erfolgt keine zeitanteilige Berücksichtigung der Sonderabschreibung (Jahresbetrag).

Beispiel:
Der Steuerpflichtige hat im Januar 11 eine Maschine für 100 000 € angeschafft. Die betriebsgewöhnliche Nutzungsdauer beträgt 5 Jahre. Im September 12 fallen 15 000 € nachträgliche Anschaffungskosten an. Die Voraussetzungen des § 7g Abs. 5 und 6 EStG sind erfüllt. Im Kj. 10 hatte der Stpfl. einen Investitionsabschlag i.H.v. 40 % von 100 000 € = 40 000 € gewinnmindernd vorgenommen (§ 7g Abs. 1 EStG).

Lösung:
Bemessungsgrundlage für die AfA sind die Anschaffungskosten i.H.v.   100 000 €
Im Jahr der Anschaffung des begünstigten Wirtschaftsgutes ist der für dieses Wirtschaftsgut in Anspruch genommene Investitionsabzugsbetrag i.H.v. 40 % der Anschaffungskosten von 100 000 € = 40 000 € dem Gewinn hinzuzurechnen. Die Hinzurechnung darf den tatsächlich in Anspruch genommenen Investitionsabzugsbetrag i.H.v. 40 000 € nicht übersteigen (§ 7g Abs. 2 Satz 1 EStG).
Die Anschaffungskosten können im Jahr der Anschaffung um 40 % = 40 000 €, höchstens jedoch um die Hinzurechnung (40 000 €) gewinnmindernd herabgesetzt werden (§ 7g Abs. 2 Satz 2 EStG)   ./. 40 000 €
Bemessungsgrundlage für die AfA, erhöhte AfA, Sonderabschreibungen   60 000 €
Sonderabschreibung nach § 7g Abs. 5 EStG 20 % von 60 000 €   ./. 12 000 €
Lineare AfA nach § 7 Abs. 1 EStG (20 %)   ./. 12 000 €
Buchwert zum 31.12.11   36 000 €

Zu beachten ist, dass die **Gesamtabschreibung** – einschließlich der linearen AfA bis zum Ende des **Erstjahres** insgesamt **64 %** beträgt.

Sind für ein Wirtschaftsgut nachträgliche Anschaffungs- oder Herstellungskosten aufgewendet worden, ohne dass hierdurch ein anderes Wirtschaftsgut entstanden ist, so bemisst sich die weitere AfA in den Fällen des § 7

Abs. 1 und Abs. 4 Satz 2 EStG nach dem Buchwert oder Restwert zuzüglich der nachträglichen Anschaffungs- oder Herstellungskosten (H 7.3 [Nachträgliche Anschaffungs- oder Herstellungskosten] EStH).
Nachträgliche Anschaffungs- oder Herstellungskosten i.S.d. § 7a Abs. 1 EStG sind im Jahr ihrer Entstehung so zu berücksichtigen, als wären sie zu Beginn des Jahres aufgewendet worden (R 7a Abs. 3 Satz 1 EStR).

Buchwert zum 31.12.11		36 000 €
zuzüglich nachträgliche Anschaffungskosten		+ 15 000 €
Zwischensumme		51 000 €
Sonderabschreibung im Kj. 12: 20 % von		
(60 000 € + 15 000 € =) 75 000 € =	15 000 €	
abzüglich bisher in Anspruch genommen	./. 12 000 €	
verbleiben für 12	3 000 €	./. 3 000 €
Lineare AfA für das Kj. 12: 20 % von 75 000 € =		./. 15 000 €
Buchwert zum 31.12.12		33 000 €

2.2.3 Größenmerkmal

Die Sonderabschreibungen nach § 7g Abs. 5 EStG können nur in Anspruch genommen werden, wenn der Betrieb zum Schluss des Wj., das der Anschaffung oder Herstellung vorangeht, die Größenmerkmale des § 7g Abs. 1 Satz 2 Nr. 1 EStG nicht überschreitet.

Das Betriebsvermögen des Gewerbebetriebes oder des der selbständigen Arbeit dienenden Betriebs, zu dessen Anlagevermögen das Wirtschaftsgut gehört, darf zum Schluss des der Anschaffung oder Herstellung des Wirtschaftsguts vorangehenden Wirtschaftsjahrs nicht mehr als 235 000 € betragen. Bei Betrieben, die ihren Gewinn nach § 4 Abs. 3 EStG ermitteln, darf der Gewinn 100 000 € nicht überschreiten. Vom 1.1.2009 bis zum 31.12.2010 beträgt die Gewinngrenze 200 000 €.

Die Größenmerkmale für die Inanspruchnahme der Sonderabschreibungen entsprechen denen für die Bildung des Investitionsabzugsbetrages.

2.2.4 Nutzungs- und Verbleibensvoraussetzungen

Das Wirtschaftsgut muss im Jahr der Anschaffung oder Herstellung und im darauf folgenden Wj. in einer inländischen Betriebsstätte des Betriebs des Steuerpflichtigen ausschließlich oder fast ausschließlich (mindestens 90 %) betrieblich genutzt werden (§ 7g Abs. 6 Nr. 2 EStG).

Steuerberatungskosten

Rechtsquellen
→ § 4 Abs. 4 EStG   → § 12 Nr. 1 EStG

1. Sonderausgabenabzug

Durch das Gesetz zum Einstieg in ein steuerliches Sofortprogramm vom 22.12.2005 (BGBl I 2005, 3682) wird der Sonderausgabenabzug für Steuerberatungskosten ab dem Veranlagungszeitraum 2006 gestrichen. Der Werbungskosten- und Betriebsausgabenabzug ist davon nicht betroffen.

2. Zuordnung zu den Betriebsausgaben, Werbungskosten und Kosten der Lebensführung

Das BMF-Schreiben vom 21.12.2007 (BStBl I 2008, 256) nimmt zur Zuordnung der Steuerberatungskosten zu den Betriebsausgaben, Werbungskosten oder Kosten der Lebensführung Stellung. Danach sind Steuerberatungskosten als → **Betriebsausgaben** oder Werbungskosten abzuziehen, wenn und soweit sie bei der Ermittlung der Einkünfte anfallen oder im Zusammenhang mit Betriebssteuern (z.B. Gewerbesteuer, Umsatzsteuer, Grundsteuer für Betriebsgrundstücke) oder Investitionszulagen für Investitionen im einkünfterelevanten Bereich stehen. Die Ermittlung der Einkünfte umfasst die Kosten der Buchführungsarbeiten und der Überwachung der Buchführung, die Ermittlung von Ausgaben oder Einnahmen, die Anfertigung von Zusammenstellungen, die Aufstellung von Bilanzen oder von Einnahmenüberschussrechnungen, die Beantwortung der sich dabei ergebenden Steuerfragen, soweit es sich nicht um Nebenleistungen nach § 12 Nr. 3 handelt und die Kosten der Beratung. Zur Ermittlung der Einkünfte zählt auch das Ausfüllen des Vordrucks Einnahmenüberschussrechnung (EÜR).

Das Übertragen der Ergebnisse aus der jeweiligen Einkunftsermittlung in die entsprechende Anlage zur Einkommensteuererklärung und das übrige Ausfüllen der Einkommensteuererklärung gehören nicht zur Einkunftsermittlung. Die hierauf entfallenden Kosten sowie Aufwendungen, die die Beratung in Tarif- oder Veranlagungsfragen betreffen oder im Zusammenhang mit der Ermittlung von Sonderausgaben und außergewöhnlichen Belastungen stehen, sind als Kosten der privaten Lebensführung gem. § 12 Nr. 1 steuerlich nicht zu berücksichtigen.

Zu den der Privatsphäre zuzurechnenden Aufwendungen zählen auch die Steuerberatungskosten, die
- durch haushaltsnahe Beschäftigungsverhältnisse veranlasst sind,
- im Zusammenhang mit der Inanspruchnahme haushaltsnaher Dienstleistungen oder der steuerlichen Berücksichtigung von Kinderbetreuungskosten stehen,
- die Erbschaft- oder Schenkungsteuer,

- das Kindergeld oder
- die Eigenheimzulage betreffen.

Steuerberatungskosten, die für Steuern entstehen, die sowohl betrieblich/beruflich als auch privat verursacht sein können, sind anhand ihrer Veranlassung den Betriebsausgaben/Werbungskosten oder den Kosten der Lebensführung zuzuordnen (z.B. Grundsteuer, Kraftfahrzeugsteuer, Zweitwohnungssteuer, Gebühren für verbindliche Auskünfte nach § 89 Abs. 3 bis 5 AO). Als Aufteilungsmaßstab dafür ist grundsätzlich die Gebührenrechnung des Steuerberaters heranzuziehen.

Entstehen dem Steuerpflichtigen Aufwendungen, die sowohl betrieblich/beruflich als auch privat veranlasst sind, wie z.B. Beiträge an Lohnsteuerhilfevereine. Anschaffungskosten für Steuerfachliteratur zur Ermittlung der Einkünfte und des Einkommens, Beratungsgebühren für einen Rechtsstreit, der sowohl die Ermittlung von Einkünften als auch z.B. den Ansatz von außergewöhnlichen Belastungen umfasst, ist im Rahmen einer sachgerechten Schätzung eine Zuordnung zu den Betriebsausgaben, Werbungskosten oder Kosten der Lebensführung vorzunehmen. Dies gilt auch in den Fällen einer Vereinbarung einer Pauschalvergütung nach § 14 der StBGebV.

Bei Beiträgen an Lohnsteuerhilfevereine, Aufwendungen für steuerliche Fachliteratur und Software wird es nicht beanstandet, wenn diese Aufwendungen i.H.v. 50% den Betriebsausgaben oder Werbungskosten zugeordnet werden. Dessen ungeachtet ist aus Vereinfachungsgründen der Zuordnung des Steuerpflichtigen bei Aufwendungen für gemischte Steuerberatungskosten bis zu einem Betrag von 100 € im Veranlagungszeitraum zu folgen.

Beispiel:
Der Steuerpflichtige zahlt in 01 einen Beitrag an einen Lohnsteuerhilfeverein i.H.v. 120 €. Davon ordnet er 100 € den Werbungskosten zu; diese Zuordnung ist nicht zu beanstanden.

Steuerberatungskosten, die den Kosten der Lebensführung zuzuordnen sind, sind ab dem 1.1.2006 nicht mehr als Sonderausgaben zu berücksichtigen. Maßgebend dafür ist der Zeitpunkt des Abflusses der Aufwendungen (§ 11 Abs. 2 Satz 1). Werden Steuerberatungskosten für den Veranlagungszeitraum 2005 vorschussweise (§ 8 StBGebV) bereits in 2005 gezahlt, so sind sie dem Grunde nach abziehbar. Eine spätere Rückzahlung aufgrund eines zu hohen Vorschusses mindert die abziehbaren Aufwendungen des Veranlagungszeitraumes 2005. Ein bereits bestandskräftiger Bescheid ist nach § 175 Abs. 1 Satz 1 Nr. 2 AO zu ändern.

Literatur: Schmitt, Abgrenzungsprobleme bei der Zuordnung von Steuerberatungskosten, NWB Fach 3, 14969.

Steuern

Rechtsquellen
→ § 4 Abs. 4 EStG
→ § 4 Abs. 5 Nr. 8a EStG
→ § 12 Nr. 3 EStG

→ R 4.9 EStR
→ H 12.4 EStH

1. Betriebliche Steuern

Betriebliche Steuern sind Steuern, die ausschließlich durch den Betrieb veranlasst sind. Diese Steuern erfüllen zweifelsfrei den Betriebsausgabenbegriff nach § 4 Abs. 4 EStG. In Betracht kommen z.B.: Umsatzsteuer, Gewerbesteuer, betriebliche Kfz-Steuer, Grundsteuer für zum Betriebsvermögen gehörende Grundstücke. Betriebliche Steuern werden innerhalb der § 4 Abs. 3-Rechnung nach den normalen Grundsätzen behandelt (R 4.9 EStR).

Bei Leistung (→ **Zu- und Abflussprinzip** nach § 11 Abs. 2 EStG) stellen sie in vollem Umfang Betriebsausgaben dar. Werden betriebliche Steuern erstattet, z.B. Vorsteuererstattungen vom Finanzamt, Rückzahlung zu hoher Gewerbesteuervorauszahlungen, sind diese im Zeitpunkt der Vereinnahmung (→ **Zu- und Abflussprinzip** nach § 11 Abs. 1 EStG) in vollem Umfang als Betriebseinnahmen zu erfassen.

Führt eine Änderung der Veranlagung (z.B. durch eine Betriebsprüfung) zu betrieblichen Mehrsteuern (z.B. Gewerbesteuer oder Umsatzsteuer), so sind diese erst bei Zahlung als Betriebsausgaben anzusetzen. Werden betriebliche Steuern aufgrund einer Änderungsveranlagung erstattet, so sind diese mit Vereinnahmung als Betriebseinnahme zu erfassen. Hinsichtlich der Umsatzsteuer ist in diesem Zusammenhang darauf zu achten, dass eine entsprechende gewinnneutralisierende Korrektur erfolgt (→ **Umsatzsteuer/Vorsteuer**).

2. Private Steuern

Private Steuern sind nicht betrieblich veranlasst und dürfen somit auch den Gewinn nicht beeinflussen. Der Betriebsausgabenbegriff nach § 4 Abs. 4 EStG ist nicht erfüllt. Demnach dürften private Steuern nicht in die § 4 Abs. 3-Rechnung aufgenommen werden, weder als Betriebsausgaben noch als Betriebseinnahmen. Der Gesetzgeber hat dies durch § 12 Nr. 3 EStG ausdrücklich noch einmal klargestellt. Private Steuern sind insbesondere: Einkommensteuer, Kirchensteuer, Solidaritätszuschlag, Erbschaftsteuer, Schenkungsteuer, Umsatzsteuer auf Entnahmen (zu den Besonderheiten dazu vgl. → **Umsatzsteuer/Vorsteuer**). Diese Steuern sind auch insoweit private Steuern, als sie z.B. auf betriebliche Gewinne entfallen. Beispielsweise wird die Einkommensteuer sehr wohl auch durch die Höhe des betrieblichen Gewinns beeinflusst. Steuersubjekt ist aber die natürliche Person (§ 1 Abs. 1 EStG) und damit wird der private Charakter dieser Steuer begründet. Hingegen sind Steuern, die der § 4 Abs. 3-Rechner als Arbeitgeber für seine Arbeitnehmer für deren Rechnung einzubehalten und an das Finanzamt abzuführen hat (Lohnsteuer, Kirchensteuer, Solidaritätszuschlag) Betriebsausgaben.

3. Steuerliche Nebenleistungen

Nach § 3 Abs. 3 AO sind steuerliche Nebenleistungen z.B. Verspätungszuschläge, Zinsen, Säumniszuschläge, Zwangsgelder. Hier gilt der Grundsatz: »steuerliche Nebenleistungen teilen das Schicksal der steuerlichen Hauptleistung«. Dies wird ausdrücklich durch § 12 Nr. 3 EStG bestätigt. So ist beispielsweise ein Verspätungszuschlag wegen der verspäteten Abgabe der Gewerbesteuererklärung genauso als Betriebsausgabe zu behandeln wie die Zahlung der Gewerbesteuer selbst. I.R.d. betrieblichen steuerlichen Nebenleistungen ist aber die Ausnahme des § 4 Abs. 5 Nr. 8a EStG zu beachten. Danach können Zinsen auf hinterzogene betriebliche Steuern (§ 235 AO) vom Gewinn nicht abgezogen werden.

Steuerschuldnerschaft des Leistungsempfängers

1. Verwaltungsanweisungen

Durch Art. 18 Nr. 5 des Gesetzes zur Änderung steuerlicher Vorschriften (Steueränderungsgesetzes 2001 – StÄndG 2001 – BStBl I 2002, 4) ist § 13b UStG – Leistungsempfänger als Steuerschuldner – neu in das UStG eingefügt worden. Seit 1.1.2002 gilt nach § 13b UStG die Steuerschuldnerschaft des Leistungsempfängers. Die Einführung der Steuerschuldnerschaft des Leistungsempfängers regelt das BMF-Schreiben vom 5.12.2001 (BStBl I 2001, 1013). Durch das Haushaltsbegleitgesetz 2004 vom 29.12.2003 (BGBl I 2003, 3076) und durch das Steueränderungsgesetz 2003 vom 15.12.2003 (BGBl I 2003, 2645) wird die Steuerschuldnerschaft des Leistungsempfängers weiter modifiziert. Das BMF-Schreiben vom 31.3.2004 (BStBl I 2004, 453) regelt die Erweiterung der Steuerschuldnerschaft des Leistungsempfängers auf alle Umsätze, die unter das GrEStG fallen, und auf bestimmte Bauleistungen. Das BMF-Schreiben vom 2.12.2004 (BStBl I 2004, 1129) ergänzt das BMF-Schreiben vom 31.3.2004. Das BMF-Schreiben vom 12.4.2005 (BStBl I 2005, 629) enthält das Vordruckmuster USt 1 TS über die Bescheinigung der Ansässigkeit im Inland. Das BMF-Schreiben vom 1.8.2005 (BStBl I 2005, 849) nimmt zur umsatzsteuerrechtlichen Behandlung der Lieferungen von Gas über das Erdgasnetz oder von Elektrizität und der damit zusammenhängenden sonstigen Leistungen – u.a. zur Steuerschuldnerschaft des Leistungsempfängers – Stellung.

Durch das Jahressteuergesetz 2007 vom 13.12.2006 (BGBl I 2006, 2878) sind die Ausnahmen, in denen die Steuerschuldnerschaft des Leistungsempfängers nicht anzuwenden ist, in § 13b Abs. 3 UStG um die Nr. 4 und 5 erweitert worden. Die Änderungen treten ab 1.1.2007 in Kraft. Das BMF-Schreiben vom 20.12.2006 (BStBl I 2006, 796) nimmt zur Steuerschuldnerschaft bei Messen, Ausstellungen und Kongressen ausführlich Stellung.

EU-rechtlich regelt Art. 199 MwStSystRL die Steuerschuldnerschaft des Leistungsempfängers.

2. Die Steuerschuldnerschaft des Leistungsempfängers im Einzelnen

2.1 Die maßgeblichen Umsätze

§ 13b Abs. 1 UStG definiert die Umsätze, bei denen der Leistungsempfänger Steuerschuldner ist. Es handelt sich dabei um
- Werklieferungen und sonstige Leistungen eines im Ausland ansässigen Unternehmers (§ 13b Abs. 1 Nr. 1 UStG);
Hierunter fallen z.B. Leistungen der Architekten, Künstler, anderer freier Berufe, Leistungen der Aufsichtsräte, Berufssportler, Filmverleiher, Lizenzgeber, Handelsvertreter, innergemeinschaftliche Güterbeförderungen. Der Begriff der sonstigen Leistungen umfasst auch Werkleistungen gewerblicher Unternehmen (Abschn. 182a Abs. 2 Nr. 2 UStR).

Beispiel:
Der in Frankreich ansässige Architekt F plant für den in Stuttgart ansässigen Unternehmer U die Errichtung eines Gebäudes in München.

Lösung:
Der im Ausland ansässige Unternehmer F erbringt im Inland steuerpflichtige Leistungen an U (§13b Abs. 1 Satz 1 Nr. 1 UStG). Die USt für diese Leistung schuldet U (§ 13b Abs. 2 UStG). Die nach § 13b UStG geschuldete Umsatzsteuer ist in **Zeile 11** des Vordrucks EÜR einzutragen.

Nach § 13b Abs. 4 UStG ist ein im Ausland ansässiger Unternehmer ein Unternehmer, der weder im Inland noch auf der Insel Helgoland oder in einem der in § 1 Abs. 3 UStG bezeichneten Gebiete einen Wohnsitz, seinen Sitz, seine Geschäftsleitung oder eine Zweigniederlassung hat. Danach ist z.B. eine inländische Kanzlei einer ausländischen Rechtsanwaltssozietät mit geschäftlicher Oberleitung im Ausland auch im Ausland ansässig. Dies bewirkt, dass die USt auf die von der inländischen Kanzlei gegenüber Unternehmern oder juristischen Personen des öffentlichen Rechts im Inland erbrachten Leistungen von diesen Leistungsempfängern nach § 13b Abs. 2 UStG geschuldet wird. Soweit die inländische Kanzlei steuerbare und steuerpflichtige Leistungen an nicht in § 13b Abs. 2 UStG aufgeführte Leistungsempfänger erbringt, ist sie selbst Steuerschuldnerin und hat die Besteuerung dieser Umsätze nach § 16 und § 18 Abs. 1 bis 4 UStG durchzuführen. Zu berücksichtigen ist, dass für Leistungsempfänger i.S.d. § 13b Abs. 2 UStG vielfach nicht ohne weiteres erkennbar und auch nicht zweifelhaft ist, dass es sich bei der inländischen Kanzlei um einen im Ausland ansässigen Unternehmer i.S.d. § 13b Abs. 4 UStG handelt. Nach Vfg. der OFD Frankfurt vom 25.4.2002 (UR 2003, 42) ist es im Einvernehmen mit dem Hessischen Ministerium der Finanzen vertretbar, die inländische Kanzlei einer ausländischen Rechtsanwaltssozietät, soweit sie im Inland Leistungen gegen Entgelt ausführt, generell sowohl für das materielle Umsatzsteuerrecht als auch für das Besteuerungsverfahren als einen inländischen Unternehmer anzusehen. Etwas anderes hat jedoch zu gelten, wenn die Durchführung des allgemeinen Besteuerungsverfahrens bei der inländischen Kanzlei zu einer Gefährdung des Steueranspruchs führen sollte. In diesem Falle bleibt es bei der Steuerschuldnerschaft des Leistungsempfängers, soweit dieser § 13b Abs. 2 UStG unterliegt.

Die Steuerschuldnerschaft des in § 13b Abs. 2 UStG genannten Leistungsempfängers für die von ausländischen Kanzleien der gleichen Rechtsanwaltssozietät bezogenen und im Inland steuerbaren und steuerpflichtigen Leistungen bleibt von der obigen Regelung unberührt.

- Lieferungen sicherungsübereigneter Gegenstände durch den Sicherungsgeber an den Sicherungsnehmer außerhalb des Insolvenzverfahrens (§ 13b Abs. 1 Nr. 2 UStG);
- Umsätze, die unter das GrEStG fallen (§ 13b Abs. 1 Nr. 3 UStG; BMF-Schreiben vom 31.3.2004, BStBl I 2004, 453);
- Werklieferungen und sonstige Leistungen, die der Herstellung, Instandsetzung, Instandhaltung, Änderung oder Beseitigung von Bauwerken dienen, mit Ausnahme von Planungs- und Überwachungsleistungen. Nummer 1 bleibt unberührt (§ 13b Abs. 1 Nr. 4 UStG). Das bedeutet, dass bei Leistungen eines im Ausland ansässigen Unternehmers die Steuerschuld immer nach § 13b Abs. 1 Nr. 1 UStG auf den Leistungsempfänger übergeht (BMF-Schreiben vom 31.3.2004, a.a.O.);
- Lieferungen von Gas und Elektrizität eines im Ausland ansässigen Unternehmers unter den Bedingungen des § 3g UStG (§ 13b Abs. 1 Nr. 5 UStG).

Die Steuerschuldnerschaft des Leistungsempfängers (§ 13b Abs. 2 UStG) gilt auch beim Tausch und bei tauschähnlichen Umsätzen. Die Steuerschuldnerschaft des Leistungsempfängers muss aus der Rechnung des leistenden Unternehmers ersichtlich sein (§ 14a Abs. 5 UStG).

2.2 Steuerschuldner

2.2.1 Umsätze i.S.d. § 13b Abs. 1 Nr. 1–3 UStG

§ 13b Abs. 2 UStG bestimmt, wer als Leistungsempfänger die Steuer schuldet. Der Leistungsempfänger muss Unternehmer oder eine juristische Person des öffentlichen Rechts sein. Der Leistungsempfänger schuldet die Steuer auch, wenn die Leistung für den nichtunternehmerischen Bereich bezogen wird. Ausgeschlossen von der Steuerschuldnerschaft sind damit nur Privatpersonen.

2.2.2 Umsätze i.S.d. § 13b Abs. 1 Nr. 4 UStG

Der Übergang der Steuerschuld auf den Leistungsempfänger nach § 13b Abs. 1 Nr. 4 UStG setzt nach Abs. 2 Satz 2 UStG voraus, dass der Leistungsempfänger selbst auch die in § 13b Abs. 1 Nr. 4 UStG genannten Bauleistungen erbringt. Im Baubereich verlagert sich die Steuerschuld insbesondere dann auf den Leistungsempfänger, wenn ein Subunternehmer für den Leistungsempfänger tätig wird (Rz. 6–13 des BMF-Schreibens vom 31.3.2004, a.a.O.).

2.2.3 Umsätze i.S.d. § 13b Abs. 1 Nr. 5 UStG

Nach § 13b Abs. 2 Satz 1 UStG muss der Leistungsempfänger Unternehmer sein.

2.3 Entstehung der Steuer

Nach § 13b Abs. 1 UStG entsteht die Steuer mit Ausstellung der Rechnung, spätestens jedoch mit Ablauf des der Ausführung der Leistung folgenden Kalendermonats. Nach § 13b Abs. 1 Satz 2 UStG gelten die Regelungen des § 13 Abs. 1 Nr. 1 Buchst. a Satz 2 und 3 UStG entsprechend. Bei der Abzugsbesteuerung gelten nach § 13b Abs. 1 Satz 3 UStG auch die Regelungen der Mindestistbesteuerung. Wird das Entgelt oder ein Teil des Entgelts vereinnahmt, bevor die Leistung oder die Teilleistung ausgeführt worden ist, entsteht insoweit die Steuer mit Ablauf des Voranmeldungszeitraums, in dem das Entgelt oder das Teilentgelt vereinnahmt worden ist.

2.4 Umsätze, die die Steuerschuldnerschaft des Leistungsempfängers ausschließen

Nach § 13b Abs. 3 Nr. 1 bis 3 UStG ist die Steuerschuldnerschaft bei bestimmten Beförderungsleistungen ausgeschlossen.

Durch das Jahressteuergesetz 2007 vom 13.12.2006 (BGBl I 2006, 2878) sind die Ausnahmen, in denen die Steuerschuldnerschaft des Leistungsempfängers nicht anzuwenden ist, in § 13b Abs. 3 UStG um die Nr. 4 und 5 erweitert worden. Die Änderungen treten ab 1.1.2007 in Kraft. Das BMF-Schreiben vom 20.12.2006 (BStBl I 2006, 796) nimmt zur Steuerschuldnerschaft bei Messen, Ausstellungen und Kongressen ausführlich Stellung.

2.5 Ausländischer Unternehmer

§ 13b Abs. 4 UStG definiert den im Ausland ansässigen Unternehmer i.S.v. Abs. 1 Satz 1 Nr. 1 des § 13b UStG. Die Vorschrift enthält außerdem eine Regelung, dass der Leistungsempfänger in Fällen, in denen es zweifelhaft ist, ob der leistende Unternehmer im Ausland ansässig ist, nur dann die Steuer nicht schuldet, wenn der leistende Unternehmer ihm durch eine Bescheinigung des zuständigen inländischen FA nachweist, dass er kein im Ausland ansässiger Unternehmer ist. Die Regelung soll verhindern, dass der Leistungsempfänger aufgrund unzutreffender Angaben des Leistenden fälschlicherweise davon ausgeht, dass er die Steuer nicht schuldet.

Für die Frage, ob ein Unternehmer im Ausland ansässig ist, ist der Zeitpunkt maßgebend, in dem die Leistung ausgeführt wird (§ 13b Abs. 4 Satz 2 UStG); dieser Zeitpunkt ist auch dann maßgebend, wenn das Merkmal der Ansässigkeit bei Vertragsabschluss noch nicht vorgelegen hat. Unternehmer, die ein im Inland gelegenes Grundstück besitzen und steuerpflichtig vermieten, sind insoweit als im Inland ansässig zu behandeln. Sie haben diese Umsätze im Allgemeinen Besteuerungsverfahren zu erklären. Der Leistungsempfänger schuldet nicht die Steuer für diese Umsätze (Abschn. 182a Abs. 22 UStR). Die Tatsache, dass ein Unternehmer bei einem FA im Inland umsatzsteuerlich geführt wird, ist kein Merkmal dafür, dass er im Inland ansässig ist. Das Gleiche gilt grundsätzlich, wenn dem Unternehmer eine deutsche Umsatzsteuer-Identifikationsnummer (USt-IdNr.) erteilt wurde.

Das FG München hat mit Urteil vom 13.9.2007 (14 K 3679/05, LEXinform 5006111, Rev. eingelegt, Az. BFH: XI R 5/08, LEXinform 0588857) entschieden, dass der Begriff der Ansässigkeit i.S.v. § 13b Abs. 4 UStG am Gemeinschaftsrecht auszurichten ist; demnach geht bei Erbringung einer Personalgestellung auch dann die Steuerschuldnerschaft auf inländische Unternehmer als Leistungsempfänger über, wenn der Leistungserbringer zwar einen Wohnsitz im Inland hat, der Firmensitz aber im Ausland besteht.

Ist es für den Leistungsempfänger nach den Umständen des Einzelfalls ungewiss, ob der leistende Unternehmer im Zeitpunkt der Leistungserbringung im Inland ansässig ist (z.B. weil die Standortfrage in rechtlicher oder tatsächlicher Hinsicht unklar ist oder die Angaben des leistenden Unternehmers zu Zweifel Anlass geben), schuldet der Leistungsempfänger die Steuer nur dann nicht, wenn ihm der leistende Unternehmer durch eine Bescheinigung des nach den abgabenrechtlichen Vorschriften für die Besteuerung seiner Umsätze zuständigen Finanzamts nachweist, dass er kein Unternehmer i.S.d. § 13b Abs. 4 Satz 1 UStG ist (§ 13b Abs. 4 Satz 2 UStG). Die Bescheinigung hat der leistende Unternehmer bei dem für ihn zuständigen FA zu beantragen. Soweit erforderlich, hat er hierbei in geeigneter Weise darzulegen, dass er im Inland ansässig ist. Für die Bescheinigung nach § 13b Abs. 4 Satz 3 UStG wird das Vordruckmuster USt 1 TS – Bescheinigung über die Ansässigkeit im Inland – eingeführt.

Die Gültigkeitsdauer der Bescheinigung ist grundsätzlich auf ein Jahr beschränkt. Ist nicht auszuschließen, dass der leistende Unternehmer nur für eine kürzere Dauer als ein Jahr im Inland ansässig bleibt, hat das FA die Gültigkeit der Bescheinigung entsprechend zu befristen.

Die bisherige Definition eines im Ausland ansässigen Unternehmers in § 13b Abs. 4 Satz 1 UStG hat der Gesetzgeber mit dem JStG 2009 vom 19.12.2008 (BGBl I 2008, 2794) mit Wirkung zum 1.1.2010 neu gefasst.

2.6 Kleinunternehmer sowie Land- und Forstwirte bei Anwendung des § 24 UStG

2.6.1 Leistungsempfänger fällt unter § 19 bzw. § 24 UStG

Nach § 13b Abs. 5 UStG hat der Leistungsempfänger die geschuldete Steuer nach den allgemeinen umsatzsteuerrechtlichen Vorschriften zu berechnen.

2.6.2 Ausführender Unternehmer fällt unter § 19 UStG

Nach § 13b Abs. 2 Satz 4 UStG schuldet der Leistungsempfänger die Steuer nicht, wenn bei dem Unternehmer, der die Umsätze ausführt, die Steuer nach § 19 Abs. 1 UStG nicht erhoben wird.

3. Vorsteuerabzug des Leistungsempfängers

Der Leistungsempfänger kann die von ihm nach § 13b Abs. 2 UStG geschuldete USt als Vorsteuer abziehen, wenn er die Lieferung (Werklieferung) oder sonstige Leistung für sein Unternehmen bezieht und zur Ausführung von Umsätzen verwendet, die den Vorsteuerabzug nicht ausschließen.

Literatur: Völkel u.a., ABC-Führer Umsatzsteuer (Loseblatt).

T

Tausch

→ Preisnachlässe → Schenkungen

Rechtsquellen
§ 6 Abs. 7 i.V.m. Abs. 6 EStG
→ H 4.5 Abs. 2 [Tauschvorgänge] EStH
→ H 6b.1 [Entnahme] und [Tausch] EStH
→ § 3 Abs. 12 UStG
→ § 10 Abs. 2 Satz 2 UStG
→ Abschn. 153 UStR

1. Begriff

Der Tausch ist ein gegenseitiger Vertrag über ein Veräußerungsgeschäft, bei dem nicht ein Wirtschaftsgut gegen Geld, sondern gegen Hingabe eines anderen Wirtschaftsguts veräußert wird. Wenn Wertunterschiede durch Zuzahlung ausgeglichen werden, spricht man von einem Tausch mit Baraufgabe. Die Vorschriften über den Kaufvertrag sind auf die einzelnen Leistungen entsprechend anwendbar (§ 480 BGB). Bei einem Tausch handelt es sich um ein wechselseitiges Anschaffungs- und Veräußerungsgeschäft, also um zwei Geschäftsvorfälle. Wenn man gedanklich unterstellt, dass anstatt der Sachwerte Geld fließt, so hat man im Ergebnis einen normalen Anschaffungs- und Veräußerungsvorgang. Problematisch ist alleine die Wertfindung.

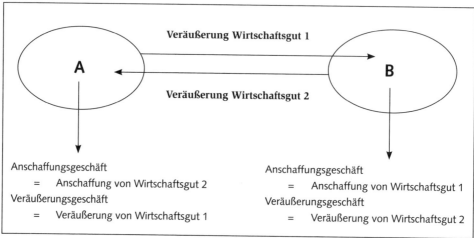

Abbildung: Tausch

2. Rechtsfolgen

2.1 Einkommensteuerrechtliche Sicht

Geht man im Grundsatz davon aus, dass sich die eingetauschten, zum Betriebsvermögen gehörenden Wirtschaftsgüter gleichwertig gegenüberstehen (was in der Praxis wohl eher selten der Fall ist), so ergeben sich folgende Konsequenzen:

Das erworbene Wirtschaftsgut ist mit den Anschaffungskosten zu erfassen. Die Anschaffungskosten bestehen in dem Wert, den der Betrieb abgibt, also im gemeinen Wert (§ 9 BewG). Der gemeine Wert richtet sich i.d.R. nach den Preisverhältnissen der jeweiligen Handelsstufe (z.B. Großhändler oder Einzelhändler) des hingegebenen Wirtschaftsguts zzgl. etwaiger Anschaffungsnebenkosten (§ 6 Abs. 7 i.V.m. Abs. 6 Satz 1 EStG). Mit anderen Worten, der Wert des hingegebenen Wirtschaftsguts ist der Preis für das empfangene Wirtschaftsgut. Sind die Anschaffungskosten des erworbenen Wirtschaftsguts ermittelt, so erfolgt die weitere Sachbehandlung, je nach Art des Wirtschaftsguts (abnutzbares, nicht abnutzbares Anlagevermögen oder Umlaufvermögen), nach den normalen Grundsätzen der § 4 Abs. 3-Rechnung.

Der Erlös für das hingegebene Wirtschaftsgut ist als Betriebseinnahme zu erfassen. Der Wert der Betriebseinnahme entspricht dem gemeinen Wert des erhaltenen Wirtschaftsguts (§ 8 Abs. 2 EStG analog und → **Betriebseinnahmen in Geldeswert**). Auf der Betriebsausgabenseite ergeben sich die allgemeinen Folgen, also z.B. AfA bis zum Tausch und Berücksichtigung eines noch nicht abgeschriebenen Restwerts beim Tausch (Verkauf) von abnutzbarem Anlagevermögen. Auch hier werden wie bei einem normalen Verkauf die stillen Reserven aufgedeckt.

2.2 Umsatzsteuerrechtliche Sicht

Ein Tausch liegt vor, wenn das Entgelt für eine Lieferung in einer Lieferung besteht. Von einem tauschähnlichen Umsatz spricht man, wenn das Entgelt für eine sonstige Leistung in einer Lieferung oder sonstigen Leistung besteht (§ 3 Abs. 12 UStG). In beiden Fällen werden jeweils zwei Umsätze ausgeführt. Beim Tausch bzw. tauschähnlichen Umsatz handelt es sich nicht um eine besondere Umsatzart i.S.d. § 1 UStG, sondern es findet ein Leistungsaustausch in Form von Lieferungen und/oder sonstigen Leistungen statt. Dabei hat jede Leistung eine doppelte Funktion. Einerseits ist sie Umsatz und andererseits die Gegenleistung für einen erhaltenen Umsatz, also Entgelt. Die weiteren umsatzsteuerrechtlichen Konsequenzen, insbesondere die Frage nach der Steuerbarkeit und der Steuerpflicht, richten sich nach den allgemeinen Grundsätzen. Bemessungsgrundlage ist der gemeine Wert der erhaltenen Gegenleistung (§ 10 Abs. 2 Satz 2 UStG). Der gemeine Wert ist ein Bruttobetrag aus dem die maßgebende Umsatzsteuer herauszurechnen ist. Für den → **Vorsteuerabzug** ist entscheidend, dass in den jeweiligen Rechnungen der Vorsteuerbetrag gesondert ausgewiesen wird (§ 15 Abs. 1 Nr. 1 UStG).

3. Tauschvorgänge

3.1 Tausch gleichwertiger Wirtschaftsgüter

Sind bei einem Tausch die getauschten Wirtschaftsgüter gleichwertig, ist die Sachbehandlung innerhalb der § 4 Abs. 3-Rechnung einfach. Da bei einem Tausch keine Gelder fließen, kann auch, soweit erforderlich, das Zu- und Abflussprinzip nicht zur Geltung kommen. In analoger Anwendung des Zu- und Abflussprinzips sind jedoch Sacheinnahmen in dem Zeitpunkt als Betriebseinnahme zu erfassen, in dem der Sachwert zugeht. Ein Abfluss liegt entsprechend dann vor, wenn das Wirtschaftsgut aus dem Betrieb ausscheidet. Nachfolgend werden die unterschiedlichen Tauschvarianten dargestellt.

Umlaufvermögen	**Betriebseinnahmen** gemeiner Wert des erhaltenen Wirtschaftsguts (brutto, darin ist i.d.R. die Umsatzsteuer bereits enthalten, später aber gewinnneutralisierende Korrektur). **Betriebsausgaben** die Anschaffungskosten des erworbenen Umlaufvermögens = gemeiner Wert des hingegebenen Wirtschaftsguts (brutto; § 6 Abs. 6 Satz 1 EStG). Die i.d.R. darin enthaltene Vorsteuer wird später aber gewinnneutralisierend korrigiert.
Abnutzbares Anlagevermögen	**Betriebseinnahmen** gemeiner Wert des erhaltenen Wirtschaftsguts (brutto, darin ist i.d.R. die Umsatzsteuer bereits enthalten, später aber gewinnneutralisierende Korrektur). **Betriebsausgaben** die Anschaffungskosten des erworbenen abnutzbaren Anlagevermögens sind über die AfA/GWG zu verteilen. Die Anschaffungskosten entsprechen dem gemeinen Wert des hingegebenen Wirtschaftsguts (i.d.R. netto, also abzüglich der vom anderen Unternehmer in Rechnung gestellten Umsatzsteuer; § 6 Abs. 6 Satz 1 UStG); ggf. die in Rechnung gestellte Vorsteuer (später aber gewinnneutralisierende Korrektur).
Nicht abnutzbares Anlagevermögen	**Betriebseinnahmen** gemeiner Wert des erhaltenen Wirtschaftsguts (brutto, darin ist i.d.R. die Umsatzsteuer bereits enthalten, später aber gewinnneutralisierende Korrektur). **Betriebsausgaben** die Anschaffungskosten des erworbenen nicht abnutzbaren Anlagevermögens sind erst bei Zufluss des Veräußerungserlöses als Betriebsausgabe zu berücksichtigen (§ 4 Abs. 3 Satz 4 EStG). Das erworbene Wirtschaftsgut ist aber in das besondere Verzeichnis aufzunehmen (§ 4 Abs. 3 Satz 5 EStG). Die Anschaffungskosten entsprechen dem gemeinen Wert des hingegebenen Wirtschaftsguts (i.d.R. aber ohne Vorsteuerbelastung, § 4 Nr. 9a UStG).

Abbildung: Tausch Umlaufvermögen gegen...

Umlaufvermögen	**Betriebseinnahmen** gemeiner Wert des erhaltenen Wirtschaftsguts (brutto, darin ist i.d.R. die Umsatzsteuer bereits enthalten, später aber gewinnneutralisierende Korrektur). **Betriebsausgaben** die Anschaffungskosten des erworbenen Umlaufvermögens = gemeiner Wert des hingegebenen Wirtschaftsguts (brutto). Die i.d.R. darin enthaltene Vorsteuer wird später aber gewinnneutralisierend korrigiert; ggf. AfA für das hingegebene Wirtschaftsgut bis zum Tauschmonat (R 7.4 Abs. 8 EStR); ein noch vorhandener Restwert des hingegebenen Wirtschaftsguts (H 4.5 (3) [Unterlassene AfA] EStH).
Abnutzbares Anlagevermögen	**Betriebseinnahmen** gemeiner Wert des erhaltenen Wirtschaftsguts (brutto, darin ist i.d.R. die Umsatzsteuer bereits enthalten, später aber gewinnneutralisierende Korrektur). **Betriebsausgaben** die Anschaffungskosten des erworbenen abnutzbaren Anlagevermögens sind über die AfA/GWG zu verteilen. Die Anschaffungskosten entsprechen dem gemeinen Wert des hingegebenen Wirtschaftsguts (i.d.R. netto, also abzüglich der vom anderen Unternehmer in Rechnung gestellten Umsatzsteuer); ggf. die in Rechnung gestellte Vorsteuer (später aber gewinnneutralisierende Korrektur); ggf. AfA für das hingegebene Wirtschaftsgut bis zum Tauschmonat (R 7.4 Abs. 8 EStR); ein noch vorhandener Restwert des hingegebenen Wirtschaftsguts (H 4.5 (3) [Veräußerung abnutzbarer Wirtschaftsgüter/Unterlassene AfA] EStH).
Nicht abnutzbares Anlagevermögen	**Betriebseinnahmen** gemeiner Wert des erhaltenen Wirtschaftsguts (brutto, darin ist i.d.R. die Umsatzsteuer bereits enthalten, später aber gewinnneutralisierende Korrektur). **Betriebsausgaben** die Anschaffungskosten des erworbenen nicht abnutzbaren Anlagevermögens sind erst bei Zufluss des Veräußerungserlöses als Betriebsausgabe zu berücksichtigen (§ 4 Abs. 3 Satz 4 EStG). Das erworbene Wirtschaftsgut ist aber in das besondere Verzeichnis aufzunehmen (§ 4 Abs. 3 Satz 5 EStG). Die Anschaffungskosten entsprechen dem gemeinen Wert des hingegebenen Wirtschaftsguts (i.d.R. aber ohne Vorsteuerbelastung, § 4 Nr. 9a UStG); ggf. AfA für das hingegebene Wirtschaftsgut bis zum Tauschmonat (R 7.4 Abs. 8 EStR); ein noch vorhandener Restwert des hingegebenen Wirtschaftsguts (H 4.5 (3) [Veräußerung abnutzbarer Wirtschaftsgüter/Unterlassene AfA] EStH).

Abbildung: Tausch abnutzbares Anlagevermögen gegen …

Umlaufvermögen	**Betriebseinnahmen** gemeiner Wert des erhaltenen Wirtschaftsguts (darin ist i.d.R. keine Umsatzsteuer enthalten, § 4 Nr. 9a UStG). **Betriebsausgaben** die Anschaffungskosten des erworbenen Umlaufvermögens = gemeiner Wert des hingegebenen Wirtschaftsguts (brutto). Die i.d.R. darin enthaltene Vorsteuer wird später aber gewinnneutralisierend korrigiert; die ursprünglichen Anschaffungskosten des hingegebenen nicht abnutzbaren Wirtschaftsguts sind als Betriebsausgaben anzusetzen (§ 4 Abs. 3 Satz 4 EStG).
Abnutzbares Anlagevermögen	**Betriebseinnahmen** gemeiner Wert des erhaltenen Wirtschaftsguts (darin ist i.d.R. keine Umsatzsteuer enthalten, § 4 Nr. 9a UStG). **Betriebsausgaben** die Anschaffungskosten des erworbenen abnutzbaren Anlagevermögens sind über die AfA/GWG zu verteilen. Die Anschaffungskosten entsprechen dem gemeinen Wert des hingegebenen Wirtschaftsguts (i.d.R. netto, also abzüglich der vom anderen Unternehmer in Rechnung gestellten Umsatzsteuer); ggf. die in Rechnung gestellte Vorsteuer (später aber gewinnneutralisierende Korrektur); die ursprünglichen Anschaffungskosten des hingegebenen nicht abnutzbaren Wirtschaftsguts sind als Betriebsausgaben anzusetzen (§ 4 Abs. 3 Satz 4 EStG).
Nicht abnutzbares Anlagevermögen	**Betriebseinnahmen** gemeiner Wert des erhaltenen Wirtschaftsguts (darin ist i.d.R. keine Umsatzsteuer enthalten, § 4 Nr. 9a UStG). **Betriebsausgaben** die Anschaffungskosten des erworbenen nicht abnutzbaren Anlagevermögens sind erst bei Zufluss des Veräußerungserlöses als Betriebsausgabe zu berücksichtigen (§ 4 Abs. 3 Satz 4 EStG). Das erworbene Wirtschaftsgut ist aber in das besondere Verzeichnis aufzunehmen (§ 4 Abs. 3 Satz 5 EStG). Die Anschaffungskosten entsprechen dem gemeinen Wert des hingegebenen Wirtschaftsguts (i.d.R. aber ohne Vorsteuerbelastung, § 4 Nr. 9a UStG); Die ursprünglichen Anschaffungskosten des hingegebenen nicht abnutzbaren Wirtschaftsguts sind als Betriebsausgaben anzusetzen (§ 4 Abs. 3 Satz 4 EStG).

Abbildung: Tausch nicht abnutzbares Anlagevermögen gegen...

3.2 Tausch mit Baraufgabe

In der Praxis wird es nur selten vorkommen, dass sich bei einem Tausch Leistung und Gegenleistung gleichwertig gegenüberstehen. I.d.R. wird es, um die Wertunterschiede auszugleichen, zu einer sog. Baraufgabe kommen. Bei dem Steuerpflichtigen, der neben der Hingabe eines Wirtschaftsguts noch eine Baraufgabe leistet, sind die Anschaffungskosten um diese Zuzahlung zu erhöhen. Beim anderen Steuerpflichtigen ist die Baraufgabe zu Ermittlung der

Anschaffungskosten abzuziehen. Umsatzsteuerrechtlich gehört die geleistete Baraufgabe mit zum Entgelt, während sie beim leistenden Unternehmer das Entgelt mindert (Abschn. 153 Abs. 1 Satz 6 und 7 UStG).

3.3 Zusammenfassung

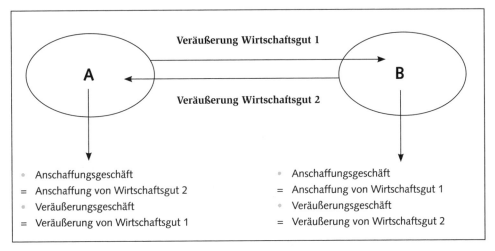

Abbildung: Tausch

Ertragsteuerrechtliche Behandlung

Ermittlung der Anschaffungskosten des erworbenen WG

Unternehmer A	Unternehmer B
Gemeiner Wert des hingegebenen WG 1	Gemeiner Wert des hingegebenen WG 2
./. abzugsfähige Vorsteuer	./. abzugsfähige Vorsteuer
= AK des erworbenen WG 2	= AK des erworbenen WG 1

Gewinnrealisierung für das hingegebene WG

Unternehmer A	Unternehmer B
Gemeiner Wert des empfangenen WG 2 (ohne USt)	Gemeiner Wert des empfangenen WG 1 (ohne USt)
./. Buchwert WG 1	./. Buchwert WG 2
= Veräußerungsgewinn	= Veräußerungsgewinn

Umsatzsteuerrechtliche Behandlung

Bemessungsgrundlage für das hingegebene WG (Lieferung) ....

Unternehmer A	Unternehmer B
Gemeiner Wert des erworbenen WG 2 (brutto)	Gemeiner Wert des erworbenen WG 1 (brutto)
./. darin enthaltene USt	./. darin enthaltene USt
= Entgelt für das gelieferte WG 1	= Entgelt für das gelieferte WG 2

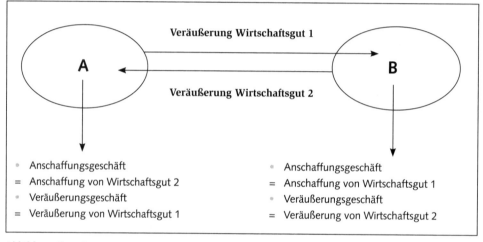

Abbildung: Tausch

Ertragsteuerrechtliche Behandlung

Ermittlung der Anschaffungskosten des erworbenen WG

Unternehmer A	Unternehmer B
Gemeiner Wert des hingegebenen WG 1	Gemeiner Wert des hingegebenen WG 2
./. erhaltene Aufzahlung für das veräußerte WG 1	+ geleistete Aufzahlung für das erworbene WG 1
= Bruttobetrag für das erworbene WG 2	= Bruttobetrag für das erworbene WG 1
./. abzugsfähige Vorsteuer	./. abzugsfähige Vorsteuer
= AK des erworbenen WG 2	= AK des erworbenen WG 1

Gewinnrealisierung für das hingegebene WG

Unternehmer A	Unternehmer B
Gemeiner Wert des empfangenen WG 2 (ohne USt)	Gemeiner Wert des empfangenen WG 1 (ohne USt)
+ erhaltene Aufzahlung ./. Buchwert WG 1	./. geleistete Aufzahlung ./. Buchwert WG 2
= Veräußerungsgewinn	= Veräußerungsgewinn

Umsatzsteuerrechtliche Behandlung

Bemessungsgrundlage für das hingegebene WG (Lieferung) ....

Unternehmer A	Unternehmer B
Gemeiner Wert des erworbenen WG 2 (brutto)	Gemeiner Wert des erworbenen WG 1 (brutto)
+ erhaltene Anzahlung	./. geleistete Anzahlung
= Bruttobetrag für das gelieferte WG 1	= Bruttobetrag für das gelieferte WG 2
./. darin enthaltene USt	./. darin enthaltene USt
= Entgelt für das gelieferte WG 1	= Entgelt für das gelieferte WG 2

Beispiel: Tausch mit Baraufgabe

Ein Baustoffhändler (§ 4 Abs. 3-Rechnung) liefert einem Kfz-Händler (§ 4 Abs. 3-Rechnung) im Januar Baustoffe im Wert von 5 295 € zum Bau einer neuen Ausstellungshalle. Im Gegenzug verkauft der Kfz-Händler einen gebrauchten Pkw im Wert von 17 400 € (Nutzungsdauer 3 Jahre), den der Baustoffhändler als Betriebsvermögen behandelt. Als Zuzahlung leistet der Baustoffhändler einen Betrag von 12 105 €.

Die Rechnungen lauten wie folgt:

Baustoffhändler

Baustoffe	4 450 €
zzgl. 19 % Umsatzsteuer	845 €
Rechnungsbetrag	5 295 €

Kfz-Händler

Gebrauchtwagen	14 622 €
zzgl. 19 % Umsatzsteuer	2 778 €
	17 400 €
Baustofflieferung	./. 5 295 €
Restzahlung	12 105 €

Lösung:
Baustoffhändler
Auf der Betriebseinnahmenseite ist der Verkauf der Baustoffe zu erfassen. Der Verkaufserlös ermittelt sich wie folgt:

gemeiner Wert des empfangenen Pkw (brutto)	17 400 €
geleistete Baraufgabe	./. 12 105 €
Verkaufserlös	**5 295 €**

Auf der Betriebsausgabenseite ist der Kauf des Pkw zu berücksichtigen. Da dieser zum abnutzbaren Anlagevermögen zu rechnen ist, müssen die Anschaffungskosten im Wege der AfA als Betriebsausgaben angesetzt werden (§ 4 Abs. 3 Satz 3 EStG). Die Anschaffungskosten des Pkw ermitteln sich wie folgt:

gemeiner Wert der Baustoffe (brutto)	5 295 €
Baraufgabe	+ 12 105 €
§ 6 Abs. 7 i.V.m. Abs. 6 Satz 1 EStG	17 400 €
./. Vorsteuer lt. Rechnung (§ 9b Abs. 1 EStG)	./. 2 778 €
Anschaffungskosten (§ 255 Abs. 1 HGB)	14 622 €

Umsatzsteuerrechtlich handelt es sich um einen Tausch mit Baraufgabe (§ 3 Abs. 12 UStG). Mit dem Verkauf der Baustoffe tätigt der Baustoffhändler eine steuerbare und steuerpflichtige Lieferung nach § 1 Abs. 1 Nr. 1 i.V.m. § 3 Abs. 1 UStG. Die Bemessungsgrundlage für den Verkauf der Baustoffe bestimmt sich nach § 10 Abs. 2 Satz 2 UStG. Das bedeutet, dass als Entgelt für eine Leistung der übliche Preis der vom Leistungsempfänger erhaltenen Gegenleistung anzusetzen ist (Abschn. 153 Abs. 1 Satz 2 UStR). Der gemeine

Wert der Gegenleistung beträgt (Pkw des Pkw-Händlers)	17 400 €
Bei einem Tausch mit Baraufgabe ist der Wert der Sachleistung um die zugezahlte Baraufgabe zu mindern (Abschn. 153 Abs. 1 Satz 6 und 7 UStR)	./. 12 105 €
Gemeiner Wert der Gegenleistung (brutto)	5 295 €
Die USt ist stets herauszurechnen (Abschn. 153 Abs. 1 Satz 2 UStR): 5 295 € : 119 × 19 =	./. 845 €
Entgelt	4 450 €

§ 4 Abs. 3-Rechnung insoweit:

Betriebseinnahmen	• Verkauf Baustoffe (netto)	4 450 €
	• USt dafür	845 €
	• Vorsteuererstattung durch FA	2 778 €
Betriebsausgaben	• AfA Pkw (von 14 622 €; ND 3 Jahre)	4 874 €
	• in Rechnung gestellte Vorsteuer	2 778 €
	• USt-Zahlung an FA	845 €

	1. Gewinnermittlung			99	20
	Betriebseinnahmen		EUR		Ct
7	Betriebseinnahmen als umsatzsteuerlicher **Kleinunternehmer**	111		,	
8	davon aus Umsätzen, die in § 19 Abs. 3 Nr. 1 und Nr. 2 UStG bezeichnet sind	119	, (weiter ab Zeile 13)		
9	Betriebseinnahmen als **Land- und Forstwirt**, soweit die Durchschnittssatzbesteuerung nach § 24 UStG angewandt wird	104		,	
10	**Umsatzsteuerpflichtige Betriebseinnahmen**	112	4 450	,00	
11	Umsatzsteuerfreie, nicht umsatzsteuerbare Betriebseinnahmen sowie Betriebseinnahmen, für die der Leistungsempfänger die Umsatzsteuer nach § 13b UStG schuldet	103		,	
11a	davon Kapitalerträge	113	,		
12	Vereinnahmte Umsatzsteuer sowie Umsatzsteuer auf unentgeltliche Wertabgaben	140	845	,00	
13	Vom Finanzamt erstattete und ggf. verrechnete Umsatzsteuer	141	2 778	,00	

	Betriebsausgaben			99	25
			EUR		Ct
26	AfA auf bewegliche Wirtschaftsgüter (z.B. Maschinen, Kfz)	130	4 874	,00	
52	Gezahlte Vorsteuerbeträge	185	2 778	,00	
53	An das Finanzamt gezahlte und ggf. verrechnete Umsatzsteuer	186	845	,55	

Kfz-Händler
Auf der Betriebseinnahmenseite ist der Verkauf des Pkw zu erfassen. Der Verkaufserlös ermittelt sich wie folgt:

gemeiner Wert des empfangenen Baustoffe (brutto)	5 295 €
erhaltene Baraufgabe	+ 12 105 €
	17 400 €

Auf der Betriebsausgabenseite ist die Anschaffung der Baustoffe zu betrachten. Diese sind Bestandteil der → **Herstellungskosten** der noch zu erstellenden Ausstellungshalle. Die Anschaffungskosten der Baustoffe wirken sich ab Fertigstellung der Halle im Wege der AfA als Betriebsausgaben aus, so dass ein Betriebsausgabenabzug bei Anschaffung der Baustoffe noch nicht erfolgen kann. Die Anschaffungskosten der Baustoffe ermitteln sich wie folgt:

gemeiner Wert des Pkw (brutto)	17 400 €
Baraufgabe	./. 12 105 €
	5 295 €
./. Vorsteuer lt. Rechnung	./. 845 €
Anschaffungskosten	4 450 €

Umsatzsteuerrechtlich handelt es sich um einen Tausch mit Baraufgabe (§ 3 Abs. 12 UStG). Mit dem Verkauf des Pkw tätigt der Kfz-Händler eine steuerbare und steuerpflichtige Lieferung nach § 1 Abs. 1 Nr. 1 i.V.m. § 3 Abs. 1 UStG. Die Bemessungsgrundlage

für den Verkauf des Pkw bestimmt sich nach § 10 Abs. 2 Satz 2 UStG. Das bedeutet, dass als Entgelt für eine Leistung der übliche Preis der vom Leistungsempfänger erhaltenen Gegenleistung anzusetzen ist (Abschn. 153 Abs. 1 Satz 2 UStR). Der gemeine Wert der Gegenleistung beträgt (Baustoffe des Baustoffhändlers) 5 295 €
Bei einem Tausch mit Baraufgabe ist der Wert der Sachleistung
um die erhaltene Baraufgabe zu erhöhen + 12 105 €
Gemeiner Wert der Gegenleistung (brutto) 17 400 €
Die USt ist stets herauszurechnen (Abschn. 153 Abs. 1 Satz 2 UStR):
17 400 € : 119 × 19 = ./. 2 778 €
Entgelt 14 622 €

§ 4 Abs. 3-Rechnung insoweit:

Betriebseinnahmen
- Verkauf Pkw (netto) 14 622 €
- USt dafür 2 778 €
- Vorsteuererstattung durch FA 845 €

Betriebsausgaben
- in Rechnung gestellte Vorsteuer
  für die Lieferung der Baustoffe 845 €
- USt-Zahlung an FA 2 778 €

	1. Gewinnermittlung			99	20
	Betriebseinnahmen			EUR	Ct
7	Betriebseinnahmen als umsatzsteuerlicher **Kleinunternehmer**	111			,
8	davon aus Umsätzen, die in § 19 Abs. 3 Nr. 1 und Nr. 2 UStG bezeichnet sind	119	,	(weiter ab Zeile 13)	
9	Betriebseinnahmen als **Land- und Forstwirt**, soweit die Durchschnittssatzbesteuerung nach § 24 UStG angewandt wird	104			,
10	Umsatzsteuerpflichtige Betriebseinnahmen	112		14 622	,00
11	Umsatzsteuerfreie, nicht umsatzsteuerbare Betriebseinnahmen sowie Betriebseinnahmen, für die der Leistungsempfänger die Umsatzsteuer nach § 13b UStG schuldet	103			,
11a	davon Kapitalerträge	113	,		
12	Vereinnahmte Umsatzsteuer sowie Umsatzsteuer auf unentgeltliche Wertabgaben	140		2 778	,00
13	Vom Finanzamt erstattete und ggf. verrechnete Umsatzsteuer	141		845	,00

	Betriebsausgaben		99	25
			EUR	Ct
	Absetzungen für Abnutzung (AfA)			
24	AfA auf unbewegliche Wirtschaftsgüter (ohne AfA für das häusliche Arbeitszimmer)	136	Bei Fertigstellung der Halle	
25	AfA auf immaterielle Wirtschaftsgüter (z.B. erworbene Firmen- oder Praxiswerte)	131		,
26	AfA auf bewegliche Wirtschaftsgüter (z.B. Maschinen, Kfz)	130		,
52	Gezahlte Vorsteuerbeträge	185	845	,00
53	An das Finanzamt gezahlte und ggf. verrechnete Umsatzsteuer	186	2 788	,55

Tausch

3.4 Tauschähnlicher Umsatz

Bei einem tauschähnlichen Umsatz liefert der eine Tauschpartner ein Wirtschaftsgut, während der andere eine sonstige Leistung (z.B. Dienstleistung) erbringt. In diesem Fall müssten die Anschaffungskosten für das empfangene Wirtschaftsgut bei dem Steuerpflichtigen, der die sonstige Leistung erbringt, grundsätzlich nach dem Wert dieser hingegebenen Leistung bemessen werden. Dies ist dann relativ einfach, wenn die sonstige Leistung im Geschäftsverkehr einen bestimmten Wert hat. Sollte die Wertfindung im Einzelfall Schwierigkeiten bereiten, so kann zur Bestimmung der Anschaffungskosten des empfangenen Wirtschaftsguts dessen eigener gemeiner Wert zugrunde gelegt werden, da in diesem Fall davon ausgegangen werden kann, dass sich Leistung und Gegenleistung gleichwertig gegenüberstehen. Aber auch hier kann es zu einer Baraufgabe kommen, wenn sich beide Leistungen nicht gleichwertig gegenüberstehen.

Umsatzsteuerrechtlich ergeben sich hier keine Besonderheiten. Auch bei einem tauschähnlichen Umsatz gilt der gemeine Wert jedes Umsatzes als Entgelt für den anderen Umsatz (§ 10 Abs. 2 Satz 2 UStG und Abschn. 153 Abs. 1 Satz 1 UStR).

Beispiel: Tauschähnlicher Umsatz mit Baraufgabe

Steuerberater Willi erwirbt im Jahr 18 von einem Kfz-Händler einen neuen für das Betriebsvermögen bestimmten Pkw (Nutzungsdauer 6 Jahre). Er gibt seinen alten, auch zum Betriebsvermögen gehörenden Pkw (AfA bis zum Tauschmonat = 2 500 €, Restwert bei Tausch = 8 000 €), in Zahlung. Da der Kfz-Händler zu seinen Mandanten zählt, erledigt Willi mit diesem Kauf gleichzeitig das Erstellen der § 4 Abs. 3-Rechnung für das Jahr 17 für den Kfz-Händler. Es wurden auf beiden Seiten ordnungsgemäße Rechnungen erstellt. Willi und der Kfz-Händler ermitteln ihren Gewinn durch die § 4 Abs. 3-Rechnung.

Die Abrechnung des Kfz-Händlers lautete wie folgt:

Lieferung Neuwagen	30 000 €
19 % Umsatzsteuer	+ 5 700 €
Bruttobetrag	35 700 €
Inzahlungnahme Altwagen (brutto)	./. 11 600 €
Zwischensumme	24 100 €
§ 4 Abs. 3-Rechnung Jahr 17 (brutto)	./. 6 960 €
Zuzahlung	17 140 €

Lösung:

Steuerberater Willi

Auf der Betriebseinnahmenseite ist der Verkauf des alten Pkw sowie das Erstellen der § 4 Abs. 3-Rechnung für das Jahr 17 zu erfassen. Zur Ermittlung der jeweils maßgebenden Werte ist der Wert des Altwagens und der Wert der § 4 Abs. 3-Rechnung rechnerisch wie eine Baraufgabe zu betrachten.

Die Betriebseinnahmen ermitteln sich wie folgt:

Verkauf des alten Pkw
gemeiner Wert des empfangenen neuen Pkw (brutto)   35 700 €
geleistete Baraufgaben:
§ 4 Abs. 3-Rechung   6 960 €
Zuzahlung   17 140 €   ./. 24 100 €
    11 600 €

Erstellen der § 4 Abs. 3-Rechnung für das Jahr 17
gemeiner Wert des empfangenen neuen Pkw (brutto)   35 700 €
geleistete Baraufgaben:
Pkw alt   11 600 €
Zuzahlung   17 140 €   ./. 28 740 €
    6 960 €

Auf der Betriebsausgabenseite ist der Kauf des neuen Pkw zu berücksichtigen. Da dieser zum abnutzbaren Anlagevermögen zu rechnen ist, müssen die Anschaffungskosten im Wege der AfA als Betriebsausgaben angesetzt werden (§ 4 Abs. 3 Satz 3 EStG). Die Anschaffungskosten des Pkw ermitteln sich wie folgt:

gemeiner Wert des alten Pkw (brutto)   11 600 €
gemeiner Wert der § 4 Abs. 3-Rechnung (brutto)   + 6 960 €
geleistete Baraufgabe   + 17 140 €
    35 700 €
./. Vorsteuer lt. Rechnung   ./. 5 700 €
Anschaffungskosten   30 000 €

§ 4 Abs. 3-Rechnung im Jahr 18 insoweit:

Betriebseinnahmen	• Verkauf Altwagen (**Zeile 14** des Vordrucks EÜR)	9 748 €
	• Vereinnahmte USt (**Zeile 12** des Vordrucks EÜR)	1 852 €
	• § 4 Abs. 3-Rechnung (**Zeile 10** des Vordrucks EÜR)	5 849 €
	• Vereinnahme USt (**Zeile 12** des Vordrucks EÜR)	1 111 €
	• Erstatte USt (**Zeile 13** des Vordrucks EÜR)	5 700 €
Betriebsausgaben	• AfA Altwagen (**Zeile 26** des Vordrucks EÜR)	2 500 €
	• Restwert Altwagen (**Zeile 34** des Vordrucks EÜR)	8 000 €
	• AfA neuer Pkw (**Zeile 26** des Vordrucks EÜR)	5 000 €
	• in Rechnung gestellte Vorsteuer (**Zeile 52** des Vordrucks EÜR)	5 700 €
	• gezahlte USt an FA (**Zeile 53** des Vordrucks EÜR)	2 963 €

Kfz-Händler
§ 4 Abs. 3-Rechnung im Jahr 18 insoweit:

Betriebseinnahmen	• Verkauf Neuwagen (brutto)	35 700 €
Betriebsausgaben	• Kauf Altwagen (brutto)	11 600 €
	• § 4 Abs. 3-Rechnung für das Jahr 17 (brutto)	6 960 €

3.5 Tausch Betriebsvermögen/betriebliche Leistung gegen Privatvermögen/private Leistung

Hierbei ergeben sich nur Änderungen auf der Seite der Betriebsausgaben. Geht man vom letzten Beispiel aus und unterstellt, dass Steuerberater Willi seinen betrieblichen Altwagen in Zahlung gibt und er für den Kfz-Händler zusätzlich noch die § 4 Abs. 3-Rechnung für das Jahr 17 erstellt, den neuen Wagen aber ausschließlich für private Zwecke verwendet, so ergeben sich auf der Seite der Betriebseinnahmen keine Änderungen. Das bedeutet mit anderen Worten: auch wenn der getauschte Gegenstand nicht Betriebsvermögen wird, ändert das nichts an der Berechnung der jeweiligen Betriebseinnahmen. Auch hier ist der gemeine Wert des erworbenen privaten Neuwagens zugrunde zu legen. Jedoch ist dann keine AfA für den Neuwagen als Betriebsausgabe zu berücksichtigen und die in Rechnung gestellte Vorsteuer wirkt sich auch nicht gewinnmindernd aus. Umsatzsteuerrechtlich dürfte in diesem Fall kein Unternehmensvermögen vorliegen, so dass ein Vorsteuerabzug entfällt.

Mit Urteil vom 29.6.1995 (VIII R 2/94, BStBl II 1996, 60) hat der BFH zum Tausch Folgendes festgestellt:

Hinsichtlich des weggegebenen Wirtschaftsguts liegt eine Entnahme vor, wenn es nur deshalb veräußert wird, um Privatvermögen zu erwerben. In diesem Fall fällt schon die Veräußerung in den privaten Bereich (s.a. H 6b.1 [Tausch] EStH). Bereits mit Urteil vom 23.6.1981 (VIII R 41/79, BStBl II 1982, 18) hat der BFH entschieden, dass ein betriebliches Wirtschaftsgut entnommen wird, wenn die Gegenleistung für seine tauschweise Hingabe in der Erlangung eines Wirtschaftsguts des notwendigen Privatvermögens oder in der Befreiung von einer privaten Schuld besteht (s.a. H 6b.1 [Entnahme] EStH). Maßgeblich für die Behandlung als Entnahme ist eine private Zielsetzung. Handelt es sich um einen betrieblichen Vorgang, so wird dadurch ein objektiver wirtschaftlicher oder tatsächlicher Zusammenhang mit dem Betrieb hergestellt. In diesem Fall liegt keine Entnahme vor, sondern Folge des betrieblich veranlassten Erwerbs ist der Zugang des angeschafften Gegenstandes zum Betriebsvermögen. So gelangt ein Vermögensgegenstand, den ein Unternehmer als Entgelt für eine betriebliche Leistung statt Geld erhält, auch dann in sein Betriebsvermögen, wenn eine betriebliche Verwendung weder vorgesehen noch möglich ist. Betriebsvermögen werden im Zeitpunkt des Zugangs auch betrieblich veranlasste Sachgeschenke, die ihrer Art nach nicht im Betrieb verwendet werden können (BFH-Urteile vom 13.12.1973 I R 136/72, BStBl II 1974, 210 und vom 11.11.1987 I R 7/84, BStBl II 1988, 424).

3.6 Tausch Privatvermögen/private Leistung gegen Betriebsvermögen/betriebliche Leistung

Auch hier dient das Beispiel mit Steuerberater Willi und dem Kfz-Händler (Beispiel zu 3.4) als Ausgangspunkt. Hätte der in Zahlung gegebene Altwagen nicht zum Betriebsvermögen sondern zum Privatvermögen gehört, würden sich die Anschaffungskosten des zum Betriebsvermögen gehörenden Neuwagens nach den gleichen Grundsätzen berechnen. Einziger Unterschied zum Ausgangsbeispiel wäre, dass der Verkaufserlös für den Altwagen nicht als Betriebseinnahme und die AfA und der Restwert nicht als Betriebsausgabe zu berücksichtigen gewesen wären. Ansonsten würde sich auf der Seite des Steuerberaters Willi nichts ändern. Beim Kfz-Händler hat die Privatvermögenseigenschaft des in Zahlung gegebenen Altwagens keinerlei Einfluss auf dessen § 4 Abs. 3-Rechnung, da der Altwagen dem Umlaufvermögen zuzuordnen ist.

U

Umlaufvermögen

→ Verbindlichkeiten → Zahngold
→ Verlust von Wirtschaftsgütern

Rechtsquellen
→ § 11 Abs. 2 EStG → R 6.1 Abs. 2 EStR

1. Begriff

Zum Umlaufvermögen gehören alle Wirtschaftsgüter, die → **Betriebsvermögen** darstellen und die zur Veräußerung, Verarbeitung oder zum Verbrauch angeschafft oder hergestellt worden sind (R 6.1 Abs. 2 EStR).

> **Beispiele**
> Waren, Büromaterial, Betriebsstoffe.

2. Behandlung der Anschaffung/Herstellung

Die Anschaffungskosten/Herstellungskosten des Umlaufvermögens werden – mangels Spezialregelung in § 4 Abs. 3 EStG – im Zeitpunkt der Zahlung als Betriebsausgaben angesetzt. Um die Folgen für die § 4 Abs. 3-Rechnung umzusetzen, bedarf es der Klärung folgender Fragen:
- Was gehört zu den → **Anschaffungskosten**/→ **Herstellungskosten**?
- Wie wird die in Rechnung gestellte Vorsteuer behandelt (→ **Anschaffungskosten/Herstellungskosten**)?
- Zu welchem Zeitpunkt gelten die Anschaffungskosten/Herstellungskosten als geleistet (→ **Zu- und Abflussprinzip**)?
- Wie wird der Erwerb gegen Zahlung einer betrieblichen Veräußerungsleibrente/dauernden Last oder Kaufpreisrate behandelt (→ **Renten, dauernde Lasten und Raten**)?
- Welche Auswirkungen hat der unentgeltliche Erwerb (→ **Schenkungen**)?

3. Behandlung des Ausscheidens

Ein Ausscheiden aus dem Betriebsvermögen kann z.B. durch Veräußerung, Gegenstandsentnahme oder Verlust erfolgen. Im Folgenden soll nur das Ausscheiden durch eine Veräußerung angesprochen werden. Sonderfälle des Ausscheidens wie z.B. durch Entnahme oder Verlust werden unter dem jeweiligen Stichwort ausführlich erläutert.

Es ergeben sich folgende Konsequenzen für die § 4 Abs. 3-Rechnung:

Betriebseinnahmen:
Der Verkaufserlös sowie ggf. die darauf entfallende Umsatzsteuer stellen bei Vereinnahmung (→ **Zu- und Abflussprinzip**, § 11 Abs. 1 EStG) → **Betriebseinnahmen** dar (i.d.R. **Zeile 10** und nicht **Zeile 14** des Vordrucks EÜR). Dies ist auch eine logische Folge aus der Definition von Betriebseinnahmen. Durch die Veräußerung von Betriebsvermögen ist unstreitig eine betriebliche Veranlassung gegeben. Die vereinnahmte und als Betriebseinnahme erfasste Umsatzsteuer (**Zeile 12** des Vordrucks EÜR) ist bei Zahlung an das Finanzamt wieder gewinnneutralisierend (**Zeile 53** des Vordrucks EÜR) zu korrigieren (H 9b [Gewinnermittlung nach § 4 Abs. 3 EStG...] EStH und → **Umsatzsteuer/Vorsteuer**).

Betriebsausgaben:
Im Jahr des Verkaufs sind insoweit keine → **Betriebsausgaben** mehr zu berücksichtigen, da diese sich bereits bei Zahlung gewinnmindernd ausgewirkt haben, es sei denn, beides spielt sich im gleichen Jahr ab.

Vergleicht man diese Folgen mit der Buchführung, so ergibt sich im Endergebnis die gleiche Gewinnauswirkung (→ **Gesamtgewinngleichheit**). I.R.d. Buchführung ist jedoch zu beachten, dass sich durch die jeweilige Warenbestandsveränderung nur der tatsächliche Wareneinsatz und der tatsächliche Warenverkauf gewinnbeeinflussend auswirken und sich somit der richtige Periodengewinn ergibt. Zu diesem Zweck muss der Warenendbestand zum Ende eines jeden Geschäftsjahres durch die Inventur ermittelt werden (§ 240 HGB). Innerhalb der § 4 Abs. 3-Rechnung ist jedoch der Gewinn von der Zufälligkeit der Zahlungen abhängig. Die Gewinnermittlung nach § 4 Abs. 3 EStG verzichtet durch ihren Vereinfachungszweck auf eine Inventur und somit auch auf eine korrekte Ermittlung des tatsächlichen Wareneinsatzes. Der tatsächliche zum Ende des Geschäftsjahres noch vorhandene Warenendbestand und die Bestandsveränderungen sind also für die § 4 Abs. 3-Rechnung ohne Bedeutung.

Beispiel: Behandlung von Umlaufvermögen

Juni 18	Wareneinkauf bar für	30 000 €	zzgl. 19% Umsatzsteuer
	Warenverkauf bar für	5 000 €	zzgl. 19% Umsatzsteuer
Juli 18	Abgabe der Umsatzsteuer-Voranmeldung 6/18		
August 18	Finanzamt erstattet den Vorsteuerüberschuss 6/18		

Lösung:

§ 4 Abs. 3-Rechnung im Jahr 18 insoweit:

Betriebseinnahmen	• Warenverkauf netto (**Zeile 10** des Vordrucks EÜR)	5 000 €
	• Umsatzsteuer darauf (**Zeile 12** des Vordrucks EÜR)	950 €

Betriebsausgaben	• Umsatzsteuer-Erstattung vom Finanzamt (**Zeile 13** des Vordrucks EÜR)	4 750 €
	• Wareneinkauf netto (**Zeile 21** des Vordrucks EÜR)	30 000 €
	• gezahlte Vorsteuern (**Zeile 52** des Vordrucks EÜR)	5 700 €

Anmerkungen

Im Endergebnis hat sich die Umsatzsteuer/Vorsteuer gewinnneutral verhalten. In der Praxis wird i.d.R. jeweils der Bruttobetrag des Warenverkaufs und Wareneinkaufs erfasst, was aber im Hinblick auf die → **Aufzeichnungspflicht** nach § 22 UStG und der Rechtsklarheit weniger geeignet ist.

Umsatzsteuer/Vorsteuer

→ Abfindungen
→ Anschaffungskosten
→ Betriebsaufgabe
→ Betriebsveräußerung im Ganzen
→ Einlage
→ Entnahmen
→ Geschäftsreise
→ Grundstücke
→ Kleinunternehmer

→ Schadensersatz
→ Steuern
→ Tausch
→ Umsatzsteuervoranmeldung
→ Unentgeltliche Wertabgaben
→ Unfallkosten
→ Vordruck EÜR
→ Vorsteuer- bzw Umsatzsteuerverprobung

Rechtsquellen
→ § 9b EStG
→ R 9b EStR
→ H 9b [Gewinnermittlung nach § 4 Abs. 3 EStG ...] EStH

1. Allgemeines

I.R.d. § 4 Abs. 3-Rechnung wirkt sich grundsätzlich jeder Zahlungseingang (Betriebseinnahme) und jeder Zahlungsausgang (Betriebsausgabe) sofort auf den Gewinn aus. Wegen des → Zu- und Abflussprinzips des § 11 EStG wird auch die Umsatzsteuer/Vorsteuer entweder als → Betriebseinnahme oder als → Betriebsausgabe erfasst. Dies hat zur Folge, dass sich die Umsatzsteuer/Vorsteuer zunächst erfolgswirksam auswirkt; im Endergebnis wird aber die Gewinnneutralität – wie i.R.d. Buchführung – auch hier gewahrt. Bei der Gewinnermittlung durch Einnahme-Überschussrechnung nach § 4 Abs. 3 EStG sind vereinnahmte und verausgabte Umsatzsteuerbeträge keine bei der Gewinnermittlung auszuscheidende durchlaufende Posten i.S.d. § 4 Abs. 3 Satz 2 EStG (BFH-Beschluss vom 29.5.2006 IV S 6/06, BFH/NV 2006, 1827). Nach H 9b [Gewinnermittlung nach § 4 Abs. 3 EStG ...] EStH sind betriebliche

Umsatzsteuer-/Vorsteuerzahlungen innerhalb der § 4 Abs. 3-Rechnung wie folgt zu berücksichtigen:

vereinnahmte Umsatzsteuerbeträge für Leistungen (**Zeile 12** des Vordrucks EÜR) =	Betriebseinnahmen
Umsatzsteuer-Erstattung vom Finanzamt (**Zeile 13** des Vordrucks EÜR) =	Betriebseinnahmen
gezahlte abzugsfähige Vorsteuerbeträge (**Zeile 52** des Vordrucks EÜR) =	Betriebsausgaben
Umsatzsteuer-Zahllast an das Finanzamt (**Zeile 53** des Vordrucks EÜR) =	Betriebsausgaben

Beispiel: Behandlung der Umsatzsteuer/Vorsteuer
November 18   Kauf von Waren für 60 000 € + 11 400 € Umsatzsteuer
                       und Verkauf dieser Waren für 100 000 € + 19 000 € Umsatzsteuer
Dezember 18   Zahlung der Umsatzsteuer-Zahllast November 18 an das Finanzamt

Lösung:
§ 4 Abs. 3-Rechnung im Jahr 18 insoweit:

Betriebseinnahmen	• Warenverkauf netto (**Zeile 10** des Vordrucks EÜR)	100 000 €
	• Umsatzsteuer darauf (**Zeile 12** des Vordrucks EÜR)	19 000 €
Betriebsausgaben	• Wareneinkauf netto (**Zeile 21** des Vordrucks EÜR)	60 000 €
	• gezahlte Vorsteuern (**Zeile 52** des Vordrucks EÜR)	11 400 €
	• Umsatzsteuer-Zahllast 11/18 (**Zeile 53** des Vordrucks EÜR)	7 600 €

Im Endergebnis hat sich die Umsatzsteuer/Vorsteuer gewinnneutral verhalten. Durch den Ansatz der Umsatzsteuer-Zahllast (= Differenz der zu zahlenden Umsatzsteuer und der abzugsfähigen Vorsteuer) als Betriebsausgabe wird die Berücksichtigung der vereinnahmten Umsatzsteuer als Betriebseinnahme und der gezahlten Vorsteuer als Betriebsausgabe vollständig kompensiert. Es ergibt sich also kein gewinnmäßiger Unterschied zur Buchführung. Wäre jedoch die Umsatzsteuerzahllast 11/18 erst im Januar 19 an das Finanzamt überwiesen worden, so lägen erst im Kj. 19 entsprechende Betriebsausgaben vor. Der jeweilige Gewinn für das Jahr 18 und 19 würde entsprechend beeinflusst werden; der Totalgewinn wird aber dadurch nicht verändert. Auch hier führt also das → **Zu- und Abflussprinzip** zu einem unterschiedlichen Periodengewinn gegenüber der Buchführung. Der Grundsatz der → **Gesamtgewinngleichheit** bleibt aber gewahrt.

Aus einkommensteuerrechtlicher Sicht könnten also jeweils der Bruttobetrag des Warenverkaufs und des Wareneinkaufs als Betriebseinnahme und Betriebsausgabe erfasst werden, was aber im Hinblick auf die umsatzsteuerrechtliche → **Aufzeichnungspflicht** nach § 22 UStG und der Rechtsklarheit weniger geeignet ist. In der Praxis werden deshalb die

Nettobeträge einerseits und die Umsatzsteuer/Vorsteuer andererseits getrennt voneinander aufgezeichnet. Siehe die entsprechenden Zeilen des → **Vordrucks EÜR**.

Die korrekte zeitliche Erfassung der Umsatzsteuer/Vorsteuer ist auch Grundlage für die zutreffende Ermittlung der Hinzurechnungen und Abrechnungen beim → **Wechsel der Gewinnermittlungsart**.

2. Einzelheiten

2.1 Umsatzsteuer/Vorsteuer keine durchlaufende Posten

Umsatzsteuer-/Vorsteuerzahlungen stellen keine durchlaufenden Posten i.S.v. § 4 Abs. 3 Satz 2 EStG dar, denn der Unternehmer zahlt diese Beträge im eigenen Namen und für eigene Rechnung (H 9b [Gewinnermittlung nach § 4 Abs. 3 EStG...] EStH). Auch i.R.d. Buchführung stellen diese Vorgänge keine durchlaufenden Posten dar, auch wenn sie buchtechnisch als solche angesehen werden. Zu den durchlaufenden Posten gehören sie auch nicht bereits deshalb, weil der Steuerpflichtige sie als ihm möglicherweise nicht zustehend ansieht oder weil er sie zurückgewähren oder weiterleiten muss.

Zivilrechtlich schließt der »Preis« die Umsatzsteuer ein, wenn eine Bruttovergütung vereinbart worden ist. Die Umsatzsteuer ist unselbständiger Teil des Bruttopreises. Im Zweifel ist anzunehmen, dass der Kaufpreis die Umsatzsteuer einschließt.

Das umsatzsteuerrechtliche Entgelt (§ 10 Abs. 1 Satz 2 UStG) schließt die Umsatzsteuer nicht ein (§ 10 Abs. 1 Satz 4 UStG).

2.2 Umsatzsteuer als regelmäßig wiederkehrende Einnahmen und Ausgaben

Eine für das vorangegangene Kj. geschuldete und zu Beginn des Folgejahres entrichtete Umsatzsteuer-Vorauszahlung ist als regelmäßig wiederkehrende Ausgabe im vorangegangenen Veranlagungszeitraum abziehbar (BFH-Urteil vom 1.8.2007 XI R 48/05, BStBl II 2008, 282). Zur Anwendung des BFH-Urteils siehe das BMF-Schreiben vom 10.11.2008 (BStBl I 2008, 958) sowie die Vfg. der OFD Rheinland vom 29.6.2009 (S 2142 – 2009/0003 – St 142, LEXinform 5232076) und unter → **Zu- und Abflussprinzip**.

Beispiel:
Der Unternehmer gibt seine USt-Voranmeldungen vierteljährlich ab und versteuert nach vereinnahmten Entgelten.
Folgende Geschäftszahlen aus dem 1. und 2. Quartal 2009 liegen vor:

1. Quartal
Steuerpflichtige Umsätze	15 000 €	
Rechnungen darüber wurden erteilt; USt 19 %		2 850 €
davon im 1. Quartal eingegangen	12 000 €	
USt darauf		2 280 €

Eingangsrechnungen, z.B. Wareneinkauf und andere Leistungen	5 000 €	
darauf entfallende USt = Vorsteuer		950 €
davon im 1. Quartal gezahlt (Betriebsausgaben)	4 000 €	
entrichtete USt darauf		760 €

2. Quartal

Steuerpflichtige Umsätze	0 €	
keine Ausgangsrechnungen		0 €
im 2. Quartal aus dem 1. Quartal eingegangen	3 000 €	
USt darauf		570 €
Eingangsrechnungen, z.B. Wareneinkauf und andere Leistungen	0 €	
keine neue Vorsteuer		0 €
davon im 2. Quartal gezahlt (Betriebsausgaben)	1 000 €	
entrichtete USt darauf		190 €

Hinweis:
Die jeweiligen Umsatzsteuer-Voranmeldungen werden fristgerecht beim Finanzamt abgegeben und auch gezahlt.

Lösung:
Der Unternehmer reicht am 10.4.2009 folgende USt-Voranmeldung für das 1. Quartal beim Finanzamt ein:

Steuerpflichtige Umsätze zum Steuersatz von 19 %	12 000 €	2 280,00 €
Abziehbare Vorsteuerbeträge		950,00 €
Umsatzsteuer-Vorauszahlung		1 330,00 €

Abgabe und Zahlung am 10.4.2009. Als regelmäßig wiederkehrende Ausgabe ist die Umsatzsteuer im März 19 als Betriebsausgabe zu erfassen (**Zeile 53** des Vordrucks EÜR).

Die Anlage EÜR für das 1. Quartal enthält folgende Angaben:

9	Betriebseinnahmen als **Land- und Forstwirt**, soweit die Durchschnittssatzbesteuerung nach § 24 UStG angewandt wird	104		,
10	**Umsatzsteuerpflichtige Betriebseinnahmen**	112	12 000	,00
11	Umsatzsteuerfreie, nicht umsatzsteuerbare Betriebseinnahmen sowie Betriebseinnahmen, für die der Leistungsempfänger die Umsatzsteuer nach § 13b UStG schuldet	103		,
11a	davon Kapitalerträge	113		,
12	Vereinnahmte Umsatzsteuer sowie Umsatzsteuer auf unentgeltliche Wertabgaben	140	2 280	,00
13	Vom Finanzamt erstattete und ggf. verrechnete Umsatzsteuer	141		,
14	Veräußerung oder Entnahme von Anlagevermögen	102		,
15	Private Kfz-Nutzung	106		,
16	Sonstige Sach-, Nutzungs- und Leistungsentnahmen (z.B. private Telefonnutzung)	108		,
17	Auflösung von Rücklagen, Ansparabschreibungen für Existenzgründer und/oder Ausgleichsposten (Übertrag von Zeile 73)			,
18	**Summe Betriebseinnahmen**	159	14 280	,00

Umsatzsteuer/Vorsteuer

21	Waren, Rohstoffe und Hilfsstoffe einschl. der Nebenkosten	100	4 000 ,00
52	Gezahlte Vorsteuerbeträge	185	760 ,00
53	An das Finanzamt gezahlte und ggf. verrechnete Umsatzsteuer	186	1 330 ,00
54	Rücklagen, stille Reserven und/oder Ausgleichsposten (Übertrag von Zeile 73)		,
55	**Summe Betriebsausgaben**	199	6 090 ,00

	Ermittlung des Gewinns		EUR	Ct
60	Summe der Betriebseinnahmen (Übertrag aus Zeile 18)		14 280	,00
61	abzüglich Summe der Betriebsausgaben (Übertrag aus Zeile 55)	−	6 090	,00
	zuzüglich			
62	− Hinzurechnung der Investitionsabzugsbeträge nach § 7g Abs. 2 EStG	188 +		
63	abzüglich			
64	− erwerbsbedingte Kinderbetreuungskosten	184		
65	− Investitionsabzugsbeträge nach § 7g Abs. 1 EStG (Übertrag aus Zeile 77)	187		
66	Summe	198	▶ −	,
67	**Gewinn/Verlust**	119	8 190	,00

Der Unternehmer reicht am 10.7.2009 folgende USt-Voranmeldung für das 2. Quartal beim Finanzamt ein:

Steuerpflichtige Umsätze zum Steuersatz von 19 %   3 000 €   570,00 €
Abziehbare Vorsteuerbeträge   0,00 €
Umsatzsteuer-Vorauszahlung   570,00 €

Abgabe und Zahlung am 10.7.2009. Als regelmäßig wiederkehrende Ausgabe ist die Umsatzsteuer im Juni 19 als Betriebsausgabe zu erfassen (**Zeile 53** des Vordrucks EÜR).

Die Anlage EÜR für das 2. Quartal enthält folgende Angaben:

9	Betriebseinnahmen als **Land- und Forstwirt**, soweit die Durchschnittssatzbesteuerung nach § 24 UStG angewandt wird	104	,
10	**Umsatzsteuerpflichtige Betriebseinnahmen**	112	3 000 ,00
11	Umsatzsteuerfreie, nicht umsatzsteuerbare Betriebseinnahmen sowie Betriebseinnahmen, für die der Leistungsempfänger die Umsatzsteuer nach § 13b UStG schuldet	103	,
11a	davon Kapitalerträge 113 ,		
12	Vereinnahmte Umsatzsteuer sowie Umsatzsteuer auf unentgeltliche Wertabgaben	140	570 ,00
13	Vom Finanzamt erstattete und ggf. verrechnete Umsatzsteuer	141	,
14	Veräußerung oder Entnahme von Anlagevermögen	102	,
15	Private Kfz-Nutzung	106	,
16	Sonstige Sach-, Nutzungs- und Leistungsentnahmen (z.B. private Telefonnutzung)	108	,
17	Auflösung von Rücklagen, Ansparabschreibungen für Existenzgründer und/oder Ausgleichsposten (Übertrag von Zeile 73)		,
18	**Summe Betriebseinnahmen**	159	3 570 ,00

			EUR	Ct
21	Waren, Rohstoffe und Hilfsstoffe einschl. der Nebenkosten	100	1 000	,00
52	Gezahlte Vorsteuerbeträge	185	190	,00
53	An das Finanzamt gezahlte und ggf. verrechnete Umsatzsteuer	186	570	,00
54	Rücklagen, stille Reserven und/oder Ausgleichsposten (Übertrag von Zeile 73)			,
55	**Summe Betriebsausgaben**	199	1 760	,00

	Ermittlung des Gewinns		EUR	Ct
60	Summe der Betriebseinnahmen (Übertrag aus Zeile 18)		3 570	,00
61	abzüglich Summe der Betriebsausgaben (Übertrag aus Zeile 55)	−	1 760	,00
	zuzüglich			
62	− Hinzurechnung der Investitionsabzugsbeträge nach § 7g Abs. 2 EStG	188 +		
63	abzüglich			
64	− erwerbsbedingte Kinderbetreuungskosten 184			
65	− Investitionsabzugsbeträge nach § 7g Abs. 1 EStG (Übertrag aus Zeile 77) 187			
66	Summe 198	▶ −		,
67	**Gewinn/Verlust**	119	1 810	,00

Der Gewinn beträgt im 1. und 2 Quartal insgesamt 10 000 €. Die Umsatzsteuer- und Vorsteuerbeträge haben sich insgesamt, durch die jeweilige Erfassung in den betreffenden Zeilen der Anlage EÜR, gewinnneutral ausgewirkt.

2.3 Besteuerung nach vereinbarten oder vereinnahmten Entgelten

Wird die Umsatzsteuer nach vereinbarten Entgelten ermittelt (sog. Sollbesteuerung gem. § 13 Abs. 1 Nr. 1 Buchst. a UStG), kann es aufgrund des Zu- und Abflussprinzips zu Gewinnverschiebungen kommen. Wird z.B. eine Leistung im Oktober 18 erbracht, das Entgelt aber erst im nächsten Jahr vereinnahmt, so wird i.d.R. die Umsatzsteuer bereits im Jahr 18 gewinnmindernd berücksichtigt, die gewinnneutralisierende Betriebseinnahme aber erst im Jahr 19 erfasst.

Berechnet der Steuerpflichtige seine Umsatzsteuer nicht nach vereinbarten Entgelten, sondern zulässigerweise nach vereinnahmten Entgelten (§ 20 UStG, sog. Istbesteuerung) müssen die für betriebliche Leistungen vereinnahmten Umsatzsteuerbeträge in der Umsatzsteuererklärung mit den als Betriebseinnahmen in der § 4 Abs. 3-Rechnung aufzunehmenden Umsatzsteuerbeträgen übereinstimmen (§ 13 Abs. 1 Nr. 1 Buchst. b UStG). Die Istbesteuerung wird i.d.R. günstiger sein, da die Umsatzsteuer erst dann an das Finanzamt zu entrichten ist, wenn sie auch als Betriebseinnahme zugeflossen ist.

Zu beachten ist, dass bei beiden Besteuerungsformen nur die im Gewinnermittlungszeitraum tatsächlich gezahlten Vorsteuerbeträge als Betriebsausgaben anzusetzen sind, während i.R.d. Umsatzsteuererklärung bereits die Vorsteuerbeträge abgezogen werden können, die auch die Voraussetzungen des § 15 UStG erfüllen.

2.4 Umsatzsteuer-Erstattungen durch das Finanzamt

Die Erstattung von Umsatzsteuerbeträgen durch das Finanzamt ist als Betriebseinnahme zu erfassen (**Zeile 13** des Vordrucks EÜR). Dabei ist es ohne Bedeutung, welchen Zeitraum die Erstattungen betreffen. Solche Erstattungen können z.B. aus folgenden Gründen in Betracht kommen:
- Erstattungen aufgrund einer abgegebenen Umsatzsteuer-Voranmeldung, die mehr Vorsteuer- als Umsatzsteuerbeträge ausweist (§§ 15, 16 Abs. 2 Satz 1 und 18 Abs. 1 UStG),
- Erstattungen aufgrund zuviel gezahlter Vorauszahlungen nach Abgabe der Umsatzsteuer-Jahreserklärung (§ 18 Abs. 3 UStG),
- Verrechnung von Umsatzsteuer-Erstattungsbeträgen mit privaten Steuerzahlungen,

Beispiel:
Die Finanzkasse verrechnet im Juli 18 einen Umsatzsteuer-Erstattungsanspruch von 10 000 € mit der Einkommensteuer-Vorauszahlung 2. Quartal 18 von 8 000 €. Der Restbetrag wird noch im Juli auf das betriebliche Bankkonto überwiesen.

Lösung:
Der Umsatzsteuer-Erstattungsanspruch von 10 000 € ist eine Betriebseinnahme (**Zeile 13** des Vordrucks EÜR). Diese ist mit Verrechnung bzw. mit Eingang auf dem Bankkonto zugeflossen. Die verrechnete Einkommensteuer-Vorauszahlung ist nicht als Betriebsausgabe zu berücksichtigen, da sie eine private Personensteuer darstellt (§§ 4 Abs. 4 und 12 Nr. 3 EStG).

- Erstattung von Umsatzsteuer aufgrund einer Betriebsprüfung,
- Erstattung von Umsatzsteuer aufgrund von Änderungsveranlagungen.

2.5 Umsatzsteuer-Zahlungen an das Finanzamt

Die Zahlung von Umsatzsteuerbeträgen an das Finanzamt ist als Betriebsausgabe zu erfassen (**Zeile 53** des Vordrucks EÜR). Dabei ist es ohne Bedeutung welchen Zeitraum die Zahlungen betreffen. Solche Zahlungen können z.B. aus folgenden Gründen in Betracht kommen:
- Zahlungen aufgrund einer abgegebenen Umsatzsteuer-Voranmeldung, die mehr Umsatzsteuer- als Vorsteuerbeträge ausweist (§§ 16 Abs. 2 Satz 1 und 18 Abs. 1 UStG),
- Zahlungen aufgrund zu wenig gezahlter Vorauszahlungen nach Abgabe der Umsatzsteuer-Jahreserklärung (§ 18 Abs. 3 und 4 UStG),
- Verrechnung von Umsatzsteuer-Zahlungsbeträgen mit privaten Steuererstattungen,

Beispiel:
Die Finanzkasse verrechnet im Juli 18 eine Umsatzsteuerschuld von 10 000 € mit einer sich aufgrund der Einkommensteuer-Veranlagung 17 ergebenden Einkommensteuer-Erstattung von 8 000 €. Der Restbetrag wird vom Steuerpflichtigen noch im Juli an die Finanzkasse überwiesen.

Lösung:

Die Umsatzsteuerzahlung von 10 000 € ist eine Betriebsausgabe (**Zeile 53** des Vordrucks EÜR). Diese ist mit Verrechnung bzw. mit Überweisung abgeflossen. Die verrechnete Einkommensteuer-Erstattung ist nicht als Betriebseinnahme zu berücksichtigen, da sie eine private Personensteuer darstellt §§ 4 Abs. 4 und 12 Nr. 3 EStG jeweils im Umkehrschluss).

- Zahlung von Umsatzsteuer aufgrund einer Betriebsprüfung,
- Zahlungen von Umsatzsteuer aufgrund von Änderungsveranlagungen.

2.6 Umsatzsteuer auf die Entnahmen

Die Umsatzsteuer für Umsätze, die → **Entnahmen** sind (→ **Unentgeltliche Wertabgaben**) darf sich nach § 12 Nr. 3 EStG nicht auf den Gewinn mindernd auswirken. Das bedeutet im Ergebnis, dass die Umsatzsteuer auf die Entnahme nicht als Betriebsausgabe berücksichtigt werden darf. Man müsste also infolgedessen bei jeder Umsatzsteuererklärung den Anteil der Umsatzsteuer, die auf die Entnahme entfällt, herausrechnen, und nur die Differenz gewinnmäßig erfassen. Die entsprechenden Entnahmen/nicht abzugsfähigen Betriebsausgaben werden dann aber nur i.H. ihrer Nettowerte als fiktive Betriebseinnahme angesetzt. Die Kontrolle dieser – der Gesetzessystematik – entsprechenden Methode bringt jedoch sowohl für den Steuerpflichtigen als auch für die Finanzverwaltung große praktische Schwierigkeiten mit sich. Aus diesem Grund verfährt die Praxis in der Weise, dass der Bruttowert der entsprechenden Entnahmen/nicht abzugsfähigen Betriebsausgaben als fiktive Betriebseinnahme angesetzt wird.

Die Entnahmen werden in folgenden Zeilen des Vordrucks EÜR (→ **Vordruck EÜR**) erfasst:

- **Zeile 14**: Sachentnahmen von Anlagevermögen;
- **Zeile 15**: Private Kfz-Nutzung;
- **Zeile 16**: Private Telefonnutzung und sonstige Sach-, Nutzungs- und Leistungsentnahmen;
- **Zeile 12**: Umsatzsteuer auf unentgeltliche Wertabgaben.

12	Vereinnahmte Umsatzsteuer sowie Umsatzsteuer auf unentgeltliche Wertabgaben	140	,
13	Vom Finanzamt erstattete und ggf. verrechnete Umsatzsteuer	141	,
14	Veräußerung oder Entnahme von Anlagevermögen	102	,
15	Private Kfz-Nutzung	106	,
16	Sonstige Sach-, Nutzungs- und Leistungsentnahmen (z.B. private Telefonnutzung)	108	,

2.7 Vorsteuern bei Anschaffung/Herstellung von abnutzbarem Anlagevermögen

Erwirbt der Steuerpflichtige Wirtschaftsgüter des → **abnutzbaren Anlagevermögens**, so ist für die einkommensteuerrechtliche Behandlung der in Rechnung gestellten und gezahlten

Vorsteuer entscheidend, ob diese Vorsteuer nach den Vorschriften des § 15 UStG abziehbar und abzugsfähig ist. Ist sie abzugsfähig, so ist die Vorsteuer im Zeitpunkt der Zahlung als Betriebsausgabe (**Zeile 52** des Vordrucks EÜR) zu erfassen. Ist sie jedoch nicht abziehbar (z.B. weil kein gesonderter Ausweis der Umsatzsteuer, § 15 Abs. 1 Nr. 1 UStG) oder ist sie nicht abzugsfähig (z.B. weil eine Lieferung im Zusammenhang mit steuerfreien Ausgangsumsätzen z.B. Arztleistungen, § 4 Nr. 14 UStG) stand (§ 15 Abs. 2 UStG), so gehört die Vorsteuer nach § 9b Abs. 1 EStG im Umkehrschluss zu den Anschaffungs- oder Herstellungskosten des betreffenden Wirtschaftsguts und wirkt sich über die AfA als Betriebsausgabe gewinnmindernd aus (§ 4 Abs. 3 Satz 3 EStG und R 9b Abs. 1 Satz 1 und 2 EStR). Diese Grundsätze gelten auch bei den → **geringwertigen Wirtschaftsgütern**.

2.8 Vorsteuern bei Anschaffung/Herstellung von nicht abnutzbarem Anlagevermögen

Erwirbt der Steuerpflichtige Wirtschaftsgüter des → **nicht abnutzbaren Anlagevermögens**, so ist für die einkommensteuerrechtliche Behandlung der in Rechnung gestellten und gezahlten Vorsteuer auch hier entscheidend, ob diese Vorsteuer nach den Vorschriften des § 15 UStG abziehbar und abzugsfähig ist (vgl. die Ausführungen unter 2.7). Die Vorsteuerproblematik wird sich jedoch i.d.R. nicht stellen, wenn als nicht abnutzbares Anlagevermögen Grund und Boden erworben wird. Diese Lieferung ist i.d.R. nach § 4 Nr. 9 Buchst. a UStG von der Umsatzsteuer befreit, so dass sich keine Vorsteuerabzugsberechtigung ergeben kann.

2.9 Vorsteuern bei Anschaffung/Herstellung von Umlaufvermögen und anderen sofort abzugsfähigen Betriebsausgaben

Die Anschaffungskosten/Herstellungskosten sind im Zeitpunkt der Zahlung als Betriebsausgabe zu erfassen. Die umsatzsteuerliche Frage der Abziehbarkeit und Abzugsfähigkeit der Vorsteuer ist hier ohne Bedeutung, da der Gesamtbetrag in jedem Fall bei Zahlung als Betriebsausgabe zu berücksichtigen ist.

Wegen den erforderlichen Eintragungen im Vordruck EÜR sind jedoch auch hier die Beträge entweder netto oder, wenn kein Vorsteuerabzug möglich ist, brutto zu erfassen.

Beispiel:
Der Steuerpflichtige kauft Umlaufvermögen (Ware) für 5 000 € zzgl. 950 € gesondert in einer Rechnung ausgewiesener USt.
a) Der Steuerpflichtige ist zum Vorsteuerabzug berechtigt bzw.
b) der Steuerpflichtige ist nicht zum Vorsteuerabzug berechtigt.

Lösung:
a) Mit Vorsteuerabzug:

21	Waren, Rohstoffe und Hilfsstoffe einschl. der Nebenkosten	100	5 000 ,00
52	Gezahlte Vorsteuerbeträge	185	950 ,00

b) Ohne Vorsteuerabzug:

21	Waren, Rohstoffe und Hilfsstoffe einschl. der Nebenkosten	100	5 950 ,00
52	Gezahlte Vorsteuerbeträge	185	0 ,00

2.10 Vorsteuerabzug nach Durchschnittssätzen oder durch Pauschalierung

Das Umsatzsteuergesetz erlaubt in bestimmten Fällen die Höhe der abzugsfähigen Vorsteuern nicht nach den tatsächlich in Rechnung gestellten Beträgen, sondern pauschal oder nach Durchschnittssätzen zu berechnen. In Betracht kommt beispielsweise § 23 UStG i.V.m. §§ 69 und 70 UStDV mit der dazugehörenden Anlage.

Danach werden zur Berechnung der abzugsfähigen Vorsteuerbeträge in der zu §§ 69 und 70 UStDV gehörenden Anlage »Prozentsätze vom Umsatz als Durchschnittssatz« festgelegt. Diese Durchschnittssätze gelten grundsätzlich für sämtliche Vorsteuerbeträge, die mit der in der Anlage bezeichneten Tätigkeit des Unternehmers zusammenhängen. Ein weiterer individueller Vorsteuerabzug ist insoweit ausgeschlossen (§ 70 Abs. 1 UStDV, **Einführung und allgemeiner Überblick Tz. 6**). Zu den Ausnahmen vgl. § 70 Abs. 2 UStDV.

Die Durchschnittssätze für die Berechnung sämtlicher Vorsteuerbeträge betragen z.B. bei

- Bildhauern   7,0 % des Umsatzes;
- Grafikern   5,2 % des Umsatzes;
- Kunstmalern   5,2 % des Umsatzes;
- Selbständigen Mitarbeitern bei Bühne, Film, Funk,
  Fernsehen und Schallplattenproduzenten   3,6 % des Umsatzes;
- Hochschullehrern   2,9 % des Umsatzes;
- Journalisten   4,8 % des Umsatzes;
- Schriftstellern   2,6 % des Umsatzes.

Bei den nachfolgenden Unternehmern ist eine teilweise Berechnung nach Durchschnittssätzen möglich. Daneben können zusätzlich nach § 15 UStG u.a. folgende Vorsteuerbeträge abgezogen werden:
1. Vorsteuerbeträge für Gegenstände, die der Unternehmer zur Weiterveräußerung erworben hat,
2. Vorsteuerbeträge für Lieferungen von Gebäuden, Grundstücken und Grundstücksteilen.

Folgende Unternehmer können die Vorsteuer nach diesen Grundsätzen berechnen:
- Architekten   1,9 % des Umsatzes;
- Patentanwälte   1,7 % des Umsatzes;
- Rechtsanwälte und Notare   1,5 % des Umsatzes;
- Schornsteinfeger   1,6 % des Umsatzes;
- Wirtschaftliche Unternehmensberatung, Wirtschaftsprüfung   1,7 % des Umsatzes.

Der Unternehmer, dessen Umsatz im vorangegangenen Kalenderjahr 61 356 € überstiegen hat, kann die Durchschnittssätze nicht in Anspruch nehmen (§ 69 Abs. 2 UStDV).

Fraglich ist, wie diese besonders berechnete Vorsteuer innerhalb der § 4 Abs. 3-Rechnung zu behandeln ist. Nach § 9b Abs. 1 EStG gehört die nach § 15 UStG abzugsfähige Vorsteuer nicht zu den Anschaffungskosten/Herstellungskosten oder anderen Kosten. Auch die nach Durchschnittssätzen berechnete Vorsteuer ist Vorsteuer in diesem Sinne. Die Besonderheit besteht nur darin, dass die Vorsteuer unabhängig von ihrer tatsächlichen Höhe in einem besonderen Verfahren berechnet wird. Dies ist lediglich eine umsatzsteuerrechtliche Vereinfachung des Vorsteuerabzugs, die den Charakter der abzugsfähigen Vorsteuer dem Grunde nach aber nicht berührt. Daraus folgt, dass für die Ermittlung der Anschaffungs- bzw. Herstellungskosten oder anderen Kosten die tatsächlich in Rechnung gestellte Vorsteuer i.S.d. § 15 UStG abgezogen werden muss. Dies bedeutet für die § 4 Abs. 3-Rechnung, dass auf der Betriebsausgabenseite die tatsächlich in Rechnung gestellte Vorsteuer ausgewiesen werden muss, wenn sie dem Grunde nach abzugsfähig ist, ansonsten ist sie Bestandteil der Anschaffungskosten/ Herstellungskosten oder anderer Kosten. Nach der Anleitung zum Vordruck EÜR zu den Betriebsausgaben der Zeilen 14 bis 52 (BMF-Schreiben vom 10.2.2005, BStBl I 2005, 320) sind die Betriebsausgaben bei der Vorsteuerpauschalierung mit dem Bruttobetrag anzugeben; eine Eintragung in **Zeile 52** entfällt insoweit. Bei der Anschaffung von Anlagevermögen führt eine Ausweisung eines Bruttobetrages jedoch zum falschen Ergebnis, da sich die Anschaffungs- bzw. Herstellungskosten bei der Zahlung nicht oder nicht in voller Höhe als Betriebsausgaben auswirken (→ **Zu- und Abflussprinzip** → **Abnutzbares Anlagevermögen Nicht abnutzbares Anlagevermögen**). Die Zahlung der in Rechnung gesondert ausgewiesenen USt an den Lieferanten muss sich bei Abfluss des Rechnungsbetrages als Betriebsausgabe auswirken, da die abzugsfähige Vorsteuer nach § 12 Abs. 1 EStG nicht zu den Anschaffungs- bzw. Herstellungskosten gehört und somit nicht über die AfA verteilt werden darf. Wenn die gezahlte Vorsteuer in den Fällen der Vorsteuerpauschalierung laut Anweisung nicht in der **Zeile 52** zu erfassen ist, dann muss der gezahlte Vorsteuerbetrag in **Zeile 51** berücksichtigt werden.

Der vom Finanzamt erstattete, aber nach Durchschnittsätzen berechnete Vorsteuerbetrag ist – isoliert betrachtet – gewinnerhöhend zu erfassen. Der Vorsteuerbetrag darf jedoch nicht isoliert, sondern nur im Zusammenhang mit der gesamten USt-Voranmeldung bzw. USt-Jahreserklärung gesehen werden. Die nach Durchschnittssätzen ermittelte Vorsteuer führt entweder insgesamt zu einer USt-Erstattung, die dann insgesamt in **Zeile 13** zu erfassen ist oder zu einer USt-Zahlung, die in **Zeile 53** zu berücksichtigen ist.

Die Vorsteuerpauschalierung wird im Endergebnis zu einer positiven Gewinnauswirkung führen, da i.d.R. die tatsächlich gezahlte Vorsteuer nicht höher sein wird, als der besonders berechnete Vorsteuerbetrag. Für diesen entstehenden Gewinn sind keine Vergünstigungen vorgesehen. Er entsteht, wie auch i.R.d. Buchführung, durch die Systematik der § 4 Abs. 3-Rechnung.

Werden bei bestimmten Berufsgruppen die Betriebsausgaben insgesamt pauschal angesetzt, so ist die tatsächlich gezahlte Vorsteuer und die an das Finanzamt entrichtete Umsatzsteuer-Zahllast mit dieser Pauschale abgegolten (→ **Betriebsausgaben/Pauschbeträge**). Eine Umsatzsteuer-Erstattung (bei Vorsteuerüberschuss) muss aber in voller Höhe als Betriebseinnahme berücksichtigt werden.

Umsatzsteuervoranmeldung

Rechtsquellen

→ § 18 UStG → Abschn. 225 ff. UStR

1. Allgemeines

Das UStG unterscheidet beim Besteuerungsverfahren das
- Voranmeldungsverfahren und das
- Jahressteuer-Anmeldungsverfahren.

In beiden Fällen muss der Unternehmer die Steuerschuld (Zahllast/Vergütungsanspruch) für die i.R.d. o.g. Verfahren vorgeschriebenen Zeiträume selbst berechnen (sog. Selbstveranlagungsprinzip gem. § 150 Abs. 1 Satz 2 AO). Für die Voranmeldung ist im Gegensatz zur Jahreserklärung die eigenhändige Unterschrift des Unternehmers nicht erforderlich (Abschn. 225 Abs. 1 UStR).

2. Voranmeldungsverfahren

2.1 Voranmeldungszeitraum

Voranmeldungszeitraum ist nach § 18 Abs. 2 Satz 1 UStG grundsätzlich das Kalendervierteljahr.

USt-Zahllast im vorangegangenen Kalenderjahr		
bis 6 136 €	mehr als 6 136 €	bis 512 €
Voranmeldungszeitraum ist das Kalendervierteljahr (§ 18 Abs. 2 Satz 1 UStG).	Voranmeldungszeitraum ist der Kalendermonat (§ 18 Abs. 2 Satz 2 UStG).	Das Finanzamt kann den Unternehmer von der Verpflichtung zur Abgabe der Voranmeldungen und Entrichtung der Vorauszahlungen befreien (§ 18 Abs. 2 Satz 3 UStG).

Abbildung: Voranmeldungszeitraum bei USt-Zahllast

USt-Überschuss bzw. Vergütungsanspruch im vorangegangenen Kalenderjahr	
bis 6 136 €	mehr als 6 136 €
Voranmeldungszeitraum ist das Kalendervierteljahr (§ 18 Abs. 2 Satz 1 UStG).	Voranmeldungszeitraum ist das Kalendervierteljahr (§ 18 Abs. 2 Satz 1 UStG). Der Unternehmer kann anstelle des Kalendervierteljahres den Kalendermonat als Voranmeldungszeitraum wählen (§ 18 Abs. 2a Satz 1 UStG, Abschn. 225a Abs. 1 UStR).

Abbildung: Voranmeldungszeitraum bei USt-Überschuss

2.2 Neugründungsfälle

Nimmt der Unternehmer seine berufliche oder gewerbliche Tätigkeit auf, ist im laufenden und folgenden Kalenderjahr Voranmeldungszeitraum der Kalendermonat (§ 18 Abs. 2 Satz 4 UStG). Zur Abgabe von Voranmeldungen in Neugründungsfällen siehe das BMF-Schreiben vom 24.1.2003 (BStBl I 2003, 153). Danach gilt u.a. Folgendes (Abschn. 230a UStR):
- Die Verpflichtung zur Abgabe monatlicher Voranmeldungen besteht für das Jahr der Neugründung und für das folgende Kalenderjahr;
- Neugründungsfälle, in denen auf Grund der beruflichen oder gewerblichen Tätigkeit keine USt festzusetzen ist (z.B. Unternehmer mit ausschließlich steuerfreien Umsätzen ohne Vorsteuerabzug – § 4 Nr. 8 ff. UStG –, Kleinunternehmer i.S.d. § 19 Abs. 1 UStG, Land- und Forstwirte nach § 24 UStG) fallen nicht unter die Regelung des § 18 Abs. 2 Satz 4 UStG;
- bei einem örtlichen Wechsel liegt kein Neugründungsfall vor.

2.3 Sicherheitsleistung

Bei Steueranmeldungen i.S.d. § 18 Abs. 1 und 3 UStG kann die Zustimmung nach § 168 Satz 2 AO im Einvernehmen mit dem Unternehmer von einer Sicherheitsleistung abhängig gemacht werden (§ 18f UStG). Dies gilt entsprechend für die Festsetzung nach § 167 Abs. 1 Satz 1 AO, wenn sie zu einer Erstattung führt.

Bei zweifelhafter Vorsteuerabzugsberechtigung kann die notwendige Prüfung eine gewisse Zeit in Anspruch nehmen. Die Ermittlungsdauer kann zu Liquiditätsschwierigkeiten beim Unternehmer führen. Deshalb kann der Vorsteueranspruch einvernehmlich gegen Sicherheitsleistung zunächst akzeptiert werden. Die Sicherheitsleistung kann längstens für die Dauer der notwendigen Prüfung verlangt werden. Die Verweisung auf § 167 Abs. 1 Satz 1 AO ist erforderlich, um auch in den Fällen, in denen das FA von der Voranmeldung abweicht, die Festsetzung einer Sicherheitsleistung zu ermöglichen.

3. Dauerfristverlängerung

3.1 Allgemeines

In § 18 Abs. 6 UStG hat der Gesetzgeber die Möglichkeit eingeräumt, die Fristen für die Abgabe der Voranmeldungen und für die Entrichtung der Vorauszahlungen um einen Monat zu verlängern. Das Verfahren der Dauerfristverlängerung ist in den §§ 46–48 UStDV geregelt.

3.2 Beginn der Dauerfristverlängerung

Das Verfahren des § 48 UStDV besagt, dass der Unternehmer nicht erst für den Beginn eines Kalenderjahres die Dauerfristverlängerung beantragen kann, sondern die Fristverlängerung bis zu dem Zeitpunkt zu beantragen hat, an dem die Voranmeldung, für die die Fristverlängerung erstmals gelten soll, nach § 18 Abs. 1, 2 und 2a UStG abzugeben ist.

Antrag auf Dauerfristverlängerung abgegeben am	Monatszahler	Vierteljahreszahler	Dauerfristverlängerung ab:
10.02.05	ja	–	Januar 05
10.03.05	ja	–	Februar 05
10.04.05	ja	–	März 05
10.04.05	–	ja	1. Quartal 05
10.01.06	ja	–	Dezember 05
10.01.06	–	ja	4. Quartal 05

Abbildung: Beginn der Dauerfristverlängerung

3.3 Zeitliche Wirkung der Dauerfristverlängerung

Der Fristverlängerungsantrag des Unternehmers muss vom Finanzamt nicht ausdrücklich genehmigt werden (Abschn. 228 Abs. 1 Satz 1 UStR). Solange das Finanzamt die Dauerfristverlängerung nicht ablehnt, kann der Unternehmer die beantragte Dauerfristverlängerung in Anspruch nehmen (Abschn. 228 Abs. 1 Satz 2 UStR). Eine nicht ausdrücklich abgelehnte Dauerfristverlängerung wirkt solange, bis sie seitens des Finanzamts bzw. seitens des Unternehmers widerrufen wird. Der Antrag auf Dauerfristverlängerung muss daher vom Unternehmer nicht jährlich wiederholt werden, da die Dauerfristverlängerung regelmäßig auch für die folgenden Kalenderjahre gilt (Abschn. 228 Abs. 4 UStR).

3.4 Sondervorauszahlung

Die Dauerfristverlängerung ist bei einem Monatszahler nur unter der Auflage zu gewähren, dass dieser eine Sondervorauszahlung auf die Steuer eines jeden Kalenderjahres entrichtet (§ 47 Abs. 1 UStDV). Die Sondervorauszahlung beträgt ein Elftel der Summe der Vorauszahlungen für das vorangegangene Kalenderjahr.

Solange die Dauerfristverlängerung nicht widerrufen wird, muss der Unternehmer bis zum 10.2. des folgenden Kalenderjahres die Sondervorauszahlung erneut berechnen, anmelden und entrichten (§ 48 Abs. 2 UStDV).

Die festgesetzte Sondervorauszahlung ist bei der Festsetzung der Vorauszahlung für den letzten Voranmeldungszeitraum des Besteuerungszeitraums anzurechnen (§ 48 Abs. 4 UStDV). I.d.R. trifft diese Anrechnung für den Monat Dezember zu. Hiervon gibt es zwei Ausnahmen:
1. der Unternehmer beendet seine unternehmerische Tätigkeit im Laufe des Kalenderjahres. Die Anrechnung der Sondervorauszahlung geschieht in der Voranmeldung des Voranmeldungszeitraums, in dem der Betrieb eingestellt wurde (Abschn. 228 Abs. 6 UStR);
2. der Unternehmer verzichtet im Laufe des Kalenderjahres auf die Dauerfristverlängerung. Die Anrechnung der Sondervorauszahlung muss in der letzten Voranmeldung vorgenommen werden, für die Fristverlängerung in Anspruch genommen wird. Danach sind die Voranmeldungen zum gesetzlichen Zeitpunkt abzugeben (Abschn. 228 Abs. 7 UStR).

Beispiel:
Unternehmer U nimmt am 2.11.15 seine gewerbliche Tätigkeit neu auf. Im November tätigt U steuerbare und steuerpflichtige Umsätze i.H.v. 51 129 €. Die abzugsfähige Vorsteuer beträgt im November 2 556 €.
Der Umsatz im Dezember 15 beträgt 78 227 €. Die abzugsfähige Vorsteuer im Dezember 15 beträgt 5 327 €.
Zu Beginn der unternehmerischen Tätigkeit rechnet U für den Besteuerungszeitraum 15 mit Umsätzen i.H.v. 102 258 €. Gleichzeitig rechnet er auch mit etwa 7 669 € abzugsfähiger Vorsteuer.
Mit Beginn seiner unternehmerischen Tätigkeit stellt U einen Dauerfristverlängerungsantrag. U versteuert nach vereinbarten Entgelten.

Lösung:
Nach § 18 Abs. 2 Satz 4 UStG ist U zur Abgabe von monatlichen Voranmeldungen verpflichtet.
Gem. § 18 Abs. 6 UStG ist ein Antrag auf Dauerfristverlängerung möglich. U muss den Antrag mittels Vordruck »USt 1 H« bis 10.12.15 beim Finanzamt abgeben (§ 48 Abs. 1 Satz 1 UStDV i.V.m. § 18 Abs. 1 UStG), da die Fristverlängerung an November 15 wirken soll. Aufgrund der Tatsache, dass U monatlich Voranmeldungen abzugeben hat, muss er eine Sondervorauszahlung auf der Grundlage der zu erwartenden Vorauszahlungen des Kalenderjahres 15 berechnen, anmelden und abführen (§ 47 Abs. 3 UStDV). Die Sondervorauszahlung soll der durchschnittlichen Vorauszahlung eines Kalendermonats entsprechen.

Die durchschnittliche zu erwartende Vorauszahlung für das Kalenderjahr 15 beträgt:	
zu erwartende Umsätze des U	102 258 €
Steuersatz 19% = USt	19 429 €
abzüglich zu erwartende Vorsteuer	./. 7 669 €
voraussichtliche Steuer des laufenden Kalenderjahres	11 760 €
11 760 € : 2 Monate	5 880 €
Die Sondervorauszahlung für das Kalenderjahr 15 beträgt	5 880 €
Die Sondervorauszahlung ist bis zum 10.12.15 zu entrichten (§ 48 Abs. 1 Satz 4 UStDV).	

Berechnung der USt-Zahllast für das Kalenderjahr 15

Umsätze November 15	51 129 €
Steuersatz 19% = USt	9 715 €
abzugsfähige Vorsteuer	./. 2 556 €
verbleibende Steuer = Zahllast November 15	7 159 €
Umsätze Dezember 15	78 227 €
Steuersatz 16% = USt	14 863 €
abzugsfähige Vorsteuer	./. 5 327 €
verbleibende Steuer	9 536 €
abzüglich der geleisteten Sondervorauszahlung 05 gem. § 48 Abs. 4 UStDV	./. 5 880 €
Zahllast Dezember 05	3 656 €

Berechnung der Sondervorauszahlung für das Kalenderjahr 16

U ist im Kalenderjahr 06 zur Abgabe von monatlichen Voranmeldungen verpflichtet. Gem. § 48 Abs. 2 UStDV hat U die Sondervorauszahlungen für das Kalenderjahr 16 bis zum 10.2.16 zu berechnen, anzumelden und zu entrichten. Da U seine gewerbliche Tätigkeit nur in einem Teil des Kalenderjahres 15 ausgeübt hat, ist die Summe der Vorauszahlungen dieses Zeitraums in eine Jahressumme umzurechnen (§ 47 Abs. 2 UStDV).

Summe der Vorauszahlungen 16	10 815 €
zzgl. Sondervorauszahlung 05	+ 5 880 €
Vorauszahlungen 05	16 695 €

Die umgerechnete Jahressumme beträgt 16 695 € : 2 Monate × 12 = 100 170 €. Die Sondervorauszahlung beträgt nach § 47 Abs. 1 Satz 2 UStDV ein Elftel dieser Jahressumme = 9 106 €.

Unfallkosten

→ Außergewöhnliche Absetzung für Abnutzung
→ Betriebsausgaben
→ Pkw-Nutzung
→ Vordruck EÜR
→ Schadensersatz

1. Grundsätzliches

Sowohl in der Literatur- als auch in der Verwaltungsmeinung wird von Zeit zu Zeit die Behandlung der Unfallkosten kontrovers diskutiert (Schmidt/Heinicke, EStG, 28. Auflage § 4 Rz. 121). Nach der momentan gültigen Verwaltungsanweisung in H 9.5 [Einzelnachweis] LStH gehören die Unfallkosten zu den Gesamtkosten. Unmaßgeblich ist dabei, auf welcher Fahrt – betrieblich oder privat – sich der Unfall ereignete. Durch die Einbeziehung der außergewöhnlichen Kfz-Kosten in die Gesamtkosten wird rein rechnerisch ein Teil der Unfallkosten den privaten Fahrten zugeordnet und über die Nutzungsentnahme in den außersteuerlichen Bereich verlagert. Nach der bisherigen Verwaltungsmeinung waren die Unfallkosten bei der 1 %-Regelung mit dem Pauschalwert abgegolten. Ab dem Kj. 2006 ist die Listenpreismethode des § 6 Abs. 1 Nr. 4 Satz 2 EStG nur noch für Fahrzeuge anzuwenden, die zu mehr als 50 % betrieblich genutzt werden. Für Fahrzeuge, die höchstens zu 50 % betrieblich genutzt werden, ist die private Nutzung zu schätzen (§ 6 Abs. 1 Nr. 4 Satz 1 EStG), wenn kein Fahrtenbuch geführt wird. Bei der Schätzungsmethode sind die Unfallkosten in den Gesamtkosten enthalten.

Die neuere BFH-Rechtsprechung sowie die neueste Verwaltungsauffassung im BMF-Schreiben vom 18.11.2009 (BStBl I 2009, 1326) vollziehen wieder eine Kehrtwendung hin zum Verursacherprinzip, nämlich zur genauen Zuordnung der Unfallkosten zu der betreffenden Unfallfahrt.

Zu den Gesamtaufwendungen für das Kfz (Gesamtkosten) gehören Kosten, die unmittelbar dem Halten und dem Betrieb des Kfz zu dienen bestimmt sind und im Zusammenhang mit seiner Nutzung zwangsläufig anfallen (BFH-Urteil vom 14.9.2005 VI R 37/03, BStBl II 2006, 72). Das Urteil VI R 37/03 ist zwar zur Firmenwagenüberlassung vom Arbeitgeber an den Arbeitnehmer ergangen, ist aber, wie auch der BFH betont, auf die Ermittlung des privaten Nutzungsanteils nach § 6 Abs. 1 Nr. 4 Satz 3 und 3 EStG entsprechend anzuwenden. Sowohl von der Listenpreis- als auch von der Fahrtenbuchmethode erfasst werden nach dem Wortlaut des § 6 Abs. 1 Nr. 4 Satz 3 EStG »die durch das Kfz insgesamt entstehenden Aufwendungen«. Zu diesen Aufwendungen zählen nur solche Kosten, die unmittelbar dem Halten und dem Betrieb des Fahrzeugs zu dienen bestimmt sind und im Zusammenhang mit seiner Nutzung zwangsläufig anfallen. Erfasst werden daher neben den von der Fahrleistung abhängigen Aufwendungen für Treib- und Schmierstoffe auch die regelmäßig wiederkehrenden festen Kosten, etwa für Haftpflichtversicherung, Kraftfahrzeugsteuer, Absetzungen für Abnutzung und Garagenmiete. Diesen Aufwendungen ist gemein, dass sie sich entweder – wie die festen Kosten – den einzelnen Fahrten nicht unmittelbar zuordnen lassen, oder dass sie – soweit sie von der Fahrleistung abhängig sind – bei unterstelltem gleichmäßigem Kraftstoffverbrauch unabhängig davon in gleicher Höhe anfallen, ob eine bestimmte Fahrtstrecke aus privatem oder aus beruflichem Anlass zurückgelegt worden ist. Für derartige Kosten ist eine Aufteilung im (kilometer- und damit fahrleistungsbezogenen) Verhältnis der privaten Fahrten zu den übrigen Fahrten, wie sie die Fahrtenbuchmethode zur Ermittlung des auf die private Nutzung entfallenden Teils vorsieht, sinnvoll und systemgerecht.

Von Gesamtkosten erfasst werden u.a. die von der Fahrleistung abhängigen Aufwendungen für Treib- und Schmierstoffe. Bei diesen von der Fahrleistung abhängigen Kosten wird unterstellt, dass bei gleichmäßigem Kraftstoffverbrauch diese Kosten unabhängig von der Fahrleistung in gleicher Höhe anfallen, egal ob eine bestimmte Fahrtstrecke aus privatem oder aus beruflichem Anlass zurückgelegt worden ist (BFH-Urteil vom 14.9.2005 VI R 37/03, BStBl II 2006, 72). Nach diesen vom BFH festgelegten Grundsätzen gehören Unfallkosten nicht zu den Gesamtkosten, sondern zu den außergewöhnlichen Kraftfahrzeugkosten. Diese außergewöhnlichen Kraftfahrzeugkosten sind vorab der beruflichen oder privaten Nutzung zuzurechnen (BMF-Schreiben vom 18.11.2009, BStBl I 2009, 1326). Aufwendungen, die ausschließlich der privaten Nutzung zuzurechnen sind – wie z.B. **Unfallkosten** –, sind **vorab als Entnahme** zu behandeln (z.B. auch Mautgebühren auf einer privaten Urlaubsreise, BFH-Urteil vom 14.9.2005 VI R 37/03, BStBl II 2006, 72 und BMF-Schreiben vom 18.11.2009, BStBl I 2009, 1326). Wie der BFH in seinem Urteil vom 18.4.2007 (XI R 60/04, BStBl II 2007, 762) ausdrücklich betont (II.1.a) der Revisionsbegründung), teilen Kosten eines Kfz-Unfalls grundsätzlich das rechtliche Schicksal der Fahrtkosten. Die Zugehörigkeit des Wirtschaftsguts (Pkw) zum Betriebsvermögen indiziert noch nicht die betriebliche Veranlassung des Unfalls. Erforderlich ist, dass der Unfall so gut wie ausschließlich betrieblich und nicht wesentlich durch den Steuerpflichtigen privat (mit-)veranlasst ist. Die während einer Privatfahrt entstandenen Unfallaufwendungen an einem betrieblichen Pkw können nicht als Betriebsausgaben abgezogen werden (II.2.c der BFH-Entscheidung vom 18.4.2007 XI R 60/04, BStBl II 2007, 762). Auch in seinem Urteil vom 24.5.2007 (VI R 73/05, BStBl II 2007, 766) hat der BFH entschieden, dass Unfallkosten nicht durch die 1 %-Regelung abgegolten werden. Nach der Vfg. der OFD Frankfurt vom 2.2.2009 (S 2334 A – 18 – St211, ohne Fundstelle) gehören Unfallkosten im betrieblichen Bereich nicht zu den Gesamtkosten und führen im Falle von Privatfahrten zu einer Entnahme. Die Verwaltungsmeinung in H 9.5 [Einzelnachweis] LStH, wonach Unfallkosten zu den Gesamtkosten gehören, kann m.E. so nicht mehr aufrechterhalten werden.

Die **Entnahme** der privaten **Unfallkosten** erfolgt also **nicht** durch die Anwendung der **Listenpreis-**, **Fahrtenbuch-** oder **Schätzmethode**, wonach die Gesamtkosten des Kfz dem Privatbereich zugeordnet werden. Nach dem BFH-Urteil vom 16.3.2004 (VIII R 48/98, BStBl II 2004, 725) ist die Nutzungsentnahme durch analoge Anwendung des § 6 Abs. 1 Nr. 4 Satz 1 EStG mit den **Selbstkosten** anzusetzen (Gesetzeslücke).

Bei der Ermittlung des privaten Nutzungsanteils nach § 6 Abs. 1 Nr. 4 Satz 3 EStG (Fahrtenbuchmethode) sind die nach dem Ausscheiden der außergewöhnlichen Kraftfahrzeugkosten verbleibenden Kraftfahrzeugaufwendungen anhand des Fahrtenbuches anteilig der privaten Nutzung, der Nutzung für Fahrten zwischen Wohnung und Betriebsstätte oder für Familienheimfahrten zuzurechnen.

In der **Anlage EÜR** sind die verbleibenden **Kfz-Gesamtaufwendungen** in den **Zeilen 35, 26 und 41** enthalten. Diese Gesamtaufwendungen bilden die Berechnungsgrundlage für Fahrtenbuch- und Schätzungsmethode. Weiterhin bilden die Gesamtaufwendungen die Höchstgrenze für die Kostendeckelung (→ **Pkw-Nutzung**). Die **Unfallkosten** als **außergewöhnliche Kosten** dürfen **nicht** in der **Zeile 35** ausgewiesen werden. Mangels anderweitiger Zuordnung zu bestimmten Zeilen der Anlage EÜR sind die **Unfallkosten** in der **Zeile 51** der Anlage EÜR zu erfassen und auf einer Extraanlage zu erläutern. Ereignete sich der Unfall auf einer Privatfahrt, sind die Unfallkosten ertragsteuerlich mit den Selbstkosten nach § 6 Abs. 1 Nr. 4 Satz 1 EStG zu entnehmen. Der ertragsteuerliche Entnahmewert (**Zeile 82** des Vordrucks EÜR) ist **nicht** in **Zeile 15**, sondern in **Zeile 16** des Vordrucks EÜR zu **erfassen**.

2. Unfall auf einer betrieblichen Fahrt

Als betriebliche Fahrten gelten
- → **Geschäftsreisen**,
- Fahrten zwischen Wohnung und Betrieb (→ **Betriebsausgaben**; **Zeilen 36** und **37a** des Vordrucks EÜR),
- Fahrten anlässlich einer doppelten Haushaltsführung (→ **Betriebsausgaben** → **Doppelte Haushaltsführung**).

Die Unfallkosten sind in voller Höhe Betriebsausgaben (**Zeile 51** des Vordrucks EÜR), es sei denn, dass für den Unfall private Gründe maßgebend waren (**Alkoholfahrt**). In diesem Fall gehören die Unfallkosten zu den nicht abzugsfähigen **Lebensführungskosten** gem. § 12 Nr. 1 EStG (**Zeile 16** des Vordrucks EÜR). Umsatzsteuerrechtlich ist dann die Vorsteuer gem. § 15 Abs. 1a UStG nicht abziehbar. Ansonsten ist die Vorsteuer unter den Voraussetzungen des § 15 Abs. 1 Nr. 1 UStG abziehbar (siehe unten).

Mit rechtskräftigem Urteil vom 23.2.2006 (14 K 3585/03, EFG 2006, 1018, LEXinform 5002270) hat das FG München entschieden, dass das Vorsteuerabzugsverbot des § 15 Abs. 1a UStG für Aufwendungen der Lebensführung, die einkommensteuerlich dem Abzugsverbot nach § 12 Nr. 1 EStG unterliegen, mit Art. 17 Abs. 2 und 6 der 6. RLEWG (Art. 168 und 176 MwStSystRL) unvereinbar ist. Der Unternehmer kann sich insoweit auf das für ihn günstigere Gemeinschaftsrecht berufen.

Die Aufwendungen für Fahrten zwischen Wohnung und Betrieb und Familienheimfahrten sind nur unter den Voraussetzungen des § 4 Abs. 5 Nr. 6 EStG als Betriebsausgaben abzugsfähig. Die Unfallkosten gehören jedoch in voller Höhe zu den abzugsfähigen Betriebsausgaben (**Zeile 51** des Vordrucks EÜR). Umsatzsteuerlich gehören diese Kosten zu den maßgeblichen Gesamtkosten. Umsatzsteuerrechtlich ist nicht zwischen unternehmerisch und nichtunternehmerisch veranlassten Unfallkosten zu unterscheiden (siehe unten).

3. Unfall auf einer privaten Fahrt

Ermittelt der Unternehmer die auf seine Privatfahrten und Fahrten zum Betrieb entfallenden Kfz-Kosten aufgrund eines Fahrtenbuches mit Einzelnachweis der insgesamt für das Fahrzeug entstandenen Aufwendungen, sind die außergewöhnlichen Kraftfahrzeugkosten nicht in die Gesamtkosten einzubeziehen. Außergewöhnliche Kfz-Kosten sind vorab der beruflichen oder privaten Nutzung zuzurechnen. Aufwendungen, die ausschließlich der privaten Nutzung zuzurechnen sind, sind vorab als Entnahme zu behandeln (Rz. 32 des BMF-Schreibens vom 18.11.2009, BStBl I 2009, 1326).

Auch bei der 1 %-Regelung sind die Unfallkosten nicht mit dem Pauschalwert abgegolten (BFH-Urteil vom 24.5.2007 VI R 73/05, BStBl II 2007, 766). Die Unfallkosten sind vorab als Nutzungsentnahme zu behandeln und mit den Selbstkosten i.S.d. § 6 Abs. 1 Nr. 4 Satz 1 EStG zu entnehmen.

4. Totalschaden

Wird ein Wirtschaftsgut des Betriebsvermögens während seiner Nutzung zu privaten Zwecken des Steuerpflichtigen zerstört, so tritt bezüglich der stillen Reserven, die sich bis zu seiner Zerstörung gebildet haben, keine Gewinnrealisierung ein. In Höhe des Restbuchwerts liegt eine Nutzungsentnahme vor. Eine Schadensersatzforderung für das während der privaten Nutzung zerstörte Wirtschaftsgut ist als Betriebseinnahme zu erfassen, wenn und soweit sie über den Restbuchwert hinausgeht (R 4.7 Abs. 1 EStR, BFH-Urteil vom 24.5.1989 I R 213/85, BStBl II 1990, 8). Siehe auch → **Schadensersatz**.

Zur Umsatzsteuer hat der BFH mit Urteil vom 28.2.1980 (V R 138/72, BStBl II 1980, 309) wie folgt entschieden: Wird ein dem Unternehmen dienender Gegenstand während der Dauer einer nichtunternehmerischen Verwendung aufgrund äußerer Einwirkung zerstört, z.B. Totalschaden eines Pkw infolge Unfalls auf einer Privatfahrt, so liegt keine Entnahme eines Gegenstandes aus dem Unternehmen vor. Das Schadensereignis fällt in den Vorgang der nichtunternehmerischen Verwendung und beendet sie wegen Untergangs der Sache. Eine Entnahmehandlung ist in Bezug auf den unzerstörten Gegenstand nicht mehr möglich.

> **Beispiel:**
> Zum Betriebsvermögen des Steuerpflichtigen gehört ein Pkw, der auf 1 € abgeschrieben ist. Diesen Pkw nutzt der Steuerpflichtige auf einer Privatfahrt. Dabei wird der Pkw vollständig zerstört. Der Unternehmer erzielt für den Schrottwert des Pkw noch 300 €. Ein Sachverständiger ermittelt den Zeitwert des Pkw unmittelbar vor dem Unfall mit 2 800 €.

Durch den Unfall entstehen dem Steuerpflichtigen Mietkosten für einen Ersatz-Pkw i.H.v. 329 €.

Lösung:
Der Sachverhalt und die Lösung ergeben sich aus dem BFH-Urteil vom 24.5.1989 (I R 213/85, BStBl II 1990, 8).
Die Nutzung des zum Betriebsvermögen gehörenden Pkw auf einer Privatfahrt ist nicht als Entnahme der Sache zu beurteilen. Die Nutzung des Pkw einschließlich des dadurch ausgelösten Unfalls ist als eine Nutzungsentnahme i.S.d. § 4 Abs. 1 Satz 2 EStG anzusehen. Die Entnahmehandlung des Steuerpflichtigen ist darin zu sehen, dass er willentlich und wissentlich den Pkw des Betriebsvermögens zu privaten Zwecken nutzt. Darauf, ob der Steuerpflichtige den Unfall wollte oder nicht, kommt es steuerrechtlich nicht an.
Bei der Bewertung einer Nutzungsentnahme müssen stille Reserven außer Betracht bleiben. Die vorgesehene Korrektur findet nur i.H.d. durch die Nutzungsentnahme bewirkten Minderung statt (**Zeile 15** des Vordrucks EÜR). Nach § 6 Abs. 1 Nr. 4 Satz 1 bis 3 EStG ist die private Nutzung (→ **Pkw-Nutzung**) entweder mit der Listenpreismethode (**Listenpreis**), mit der Fahrtenbuchmethode oder mit der Schätzmethode zu berücksichtigen (→ **Entnahmen**). Der Zeitwert des Pkw vor dem Unfall i.H.v. 2 800 € führt nicht zu einer Gewinnrealisierung und somit nicht zum Ansatz von Betriebseinnahmen.
Der Erlös aus dem Verkauf des zerstörten Pkw i.H.v. 300 € ist als Betriebseinnahme anzusetzen (**Zeile 14** des Vordrucks EÜR).
Soweit im wirtschaftlichen Zusammenhang mit dem Unfallgeschehen Mietwagen- und Gutachterkosten angefallen sind, handelt es sich um Betriebsausgaben des Unternehmers, wenn der Mietwagen betrieblich genutzt wird (**Zeile 51** des Vordrucks EÜR). Die Betriebsausgaben sind netto, d.h. nach Abzug der in Rechnung gestellten Vorsteuer (**Zeile 52** des Vordrucks EÜR) abzusetzen. Die Mietwagen- und Gutachterkosten sind als Unfallkosten nicht als Pkw-Gesamtkosten, sondern als außergewöhnliche Kfz-Kosten zu berücksichtigen. In Höhe dieser Kosten ist vorab eine Entnahme nach § 4 Abs. 1 Satz 2 i.V.m. § 6 Abs. 1 Nr. 4 Satz 1 EStG zu erfassen (**Zeile 16** des Vordrucks EÜR).

5. Schadensersatzleistungen

Nach dem BFH-Urteil vom 1.12.2005 (IV R 26/04, BStBl II 2006, 182) gilt der Grundsatz, dass Unfallschäden steuerrechtlich das Schicksal der Fahrt oder Reise teilen, auf der sie entstanden sind. Unfallbedingte Schadensersatzleistungen sind daher betrieblich veranlasste Aufwendungen, soweit sich der Unfall auf einer betrieblichen Reise ereignet hat. Beruht die Reise als solche auf einer doppelten Veranlassung, so kann die private Veranlassung der Aufwendungen von untergeordneter Bedeutung sein. Werden aber aufgrund der privaten Mitveranlassung einer Reise erhebliche Unfallkosten ausgelöst, die nicht mehr von untergeordneter Bedeutung sind, so führt dies zu einem Abzugsverbot für diese privat veranlassten Aufwendungen, das die betriebliche Veranlassung der übrigen Aufwendungen unberührt lässt.

6. Umsatzsteuerrechtliche Behandlung

Ertragsteuerrechtlich gehören zu den Gesamtaufwendungen für das Kfz die Kosten, die unmittelbar dem Halten und dem Betrieb des Kfz zu dienen bestimmt sind und im Zusammenhang mit seiner Nutzung zwangsläufig anfallen (BMF-Schreiben vom 18.11.2009, BStBl I 2009, 1326). Während somit bei der **Ertragsteuer** das **Verursacherprinzip** gilt, sind bei der **Umsatzsteuer** die Aufwendungen **objektbezogen** zu beurteilen. Umsatzsteuerbeträge, die durch den Erwerb, die Herstellung sowie die Verwendung oder Nutzung des Gegenstandes anfallen, können in vollem Umfang abgezogen werden, wenn der Gegenstand dem Unternehmen insgesamt zugeordnet wird. Zum Ausgleich dafür unterliegt die Verwendung des Gegenstandes für unternehmensfremde Zwecke nach § 3 Abs. 9a Nr. 1 UStG der Umsatzsteuer (Abschn. 192 Abs. 21 Nr. 2 Buchst. a UStG). Umsatzsteuerrechtlich gehören die **außergewöhnlichen Kraftfahrzeugkosten** – wie z.B. die Unfallkosten – zu den **Gesamtaufwendungen**, unabhängig davon auf welcher Fahrt – unternehmerisch oder privat – sich der Unfall ereignet.

Beispiel:
A nutzt seinen Pkw wie folgt:

Pkw-Nutzung
Bruttolistenpreis: 50 000 €; Gesamte Pkw-Kosten: 20 000 € (davon AfA 6 000 € bei einer Nutzungsdauer von 6 Jahren); zusätzliche Unfallkosten: 5 000 €; nicht mit Vorsteuern belastete Kosten: 3 000 €.

Der Pkw wird wie folgt genutzt:	
Geschäftsfahrten:	19 600 km
Fahrten zwischen Wohnung und Betrieb an 230 Tagen 19 Entfernungskilometer (230 Tage × 19 km × 2):	8 740 km
5 Familienheimfahrten im Rahmen einer doppelten Haushaltsführung zu je 150 Entfernungskilometer	1 500 km
Betriebliche Nutzung insgesamt	29 840 km
Private Fahrten 8 400 km	8 400 km
Gesamtkilometer	38 240 km
Da die betriebliche Nutzung mehr als 50 % beträgt (78,03 %), ist nach § 6 Abs. 1 Satz 3 EStG die Fahrtenbuchmethode oder nach § 6 Abs. 1 Nr. 4 Satz 2 EStG die Listenpreismethode möglich.	

Der Unfall ereignet sich.....		
auf einer Geschäftsfahrt	auf einer Fahrt zwischen Wohnung und Betriebsstätte bzw. Familienheimfahrt	auf einer privaten Fahrt

Lösung:
Zur betrieblichen Nutzung zählt auch die auf die Wege zwischen Wohnung und Betriebsstätte und Familienheimfahrten entfallende Nutzung gem. § 4 Abs. 5 Satz 1 Nr. 6 EStG (Rz. 1 des BMF-Schreibens vom 18.11.2009, BStBl I 2009, 1326).

Umsatzsteuerrechtlich sind die Fahrten des Unternehmers zwischen Wohnung und Betriebsstätte sowie Familienheimfahrten wegen einer aus betrieblichem Anlass begründeten doppelten Haushaltsführung der unternehmerischen Nutzung des Fahrzeugs zuzurechnen.

Es ist auch keine Vorsteuerkürzung nach § 15 Abs. 1a UStG vorzunehmen (Tz. 3 des BMF-Schreibens vom 27.8.2004, BStBl I 2004, 864).
Folgende Vorsteuerbeträge sind zu berücksichtigen:

Pkw-Kosten	20 000 €
abzgl. AfA	./. 6 000 €
verbleiben	14 000 €
zzgl. Unfallkosten	+ 5 000 €
abzgl. nicht mit Vorsteuer belastete Kosten	./. 3 000 €
Kosten mit Vorsteuerabzug	16 000 €
Vorsteuer dafür 19 %	3 040 €

Nach der BFH-Rechtsprechung und der Verwaltungsanweisung im BMF-Schreiben vom 18.11.2009, BStBl I 2009, 1326, Rz. 32) sind die Unfallkosten den jeweiligen Fahrten genau zuzuordnen. Danach sind die Unfallkosten wie folgt zu behandeln:

- Unfall auf einer Fahrt zwischen Wohnung und Betrieb: Die **Unfallkosten** sind in voller Höhe **Betriebsausgaben**. Die Entfernungspauschale des § 9 Abs. 1 Satz 3 Nr. 4 EStG ist als Betriebsausgabe zu berücksichtigen (§ 4 Abs. 5 Nr. 6 EStG). **Unfallkosten** sind als außergewöhnliche Aufwendungen **neben der Entfernungspauschale** zu berücksichtigen (Tz. 4 des BMF-Schreibens vom 31.8.2009, BStBl I 2009, 891).
- Unfall auf einer Familienheimfahrt: siehe Fahrt zwischen Wohnung und Betrieb.
- Unfall auf einer sonstigen privaten Fahrt: Die **Unfallkosten** sind in voller Höhe **keine Betriebsausgaben**. Die gesamten Unfallkosten sind zusätzlich zu den anteiligen Gesamtkosten als Nutzungsentnahme i.S.d. § 4 Abs. 1 Satz 2 EStG zu behandeln (Rz. 32 des BMF-Schreibens vom 18.11.2009, BStBl I 2009, 1326).

Unfall auf der Fahrt zwischen Wohnung und Betrieb
Listenpreismethode (19 Entfernungskilometer)
A hat insgesamt 25 000 € als Betriebsausgaben behandelt; davon entfallen 5 000 € auf Unfallkosten.
Die Höhe der nicht als Betriebsausgaben abziehbaren Aufwendungen werden nach § 4 Abs. 5 Nr. 6 EStG wie folgt ermittelt:

0,03 % von 50 000 € × 12 Monate × 19 Entfernungskilometer	3 420 €
zzgl. Unfallkosten	5 000 €
Höhe der Betriebsausgaben für die Fahrten zwischen Wohnung und Betriebsstätte	8 420 €
0,002 % von 50 000 € × 5 Fahrten × 150 Entfernungskilometer	750 €
Höhe der Betriebsausgaben für die Fahrten zwischen Wohnung und Betriebsstätte und Familienheimfahrten	9 170 €
Entfernungspauschale i.S.d. § 9 Abs. 1 Satz 3 Nr. 4 EStG (als Betriebsausgaben zu berücksichtigen):	
230 Tage × 19 Entfernungskilometer × 0,30 €	./. 1 311 €
Unfallkosten	./. 5 000 €
Entfernungspauschale i.S.d. § 9 Abs. 1 Satz 3 Nr. 5 Satz 4 bis 6 EStG (als Betriebsausgaben zu berücksichtigen):	
150 Entfernungskilometer × 5 × 0,30 €	./. 225 €
Nicht als Betriebsausgaben zu berücksichtigen	2 634 €

Nach § 6 Abs. 1 Nr. 4 Satz 2 EStG ist die Listenpreismethode zulässig, da der Pkw zu mehr als 50 % betrieblich genutzt wird.

1 % von 50 000 € × 12 Monate (als Betriebseinnahme, **Zeile 15** des Vordrucks EÜR)	6 000 €
Umsatzsteuerrechtlich kann die Listenpreismethode angewendet werden (Tz. 2.1 des BMF-Schreibens vom 27.8.2004, BStBl I 2004, 864). Für die nicht mit Vorsteuern belasteten Kosten kann ein pauschaler Abschlag von 20 % vorgenommen werden	./. 1 200 €
Bemessungsgrundlage für die USt (Nettobetrag)	4 800 €
USt 19 % (**Zeile 12** des Vordrucks EÜR)	912 €

Tipp:
Mit Urteil vom 2.6.2008 (15 K 2935/05, UStB 2008, 333, Rev. eingelegt, Az. BFH: XI R 32/08) hat das FG Köln entschieden, dass der Stpfl. zwar den ertragsteuerlichen Entnahmewert eines gemischt genutzten Pkw auch zur Versteuerung der unentgeltlichen Wertabgabe zugrunde legen kann, er aber nicht gezwungen ist, die nicht vorsteuerbehafteten Kosten mit 20 % zu schätzen. Er ist berechtigt, den Abschlag für die nicht vorsteuerbehafteten Pkw-Kosten konkret aus den belegmäßig nachgewiesenen Pkw-Kosten zu berechnen.

Umsatzsteuerrechtliche Berücksichtigung der Unfallkosten
Wird ein Gegenstand mit Mitteln des Unternehmens erworben, so wird dieser Gegenstand nicht zwangsläufig Unternehmensvermögen. Der Zuordnungsentscheidung gibt der Unternehmer im Regelfall mit der Inanspruchnahme des Vorsteuerabzugs Ausdruck (Abschn. 192 Abs. 21 Nr. 2 Buchst. a Satz 5 UStR).
Ordnet der Unternehmer den teils unternehmerisch und teils nichtunternehmerisch genutzten Gegenstand dem Unternehmen in vollem Umfang zu, kann er die Vorsteuer aus der Anschaffung, der Herstellung sowie der Verwendung oder Nutzung in voller Höhe abziehen, wenn er den Gegenstand für Umsätze verwendet, die den Vorsteuerabzug nicht ausschließen. Die nichtunternehmerische Nutzung unterliegt nach § 3 Abs. 9a Nr. 1 UStG (→ **Unentgeltliche Wertabgabe**) der USt. Will der Unternehmer einen Gegenstand nur hinsichtlich des unternehmerisch genutzten Teils dem Unternehmen zuordnen, darf er aus der Anschaffung oder Herstellung nur die auf diesen Teil entfallende Vorsteuer abziehen. Obwohl – hinsichtlich der Fahrten zwischen Wohnung und Betriebsstätte sowie für Familienheimfahrten – ertragsteuerrechtlich die Betriebsausgaben nur eingeschränkt abzugsfähig sind, handelt es sich umsatzsteuerrechtlich um eine Nutzung für unternehmerische Zwecke (→ **Betriebsausgaben** → **Entnahmen** → **Pkw-Nutzung** → **Vordruck EÜR**).
Umsatzsteuerrechtlich gehören die Unfallkosten zu den Gesamtkosten und bilden insgesamt mit den anderen Kosten die Bemessungsgrundlage für die unentgeltliche Wertabgabe nach § 10 Abs. 4 Nr. 2 UStG.

				EUR	CT
12	Vereinnahmte Umsatzsteuer sowie Umsatzsteuer auf unentgeltliche Wertabgaben		140	912	,00
13	Vom Finanzamt erstattete und ggf. verrechnete Umsatzsteuer		141	3 040	,00
14	Veräußerung oder Entnahme von Anlagevermögen		102		,
15	Private Kfz-Nutzung		106	6 000	,00
16	Sonstige Sach-, Nutzungs- und Leistungsentnahmen (z.B. private Telefonnutzung)		108		,
17	Auflösung von Rücklagen, Ansparabschreibungen für Existenzgründer und/ oder Ausgleichsposten (Übertrag von Zeile 73)				,
18	**Summe Betriebseinnahmen**		159	9 952	,00
26	AfA auf bewegliche Wirtschaftsgüter (z.B. Maschinen, Kfz)		130	6 000	,00
	Kraftfahrzeugkosten und andere Fahrtkosten	EUR CT			
35	Laufende und feste Kosten (ohne AfA und Zinsen »und ohne Unfallkosten«)	140 14 000 ,00	Erläuterung: Zeile 35 enthält m.E. nur die Gesamtkosten und nicht auch die außerordentlichen Kfz-Kosten.		
36	Enthaltene Kosten aus Zeilen 26, 35 und 41 für Wege zwischen Wohnung und Betriebsstätte	142 – 3 420 ,00			
	Familienheimfahrten	– 750 00			
37	**Verbleibender Betrag** 9 830 ,00		▶143	9 830	,00
37a	Abziehbare Aufwendungen für Wege zwischen Wohnung und Betriebsstätte		176	1 311	,00
	Abziehbare Aufwendungen für Familienheimfahrten			225	,00
	zzgl. Unfallkosten			5 000	,00
52	Gezahlte Vorsteuerbeträge		185	3 040	,00
53	An das Finanzamt gezahlte und ggf. verrechnete Umsatzsteuer		186	912	,00
55	**Summe Betriebsausgaben**		199	26 318	,00
	Summe Betriebseinnahmen			9 952	,00
	Differenz			./. 16 366	,00
	Nicht abzugsfähige Betriebsausgaben nach § 4 Abs. 5 Nr. 6 EStG			./. 2 634	,00
	Korrektur der Betriebseinnahmen der Privatnutzung			./. 6 000	,00
	Summe			25 000	,00

Fahrtenbuchmethode (19 Entfernungskilometer)

Der Stpfl. A hat insgesamt 25 000 € als Betriebsausgaben behandelt; davon entfallen 5 000 € auf Unfallkosten.

Die Höhe der nicht als Betriebsausgaben abziehbaren Aufwendungen werden nach § 4 Abs. 5 Nr. 6 EStG wie folgt ermittelt:

230 Tage × 19 km × 2 = 8 740 km von insgesamt
38 240 km = 22,85 % von 20 000 €   4 570 €
zzgl. Unfallkosten   5 000 €
Höhe der Betriebsausgaben für die Fahrten zwischen Wohnung
und Betriebsstätte   9 570 €

5 Fahrten × 150 km × 2 = 1 500 km von insgesamt
38 240 km = 3,92 % von 20 000 €   784 €
Höhe der Betriebsausgaben für die Fahrten zwischen
Wohnung und Betriebsstätte und Familienheimfahrten   10 354 €
Entfernungspauschale i.S.d. § 9 Abs. 1 Satz 3 Nr. 4 EStG
(als Betriebsausgaben zu berücksichtigen):
230 Tage × 19 Entfernungskilometer × 0,30 €   ./. 1 311 €
Unfallkosten   ./. 5 000 €
Entfernungspauschale i.S.d. § 9 Abs. 1 Satz 3 Nr. 5 Satz 4 bis 6 EStG
(als Betriebsausgaben zu berücksichtigen):
150 Entfernungskilometer × 5 × 0,30 €   ./.   225 €
Nicht als Betriebsausgaben zu berücksichtigen   3 818 €
Fahrtenbuchmethode nach § 6 Abs. 1 Nr. 4 Satz 3 EStG
8 400 km von 38 240 km = 21,97 % von 20 000 (als Betriebseinnahme,
Zeile 15 des Vordrucks EÜR)   4 394 €
Umsatzsteuerrechtlich ist ebenfalls die Fahrtenbuchmethode anzuwenden
(Tz. 2.2 des BMF-Schreibens vom 27.8.2004, BStBl I 2004, 864).
Umsatzsteuerrechtlich gehören die Unfallkosten zu den
Gesamtaufwendungen. Lediglich das Nutzungsverhältnis ist
bei der Umsatzsteuer zugrunde zu legen.

Kosten insgesamt   25 000 €
abzüglich ertragsteuerrechtliche AfA
(6 000 × 6 Jahre = 36 000 € AfA-Bemessungsgrundlage)   ./. 6 000 €
verbleiben   19 000 €
Verteilung der Anschaffungskosten auf den Zeitraum
des § 15a UStG zzgl. 36 000 € : 5 Jahre =   + 7 200 €
ergibt   26 200 €
Nicht mit Vorsteuern belastete Kosten in der belegmäßig
nachgewiesenen Höhe   ./. 3 000 €
Ausgangswert für die USt   23 200 €
21,97 % von 23 200 € =   5 097 €
USt 19 % (**Zeile 12** des Vordrucks EÜR)   968 €

12	Vereinnahmte Umsatzsteuer sowie Umsatzsteuer auf unentgeltliche Wertabgaben	140	968 ,00
13	Vom Finanzamt erstattete und ggf. verrechnete Umsatzsteuer	141	3 040 ,00
14	Veräußerung oder Entnahme von Anlagevermögen	102	,
15	Private Kfz-Nutzung	106	4 394 ,00
16	Sonstige Sach-, Nutzungs- und Leistungsentnahmen (z.B. private Telefonnutzung)	108	,
17	Auflösung von Rücklagen, Ansparabschreibungen für Existenzgründer und/oder Ausgleichsposten (Übertrag von Zeile 73)		,
18	Summe Betriebseinnahmen	159	8 402 ,00

				EUR	CT			
26	AfA auf bewegliche Wirtschaftsgüter (z.B. Maschinen, Kfz)					130	6 000	,00
	Kraftfahrzeugkosten und andere Fahrtkosten			EUR	CT			
35	Laufende und feste Kosten (ohne AfA und Zinsen »und ohne Unfallkosten«)			140	14 000 ,00	Erläuterung: Zeile 35 enthält m.E. nur die Gesamtkosten und nicht auch die außerordentlichen Kfz-Kosten.		
36	Enthaltene Kosten aus Zeilen 26, 35 und 41 für Wege zwischen Wohnung und Betriebsstätte			142 –	4 570 ,00			
	Familienheimfahrten			–	784 00			
37			Verbleibender Betrag		8 646 ,00	▶143	8 646	,00
37a	Abziehbare Aufwendungen für Wege zwischen Wohnung und Betriebsstätte					176	1 311	,00
	Abziehbare Aufwendungen für Familienheimfahrten						225	,00
	zzgl. Unfallkosten						5 000	,00
52	Gezahlte Vorsteuerbeträge					185	3 040	,00
53	An das Finanzamt gezahlte und ggf. verrechnete Umsatzsteuer					186	968	,00
55	**Summe Betriebsausgaben**					199	25 190	,00
	Summe Betriebseinnahmen						8 402	,00
	Differenz						./. 16 788	,00
	Nicht abzugsfähige Betriebsausgaben nach § 4 Abs. 5 Nr. 6 EStG						./. 3 818	,00
	Korrektur der Betriebseinnahmen der Privatnutzung						./. 4 394	,00
	Summe						25 000	,00

Unfall auf einer Familienheimfahrt
Listenpreismethode
Die Höhe der nicht abzugsfähigen Betriebsausgaben wird nach § 4 Abs. 5 Nr. 6 EStG wie folgt ermittelt:

0,03 % von 50 000 € × 12 Monate × 19 Entfernungskilometer	3 420 €
Unfallkosten	0 €
Höhe der Betriebsausgaben für die Fahrten zwischen Wohnung und Betriebsstätte	3 420 €
0,002 % von 50 000 € × 5 Fahrten × 150 Entfernungskilometer	750 €
zzgl. Unfallkosten	5 000 €
Höhe der Betriebsausgaben für die Fahrten zwischen Wohnung und Betriebsstätte und Familienheimfahrten	9 170 €
Entfernungspauschale i.S.d. § 9 Abs. 1 Satz 3 Nr. 4 EStG (als Betriebsausgaben zu berücksichtigen):	
230 Tage × 19 Entfernungskilometer × 0,30 €	./. 1 311 €
Unfallkosten	0 €
Entfernungspauschale i.S.d. § 9 Abs. 1 Satz 3 Nr. 5 Satz 4 bis 6 EStG (als Betriebsausgaben zu berücksichtigen):	
150 Entfernungskilometer × 5 × 0,30 €	./. 225 €
Unfallkosten	./. 5 000 €
Nicht als Betriebsausgaben zu berücksichtigen	2 634 €

Nach § 6 Abs. 1 Nr. 4 Satz 2 EStG ist die Listenpreismethode zulässig, da der Pkw zu mehr als 50 % betrieblich genutzt wird.
1 % von 50 000 € × 12 Monate (als Betriebseinnahme,
Zeile 15 des Vordrucks EÜR) 6 000 €
Umsatzsteuerrechtlich kann die Listenpreismethode angewendet werden (Tz. 2.1 des BMF-Schreibens vom 27.8.2004, BStBl I 2004, 864).
Für die nicht mit Vorsteuern belasteten Kosten kann ein pauschaler
Abschlag von 20 % vorgenommen werden ./. 1 200 €
Bemessungsgrundlage für die USt (Nettobetrag) 4 800 €
USt 19 % (**Zeile 12** des Vordrucks EÜR) 912 €

Umsatzsteuerrechtlich gehören die Unfallkosten zu den Gesamtkosten und bilden insgesamt mit den anderen Kosten die Bemessungsgrundlage für die unentgeltliche Wertabgabe nach § 10 Abs. 4 Nr. 2 UStG.

12	Vereinnahmte Umsatzsteuer sowie Umsatzsteuer auf unentgeltliche Wertabgaben			140	912	,00
13	Vom Finanzamt erstattete und ggf. verrechnete Umsatzsteuer			141	3 040	,00
14	Veräußerung oder Entnahme von Anlagevermögen			102		,
15	Private Kfz-Nutzung			106	6 000	,00
16	Sonstige Sach-, Nutzungs- und Leistungsentnahmen (z.B. private Telefonnutzung)			108		,
17	Auflösung von Rücklagen, Ansparabschreibungen für Existenzgründer und/oder Ausgleichsposten (Übertrag von Zeile 73)					,
18	**Summe Betriebseinnahmen**			159	9 952	,00
26	AfA auf bewegliche Wirtschaftsgüter (z.B. Maschinen, Kfz)			130	6 000	,00
	Kraftfahrzeugkosten und andere Fahrtkosten	EUR	CT			
35	Laufende und feste Kosten (ohne AfA und Zinsen »und ohne Unfallkosten«)	140	14 000 ,00	Erläuterung: Zeile 35 enthält m.E. nur die Gesamtkosten und nicht auch die außerordentlichen Kfz-Kosten.		
36	Enthaltene Kosten aus Zeilen 26, 35 und 41 für Wege zwischen Wohnung und Betriebsstätte	142 -	3 420 ,00			
	Familienheimfahrten	-	750 00			
37	Verbleibender Betrag		9 830 ,00	▶143	9 830	,00
37a	Abziehbare Aufwendungen für Wege zwischen Wohnung und Betriebsstätte			176	1 311	,00
	Abziehbare Aufwendungen für Familienheimfahrten				225	,00
	zzgl. Unfallkosten				5 000	,00
52	Gezahlte Vorsteuerbeträge			185	3 040	,00
53	An das Finanzamt gezahlte und ggf. verrechnete Umsatzsteuer			186	912	,00
55	**Summe Betriebsausgaben**			199	26 318	,00
	Summe Betriebseinnahmen				9 952	,00
	Differenz				./. 16 366	,00
	Nicht abzugfähige Betriebsausgaben nach § 4 Abs. 5 Nr. 6 EStG				./. 2 634	,00
	Korrektur der Betriebseinnahmen der Privatnutzung				./. 6 000	,00
	Summe				25 000	,00

	Übrige beschränkt abziehbare Betriebsausgaben (§ 4 Abs. 5 EStG)		
43	Geschenke 164 ,	174 ,	
44	Bewirtung 165 ,	175 ,	
45	Reisekosten, Aufwendungen für doppelte Haushaltsführung	173 alle Aufwendungen, außer Fahrtkosten	siehe Zeile 36 und Zeile 37a
46	Sonstige (z.B. Geldbußen) 168 ,	177 ,	
47	Summe Zeilen 41 bis 46 (abziehbar)	, ▶	,

Fahrtenbuchmethode

Die Höhe der nicht als Betriebsausgaben abziehbaren Aufwendungen werden nach § 4 Abs. 5 Nr. 6 EStG wie folgt ermittelt:

230 Tage × 19 km × 2 = 8 740 km von insgesamt 38 240 km = 22,85 % von 20 000 €	4 570 €
zzgl. Unfallkosten	0 €
Höhe der Betriebsausgaben für die Fahrten zwischen Wohnung und Betriebsstätte	4 570 €
5 Fahrten × 150 km × 2 = 1 500 km von insgesamt 38 240 km = 3,92 % von 20 000 €	784 €
zzgl. Unfallkosten	+ 5 000 €
Höhe der Betriebsausgaben für die Fahrten zwischen Wohnung und Betriebsstätte und Familienheimfahrten	10 354 €
Entfernungspauschale i.S.d. § 9 Abs. 1 Satz 3 Nr. 4 EStG (als Betriebsausgaben zu berücksichtigen):	
230 Tage × 19 Entfernungskilometer × 0,30 €	./. 1 311 €
Unfallkosten	0 €
Entfernungspauschale i.S.d. § 9 Abs. 1 Satz 3 Nr. 5 Satz 4 bis 6 EStG (als Betriebsausgaben zu berücksichtigen):	
150 Entfernungskilometer × 5 × 0,30 €	./. 225 €
Unfallkosten	./. 5 000 €
Nicht als Betriebsausgaben zu berücksichtigen Fahrtenbuchmethode nach § 6 Abs. 1 Nr 4 Satz 3 EStG	3 818 €
8 400 km von 38 240 km = 21,97 % von 20 000 (als Betriebseinnahme, **Zeile 15** des Vordrucks EÜR)	4 394 €

Umsatzsteuerrechtlich ist ebenfalls die Fahrtenbuchmethode anzuwenden (Tz. 2.2 des BMF-Schreibens vom 27.8.2004, BStBl I 2004, 864). Umsatzsteuerrechtlich gehören die Unfallkosten zu den Gesamtaufwendungen. Lediglich das Nutzungsverhältnis ist bei der Umsatzsteuer zugrunde zu legen.

Kosten insgesamt	25 000 €	
abzüglich ertragsteuerrechtliche AfA (6 000 × 6 Jahre = 36 000 € AfA-Bemessungsgrundlage)	./. 6 000 €	
verbleiben	19 000 €	
Verteilung der Anschaffungskosten auf den Zeitraum des § 15a UStG zzgl. 36 000 € : 5 Jahre =	+ 7 200 €	
ergibt	26 200 €	
Nicht mit Vorsteuern belastete Kosten in der belegmäßig nachgewiesenen Höhe	./. 3 000 €	
Ausgangswert für die USt	23 200 €	
21,97 % von 23 200 € =		5 097 €
USt 19 % (**Zeile 12** des Vordrucks EÜR)		968 €

Unfall auf einer privaten Fahrt
Listenpreismethode

Nach § 6 Abs. 1 Nr. 4 Satz 2 EStG ist die Listenpreismethode zulässig, da der Pkw zu mehr als 50 % betrieblich genutzt wird.

0,03 % von 50 000 € × 12 Monate × 19 Entfernungskilometer	3 420 €	
Unfallkosten	0 €	
Höhe der Betriebsausgaben für die Fahrten zwischen Wohnung und Betriebsstätte	3 420 €	
0,002 % von 50 000 € × 5 Fahrten × 150 Entfernungskilometer	750 €	
zzgl. Unfallkosten	0 €	
Höhe der Betriebsausgaben für die Fahrten zwischen Wohnung und Betriebsstätte und Familienheimfahrten	4 170 €	
Entfernungspauschale i.S.d. § 9 Abs. 1 Satz 3 Nr. 4 EStG (als Betriebsausgaben zu berücksichtigen):		
230 Tage × 19 Entfernungskilometer × 0,30 €	./. 1 311 €	
Unfallkosten	0 €	
Entfernungspauschale i.S.d. § 9 Abs. 1 Satz 3 Nr. 5 Satz 4 bis 6 EStG (als Betriebsausgaben zu berücksichtigen):		
150 Entfernungskilometer × 5 × 0,30 €	./. 225 €	
Unfallkosten	./. 0 €	
Nicht als Betriebsausgaben zu berücksichtigen	2 634 €	
Die Unfallkosten als außergewöhnliche Kfz-Kosten sind vorab als Entnahme zu behandeln (**Zeile 16** des Vordrucks EÜR). Die Unfallkosten sind nicht mit dem anteiligen Listenpreis angegolten (Rz. 32 des BMF-Schreibens vom 18.11.2009, BStBl I 2009, 1326).	5 000 €	
Nach § 6 Abs. 1 Nr. 4 Satz 2 EStG ist die Listenpreismethode zulässig, da der Pkw zu mehr als 50 % betrieblich genutzt wird.		
1 % von 50 000 € × 12 Monate (als Betriebseinnahme, **Zeile 15** des Vordrucks EÜR)	6 000 €	
Umsatzsteuerrechtlich kann die Listenpreismethode angewendet werden (Tz. 2.1 des BMF-Schreibens vom 27.8.2004, BStBl I 2004, 864). Für die nicht mit Vorsteuern belasteten Kosten kann ein pauschaler Abschlag von 20 % vorgenommen werden	./. 1 200 €	

Bemessungsgrundlage für die USt (Nettobetrag) 4 800 €
USt 19 % (**Zeile 12** des Vordrucks EÜR) 912 €

12	Vereinnahmte Umsatzsteuer sowie Umsatzsteuer auf unentgeltliche Wertabgaben	140	912 ,00	
13	Vom Finanzamt erstattete und ggf. verrechnete Umsatzsteuer	141	3 040 ,00	
14	Veräußerung oder Entnahme von Anlagevermögen	102	,	
15	Private Kfz-Nutzung	106	6 000 ,00	
16	Sonstige Sach-, Nutzungs- und Leistungsentnahmen (z.B. Unfallkosten)	108	5 000 ,00	
17	Auflösung von Rücklagen, Ansparabschreibungen für Existenzgründer und/ oder Ausgleichsosten (Übertrag von Zeile 73)		,	
18	**Summe Betriebseinnahmen**	159	14 952 ,00	

26	AfA auf bewegliche Wirtschaftsgüter (z.B. Maschinen, Kfz)			130	6 000 ,00
	Kraftfahrzeugkosten und andere Fahrtkosten	EUR	CT		
35	Laufende und feste Kosten (ohne AfA und Zinsen »und ohne Unfallkosten«)	140	14 000 ,00	Erläuterung: Zeile 35 enthält m.E. nur die Gesamtkosten und nicht auch die außerordentlichen Kfz-Kosten.	
36	Enthaltene Kosten aus Zeilen 26, 35 und 41 für Wege zwischen Wohnung und Betriebsstätte	142 -	3 420 ,00		
	Familienheimfahrten	-	750 00		
37	**Verbleibender Betrag**		9 830 ,00	▶143	9 830 ,00
37a	Abziehbare Aufwendungen für Wege zwischen Wohnung und Betriebsstätte			176	1 311 ,00
	Abziehbare Aufwendungen für Familienheimfahrten				225 ,00
51	Übrige Betriebsausgaben			183	5 000 ,00
52	Gezahlte Vorsteuerbeträge			185	3 040 ,00
53	An das Finanzamt gezahlte und ggf. verrechnete Umsatzsteuer			186	912 ,00
55	**Summe Betriebsausgaben**			199	26 318 ,00
	Summe Betriebseinnahmen				14 952 ,00
	Differenz				./. 11 366 ,00
	Nicht abzugsfähige Betriebsausgaben nach § 4 Abs. 5 Nr. 6 EStG				./. 2 634 ,00
	Korrektur der Betriebsausgaben bezüglich der Privatnutzung als Betriebseinnahmen				./. 6 000 ,00
	Korrektur der Unfallkosten als Betriebseinnahmen				./. 5 000 ,00
	Summe				25 000 ,00

Fahrtenbuchmethode
230 Tage × 19 km × 2 = 8 740 km von insgesamt 38 240 km =
22,85 % von 20 000 € 4 570 €
zzgl. Unfallkosten 0 €
Höhe der Betriebsausgaben für die Fahrten zwischen Wohnung
und Betriebsstätte 4 570 €

5 Fahrten × 150 km × 2 = 1 500 km von insgesamt 38 240 km =
3,92 % von 20 000 €   784 €
zzgl. Unfallkosten   0 €
Höhe der Betriebsausgaben für die Fahrten zwischen Wohnung
und Betriebsstätte und Familienheimfahrten   5 354 €
Entfernungspauschale i.S.d. § 9 Abs. 1 Satz 3 Nr. 4 EStG
(als Betriebsausgaben zu berücksichtigen):
230 Tage × 19 Entfernungskilometer × 0,30 €   ./. 1 311 €
Unfallkosten   0 €
Entfernungspauschale i.S.d. § 9 Abs. 1 Satz 3 Nr. 5 Satz 4 bis 6 EStG
(als Betriebsausgaben zu berücksichtigen):
150 Entfernungskilometer × 5 × 0,30 €   ./. 225 €
Unfallkosten   0 €
Nicht als Betriebsausgaben zu berücksichtigen   3 818 €
Die Unfallkosten als außergewöhnliche Kfz-Kosten sind vorab als
Entnahme zu behandeln (**Zeile 16** des Vordrucks EÜR). Die Unfallkosten
sind nicht mit dem anteiligen Listenpreis angegolten (Rz. 32 des BMF-
Schreibens vom 18.11.2009, BStBl I 2009, 1326).   5 000 €
Fahrtenbuchmethode nach § 6 Abs. 1 Nr. 4 Satz 3 EStG
8 400 km von 38 240 km = 21,97 % von 20 000
(als Betriebseinnahme, **Zeile 15** des Vordrucks EÜR)   4 394 €
Umsatzsteuerrechtlich ist ebenfalls die Fahrtenbuchmethode anzuwenden
(Tz. 2.2 des BMF-Schreibens vom 27.8.2004, BStBl I 2004, 864). Umsatzsteuerrechtlich gehören die Unfallkosten zu den Gesamtaufwendungen.
Lediglich das Nutzungsverhältnis ist bei der Umsatzsteuer zugrunde zu legen.
Kosten insgesamt   25 000 €
abzüglich ertragsteuerrechtliche AfA (6 000 × 6 Jahre =
36 000 € AfA-Bemessungsgrundlage)   ./. 6 000 €
verbleiben   19 000 €
Verteilung der Anschaffungskosten auf den Zeitraum
des § 15a UStG zzgl. 36 000 € : 5 Jahre =   + 7 200 €
ergibt   26 200 €
Nicht mit Vorsteuern belastete Kosten in der belegmäßig
nachgewiesenen Höhe   ./. 3 000 €
Ausgangswert für die USt   23 200 €
21,97 % von 23 200 € =   5 097 €
USt 19 % (**Zeile 12** des Vordrucks EÜR)   968 €

12	Vereinnahmte Umsatzsteuer sowie Umsatzsteuer auf unentgeltliche Wertabgaben	140	968 ,00
13	Vom Finanzamt erstattete und ggf. verrechnete Umsatzsteuer	141	3 040 ,00
14	Veräußerung oder Entnahme von Anlagevermögen	102	,
15	Private Kfz-Nutzung	106	4 394 ,00
16	Sonstige Sach-, Nutzungs- und Leistungsentnahmen (z.B. private Telefonnutzung)	108	5 000 ,00
17	Auflösung von Rücklagen, Ansparabschreibungen für Existenzgründer und/oder Ausgleichsosten (Übertrag von Zeile 73)		,
18	**Summe Betriebseinnahmen**	159	13 402 ,00

26	AfA auf bewegliche Wirtschaftsgüter (z.B. Maschinen, Kfz)		130	6 000 ,00	
	Kraftfahrzeugkosten und andere Fahrtkosten	EUR CT			
35	Laufende und feste Kosten (ohne AfA und Zinsen »und ohne Unfallkosten«)	140	14 000 ,00	Erläuterung: Zeile 35 enthält m.E. nur die Gesamtkosten und nicht auch die außerordentlichen Kfz-Kosten.	
36	Enthaltene Kosten aus Zeilen 26, 35 und 41 für Wege zwischen Wohnung und Betriebsstätte	142 –	4 570 ,00		
	Familienheimfahrten	–	784 00		
37	Verbleibender Betrag		8 646 ,00	▶143	8 646 ,00
37a	Abziehbare Aufwendungen für Wege zwischen Wohnung und Betriebsstätte			176	1 311 ,00
	Abziehbare Aufwendungen für Familienheimfahrten				225 ,00
51	Übrige Betriebsausgaben – Unfallkosten				5 000 ,00
52	Gezahlte Vorsteuerbeträge			185	3 040 ,00
53	An das Finanzamt gezahlte und ggf. verrechnete Umsatzsteuer			186	968 ,00
55	Summe Betriebsausgaben			199	25 190 ,00
	Summe Betriebseinnahmen				13 402 ,00
	Differenz				./. 11 788 ,00
	Nicht abzugsfähige Betriebsausgaben nach § 4 Abs. 5 Nr. 6 EStG				./. 3 818 ,00
	Korrektur der Betriebsausgaben bezüglich der Privatnutzung als Betriebseinnahmen				./. 4 394 ,00
	Korrektur der Unfallkosten als Betriebseinnahmen				./. 5 000 ,00
	Summe				25 000 ,00

Gehört ein WG zum Betriebsvermögen, sind Aufwendungen einschließlich der AfA, soweit sie der privaten Nutzung des WG zuzurechnen sind, keine Betriebsausgaben (R 4.7 Abs. 1 Satz 1 EStR).

Unfall auf einer betrieblichen Fahrt
Da der Unfall sich auf einer betrieblichen Fahrt ereignete, sind die Unfallkosten in voller Höhe der betrieblichen Nutzung des Pkw zuzurechnen und somit auch in voller Höhe als Betriebsausgaben zu berücksichtigen.

Listenpreismethode

12	Vereinnahmte Umsatzsteuer sowie Umsatzsteuer auf unentgeltliche Wertabgaben	140	912 ,00
13	Vom Finanzamt erstattete und ggf. verrechnete Umsatzsteuer	141	3 040 ,00
14	Veräußerung oder Entnahme von Anlagevermögen	102	,
15	Private Kfz-Nutzung	106	6 000 ,00
16	Sonstige Sach-, Nutzungs- und Leistungsentnahmen (z.B. Unfallkosten)	108	0 ,00
17	Auflösung von Rücklagen, Ansparabschreibungen für Existenzgründer und/oder Ausgleichsposten (Übertrag von Zeile 73)		,
18	Summe Betriebseinnahmen	159	9 952 ,00

			EUR	CT		EUR	CT
26	AfA auf bewegliche Wirtschaftsgüter (z.B. Maschinen, Kfz)				130	6 000	,00
	Kraftfahrzeugkosten und andere Fahrtkosten		EUR	CT			
35	Laufende und feste Kosten (ohne AfA und Zinsen »und ohne Unfallkosten«)		140	14 000 ,00	Erläuterung: Zeile 35 enthält m.E. nur die Gesamtkosten und nicht auch die außerordentlichen Kfz-Kosten.		
36	Enthaltene Kosten aus Zeilen 26, 35 und 41 für Wege zwischen Wohnung und Betriebsstätte		142	– 3 420 ,00			
	Familienheimfahrten		–	750 00			
37	Verbleibender Betrag			9 830 ,00	▶143	9 830	,00
37a	Abziehbare Aufwendungen für Wege zwischen Wohnung und Betriebsstätte				176	1 311	,00
	Abziehbare Aufwendungen für Familienheimfahrten					225	,00
51	Übrige Betriebsausgaben				183	5 000	,00
52	Gezahlte Vorsteuerbeträge				185	3 040	,00
53	An das Finanzamt gezahlte und ggf. verrechnete Umsatzsteuer				186	912	,00
55	**Summe Betriebsausgaben**				199	26 318	,00
	Summe Betriebseinnahmen					9 952	,00
	Differenz					./. 16 366	,00
	Nicht abzugsfähige Betriebsausgaben nach § 4 Abs. 5 Nr. 6 EStG					./. 2 634	,00
	Korrektur der Betriebsausgaben bezüglich der Privatnutzung als Betriebseinnahmen					./. 6 000	,00
	Summe					25 000	,00

Literatur: Völkel u.a., ABC-Führer Umsatzsteuer (Loseblatt); Richter, Unfallkosten bei Fahrten zwischen Wohnung und Betrieb, DStR 1997, 228; Paus, Der Unfall auf einer privaten Fahrt mit einem betrieblichen Pkw, FR 2001, 1045; Meurer, Totalschaden eines betrieblichen Pkw bei einer Unfallfahrt, BB 2002, 503; Wassermeyer, Zur Bewertung von Nutzungs- und Leistungsentnahmen, DB 2003, 2616; Gschwendtner, Nutzungsentnahme durch einen privat veranlassten Verkehrsunfall, DStR 2004, 1638; Urban, Die Behandlung von Unfallkosten bei der Besteuerung des privaten Nutzungswerts von Kraftfahrzeugen, DStZ 2004, 741; Hartmann, Die Nutzungsentnahme im Einkommensteuerrecht, Steuer & Studium 2006, 294; Liess, Gestaltungsmöglichkeiten bei der Nutzung von Geschäftswagen, NWB 2009, 1522 und 1606.

V

Verbindlichkeiten

Auch i.R.d. § 4 Abs. 3-Rechnung können Verbindlichkeiten als Betriebsvermögen entstehen. So gehören z.B. Verbindlichkeiten aus dem Kauf von Anlagevermögen zum notwendigen Betriebsvermögen. Zunächst hat aber das Entstehen einer Verbindlichkeit keinen Einfluss auf den Gewinn. Wird z.B. → **Umlaufvermögen** auf Ziel erworben, so liegen Betriebsausgaben erst mit Zahlung der Verbindlichkeit vor (§ 11 Abs. 2 EStG; → **Zu- und Abflussprinzip**). Wird hingegen → **Anlagevermögen** erworben, so wirken sich beim abnutzbaren Anlagevermögen die Anschaffungskosten i.d.R. über die AfA (→ **Absetzung für Abnutzung**) gewinnmindernd aus (§ 4 Abs. 3 Satz 3 EStG). Beim → **nicht abnutzbaren Anlagevermögen** werden die Anschaffungskosten erst bei Zufluss des Veräußerungserlöses oder im Zeitpunkt der Entnahme gewinnmindernd erfasst (§ 4 Abs. 3 Satz 4 EStG). Problembereiche wie z.B.: Entnahme von Verbindlichkeiten, Erlass von Verbindlichkeiten, Verlust von Verbindlichkeiten werden unter dem jeweiligen Stichwort ausführlich besprochen.

Verlust von Wirtschaftsgütern

1. Allgemeines

Der Verlust eines zum Betriebsvermögen gehörenden Wirtschaftsguts kann verschiedene Ursachen haben. So kann z.B. Diebstahl, Verderb von Waren oder Verluste infolge höherer Gewalt (Brand, Hochwasser usw.) zu einem solchen Verlust führen. Das entsprechende Wirtschaftsgut kann nicht mehr für betriebliche Zwecke eingesetzt werden, so dass i.d.R. eine entsprechende Betriebsausgabe berücksichtigt werden muss.

Verluste sind dann zu berücksichtigen, wenn das verursachende Ereignis eindeutig betrieblichen Charakter hat, z.B. im Fall der Geldunterschlagung durch eine Praxisangestellte. Ist das den Verlust auslösende Moment hingegen weder dem betrieblichen noch dem privaten Bereich zuzuordnen, z.B. bei Einbruch oder höherer Gewalt, so ist entscheidend, ob das betroffene Wirtschaftsgut dem Betriebsvermögen zuzuordnen war. Im Endergebnis muss sich bei einem Verlust derselbe Totalgewinn ergeben wie auch i.R.d. Buchführung. Nur müssen die § 4 Abs. 3-typischen Wesensmerkmale beachtet werden. Wie sich ein solcher Verlust auf die § 4 Abs. 3-Rechnung auswirkt ist zum einen abhängig von der Art des verlustig gegangenen Wirtschaftsguts. Zum anderen muss differenziert werden nach der betrieblichen oder privaten Veranlassung. Im Folgenden werden die Verluste aus betrieblichem Anlass (für die Praxis wohl die wichtigsten Fälle) angesprochen. Ein betrieblicher Anlass kann nur dann gegeben sein, wenn das betreffende Wirtschaftsgut zum → **Betriebsvermögen** gehört oder betriebliche Umstände zum Verlust geführt haben.

Kommt eine Berücksichtigung eines Verlusts als Betriebsausgabe in Betracht, so ist ein etwaiger Verlust in dem Wirtschaftsjahr als Betriebsausgabe zu berücksichtigen, in dem der Verlust eingetreten ist. Eine Darlehensforderung ist z.B. dann endgültig und mit Sicherheit verloren, wenn der Darlehensnehmer in Konkurs gegangen ist und mangels Masse eine Befriedigung nicht mehr möglich ist. Siehe H 4.5 (2) [Darlehens- und Beteiligungsverluste] EStH sowie R 4.5 Abs. 5 Satz 2 EStR. Wann der Steuerpflichtige von dem Verlust Kenntnis erlangt hat, ist nicht von Bedeutung. Dies bereitet dann Probleme, wenn die Veranlagung für das Jahr, in dem der Verlust eingetreten ist, nach den abgabenrechtlichen Vorschriften nicht mehr änderbar ist. Deshalb sollte m.E. in diesen Fällen dem Steuerpflichtigen kein Nachteil entstehen, so dass der Verlust auch noch im Jahr der Kenntniserlangung berücksichtigt werden sollte. Eventuell ist auch eine Änderung nach § 173 Abs. 1 Nr. 2 AO möglich.

Wird ein Wirtschaftsgut des Betriebsvermögens lediglich beschädigt, so liegt kein Verlust i.d.S. vor. Betriebsausgaben ergeben sich hier nur durch etwaige Reparaturaufwendungen oder i.R.d. abnutzbaren Anlagevermögens durch Vornahme einer außergewöhnlichen AfA. Im Bereich der § 4 Abs. 3-Rechnung sind aber auf keinen Fall Teilwertabschreibungen möglich.

2. Verlust von Geld

Der Verlust von Geld, z.B. durch Diebstahl oder Unterschlagung, ist dann als Betriebsausgabe zu behandeln, wenn dieses Geld eindeutig zum Betriebsvermögen gehört hat. Dieser Nachweis kann z.B. durch ein Kassenbuch (vollständige und zeitnahe Aufzeichnung aller baren Betriebseinnahmen und Betriebsausgaben sowie Barentnahmen und Bareinlagen, bei eindeutiger Trennung des betrieblichen Geldes vom Privatgeld) geführt werden (→ **Aufzeichnungspflichten**). Da aber ein ordnungsgemäßes Kassenbuch in aller Regel i.R.d. § 4 Abs. 3-Rechnung nicht vorhanden ist, sind alle baren Geldeingänge mit ihrem Zufluss grundsätzlich als in den Privatbereich entnommen anzusehen, mit der Folge, dass ein Verlust sich nicht als Betriebsausgabe auswirken kann (H 4.5 (2) [Diebstahl] EStH).

Aber nicht nur dann, wenn eine sog. geschlossene Kassenführung vorliegt, ist ein Betriebsausgabenabzug möglich. Denkbar in diesem Zusammenhang sind z.B. betriebliche Bankkonten, über die ausschließlich betriebliche Zahlungsvorgänge abgewickelt werden (m.E. Verlust möglich z.B. durch Manipulationen bei Kontoführung per Onlineverfahren) oder Fälle, in denen Bargeld im betrieblichen Bereich bereitgehalten wird, um z.B. eine betriebliche Verbindlichkeit zu bezahlen.

Aber auch wenn nicht eindeutig feststeht, dass der verlustig gegangene Geldbetrag zum Betriebsvermögen gehörte, kann eine Berücksichtigung als Betriebsausgabe in Betracht kommen. Ein solcher Geldverlust ist dann zu berücksichtigen, wenn das verursachende Ereignis eindeutig betrieblichen Charakter hat, z.B. im Fall der Geldunterschlagung (egal, ob es sich um privates oder betriebliches Geld handelt) durch eine Praxisangestellte.

Gegenüber der Finanzbehörde trägt der Steuerpflichtige die objektive Beweislast im Hinblick auf die Zugehörigkeit der Gelder zum Betriebsvermögen oder auch im Hinblick auf die betriebliche Veranlassung.

Beispiel: Verlust von Geld
Ein freiberuflich praktizierender Arzt beauftragt eine Arzthelferin, Honorargelder in Empfang zu nehmen und später abzurechnen. Die Arzthelferin unterschlägt im Jahr 08 2 200 €. Sie hatte im Auftrag des Arztes Barzahlungen von Privatpatienten erhalten. Die Tat wurde vom Arzt erst im Jahr 09 aufgedeckt. Im gleichen Jahr zahlte die Arzthelferin 2 200 € an den Arzt zurück.

Lösung:
Hier ist der Betriebsausgabenabzug anzuerkennen, da ein objektiver, wirtschaftlicher und tatsächlicher Zusammenhang mit der Arztpraxis bestanden hatte. Der unterschlagene Geldbetrag ist dem Arzt im Zeitpunkt vor der Unterschlagung als Betriebseinnahme zugeflossen, da die Entgegennahme durch die Arzthelferin im Auftrag des Arztes erfolgt war und das Geld somit wirtschaftlich in den Machtbereich des Steuerpflichtigen gelangt ist. Es handelt sich hier also um einen Geldzufluss durch Zahlung an einen Bevollmächtigten. Dem Abzug der entsprechenden Betriebsausgaben für das Jahr 08 steht nicht entgegen, dass ein etwaiger Rückzahlungsanspruch gegen die Angestellte besteht. Dieser Anspruch kann erst dann berücksichtigt werden, wenn die Schadensgelder tatsächlich zufließen. Auch wenn der unterschlagene Geldbetrag im Jahr 08 weder als Betriebseinnahme, noch als Betriebsausgabe erfasst würde, ändert dies nichts an der Gesamtgewinnauswirkung für das Jahr 08.

§ 4 Abs. 3-Rechnung für das Jahr 08 und 09 (insoweit)

Jahr 08
Betriebseinnahmen • vereinnahmte Honorare (**Zeile 11** des Vordrucks EÜR) 2 200 €
Betriebsausgaben • unterschlagene Honorare (**Zeile 51** des Vordrucks EÜR) 2 200 €

Jahr 09
Betriebseinnahmen • Rückzahlung von unterschlagenen Honoraren
(**Zeile 11** des Vordrucks EÜR) 2 200 €
Gesamtgewinnauswirkung **2 200 €**

3. Verlust von abnutzbarem Anlagevermögen

Der Verlust von → **abnutzbarem Anlagevermögen** ist ähnlich zu behandeln wie dessen Verkauf oder Entnahme. Das bedeutet, dass zwar Betriebseinnahmen ausbleiben, als Betriebsausgaben aber ggf. die AfA bis einschließlich des Verlustmonats (R 7.4 Abs. 8 Satz 1 EStR sinngemäß) und ein dann noch vorhandener Restwert durch Vornahme einer Restwertabschreibung zum Ansatz kommt (**Zeile 34** des Vordrucks EÜR → **Außergewöhnliche Absetzung für Abnutzung**). Die übrigen Anschaffungskosten/Herstellungskosten haben sich bereits in den vergangenen Jahren im Wege der AfA gewinnmindernd ausgewirkt.

Nach dem BFH-Urteil vom 20.11.2003 (IV R 31/02, BFH/NV 2004, 567) führt die Versicherungsleistung bei Diebstahl eines **geparkten** Firmenwagens zu Betriebseinnahmen. Der BFH lässt in seiner Entscheidung offen, ob die Versicherungsleistung in voller Höhe, oder lediglich i.H.d. betrieblichen Nutzungsanteils zu Betriebseinnahmen führt (**Zeile 11** des Vordrucks EÜR).

Das Parken vor dem Privathaus wie auch in der Betriebs- oder Privatgarage kann nicht dem Bereich der privaten Nutzung zugerechnet werden. Während dieser Zeit findet keine

Nutzungsentnahme statt. Das wird bereits dadurch deutlich, dass das Verhältnis zwischen betrieblicher und privater Nutzung nach dem Verhältnis der privat veranlassten Fahrten zu den übrigen Fahrten bestimmt wird. Abstellzeiten bleiben bei der Berechnung außer Betracht.

Wird der zum Betriebsvermögen gehörende Pkw eines selbständig tätigen Arztes während des privat veranlassten Besuchs eines Weihnachtsmarkts auf einem Parkplatz abgestellt und dort gestohlen, ist der Vermögensverlust der privaten Nutzung zuzurechnen und nicht gewinnmindernd zu berücksichtigen (BFH-Urteil vom 18.4.2007 XI R 60/04, BStBl II 2007, 762). In seinem Urteil vergleicht der BFH die Kosten eines Kfz-Unfalls mit denen eines Kfz-Verlustes und behandelt beide Fälle gleich.

Kosten eines Kraftfahrzeugunfalls (→ **Unfallkosten**) teilen grundsätzlich das rechtliche Schicksal der Fahrtkosten. Wird die normale (verkehrsgünstigste) Fahrtroute einer betrieblich veranlassten Fahrt verlassen, kommt es darauf an, ob der Umweg beruflich veranlasst war. War er dies nicht, so wird eine durch den Betrieb oder das Arbeitsverhältnis zunächst gegebene Veranlassung vorübergehend oder ganz aufgehoben, also unterbrochen oder gelöst. Die Anerkennung als beruflich veranlasst hängt davon ab, ob die Förderung des Berufs bei weitem überwiegt und Umstände der Lebensführung ganz in den Hintergrund treten. Dies ist nach subjektiven und objektiven Gesichtspunkten zu beurteilen, insbesondere nach den beruflichen Zielvorstellungen des Steuerpflichtigen. Ob eine Unfallfahrt betrieblich oder beruflich veranlasst ist, hängt danach weitgehend von den Umständen des Einzelfalls ab.

Entsprechendes gilt grundsätzlich, soweit der Verlust eines Wirtschaftsgutes auf einem Diebstahl beruht. Die Zugehörigkeit des entwendeten Wirtschaftsgutes zum Betriebsvermögen indiziert noch nicht die betriebliche Veranlassung des Verlustes. Erforderlich ist, dass der Verlust so gut wie ausschließlich betrieblich und nicht wesentlich durch den Steuerpflichtigen privat (mit-)veranlasst ist (BFH-Urteil vom 9.12.2003 VI R 185/97, BStBl II 2004, 491). Maßgeblich dafür, ob ein solcher Zusammenhang besteht, ist zum einen die Beurteilung des die betreffenden Aufwendungen »auslösenden Moments«, zum anderen die Zuweisung dieses maßgeblichen Bestimmungsgrundes zur einkommensteuerrechtlich relevanten Erwerbssphäre).

Wird ein privater Pkw auf einer mehrtägigen Dienstreise entwendet, so rechtfertigt deren berufliche Veranlassung die Zurechnung des Diebstahls zur Berufssphäre auch dann, wenn sich der Diebstahl während einer Übernachtung ereignet hat (BFH-Urteil vom 25.5.1992 VI R 171/88, BStBl II 1993, 44). Der berufliche Einsatz des Pkw dauert – von evtl. Unterbrechungen durch entsprechend zu wertende private Umwegfahrten etc. abgesehen – bis zur Beendigung der Dienstreise fort. Die Dienstreise schließt die notwendig werdenden Übernachtungen ein. Das Parken des für die Dienstreise verwendeten Pkw während der Nacht ist der beruflichen Sphäre ebenso zuzurechnen, wie die Kosten der Übernachtung bei einer mehrtägigen Dienstreise beruflich veranlasst sind. Ob das den Schaden herbeiführende außergewöhnliche Ereignis während der Fahrt als Verkehrsunfall oder während des Parkens des PKW eintritt, und ob der geparkte PKW nur beschädigt oder entwendet wird, ist insoweit unerheblich.

Eine berufliche Veranlassung kann auch gegeben sein, wenn das entwendete Fahrzeug eines Arbeitnehmers nahezu ausschließlich beruflich genutzt und vor der eigenen Wohnung abgestellt wurde. Bei einer nahezu ausschließlich beruflichen Nutzung ist auch das Abstellen des Pkw vor der eigenen Wohnung nicht privat veranlasst, weil die als steuerrechtlich bedeutungslos zu wertende ganz geringfügige Nutzung zu privaten Zwecken bei der gebotenen typisierenden Beurteilung außer Betracht bleiben muss. Das Abstellen des Pkw über Nacht vor der eigenen Wohnung ist von der fast ausschließlich beruflichen Nutzung mit umfasst.

Etwas anderes gilt allerdings, wenn das Schadensereignis ausnahmsweise dem privaten Bereich zuzuordnen ist, dann sind die Aufwendungen gemäß § 12 Nr. 1 EStG nicht abziehbar.

Beispiel:

Wegen des am 15.05.09 erfolgten Diebstahls des zu 100 % betrieblich genutzten Pkw zahlt die Versicherung im Kj. 09 9 000 €. Der Pkw stand zum 1.1.09 mit 4 000 € zu Buche. Die Jahres-AfA beträgt 4 000 €. Der Stpfl. erwirbt im selben Jahr (1.7.09) bzw. im nächsten Jahr (2.1.10) einen Ersatz-Pkw für 30 000 €. Die Nutzungsdauer beträgt 6 Jahre.

Lösung:

Nach R 7.4 Abs. 8 EStR ist AfA bis zum Ausscheiden des Pkw aus dem Betriebsvermögen vorzunehmen. Aus Vereinfachungsgründen zählt der Mai als voller Monat (siehe auch § 7 Abs. 1 Satz 4 EStG). Die AfA nach § 7 Abs. 1 EStG beträgt 4 000 € : 12 Monate × 5 Monate = 1 667 €. Dieser Betrag ist in **Zeile 26** des Vordrucks EÜR anzusetzen. Der Restwert beim Ausscheiden des Pkw beträgt danach 2 333 € (**Zeile 34** des Vordrucks EÜR). In Höhe dieses Werts ist eine Restwertabschreibung als Betriebsausgabe vorzunehmen. Die Versicherungsleistung ist als Betriebseinnahme zu behandeln (**Zeile 11** des Vordrucks EÜR).

§ 4 Abs. 3-Rechnung im Kj. 07 insoweit:

Betriebsausgaben	• AfA Pkw	1 667 €
	• Restwertabschreibung	2 333 €
Betriebseinnahmen	• Versicherungsleistung	9 000 €
Gewinnerhöhung		**5 000 €**

Versicherungsleistung	9 000 €
Restwert des Pkw beim Ausscheiden	./. 2 333 €
Stille Reserven	6 667 €

Unter den Voraussetzungen des R 6.6 EStR besteht die Möglichkeit, die Aufdeckung – und somit die Versteuerung – der stillen Reserven zu vermeiden (→ **Rücklagen**; R 6.6 Abs. 2 EStR). Durch die Bildung einer Rücklage für Ersatzbeschaffung kann die Gewinnrealisierung durch Aufdeckung stiller Reserven vermieden werden. Nach R 6.6 Abs. 5 EStR gilt dies auch bei der Gewinnermittlung durch Einnahme-Überschussrechnung.
Im Kj. 09 können die stillen Reserven von 6 667 € auf die Anschaffungskosten des Ersatz-Pkw als Betriebsausgabe übertragen werden (R 6.6 Abs. 4 i.V.m. Abs. 3 EStR, **Zeile 54** des Vordrucks EÜR). In **Zeile 54** des Vordrucks EÜR ist nicht nur die gebildete Rücklage, sondern auch die Minderung der Anschaffungs- bzw. Herstellungskosten bei der begünstigten Investition durch Übertragung der stillen Reserven einzutragen (siehe auch **Zeile 73** des Vordrucks EÜR). Eine Rücklage ist nur dann zu bilden, wenn keine Ersatzbeschaffung vorgenommen wurde (R 6.6 Abs. 4 Satz 1 EStR).
Durch die Übertragung mindern sich die Anschaffungs- und Herstellungskosten des Ersatzwirtschaftsgutes um die übertragenen stillen Reserven. Der danach verbleibende Restbetrag (30 000 € ./. 6 667 € =) 23 333 € stellt die Bemessungsgrundlage für die AfA dar (R 7.3 Abs. 4 EStR). Bei einer Nutzungsdauer von 6 Jahren beträgt die lineare AfA ab Juli 09: 23 333 € : 6 Jahre = 3 889 € Jahres-AfA: 12 Monate × 6 Monate (Juli bis Dezember) = 1 945 €. Die degressive AfA nach § 7 Abs. 2 EStG beträgt 25 % von 23 333 € = 5 833 €

: 12 Monate × 6 Monate = 2 916 € (**Zeile 26** des Vordrucks EÜR → **Anlageverzeichnis**).
Zur Anwendung der degressiven AfA siehe → **Absetzung für Abnutzung**.

§ 4 Abs. 3-Rechnung im Kj. 09 insoweit:

Betriebsausgaben	• AfA Pkw alt (Zeile 26 des Vordrucks EÜR)	1 667 €
	• Restwertabschreibung (Pkw alt)	2 333 €
	(**Zeile 34** des Vordrucks EÜR)	
	• Übertragung stiller Reserven (Pkw neu)	
	(**Zeile 54** des Vordrucks EÜR)	6 667 €
	• AfA 09 Pkw neu	
	(**Zeile 26** des Vordrucks EÜR)	2 916 €
Betriebseinnahmen	• Versicherungsleistung	
	(**Zeile 11** des Vordrucks EÜR)	9 000 €

11	Umsatzsteuerfreie, nicht umsatzsteuerbare Betriebseinnahmen sowie Betriebseinnahmen, für die der Leistungsempfänger die Umsatzsteuer nach § 13b UStG schuldet	103	9 000 ,00
18	**Summe Betriebseinnahmen**	159	9 000 ,00

26	AfA auf bewegliche Wirtschaftsgüter (z.B. Maschinen, Kfz)	130	4 583 ,00
34	Restbuchwert der im Kalenderjahr/Wirtschaftsjahr ausgeschiedenen Anlagegüter	135	2 333 ,00
54	Rücklagen, stille Reserven und/oder Ausgleichsposten (Übertrag von Zeile 73)		6 667 ,00
55	**Summe Betriebsausgaben**	199	13 583 ,00

2. Ergänzende Angaben

			Bildung/Übertragung		Auflösung	
			EUR	Ct	EUR	Ct
			99		27	
68	Rücklagen nach § 6c i.V.m. § 6b EStG, R 6.6 EStR	187			120	,
69	Übertragung von stillen Reserven nach § 6c i.V.m. § 6b EStG, R 6.6 EStR	170	6 667 ,00			
70	Ansparabschreibungen für Existenzgründer nach § 7g Abs. 7 und 8 EStG a.F.				122	,
71	Gewinnzuschlag nach § 6b Abs. 7 und 10 EStG				123	,
72	Ausgleichsposten nach § 4g EStG	191	,		125	
73	Gesamtsumme	190	6 667 ,00		124	,

Bei der Anschaffung eines Ersatz-Pkw im Kj. 10 i.H.v. 30 000 € kann zum Schluss des vorangegangenen Kj. 09 nach R 6.6 Abs. 4 EStR in Höhe der aufgedeckten stillen Reserven eine Rücklage gebildet werden. Voraussetzung dafür ist, dass zu diesem Zeitpunkt eine Ersatzbeschaffung ernstlich geplant und zu erwarten ist. Wie oben dargestellt, beträgt die Rücklage 6 667 € (Höhe der stillen Reserven). Dieser Wert ist in **Zeile 68** des Vordrucks EÜR einzutragen und in **Zeile 54** als Betriebsausgabe anzusetzen.

§ 4 Abs. 3-Rechnung im Kj. 09 insoweit:

Betriebsausgaben	• AfA Pkw alt	
	(**Zeile 26** des Vordrucks EÜR)	1 667 €
	• Restwertabschreibung (Pkw alt)	2 333 €
	(**Zeile 34** des Vordrucks EÜR)	
	• Rücklage für Ersatzbeschaffung	6 667 €
	(**Zeile 54** des Vordrucks EÜR)	
Betriebseinnahmen	• Versicherungsleistung	
	(**Zeile 11** des Vordrucks EÜR)	9 000 €

Lösung Abwandlung: Anschaffung Ersatzwirtschaftsgut im Kj. 10
Da der Stpfl. im Kj. 10 die Anschaffung eines betrieblichen Pkw plant (Investitionsabsicht ist vorhanden), kann er nach § 7g Abs. 1 EStG im Kj. 09 bis zu 40 % der Anschaffungskosten als Investitionsabzugsbetrag gewinnmindernd abziehen. Bei einem beabsichtigten Investitionsvolumen von 30 000 € bewegt sich der Investitionsabzugsbetrag zwischen 0 € und 12 000 €.

Für die geplante Investition nimmt der Stpfl. einen Investitionsabzugsbetrag i.H.v. 12 000 € in Anspruch (40 % von 30 000 € = voraussichtliche Anschaffungskosten). Dieser Betrag ist im Kj. 09 in **Zeile 74** des Vordrucks EÜR einzutragen und in **Zeile 65** des Vordrucks EÜR gewinnmindernd zu berücksichtigen.

§ 4 Abs. 3-Rechnung im Kj. 09 insoweit:

Betriebsausgaben	• AfA Pkw alt	
	(**Zeile 26** des Vordrucks EÜR)	1 667 €
	• Restwertabschreibung (Pkw alt)	2 333 €
	(**Zeile 34** des Vordrucks EÜR)	
	• Investitionsabzugsbetrag	
	(**Zeile 65** des Vordrucks EÜR)	12 000 €
	• Rücklage für Ersatzbeschaffung	6 667 €
	(**Zeile 54** des Vordrucks EÜR)	
Betriebseinnahmen	• Versicherungsleistung	
	(**Zeile 11** des Vordrucks EÜR)	9 000 €

Im Kj. 10 (im Zeitpunkt der Ersatzbeschaffung) ist die Rücklage für Ersatzbeschaffung durch Übertragung auf die Anschaffungskosten des Ersatzwirtschaftsgutes aufzulösen (R 6.6 Abs. 4 Satz 6 EStR). Die Auflösung der Rücklage als Betriebseinnahme erfolgt in den **Zeilen 68** (KZ 120) und **73** (KZ 124) sowie in **Zeile 17** des Vordrucks EÜR. Durch die Übertragung der Rücklage mindern sich die Anschaffungskosten des Ersatzwirtschaftsgutes. Der danach verbleibende Restbetrag (30 000 € ./. 6 667 € =) 23 333 € stellt die Bemessungsgrundlage für die AfA dar (R 7.3 Abs. 4 EStR). Die Minderung ist als Betriebsausgabe zu berücksichtigen (**Zeile 54** und **Zeile 69** des Vordrucks EÜR).

Nach § 7g Abs. 2 Satz 1 EStG ist im Kj. 10 (Jahr der Anschaffung des begünstigten Wirtschaftsguts) der für dieses Wirtschaftsgut in Anspruch genommene Investitionsabzugsbetrag i.H.v. 40% der Anschaffungskosten hinzuzurechnen. Der Hinzurechnungsbetrag beträgt somit grundsätzlich 40% von 30 000 € = 12 000 €. Die Hinzurechnung ist allerdings begrenzt auf die Höhe des tatsächlich abgezogenen Investitionsabzugsbetrages i.S.d. § 7g Abs. 1 Satz 1 EStG. Die Hinzurechnung erfolgt außerhalb der Gewinnermittlung in **Zeile 62** und Zeile 78 bis **Zeile 81** des Vordrucks EÜR.

In Höhe des Hinzurechnungsbetrages sind nach § 7g Abs. 2 Satz 2 EStG die Anschaffungskosten des Wirtschaftsgutes zu kürzen (Herabsetzungsbetrag in **Zeile 31** des Vordrucks EÜR). Der Herabsetzungsbetrag mindert die AfA-Bemessungsgrundlage von 23 333 € (Berechnung s.o.) um 12 000 € auf 11 333 €.

Bei einer Nutzungsdauer von 6 Jahren beträgt die lineare AfA ab Januar 10: 11 333 € : 6 Jahre = 1 889 €. Die degressive AfA nach § 7 Abs. 2 EStG ist für Anschaffungen im Kj. 2010 zulässig und beträgt 2,5 × 20%, max. 25%. 25% von 11 333 € = 2 834 €.

Nach § 7g Abs. 5 EStG kann eine Sonderabschreibung von insgesamt 20% der um die Rücklage für Ersatzbeschaffung sowie um den Herabsetzungsbetrag geminderten Anschaffungskosten i.H.v. 11 333 € in Anspruch genommen werden (R 7.3 Abs. 4 EStR). Die Sonderabschreibung beträgt somit 20% von 11 333 € = 2 266 € und ist in **Zeile 30** des Vordrucks EÜR einzutragen. Die Sonderabschreibungen gehören nicht zu den Gesamtkosten für den Pkw (Rz. 27 des BMF-Schreibens vom 21.1.2002, BStBl I 2002, 148).

§ 4 Abs. 3-Rechnung im Kj. 10 insoweit:

Betriebsausgaben	• AfA Pkw neu	
	(**Zeile 26** des Vordrucks EÜR)	2 834 €
	• Sonderabschreibung nach § 7g EStG	
	(**Zeile 30** des Vordrucks EÜR)	2 266 €
	• Herabsetzungsbetrag	
	nach § 7g Abs. 2 EStG	
	(**Zeile 31** des Vordrucks EÜR)	12 000 €
	• Minderung der Anschaffungskosten	
	i.H.d. Rücklage für Ersatzbeschaffung	
	(**Zeile 54** des Vordrucks EÜR)	6 667 €
Betriebseinnahmen	• Auflösung der Rücklage	
	für Ersatzbeschaffung	
	(**Zeile 17** des Vordrucks EÜR)	6 667 €
	• Hinzurechnung des Investitionsabzugsbetrages	
	(**Zeile 62** des Vordrucks EÜR) komplett	12 000 €

2. Ergänzende Angaben

| | | | 99 | 27 |

Rücklagen, stille Reserven und Ansparabschreibungen

Zeile	Bezeichnung	Nr.	Bildung/Übertragung EUR	Ct	Nr.	Auflösung EUR	Ct
68	Rücklagen nach § 6c i.V.m. § 6b EStG, R 6.6 EStR	187	2009 6 667	,00	120	2010 6 667	,00
69	Übertragung von stillen Reserven nach § 6c i.V.m. § 6b EStG, R 6.6 EStR	170	2010 6 667	,00			
70	Ansparabschreibungen für Existenzgründer nach § 7g Abs. 7 und 8 EStG a.F.				122		,
71	Gewinnzuschlag nach § 6b Abs. 7 und 10 EStG				123		,
72	Ausgleichsposten nach § 4g EStG	191		,	125		
73	Gesamtsumme	190	6 667	,00	124	6 667	,00
			Übertrag in Zeile 54			Übertrag in Zeile 17	

Investitionsabzugsbeträge – Bildung (§ 7g Abs. 1 EStG)

Zeile	Lfd. Nr.	Einzelnes Wirtschaftsgut/ Funktion des Wirtschaftsguts	Voraussichtliche Anschaffungs-/ Herstellungskosten EUR	Ct	darauf entfallender Investitionsabzugsbetrag EUR	Ct
74	1.			,	2009 12 000	,00
75	2.			,		,
76	3.	Summe aus der Bildung weiterer Investitionsabzugsbeträge (Erläuterungen auf gesondertem Blatt)				
77		Gesamtsumme 2009			12 000	,00
					Übertrag in Zeile 65	

Investitionsabzugsbeträge – Hinzurechnungen (§ 7g Abs. 2 EStG)

Zeile	Lfd. Nr.	Einzelnes Wirtschaftsgut/ Funktion des Wirtschaftsguts	Anschaffungs-/Herstellungskosten EUR	Ct	Hinzurechnung (40% der Anschaffungs-/Herstellungskosten, max. Investitionsabzugsbetrag) EUR	CT
78	1.				12 000	,00
79	2.			,		,
80	3.	Summe weiterer Investitionsabzugsbeträge (Erläuterungen auf gesond. Blatt)				
81		Gesamtsumme 2010			12 000	,00
					Übertrag in Zeile 62	

Hat der Steuerpflichtige bei → **geringwertigen Wirtschaftsgütern** zulässigerweise die Regelung nach § 6 Abs. 2 EStG dahingehend in Anspruch genommen, dass er die entsprechenden Aufwendungen im Jahr der Anschaffung, Herstellung oder Einlage oder der Eröffnung des Betriebs in voller Höhe als Betriebsausgabe behandelt hat, so ergeben sich bei Verlust keine Auswirkungen mehr.

Der Verlust eines Wirtschaftsguts aus einem Sammelposten i.S.d. § 6 Abs. 2a EStG (→ **Geringwertige Wirtschaftsgüter**) beeinflusst nicht den Wert des Sammelpostens. Trotz Verlusts des Wirtschaftsguts wird der Sammelposten weiterhin unverändert gleichmäßig über insgesamt 5 Jahre aufgelöst.

Wird ein Wirtschaftsgut des abnutzbaren Anlagevermögens beschädigt, so kann für diese Wertminderung eine außergewöhnliche technische AfA (= Beeinträchtigung der Substanz) oder eine außergewöhnliche wirtschaftliche AfA (= Beeinträchtigung der wirtschaftlichen Nutzungsfähigkeit) nach § 7 Abs. 1 Satz 6 bzw. Abs. 4 Satz 3 EStG in Betracht kommen. Eine Teilwertabschreibung ist aber auf keinen Fall möglich. Durch die Wertminderung eines Wirtschaftsguts eines Sammelposten i.S.d. § 6 Abs. 2a EStG wird der Wert des Sammelpostens nicht beeinflusst. Vorgänge, die sich auf einzelne Wirtschaftsgüter beziehen, wirken sich innerhalb eines Sammelpostens nicht aus.

Werden Reparaturkosten (Erhaltungsaufwand) aufgewendet, sind diese bei Zahlung als Betriebsausgaben zu erfassen. Bei Verkauf des beschädigten Wirtschaftsguts wirken sich die »gekürzten« Betriebseinnahmen de facto gewinnmindernd aus. Etwaige Regressansprüche berühren den Betriebsausgabenabzug nicht. Erst ihre Durchsetzung und die dann erbrachte Schadensersatzleistung, z.B. von einer Versicherung, sind Betriebseinnahmen mit Vereinnahmung. An die Stelle der Wertminderung durch die AfaA treten die Reparaturkosten. Ein gleichzeitiger Abzug der AfaA neben den Reparaturaufwendungen kommt i.d.R. nicht in Betracht.

4. Verlust von nicht abnutzbarem Anlagevermögen

Der Verlust von diesen Wirtschaftsgütern führt dazu, dass die Anschaffungskosten/Herstellungskosten (oder ein anderer Wert) sich im Jahr des Verlusts als Betriebsausgaben auswirken. Nach dem Wortlaut des § 4 Abs. 3 Satz 4 EStG dürfen sich die Anschaffungskosten/Herstellungskosten erst im Jahr des Zuflusses des Veräußerungserlöses oder im Zeitpunkt der Entnahme gewinnmindernd auswirken. Insoweit besteht hier eine gesetzliche Regelungslücke. Der Betriebsausgabenabzug der Anschaffungs- bzw. Herstellungskosten muss im Verlustjahr genauso möglich sein, da sich die Anschaffungs- bzw. Herstellungskosten ansonsten überhaupt nicht gewinnmindernd auswirken würden.

Unterstellt man als Hauptanwendungsfall des → **nicht abnutzbaren Anlagevermögens** den zum Betriebsvermögen gehörenden Grund und Boden, so wird ein Verlust i.d.R. nicht in Betracht kommen können. Ein Ausnahmefall ist z.B. denkbar bei Verseuchung des Grund und Bodens und der damit verloren gegangenen Nutzungsmöglichkeit.

5. Verlust von Umlaufvermögen

Werden z.B. Waren eingekauft, sind die Anschaffungskosten bei Zahlung sofort und in voller Höhe Betriebsausgaben (**Zeile 21** des Vordrucks EÜR). Der Verlust dieser Ware (z.B. durch Verderb, Diebstahl oder Zerstörung) kann deshalb nicht nochmals als Betriebsausgabe berücksichtigt werden, da sich ansonsten die Anschaffungskosten doppelt gewinnmindernd auswirken würden. Die Rechtslage ist also nicht anders als bei der Veräußerung oder Entnahme des → **Umlaufvermögens**. Dies gilt m.E. auch dann, wenn der Verlust vor Zahlung der Anschaffungskosten eingetreten ist. Tritt der Verlust in einem früheren Jahr ein als die Zahlung der Anschaffungskosten und würde man diesen Verlust als Betriebsausgabe erfassen, so dürfte aber die Zahlung der Anschaffungskosten nicht nochmals als Betriebsausgabe berücksichtigt werden. Nach meinem Dafürhalten ist diese Vorgehensweise aus Sicht der praktischen Überwachung wie auch der § 4 Abs. 3-Systematik nicht zweckmäßig. Etwaige Regressansprüche sind erst mit ihrer Durchsetzung und der dann erbrachten Schadensersatzleistung, z.B. von einer Versicherung Betriebseinnahme mit Vereinnahmung.

Beispiel: Verlust von Umlaufvermögen und Anlagevermögen
Im März 18 brannte eine Lagerhalle ab. In dieser Lagerhalle wurden Waren im Verkaufswert von 10 000 € (eingekauft und bezahlt im Jahr 17 für 7 500 €) gelagert. Die Lagerhalle war im Anlageverzeichnis zum 31.12.17 mit einem Wert von 1 200 € verzeichnet. Der jährliche AfA-Betrag nach § 7 Abs. 4 EStG betrug 120 €.

Lösung:
Waren
Der Verlust der Waren (Umlaufvermögen) wirkt sich bereits bei Zahlung im Jahr 17 i.H.v. 7 500 € als Betriebsausgabe aus. Eine nochmalige gewinnmindernde Berücksichtigung des Verlusts im Jahr 18 ist daher nicht möglich.

Lagerhalle
Die Lagerhalle unterteilt sich in die zum notwendigen Betriebsvermögen gehörenden Wirtschaftsgüter Gebäude und dem dazu gehörenden Grund und Boden (R 4.2 Abs. 7 EStR). Der Gebäudeteil gehört zum abnutzbaren Anlagevermögen. Der Verlust wirkt sich wie folgt aus:

Betriebsausgaben im Jahr 18	AfA Lagerhalle bis einschließlich März	30 €
	Restwert bei Brand	1 170 €

Grund und Boden
Ein Verlust des zum nicht abnutzbaren Anlagevermögen zählenden Grund und Bodens ist in diesem Fall nicht denkbar, so dass sich insoweit auch keine Auswirkungen ergeben können.

Beispiel: Verlust von Umlaufvermögen
Am 5.1.19 wurde in den Laden eines Obst- und Gemüsehändlers eingebrochen und Waren im Verkaufswert von 850 € gestohlen. Diese Ware ist im Dezember 18 für 600 € netto eingekauft und bezahlt worden.

Lösung:
Jahr 18

Betriebsausgaben	Wareneinkauf	600 €

Jahr 19
Keine Berücksichtigung des Warenverlusts, da sich die Anschaffungskosten bereits bei Kauf gewinnmindernd ausgewirkt haben. I.R.d. Buchführung hätte sich der Verlust erst

im Jahr 19 (Verlustjahr) auf den Gewinn mindernd ausgewirkt (gewinnneutrale Ausbuchung des Wirtschaftsguts mit dem aktuellen Buchwert: »Verderb, Diebstahl, Schwund an Wareneinkauf« zur Richtigstellung des korrekten Rohgewinns), so dass sich dort der wirtschaftlich korrekte Periodengewinn ergibt.

Wird ein Wirtschaftsgut des Umlaufvermögens beschädigt, mindert dies den Gewinn zunächst nicht. Eine außergewöhnliche AfA oder eine Teilwertabschreibung ist auf keinen Fall möglich. Erst die später aufgewendeten Reparaturkosten (Erhaltungsaufwand) sind bei Zahlung als Betriebsausgaben zu erfassen. Bei Verkauf des beschädigten Umlaufvermögens, wirken sich die »gekürzten« Betriebseinnahmen de facto gewinnmindernd aus. Schadensersatzleistungen, z.B. von einer Versicherung, sind erst mit ihrer Vereinnahmung Betriebseinnahmen.

6. Verlust von Darlehen und Beteiligungen

Darlehensverluste oder der Verlust von Beteiligungen an Kapitalgesellschaften können nur dann als Betriebsausgaben abgesetzt werden, wenn besondere Umstände ihre ausschließliche Zugehörigkeit zum → **Betriebsvermögen** rechtfertigen. Für den Zeitpunkt und den Umfang einer Berücksichtigung derartiger Verluste ist darauf abzustellen, wann und in welcher Höhe die für das Darlehen oder die Beteiligung aufgewendeten Mittel endgültig verloren gegangen sind (H 4.5 (2) [Darlehensverluste und der Verlust von Beteiligungen an Kapitalgesellschaften] EStH). Ist ein Darlehen verloren gegangen und erfolgt wider Erwarten später doch die Rückzahlung der Darlehensvaluta, so liegen mit Rückzahlung Betriebseinnahmen vor. Etwaige Regressansprüche berühren den Betriebsausgabenabzug nicht. Erst ihre Durchsetzung und die dann erbrachte Schadensersatzleistung sind Betriebseinnahmen mit ihrer Vereinnahmung.

> **Beispiel: Verlust von Darlehen und Beteiligungen**
> Ein Architekt, der mit 20 000 € an der Wohnbau GmbH beteiligt ist, gewährt dieser ein verzinsliches Darlehen i.H.v. 8 000 €. Die GmbH ist Hauptauftraggeber des Architekten. Vor Rückzahlung des Darlehens geht die GmbH in Insolvenz. Der Restdarlehensanspruch von 5 500 € kann aus der Konkursmasse nicht mehr befriedigt werden.
>
> **Lösung:**
> **Darlehensverlust**
> Darlehensverluste können dann als Betriebsausgaben angesetzt werden, wenn besondere Umstände ihre ausschließliche Zugehörigkeit zur beruflichen Sphäre ergeben. Die Hingabe und der Verlust des Darlehens müssen beruflich veranlasst sein, d.h. das Darlehen muss Betriebsvermögen darstellen.
>
> **Beteiligungsverlust**
> Soll sich der Verlust dieser Beteiligung gewinnmindernd auswirken, so ist zunächst einmal zu klären, ob diese Beteiligung überhaupt zum notwendigen Betriebsvermögen gehört. Die Beteiligung eines Freiberuflers an einer Kapitalgesellschaft kann nur dann zum notwendigen Betriebsvermögen gehören, wenn der Betrieb der Kapitalgesellschaft der frei-

beruflichen Tätigkeit nicht wesensfremd ist. Im vorliegenden Fall ist notwendiges Betriebsvermögen anzunehmen, da die Beteiligung aus beruflichem Interesse eingegangen wurde und sie ein besonderes Gewicht für die Betriebsführung hat.

Ergebnis:
Da im dargestellten Sachverhalt die oben aufgeführten Voraussetzungen erfüllt sind, ist i.H.d. Beteiligung und des Restdarlehensanspruchs in dem Jahr ein Betriebsausgabenabzug möglich, in dem der Verlust der Beteiligung und der Darlehensforderung endgültig feststeht (§ 4 Abs. 3 Satz 4 EStG hinsichtlich des Beteiligungsverlusts und H 4.5 (2) [Darlehensverluste und der Verlust von Beteiligungen an Kapitalgesellschaften] EStH). Dieser Zeitpunkt muss im Einzelfall festgestellt werden. Denkbar ist z.B. das Jahr, in das die Insolvenz fällt, auch wenn der Steuerpflichtige erst in einem späteren Jahr davon Kenntnis erlangt. Diese Auffassung bereitet aber dann Probleme, wenn die Veranlagung für das Jahr, in dem der Verlust endgültig verloren gegangen ist, nach den abgabenrechtlichen Vorschriften nicht mehr änderbar ist. Deshalb sollte m.E. in diesen Fällen dem Steuerpflichtigen kein Nachteil entstehen, so dass der Verlust auch noch im Jahr der Kenntniserlangung berücksichtigt werden sollte.

7. Verlust von Forderungen

7.1 Allgemeines

Hier ist zu differenzieren, ob die betriebliche Forderung bei Eingang eine Betriebseinnahme oder keine Betriebseinnahme dargestellt hätte. Der Verlust einer betrieblichen Forderung ist als Betriebsausgabe zu erfassen, wenn sie bei Eingang keine Betriebseinnahme dargestellt hätte, z.B. Verlust einer Darlehensforderung oder Verlust einer Forderung bezüglich eines durchlaufenden Postens. Hätte der Eingang der Forderung zu einer Betriebseinnahme geführt, z.B. bei Kundenforderungen oder Forderungen aus dem Verkauf von abnutzbarem Anlagevermögen, so darf der Verlust dieser Forderungen (z.B. durch Insolvenz des Kunden) nicht als Betriebsausgabe angesetzt werden. Der Forderungsverlust wirkt sich durch den Ausfall entsprechender Betriebseinnahmen im Ergebnis gewinnmindernd aus. Insoweit reguliert der Ausfall den Gewinn »von selbst«. Zweifelhafte Forderungen sind i.R.d. § 4 Abs. 3-Rechnung nicht zu beachten. Erst der endgültige – also sichere – Forderungsausfall führt ggf. zu Konsequenzen.

7.2 Renten oder Raten

Wird bei einem Verkauf von Anlagevermögen gegen Zahlung von → **Renten oder Raten** die Kaufpreisforderung uneinbringlich (z.B. bei Insolvenz des Erwerbers) oder fällt die Rentenverpflichtung fort (z.B. bei Tod des Rentenverpflichteten), so ergeben sich insoweit grundsätzlich keine Gewinnauswirkungen. Mangels Zuflusses sind keine Betriebseinnahmen mehr anzunehmen und der noch vorhandene Barwert ist deshalb auch nicht als Betriebsausgabe zu erfassen. Der Restwert des entsprechenden Wirtschaftsguts (beim abnutzbaren Anlagevermögen = der noch nicht im Wege der AfA abgesetzte Teil der Anschaffungs- oder Herstellungskosten und beim nicht abnutzbaren Anlagevermögen = die originären Anschaffungs- oder Herstellungskosten) wurde i.d.R. bereits im Jahr der Veräußerung als Betriebsausgabe angesetzt (H 4.5 (3) [Veräußerung abnutzbarer Wirtschaftsgüter/Unterlassene AfA] EStH und § 4 Abs. 3 Satz 4 EStG). Der bis dahin noch nicht abgesetzte Betrag des »Restwerts« des verkauften Wirtschaftsguts ist in dem Wirtschaftsjahr als Betriebsausgabe zu berücksichtigen, in dem der Verlust eintritt (R 4.5 Abs. 5 Satz 3 EStR).

7.3 Verkauf eines geringwertigen Wirtschaftsguts

Im Jahr der Anschaffung des GWG (→ **Geringwertige Wirtschaftsgüter**) werden die Anschaffungskosten in voller Höhe als Betriebsausgaben berücksichtigt. Durch den Verlust der Forderung ergeben sich keine Auswirkungen. Die Aufwendungen für das GWG haben sich bereits auf den Gewinn mindernd ausgewirkt und der Ausfall der Forderung wird dadurch gewinnmäßig erfasst, dass eine entsprechende Betriebseinnahme ausbleibt.

Veräußerungen von Wirtschaftsgütern i.S.d. § 6 Abs. 2a EStG, die sich in einem Sammelposten befinden, beeinflussen den Wert des Sammelpostens nicht (→ **Geringwertige Wirtschaftsgüter**). Die Aufwendungen für das Wirtschaftsgut des Sammelpostens wirken sich weiterhin gewinnmindernd aus (Auflösung des Sammelpostens über fünf Jahre); der Ausfall der Forderung wird dadurch gewinnmäßig erfasst, dass eine entsprechende Betriebseinnahme ausbleibt.

7.4 Verkauf von Umlaufvermögen

Bei Verlust einer Forderung hinsichtlich des Verkaufs von Umlaufvermögen ergeben sich keine Auswirkungen. Die Aufwendungen für das betreffende Wirtschaftsgut haben sich i.d.R. bereits auf den Gewinn mindernd ausgewirkt und der Ausfall der Forderung wird dadurch gewinnmäßig erfasst, dass eine entsprechende Betriebseinnahme ausbleibt.

7.5 Betriebsveräußerung

Bei einer → **Betriebsveräußerung im Ganzen** muss der § 4 Abs. 3-Rechner eine Veräußerungsbilanz aufstellen. Bei dieser Bilanzerstellung werden auch etwaige Forderungen der Besteuerung des Veräußerungsgewinns als Veräußerungserlös zugrunde gelegt. Dadurch entstehen diese Forderungen noch im betrieblichen Bereich und sind damit auch Betriebsvermögen. Die BFH-Rechtsprechung hat durch mehrere Urteile entschieden, dass nachträgliche Änderungen des Veräußerungspreises steuerrechtlich stets auf den Zeitpunkt der Veräußerung zurückwirken. Danach sind also sämtliche Umstände, die nach Betriebsveräußerung eintreten und die sich auf die Höhe des Veräußerungsgewinns auswirken, zu berücksichtigen. Der zugrunde liegende Steuerbescheid ist nach § 175 Abs. 1 Nr. 2 AO entsprechend zu ändern. Eine solche Änderung ist durchzuführen, egal aus welchem Grund ein solcher Änderungsumstand eingetreten ist. Fällt also eine Forderung nach Betriebsveräußerung aus, so wirkt dieser Verlust rückwirkend mindernd auf die Höhe des Veräußerungserlöses. Diese Grundsätze sind bei einer Betriebsaufgabe entsprechend anzuwenden. Hat sich aber der Steuerpflichtige im Falle einer Betriebsveräußerung gegen eine Veräußerungsleibrente dahin gehend entschieden, dass er die Rentenzahlungen als nachträgliche Betriebseinnahmen gem. § 24 Nr. 2 EStG behandelt, bleibt eine entsprechende Forderung Betriebsvermögen, mit der Folge, dass ihr Ausfall Konsequenzen nach sich zieht. Wurde in Anwendung der Regelung der R 4.5 Abs. 5 Satz 1 EStR in jedem Wirtschaftsjahr ein Teilbetrag des noch nicht als Betriebsausgaben berücksichtigten Teils der Aufwendungen für Wirtschaftsgüter des Anlagevermögens i.H.d. in demselben Wirtschaftsjahr zugeflossenen Rentenzahlungen als Betriebsausgaben erfasst, so ist in dem Jahr des Verlusts einer entsprechenden Forderung der noch nicht als Betriebsausgabe berücksichtigte Teil in voller Höhe als Betriebsausgabe anzusetzen, vgl. R 4.5 Abs. 5 Satz 3 EStR und → **Betriebsveräußerung** gegen eine Veräußerungsleibrente.

8. Verlust von Verbindlichkeiten

Sollte im Ausnahmefall eine Verbindlichkeit verlustig gehen, was praktisch wohl eher einen Erlass der Verbindlichkeit darstellt (z.B. ein Gläubiger verzichtet aus betrieblichen Gründen auf die Begleichung seiner Forderung), so sind die Folgen daraus entsprechend den Konsequenzen bei → **Erlass** einer Verbindlichkeit zu ziehen.

9. Verlust von durchlaufenden Posten

Hat ein Steuerpflichtiger Gelder in fremdem Namen und für fremde Rechnung verausgabt, ohne dass er entsprechende Gelder vereinnahmt, so kann er in dem Wirtschaftsjahr, in dem er nicht mehr mit einer Erstattung der verausgabten Gelder rechnen kann, eine Betriebsausgabe i.H.d. nicht erstatteten Betrags absetzen. Soweit der nicht erstattete Betrag in einem späteren Wirtschaftsjahr doch noch erstattet wird, ist er als Betriebseinnahme zu erfassen (R 4.5 Abs. 2 Satz 3 und 4 EStR).

	Auswirkungen auf die § 4 Abs. 3-Rechnung
Geld	u.U. Betriebsausgabenabzug möglich
Abnutzbares Anlagevermögen	• AfA bis Verlustmonat • Restwert bei Verlust

GWG	• wenn Sofortabzug
	  ▸ dann nicht nochmals Betriebsausgabe
	• wenn AfA
	  ▸ dann wie abnutzbares Anlagevermögen

Nicht abnutzbares Anlagevermögen	Betriebsausgabe i.H.d. originären Anschaffungskosten/Herstellungskosten
Umlaufvermögen	Nicht nochmals Betriebsausgabe, da bereits bei Zahlung Betriebsausgabe

Darlehensverluste und der Verlust von Beteiligungen an Kapitalgesellschaften	Betriebsausgaben, wenn Zugehörigkeit zum Betriebsvermögen
Forderungen	Grundsätzlich kein Betriebsausgabenabzug, da mangels Zahlung bereits keine Betriebseinnahmen
Verbindlichkeiten	Behandlung wie der Erlass von Verbindlichkeiten
Durchlaufende Posten	Betriebsausgabe, wenn entsprechende Gelder nicht vereinnahmt werden
Schadensersatzleistungen	Betriebseinnahmen mit Zufluss

Abbildung: Verluste innerhalb der § 4 Abs. 3-Rechnung

10. Besonderheiten

10.1 Umsatzsteuerrechtlich

Bei Verlust von Wirtschaftsgütern ist auch die umsatzsteuerrechtliche Seite zu betrachten. Wird z.B. ein Wirtschaftsgut des Unternehmensvermögens z.B. aus unternehmerischem Anlass (oder wenn der Anlass nicht eindeutig unternehmerisch oder nicht unternehmerisch war) zerstört, so ergeben sich hieraus keinerlei umsatzsteuerrechtliche Folgen. Ein in Anspruch genommener Vorsteuerabzug bleibt zu Recht bestehen. Der Verlust als solcher korrigiert weder den Vorsteuerabzug noch stellt dieser Vorgang eine Umsatzart i.S.d. UStG dar. Lediglich in den Fällen des Forderungsausfalls muss der Unternehmer, der seine Umsätze nach vereinbarten Entgelten versteuert, eine entsprechende Berichtigung der Umsatzsteuer nach § 17 UStG durchführen (§ 17 Abs. 2 Nr. 1 UStG). Die durch diese Berichtigung eingetretene Umsatzsteuerminderung stellt bei Zufluss eine Betriebseinnahme bzw. bei Abfluss eine Betriebsausgabenminderung durch die verringerte Umsatzsteuerzahllast dar.

10.2 Rücklage für Ersatzbeschaffung

Scheidet ein Wirtschaftsgut des Anlage- oder Umlaufvermögens infolge höherer Gewalt (z.B. durch Brand oder Diebstahl) gegen Entschädigung aus dem Betriebsvermögen aus und wird innerhalb einer bestimmten Frist ein funktionsgleiches Wirtschaftsgut (Ersatzwirtschaftsgut) angeschafft oder hergestellt, können auf dessen Anschaffungs- oder Herstellungskosten die aufgedeckten stillen Reserven übertragen werden (R 6.6 Abs. 1 EStR → **Rücklage für Ersatzbeschaffungen**).

10.3 Verlust aus privatem Anlass

Ist der Verlust eines Wirtschaftsguts privat veranlasst, so darf darin keine Gegenstandsentnahme gesehen werden, da weder ein Entnahmewille noch eine Entnahmehandlung vorhanden ist (R 4.3 Abs. 3 Satz 1 EStR); z.B. ein Kind entwendet ohne Wissen des Steuerpflichtigen Waren aus dem Sortiment oder das Kind »spielt mit dem Feuer« und entzündet dadurch den gesamten Warenbestand. Nach der BFH-Rechtsprechung ist aber in diesen Fällen auch kein Betriebsausgabenabzug möglich, da es sich insoweit um einen nicht betrieblich veranlassten Vorgang handelt. Wird also ein Wirtschaftsgut des Betriebsvermögens z.B. während seiner Nutzung zu privaten Zwecken des Steuerpflichtigen zerstört, so tritt bezüglich der stillen Reserven, die sich bis zu seiner Zerstörung gebildet haben, auch keine Gewinnrealisierung ein, da es sich nicht um eine Gegenstandsentnahme handelt. Vielmehr ist in diesen Fällen i.H.d. Restbuchwerts eine Nutzungsentnahme anzunehmen (R 4.7 Abs. 1 Satz 3 und 4 EStR). Die Entnahmehandlung ist insoweit darin zu sehen, dass der Steuerpflichtige z.B. den Pkw des Betriebsvermögens willentlich und wissentlich zu privaten Zwecken nutzte. Darauf, ob der Steuerpflichtige den Unfall (→ **Unfallkosten**) wollte oder nicht, kommt es nicht an. Für die Gewinnermittlung nach § 4 Abs. 3 EStG hat dies die Konsequenz, dass sich im Endergebnis durch einen solchen Vorgang keinerlei Gewinnauswirkung ergeben darf. Daher ist zu differenzieren, um welche Wirtschaftsgüter es sich bei diesem privat veranlassten Verlust handelt.

Bei Wirtschaftsgütern des → **abnutzbaren Anlagevermögens** kann der im Zeitpunkt der Zerstörung vorhandene Restwert als Betriebsausgabe entsprechend H 4.5 (3) [Veräußerung abnutzbarer Wirtschaftsgüter/Unterlassene AfA] EStH berücksichtigt und zum gewinnkorrigierenden Ausgleich eine Betriebseinnahme i.H.d. Restwerts für diese Nutzungsentnahme angesetzt werden. Eine Schadensersatzforderung für das während der privaten Nutzung zerstörte Wirtschaftsgut ist aber als Betriebseinnahme zu erfassen, wenn und soweit sie über den Restwert hinausgeht (R 4.7 Abs. 1 Satz 5 EStR).

Bei → **geringwertigen Wirtschaftsgütern** ist eine gewinnkorrigierende Betriebseinnahme i.H.d. fiktiven Restwerts anzusetzen, wenn der Steuerpflichtige die GWG-Regelung dahingehend angewandt hat, dass er die Aufwendungen sofort abgezogen hat. Bei Verteilung der Aufwendungen im Wege der AfA ist der bei Zerstörung noch vorhandene Restwert als Betriebsausgabe anzusetzen, gleichzeitig aber die Erfassung dieses Restwerts als Betriebseinnahme.

Bei Wirtschaftsgütern des → **nicht abnutzbaren Anlagevermögens** ist nichts zu veranlassen; die Anschaffungskosten/Herstellungskosten sind jedoch aus dem besonderen Verzeichnis auszutragen.

Beim → **Umlaufvermögen** sind Betriebseinnahmen i.H.d. damaligen Anschaffungskosten/ Herstellungskosten zum gewinnkorrigierenden Ausgleich zu berücksichtigen.

10.4 Verlust von Privatvermögen

Beruht der Verlust eines zum Privatvermögen gehörenden Wirtschaftsguts auf einem betrieblichen Anlass, so ist dieser Verlust auch dem betrieblichen Bereich zuzuordnen (Nutzungseinlage). Der entstandene Schaden ist entsprechend in der § 4 Abs. 3-Rechnung abzusetzen. Wird z.B. ein privater Pkw auf einer betrieblichen Fahrt zerstört, so führt dies zu einer außergewöhnlichen AfA nach § 7 Abs. 1 Satz 6 EStG. Ausgangspunkt für diese AfA wären die Anschaffungskosten des Pkw, die um die (fiktive) lineare AfA nach § 7 Abs. 1 Satz 1 und 2 EStG bis zum Unfallzeitpunkt zu mindern sind. Der so ermittelte Restwert ist mit dem Zeitwert des Pkw nach dem Unfall zu vergleichen. Den Unterschiedsbetrag ergibt die außergewöhnliche AfA, die dann mit in die Betriebsausgaben einzubeziehen ist. Wird der Pkw repariert und es entstehen Reparaturkosten, so stellen diese bei Zahlung Betriebsausgaben dar. Eine Schadensersatzleistung ist nur in der Höhe als Betriebseinnahme zu erfassen, in der sie Betriebsausgaben ersetzen soll.

Versicherungsbeiträge

→ Betriebsausgaben
→ Betriebseinnahmen
→ Durchlaufende Posten
→ Honorare
→ Lebensversicherungsverträge als Betriebsvermögen
→ Wechsel der Gewinnermittlungsart
→ Zu- und Abflussprinzip

1. Allgemeine Grundsätze

Beiträge zu Versicherungen sind Betriebsausgaben, wenn sie durch den Betrieb (Beruf) veranlasst sind (§ 4 Abs. 4 EStG). Soweit sie privat veranlasst sind, können sie zum Sonderausgabenabzug führen (§ 10 Abs. 1 Nr. 2 EStG). Nach der ständigen Rechtsprechung des BFH erfolgt die Abgrenzung danach, ob durch den Versicherungsabschluss berufliche oder private Risiken abgedeckt werden (BFH-Beschluss vom 15.6.2005 VI B 64/04, BFH/NV 2005, 1796). Von der Absicherung beruflicher Risiken ist regelmäßig auszugehen, wenn mit der Versicherung Schäden an Wirtschaftsgütern des Betriebsvermögens ersetzt werden sollen. Versicherungen über Risiken, die in der Person des Betriebsinhabers begründet sind, führen demgegenüber nur ausnahmsweise zum Betriebsausgabenabzug, wenn durch die Ausübung des Berufs ein erhöhtes Risiko geschaffen wird und der Abschluss des Versicherungsvertrages entscheidend der Abdeckung dieses Risikos dient (BFH-Urteil vom 5.8.1965 IV 42/65 S, BStBl III 1965, 650).

2. Unfallversicherung

Dementsprechend wurde der Betriebsausgabenabzug für Beiträge zu einer allgemeinen Unfallversicherung bejaht, wenn die Eigenart des Betriebs bzw. des Berufs erhöhte Unfallgefahren mit sich bringt (BFH-Urteil vom 16.5.1963 IV 75/60 U, BStBl III 1963, 399) oder für eine Insassenunfallversicherung, wenn durch die Verbindung mit einem zum Betriebsvermögen gehörenden Pkw ein hinreichender betrieblicher Zusammenhang geschaffen wurde (BFH-Urteile vom 18.11.1971 IV R 132/66, BStBl II 1972, 277 und vom 15.12.1977 IV R 78/74, BStBl II 1978, 212).

Zur steuerlichen Behandlung der Beiträge zur gesetzlichen Unfallversicherung pflichtversicherter oder freiwillig versicherter Unternehmer nimmt die Vfg. der OFD Magdeburg vom 9.7.2004 (S 2144 – 33 – St 211, DStR 2004, 1607) Stellung. Danach sind die Beiträge, die ein Einzelunternehmer oder Gesellschafter einer Personengesellschaft an die gesetzliche Unfallversicherung entrichtet, als Betriebsausgaben abzugsfähig. Leistungen aus einer solchen Versicherung gehören zu den Betriebseinnahmen, sind aber auf Grund des § 3 Nr. 1a EStG steuerfrei. Das Abzugsverbot bei steuerfreien Einnahmen gem. § 3c Abs. 1 EStG greift in diesen Fällen nicht ein. Dies gilt entsprechend für die Geschäftsführer und Vorstände juristischer Personen. Diese sind i.d.R. als ArbN anzusehen. Die von diesen Personen entrichteten Beiträge an die gesetzliche Unfallversicherung stellen abzugsfähige Werbungskosten dar. Die Übernahme der Beiträge durch den ArbG stellt Arbeitslohn dar.

3. Krankentagegeldversicherung

Mit seinem Urteil vom 7.10.1982 (IV R 32/80, BStBl II 1983, 101) befasst sich der BFH mit dem Abzug von Versicherungsleistungen einer Krankentagegeldversicherung. Die Beiträge sind **nicht** als **Betriebsausgaben** zu berücksichtigen.

Der BFH hat entschieden, dass die von einem Einzelunternehmer, einem Immobilienmakler, aufgewendeten Beiträge für eine Krankentagegeldversicherung selbst dann nicht als Betriebsausgaben abgezogen werden können, wenn die Versicherung zur Aufrechterhaltung des Betriebes im Falle der Erkrankung des Betriebsinhabers abgeschlossen worden ist und dieser bei Ermittlung seines Gewinnes durch Betriebsvermögensvergleich bereit ist, die durch den Versicherungsfall ausgelösten Einnahmen als steuerpflichtige Betriebseinnahmen zu behandeln (BFH-Urteil vom 22.5.1969 IV R 144/68, BStBl II 1969, 489). Eine Krankentagegeldversicherung könne, anders als eine Unfallversicherung, nicht als betrieblicher Vorgang anerkannt werden. Denn ein Unfall könne unmittelbar durch den Betrieb veranlasst sein, während eine so enge Verbindung zwischen dem betrieblichen Geschehen und der Erkrankung nur bei dem verhältnismäßig seltenen und hier nicht zu entscheidenden Fall der Berufskrankheit denkbar sei.

Gleiche Grundsätze kommen zur Anwendung, wenn Freiberufler eine Krankentagegeldversicherung abschließen und sich im Gesellschaftsvertrag verpflichten, etwaige Versicherungsleistungen den Betriebseinnahmen zuzurechnen. Da bei einer Krankentagegeldversicherung der Eintritt des Versicherungsfalles und damit das Anfallen von Versicherungsleistungen ungewiss ist, wird durch den Abschluss des Versicherungsvertrages noch nicht eine Forderung in bestimmter Höhe, sondern nur ein Anspruch auf Risikoausgleich erworben. Mithin kann hinsichtlich des Funktionszusammenhanges nicht auf die beabsichtigte Verwendung ungewisser Versicherungsleistungen, sondern nur darauf abgestellt werden, welche Risiken durch den Versicherungsvertrag abgedeckt werden. Umgekehrt würde der Betriebsausgabenabzug betrieblich veranlasster Versicherungsbeiträge nicht daran scheitern, dass die geleistete Versicherungssumme vereinbarungsgemäß außerbetrieblichen Zwecken zugeführt wird (vgl. zur beabsichtigten Verwendung eines Bausparguthabens BFH-Urteil vom 18.3.1965 IV 61/62 U, BStBl III 1965, 320, sowie bei Geldkonten BFH-Urteil vom 19.6.1975 VIII R 13/74, BStBl II 1975, 811), wie auch der Herkunft der Mittel nur eine indizielle Bedeutung zukommt (BFH-Urteil vom 27.3.1968 I 154/65, BStBl II 1968, 522).

Eine Krankentagegeldversicherung bezweckt wirtschaftlich – ungeachtet der Grundsätze, die für die Ermittlung der Versicherungsleistung gelten – den Ausgleich krankheitsbedingter Aufwendungen und Einnahmeausfälle. Das diesbezügliche Risiko ist nur dann durch den Beruf veranlasst, wenn es seine Ursache in einer im Beruf erworbenen Krankheit hat, insbesondere einer typischen Berufskrankheit, d.h. einer Krankheit, bei der die Gefahr, von ihr erfasst zu werden, nur oder hauptsächlich wegen der beruflichen Tätigkeit, dann aber in gleicher Weise für alle Berufsangehörigen besteht, oder in einem beruflich bedingten Unfall, insbesondere einem Unfall bei der Bedienung einer Maschine oder einem Kfz-Unfall auf einer beruflich veranlassten Fahrt (BFH-Urteil vom 30.10.1980 IV R 27/77, BStBl II 1981, 303). Im Übrigen ist das Risiko krankheitsbedingter Vermögenseinbußen der privaten Lebensführung zuzurechnen. Werden beide Risikobereiche, der berufliche und der private, durch eine einheitliche Versicherung abgedeckt, so sind die Versicherungsbeiträge nach dem sog. Aufteilungs- und Abzugsverbot des § 12 Nr. 1 EStG insgesamt nicht abzugsfähig, es sei denn, dass die berufliche Veranlassung bei weitem überwiegt und das Hineinspielen der Lebensführung nicht ins Gewicht fällt oder dass sich der beruflich veranlasste Teil der Aufwendungen anhand von Unterlagen nach objektiv nachprüfbaren Merkmalen leicht und einwandfrei von den nichtabziehbaren Kosten der Lebensführung trennen lässt (BFH-Beschlüsse vom 27.11.1978 GrS 8/77, BStBl II 1979, 213; vom 19.10.1970 GrS 2/70, BStBl II 1971, 17; Urteil vom 29.3.1979 IV R 103/75, BStBl II 1979, 512).

Ein so gut wie ausschließlich berufsbedingtes Risiko kann auch nicht mit der Begründung angenommen werden, die Krankheit des Berufsausübenden könne sich auf den Erfolg des Unternehmens auswirken, weil die Einnahmen zurückgingen, während die Ausgaben für Personal, Praxisräume usw. weiter bestritten werden müssten, damit die Praxis nach der Genesung im alten Umfang wieder aufgenommen werden könne (so Rautenberg, DB 1974, 2274 ff., 2276). Denn die Ursache für die Erfolgseinbuße liegt nicht in den betrieblichen Gegebenheiten, sondern in der Person seines Inhabers. Insofern unterscheidet sich eine Krankentagegeldversicherung von einer Betriebsunterbrechungsversicherung, die von einem Risiko im betrieblichen Bereich, etwa einem Einbruch, einem Brand oder dem Ausfall einer Maschine ausgeht und den daraus resultierenden weiteren Vermögensschaden ersetzt.

Da die berufliche Zuordnung eines Versicherungsvertrages nach den versicherten Risiken und nicht nach der beabsichtigten Verwendung etwaiger Versicherungsleistungen vorzunehmen ist, kommt auch dem Umstand keine Bedeutung zu, dass die Gesellschafter neben der Krankentagegeldversicherung Krankenversicherungen abgeschlossen hatten, aus deren Leistungen anfallende Krankheitskosten möglicherweise vollständig finanziert werden konnten, mit der Folge, dass Leistungen aus der Krankentagegeldversicherung in voller Höhe als Ersatz für Einnahmenausfall zur Verfügung standen. Aus demselben Grunde kann auch nicht auf die gesellschaftsvertragliche Vereinbarung, anfallende Versicherungsleistungen als Betriebseinnahmen zu behandeln, abgestellt werden. Aufwendungen, die die Lebensführung betreffen, können nicht schon deshalb dem Beruf zugerechnet werden, weil sie von anderen Mitunternehmern gefordert werden können (BFH-Urteil vom 31.1.1980 IV R 51/77, nicht veröffentlicht, zu Aufwendungen für eine Gesundheitsuntersuchung, die von den Mitgesellschaftern vor Abschluss des Gesellschaftsvertrages verlangt worden war).

4. Berufsunfähigkeitsversicherung

Mit Beschluss vom 15.6.2005 (VI B 64/04, BFH/NV 2005, 1796) hat der BFH entschieden, dass die Prämien für eine Berufsunfähigkeitsversicherung weder Werbungskosten noch Betriebsausgaben sind. Beiträge zu Personenversicherungen sind i.d.R. Sonderausgaben und nicht Werbungskosten bzw. Betriebsausgaben, da die abzudeckende Risikoursache meistens zu einem nicht unwesentlichen Teil auch im privaten Lebensbereich angesiedelt ist. Die Berufsunfähigkeitsversicherung ist einer Krankentagegeldversicherung vergleichbar; auch sie bezweckt wirtschaftlich den Ausgleich krankheitsbedingter Einnahmeausfälle. Das Risiko krankheitsbedingter Vermögenseinbußen ist aber grundsätzlich der privaten Lebensführung zuzurechnen. Eine Aufteilung der Versicherungsprämien, wie sie beispielsweise bei einer Unfallversicherung, die berufliche und außerberufliche Unfälle umfasst, angezeigt sein kann, scheidet aus, da die Prämie für die Berufsunfähigkeitsversicherung ausschließlich dem Lebensführungsbereich zuzuordnen ist.

5. Praxisausfallversicherung

Der BFH hat mit Urteil vom 19.5.2009 (VIII R 6/07, BFH/NV 2009, 1519) entschieden, dass eine sogenannte **Praxisausfallversicherung**, die fortlaufende Betriebskosten im Falle einer Erkrankung des Betriebsinhabers erstattet, eine **private Versicherung** darstellt. Die Versicherungsleistung ist nicht zu versteuern. Umgekehrt sind insoweit die an die Versicherung gezahlten Beiträge nicht als Betriebsausgaben abziehbar.

Bei der Praxis- oder Kanzleiausfallversicherung, die vor allem von Freiberuflern und Einzelgewerbetreibenden in Anspruch genommen wird, ersetzt die Versicherungsgesellschaft die fortlaufenden Praxis- oder Kanzleikosten (Miete, Leasingraten, Personalkosten usw.) im Falle einer krankheits- oder unfallbedingten Arbeitsunfähigkeit des Betriebsinhabers, im Falle einer gesundheitspolizeilich verfügten Quarantänemaßnahme oder, je nach individueller Vereinbarung, auch bei einer durch Brand, Wasser, Einbruch ausgelösten Betriebsunterbrechung.

Im Streitfall hatte eine Ärztin eine solche Versicherung abgeschlossen. Nach einem Sturz war sie längere Zeit krank geschrieben. Die Versicherung erstattete ihr die fortlaufenden Betriebskosten.

Der BFH entschied, dass die Zahlungen der Versicherung keine Betriebseinnahmen aus der freiberuflichen Tätigkeit der Klägerin darstellen. Denn die Praxisausfallversicherung ist, soweit das Krankheitsrisiko abgedeckt wird, keine betriebliche Versicherung. Entscheidend für die Zuordnung ist die Art des versicherten Risikos. Krankheit ist aber, von Sonderfällen wie der Berufskrankheit abgesehen, grundsätzlich kein betriebliches, sondern ein privates Risiko.

Anders ist das ebenfalls mitversicherte Risiko der **Quarantäne** zu beurteilen. Es hängt mit dem Betrieb zusammen. Entsprechende Leistungen der Versicherung sind damit Betriebseinnahmen, die Versicherungsbeiträge können insoweit als Betriebsausgaben abgezogen werden.

Vordruck EÜR

1. Der Vordruck EÜR 2009

1	Name	**Anlage EÜR**
2	Vorname	Bitte für jeden Betrieb eine gesonderte Anlage EÜR einreichen
3	(Betriebs-)Steuernummer	

	77	09	1
	99	15	

Einnahmenüberschussrechnung
Nach § 4 Abs. 3 EStG für das **Kalenderjahr 2009**

		Beginn			Ende	
3a	davon abweichend	131	T T M M 2009	132		T T M M J J J J

	Allgemeine Angaben zum Betrieb		Zuordnung zu Einkunftsart und Person (siehe Anleitung)	
4	Art des Betriebs 100		105	
5	Im Kalenderjahr/Wirtschaftsjahr wurde der Betrieb veräußert oder aufgegeben	111		Ja = 1
6	Im Kalenderjahr/Wirtschaftsjahr wurden Grundstücke/grundstücksgleiche Rechte entnommen oder veräußert	120		Ja = 1 oder Nein = 2

	1. Gewinnermittlung		99	20
	Betriebseinnahmen		EUR	Ct
7	Betriebseinnahmen als umsatzsteuerlicher **Kleinunternehmer**	111		,
8	davon aus Umsätzen, die in § 19 Abs. 3 Nr. 1 und Nr. 2 UStG bezeichnet sind	119	, (weiter ab Zeile 13)	
9	Betriebseinnahmen als **Land- und Forstwirt**, soweit die Durchschnittssatzbesteuerung nach § 24 UStG angewandt wird	104		,
10	**Umsatzsteuerpflichtige Betriebseinnahmen**	112		,
11	Umsatzsteuerfreie, nicht umsatzsteuerbare Betriebseinnahmen sowie Betriebseinnahmen, für die der Leistungsempfänger die Umsatzsteuer nach § 13b UStG schuldet	103		,
11a	davon Kapitalerträge 113		,	
12	Vereinnahmte Umsatzsteuer sowie Umsatzsteuer auf unentgeltliche Wertabgaben	140		,
13	Vom Finanzamt erstattete und ggf. verrechnete Umsatzsteuer	141		,
14	Veräußerung oder Entnahme von Anlagevermögen	102		,
15	Private Kfz-Nutzung	106		,
16	Sonstige Sach-, Nutzungs- und Leistungsentnahmen (z.B. private Telefonnutzung)	108		,
17	Auflösung von Rücklagen, Ansparabschreibungen für Existenzgründer und/oder Ausgleichsposten (Übertrag von Zeile 73)			
18	**Summe Betriebseinnahmen**	159		,

	Betriebsausgaben		99	25
			EUR	Ct
19	Betriebsausgabenpauschale **für bestimmte Berufsgruppen** bzw. Freibetrag nach § 3 Nr. 26 und 26a EStG	190		,
20	Sachliche Bebauungskostenpauschale (für Weinbaubetriebe)/Betriebsausgabenpauschale für **Forstwirte**	191		,
21	**Waren, Rohstoffe und Hilfsstoffe** einschl. der Nebenkosten	100		,
22	Bezogene Leistungen (z.B. Fremdleistungen)	110		,
23	Ausgaben für eigenes Personal (z.B. Gehälter, Löhne und Versicherungsbeiträge)	120		,
	Absetzungen für Abnutzung (AfA)			
24	AfA auf unbewegliche Wirtschaftsgüter (ohne AfA für das häusliche Arbeitszimmer)	136		,
25	AfA auf immaterielle Wirtschaftsgüter (z.B. erworbene Firmen- oder Praxiswerte)	131		,
26	AfA auf bewegliche Wirtschaftsgüter (z.B. Maschinen, Kfz)	130		,
	Übertrag (Summe Zeilen 19 bis 26)			,

	(Betriebs-)Steuernummer			
			EUR	Ct
	Übertrag (Summe Zeilen 19 bis 26)			,
30	Sonderabschreibungen nach § 7g EStG		134	,
31	Herabsetzungsbeträge nach § 7g Abs. 2 EStG		138	,
32	Aufwendungen für geringwertige Wirtschaftsgüter		132	,
33	Auflösung Sammelposten nach § 6 Abs. 2a EStG		137	,
34	Restbuchwert der im Kalenderjahr/Wirtschaftsjahr ausgeschiedenen Anlagegüter		135	,

	Kraftfahrzeugkosten und andere Fahrtkosten	EUR	CT		
35	Laufende und feste Kosten (ohne AfA und Zinsen)	140	,		
36	Enthaltene Kosten aus Zeilen 26, 35 und 41 für Wege zwischen Wohnung und Betriebsstätte	142 –	,		
37	Verbleibender Betrag		,	▶143	,
37a	Abziehbare Aufwendungen für Wege zwischen Wohnung und Betriebsstätte			176	,

	Raumkosten und sonstige Grundstücksaufwendungen		
38	Abziehbare Aufwendungen für ein häusliches Arbeitszimmer (einschl. AfA lt. Zeile 9 des Anlageverzeichnisses und Schuldzinsen)	172	,
39	Miete/Pacht für Geschäftsräume und betrieblich genutzte Grundstücke	150	,
40	Sonstige Aufwendungen für betrieblich genutzte Grundstücke (ohne Schuldzinsen und AfA)	151	,

		nicht abziehbar EUR Ct	abziehbar EUR Ct		
	Schuldzinsen (§ 4 Abs. 4a EStG)				
41	Finanzierung von Anschaffungs-/Herstellungskosten von Wirtschaftsgütern des Anlagevermögens		178		
42	Übrige Schuldzinsen	167 ,	179 ,		
	Übrige beschränkt abziehbare Betriebsausgaben (§ 4 Abs. 5 EStG)				
43	Geschenke	164 ,	174 ,		
44	Bewirtung	165 ,	175 ,		
45	Reisekosten, Aufwendungen für doppelte Haushaltsführung		173 ,		
46	Sonstige (z.B. Geldbußen)	168 ,	177 ,		
47	Summe Zeilen 41 bis 46 (abziehbar)	,	▶	,	

	Sonstige unbeschränkt abziehbare Betriebsausgaben für		
48	Porto, Telefon, Büromaterial	192	,
49	Fortbildung, Fachliteratur	193	,
50	Rechts- und Steuerberatung, Buchführung	194	,
51	Übrige Betriebsausgaben	183	,
52	Gezahlte Vorsteuerbeträge	185	,
53	An das Finanzamt gezahlte und ggf. verrechnete Umsatzsteuer	186	,
54	Rücklagen, stille Reserven und/oder Ausgleichsposten (Übertrag von Zeile 73)		,
55	**Summe Betriebsausgaben**	199	

Vordruck EÜR

	(Betriebs-)Steuernummer				
	Ermittlung des Gewinns			EUR	Ct
60	Summe der Betriebseinnahmen (Übertrag aus Zeile 18)				,
61	abzüglich Summe der Betriebsausgaben (Übertrag aus Zeile 55)		−		,
	zuzüglich				
62	− Hinzurechnung der Investitionsabzugsbeträge nach § 7g Abs. 2 EStG	188	+		
63	abzüglich				
64	− erwerbsbedingte Kinderbetreuungskosten	184			
65	− Investitionsabzugsbeträge nach § 7g Abs. 1 EStG (Übertrag aus Zeile 77)	187			
66	Summe	198	▶ −		,
67	**Gewinn/Verlust**	119			

2. Ergänzende Angaben

99 27

Rücklagen, stille Reserven und Ansparabschreibungen

			Bildung/Übertragung		Auflösung	
			EUR	Ct	EUR	Ct
68	Rücklagen nach § 6c i.V.m. § 6b EStG, R 6.6 EStR	187		,	120	,
69	Übertragung von stillen Reserven nach § 6c i.V.m. § 6b EStG, R 6.6 EStR	170		,		
70	Ansparabschreibungen für Existenzgründer nach § 7g Abs. 7 und 8 EStG a.F.				122	,
71	Gewinnzuschlag nach § 6b Abs. 7 und 10 EStG				123	
72	Ausgleichsposten nach § 4g EStG	191		,	125	
73	Gesamtsumme	190		,	124	
			Übertrag in Zeile 54		Übertrag in Zeile 17	

Investitionsabzugsbeträge – Bildung (§ 7g Abs. 1 EStG)

Lfd. Nr.	Einzelnes Wirtschaftsgut/ Funktion des Wirtschaftsguts	Voraussichtliche Anschaffungs-/ Herstellungskosten		darauf entfallender Investitionsabzugsbetrag	
		EUR	Ct	EUR	Ct
74	1.		,		,
75	2.		,		,
76	3. Summe aus der Bildung weiterer Investitionsabzugsbeträge (Erläuterungen auf gesondertem Blatt)				
77	Gesamtsumme				
				Übertrag in Zeile 65	

Investitionsabzugsbeträge – Hinzurechnungen (§ 7g Abs. 2 EStG)

Lfd. Nr.	Einzelnes Wirtschaftsgut/ Funktion des Wirtschaftsguts	Anschaffungs-/Herstellungskosten		Hinzurechnung (40 % der Anschaffungs-/Herstellungskosten, max. Investitionsabzugsbetrag	
		EUR	Ct	EUR	CT
78	1.		,		,
79	2.		,		,
80	3. Summe weiterer Investitionsabzugsbeträge (Erläuterungen auf gesond. Blatt)				,
81	Gesamtsumme				,
				Übertrag in Zeile 62	

Entnahmen und Einlagen

99 29

			EUR	Ct
82	Entnahmen einschl. Sach-, Leistungs- und Nutzungsentnahmen	122		,
83	Einlagen einschl. Sach-, Leistungs- und Nutzungseinlagen	123		,

Literatur: Weilbach, Amtliche Gliederung der Überschussrechnung nach § 4 Abs. 3 EStG ohne Rechtsgrundlage, DB 2005, 578; Kai, Gewinnermittlung nach § 4 Abs. 3 EStG durch amtlich vorgeschriebenen Vordruck – Praxishinweise zur »Anlage EÜR« –, NWB Fach 17, 2057.

2. Allgemeines

Die § 4 Abs. 3-Rechnung ist geprägt durch eine einfache Gewinnermittlungsformel. Es werden lediglich die Betriebseinnahmen und Betriebsausgaben gegenübergestellt und als Differenz der Gewinn oder Verlust berechnet.

Für die Gewinnermittlung nach § 4 Abs. 3 EStG ist nach § 60 Abs. 4 EStDV ein amtlicher Vordruck aufgelegt (EÜR), der der Steuererklärung beizufügen ist. Nach § 84 Abs. 3c EStDV gilt dies erstmals für das Wj., das nach dem 31.12.2004 beginnt. Das amtlich vorgeschriebene Vordruckmuster (EÜR 2009) ist mit BMF-Schreiben vom 18.8.2009 (BStBl I 2009, 837) bekannt gegeben worden. Für jeden Betrieb ist eine separate Einnahme-Überschussrechung abzugeben.

Die Abgabepflicht gilt auch für Körperschaften (§ 31 KStG), die nicht zur Buchführung verpflichtet sind. Steuerbegünstigte Körperschaften brauchen den Vordruck nur dann abzugeben, wenn die Einnahmen einschließlich der Umsatzsteuer aus steuerpflichtigen wirtschaftlichen Geschäftsbetrieben die Besteuerungsgrenze von insgesamt 30 678 € im Jahr übersteigen. Einzutragen sind die Daten des einheitlichen steuerpflichtigen wirtschaftlichen Geschäftsbetriebs (§ 64 Abs. 2 AO).

In der Pressemitteilung Nr. 116/2004 vom 22.9.2004 nimmt das BMF zum Vordruck EÜR wie folgt Stellung:

Die Standardisierung der Einnahmenüberschussrechung durch den Vordruck »EÜR« soll für Steuerpflichtige, Steuerberater und Finanzverwaltung eine Hilfe darstellen. Auch in Zukunft werden in vielen Fällen einige wenige Angaben ausreichen, um den Einnahmenüberschuss korrekt zu erklären. Es müssen also keineswegs alle Punkte des Vordrucks ausgefüllt werden, sondern nur jene, die schon bisher – allerdings ohne Vorgabe eines Formulars – in einer korrekten Einnahmenüberschussrechung anzugeben waren. Der Aufwand für die Steuerpflichtigen wird also zukünftig nicht höher sein als bisher.

Der Vorteil der Standardisierung für die Finanzverwaltung liegt neben der Reduzierung der Rückfragen auch darin, dass zukünftig die Angaben zur Einnahmeüberschussrechung maschinell bearbeitet werden können und damit die Effizienz der Veranlagung insgesamt gesteigert werden kann. Von besonderer Bedeutung ist, dass frei werdendes Personal in anderen Bereichen zur effektiven Ausschöpfung der vorhandenen Steuerquellen eingesetzt werden kann – zu denken ist hier zum Beispiel an die Bekämpfung des Umsatzsteuerbetrugs.

An dem Vordruck ist von den betroffenen Steuerpflichtigen vor allem wegen der Vielzahl der anzugebenden Punkte Kritik geübt worden. Sicherlich werden beim Ausfüllen des Vordrucks Fehler unterlaufen oder Sachverhalte vergessen werden. Schwierigkeiten und Probleme werden für die Finanzverwaltung wertvolle Anregungen bieten, wie der Vordruck verbessert und die Erläuterungen verständlicher gestaltet werden können. Hieran wird mit Hochdruck gearbeitet. Nachteilige Konsequenzen werden für den Veranlagungszeitraum 2005 nicht gezogen. Die Sorgen der Steuerpflichtigen, dass für sie aus Fehlern beim Ausfüllen des Vordrucks negative Folgen gezogen werden, sind daher unbegründet.

Bei Kleinstunternehmern, deren Betriebseinnahmen in der Summe unter der Grenze von 17 500 € liegen, wird die Finanzverwaltung zunächst auf die Abgabe des Vordrucks »EÜR« ganz verzichten. Für diese Unternehmen besteht natürlich auch weiterhin die Verpflichtung zur Abgabe einer Steuererklärung und zur Ermittlung des Gewinns – aber eben nicht notwendigerweise auf dem vorgegebenen Formular.

Die Anlage EÜR besteht aus drei Teilen:
1. Einnahme-Überschussrechnung,
2. Verzeichnis der Anlagegüter und
3. Ermittlung der nicht abziehbaren Schuldzinsen.

Literatur: Seifert, Neue Kontrollmöglichkeiten für die Finanzverwaltung durch die Anlage EÜR, INF 2005, 817.

3. Allgemeine Angaben laut Zeilen 1 bis 6 des Vordrucks EÜR

3.1 Zeile 4

Einzutragen ist in **Zeile 4** die Art des Betriebs bzw. die Schwerpunkttätigkeit (Kz. 100).

Für die Zuordnung zur Einkunftsart und steuerpflichtigen Person (**Zeile 4** Kz. 105) sind folgende Ziffern zu verwenden:

	Stpfl./ Ehemann	Ehefrau	Ehegatten-Mitunternehmerschaft
Einkünfte aus Land- und Forstwirtschaft	1	2	7
Einkünfte aus Gewerbebetrieb	3	4	8
Einkünfte aus selbständiger Tätigkeit	5	6	9

1	Name Heinzelmann			**Anlage EÜR** Bitte für jeden Betrieb eine gesonderte Anlage EÜR einreichen		
2	Vorname Karl-Heinz					
3	Steuernummer	06/006/0006/6				
				77	08	1
	Einnahmenüberschussrechnung			99		15
	(Gewinnermittlung nach § 4 Abs. 3 EStG) für das **Kalenderjahr 2009**					
	Allgemeine Angaben zum Betrieb			Zuordnung zu Einkunftsart)		
	Art des Betriebs			und Person (siehe Anleitung)		
4	100	Heinzelmannhersteller		105	3	
5	Im Kalenderjahr/Wirtschaftsjahr wurde der Betrieb veräußert oder aufgegeben		111	Ja = 1		
6	Im Kalenderjahr/Wirtschaftsjahr wurden Grundstücke/grundstücksgleiche Rechte entnommen oder veräußert		120	2	Ja = 1 oder Nein = 2	

3.2 Zeile 5

Die Betriebsveräußerung (→ **Betriebsveräußerung im Ganzen**) bzw. → **Betriebsaufgabe** hat zur Folge, dass der Stpfl. so zu behandeln ist, als wäre er im Augenblick der Veräußerung zunächst zur Gewinnermittlung durch Betriebsvermögensvergleich nach § 4 Abs. 1 EStG übergegangen (R 4.5 Abs. 6 EStR → **Wechsel der Gewinnermittlungsart**). Der Veräußerungs- bzw. Aufgabegewinn ist nach den Grundsätzen des § 4 Abs. 1 oder nach § 5 EStG zu ermitteln (§ 16 Abs. 2 Satz 2 EStG).

3.3 Zeile 6

Zu den grundstücksgleichen Rechten siehe Wortlaut des § 21 Abs. 1 Nr. 1 EStG.

Das Ausscheiden eines Grundstücks aus dem Betriebsvermögen durch Veräußerung oder Entnahme führt häufig zur Aufdeckung nicht unbeachtlicher stiller Reserven und hat weiterhin zur Folge, dass der **Restbuchwert** des **Gebäudes** zu **Betriebsausgaben** führt (**Zeile 34**). Der **Veräußerungserlös** bzw. **Entnahmewert** (§ 6 Abs. 1 Nr. 4 Satz 1 EStG) führt im Zeitpunkt des Zuflusses bzw. im Zeitpunkt der Entnahme zu **Betriebseinnahmen** (**Zeile 14**).

Die **Anschaffungskosten** des **Grund und Bodens** sind nach § 4 Abs. 3 Satz 4 EStG im Zeitpunkt des Zuflusses des Veräußerungserlöses oder im Zeitpunkt der Entnahme als **Betriebsausgaben** zu berücksichtigen (**Zeile 34**).

Eine Grundstücksveräußerung kann zur **Bildung einer Rücklage** i.S.d. § 6b i.V.m. § 6c EStG führen(**Zeile 54** und **Zeile 68**).

Nach § 23 Abs. 1 Satz 2 EStG gilt die **Überführung** eines Grundstücks **in das Privatvermögen** des Steuerpflichtigen als **Anschaffung**.

Umsatzsteuerrechtlich stellt die Veräußerung eines Grundstücks eventuell eine nicht steuerbare Geschäftsveräußerung im Ganzen oder eine Veräußerung eines in der Gliederung eines Unternehmens gesondert geführten Betriebs dar (§ 1 Abs. 1a UStG). Weiterhin kann die Veräußerung oder Entnahme eines Grundstücks die Vorsteuerberichtigung nach § 15a UStG auslösen.

Zu **Zeile 6** siehe → **Rücklagen** – Beispiel: Rücklagen nach § 6c EStG –.

4. Die Betriebseinnahmen laut Zeilen 7 bis 18 des Vordrucks EÜR im Überblick

Eine Betriebseinnahme (→ **Betriebseinnahmen**) ist ein betrieblich veranlasster Wertzuwachs, der in einem nicht nur äußerlichen, sondern sachlichen und wirtschaftlichen Zusammenhang zum Betrieb steht. Eine derartige Vermögensmehrung muss – sofern nur objektiv betrieblich veranlasst – nicht notwendig als Entgelt auf eine konkrete betriebliche Leistung bezogen werden können, weswegen z.B. grundsätzlich auch Zuschüsse für Investitionen oder Existenzgründungen zu den Betriebseinnahmen gehören. Da es außerdem nicht darauf ankommt, dass sich der Wertzuwachs im Betriebsvermögen auswirkt, und insoweit auch die Art der Verwendung unbeachtlich ist, setzen sich die Betriebseinnahmen zusammen aus

- Beträgen für die eigentliche gewerbliche oder berufliche Tätigkeit (Grundgeschäfte), dazu zählen auch → **Anzahlungen**;
- Geschenken an den Steuerpflichtigen, die durch die steuerbare Leistung veranlasst sind, aber zusätzlich zum dafür geschuldeten Entgelt erbracht werden (→ **Schenkungen** → **Preisnachlässe**);
- Geschenken von Geschäftsfreunden. Dies können Sachleistungen und Nutzungsvorteile sein. Es ist nicht erforderlich, dass die Vorteile die Voraussetzungen eines Wirtschaftsgutes erfüllen. Betrieblich veranlasst kann ein Vorteil auch sein, wenn er nicht Entgelt für eine konkrete betriebliche Gegenleistung des Empfängers ist. Die für die Besteuerung des Zuwendenden ggf. wesentliche Differenzierung zwischen Zahlungen für eine konkrete Gegenleistung und Zuwendungen zur bloßen Kontaktpflege ist für die Besteuerung des Empfängers ohne Bedeutung;
- Einnahmen aus Hilfsgeschäften;
- Renten;
- Erträgen aus Wertpapieren;
- Erstattungen von früher abgezogenen Betriebsausgaben;
- Schadensersatzleistungen;
- Versicherungsleistungen für betriebliche Vorfälle (Brandschaden);
- Nebentätigkeiten, die wirtschaftlich mit der beruflichen Haupttätigkeit zusammenhängen, z.B. Honorare für Prüfungstätigkeiten;
- Preisen für bestimmte Einzelleistungen (**Preisverleihung**). Die Zuwendung (z.B. Geldpreis) muss einen wirtschaftlichen Bezug zum Betrieb aufweisen. Die betriebliche Veranlassung wird nicht dadurch ausgeschlossen, dass die Prämie auch von herausragenden Leistungen in der Meisterprüfung abhängig war;
- der Veräußerung von Anlagegütern des Betriebsvermögens (→ **Abnutzbares Anlagevermögen**);
- dem Veräußerungspreis des ganzen Betriebs (→ **Betriebsveräußerung im Ganzen**);
- nachträglichen → **Betriebseinnahmen**;
- → **Preisnachlässen**;
- Investitionszuschüssen. Erhält ein Steuerpflichtiger, der seinen Gewinn nach § 4 Abs. 3 EStG ermittelt, für die Anschaffung oder Herstellung bestimmter Wirtschaftsgüter öffentliche Investitionszuschüsse, so mindern diese die Anschaffungs- oder Herstellungskosten bereits im Jahr der Bewilligung und nicht im Jahr der Auszahlung. Sofern der Empfänger den Zuschuss sofort als Betriebseinnahme versteuern will, muss er das entsprechende Wahlrecht ebenfalls im Jahr der Zusage ausüben (BFH-Urteil vom 29.11.2007 IV R 81/05, BStBl II 2008, 561).

5. Die Betriebseinnahmen nach dem Vordruck EÜR im Einzelnen

5.1 Umsatzsteuerpflichtige Betriebseinnahmen eines Kleinunternehmers (Zeile 7 und Zeile 8 des Vordrucks)

Ein → **Kleinunternehmer** i.S.d. § 19 UStG hat in **Zeile 7** des Vordrucks EÜR die Betriebseinnahmen mit ihrem Bruttowert einzutragen. Die Beträge aus den **Zeilen 14 bis 16** dürfen darin **nicht** enthalten sein. Damit das FA die Kleinunternehmereigenschaft überprüfen kann, sind die in § 19 Abs. 3 Nr. 1 und Nr. 2 UStG bezeichneten Umsätze – die in den Bruttoeinnahmen enthalten sind – gesondert anzugeben (**Zeile 8**) Es handelt sich dabei um bestimmte steuerfreie Umsätze, z.B.:

- Umsätze aus der Tätigkeit als Bausparkassenvertreter oder Versicherungsvertreter (§ 4 Nr. 11 UStG);
- Umsätze aus der Grundstücksvermietung (§ 4 Nr. 12 UStG);
- Umsätze aus der Tätigkeit als Arzt, Zahnarzt, Heilpraktiker (§ 4 Nr. 14 UStG);
- bestimmte steuerfreie Hilfsumsätze (§ 19 Abs. 3 Satz 1 Nr. 2 UStG).

Die Kleinunternehmereigenschaft ist gegeben, wenn der Gesamtumsatz im vorangegangenen Kj. 17 500 € nicht überstiegen hat und im laufenden Kj. voraussichtlich 50 000 € nicht übersteigen wird. Bei der Berechnung dieses Gesamtumsatzes sind die in § 19 Abs. 3 Nr. 1 und 2 UStG bezeichneten steuerfreien Umsätze nicht zu berücksichtigen.

Eintragungen zu den Zeilen 9 bis 12 entfallen.

> **Beispiel:**
> Kleinunternehmer K reicht für die Kj. 2008 und 2009 die Vordrucke EÜR mit folgenden Angaben beim FA ein:
>
>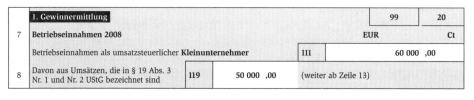
>
> **Lösung:**
> Da K in den Vorjahren Kleinunternehmer war, ist er im Kj. 2008 weiterhin Kleinunternehmer, da sein Vorjahresumsatz, der hier nicht genau bezeichnet ist, 17 500 € nicht überstiegen haben darf und sein voraussichtlicher Gesamtumsatz im Kj. 2008 50 000 € nicht

übersteigen wird. Sein tatsächlicher Gesamtumsatz i.S.d. § 19 UStG beträgt im Kj. 2008 10 000 €.
Im Kj. 2009 ist K weiterhin Kleinunternehmer, da sein Gesamtumsatz i.S.d. § 19 UStG im Kj. 2008 mit 10 000 € den Betrag von 17 500 € nicht überstiegen hat und der voraussichtliche Gesamtumsatz 50 000 € nicht übersteigen wird.

Kleinunternehmer dürfen für ihre Umsätze z.B. beim Verkauf von Waren oder der Erbringung von Dienstleistungen keine USt gesondert in Rechnung stellen und sind für ihre erhaltenen Leistungen vom Vorsteuerabzug ausgeschlossen.

Literatur: Völkel u.a., ABC-Führer Umsatzsteuer, Stichwort: Unternehmer mit niedrigem Gesamtumsatz (Loseblatt).

5.2 Umsatzsteuerpflichtige Betriebseinnahmen eines Land- und Forstwirtes (Zeile 9 des Vordrucks)

Diese Zeile ist nur von Land- und Forstwirten auszufüllen, deren Umsätze nicht nach den allgemeinen Vorschriften des UStG zu versteuern sind. Einzutragen sind die Bruttobeträge (ohne Beträge aus Zeile 14 bis 16). Umsätze, die nach den allgemeinen Vorschriften zu versteuern sind, sind in den Zeilen 10 bis 16 einzutragen.

5.3 Umsatzsteuerpflichtige Betriebseinnahmen (Zeile 10 des Vordrucks)

Hier sind alle **Betriebseinnahmen** jeweils mit dem **Nettowert** anzusetzen (ohne Beträge aus Zeile 14 bis 16). Die auf diese Betriebseinnahme vereinnahmte USt ist in **Zeile 12** zu erfassen. Siehe auch → **Vorsteuer- bzw. Umsatzsteuerverprobung**.

Erhaltene → **Anzahlungen** für noch zu erbringende Leistungen sind ebenfalls in **Zeile 10** zu erfassen (R 4.5 Abs. 2 Satz 2 EStR). Zur Entstehung der USt siehe unter → **Anzahlungen** und § 13 Abs. 1 Nr. 1 Buchst. a oder b UStG. Die mit der Anzahlung vereinnahmte USt ist in **Zeile 12** zu erfassen.

Beispiel:
Steuerberater B. Rater erhält für die Beratung eines Mandanten im Dezember 2009 eine Abschlagszahlung auf sein Honorar i.H.v. 2 300 €.

Lösung:
Die Anzahlung ist bereits mit Zufluss im Dezember 2009 als Betriebseinnahme zu erfassen. Die in der Anzahlung enthaltene USt ist mit Ablauf des Voranmeldungszeitraums Dezember 2009 entstanden und ebenfalls als Betriebseinnahme zu erfassen. Bei einem Steuersatz von 19 % (§ 12 Abs. 1 UStG) beträgt die USt (2 300 € : 119 × 19 =) 367,23 €; der Nettobetrag der Anzahlung beträgt somit 1 932,77 €.

10	Umsatzsteuerpflichtige Betriebseinnahmen	112	1 932 ,77
11	Umsatzsteuerfreie, nicht umsatzsteuerbare Betriebseinnahmen sowie Betriebseinnahmen, für die der Leistungsempfänger die Umsatzsteuer nach § 13b UStG schuldet	103	,
11a	davon Kapitalerträge 113 ,		
12	Vereinnahmte Umsatzsteuer sowie Umsatzsteuer auf unentgeltliche Wertabgaben	140	367 ,23

Achtung:
Nicht in Zeile 10 eintragen
(sondern in die
Zeile 14 und Zeile 15):

- Veräußerungserlöse aus dem Verkauf von Anlagevermögen
- Entnahmewerte

Die überwiegende Mehrheit der freiberuflich tätigen Unternehmer tätigt Umsätze, die dem allgemeinen Umsatzsteuersatz unterliegen. Umsätze der nicht buchführungspflichtigen Gewerbetreibenden bzw. Land- und Forstwirte können schon eher dem ermäßigten Steuersatz unterliegen. Insbesondere die folgenden Umsätze unterliegen dem ermäßigten Steuersatz:

- die Umsätze bezüglich der in der Anlage 2 zu § 12 Abs. 2 Nr. 1 und 2 UStG aufgeführten Gegenstände. Davon betroffen sind land- und forstwirtschaftliche Erzeugnisse, Lebensmittel und Getränke, Waren des Buchhandels sowie Kunstgegenstände. Dem ermäßigten Steuersatz unterliegen nur die Lieferungen von Speisen und Getränken der in der Anlage 2 bezeichneten Gegenstände. Die Abgabe von Speisen und Getränken zum Verzehr an Ort und Stelle stellt eine sonstige Leistung nach § 3 Abs. 9 Satz 4 und 5 UStG dar, die dem allgemeinen Steuersatz unterliegt. Die Anlage 2 erwähnt nur wenige Gegenstände, die begünstigt geliefert werden können, so in Nr. 4: Milch, in Nr. 34: Wasser aus der Leitung und in Nr. 35: Milchmischgetränke mit mindestens 75 % Milchanteil. Nicht begünstigt sind insbesondere Wasser, das in Fertigverpackungen in den Verkehr gebracht wird, Frucht- und Gemüsesäfte (siehe Nr. 32 der Anlage 2), alle alkoholischen Getränke. Nicht begünstigt sind auch trinkfertige Heißgetränke wie Kaffee und Tee;
- die Leistungen aus der Tätigkeit als Zahntechniker oder Zahnarzt (§ 12 Abs. 2 Nr. 6 UStG);
- die Leistungen der Theater, Orchester, Chöre, Museen, soweit die Umsätze nicht nach § 4 Nr. 20 UStG steuerfrei sind (§ 12 Abs. 2 Nr. 7 Buchst. a UStG);
- Filmvorführungen (§ 12 Abs. 2 Nr. 7 Buchst. b UStG);
- die Übertragung von Rechten, die sich aus dem Urheberrechtsgesetz ergeben. Betroffen davon sind insbesondere Schriftsteller (§ 12 Abs. 2 Nr. 7 Buchst. c UStG);
- Zirkusvorführungen, Schausteller und zoologische Gärten (§ 12 Abs. 2 Nr. 7 Buchst. d UStG);
- die Umsätze der Vereine, die gemeinnützigen, mildtätigen und kirchlichen Zwecken dienen, im Bereich der Vermögensverwaltung und des Zweckbetriebs (§ 12 Abs. 2 Nr. 8 Buchst. a UStG). Nicht betroffen sind die Umsätze i.R.d. wirtschaftlichen Geschäftsbetriebs;
- die Umsätze der Schwimmbäder, Heilbäder und Kurbetriebe (§ 12 Abs. 2 Nr. 9 UStG);
- bestimmte Beförderungsleistungen i.S.d. § 12 Abs. 2 Nr. 10 UStG.

Literatur: Völkel u.a., ABC-Führer Umsatzsteuer, Stichwort: Steuersätze (Loseblatt).

Zu **Zeile 10** siehe → **Einführung und allgemeiner Überblick** – Abbildung: Grundaufbau einer § 4 Abs. 3-Rechnung, Tz. 5, Tz. 6 Abbildung: Aufbau einer Gewinnermittlung nach

Vordruck EÜR -; → **Abfindungen**; → **Anzahlungen**; → **Außergewöhnliche Absetzung für Abnutzung** - Beispiel zu Unfallkosten -; → **Betriebsaufgabe** Tz. 3; → **Betriebsausgaben** Tz. 3.4; → **Betriebseinnahmen** Tz. 2.1; → **Betriebsvermögen** Tz. 2.4; → **Einlagen** Tz. 3.1; → **Erlass von Forderungen**; → **Honorare**; → **Tausch** Tz. 3.4; **Umlaufvermögen**; → **Umsatzsteuer/Vorsteuer**; → **Vorsteuer- bzw. Umsatzsteuerverprobung**.

5.4 Umsatzsteuerfreie und nicht umsatzsteuerbare Betriebseinnahmen sowie Betriebseinnahmen, für die der Leistungsempfänger die USt nach § 13b UStG schuldet (Zeile 11 und Zeile 11a des Vordrucks)

5.4.1 Steuerfreie Umsätze

Die umsatzsteuerfreien Leistungen sind in § 4 UStG abschließend geregelt. Davon betroffen sind insbesondere
- Ausfuhrlieferungen und innergemeinschaftliche Lieferungen (§ 4 Nr. 1 Buchst. a und b UStG);
- die Kreditgewährung und -vermittlung (§ 4 Nr. 8 Buchst. a UStG);
- die Umsätze der im Inland gültigen amtlichen Wertzeichen zum aufgedruckten Wert (§ 4 Nr. 8 Buchst. i UStG);
- die Umsätze, die unter das Grunderwerbsteuergesetz fallen (§ 4 Nr. 9 Buchst. a UStG). Hierunter fallen insbesondere die Entnahme und der Verkauf von Grundstücken (→ **Grundstücke**);
- die Umsätze der Bausparkassen- und Versicherungsvertreter (§ 4 Nr. 10 und 11 UStG);
- die Vermietung und Verpachtung von Grundstücken (§ 4 Nr. 12 UStG); nicht befreit sind die kurzfristige Vermietung von Wohn- und Schlafräumen sowie die Vermietung und Verpachtung von Betriebsvorrichtungen;
- die Umsätze aus der Tätigkeit als Arzt, Zahnarzt, Heilpraktiker und ähnlichen heilberuflichen Tätigkeiten (§ 4 Nr. 14 UStG). Die Umsätze aus der Tätigkeit als Tierarzt sind nicht befreit;
- Blindenumsätze (§ 4 Nr. 19 UStG);
- Leistungen im Bereich der Jugenderziehung (§ 4 Nr. 23, 24 und 25 UStG);
- die Umsätze aus der Lieferung von Gegenständen, für die bei der Anschaffung der Vorsteuerabzug ausgeschlossen war (§ 4 Nr. 28 UStG). Betroffen sind z.B. die Hilfsgeschäfte eines Arztes.

5.4.2 Nicht steuerbare Umsätze

Nicht umsatzsteuerbare Betriebseinnahmen liegen vor, wenn die Voraussetzungen des § 1 Abs. 1 UStG nicht gegeben sind bzw. wenn eine Geschäftsveräußerung i.S.d. § 1 Abs. 1a UStG vorliegt (→ **Betriebsveräußerung im Ganzen**). Eine Betriebseinnahme unterliegt nicht der Umsatzsteuer, wenn diese nicht als Gegenleistung für die Ausführung einer Leistung des Unternehmers gewährt wird. Es handelt sich dabei insbesondere um → **Schenkungen**, → **Preisnachlässe**, Schadensersatzleistungen (→ **Schadensersatz**) und Versicherungsleistungen für betriebliche Vorfälle.

5.4.3 Steuerschuldnerschaft des Leistungsempfängers i.S.d. § 13b UStG

Zur Steuerschuldnerschaft des Leistungsempfängers i.S.d. § 13b UStG siehe → **Steuerschuldnerschaft des Leistungsempfängers**.

Literatur: Völkel u. a., ABC-Führer Umsatzsteuer (Loseblatt), Schäffer-Poeschel Verlag; Langer, Erweiterung der Steuerschuldnerschaft des Leistungsempfängers bei der Umsatzsteuer auf alle Grundstücksumsätze und bestimmte Bauleistungen, NWB Fach 7, 6233.

In **Zeile 11** sind auch die Einnahmen einzutragen, die bisher in der Zeile 10 nicht berücksichtigt worden sind.

Zu **Zeile 11** siehe → **Abfindungen** Tz. 1; → **Anschaffungskosten** Tz. 4.2; → **Anzahlungen** Tz. 2; → **Außergewöhnliche Absetzung für Abnutzung** – Beispiel zu Unfallkosten –; → **Betriebsausgaben** Tz. 9.2 – Beispiel 6 –, Tz. 19; → **Betriebserwerb** Tz. 3.4 – Beispiel: Fortfall der Rentenverpflichtung –; → **Betriebsvermögen** Tz. 2.4; → **Darlehen** Tz. 1 – Beispiel –; → **Einlagen** Tz. 3.1, Tz. 3.2.2 – Beispiel: Einlage eines bebauten Grundstücks und privates Veräußerungsgeschäft; → **Erlass von Forderungen**; → **Geschäftsreise**; → **Honorare** Tz. 4; **Praxisgebühr**; → **Schadensersatz** Tz. 1; → **Schenkungen** Tz. 1.2 – Beispiel –, Tz. 2 – Beispiel –; → **Steuerschuldnerschaft des Leistungsempfängers** Tz. 2.1 – Beispiel –; → **Verlust von Wirtschaftsgütern** Tz. 2 – Beispiel –, Tz. 3.

5.4.4 Kapitalerträge laut Zeile 11a

Siehe → **Kapitalerträge**. Zur Zeile 11a siehe auch → **Betriebsvermögen** Tz. 2.4.

5.5 Vereinnahmte Umsatzsteuer sowie Umsatzsteuer auf unentgeltliche Wertabgaben und im Kalenderjahr/Wirtschaftsjahr vom Finanzamt erstattete Umsatzsteuer (Zeile 12 und Zeile 13 des Vordrucks)

I.R.d. § 4 Abs. 3-Rechnung wirkt sich grundsätzlich jeder Zahlungseingang (→ **Betriebseinnahmen**) und jeder Zahlungsausgang (→ **Betriebsausgaben**) sofort auf den Gewinn aus. Wegen des Zu- und Abflussprinzips des § 11 EStG wird auch die → **Umsatzsteuer/Vorsteuer** entweder als Betriebseinnahme oder als Betriebsausgabe erfasst. Dies hat zur Folge, dass sich die **Umsatzsteuer/Vorsteuer zunächst erfolgswirksam** auswirkt; im **Endergebnis** wird aber die **Gewinnneutralität** – wie i.R.d. Buchführung – auch hier gewahrt. Bei der Gewinnermittlung durch Einnahmeüberschussrechnung nach § 4 Abs. 3 EStG sind vereinnahmte und verausgabte **Umsatzsteuerbeträge keine** bei der Gewinnermittlung auszuscheidende **durchlaufende Posten** i.S.d. § 4 Abs. 3 Satz 2 EStG (BFH-Beschluss vom 29.5.2006 IV S 6/06, BFH/NV 2006, 1827). Die vereinnahmten Umsatzsteuerbeträge auf die Betriebseinnahmen der **Zeilen 10 und 14** gehören im Zeitpunkt ihrer Vereinnahmung zu den Betriebseinnahmen. Als Betriebseinnahmen in **Zeile 13** sind die vom Finanzamt erstatten Umsatzsteuerbeträge anzusetzen (siehe auch H 9b [Gewinnermittlung nach ...] EStH).

Beispiel:
Steuerberater B. Rater versteuert seine Umsätze nach vereinnahmten Entgelten (§ 20 UStG) und ermittelt seinen Gewinn durch Einnahme-Überschussrechnung. Er gibt monat-

liche Voranmeldungen ab (§ 18 Abs. 2 UStG). Im Dezember 2009 hat er Honorare i.H.v. 30 000 € zzgl. 19% USt = 5 700 € vereinnahmt. Ebenfalls im Dezember hat B. Rater an ihn ausgestellte Rechnungen i.H.v. 3 500 € zzgl. 665 € USt beglichen.

Lösung:
Nach dem → **Zu- und Abflussprinzip** des § 11 Abs. 1 Satz 1 EStG sind im Dezember 2009 insgesamt 35 700 € als → **Betriebseinnahmen** und nach § 11 Abs. 2 Satz 1 EStG 4 165 € als → **Betriebsausgaben** zu erfassen.
Der Vorgang wirkt sich wie folgt aus:

Betriebseinnahme	**Zeile 10** des Vordrucks EÜR	30 000 €	
	Zeile 12 des Vordrucks EÜR		5 700 €
Betriebsausgaben	**Zeile 51** des Vordrucks EÜR	3 500 €	
	Zeile 52 des Vordrucks EÜR		665 €
Ergebnis 2009		26 500 €	5 035 €

Die USt-Voranmeldung für den Monat Dezember 2009 führt zu folgendem Ergebnis:

Umsatzerlöse zu 19%	30 000 €
USt darauf	5 700 €
abzüglich Vorsteuer	./. 665 €
Zahllast	5 035 €

Der Betrag ist grundsätzlich am 10.1.2010 fällig und stellt bei Zahlung an das Finanzamt eine Betriebsausgabe dar (s.a. H 9b EStH). Bei Zahlung bis zum 10.1.2010 handelt es sich um eine regelmäßig wiederkehrende Ausgabe, die noch im Kalenderjahr 2009 als Betriebsausgabe zu erfassen ist (→ **Zu- und Abflussprinzip**). Mit Urteil vom 1.8.2007 (XI R 48/05, BStBl II 2008, 282) nimmt der BFH zu dem Problemkreis der wiederkehrenden Ausgaben Stellung (s.a. BMF-Schreiben vom 10.11.2008, BStBl I 2008, 958). Dabei hat der BFH entschieden, dass eine für das vorangegangene Kj. geschuldete und zu Beginn des Folgejahres entrichtete USt-Vorauszahlung als regelmäßig wiederkehrende Ausgabe im vorangegangenen Veranlagungszeitraum abziehbar ist. Siehe auch die Vfg. der OFD Rheinland vom 29.6.2009 (S 2142 – 2009/0003 – St 142, LEXinform 5232076).

Betriebsausgaben	**Zeile 53** des Vordrucks EÜR	5 035 €

Die USt wirkt sich nicht auf den Gewinn aus.

Die USt auf unentgeltliche Wertabgaben (§ 3 Abs. 1b und Abs. 9 UStG) ist ebenfalls im Zeitpunkt ihrer Entstehung als (fiktive) Betriebseinnahme in **Zeile 12** zu erfassen. Nach § 13 Abs. 1 Nr. 2 UStG entsteht die USt dafür mit Ablauf des Voranmeldungszeitraums, in dem diese unentgeltlichen Wertabgaben ausgeführt werden.

Die Neutralität der Umsatzsteuer wird dadurch gewahrt, dass § 12 Nr. 3 EStG vorschreibt, dass sich diese Umsatzsteuer nicht auf den Gewinn auswirken darf.

Beispiel:

Steuerberater B. Rater hat im November eine unentgeltliche Wertabgabe i.S.d. § 3 Abs. 1a Nr. 1 UStG i.H.v. 1 000 € getätigt. Nach § 10 Abs. 4 Nr. 1 UStG entfällt darauf eine USt von 19 % = 190 €.

Lösung:

B. Rater hat bei Zahlung der USt an das FA am 10.12.2009
(**Zeile 53** des Vordrucks EÜR) eine Betriebsausgabe i.H.v.   ./. 190 €
Da sich diese USt aber nach § 12 Nr. 3 EStG nicht auf den
Gewinnauswirken darf, ist die USt auf die unentgeltliche
Wertabgabe im Zeitpunkt der Entnahme als fiktive
Betriebseinnahme (**Zeile 12** des Vordrucks EÜR) zu behandeln.   + 190 €
In der Gesamtbetrachtung wird sich die USt nicht auf den Gewinn aus   0 €

Problematisch ist die Behandlung der Umsatzsteuer dann, wenn der Steuerpflichtige mehrere Betriebe unterhält und ertragsteuerrechtlich auch noch mehrer Einkunftsarten erzielt. Aber auch bei mehreren Betrieben und einer Einkunftsart ist zu beachten, dass ertragsteuerrechtlich für jeden Betrieb eine eigene Gewinnermittlung und somit jeweils ein Vordruck EÜR zu erstellen ist (**Zeile 1** des Vordrucks EÜR). Für Umsatzsteuerzwecke hat der Unternehmer allerdings nur eine einzige Umsatzsteuererklärung zu erstellen, da ein Unternehmer nach § 2 Abs. 1 UStG immer nur ein Unternehmen betreibt. Zum Unternehmen des Unternehmers gehören sämtliche Betriebe.

Beispiel:

	Der Steuerpflichtige S. Stipfel erzielt folgende Einkünfte					
	§ 18 Abs. 1 Nr. 1 EStG als Steuerberater		§ 15 Abs. 1 Nr. 1 EStG als Geschäftsführer einer GmbH		§ 21 Abs. 1 Nr. 1 EStG aus Vermietung und Verpachtung Aufteilungsschlüssel 50 : 50	
					Umsatzsteuerfrei nach § 4 Nr. 12 Buchst. a UStG 40 000 €	Umsatzsteuerpflichtig nach § 4 Nr. 12 Satz 2 UStG, z.B. Ferienwohnungen 7 600 € USt Aufteilung nach § 15 Abs. 4 UStG
Erteilte Rechnungen (Ausgangsrechnungen) Netto USt	20 000 €	3 800 €	30 000 €	5 700 €	20 000 €	20 000 € 3 800 €
Eingangsrechnungen (erhaltene Rechnungen)	30 000 €	5 700 €	5 000 €	950 €		10 000 € 1 900 €

Lösung:
Umsatzsteuervoranmeldung:

Umsatzerlöse mit 19 %	20 000 €	
	30 000 €	
	20 000 €	
insgesamt	70 000 €	
USt 19 %		13 300 €
Steuerfreie Umsätze	20 000 €	
Vorsteuerbeträge	5 700 €	
	950 €	
	1 900 €	
insgesamt	8 550 €	./. 8 550 €
Zahllast		4 750 €

Einnahme-Überschussrechnung und Vordruck EÜR

	§ 18 Abs. 1 Nr. 1 EStG	§ 15 Abs. 1 Nr. 1 EStG
Betriebseinnahmen		
Zeile 10	20 000 €	30 000 €
Zeile 12	3 800 €	5 700 €
Betriebsausgaben		
Zeile 51	30 000 €	5 000 €
Zeile 52	5 700 €	950 €
Gewinn/Verlust	./. 10 000 € ./. 1 900 €	+ 25 000 € + 4 750 €
Im nächsten Monat: Zahlung USt an FA		
anteiliger Erstattungsbetrag **Zeile 13**	+ 1 900 €	
anteilige Zahlung **Zeile 53**		./. 4 750 €

Der auf die Einkünfte aus Vermietung und Verpachtung entfallende anteilige Nachzahlungsbetrag i.H.v. 1 900 € stellt Werbungskosten aus § 9 Abs. 1 Satz 1 EStG dar.

Zu **Zeile 12** siehe → **Abnutzbares Anlagevermögen** Tz. 3.2, Tz. 3.3 – Beispiel –; → **Anzahlungen** Tz. 4; → **Außergewöhnliche Absetzung für Abnutzung**; → **Betriebseinnahmen** Tz. 1.4; → **Entnahmen** Tz. 3.1 und 6.2; → **Honorare** Tz. 4; → **Schenkungen** Tz. 1.2 – Beispiel –; → **Tausch** Tz. 3.4 – Beispiel –; → **Umlaufvermögen** Tz. 3; → **Unfallkosten** Tz. 6; → **Vordruck EÜR** Tz. 5.3.

Zu **Zeile 13** siehe → **Anschaffungskosten** Tz. 4.1, Tz. 4.4 – Beispiel –; → **Betriebsausgaben** Tz. 9.3.3; → **Betriebseinnahmen** Tz. 1.4; → **Entnahmen** Tz. 2 – Beispiel –; → **Tausch** Tz. 3.4 – Beispiel –; → **Umlaufvermögen** Tz. 3; → **Umsatzsteuer/Vorsteuer** Tz. 1, 2.4 und 2.10.

5.6 Sachentnahmen sowie Veräußerung von Anlagevermögen (Zeile 14 des Vordrucks)

Bei der Veräußerung von Wirtschaftsgütern des Anlagevermögens (z.B. Maschinen, Kraftfahrzeugen) ist hier der Erlös jeweils ohne USt einzutragen. Siehe → **Betriebsvermögen** → **Abnutzbares Anlagevermögen** → **Nicht abnutzbares Anlagevermögen**.

Was unter einer Entnahme zu verstehen ist, definiert § 4 Abs. 1 Satz 2 EStG. → **Entnahmen** haben in der § 4 Abs. 3-Rechnung den Charakter von Betriebseinnahmen. Sachentnahmen – also Entnahmen von Gegenständen – sind dann anzunehmen, wenn der Gegenstand endgültig aus dem Betrieb ausscheidet, wenn also aus Betriebsvermögen Privatvermögen wird. Dies geschieht durch Schenkung, Nutzungsänderung oder durch Verbrauch für private Zwecke.

Sachentnahmen sind nach § 6 Abs. 1 Nr. 4 Satz 1 EStG mit dem Teilwert anzusetzen. Da eine Sachentnahme »wie ein Verkauf an sich selbst zum Entnahmewert« zu sehen ist, ist der Teilwert (Entnahmewert) als Betriebseinnahme in **Zeile 14** anzusetzen.

> **Achtung:**
> **Nicht in Zeile 14 eintragen (sondern in die Zeile 16):**   Sachentnahmen von Umlaufvermögen

Umsatzsteuerrechtlich stellt diese Sachentnahme in den meisten Fällen eine → **unentgeltliche Wertabgabe** i.S.d. § 3 Abs. 1b UStG dar und wird einer entgeltlichen Lieferung gleichgestellt (Abschn. 24a UStR). Bemessungsgrundlage ist nach § 10 Abs. 4 Nr. 1 UStG der Einkaufspreis zzgl. der Nebenkosten im Zeitpunkt des Umsatzes; d.h. auch hier ist der Teilwert anzusetzen. Die Umsatzsteuer auf die unentgeltliche Wertabgabe ist in **Zeile 12** des Vordrucks EÜR zu erfassen (siehe oben).

> **Beispiel:**
> Der Stpfl. S entnimmt seinem Betrieb
> - Umlaufvermögen (Waren, Büromaterial, Forderungen). Die Summe der Teilwerte beträgt 3 000 €.
> - Abnutzbares Anlagevermögen. Der Teilwert beträgt 1 000 €.
> - Nicht abnutzbares Anlagevermögen (Grundstück). Der Teilwert beträgt 50 000 €.
>
> Die Auswirkung bei der Einnahme-Überschussrechnung stellt sich wie folgt dar:
>
> **Umlaufvermögen**
>
> | | |
> |---|---|
> | Betriebseinnahmen | Entnahmewert des Umlaufvermögens (Teilwert in **Zeile 16**). Umsatzsteuer für die unentgeltliche Wertabgabe (§ 12 Nr. 3 EStG, in **Zeile 12**). |
> | Betriebsausgaben | Zahlung Umsatzsteuer der unentgeltlichen Wertabgabe an das Finanzamt (in **Zeile 53**). |

Vordruck EÜR

			EUR	Ct
12	Vereinnahmte Umsatzsteuer sowie Umsatzsteuer auf unentgeltliche Wertabgaben	140	570	,00
13	Vom Finanzamt erstattete und ggf. verrechnete Umsatzsteuer	141		,
14	Veräußerung oder Entnahme von Anlagevermögen	102		,
15	Private Kfz-Nutzung	106		,
16	Sonstige Sach-, Nutzungs- und Leistungsentnahmen (z.B. private Telefonnutzung)	108	3 000	,00
17	Auflösung von Rücklagen, Ansparabschreibungen und/oder Ausgleichsosten (Übertrag von Zeile 73)			,
18	**Summe Betriebseinnahmen**	159	3 570	,00

	Sonstige unbeschränkt abziehbare Betriebsausgaben für			
48	Porto, Telefon, Büromaterial	192		,
49	Fortbildung, Fachliteratur	193		,
50	Rechts- und Steuerberatung, Buchführung	194		,
51	Übrige Betriebsausgaben	183		,
52	Gezahlte Vorsteuerbeträge	185		,
53	An das Finanzamt gezahlte und ggf. verrechnete Umsatzsteuer	186	570	,00
54	Bildung von Rücklagen und/oder Ausgleichsposten (Übertrag von Zeile 73)			,
55	**Summe Betriebsausgaben**	199	570	,00

	Steuernummer			
	Ermittlung des Gewinns		EUR	Ct
60	Summe der Betriebseinnahmen (Übertrag aus Zeile 18)		3 570	,00
61	abzüglich Summe der Betriebsausgaben (Übertrag aus Zeile 55)	−	570	,00
	zuzüglich			
62	− Hinzurechnung der Investitionsabzugsbeträge nach § 7g Abs. 2 EStG	188 +		
	abzüglich			
63	− Entfernungspauschale	176	,	
64	− erwerbsbedingte Kinderbetreuungskosten	184		
65	− Investitionsabzugsbeträge nach § 7g Abs. 1 EStG (Übertrag aus Zeile 80)	187		
66	Summe	198	−	,
67	**Gewinn/Verlust**	119	3 000	,00

Abnutzbares Anlagevermögen

Betriebseinnahmen	Entnahmewert des Anlagevermögens (Teilwert in **Zeile 14**) Umsatzsteuer für die unentgeltliche Wertabgabe (in **Zeile 12**)
Betriebsausgaben	AfA für das Wirtschaftsgut bis zum Entnahmezeitpunkt (R 7.4 Abs. 8 EStR; in **Zeile 26** → **Anlageverzeichnis**) Restwert des Wirtschaftsgutes (in **Zeile 34**) Zahlung Umsatzsteuer der unentgeltlichen Wertabgabe an das Finanzamt (in **Zeile 53**)

Nicht abnutzbares Anlagevermögen

Betriebseinnahmen	Entnahmewert des Anlagevermögens (Teilwert in **Zeile 14**)
Betriebsausgaben	Die ursprünglichen Anschaffungs- bzw. Herstellungskosten (in **Zeile 34**)

Zu **Zeile 14** siehe → **Abnutzbares Anlagevermögen** Tz. 3.2; → **Anzahlungen** Tz. 2; → **Betriebsaufgabe** Tz. 3 und 12 – Beispiel 2 –; → **Betriebseinnahmen** Tz. 1.2; → **Entnahmen** Tz. 1 und 3.1; → **Nicht abnutzbares Anlagevermögen** Tz. 4 – Beispiel –; → **Rücklagen** Tz. 2.5 – Beispiel: Rücklage nach § 6c EStG –, Tz. 3.7 – Beispiel: Rücklage für Ersatzbeschaffung –; → **Schadensersatz** Tz. 1 – Beispiel –; → **Schenkungen** Tz. 1.2 – Beispiel –; → **Tausch** Tz. 3.4 – Beispiel: Tauschähnlicher Umsatz mit Baraufgabe –; → **Umlaufvermögen** Tz. 3; → **Umsatzsteuer/Vorsteuer** Tz. 2.6; → **Unfallkosten** Tz. 4 – Beispiel –; → **Vordruck EÜR** Tz. 3.3 und 5.3.

5.7 Private Kraftfahrzeugnutzung (Zeile 15 des Vordrucks)

→ Entnahmen → Unfallkosten
→ Pkw-Nutzung → Vorsteuer- bzw. Umsatzsteuerverprobung

Wird der zum Betriebsvermögen gehörende Pkw **privat mitbenutzt**, so stellen **zunächst alle** Aufwendungen, die mit diesem Pkw im Zusammenhang stehen, **Betriebsausgaben** dar, da auch der Pkw in **vollem Umfang** zum **Betriebsvermögen** gehört (siehe **Zeilen 26, 35, 36, 37a und 41** des Vordrucks). Die auf die **private Nutzung** entfallenden **Aufwendungen** stellen aber **keine Betriebsausgaben** dar; die in voller Höhe angesetzten **Betriebsausgaben** müssen demzufolge **rückgängig** gemacht werden (R 4.7 Abs. 1 EStR). Die ertragsteuerliche Behandlung der privaten Kfz-Nutzung regelt das BMF-Schreiben vom 18.11.2009 (BStBl I 2009, 1326). Die Bewertung der Nutzungsentnahme erfolgt nach § 6 Abs. 1 Nr. 4 Satz 2 und

3 EStG entweder durch die **Listenpreismethode** (→ **Listenpreis**), die **Fahrtenbuchmethode** oder der Privatanteil muss **geschätzt** werden (→ **Pkw-Nutzung**).

Mit der Änderung des § 6 Abs. 1 Nr. 4 Satz 2 und 3 EStG wird die Anwendung der 1 %-Regelung auf Fahrzeuge beschränkt, deren betriebliche Nutzung mehr als 50 % beträgt. (Gesetz zur Eindämmung missbräuchlicher Steuergestaltungen vom 28.4.2006, BGBl I 2006, 1095). Wird das Kfz zu **50 % oder weniger betrieblich** genutzt, ist der **Entnahmewert** nach **§ 6 Abs. 1 Nr. 4 Satz 1 EStG** zu ermitteln und mit den auf die **geschätzte** private Nutzung entfallenden Kosten anzusetzen. Dieser Nutzungsanteil ist vom Steuerpflichtigen im Rahmen allgemeiner Darlegungs- und Beweislastregelungen nachzuweisen (d.h. glaubhaft zu machen). Die Führung eines Fahrtenbuches ist dazu nicht zwingend erforderlich. Zur weiteren Anwendung der Listenpreismethode ab dem 1.1.2006 siehe die Ausführungen unter → **Pkw-Nutzung**.

Bei der **Listenpreismethode** ist die **Kostendeckelung** zu beachten Übersteigt der Wert nach der Listenpreismethode (Wert **Zeile 15**) den Wert in **Zeile 35** des Vordrucks EÜR zuzüglich AfA und Schuldzinsen, ist in **Zeile 15** des Vordrucks höchstens dieser Wert zu übernehmen. Zur Berechnung der Kostendeckelung siehe → **Pkw-Nutzung**.

Die umsatzsteuerrechtliche Behandlung der nichtunternehmerischen Kfz-Nutzung regelt das BMF-Schreiben vom 27.8.2004 (BStBl I 2004, 864). Die Vorsteuer aus den Anschaffungs- und Unterhaltskosten ist in voller Höhe abziehbar. Im Gegenzug ist die private Nutzung nach § 3 Abs. 9a Nr. 1 UStG der Besteuerung zu unterwerfen (→ **Pkw-Nutzung**).

Die Bemessungsgrundlage der privaten Pkw-Nutzung durch den Unternehmer wird wie folgt ermittelt:
entweder
- 1 %-Regelung, wenn diese ertragsteuerrechtlich angewendet wird. Es handelt sich dabei um einen Nettowert. Es erfolgt ein pauschaler Abschlag von 20 % für nicht mit Vorsteuern belastete Kosten,

oder
- bei Fahrtenbuchregelung die tatsächlich angefallen Kosten. Die nicht mit Vorsteuern belasteten Kosten sind in nachgewiesener Höhe auszuscheiden

oder
- Unternehmer will nicht die 1 %-Regelung für die USt und führt auch kein Fahrtenbuch: der private Nutzungsanteil ist für die USt zu schätzen.

Ist die Anwendung der 1 %-Regelung gem. § 6 Abs. 1 Nr. 4 Satz 2 EStG ausgeschlossen, weil das Fahrzeug zu weniger als 50 % betrieblich genutzt wird, und wird der nichtunternehmerische Nutzungsanteil nicht durch ein ordnungsgemäßes Fahrtenbuch nachgewiesen, ist dieser Nutzungsanteil im Wege der Schätzung zu ermitteln, wobei der Umsatzbesteuerung grundsätzlich der für ertragsteuerliche Zwecke ermittelte private Nutzungsanteil zugrunde zu legen ist (BMF-Schreiben vom 18.11.2009, BStBl I 2009, 1326).

Zu **Zeile 15** siehe → **Außergewöhnliche Absetzung für Abnutzung**; → **Betriebseinnahmen** Tz. 1.2; → **Einlage** Tz. 3.2.1 – Beispiel: Einlage eines Pkw –; → **Entnahmen** Tz. 6.2; → **Listenpreis** Tz. 2; → **Pkw-Nutzung** Tz. 1.3.3 – Beispiel 2 und Beispiel 4 –; → **Schadensersatz** Tz. 1 – Beispiel –; → **Umsatzsteuer/Vorsteuer** Tz. 2.6; → **Unfallkosten** Tz. 1, Tz. 4 – Beispiel –, Tz. 6 – Beispiel –, → **Vordruck EÜR** Tz. 5.3.

5.8 Private Telefonnutzung (Zeile 16 des Vordrucks)

Hat der Unternehmer die unternehmerisch genutzten Endgeräte selbst angeschafft, steht ihm hierfür der Vorsteuerabzug zu. Voraussetzung für den Vorsteuerabzug ist, dass der Unternehmer den gelieferten Gegenstand zu mindestens 10 % für sein Unternehmen nutzt (§ 15 Abs. 1 Satz 2 UStG). Die private Nutzung dieser Geräte wird nach § 3 Abs. 9a Nr. 1 UStG einer sonstigen Leistung gegen Entgelt gleichgestellt. Bemessungsgrundlage hierfür sind die Absetzungen für Abnutzung für die jeweiligen Geräte. Nicht zur Bemessungsgrundlage gehören die Grund- und Gesprächsgebühren. Die auf diese Gebühren entfallende USt ist in einen abziehbaren und in einen nicht abziehbaren Anteil aufzuteilen (Abschn. 24c Abs. 4 UStR).

Der ertragsteuerrechtliche Wert der privaten Telefonnutzung ist durch sachgerechte Schätzung zu ermitteln (H 12.1 [Telefonanschluss in einer Wohnung] EStH und R 9.1 Abs. 5 LStR).

5.9 Sonstige Sach-, Nutzungs- und Leistungsentnahmen (Zeile 16 des Vordrucks)

Es handelt sich hierbei insbesondere um den Einsatz von Arbeitnehmern für private Zwecke. Die eigene Arbeitskraft kann nicht Gegenstand von Entnahmen sein, soweit sie nicht in den Wert eines Wirtschaftsguts eingegangen ist. Setzt dagegen der Arbeitgeber betriebliche Arbeitnehmer z.B. zur privaten Gartenarbeit ein, ist der privat entstandene Lohnaufwand zu entnehmen und als Betriebseinnahme zu behandeln. Anzusetzen sind die anteiligen Selbstkosten wie Material- und Lohnkosten, die Gemeinkostenzuschläge sowie Finanzierungskosten.

Umsatzsteuerrechtlich handelt es sich um eine unentgeltliche Wertabgabe i.S.d. § 3 Abs. 9a Nr. 2 UStG (Abschn. 24c Abs. 5 UStR **Unentgeltliche Wertabgabe**).

Anzusetzen sind in Zeile 16 auch die Warenentnahmen sowie die private Nutzung von betrieblichen Maschinen.

Zu **Zeile 16** siehe → **Betriebsaufgabe** Tz. 3; → **Betriebseinnahmen** Tz. 1.2; → **Entnahmen** Tz. 1, 3.1, 3.2 – Beispiel: Entnahme von Umlaufvermögen –, Tz. 4, 6.3; → **Unfallkosten** Tz. 1, 2, 4 – Beispiel –, Tz. 6 – Beispiel –, → **Vordruck EÜR** Tz. 5.6, 5.8.

5.10 Auflösung von Rücklagen, Ansparabschreibungen für Existenzgründer und/oder Ausgleichsposten (Zeile 17 des Vordrucks)

→ Rücklagen   → Verlust von Wirtschaftsgütern

5.10.1 Rücklagen nach § 6b und § 6c EStG

Steuerpflichtige, die Wirtschaftsgüter i.S.d. § 6b Abs. 1 und Abs. 10 EStG veräußern, können im Wj. der Veräußerung von den Anschaffungs- oder Herstellungskosten der in § 6b Abs. 1 Satz 2 EStG bezeichneten Wirtschaftsgütern, die im Wj. der Veräußerung oder im vorangegangenen Wj. angeschafft oder hergestellt worden sind, einen Betrag bis zur Höhe des bei der Veräußerung entstandenen Gewinns abziehen (s.a. R 6b.2 Abs. 1 EStR). Ein nach § 6c

EStG i.V.m. § 6b Abs. 1 Satz 1 EStG vorgenommener Abzug von den Anschaffungs- oder Herstellungskosten begünstigter Investitionen ist als Betriebsausgabe zu behandeln (R 6c Abs. 1 Satz 5 EStR).

Für den Veräußerungsgewinn, der bei der Veräußerung eines begünstigten Veräußerungsobjektes i.S.d. § 6b Abs. 1 Satz 1 EStG entsteht und soweit der Steuerpflichtige im Jahr der Veräußerung keinen Abzug i.H.d. begünstigten Gewinns von den Anschaffungs- und Herstellungskosten der im Veranlagungsjahr durchgeführten begünstigten Neuinvestitionen und auch keinen Abzug von dem Betrag nach § 6b Abs. 5 EStG der im Vorjahr angeschafften oder hergestellten begünstigten Wirtschaftsgüter vornimmt, ist die Bildung einer Rücklage nach § 6b Abs. 3 i.V.m. § 6c Abs. 1 Satz 2 EtG möglich (**Zeile 68** des Vordrucks EÜR).

Die Rücklage stellt im Jahr der Veräußerung eine fiktive Betriebsausgabe dar (**Zeile 54** des Vordrucks EÜR, R 6c Abs. 1 Satz 6 EStR). In **Zeile 17** wird die Auflösung von Rücklagen als Betriebseinnahme erfasst (R 6c Abs. 1 Satz 7 EStR).

Siehe die ausführlichen Erläuterungen sowie die Beispiele unter → **Rücklagen** und → **Verlust von Wirtschaftsgütern**.

5.10.2 Ansparrücklagen nach § 7g EStG a.F.

§ 7g Abs. 3 bis 8 EStG a.F. regelt die »Ansparrücklage«. Danach konnten Steuerpflichtige für die künftige Anschaffung oder Herstellung eines Wirtschaftsguts eine den Gewinn mindernde Rücklage bilden. Diese Rücklage durfte 40 % der Anschaffungs- oder Herstellungskosten des begünstigten Wirtschaftsguts nicht überschreiten, das der Steuerpflichtige voraussichtlich bis zum Ende des zweiten auf die Bildung der Rücklage folgenden Wirtschaftsjahres anschaffen oder herstellen wird.

Durch die Neufassung des § 7g EStG n.F. (→ **Investitionsabzugsbeträge nach § 7g EStG**) konnte die **Ansparabschreibung letztmals im Kj. 2006 gebildet** werden (siehe Zeilen 69 und 70 des Vordrucks EÜR 2008 und Zeilen 51 und 52 des Vordrucks EÜR 2007 – hier wird deutlich, dass eine Bildung der Ansparabschreibung ab 2007 nicht mehr zulässig ist. Die letztmals im Kj. 2006 gebildeten Rücklagen waren spätestens zum 31.12.2008 (§ 7g Abs. 4 EStG) aufzulösen (Zeile 17 des Vordrucks EÜR 2008). Wurde die **Rücklage** nach § 7g Abs. 7 EStG von einem **Existenzgründer** gebildet, so ist die Rücklage erst bis zum Ende des fünften auf ihre Bildung folgenden Wj. gewinnerhöhend aufzulösen. Die letzte diesbezügliche **Rücklagenauflösung** ist demnach noch bis **einschließlich** des **Wj. 2011 möglich**.

Ab 2008 ist § 7g EStG n.F. anzuwenden. Danach können außerhalb der Gewinnermittlung Investitionsabzugsbeträge beansprucht werden (Zeilen 74 bis 81 und Zeilen 62 und 65 des Vordrucks EÜR 2009).

Rücklagen, die letztmals im Kj. 2006 gebildet wurden, sind spätestens am Ende des Jahres 2008 gewinnerhöhend aufzulösen (Zeilen 69 bis 71 und Zeile 17 des Vordrucks EÜR 2008).

Siehe auch das Beispiel unter → **Verlust von Wirtschaftsgütern** Tz. 3. Siehe auch unter → **Investitionsabzugsbeträge nach § 7g EStG**.

5.10.3 Ausgleichsposten nach § 4g EStG (Zeile 72 des Vordrucks EÜR)

§ 4 Abs. 1 Satz 3 EStG beinhaltet eine Klarstellung zum geltenden Recht. Danach steht der Ausschluss oder die Beschränkung des Besteuerungsrechts der Bundesrepublik Deutschland hinsichtlich des Gewinns aus der Veräußerung oder der Nutzung eines Wirtschaftsguts einer

Entnahme für betriebsfremde Zwecke gleich. Der bisher bereits bestehende höchstrichterlich entwickelte und von der Finanzverwaltung angewandte Entstrickungstatbestand der Aufdeckung der stillen Reserven bei Wegfall des deutschen Besteuerungsrechts auf Wirtschaftsgüter des Betriebsvermögens wird nunmehr gesetzlich geregelt und in das bestehende Ertragsteuersystem eingepasst. Er dient der Sicherstellung der Aufdeckung und Besteuerung der in der Bundesrepublik Deutschland entstandenen stillen Reserven von zum Betriebsvermögen gehörenden WG.

Zu den Entnahmen für betriebsfremde Zwecke gehört insbesondere die Überführung eines Wirtschaftsguts von einem inländischen Betrieb in eine ausländische Betriebsstätte des Stpfl., wenn der Gewinn der ausländischen Betriebsstätte auf Grund eines Abkommens zur Vermeidung der Doppelbesteuerung von der inländischen Besteuerung freigestellt ist oder die ausländische Steuer im Inland anzurechnen ist. Dabei gelten für die Zuordnung der Wirtschaftsgüter unverändert die bisherigen Grundsätze (BMF-Schreiben vom 24.12.1999, BStBl I 1999, 1076, Tz. 2.4). Danach unterbleibt z.B. die Zuordnung von Wirtschaftsgütern zu einer ausländischen Betriebsstätte, wenn diese nur vorübergehend überlassen werden und die Überlassung wie unter Fremden auf Grund eines Miet-, Pacht- oder ähnlichen Rechtsverhältnisses erfolgt wäre.

Die Regelung ist nach § 52 Abs. 8b EStG erstmals für nach dem 31.12.2005 endende Wj. anzuwenden.

Die Nutzung eines einer inländischen Betriebsstätte zugeordneten Wirtschaftsguts in einer ausländischen Betriebsstätte stellt eine Entnahme für betriebsfremde Zwecke dar, die nach § 6 Abs. 1 Nr. 4 Satz 1 2. HS zukünftig mit dem gemeinen Wert zu bewerten ist.

Nach § 4g EStG ist die Bildung eines Ausgleichspostens bei einer Entnahme nach § 4 Abs. 1 Satz 3 EStG auf Antrag möglich (**Zeile 72** des Vordrucks EÜR). Für die Überführung von Wirtschaftsgütern des Anlagevermögens eines inländischen Stammhauses in eine innerhalb der EU belegene Betriebsstätte wird eine zeitlich gestreckte Besteuerung der stillen Reserven ermöglicht. Auf Antrag des Stpfl., der innerhalb eines Veranlagungszeitraums und nur einheitlich für alle in eine Betriebsstätte überführten Wirtschaftsgüter des Anlagevermögens gestellt werden kann, darf i.H.d. stillen Reserven im Zeitpunkt der Überführung für jedes betroffene Wirtschaftsgut ein separater Ausgleichsposten gebildet werden. Der Ausgleichsposten ist mit einer Bilanzierungshilfe vergleichbar und verkörpert die in den überführten Wirtschaftsgütern enthaltenen stillen Reserven.

Keine Anwendung findet die Regelung bei der Überführung von Wirtschaftsgütern in ein ausländisches Stammhaus oder dessen ausländische Betriebsstätte und auf ausländische Personengesellschaften.

Die Regelung setzt für den Bereich der EU in weiten Teilen das BMF-Schreiben vom 24.12.1999 über die Grundsätze der Verwaltung für die Prüfung der Aufteilung bei Betriebsstätten international tätiger Unternehmen (sog. Betriebsstättenerlass; BStBl I 1999, 1076 ff., zuletzt geändert durch das BMF-Schreiben – koordinierter Ländererlass – vom 25.8.2009, BStBl I 2009, 888) um. Der Ausgleichsposten wird in fünf Jahren mit jährlich einem Fünftel erfolgswirksam aufgelöst (**Zeile 72** Kz. 125 mit **Übertrag** in **Zeile 17**). Dies gilt sowohl für abnutzbare als auch nicht abnutzbare, für materielle als auch für immaterielle Wirtschaftsgüter unabhängig davon, wie lange deren tatsächliche Restnutzungsdauer noch ist.

Die zeitlich gestreckte Besteuerung der stillen Reserven der überführten Wirtschaftsgüter endet bereits vor Ablauf des Fünfjahreszeitraums, wenn die stillen Reserven im Ausland tatsächlich aufgedeckt werden (z.B. bei der Veräußerung der WG oder beim Ausscheiden des Wirtschaftsguts aus dem Betriebsvermögen des Stpfl.).

Zu **Zeile 17** siehe → **Rücklagen** Tz. 2.5 und Beispiel: Rücklage nach § 6c EStG; → **Verlust von Wirtschaftsgütern** Tz. 3 – Beispiel –.

6. Die Betriebsausgaben laut Zeilen 19 bis 55 des Vordrucks EÜR im Überblick

→ **Betriebsausgaben** sind nach § 4 Abs. 4 EStG alle Aufwendungen in Geld oder Geldeswert, die durch den Betrieb veranlasst sind. Dazu gehören z.B.:
- Leasingraten,
- Löhne und Gehälter,
- Bürokosten,
- Miete für betriebliche Räume,
- Betriebssteuern,
- Wareneinkauf,
- Schuldzinsen und Geldbeschaffungskosten für betriebliche Darlehen,
- betriebliche Versicherungen,
- Kfz-Kosten,
- Kosten im Zusammenhang mit einem betrieblichen Grundstück.

Betrieblich veranlasste Aufwendungen mindern den Gewinn, während alle außerbetrieblichen Vorgänge den Gewinn nicht beeinflussen dürfen.

Unerheblich für die Einordnung von Aufwendungen als Betriebsausgaben ist z.B.,
- ob eine Rechtspflicht zu Zahlungen besteht (z.B. freiwillige Aufwendungen, Werbegeschenke),
- ob die Aufwendungen üblich, notwendig, angemessen und zweckmäßig sind,
- ob der beabsichtigte Erfolg auch tatsächlich eingetreten ist; entscheidend ist vielmehr die subjektive Absicht, den erwarteten Erfolg eintreten zu lassen,
- wie die Aufwendungen tatsächlich bezeichnet werden,
- ob die Aufwendungen auch beim Empfänger zu einer entsprechenden Besteuerung führen (Korrespondenzprinzip).

Die Betriebsausgaben sind grundsätzlich mit dem Nettobetrag anzusetzen. Die abzugsfähigen Vorsteuerbeträge sind in **Zeile 52** auszuweisen. Kleinunternehmer geben den Bruttobetrag an, da die Kleinunternehmer den Vorsteuerabzug nicht in Anspruch nehmen können. Gleiches gilt für Stpfl., die den Vorsteuerabzug nach den §§ 23, 23a und 24 Abs. 1 UStG pauschal vornehmen. Damit entfällt insoweit eine Eintragung in **Zeile 52**. Siehe dazu das **Beispiel in der Einführung unter Tz. 5 ff.** sowie → **Umsatzsteuer/Vorsteuer**.

Erwerbsbedingte → **Kinderbetreuungskosten** i.S.d. § 4f EStG sind außerhalb der Gewinnermittlung (Einnahme-Überschussrechnung) wie Betriebsausgaben in **Zeile 64** des Vordrucks EÜR zu berücksichtigen.

7. Die Betriebsausgaben nach dem Vordruck EÜR im Einzelnen

7.1 Betriebsausgabenpauschale und Freibetrag nach § 3 Nr. 26 und 26a EStG (Zeile19 des Vordrucks)

Nach H 18.2 [Betriebsausgabenpauschale] EStH besteht die Möglichkeit, die Betriebsausgaben zu pauschalieren (→ **Betriebsausgaben**). In diesem Fall ist die Pauschale in **Zeile 19** einzutragen. In den weiteren **Zeilen 20 bis 54** dürfen dann keine Eintragungen enthalten sein.

Der Freibetrag nach § 3 Nr. 26 bzw. Nr. 26a EStG für bestimmte nebenberufliche Tätigkeiten i.H.v. 2 100 € (Übungsleiterfreibetrag) bzw. 500 € ist in **Zeile 19** einzutragen, wenn der Steuerpflichtige keine höheren tatsächlichen Betriebsausgaben geltend macht. Der nebenberuflich Tätige ist i.d.R. als Arbeitnehmer anzusehen, wenn er mehr als 6 Stunden wöchentlich für den Verein oder Verband tätig ist.

7.2 Waren, Rohstoffe und Hilfsstoffe einschl. der Nebenkosten (Zeilen 21 des Vordrucks)

In **Zeile 21** des Vordrucks EÜR sind die Anschaffungskosten für Waren, Roh-, Hilfs- und Betriebsstoffe einschließlich der entstandenen Nebenkosten einzutragen.

Die → **Anschaffungskosten** des → **Umlaufvermögens** werden – mangels Spezialregelung in § 4 Abs. 3 EStG – im Zeitpunkt der Zahlung als Betriebsausgaben angesetzt. Die Anschaffungskosten bilden in der § 4 Abs. 3-Rechnung die Höhe des Betriebsausgabenabzugs beim Umlaufvermögen. Weder im EStG noch in den EStR wird der Begriff der Anschaffungskosten definiert. Lediglich in H 6.2 [Anschaffungskosten] EStH erfolgt ein Hinweis auf § 255 Abs. 1 HGB. Diese handelsrechtliche Begriffsdefinition ist auch für das Steuerrecht maßgebend.

Bei Unternehmern, die nach § 15 UStG zum vollen Vorsteuerabzug berechtigt sind, gehört die offen und gesondert in Rechnung gestellte Vorsteuer grundsätzlich nicht zu den Anschaffungskosten (§ 9b Abs. 1 EStG). Ob eine Vorsteuerabzugsberechtigung besteht, ist alleine nach § 15 UStG zu entscheiden. Die abzugsfähige Vorsteuer hat dann keinen Kostencharakter und ist somit auch nicht Bestandteil der Anschaffungskosten. Die in einer Rechnung gesondert ausgewiesenen abzugsfähigen Vorsteuerbeträge sind in **Zeile 52** des Vordrucks EÜR auszuweisen. Die in **Zeile 21** des Vordrucks EÜR einzutragenden Betriebsausgaben stellen Nettowerte dar, soweit die Vorsteuer abgezogen werden darf.

Nachträgliche Erhöhungen oder Minderungen der Anschaffungskosten teilen grundsätzlich das Schicksal der ihnen zugrunde liegenden Anschaffungskosten. Die nachträgliche Erhöhung der Anschaffungskosten führt im Zeitpunkt der Zahlung zu Betriebsausgaben, die in **Zeile 21** des Vordrucks EÜR zu erfassen sind. Die nachträgliche Minderung der Anschaffungskosten führt entweder zur Kürzung der Betriebsausgaben oder im Zeitpunkt des Zuflusses zum Ansatz einer Betriebseinnahme, die dann in **Zeile 11** des Vordrucks EÜR zu erfassen ist.

Zu **Zeile 21** siehe → **Anschaffungskosten** Tz. 4.1 und 4.2; **Anzahlungen** Tz. 3.1; → **Betriebsausgaben** Tz. 3.2, 9.2 – Beispiel 6 –; → **Betriebserwerb** Tz. 1 – Beispiel: Betriebserwerb gegen einen festen Gesamtkaufpreis –, Tz. 3.4 – Beispiel: Fortfall einer Rentenverpflichtung –; → **Einlagen** Tz. 3.1; → **Entnahmen** Tz. 3.2; → **Erlass von Forderungen**; → **Schenkungen** Tz. 1.2; → **Umlaufvermögen** Tz. 3 – Beispiel: Behandlung von Umlaufvermögen –; → **Umsatzsteuer/Vorsteuer** Tz. 1 – Beispiel: Behandlung der Umsatzsteuer/Vorsteuer; → **Verlust von Wirtschaftsgütern** Tz. 5.

7.3 Bezogene Leistungen (Zeile 22 des Vordrucks)

Zu erfassen sind die von Dritten erbrachten Dienstleistungen, die in unmittelbarem Fertigungszusammenhang anfallen (Fremdleistungen für Erzeugnisse und andere Umsatzleistungen, Ausgaben für Leiharbeit, Lohnarbeit an Erzeugnissen, Aufwendungen für Fertigungslizenzen etc.).

7.4 Gehälter, Löhne und Versicherungsbeiträge für Arbeitnehmer (Zeile 23 des Vordrucks)

Diese Zeile enthält die Betriebsausgaben für Gehälter, Löhne und Versicherungsbeiträge für die Arbeitnehmer. Hierzu rechnen sämtliche Bruttolohn- und Gehaltsaufwendungen einschließlich der gezahlten Lohnsteuer und anderer Nebenkosten.

Zum Arbeitslohn rechnen auch Sachbezüge, die nach § 8 Abs. 2 und 3 EStG zu bewerten sind.

7.5 Absetzung für Abnutzung (AfA, ohne AfA für das häusliche Arbeitszimmer; Zeile 24 bis Zeile 26 des Vordrucks)

→ Abnutzbares Anlagevermögen
→ Absetzung für Abnutzung
→ Anlagevermögen
→ Aufzeichnungs- und Aufbewahrungspflichten
→ Anlageverzeichnis
→ Grundstücke

AfA vornehmen darf nur derjenige, dem das Wirtschaftsgut steuerlich zuzurechnen ist; das ist derjenige, der die Anschaffungs- bzw. Herstellungskosten getragen hat und den Tatbestand der Einkunftserzielungsabsicht verwirklicht. Problematisch sind die Fälle im Zusammenhang mit dem
- **Drittaufwand**,
- **Leasing** und
- **Nießbrauch**.

Die AfA für bewegliche Wirtschaftsgüter (z.B. Kfz) ist in **Zeile 26** und für unbewegliche Wirtschaftsgüter (Gebäude) ist in **Zeile 24** einzutragen. Die AfA für außergewöhnliche technische oder wirtschaftliche Abnutzung i.S.d. § 7 Abs. 1 Satz 7 EStG ist ebenfalls in **Zeile 24** oder in **Zeile 26** einzutragen. AfA auf immaterielle Wirtschaftsgüter ist in **Zeile 25** einzutragen.

	Absetzungen für Abnutzung (AfA)		
24	AfA auf unbewegliche Wirtschaftsgüter (ohne AfA für das häusliche Arbeitszimmer)	136	,
25	AfA auf immaterielle Wirtschaftsgüter (z.B. erworbene Firmen- oder Praxiswerte)	131	,
26	AfA auf bewegliche Wirtschaftsgüter (z.B. Maschinen, Kfz)	130	,

Die nach dem 5.5.2006 angeschafften, hergestellten oder in das Betriebsvermögen eingelegten (→ **Einlage**) Wirtschaftsgüter des Anlage- sowie des Umlaufvermögens sind mit den Anschaffungs- oder Herstellungsdatum und den Anschaffungs- oder Herstellungskosten in besondere, laufend zu führende Verzeichnisse aufzunehmen (§ 4 Abs. 3 Satz 5 EStG). Bei Umlaufvermögen gilt diese Verpflichtung lediglich für Wertpapiere, Grund und Boden sowie Gebäude (Gesetz zur Eindämmung missbräuchlicher Steuergestaltungen vom 28.4.2006, BGBl I 2006, 1095). Für zuvor angeschaffte, hergestellte oder in das Betriebsvermögen eingelegte Wirtschaftsgüter gilt dies nur für nicht abnutzbare Wirtschaftsgüter des Anlagevermögens.

Zu **Zeile 24** siehe → **Anlageverzeichnis** Tz. 2 – Muster eines Anlageverzeichnisses –; → **Betriebsaufgabe** Tz. 12 – Beispiel 2 –; → **Einlagen** Tz. 3.2.2 – Beispiel: Einlage eines bebauten Grundstücks und privates Veräußerungsgeschäft –; → **Grundstücke**; → **Nicht abnutzbares Anlagevermögen** Tz. 4 – Beispiel: Anschaffung Bauplatz und Bau Lagerhalle.

Zu **Zeile 25** siehe → **Anlageverzeichnis** Tz. 2 – Muster eines Anlageverzeichnisses –; → **Betriebserwerb** Tz. 1 – Beispiel: Betriebserwerb gegen festen Gedsamtkaufpreis –.

Zu **Zeile 26** siehe → **Abnutzbares Anlagevermögen** Tz. 2 – Beispiel: Anschaffung von abnutzbarem Anlagevermögen –, Tz. 3.3 – Beispiel 3: Verkauf von abnutzbarem Anlagevermögen –; → **Absetzung für Abnutzung** Tz. 4.1 – Beispiel 1 –; → **Anlageverzeichnis** Tz. 2 – Muster eines Anlageverzeichnisses –; → **Anschaffungskosten** Tz. 4.4 – Beispiel: Anschaffungskosten –; → **Anzahlungen** Tz. 3.2 – Beispiel –; → **Außergewöhnliche Absetzung für Abnutzung**; → **Betriebserwerb** Tz. 1 – Beispiel: Betriebserwerb gegen festen Gesamtkaufpreis, Tz. 3.4 – Beispiel: Fortfall einer Rentenverpflichtung; → **Einlagen** Tz. 3.2.1 – Beispiel: Einlage eines Pkw –, Tz. 3.2.2 – Beispiel: Einlage eines Pkw in einem Rumpfwirtschaftsjahr und private Nutzung dieses Pkw –; → **Entnahmen** Tz. 6.2; → **Investitionsabzugsbeträge nach § 7g EStG** Tz. 8.2 – Beispiel –; → **Schenkungen** Tz. 1.2 – Beispiel –; → **Tausch** Tz. 3.4 – Beispiel: Tauschähnlicher Umsatz mit Baraufgabe –; → **Verlust von Wirtschaftsgütern** Tz. 3 – Beispiel –; → **Vordruck EÜR** Tz. 5.6.

7.6 Sonderabschreibungen nach § 7g Abs. 1 und 2 EStG (Zeile 30 des Vordrucks)

→ Anlageverzeichnis → Investitionsabzugsbeträge nach § 7g EStG
→ Betriebseinbringung → Sonderabschreibung

Siehe dazu auch die **Zeile 17** und die **Zeile 62 und 65** sowie die **Zeilen 68 bis 73** sowie **Zeilen 74 bis 81** und die **Zeile 31** des Vordrucks.

Nach § 7g Abs. 5 EStG können Steuerpflichtige bei beweglichen Wirtschaftsgütern des Anlagevermögens im Jahr der Anschaffung oder Herstellung und in den vier folgenden Jahren (5-jähriger Begünstigungszeitraum) neben der Absetzung für Abnutzung nach § 7 Abs. 1

oder Abs. 2 EStG Sonderabschreibungen bis zu insgesamt 20 % der Anschaffungs- oder Herstellungskosten in Anspruch nehmen. Sonderabschreibungen nach § 7g Abs. 5 EStG können unter den Voraussetzungen des § 7g Abs. 6 EStG in Anspruch genommen werden.

§ 7g EStG beinhaltet neben der Sonderabschreibung auch die Möglichkeit der Inanspruchnahme des Investitionsabzugsbetrages (§ 7g Abs. 1 ff. EStG; **Zeile 74 ff. und Zeilen 65** des Vordrucks).

Die OFD Hannover gibt mit Vfg. vom 30.1.2008 (S 2139b – 9 – StO 226, LEXinform 5231288) einen **Überwachungsbogen** für die Investitionsabzugsbeträge und Sonderabschreibungen nach § 7g EStG bekannt.

7.7 Herabsetzungsbeträge nach § 7g Abs. 2 EStG (Zeile 31 des Vordrucks EÜR)

Die Inanspruchnahme eines Investitionsabzugsbetrages (**Zeile 81** und **Zeile 65** des Vordrucks EÜR) führt **im Jahr der Anschaffung** des beweglichen Wirtschaftsguts des Anlagevermögens zu einer **Hinzurechnung** nach § 7g Abs. 2 EStG in **Zeile 62** des Vordrucks EÜR und gleichzeitig zu einer Minderung der Anschaffungs- oder Herstellungskosten des Wirtschaftsgutes in **Zeile 31** des Vordrucks EÜR.

Zu § 7g EStG siehe → **Absetzung für Abnutzung** Tz. 3.2; → **Geringwertige Wirtschaftsgüter** Tz. 4; → **Investitionsbazugsbeträge nach § 7g EStG**; → **Sonderabschreibungen**; → **Verlust von Wirtschaftsgütern** Tz. 3; → **Vordruck EÜR** Tz. 5.10.2.

7.8 Aufwendungen für geringwertige Wirtschaftsgüter (Zeile 32 des Vordrucks)

→ Geringwertige Wirtschaftsgüter

Durch das Unternehmensteuerreformgesetz 2008 wurden die Regelungen zur Sofortabschreibung der GWGs neu geordnet. Nach § 6 Abs. 2 Satz 1 EStG ist (nicht wie bisher »kann«) bei Steuerpflichtigen mit Gewinneinkünften ein Sofortabzug bei selbständig nutzbaren beweglichen Wirtschaftsgütern des Anlagevermögens erforderlich, deren Anschaffungs- oder Herstellungskosten jeweils 150 € nicht übersteigen. Auf die bisherigen besonderen Aufzeichnungspflichten des § 6 Abs. 2 Sätze 4 und 5 EStG wird vollständig verzichtet. Die Neuregelung ist erstmals bei Wirtschaftsgütern anzuwenden, die nach dem 31.12.2007 angeschafft, hergestellt oder in das Betriebsvermögen eingelegt werden.

Zur Neufassung des § 6 Abs. 2 und Abs. 2a EStG durch das Wachstumsbeschleunigungsgesetz vom 22.12.2009 (BGBl I 2009, 3950) siehe die Erläuterungen unter → **Geringwertige Wirtschaftsgüter**.

Hinweis:
Im Bereich der **Überschusseinkünfte** bleibt es bei einem Sofortabzug als Werbungskosten, wenn die Anschaffungs- oder Herstellungskosten wie bisher **410 €** nicht übersteigen (§ 9 Abs. 1 Satz 3 Nr. 7 Satz 2 EStG). Es handelt sich hier allerdings – wie bisher – um eine »Kann-Regelung«.

Zur **GWG-Regelung** siehe → **Anschaffungskosten** Tz. 4.2; → **Arbeitsmittel**; → **Aufzeichnungs- und Aufbewahrungspflichten** Tz. 1.1; → **Einlagen** Tz. 3.2.2 – Beispiel: Einlage eines GWG; → **Geringwertige Wirtschaftsgüter**; → **Renten, dauernde Lasten und Raten** Tz. 6.1; → **Schenkungen** Tz. 1.2; → **Tausch** Tz. 3.1; → **Verlust von Wirtschaftsgütern** Tz. 7.3; → **Wechsel der Gewinnermittlungsmethode** Tz. 3.4.2 und 4.3.2.

7.9 Auflösung von Sammelposten nach § 6 Abs. 2a EStG (Zeile 33 des Vordrucks)

→ Geringwertige Wirtschaftsgüter

Nach § 6 Abs. 2a EStG sind bewegliche abnutzbare Wirtschaftsgüter des Anlagevermögens mit Anschaffungs- oder Herstellungskosten von mehr als 150 € bis zu 1 000 € in einen jahrgangsbezogenen Sammelposten einzustellen. Dieser Sammelposten ist über eine Dauer von fünf Jahren gleichmäßig verteilt gewinnmindernd aufzulösen (**Zeile 33** des Vordrucks EÜR).

Zur Neufassung des § 6 Abs. 2 und Abs. 2a EStG durch das Wachstumsbeschleunigungsgesetz vom 22.12.2009 (BGBl I 2009, 3950) siehe die Erläuterungen unter → **Geringwertige Wirtschaftsgüter**.

Zum **Sammelposten** siehe → **Absetzung für Abnutzung**; → **Anlageverzeichnis** Tz. 2 – Muster eines Anlageverzeichnisses Zeilen 21 bis 21b; → **Arbeitsmittel**; → **Einlagen** Tz. 3.2.2; **Geringwertige Wirtschaftsgüter**; → **Investitionsabzugsbeträge nach § 7g EStG** Tz. 2.3 Buchst. b), Tz. 6.2 – Beispiel –; → **Verlust von Wirtschaftsgütern** Tz. 3 und 7.3.

7.10 Restbuchwert der im Kalenderjahr ausgeschiedenen Anlagegüter (Zeile 34 des Vordrucks)

Ein Ausscheiden des abnutzbaren Anlagevermögens aus dem Betriebsvermögen kann z.B. durch Verkauf, Gegenstandsentnahme oder Verlust (Unfall, Abbruch usw.) erfolgen (→ **Abnutzbares Anlagevermögen**). Es ergeben sich folgende Konsequenzen für die § 4 Abs. 3-Rechnung:

Der Verkaufserlös (netto) sowie die ggf. darauf entfallende Umsatzsteuer gehören im Zeitpunkt der Vereinnahmung zu den Betriebseinnahmen (R 4.5 Abs. 3 Satz 1 EStG; **Zeile 14** des Vordrucks). Dies ist auch eine logische Folge aus der Definition von Betriebseinnahmen. Durch die Veräußerung von Betriebsvermögen ist unstreitig eine betriebliche Veranlassung gegeben. Im umsatzsteuerrechtlichen Sinne spricht man hier von einem Hilfsgeschäft (Abschn. 20 Abs. 2 UStR). Liegt eine steuerbare und steuerpflichtige Leistung vor, so ist die vereinnahmte und als Betriebseinnahme erfasste Umsatzsteuer (**Zeile 12** des Vordrucks) bei Zahlung an das Finanzamt wieder gewinnneutralisierend zu korrigieren (H 9b [Gewinnermittlung nach § 4 Abs. 3 EStG...] EStH; **Zeile 53** des Vordrucks).

Für das Jahr der Veräußerung kann eine evtl. noch vorzunehmende AfA nur bis einschließlich des Veräußerungsmonats als Betriebsausgabe berücksichtigt werden (R 7.4 Abs. 8 Satz 1 EStR). Soweit die Anschaffungs- bzw. Herstellungskosten bis zur Veräußerung noch nicht im Wege der AfA gewinnmindernd berücksichtigt worden sind, ist ein noch vorhandener Restwert (die noch nicht abgeschriebenen Anschaffungskosten/Herstellungskosten) im Jahr der Veräußerung als Betriebsausgabe abzusetzen (einmalige Wegschreibung; H 4.5 (3) [Veräußerung abnutzbarer Wirtschaftsgüter/Unterlassene AfA] EStH; **Zeile 34** des Vordrucks). Dieser Restwert kann im Einzelfall 1 € betragen (Erinnerungswert), wenn das Wirtschaftsgut bereits vollständig abgeschrieben ist.

Zu **Zeile 34** siehe → **Abnutzbares Anlagevermögen** Tz. 3.3 – Beispiel 3: Verkauf von abnutzbarem Anlagevermögen –;→ **Anlageverzeichnis** Tz. 2 – Muster eines Anlageverzeichnisses –; **Außergewöhnliche Absetzung für Abnutzung** – Beispiel –; → **Betriebsaufgabe** Tz. 3 und 12 – Beispiel 2 –; → **Betriebsvermögen** Tz. 2.4; → **Einlagen** Tz. 3.2.1, 3.2.2 – Beispiel: Einlage eines beweglichen abnutzbaren Wirtschaftsguts des Anlagevermögens, – Beispiel: Einlage eines bebauten Grundstücks und privates Veräußerungsgeschäft –, Tz. 3.3.1; → **Erlass von Forderungen**; → **Geringwertige Wirtschaftsgüter** Tz. 4 Beispiel 2 –; → **Nicht abnutzbares Anlagevermögen** Tz. 2, 3.3, 4 – Beispiel –; → **Renten, dauernde Lasten und Raten** Tz. 6.2; → **Rücklagen** Tz. 2.5 – Beispiel: Rücklage nach § 6c EStG –, Tz. 3.7 – Beispiel: Rücklage für Ersatzbeschaffung –; → **Schenkungen** Tz. 2 – Beispiel: Teilentgeltlicher Erwerb –; **Tausch** Tz. 3.4 – Beispiel: Tauschähnlicher Umsatz mit Baraufgabe –; → **Verlust von Wirtschaftsgütern** Tz. 3 – Beispiel –; → **Vordruck EÜR** Tz. 3.3 und 5.6.

7.11 Kraftfahrzeugkosten (Zeilen 35 bis 37a des Vordrucks)

Siehe auch **Zeile 15** des Vordrucks.

- → Abnutzbares Anlagevermögen
- → Anschaffungskosten
- → Betriebsausgaben
- → Doppelte Haushaltsführung
- → Entnahmen
- → Geschäftsreise
- → Pkw-Nutzung
- → Unfallkosten

Voraussetzung für die Eintragungen in den **Zeilen 35 ff.** des Vordrucks EÜR ist **nicht**, dass das Kfz zum **Betriebsvermögen** gehört. Soweit Kfz zum Privatvermögen gehören und dennoch für betriebliche Zwecke (z.B. → **Geschäftsreisen**) genutzt werden, sind die dafür entstandenen Aufwendungen auch in **Zeile 35** des Vordrucks EÜR zu erfassen. Siehe auch **Einführung und allgemeiner Überblick Tz. 5**, Erläuterungen zu den Belegen Nr. 3, 8, 12 und 90 (→ **Einlagen**). Auch die Aufwendungen für betrieblich veranlasste Fahrten mit öffentlichen Verkehrsmitteln sind hier zu erfassen.

Für Kraftfahrzeuge im Betriebsvermögen enthalten die **Zeilen 35 bis 37a** folgende Eintragungen:

Zeile 35: Laufende und feste Kfz-Kosten (z.B. Tankaufwendungen, Reparaturkosten sowie Steuer und Versicherung ohne AfA – **Zeile 26** – und Zinsen – **Zeile 41**); bei geleasten Fahrzeugen sind hier auch die Leasingaufwendungen einzutragen (→ **Vorsteuer- bzw. Umsatzsteuerverprobung**). Zu Besonderheiten siehe → **Unfallkosten**.

Zeile 36: Die Aufwendungen für die Wege zwischen Wohnung und Betrieb sowie für Familienheimfahrten sind zu ermitteln und von der Summe in **Zeile 35** abzuziehen. Die diesbezüglichen Aufwendungen sind i.H.d. Entfernungspauschale als Betriebsausgaben in **Zeile 37a** des Vordrucks EÜR zu berücksichtigen.

Zeile 37a: Die den Gewinn mindernde Entfernungspauschale ist in **Zeile 37a** zu erfassen (§ 4 Abs. 5 Nr. 6 EStG).

Beispiel:
Die Entfernung zwischen Wohnung und Betrieb beträgt 17 km, der Bruttolistenpreis des Pkw beträgt 17 000 €. Der Pkw wird an 230 Tagen für die Fahrten genutzt. Der Stpfl. führt kein Fahrtenbuch.

Lösung:
Der Unterschiedsbetrag des § 4 Abs. 5 Nr. 6 EStG berechnet sich wie folgt:
0,03 % von 17 000 € × 12 Monate × 17 km
(Betrag lt. **Zeile 36** des Vordrucks) =   1 040 €
zulässige Aufwendungen nach § 9 Abs. 1 Nr. 4 und Abs. 2 EStG:
17 km × 230 Tage × 0,30 € = (Betrag lt. **Zeile 37a** des Vordrucks)   ./. 1 173 €
Unterschiedsbetrag   ./. 133 €

Zur Pkw-Nutzung siehe insbesondere → **Entnahme**, → **Pkw-Nutzung** und → **Unfallkosten**.

7.12 Raumkosten und sonstige Grundstücksaufwendungen (Zeile 38 bis Zeile 40 des Vordrucks)

7.12.1 Abziehbare Aufwendungen für ein häusliches Arbeitszimmer (Zeile 38 des Vordrucks)

→ Arbeitszimmer

Die in **Zeile 38** aufgeführten Aufwendungen – eventuell bis maximal 1 250 € – sind einzeln und getrennt von den sonstigen Betriebsausgaben aufzuzeichnen. Siehe auch Einführung und allgemeiner Überblick Tz. 5 ff.

> **Merke:**
> **Die Aufwendungen sind einzeln und getrennt von den sonstigen Betriebsausgaben aufzuzeichnen.**

Ab 1.1.2007 ist der Abzug von Aufwendungen für ein häusliches Arbeitszimmer (§ 4 Abs. 5 Satz 1 Nr. 6b EStG) nur noch möglich, wenn das Arbeitszimmer den Mittelpunkt der gesamten betrieblichen und beruflichen Tätigkeit bildet (Steueränderungsgesetz 2007 vom 19.7.2006, BGBl I 2006, 1652).

Nach dem BMF-Schreiben vom 1.4.2009 (BStBl I 2009, 510) ist die Festsetzung der ESt gem. § 165 Abs. 1 Satz 2 Nr. 3 und 4 AO u.a. wegen der Anwendung der Neuregelung zur Abziehbarkeit der Aufwendungen für ein häusliches Arbeitszimmer vorläufig vorzunehmen. Siehe das BMF-Schreiben vom 3.4.2007 (BStBl I 2007, 442) sowie vom 1.4.2009 (BStBl I 2009, 510).

7.12.2 Miete/Pacht für Geschäftsräume und betrieblich genutzte Grundstücke (Zeile 39 des Vordrucks) sowie weitere Aufwendungen für betrieblich genutzte Grundstücke (Zeile 40 des Vordrucks)

In **Zeile 40** sind die Aufwendungen (z.B. Grundsteuer, Instandhaltungen) für betrieblich genutzte Grundstücke einzutragen. Die AfA ist in **Zeile 24** zu berücksichtigen. Schuldzinsen sind in **Zeile 41 ff.** einzutragen.

7.13 Eingeschränkt abziehbare Betriebsausgaben (Zeilen 41 bis 47 des Vordrucks)

→ Betriebsausgaben

7.13.1 Schuldzinsen

→ Schuldzinsen

Siehe dazu die Zeile 41 und die Zeile 42 des Vordrucks.

Zeile 41 enthält Schuldzinsen für gesondert aufgenommene Darlehen zur Finanzierung von Anschaffungs- oder Herstellungskosten von Wirtschaftsgütern des Anlagevermögens. Diese Schuldzinsen unterliegen nicht der Abzugsbeschränkung (§ 3 Abs. 4a Satz 5 EStG). Schuldzinsen in Zusammenhang mit einem häuslichen Arbeitszimmer sind in **Zeile 38** einzutragen.

Die übrigen Schuldzinsen sind in der **Zeile 42** einzutragen. Diese sind bis zu einem Betrag von 2 050 € unbeschränkt abzugsfähig. Werden Schuldzinsen als Betriebsausgaben geltend gemacht, sind Eintragungen in den **Zeilen 82 und 83** des Vordrucks erforderlich. Ab dem Kj. 2000 müssen alle Entnahmen und Einlagen gesondert aufgezeichnet werden (§ 52 Abs. 11 Satz 4 EStG). Werden die erforderlichen Aufzeichnungen nicht geführt, sind zumindest die nach § 4 Abs. 4a Satz 5 EStG privilegierten Schuldzinsen für »Investitionsdarlehen« sowie tatsächlich entstandene nicht begünstigte Schuldzinsen bis zum Sockelbetrag i.H.v. 2 050 € als Betriebsausgaben abziehbar (BMF-Schreiben vom 17.11.2005, BStBl I 2005, 1019).

Den Stpfl. kann es zugemutet werden, die Einlagen und Entnahmen aus den vorhandenen Unterlagen (Kassenaufzeichnungen soweit vorhanden, Kontoauszüge) zu ermitteln. Verlangt der Stpfl. den Abzug von Zinsen als Betriebsausgaben, hat er die betriebliche Veranlassung nachzuweisen. Er trägt für den Abzug von Betriebsausgaben die objektive Beweislast. Wurden die für die Ermittlung der nicht abziehbaren Schuldzinsen notwendigen Salden der Entnahmen und Einlagen nicht aufgezeichnet, sind sie gem. § 162 AO zu schätzen (BMF-Schreiben vom 8.9.2005, DStR 2005, 1899).

Der Abzug betrieblich veranlasster Schuldzinsen ist eingeschränkt, wenn Überentnahmen vorliegen (§ 4 Abs. 4a Satz 1 EStG). Die Überentnahme ist in § 4 Abs. 4a Satz 2 EStG wie folgt definiert:

```
Gewinn des Wj. (Zeile 67 des Vordrucks)
zuzüglich Einlagen des Wj. (Zeile 83 des Vordrucks)
abzüglich Entnahmen des Wj. (Zeile 82 des Vordrucks)

Summe ./.                                           => Überentnahmen
Summe +                                             => Unterentnahmen
```

Abbildung: Überentnahme

Beispiel:
Der Gewinn des laufenden Wj. 09 (= Kj.) hat 250 000 € betragen. Über- bzw. Unterentnahmen wurden in den vorangegangenen Wj. nicht getätigt. Ferner wurden während des Wj. 100 000 € in den Betrieb eingelegt. Die in diesem Jahr vorgenommenen Entnahmen beliefen sich insgesamt auf 400 000 €. An betrieblichen Schuldzinsen sind 8 000 € angefallen. Es handelt sich dabei um Schuldzinsen für Darlehen, die aber nicht zur Finanzierung von Anschaffungs- bzw. Herstellungskosten von Wirtschaftsgütern des Anlagevermögens dienen.

Lösung:
Die Überentnahme wird wie folgt berechnet:
Überentnahme Wj. 09

Gewinn (**Zeile 67** des Vordrucks EÜR)	250 000 €
Einlage (**Zeile 83** des Vordrucks EÜR)	+ 100 000 €
Entnahme (**Zeile 82** des Vordrucks EÜR)	./. 400 000 €
tatsächliche Überentnahme	./. 50 000 €

Nach § 4 Abs. 4a Satz 4 EStG werden betrieblich veranlasste Schuldzinsen pauschal zu nicht abzugsfähigen Betriebsausgaben umqualifiziert. Die Bemessungsgrundlage für die typisierende Ermittlung des nicht abziehbaren Schuldzinsenabzugs wird wie folgt ermittelt:

```
        Überentnahmen eines Wj.
zzgl.   Überentnahmen vorangegangener Wj.
abzgl.  Unterentnahmen vorangegangener Wj.

positives Ergebnis (hier 50 000 €)    =  Bemessungsgrundlage davon 6%,
                                         hier 3 000 €
                                      =  Höhe der nach § 4 Abs. 4a Satz 3 EStG
                                         typisierend festgestellten nicht abziehbaren
                                         Schuldzinsen
```

Die nach § 4 Abs. 4a Satz 3 EStG nicht abziehbaren Schuldzinsen betragen 6% von 50 000 € = 3 000 €. Der Gewinn ist um diesen Betrag zu erhöhen. Nach § 4 Abs. 4a Satz 4 EStG ist allerdings ein Schuldzinsenabzug bis 2 050 € unbeschränkt möglich.
Die Ermittlung der nicht abziehbaren Schuldzinsen ergibt sich aus der Anlage EÜR-Zins der Erläuterung zum Vordruck EÜR.

Vordruck EÜR

Ermittlung der nicht abziehbaren Schuldzinsen zur Anlage EÜR

| | | | | 99 | 41 |

Zeile	Bezeichnung	Kz	EUR / Ct		EUR	Ct
4	**I. Laufendes Wirtschaftsjahr 2009**					
5	Entnahmen lt. Zeile 82 der Anlage EÜR	100			400 000	,00
6	Gewinn ¹⁾	200	250 000 ,00			
7	Einlagen lt. Zeile 83 der Anlage EÜR	210 +	100 000 ,00			
8	Zwischensumme	220	350 000 ,00	▶ 120 −	350 000	,00
9	Über-/Unterentnahmen des lfd. Wirtschaftsjahres (§ 4 Abs. 4a Satz 2 EStG, ohne Berücksichtigung von Verlusten)	130			50 000	,00
					(positiv in Zeile 11 eintragen; negativ in Zeile 13 eintragen)	
10	**II. Ermittlung des Hinzurechnungsbetrages (§ 4 Abs. 4a Satz 3 und 4 EStG)**					
11	Überentnahmen des laufenden Wirtschaftsjahres (= positiver Betrag aus Zeile 9)	300			50 000	,00
12	Überentnahmen der vorangegangenen Wirtschaftsjahres (= Betrag aus Zeile 16 des vorangegangenen Wirtschaftsjahrs, soweit positiv)	310 +				,
13	Unterentnahme des laufenden und der vorangegangenen Wirtschaftsjahre (= negativer Betrag aus Zeile 9 und negativer Betrag aus Zeile 16 des Vorjahres)	320	,			
14	Verlust des laufenden und des vorangegangenen Wirtschaftsjahres (= Zeile 15 des Vorjahres, dort Betrag zu Buchst. c)	330 −	,			
15	Verbleibender Betrag (positiver Betrag ist in die nächste Spalte einzutragen, negativer Betrag verbleibt zur Verrechnung in den Folgejahren)	340	,	▶ 350 −		,
16	Kumulierte Über-/Unterentnahme ²	360			50 000	,00
17	Nicht abziehbare Schuldzinsen 6 % von Zeile 16	370			3 000	,00
18	**III. Höchstbetragsberechnung**				EUR	Ct
19	Tatsächlich angefallene Schuldzinsen des laufenden Wirtschaftsjahres	400			8 000	,00
20	Schuldzinsen lt. Zeile 41 der Anlage EÜR (§ 4 Abs. 4a Satz 5 EStG)	410 −				,
21	Kürzungsbetrag gem. § 4 Abs. 4a Satz 4 EStG	420 −			2 050	,00
22	Höchstbetrag der nicht abziehbaren Schuldzinsen	430			5 950	,00
23	Der niedrigere Betrag ³⁾ aus Zeile 17 oder 22 ist nach Zeile 42 der Anlage EÜR (Kz 167) zu übertragen	150			3 000	,00

1) Steuerpflichtiger Gewinn vor Anwendung des § 4 Abs. 4a EStG. Ein Verlust ist mit einem Einlagenüberschuss des laufenden Wirtschaftsjahres sowie mit Unterentnahmen vergangener und zukünftiger Wirtschaftsjahre zu verrechnen und in Zeile 14 einzutragen.
2) Ergibt sich ein negativer Betrag, sind im laufenden Jahr keine Überentnahmen zu berücksichtigen.
3) Ergibt sich ein negativer Betrag, ist der Wert »0« einzutragen.

	nicht abziehbar		abziehbar	
	EUR	Ct	EUR	Ct
	Schuldzinsen (§ 4 Abs. 4a EStG)			
41	Finanzierung von Anschaffungs-/ Herstellungskosten von Wirtschaftsgütern des Anlagevermögens	178	0	,00
	Übrige Schuldzinsen	167	179	
42	3 000	,00	5 000	,00

Durch das Unternehmensteuerreformgesetz 2008 wird mit der **Zinsschranke** in § 4h EStG eine weitere Beschränkung des Betriebsausgabenabzugs für Zinsaufwendungen eingeführt (**Schuldzinsen**).

7.13.2 Geschenke (Zeile 43 des Vordrucks)

→ Betriebsausgaben → Schenkungen

Aufwendungen für Geschenke an Personen, die nicht Arbeitnehmer sind (z.B. Geschäftspartner), sind nur dann abzugsfähig, wenn die Anschaffungs- oder Herstellungskosten der dem Empfänger im Gewinnermittlungszeitraum zugewendeten Gegenstände 35 € nicht übersteigen (§ 4 Abs. 5 Satz 1 Nr. 1 EStG, R 4.10 Abs. 2 bis 4 EStR, H 4.10 (2–4) EStH).

Nach § 15 Abs. 1a UStG ist die Vorsteuer dann nicht abziehbar, wenn sie auf Aufwendungen für Geschenke entfällt, für die das Abzugsverbot des § 4 Abs. 5 Satz 1 Nr. 1 EStG gilt.

7.13.3 Bewirtungskosten (Zeile 44 des Vordrucks)

→ Betriebsausgaben

Aufwendungen für die Bewirtung von Personen aus geschäftlichem Anlass sind zu 70 % abziehbar und zu 30 % nicht abziehbar. Die in **Zeile 44** zu berücksichtigende hierauf entfallende Vorsteuer ist allerdings voll abziehbar.

Beispiel zu Bewirtungsaufwendungen siehe → **Betriebsausgaben**.

7.13.4 Reisekosten, Aufwendungen für doppelte Haushaltsführung (Zeile 45 des Vordrucks)

Bei → **Geschäftsreisen** ist die beschränkte Abzugsfähigkeit der Verpflegungsmehraufwendungen i.S.d. § 4 Abs. 5 Satz 1 Nr. 5 EStG zu beachten. In **Zeile 45** sind nur die Verpflegungsmehraufwendungen, Übernachtungskosten und Reisenebenkosten einzutragen. Die **Fahrtkosten** sind bereits in **Zeile 35** erfasst.

7.13.5 Sonstige eingeschränkt abziehbare Betriebsausgaben (Zeile 46 des Vordrucks)

Es handelt sich dabei um die Aufwendungen i.S.d. § 4 Abs. 5 Satz 1 Nr. 3, 7 bis 11 EStG. Die von Gerichten oder Behörden im Inland oder von Organen der EU festgesetzten Geldbußen,

Ordnungsgelder oder Verwarnungsgelder sind nicht abziehbar. Von Gerichten oder Behörden anderer Staaten außerhalb der EU festgesetzte Geldbußen fallen nicht unter das Abzugsverbot des § 4 Abs. 5 Nr. 8 EStG.

Literatur: Bruschke, Das steuerliche Abzugsverbot für Sanktionen, DStZ 2009, 489.

7.14 Übrige Betriebsausgaben (Zeile 48 bis Zeile 51 des Vordrucks)

In **Zeile 51** sind die Betriebsausgaben einzutragen, die bisher nicht in den **Zeilen 19 bis 50** berücksichtigt worden sind.

Zu **Zeile 51** siehe → **Anschaffungskosten** Tz. 4.2 und 4.3; → **Anzahlungen** Tz. 3.2; → **Betriebsausgaben** Tz. 3.2; → **Betriebserwerb** Tz. 2.1, 2.2 – Beispiel: Betriebserwerb gegen unverzinsliche Kaufpreisraten; → **Einlagen** Tz. 7; → **Rücklagen** Tz. 2.5 – Beispiel: Rücklage nach § 6c EStG; → **Schadensersatz** Tz. 1 – Beispiel –, Tz. 2; → **Schenkungen** Tz. 1.2; → **Umsatzsteuer/Vorsteuer** Tz. 2.10; Unfallkosten Tz. 1, 2, 4 – Beispiel –; → **Verlust von Wirtschaftsgütern** Tz. 2 – Beispiel: Verlust von Geld –; → **Vordruck EÜR** Tz. 5.5 – Beispiel –.

7.15 Gezahlte Vorsteuerbeträge (Zeile 52 des Vordrucks)

Es handelt sich dabei um die bei Bezahlung der Rechnung abzugsfähigen Betriebsausgaben. Einzutragen in **Zeile 52** sind nicht die abziehbaren, sondern die abzugsfähigen Vorsteuerbeträge. Es handelt sich um die Vorsteuerbeträge, die nach § 9b Abs. 1 EStG nicht zu den Anschaffungskosten gehören.

Die nach den allgemeinen Durchschnittssätzen der §§ 23 und 23a UStG berechnete Vorsteuer (→ **Umsatzsteuer/Vorsteuer**) ist in **Zeile 52** nicht enthalten. Die in der Rechnung gesondert ausgewiesene USt stellt aber bei Zahlung eine Betriebsausgabe dar. In diesen Fällen mindern nicht die Pauschalen, sondern die tatsächlich in Rechnung gestellten abziehbaren Vorsteuern die Anschaffungskosten (Weber-Grellet in Schmidt, ESt-Kommentar, 28. Auflage 2009 § 9b EStG, Rn. 6; Vfg. OFD Kiel vom 23.10.2001 S 2170 A – St 264, FR 2002, 240; aber auch BFH-Urteil vom 24.6.1999 IV R 46/97, BStBl II 1999, 561). Damit sich die in Rechnung gestellte USt (Vorsteuer) bei der Zahlung der Rechnung als Betriebsausgabe auswirkt, ist der Rechnungsbetrag bei den Betriebsausgaben als Bruttobetrag zu erfassen. Siehe auch **Einführung und allgemeiner Überblick Tz. 5 ff**.

Zu **Zeile 52** siehe → **Einführung und allgemeiner Überblick** Tz. 2 – Abbildung: Grundaufbau einer § 4 Abs. 3-Rechnung, Tz. 6 – Abbildung: Aufbau der Gewinnermittlung nach Vordruck EÜR; → **Abnutzbares Anlagevermögen** Tz. 2 – Beispiel: Anschaffung von abnutzbarem Anlagevermögen, Beispiel 2 –; → **Anschaffungskosten** Tz. 4.1 und 4.4 – Beispiel: Anschaffung Pkw –; → **Betriebsausgaben** Tz. 3.2, 9.3.3 – Beispiel –; → **Betriebseinnahmen** Tz. 1.4; → **Doppelte Haushaltsführung** Tz. 1.2; → **Entnahmen** Tz. 3.2 – Beispiel: Entnahme von Umlaufvermögen –; → **Geschäftsreise** Tz. 2.3; → **Schadensersatz** Tz. 1 – Beispiel –; → **Tausch** Tz. 3.4 – Beispiel: Tauschähnlicher Umsatz mit Baraufgabe –; → **Umlaufvermögen** Tz. 3 – Beispiel: Behandlung von Umlaufvermögen –; → **Umsatzsteuer/Vorsteuer** Tz. 1 – Beispiel: Behandlung der Umsatzsteuer/Vorsteuer –, Tz. 2.7 und 2.10; → **Unfallkosten** Tz. 4 – Beispiel –; → **Vordruck EÜR** Tz. 5.5 – Beispiel –, Tz. 6 und 7.2.

7.16 An das Finanzamt gezahlte und ggf. verrechnete Umsatzsteuer (Zeile 53 des Vordrucks)

Die aufgrund der USt-Voranmeldungen oder der USt-Jahreserklärung an das Finanzamt gezahlte und ggf. verrechnete USt ist hier einzutragen. Bei mehreren Betrieben ist eine Aufteilung entsprechend der auf den einzelnen Betrieb entfallenden Zahlungen vorzunehmen. Siehe auch **Einführung und allgemeiner Überblick Tz. 5 ff.**

Mit Urteil vom 1.8.2007 (XI R 48/05, BStBl II 2008, 282) nimmt der BFH zu dem Problemkreis der wiederkehrenden Ausgaben Stellung. Dabei hat der BFH entschieden, dass eine für das vorangegangene Kj. geschuldete und zu Beginn des Folgejahres entrichtete USt-Vorauszahlung als regelmäßig wiederkehrende Ausgabe im vorangegangenen Veranlagungszeitraum abziehbar ist. Zur Notwendigkeit der Fälligkeit kurz vor oder nach Ende des Kj. nimmt der BFH nicht Stellung; er verweist lediglich auf sein Urteil vom 6.7.1995 (IV R 63/94, BStBl II 1996, 266). Nach diesem Urteil kommt es nicht darauf an, ob die Zahlungen noch in dem Kj. fällig geworden sind, für das sie geleistet worden sind. Seinem Wortlaut nach stellt § 11 Abs. 1 Satz 2 EStG hierauf nicht ab; entscheidend ist danach vielmehr neben der wirtschaftlichen Zugehörigkeit zu dem jeweiligen Wj. nur, dass die Einnahmen kurze Zeit vor Beginn oder kurze Zeit nach Beendigung des Kj. dem Stpfl. zugeflossen sind. Die Zahlung kann auch erst im neuen Kj. fällig geworden sein.

Zur Anwendung des BFH-Urteils siehe das BMF-Schreiben vom 10.11.2008 (BStBl I 2008, 958 sowie die Vfg. der OFD Rheinland vom 29.6.2009, S 2142 – 2009/0003 – St 142, LEXinform 5232076).

Zu **Zeile 53** siehe → **Einführung und allgemeiner Überblick** Tz. 2 – Abbildung: Grundaufbau einer § 4 Abs. 3-Rechnung, Tz. 6 – Abbildung: Aufbau der Gewinnermittlung nach Vordruck EÜR; → **Abnutzbares Anlagevermögen** Tz. 3.2, Tz. 3.3 – Beispiel 3: Verkauf von abnutzbarem Anlagevermögen –; → **Anschaffungskosten** Tz. 4.1; → **Anzahlungen** Tz. 4; → **Betriebsausgaben** Tz. 3.2; → **Betriebseinnahmen** Tz. 1.4; → **Einlagen** Tz. 2 – Beispiel 1 –; → **Entnahmen** Tz. 3.2 und 6.2; → **Tausch** Tz. 3.4 – Beispiel: Tauschähnlicher Umsatz mit Baraufgabe –; → **Umlaufvermögen** Tz. 3; → **Umsatzsteuer/Vorsteuer** Tz. 1, 2.2, 2.5 und 2.10; → **Vordruck EÜR** Tz. 5.5 – Beispiel –, Tz. 5.6 – Beispiel –, Tz. 7.9.

7.17 Bildung von Rücklagen, stille Reserven und/oder Ausgleichsposten (Zeile 54 des Vordrucks)

Siehe die Ausführungen zu **Zeile 17** des Vordrucks. Beachte auch die **Zeilen 68 ff.** des Vordrucks sowie die Ausführungen zu → **Rücklagen**.

8. Gewinnermittlung (Zeilen 60 bis 67 des Vordrucks)

In **Zeile 55** des Vordrucks ist zunächst die Summe der abzugsfähigen Betriebsausgaben einzutragen. Die Summe ist in **Zeile 61** zu übertragen. **Zeile 60** des Vordrucks enthält die Summe der Betriebseinnahmen aus **Zeile 18** des Vordrucks.

Nach dem Schema

Betriebseinnahmen
./. Betriebsausgaben
= Gewinn oder Verlust

enthält **Zeile 67** des Vordrucks den steuerlichen Gewinn bzw. Verlust. Ergibt sich mehrere Jahre ein Verlust, kann das Finanzamt die Gewinnerzielungsabsicht in Frage stellen (Liebhaberei).

Nach den §§ 9c EStG (**Zeile 64** → **Kinderbetreuungskosten**) und 7g EStG (**Zeile 62** und **Zeile 65** → **Investitionsabzugsbeträge nach § 7g EStG**) sind außerhalb der Gewinnermittlung Hinzu- und Abrechnungen vorzunehmen.

	(Betriebs-)Steuernummer			
	Ermittlung des Gewinns		EUR	Ct
60	Summe der Betriebseinnahmen (Übertrag aus Zeile 18)			,
61	abzüglich Summe der Betriebsausgaben (Übertrag aus Zeile 55)	−		,
	zuzüglich			
62	− Hinzurechnung der Investitionsabzugsbeträge nach § 7g Abs. 2 EStG	188 +		
63	abzüglich			
64	− erwerbsbedingte Kinderbetreuungskosten	184		
65	− Investitionsabzugsbeträge nach § 7g Abs. 1 EStG (Übertrag aus Zeile 77)	187		
66	Summe	198	▶ −	,
67	Gewinn/Verlust	119		

9. Entnahmen und Einlagen bei Schuldzinsenabzug (Zeile 82 und Zeile 83 des Vordrucks)

9.1 Allgemeines

Für den Schuldzinsenabzug (**Zeile 41** und **Zeile 42** des Vordrucks) kommt es bei der Berechnung auf die Höhe der Entnahmen und Einlagen im betreffenden Kalenderjahr an (→ **Schuldzinsen**).

Ab dem Kj. 2000 müssen alle Entnahmen und Einlagen gesondert aufgezeichnet werden. Werden die erforderlichen Aufzeichnungen nicht geführt, sind zumindest die nach § 4 Abs. 4a Satz 5 EStG privilegierten Schuldzinsen für »Investitionsdarlehen« sowie tatsächlich entstandene nicht begünstigte Schuldzinsen bis zum Sockelbetrag i.H.v. 2 050 € als Betriebsausgaben abziehbar.

Den Stpfl. kann es zugemutet werden, die Einlagen und Entnahmen aus den vorhandenen Unterlagen (Kassenaufzeichnungen soweit vorhanden, Kontoauszüge) zu ermitteln. Verlangt der Stpfl. den Abzug von Zinsen als Betriebsausgaben, hat er die betriebliche Veranlassung nachzuweisen. Er trägt für den Abzug von Betriebsausgaben die objektive Beweislast. Wurden die für die Ermittlung der nicht abziehbaren Schuldzinsen notwendigen Salden der Entnahmen und Einlagen nicht aufgezeichnet, sind sie gem. § 162 AO zu schätzen (BMF-Schreiben vom 8.9.2005, DStR 2005, 1899).

9.2 Die Eintragungen der Entnahmen (Zele 82 des Vordrucks)

Die → **Entnahmen** setzen sich zusammen aus
- Geldentnahmen,
- Sachentnahmen,
- Nutzungsentnahmen und
- Leistungsentnahmen.

Zu beachten ist, dass die Entnahmen nicht nur in **Zeile 82** des Vordrucks, sondern auch in den **Zeilen 14 bis 16** angegeben werden müssen.

14	Veräußerung oder Entnahme von Anlagevermögen	102	,
15	Private Kfz-Nutzung	106	,
16	Sonstige Sach-, Nutzungs- und Leistungsentnahmen (z.B. private Telefonnutzung)	108	,

In der Anleitung vom Vordruck EÜR 2009 lautet die Erläuterung zu den **Zeilen 82 und 83** wörtlich:

»Hier sind die Entnahmen und Einlagen einzutragen, die nach § 4 Abs. 4a EStG gesondert aufzuzeichnen sind. Dazu zählen nicht nur die durch die private Nutzung betrieblicher Wirtschaftsgüter oder Leistungen entstandenen Entnahmen, sondern auch die Geldentnahmen und -einlagen (z.B. privat veranlasste Geldabhebung vom betrieblichen Bankkonto oder Auszahlung aus der Kasse). Entnahmen und Einlagen, die nicht in Geld bestehen, sind grundsätzlich mit dem Teilwert – ggf. zuzüglich Umsatzsteuer – anzusetzen (vgl. Erläuterungen zu **Zeile 16**)«.

Nach den Angaben in den **Zeilen 82 und 83** kann das Finanzamt die Geldbewegungen erkennen, die ansonsten nicht gesondert aufzuzeichnen sind. Nach § 4 Abs. 4a Satz 6 EStG sind Entnahmen und Einlagen nur bei Anwendung des eingeschränkten Schuldzinsenabzugs gesondert aufzuzeichnen. Deshalb hängt die Eintragung in den **Zeilen 82 und 83** auch von den Eintragungen in der **Zeile 41** und der **Zeile 42** des Vordrucks ab.

		nicht abziehbar		abziehbar	
		EUR	Ct	EUR	Ct
	Schuldzinsen (§ 4 Abs. 4a EStG)				
41	Finanzierung von Anschaffungs-/Herstellungskosten von Wirtschaftsgütern des Anlagevermögens	178			,
	Übrige Schuldzinsen	167		179	
42			,		,

Ein Eintragung in der **Zeile 82** und der **Zeile 83** des Vordrucks ist nur erforderlich, wenn eine Eintragung in **Zeile 42** des Vordrucks erfolgt ist.

Bei einer Eintragung in der **Zeile 82** wird das Finanzamt diesen Wert mit den Eintragungen in den **Zeilen 14 bis 16** des Vordrucks miteinander vergleichen. Der Vergleich kann zu folgenden Ergebnissen führen:

Zeile 14	Entnahme von Anlagevermögen	
Zeile 15	Private Kfz-Nutzung	entspricht dem Wert in **Zeile 82**
Zeile 16	Sonstige Sach-, Nutzungs- und Leistungsentnahmen	
	Folge: In dem betreffenden Kalenderjahr ist keine Geldentnahme erfolgt.	

Hier könnte das Finanzamt nachfragen, wovon der Lebensunterhalt bestritten wurde.

Ist der Betrag in **Zeile 82** geringer als die Summe der maßgeblichen Werte in den **Zeilen 14 bis 16**, liegt ein Fehler vor.

9.3 Die Eintragung der Einlagen (Zeile 83 des Vordrucks)

Nur dann, wenn Schuldzinsen nach **Zeile 42** des Vordrucks geltend gemacht werden, ist eine Eintragung in **Zeile 83** des Vordrucks erforderlich.

Wenn der Steuerpflichtige hohe ungeklärte Geldeinlagen tätigt, kann es zu Nachfragen des Finanzamts wegen der Verwendung eventuellen »Schwarzgeldes« kommen. Niedrige Entnahmen und hohe Einlagen könnten Sie für das Finanzamt »verdächtig« machen.

10. Die Geldverkehrsrechnung

Nach den Angaben in dem Vordruck EÜR, den weiteren Angaben in der Steuererklärung sowie den Informationen durch Kontrollmaterial und Betriebs-, Lohnsteuer- oder Umsatzsteuerprüfungen kann das Finanzamt eine → **Geldverkehrsrechnung** durchführen (s.a. **Vorsteuer- bzw. Umsatzsteuerverprobung**).

Vorsteuer- bzw. Umsatzsteuerverprobung

Die Verbuchung eines Geschäftsvorfalles auf einem falschen Konto, die unzutreffende Einrichtung der umsatzsteuerrechtlichen Vorgaben eines Kontos oder die falsche Anwendung eines USt-Schlüssels sind Fehlerquellen, die die Überprüfung der USt-Voranmeldungen bzw. der -Jahreserklärung notwendig machen. Diese Abstimmung wird als Vorsteuerverprobung bezeichnet.

Beispiel:
Aus dem Vordruck EÜR ergeben sich folgende Angaben:

	1. Gewinnermittlung			99	20
	Betriebseinnahmen		EUR		Ct
7	Betriebseinnahmen als umsatzsteuerlicher **Kleinunternehmer**	111		,	
8	davon aus Umsätzen, die in § 19 Abs. 3 Nr. 1 und Nr. 2 UStG bezeichnet sind	119	, (weiter ab Zeile 13)		
9	Betriebseinnahmen als **Land- und Forstwirt**, soweit die Durchschnittssatzbesteuerung nach § 24 UStG angewandt wird	104		,	
10	**Umsatzsteuerpflichtige Betriebseinnahmen**	112	102 079	,55	
11	Umsatzsteuerfreie, nicht umsatzsteuerbare Betriebseinnahmen sowie Betriebseinnahmen, für der die Leistungsempfänger die Umsatzsteuer nach § 13b UStG schuldet	103		,	
11a	davon Kapitalerträge	113	,		
12	Vereinnahmte Umsatzsteuer sowie Umsatzsteuer auf unentgeltliche Wertabgaben	140	15 072	,54	
13	Vom Finanzamt erstattete und ggf. verrechnete Umsatzsteuer	141		,	
14	Veräußerung oder Entnahme von Anlagevermögen	102	3 520	,65	
15	Private Kfz-Nutzung	106	3 428	,00	
16	Sonstige Sach-, Nutzungs- und Leistungsentnahmen (z.B. private Telefonnutzung)	108	986	,85	
17	Auflösung von Rücklagen, Ansparabschreibungen für Existenzgründer und/oder Ausgleichsposten (Übertrag von Zeile 73)			,	
18	**Summe Betriebseinnahmen**	159	125 087	,59	

	Betriebsausgaben			99	25
			EUR		Ct
23	Ausgaben für eigenes Personal (z.B. Gehälter, Löhne und Versicherungsbeiträge)	120	25 326	,18	
	Absetzungen für Abnutzung (AfA)				
26	AfA auf bewegliche Wirtschaftsgüter (z.B. Maschinen, Kfz)	130	6 278	,00	
34	Restbuchwert der im Kalenderjahr/Wirtschaftsjahr ausgeschiedenen Anlagegüter	135	1	,00	
	Kraftfahrzeugkosten und andere Fahrtkosten		EUR	CT	
35	Laufende und feste Kosten (ohne AfA und Zinsen)	140	5 454 ,23		
36	Enthaltene Kosten aus Zeilen 26, 35 und 41 für Wege zwischen Wohnung und Betriebsstätte	142	– 0 ,00		
37	**Verbleibender Betrag**		5 454 ,00	143	5 454 ,00
37a	Abziehbare Aufwendungen für Wege zwischen Wohnung und Betriebsstätte	176		0	,00
	Raumkosten und sonstige Grundstücksaufwendungen				
39	Miete/Pacht für Geschäftsräume und betrieblich genutzte Grundstücke	150	36 000	,00	

Vorsteuer- bzw. Umsatzsteuerverprobung

	Sonstige unbeschränkt abziehbare Betriebsausgaben für		
48	Porto, Telefon, Büromaterial	192	1 431 ,45
49	Fortbildung, Fachliteratur	193	386 ,15
50	Rechts- und Steuerberatung, Buchführung	194	1 224 ,00
51	Übrige Betriebsausgaben	183	132 ,65
52	Gezahlte Vorsteuerbeträge	185	1 236 ,80
53	An das Finanzamt gezahlte und ggf. verrechnete Umsatzsteuer	186	13 835 ,74
55	Summe Betriebsausgaben	199	91 305 ,97

	Ermittlung des Gewinns		EUR	Ct
60	Summe der Betriebseinnahmen (Übertrag aus Zeile 18)		125 087	,59
61	abzüglich Summe der Betriebsausgaben (Übertrag aus Zeile 55)	−	91 305	,97
67	Gewinn/Verlust	119	33 781	,62

Nach den Angaben im Vordruck EÜR ist folgende Umsatzsteuer- bzw. Vorsteuerverprobung möglich:

Zeilennummer des Vordrucks	Umsatzsteuerverprobung		Wert lt. Zeile 12 des Vordrucks	Wert lt. Zeile 52 des Vordrucks	Wert lt. Zeile 53 des Vordrucks
	19 %	7 %			
Zeile 10	102 079,55				
Zeile 14	3 520,65				
Zeile 15	3 428,00				
Zeile 16	986,85				
Summe	110 015,05				
x 19 %	20 902,86		15 072,54		
Differenz		5 830,32			
	Vorsteuerverprobung				
Zeile 37	5 454,23				
Zeile 48	1 431,45				
Zeile 49		386,15			
Zeile 50	1 224,00				
Zeile 51	132,65				
Summen	8 242,33	386,15			
x 19 % bzw. 7 %	1 566,04	27,03			
Summe insgesamt	1 593,07			1 236,80	
Differenz		356,27			
Summe USt	20 902,86				
Summe USt-Zahllast	19 309,79				
Summe USt-Zahllast lt. Vordruck EÜR: 15 072,54 abzgl. 1 236,80 =					13 835,74

Analyse:

Nach Rückfragen beim Steuerpflichtigen wurde geklärt, dass dieser 30 000 € Betriebseinnahmen in Zeile 10 des Vordrucks erfasst hat, obwohl diese als steuerfreie Einnahmen in Zeile 11 und Zeile 11a zu erfassen wären.

Berichtigte Gewinnermittlung:

	1. Gewinnermittlung			99	20
	Betriebseinnahmen		EUR		Ct
7	Betriebseinnahmen als umsatzsteuerlicher **Kleinunternehmer**		111		,
8	davon aus Umsätzen, die in § 19 Abs. 3 Nr. 1 und Nr. 2 UStG bezeichnet sind	119	,	(weiter ab Zeile 13)	
9	Betriebseinnahmen als **Land- und Forstwirt**, soweit die Durchschnittssatzbesteuerung nach § 24 UStG angewandt wird		104		,
10	**Umsatzsteuerpflichtige Betriebseinnahmen**		112	72 079	,55
11	Umsatzsteuerfreie, nicht umsatzsteuerbare Betriebseinnahmen sowie Betriebseinnahmen, für die der Leistungsempfänger die Umsatzsteuer nach § 13b UStG schuldet		103	30 000	,00
11a	davon Kapitalerträge	113	20 000 ,00		
12	Vereinnahmte Umsatzsteuer sowie Umsatzsteuer auf unentgeltliche Wertabgaben		140	15 072	,54
13	Vom Finanzamt erstattete und ggf. verrechnete Umsatzsteuer		141		,
14	Veräußerung oder Entnahme von Anlagevermögen		102	3 520	,65
15	Private Kfz-Nutzung		106	3 428	,00
16	Sonstige Sach-, Nutzungs- und Leistungsentnahmen (z.B. private Telefonnutzung)		108	986	,85
17	Auflösung von Rücklagen, Ansparabschreibungen für Existenzgründer und/oder Ausgleichsposten (Übertrag von Zeile 73)				,
18	**Summe Betriebseinnahmen**		159	125 087	,59

Zeilennummer des Vordrucks	Umsatzsteuerverprobung		Wert lt. Zeile 12 des Vordrucks	Wert lt. Zeile 52 des Vordrucks	Wert lt. Zeile 53 des Vordrucks
	19%	7%			
Zeile 10	72 079,55				
Zeile 14	3 520,65				
Zeile 15	3 428,00				
Zeile 16	986,85				
Summe	80 015,05				
x 19%	15 202,86		15 072,54		
Differenz		130,32			

Die Differenz bei der USt i.H.v. (15 202,86 ./. 15 072,54 =) 130,32 € kann darauf beruhen, dass in **Zeile 15** des Vordrucks EÜR der ertragsteuerrechtliche Listenpreis eingetragen ist, die USt jedoch von der maßgeblichen Bemessungsgrundlage – Listenpreis abzüglich 20% – berechnet wird (→ **Vordruck EÜR**).

In der Umsatzsteuerverprobung ist die USt wie folgt enthalten:

	19% von	3 428,00 € =	651,32 €
Richtig wäre jedoch:	19% von (3 428,00 ./. 20% =)	2 742,40 € =	521,06 €
Die Differenz beträgt			130,26 €
Die Differenz zwischen dem Wert der USt-Verprobung und dem Wert in Zeile 7 des Vordrucks beträgt			130,32 €
Nach Berücksichtigung der Bemessungsgrundlage für die Listenpreismethode beträgt die Differenz lediglich noch			0,06 €

Die Differenz bei der Vorsteuer i.H.v. (1 593,07 € ./. 1 236,80 € =) 356,27 € kann darauf beruhen, dass in **Zeile 35** des Vordrucks EÜR die Kfz-Steuer i.H.v. beispielsweise 414,00 € und die Versicherung i.H.v. beispielsweise 611,35 € enthalten ist. In **Zeile 48** des Vordrucks EÜR ist das Porto i.H.v. beispielsweise 846,15 € enthalten. Die Vorsteuerverprobung führt danach zu folgendem Ergebnis (in €):

	Vorsteuer		Wert lt. Zeile 52
Zeile 35 bisher abzgl. nicht mit Vorsteuer belastet	5 454,23 ./. 1 025,35 4 428,88		
Zeile 48 jetzt	585,30		
Zeile 49		386,15	
Zeile 50	1 224,00		
Zeile 51	132,65		
Summen	6 370,83	386,15	
x 19% bzw. 7%	1 210,46	27,03	
Summe insgesamt	1 237,49		1 236,80

W

Wahl der Gewinnermittlungsart

→ Wechsel der Gewinnermittlungsart

Rechtsquellen
→ §§ 140 und 141 AO → § 4 Abs. 3 Satz 1 EStG

1. Methoden der Gewinnermittlung im Überblick

Das Einkommensteuerrecht kennt mehrere Methoden, den steuerlich relevanten Gewinn zu ermittelnden Betriebsvermögensvergleich nach § 4 Abs. 1 Satz 1 EStG,
- den Betriebsvermögensvergleich nach § 5 EStG,
- die § 4 Abs. 3-Rechnung,
- Gewinnermittlung bei Handelsschiffen im internationalen Verkehr nach § 5a EStG,
- die Gewinnermittlung nach § 13a EStG,
- und die Gewinnermittlung durch Schätzung (§ 162 AO; nach h.Mg. aber keine eigenständige Gewinnermittlungsart).

Soweit die gesetzlichen Voraussetzungen erfüllt werden, steht es im Ermessen des Steuerpflichtigen, durch die Art seiner Aufzeichnungen die jeweilige Gewinnermittlungsart zu wählen. Zur § 4 Abs. 3-Rechnung ist der Steuerpflichtige dann berechtigt, wenn folgende Voraussetzungen sämtlich erfüllt werden:
- keine gesetzliche → **Buchführungspflicht** nach den §§ 140, 141 AO,
- keine freiwillige Buchführung,
- keine Verpflichtung zur Durchschnittsatzgewinnermittlung gem. § 13a Abs. 1 EStG,
- Verpflichtung zur Durchschnittsatzgewinnermittlung (§ 13a EStG), aber Antrag auf die § 4 Abs. 3-Rechnung nach § 13a Abs. 2 Nr. 2 EStG (R 4.5 Abs. 1 Satz 3 EStR),
- die für die § 4 Abs. 3-Rechnung erforderlichen Aufzeichnungen (→ **Aufzeichnungs- und Aufbewahrungspflichten**) werden geführt.

§ 4 Abs. 3 EStG eröffnet dem Steuerpflichtigen eine Möglichkeit, seinen steuerlich relevanten Gewinn zu ermitteln. Sie ist jedoch eine Kann-Vorschrift. D.h., selbst wenn der Steuerpflichtige die Voraussetzungen für ihre Anwendung erfüllt, braucht er sie nicht zwingend durchzuführen. Führt er aber auch freiwillig keine Bücher, so stellt sich natürlich die Frage, wie er seinen Gewinn denn überhaupt ermitteln will. Im Grunde genommen würde dann nur noch die Schätzung zur Verfügung stehen.

2. Ausübung des Wahlrechts

2.1 Erstellung einer Eröffnungsbilanz

Das BFH-Urteil vom 12.10.1994 (X R 192/93, BFH/NV 1995, 587) nimmt zur Wahl der Gewinnermittlungsart ausführlich Stellung. Die dem Steuerpflichtigen zustehende Wahl zwischen der Gewinnermittlung nach § 4 Abs. 1 EStG und § 4 Abs. 3 EStG wird i.d.R. durch schlüssiges Verhalten ausgeübt. Erstellt der Steuerpflichtige eine Eröffnungsbilanz und richtet er eine ordnungsgemäße kaufmännische Buchführung ein, so hat er sich für eine Gewinnermittlung durch Bestandsvergleich (§ 4 Abs. 1 i.V.m. § 5 EStG) entschieden; diese Ausübung des Wahlrechts ist nach Ablauf des betreffenden Gewinnermittlungszeitraums nicht mehr änderbar (BFH-Urteile vom 29.4.1982 IV R 95/79, BStBl II 1982, 593; vom 29.8.1985 IV R 238/83, BFH/NV 1987, 504; vom 29.8.1985 IV R 111/83, BFH/NV 1986, 158).

Entscheidet sich der Steuerpflichtige ausdrücklich für die § 4 Abs. 3-Rechnung, erstellt er aber tatsächlich eine ordnungsgemäße Buchführung, so hat er den Gewinn durch Buchführung zu ermitteln. In diesem Fall ist davon auszugehen, dass er freiwillig den Gewinn durch Buchführung ermitteln will. Auch wenn kleinere Fehler in der Buchführung vorliegen, diese aber die Ordnungsmäßigkeit der Buchführung nicht beeinträchtigen, so ist die Wahl für die Buchführung getroffen worden.

Unter Aufgabe seiner bisherigen Rechtsprechung hat der BFH mit Urteil vom 19.3.2009 IV R 57/07, BFH/NV 2009, 1298) die Wahl der → **Einnahme-Überschussrechnung** als Methode zur Ermittlung des Gewinns von Gewerbetreibenden auch noch nach Ablauf des Gewinnermittlungszeitraums zugelassen.

Unternehmer, die nicht nach den Vorschriften des Handelsrechts buchführungspflichtig sind und deren Betriebe auch bestimmte steuerliche Grenzwerte (z.B. in Bezug auf den Umsatz) nicht überschreiten, können ihren Gewinn entweder aufgrund freiwillig geführter Bücher und Bilanzen oder aber vereinfacht durch Gegenüberstellung der Einnahmen und Ausgaben (Einnahme-Überschussrechnung) ermitteln. Bisher gingen Rechtsprechung und Finanzverwaltung davon aus, dass die Entscheidung zugunsten der Gewinnermittlung durch Bilanzierung bereits gefallen ist, wenn der Unternehmer zu Beginn des Jahres eine Eröffnungsbilanz aufstellt und eine laufende Buchführung einrichtet. Mit dem Urteil vom 19.3.2009 gestattet der BFH nun weitergehend, dass auch noch nach Ablauf des Jahres zwischen Bilanzierung und Einnahme-Überschussrechnung gewählt wird. Stellt der Unternehmer einen Jahresabschluss auf, entscheidet er sich erst dadurch für die Gewinnermittlung durch Bilanzierung.

2.2 Aufzeichnung von Betriebseinnahmen und -ausgaben

Hat er Unternehmer nur Betriebseinnahmen und Betriebsausgaben aufgezeichnet, so hat er aufgrund der von ihm getroffenen Gestaltung« die Gewinnermittlung nach § 4 Abs. 3 EStG gewählt.

2.3 Keine Wahlrechtsausübung ersichtlich

Kann eine vom Steuerpflichtigen getroffene Wahl für die Gewinnermittlung durch Überschussrechnung nicht festgestellt werden, muss der Gewinn nach § 4 Abs. 1 EStG ermittelt werden (BFH-Urteile vom 30.9.1980 VIII R 201/78, BStBl II 1981, 301; vom 2.3.1982 VIII R 225/80, BStBl II 1984, 504; vom 11.12.1987 III R 204/84, BFH/NV 1988, 296).

2.4 Anforderungen an die Wahlrechtsausübung

Der BFH hat in seinem Urteil vom 30.9.1980 (VIII R 201/78, BStBl II 1981, 301) unter Hinweis auf das BFH-Urteil vom 2.3.1978 (IV R 45/73, BStBl II 1978, 431) ausgeführt, der Steuerpflichtige übe sein Wahlrecht zugunsten der Gewinnermittlungsart durch Überschussrechnung dadurch aus, dass er nur die Betriebseinnahmen und die Betriebsausgaben aufzeichnet. Nach dem BFH-Urteil vom 20.5.1988 (III R 217/84, BFH/NV 1990, 17) wird die Wahl ausgeübt »mit der Einrichtung oder Nichteinrichtung der erforderlichen Buchführung«. Im Urteil vom 13.10.1989 (III R 30-31/85, BStBl II 1990, 287) hat der BFH entschieden, an die Dokumentation der zugunsten der Überschussrechnung getroffenen Wahl seien allerdings keine hohen Anforderungen zu stellen. Erläuternd führt der III. Senat des BFH aus, das »Erstellen und Sammeln der Einnahmen- und Ausgabenbelege« reiche aus. Denn diese Belege könnten bei Erfüllung nur geringer zusätzlicher Voraussetzungen – insbesondere bei vollständiger und zeitlich fortlaufender Ablage verbunden mit einer regelmäßigen Summenziehung – die Funktion von Grundaufzeichnungen übernehmen. Fehle es allerdings auch »an derartigen Aufzeichnungen und am Sammeln von Belegen«, so könne nicht davon ausgegangen werden, dass der Steuerpflichtige eine Wahl zugunsten der Überschussrechnung getroffen habe. In diesem Falle bleibe es bei der Grundregel des § 4 Abs. 1 EStG, dass der Gewinn durch Bestandsvergleich zu ermitteln sei. Fehlt es allerdings auch an derartigen Aufzeichnungen und am Sammeln von Belegen, so kann nicht davon ausgegangen werden, dass der Steuerpflichtige eine Wahl zugunsten der Überschussrechnung getroffen hat. In diesem Fall bleibt es bei der Grundregel des § 4 Abs. 1 EStG, dass der Gewinn nach § 4 Abs. 1 EStG durch Bestandsvergleich zu ermitteln ist. Das Wahlrecht nach § 4 Abs. 3 EStG muss nicht jährlich neu ausgeübt werden (BFH-Urteil vom 24.9.2008 X R 58/06, BStBl II 2009, 368). Die Entscheidung für eine bestimmte Gewinnermittlungsart ist eine »Grundentscheidung«, die nicht jährlicher Wiederholung bedarf.

2.5 Zeitpunkt der Wahlrechtsausübung

Das Wahlrecht wird nicht mit dem Einreichen einer Überschussrechnung beim Finanzamt ausgeübt. Es muss sichergestellt sein, dass der Steuerpflichtige bereits **zu Beginn des Wirtschaftsjahres** die Mindestanforderungen an die Erstellung einer Einnahme-Überschussrechnung erfüllt hat. Beispielsweise würde es nicht ausreichen, wenn der Steuerpflichtige alle Belege in einem »Schuhkarton sammelt« und in zeitlichem Zusammenhang mit der Erstellung der Steuererklärung in systematische Ordnung gebracht hätte. Eine Sammlung »in irgendeiner Form« genügt nicht den Mindestanforderungen an die Ausübung des Wahlrechts und an ihre Dokumentation. Nicht mit jeder ungeordneten Ablage von Belegen wird eine Wahl zugunsten der Überschussrechnung getroffen.

Die Wahl zugunsten der § 4 Abs. 3-Rechnung trifft er dadurch, dass er die Betriebseinnahmen und Betriebsausgaben aufzeichnet oder die Einnahme- bzw. Ausgabenbelege gesondert sammelt (R 4.1 Abs. 2 Satz 4 EStR, H 4.5 (1) [Wahl der Gewinnermittlungsart] EStH und → **Aufzeichnungspflichten**). Eine Frist für die Ausübung des Wahlrechts ist vom Gesetz nicht ausdrücklich vorgesehen. Durch das System der verschiedenen Gewinnermittlungsarten ergibt sich aber, dass der Steuerpflichtige im Falle der Buchführung eine Eröffnungsbilanz erstellen und eine zeitnahe Buchführung von Beginn des Wirtschaftsjahrs an durchführen muss, um diese Art der Gewinnermittlungsart in korrekter Weise gewählt zu haben. Hat also der Steuerpflichtige während eines Wirtschaftsjahrs z.B. lediglich die Betriebseinnahmen und Betriebsausgaben aufgezeichnet und erstellt er erst zum Schluss des Wirtschaftsjahrs eine Buchführung, so kann für das abgelaufene Wirtschaftsjahr diese Buchführung nicht der Gewinnermittlung zugrunde gelegt werden, da eine Buchführung vor oder mindestens zu Beginn eines Wirtschaftsjahrs eingerichtet sein muss. Die zu Beginn eines Wirtschaftsjahrs zulässigerweise getroffene Wahl zugunsten der § 4 Abs. 3-Rechnung kann nicht durch die nachträgliche Erstellung einer Buchführung rückwirkend geändert werden (siehe auch BFH-Urteil vom 20.5.1988 III R 217/84, BFH/NV 1990, 17).

Unter **Aufgabe** seiner bisherigen **Rechtsprechung** hat der BFH mit Urteil vom 19.3.2009 (IV R 57/07, BStBl II 2009, 659) die Wahl der Einnahmen-Überschussrechnung als Methode zur Ermittlung des Gewinns von Gewerbetreibenden auch noch nach Ablauf des Gewinnermittlungszeitraums zugelassen. Stellt der Unternehmer einen Jahresabschluss auf, entscheidet er sich erst dadurch für die Gewinnermittlung durch Bilanzierung.

2.6 Wahl der Gewinnermittlungsart im Jahr der Praxiseröffnung

Mit Urteil vom 2.3.2006 (IV R 32/04, BFH/NV 2006, 1457) hat der BFH zur Wahl der Gewinnermittlungsart im Jahr der Praxiseröffnung wie folgt entschieden:

Ein nicht buchführungspflichtiger Freiberufler übt sein Wahlrecht im Jahr der Praxiseröffnung für eine Gewinnermittlung durch Einnahme-Überschussrechnung aus, wenn er nach Form und ausdrücklicher Bezeichnung eine Gewinnermittlung nach § 4 Abs. 3 EStG einreicht und eine zeitnah aufgestellte Eröffnungsbilanz fehlt. Das gilt auch dann, wenn er eine EDV-Buchführung verwendet, die sowohl eine Gewinnermittlung durch Einnahme-Überschussrechnung als auch durch Betriebsvermögensvergleich ermöglicht und lediglich die Verwechslung einer Kennziffer zum Ausdruck einer Einnahme-Überschussrechnung geführt hat. Eine zeitnah aufgestellte Eröffnungsbilanz ist – als Voraussetzung der Ausübung des Wahlrechts für eine Gewinnermittlung durch Bestandsvergleich – auch nicht deshalb entbehrlich, weil Aktiva und Passiva mit 0 € zu bewerten wären.

2.7 Wahl der Gewinnermittlungsart nach Umqualifizierung der Einkünfte

Der BFH hat mit Urteil vom 8.10.2008 (VIII R 74/05, BStBl II 2009, 238) entschieden, dass ein so genannter **Promotionsberater** nicht freiberuflich, sondern **gewerblich** tätig ist und somit der GewSt unterliegt.

Gewerbetreibende sind gewerbesteuerpflichtig. Keine Gewerbesteuerpflicht besteht hingegen für Freiberufler. Was freiberufliche Tätigkeit ist, regelt § 18 EStG. Danach ist auch die selbständig ausgeübte wissenschaftliche Tätigkeit freiberuflich.

Der Kläger, der nach dem Studium der Volkswirtschaftslehre promoviert worden war, betrieb ein Unternehmen, mit mehreren, als freie Mitarbeiter tätigen Wissenschaftlern. Unternehmenszweck war, akademisch vorgebildeten Berufstätigen zu einem Doktortitel zu verhelfen. Die Tätigkeit des Klägers bestand darin, aufgrund von Gesprächen mit den Klienten und anhand der Lebensläufe eine »Begabungsanalyse« zu erstellen, ein geeignetes Dissertationsthema zu finden, die Klienten an einen Doktorvater zu vermitteln sowie durch Einweisung in die wissenschaftliche Methodik und durch begleitende Literaturrecherchen zu unterstützen. Das FA (nach einer Außenprüfung) und das FG beurteilten diese Tätigkeit als gewerblich und den Kläger damit als gewerbesteuerpflichtig.

Der BFH bestätigte die Entscheidung des FG. In der ganz überwiegenden Zahl der Beratungsfälle habe die Tätigkeit des Klägers mit dem Finden eines Doktorvaters und eines Dissertationsthemas geendet. Nur ausnahmsweise habe der Kläger die Betreuung des Promovenden fortgeführt, wenn sich herausgestellt habe, dass der Doktorvater die Dissertation nicht in dem erforderlichen Umfang betreut habe. Die Leistungen des Klägers hätten deshalb insgesamt keinen Schwierigkeitsgrad und keine solche Gestaltungshöhe erreicht, wie ihn wissenschaftliche Arbeiten aufweisen. Es habe sich um wissenschaftsbegleitende Vorbereitungsmaßnahmen gehandelt. Die eigentliche wissenschaftliche Arbeit habe nicht der Kläger, sondern der jeweilige Promovend erbracht (s.a. Pressemitteilung des BFH Nr. 5/09 vom 21.1.2009, LEXinform 0174977).

Das FG hat aber zu Unrecht den Gewerbeertrag nachträglich durch Bildung einer Gewerbesteuerrückstellung gemindert. Für die Einnahme-Überschussrechnung entscheidet sich ein Stpfl. durch schlüssiges Verhalten, wenn er keine Eröffnungsbilanz und keine Buchführung einrichtet, sondern lediglich Betriebseinnahmen und Betriebsausgaben aufzeichnet oder – was der BFH ebenfalls ausreichen lässt – durch eine geordnete Sammlung von Einnahme- und Ausgabebelegen.

Die Ausübung des Wahlrechts als steuerrechtliche Willenserklärung setzt den Willen und damit das Bewusstsein voraus, eine Wahl zu treffen. Das ist dann nicht der Fall, wenn der Stpfl. bestreitet, gewerblich tätig zu sein, sondern von der Erzielung bloßer Überschusseinkünfte ausgeht, bei denen ein derartiges Wahlrecht hinsichtlich der Gewinnermittlungsart nicht besteht. Eine solche Sachlage ist typischerweise in Fällen eines nachträglich erkannten gewerblichen Grundstückshandels gegeben.

In dem entschiedenen Fall kommen lediglich Gewinneinkünfte in Betracht; es stand lediglich allein die Zuordnung zu einer bestimmten Gewinneinkunftsart in Frage. Auch dem Freiberufler steht im Falle der tatsächlichen Erzielung nur freiberuflicher Einkünfte ein Wahlrecht hinsichtlich der Gewinnermittlungsart zu, dessen sich ein Stpfl. ohne weiteres bewusst ist. Die Ausübung des Wahlrechts kann nicht bereits deshalb verneint werden, weil der Stpfl. sich über die genaue Zuordnung zu einer bestimmten Gewinneinkunftsart nicht im Klaren gewesen ist.

Im Urteil vom 13.10.1989 (III R 30-31/85, BStBl II 1990, 287) führt der BFH insoweit aus, es sei unerheblich, wenn sich der Stpfl. über einzelne Folgen seines Verhaltens im Unklaren gewesen sei. Zu den tatbestandlichen Voraussetzungen für die Ausübung des nach § 4 Abs. 3 Satz 1 EStG eingeräumten Wahlrechts gehöre nicht die Kenntnis der steuerlichen Folgen der einmal getroffenen Wahl.

An die einmal wirksam getroffene Wahl einer Gewinnermittlung durch Einnahme-Überschussrechnung ist der Stpfl. gebunden. I.R.d. Einnahme-Überschussrechnung ist indes die Bildung von Rückstellungen nicht zulässig (BFH-Urteil vom 19.6.2007 VIII R 100/04, BStBl II 2007, 930).

2.8 Erneute Wahlrechtsausübung

Der Steuerpflichtige kann – sofern die Voraussetzungen dafür bestehen – für jedes Wirtschaftsjahr die Wahl für eine Gewinnermittlung neu treffen. Er kann demnach auch nach einem Wechsel zur vorher angewandten Methode zurückkehren. Ein ohne wirtschaftliche Begründung sich wiederholender Wechsel wurde jedoch von der Rechtsprechung abgelehnt, da ein solcher Wechsel die zutreffende Gewinnermittlung erschweren würde. Zudem widerspricht ein willkürlicher Wechsel der gebotenen Rücksicht auf die Belange der Finanzverwaltung. In der Literatur wird aber zum Teil die Auffassung vertreten, dass diese (ältere) Rechtsprechung aus dem Grund ergangen sei, weil durch den wiederholten Wechsel steuerliche Vorteile erreicht wurden. Dieser Grund ist mittlerweile jedoch dadurch überholt, da durch den → **Wechsel der Gewinnermittlungsart** solche Vorteile abgebaut worden sind. In der Praxis wird jedoch ein unwirtschaftlicher und unvernünftiger Wechsel i.d.R. nicht vorgenommen werden. Ansonsten ist aber ein zulässiger Wechsel zu akzeptieren, wenn der Steuerpflichtige aus seiner Sicht eine vernünftige Begründung für einen wiederholten Wechsel anführen kann. Innerhalb eines Gewinnermittlungszeitraums darf jedoch die Art der Gewinnermittlung nicht geändert werden. Ist bei einem Land- und Forstwirt ein Antrag auf die § 4 Abs. 3-Rechnung nach § 13a Abs. 2 Nr. 2 EStG gestellt worden, so ist er grundsätzlich in den nächsten vier Jahren an diese gebunden. Ein Steuerpflichtiger, der freiwillig von der Einnahme-Überschussrechnung zum Bestandsvergleich übergegangen ist und eine Verteilung des Übergangsgewinns auf drei Jahre beantragt hat, kann ohne besonderen wirtschaftlichen Grund nicht zwei Jahre nach dem Wechsel der Gewinnermittlungsart erneut zur Einnahme-Überschussrechnung übergehen (BFH-Urteil vom 9.11.2000, BStBl II 2001, 102).

Wie oben bereits erläutert, muss das Wahlrecht nach § 4 Abs. 3 EStG nicht jährlich neu ausgeübt werden (BFH-Urteil vom 24.9.2008 X R 58/06, BStBl II 2009, 368). Die Entscheidung für eine bestimmte Gewinnermittlungsart ist eine »Grundentscheidung«, die nicht jährlicher Wiederholung bedarf.

> **Beispiel: Wahl der Gewinnermittlungsart**
> Steuerberater Willi ermittelt seinen Gewinn durch die § 4 Abs. 3-Rechnung. In den Kalenderjahren 06 bis 08 erzielte er Betriebseinnahmen i.H.v. insgesamt 250 000 €. Diese Beträge wurden wie folgt vereinnahmt:
>
> 06: 120 000 €
> 07: 120 000 €
> 08:   10 000 €
>
> Entsprechend den dazu abweichenden Angaben in den jeweiligen Einkommensteuer-Erklärungen wurden diese Betriebseinnahmen durch das Finanzamt in den entsprechenden Einkommensteuerbescheiden folgendermaßen berücksichtigt:

06:   100 000 €
07:   100 000 €
08:   50 000 €

Die Festsetzungen stehen alle unter dem Vorbehalt der Nachprüfung. Im Rahmen einer Betriebsprüfung ordnet der Prüfer die Betriebseinnahmen den Jahren 06 bis 08 entsprechend dem tatsächlichen Zuflusszeitpunkt zu. Da diese Änderung aufgrund der Progressionswirkung insgesamt zu einer Nachzahlung führen würde, beantragt Willi den Wechsel der Gewinnermittlungsart von der § 4 Abs. 3-Rechnung zur Buchführung. Willi will hierdurch erreichen, dass die Betriebseinnahmen nach Maßgabe des Entstehungsprinzips steuerlich berücksichtigt werden sollen. Die hierdurch eintretende Nachzahlung würde etwa nur halb so hoch sein.

Lösung:
Willi ist nicht verpflichtet, Bücher zu führen und regelmäßig Abschlüsse zu machen. Da er tatsächlich auch keine Bücher geführt und auch keine Abschlüsse gemacht hat, kann er den Gewinn durch die § 4 Abs. 3-Rechnung ermitteln. Gleichwohl hatte er aber die Möglichkeit, freiwillig Bücher zu führen und Abschlüsse zu machen, um dann den Gewinn nach § 4 Abs. 1 Satz 1 EStG zu ermitteln. Die fehlende Verpflichtung zur Buchführung bedeutet aber nicht zwingend, dass Willi den Gewinn nach § 4 Abs. 3 EStG ermitteln muss. Entscheidet er sich in Ausübung seines Wahlrechtes für den Betriebsvermögensvergleich nach § 4 Abs. 1 Satz 1 EStG, so unterliegt er automatisch in vollem Umfang den Grundsätzen ordnungsgemäßer Buchführung. Hat Willi sich für einen bestimmten Zeitraum für die eine oder andere Gewinnermittlung entschieden, so hat er sich damit für zukünftige Wirtschaftsjahre noch nicht festgelegt. Vielmehr hat er grundsätzlich für jeden Gewinnermittlungszeitraum das Wahlrecht zwischen den beiden Gewinnermittlungsarten. Lediglich ein Missbrauch des Wahlrechts zur ausschließlichen Erlangung von Steuervorteilen steht einem mehrmaligen Wechsel entgegen. Grundsätzlich gibt es für die Ausübung des Wahlrechtes zur Gewinnermittlung keine Frist. Entscheidend ist deshalb, wann Willi sein Wahlrecht ausgeübt hat, denn zu diesem Zeitpunkt hat er sein Wahlrecht für diesen Gewinnermittlungszeitraum verloren. Dies kann aber nur beantwortet werden, wenn klar ist, wodurch Willi sein Wahlrecht ausgeübt hat, denn die Ausübung des Wahlrechtes ist nicht formgebunden. Nach der **bisherigen Rechtsauffassung** des BFH wurde das Wahlrecht bereits dadurch ausgeübt, dass er keine Eröffnungsbilanz aufgestellt hat und für die entsprechenden Gewinnermittlungszeiträume auch nicht mit einer ordnungsgemäß eingerichteten Buchführung begonnen hat. Willi hat lediglich die Betriebseinnahmen und die Betriebsausgaben aufgezeichnet, so dass ein späterer Wechsel zur Gewinnermittlung nach § 4 Abs. 1 Satz 1 EStG schon deshalb nicht möglich ist, weil es an der Buchführung fehlt und ein Abschluss nicht gemacht werden kann. Sollte trotzdem ein Abschluss erstellt werden, bedeutet dies eine unzulässige nachträgliche Änderung der Gewinnermittlungsart.

Nach der **geänderten Rechtsprechung** des BFH mit Urteil vom 19.3.2009 (IV R 57/07, BStBl II 2009, 659) entfällt das Recht zur Wahl einer Gewinnermittlung durch Einnahme-Überschussrechnung erst mit der Erstellung eines Abschlusses und nicht bereits mit der Einrichtung einer Buchführung oder der Aufstellung einer Eröffnungsbilanz. Die formale Beschränkung der Ausübung des Wahlrechts durch die Bestandskraft der

Steuerfestsetzung bedeutet indessen nicht, dass der Steuerpflichtige die Wahl zwischen den Gewinnermittlungsarten stets solange treffen darf, wie sich ihr Ergebnis steuerlich auswirken kann. Denn das Wahlrecht wird in materiell-rechtlicher Hinsicht auch durch die in § 4 Abs. 3 Satz 1 EStG genannten Voraussetzungen beschränkt. So kommt die Wahl der Überschussrechnung nach Erstellung des Abschlusses nicht mehr in Betracht. Ebenso scheidet die Wahl der Gewinnermittlung durch Bestandsvergleich aus, wenn der Steuerpflichtige nicht zeitnah zu Beginn des Gewinnermittlungszeitraums eine Eröffnungsbilanz aufgestellt und eine kaufmännische Buchführung eingerichtet hat. Die Wahl zwischen den Gewinnermittlungsarten kann außerdem durch die Bindung des Steuerpflichtigen an eine für ein vorangegangenes Wirtschaftsjahr bereits getroffene Wahl ausgeschlossen sein.

Den Prüfungsjahren wurde damit zu Recht die § 4 Abs. 3-Rechnung zugrunde gelegt. Somit sind die Betriebseinnahmen in dem Wirtschaftsjahr anzusetzen, in dem sie Willi tatsächlich zugeflossen sind (§ 11 Abs. 1 Satz 1 EStG).

3. Besonderheiten

3.1 Pflicht zur Buchführung

In einigen Fällen ist die Gewinnermittlungsart trotz Wahlrecht vorgegeben, z.B. ist der Gewinn bei einer Betriebsveräußerung oder Betriebsaufgabe im Wege der Buchführung zu ermitteln, d.h. der Steuerpflichtige muss zum Betriebsvermögensvergleich übergehen (R 4.5 Abs. 6 EStR und → **Wechsel der Gewinnermittlungsart**).

3.2 Nachträgliche Einkünfte

Weiterhin bleibt die Frage zu klären, ob → **nachträgliche Einkünfte** durch die § 4 Abs. 3-Rechnung (so die Auffassung der Finanzverwaltung in H 24.2 [Ermittlung der nachträglichen Einkünfte] EStH) oder im Wege der Buchführung zu ermitteln sind. Das EStG enthält diesbezüglich keine Regelung und auch die Rechtsprechung hat darüber noch nicht abschließend entschieden.

Literatur: Ritzrow, Wahl der Gewinnermittlungsart bei Gewerbetreibenden und Angehörigen der freien Berufe – Einnahmen-Überschussrechnung oder Betriebsvermögensvergleich – Überblick über die Rechtsprechung des BFH, Die steuerliche Betriebsprüfung 2009, 17.

Wechsel der Gewinnermittlungsart

→ Betriebseinbringung
→ Betriebsveräußerung im Ganzen

→ Schuldzinsen
→ Wahl der Gewinnermittlungsart

Rechtsquellen
→ R 4.5 Abs. 6 EStR
→ R 4.6 EStR

→ Anlage 1 zu den EStR

1. Allgemeines

Nicht immer hat ein Betrieb von seiner Gründung bis zu seiner Einstellung stets die gleiche Gewinnermittlungsart. Ein Wechsel ist, soweit die Voraussetzungen für die neue Gewinnermittlungsart erfüllt sind, durchaus möglich und in Ausnahmefällen (z.B. Betriebsveräußerung) sogar zwingend. Die Gewinnermittlungen nach § 4 Abs. 3 EStG und durch Buchführung nach § 4 Abs. 1 und § 5 EStG ergeben auf die gesamte Dauer der betrieblichen Tätigkeit gesehen grundsätzlich den gleichen Totalgewinn (→ **Gesamtgewinngleichheit**). Durch die unterschiedlichen Systemgrundsätze können sich aber der Höhe nach unterschiedliche Periodengewinne (Gewinn für den jeweiligen Veranlagungszeitraum) ergeben, die sich aber über die Wirtschaftsjahre automatisch wieder ausgleichen. Dieser sich »technisch« selbständig vollziehende Ausgleich wird aber durch den Wechsel der Gewinnermittlungsart verhindert, mit der Folge eines der Höhe nach falschen Totalgewinns. Um den richtigen Totalgewinn »herzustellen«, müssen also bei einem Wechsel Gewinnkorrekturen vorgenommen werden. So werden z.B. laufende Betriebseinnahmen und Betriebsausgaben innerhalb der § 4 Abs. 3-Rechnung aufgrund des Zu- und Abflussprinzips oftmals in einem anderen Wirtschaftsjahr erfolgswirksamer erfasst, als es i.R.d. Buchführung, mit dem dort geltenden Entstehungsprinzip, der Fall ist.

Mit dem Wechsel zu einer anderen Gewinnermittlungsart gelten dann aber uneingeschränkt die Systemgrundsätze der neu gewählten Gewinnermittlungsart, so dass durch einen solchen Wechsel u.U. Betriebseinnahmen oder Betriebsausgaben gar nicht oder sogar doppelt gewinnmäßig angesetzt worden sind (z.B. Forderungen, Rechnungsabgrenzungsposten). Durch den Wechsel muss sich aber im Endergebnis, nach den Grundsätzen der Gesamtgewinngleichheit, derselbe Totalgewinn ergeben, der sich auch ohne einen solchen Wechsel ergeben hätte. Da die vorzunehmenden Gewinnkorrekturen durch die Unterschiede im System der einzelnen Gewinnermittlungsart begründet sind, müssen im ersten Schritt diese Unterschiede dem Grunde nach erkannt werden. Jeder einzelne Vermögensposten bzw. Geschäftsvorfall muss daraufhin untersucht werden, ob und wie er sich in der »alten« und in der »neuen« Gewinnermittlungsart erfolgswirksam auswirkt, um dann in einem zweiten Schritt der Höhe nach über die vorzunehmenden Gewinnkorrekturen zu entscheiden.

Ein Wechsel kann, soweit die Voraussetzungen dies erlauben, innerhalb aller – im Einkommensteuergesetz vorgesehenen – Gewinnermittlungsarten vorgenommen werden. Also wäre beispielsweise innerhalb der Einkünfte aus Land- und Forstwirtschaft ein Wechsel von der Gewinnermittlung nach § 4 Abs. 3 EStG zur Gewinnermittlung nach § 13a EStG zulässig. Die Wechselmöglichkeiten i.R.d. Einkünfte aus Land- und Forstwirtschaft sollen aber nicht Gegenstand dieser Betrachtung sein. Ein Wechsel ist allerdings nur zu Beginn eines Wirtschaftsjahrs möglich. Ein willkürlicher, ständiger Wechsel ist jedoch i.d.R. nicht zulässig (→ Wahl der Gewinnermittlungsart).

Der Wechsel der Gewinnermittlungsart ist jedoch nicht als eine Betriebsaufgabe oder eine Betriebsunterbrechung zu sehen. Stille Reserven sind also nicht aufzudecken; d.h. dass ein Wirtschaftsgut auch nicht zwingend entnommen werden muss.

Im Folgenden wird auf den Wechsel von der § 4 Abs. 3-Rechnung zur Buchführung (§ 4 Abs. 1 und § 5 EStG) sowie von der Buchführung zur § 4 Abs. 3-Rechnung näher eingegangen. Diese beiden Wechsel bereiten dem Praktiker hinsichtlich der vorzunehmenden Gewinnkorrekturen oft Probleme, weil Detailkenntnisse über beide Gewinnermittlungsarten unerlässlich sind.

2. Rechtsgrundlagen

Das Einkommensteuergesetz enthält keine Regelung, wonach bei einem Wechsel der Gewinnermittlungsart Gewinnkorrekturen erforderlich sind. Die Finanzverwaltung hat in R 4.5 Abs. 6 und R 4.6 EStR sowie in den dazu gehörenden EStH Grundsätze zu den Gewinnkorrekturen aufgestellt, die von der Rechtsprechung des BFH bestätigt worden sind. Eine Übersicht über die Korrekturen des Gewinns beim Wechsel ist in Anlage 1 zu R 4.6 EStR enthalten. Leider ist diese Übersicht nicht abschließend. Sie zeigt lediglich eine Aufstellung von bestimmten Korrekturpositionen. Diese Anweisungen sind die logische Folge der systembedingten Unterschiede zwischen den beiden Gewinnermittlungsart.

Der → **Vordruck EÜR** berücksichtigt keinen Wechsel der Gewinnermittlungsart. Etwaige Hinzu- und Abrechnungen sind daher auf einem gesonderten Blatt außerhalb des Vordrucks darzustellen.

3. Der Wechsel von der § 4 Abs. 3-Rechnung zur Buchführung

3.1 Verpflichtung zur Buchführung nach den §§ 140 und 141 AO

Es handelt sich hier i.d.R. um Gewerbetreibende, die ihren Gewinn bisher durch die § 4 Abs. 3-Rechnung ermittelt haben, da sie weder nach § 140 AO i.V.m. dem HGB (da kein in kaufmännischer Art und Weise eingerichteter Geschäftsbetrieb erforderlich war) noch nach § 141 AO (kein Überschreiten der Grenzen) zur Buchführung nach § 5 EStG verpflichtet waren. Ändern sich jedoch diese Merkmale, so werden diese Gewerbetreibenden zur Buchführung verpflichtet und müssen daher zwingend zur Gewinnermittlung nach § 5 EStG übergehen. Diese Verpflichtung ist von Beginn des Wirtschaftsjahrs an zu erfüllen, das auf die Bekanntgabe der Mitteilung folgt, durch die die Finanzbehörde auf den Beginn dieser Verpflichtung hingewiesen hat (§ 140 Abs. 2 Satz 1 AO). Auch bei Land- und Forstwirten kann sich ein solcher Wechsel zur Buchführung (§ 4 Abs. 1 Satz 1 EStG) durch Verpflichtung zur Buchführung ergeben. Angehörige der freien Berufe (§ 18 EStG) sind niemals buchführungspflichtig, so dass ein Wechsel aus diesem Anlass ausscheidet.

3.2 Freiwillige Buchführung

Wird nach den §§ 140 und 141 AO keine Verpflichtung zur Buchführung begründet, so steht es grundsätzlich jedem Steuerpflichtigen frei, seinen Gewinn freiwillig durch Buchführung zu ermitteln. Geht in einem solchen Fall der Steuerpflichtige von der § 4 Abs. 3-Rechnung freiwillig zur Buchführung über, so liegt ein Wechsel der Gewinnermittlungsart mit den entsprechenden Folgen vor.

3.3 Betriebsveräußerung oder -aufgabe

Veräußert ein Steuerpflichtiger, der seinen Gewinn nach § 4 Abs. 3 EStG ermittelt, den Betrieb, so ist er so zu behandeln, als wäre er im Augenblick der Veräußerung zunächst zu Gewinnermittlung durch Betriebsvermögensvergleich übergegangen. Dies gilt auch bei der Veräußerung eines Teilbetriebs oder eines Mitunternehmeranteils (→ **Mitunternehmerschaft**) und Aufgabe eines Betriebs sowie in den Fällen der Einbringung (R 4.5 Abs. 6 EStR).

3.4 Einbringung des Betriebs in eine Personengesellschaft

Eine Einbringung in eine Personengesellschaft erfordert einen Wechsel, wenn diese ihren Gewinn auch durch die § 4 Abs. 3-Rechnung ermittelt und die Buchwerte ganz oder teilweise aufgestockt werden (→ **Betriebseinbringung**). Eine Einbringung in eine buchführende Personengesellschaft oder Kapitalgesellschaft hat stets den Wechsel zur Folge.

3.5 Schätzung

Bei einem gewerblichen Betrieb, für den keine Buchführungspflicht nach den §§ 140 und 141 AO besteht und für den auch freiwillig keine Bücher geführt werden und für den nicht festgestellt werden kann, dass die Gewinnermittlung nach § 4 Abs. 3 EStG gewählt wurde, ist der Gewinn nach § 4 Abs. 1 EStG unter Berücksichtigung der Verhältnisse des Einzelfalles, unter Umständen unter Anwendung von Richtsätzen, durch → **Schätzung** zu ermitteln. Ist der Gewinn im Vorjahr nach § 4 Abs. 3 EStG ermittelt worden, so handelt es sich bei der erstmaligen Anwendung der Richtsätze um einen Wechsel der Gewinnermittlungsart (R 4.6 Abs. 1 Satz 1 EStR und H 4.1 [Gewinnschätzung] EStH).

3.6 Grundsätze zu den Gewinnkorrekturen

Der Wechsel von der § 4 Abs. 3-Rechnung zur Buchführung erfordert also eine Korrektur des Gewinns, damit bestimmte Geschäftsvorfälle, insbesondere wegen der unterschiedlichen zeitlichen Gewinnerfassung, nicht oder doppelt berücksichtigt werden. Diese vorzunehmenden Gewinnkorrekturen ergeben dann den sog. Übergangsgewinn. Dazu müssen in einem ersten Schritt die Unterschiede zwischen den beiden Gewinnermittlungsarten herausgestellt und daraufhin untersucht werden, ob und wie sich die Geschäftsvorfälle in der »alten« und in der »neuen« Gewinnermittlungsart auswirken.

Mit Urteil vom 22.6.1966 (VI 340/65, BStBl III 1966, 540) hat der BFH zu den Zu- und Abrechnungen im Zusammenhang mit dem Wechsel der Gewinnermittlungsart Stellung genommen. Geht ein Steuerpflichtiger von der Einnahme-Überschussrechnung nach § 4 Abs. 3 EStG zur Gewinnermittlung durch Bestandsvergleich nach § 4 Abs. 1 oder § 5 EStG über, so ist die Zunahme des Betriebsvermögens in der Zeit der Überschussrechnung dem Bilanzgewinn im ersten Jahr des Bestandsvergleichs zuzurechnen und eine Minderung des Betriebsvermögens von dem Gewinn abzurechnen. Aus Billigkeitsgründen können dabei die Zurechnungen auf Antrag des Stpfl. auf das Jahr des Übergangs und die beiden folgenden Jahre verteilt werden. Die Zu- und Abrechnungen sind erforderlich, weil das Gesetz grundsätzlich den Gewinnbegriff in § 4 Abs. 1 und 5 EStG festgelegt hat. Soweit § 4 Abs. 3 EStG Steuerpflichtigen mit geringem Gewinn und kleinem Betriebsvermögen eine vereinfachte Gewinnermittlung durch Berechnung des Überschusses der Betriebseinnahmen über die Betriebsausgaben gestattet, so ist dies nur eine aus Gründen der Vereinfachung befristete Verschiebung der Gewinnausweisung, die mit dem Übergang zur Bestandsrechnung, spätestens aber mit der endgültigen Verwirklichung des gesamten Vermögenszuwachses bei der Aufgabe oder Veräußerung des Betriebs ausgeglichen wird. Durch die Zu- und Abrechnungen werden die Betriebsvorgänge erfasst, die bei der Überschussrechnung nicht der Besteuerung unterlegen haben, ihr aber unterlegen hätten, wenn der Steuerpflichtige von Anfang an seinen Gewinn durch Bestandsvergleich ermittelt hätte. Der Zurechnungsbetrag wegen des Wechsels der Gewinnermittlungsart ist ein Teil des Gewinns nach § 4 Abs. 1 und § 5 EStG im Übergangsjahr und ggf. in den beiden folgenden Jahren.

In einem weiteren Urteil vom 28.5.1968 (IV R 202/67, BStBl II 1968, 650) beschäftigt sich der BFH mit den Auswirkungen eines Wechsels der Gewinnermittlungsart. Die Gewinnkorrekturen wegen Wechsels der Gewinnermittlungsart führen dazu, dass das laufende Steuerjahr nicht für sich allein und in sich abgeschlossen betrachtet wird, sondern dass auch die früheren Jahre berücksichtigt werden. Die Besteuerung wird deshalb bei einem **Übergang** von der **Gewinnermittlung** nach § 4 Abs. 3 EStG **zum Bestandsvergleich** nach §§ 4 Abs. 1, 5 EStG im Ergebnis so durchgeführt, als ob der **Steuerpflichtige seinen Gewinn von Anfang an durch Bestandsvergleich ermittelt hätte**. Diese Regelung beruht auf demselben Grundgedanken wie der Grundsatz des Bilanzenzusammenhangs, wonach die richtige Besteuerung des einzelnen Geschäftsvorfalls Vorrang vor dem Grundsatz der Abschnittsbesteuerung besitzt.

Im Einzelnen sind dem Grunde nach folgende Fragen zu klären:
- ob bei der § 4 Abs. 3-Rechnung Betriebseinnahmen noch nicht erfasst worden sind und auch i.R.d. Buchführung nicht mehr als Erträge erfasst werden (z.B. Forderungen);
- ob bei der § 4 Abs. 3-Rechnung Betriebsausgaben noch nicht erfasst worden sind und auch i.R.d. Buchführung nicht mehr als Aufwendungen erfasst werden (z.B. Verbindlichkeit im Zusammenhang mit Umlaufvermögen);

- ob Betriebseinnahmen, die bereits bei der § 4 Abs. 3-Rechnung erfasst worden sind, bei der Buchführung nochmals als Erträge erfasst werden (z.B. passiver RAP);
- ob Betriebsausgaben, die bereits bei der § 4 Abs. 3-Rechnung erfasst worden sind, bei der Buchführung nochmals als Aufwendungen erfasst werden (z.B. aktiver RAP);
- ob Beträge, die sich insgesamt nicht gewinnmindernd auswirken dürfen, sich aber doch, bedingt durch den Wechsel, als Betriebsausgabe gewinnmindernd ausgewirkt haben (z.B. gezahlte Vorsteuern);
- ob Beträge, die sich insgesamt nicht gewinnerhöhend auswirken dürfen, sich aber doch, bedingt durch den Wechsel, als Betriebseinnahme gewinnerhöhend ausgewirkt haben (z.B. Umsatzsteuer auf unentgeltliche Wertabgaben).

Ausgangspunkt dieser zu klärenden Einzelfragen sind die Bilanzansätze in der ersten Bilanz nach dem Wechsel, der sog. Eröffnungsbilanz (§ 242 Abs. 1 HGB), die Basis für die laufende Gewinnermittlung durch Buchführung des neuen Wirtschaftsjahrs nach dem Wechsel ist. In dieser Eröffnungsbilanz müssen nach den allgemeinen Bilanzierungsgrundsätzen alle Positionen aufgeführt sein, die noch eine Wirkung für die Zukunft haben. In dieser Eröffnungsbilanz zu Recht nicht aufgeführte Positionen sind abschließend erledigt und können daher nicht mehr zu Gewinnkorrekturen führen. Alle Geschäftsvorfälle, die zu diesen Bilanzansätzen geführt haben, sind daraufhin zu überprüfen, ob und wie sie sich bisher in der § 4 Abs. 3-Rechnung ausgewirkt haben und sich bei Fortführung der § 4 Abs. 3-Rechnung weiter auswirken würden. Dann ist die Frage zu klären, ob und wie sich diese Geschäftsvorfälle i.R.d. Buchführung auswirken werden. Bei Geschäftsvorfällen, die innerhalb beider Gewinnermittlungen gleich behandelt werden, besteht kein Anlass für eine Gewinnkorrektur. Werden jedoch Geschäftsvorfälle unterschiedlich behandelt, so sind Gewinnkorrekturen, d.h. Hinzurechnungen und Abrechnungen vorzunehmen. Dadurch können z.B. die innerhalb der § 4 Abs. 3-Rechnung nicht zulässigen Teilwertabschreibungen erstmalig vorgenommen oder Rückstellungen erstmalig gebildet werden. Auch Wahlrechte, z.B. hinsichtlich der Bildung von gewillkürtem Betriebsvermögen, können erstmalig ausgeübt werden. Damit wird die Buchführung im Endergebnis auf den Beginn der § 4 Abs. 3-Rechnung ausgedehnt.

3.7 Aufstellung der Eröffnungs- bzw. Veräußerungs- oder Aufgabebilanz

Der Steuerpflichtige muss zum Beginn der Buchführung bzw. auf den Zeitpunkt der Betriebsveräußerung oder -aufgabe eine Bilanz nach den Grundsätzen des Bilanzsteuerrechts erstellen. Die einzelnen – gewinnneutral – zu bildenden aktiven und passiven Bilanzpositionen sind dem Grunde und der Höhe nach mit den Werten anzusetzen, mit denen sie bilanziert worden wären, wenn von Beginn an der Gewinn durch Buchführung ermittelt worden wäre (H 4.6 [Bewertung von Wirtschaftsgütern] EStH).

Einführendes Beispiel:
Ein selbständig tätiger Rechtsanwalt hat am 8.12.08 eine Beratungsleistung erbracht und dafür eine Rechnung erstellt über 5 000 € zzgl. 950 € USt. Der Rechnungsbetrag wurde – nach dem Übergang zur Buchführung – am 5.1.09 gezahlt. Der Rechtsanwalt versteuert

seine Umsätze nach vereinbarten Entgelten und gibt monatlich seine USt-Voranmeldungen ab.

Lösung:
Die USt entsteht nach § 13 Abs. 1 Nr. 1 Buchst. a UStG mit Ablauf des Voranmeldungszeitraums Dezember 08.
Mangels Zuflusses im Kj. 08 (§ 11 Abs. 1 EStG) sind im Kj. 08 keine Betriebsausgaben angefallen. Mangels Abflusses (§ 11 Abs. 2 UStG) sind ebenfalls keine Betriebsausgaben entstanden. Der Geschäftsvorfall wirkt sich im Kj. 08 insgesamt nicht aus.

Die Eröffnungsbilanz zum 1.1.09 enthält u.a. folgende Bilanzpositionen:

Aktiva			**Passiva**
Forderung	5 950 €	Umsatzsteuer	950 €
....	....	....	....

Der Buchungssatz am 5.1.09 lautet:
Bank   5 950 €   an   Forderung   5 950 €
Dieser Buchungssatz ist Gewinn neutral.
Der Buchungssatz nach dem 10.1.09 (Zahlung der Umsatzsteuer an das das Finanzamt) lautet:
Umsatzsteuer   950 €   an   Bank   950 €
Dieser Buchungssatz ist Gewinn neutral.
Der Geschäftsvorfall hat sich weder im Kj. 08 noch im Kj. 09 auf den Gewinn ausgewirkt.
Der Geschäftsvorfall müsste allerdings insgesamt den Gewinn um 5 000 € erhöhen.

	§ 4 Abs. 3 EStG Kalenderjahr 08	§ 4 Abs. 1 EStG Kalenderjahr 09	Richtige Gewinnauswirkung
Forderung 5 950 €	0 €	0 €	5 950 € €
USt-Zahlung 950 €	0 €	0 €	./. 950 €
Zurechnung			5 950 €
Abrechnung			./. 950 €
Übergangsgewinn			5 000 €

3.8 Bilanzpositionen und ihre Auswirkungen auf die Gewinnkorrekturen

3.8.1 Allgemeiner Überblick

Im Folgenden werden in **alphabetischer Reihenfolge** die einzelnen **Bilanzpositionen** daraufhin untersucht, ob und in welcher Höhe eine Hinzurechnung oder aber eine Abrechnung vorzunehmen ist.

Aus Darstellungsgründen werden besondere Abkürzungen verwendet:
BA   Betriebsausgaben
BE   Betriebseinnahmen
Ebil.   Eröffnungsbilanz

§§ ohne Angabe betreffen das EStG, R die EStR und H die EStH.

3.8.2 Der Wechsel von § 4 Abs. 3 EStG zur Buchführung – Aktiv-Seite –

Bilanzposition	§ 4 Abs. 3 EStG	Buchführung	Korrekturen
Abnutzbares Anlagevermögen			
• Anzahlungen	Keine BA, erst über AfA.	Aufwand erst über AfA (§ 6 Abs. 1 Nr. 1 Satz 1).	Keine Gewinnkorrektur.
• AK/HK	BA über AfA.	Aufwand über AfA.	Keine Gewinnkorrektur.
• Teilwertabschreibung	Unzulässig.	Möglich (§ 6 Abs. 1 Nr. 1 Satz 2). Teilwertansatz in der Ebil.	Abrechnung i.H. Teilwertabschreibung, sonst keine Gewinnminderung mehr.

Beispiel 1:

Ein selbständig tätiger Augenarzt hat am 8.12.08 bei Bestellung eines neuen Behandlungsgeräts den vollen Kaufpreis von 50 000 € zzgl. 9 500 € USt angezahlt. Das Behandlungsgerät wurde – nach dem Übergang zur Buchführung – am 21.1.09 geliefert.

Lösung:

Die Zahlung am 8.12.08 stellt keine Betriebsausgabe dar, da bei der Anschaffung von abnutzbarem Anlagevermögen die Vorschriften über die AfA zu beachten sind (§ 4 Abs. 3 Satz 3 EStG). Nach R 7.4 Abs. 1 Satz 1 EStR ist AfA vorzunehmen, sobald das Wirtschaftsgut angeschafft oder hergestellt worden ist. Jahr der Anschaffung ist das Jahr der Lieferung (§ 9a EStDV). Ein Wirtschaftsgut ist geliefert, wenn der Erwerber nach dem Willen der Vertragsparteien darüber wirtschaftlich verfügen kann (H 7.4 [Lieferung] EStH).

Der Arzt tätigt nach § 4 Nr. 14 UStG ausschließlich steuerfreie Umsätze und ist somit nach § 15 Abs. 2 Nr. 1 UStG nicht zum Vorsteuerabzug berechtigt. Die nicht abzugsfähige Vorsteuer gehört nach § 9b Abs. 1 EStG zu den Anschaffungskosten.

Der Buchungssatz am 8.12.08 hätte gelautet:
geleistete Anzahlung 59 500 € an Bank 59 500 €

Beim Übergang zur Buchführung ist die geleistete Anzahlung weder hinzu- noch abzurechnen, da sie bei der § 4 Abs. 3-Rechnung nicht als Betriebsausgabe zu erfassen war. Die geleistete Anzahlung ist in der Eröffnungsbilanz als Aktivposten auszuweisen. Nach Erhalt des Geräts sind die Anzahlung erfolgsneutral auszubuchen und der entsprechende Aktivposten (z.B. Maschine) um die vorausbezahlten Anschaffungskosten zu erhöhen (Aktivtausch). Wie bei der § 4 Abs. 3-Rechnung ist jetzt ab dem Zeitpunkt der Anschaffung die AfA vorzunehmen und als Aufwand zu verbuchen.

Abwandlung:
Es handelt sich um einen selbständig tätigen Steuerberater. Über die Anzahlung des Gerätes liegt eine ordnungsgemäße Rechnung vor. Der Steuerberater ist »Monatszahler« und versteuert seine Umsätze nach vereinnahmten Entgelten.

Lösung:
Nach § 15 Abs. 1 Satz 1 Nr. 1 Satz 2 UStG ist der Steuerberater zum Vorsteuerabzug berechtigt. Diese abzugsfähige Vorsteuer gehört nach § 9b Abs. 1 EStG nicht zu den Anschaffungskosten; sie stellt bei Zahlung am 8.12.08 Betriebsausgaben dar (§ 11 Abs. 2 Satz 1 EStG, H 9b [Gewinnermittlung nach § 4 Abs. 3 EStG und ...] EStH). Die vom Finanzamt erstattete Vorsteuer gehört im Zeitpunkt ihrer Vereinnahmung (nach dem 10.01.09) zu den Betriebseinnahmen. Dies gilt allerdings nur i.R.d. § 4 Abs. 3-Rechnung.

Der Buchungssatz am 8.12.08 hätte gelautet:
geleistete Anzahlung 59 500 €
Vorsteuer 9 500 € an Bank 59 500 €
    Vorsteuer auf Anzahlung 9 500 €

Die Eröffnungsbilanz zum 1.1.09 enthält u.a. folgende Bilanzpositionen:

Aktiva			Passiva
geleistete Anzahlung	59 500 €	Vorsteuer auf Anzahlung	9 500 €
Vorsteuer	9 500 €	....	....

Der Buchungssatz am 9.1.09 lautet:
Maschine 50 000 €
Vorsteuer auf Anzahlung 9 500 € an geleistete Anzahlung 59 500 €

Der Buchungssatz nach dem 10.1.09 (Erstattung der Vorsteuer durch das Finanzamt) lautet:
Bank 9 500 € an Vorsteuer 9 500 €

Da sich die Vorsteuererstattung – durch den Wechsel bedingt – nicht mehr als Betriebseinnahme auswirkt, ist eine Zurechnung vorzunehmen.

	§ 4 Abs. 3 EStG Kalenderjahr 08	§ 4 Abs. 1 EStG Kalenderjahr 09	Richtige Gewinnauswirkung
	./. 9 500 €	0 €	0 €
Zurechnung		+ 9 500 €	

Beispiel 2:

Am 1.1.05 wurde ein betrieblich genutztes Gebäude für 320 000 € (Anschaffungskosten) erworben. Am 1.1.09 findet der Wechsel zur Buchführung statt. Das Gebäude wird in der Eröffnungsbilanz mit dem festgestellten Teilwert i.H.v. 260 000 € aktiviert. In der § 4 Abs. 3-Rechnung hat der Steuerpflichtige bis zum 31.12.08 AfA (§ 7 Abs. 4 Satz 1 Nr. 1 EStG) i.H.v. insgesamt 38 400 € als Betriebsausgaben erfasst. Der Restbuchwert beläuft sich somit auf 281 600 €.

Lösung:

Der in der Eröffnungsbilanz angesetzte niedrigere Teilwert in Höhe von 260 000 € erfordert beim Übergangsgewinn eine Abrechnung von 21 600 €, da die Teilwertabschreibung innerhalb der § 4 Abs. 3-Rechnung nicht möglich war. I.R.d. Buchführung kann sich aber nur noch der in der Eröffnungsbilanz angesetzte Teilwert im Wege der AfA durch die Verteilung auf die Restnutzungsdauer auswirken, da nur noch dieses AfA-Volumen zur Verfügung steht (R 7.4 Abs. 10 Nr. 2 Satz 4 EStR). Die Bemessungsgrundlage für die AfA vermindert sich ab dem 1.1.09 auf 320 000 € ./. 21 600 € = 298 400 € (§ 11c Abs. 2 Satz 2 EStDV), so dass ab dem Wechsel jährlich 9 600 € so lange abgesetzt werden können, bis das zum 1.1.09 vorhandene AfA-Volumen auf 0 € abgeschrieben ist.

Bilanzposition	§ 4 Abs. 3 EStG	Buchführung	Korrekturen
Damnum, Disagio			
• aktiver RAP	BA mit Abfluss.	Ein entsprechender aktiver RAP ist in der Ebil. zu aktivieren und über Aufwand im Laufe der nächsten Wirtschaftsjahre wieder aufzulösen (§ 5 Abs. 5 Nr. 1 und H 6.10 [Damnum] EStH).	**Hinzurechnung** i.H.d. aktiven RAP, sonst doppelte Gewinnminderung. Ein Fall des § 11 Abs. 2 Satz 2 ist hier nicht möglich, da ein Damnum keine regelmäßig wiederkehrende Ausgabe ist, s.a. Bilanzposition »aktiver RAP«.

Beispiel:

Ein in der Eröffnungsbilanz zum 1.1.09 ausgewiesenes Damnum (aktiver RAP) i.H.v. 1 400 € (= 28/48 von 2 400 €) wurde bei Darlehensaufnahme am 1.5.07 i.H.v. 2 400 € einbehalten. Das Darlehen ist am 30.4.11 in einer Summe zurückzuzahlen.

Lösung:
Behandlung innerhalb der § 4 Abs. 3-Rechnung
Mai 07: 2 400 € sind als Betriebsausgaben berücksichtigt worden (H 11 [Damnum] EStH). § 11 Abs. 2 Satz 3 ist nicht anzuwenden, da das Damnum nicht für einen Zeitraum von mehr als fünf Jahren entrichtet wurde (→ **Zu- und Abflussprinzip**).

Behandlung innerhalb der Buchführung
Kj. 09:	Damnum an aktiven Rechnungsabgrenzungsposten	600 €
Kj. 10:	Damnum an aktiven Rechnungsabgrenzungsposten	600 €
Kj. 11:	Damnum an aktiven Rechnungsabgrenzungsposten	200 €

Ergebnis
Damit sind 1 400 € Damnum doppelt gewinnmindernd erfasst worden.

Gewinnkorrektur
Hinzurechnung von 1 400 €. Damit wird erreicht, dass im Gesamtergebnis 2 400 € gewinnmindernd berücksichtigt werden. 1 000 € (20/48 von 2 400 €) Damnum entfallen auf die Zeit vor dem Wechsel und haben sich bereits zu Recht als Betriebsausgabe ausgewirkt.

Bilanzposition	§ 4 Abs. 3 EStG	Buchführung	Korrekturen
Darlehensforderung			
• Darlehen	Gewährung keine BA, Tilgung keine BE.	Erfolgsneutrale Betriebsvermögensumschichtung	**Keine Gewinnkorrektur.**
• Teilwertabschreibung	Unzulässig.	Möglich (§ 6 Abs. 1 Nr. 1 Satz 2 oder Nr. 2 Satz 2). Teilwertansatz in der Ebil.	**Abrechnung** i.H. Teilwertabschreibung, sonst keine Gewinnminderung mehr.
Finanzkonten			
(wie z.B. Bank, Kasse)	Bestände haben keine Auswirkung auf den Gewinn.	Bestände haben keine Auswirkung auf den Gewinn.	**Keine Gewinnkorrektur.**
Forderungen			
• aus Lieferungen und sonstigen Leistungen	Mangels Zufluss noch keine BE.	Bei Bezahlung erfolgsneutrale Betriebsvermögensumschichtung.	**Hinzurechnung** i.H.d. Bruttobetrags der Forderung, da ansonsten keine Gewinnerhöhung mehr erfolgt. Soweit ein Forderungseingang nach § 11 Abs. 1 Satz 2 EStG im Vorjahr, also noch in der § 4 Abs. 3-Rechnung zu erfassen ist (z.B. Mietforderung), unterbleibt eine Hinzurechnung.

Beispiel:
Eine in der Eröffnungsbilanz zum 1.1.09 ausgewiesene Kundenforderung i.H.v. 2 380 € stammte aus einem Warenverkauf vom November 08. Der Betrag ist erst im Februar 09 vereinnahmt worden. Die entsprechende Umsatzsteuerschuld von 380 € wurde bereits im Dezember 08 an die Finanzkasse bezahlt.

Lösung:
Behandlung innerhalb der § 4 Abs. 3-Rechnung
08: bzgl. der Kundenforderung liegen keine Betriebseinnahmen vor. Die gezahlte Umsatzsteuer i.H.v. 380 € ist aber bereits als Betriebsausgabe berücksichtigt worden.

Behandlung innerhalb der Buchführung
09:   »Geld« an Kundenforderungen   2 380 €

Ergebnis
Damit sind bisher 380 € (Zahlung USt an FA im Kj. 08) gewinnmindernd erfasst worden.

Gewinnkorrektur

Hinzurechnung von 2 380 €. Damit wird erreicht, dass im Gesamtergebnis nur 2 000 € gewinnerhöhend berücksichtigt werden. Dies entspricht dem Verkaufserlös (netto) aus dem Warenverkauf.

	§ 4 Abs. 3 EStG Kalenderjahr 08	§ 4 Abs. 1 EStG Kalenderjahr 09	Richtige Gewinnauswirkung
	./. 380 €	0 €	2 000 €
Zurechnung		+ 2 380 €	

Werden von einem Steuerpflichtigen, der seinen Gewinn nach § 4 Abs. 3 EStG durch Einnahme-Überschuss-Rechnung ermittelt, anlässlich einer → **Betriebsveräußerung** oder → **Betriebseinbringung Forderungen zurückbehalten** (unwesentliche Betriebsgrundlagen), die dem Grunde und der Höhe nach unstreitig sind, und gehören diese Forderungen nach der Veräußerung noch zum Restbetriebsvermögen des Veräußerers (Betriebsvermögen ohne Betrieb), kann von einer **Erfassung** der **Forderungen** als **Übergangsgewinn abgesehen** werden und eine **Versteuerung** der Einnahmen erst **bei Zufluss** erfolgen (BFH-Urteil vom 14.11.2007 XI R 32/06, BFH/NV 2008, 385 zur → **Betriebseinbringung**). Das Urteil ist m.E. auf die Betriebsveräußerung übertragbar (s.a. Urteil FG Münster vom 23.6.2009 1 K 4263/06 F, LEXinform 5009001, Revision eingelgt, Az. BFH: VIII R 41/09, LEXinform 0927322).

Bilanzposition	§ 4 Abs. 3 EStG	Buchführung	Korrekturen
Forderungen			
• sonstige Forderungen (z.B. Zinsforderungen, betriebliche Steuererstattungsansprüche)	Mangels Zufluss noch keine BE	Bei Bezahlung erfolgsneutrale Betriebsvermögensumschichtung	**Hinzurechnung** i.H.d. Bruttobetrags der Forderung, da ansonsten keine Gewinnerhöhung mehr erfolgt. Soweit ein Forderungseingang nach § 11 Abs. 1 Satz 2 EStG im Vorjahr, also noch in der § 4 Abs. 3-Rechnung, zu erfassen ist, unterbleibt eine Hinzurechnung

Beispiel:
Eine in der Eröffnungsbilanz zum 1.1.09 ausgewiesene sonstige Forderung i.H.v. 500 € steht im Zusammenhang mit einer Darlehensgewährung. Das Darlehen wurde einem Arbeitnehmer für 10 Jahre gewährt. Die Zinsen für 08 i.H.v. 500 € sind aber erst am 5.1.09 vereinnahmt worden, so dass insoweit zum 1.1.09 eine Forderung aktiviert werden musste.

Lösung:
Behandlung innerhalb der § 4 Abs. 3-Rechnung
08: die Zinsen gelten nach § 11 Abs. 1 Satz 2 EStG als regelmäßig wiederkehrende Einnahmen bereits 08 als zugeflossen, also Betriebseinnahmen i.H.v. 500 €.

Behandlung innerhalb der Buchführung
09   »Geld« an sonstige Forderung 500 €

Ergebnis
Damit sind 500 € Zinsen einmal gewinnerhöhend erfasst worden.

Gewinnkorrektur
Eine Gewinnkorrektur ist also nicht durchzuführen.

Bilanzposition	§ 4 Abs. 3 EStG	Buchführung	Korrekturen
Forderungen			
• Teilwertabschr. (Forderungsabschreibung)	Unzulässig.	Möglich, wenn die Forderung nicht mehr vollwertig ist (§ 6 Abs. 1 Nr. 1 Satz 2 oder Nr. 2 Satz 2). Teilwertansatz der Bruttoforderung in der Ebil.	**Abrechnung** i.H.d. Teilwertabschreibung – wenn Hinzurechnung der vollwertigen Forderung, da sonst keine Gewinnminderung mehr erfolgt

Bilanzposition	§ 4 Abs. 3 EStG	Buchführung	Korrekturen
Forderungen			
	Beachte: Ist eine Forderung bereits vor dem Wechsel endgültig verloren gegangen, so ist dieser Verlust – je nach Art der verloren gegangenen Forderung – bereits i.R.d. § 4 Abs. 3-Rechnung als Betriebsausgabe erfasst worden.	Keine Aktivierung mehr in der Ebil., somit auch keine Auswirkung auf die Buchführung	**Praxis:** Keine Abrechnung der Teilwertabschreibung, sondern Hinzurechnung lediglich i.H.d. bereits auf den Teilwert abgeschriebenen Forderung. Keine Gewinnkorrektur

Bilanzposition	§ 4 Abs. 3 EStG	Buchführung	Korrekturen
GWG			
• Anzahlungen • AK/HK	Aus Vereinfachungsgründen BA bei Zahlung. Ohne diese Vereinfachungsregelung: Sofortabzug bei Anschaffung.	Vereinfachungsregelung hier nicht möglich, also erst bei Anschaffung/Herstellung Sofortabzug. Sofortabzug.	**Hinzurechnung,** sonst doppelte Gewinnminderung Keine Gewinnkorrektur

Durch das Unternehmensteuerreformgesetz 2008 werden die Regelungen zur Sofortabschreibung der GWGs neu strukturiert. Nach § 6 Abs. 2 Satz 1 EStG **ist** (nicht wie bisher »kann«) bei Steuerpflichtigen mit Gewinneinkünften ein Sofortabzug bei selbständig nutzbaren beweglichen Wirtschaftsgütern des Anlagevermögens erforderlich, deren Anschaffungs- oder Herstellungskosten jeweils **150 €** nicht übersteigen. Auf die bisherigen besonderen Aufzeichnungspflichten des § 6 Abs. 2 Sätze 4 und 5 EStG wird vollständig verzichtet. Die Regelung ist erstmals bei Wirtschaftsgütern anzuwenden, die nach dem 31.12.2007 angeschafft, hergestellt oder in das Betriebsvermögen eingelegt werden.

Zur Neufassung des § 6 Abs. 2 und Abs. 2a EStG ab dem 1.1.2010 durch das Wachstumsbeschleunigungsgesetz vom 22.12.2009 (BGBl I 2009, 3950) siehe die Erläuterungen unter → **Geringwertige Wirtschaftsgüter**.

Bilanzposition	§ 4 Abs. 3 EStG	Buchführung	Korrekturen
Halbfertige/unfertige Arbeiten			
• Anlagevermögen	Die bisher entstandenen HK sind nicht als BA zu erfassen. Wurden jedoch insoweit BA abgezogen (z.B. durch Verwendung von Umlaufvermögen oder anderer laufender BA), ist dieser BA-Abzug i.d.R. noch in der § 4 Abs. 3-Rechnung zu korrigieren. Bei abnutzbaren Wirtschaftsgütern erst BA über die AfA. Bei nicht abnutzbaren Wirtschaftsgütern erst bei Veräußerung BA.	Die bisher entstandenen HK werden im Ergebnis erfolgsneutral gebucht (H 6.3 [Halbfertige Arbeiten] EStH). Bei abnutzbaren Wirtschaftsgütern erst Aufwand über die AfA (§ 6 Abs. 1 Nr. 1 Satz 1). Bei nicht abnutzbaren Wirtschaftsgütern erst bei Veräußerung entsprechende Berücksichtigung.	Keine Gewinnkorrektur. **Beachte:** Wurden die bisher entstandenen HK innerhalb der § 4 Abs. 3-Rechnung doch als BA angesetzt, so erfolgt insoweit eine Hinzurechnung, um eine doppelte Gewinnminderung zu vermeiden.

Bilanzposition	§ 4 Abs. 3 EStG	Buchführung	Korrekturen
Halbfertige/unfertige Arbeiten			
• Umlaufvermögen	BA bei Zahlung. **Beachte:** Wenn noch keine Zahlung erfolgte, muss in der Ebil. eine entsprechende Verbindlichkeit passiviert werden. Zum Ausgleich wird diese Verbindlichkeit dann wieder abgerechnet.	Die bisher entstandenen HK werden im Ergebnis erfolgsneutral gebucht (H 6.3 [Halbfertige Arbeiten] EStH). Sie wirken sich erst über den Wareneinsatz im Jahr des Verkaufs gewinnmindernd aus.	**Hinzurechnung**, sonst doppelte Gewinnminderung

Bilanzposition	§ 4 Abs. 3 EStG	Buchführung	Korrekturen
Nicht abnutzbares Anlagevermögen			
• Anzahlungen	Keine BA. Die Anzahlungen können bereits als Bestandteil der AK/HK in das besondere Verzeichnis eingetragen werden. Erst bei Veräußerung wirken sich die gesamten AK/HK als BA aus.	Kein Aufwand. Die Anzahlungen werden erfolgsneutral aktiviert und bei Anschaffung/Herstellung auf das entsprechende Anlagekonto umgebucht. Erst bei Veräußerung wirken sich die gesamten AK/HK entsprechend aus.	**Keine Gewinnkorrektur**
• AK/HK	**Grundsatz:** Keine BA bei Zahlung. Die AK/HK sind in das besondere Verzeichnis einzutragen. Erst im Zeitpunkt des Zuflusses des Veräußerungserlöses wirken sie sich als BA aus. **Ausnahme:** Die AK/HK sind vor dem 1.1.1971 als BA abgesetzt worden (§ 52 Abs. 3).	Die AK/HK werden erfolgsneutral aktiviert. Erst bei Veräußerung wirken sie sich entsprechend aus. Die AK/HK werden erfolgsneutral aktiviert. Erst bei Veräußerung wirken sie sich entsprechend aus.	**Keine Gewinnkorrektur** **Hinzurechnung** der als BA bereits berücksichtigen AK/HK, sonst doppelte Gewinnminderung
• Teilwertabschreibung	Unzulässig.	Möglich (§ 6 Abs. 1 Nr. 1 Satz 2). Teilwertansatz in der Ebil.	**Abrechnung** i.H. Teilwertabschreibung, sonst keine Gewinnminderung mehr.

Bilanzposition	§ 4 Abs. 3 EStG	Buchführung	Korrekturen
Rechnungsabgrenzungsposten			
(z.B. im Voraus gezahlte Miete, Zinsen oder Versicherungsbeiträge)	BA mit Abfluss.	Ein entsprechender aktiver RAP ist in der Ebil. zu aktivieren und über Aufwand im Laufe der nächsten Wirtschaftsjahre wieder aufzulösen (§ 5 Abs. 5 Nr. 1 EStG, R 5.6 EStR).	Hinzurechnung i.H.d. akt. RAP, sonst doppelte Gewinnminderung **Beachte:** Soweit ein Fall des § 11 Abs. 2 Satz 2 EStG gegeben ist und die entsprechende BA im Übergangsjahr (Buchführung) zu erfassen ist, unterbleibt eine Hinzurechnung. Es ergibt sich dann keine doppelte Gewinnminderung, da die Zahlung durch die entsprechende Auflösung des aktiven RAP gewinnmindernd erfasst wird.

Beispiel 1:
Ein in der Eröffnungsbilanz zum 1.1.09 ausgewiesener aktiver RAP i.H.v. 600 € steht im Zusammenhang mit einer betrieblichen Kraftfahrzeugversicherung. Der Versicherungsbeitrag für den Zeitraum 1.7.08 – 30.6.09 von 1 200 € wurde im Juni 08 bezahlt.

Lösung:
Behandlung innerhalb der § 4 Abs. 3-Rechnung
08: der Versicherungsbeitrag ist nach § 11 Abs. 2 Satz 1 EStG bereits 08 abgeflossen, also Betriebsausgaben 08 i.H.v. 1 200 €.

Behandlung innerhalb der Buchführung
09: Kraftfahrzeugkosten   an   aktiven Rechnungsabgrenzungsposten   600 €

Ergebnis
Damit sind 600 € Versicherungsbeitrag doppelt gewinnmindernd erfasst worden.

Gewinnkorrektur
Hinzurechnung von 600 €. Damit wird erreicht, dass im Gesamtergebnis 1 200 € gewinnmindernd berücksichtigt werden. 600 € Versicherungsbeitrag entfallen auf die Zeit vor dem Wechsel und haben sich bereits zu Recht als Betriebsausgaben ausgewirkt.

Beispiel 2:
Ein in der Eröffnungsbilanz zum 1.1.09 ausgewiesener aktiver RAP i.H.v. 1 200 € steht im Zusammenhang mit einer betrieblichen Kraftfahrzeugversicherung. Der Versicherungsbeitrag für den Zeitraum 1.1.09 – 31.12.09 von 1 200 € wurde bereits am 28.12.08 bezahlt.

Lösung:

Behandlung innerhalb der § 4 Abs. 3-Rechnung

08: der Versicherungsbeitrag ist nach § 11 Abs. 2 Satz 2 EStG erst in 09 abgeflossen, also keine Betriebsausgabe im Kalenderjahr 08.

Behandlung innerhalb der Buchführung

09: Versicherungskosten an aktiven Rechnungsabgrenzungsposten 1 200 €

Ergebnis

Damit sind insgesamt 1 200 € Versicherungsbeitrag gewinnmindernd erfasst worden.

Gewinnkorrektur

Es ist keine Hinzurechnung erforderlich. In diesem Fall ergibt sich keine doppelte Gewinnminderung, da der Versicherungsbeitrag für 09 i.H.v. 1 200 € durch die entsprechende Auflösung des aktiven RAP gewinnmindernd erfasst wird.

Bilanzposition	§ 4 Abs. 3 EStG	Buchführung	Korrekturen
Roh-, Hilfs- und Betriebsstoffe			
• Anzahlungen	BA mit Abfluss.	Erst über die Bestandsveränderungen werden die Anzahlungen als Bestandteil der gesamten AK/HK als Aufwand erfasst.	**Hinzurechnung,** sonst doppelte Gewinnminderung
• Teilwertabschreibung	Unzulässig.	Möglich (§ 6 Abs. 1 Nr. 2 Satz 2). Teilwertansatz in der Ebil.	**Keine Gewinnkorrektur,** da der Bestand bereits mit dem niedrigeren Teilwert aktiviert wurde und deshalb auch nur in dieser Höhe eine Hinzurechnung erfolgte. Eine weitere Abrechnung hinsichtlich der vorgenommenen Teilwertabschreibung ist also nicht erforderlich.

Bilanzposition	§ 4 Abs. 3 EStG	Buchführung	Korrekturen
Vorsteuern			
• **Vorsteuerüberschuss (Forderung an das FA)**	Bisher noch keine BE, da noch nicht vom FA erstattet. Entspr., bereits gezahlte Vorsteuerbeträge, die diesem Vorsteuerüberschuss zugrunde liegen, sind aber bereits bei Zahlung als BA erfasst worden. Beachte: Erfolgte noch keine Zahlung, so ist die Vorsteuer in der (insoweit) abzurechnenden passiven Bilanzposition »Verbindlichkeiten« enthalten.	Bei Erstattung durch das Finanzamt erfolgte eine erfolgsneutrale Betriebsvermögensumschichtung.	**Hinzurechnung**, sonst wäre keine gewinnneutralisierende Korrektur der Vorsteuer gegeben.
• **Vorsteuer auf geleistete Anzahlungen**	Bisher noch keine BE, da noch nicht vom FA erstattet. Entspr., bereits gezahlte Vorsteuerbeträge, die diesem Vorsteuerüberschuss zugrunde liegen, sind aber bereits bei Zahlung als BA erfasst worden.	Bei Erstattung durch das Finanzamt erfolgte eine erfolgsneutrale Betriebsvermögensumschichtung. **Praxis:** Egal, wie der Vorsteueranspruch technisch verbucht wird, es ergibt sich hierdurch keine Gewinnauswirkung.	Dieser Betrag ist bereits im Vorsteuerüberschuss enthalten.

Beispiel:

Am 1.12.08 wurde bei Abschluss des Kaufvertrags über den Erwerb einer neuen Maschine bereits der volle Kaufpreis von 119 000 € angezahlt. Die Rechnung mit gesondertem Umsatzsteuerausweis wurde hierbei ausgehändigt. Nach dem Wechsel der Gewinnermittlungsart zum 1.1.09 wird die Maschine am 21.1.09 geliefert. Die ausgewiesene Umsatzsteuer ist voll als Vorsteuer abzugsfähig. In der Eröffnungsbilanz zum 1.1.09 erscheinen insoweit folgende Bilanzpositionen:

Aktiva			Passiva
Geleistete Anzahlungen	119 000 €	Vorsteuer auf geleistete Anzahlungen	19 000 €
Vorsteuer	19 000 €		

Lösung:

Behandlung innerhalb der § 4 Abs. 3-Rechnung

08: der Vorsteuerbetrag ist nach § 11 Abs. 2 Satz 1 EStG bereits in 08 abgeflossen, Betriebsausgaben im Kalenderjahr 08 = 19 000 €.

Behandlung innerhalb der Buchführung

09:	Maschinen	100 000 €			
	Vorsteuern auf geleistete Anzahlungen	19 000 €	an	geleistete Anzahlungen	119 000 €
	»Geld« oder Umsatzsteuer	19 000 €	an	Vorsteuern	19 000 €

Ergebnis
Damit sind insgesamt 19 000 € Vorsteuern gewinnmindernd erfasst worden.

Gewinnkorrektur
Es ist insgesamt eine Hinzurechnung i.H.v. 19 000 € erforderlich.

Hinweis
Denkbar wäre auch, die geleistete Anzahlung direkt netto zu verbuchen. In diesem Fall erübrigt sich eine Passivierung der Bilanzposition »Vorsteuern auf geleistete Anzahlungen«. Aber auch dann wäre eine Hinzurechnung i.H.v. 19 000 € erforderlich.

Bilanzposition	§ 4 Abs. 3 EStG	Buchführung	Korrekturen
Waren			
• Anzahlungen	BA mit Abfluss.	Erst über den Wareneinsatz werden die Anzahlungen als Bestandteil der gesamten AK/HK als Aufwand erfasst.	**Hinzurechnung**, sonst doppelte Gewinnminderung
• Warenbestand	Bei Zahlung der entsprechenden Eingangsrechnungen = BA. **Beachte** Erfolgte noch keine Zahlung, so sind die Kosten in der abzurechnenden passiven Bilanzposition »Verbindlichkeiten« enthalten.	Erst über den Wareneinsatz werden die AK/HK als Aufwand erfasst.	**Hinzurechnung**, sonst doppelte Gewinnminderung
• Teilwertabschr.	Unzulässig.	Möglich (§ 6 Abs. 1 Nr. 2 Satz 2). Teilwertansatz in der Ebil.	**Keine Gewinnkorrektur**, da der Warenbestand bereits mit dem niedrigeren Teilwert aktiviert wurde und deshalb auch nur in dieser Höhe eine Hinzurechnung erfolgte. Eine weitere Abrechnung hinsichtlich der vorgenommenen Teilwertabschreibung ist also nicht erforderlich.

Beispiel 1:
Am 1.12.08 wurde bei Abschluss des Kaufvertrags über den Erwerb von Waren bereits der volle Kaufpreis von 119 000 € angezahlt. Die Rechnung mit gesondertem Umsatzsteuerausweis wurde hierbei ausgehändigt. Nach dem Wechsel der Gewinnermittlungsart zum 1.1.09 werden die Waren am 21.1.09 geliefert. Die ausgewiesene Umsatzsteuer ist voll als Vorsteuer abzugsfähig. In der Eröffnungsbilanz zum 1.1.09 erscheinen insoweit folgende Bilanzpositionen. Die gelieferten Waren werden noch 09 veräußert.

Aktiva			Passiva
Geleistete Anzahlungen	119 000 €	Vorsteuer auf geleistete Anzahlungen	19 000 €
Vorsteuer	19 000 €		

Lösung:
Behandlung innerhalb der § 4 Abs. 3-Rechnung
08: die Anzahlung auf den Erwerb von Umlaufvermögen und der Vorsteuerbetrag ist nach § 11 Abs. 2 Satz 1 EStG bereits in 08 abgeflossen, also Betriebsausgaben 08 = 119 000 €.

Behandlung innerhalb der Buchführung

09:	Wareneinkauf	100 000 €			
	Vorsteuern auf geleistete Anzahlungen	19 000 €	an	geleistete Anzahlungen	119 000 €
	»Geld« oder Umsatzsteuer	19 000 €	an	Vorsteuern	19 000 €

Ergebnis
Damit sind insgesamt 219 000 € gewinnmindernd erfasst worden.

Gewinnkorrektur
Es ist insgesamt eine Hinzurechnung i.H.v. 119 000 € erforderlich. Die Anzahlung netto i.H.v. 100 000 € würde sich ansonsten doppelt gewinnmindernd auswirken und die gezahlte Vorsteuer i.H.v. 19 000 € könnte nicht mehr gewinnneutralisierend korrigiert werden.

Hinweis
Denkbar wäre auch die geleistete Anzahlung direkt netto zu verbuchen. In diesem Fall erübrigt sich eine Passivierung der Bilanzposition »Vorsteuern auf geleistete Anzahlungen«. Aber auch dann wäre eine Hinzurechnung i.H.v. 119 000 € erforderlich.

	§ 4 Abs. 3 EStG Kalenderjahr 08	§ 4 Abs. 1 EStG Kalenderjahr 09	Richtige Gewinnauswirkung
	./. 119 000 €	./. 100 000 €	./. 100 000 €
Zurechnung		./. 119 000 €	

Beispiel 2:
Warenbestand (AK = 50 000 €) in der Ebil. 1.1.09 = 35 000 € (niedrigerer Teilwert). Hinzurechnung i.H.v. 35 000 €. Dadurch, dass nicht 50 000 €, sondern nur 35 000 € hinzugerechnet werden, hat sich die Teilwertabschreibung bereits im Endergebnis gewinnmindernd ausgewirkt.

3.8.3 Der Wechsel von § 4 Abs. 3 EStG zur Buchführung – Passiv-Seite –

Bilanzposition	§ 4 Abs. 3 EStG	Buchführung	Korrekturen
Damnum oder Disagio			
(passiver RAP)	BE mit Zufluss	Ein entsprechender passiver RAP ist in der Ebil. zu passivieren und über Ertrag im Laufe der nächsten Wirtschaftsjahre wieder aufzulösen (§ 5 Abs. 5 Nr. 2 EStG und H 6.10 [Damnum] EStH).	**Abrechnung** i.H.d. passiven RAP, sonst doppelte Gewinnerhöhung. Ein Fall des § 11 Abs. 1 Satz 2 ist hier nicht möglich, da ein Damnum keine regelmäßig wiederkehrende BE ist, s.a. Bilanzposition »passiver Rechnungsabgrenzungsposten«.

Beispiel:
Ein in der Eröffnungsbilanz zum 1.1.09 ausgewiesenes Damnum (passiver RAP) i.H.v. 1 400 € (= 28/48 von 2 400 €) wurde bei Darlehensgewährung am 1.5.07 i.H.v. 2 400 € einbehalten. Das Darlehen ist am 30.4.11 in einer Summe zurückzuzahlen.

Lösung:
Behandlung innerhalb der § 4 Abs. 3-Rechnung
Mai 07: 2 400 € sind als Betriebseinnahmen berücksichtigt worden.

Behandlung innerhalb der Buchführung
Kj. 09: passiver Rechnungsabgrenzungsposten an Damnum 600 €
Kj. 10: passiver Rechnungsabgrenzungsposten an Damnum 600 €
Kj. 11: passiver Rechnungsabgrenzungsposten an Damnum 200 €

Ergebnis
Damit sind 1 400 € Damnum doppelt gewinnerhöhend erfasst worden.

Gewinnkorrektur
Abrechnung von 1 400 €. Damit wird erreicht, dass im Gesamtergebnis 2 400 € gewinnerhöhend berücksichtigt werden. 1 000 € (20/48 von 2 400 €) Damnum entfallen auf die Zeit vor dem Wechsel und haben sich bereits zu Recht als Betriebseinnahmen ausgewirkt.

Bilanzposition	§ 4 Abs. 3 EStG	Buchführung	Korrekturen
Darlehen			
• Darlehensverbindlichkeit	Gewährung keine BE und Tilgung keine BA.	Erfolgsneutrale Betriebsvermögensumschichtung.	Keine Gewinnkorrektur
• Teilwertabschreibung (nur möglich bei Fremdwährungsdarlehen)	Unzulässig.	Möglich (§ 6 Abs. 1 Nr. 3 i.V.m. § 6 Abs. 1 Nr. 2 Satz 2 EStG) Ansatz in der Ebil. mit höherem Teilwert.	**Abrechnung** i.H. Teilwertabschreibung, sonst keine Gewinnminderung mehr.

Bilanzposition	§ 4 Abs. 3 EStG	Buchführung	Korrekturen
Finanzkonten			
(z.B. Bank)	Bestände haben keine Auswirkung auf den Gewinn.	Bestände haben keine Auswirkung auf den Gewinn.	**Keine Gewinnkorrektur**
Kundenanzahlungen			
	Mit Zufluss liegen BE i.H.d. Bruttobetrags vor.	Kein Ertrag, sondern Verbindlichkeit. Der Ertrag wird erst mit Verwirklichung des Erfüllungsgeschäfts realisiert. Die ggf. entstehende Umsatzsteuer (§ 13 Abs. 1 Nr. 1 Buchst. a Satz 4 UStG oder § 20 UStG) wird erfolgsneutral gebucht (§ 5 Abs. 5 Satz 2 Nr. 2 EStG).	**Abrechnung** i.H.d. Netto-Kundenanzahlung, sonst doppelte Gewinnerhöhung **Beachte:** Die ggf. anfallende Umsatzsteuer hat sich bei Zahlung an das Finanzamt bereits als BA ausgewirkt. Wenn nicht, wird sie durch die Abrechnung der Bilanzposition »Umsatzsteuer-Zahllast« mit abgerechnet.

Beispiel:
Am 1.12.08 wurde bei Abschluss eines Vertrags über eine zu noch erbringende umsatzsteuerfreie sonstige Leistung bereits das volle Honorar i.H.v. 100 000 € angezahlt. Nach dem Wechsel der Gewinnermittlungsart zum 1.1.09 wird die Leistung erbracht. In der Eröffnungsbilanz zum 1.1.09 erscheint insoweit folgende Bilanzposition:
Passiva   Kundenanzahlungen 100 000 €

Lösung:
Behandlung innerhalb der § 4 Abs. 3-Rechnung
08: die Honoraranzahlung ist nach § 11 Abs. 1 Satz 1 EStG bereits 08 zugeflossen, also Betriebseinnahmen im Kalenderjahr 08 = 100 000 €.

Behandlung innerhalb der Buchführung
09: Kundenanzahlungen an Honorarerträge 100 000 €

Ergebnis
Damit sind 100 000 € doppelt gewinnerhöhend erfasst worden.

Gewinnkorrektur
Es ist eine Abrechnung i.H.v. 100 000 € erforderlich.

Bilanzposition	§ 4 Abs. 3 EStG	Buchführung	Korrekturen
Rechnungsabgrenzungsposten			
Z.B. im Voraus vereinnahmte Miete oder Zinsen.	Betriebseinnahmen mit Zufluss	Ein entsprechender passiver RAP ist in der Ebil. zu passivieren und über Ertrag im Laufe der nächsten Wirtschaftsjahre wieder aufzulösen (§ 5 Abs. 5 Nr. 2 EStG, R 5.6 EStR).	**Abrechnung** i.H.d. passiven RAP, sonst doppelte Gewinnerhöhung **Beachte:** Soweit ein Fall des § 11 Abs. 1 Satz 2 EStG gegeben ist und die entsprechende BE im Übergangsjahr (Buchführung) zu erfassen ist, unterbleibt eine Abrechnung. Es ergibt sich keine doppelte Gewinnerhöhung, da diese Zahlung durch die entsprechende Auflösung des passiven RAP gewinnerhöhend erfasst wird.

Beispiel 1:
Ein in der Eröffnungsbilanz zum 1.1.09 ausgewiesener passiver RAP i.H.v. 1 200 € steht im Zusammenhang mit einer betrieblichen Mieteinnahme. Die Miete für den Zeitraum 1.1.09 – 31.1.09 von 1 200 € wurde bereits am 2.12.08 bezahlt.

Lösung:
Behandlung innerhalb der § 4 Abs. 3-Rechnung
08: die Miete ist nach § 11 Abs. 1 Satz 1 EStG bereits 08 zugeflossen, also Betriebseinnahmen im Kalenderjahr 08 i.H.v. 1 200 €.

Behandlung innerhalb der Buchführung
09: passiver Rechnungsabgrenzungsposten an Mieterträge 1 200 €

Ergebnis
Damit sind 1 200 € Miete doppelt gewinnerhöhend erfasst worden.

Gewinnkorrektur
Abrechnung von 1 200 €. Damit wird erreicht, dass im Gesamtergebnis 1 200 € gewinnerhöhend berücksichtigt werden.

Beispiel 2:
Ein in der Eröffnungsbilanz zum 1.1.09 ausgewiesener passiver RAP i.H.v. 1 200 € steht im Zusammenhang mit einer betrieblichen Mieteinnahme. Die Miete für den Zeitraum 1.1.09 – 31.1.09 von 1 200 € wurde bereits am 28.12.08 bezahlt.

Lösung:
Behandlung innerhalb der § 4 Abs. 3-Rechnung
08: die Miete gilt erst 09 als zugeflossen, also keine Betriebseinnahme (§ 11 Abs. 1 Satz 2 EStG) im Kalenderjahr 08.

Behandlung innerhalb der Buchführung
09: passiver Rechnungsabgrenzungsposten an Mieterträge 1 200 €

Ergebnis
Damit sind 1 200 € Miete einmal gewinnerhöhend erfasst worden.

Gewinnkorrektur
Es ist keine Gewinnkorrektur erforderlich. In diesem Fall ergibt sich keine doppelte Gewinnerhöhung, da die Miete für 09 i.H.v. 1 200 € durch die entsprechende Auflösung des passiven RAP gewinnerhöhend erfasst wird.

Bilanzposition	§ 4 Abs. 3 EStG	Buchführung	Korrekturen
Rentenschulden			
• bzgl. der Anschaffung von Anlagevermögen	**Grundsatz:** Die einzelnen Rentenzahlungen sind i.H. ihres Zinsanteils BA. Der Zinsanteil ergibt sich aus dem Unterschiedsbetrag zwischen den Rentenzahlungen einerseits und dem jährlichen Rückgang des Barwerts der Leibrentenverpflichtung andererseits.	Die einzelnen Rentenzahlungen sind i.H. ihres Zinsanteils Aufwand. Der Zinsanteil ergibt sich aus dem Unterschiedsbetrag zwischen den Rentenzahlungen einerseits und dem jährlichen Rückgang des Barwerts der Leibrentenverpflichtung andererseits.	**Keine Gewinnkorrektur**
	Ausnahme: Aus Vereinfachungsgründen ist es nicht zu beanstanden, wenn die einzelnen Rentenzahlungen in voller Höhe mit dem Barwert der ursprünglichen Rentenverpflichtung verrechnet werden; sobald die Summe der Rentenzahlungen diesen Barwert übersteigt, sind die darüber hinausgehenden Rentenzahlungen in vollem Umfang als BA anzusetzen.	Wie vor	**Abrechnung** i.H.d. zum Zeitpunkt des Übergangs ermittelten Rentenbarwerts, sonst insoweit keine Gewinnminderung mehr. Die zukünftigen Rentenzahlungen wären bei Fortführung der § 4 Abs. 3-Rechnung in voller Höhe als BA berücksichtigt worden. Innerhalb der Buchführung werden dann nur die Zinsanteile der Rentenzahlungen im Ergebnis gewinnmindernd erfasst.

Bilanzposition	§ 4 Abs. 3 EStG	Buchführung	Korrekturen
• bzgl. der Anschaffung von **Umlaufvermögen**	Die Rentenzahlungen sind in voller Höhe als BA berücksichtigt worden.	Wie vor	**Beachte:** War der ursprüngliche Barwert zum Zeitpunkt des Übergangs noch nicht i.S.v. R 4.5 Abs. 4 Satz 4 verbraucht, ist der abzurechnende aktuelle Barwert um den noch nicht verbrauchten Restbarwert zu kürzen, da auch innerhalb der § 4 Abs. 3-Rechnung die Rentenzahlungen bis zum vollständigen Verbrauch des ursprünglichen Barwerts noch nicht als BA berücksichtigt worden wären. **Abrechnung** i.H.d. zum Zeitpunkt des Übergangs ermittelten Rentenbarwerts, weil sonst insoweit keine Gewinnminderung mehr. Die zukünftigen Rentenzahlungen wären bei Fortführung der § 4 Abs. 3-Rechnung in voller Höhe als BA berücksichtigt worden. Innerhalb der Buchführung werden dann nur die Zinsanteile der Rentenzahlungen im Ergebnis gewinnmindernd erfasst.
Rücklagen	Nur folgende Rücklagen sind möglich: • Rücklagen für Ersatzbeschaffungen (R 6.6), • Rücklagen nach § 6c EStG, • Rücklagen nach § 7g Abs. 3–7 EStG.	Diese Rücklagen sind auch i.R.d. Buchführung möglich.	**Keine Gewinnkorrektur.** **Beachte:** • Sind im Zeitpunkt des Wechsels nach § 6c EStG begünstigte Gewinne noch nicht aufzulösen, so ist i.H.d. noch nicht übertragenen Gewinne eine Rücklage in der Übergangsbilanz auszuweisen. Für die weitere Behandlung dieser Rücklage gelten die Vorschriften des § 6b, R 6b.2 Abs. 11 Satz 3 und 4.

Bilanzposition	§ 4 Abs. 3 EStG	Buchführung	Korrekturen
			• Wird erstmalig in der Ebil. eine Rücklage passiviert, ohne dass eine solche innerhalb der § 4 Abs. 3-Rechnung berücksichtigt wurde, ist eine Abrechnung vorzunehmen. • Andere, nur in der Buchführung mögliche Rücklagen sind abzurechnen.
Rückstellungen			
	Nicht möglich.	Möglich, z.B.: Gewerbesteuerrückstellung (R 4.9 Abs. 2). Die entsprechenden Rückstellungen müssen bereits in der Ebil. passiviert werden. Die Auflösung erfolgt erfolgsneutral.	**Abrechnung** i.H.d. gebildeten Rückstellung, sonst keine Gewinnminderung mehr.

Beispiel:
In der Eröffnungsbilanz zum 1.1.09 ist eine Gewerbesteuerrückstellung für 08 i.H.v. 1 200 € ausgewiesen. Bei Fälligkeit wird die auch in dieser Höhe zu leistende Gewerbesteuerabschlusszahlung im August 09 per betrieblichem Bankkonto gezahlt.

Lösung:
Behandlung innerhalb der § 4 Abs. 3-Rechnung
08: keine Betriebsausgabe, da der Betrag noch nicht abgeflossen ist.

Behandlung innerhalb der Buchführung
09: Gewerbesteuerrückstellung an Bank 1 200 €

Ergebnis
Damit sind diese 1 200 € betriebliche Steuer bisher noch nicht gewinnmindernd erfasst worden.

Gewinnkorrektur
Abrechnung i.H.v. 1 200 €. Damit wird erreicht, dass im Gesamtergebnis 1 200 € einmal gewinnmindernd berücksichtigt werden.

Bilanzposition	§ 4 Abs. 3 EStG	Buchführung	Korrekturen
Umsatzsteuer			
• **Umsatzsteuer-Zahllast (Verbindlichkeit gegenüber dem FA)**	Bisher noch keine BA, da noch nicht an das FA gezahlt. Bereits vereinnahmte Umsatzsteuerbeträge, die dieser Umsatzsteuerzahllast zugrunde liegen, sind aber i.d.R. bereits als BE erfasst worden. **Beachte:** • Erfolgte noch keine Vereinnahmung der entsprechenden Umsatzsteuer, so ist diese in der hinzuzurechnenden aktiven Bilanzposition »Forderungen« enthalten. • Es wird hier davon ausgegangen, dass die Umsatzsteuer auf die unentgeltliche Wertabgabe als BE behandelt wurde.	Bei Zahlung an das FA erfolgte eine erfolgsneutrale Betriebsvermögensumschichtung.	**Abrechnung,** sonst wäre keine gewinnneutralisierende Korrektur der Umsatzsteuer mehr gegeben.
• **Umsatzsteuer auf Kundenanzahlungen (§ 13 Abs. 1 Nr. 1 Buchst. a Satz 4 und § 20 UStG)**	Wie vor	Wie vor **Praxis:** Egal wie diese Umsatzsteuer technisch verbucht wird, es ergibt sich hierdurch keine Gewinnauswirkung, s.a. § 5 Abs. 5 Satz 2 Nr. 2 EStG.	Dieser Betrag ist bereits in der Umsatzsteuer-Zahllast enthalten.

Beispiel:
Am 1.12.08 wurde bei Abschluss eines Vertrags über eine zu noch erbringende umsatzsteuerpflichtige sonstige Leistung bereits das volle Honorar i.H.v. 119 000 € angezahlt. Nach dem Wechsel der Gewinnermittlungsart zum 1.1.09 wird die Leistung erbracht. Die entsprechende Umsatzsteuer wurde im Februar 09 an das Finanzamt entrichtet. In der Eröffnungsbilanz zum 1.1.09 erscheinen insoweit folgende Bilanzpositionen:

Aktiva		Passiva	
Umsatzsteuer auf Kundenanzahlungen	19 000 €	Kundenanzahlungen	119 000 €
		Umsatzsteuer	19 000 €

Lösung:
Behandlung innerhalb der § 4 Abs. 3-Rechnung
08: die Honoraranzahlung ist nach § 11 Abs. 1 Satz 1 EStG bereits 08 zugeflossen, also Betriebseinnahmen im Kalenderjahr 08 = 119 000 €. Die Zahlung der entsprechenden

Umsatzsteuer an das FA wird mangels Abfluss nicht mehr in im Kalenderjahr 08 berücksichtigt.

Behandlung innerhalb der Buchführung

09: Kundenanzahlungen   119 000 €   an   Honorarerträge   100 000 €
                                          USt auf Kundenanzahlung   19 000 €

    Umsatzsteuer   19 000 €   an   »Geld« oder Vorsteuer   19 000 €

Ergebnis

Damit sind insgesamt 100 000 € Honorare netto doppelt gewinnhöhend erfasst worden. Gleichzeitig hat sich aber auch die vereinnahmte Umsatzsteuer i.H.v. 19 000 € einmal gewinnhöhend ausgewirkt, ohne dass eine gewinnneutralisierende Korrektur erfolgte.

Gewinnkorrektur

Es ist insgesamt eine Abrechnung i.H.v. 119 000 € erforderlich.

Hinweis

Denkbar wäre auch, die Kundenanzahlung direkt netto zu verbuchen. In diesem Fall erübrigt sich eine Aktivierung der Bilanzposition »Umsatzsteuer auf Kundenanzahlungen«. Aber auch dann wäre eine Abrechnung i.H.v. 119 000 € erforderlich.

Bilanzposition	§ 4 Abs. 3 EStG	Buchführung	Korrekturen
Verbindlichkeiten			
• im Zusammenhang mit der Anschaffung/Herstellung von abnutzbarem Anlagevermögen	Die Verbindlichkeit als solche hat keine Auswirkung auf den Gewinn. Die entstandenen AK/HK sind BA über die AfA.	Die Verbindlichkeit als solche hat keine Auswirkung auf den Gewinn. Die entstandenen AK/HK sind über die AfA als Aufwand zu berücksichtigen (§ 6 Abs. 1 Nr. 1 Satz 1).	Keine Gewinnkorrektur. **Beachte:** Da die Bezahlung noch nicht erfolgt ist, konnte sich die Vorsteuer bei § 4 Abs. 3 EStG noch nicht als BA auswirken. Die Bilanzposition »Vorsteuer« wird aber hinzugerechnet. I.R.d. Buchführung wirkt sich jedoch die Zahlung der Verbindlichkeit gewinnneutral aus. Deshalb sind die in den Verbindlichkeiten enthaltenen abzugsfähigen Vorsteuerbeträge abzurechnen. Hat der Stpfl. die entsprechende Vorsteuererstattung noch innerhalb der § 4 Abs. 3-Rechnung vom FA erhalten, so hat sich die Vorsteuer bereits auf den Gewinn erhöhend ausgewirkt und wird durch diese Abrechnung neutralisiert.

Beispiel:
Eine in der Eröffnungsbilanz zum 1.1.09 ausgewiesene Verbindlichkeit i.H.v. 71 400 € steht im Zusammenhang mit der Anschaffung einer neuen Kopieranlage. Diese wurde im Oktober 08 für 60 000 € netto erworben. Die Umsatzsteuer wurde korrekt ausgewiesen und vom Finanzamt bereits im November 08 entsprechend als Vorsteuer bei Berechnung der Umsatzsteuerzahllast für Oktober 08 berücksichtigt.

Lösung:
Behandlung innerhalb der § 4 Abs. 3-Rechnung
08: die Vorsteuer i.H.v. 11 400 € hat sich durch die Minderung der Umsatzsteuerzahllast 08 entsprechend gewinnerhöhend ausgewirkt.

Behandlung innerhalb der Buchführung
09: Verbindlichkeiten an »Geld« 71 400 €

Ergebnis
Damit sind 11 400 € Vorsteuern einmal gewinnerhöhend erfasst worden. Die Anschaffungskosten von 60 000 € wurden über die AfA gewinnmindernd angesetzt.

Gewinnkorrektur
Abrechnung von 11 400 €. Dies entspricht dem in der Verbindlichkeit enthaltenen Vorsteuerbetrag. Damit wird erreicht, dass sich im Gesamtergebnis die Vorsteuer nicht auf den Gewinn ausgewirkt hat.

Bilanzposition	§ 4 Abs. 3 EStG	Buchführung	Korrekturen
Verbindlichkeiten			
• im Zusammenhang mit der Anschaffung/Herstellung von nicht abnutzbarem Anlagevermögen	Die Verbindlichkeit als solche hat keine Auswirkung auf den Gewinn. Die entstandenen AK/HK sind aber erst bei Veräußerung BA.	Die Verbindlichkeit als solche hat keine Auswirkung auf den Gewinn. Die entstandenen AK/HK wirken sich erst bei Veräußerung entsprechend aus.	**Keine Gewinnkorrektur** **Beachte:** Die in den Verbindlichkeiten enthaltene abzugsfähige Vorsteuer ist nicht Bestandteil der AK/HK. Da die Bezahlung jedoch noch nicht erfolgt ist, konnte sich die Vorsteuer bei § 4 Abs. 3 EStG noch nicht als BA auswirken. Die Bilanzposition »Vorsteuer« wird aber hinzugerechnet. I.R.d. Buchführung wirkt sich jedoch die Zahlung der Verbindlichkeit gewinnneutral aus. Deshalb sind die in den Verbindlichkeiten enthaltenen abzugsfähigen Vorsteuerbeträge abzurechnen. Hat der Steuerpflichtige die entsprechende Vorsteuererstattung noch innerhalb der § 4 Abs. 3-Rechnung vom FA erhalten, so hat sich die Vorsteuer bereits auf den Gewinn erhöhend ausgewirkt und wird durch diese Abrechnung neutralisiert.

Bilanzposition	§ 4 Abs. 3 EStG	Buchführung	Korrekturen
• im Zusammenhang mit der Anschaffung/Herstellung von Umlaufvermögen	Die AK/HK sind erst bei Zahlung als BA zu erfassen.	Die AK/HK wirken sich erst über den Wareneinsatz gewinnmindernd aus. Die Zahlung der Verbindlichkeiten selbst ist eine erfolgsneutrale Betriebsvermögensumschichtung.	**Abrechnung** i.H.d. Brutto-Verbindlichkeit, sonst keine Gewinnminderung mehr. Im Gegenzug wird der Warenbestand hinzugerechnet. In der Praxis wäre es sehr schwierig festzustellen, ob die vorhandenen Warenbestände bereits bezahlt wurden oder nicht. Daher ist es geschickter, i.H.d. in der Ebil. ausgewiesenen Warenbestands eine Hinzurechnung und i.H.d. in der Ebil. ausgewiesenen Warenverbindlichkeit eine Abrechnung vorzunehmen. Die abzugsfähige Vorsteuer ist in dieser Abrechnung enthalten.
• Sonstige Verbindlichkeiten (z.B. Miete, Löhne, Zinsen, noch abzuführende Lohnsteuer oder für noch »zu entstehende« Umsatzsteuer bei Umsatzbesteuerung nach vereinnahmten Entgelten § 20 UStG)	Mangels Abfluss noch keine BA.	Bei Zahlungen erfolgt eine gewinnneutrale Betriebsvermögensumschichtung.	**Abrechnung**, sonst keine Gewinnminderung mehr. **Beachte:** Wenn aber die Zahlung nach § 11 Abs. 2 Satz 2 noch dem Vorjahr zuzurechnen ist, unterbleibt eine Abrechnung.

Beispiel 1:
Eine in der Eröffnungsbilanz zum 1.1.09 ausgewiesene sonstige Verbindlichkeit i.H.v. 1 000 € steht im Zusammenhang mit einer Zinsverbindlichkeit. Die Zinsen betreffen den Zeitraum 1.11. – 31.12.08. Gezahlt wurden die Zinsen im Februar 09.

Lösung:
Behandlung innerhalb der § 4 Abs. 3-Rechnung
08: die Zinsen haben sich mangels Abflusses noch nicht als Betriebsausgaben auswirken können. Ein Ausnahmefall nach § 11 Abs. 2 Satz 2 EStG liegt nicht vor, da die Zahlung nicht kurze Zeit nach Ablauf des Jahres erfolgte.

Behandlung innerhalb der Buchführung
09: sonstige Verbindlichkeiten an »Geld« 1 000 €

Ergebnis
Damit sind die Zinsen bisher nicht gewinnmindernd erfasst worden.

Gewinnkorrektur
Abrechnung von 1 000 €, damit eine einmalige Gewinnminderung erfolgt.

Beispiel 2:

Eine in der Eröffnungsbilanz zum 1.1.09 ausgewiesene sonstige Verbindlichkeit i.H.v. 1 000 € steht im Zusammenhang mit einer Zinsverbindlichkeit. Die Zinsen betreffen den Zeitraum 1.11. – 31.12.08. Gezahlt wurden die Zinsen am 8.1.09.

Lösung:
Behandlung innerhalb der § 4 Abs. 3-Rechnung
08: die Zinsen wirken sich nach § 11 Abs. 2 Satz 2 EStG bereits 08 als Betriebsausgaben aus.

Behandlung innerhalb der Buchführung
09: sonstige Verbindlichkeiten an »Geld« 1 000 €

Ergebnis
Damit sind die Zinsen bisher einmal gewinnmindernd erfasst worden.

Gewinnkorrektur
Es ist keine Gewinnkorrektur vorzunehmen.

Beispiel: Übergang § 4 Abs. 3-Rechnung zur Buchführung

Hans Dampf
Handelsvertretung
Eröffnungsbilanz
auf den 1.1.08
(gemäß Aufforderung vom 10.10.07)

Aktiva		Passiva	
A. Anlagevermögen		A. Eigenkapital	
I. Immaterielle Vermögensgegenstände		Kapital Hans Dampf	15 943,79 €
Kundenstamm	9 333,00 €	B. Rückstellungen	
II. Sachanlagen		1. Steuerrückstellungen	
1. Grundstücke und Grundstücksteile	3 075,00 €	Gewerbesteuer 06	1 119,00 €
2. Bauten (hier: Büroanbau)	49 633,00 €	2. Rückstellungen für Jahresabschlusskosten	
3. Betriebs- und Geschäftsausstattung	10 561,00 €	– Kalenderjahr 06	1 200,00 €
B. Umlaufvermögen		– Kalenderjahr 07	1 600,00 €
I. Vorräte		C. Verbindlichkeiten	
Warenbestand	5 441,87 €	1. Verbindlichkeiten bei Kreditinstituten	
II. Forderungen und sonstige Vermögensgegenstände		– langfristig	77 943,63 €
		– kurzfristig	0,00 €
1. Forderungen aus L+L	38 324,55 €		

Aktiva		Passiva	
2. Sonstige Forderungen		2. Verbindlichkeiten aus L + L	10 489,83 €
- Überzahlung GewSt 07	784,00 €	3. Sonstige Verbindlichkeiten	
- noch nicht abziehbare Vorsteuern	1 475,76 €	- Umsatzsteuer 06	6 046,60 €
		- Umsatzsteuer 07	5 992,80 €
III. Guthaben bei Kreditinstituten	3 049,27 €	- noch nicht fällige USt in Forderungen beim Wechsel von Ist- zur Sollbesteuerung	4 998,85 €
C. Rechnungsabgrenzungsposten		- Sozialversicherung 12/07	636,00 €
- Kfz-Steuer	25,32 €	- Telefongebühren 12/07	737,39 €
- Leasing-Sonderzahlung Kfz	5 092,05 €	- Mobilfunkgebühren 12/07	86,93 €
	126 794,82 €		126 794,82 €

Ermittlung des Übergangsgewinns bei Wechsel der Gewinnermittlungsart

1. Zurechnungen

Warenbestand	5 441,87 €	
Forderungen aus L + L	38 324,55 €	
Sonstige Forderungen	2 259,76 €	
Aktive Rechnungsabgrenzungsposten	5 117,37 €	
	51 143,55 €	51 143,55 €

2. Abrechnungen

Rückstellungen	3 919,00 €	
Verbindlichkeiten aus L + L	10 489,83 €	
Sonstige Verbindlichkeiten	18 498,57 €	
	32 907,40 €	32 907,40 €

3. Übergangsgewinn   18 236,15 €

4. Der Wechsel von der Buchführung zur § 4 Abs. 3-Rechnung

4.1 Anlässe für einen solchen Wechsel

Auch wenn in der Praxis dieser Wechsel eher selten in Erscheinung treten dürfte, soll er hier angesprochen werden. Folgende Anlässe können diesen Wechsel bewirken:

4.1.1 Wegfall der Verpflichtung zur Buchführung nach §§ 140 und 141 AO

Scheiden Gewerbetreibende aus dem Kreise der buchführungspflichtigen Steuerpflichtigen aus, z.B. weil sie nicht mehr die Kaufmannseigenschaften des HGB erfüllen oder nicht mehr die Grenzen des § 141 AO übersteigen, so können diese in Folge ihren Gewinn durch die § 4 Abs. 3-Rechnung ermitteln. Allerdings muss das Finanzamt den Wegfall der Buchführungspflicht feststellen (§ 141 Abs. 2 Satz 2 AO). In der Praxis wird wohl ein solcher Wechsel eher selten stattfinden, da der Steuerpflichtige i.d.R. die Buchführung aufgrund ihrer Übersichtlichkeit, Kontrollmöglichkeit und der praktischen Gewohnheit weiterführen wird.

4.1.2 Aufgabe der freiwilligen Buchführung

Möglich ist auch, dass ein Gewerbetreibender oder ein Freiberufler – aus welchen Gründen auch immer – die freiwillige Buchführung nicht mehr fortführen möchte und zur § 4 Abs. 3-Rechnung übergeht.

4.1.3 Schätzung

Die erstmalige ordnungsgemäße § 4 Abs. 3-Rechnung nach erfolgter Vollschätzung ist auch ein solcher Wechsel (H 4.1 [Gewinnschätzung] EStH analog).

4.2 Grundsätze zu den Gewinnkorrekturen

Der Wechsel von der Buchführung zur § 4 Abs. 3-Rechnung erfordert ebenfalls eine Korrektur des Gewinns, damit bestimmte Geschäftsvorfälle, insbesondere wegen der unterschiedlichen zeitlichen Gewinnerfassung, nicht oder doppelt berücksichtigt werden. Das Ergebnis dieser Gewinnkorrekturen ist der sog. Übergangsgewinn. Dazu müssen in einem ersten Schritt die Unterschiede zwischen den beiden Gewinnermittlungsarten herausgestellt und daraufhin untersucht werden, ob und wie sich die Geschäftsvorfälle in der »alten« und in der »neuen« Gewinnermittlungsart auswirken. Überdacht werden muss die bisherige und zukünftige Behandlung i.R.d. Buchführung und die zukünftige Behandlung innerhalb der § 4 Abs. 3-Rechnung. Bei gleicher Behandlung ist eine Gewinnkorrektur nicht nötig; bei unterschiedlicher Behandlung sind Hinzurechnungen oder Abrechnungen vorzunehmen. Ausgangspunkt für die Gewinnkorrekturen ist die letzte Schlussbilanz vor dem Wechsel.

4.3 Bilanzpositionen und ihre Auswirkungen auf die Gewinnkorrekturen

4.3.1 Allgemeines

Im Folgenden werden in **alphabetischer Reihenfolge** die praktisch wichtigsten **Bilanzpositionen** daraufhin untersucht, ob und in welcher Höhe eine Hinzurechnung oder eine Abrechnung vorzunehmen ist. Um Hinzurechnungen und Abrechnungen dem Grunde und der Höhe nach zu erkennen, sind die gleichen gedanklichen Überlegungen anzustellen, wie beim Wechsel von der § 4 Abs. 3-Rechnung zur Buchführung. Ausgangspunkt dieser Überlegungen ist die letzte – vor dem Wechsel – erstellte Schlussbilanz. Ein solcher Wechsel und den daraus folgenden Hinzurechnungen und Abrechnungen kann auch dann vollzogen werden, wenn ein erneuter Wechsel zur Buchführung absehbar ist, z.B. weil eine Betriebsveräußerung geplant ist. Die wichtigsten Korrekturposten sind in der Anlage 1 Nr. 2 zu den EStR zusammengestellt worden.

4.3.2 Der Wechsel von der Buchführung zu § 4 Abs. 3 EStG – Aktiv-Seite –

Bilanzposition	Buchführung	§ 4 Abs. 3 EStG	Korrekturen
Abnutzbares Anlagevermögen			
• Anzahlungen	Aufwand erst über AfA.	BA über AfA.	**Keine Gewinnkorrektur.**
• AK/HK	Aufwand erst über AfA.	BA über AfA.	**Keine Gewinnkorrektur.**
• Teilwertabschreibung	Möglich (§ 6 Abs. 1 Nr. 1 Satz 2). Teilwertansatz in der Sbil.	Unzulässig.	**Keine Gewinnkorrektur.** Die Teilwertabschreibung wird nicht rückgängig gemacht, da sie zu Recht vorgenommen wurde. Der Restwert ist auf die Restnutzungsdauer zu verteilen. Das Anlageverzeichnis ist entsprechend neu einzurichten.

Bilanzposition	Buchführung	§ 4 Abs. 3 EStG	Korrekturen
Damnum oder Disagio			
(aktiver RAP)	Ein entsprechender aktiver RAP ist in der Sbil. zu aktivieren und kann sich nicht mehr als Aufwand auswirken.	Da die Zahlung bereits erfolgt ist, kann sich keine Gewinnminderung mehr ergeben. Im Fall des § 11 Abs. 2 Satz 3 EStG ist das Damnum auf die Laufzeit gleichmäßig zu verteilen und wirkt dabei wie ein RAP.	**Abrechnung** i.H.d. aktiven RAP, sonst keine Gewinnminderung mehr. Eine Abrechnung ist nicht vorzunehmen, da das Damnum auch i.R.d. Einnahme-Überschussrechnung auf die Laufzeit zu verteilen ist.

Bilanzposition	Buchführung	§ 4 Abs. 3 EStG	Korrekturen
Darlehen			
• Forderung	Erfolgsneutrale Betriebsvermögensumschichtung.	Gewährung keine BA und Tilgung keine BE	**Keine Gewinnkorrektur.**
• Teilwertabschreibung	Möglich (§ 6 Abs. 1 Nr. 1 Satz 2 oder Nr. 2 Satz 2 EStG). Teilwertansatz in der Sbil.	Unzulässig	**Keine Gewinnkorrektur.** Die Teilwertabschreibung wurde zu Recht vorgenommen, keine Rückgängigmachung.

Bilanzposition	Buchführung	§ 4 Abs. 3 EStG	Korrekturen
Finanzkonten			
(wie z.B. Bank, Kasse)	Bestände haben keine Auswirkung auf den Gewinn.	Bestände haben keine Auswirkung auf den Gewinn.	Keine Gewinnkorrektur

Bilanzposition	Buchführung	§ 4 Abs. 3 EStG	Korrekturen
Forderungen			
• aus Lieferungen und sonstigen Leistung • sonstige Forderungen (z.B. Zinsforderungen, betriebliche Steuererstattungsansprüche)	Die Entstehung der Forderung wurde bereits als Ertrag verbucht.	Bei Eingang der Forderung BE	Abrechnung i.H.d. Bruttobetrags der Forderung, sonst doppelte Gewinnerhöhung **Beachte:** • Soweit ein Forderungseingang nach § 11 Abs. 1 Satz 2 noch im Vorjahr zu erfassen ist, unterbleibt eine Abrechnung.
• Teilwertabschreibung (Forderungsabschreibung)	Möglich, wenn die Forderung nicht mehr vollwertig ist (§ 6 Abs. 1 Nr. 1 Satz 2 oder Nr. 2 Satz 2). Teilwertansatz der Bruttoforderung in der Sbil.	Unzulässig	Keine Gewinnkorrektur. Die Teilwertabschr. wurde zu Recht vorgenommen, keine Rückgängigmachung. **Praxis:** Die Forderungen (s.o.) werden in diesem Fall nur mit dem niedrigeren Teilwert abgerechnet.

Bilanzposition	Buchführung	§ 4 Abs. 3 EStG	Korrekturen
GWG			
• Anzahlungen	Sofortabzug im Jahr der Anschaffung/Herstellung	Aus Vereinfachungsgründen BA im Jahr der Zahlung. Da aber die Zahlung bereits erfolgt ist, kann m.E. diese Vereinfachungsregelung nicht mehr zur Anwendung kommen. Im Ergebnis also auch Sofortabzug im Jahr der Anschaffung/Herstellung.	Keine Gewinnkorrektur
• AK/HK	Sofortabzug	Sofortabzug	Keine Gewinnkorrektur

Bilanzposition	Buchführung	§ 4 Abs. 3 EStG	Korrekturen
Halbfertige/unfertige Arbeiten			
• Anlagevermögen	Die bisher entstandenen HK werden im Ergebnis erfolgsneutral gebucht. Bei abnutzbaren Wirtschaftsgütern dürfen sich die HK erst über die AfA als Aufwand auswirken. Bei nicht abnutzbaren Wirtschaftsgütern sind die HK erst bei Veräußerung entsprechend zu berücksichtigen.	Die bisher entstandenen HK haben keinen Einfluss auf den Gewinn. Bei abnutzbaren Wirtschaftsgütern dürfen sich die HK erst über die AfA als BA auswirken. Bei nicht abnutzbaren Wirtschaftsgütern sind die HK erst bei Veräußerung als BA zu berücksichtigen.	**Keine Gewinnkorrektur**
• Umlaufvermögen	Die bisher entstandenen HK werden im Ergebnis erfolgsneutral gebucht. Sie würden sich im Endergebnis erst über den Wareneinsatz im Jahr des Verkaufs gewinnmindernd auswirken.	Die bisher entstandenen HK können sich – da Zahlung bereits erfolgt – nicht mehr als BA erfasst werden. Beachte: Ist eine Bezahlung bisher noch nicht erfolgt, so muss in der Sbil. eine entsprechende Verbindlichkeit passiviert werden. Zum Ausgleich der hier vorzunehmenden Abrechnung wird diese Verbindlichkeit dann wieder hinzugerechnet.	**Abrechnung**, sonst keine Gewinnminderung mehr

Bilanzposition	Buchführung	§ 4 Abs. 3 EStG	Korrekturen
Nicht abnutzbares Anlagevermögen			
• Anzahlungen	Noch kein Aufwand. Die Anzahlungen werden erfolgsneutral aktiviert und bei Anschaffung/Herstellung auf das entsprechende Anlagekonto umgebucht. Erst bei Veräußerung würden sich die gesamten AK/HK auf den Gewinn auswirken.	Noch keine BA. Die Anzahlungen können bereits als Bestandteil der AK/HK in das besondere Verzeichnis eingetragen werden. Erst bei Veräußerung wirken sich die gesamten AK/HK als BA aus.	**Keine Gewinnkorrektur**
• AK/HK	Die AK/HK werden erfolgsneutral aktiviert. Erst bei Veräußerung wirken sie sich entsprechend aus.	Die AK/HK sind in das besondere Verzeichnis einzutragen. Erst bei Veräußerung wirken sie sich als BA aus.	**Keine Gewinnkorrektur**
• Teilwertabschreibung	Möglich (§ 6 Abs. 1 Nr. 2 Satz 2). Teilwertansatz in der Sbil.	Unzulässig	**Keine Gewinnkorrektur.** Die Teilwertabschreibung wurde zu Recht vorgenommen, keine Rückgängigmachung. Der in der Sbil. angesetzte Wert muss in das besondere Verzeichnis eingetragen werden.

Bilanzposition	Buchführung	§ 4 Abs. 3 EStG	Korrekturen
Rechnungsabgrenzungsposten			
(z.B. im Voraus gezahlte Miete, Zinsen oder Versicherungsbeiträge)	Ein entsprechender aktiver RAP ist in der Schlussbilanz zu aktivieren und kann sich nicht mehr als Aufwand auswirken.	Da die Zahlung bereits erfolgt ist, kann sich innerhalb der § 4 Abs. 3-Rechnung keine Gewinnminderung mehr ergeben.	Abrechnung i.H.d. aktiven RAP, sonst keine Gewinnminderung mehr.

Bilanzposition	Buchführung	§ 4 Abs. 3 EStG	Korrekturen
Roh-, Hilfs- und Betriebsstoffe			
	vgl. Waren		

Bilanzposition	Buchführung	§ 4 Abs. 3 EStG	Korrekturen
Vorsteuern			
• **Vorsteuerüberschuss (Forderung an das FA)**	Die Entstehung der Vorsteuer wurde erfolgsneutral verbucht.	Bei Erstattung durch das FA = BE.	Abrechnung, sonst wäre keine gewinnneutralisierende Korrektur der Vorsteuer gegeben.
• **Vorsteuer auf geleistete Anzahlungen**	Egal wie der Vorsteueranspruch technisch verbucht wurde, es ergab sich hierdurch keine Gewinnauswirkung.	Bei Erstattung durch das FA = BE.	Dieser Betrag ist bereits im Vorsteuerüberschuss enthalten.

Bilanzposition	Buchführung	§ 4 Abs. 3 EStG	Korrekturen
Waren			
• **Anzahlungen**	Erst über den Wareneinsatz würden die Anzahlungen als Bestandteil der gesamten AK/HK als Aufwand erfasst.	Keine BA mehr, da Zahlung bereits erfolgt.	Abrechnung, sonst keine Gewinnminderung mehr.
• **Warenbestand**	Wie vor	Wie vor **Beachte:** Erfolgte noch keine Zahlung, so sind diese in der hinzuzurechnenden passiven Bilanzposition »Verbindlichkeiten« enthalten.	Abrechnung, sonst keine Gewinnminderung mehr.

Bilanzposition	Buchführung	§ 4 Abs. 3 EStG	Korrekturen
Waren			
• Teilwertabschreibung	Möglich (§ 6 Abs. 1 Nr. 2 Satz 2 EStG). Teilwertansatz in der Sbil.	Unzulässig	Keine Gewinnkorrektur. Die Teilwertabschreibung wurde zu Recht vorgenommen, keine Rückgängigmachung. Eine Abrechnung des Warenbestands erfolgt dann aber nur i.H.d. geminderten Buchwerts.

4.3.3 Der Wechsel von der Buchführung zu § 4 Abs. 3 EStG – Passiv-Seite –

Bilanzposition	Buchführung	§ 4 Abs. 3 EStG	Korrekturen
Damnum oder Disagio			
(passiver RAP)	Ein entsprechender passiver RAP ist in der Sbil. zu passivieren und kann sich nicht mehr als Ertrag auswirken.	Da die Zahlung bereits erfolgt ist, kann sich keine Gewinnerhöhung mehr ergeben.	Hinzurechnung i.H.d. passiven RAP, sonst keine Gewinnerhöhung mehr.

Bilanzposition	Buchführung	§ 4 Abs. 3 EStG	Korrekturen
Darlehen			
• Verbindlichkeit	Erfolgsneutrale Betriebsvermögensumschichtung.	Gewährung keine BE und Tilgung keine BA.	Keine Gewinnkorrektur.
• Teilwertabschr. (nur möglich bei Fremdwährungsdarlehen)	Möglich (§ 6 Abs. 1 Nr. 3 i.V.m. § 6 Abs. 1 Nr. 2 Satz 2). Höherer Teilwertansatz der Verbindlichkeit in der Sbil.	Unzulässig.	Keine Gewinnkorrektur. Die Teilwertabschreibung wurde zu Recht vorgenommen, keine Rückgängigmachung.

Bilanzposition	Buchführung	§ 4 Abs. 3 EStG	Korrekturen
Finanzkonten			
(z.B. Bank)	Bestände haben keine Auswirkung auf den Gewinn.	Bestände haben keine Auswirkung auf den Gewinn.	Keine Gewinnkorrektur

Bilanzposition	Buchführung	§ 4 Abs. 3 EStG	Korrekturen
Kundenanzahlungen			
	Kein Ertrag, sondern Verbindlichkeit. Der Ertrag würde erst mit Verwirklichung des Erfüllungsgeschäfts realisiert. Die ggf. entstehende USt (§ 13 Abs. 1 Nr. 1 Buchst. a Satz 4 UStG oder § 20 UStG) wird erfolgsneutral gebucht (§ 5 Abs. 5 Satz 2 Nr. 2 EStG).	Keine BE mehr, da Zufluss bereits erfolgt.	**Hinzurechnung** i.H.d. Netto-Kundenanzahlung, sonst keine Gewerhöhung mehr. **Beachte:** Die ggf. anfallende USt wurde bei Zahlung an das Finanzamt gewinnneutral gebucht. Erfolgt die Zahlung erst innerhalb der § 4 Abs. 3-Rechnung, so liegt bei Zahlung eine BA vor. Zum gewinnneutralisierenden Ausgleich wird die entsprechende USt-Zahllast (Verbindlichkeit) hinzugerechnet.

Bilanzposition	Buchführung	§ 4 Abs. 3 EStG	Korrekturen
Rechnungsabgrenzungsposten			
(z.B. im Voraus vereinnahmte Miete oder Zinsen)	Ein entsprechender passiver RAP ist in der Sbil. zu passivieren und kann sich nicht mehr als Ertrag auswirken.	Da die Zahlung bereits erfolgt ist, kann sich keine Gewinnerhöhung mehr ergeben.	**Hinzurechnung** i.H.d. passiven RAP, sonst keine Gewinnerhöhung mehr.

Bilanzposition	Buchführung	§ 4 Abs. 3 EStG	Korrekturen
Rentenschulden			
• bzgl. der Anschaffung von Anlagevermögen	Die einzelnen Rentenzahlungen sind i.H.d. Zinsanteils Aufwand. Der Zinsanteil ergibt sich aus dem Unterschiedsbetrag zwischen den Rentenzahlungen einerseits und dem jährlichen Rückgang des Barwerts der Leibrentenverpflichtung andererseits.	**Grundsatz:** Die einzelnen Rentenzahlungen sind i.H.d. Zinsanteils BA. Der Zinsanteil ergibt sich aus dem Unterschiedsbetrag zwischen den Rentenzahlungen einerseits und dem jährlichen Rückgang des Barwerts der Leibrentenverpflichtung andererseits.	Keine Gewinnkorrektur

Bilanzposition	Buchführung	§ 4 Abs. 3 EStG	Korrekturen
Rentenschulden			
	Wie vor	**Ausnahme:** Aus Vereinfachungsgründen ist es nicht zu beanstanden, wenn die einzelnen Rentenzahlungen in voller Höhe mit dem Barwert der ursprünglichen Rentenverpflichtung verrechnet werden; sobald die Summe der Rentenzahlungen diesen Barwert übersteigt, sind die darüber hinausgehenden Rentenzahlungen in vollem Umfang als BA anzusetzen. Fraglich ist, ob diese Vereinfachungsregelung auch entsprechend beim Wechsel der Gewinnermittlungsart gelten soll. M.E. kann man dies bejahen, denn der Vereinfachungsgedanke dieser Regelung unterliegt praktischen Erwägungen. Ursprünglicher Rentenbarwert ist dann der in der letzten Sbil. passivierter Rentenbarwert. Sobald die Summe der innerhalb der § 4 Abs. 3-Rechnung entrichteten Rentenzahlungen diesen Wert übersteigt, liegen in voller Höhe abzugsfähige BA vor.	**Keine Gewinnkorrektur.** Der zum Zeitpunkt des Übergangs vorhandene Barwert wird innerhalb der § 4 Abs. 3-Rechnung durch die laufenden Rentenzahlungen gewinnneutral aufgebraucht. Die danach zu leistenden Rentenzahlungen mindern dann in voller Höhe den Gewinn. **Keine Gewinnkorrektur**
• bzgl. der Anschaffung von Umlaufvermögen	Wie vor	**Beachte:** Ist der ursprüngliche Rentenbarwert im Zeitpunkt des Übergangs bereits vollständig verbraucht, so besteht kein Raum mehr für die Vereinfachungsregelung; es gilt in diesem Fall wieder der Grundsatz. Die Rentenzahlungen sind in voller Höhe als BA zu berücksichtigen.	**Hinzurechnung** i.H.d. zum Zeitpunkt des Übergangs ermittelten Rentenbarwerts, weil sich ansonsten insoweit eine doppelte Gewinnminderung ergeben würde.

Bilanzposition	Buchführung	§ 4 Abs. 3 EStG	Korrekturen
Rücklagen			
	Rücklagen für Ersatzbeschaffungen und Rücklagen nach § 6c i.V.m. § 6b sowie nach § 7g Abs. 3–7 sind i.R.d. Buchführung möglich.	I.R.d. § 4 Abs. 3-Rechnung sind nur folgende Rücklagen möglich: • Rücklagen für Ersatzbeschaffungen (R 6.6), • Rücklagen nach § 6c, • Rücklagen nach § 7g Abs. 3–7.	**Keine Gewinnkorrektur.** Geht ein Steuerpflichtiger während des Zeitraums, für den eine nach § 6b Abs. 3 gebildete Rücklage fortgeführt werden kann, von der Gewinnermittlung durch Buchführung zur Gewinnermittlung nach § 4 Abs. 3 über, so gelten für die Fortführung und Übertragungsmöglichkeiten dieser Rücklage die Vorschriften des § 6c. Ist die Rücklage nach § 6b Abs. 3 aus Anlass der Veräußerung solcher Wirtschaftsgüter gebildet worden, die nicht nach § 6c begünstigt sind, so ist die hierauf entfallende Rücklage im Wirtschaftsjahr der Änderung der Gewinnermittlungsart gewinnerhöhend aufzulösen (R 6b.2 Abs. 11 Satz 1 und 2). Diese Auflösung hat jedoch nicht die fiktive Zwangsverzinsung des § 6b Abs. 7 zur Folge, weil die Auflösung nicht aufgrund eines gesetzlichen Zwangs erfolgte. Andere nur in der Buchführung möglichen Rücklagen sind hinzuzurechnen.

Bilanzposition	Buchführung	§ 4 Abs. 3 EStG	Korrekturen
Rückstellungen			
	Möglich z.B.: Gewerbesteuerrückstellung (R 4.9 Abs. 2). Die entsprechenden Rückstellungen sind bereits gewinnmindernd erfasst worden.	Mit Zahlung werden die entsprechenden Beträge noch einmal als BA berücksichtigt.	**Hinzurechnung,** sonst doppelte Gewinnminderung

Bilanzposition	Buchführung	§ 4 Abs. 3 EStG	Korrekturen
Umsatzsteuer			
• Umsatzsteuer-Zahllast (Verbindlichkeit gegenüber dem FA)	Die Entstehung wurde erfolgsneutral verbucht.	Bei Zahlung an das FA = BA. **Beachte:** Es wird hier davon ausgegangen, dass die USt auf die Wertabgabe als BE behandelt wird.	**Hinzurechnung,** sonst wäre keine gewinnneutralisierende Korrektur der Umsatzsteuer mehr gegeben.
• Umsatzsteuer auf Kundenanzahlungen (§ 13 Abs. 1 Nr. 1 Buchst. a Satz 4 und § 20 UStG)	Egal wie diese Umsatzsteuer technisch verbucht wurde, es ergab sich hierdurch keine Gewinnauswirkung, s.a. § 5 Abs. 5 Satz 2 Nr. 2 EStG.	Bei Zahlung an das FA = BA.	Dieser Betrag ist bereits in der Umsatzsteuer-Zahllast enthalten.

Bilanzposition	Buchführung	§ 4 Abs. 3 EStG	Korrekturen
Verbindlichkeiten			
• im Zusammenhang mit der Anschaffung/Herstellung von abnutzbarem Anlagevermögen	Die Verbindlichkeit als solche hat keine Auswirkung auf den Gewinn. Die entstandenen AK/HK sind über die AfA als Aufwand zu berücksichtigen.	Die Verbindlichkeit als solche hat keine Auswirkung auf den Gewinn. Die entstandenen AK/HK sind über die AfA als BA zu berücksichtigen.	**Keine Gewinnkorrektur.** **Beachte:** Die in den Verbindlichkeiten enthaltene abzugsfähige Vorsteuer ist nicht Bestandteil der AK/HK. I.R.d. Buchführung hat sich die Aktivierung der Vorsteuer gewinnneutral ausgewirkt. Da die Bezahlung jedoch erst erfolgt, wirkt sich die Vorsteuer i.R.d. § 4 Abs. 3-Rechnung bei Zahlung als BA aus. Deshalb sind die in den Verbindlichkeiten enthaltenen abzugsfähigen Vorsteuerbeträge zur gewinnneutralisierenden Korrektur hinzuzurechnen.
• im Zusammenhang mit der Anschaffung/Herstellung von nicht abnutzbarem Anlagevermögen	Die Verbindlichkeit als solche hat keine Auswirkung auf den Gewinn. Die entstandenen AK/HK würden sich aber erst bei Veräußerung entsprechend auswirken.	Die Verbindlichkeit als solche hat keine Auswirkung auf den Gewinn. Die entstandenen AK/HK sind aber erst bei Veräußerung als BA zu berücksichtigen.	**Keine Gewinnkorrektur.** **Beachte:** Wie vor.

Wechsel der Gewinnermittlungsart

Bilanzposition	Buchführung	§ 4 Abs. 3 EStG	Korrekturen
Verbindlichkeiten			
• im Zusammenhang mit der Anschaffung/Herstellung von Umlaufvermögen	Der Wareneingang wurde als Aufwand verbucht.	Die AK/HK sind bei Zahlung nochmals als Betriebsausgaben zu erfassen.	**Hinzurechnung** i.H.d. Brutto-Verbindlichkeit, sonst doppelte Gewinnminderung. Im Gegenzug wird der Warenbestand auch abgerechnet. In der Praxis wäre es sehr schwierig festzustellen, ob die vorhandenen Warenbestände bereits im abgelaufenen Jahr bezahlt wurden oder nicht. Daher ist es geschickter, i.H.d. in der Sbil. ausgewiesenen Warenendbestands eine Abrechnung und i.H.d. in der Sbil. ausgewiesenen Warenverbindlichkeit eine Hinzurechnung vorzunehmen. Die abzugsfähige Vorsteuer ist in dieser Hinzurechnung enthalten.
• Sonstige Verbindlichkeiten (z.B. Miete, Löhne, Zinsen)	Die Entstehung wurde als Aufwand verbucht.	Bei Zahlung der jeweiligen Beträge sind nochmals als BA zu erfassen.	**Hinzurechnung**, sonst doppelte Gewinnminderung

Bilanzposition	Buchführung	§ 4 Abs. 3 EStG	Korrekturen
Wertsicherungsklausel			
Bei Erhöhung einer Rentenverpflichtung, die z.B. bei Erwerb des Betriebes entstanden ist.	Die Erhöhung einer Rentenverpflichtung durch eine Wertsicherungsklausel führte zum Ausweis eines entsprechend höheren Teilwerts der Verbindlichkeit. Durch die Vornahme dieser	Die Erhöhung der Rentenverpflichtung durch eine Wertsicherungsklausel wirkt sich im jeweiligen Zahlungsjahr gewinnmindernd aus.	**Hinzurechnung** i.H.d. bereits gewinnmindernd berücksichtigten Erhöhungsbetrags, der noch auf zukünftige Rentenzahlungen entfällt; d.h., es muss errechnet werden, welcher Teil des noch

Bilanzposition	Buchführung	§ 4 Abs. 3 EStG	Korrekturen
Wertsicherungsklausel			
	Teilwertzuschreibung wirkte sich die Wertsicherungsklausel sofort und in voller Höhe gewinnmindernd aus (§ 6 Abs. 1 Nr. 3 und H 6.10 [Rentenverpflichtung]). In der Sbil. ist die Rentenverpflichtung bereits mit dem höheren Teilwert zu passivieren.		vorhandenen Barwerts auf den Erhöhungsbetrag entfällt (Teilwertzuschreibung).

5. Ermittlung des Übergangsgewinns

Die Ermittlung des bei einem Wechsel der Gewinnermittlungsart erforderlichen Übergangsgewinns erfolgt nach der Formel:

$$\begin{aligned}&\text{Summe der Hinzurechnungen}\\ \underline{./.\ }&\underline{\text{Summe der Abrechnungen}}\\ =\ &\text{Übergangsgewinn}\end{aligned}$$

6. Besteuerungszeitpunkt des Übergangsgewinns

6.1 Wechsel von der § 4 Abs. 3-Rechnung zur Buchführung

Über die Hinzurechnungen und Abrechnungen ist dem Grunde und der Höhe nach in dem Veranlagungszeitraum zu entscheiden, in dem **erstmals** der **Gewinn** durch **Buchführung ermittelt** wird (H 4.6 [Gewinnberichtigung beim Wechsel der Gewinnermittlungsarten – Wechsel zum Betriebsvermögensvergleich] EStH). Der außerhalb der Bilanz anzusetzende Übergangsgewinn ist Teil des laufenden Gewinns und grundsätzlich auch im Veranlagungsjahr des Übergangs zu versteuern. Der insgesamt zu versteuernde Gewinn ergibt sich also aus dem laufenden Gewinn nach dem Betriebsvermögensvergleich zzgl. dem Übergangsgewinn. Der Übergangsgewinn berührt also den letzten Gewinn, der durch die § 4 Abs. 3-Rechnung ermittelt wurde, nicht.

Zur Vermeidung von Härten (erhebliche Übergangsgewinne durch Hinzurechnungen, mit der damit evtl. verbundenen Höhe der Einkommensteuer) kann, auf Antrag des Steuerpflichtigen, der Übergangsgewinn gleichmäßig entweder auf das Jahr (gemeint ist wohl das Wirtschaftsjahr) des Übergangs und das folgende Jahr oder auf das Jahr des Übergangs und die beiden folgenden Jahre verteilt werden (max. also auf drei Jahre, R 4.6 Abs. 1 Satz 4 EStR). Der Antrag muss vom Steuerpflichtigen ausgehen. Dieser muss überschlagen, wie sich der laufende Gewinn entwickeln kann und ob eine solche Verteilung sinnvoll ist; ggf. ist eine vorläufige Veranlagung (§ 165 AO) von Vorteil. Diese Verteilungsmöglichkeit mit progressivem Steuerstundungseffekt besteht jedoch nur dann, wenn der Betrieb vom Steuerpflichtigen auch weiter fortgeführt wird; d.h., dass z.B. bei einer Betriebsveräußerung eine solche Verteilung nicht in Betracht kommt. Der Antrag auf eine Verteilung ist unabhängig von der Höhe des Übergangsgewinns möglich. Wird der Betrieb vor Ablauf des Verteilungszeitraums veräußert oder aufgegeben, so erhöhen die noch nicht berücksichtigten Beträge den laufenden Gewinn des letzten Wirtschaftsjahrs (R 4.6 Abs. 1 Satz 5 EStR). Ein Übergangsverlust ist stets im Übergangsjahr anzusetzen; eine Verteilung kommt hier nicht in Betracht.

6.2 Wechsel von der Buchführung zur § 4 Abs. 3-Rechnung

Beim Übergang von der Gewinnermittlung durch Buchführung zur Gewinnermittlung nach § 4 Abs. 3 EStG sind die durch den Wechsel der Gewinnermittlungsart bedingten Hinzurechnungen und Abrechnungen grundsätzlich im ersten Jahr nach dem Übergang zur Gewinnermittlung nach § 4 Abs. 3 EStG vorzunehmen (R 4.6 Abs. 2 EStR). Eine Verteilung des Übergangsgewinns ist in diesem Fall grundsätzlich nicht vorgesehen (H 4.6 [Keine Verteilung des Übergangsgewinns] EStH). Die Begründung dafür ist u.a., dass ein solcher Wechsel i.d.R. freiwillig erfolgt, während ein umgekehrter Wechsel in vielen Fällen (z.B. Beginn der Buchführungspflicht) zwingend vorgenommen werden muss.

Soweit sich aber die Betriebsvorgänge, die den durch den Wechsel der Gewinnermittlungsart bedingten Korrekturen entsprechen, noch nicht im ersten Jahr nach dem Übergang zur Gewinnermittlung nach § 4 Abs. 3 EStG ausgewirkt haben (z.B. Kundenforderungen gehen erst 2 Jahre nach dem Übergang ein), können diese Korrekturen auf Antrag grundsätzlich in dem Jahr vorgenommen werden, in dem sich die Betriebsvorgänge auswirken (H 4.6 [Gewinnberichtigungen beim Wechsel der Gewinnermittlungsart – Wechsel zur Einnahme-Überschussrechnung] EStH).

> **Beispiel:**
> Rückstellungen für Prozesskosten müssten zur Ermittlung des Übergangsgewinns hinzugerechnet werden. Auf Antrag jedoch kann diese Hinzurechnung aber erst im Jahr der tatsächlichen Inanspruchnahme berücksichtigt werden. Wird z.B. der Prozess erst im übernächsten Jahr verloren und es entstehen Prozesskosten, so ist die Rückstellung erst dann gewinnerhöhend aufzulösen.

7. Zu Beginn der § 4 Abs. 3-Rechnung bereits vorhandene Wirtschaftsgüter

Bei Betriebseröffnung oder Betriebserwerb sind alle Wirtschaftsgüter nach den allgemeinen Grundsätzen innerhalb der § 4 Abs. 3-Rechnung zu erfassen. So sind z.B. die Anschaffungskosten für erworbenes Umlaufvermögen mit Zahlung als Betriebsausgabe zu berücksichtigen. Für die Ermittlung der Gewinnkorrekturen sind diese Bestände m.E. ohne Bedeutung. Entscheidend sind allein die Bestände, die zum Zeitpunkt der ersten Bilanz vorhanden sind.

8. Wechsel bei Betriebsveräußerung oder -aufgabe

Bei Veräußerung oder Aufgabe eines Betriebs ist der Steuerpflichtige so zu behandeln, als ob er im Zeitpunkt der Veräußerung oder Aufgabe zunächst zur Buchführung übergegangen wäre (R 4.5 Abs. 6 Satz 1 EStR → **Betriebsveräußerung** → **Betriebsaufgabe**). Als Folge ergibt sich somit ein Wechsel der Gewinnermittlungsart, der die Ermittlung eines Übergangsgewinns erforderlich macht. Sinn dieser Regelung ist, dass auch Steuerpflichtige mit § 4 Abs. 3-Rechnung spätestens bei der Einstellung ihrer betrieblichen Tätigkeit denselben Totalgewinn versteuern müssen wie buchführend Steuerpflichtige. Demnach muss der Steuerpflichtige auf den Zeitpunkt der Betriebsveräußerung oder – aufgabe eine Schlussbilanz nach den Grundsätzen des Bilanzsteuerrechts erstellen. Die einzelnen zu bildenden aktiven und passiven Bilanzpositionen sind dem Grunde und der Höhe nach mit den Werten anzusetzen, mit denen sie bilanziert worden wären, wenn von Beginn an der Gewinn durch Buchführung ermittelt worden wäre (H 4.6 [Bewertung von Wirtschaftsgütern] EStH).

Weder handels- noch steuerrechtlich besteht eine Verpflichtung, eine eigenständige Aufgabe- oder Veräußerungsbilanz innerhalb einer bestimmten Frist aufzustellen. Die maßgeblichen Vorschriften des HGB, des § 4 Abs. 1 Satz 1 und 5 Abs. 1 EStG und § 141 Abs. 1 AO beziehen sich ausschließlich auf die Bilanzen der laufenden Gewinnermittlung. Der seinen Betrieb aufgebende oder veräußernde Steuerpflichtige ist nicht einmal gehalten, den Aufgabe- oder Veräußerungsgewinn gemäß § 16 Abs. 2 Satz 1 EStG mit Hilfe einer eigenständigen Aufgabe- oder Veräußerungsbilanz zu ermitteln; lediglich der Ansatzwert des § 16 Abs. 2 Satz 2 EStG ist zwingend einer Bilanz, der letzten Schlussbilanz, zu entnehmen.

Die wegen des Wechsels erforderlichen Hinzurechnungen und Abrechnungen sind nicht beim Veräußerungs- oder Aufgabegewinn, sondern beim laufenden Gewinn des Veranlagungszeitraums zu erfassen, in dem die Betriebsveräußerung bzw. -aufgabe vollzogen wurde. Der Grund ist darin zu sehen, dass diese Vorgänge den laufenden betrieblichen Gewinn betreffen und nicht den Veräußerungs- bzw. Aufgabegewinn selbst beeinflussen. Eine Verteilung des Übergangsgewinns auf mehrere Jahre ist in diesem Fall jedoch nicht möglich (H 4.5 (6) [Übergangsgewinn] EStH). Daher ist es steuerlich i.d.R. günstiger, die Betriebsveräußerung oder -aufgabe erst zum Beginn des nächsten Jahres zu realisieren.

Der Gewinn des Veräußerungs- oder Aufgabejahres berechnet sich also aus der Summe des laufenden § 4 Abs. 3-Gewinns zzgl. des Übergangsgewinns und zzgl. des ggf. steuerlich begünstigten (§§ 16 und 34 EStG) Veräußerungsgewinns. Diese Ausführungen gelten entsprechend auch für die Gewerbesteuer, wobei jedoch ein Veräußerungs- oder Aufgabegewinn nicht erfasst wird (Abschn. 39 Abs. 3 Satz 4 und 5 GewStR).

Wurde ein bereits in früheren Jahren ermittelter Übergangsgewinn antragsgemäß auf zwei oder drei Jahre verteilt und wird der Betrieb in diesem Zeitraum veräußert oder aufgegeben, so sind die noch nicht berücksichtigten Beträge dem laufenden Gewinn des letzten Wirtschaftsjahrs zuzurechnen (R 4.6 Abs. 1 Satz 4 und 5 EStR). Entsprechendes gilt auch bei der Veräußerung oder Aufgabe eines Teilbetriebs (R 4.5 Abs. 6 Satz 2 EStR).

9. Wechsel bei Betriebsverpachtung

Bei einer → **Betriebsverpachtung** hat der Steuerpflichtige, der bisher den Gewinn durch die § 4 Abs. 3-Rechnung ermittelte, ein Wahlrecht zwischen der Betriebsaufgabe und Versteuerung der Pachteinnahmen als nachträgliche Betriebseinnahmen. Nur im Falle der erklärten Betriebsaufgabe ist ein Wechsel zur Buchführung mit allen Folgen zwingend vorzunehmen. Ansonsten ist ein solcher Wechsel nicht vorzunehmen, denn nach Auffassung der Finanzverwaltung ist auch bei → **nachträglichen Einkünften** die Gewinnermittlung nach § 4 Abs. 3 EStG möglich. Für die Gewerbesteuer ist aber in beiden Fällen ein Wechsel mit den jeweiligen Gewinnkorrekturen vorzunehmen, da bei Einzelunternehmern und Personengesellschaften die Gewerbesteuerpflicht mit der Verpachtung des Betriebs endet (Abschn. 11 Abs. 3 Satz 1 bis 3 und Satz 8 und 9 GewStR).

10. Wechsel bei unentgeltlicher Betriebsübertragung

Die unentgeltliche → **Betriebsübertragung**, z.B. durch vorweggenommene Erbfolge, Erbschaft, Schenkung, Vermächtnis oder auch bei einer Realteilung und Umwandlung ohne Gewinnrealisierung, führt als solche nicht zu einem Wechsel der Gewinnermittlungsart, da der Betriebsübernehmer in die Rechtsstellung des Rechtsvorgängers eintritt und damit dessen steuerliche Werte fortführen muss. Eine unentgeltliche Betriebsübertragung i.d.S. liegt auch vor bei Zahlung von Versorgungsrenten.

Geht der Rechtsnachfolger – aus welchen Gründen auch immer – nach der Übertragung zur Buchführung über, so sind die erforderlichen Gewinnkorrekturen im Jahr des Übergangs beim Rechtsnachfolger vorzunehmen. Als eine Folge der Fußstapfentheorie muss der Rechtsnachfolger diese Gewinnkorrekturen gegen sich gelten lassen. Dabei ist eine gleichmäßige Verteilung des Übergangsgewinns nach R 4.6 Abs. 1 Satz 4 EStR möglich.

Aus der Fußstapfentheorie lässt sich als weitere Folge für die Betriebsübertragung entnehmen, dass der Rechtsnachfolger auch fortführen kann, was die auf ihn übertragenen Vermögenswerte an möglichen Korrekturmöglichkeiten zugunsten und zuungunsten beinhalten. Dies gilt insbesondere für den Übergangsgewinn, der aus Billigkeitsgründen auf Antrag des Rechtsvorgängers auf das Jahr des Übergangs und das folgende Jahr bzw. die beiden folgenden Jahre verteilt wurde. Da der Rechtsnachfolger so zu stellen ist, als ob er den Betrieb schon zu Zeiten des Rechtsvorgängers besessen hätte, muss er auch die Konsequenzen aus den Gewinnkorrekturen tragen, die bereits beim Rechtsvorgänger begründet worden sind (H 4.6 [Unterbliebene Gewinnkorrekturen] EStH).

> **Beispiel:**
> Willi ermittelte bis 31.12.07 seinen Gewinn zulässigerweise durch die § 4 Abs. 3-Rechnung. Mit Wirkung vom 1.1.08 ging er zur Buchführung über. Für das Kalenderjahr 08, das erste Jahr des Betriebsvermögensvergleichs, wurde ein Übergangsgewinn i.H.v. 60 000 € ermittelt, der auf Antrag auf drei Jahre verteilt werden sollte. Zum 1.1.09 wurde der Betrieb im Rahmen einer vorweggenommenen Erbfolge vom Sohn unentgeltlich übernommen. Dieser führt den Betrieb unverändert fort und ermittelt den Gewinn auch durch Buchführung.

Lösung:
Bei der Veranlagung des Willi zur Einkommensteuer 08 sind dem laufenden Gewinn 20 000 € als Übergangsgewinn hinzuzurechnen. Bei den Veranlagungen zur Einkommensteuer 09 und 10 des Sohnes sind dem laufenden Gewinn jeweils 20 000 € als Übergangsgewinn hinzuzurechnen. Erfolgt die unentgeltliche Betriebsübertragung im Laufe des Jahres, so ist m.E. das noch vorhandene Verteilungsvolumen entsprechend zeitanteilig zuzuordnen.

11. Wechsel bei Schätzung

Für Betriebe, für die keine Buchführungspflicht besteht, für die auch freiwillig keine Bücher geführt werden und für die anhand der Unterlagen auch nicht festgestellt werden kann, dass die § 4 Abs. 3-Rechnung gewählt wurde, ist der Gewinn nach § 4 Abs. 1 EStG unter Berücksichtigung der Verhältnisse des Einzelfalles, unter Umständen auch unter Anwendung von Richtsätzen zu schätzen (H 4.1 [Gewinnschätzung] EStH und → **Schätzung**). Wird der Gewinn, der bisher durch die § 4 Abs. 3-Rechnung ermittelt wurde, erstmals durch eine solche Vollschätzung nach § 4 Abs. 1 Satz 1 EStG bzw. § 5 Abs. 1 EStG ermittelt (z.B. weil die § 4 Abs. 3-Rechnung formell nicht anerkannt werden konnte), so liegt ein Wechsel der Gewinnermittlungsart vor (R 4.6 Abs. 1 Satz 1 EStR). Die erforderlichen Gewinnkorrekturen sind regelmäßig im Jahr der Schätzung vorzunehmen (R 4.6 Abs. 1 Satz 2 EStR). Eine gleichmäßige Verteilung i.S.v. R 4.6 Abs. 1 Satz 4 EStR sollte m.E. auch in diesem Fall möglich sein, wenn sichergestellt ist, dass die Übergangsgewinnteile in den Folgejahren auch tatsächlich versteuert werden. Ein Wechsel der Gewinnermittlungsart scheidet dann aus, wenn der Gewinn bereits in den Vorjahren griffweise oder nach dem Soll- oder Istumsatz unter Anwendung von Richtsätzen nach den Grundsätzen der Buchführung geschätzt worden ist (R 4.6 Abs. 1 Satz 3 EStR).

Wurde der Gewinn einer anzuerkennenden § 4 Abs. 3-Rechnung lediglich durch Ergänzungsschätzungen bei den Betriebseinnahmen und/oder Betriebsausgaben berichtigt, so ist dies eine teilweise Schätzung innerhalb der § 4 Abs. 3-Rechnung und führt deshalb nicht zu einem Wechsel der Gewinnermittlungsart. Hat ferner ein Steuerpflichtiger den Gewinn für seinen Betrieb durch die § 4 Abs. 3-Rechnung ermittelt, kann ggf. auch eine Gewinnschätzung in dieser Gewinnermittlungsart in Betracht kommen (H 4.1 [Gewinnschätzung] EStH). Da in beiden Fällen kein Wechsel der Gewinnermittlungsart vorliegt, sind folglich auch keine Gewinnkorrekturen erforderlich.

12. Fehlerhafte Berechnung des Übergangsgewinns

Wurde der Übergangsgewinn falsch berechnet und ist der Einkommensteuerbescheid des Übergangsjahrs bereits nach den Vorschriften der AO materiell und formell bestandskräftig – d.h. es ist kein Einspruch mehr möglich –, kommt eine Korrektur des Übergangsgewinns, zugunsten wie auch zuungunsten, nur insoweit in Betracht, als der Steuerbescheid nach den Vorschriften der AO berichtigt oder geändert werden kann (z.B. nach § 129 AO oder § 173

AO, einschließlich der Fehlerkompensation nach § 177 AO). Eine bei einem früheren Wechsel der Gewinnermittlungsart zu Unrecht unterbliebene Hinzurechnung oder Abrechnung kann nicht bei einem nochmaligen weiteren Übergang mit erforderlicher Gewinnkorrektur berücksichtigt werden (H 4.6 [Unterbliebene Gewinnkorrekturen] EStH).

Literatur: Gunsenheimer, Übersicht über die Behandlung von Bilanzposten beim Wechsel der Gewinnermittlungsart, Steuer & Studium Beilage 2001; Gunsenheimer, Fallstudie zum Wechsel der Gewinnermittlungsart – Übergang von der Einnahme-Überschussrechnung zum Betriebsvermögensvergleich, Steuer & Studium 2001, 131; Korn, »Übergangsbesteuerung« bei der Aufnahme von Partnern in Einzelpraxen und Sozietäten mit Gewinnermittlung nach § 4 Abs. 3 EStG, FR 2005, 1236; Ritzrow, Übergang von der Gewinnermittlung nach § 4 Abs. 3 EStG zur Gewinnermittlung nach § 4 Abs. 1 bzw. 5 EStG Teil I und II, Die steuerliche Betriebsprüfung 2007, 338 und 362; Gunsenheimer, Wechsel der Gewinnermittlungsart, NWB Fach 17, 2251; Gunsenheimer, Wechsel der Gewinnermittlungsart, Steuer & Studium 2009, 475.

Z

Zahngold

→ Betriebsaufgabe → Betriebsvermögen
→ Betriebsausgaben → Tausch
→ Betriebseinnahmen → Umlaufvermögen

Der Zahngoldbestand eines Zahnarztes setzt sich zusammen aus den Altgoldmengen (gebrauchtes Dentalgold) sowie aus Dentalgold.

Das Altgold besteht z.B. aus alten Zähnen, Brücken, Kronen und Gaumenplatten und sonstigen Abfällen, die bei der Behandlung von Patienten anfallen. Die Altgoldmengen gehören zum notwendigen → **Betriebsvermögen**, da das Altgold i.R.d. betrieblichen Tätigkeit als Zahnarzt als Betriebseinnahme zugegangen ist. Die Sacheinnahme ist in dem Zeitpunkt als Betriebseinnahme und Entgelt zu erfassen, in dem der Sachwert zufließt. Nach der Lebenserfahrung ist davon auszugehen, dass diese Goldabfälle zur Lieferung an eine Scheideanstalt gesammelt werden. Aus diesem Grund gehören die Goldabfälle nicht zum Privat-, sondern zum betrieblichen → **Umlaufvermögen**. Dem Zugang eines als Betriebseinnahme zu erfassenden Sachwerts ist für Zwecke der Gewinnermittlung gedanklich eine gleich hohe Betriebsausgabe entgegenzustellen, so dass sich der Vorgang insgesamt ergebnisneutral auswirkt. Bei einer Veräußerung ist der Erlös als Betriebseinnahme zu erfassen (s.a. BFH-Urteil vom 12.3.1992 IV R 29/91, BStBl II 1993, 36).

Das zur betrieblichen Verwendung angeschaffte Zahngold gehört zum notwendigen Betriebsvermögen (BFH-Urteil vom 12.7.1990 IV R 137-138/89, BStBl II 1991, 13). Die betriebliche Verwendung ergibt sich daraus, dass
- der Zahnarzt das Gold zur Verarbeitung im eigenen Labor verwendet und
- er es an zahntechnische Labors zur Verwendung i.R.d. von ihm dem Labor erteilten Aufträge weitergibt (Beistellung).

Es macht keinen Unterschied, ob der Zahnarzt nur von Fall zu Fall Dentalgold erwirbt oder ob er einen gewissen Vorrat anlegt. Im BFH-Urteil vom 12.7.1990 (a.a.O.) hat der BFH ausgeführt, dass auch für Angehörige freier Berufe i.S.d. § 18 Abs. 1 Nr. 1 EStG der Grundsatz gelte, dass es Sache des Steuerpflichtigen sei, über Zeitpunkt und Umfang der Vorratsbeschaffung zu befinden. So kann der Zahnarzt bestrebt sein, eine günstige Marktsituation auszunutzen und deshalb einen umfangreichen Vorratskauf tätigen. Dieser Betrachtung seien allerdings Grenzen gesetzt. Ergebe sich, dass der Zahnarzt während eines überschaubaren Zeitraums den angeschafften Goldvorrat mengenmäßig nicht verbrauchen konnte oder tatsächlich nicht verbraucht hat, sondern zur Realisierung von Wertsteigerungen oder zur Begrenzung von Wertverlusten Teile des Zahngoldvorrats an den Lieferanten zurückverkauft hat, oder auch der beschaffte Vorrat während der voraussichtlich begrenzten Dauer der freiberuflichen Tätigkeit nicht mehr verbraucht werden kann, sondern anlässlich ihrer Beendigung veräußert werden muss, könne daraus geschlossen werden, dass für die Beschaffung zumindest eines Teils des Goldvorrats allein spekulative Überlegungen, nicht aber Praxisbedürfnisse ursächlich gewesen seien. Im BFH-Urteil vom 12.7.1990 (a.a.O.) sind Anschaffungen von 8,7 kg Dentalgold bzw. von 12 kg im Jahre als betrieblich veranlasst angesehen worden, obwohl damit bei einem durchschnittlichen Verbrauch von 2,5 kg ein Vorrat für sechs bis sieben Jahre angelegt worden war.

Wird der von einem Zahnarzt angeschaffte Zahngoldvorrat nicht innerhalb eines Zeitraums von maximal sieben Jahren verbraucht, kann dies ein Indiz dafür sein, dass er zur privaten Vermögensbildung angeschafft worden ist. Dieser Schluss ist jedoch dann nicht zulässig, wenn der Steuerpflichtige nachweist, dass er bei Anschaffung mit einem Verbrauch innerhalb des genannten Zeitraums gerechnet hatte (BFH-Urteil vom 26.5.1994 IV R 101/93, BStBl II 1994, 750).

Im Urteil vom 17.4.1986 (IV R 115/84, BStBl II 1986, 607 → **Tausch**) nimmt der BFH zum Ansatz von Betriebseinnahmen und -ausgaben bei der Anschaffung und Veräußerung von Zahngold Stellung.

Patienten	Zahnarzt	Verwendung der Edelmetallabfälle
überlassen dem Zahnarzt die alten Goldbrücken und Goldfüllungen entweder schenkweise oder üblicherweise als zusätzliches Entgelt für die Behandlung.	In jedem Fall handelt es sich um betrieblich veranlasste Zugänge in Geldeswert, die als Betriebseinnahmen zu berücksichtigen sind (s.a. → **Betriebsausgaben** Abbildung: Betriebsausgaben und -einnahmen beim Erhalt eines Sondergutes). Das Zahngold wird zur Lieferung an eine Scheideanstalt gesammelt. Es ist zur Veräußerung bestimmt und somit nicht Privatvermögen. In Höhe des Goldwertes hat der Zahnarzt eine Betriebseinnahmen und gleichzeitig eine Betriebsausgabe.	Der Zahnarzt tauscht die Edelmetallabfälle gegen Feingold. Ursächlich für die Anschaffung des Feingoldes sind private Gründe der Vermögensvorsorge. Durch die Lieferung der zum Betriebsvermögen gehörenden Edelmetallabfälle im Tausch gegen Feingold hat der Zahnarzt eine Betriebseinnahme i.S.d. § 4 Abs. 3 EStG realisiert, da ihm dadurch ein geldwerter Gegenstand zugegangen ist und dieser Zugang im Hinblick auf die Aufgabe von Betriebsgegenständen betrieblich veranlasst ist. Ob die erlangte Gegenleistung in den betrieblichen oder in den privaten Bereich gelangt, hat dafür keine Bedeutung. Eine Betriebseinnahme setzt nicht voraus, dass die erlangte Leistung Betriebsvermögen wird.

Abbildung: Betriebsausgaben und -einnahmen beim Erwerb und der Veräußerung von Zahngold

Erlöse aus der Veräußerung von Edelmetallabfällen können Teil des begünstigten Gewinns aus der Aufgabe (**Betriebsaufgabe**) einer Zahnarztpraxis sein, wenn sie im Zusammenhang mit der Praxisaufgabe erzielt werden.

Zu- und Abflussprinzip

→ Betriebsausgaben
→ Betriebseinnahmen

→ Honorare (Ärzte)

Rechtsquellen
→ § 11 Abs. 1 EStG
→ § 11 Abs. 2 EStG

→ R 4.5 Abs. 2 Satz 1 EStR
→ H 11 EStH

1. Grundsatz des Zuflussprinzips

Einnahmen sind in dem Zeitpunkt **zugeflossen**, in dem der Stpfl. die **Verfügungsmacht** erlangt hat (H 11 [Allgemeines – Zufluss von Einnahmen] EStH). Die Verfügungsmacht wird in aller Regel dann erlangt, wenn der **Erfolg** bereits **eingetreten** ist (die Zahlung also bereits erfolgt ist) oder die Möglichkeit geschaffen wurde, den Leistungserfolg herbeizuführen (z.B. durch Scheck, H 11 [Allgemeines] EStH). Allein der wirtschaftliche Gesichtspunkt ist entscheidend; zivilrechtliche Vorgaben sind von untergeordneter Bedeutung (BFH-Urteil vom 1.10.1993 III R 32/92, BStBl II 1994, 179). **Unerheblich** ist demnach z.B. die **Fälligkeit** einer Zahlung oder der Zeitraum, für den die Leistung erbracht wurde. Danach liegt ein Zufluss erst mit der tatsächlichen Erlangung der wirtschaftlichen Verfügungsmacht über ein in Geld oder Geldeswert bestehendes WG vor; das ist i.d.R. der Zeitpunkt des Eintritts des Leistungserfolgs oder der Möglichkeit, den Leistungserfolg herbeizuführen (BFH-Urteil vom 21.11.1989 IX R 70/85, BStBl II 1990, 310). Die Form des Übergangs der wirtschaftlichen Verfügungsmacht ist unerheblich. Somit kann auch bei den sog. »schwebenden Geschäften« die Gewinnrealisierung nicht bis zur vollen oder teilweisen Erfüllung der Geschäfte hinausgeschoben werden.

Nach dem Urteil des FG Hamburg vom 21.4.2009 2 K 231/08, LEXinform 508544) ist der Zuflusszeitpunkt eines Kaufpreises bei Zahlung auf ein Notaranderkonto nicht bereits durch die Einzahlung des Kaufpreises auf dieses Konto erfolgt (s.u.).

Beispiel 1:
Ein selbständiger Steuerberater erhält im Kj. 09 eine Abschlagszahlung für eine im Kj. 10 noch zu erbringende Beratungsleistung.

Lösung:
Die Abschlagszahlung ist bereits im Kj. 09 i.S.v. § 11 Abs. 1 Satz 1 EStG zugeflossen und damit in voller Höhe in der Gewinnermittlung für das Kj. 08 zu berücksichtigen.

2. Grundsatz des Abflussprinzips

Ausgaben sind in dem Zeitpunkt **geleistet**, in dem der Stpfl. die **Verfügungsmacht verloren** hat (H 11 [Allgemeines zum Zufluss von Einnahmen] EStH). Nach § 11 Abs. 2 Satz 1 EStG sind Ausgaben für das Kj. abzusetzen, in dem sie geleistet worden sind.

> **Beispiel 2:**
> Der selbständige Steuerberater B. Rater erhält einen Bescheid über Kfz-Steuer für seinen zum Betriebsvermögen gehörenden Pkw. Die Steuer wird festgesetzt für die Zeit vom 6.7.12–5.7.13 i.H.v. 240 €. Fällig ist die Steuer am 17.8.12.
>
> **Lösung:**
> Wird die Kfz-Steuer bereits im Juli 12 bezahlt, so ist die Betriebsausgabe auch im Juli 12 i.S.v. § 11 Abs. 2 Satz 1 EStG geleistet und damit in voller Höhe in der Gewinnermittlung für das Kj. 12 zu berücksichtigen. Wegen des Abflussprinzips ist die Bildung eines aktiven Rechnungsabgrenzungspostens (§ 5 Abs. 5 Nr. 1 EStG), wie i.R.d. Buchführung, nicht vorzunehmen.

3. Anwendung des Zuflussprinzips

Das Zuflussprinzip des § 11 Abs. 1 EStG ist zu beachten:
- bei der Gewinnermittlung nach § 4 Abs. 3 EStG,
- bei der Ermittlung der Überschusseinkünfte (§ 2 Abs. 1 Nr. 4–7, § 8 EStG).

4. Nichtanwendung des Zuflussprinzips

Das Zuflussprinzip ist nicht anzuwenden
- bei der Gewinnermittlung durch Betriebsvermögensvergleich.
- Für Einnahmen, die für eine Nutzungsüberlassung von mehr als fünf Jahren im Voraus geleistet werden, wird dem Stpfl. ein Wahlrecht eingeräumt, die entsprechenden Einnahmen sofort bei Zufluss oder gleichmäßig verteilt auf den Zeitraum, für den die Vorauszahlung vereinbart ist, zu versteuern.
- Das BMF-Schreiben vom 5.4.2005 (BStBl I 2005, 617) nimmt zur Anwendung des § 11 Abs. 1 Satz 3 EStG Stellung. Nach dem BMF-Schreiben vom 15.12.2005 (BStBl I 2005, 1052) ist § 11 Abs. 1 Satz 3 und Abs. 2 Satz 3 EStG nicht auf ein Damnum bzw. Disagio anzuwenden.
- Für Einnahmen aus nichtselbständiger Arbeit, soweit es sich um laufenden Arbeitslohn handelt, ist das Zuflussprinzip nicht anzuwenden (§ 11 Abs. 1 Satz 4 i.V.m. § 38a Abs. 1 Satz 2 und 3 EStG).
- Öffentliche Investitionszuschüsse mindern die Anschaffungs- oder Herstellungskosten des Stpfl. bereits im Jahr der Bewilligung und nicht im Jahr der Auszahlung. Sofern der Empfänger den Zuschuss sofort als Betriebseinnahme versteuern will, muss er das entspre-

chende Wahlrecht ebenfalls im Jahr der Zusage ausüben (BFH-Urteil vom 29.11.2007 IV R 81/05; BStBl II 2008, 561).

Das Zuflussprinzip ist ein die § 4 Abs. 3-Rechnung beherrschendes Grundprinzip. In einigen Ausnahmefällen tritt jedoch dieser Grundsatz hinter die wirtschaftliche Betrachtungsweise. Einige dieser Ausnahmefälle seien hier erwähnt:

a) Einnahmen, die im Namen und für Rechnung eines anderen vereinnahmt werden, sind bei der § 4 Abs. 3-Rechnung nicht zu berücksichtigen, sog. durchlaufende Posten (§ 4 Abs. 3 Satz 2 EStG).
b) Wahlrecht bei Vereinnahmung von Zuschüssen (R 6.5 Abs. 2 EStR).
c) Zeitliche Erfassung von Entnahmen.
d) Bei der Veräußerung eines nach § 6c EStG begünstigten Wirtschaftsguts ist ohne Rücksicht auf den Zeitpunkt des Zufließens des Veräußerungspreises als Gewinn der Betrag begünstigt, um den der Veräußerungspreis nach Abzug der Veräußerungskosten die Aufwendungen für das Wirtschaftsgut übersteigt. Der Veräußerungspreis ist also in voller Höhe im Veräußerungszeitpunkt als Betriebseinnahme zu behandeln, auch wenn er nicht gleichzeitig zufließt (R 6c Abs. 1 EStR). Entsprechend gelten die Veräußerungskosten als im Veräußerungsjahr verausgabt;

5. Anwendung des Abflussprinzips

Das Abflussprinzip des § 11 Abs. 2 EStG ist zu beachten
- bei der Gewinnermittlung nach § 4 Abs. 3 EStG,
- bei der Ermittlung der Überschusseinkünfte (§ 2 Abs. 1 Nr. 4–7 EStG),
- bei der Ermittlung der abzugsfähigen Sonderausgaben,
- bei der Ermittlung der abzugsfähigen außergewöhnlichen Belastungen und der Werbungskosten.

6. Nichtanwendung des Abflussprinzips

Das Abflussprinzip ist nicht anzuwenden
- bei der Gewinnermittlung durch Betriebsvermögensvergleich (§ 11 Abs. 2 Satz 6 EStG);
- bei Anwendung der Absetzung für Abnutzung (§ 7 EStG);
- bei Anschaffung geringwertiger Wirtschaftsgüter;
- beim Werbungskostenabfluss bei privaten Veräußerungsgeschäften;
- im Fall des § 4 Abs. 3 Satz 4 EStG: Anschaffungs- oder Herstellungskosten
  - für nicht abnutzbare WG des Anlagevermögens,
  - für Anteile an Kapitalgesellschaften,
  - für Wertpapiere und vergleichbare nicht verbriefte Forderungen und Rechte,
  - für Grund und Boden sowie
  - Gebäude des Umlaufvermögens

sind erst im Zeitpunkt des Zuflusses des Veräußerungserlöses oder bei Entnahme im Zeitpunkt der Entnahme als Betriebsausgaben zu berücksichtigen.

Außerdem sind die vorstehend aufgeführten Wirtschaftsgüter unter Angabe des Tags der Anschaffung oder Herstellung und der Anschaffungs- oder Herstellungskosten oder des an deren Stelle tretenden Werts in besondere, laufend zu führende Verzeichnisse aufzunehmen (§ 4 Abs. 3 Satz 5 EStG);

- bei Ausgaben für eine Nutzungsüberlassung von mehr als fünf Jahren im Voraus. Die Ausgaben sind insgesamt auf den Zeitraum gleichmäßig zu verteilen, für den die Vorauszahlung geleistet wird. Für Erbbauzinsen und andere Entgelte für die Nutzung eines Grundstücks ist die Regelung erstmals für Vorauszahlungen anzuwenden, die nach dem 31.12.2003 geleistet werden (§ 52 Abs. 30 EStG).

Durch die Klarstellung im Jahressteuergesetz 2007 vom 13.12.2006 (BGBl I 2006, 2878) wird ohne materiell-rechtliche Änderung die geltende Verwaltungsregelung aus dem BMF-Schreiben vom 20.10.2003 (BStBl I 2003, 546) in das Gesetz übernommen. Die Aufwendungen für ein Damnum oder Disagio sind danach wie bisher i.H.d. vom jeweiligen Darlehensnehmer an das Kreditinstitut gezahlten Betrages als Werbungskosten abziehbar, soweit unter Berücksichtigung der jährlichen Zinsbelastung die marktüblichen Beträge nicht überschritten werden. Der über die marktüblichen Beträge hinausgehende Teil ist auf den Zinsfestschreibungszeitraum oder bei dessen Fehlen auf die Laufzeit des Darlehens zu verteilen. Eine Zinsvorauszahlung ist regelmäßig anzunehmen, wenn der Nominalzins ungewöhnlich niedrig und das Damnum entsprechend hoch bemessen ist. Aus Vereinfachungsgründen kann von der Marktüblichkeit ausgegangen werden, wenn für ein Darlehen mit einem Zinsfestschreibungszeitraum von mindestens fünf Jahren ein Damnum i.H.v. bis zu 5 % vereinbart worden ist.

7. ABC der wichtigsten Zuflussvarianten

Nachfolgend eine alphabetische Übersicht über die praktisch wichtigsten »Zuflussvarianten«.

7.1 Allgemeines

Einnahmen sind **zugeflossen**, sobald der Empfänger **wirtschaftlich** über sie **verfügen** kann oder verfügt hat (Zeitpunkt des **Eintritts des Leistungserfolgs**). Dem Eintritt des Leistungserfolgs steht es aber gleich, wenn der Empfänger der Leistung in der Lage ist, den Leistungserfolg ohne weiteres Zutun des im Übrigen leistungsbereiten und leistungsfähigen Schuldners herbeizuführen (BFH-Urteil vom 30.10.1980 IV R 97/78, BStBl II 1981, 305 und BFH-Urteil vom 1.10.1993 III R 32/92, BStBl II 1994, 179).

Ein **Zufluss** von Einnahmen liegt vor, wenn der Empfänger die **wirtschaftliche Verfügungsmacht** über die in Geld oder Geldeswert bestehenden Güter erlangt hat (BFH-Urteil vom 30.1.1975 IV R 190/71, BStBl II 1975, 776 und vom 29.4.1982 IV R 95/79, BStBl II 1982, 593).

Zugeflossen sind **Einnahmen**, sobald der Empfänger wirtschaftlich über sie verfügen kann oder verfügt hat; das ist i.d.R. der Zeitpunkt des **Leistungserfolgs** oder der Möglichkeit, den Leistungserfolg herbeizuführen (BFH-Urteil vom 26.7.1983 VIII R 30/82, BStBl II 1983, 755).

Provisionsvorschüsse sind auch dann zugeflossen, wenn im **Zeitpunkt der Veranlagung feststeht**, dass sie **teilweise zurückzuzahlen** sind. Das »Behaltendürfen« ist **nicht** Merkmal des Zuflusses i.S.d. § 11 Abs. 1 EStG (BFH-Urteil vom 13.10.1989 III R 30-31/85, BStBl II 1990, 287 und vom 25.10.1994 VIII R 79/91, BStBl II 1995, 121).

Der Begriff »**Zufließen**« in § 11 Abs. 1 EStG ist **wirtschaftlich** auszulegen. Hiernach liegt ein Zufluss erst mit der Erlangung der wirtschaftlichen Verfügungsmacht über ein in Geld oder Geldeswert bestehendes WG vor; das ist i.d.R. der Zeitpunkt des Eintritts des Leistungserfolgs oder der Möglichkeit, den Leistungserfolg herbeizuführen. Werterhöhende Aufwendungen des Pächters oder Mieters fließen dem Verpächter oder Vermieter regelmäßig erst in dem Zeitpunkt zu, in dem er den Pachtgegenstand oder Mietgegenstand zurückerhält (BFH-Urteil vom 21.11.1989 IX R 170/85, BStBl II 1990, 310).

Ein Zufluss i.S.v. § 11 Abs. 1 EStG liegt erst mit der tatsächlichen Erlangung der wirtschaftlichen Verfügungsmacht über ein in Geld oder Geldeswert bestehendes WG vor. Die Form des Übergangs der wirtschaftlichen Verfügungsmacht ist unerheblich. Der Stpfl. erlangt diese auch dann, wenn der Geld- oder Sachwert an einen Dritten für Rechnung des Stpfl. geleistet wird. Das »Behaltendürfen« des Zugeflossenen ist nicht Merkmal des Zuflusses. Auch hindern Verfügungsbeschränkungen grundsätzlich den Zufluss nicht. Dies gilt nicht nur für nachträgliche Verfügungsbeschränkungen, sondern auch für im Leistungszeitpunkt bereits bestehende (BFH-Urteil vom 1.10.1993 III R 32/92, BStBl II 1994, 179).

7.2 Arbeitslohn

Überlässt der ArbG dem ArbN eine **Jahresnetzkarte**, so führt dies zum **sofortigen Zufluss** von Arbeitslohn, wenn dem ArbN mit der Karte ein **uneingeschränktes Nutzungsrecht** eingeräumt wurde (BFH-Urteil vom 12.4.2007 VI R 89/04, BStBl II 2007, 719).

Es ist geklärt, dass eine **Abfindung zugeflossen** ist, sobald der Stpfl. über den Betrag **wirtschaftlich verfügen** kann, und dass eine Stundung grundsätzlich den Zufluss hinausschiebt. Wird **Arbeitslohn** dem ArbN **nicht** ausbezahlt, sondern nur gutgeschrieben, so ist die Frage des Zuflusses nach den Gesamtumständen des Einzelfalls zu entscheiden (BFH-Urteil vom 28.9.2005 XI B 82/04, BFH/NV 2006, 520).

Der ArbG leistet einen Beitrag für eine **Direktversicherung** seines ArbN grundsätzlich in dem Zeitpunkt, in dem er seiner Bank einen entsprechenden Überweisungsauftrag erteilt (BFH-Urteil vom 7.7.2005 IX R 7/05, BStBl II 2005, 726).

Tritt der ArbG seinem ArbN eine **Forderung** gegen einen Schuldner zur Abgeltung von **Gehaltsansprüchen ab**, so geschieht diese Abtretung i.d.R. zahlungshalber. In diesem Fall sind die Zahlungen, die der ArbN erhält, erst bei der Erfüllung der abgetretenen Forderung zugeflossener Arbeitslohn. Tritt der ArbG die Forderung ausnahmsweise an Zahlungs statt zur Abgeltung der Gehaltsansprüche an den ArbN ab, so ist die Abtretung der Forderung ein geldwerter Vorteil, der bereits mit der Abtretung dem ArbN zufließt (BFH-Urteil vom 22.4.1966 VI 137/65, BStBl III 1966, 394).

Eine dem ArbG vom ArbN wegen dessen Liquiditätsschwierigkeiten **gestundete Gehaltsforderung fließt** dem ArbN **nicht zu** und ist deshalb nicht als Einnahme bei den Einkünften aus nichtselbständiger Arbeit zu erfassen. Verzichtet der ArbN später auf seine zunächst gestundete Gehaltsforderung, so handelt es sich um einen steuerneutralen Vorgang (BFH-Urteil vom 2.9.1994 VI R 35/94, BFH/NV 1995, 208).

Es ist nicht ernstlich zweifelhaft, dass ein Zufluss von Arbeitslohn nicht bereits durch die Einräumung eines Anspruchs gegen den ArbG, sondern grundsätzlich erst durch dessen Erfüllung begründet wird. Das gilt auch für den Fall, dass der Anspruch – wie ein solcher auf die spätere **Verschaffung einer Aktie** zu einem bestimmten Preis – lediglich die Chance eines zukünftigen Vorteils beinhaltet (BFH-Urteil vom 23.7.1999 VI B 116/99; BStBl II 1999, 684).

Der Zufluss von Arbeitslohn durch Beiträge zur **Zukunftssicherung**, die der ArbG an einen Dritten (z.B. Versicherung) leistet, setzt voraus, dass dem ArbN gegen die Versorgungseinrichtung ein unentziehbarer Rechtsanspruch auf die Leistung zusteht (BFH-Urteil vom 16.4.1999 VI R 75/97, BFH/NV 1999, 1590).

Steht bei einer **Gruppenunfallversicherung** die Ausübung der Rechte aus dem Versicherungsvertrag ausschließlich dem ArbG zu, so fehlt es im Zeitpunkt der Beitragsleistung durch den ArbG auch dann am Zufluss, wenn die ArbN selbst Anspruchsinhaber sind. Beiträge des ArbG für eine Gruppenkrankenversicherung seiner ArbN sind steuerpflichtiger Arbeitslohn, wenn die ArbN im Krankheitsfall die Ansprüche selbst gegen den Versicherer geltend machen können (BFH-Urteile vom 16.4.1999 VI R 66/97, BStBl II 2000, 408 und VI R 60/96, BStBl II 2000, 406).

7.3 Aufrechnung

Die Aufrechnung mit einer **fälligen Gegenforderung** ist eine **Leistung** i.S.v. § 11 Abs. 1 Satz 1 EStG. (Maßgebend ist der Zeitpunkt, in dem sich zwei fällige, gleichartige Forderungen erstmals gegenüberstehen, und wenn einer der Gläubiger die Aufrechnung erklärt, §§ 387–389 BGB; so m.E. wohl auch bei Zufluss; BFH-Urteil vom 19.4.1977 VIII R 119/75, BStBl II 1977, 601.)

7.4 Banküberweisung

Zufluss mit Gutschrift auf dem Konto (Heinicke in Schmidt, EStG, 28. Auflage, § 11 Rdnr. 30).

7.5 Barzahlung

Mit der Geldübergabe (auch an einen Bevollmächtigten) ist die Zahlung zugeflossen, ohne dass es auf das Vorliegen einer rechtlichen Zahlungsverpflichtung oder auf die Fälligkeit ankommt (Heinicke in Schmidt, EStG, 28. Auflage, § 11 Rdnr. 30).

7.6 Beherrschender Gesellschafter, Zufluss von Zinsen und Gewinnausschüttungen

Bei **beherrschenden Gesellschaftern** ist der **Zufluss eines Vermögensvorteils nicht** erst im **Zeitpunkt der Gutschrift** auf dem Konto des Gesellschafters, **sondern** bereits im **Zeitpunkt**

der Fälligkeit der Forderung anzunehmen, denn ein beherrschender Gesellschafter hat es regelmäßig in der Hand, sich geschuldete Beträge auszahlen zu lassen. Diese Zuflussregel gilt jedenfalls dann, wenn der **Anspruch** eindeutig, **unbestritten** und **fällig** ist und sich gegen eine **zahlungsfähige Gesellschaft** richtet (BFH-Urteil vom 8.5.2007 VIII R 13/06, BFH/NV 2007, 2249).

Beherrschenden Gesellschaftern einer Kapitalgesellschaft fließen i.S.d. § 11 EStG Beträge, die die Gesellschaft ihnen schuldet, grundsätzlich mit der Fälligkeit bzw. der Gutschrift zu; es bedarf keiner Klärung, dass diese Beträge bei späterer Gutschrift auf dem Girokonto des Gesellschafters nicht nochmals zu versteuern sind (BFH-Urteil vom 22.3.2007 XI B 78/06, BFH/NV 2007, 1305).

Bei einem **beherrschenden Gesellschafter** ist die **verdeckte Gewinnausschüttung (vGA)** bereits mit der **Fälligkeit** der gegen die Kapitalgesellschaft gerichteten Forderung **zugeflossen**, wenn diese zahlungsfähig ist. Eine Stundung der Forderung setzt eine klare und eindeutige Fälligkeitsabrede voraus. Der Ersatz von Aufwendungen ist bei einem beherrschenden Gesellschafter eine vGA, wenn er nicht auf einer im Voraus getroffenen Vereinbarung beruht; das gilt insbesondere, wenn die Zuwendung ohne Einzelnachweis in pauschaler Form erfolgt (BFH-Urteil vom 5.10.2004 VIII R 9/03, BFH/NV 2005, 526).

Ausschüttungen an den beherrschenden Gesellschafter einer zahlungsfähigen GmbH sind diesem i.d.R. auch dann zum **Zeitpunkt der Beschlussfassung** über die Gewinnverwendung i.S.d. § 11 Abs. 1 Satz 1 EStG **zugeflossen**, wenn die Gesellschafterversammlung eine spätere Fälligkeit des Auszahlungsanspruchs beschlossen hat (Bestätigung der Rechtsprechung im Urteil vom 30.4.1974 VIII R 123/73, BStBl II 1974, 541; BFH-Urteil vom 17.11.1998 VIII R 24/98, BStBl II 1999, 223).

7.7 Bevollmächtigte (Dritte)

Der Begriff »zufließen« in § 11 Abs. 1 EStG ist wirtschaftlich auszulegen. Ein Zufluss wird bei Erlangung der wirtschaftlichen Verfügungsmacht über ein in Geld oder Geldeswert bestehendes Wirtschaftsgut angenommen. I.d.R. fließen Geldbeträge dadurch zu, dass sie dem Empfänger bar ausbezahlt oder einem Konto des Empfängers bei einem Kreditinstitut gutgeschrieben werden. Aber auch Leistungen an oder durch Dritte können einen Zufluss bewirken. Werden von einem Dritten als Bevollmächtigten des Stpfl. Zahlungen entgegengenommen, so tritt damit grundsätzlich ein Zufluss beim Vollmachtgeber ein.

Vereinbart ein Stpfl., der seinen Gewinn nach § 4 Abs. 3 EStG ermittelt, mit einem Schuldner, dass dieser ein geschuldetes Honorar nicht an ihn, sondern an seine Ehefrau zahlen solle, so beinhaltet diese Abrede keine Entnahme sondern lediglich eine Einwilligung des Stpfl. zur Erbringung der unverändert geschuldeten Honorarleistung an einen Dritten. Denn eine Betriebseinnahme setzt nicht voraus, dass die erlangte Leistung Betriebsvermögen wird. Daher ist es nicht erheblich, ob die für eine Betriebsleistung erlangte Gegenleistung in den betrieblichen oder in den privaten Bereich des Stpfl. gelangt.

Leistet eine Vermögensberatungsgesellschaft im Rahmen eines Versorgungswerks zugunsten ihrer selbständig tätigen Anlageberater Zahlungen an eine Anlagegesellschaft (Immobilienobjekt) zum Erwerb von Gesellschaftsanteilen, so sind die Zahlungen bei den Anlageberatern in dem Zeitpunkt als Betriebseinnahmen zugeflossen, in dem sie bei der Anlagegesellschaft eingehen.

Ein Zufluss i.S.v. § 11 Abs. 1 EStG liegt erst mit der tatsächlichen Erlangung der wirtschaftlichen Verfügungsmacht über ein in Geld oder Geldeswert bestehendes WG vor. Die Form des Übergangs der wirtschaftlichen Verfügungsmacht ist unerheblich. Der Stpfl. erlangt diese auch dann, wenn der Geldwert oder Sachwert an einen Dritten für Rechnung des Stpfl. geleistet wird. Das »Behaltendürfen« des Zugeflossenen ist nicht Merkmal des Zuflusses. Auch hindern Verfügungsbeschränkungen grundsätzlich den Zufluss nicht. Dies gilt nicht nur für nachträgliche Verfügungsbeschränkungen, sondern auch für im Leistungszeitpunkt bereits bestehende (BFH-Urteile vom 10.12.1985 VIII R 15/83, BStBl II 1986, 342 und vom 1.10.1993 III R 32/92, BStBl II 1994, 179).

7.8 Damnum

Gewährt ein Stpfl. ein Darlehen unter Einbehaltung eines Damnums, so fließen ihm im Jahr der Hingabe des Darlehens Einnahmen aus Kapitalvermögen i.H.d. Damnums zu. Beachte auch § 11 Abs. 1 Satz 3 i.V.m. Abs. 2 Satz 3 und 4 EStG.

7.9 Gebühren

Gebühren sind einem Rechtsanwalt im Jahr der Vereinnahmung i.S.d. § 11 Abs. 1 EStG grundsätzlich auch dann zugeflossen, wenn noch nicht zweifelsfrei feststeht, ob die Gebühren dem Rechtsanwalt endgültig verbleiben oder ob ein Teil von ihnen an einen anderen Rechtsanwalt weitergegeben werden muss. Die weitergegebenen Gebühren sind im Jahr ihrer Weitergabe Betriebsausgaben (BFH-Urteil vom 22.11.1962 IV 179/59 U, BStBl III 1963, 132).

7.10 Gesamtgläubiger

Stehen mehreren Stpfl. als Gesamtgläubigern Einnahmen zu und vereinbaren sie mit dem Schuldner, dass dieser nur an einen bestimmten Gesamtgläubiger leisten soll, so tritt bei jedem der Gesamtgläubiger anteilsmäßig ein Zufluss in dem Zeitpunkt ein, in dem die Einnahmen bei dem bestimmten Gesamtgläubiger eingehen (BFH-Urteil vom 10.12.1985 VIII R 15/83, BStBl II 1986, 342).

7.11 Gutschrift in den Büchern des Schuldners (Separation)

Bereits verdiente und fällige Provisionen sind einem Versicherungsvertreter, der seinen Gewinn nach § 4 Abs. 3 EStG ermittelt, auch insoweit mit der Gutschrift in den Büchern des Versicherungsunternehmens zugeflossen, als die Gutschrift auf einem Rücklagekonto zur Sicherung von Gegenforderungen des Versicherungsunternehmens erfolgt (BFH-Urteil vom 9.4.1968 IV R 267/64, BStBl II 1968, 525).

Im Falle einer Gutschrift in den Büchern des Schuldners ist ein Zufluss beim Berechtigten dann anzunehmen, wenn die Gutschrift nicht nur das buchmäßige Festhalten einer Schuldverpflichtung darstellt, sondern darüber hinaus zum Ausdruck bringt, dass der Betrag dem

Berechtigten von nun an zur Verfügung steht (vgl. BFH-Urteile vom 9.4.1968 IV R 267/64, BStBl II 1968, 525 und vom 14.5.1982 VI R 124/77, BStBl II 1982, 469).

Eine Gutschrift in den Büchern des Verpflichteten kann einen Zufluss beim Berechtigten bewirken, wenn in der Gutschrift nicht nur das buchmäßige Festhalten einer Schuldverpflichtung zu sehen ist, sondern darüber hinaus zum Ausdruck gebracht wird, dass der Betrag dem Berechtigten von nun an zur Verfügung steht (BFH-Urteil vom 14.2.1984 VIII R 221/80, BStBl II 1984, 480).

Bereits verdiente und fällige Provisionen sind einem Versicherungsvertreter, der seinen Gewinn nach § 4 Abs. 3 EStG ermittelt, auch dann mit der Gutschrift in den Büchern des Versicherungsunternehmens i.S.v. § 11 Abs. 1 Satz 1 EStG zugeflossen, wenn die Provisionen auf einem Kautionskonto zur Sicherung von Gegenforderungen des Versicherungsunternehmens gutgeschrieben werden (Anschluss an BFH-Urteil vom 9.4.1968 IV R 267/64, BStBl II 1968, 525; BFH-Urteil vom 24.3.1993 X R 55/91, BStBl II 1993, 499). Vgl. zur Abgrenzung das folgende Urteil.

Einem Versicherungsvertreter, der seinen Gewinn nach § 4 Abs. 3 EStG ermittelt, sind Beträge, die von dem Versicherungsunternehmen einem für ihn gebildeten Stornoreservekonto gutgeschrieben werden, nicht zugeflossen, wenn die Beträge im Zeitpunkt der Gutschrift nicht fällig waren und das Guthaben nicht verzinst wird (Abgrenzung zum BFH-Urteil vom 24.3.1993 X R 55/91, BStBl II 1993, 499; BFH-Urteil vom 12.11.1997 XI R 30/97, BStBl II 1998, 252).

7.12 Kapitalerträge

Zu Beginn des Jahres gutgebrachte Zinsen auf Spareinlagen rechnen wirtschaftlich zum Vorjahr, auch wenn sie erst später im Sparbuch eingetragen werden (BFH-Urteil vom 3.6.1975 VIII R 156/71, BStBl II 1975, 696).

Gewährt ein Stpfl. ein **Darlehen** unter Einbehaltung eines **Damnums**, so fließen ihm im Jahr der Hingabe des Darlehens Einnahmen aus Kapitalvermögen i.H.d. Damnums zu. Beachte auch § 11 Abs. 1 Satz 3 EStG (BFH-Urteil vom 7.11.1978 VIII R 183/75, BStBl II 1979, 169).

Einem Alleingesellschafter oder beherrschenden Gesellschafter fließen Beträge, die ihm die GmbH schuldet, bereits im Zeitpunkt der Fälligkeit zu. Der Gutschrift auf einem Verrechnungskonto bedarf es nicht.

Zinsen fließen als regelmäßig wiederkehrende Einnahmen dem Stpfl. nach § 11 Abs. 1 Satz 2 EStG in dem Jahr zu, zu dem sie wirtschaftlich gehören. Die wirtschaftliche Zugehörigkeit bestimmt sich nach dem Jahr, in dem sie zahlbar, d.h. fällig sind, unabhängig davon, für welchen Zeitraum die Zinsen gezahlt werden oder wann die Gutschrift tatsächlich vorgenommen wird (BMF-Schreiben vom 26.10.1992 BStBl I 1992, 693).

7.13 Kassenärztliche Vereinigung

Kürzt die Kassenärztliche Vereinigung das zur Verteilung gelangende Honorar um Beiträge an einen Honorarsonderfonds, dessen Leistungen auch den Kassenärzten und ihren Angehörigen zugute kommen können, auf dessen Leistungen aber kein Rechtsanspruch besteht und dessen Leistungen gegenüber dem jeweils begünstigten Arzt nicht in Beziehung zu den auf ihn entfallenden Beiträgen stehen, so können nicht schon die Beiträge als dem Arzt zugeflossen angesehen werden (BFH-Urteil vom 6.3.1959 VI 130/55 U, BStBl III 1959, 231).

Die Honorare für kassenärztliche Tätigkeiten fließen den Ärzten erst mit dem Eingang des durch die Kassenärztliche Vereinigung überwiesenen Betrages zu (BFH-Urteil vom 20.2.1964 IV 4/64 U, BStBl III 1964, 329). Der Arzt erbringt rechtlich Leistungen gegenüber dem gesetzlichen Krankenversicherungsträger. Die Abrechnung mit dem Arzt erfolgt über die Kassenärztlichen Vereinigungen. Diese sind nicht Bevollmächtigte des Arztes, sondern vereinnahmen die entsprechenden Beträge aufgrund eigenen Rechts von den gesetzlichen Krankenkassen. Die Kassenärztlichen Vereinigungen erhalten von den Krankenkassen für die Leistung aller Kassenärzte bestimmte Pauschalbeträge, die sie dann ihrerseits nach einem bestimmten Schlüssel an die Ärzte verteilen. Dem Arzt steht deshalb ein Vergütungsanspruch nur gegen die Kassenärztliche Vereinigung, nicht aber gegen die Krankenkasse zu.

Die Einnahmen von der Kassenärztlichen Vereinigung stellen regelmäßig wiederkehrende Einnahmen i.S.d. § 11 Abs. 1 Satz 2 EStG dar.

Betriebseinnahmen sind auch die von den Kassenärztlichen Vereinigungen gezahlten Ausgleichszahlungen (sog. Einnahmegarantien), in Fällen, in denen Kassenärzte vorübergehend an der Ausübung ihres Berufs gehindert sind. Die Zahlung von Krankengeld durch die Kassenärztliche Vereinigung in bestimmten Fällen gehört ebenfalls zu den steuerpflichtigen Betriebseinnahmen.

Muss der Arzt ggf. Honorare zurückzahlen, sind diese im Jahr der Rückzahlung abgeflossen und dann als Betriebsausgabe zu berücksichtigen. Die Veranlagung des Jahres der Vereinnahmung der Honorare ist nicht nach den AO-rechtlichen Vorschriften zu ändern. Das gilt selbst dann, wenn sich die Rückzahlung nicht steuermindernd auswirkt. Dies liegt im Wesen der Abschnittsbesteuerung und des ihr zugrunde liegenden Zu- und Abflussprinzips (s.a. Vfg. der OFD Frankfurt vom 3.3.2004 S 2226 A – 86 – St II 2.06, LEXinform 0578341, zum Zeitpunkt des Zufließens der Einnahmen von Privatärztlichen Verrechnungsstellen und Kassenärztlichen bzw. Kassenzahnärztlichen Vereinigungen).

Rechnet eine Kassenzahnärztliche Vereinigung die Resthonorare der Zahnärzte für ein Quartal jeweils zum Ende des nächsten Quartals ab und zahlt sie diese anschließend entsprechend aus, ist die Anfang Januar des folgenden Jahres für das dritte Quartal eines Kalenderjahres erbrachte Abschlusszahlung als regelmäßig wiederkehrende Einnahme dem abgelaufenen Kalenderjahr zuzurechnen (Anschluss an Senatsurteil vom 24.7.1986 IV R 309/84, BStBl II 1987, 16 – s.u. –; BFH-Urteil vom 6.7.1995 IV R 63/94, BStBl II 1996, 266).

Die Vorschrift des § 11 Abs. 1 Satz 2 EStG soll Zweifel vermeiden, zu denen der Zufluss von Einnahmen um die Jahreswende Anlass geben könnte. Bei der Gewinnermittlung eines Arztes durch Überschussrechnung sind die jeweils für Dezember des Vorjahres Anfang Januar des Folgejahres zu leistenden Abschlagszahlungen der Kassenärztlichen Vereinigung gem. § 11 Abs. 1 Satz 2 EStG als regelmäßig wiederkehrende Einnahmen des Arztes dem vorangegangenen Kj. zuzurechnen (BFH-Urteil vom 24.7.1986 IV R 309/84, BStBl II 1987, 16).

Zum Zeitpunkt des Zufließens der Einnahmen von Privatärztlichen Verrechnungsstellen bzw. Kassenzahnärztlichen Vereinigungen s. die Vfg. der OFD Frankfurt vom 3.3.2004 (S 2226 A - 86 - St II 2.06).

7.14 Kreditkarten

Der Zufluss liegt unstreitig erst im Zeitpunkt der Zahlung (i.d.R. Gutschrift auf dem Bankkonto) durch den Kartenausgeber (Kreditkartengesellschaft) vor. Der Zeitpunkt der Unterschriftsverpflichtung (Hingabe der Zahlungsanweisung) ist nach h.Mg. allein der maßgebende Zeitpunkt für den Abfluss (Heinicke in Schmidt, EStG, 27 Auflage, § 11 Rdnr. 30).

7.15 Notaranderkonto

Nach dem Urteil des FG Hamburg vom 21.4.2009 2 K 231/08, LEXinform 508544) ist Zuflusszeitpunkt eines Kaufpreises bei Zahlung auf ein Notaranderkonto nicht bereits durch die Einzahlung des Kaufpreises auf dieses Konto erfolgt (s.u.). Der auf einem Notarkonto eingezahlte Betrag ist dem späteren Empfänger bereits als Treugeber zuzurechnen. Denn obwohl Gläubiger des von einem Notar bei einem Bankinstitut auf ein Anderkonto eingezahlten Betrags der Notar selbst ist, wie es in der Bezeichnung als Anderkonto zum Ausdruck kommt, führt der Notar das Konto nicht für eigene Zwecke und für eigene Rechnung. Anderkonten werden von Notaren eingerichtet, wenn sie die Aufbewahrung von Geldern oder ihre Ablieferung an Dritte übernehmen. Der Notar wird in diesem Fall in einem durch die Bundesnotarordnung (BNotO) und die Dienstordnung für Notare öffentlich-rechtlich geregelten Treuhandverhältnis tätig (vgl. Urteil des BGH vom 21.12.1959 III ZR 180/58, Deutsche Notar-Zeitschrift (DNotZ) 1960, 265).

Eine Kapitalforderung ist deswegen gem. § 39 Abs. 2 Nr. 1 AO dem Treugeber zuzurechnen, der damit seinerseits der kontoführenden Bank Kapital überlässt und den Tatbestand des § 20 Abs. 1 Nr. 4 EStG verwirklicht. Wer Treugeber in diesem Sinne ist, muss dem Verwahrungsverhältnis entnommen werden. Fehlt es an einer ausdrücklichen Regelung, muss die Zuteilung ggf. im Wege ergänzender Vertragsauslegung ermittelt werden; dabei kommt es wesentlich darauf an, wieweit der Verkäufer seine Leistungen erbracht hat. Bei der Abwicklung eines Grundstückskaufvertrags wird die Verwahrung durch den Notar zur Sicherung der ordnungsgemäßen Erfüllung der vom Käufer und Verkäufer übernommenen Vertragspflichten vereinbart (BGH Urteil vom 25.03.1983 V ZR 168/81, NJW 1983, 1605). In diesem Fall hat der Käufer den Kaufpreis zu einem bestimmten Termin an den Notar zu zahlen, der ihn erst dann an den Verkäufer auszahlen soll, wenn dieser bestimmte Leistungen erbracht hat. Die Einzelheiten ergeben sich aus der zwischen den Vertragsparteien getroffenen Hinterlegungsvereinbarung und einer entsprechenden Anweisung an den Notar. Grundsätzlich fließt der Kaufpreis dem Verkäufer noch nicht durch Einzahlung auf das Notaranderkonto, sondern erst mit Auszahlungsreife zu. Daraus folgt, dass der Zuflusszeitpunkt nicht bereits der Zeitpunkt der Zahlung durch den Käufer ist, denn der Sinn der Überweisung auf das Sperr- oder Treuhandkonto liegt gerade darin, dass der Käufer die Dispositionsmacht über den Kaufpreis noch nicht vollständig verliert, der Verkäufer sie noch nicht erhält. Die mit der Regelung über ein Notaranderkonto bezweckte Sicherung besteht darin, dass der Verkäufer die Verfügungsmacht über den Kaufpreis erst mit Vollzugsreife des Kaufvertrages erhält. Beim notariellen Grundstückskaufvertrag handelt der Notar nicht als Treuhänder für den einen oder den anderen Teil, sondern für beide Vertragsparteien.

Auch über eine potentielle Verfügungsbefugnis kann kein früherer Zufluss fingiert werden, denn auch eine mögliche Verfügungsmacht setzt voraus, dass eine tatsächliche Machtstellung oder eine rechtliche Befugnis, über das Guthaben zu verfügen, besteht. Daran fehlt es aber grundsätzlich bei der Einzahlung des Kaufpreises auf ein Notaranderkonto. Von der Kaufpreisforderung, die dem Veräußerer zusteht und die mit der Überweisung des Kaufpreises auf das Notaranderkonto noch nicht erfüllt wird, ist der Auszahlungsanspruch des Verkäufers gegen den Notar zu unterscheiden. Dieser öffentlich-rechtliche Anspruch des Veräußerers wird erst mit der in dem Kaufvertrag festgelegten Auszahlungsreife fällig und ist damit erst in diesem Zeitpunkt entstanden. Letzteres ist der Fall, sobald der Anspruch klageweise geltend gemacht werden kann. Voraussetzung dafür ist grundsätzlich, dass der Anspruch fällig ist. Zwar war der Käufer verpflichtet, den Kaufpreis bis zu einem bestimmten Termin auf das Notaranderkonto einzuzahlen. Hieraus folgt aber nicht, dass die Verkäufer auch bereits berechtigt waren, die Auskehrung des Kaufpreises an sich zu verlangen. Denn der Anspruch auf Auszahlung des Kaufpreises ist nach den in dem Kaufvertrag erfolgten Vereinbarungen noch nicht im Kj. der Einzahlung auf das Anderkonto fällig gewesen, da die zusätzlichen Voraussetzungen für die Auszahlung des Kaufpreises an die Kläger noch nicht eingetreten waren.

Der öffentlich-rechtlichen Pflicht des Notars, den auf seinem Anderkonto verwalteten Kaufpreis bei Auszahlungsreife an den Verkäufer auszukehren, steht ein entsprechender Anspruch des Berechtigten gegenüber. Im Wege der Beschwerde kann der Verkäufer bei einem Streit über die Abwicklung des Notaranderkontos erreichen, dass der Notar angewiesen wird, die Auszahlung des auf dem Treuhandkonto verwalteten Geldes vorzunehmen. Solange aber die Auszahlungsreife nicht eingetreten ist, hat der Veräußerer mit seiner Beschwerde auch keinen Erfolg. Sofern nicht besondere vertragliche Abmachungen bestehen, ist deshalb für den Regelfall eines Grundstückskaufvertrages erst im Zeitpunkt der Auszahlungsreife der Auszahlungsanspruch des Verkäufers fällig und damit auch erst in diesem Zeitpunkt entstanden. Das bloße Anwartschaftsrecht auf einen bestimmten Geldbetrag ersetzt noch nicht die erforderliche gesicherte Rechtsposition im Sinne einer Verfügungsbefugnis. Der Verkäufer erwirbt mit Eingang des Geldes eine Anwartschaft auf den Erwerb der Auszahlungsforderung. Er ist aber nicht berechtigt, selbst auf diese einzuwirken; ihm stehen noch keine Herrschaftsbefugnisse zu.

7.16 Novation

In der Schuldumwandlung (Novation) kann eine Verfügung des Gläubigers über seine bisherige Forderung liegen, die einkommensteuerrechtlich so anzusehen ist, als ob der Schuldner die Altschuld begleicht und zugleich eine neue Verpflichtung für die Rückzahlung desselben Betrags durch den Gläubiger eingeht. Für die Frage, ob in diesem Fall ein Zufluss gegeben ist, ist darauf abzustellen, ob die Schuldumschaffung im Interesse des Schuldners oder des Gläubigers liegt. Bleibt die Schuld im Interesse des Schuldners bestehen, ist dem Gläubiger nichts zugeflossen (Stundungseffekt). Hieran ändert selbst eine vereinbarte Verzinsung nichts. Sollte den RFH-Urteilen vom 7.11.1934 VI A 40/33 und vom 7.8.1935, VI A 111/35 zu entnehmen sein, dass das einvernehmliche Zuschlagen von Zinsen zu einer Darlehensschuld stets einen Zufluss der Zinsen beim Darlehensgeber und einen Abfluss der Zinsen beim Darlehensnehmer bewirkt, könnte ihnen nicht gefolgt werden.

Beispiel:
A hat B ein Darlehen gewährt. Bei Fälligkeit der Zinsen hat sich A auf Bitte des B bereit erklärt, für den entsprechenden Zinsbetrag ein weiteres verzinsliches Darlehen zu gewähren. B wäre zwar zur Zahlung der fälligen Zinsen in der Lage gewesen, ein zusätzliches Darlehen erleichtert jedoch seine finanziellen Dispositionen.

Lösung:
Hier wurden die fälligen Zinsen in ein weiteres Darlehen umgewandelt (Novation). Durch diese Schuldumwandlung hat A über die Einnahmen verfügt, so dass sie im Zeitpunkt der verbindlichen (neuen) Darlehensgewährung zugeflossen sind und B auch zu diesem Zeitpunkt Ausgaben i.S.v. § 11 Abs. 2 EStG geleistet hat.

Ein Zufluss i.S.d. § 11 Abs. 1 EStG ist zu bejahen, wenn der Stpfl. in der Weise über eine Forderung auf eine Leistung verfügt, dass sie erlischt und eine andere Forderung an ihre Stelle tritt (Novation), sofern die Novation in seinem Interesse und nicht dem des Schuldners vereinbart wird. Etwas anderes gilt, wenn der Schuldner zahlungsunfähig ist. Die Verfügung über eine wertlose Forderung kann nicht als Zufluss gewertet werden, gleichgültig, ob darin zivilrechtlich eine Leistung erfüllungshalber oder an Erfüllungs statt zu sehen ist (BFH-Urteil vom 24.3.1993 X R 55/91, BStBl II 1993, 499).

Bei einer Novation kann von einem Zufluss der Altforderung i.S.v. § 11 Abs. 1 EStG nur ausgegangen werden, wenn sich die Novation als Folge der Ausübung der wirtschaftlichen Verfügungsmacht des Gläubigers über den Gegenstand der Altforderung darstellt, also auf einem freien Entschluss des Gläubigers beruht. Lag die Novation im alleinigen oder überwiegenden Interesse des Gläubigers, indiziert dies dessen Verfügungsmacht über den Gegenstand der Altforderung. Novation und Gutschrift in den Büchern des Gläubigers stellen getrennt voneinander zu prüfende Zuflusstatbestände dar, von denen jeder für sich genommen zu einem Zufluss i.S.v. § 11 Abs. 1 Satz 1 i.V.m. § 8 Abs. 1 EStG führen kann (BFH-Urteil vom 19.6.2007 VIII R 63/03, BFH/NV 2008, 194).

7.17 Nutzungsrechte

Räumt der ArbG dem ArbN im Hinblick auf das Dienstverhältnis unentgeltlich den Nießbrauch an einer Wohnung ein, so fließt dem ArbN der geldwerte Vorteil nicht im Zeitpunkt der Bestellung des Nießbrauchs i.H.d. kapitalisierten Wertes, sondern fortlaufend i.H.d. jeweiligen Nutzungswertes der Wohnung zu (BFH-Urteil vom 26.5.1993 VI R 118/92, BStBl II 1993, 686).

7.18 Provision

Bereits verdiente und fällige Provisionen sind einem Versicherungsvertreter, der seinen Gewinn nach § 4 Abs. 3 EStG ermittelt, auch insoweit mit der Gutschrift in den Büchern des Versicherungsunternehmens zugeflossen, als die Gutschrift auf einem Rücklagekonto zur Sicherung von Gegenforderungen des Versicherungsunternehmens erfolgt (BFH-Urteil vom 9.4.1968 IV 267/64, BStBl II 1968, 525).

Ermittelt ein Handelsvertreter den Gewinn durch Überschussrechnung, so muss er die erhaltenen Provisionsvorschüsse gem. § 11 Abs. 1 Satz 1 EStG im Jahr des Zuflusses als Einnahmen ansetzen. Provisionsvorschüsse sind auch dann zugeflossen, wenn im Zeitpunkt der Veranlagung feststeht, dass sie teilweise zurückzuzahlen sind. Das »Behaltendürfen« ist nicht Merkmal des Zuflusses i.S.d. § 11 Abs. 1 EStG (BFH-Urteil vom 13.10.1989 III R 30-31/85, BStBl II 1990, 287).

Bereits verdiente und fällige Provisionen sind einem Versicherungsvertreter, der seinen Gewinn nach § 4 Abs. 3 EStG ermittelt, auch dann mit der Gutschrift in den Büchern des Versicherungsunternehmens i.S.v. § 11 Abs. 1 Satz 1 EStG zugeflossen, wenn die Provisionen auf einem Kautionskonto zur Sicherung von Gegenforderungen des Versicherungsunternehmens gutgeschrieben werden (Anschluss an BFH-Urteil vom 9.4.1968 IV 267/64, BStBl II 1968, 525; BFH-Urteil vom 24.3.1993 X R 55/91, BStBl II 1993, 499).

Einem Versicherungsvertreter, der seinen Gewinn nach § 4 Abs. 3 EStG ermittelt, sind Beträge, die von dem Versicherungsunternehmen einem für ihn gebildeten Stornoreservekonto gutgeschrieben werden, nicht zugeflossen, wenn die Beträge im Zeitpunkt der Gutschrift nicht fällig waren und das Guthaben nicht verzinst wird (Abgrenzung zum BFH-Urteil vom 24.3.1993 X R 55/91, BStBl II 1993, 499; BFH-Urteil vom 12.11.1997 X R 30/97, BStBl II 1998, 252).

Das Merkmal »um des Entgelts willen erbracht« erfordert nicht das Vorliegen eines gegenseitigen Vertrags. Es genügt, dass dem Leistenden für seine Tätigkeit nachträglich ein Entgelt gewährt wird, dass also die Zahlung des Entgelts durch die Leistung ausgelöst wird. Der bloße Erwerb/das bloße Innehaben eines Anspruchs (auf »Provision«) führt nicht bereits zu einem Zufluss von Einnahmen. Im Fall der Gutschrift auf einem internen (sog. Service-)Konto des Schuldners kann ein Zufluss erst angenommen werden, wenn über den buchmäßigen Ausweis hinaus nach dem Gesamtbild der Verhältnisse zum Ausdruck kommt, dass der Betrag dem Berechtigten von nun an zur Verwendung zur Verfügung steht (BFH-Urteil vom 18.12.2001 IX R 74/98, BFH/NV 2002, 643).

7.19 Sachleistungen

Ein Steuerpflichtiger (hier: Zahnarzt) erzielt aus der Lieferung eines zum Betriebsvermögen gehörenden Wirtschaftsguts (hier: Edelmetallabfälle) im Tausch gegen ein anderes Wirtschaftsgut unabhängig davon eine Betriebseinnahme i.S.v. § 4 Abs. 3 EStG, ob der Gegenwert in das Betriebsvermögen oder Privatvermögen des Stpfl. gelangt. Gelangt die Gegenleistung in das Betriebsvermögen, so muss im Zeitpunkt des Zugangs des Sachwerts eine Betriebsausgabe angesetzt werden (Ausnahmen: bei abnutzbaren und nicht abnutzbaren Wirtschaftsgütern des Anlagevermögens). Gelangt die Gegenleistung in das Privatvermögen, so kann der Stpfl. hierfür keine Betriebsausgabe ansetzen (BFH-Urteil vom 17.4.1986 IV R 115/84, BStBl II 1986, 607).

Wie Geldeingänge sind auch Sacheinnahmen in dem Zeitpunkt als Betriebseinnahme und Entgelt zu erfassen, in dem der Sachwert zufließt (BFH-Urteil vom 12.3.1992 IV R 29/91, BStBl II 1993, 36).

7.20 Scheck, Scheckkarte

Mit der Hingabe eines Schecks ist die Leistung grundsätzlich erbracht.

Ein Scheckbetrag ist grundsätzlich nicht erst mit Einlösung des Schecks, sondern bereits mit dessen Hingabe zugeflossen, wenn der sofortigen Vorlage des Schecks keine zivilrechtlichen Abreden entgegenstehen, und wenn davon ausgegangen werden kann, dass die bezogene Bank im Falle der sofortigen Vorlage des Schecks den Scheckbetrag auszahlen oder gutschreiben wird (BFH-Urteile vom 8.11.1968 VI R 81/67, BStBl II 1969, 76 und vom 30.10.1980 IV R 97/78, BStBl II 1981, 305).

7.21 Umbuchungen der Finanzkasse beim Finanzamt

Auf Kirchensteuer umgebuchte überzahlte Einkommensteuerbeträge sind erst im Jahr der Umbuchung als Sonderausgaben absetzbar (BFH-Urteil vom 5.2.1960 VI 204/59 U, BStBl III 1960, 140).

7.22 Vorauszahlungen/Rechtsmissbrauch

Werden Leistungen ohne wirtschaftlich vernünftigen Grund im Voraus erbracht, so kann hierin ein Missbrauch von Gestaltungsmöglichkeiten des Rechts (§ 42 AO; → Missbrauch von Gestaltungsmöglichkeiten i.S.d. § 42 AO) liegen (BFH-Urteil vom 11.8.1987 IX R 163/83, BStBl II 1989, 702).

Durch das bewusste Herbeiführen eines Zuflusses bzw. Abflusses von Betriebseinnahmen bzw. Betriebsausgaben ergeben sich für den Stpfl. Gestaltungsmöglichkeiten unabhängig von der wirtschaftlichen Verursachung. Derartige Gestaltungen sind grundsätzlich selbst dann nicht rechtsmissbräuchlich, wenn sie erkennbar das Ziel der Steuerminimierung verfolgen (Urteil FG Düsseldorf vom 23.4.1999 18 K 4262/95 E, EFG 1999, 964).

7.23 Vorschuss

Vorschussweise geleistete Honorare sind auch dann zugeflossen, wenn im Zeitpunkt der Veranlagung feststeht, dass sie teilweise zurückzuzahlen sind. Einkommensteuerrechtlich ist die Rückzahlung in dem Veranlagungszeitraum zu berücksichtigen, in dem der Stpfl. die Verfügungsmacht über den Rückzahlungsbetrag aufgibt.

Ein Zufluss von Einnahmen liegt vor, wenn der Empfänger die wirtschaftliche Verfügungsmacht über die in Geld oder Geldeswert bestehenden Güter erlangt hat (vgl. BFH-Urteil vom 30.1.1975 IV R 190/71, BStBl I 1975, 776). Bei unter einer auflösenden Bedingung geleisteten Vorschüssen richtet sich der Zeitpunkt der einkommensteuerrechtlichen Zurechnung allein nach § 11 Abs. 1 EStG und nicht nach § 5 BewG (BFH-Urteil vom 29.4.1982 IV R 95/79, BStBl II 1982, 593).

Ermittelt ein Handelsvertreter den Gewinn durch Überschussrechnung, so muss er die erhaltenen Provisionsvorschüsse gem. § 11 Abs. 1 Satz 1 EStG im Jahr des Zuflusses als Einnahmen ansetzen. Provisionsvorschüsse sind auch dann zugeflossen, wenn im Zeitpunkt der

Veranlagung feststeht, dass sie teilweise zurückzuzahlen sind. Das »Behaltendürfen« ist nicht Merkmal des Zuflusses i.S.d. § 11 Abs. 1 EStG (BFH-Urteil vom 13.10.1989 III R 30-31/85, BStBl II 1990, 287).

7.24 Wirkung des Zu- und Abflussprinzips

Der Gesetzgeber hat durch die Normierung des Zu- und Abflussprinzips in § 11 EStG in Kauf genommen, dass es durch die Zusammenballung von Einnahmen und Ausgaben in einem Veranlagungszeitraum zu steuerlichen Zufallsergebnissen kommen kann, die ggf. zu einer erheblichen steuerlichen Belastung oder Entlastung führen können (BFH-Urteil vom 24.9.1985 IX R 2/80, BStBl II 1986, 284).

8. ABC der wichtigsten Abflussvarianten

Nachfolgend eine alphabetische Übersicht über die praktisch wichtigsten »Abflussvarianten«.

8.1 Allgemeines

§ 11 Abs. 2 Satz 1 EStG stellt auf den Zeitpunkt der Leistung ab, nicht auf den Zeitpunkt der Erfüllung (BFH-Urteil vom 8.11.1968 VI R 81/67, BStBl II 1969, 76).

Der Begriff der Leistung in § 11 Abs. 2 EStG korrespondiert mit dem des Zufließens in § 11 Abs. 1 EStG. Entscheidend dafür, in welchem Veranlagungszeitraum Ausgaben abzusetzen sind, ist demnach der Verlust der wirtschaftlichen Verfügungsmacht über ein WG (BFH-Urteil vom 6.3.1997 IV R 47/95, BStBl II 1997, 509).

8.2 Abfindung, Rückzahlung

Die Rückzahlung einer Abfindung ist auch dann im Abflussjahr zu berücksichtigen, wenn die Abfindung im Zuflussjahr begünstigt besteuert worden ist. Eine Lohnrückzahlung ist regelmäßig kein rückwirkendes Ereignis, das zur Änderung des Einkommensteuerbescheides des Zuflussjahres berechtigt (BFH-Urteil vom 4.5.2006 VI R 33/03, BStBl II 2006, 911).

8.3 Arbeitslohn, Rückzahlung

Die Rückzahlung ursprünglich als laufender Arbeitslohn gezahlter Beträge gilt nicht schon in dem Kj. als abgeflossen, in dem der laufende Arbeitslohn selbst gem. § 11 Abs. 1 Satz 4 EStG i.V.m. § 38a Abs. 1 Satz 2 EStG als bezogen galt. Die Rückzahlung ist erst im Kj. des tatsächlichen Abflusses einkünftemindernd zu berücksichtigen (BFH-Urteil vom 7.11.2006 VI R 2/05, BStBl II 2007, 315).

Zum Arbeitslohn gehören auch versehentliche Überweisungen des ArbG, die dieser zurückfordern kann. Die Rückzahlung von Arbeitslohn ist erst im Zeitpunkt des tatsächlichen Abflusses einkünftemindernd zu berücksichtigen (BFH-Urteil vom 4.5.2006 VI R 17/03, BStBl II 2006, 830).

Durch das Dienstverhältnis veranlasste Leistungen des ArbG sind auch dann Arbeitslohn, wenn es an einem Rechtsgrund fehlt. Zurückgezahlter Arbeitslohn ist erst im Zeitpunkt des Abflusses steuermindernd zu berücksichtigen (BFH-Urteil vom 4.5.2006 VI R 19/03, BStBl II 2006, 832).

8.4 Aufrechnung

Die Aufrechnung mit einer fälligen Gegenforderung ist eine Leistung i.S.v. § 11 Abs. 2 Satz 1 EStG (BFH-Urteil vom 19.4.1977 VIII R 119/75, BStBl II 1977, 601).

Wird eine Schuld aufgrund eines Aufrechnungsvertrages mit einer noch nicht fälligen (Gegen-)Forderung getilgt, ist Leistungszeitpunkt i.S.d. § 11 Abs. 2 Satz 1 EStG der Zeitpunkt der Fälligkeit der (Gegen-)Forderung (BFH-Urteil vom 24.9.1985 IX R 22/85, BFH/NV 1986, 733).

8.5 Barzahlung

Mit der Geldübergabe (auch an einen Bevollmächtigten) ist die Zahlung abgeflossen, ohne dass es auf das Vorliegen einer rechtlichen Zahlungsverpflichtung oder auf die Fälligkeit ankommt (Heinicke in Schmidt, EStG, 28. Auflage, § 11 Rdnr. 30, 28).

8.6 Bestechungsgelder, Rückzahlung von

Einem ArbN von Dritten gezahlte Bestechungsgelder sind sonstige Einkünfte i.S.v. § 22 Nr. 3 EStG. Das Zurückzahlen von – gem. § 22 Nr. 3 EStG als sonstige wiederkehrende Einkünfte steuerpflichtigen – Bestechungsgeldern in einem späteren Veranlagungszeitraum ist im Abflusszeitpunkt in voller Höhe steuermindernd zu berücksichtigen. Das Verlustausgleichs- und Verlustabzugsverbot des § 22 Nr. 3 Satz 3 EStG steht nicht entgegen (BFH-Urteil vom 26.1.2000 IX R 87/95, BStBl II 2000, 396).

8.7 Damnum

Wann ein Damnum bei einem Tilgungsdarlehen i.S.d. § 11 Abs. 2 EStG als Ausgabe geleistet wird, richtet sich nach den durchgeführten Vereinbarungen der Vertragsparteien.

Wird gemäß den Vereinbarungen der Vertragsparteien bei Auszahlung eines Tilgungsdarlehens ein Damnum einbehalten, so ist dieses i.d.R. im Zeitpunkt der Auszahlung des Kapitals beim Schuldner eine Ausgabe i.S.d. § 11 Abs. 2 EStG. Beachte jedoch auch die Regelung in § 11 Abs. 2 Satz 3 und 4 EStG). Bei vereinbarungsgemäßer Einbehaltung eines Damnums bei Auszahlung eines Tilgungsdarlehens ist im Zeitpunkt der Kapitalauszahlung ein Abfluss anzunehmen. Bei ratenweiser Auszahlung des Darlehens kommt eine entsprechende Aufteilung des Damnums nur in Betracht, wenn keine Vereinbarung der Vertragsparteien über den Abflusszeitpunkt des Damnums vorliegt. Soweit für ein Damnum ein Tilgungsstreckungsdarlehen aufgenommen wird, fließt das Damnum mit den Tilgungsraten des Tilgungsstreckungsdarlehens ab. Ein Damnum, das ein Darlehensschuldner vor Auszahlung eines aufgenommenen Darlehens zahlt, ist im Veranlagungszeitraum seiner Leistung abziehbar, es sei denn, die Vorauszahlung des Damnums wird von keinen sinnvollen wirtschaftlichen Erwägungen getragen. Ist ein Damnum nicht mehr als drei Monate vor Auszahlung der Darlehensvaluta oder einer ins Gewicht fallenden Teilauszahlung des Darlehens geleistet worden, kann davon ausgegangen werden, dass ein wirtschaftlich vernünftiger Grund besteht. Zur Abziehbarkeit eines Damnums siehe auch Rz. 15 des BMF-Schreibens vom 20.10.2003 (BStBl I 2003, 546) und H 11 [Damnum] EStH).

8.8 Kaution

Die Gestellung einer Kaution auf einem vom Kautionsnehmer geführten Konto bewirkt beim Kautionsgeber i.d.R. keine Ausgabe i.S.v. § 11 Abs. 2 Satz 1 EStG (BFH-Urteil vom 24.3.1993 X R 55/91, BStBl II 1993, 499).

8.9 Lastschrifteinzugsermächtigung

Im Fall einer erteilten Lastschrifteinzugsermächtigung gilt die Zahlung bereits im Zeitpunkt der Fälligkeit als abgeflossen, soweit das betroffene Konto im Fälligkeitszeitpunkt eine hinreichende Deckung aufweist (s.a. Vfg. der OFD Rheinland vom 29.6.2009 (S 2142 – 2009/0003 – St 142, LEXinform 5232076) zur Umsatzsteuervorauszahlung als regelmäßig wiederkehrende Ausgabe).

8.10 Novation

In der Schuldumwandlung (Novation) kann eine Verfügung des Gläubigers über seine bisherige Forderung liegen, die einkommensteuerrechtlich so anzusehen ist, als ob der Schuldner die Altschuld begleicht und zugleich eine neue Verpflichtung für die Rückzahlung desselben Betrags durch den Gläubiger eingeht. Für die Frage, ob in diesem Fall ein Zufluss gegeben ist, ist darauf abzustellen, ob die Schuldumwandlung im Interesse des Schuldners oder des Gläubigers liegt.

Bleibt die Schuld im Interesse des Schuldners bestehen, ist dem Gläubiger nichts zugeflossen (Stundungseffekt). Hieran ändert selbst eine vereinbarte Verzinsung nichts (BFH-Urteil vom 14.2.1984 VIII R 221/80, BStBl II 1984, 480).

8.11 Scheck

Zahlungen durch Scheck sind grundsätzlich mit der Übergabe des Schecks zugeflossen. Dies gilt auch dann, wenn auf die Zahlung (hier: Bestechungsgelder) kein Anspruch besteht (BFH-Urteil vom 20.3.2001 IX R 97/97, BStBl II 2001, 482).

8.12 Überweisungen

Abflusszeitpunkt ist der Eingang des Überweisungsauftrags bei der Überweisungsbank, wenn das Konto die nötige Deckung aufweist oder ein entsprechender Kreditrahmen vorhanden ist (H 11 [Überweisung] EStH).

8.13 Umsatzsteuer-Vorauszahlung

Eine für das vorangegangene Kj. geschuldete und zu Beginn des Folgejahres entrichtete Umsatzsteuer-Vorauszahlung ist als regelmäßig wiederkehrende Ausgabe im vorangegangenen Veranlagungszeitraum abziehbar (BFH-Urteil vom 1.8.2007 XI R 48/05, BStBl II 2008, 282). Zur Anwendung des BFH-Urteils siehe das BMF-Schreiben vom 10.11.2008 (BStBl I 2008, 958) sowie die Vfg. der OFD Rheinland vom 29.6.2009 (S 2142 – 2009/0003 – St 142, LEXinform 5232076).

8.14 Zinsen

Wird dem Stpfl. auf seinem laufenden Konto ein Kredit gewährt, so gelten die Zinsen, die diesem Konto belastet werden, im Zeitpunkt der Buchung als abgeflossen, solange der Kreditrahmen nicht ausgeschöpft ist und die Bank weitere Kreditierung nicht verweigert (BFH-Urteil vom 6.3.1997 IV R 47/95, BStBl II 1997, 509).

9. Regelmäßig wiederkehrende Einnahmen und Ausgaben

9.1 Kurze Zeit

Bei regelmäßig wiederkehrenden Einnahmen und Ausgaben gilt die Spezialregelung des § 11 Abs. 1 Satz 2 bzw. Abs. 2 Satz 2 EStG. Regelmäßig wiederkehrende Einnahmen und Ausgaben, die dem Stpfl. kurze Zeit vor Beginn oder kurze Zeit nach Beendigung des Kj., zu dem sie wirtschaftlich gehören, abgeflossen (zugeflossen) sind, gelten als in diesem Kj. abgeflossen (zugeflossen). Ein kurzer Zeitraum ist i.d.R. ein Zeitraum bis zu zehn Tagen (H 11 [Allgemeines – Kurze Zeit] EStH). Der Begriff »kurze Zeit« ist in der Variante »vor Beginn des Kj.« ebenso auszulegen wie in der Variante »nach Beendigung des Kj.«. Der Begriff »kurze Zeit« umfasst einen Zeitraum von höchstens zehn Tagen. Eine Erweiterung dieser Höchstgrenze unter Berufung auf besondere Verhältnisse des Einzelfalls kommt nicht in Betracht (BFH Beschluss vom 6.11.2002 X B 30/02, BFH/NV 2/2003, 169).

9.2 Wirtschaftliche Zugehörigkeit der Einnahmen bzw. Ausgaben zum abgelaufenen bzw. folgenden Jahr

Nach dem BFH-Urteil vom 23.9.1999 (IV R 1/99, BStBl II 2000, 121) sind regelmäßig wiederkehrende Ausgaben (Einnahmen) in dem Wj. (Kj.) zu erfassen, zu dem sie wirtschaftlich gehören, wenn sie kurze Zeit vor Beginn oder nach Ende dieses Wj. (Kj.) abfließen bzw. zufließen. Schon das BFH-Urteil vom 24.7.1986 (IV R 309/84, BStBl II 1987, 16) stellt für die wirtschaftliche Zuordnung der wiederkehrenden Ausgaben nicht darauf ab, ob sie noch in dem Kj. fällig geworden sind, für das sie geleistet werden. Der Wortlaut des § 11 Abs. 1 Satz 2 EStG – auf den sich § 11 Abs. 2 Satz 2 EStG bezieht – stellt nicht auf die Fälligkeit der Einnahmen bzw. Ausgaben ab, so dass eine erst im nächsten Kj. fällig werdende Zahlung noch in dem Zeitraum zu berücksichtigen ist, zu dem sie wirtschaftlich gehört (siehe jedoch H 11 [Allgemeines – Kurze Zeit] EStH). Das BFH-Urteil vom 23.9.1999 behandelt folgenden Fall:

Beispiel:
Das Wj. eines Land- und Forstwirts umfasst den Zeitraum 1.7. bis 30.6. Die kalendervierteljährlichen Pachteinnahmen waren jeweils nachträglich zum 1.10., 1.1., 1.4. und 1.7. eines Kj. fällig und wurden auch spätestens am 5. des Fälligkeitsmonats überwiesen. Die Pachteinnahmen für den Zeitraum April bis Juni 01 erfasste der Stpfl. erst im Juli 01.

Lösung:
Als Ausnahme von § 11 Abs. 1 Satz 1 EStG sieht Satz 2 dieser Vorschrift für gewisse Fälle eine periodengerechte Berücksichtigung von Einnahmen vor. Für die wirtschaftliche Zuordnung der wiederkehrenden Einnahmen kommt es nicht darauf an, ob sie noch im dem Kj. fällig geworden sind, für das sie geleistet worden sind. Der Wortlaut des § 11 Abs. 1 Satz 2 EStG stellt nicht auf die Fälligkeit der Einnahmen ab, so dass eine erst im nächsten Kj. fällig werdende Zahlung noch in dem Zeitraum zu berücksichtigen ist, zu dem sie wirtschaftlich gehört.
Diese Ausnahme des Satzes 2 gilt auch, wenn das Wj. vom Kj. abweicht. Seinem Grundgedanken nach will Satz 2 sicherstellen, dass die Einnahmen in dem für die Besteuerung relevanten Zeitabschnitt erfasst werden, zu dem sie wirtschaftlich gehören.
Die am 5.7. nachträglich für die Monate April, Mai und Juni geleisteten Pachtzinseinnahmen sind dem am 30.6. abgelaufenen Wj. zuzuordnen. Diese Einnahme gehört unstreitig wirtschaftlich zu dem abgelaufenen Wj.

Noch mit Urteil vom 24.7.1986 (IV R 309/84, BStBl II 1987, 16) stellt der BFH auf die Fälligkeit um die Jahreswende ab, da sich dies aus dem Zweck der Sonderregelung zur Behandlung regelmäßig wiederkehrender Einnahmen und Ausgaben ergibt. Dadurch sollen Zufallsergebnisse bei strikter Anwendung des Zu- und Abflussprinzips vermieden werden. Auf dieses Urteil verweist die Verwaltung in H 11 [Allgemeines – Kurze Zeit] EStH. Weiterhin verweist die Verwaltung auf das BFH-Urteil vom 23.9.1999 (IV R 1/99, BStBl II 2000, 121) und zitiert dieses Urteil dahingehend, dass es auf die Fälligkeit im Jahr der wirtschaftlichen Zugehörigkeit nicht ankomme. Dies ist allerdings nur ein Teil der Entscheidung. Der wesentliche Teil der Entscheidung bezüglich der Fälligkeit innerhalb des kurzen Zeitraums als Voraussetzung für die Anwendung des § 11 Abs. 1 Satz 2 sowie Abs. 2 Satz 2 EStG trifft der BFH mit seinem Vergleich des EStG 1925 mit der Fassung des § 11 EStG 1934.

Zitat:
»Der Gesetzgeber hat in Abkehr von § 11 EStG 1925 – wie aus der amtlichen Begründung zu § 11 EStG 1934 ersichtlich – für die Erfassung von Einnahmen und Ausgaben in § 11 Abs. 1 EStG 1934 bewusst nicht mehr wie § 11 Abs. 1 EStG 1925 auf die Fälligkeit, sondern nur noch auf den Zu- oder Abfluss der Einnahmen oder Ausgaben abgestellt. Dementsprechend kann es auch für regelmäßig wiederkehrende Einnahmen und Ausgaben, die kurz vor oder nach dem Kalenderjahr zu- oder abfließen, nicht auf die Fälligkeit ankommen. Entscheidend ist hier allein die wirtschaftliche Zugehörigkeit zu dem abgelaufenen Zeitraum.«

Nach dieser Rechtsprechung ist das folgende Beispiel wie folgt zu lösen:

Beispiel:
Eine regelmäßig wiederkehrende, monatliche Ausgabe (Miete) ist jeweils
a) zu Beginn des laufenden Monats,
b) am Ende des laufenden Monats,
c) am 1. des Folgemonats
fällig.

Die Zahlung der Dezembermiete erfolgt
1. am 15.12. des laufenden Jahres,
2. am 5.1. des Folgejahres,
3. am 15.1. des Folgejahres.

Lösung:

Zahlung am 15.12. für Fälligkeit am		
1.12.	31.12.	1.1. des Folgejahres
§ 11 Abs. 2 Satz 1 EStG: Abfluss 15.12.	§ 11 Abs. 2 Satz 1 EStG: Abfluss 15.12.	Die Zahlung erfolgt nicht kurze Zeit vor Ablauf des Jahres. § 11 Abs. 2 Satz 2 EStG ist nicht anzuwenden. Nach § 11 Abs. 2 Satz 1 EStG ist der Zahlungsabfluss am 15.12.

Zahlung am 5.1. für Fälligkeit am		
1.12.	31.12.	1.1. des laufenden Jahres
Die Zahlung liegt innerhalb des kurzen Zeitraums. § 11 Abs. 2 Satz 2 EStG ist anzuwenden. Die Zahlung gehört wirtschaftlich in den Dezember. Die Fälligkeit spielt keine Rolle. Nach § 11 Abs. 2 Satz 2 EStG ist der Zahlungsabfluss im Dezember.		

Zahlung am 15.1. für Fälligkeit am		
1.12.	31.12.	1.1. des laufenden Jahres
Die Zahlung liegt nicht innerhalb des kurzen Zeitraums. § 11 Abs. 2 Satz 2 EStG ist nicht anzuwenden. Nach § 11 Abs. 2 Satz 1 EStG ist der Zahlungsabfluss am 15.1.		

Zu dem »ungeschriebenen« Tatbestandsmerkmal der Fälligkeit kurze Zeit vor und nach dem Jahreswechsel siehe auch Wolff-Diepenbrock in Littmann u.a., Das Einkommensteuerrecht, § 11 Rz. 251 ff., 261, August 2005, Loseblatt.

Mit Urteil vom 1.8.2007 (XI R 48/05, BStBl II 2008, 282) nimmt der BFH zu dem Problemkreis der wiederkehrenden Ausgaben Stellung. Dabei hat der BFH entschieden, dass eine für das vorangegangene Kj. geschuldete und zu Beginn des Folgejahres entrichtete **USt-Vorauszahlung** als **regelmäßig wiederkehrende Ausgabe** im vorangegangenen Veranlagungszeitraum abziehbar ist (s.a. BMF-Schreiben vom 10.11.2008, BStBl I 2008, 958). Zur Notwendigkeit der Fälligkeit kurz vor oder nach Ende des Kj. nimmt der BFH nicht Stellung; er verweist lediglich auf sein Urteil vom 6.7.1995 (IV R 63/94, BStBl II 1996, 266). Nach diesem Urteil kommt es nicht darauf an, ob die Zahlungen noch in dem Kj. fällig geworden sind, für das sie geleistet worden sind. Seinem Wortlaut nach stellt § 11 Abs. 1 Satz 2 EStG hierauf nicht ab; **entscheidend** ist danach vielmehr neben der **wirtschaftlichen Zugehörigkeit** zu dem jeweiligen Wj. nur, dass die Einnahmen **kurze Zeit vor** Beginn oder kurze Zeit **nach** Beendigung des Kj. dem Stpfl. **zugeflossen** sind. Die Zahlung kann auch erst im neuen Kj. fällig geworden sein.

Stichwortverzeichnis

Abfindungen 164
Abflussprinzip 675
- Abfindung, Rückzahlung 689
- Arbeitslohn, Rückzahlung 689
- Bestechungsgelder, Rückzahlung von 690
- Damnum 690
- Kaution 691
- Lastschrifteinzugsermächtigung 691
- Novation 691
- Scheck 691
- Überweisungen 692
- Umsatzsteuer-Vorauszahlung 692
- Zinsen 692
Abgekürzter Vertragsweg 238
Abgekürzter Zahlungsweg 238
Abnutzbares Anlagevermögen 26, 35
- Abfindung 26
- Abschreibung 28
- Absetzung für Abnutzung 32
- Anschaffung/Herstellung 27
- Anschaffungskosten 58
- Anzahlungen 68
- Arbeitsmittel 70
- Ausscheiden aus dem Betriebsvermögen 29
- Beispiel
  - Anzahlung für Anschaffung einer Computeranlage 69
- Betriebseröffnung 173
- Betriebserwerb 175
- Einlagen 248
- Entnahmen 275
- Grundstücke 329
- Herstellungskosten 353
- kurzlebige Wirtschaftsgüter 399
- Renten, dauernde Lasten und Raten 443
- Schenkungen 470
- Tausch 503
- Umsatzsteuer/Vorsteuer 526
- Verkauf 30

- Verlust von Wirtschaftsgütern 554
- Wechsel der Gewinnermittlungsart 630
Abschreibung 33
Absetzungen für außergewöhnliche technische oder wirtschaftliche Abnutzung 43
Absetzung für Abnutzung 32
Abstandszahlungen 25
Abzugsumsätze 139
AfA 32
- abnutzbares Anlagevermögen 27
- abschreibungsfähige Wirtschaftsgüter 35
- Abschreibungsmethoden 34
- AfA-Tabelle 37
- Anschaffungskosten 58
- Anzahlungen 68
- Arbeitsmittel 70
- außergewöhnliche AfA 43, 109
- Beispiel
  - Anschaffung Bauplatz und Bau Lagerhalle 409
  - Anschaffung Pkw 38
  - Anschaffung von abnutzbarem Anlagevermögen 28
  - Anzahlung für Anschaffung einer Computeranlage 69
- Betriebserwerb 175
- degressive AfA 39
- Einlage 254
- Erwerb und Veräußerung einer Lagerhalle 350
- Gebäude-Mischnutzung 346
- nachträgliche Erhöhung der Anschaffungskosten 45
- nachträgliche Minderung der Anschaffungskosten 46
- Pkw-Unfall 110
- Preisnachlass 438
- Rücklage für Ersatzbeschaffung 462

- Schenkung 472
- Verkauf von abnutzbarem Anlagevermögen 31
- Verlust von Wirtschaftsgütern 556
- Wechsel der AfA-Methode 40
- Betriebseröffnung 173
- Betriebserwerb, unentgeltlich 185
- Computerprogramme 51
- degressive AfA 38
- Einlagen 251
- Entnahmen 280
- Gebäudeabschreibungen 41
- Grundstücke 328
- Herstellungskosten 353
- Investitionszulage 385
- kurzlebige Wirtschaftsgüter 399
- lineare AfA 37
- nachträgliche Anschaffungs- oder Herstellungskosten 43
- nicht abnutzbares Anlagevermögen 406
- persönliche AfA-Berechtigung 35
- Renten, dauernde Lasten und Raten 443
- Rücklagen 447
- Softwaresysteme 51
- Sonderabschreibungen 491
- Tausch 503
- Umsatzsteuer/Vorsteuer 527
- Verlust von Wirtschaftsgütern 554
- Vordruck EÜR 597
- Wechsel der AfA-Methode 40, 49
- Wechsel der Gewinnermittlungsart 630

AfaA 109
AfA-Methoden für Gebäude 41
AfA-Tabelle 37
Änderung der Bemessungsgrundlage 133, 169
Anlagevermögen 54
Anlageverzeichnis 56
Anschaffungskosten 58
- abnutzbares Anlagevermögen 27
- Absetzung für Abnutzung 33
- AfA-Bemessungsgrundlage 36
- Anzahlungen 67
- Beispiel
  - Anschaffung Pkw 63
- Betriebserwerb, entgeltlicher 174
- Computerprogramme 51
- Gebäude 64
- Geschenke i.S.d. § 4 Abs. 5 Nr. 1 EStG 139
- nachträgliche Anschaffungskosten 43
- Softwaresysteme 51
- Tausch 503

Anschaffungsnebenkosten 51, 59
Anschaffungspreisminderungen 58
Anschaffung von abnutzbarem Anlagevermögen 28
Anzahlungen 67-70
Arbeitsmediziner 246
Arbeitsmittel 70
Arbeitszimmer 71, 95, 96
- Architekt 90
- Ärzte als Gutachter 89
- Ärztliche Notfallpraxis 76
- Arztpraxis 74
- Außendienstmitarbeiter 90
- Begriff des häuslichen Arbeitszimmers 72
- Beispiel
  - notwendiges Betriebsvermögen 95
  - Raumnutzung durch fremde Arbeitnehmer 78
  - Tätigkeitsmittelpunkt 88
  - verhältnismäßige Aufteilung 93
- Betriebsaufspaltung 94
- Bildjournalist 90
- Büroraum für Publikumsverkehr 76
- Entnahme 95
- Handelsvertreter 89
- häusliche Betriebsstätte 76
- Hobbyraum 73
- Kellerraum 73
- Lehrer 90
- maßgebliche Aufwendungen 92
- notwendiges Betriebsvermögen 93
- Pharmavertreter 89
- Praxisberater 89
- Tankstellenbetreiber 90
- Tonstudio 77

- Überlassung an den Arbeitgeber 94
- umsatzsteuerliche Behandlung 93
- Verkaufsleiter 89
- Vermietung unter Ehegatten 91

Architekten 18, 243, 300, 438, 563
Aufgabe der beruflichen Tätigkeit 24
Aufgabegewinn 113, 117, 118, 119, 120, 219, 668
Aufteilungs- und Abzugsverbot 96
Aufwendungen für fremde Wirtschaftsgüter 151
Aufzeichnungspflicht 38, 101, 102, 103, 104, 106, 108
Aufzeichnungs- und Aufbewahrungspflichten 101, 150
Ausgleichsposten nach § 4g EStG 593
Ausgleichszahlungen an einen Handelsvertreter 24
Auslagen 243
Ausscheiden aus dem Betriebsvermögen 29
Ausschlussumsätze 60, 64, 139
Außenanlagen 48
Außergewöhnliche Absetzung für Abnutzung 109
Außerordentliche Einkünfte 25, 118

Bankkonto 112
Baudarlehen 485
Berufsausbildung 152
Berufsunfähigkeitsversicherung 571
Bestechungs- und Schmiergelder 148
Beteiligung an einer Kapitalgesellschaft 387
Beteiligungserträge 386
Beteiligungsverlust 563
Betrieblicher Schuldzinsenabzug 476
Betriebliche Veräußerungsrente 179
Betriebsaufgabe 95 f., 112, 116, 204, 207, 218 f., 566, 669
Betriebsaufspaltung 94, 154, 191, 368
Betriebsausgaben 124
- Abfindungen 24
- Abfindungen an Arbeitnehmer 25
- abnutzbares Anlagevermögen 27
- Absetzung für Abnutzung 33
- Anschaffungskosten 60
- Anzahlungen 68

- Arbeitsmittel 70
- Art der Betriebsausgaben 127
- Aufteilungs- und Abzugsverbot 96
- Aufwendungen für fremde Wirtschaftsgüter 151
- Aufzeichnungspflichten 101
- Ausscheiden eines Wirtschaftsguts aus dem Betriebsvermögen 30
- Bestechungs- und Schmiergelder 148
- Betriebsausgaben durchlaufende Posten 244
- Betriebserwerb, entgeltlicher 176
- Betriebsveräußerung im Ganzen 194
- Darlehensverluste 563
- doppelte Haushaltsführung 232
- Einführung 4, 269
- Einlagen 249
- Erhaltungsaufwand 294
- Ersparte 169
- Fahrten zwischen Wohnung und Betrieb 145
- Familienheimfahrten 145
- Forderungsverlust 564
- Freizeitgegenstände 143
- Fremdwährungsdarlehen 231
- Geldbeschaffungskosten 62
- gemischtveranlasste 130
- Geschenke 133
- Gesetz- oder Sittenwidrigkeit 130
- GmbH-Anteile 168
- immaterielles Wirtschaftsgut 50
- Mehraufwendungen für Verpflegung 319
- nachträgliche Anschaffungskosten 61
- nichtabzugsfähige 131
- Pauschale 596
- Pauschbeträge 150
- Sachzuwendungen 129
- Schadensersatz 126, 464
- Schuldzinsen 230, 474, 485
- Schuldzinsenabzug 476
- Tausch 503
- typische Berufskrankheit 125
- Unfallkosten 534
- unterlassene Betriebsausgaben 154
- Updates 52

- Veranstaltung von Golfturnieren 144
- Veräußerungsleibrente 181
- Veräußerung von Anlagevermögen gegen Raten oder Renten 444
- vergebliche Betriebsausgaben 153
- Verkauf von Wirtschaftsgütern 30
- Verlust von Wirtschaftsgütern 553
- Versicherungsbeiträge 569
- Vorsteuer 60
- vorweggenommene Betriebsausgaben 152
- Zinsanteil einer Rentenverpflichtung 179
- zurückbezahlte 172

Betriebsausgabenpauschale 596
Betriebseinbringung 157
Betriebseinnahmen 161
- Abfindungen 24
- Anzahlungen 67
- Einnahmeverzicht 168
- ersparte Betriebsausgaben 169
- Fremdwährungsdarlehen 231
- Geldeswert 166
- Geschenke 162
- GmbH-Anteile 168
- Kapitalerträge 386
- Kaufpreisrate 443
- Korrespondenzprinzip 170
- nachträgliche 170
- negative 171
- Praxisgebühr 436
- Preise 163, 438
- Preisnachlässe 437
- Rentenbarwert 181
- Sachzuwendungen 129
- Schadensersatz 464
- steuerfreie 171
- Tausch 503
- Übungsleiter 171
- Unfallrente 447
- Verkauf von Wirtschaftsgütern 29
- Versicherungsleistung bei Diebstahl 554
- Zinsen 230
- Zuschüsse 162

Betriebseröffnung 172

Betriebserwerb
- entgeltlicher 174
- unentgeltlicher 185

Betriebsfortführung 187
Betriebsliquidation 187
Betriebsübertragung, unentgeltliche 188
Betriebsunterbrechung 189
Betriebsveräußerung im Ganzen 191
Betriebsveräußerung und -aufgabe von Teilbetrieben 204
Betriebsverlegung 207
Betriebsvermögen 208
- Abnutzbares Anlagevermögen 26
- Absetzung für Abnutzung 36
- Anlagevermögen 54
- Anschaffungskosten 61
- Arbeitsmittel 70
- Beteiligung an einer Kapitalgesellschaft 300, 564
- Betriebseinnahmen 164
- Darlehen 229
- Drittaufwand 238
- Entnahmen 272
- Erlass von Forderungen 295
- Forderungen 299
- GmbH-Anteile 211
- Grundstücke 328
- Kapitalerträge 386
- nicht abnutzbares Anlagevermögen 406
- Renten, dauernde Lasten und Raten 441
- Rücklagen 459
- Schadensersatz 464
- Schuldzinsen 473
- Tausch 503
- Umlaufvermögen 517
- Unfallversicherung 447
- Verbindlichkeiten 552
- Verlust von Wirtschaftsgütern 552
- Zahngold 672

Betriebsverpachtung 218
Betriebsverpachtung im Ganzen 218, 368
Bewegliche Wirtschaftsgüter 29, 221
Bewirtungsaufwendungen 140, 141, 150
Buchführungspflicht 221

Stichwortverzeichnis

Bürgschaftsaufwendungen 300
Büro- oder Praxisgemeinschaft 403

Chefärzte 227
Computerprogramme 50

Damnum 230, 632, 633, 643, 656, 660
Darlehen 229
Darlehensverluste 563
Dauerfristverlängerung 531
Dauernde Lasten 440
Degressive AfA 38
Diebstahl 8, 22, 110, 459, 552, 553, 561, 563, 567
Domain-Name 362
Doppelte Haushaltsführung 232
Drittaufwand 237
Durchlaufende Posten 242, 474

Edelmetallabfälle 673
Ehemalige Tätigkeit 405
Eigenaufwand für ein fremdes Wirtschaftsgut 241
Einbringung 157, 626
Einheitstheorie 189
Einkünfte
  – aus freiberuflicher Tätigkeit 246
  – aus sonstiger selbständiger Arbeit 246
Einlagen 247
  – von abnutzbarem Anlagevermögen 251
  – von Beteiligungen i.S.d. § 17 EStG 265
  – von Forderungen 266
  – von Geld 249
  – von nicht abnutzbarem Anlagevermögen 265
  – von Nutzungen 267
  – von Umlaufvermögen 251
  – von Verbindlichkeiten 267
Einnahmen und Ausgaben, regelmäßig wiederkehrend 692
Einnahme-Überschussrechnung 2, 9, 149, 207, 223, 269 f., 288, 307, 357, 368, 461, 465, 484, 519, 617 f., 621, 667
  – Abbildung

  – Grundaufbau einer § 4 Abs. 3-Rechnung 6
  – Gewinnermittlungsarten 226
  – Anwendungsbereich 18
  – Aufzeichnungspflichten 102
  – Beispiel
    – Auswirkung der USt und Vorsteuer 584
    – Ermittlung des Übergangsgewinns bei einer Einbringung 158
    – gewillkürtes Betriebsvermögen einer Wohnung 331
    – Rücklage für Ersatzbeschaffung 556
    – unterlassener Betriebsausgabenabzug 154
    – Wahl der Gewinnermittlungsart 621
  – betriebliche Entwicklung 17
  – Betriebsaufgabe 116
  – Ermittlung der USt-Zahllast 16
  – Erstellung und Entwicklung im laufenden Jahr 9
  – Freiberufler 224
  – Gesamtgewinngleichheit 5, 317
  – gewillkürtes Betriebsvermögen 213
  – grobes Verschulden bei der Erstellung 270
  – Grundzüge 6
  – Kinderbetreuungskosten 595
  – Vordruck EÜR 576
  – Wahlrechtsausübung 20
Einnahmeverzicht 168
Entgeltsminderung 169
Entnahme 272
  – abnutzbares Anlagevermögen 279
  – Beispiel
    – Listenpreismethode, Fahrtenbuchmethode, Unfallkosten 539
  – Forderungen 288
  – Geld 274
  – Geldentnahmen 274
  – nicht abnutzbares Anlagevermögen 285
  – Nutzungen und Leistungen 289
  – private Pkw-Nutzung 290

- Umlaufvermögen 275, 276
- und Einlagen bei Schuldzinsenabzug 609
- Unfallkosten 534
- Verbindlichkeiten 289

Entschädigung
- für den Wegfall von Einnahmen 24
- für entgangene Gewinne 25

Entschädigungsleistungen 164
Erhaltungsaufwand 52, 294
Erlass von Forderungen 295
Ersatzbeschaffung 32, 408, 459, 460, 461, 462

Ersatz
- nicht abzugsfähiger Betriebsausgaben 25
- von Aufwendungen 25

Ersparte Betriebsausgaben 169

Fahrtenbuch 297
Fahrtenbuchmethode 420
Fahrten
- zwischen Wohnung und Betrieb 145
- zwischen Wohnung und Betriebsstätte 434

Fahrtkosten 59
Familienheimfahrten 145, 236
Firmenwert 50
Forderungen 299
Forderungsverlust 564
Forderungsverzicht 169
Freiberufliche Tätigkeit 246
Freibetrag nach § 3 Nr. 26 EStG 596
Freizeitgegenstände 143
Fremdwährungsdarlehen 231

Gebäude
- Abfindungen 26
- abnutzbares Anlagevermögen 29
- Absetzung für Abnutzung 34
- AfA-Methoden 41
- Aufwendungen für fremde Wirtschaftsgüter 151
- Beispiel
  - Anschaffung Bauplatz und Bau einer Lagerhalle 409

- Arbeitszimmernutzung 95
- Mischnutzung 331, 344
- Schuldzinsenabzug 486
- Verlust von Wirtschaftsgütern 562
- Wechsel der Gewinnermittlungsart 632
- Betriebsausgaben 151
- Betriebsveräußerung im Ganzen 191
- Betriebsvermögen 210
- Drittaufwand 241
- Eigenaufwand für ein fremdes Wirtschaftsgut 241
- Einlage eines bebauten Grundstück und privates Veräußerungsgeschäft 260
- Einlagen 260
- Erhaltungsaufwendungen 294
- Grundstücke 328
- Grundstücksteile von untergeordnetem Wert 211, 328
- Herstellungskosten 353
- Mischnutzung 329
- nachträgliche Anschaffungs- bzw. Herstellungskosten 44
- Rücklage für Ersatzbeschaffung 461
- Rücklagen nach § 6c EStG 448
- Schuldzinsen für Baudarlehen 485
- selbständige Gebäudeteile 48
- unselbständiger Gebäudeteil 48
- Verlust von Wirtschaftsgütern 562

Gebäudeabschreibung 41
Geldbeschaffungskosten 62
Geldbußen und ähnliche Sanktionen 148
Geldgeschäfte eines Freiberuflers 300
Geldverkehrsrechnung 302, 611
Gemeinschaftspraxis 403
Gemischte Schenkung 472
Gemischt genutzte Wirtschaftsgüter 210
Geringwerte Wirtschaftsgüter 307
Gesamtgewinngleichheit 288, 317
Geschäftsreise 318
Geschäftsveräußerung 121, 443
- im Ganzen 200

Geschäftswert 50
Geschenke 133, 471
- Anschaffungskosten 139

- betrieblich veranlasste Sachgeschenke 164
- Betriebsausgaben 132
- Betriebseinnahmen 162
- Betriebsvermögen 209, 216
- Einlagen 266
- Schenkungen 469
- Tausch 515
- Vorsteuer 133

Gewerbeertrag 120, 200
Gewerbesteuer 174, 200, 219, 496, 497, 668, 669
Gewillkürtes Betriebsvermögen 212
Gewinn 326
Gewinnermittlungszeitraum 327
GmbH-Anteile eines Steuerberaters 211
Golfturnier 144
Grundstücke 328
Grundstücksschenkung 166
Grundstücksteile von untergeordnetem Wert 328
GWG 61 f., 70, 102, 256, 269, 289, 295, 307, 443, 470, 565 f., 568, 599 f., 636, 657
- Beispiel
  - Einlage eines GWG 256
- Wechsel der Gewinnermittlungsart 636

Haftung bei Sozietätsgründungen 160
Halbeinkünfteverfahren 119
Häuslicher PC 71
Herstellungskosten 353
- Abfindungen 26
- abnutzbares Anlagevermögen 27
- Absetzung für Abnutzung 32
- Anzahlungen 68
- Aufzeichnungs- und Aufbewahrungspflichten 102
- Drittaufwand 241
- Entnahmen 275
- Erhaltungsaufwand 294
- Grundstücke 329
- kurzlebige Wirtschaftsgüter 399
- nicht abnutzbares Anlagevermögen 409
- Renten, dauernde Lasten und Raten 444
- Rücklagen 447

- Schenkungen 471
- Schuldzinsen 484
- Umlaufvermögen 517
- Umsatzsteuer/Vorsteuer 527
- Verlust von Wirtschaftsgütern 554
Hilfsgeschäft 25, 30, 600
Honorare (Ärzte) 358
Honorarforderungen, Erlass 288

Immaterielles Wirtschaftsgut 26, 50
Ingenieur 246
Insassenunfallversicherung 569
Insolvenzverwalter 246
Internet-Adresse 362
Investitionsabzugsbeträge nach § 7g EStG 365
Investitionszulage 385
Investitionszuschüsse 163, 358, 579, 675
Istkaufmann 222

Journalist 150

Kannkaufmann 223
Kapitalerträge 386
Kassenärztliche Zulassungen 389
Kaufpreis 59
Kaufpreisraten 175 ff., 186, 198
Kinderbetreuungskosten 392
Kleinunternehmer 397
Kleinunternehmerregelung 12
Kontokorrentkonto 477
Kostendeckelung 417, 591
Krankenpfleger 246
Krankentagegeldversicherung 570, 571
Kundenstamm 191
Kundschaftstrinken 141
Kurzlebige Wirtschaftsgüter 398

Leasing-Fahrzeug 214
Lebensversicherungsverträge als Betriebsvermögen 400
Leibente 440
Leibrente 196
Lineare AfA 37
Listenpreis 400
Listenpreismethode 415

Maklerprovision 59, 444
Mehraufwendungen für Verpflegung 319
Mitunternehmerschaft 402

Nachträgliche
- Anschaffungs-/Herstellungskosten 43, 60
- Betriebsausgaben 23, 476
- Einkünfte 405

Naturalrabatt 437
Neugründungsfälle 531
Nicht abnutzbares Anlagevermögen 406
Nicht abzugsfähige Betriebsausgaben 131
Notaranderkonto 684
Notare 243, 244, 245
Notwendiges Betriebsvermögen 209

Patientenstamm 191
Pauschbeträge für Betriebsausgaben 150
- Geschäftsreisen 150
- Verpflegungsmehraufwendungen 150

Pflichtbeiträge zu den Versorgungswerken 131
Pkw-Gesamtaufwendungen 421
Pkw-Nutzung 410
- außergewöhnliche Kraftfahrzeugkosten 422
- Bemessungsgrundlage für die Umsatzsteuer 427
- Betriebliche Fahrten 411
- Fahrtenbuchmethode 420
- Fahrten zwischen Wohnung und Betriebsstätte 411
- Familienheimfahrten 411
- Gesamtaufwendungen bei der Umsatzsteuer 431
- Geschäftsreisen 411
- Kostendeckelung 417, 429
- Listenpreismethode 415
- Nutzung für andere Einkunftsarten 434
- private Fahrten 413
- Unfallkosten 422
- Unternehmensvermögen 423

Praxisausfallversicherung 572

Praxisgebühr 436
Praxisgemeinschaft 403
Preisnachlässe 437
Preisverleihung 438
Private
- Nutzung des betrieblichen Telefons 292
- Pkw-Nutzung 290
- Telefonnutzung 6, 592
- Veräußerungsgeschäfte 259

Privatvermögen 12, 210, 213, 215 f., 266, 267, 278, 280, 286, 400, 568, 601
Promotionsberater 619
Provision 59, 64, 163, 229, 444, 686
Provisionszahlungen 64

Rabatte 43, 60
Raten 442
Räumungsverkauf 117
Rechtsanwälte 18, 243 ff., 403
Regelmäßig wiederkehrende Einnahmen und Ausgaben 692
Reisekosten 172, 606
Renten 440
- Beispiel
  - Verkauf eines unbebauten Grundstücks gegen eine betriebliche Veräußerungsleibrente 444
- Besteuerung nach § 22 Nr. 1 EStG 197
- betriebliche Versorgungsrenten 446
- Betriebserwerb (entgeltlicher) 175
- Erwerb von Anlagevermögen 179
- Erwerb von Umlaufvermögen 181
- Geldverkehrsrechnung 305
- Schadensersatzrenten 446
- Unfallrente 447
- Verlust von Wirtschaftsgütern 564
- Vordruck EÜR 579
- Wechsel der Gewinnermittlungsart 646, 661, 665

Restwertabschreibung 110, 554, 556
Rücklage für Ersatzbeschaffung 459, 556, 567
Rücklage nach § 6c EStG 447
Rumpfwirtschaftsjahr 262

Sachbezüge 597
- Betriebseinnahmen 167
- Vordruck EÜR 597
Sachentnahmen 275
Sachgeschenke 209, 515
Sachzuwendungen 129
Sammelposten 32, 38, 71, 256, 269,
    308–316, 357, 369, 375, 561, 565, 600
Schadensersatz 126
Schadensersatzrenten 446
Schätzung 468
Scheck 30
Schenkungen 468
Schriftsteller 150
Schuldumwandlung (Novation) 685
Schuldzinsen 62, 473, 485
Schuldzinsenabzug 476, 603
Selbständige Gebäudeteile 48, 49
Selbstkosten 290
Sicherheitsleistung bei der Umsatzsteuer
    531
Skonto 60
Sofortabschreibung 307
Softwaresysteme 50, 369, 495
Sonderabschreibungen 490
Sondervorauszahlung 532
Standardsoftware 51, 369
Steuerberatungskosten 494
Steuern 496
Steuerschuldnerschaft des Leistungsempfängers 497

Tagespflegepersonen 150
Tanzlehrer 206
Tauschähnlicher Umsatz 513
Teilbetrieb 204
Teileinkünfteverfahren 387
Teilentgeltliche Übertragung 472
Telekommunikationsaufwendungen 12
Testamentsvollstrecker 246
Totalgewinn 276, 317, 520, 552, 624, 668
Trennungstheorie 472 f.
Typische Berufskrankheit 125

Überentnahmen 476, 603
Übungsleiterfreibetrag 596

Übungsleiter 171
Übungsleiterfreibetrag 150
Umlaufvermögen 517
- Absetzung für Abnutzung 35
- Anlagevermögen 54
- Anschaffungskosten 58
- Anzahlungen 68
- Betriebsausgaben 127
- Betriebseinnahmen 167
- Betriebserwerb 175
- Betriebsvermögen 208
- Einlagen 250
- Entnahmen 272
- Erlass von Forderungen 295
- Gewinnermittlung nach Vordruck EÜR
    588
- Herstellungskosten 353
- Renten, dauernde Lasten und Raten
    443
- Rücklagen 459
- Schenkungen 469
- Tausch 503
- Umsatzsteuer/Vorsteuer 527
- unterlassener Betriebsausgabenabzug
    154
- Verbindlichkeiten 552
- Verlust von Wirtschaftsgütern 562
- Wechsel der Gewinnermittlungsart
    627
- Zahngold 672
Umqualifizierung der Einkünfte 619
Umsatzsteuerverprobung 614
Umsatzsteuervoranmeldung 530
Umsatzsteuer/Vorsteuer 519
Umwidmung 252
Umzugskosten 237
Unentgeltliche Übertragungen 469
Unentgeltliche Wertabgaben 276
Unfallkosten 534
- Beispiel
    - außergewöhnliche Absetzung für
        Abnutzung 110
Unfallrenten 447
Unfallversicherung 447, 569, 570, 572
Unrichtiger USt-Ausweis 121
Unselbständige Gebäudeteile 48, 49

Unterhaltsleistungen 178, 185, 441
Unterlassener Betriebsausgabenabzug 154
Updates 52

Veräußerungsgewinn 31, 95, 116, 193 f.,
  196–200, 205, 261, 447 f., 460, 593, 668
Veräußerungsleibrente 178, 186, 193, 443
Verbindlichkeiten 552
Verderb von Waren 552
Vergebliche Betriebsausgaben 153
Verkaufserlös 29, 31
Verkauf von Umlaufvermögen 565
Verkauf von Wirtschaftsgütern
  – abnutzbares Anlagevermögen 29
  – Beispiel
    – Anschaffung und Veräußerung eines unbebauten Grundstücks 408
    – Rücklage für Ersatzbeschaffung 462
    – tauschähnlicher Umsatz mit Baraufgabe 513
    – Tausch mit Baraufgabe 509
    – teilentgeltliche Veräußerung unter Angehörigen 473
    – Veräußerung von Geschenken 139
    – Verkauf eines unbebauten Grundstücks gegen eine betriebliche Veräußerungsleibrente 444
    – Verkauf eines Unfall-Pkw 464
    – Verkauf von abnutzbarem Anlagevermögen 30
    – Wechsel der Gewinnermittlungsart, Bilanzposition Forderungen 634
  – Betriebsaufgabe 112
  – Betriebsliquidation 188
  – nicht abnutzbares Anlagevermögen 407
  – teilentgeltliche Veräußerung 472
  – Umlaufvermögen 518
  – Umsatzsteuer/Vorsteuer 520
  – Verkauf gegen Leibrente 443
  – Verkauf geringwertiger Wirtschaftsgüter 565
  – Verkauf von Umlaufvermögen 251
  – Verlust von Wirtschaftsgütern 564
  – Vordruck EÜR 600
Verlorene Aufwendungen 69

Verlust
  – aus privatem Anlass 567
  – von abnutzbarem Anlagevermögen 554
  – von Beteiligungen 563
  – von Forderungen 564
  – von Geld 553
  – von Privatvermögen 568
  – von Umlaufvermögen 561
  – von Wirtschaftsgütern 552
Vermögensverwaltung 246
Verpflegungsmehraufwendungen 145, 236
Versicherungsbeiträge 569
Versicherungsleistungen 25
  – bei Diebstahl 554
Versorgungsleistungen 178, 441, 442
Versorgungsrenten 185
Vertragsarztzulassung 389
Verzicht auf die Ausübung einer Tätigkeit 167
Voranmeldung 518, 525, 608, 611
Voranmeldungsverfahren 530
Voranmeldungszeitraum 530
Vorauszahlungen 67
Vordruck EÜR 573
Vorsteuer
  – abnutzbares Anlagevermögen 27, 29
  – Anschaffungskosten 59
  – Beispiel
    – Anschaffungskosten 63
    – Bewirtungsaufwendungen 142
    – Gebäudemischnutzung 345
    – Geschenke i.S.d. § 4 Abs. 5 Nr. 1 EStG 133
    – Reisekosten 325
    – Schenkungen 471
    – Segelyacht 144
    – tauschähnlicher Umsatz mit Baraufgabe 514
    – Tausch mit Baraufgabe 510
  – Betriebsaufgabe 121
  – Betriebseinnahmen 165
  – Betriebsveräußerung im Ganzen 200
  – Betriebsvermögen und Unternehmensvermögen 217
  – Bewirtungsaufwendungen 141
  – doppelte Haushaltsführung 233

- Einlage eines Pkw und private Nutzung dieses Pkw 262
- Ermittlung der Anschaffungskosten für Geschenke 139
- Freizeitgegenstände i.S.d. § 4 Abs. 5 Nr. 4 143
- Grundstücke 331
- Grundstücksnutzung 332
- Kleinunternehmer 398
- Mischnutzung eines Grundstücks 333
- nicht abnutzbares Anlagevermögen 407
- Pauschbeträge für Betriebsausgaben 150
- Renten, dauernde Lasten und Raten 446
- Rücklagen 461
- Schenkungen 471
- Steuern 496
- Tausch 503
- Umlaufvermögen 517
- Umsatzsteuervoranmeldung 531
- Umsatzsteuer/Vorsteuer 519
- Unfallkosten 539
- Verlust von Wirtschaftsgütern 567
- Verpflegungskosten 320
- Vordruck EÜR 583
- Wechsel der Gewinnermittlungsart 631

Vorsteuerabzug 12 f., 28, 59 f., 70, 93, 99 ff., 121, 134–144, 169, 200, 213, 242, 262, 277, 280 f., 286 f., 291 f., 309 f., 318 ff., 325 f., 332–339, 342, 344 f., 348 f., 398, 407, 423–432, 442, 515, 527 f., 531, 540 f., 567, 581, 592, 595 f., 630 f.

Vorsteuerberichtigung 135 f., 286, 338, 339, 424, 578

Vorsteuer- bzw. Umsatzsteuerverprobung 611

Vorweggenommene Betriebsausgaben 152
Vorweggenommenen Erbfolge 178

Wahl der Gewinnermittlungsart 616
Wechsel der Gewinnermittlungsart 624
Wertsicherungsklausel 665
Wettbewerbsabsprachen zwischen Handelsvertretern 24

Wirtschaftsjahr 327
Wöchentliche Familienferngespräche 236
Wohnung als Unternehmensvermögen 333

Zahnarzt 360
Zahngold 672
Zahnprothesen 360
Zeile 43 320
Zeitraum für die Betriebsaufgabe 115
Zeitrenten 198
Zinsen 165, 176, 180, 229 f., 239, 267, 288 f., 386, 388, 474, 477, 484, 497, 635, 638, 645, 652 f., 659, 661, 665
Zinsschranke 156, 606
Zuflussprinzip 674
- Abfindung 678
- Arbeitslohn 678
- Aufrechnung 679
- Banküberweisung 679
- Barzahlung 679
- beherrschender Gesellschafter 679
- Damnum 681
- Direktversicherung 678
- Gebühren 681
- Gesamtgläubiger 681
- Gruppenunfallversicherung 679
- Jahresnetzkarte 678
- Kapitalerträge 682
- kassenärztliche Vereinigung 682
- Nießbrauch 686
- Notaranderkonto 684
- Novation 685
- Nutzungsrechte 686
- Provisionen 686
- Sachleistungen 687
- Scheck 688
- verdeckte Gewinnausschüttung 680
- Vorauszahlungen/Rechtsmissbrauch 688
- Vorschuss 688
- Zufluss an Bevollmächtigte 680
- Zukunftssicherungsleistungen 679

Zuschüsse 358
Zu- und Abflussprinzip 674
Zweitwohnung 235, 237